时殷弘 著

古代军政行为方略图景

《晋书》解读

上

南京大学出版社

目　录

两大黑暗时代之间的短暂喘息：

西晋创始和华夏统一

帝纪第一　宣帝　摘录和评注

　　[司马懿,三国时代最伟大的战略家、政治家和国务家之一,犹如一个微缩版的周文王,因为他虽然没有完成"改换天下"的目标,但为此——实现曹魏王朝变更,继而统一华夏——准备了一系列最重要的条件,无论他的儿子司马师、司马昭和孙子司马炎为之做出了何等重要的贡献。这统一(还有因此包括西域、朝鲜半岛北部和今越南北部的"最低限度华夏帝国")尽管只存在半个世纪(265—316),却无论如何构成了他的历史性的"国家理由"(*raison d'état*),足够解释他的马基雅维里主义式的韬晦、残酷、篡夺和独裁,因为由此而来的是东汉末往后四分之三个世纪华夏大乱、分裂和频繁战祸之后的秩序与和平,连同中国史上近三个世纪的最黑暗时代到来之前值得珍视的数十年喘息期。]

　　[他作为政治家的耐心、审慎和时机到来时的决绝果断无与伦比(此乃《晋书》作者房玄龄等所谓"帝内忌而外宽,猜忌多权变……诛曹爽之际,支党皆夷及三族,男女无少长,姑姊妹女子之适人者皆杀之")。他作为战略家和统帅的军事/政治才能也无与伦比。曹操逝后,他在军事上对曹魏的不可或缺性保证了他在政治上的

不可湮灭性，尽管他的耐心和审慎也至关紧要。他的内部对手曹爽等人的庸劣和腐败大大便利了他的权势壮大进程，而曹魏对蜀汉和孙吴的巨大实力优势——很大程度上由历史/地缘结构和天才曹操造就——决定了后者的覆灭前景。]

[呜呼，英雄无奈！"自古丧大业绝宗禋者，其所渐有由矣"（范晔《后汉书·宦者列传》篇末论）。他开创的西晋可谓短命，昙花一现般地毁于嵌在历史结构性大势中的世家大族、异族迁徙、华夏野蛮化和阴谋政治滥觞等致命"基因"。他远未能克服这些基因，而且大概也无意如此。就此而言，与中国史上那些长寿的伟大王朝的创始者相比，他相去远矣！]

[司马懿出自世家大族，从曾祖父起世代为帝国核心或重要地区的行政长官，他"少有奇节，聪朗多大略，博学洽闻"，且具政治雄心。]

宣皇帝讳懿，字仲达，河内温县孝敬里[今河南省焦作市温县]人，姓司马氏。其先出自帝高阳之子重黎，为夏官祝融……周宣王时，以世官克平徐方，锡以官族，因而为氏。楚汉间，司马卬为赵将，与诸侯伐秦。秦亡，立为殷王，都河内。汉以其地为郡，子孙遂家焉。自卬八世，生征西将军钧，字叔平。钧生豫章太守量，字公度。量生颍川太守俊，字元异。俊生京兆尹防，字建公。帝即防之第二子也。[他的颇大一部分几乎与生俱来的特质，包括与曹操大相径庭的"伏膺儒教"：]少有奇节，聪朗多大略，博学洽闻，伏膺儒教[他是他那个阶级的标准或杰出产物]。汉末大乱，常慨然有忧天下心。南阳太守同郡杨俊名知人，见帝，未弱冠，以为非常之器。尚书清河崔琰与帝兄朗善，亦谓朗曰："君弟聪亮明允，刚断英特[英特：才智超群]，非子所及也。"[以后他将证明自己确实超级"刚断英特"！]

[他"不欲屈节曹氏"，但为保命不得不出山效力；一位无权的天才据称不乐意地被另一位独掌大权的天才"发动"起来，成为后者的心腹参谋之一，逐渐在重大政治/战略问题上显现他卓越的政治/战略才能。]

汉建安六年[201]，郡举上计掾[佐理州郡，年终向朝廷汇报州郡事务的官吏]。魏武帝为司空，闻而辟之。帝知汉运方微，不欲屈节曹氏，辞以风痹，不能起居。魏武使人夜往密刺之，帝坚卧不动。[这反映他的传统儒教气节，还是反映他的超级野心？]及魏武为丞相，又辟为文学掾，敕行者曰："若复盘桓，便收之。"帝惧而就职。
[这"伏膺儒教"的人物说到底同很多人一样是机会主义者。]于是使与太子游处，迁
黄门侍郎，转议郎、丞相东曹属，寻转主簿。从讨张鲁，言于魏武曰[他给他的主公
曹操提出第一项重大战略提议，但被拒绝；他的战略天才甚至超过曹操]："刘备以
诈力虏刘璋，蜀人未附而远争江陵，此机不可失也。今若曜威汉中，益州震动，进兵
临之，势必瓦解。因此之势，易为功力。圣人不能违时，亦不失时矣。"魏武曰："人苦
无足，既得陇右，复欲得蜀！"言竟不从。[在此场合，过度的战略审慎（实为盲目藐
视）压倒了适当的战略冲劲。]既而从讨孙权，破之。军还，权遣使乞降，上表称臣，
陈说天命。魏武帝曰："此儿欲踞吾著炉炭上邪！"答曰[他这么说肯定是出自马基
雅维里主义式的虚假诡谀]："汉运垂终，殿下十分天下而有其九，以服事之。权之
称臣，天人之意也。虞、夏、殷、周不以谦让者，畏天知命也。"

魏国既建，迁太子中庶子。每与大谋，辄有奇策[他越来越显现他的政治/战略
天才！]，为太子所信重，与陈群、吴质、朱铄号曰四友。[例一：战时经济献策，促成
"务农积谷，国用丰赡"]迁为军司马，言于魏武曰："昔箕子陈谋，以食为首。今天下
不耕者盖二十余万，非经国远筹也。虽戎甲未卷，自宜且耕且守。"魏武纳之，于是
务农积谷，国用丰赡。帝又言荆州刺史胡脩粗暴，南乡太守傅方骄奢，并不可居边。
魏武不之察。[例二：战时重大紧急状况献策，劝阻迁都，并且援引孙权解襄樊之围
和歼灭关羽之事]及蜀将羽围曹仁于樊，于禁等七军皆没，脩、方果降羽，而仁围甚
急焉。是时汉帝都许昌，魏武以为近贼，欲徙河北。帝谏曰："禁等为水所没，非战
守之所失，于国家大计未有所损，而便迁都，既示敌以弱，又淮沔之人大不安矣。孙
权、刘备，外亲内疏，羽之得意，权所不愿也。可喻权所，令掎其后，则樊围自解。"魏
武从之。权果遣将吕蒙西袭公安，拔之，羽遂为蒙所获。[例三：巩固战略要地献
策，保住对吴战略前沿]魏武以荆州遗黎及屯田在颍川者逼近南寇，皆欲徙之。帝
曰："荆楚轻脱，易动难安。关羽新破，诸为恶者藏窜观望。今徙其善者，既伤其意，
将令去者不敢复还。"从之。其后诸亡者悉复业。[例四：安定最紧急政治危机，依
凭其镇定的"临时统帅"操作（而非作为幕僚的献策）]及魏武薨于洛阳，朝野危惧。
帝纲纪丧事，内外肃然。乃奉梓官还邺。

[曹操逝去；他接连成功，作用大增，权势大增，但依然保持耐心和审慎，因为决定性时刻尚未到来。]

魏文帝即位，封河津亭侯，转丞相长史。[在魏吴拉锯战争中，难以证明某些前沿要点必不可少和至关紧要，它们都可能像文帝曹丕拒绝他——战略估算天才——的谏言那般被机会主义地放弃，虽然如上所述，文帝的父亲——另一位战略估算天才——曾经并非如此]会孙权帅兵西过，朝议以樊、襄阳无谷，不可以御寇。时曹仁镇襄阳，请召仁还宛。帝曰："孙权新破关羽，此其欲自结之时也，必不敢为患。襄阳水陆之冲，御寇要害，不可弃也。"言竟不从。仁遂焚弃二城，权果不为寇，魏文悔之。及魏受汉禅，以帝为尚书。顷之，转督军、御史中丞，封安国乡侯。

黄初二年[221]，督军官罢，迁侍中、尚书右仆射。五年，天子南巡，观兵吴疆。帝留镇许昌，改封向乡侯，转抚军、假节，领兵五千，加给事中、录尚书事。[他事实上已经成为君主的参谋总长，不仅就军事而且就政治、行政管理和后勤事务而言。]帝固辞。天子曰："吾于庶事，以夜继昼，无须臾宁息。此非以为荣，乃分忧耳。"

六年[225]，天子复大兴舟师征吴，复命帝居守，内镇百姓，外供军资。临行，诏曰："吾深以后事为念，故以委卿。曹参虽有战功，而萧何为重。使吾无西顾之忧，不亦可乎！"天子自广陵还洛阳，诏帝曰："吾东，抚军当总西事；吾西，抚军当总东事。"[君主曹丕对他的信任和重用已无以复加！]于是帝留镇许昌。及天子疾笃，帝与曹真、陈群等见于崇华殿之南堂，并受顾命辅政。诏太子曰："有间此三公者，慎勿疑之。"[君主曹丕对他的信任和重用已无以复加！]明帝即位，改封舞阳侯。及孙权围江夏，遣其将诸葛瑾、张霸并攻襄阳，帝督诸军讨权，走之。进击，败瑾，斩霸，并首级千余。迁骠骑将军。[这似乎是他首次担任战区司令和战场指挥将领，并且首次统军赢得一场战役。他辉煌履历的开端！]

[明帝之下的司马懿（一）：曹魏首席指挥将领，魏蜀拉锯战争的魏方战场统帅，其间他的杰出帅才以及政治城府发挥得淋漓尽致，以致诸葛亮无功而殒命五丈原；他在军事上对曹魏的不可或缺保证了他在政治上的不可湮灭，尽管就此而言，他的耐心和审慎也至关紧要，也尽管他面对的政治危险在明帝时期只是潜在的。]

太和元年[227]六月，天子诏帝屯于宛，加督荆、豫二州诸军事。[下面，房玄龄等不遗余力地详尽记述了他如何依靠战略欺骗和出敌不意粉碎了孟达——一位易变和诡计多端的机会主义降将；他显然比另一位战略天才诸葛亮厉害。]初，蜀将孟达之降也，魏朝遇之甚厚。帝以达言行倾巧，不可任，骤谏，不见听，乃以达领新城太守，封侯，假节。达于是连吴固蜀，潜图中国。[诸葛亮对孟达的战略欺骗（促降敦促）]蜀相诸葛亮恶其反覆，又虑其为患。达与魏兴[魏郡名，所在地不详]太守申仪有隙，亮欲促其事，乃遣郭模诈降，过仪，因漏泄其谋。达闻其谋漏泄，将举兵。[他针锋相对地对孟达进行战略欺骗（战略麻痹）]帝恐达速发，以书喻之曰："将军昔弃刘备，托身国家，国家委将军以疆场之任，任将军以图蜀之事，可谓心贯白日。蜀人愚智，莫不切齿于将军。诸葛亮欲相破，惟苦无路耳。模之所言，非小事也，亮岂轻之而令宣露，此殆易知耳。"达得书大喜，犹与不决。[他在战略欺骗掩盖下的出敌不意、神速进军和辉煌胜利]帝乃潜军进讨。诸将言达与二贼交构，宜观望而后动。帝曰："达无信义，此其相疑之时也，当及其未定促决之。"乃倍道兼行，八日到其城下。吴蜀各遣其将向西城安桥、木阑塞以救达，帝分诸将以距之。初，达与亮书曰："宛去洛八百里，去吾一千二百里，闻吾举事，当表上天子，比相反覆，一月间也，则吾城已固，诸军足办。则吾所在深险，司马公必不自来；诸将来，吾无患矣。"及兵到，达又告亮曰："吾举事八日，而兵至城下，何其神速也！"上庸城三面阻水，达于城外为木栅以自固。帝渡水，破其栅，直造城下。八道攻之，旬有六日，达甥邓贤、将李辅等开门出降。斩达，传首京师。俘获万余人，振旅还于宛。[他证明自己是一位以政治方略和温良笼络（"弘以大纲则自然安乐"）去巩固征服地区的能手；他是全才]乃劝农桑，禁浮费，南土悦附焉。初，申仪久在魏兴，专威疆场，辄承制刻印，多所假授。达既诛，有自疑心。时诸郡守以帝新克捷，奉礼求贺，皆听之。帝使人讽仪，仪至，问承制状，执之，归于京师。又徙孟达余众七千余家于幽州。蜀将姚静、郑他等帅其属七千余人来降。时边郡新附，多无户名，魏朝欲加隐实。属帝朝于京师，天子访之于帝。帝对曰："贼以密网束下，故下弃之。宜弘以大纲，则自然安乐。"……

[几乎接连不断的魏蜀拉锯战役，主要由诸葛亮不顾一切和力不从心的反复北伐造就，其间依凭曹魏的优越实力和他的战略/战术天才，他愈益明显地占据上风，而诸葛亮的颓势无可逆转。]

四年[230]，迁大将军，加大都督、假黄钺，与曹真伐蜀。帝自西城斫山开道，水陆并进，溯沔而上，至于朐䏰，拔其新丰县。军次丹口，遇雨，班师。① 明年，诸葛亮寇天水，围将军贾嗣、魏平于祁山。天子曰："西方有事，非君莫可付者。"[他在军事上不可或缺！这是他的主要资产。]乃使帝西屯长安，都督雍、梁二州诸军事，统车骑将军张郃、后将军费曜、征蜀护军戴凌、雍州刺史郭淮等讨亮。张郃劝帝分军住雍、郿为后镇，帝曰："料前军独能当之者，将军言是也。若不能当，而分为前后，此楚之三军所以为黥布禽也。"[他几乎在所有方面都是克劳塞维茨式的！然而，令人难以置信的是，在他那里哪有"战争迷雾"？]遂进军隃麋。亮闻大军且至，乃自帅众将芟上邽之麦。诸将皆惧，帝曰："亮虑多决少[这是果断决绝的他胜过诸葛亮的一个重要方面]，必安营自固，然后芟麦。吾得二日兼行足矣。"于是卷甲晨夜赴之。亮望尘而遁。帝曰："吾倍道疲劳，此晓兵者之所贪也。亮不敢据渭水，此易与耳。"进次汉阳，与亮相遇，帝列阵以待之。使将牛金轻骑饵之，兵才接而亮退，追至祁山。亮屯卤城，据南北二山，断水为重围。帝攻拔其围，亮宵遁。追击，破之，俘斩万计。天子使使者劳军，增封邑。[不但知己，而且知彼：他在某些重要方面总是孙子式的]时军师杜袭、督军薛悌皆言明年麦熟，亮必为寇，陇右无谷，宜及冬豫运。帝曰："亮再出祁山，一攻陈仓，挫衄而反。纵其后出，不复攻城，当求野战，必在陇东，不在西也。亮每以粮少为恨，归必积谷，以吾料之，非三稔不能动矣。"于是表徙冀州农夫佃上邽，兴京兆、天水、南安监冶。

[以费边式战略操作最后一役，他全胜诸葛亮，后者殒命五丈原。]

青龙元年[233]，穿成国渠，筑临晋陂，溉田数千顷，国以充实焉。[他是战时经济后勤能手。他是全才！]二年，亮又率众十余万出斜谷，垒于郿之渭水南原。天子忧之，遣征蜀护军秦朗督步骑二万，受帝节度。诸将欲住渭北以待之，帝曰："百姓积聚皆在渭南，此必争之地也。"遂引军而济，背水为垒。因谓诸将曰："亮若勇者，

---

① 《三国志·魏书·明帝纪》载：四年[230]春二月……癸巳，以大将军曹真为大司马，骠骑将军司马宣王为大将军，辽东太守公孙渊为车骑将军。夏四月，太傅钟繇薨。……秋七月……诏大司马曹真、大将军司马宣王伐蜀[如下所示，一番半途而废的、将对诸葛亮的防御战转为进攻战的努力。半途而废是因为突然显示出来的国内基础羸弱]。……九月，大雨，伊、洛、河、汉水溢，诏真等班师。冬十月……庚申，令："罪非殊死听赎各有差。"

当出武功,依山而东。若西上五丈原,则诸军无事矣。"亮果上原,将北渡渭,帝遣将军周当屯阳遂以饵之。数日,亮不动。帝曰:"亮欲争原而不向阳遂,此意可知也。"遣将军胡遵、雍州刺史郭淮共备阳遂,与亮会于积石,临原而战,亮不得进,还于五丈原。会有长星坠亮之垒,帝知其必败,遣奇兵掎亮之后,斩五百余级,获生口千余,降者六百余人。时朝廷以亮侨军远寇,利在急战,每命帝持重,以候其变。[在这场合,明帝曹叡比他更有战略眼光和定力。]亮数挑战,帝不出,因遗帝巾帼妇人之饰。帝怒,表请决战,天子不许,乃遣骨鲠臣卫尉辛毗杖节为军师以制之。后亮复来挑战,帝将出兵以应之,毗杖节立军门,帝乃止。初,蜀将姜维闻毗来,谓亮曰:"辛毗杖节而至,贼不复出矣。"亮曰:"彼本无战心,所以固请者,以示武于其众耳。将在军,君命有所不受,苟能制吾,岂千里而请战邪!"[如果诸葛亮这里的透视是对的,那么他——司马懿——确实有无穷的政治心机!高明的战场统帅几乎总是一眼望前沿战场,另一眼望国内后方。]帝弟孚书问军事,帝复书曰:"亮志大而不见机,多谋而少决,好兵而无权,虽提卒十万,已堕吾画中,破之必矣。"[他对诸葛亮的这一简评的确鞭辟入里!不但知己,而且知彼;他在某些重要方面总是孙子式的。]与之对垒百余日,会亮病卒,诸将烧营遁走,百姓奔告,帝出兵追之。亮长史杨仪反旗鸣鼓,若将距帝者。帝以穷寇不之逼,于是杨仪结阵而去。经日,乃行其营垒,观其遗事,获其图书、粮谷甚众。帝审其必死,曰:"天下奇才也。"辛毗以为尚未可知。帝曰:"军家所重,军书密计、兵马粮谷,今皆弃之,岂有人捐其五藏而可以生乎?宜急追之。"关中多蒺藜,帝使军士二千人著软材平底木屐前行,蒺藜悉著屐,然后马步俱进。追到赤岸,乃知亮死审问。时百姓为之谚曰:"死诸葛走生仲达。"帝闻而笑曰:"吾便料生,不便料死故也。"先是,亮使至,帝问曰:"诸葛公起居何如,食可几米?"对曰:"三四升。"次问政事,曰:"二十罚已上皆自省览。"帝既而告人曰:"诸葛孔明其能久乎!"竟如其言。[然而,总的来看难以置信,在他那里哪有"战争迷雾"?]亮部将杨仪、魏延争权,仪斩延,并其众。帝欲乘隙而进,有诏不许。

[明帝之下的司马懿(二):强有力的东北边疆军阀公孙渊反叛,继而挫败起初的中央征伐,最终被依靠军事成就保持和增长其权力和威望的司马懿摧毁;随即明帝薨,死前安排一个制约他的"双头摄政"结构,即曹爽 vs. 司马懿。]

三年[235]，迁太尉，累增封邑。……关东饥，帝运长安粟五百万斛输于京师。[后勤能手，京师救星。他的威望和权势似乎不可阻挡。]

四年，获白鹿，献之。天子曰："昔周公旦辅成王，有素雉之贡。今君受陕西之任，有白鹿之献，岂非忠诚协符，千载同契，俾乂邦家，以永厥休邪！"[他在军事上再度被认为不可或缺！这是他的主要资产。]及辽东太守公孙文懿[公孙渊]反，征帝诣京师。天子曰："此不足以劳君，事欲必克，故以相烦耳。君度其作何计？"对曰[不但知己，而且知彼：他在某些重要方面总是孙子式的，尽管总的来说有一点令人难以置信，即对他来说似乎没有"战争迷雾"]："弃城预走，上计也。据辽水以距大军，次计也。坐守襄平，此成擒耳。"天子曰："其计将安出？"对曰："惟明者能深度彼己，豫有所弃，此非其所及也。今悬军远征，将谓不能持久，必先距辽水而后守，此中下计也。"天子曰："往还几时？"对曰："往百日，还百日，攻百日，以六十日为休息，一年足矣。"

是时大修宫室，加之以军旅，百姓饥弊。帝将即戎，乃谏曰："昔周公营洛邑，萧何造未央，今宫室未备，臣之责也。然自河以北，百姓困穷，外内有役，势不并兴，宜假绝内务，以救时急。"[我们不要忘记，他不仅深谙战略的国内资源基础，而且"伏膺儒教"。]

景初二年[238]，帅牛金、胡遵等步骑四万，发自京都。车驾送出西明门，诏弟孚、子师送过温，赐以谷帛牛酒，敕郡守典农以下皆往会焉。见父老故旧，宴饮累日。帝叹息，怅然有感，为歌曰："天地开辟，日月重光。遭遇际会，毕力遐方。将扫群秽，还过故乡。肃清万里，总齐八荒。告成归老，待罪舞阳[司马懿为舞阳侯]。"[既是他的真心感慨，也是他的虚伪之词，以消除明帝潜在的猜疑。他哪愿"告成归老，待罪舞阳"？]遂进师，经孤竹，越碣石，次于辽水。[他的战略出敌不意再度辉煌显现；他在某些重要方面总是孙子式的]文懿果遣步骑数万，阻辽隧，坚壁而守，南北六七十里，以距帝。帝盛兵多张旗帜，出其南，贼尽锐赴之。乃泛舟潜济以出其北，与贼营相逼，沈舟焚梁，傍辽水作长围，弃贼而向襄平。诸将言曰："不攻贼而作围，非所以示众也。"帝曰："贼坚营高垒，欲以老吾兵也。攻之，正入其计，此王邑所以耻过昆阳也。古人曰，敌虽高垒，不得不与我战者，攻其所必救也。贼大众在此，则巢窟虚矣。我直指襄平，则人怀内惧，惧而求战，破之必矣。"遂整阵而过。贼见兵出其后,果邀之。帝谓诸将曰:"所以不攻其营,正欲致此,不可失也。"乃纵兵逆击,大破之,三战皆捷。[他的战略出敌不意("示无能以安之")再度辉煌显现;他在某些重要方面总是孙子式的]贼保襄平,进军围之。

初,文懿闻魏师之出也,请救于孙权。权亦出兵遥为之声援,遗文懿书曰:"司马公善用兵,变化若神,所向无前,深为弟忧之。"

会霖潦,大水平地数尺,三军恐,欲移营。帝令军中敢有言徙者斩。都督令史张静犯令,斩之,军中乃定。贼恃水,樵牧自若。诸将欲取之,皆不听。司马陈珪曰:"昔攻上庸,八部并进,昼夜不息,故能一旬之半,拔坚城,斩孟达。今者远来而更安缓,愚窃惑焉。"帝曰:"孟达众少而食支一年,吾将士四倍于达而粮不淹月,以一月图一年,安可不速? 以四击一,正令半解,犹当为之。是以不计死伤,与粮竞也。今贼众我寡,贼饥我饱,水雨乃尔,功力不设,虽当促之,亦何所为。自发京师,不忧贼攻,但恐贼走。今贼粮垂尽,而围落未合,掠其牛马,抄其樵采,此故驱之走也。夫兵者诡道,善因事变。[特别由于他的兵力数量劣势而更需如此!]贼凭众恃雨,故虽饥困,未肯束手,当示无能以安之。取小利以惊之,非计也。"朝廷闻师遇雨,咸请召还。天子曰:"司马公临危制变,计日擒之矣。"[明帝再度显示出几乎不亚于他的战略才能。]既而雨止,遂合围。起土山地道,楯橹钩橦,发矢石雨下,昼夜攻之。

时有长星,色白,有芒鬣,自襄平城西南流于东北,坠于梁水,城中震慑。文懿大惧,乃使其所署相国王建、御史大夫柳甫乞降,请解围面缚。不许,执建等,皆斩之。[他要的不是敌降,而是彻底摧毁]……文懿攻南围突出,帝纵兵击败之,斩于梁水之上星坠之所。既入城,立两标以别新旧焉。[他可以非常残忍,以屠戮看似彻底解决问题]男子年十五已上七千余人皆杀之,以为京观[为炫耀武功,聚集敌尸,封土而成的高冢]。伪公卿已下皆伏诛,戮其将军毕盛等二千余人。收户四万,口三十余万。

……天子遣使者劳军于蓟,增封食昆阳,并前二县。……[明帝薨,死前安排一个制约他的顾命大臣群体]先是,诏帝便道镇关中;及次白屋,有诏召帝,三日之间,诏书五至。手诏曰:"间侧息望到,到便直排阁入,视吾面。"帝大遽,乃乘追锋车昼夜兼行,自白屋四百余里,一宿而至。引入嘉福殿卧内,升御床。帝流涕问疾,天子执帝手,目齐王曰:"以后事相托。死乃复可忍,吾忍死待君,得相见,无所复恨矣。"

与大将军曹爽并受遗诏辅少主。[曹爽 *vs.*司马懿的权力结构浮现。]及齐王即帝位，迁侍中、持节、都督中外诸军、录尚书事，与爽各统兵三千人，共执朝政，更直殿中，乘舆入殿。[曹爽优势 *vs.*他的危机迅即展开]爽欲使尚书奏事先由己，乃言于天子，徙帝为大司马。朝议以为前后大司马累薨于位，乃以帝为太傅。入殿不趋，赞拜不名，剑履上殿，如汉萧何故事。嫁娶丧葬取给于官，以世子师为散骑常侍，子弟三人为列侯，四人为骑都尉。帝固让子弟官不受。

[曹爽拥有优势，乃至独裁。但十年后事实将证明他完全能渡过危机并战而胜之，因为他的政治和战略素质——军事帅才、政治耐力和决绝果断优越无比。]

正始元年[240]……初，魏明帝好修官室，制度靡丽，百姓苦之。帝自辽东还，役者犹万余人，雕玩之物动以千计。至是皆奏罢之，节用务农，天下欣赖焉。[此举既符合他的儒者秉性，又符合他争取人心、增长威望的政治需要。]

[他不可或缺的军事帅才从根本上保证了他的政治生存]二年夏五月，吴将全琮寇芍陂，朱然、孙伦围樊城，诸葛瑾、步骘掠柤中[今湖北南漳县西蛮河流域]，帝请自讨之。议者咸言，贼远来围樊，不可卒拔。挫于坚城之下，有自破之势，宜长策以御之。帝曰："边城受敌而安坐庙堂，疆场骚动，众心疑惑，是社稷之大忧也。"六月，乃督诸军南征，车驾送出津阳门。帝以南方暑湿，不宜持久，使轻骑挑之，然不敢动。于是休战士，简精锐，募先登，申号令，示必攻之势。吴军夜遁走，追至三州口，斩获万余人，收其舟船军资而还。天子遣侍中常侍劳军于宛。秋七月，增封食郾、临颍，并前四县，邑万户，子弟十一人皆为列侯。[他的儒者秉性，同时又符合他政治生存和壮大的需要，韬光养晦以待未来的道德前提条件]帝勋德日盛，而谦恭愈甚。以太常常林乡邑旧齿，见之每拜。恒戒子弟曰："盛满者道家之所忌，四时犹有推移，吾何德以堪之。损之又损之，庶可以免乎？"

[他的军事帅才和后勤能力再度辉煌显现]三年[242]……三月，奏穿广漕渠，引河入汴，溉东南诸陂，始大佃于淮北。先是，吴遣将诸葛恪屯皖，边鄙苦之，帝欲自击恪。议者多以贼据坚城，积谷，欲引致官兵。今悬军远攻，其救必至，进退不易，未见其便。帝曰："贼之所长者水也，今攻其城，以观其变。若用其所长，弃城奔走，此为庙胜也。若敢固守，湖水冬浅，船不得行，势必弃水相救，由其所短，亦吾利

也。"四年秋九月,帝督诸军击诸葛恪,车驾送出津阳门。军次于舒,恪焚烧积聚,弃城而遁。[他深谙大战略的一大要义,且能成功贯彻之;他是全才]帝以灭贼之要,在于积谷,乃大兴屯守,广开淮阳、百尺二渠,又修诸陂于颍之南北,万余顷。自是淮北仓庾相望,寿阳至于京师,农官屯兵连属焉。

[他的国内对手的庸劣和战败大大便利了他隐忍不发的事业]五年[244]……尚书邓飏、李胜等欲令曹爽建立功名,劝使伐蜀。帝止之,不可,爽果无功而还。①六年秋八月,曹爽毁中垒中坚营,以兵属其弟中领军羲,帝以先帝旧制禁之,不可。冬十二月,天子诏帝朝会乘舆升殿。

七年[246]春正月,吴寇柤中,夷夏万余家避寇北渡沔。帝以沔南近贼,若百姓奔还,必复致寇,宜权留之。曹爽曰:"今不能修守沔南而留百姓,非长策也。"帝曰:"不然。凡物致之[抵达]安地则安,危地则危。故兵书曰'成败,形也;安危,势也'。形势,御众之要,不可以不审。设令贼以二万人断沔水,三万人与沔南诸军相持,万人陆梁[嚣张,猖獗]柤中,将何以救之?"爽不从,卒令还南。贼果袭破柤中,所失万计。

[曹爽独裁臻至极致,他因此被迫退出,以待大反扑时机]八年[247]夏四月,夫人张氏薨。曹爽用何晏、邓飏、丁谧之谋,迁太后于永宁宫,专擅朝政,兄弟并典禁兵,多树亲党,屡改制度。帝不能禁,于是与爽有隙。五月,帝称疾不与政事。时人为之谣曰:"何、邓、丁,乱京城。"

[突然,他在老迈濒死之年发动血腥政变,消灭曹爽集团,变曹爽独裁为司马氏

---

① 《三国志·魏书·诸夏侯曹传》载:南阳何晏、邓飏、李胜,沛国丁谧、东平毕轨咸有声名,进趣于时,明帝以其浮华,皆抑黜之;及爽秉政,乃复进叙,任为腹心。飏等欲令爽立威名于天下,劝使伐蜀,爽从其言,宣王止之不能禁。正始五年,爽乃西至长安,大发卒六七万人,从骆谷入。是时,关中及氐、羌转输不能供,牛马骡驴多死,民夷号泣道路。入谷行数百里,贼因山为固,兵不得进。爽参军杨伟为爽陈形势,宜急还,不然将败。飏与伟争于爽前,伟曰:"飏、胜将败国家事,可斩也。"爽不悦,乃引军还。汉晋春秋曰:司马宣王谓夏侯玄曰:"春秋责大德重,昔武皇帝再入汉中,几为大败,君所知也。今兴平路势至险,蜀已先据;若进不获战,退见徼绝,覆军必矣。将何以任其责!"玄惧,言于爽,引军退。费祎进兵据三岭以截爽,爽争险苦战,仅乃得过。所发牛马运转者,死失略尽,羌、胡怨叹,而关右悉虚耗矣。

独裁。]

　　九年[248]春三月，黄门张当私出掖庭才人石英等十一人，与曹爽为伎人。爽、晏谓帝疾笃，遂有无君之心，与当密谋，图危社稷，期有日矣。[他一如既往，是战略欺骗和出敌不意的能手，特别在他的敌人严重看轻他和过分高估形势之有利的时候。]帝亦潜为之备，爽之徒属亦颇疑帝。会河南尹李胜将莅荆州，来候帝。帝诈疾笃，使两婢侍，持衣衣落，指口言渴，婢进粥，帝不持杯饮，粥皆流出沾胸。胜曰："众情谓明公旧风发动，何意尊体乃尔！"帝使声气才属[仅能连续，形容声气微弱乏力]，说："年老枕疾，死在旦夕。君当屈并州，并州近胡，善为之备。恐不复相见，以子师、昭兄弟为托。"胜曰："当还忝本州，非并州。"帝乃错乱其辞曰："君方到并州。"胜复曰："当忝荆州。"帝曰："年老意荒，不解君言。今还为本州，盛德壮烈，好建功勋！"胜退告爽曰："司马公尸居余气，形神已离，不足虑矣。"他日，又言曰："太傅不可复济，令人怆然。"故爽等不复设备。[他的战略欺骗或超级韬光养晦完全解除了对手的武装！能够在最佳时机发动政变，在其他条件之外得益于他一向累积的威望和人缘。]嘉平元年[249]春正月甲午，天子谒高平陵，爽兄弟皆从。是日，太白袭月。帝于是奏永宁太后，废爽兄弟。时景帝为中护军，将兵屯司马门。帝列阵阙下，经爽门。爽帐下督严世上楼，引弩将射帝，孙谦止之曰："事未可知。"三注三止，皆引其肘不得发。大司农桓范出赴爽，蒋济言于帝曰："智囊往矣。"帝曰："爽与范内疏而智不及，驽马恋栈豆，必不能用也。"于是假司徒高柔节，行大将军事，领爽营，谓柔曰："君为周勃矣。"命太仆王观行中领军，摄羲营。帝亲帅太尉蒋济等勒兵出迎天子，屯于洛水浮桥，上奏曰[他宣告灭爽政变的一系列"正当理由"（just cause）]："先帝诏陛下、秦王[曹询，曹叡养子，231年出生，235年被立为秦王，244年去世]及臣升于御床，握臣臂曰'深以后事为念'。今大将军爽背弃顾命，败乱国典，内则僭拟，外专威权。群官要职，皆置所亲；宿卫旧人，并见斥黜。根据槃互，纵恣日甚。又以黄门张当为都监，专共交关，伺候神器。天下汹汹，人怀危惧。陛下便为寄坐，岂得久安？此非先帝诏陛下及臣升御床之本意也。臣虽朽迈，敢忘前言？昔赵高极意，秦是以亡；吕霍早断，汉祚永延。此乃陛下之殷鉴，臣授命之秋也。公卿群臣皆以爽有无君之心，兄弟不宜典兵宿卫；奏皇太后，皇太后敕如奏施行。臣辄敕主者及黄门令罢爽、羲，训吏兵，各以本官候就第。若稽留车驾，以军法从事。臣辄力疾将兵诣洛水浮桥,伺察非常。"爽不通奏,留车驾宿伊水南,伐树为鹿角,发屯兵数千人以守。桓范果劝爽奉天子幸许昌,移檄征天下兵。爽不能用,而夜遣侍中许允、尚书陈泰诣帝,观望风旨。帝数其过失,事止免官。泰还以报爽,劝之通奏。[他为彻底消灭曹爽本人和减小政变代价而实施的最后一次战略欺骗;]帝又遣爽所信殿中校尉尹大目谕爽,指洛水为誓,爽意信之。桓范等援引古今,谏说万端,终不能从。乃曰:"司马公正当欲夺吾权耳。吾得以侯还第,不失为富家翁。"[他的敌人庸劣非常,连纸老虎都算不上!]范拊膺[捶胸]曰:"坐卿,灭吾族矣!"遂通帝奏。既而有司劾黄门张当,并发爽与何晏等反事,乃收爽兄弟及其党与何晏、丁谧、邓飏、毕轨、李胜、桓范等诛之。……二月,天子以帝为丞相,增封颍川之繁昌、鄢陵、新汲、父城,并前八县,邑二万户,奏事不名。固让丞相。冬十二月,加九锡之礼,朝会不拜。固让九锡。

[司马氏独裁不可撼动,他在垂死之年轻而易举地粉碎王凌叛乱。]

二年……帝以久疾不任朝请,每有大事,天子亲幸第以咨访焉。兖州刺史令狐愚、太尉王凌贰于帝,谋立楚王彪。

三年春正月,王凌诈言吴人塞[封锁]涂水,请发兵以讨之。帝潜知其计,不听。夏四月,帝自帅中军,泛舟沿流,九日而到甘城。凌计无所出,乃迎于武丘,面缚水次,曰:"凌若有罪,公当折简召凌,何苦自来邪!"帝曰:"以君非折简之客故耳。"即以凌归于京师。道经贾逵庙,凌呼曰:"贾梁道! 王凌是大魏之忠臣,惟尔有神知之。"至项,仰鸩而死。收其余党,皆夷三族,并杀彪。① 悉录魏诸王公置于邺,命有司监察,不得交关。天子遣侍中韦诞持节劳军于五池。帝至自甘城,天子又使兼大鸿胪、太仆庾嶷持节,策命帝为相国,封安平郡公,孙及兄子各一人为列侯,前后食邑五万户,侯者十九人。固让相国、郡公不受。六月,帝寝疾,梦贾逵、王凌为祟,甚恶之。秋

---

① 《三国志·魏书·王毌丘诸葛邓钟传》载:宣王将中军乘水道讨凌,先下赦凌罪,又将尚书广东,使为书喻凌,大军掩至百尺逼凌。凌自知势穷,乃乘船单出迎宣王,遣掾王彧谢罪,送印绶、节钺。军到丘头,凌面缚水次。宣王承诏遣主簿解缚反服,见凌,慰劳之,还印绶、节钺,遣步骑六百人送还京都。[我们随后将知道司马懿在施加惩罚上的精致的极端的残忍!]凌至项,饮药死。宣王遂至寿春。张式等皆自首,乃穷治其事。彪赐死,诸相连者悉夷三族。……发凌、愚冢,剖棺,暴尸于所近市三日,烧其印绶、朝服,亲土埋之。……

八月戊寅，崩于京师，时年七十三。……先是，预作终制，于首阳山为土藏，不坟不树；作顾命三篇，敛以时服，不设明器，后终者不得合葬。一如遗命。[他才智无双，且开篡夺曹魏之始，但在世界观和人生观上说到底却是曹丕的学生，①更不用说曹操了。]晋国初建，追尊曰宣王。武帝受禅，上尊号曰宣皇帝，陵曰高原，庙称高祖。

[他的政治和战略天才无可怀疑。然而，作为实现政权变更和王朝奠基的篡夺者，他不可能受到意欲江山永固的初唐君主及其廷臣的道德乃至政治赞誉。相反，他的卓越才智和复杂性情必定被描述为篡夺者的隐忍、狡黠和"奸回"。]

帝内忌而外宽，猜忌多权变。魏武察帝有雄豪志，闻有狼顾相，欲验之。乃召使前行，令反顾，面正向后而身不动。又尝梦三马同食一槽，甚恶焉。因谓太子丕曰："司马懿非人臣也，必预汝家事。"太子素与帝善，每相全佑，故免。帝于是勤于吏职，夜以忘寝，至于刍牧之间，悉皆临履，由是魏武意遂安。[他的战略耐心和战略欺骗无人可及，韬光养晦简直是他的本能！]及平公孙文懿，大行杀戮。诛曹爽之际，支党皆夷及三族，男女无少长，姑姊妹女子之适人者皆杀之，既而竟迁魏鼎云。明帝[东晋明帝司马绍]时，王导侍坐。帝问前世所以得天下，导乃陈帝创业之始，及文帝末高贵乡公事[指司马昭杀高贵乡公，另立常道乡公]。明帝以面覆床曰："若如公言，晋祚复安得长远！"[在那个大动乱时代，政变甚而弑君可以成为常态或政治传统。]迹其猜忍，盖有符于狼顾也。

---

① 《三国志·魏书·文帝纪》载：(黄初三年，222)冬十月甲子，表首阳山东为寿陵，作《终制》曰[一则伟大和深刻的指令！]："……昔尧葬谷林，通树之，禹葬会稽，农不易亩，故葬于山林，则合乎山林。封树[堆土为坟，植树为饰]之制，非上古也，吾无取焉。寿陵因山为体，无为封树，无立寝殿，造园邑，通神道。[关于死亡和丧葬的非常不同流俗的思想：]夫葬也者，藏也，欲人之不得见也。骨无痛痒之知，冢非栖神之宅，礼不墓祭，欲存亡之不黩也，为棺椁足以朽骨，衣衾足以朽肉而已。故吾营此丘墟不食之地，欲使易代之后不知其处。无施苇炭，无藏金银铜铁，一以瓦器，合古涂车、刍灵之义。棺但漆际会三过，饭含无以珠玉，无施珠襦玉匣，诸愚俗所为也。……[对此事的彻底理解]自古及今，未有不亡之国，亦无不掘之墓也。丧乱以来，汉氏诸陵无不发掘，至乃烧取玉匣金缕，骸骨并尽，是焚如之刑，岂不重痛哉！祸由乎厚葬封树。……[关于此事的决定决绝透顶，毫不含糊]若违今诏，妄有所变改造施，吾为戮尸地下，戮而重戮，死而重死。臣子为蔑死君父，不忠不孝，使死者有知，将不福汝。其以此诏藏之宗庙，副在尚书、秘书、三府。"

[唐太宗李世民对《晋书》篇章的极罕见的一则评论：]

制曰：夫天地之大，黎元为本；邦国之贵，元首为先。治乱无常，兴亡有运。[至少西周倾覆往后约一千五百年的中国政治史足以令中国人有此根本的历史观。]是故五帝之上，居万乘以为忧；三王已来，处其忧而为乐。竞智力，争利害，大小相吞，强弱相袭。逮乎魏室，三方鼎峙，干戈不息，氛雾交飞。[丛林政治史！那可以产生"性宽绰而能容"的大政治家和"戢鳞潜翼，思属风云"的隐忍式大政治战略家]宣皇以天挺之姿，应期佐命，文以缵治，武以棱威。用人如在己，求贤若不及；情深阻而莫测，性宽绰而能容。和光同尘，与时舒卷，戢鳞潜翼，思属风云。饰忠于已诈之心，延安于将危之命。观其雄略内断，英猷外决，珍公孙于百日，擒孟达于盈旬，自以兵动若神，谋无再计矣。既而拥众西举，与诸葛相持。抑其甲兵，本无斗志，遗其巾帼，方发愤心。杖节当门，雄图顿屈，请战千里，诈欲示威。且秦蜀之人，勇懦非敌，夷险之路，劳逸不同，以此争功，其利可见。而返闭军固垒，莫敢争锋，生怯实而未前，死疑虚而犹遁，良将之道，失在斯乎！[考虑到司马懿对诸葛亮的几乎全胜，这样的评价是不公平的，何况如前所述"亮部将杨仪、魏延争权，仪斩延，并其众。帝欲乘隙而进，有诏不许"。]文帝之世，辅翼权重，许昌同萧何之委，崇华甚霍光之寄。当谓竭诚尽节，伊傅可齐。及明帝将终，栋梁是属，受遗二主，佐命三朝，既承忍死之托，曾无殉生之报。天子在外，内起甲兵，陵土未干，遽相诛戮，贞臣之体，宁若此乎！尽善之方，以斯为惑。夫征讨之策，岂东智而西愚？辅佐之心，何前忠而后乱？[考虑到曹爽的庸劣腐败独裁，这样的评价是不公平的。][下面的评论几近于酸儒，尤其是考虑到唐太宗自己的君权篡夺，即玄武门之变 ①]故晋明掩面，耻欺

---

① 司马光对玄武门之变的看法是高度同情但不无遗憾：《资治通鉴·卷第一百九十一·唐纪七·高祖神尧大圣光孝皇帝武德九年》曰："立嫡以长，礼之正也。然高祖所以有天下，皆太宗之功；隐太子[李建成]以庸劣居其右，地嫌势逼，必不相容。向使高祖有文王之明，隐太子有泰伯之贤，太宗有子臧之节，则乱何自而生矣！既不能然，太宗始欲俟其先发，然后应之，如此，则事非获已，犹为愈也[出于不得已，尚且算是做得较好的]。既而为群下所迫，遂至喋血禁门，推刃同气，贻讥千古，惜哉！夫创业垂统之君，子孙之所仪刑[仿效典范]也，彼中、明、肃、代之传继，得非有所指拟以为口实乎！"

伪以成功;石勒肆言,笑奸回以定业。^① ……故知贪于近者则遗远,溺于利者则伤名;若不损己以益人,则当祸人而福己。……况以未成之晋基,逼有余之魏祚?……

帝纪第二　景帝、文帝　摘录和评注

[司马师:司马懿长子,其父在249年政变仅过三年即去世,由他经四年统治而巩固了司马氏独裁,依凭他如其父般的政治/战略大才("沈毅多大略")。他军事上比不上他父亲,但政治上并非如此;他赢得了某些有限的军事胜利,毫无怜悯地粉碎了一项政变企图,废黜了傀儡君主齐王,用另一位高贵乡公取代之。]

[司马昭:司马懿次子,作为雄才大略的独裁者在两大紧急状态——司马师病逝和毌丘俭/文钦联吴叛乱——之际打赢平定战役,而后赢得一场对西南王国的大战斗即上邽之战,再经一场巨大规模的战役即寿春之战粉碎一大将领诸葛诞的大规模造反,("间接地")杀害傀儡君主高贵乡公:既因为不容忍任何宫廷异端,也因为意欲王朝变更。最后,他在去世前不久,主要依靠天才的将领邓艾,以出敌不意和无可阻挡的大规模战役击灭蜀汉。他是军事成就殊为巨大的统帅,也是王朝变更的正式启动者和接近完成者。]

[英才遗传,秉性遗传! 相较于三国的所有同时代君主以及蜀吴两国的军政首辅,在众多快速变异和蜕化中间,三代司马氏(包括完成王朝变更和全国统一的司马懿之孙司马炎)堪称例外。]

司马师:

[几乎从一开始,他就兼备两种难得的秉性,政治/战略家的与风雅文人的,当然,远为重要和显著的是前者。司马懿逝后他行使高效独裁统治,且赢得对孙吴的有限军事胜利。]

---

① 332 年,后赵皇帝石勒在招待高句丽和宇文鲜卑部使臣的宴会上称"大丈夫行事当磊磊落落,如日月皦然,终不能如曹操、司马懿父子,欺孤儿寡妇,狐媚以取天下也"。

景皇帝讳师，字子元，宣帝长子也。雅有风彩，沈毅多大略。少流美誉，与夏侯玄、何晏齐名。晏常称曰："惟几也能成天下之务，司马子元是也。"魏景初中，拜散骑常侍，累迁中护军。为选用之法，举不越功，吏无私焉。[他还是行政管理和驾驭官僚人事的能手。]宣穆皇后[司马懿夫人张春华]崩，居丧以至孝闻。[在一个头号的紧急状态中"沈毅多大略"]宣帝之将诛曹爽，深谋秘策，独与帝潜画，文帝弗之知也。将发夕乃告之。既而使人觇之，帝寝如常，而文帝不能安席。[不要过度解读，因为后来极成功地击碎诸葛诞超大规模叛乱表明，司马昭同样"沈毅多大略"。]晨会兵司马门，镇静内外，置阵甚整。宣帝曰："此子竟可也。"初，帝阴养死士三千，散在人间，至是一朝而集，众莫知所出也。["沉默是金"：他以有所不同的风格，与他父亲一样善于出敌不意。]事平，以功封长平乡侯，食邑千户，寻加卫将军。[他行使井然有序、稳妥持重和颇得众望的高效独裁。]及宣帝薨，议者咸云"伊尹既卒，伊陟嗣事"，天子命帝以抚军大将军辅政。魏嘉平四年[252]春正月，迁大将军，加侍中，持节、都督中外诸军、录尚书事。命百官举贤才，明少长，恤穷独，理废滞。诸葛诞、毌丘俭、王昶、陈泰、胡遵都督四方，王基、州泰、邓艾、石苞典州郡，卢毓、李丰掌选举，傅嘏、虞松参计谋，钟会、夏侯玄、王肃、陈本、孟康、赵酆、张缉预朝议，四海倾注，朝野肃然。或有请改易制度者，帝曰："'不识不知，顺帝之则'，诗人之美也。三祖典制，所宜遵奉；自非军事，不得妄有改革。"

[对孙吴取得有限的军事胜利]五年[253]夏五月，吴太傅诸葛恪围新城，朝议虑其分兵以寇淮泗，欲成诸水口。帝曰[鞭辟入里的政治分析和克劳塞维茨式的集中兵力战法]："诸葛恪新得政于吴，欲徼一时之利，并兵合肥，以冀万一，不暇复为青徐患也。且水口非一，多成则用兵众，少成则不足以御寇。"恪果并力合肥，卒如所度。帝于是使镇东将军毌丘俭、扬州刺史文钦等距之。俭、钦请战，帝曰[孙子式不对称战法]："恪卷甲深入，投兵死地，其锋未易当。且新城小而固，攻之未可拔。"遂命诸将高垒以弊之。相持数月，恪攻城力屈，死伤太半。帝乃敕钦督锐卒趋合榆，要其归路，俭帅诸将以为后继。恪惧而遁，钦逆击，大破之，斩首万余级。

[他毫无怜悯地粉碎了一项政变企图，随之废黜傀儡偏君主齐王；他的弟弟司马昭作为雄才大略的独裁者，在两大紧急状态——他病逝和毌丘俭/文钦联吴叛

乱——之际打赢平定战役。]

正元元年[254]春正月，天子与中书令李丰、后父光禄大夫张缉、黄门监苏铄、永宁署令乐敦、冗从仆射刘宝贤等谋以太常夏侯玄代帝辅政。[傀儡君主齐王与其亲密党羽图谋扳倒独裁者的政变，遭到几乎在一切方面占尽优势的独裁者毫无怜悯的彻底镇压。]帝密知之，使舍人王羡以车迎丰。丰见迫，随羡而至，帝数之。丰知祸及，因肆恶言。帝怒，遣勇士以刀镮筑杀之。逮捕玄、缉等，皆夷三族。三月，乃讽天子废皇后张氏[他对傀儡君主无所不为]，因下诏曰："奸臣李丰等靖谮庸回，阴构凶慝。大将军纠虔天刑，致之诛辟。周勃之克吕氏，霍光之擒上官，曷以过之。其增邑九千户，并前四万。"帝让不受。

天子以玄、缉之诛，深不自安。而帝亦虑难作，潜谋废立，乃密讽魏永宁太后。[废黜齐王，乃解除已无法继续的尴尬不已的"君臣"关系的唯一顺理成章的办法。]秋九月甲戌，太后下令曰[他能命令太后做任何事情，太后也是他的傀儡]："皇帝春秋已长，不亲万机，耽淫内宠，沈嫚女德，日近倡优，纵其丑虐，迎六宫家人留止内房，毁人伦之叙，乱男女之节。[如果这是事实，那么也可理解，因为作为傀儡，齐王已全无国务可享！]又为群小所迫，将危社稷，不可承奉宗庙。"[他和他的下属或走狗演的一出伪善剧：]帝召群臣会议，流涕曰："太后令如是，诸君其如王室何？"咸曰："伊尹放太甲以宁殷，霍光废昌邑以安汉，权定社稷，以清四海。二代行之于古，明公当之于今，今日之事，惟命是从。"帝曰："诸君见望者重，安敢避之？"乃与群公卿士共奏太后曰："臣闻天子者，所以济育群生，永安万国。皇帝春秋已长，未亲万机，[据称的齐王狂野放纵和不孝的详情：]日使小优郭怀、袁信等裸袒淫戏。又于广望观下作辽东妖妇，道路行人莫不掩目。清商令令狐景谏帝，帝烧铁炙之。太后遭合阳君[太后母]丧，帝嬉乐自若。清商丞庞熙谏帝，帝弗听。太后还北宫，杀张美人，帝甚恚望。熙谏，帝怒，复以弹弹熙。每文书入，帝不省视。太后令帝在式乾殿讲学，帝又不从。不可以承天序。臣请依汉霍光故事，收皇帝玺绶，以齐王归籓。"奏可，于是有司以太牢策告宗庙，王就乘舆副车，群臣从至西掖门。[又一出伪善剧：]帝泣曰："先臣受历世殊遇，先帝临崩，托以遗诏。臣复忝重任，不能献可替否。群公卿士，远惟旧典，为社稷深计，宁负圣躬，使宗庙血食。"于是使使者持节卫送,舍河内之重门,诛郭怀、袁信等。①[经一小曲折而册立另一傀儡君主高贵乡公,后者将显示出其勇敢和强烈怨愤。]是日,与群臣议所立。帝曰:"方今宇宙未清,二虏争衡,四海之主,惟在贤哲。彭城王据[曹操之子,环夫人所生],太祖之子,以贤,则仁圣明允;以年,则皇室之长。天位至重,不得其才,不足以宁济六合。"乃兴群公奏太后。太后以彭城王先帝诸父[伯父],于昭穆之序为不次,则烈祖之世永无承嗣。东海定王,明帝之弟,欲立其子高贵乡公髦。帝固争不获,乃从太后令,遣使迎高贵乡公于元城而立之,改元曰正元。……癸巳,天子诏曰:"……夫德茂者位尊,庸大者禄厚,古今之通义也。其登位相国,增邑九千,并前四万户;进号大都督、假黄钺,入朝不趋,奏事不名,剑履上殿;赐钱五百万,帛五千匹,以彰元勋。"[当然,他的地位和特权再进一大步,司马氏的王朝变更事业再进一大步。]……[爆发两大紧急状态:他病逝,同时毌丘俭/文钦勾结孙吴发动大规模武装叛乱;他的弟弟司马昭骤然代他成为独裁者、最高统帅和征伐军总司令,迅速打赢平定战役:]二年[255]春正月,有彗星见于吴楚之分,西北竟天。镇东大将军毌丘俭、扬州刺史文钦举兵作乱,矫太后令移檄郡国,为坛盟于西门之外,各遣子四人质于吴以请救。二月,俭、钦帅众六万,渡淮而西。②[按照《三国志》,司马师已于是年春正月病逝,司马昭翌月始正式执掌军政全权。据此,主要平叛者当为司马昭:]帝会公卿谋征讨计,朝议多谓可遣诸将击之,王肃及尚书傅嘏、中书侍郎钟会劝帝自行。戊午,[十余万对六万:中央征伐大军拥有近乎压倒性的兵力优势]帝统中军步骑十余万以征之。倍道兼行,召三方兵,大会于陈许之郊。甲申,次于隐桥,俭将史招、李续相次来降。俭、钦移入项城,帝遣荆州刺史王基进据南顿以逼俭。[中央征伐大军拥有杰出的战略家作为统帅,而其对手战略庸劣,尽管毌丘俭先前是个杰出的将才:]帝深壁高

---

① 《三国志·魏书·三少帝纪》内注裴松之引魏略曰[一则不含任何伪善的故事:]:景王将废帝,遣郭芝入白太后,太后与帝对坐。芝谓帝曰:"大将军欲废陛下,立彭城王据。"帝乃起去。太后不悦。芝曰:"太后有子不能教,今大将军意已成,又勒兵于外以备非常,但当顺旨,将复何言!"太后曰:"我欲见大将军,口有所说。"芝曰:"何可见邪?但当速取玺绶。"太后意折,乃遣傍侍御取玺绶著坐侧。芝出报景王,景王甚欢。又遣使者授齐王印绶,当出就西宫。帝受命,遂载王车,与太后别,垂涕……

② 《三国志·魏书·三少帝纪》载:二年[255]春正月……司马景王薨于许昌。二月丁巳,以卫将军司马文王为大将军,录尚书事。

垒,以待东军之集。诸将请进军攻其城,帝曰[优良的战略部署基于优良的政治分析]:"诸君得其一,未知其二。淮南将士本无反志。且俭、钦欲蹈纵横之迹,习仪秦之说,谓远近必应。而事起之日,淮北不从,史招、李续前后瓦解。内乖外叛,自知必败,困兽思斗,速战更合其志。虽云必克,伤人亦多。且俭等欺诈将士,诡变万端,小与持久,诈情自露,此不战而克之也。"乃遣诸葛诞督豫州诸军自安风向寿春,征东将军胡遵督青、徐诸军出谯宋之间,绝其归路。帝屯汝阳,遣兖州刺史邓艾督太山诸军进屯乐嘉,示弱以诱之。钦进军将攻艾,帝潜军衔枚,经造乐嘉,与钦相遇。钦子鸯,年十八,勇冠三军,谓钦曰:"及其未定,请登城鼓噪,击之可破也。"既谋而行,三噪而钦不能应,鸯退,相与引而东。[继示弱诱敌而后出敌不意猛追猛攻,依据决绝的克劳塞维茨式的本能战略判断:]帝谓诸将曰:"钦走矣。"命发锐军以追之。诸将皆曰:"钦旧将,鸯少而锐,引军内入,未有失利,必不走也。"帝曰:"一鼓作气,再而衰,三而竭。鸯三鼓,钦不应,其势已屈,不走何待?"钦将遁,鸯曰:"不先折其势,不得去也。"乃与骁骑十余摧锋陷阵,所向皆披靡,遂引去。帝遣左长史司马琏督骁骑八千翼而追之,使将军乐綝等督步兵继其后。比至沙阳,频陷钦阵,弩矢雨下,钦蒙楯而驰。大破其军。众皆投戈而降,钦父子与麾下走保项。[毌丘俭的武德和将才如今安在?!①]俭闻钦败,弃众宵遁淮南。安风津都尉追俭,斩之,传首京都。钦遂奔吴,淮南平。

[这里的故事比较可信,司马师亲征欲平叛,或许还在调兵遣将之外制定了基本战略,但几乎作战伊始便受惊病逝,随即"文帝总统诸军":]初,帝目有瘤疾,使医割之。鸯之来攻也,惊而目出。惧六军之恐,蒙之以被,痛甚,啮被败而左右莫知焉。闰月疾笃,使文帝总统诸军。辛亥,崩于许昌,时年四十八。二月,帝之丧至自许昌,天子素服临吊……晋国既建,追尊曰景王。武帝受禅,上尊号曰景皇帝,陵曰峻平,庙称世宗。

---

① 见《三国志·魏书·王毌丘诸葛邓钟传》内毌丘俭传首注。[一名边疆区域行政长官和战区司令,简直是战场上的半个战神。他不仅在253年击败了孙吴大军的一场大围城战,而且有他的最辉煌的军事成就,即远征高句丽,粉碎敌军并近乎摧毁该国。这纵深征伐是一个华夏王朝所曾攻入东北区域的最远的一次,在其中他展现了优秀的将才和大规模屠戮的残忍。]

司马昭:

[我们已经知道,作为雄才大略的独裁者,他在两大紧急状态——司马师病逝和毌丘俭/文钦联吴叛乱——之际打赢平定战役。现在我们根据下一段又知道,他早在明帝曹叡时就是个能干的军事农业管理者,在曹爽独裁时有杰出的对蜀作战表现,显示了战略判断才能,而且在首次担任战区司令后以杰出的迂回疑敌战略驱退蜀汉大将姜维,继而又经伐吴败绩后依凭识破其谋略而再挫姜维。更重要的是,他作为最高统帅,依凭属下邓艾的军事天才,赢了这里未提及的历史性的对蜀上邽之战。无论如何,他的步步篡进已离正式的王朝变更不远。]

文皇帝讳昭,字子上,景帝之母弟也。魏景初二年,封新城乡侯。正始初,为洛阳典农中郎将。值魏明奢侈之后,帝蠲除苛碎,不夺农时,百姓大悦。转散骑常侍。大将军曹爽之伐蜀也,以帝为征蜀将军,副夏侯玄出骆谷,次于兴势[位于今陕西洋县北,现属于陕西长青自然保护区]。蜀将王林夜袭帝营,帝坚卧不动。林退,帝谓玄曰:"费祎以据险距守,进不获战,攻之不可,宜亟旋军,以为后图。"爽等引旋,祎果驰兵趣三岭,争险乃得过。遂还,拜议郎。及诛曹爽,帅众卫二宫,以功增邑千户。[他首次担任战区司令,以杰出的迂回疑敌战略驱退姜维:]蜀将姜维之寇陇右也,征西将军郭淮自长安距之。进帝位安西将军、持节,屯关中,为诸军节度。淮攻维别将句安于麴,久而不决。帝乃进据长城,南趣骆谷以疑之。维惧,退保南郑,安军绝援,帅众来降。转安东将军、持节,镇许昌。及大军讨王凌,帝督淮北诸军事,帅师会于项。增邑三百户,假金印紫绶。[然而,作为伐吴战区司令,他输了东关之战:①]寻进号都督,统征东将军胡遵、镇东将军诸葛诞伐吴,战于东关。二军败绩,坐失侯。[他依凭识破对方谋略而再挫姜维:]蜀将姜维又寇陇右,扬声欲攻狄道[今甘肃省临洮县]。以帝行征西将军,次长安。雍州刺史陈泰欲先贼据狄道,帝

---

① 《三国志·魏书·三少帝纪》载:(嘉平)四年[252]春正月癸卯,以抚军大将军司马景王为大将军。……冬十一月,诏征南大将军王昶、征东将军胡遵、镇南将军毌丘俭等征吴。十二月,吴大将军诸葛恪拒战,大破众军于东关。不利而还。汉晋春秋曰:毌丘俭、王昶闻东军败,各烧屯走。朝议欲贬黜诸将,景王曰:"我不听公休[诸葛诞字],以至于此。此我过也,诸将何罪?"悉原之。时司马文王为监军,统诸军,唯削文王爵而已。

曰："姜维攻羌，收其质任，聚谷作邸阁讫，而复转行至此，正欲了塞外诸羌，为后年之资耳。若实向狄道，安肯宣露，令外人知？今扬声言出，此欲归也。"维果烧营而去。会新平羌胡叛，帝击破之，遂耀兵灵州，北虏震慑，叛者悉降。以功复封新城乡侯。高贵乡公之立也，以参定策，进封高都侯，增封二千户。[他平叛与揽权两不误，挫败高贵乡公以延续他独裁统治的小计策：]毌丘俭、文钦之乱，大军东征，帝兼中领军，留镇洛阳。及景帝疾笃，帝自京都省疾，拜卫将军。景帝崩，天子命帝镇许昌，尚书傅嘏帅六军还京师。帝用嘏及钟会策，自帅军而还。至洛阳，进位大将军，加侍中，都督中外诸军、录尚书事，辅政，剑履上殿。帝固辞不受。甘露元年[256]春正月，加大都督，奏事不名。夏六月，进封高都公，地方七百里，加之九锡，假斧钺，进号大都督，剑履上殿。又固辞不受。秋八月庚申，加假黄钺，增封三县。[这里未提及的是，是年他的下属、军事天才邓艾打赢大规模的上邽之战，那被某位历史学者称作甚至是对中国重新统一来说的一个决定性事件①。]

[一定意义上他独裁期间的最重大事件和首要成就：经过一场巨大规模的战役即寿春之战粉碎将领诸葛诞的大规模造反，其间他辉煌的政治和战略才能表现得淋漓尽致。]

二年[257]夏五月辛未，镇东大将军诸葛诞杀扬州刺史乐綝，以淮南作乱，遣子靓为质于吴以请救。议者请速伐之，帝曰[他知道这是司马懿专政以来的头号大事，立志全胜]："诞以毌丘俭轻疾倾覆，今必外连吴寇，此为变大而迟。吾当与四方同力，以全胜制之。"乃表曰："昔黥布叛逆，汉祖亲征；隗嚣违戾，光武西伐；烈祖明皇帝乘舆仍出：皆所以奋扬赫斯，震耀威武也。陛下宜暂临戎，使将士得凭天威。

---

① 司马氏专权魏国后，中原政局注定有一段时期的内向性，这给蜀、吴二国进取中原以契机，而蜀、吴也刚好这个时候完成权力交替，分别在姜维与诸葛恪的辅佐下重新开启积极北伐。自诸葛亮死后三国相对稳定的对峙局面因之改变。在此背景下，公元256年姜维与邓艾的上邽之战以姜维大败告终，既使蜀、吴在对魏的战略态势中处于下风，又改变了蜀廷内外对蜀汉国家走向的普遍预期，魏廷意外地获得了对蜀"攻心"的胜利，蜀吴进攻同盟宣告最终失败。所以，上邽之战标志性地注定了三国一统于曹魏或司马氏的最终结局。王瑰：《上邽之战：决定三家归一的关键性战役》，《成都大学学报（社会科学版）》2015年第5期。

今诸军可五十万［他拥有并使用了压倒性的兵力优势！］，以众击寡，蔑不克矣。"秋七月，［他令这次平叛不仅具有头号实质性且具有头号象征性意义：］奉天子及皇太后东征，征兵青、徐、荆、豫，分取关中游军，皆会淮北。师次于项，假廷尉何桢节，使淮南，宣慰将士，申明逆顺，示以诛赏。甲戌，帝进军丘头。吴使文钦、唐咨、全端、全怿等三万余人来救诞，诸将逆击，不能御。将军李广临敌不进，泰山太守常时称疾不出，并斩之以徇。［慑众立威，为全胜不容任何懈怠！攻势之决绝和凶猛随即显现：］八月，吴将朱异帅兵万余人，留辎重于都陆，轻兵至黎浆。监军石苞、兖州刺史州泰御之，异退。泰山太守胡烈以奇兵袭都陆，焚其粮运。苞、泰复进击异，大破之。异之余卒馁甚，食葛叶而遁，吴人杀异。帝曰［他的战略判断天才辉煌凸显］："异不得至寿春，非其罪也，而吴人杀之，适以谢寿春而坚诞意，使其犹望救耳。若其不尔，彼当突围，决一旦之命。或谓大军不能久，省食减口，冀有他变。料贼之情，不出此三者。今当多方以乱之，备其越逸，此胜计也。"［他天才的战略欺骗和出敌不意也是如此：］因命合围，分遣羸疾就谷淮北，禀军士大豆，人三升。钦闻之，果喜。帝愈羸形以示之，多纵反间，扬言吴救方至。诞等益宽恣食，俄而城中乏粮。石苞、王基并请攻之，帝曰［他坚执全胜目标，因而决定"以长策縻之"，令"三叛相聚于孤城之中"，"将使同戮"］："诞之逆谋，非一朝一夕也，聚粮完守，外结吴人，自谓足据淮南。钦既同恶相济，必不便走。今若急攻之，损游军之力。外寇卒至，表里受敌，此危道也。今三叛［即诸葛诞、文钦、唐咨］相聚于孤城之中，天其或者将使同戮。吾当以长策縻之，但坚守三面。若贼陆道而来，军粮必少，吾以游兵轻骑绝其转输，可不战而破外贼。外贼破，钦等必成擒矣。"［敌方内部的斗争、分裂和倒戈显著地便利了他的事业：］全怿母，孙权女也［孙权长女孙鲁班，与堂侄孙峻通奸，且为非作歹以揽权，后败露，被孙綝赐死］，得罪于吴，全端兄子祎及仪奉其母来奔。仪兄静时在寿春，用钟会计，作祎、仪书以诳静。静兄弟五人帅其众来降，城中大骇。

［历时约大半年的诸葛诞大叛乱崩溃，他大获全胜，包括最后的有限残忍：］三年［258］春正月壬寅，诞、钦等出攻长围，诸军逆击，走之。初，诞、钦内不相协，及至穷蹙，转相疑贰。会钦计事与诞忤，诞手刃杀钦。钦子鸯攻诞，不克，逾城降。以为将军，封侯，使鸯巡城而呼。帝见城上持弓者不发，谓诸将曰："可攻矣！"二月乙酉，

攻而拔之，斩诞，夷三族。[他的政治意识和政治远见再度辉煌显现：①]吴将唐咨、孙曼、孙弥、徐韶等帅其属皆降，表加爵位，廪其饿疾。或言吴兵必不为用，请坑之。帝曰："就令亡还，适见中国之弘耳。"于是徙之三河。夏四月，归于京师，魏帝命改丘头曰武丘，以旌武功。[离正式的王朝变更越来越近：]五月，天子以并州之太原上党西河乐平新兴雁门、司州之河东平阳八郡，地方七百里，封帝为晋公，加九锡，进位相国，晋国置官司焉。九让，乃止。[离正式的王朝变更越来越近，然而这位篡夺者喜欢反复表演那么多的伪善剧，有如曹丕，异于例外的兽般董卓！为何要表现伪善？为何要装作最后(那在他儿子司马炎时候)大不情愿地不得不接受"禅让"？其政治缘由至少有：(1)几代司马氏任职于一个王朝，至少要被反复宣告为曾经辉煌伟大，否则不是自取其污？否则怎能谈得上"篡夺"？(2)尤其在儒教熏陶下的大多数臣僚乃至臣民，多少都笃信"古代淳朴"(ancient simplicity)(有如修昔底德笔下的弥罗斯人)，喜欢"温情脉脉的面纱"，而且宁愿用禅让神话安慰自己的良心，从而

---

① 《三国志·魏书·王毌丘诸葛邓钟传》载[着重彰显司马昭的战略和辉煌的政治表现]：
初围寿春，议者多欲急攻之，大将军以为[证明司马昭在战略意识和将才上远胜过诸葛诞]："城固而众多，攻之必力屈，若有外寇，表里受敌，此危道也。今三叛相聚于孤城之中，天其或者将使同就戮，吾当以全策縻之，可坐而制也。"诞以二年五月反，三年二月破灭。六军按甲，深沟高垒，而诞自困，竟不烦攻而克。[而且，一项克劳塞维茨式大"摩擦"也帮助了他的敌人，甚至是关键性的：]干宝《晋纪》曰：初，寿春每岁雨潦，淮水溢，常淹城邑。故文王之筑围也，诞笑之曰："是固不攻而自败也。"及大军之攻，亢旱逾年。城既陷，是日大雨，围垒皆毁。及破寿春，议者以为淮南仍为叛逆，吴兵室家在江南，不可纵，宜悉坑之。大将军以为，古之用兵，全国为上，戮其元恶而已。吴兵就得亡还，适可以示中国之弘耳。一无所杀，分布三河近郡以安处之。[司马昭在整个战役期间确实成绩辉煌，政治、战略和远见上皆如此。此外，他规避了一次华夏野蛮化行动。]
唐咨本利城人。黄初中，利城郡反，杀太守徐箕，推咨为主。文帝遣诸军讨破之，咨走入海，遂亡至吴，官至左将军，封侯、持节。诞、钦屠戮，咨亦生禽，三叛皆获，天下快焉。[司马昭的辉煌，政治上赢得的远比一次大规模战役要多]拜咨安远将军，其余禅将咸假号位，吴众悦服。江东感之，皆不诛其家。其淮南将吏士民诸为诞所胁略者，惟诛其首逆，余皆赦之。听鸯、虎收敛钦丧，给其车牛，致葬旧墓。习凿齿曰：自是天下畏威怀德矣。[在其政治和道德影响方面，寿春之战的赢法和终局对中国统一起了关键作用！]君子谓司马大将军于是役也，可谓能以德攻矣。[在"穷武"与"存义"这两个极端之间，他达到了一个平衡：]夫建业者异矣，各有所尚，而不能兼并也。故穷武之雄毙于不仁，存义之国丧于懦退，今一征而禽三叛，大虏吴众，席卷淮浦，俘馘十万，可谓壮矣。而未及安坐，丧王基之功，种惠野人，结异类之情……不咎诞众，使扬士怀愧，功高而人乐其成，业广而敌怀其德，武昭既敷，文算又洽，推此道也，天下其孰能当之哉？

　　　　　　　　　　　　　　　　　古代军政行为方略图景：《晋书》解读

为自己成为篡夺者辩护；如此，篡夺和巩固新王朝的阻力自然消减。（3）篡夺者本人不似弥罗斯人面前的雅典人那样疯狂，那样彻底的"现实主义"，他们也喜欢那些说到底不碍事的"温情脉脉的面纱"，以便增强道德自信，因而政治自信。]于是增邑万户，食三县，诸子之无爵者皆封列侯。秋七月，奏录先世名臣元功大勋之子孙，随才叙用。

四年夏六月，分荆州置二都督，王基镇新野，州泰镇襄阳。使石苞都督扬州，陈骞都督豫州，钟毓都督徐州，宋钧监青州诸军事。

[他粉碎了高贵乡公有勇无谋的政变企图，并且"间接"弑君，继而册立又一个傀儡君主常道乡公；正式的王朝变更近在咫尺。]

景元元年[260]夏四月，天子复命帝爵秩如前，又让不受。天子既以帝三世宰辅，政非己出，情不能安，又虑废辱，将临轩召百僚而行放黜。[高贵乡公孤注一掷，图谋鲁莽粗俗的君主政变。]五月戊子夜，使冗从仆射李昭等发甲于陵云台，召侍中王沈、散骑常侍王业、尚书王经，出怀中黄素诏示之，戒严俟旦。沈、业驰告于帝[背叛其名义上的主子，忠于其实际主子]，帝召护军贾充等为之备。天子知事泄，帅左右攻相府，称有所讨，敢有动者族诛。相府兵将止不敢战，贾充叱诸将曰："公畜养汝辈，正为今日耳！"太子舍人成济抽戈犯跸，刺之，刃出于背，天子崩于车中。[君主暴死！帝召百僚谋其故，仆射陈泰不至。帝遣其舅荀颢舆致之，延于曲室，谓曰："玄伯，天下其如我何？"[这里全无革命者的自信，只有篡夺者的胆怯和伪善。]泰曰："惟腰斩贾充，微以谢天下。"帝曰："卿更思其次。"泰曰："但见其上，不见其次。"于是归罪成济而斩之。[杀死一只低级替罪羊！]太后令曰[她也是傀儡，代言"间接"杀害者对被杀害者的谴责①]："昔汉昌邑王以罪废为庶人，此儿亦宜以庶人礼葬

---

① 《三国志·魏书·三少帝纪》载：皇太后令曰："吾以不德，遭家不造，昔援立东海王子髦，以为明帝嗣，见其好书疏文章，冀可成济，而情性暴戾，日月滋甚。吾数呵责，遂更忿恚，造作丑逆不道之言以诬谤吾，遂隔绝两宫。其所言道，不可忍听，非天地所覆载。吾即密有令语大将军，不可以奉宗庙，恐颠覆社稷，死无面目以见先帝。大将军以其尚幼，谓当改心为善，殷勤执据。而此儿愈戾，所行益甚，举弩遥射吾宫，祝当令中吾项，箭亲堕吾前。吾语大将军，不可不废之，前后数十。此儿具闻，自知罪重，便图为弑逆，赂遗吾左右人，令因吾服药，密因鸩毒，重相设计。事已觉露，直欲因际会举兵入西宫杀吾，出取大将军，呼侍中王沈、散骑常侍王业、尚书王经，出怀（接下页）

之,使外内咸知其所行也。"杀尚书王经,贰于我也。戊寅,帝奏曰[伪善,自我解脱**弑君之嫌**]:"故高贵乡公帅从驾人兵,拔刃鸣鼓向臣所,臣惧兵刃相接,即敕将士不得有所伤害,违令者以军法从事。骑督成倅弟太子舍人济入兵阵,伤公至陨。……然惟本谋,乃欲上危皇太后,倾覆宗庙。臣忝当元辅,义在安国,即骆驿申敕,不得迫近舆辇。而济妄入阵间,以致大变,哀怛痛恨,五内摧裂。济干国乱纪,罪不容诛,辄收济家属,付廷尉。"太后从之,夷济三族。[册立又一个傀儡君主常道乡公,五年后便是正式的王朝变更,尽管伪善辞让现在仍在继续:]与公卿议,立燕王宇之子常道乡公璜为帝。六月,改元。丙辰,天子进帝为相国,封晋公,增十郡,加九锡如初,群从子弟未侯者封亭侯,赐钱千万,帛万匹。固让,乃止。……二年[261]秋八月甲寅,天子使太尉高柔授帝相国印绶,司空郑冲至晋公茅土九锡,固辞。……

[他在去世前不久,主要依靠天才的将领邓艾,以出敌不意和无可阻挡的大规模战役击灭蜀汉;伪善减退,"禅让"愈近。]

四年[263]春二月丁丑,天子复命帝如前,又固让。……夏,帝将伐蜀,乃谋众曰[他决定武力统一中国大进程中的轻重缓急次序,决意先做容易的和成本较低的,即击灭蜀汉,以便转过来完成较难的和成本较高的]:"自定寿春已来,息役六年,治兵缮甲,以拟二虏。略计取吴,作战船,通水道,当用千余万功,此十万人百数十日事也。又南土下湿,必生疾疫。今宜先取蜀,三年之后,因巴蜀顺流之势,水陆并进,此灭虞定虢,吞韩并魏之势也。[他还决定了灭蜀战役的根本战略,即几路大军进击,分散姜维的劣势兵力,或迫其固守一个战略要点而不援救其他,同时靠"举大众以屠城,散锐卒以略野"击溃蜀汉举国上下的抵抗意志:]计蜀战士九万,居守成都及备他郡不下四万,然则余众不过五万。今绊姜维于沓中,使不得东顾,直指骆谷,出其空虚之地,以袭汉中。彼若婴城守险,兵势必散,首尾离绝。举大众以屠

中黄素诏示之,言今日便当施行。吾之危殆,过于累卵。吾老寡,岂复多惜余命邪?但伤先帝遗意不遂,社稷颠覆为痛耳。赖宗庙之灵,沈、业即驰语大将军,得先严警,而此儿便将左右出云龙门,雷战鼓,躬自拔刃,与左右杂卫共入兵陈间,为前锋所害。此儿既行悖逆不道,而又自陷大祸,重令吾悼心不可言。昔汉昌邑王以罪废为庶人,此儿亦宜以民礼葬之,当令内外咸知此儿所行。又尚书王经,凶逆无状,其收经及家属皆诣廷尉。"

城，散锐卒以略野，剑阁不暇守险，关头不能自存。以刘禅之暗，而边城外破，士女内震，其亡可知也。"[为此，他打消了邓艾起初的疑虑和异议（可惜我们不知道究竟是怎样的疑虑和异议）]征西将军邓艾以为未有衅，屡陈异议。帝患之，使主簿师纂为艾司马以喻之，艾乃奉命。于是征四方之兵十八万[18万对9万，他拥有几乎压倒性的兵力优势]，使邓艾自狄道攻姜维于沓中，雍州刺史诸葛绪自祁山军于武街，绝维归路，镇西将军钟会帅前将军李辅、征蜀护军胡烈等自骆谷袭汉中。秋八月，军发洛阳，大赉将士，陈师誓众。将军邓敦谓蜀未可讨，帝斩以徇。[经过一连串复杂行动，包括攻击、互相迂回、后撤、追击和屯兵，两大军之间形成一种战略僵持（如《三国志·魏书·王毌丘诸葛邓钟传》所载"维遂东引，还守剑阁。钟会攻维未能克"）。]九月，又使天水太守王颀攻维营，陇西太守牵弘邀[截击]其前，金城太守杨颀趣甘松。钟会分为二队，入自斜谷，使李辅围王含于乐城，又使部将易恺攻蒋斌于汉城。会直指阳安，护军胡烈攻陷关城。姜维闻之，引还，王颀追败维于强川。维与张翼、廖化合军守剑阁，钟会攻之。……[他从事灭蜀大仗与推进王朝变更两不误；伪善减退；]冬十月，天子以诸侯献捷交至，乃申前命曰：

…………

……岂可以公谦冲而久淹弘典哉？今以并州之太原上党西河乐平新兴雁门、司州之河东平阳弘农、雍州之冯翊凡十郡，南至于华，北至于陉，东至于壶口，西逾于河，提封之数，方七百里，皆晋之故壤……爰胙兹土，封公为晋公。命使……即授印绶策书，金兽符第一至第五，竹使符第一至第十。锡兹玄土，苴以白茅，建尔国家，以永籓魏室。

…………

公卿将校皆诣府喻旨，帝以礼辞让。司空郑冲率群官劝进曰："……何必勤勤小让也哉。"帝乃受命。[邓艾的极有才华的"奇兵冲其腹心"（《三国志·魏书·王毌丘诸葛邓钟传》载邓艾言），旨在打破僵持和摧毁蜀汉，此乃一项决定性的最终的出敌不意之举：]十一月，邓艾帅万余人自阴平逾绝险至江由，破蜀将诸葛瞻于绵竹，斩瞻，传首。进军雒县[今四川广汉北]，刘禅降。天子命晋公以相国总百揆，于是上节传，去侍中、大都督、录尚书之号焉。表邓艾为太尉，钟会为司徒。[呜呼！《三国志·魏书·王毌丘诸葛邓钟传》告诉我们，邓艾达到了他个人的克劳塞维茨式"胜利的顶点",很快丧失了政治审慎和个人谦逊,以致滥用他的随机处置权,而司马昭对此的容忍度很有限:]会潜谋叛逆,因密使谮艾。咸熙元年[264]春正月,槛车征艾。……钟会遂反于蜀,①监军卫瓘、右将军胡烈攻会,斩之。初,会之伐蜀也,西曹属邵悌言于帝曰:"钟会难信,不可令行。"帝笑曰[他透彻的政治分析和充分的政治自信]:"取蜀如指掌,而众人皆言不可,唯会与吾意同。灭蜀之后,中国将士,人自思归,蜀之遗黎,犹怀震恐,纵有异志,无能为也。"卒如所量。丙辰,帝至自长安。[伪善消减,"禅让"愈近:]三月己卯,进帝爵为王,增封并前二十郡。夏五月癸未,天子追加舞阳宣文侯为晋宣王,舞阳忠武侯为晋景王。……冬十月……丙午,天子命中抚军新昌乡侯炎为晋世子。

[他在正式的王朝变更之际去世,身后是临近重新统一的华夏和行将建立的西晋。]

二年[265]……五月,天子命帝冕十有二旒,建天子旌旗,出警入跸,乘金根车,驾六马,备五时副车,置旄头云罕,乐舞八佾,设钟虡宫悬,位在燕王上。进王妃为王后,世子为太子,王女王孙爵命之号皆如帝者之仪。……

秋八月辛卯,帝崩于露寝,时年五十五。九月癸酉,葬崇阳陵,谥曰文王。武帝受禅,追尊号曰文皇帝,庙称太祖。

…… ……

列传第九　王沈传　摘录和评注

[《后汉书》记载的两汉头号古文经学大师马融已经例解,学问与品行可以没有

---

① 关于钟会叛乱的原因,《三国志·魏书·王毌丘诸葛邓钟传》载:自谓功名盖世,不可复为人下,加猛将锐卒皆在己手[全部伐蜀大军加姜维所率蜀汉降军],遂谋反。欲使姜维等皆将蜀兵出斜谷,会自将大众随其后。既至长安,令骑士从陆道,步兵从水道顺流浮渭入河,以为五日可到孟津,与骑会洛阳,一旦天下可定也。……曰:"事成,可得天下;不成,退保蜀汉,不失作刘备也。……"

关系,优良的学问可与拙劣的品行寓于一人,或如范晔就马融所云"知识能匡欲者鲜矣"。① 这里的王沈既是著名史家,又是曹魏后期(乃至西晋初年)廷臣。作为史家,他是《魏书》②的主要作者之一。作为廷臣,他的主要行为一是效力于暂时垄断曹魏大权的腐败的独裁者曹爽,二是卑劣地背叛与之密议推倒司马氏的高贵乡公曹髦,导致这位傀儡君主被杀。他大获司马氏褒奖,任西晋重臣后一年即亡。]

[他终成显贵,但"不忠于主,甚为众论所非"。]

王沈,字处道,太原晋阳人也。祖柔,汉匈奴中郎将。父机,魏东郡太守。沈少孤,养于从叔司空昶,事昶如父。奉继母寡嫂以孝义称。[他的基本资产:]好书,善属文。[作为较亲近的幕僚效力于曹爽,而在249年司马懿政变灭爽后,被免官约六年而后复官并晋升;他从这段顿挫中学到了什么教训:]大将军曹爽辟为掾,累迁中书门下侍郎。及爽诛,以故吏免。后起为治书侍御史,转秘书监。正元[高贵乡公年号,254—256]中,迁散骑常侍、侍中,典著作。[《魏书》的主要作者之一,"多为时讳",即对司马氏专权、弑君和篡位讳莫如深:]与荀顗、阮籍共撰《魏书》,多为时讳,未若陈寿之实录也。

[背叛崇信他、厚待他并与他密议推倒司马氏的高贵乡公曹髦,导致后者被攻杀:]时魏高贵乡公好学有文才,引沈及裴秀数于东堂讲谠属文,号沈为文籍先生,秀为儒林丈人。及高贵乡公将攻文帝,召沈及王业告之,沈、业驰白帝,以功封安平

---

① 《后汉书·马融列传》:论曰:马融……终以奢乐恣性,党附成讥[指他"不敢违忤势家,遂为梁冀草奏李固,又作大将军《西第颂》,以此颇为正直所羞"],固知识能匡欲者鲜矣[一项深刻的评论! 人,甚至包括学问上的大师,本质上是动物。因而,知识在一定意义上与道德不相干,而天才可能像马融那样没有原则]。夫事苦,则矜全[怜惜名节而予以保全]之情薄;生厚,故安存之虑深。[如何维持平衡,以便成为一名有道德的讲求实际者,一个对我们所有人来说都很严肃的问题(至少间或地)。]登高不惧者,胥靡[一种家内男性奴隶,被绳索连着强制劳动;谓空无所有者]之人也;坐不垂堂[不坐在近屋檐处堂,怕掉出台阶下]者,千金之子也。原其大略,归于所安而已矣。

② 此《魏书》是裴松之为《三国志》注引最多的史籍,多达227条。它据本传首段所言,"多为时讳,未若陈寿之实录也"。初唐大史学家刘知幾更是抨击"王沈《魏书》,假回邪以窃位[凭借邪曲的笔法窃取官位]"。

侯,邑二千户。① 沈既不忠于主,甚为众论所非。[司马氏的褒赏不仅如上所述随即而来,还一而再:]寻迁尚书,出监豫州诸军事、奋武将军、豫州刺史。……

……　……

……[还再而三:]迁征虏将军、持节、都督江北诸军事。五等初建,封博陵侯……平蜀之役,吴人大出,声为救蜀,振荡边境,沈镇御有方,寇闻而退。转镇南将军。[他终成西晋重臣:]武帝即王位[265],拜御史大夫,守尚书令,加给事中。沈以才望,显名当世,是以创业之事,羊祜、荀勖、裴秀、贾充等,皆与沈咨谋焉。

及帝受禅,以佐命之勋,转骠骑将军、录尚书事,加散骑常侍,统城外诸军事。封博陵郡公,固让不受,乃进爵为县公,邑千八百户。帝方欲委以万机,泰始二年[266]薨。[任西晋重臣后一年即亡。]……子浚嗣。……

列传第十　贾充传　摘录和评注

[贾充,西晋王朝开国元勋,武帝之下头号权臣。他的权势来自:为司马氏独裁的巩固效劳,包括作用显要地参与粉碎淮南二叛,继而自告奋勇地临阵杀死君主曹髦;与司马氏结成姻亲关系,即其二女分别嫁给齐王司马攸和皇储司马衷;作为头号辅臣协助治国理政的优良表现,特别是主持制定《泰始律》和“务农节用,并官省职”。然而,说到底,他最重要的权势来源是他的政治人格或战略,即“谄媚取容”,用计刻深,结党营私,后两项的最大结果是他的女儿贾南风势盛——西晋剧乱剧衰的头号直接原因。]

---

① 裴松之注《三国志》引东晋习凿齿《汉晋春秋》曰:帝见威权日去,不胜其忿。乃召侍中王沈、尚书王经、散骑常侍王业,谓曰:“司马昭之心,路人所知也。吾不能坐受废辱,今日当与卿自出讨之。”……帝乃出怀中版令投地,曰:“行之决矣。正使死,何所惧?况不必死邪!”于是入白太后,沈、业奔走告文王,文王为之备。帝遂帅僮仆数百,鼓噪而出。文王弟屯骑校尉伷入,遇帝于东止车门,左右呵之,伷众奔走。中护军贾充又逆帝战于南阙下,帝自用剑。众欲退,太子舍人成济问充曰:“事急矣。当云何?”充曰:“畜养汝等,正谓今日。今日之事,无所问也。”济即前刺帝,刃出于背。

［他以一系列在不同岗位上堪称丰富和成功的任职经历开始他的重臣仕途，包括在镇压淮南第二叛末期代司马师"监诸军事"，并且作为司马昭的主要参谋之一对粉碎淮南第三叛有重要贡献：］

贾充，字公闾，平阳襄陵［今山西襄汾东北］人也。父逵，魏豫州刺史、阳里亭侯。逵晚始生充，言后当有充闾之庆，故以为名字焉。充少孤，居丧以孝闻。袭父爵为侯。拜尚书郎，典定科令，兼度支考课。辩章节度，事皆施用。累迁黄门侍郎、汲郡典农中郎将。［在镇压淮南第二叛末期代司马师"监诸军事"：］参大将军军事，从景帝讨毌丘俭、文钦于乐嘉。帝疾笃，还许昌，留充监诸军事，以劳增邑三百五十户。

后为文帝大将军司马，转右长史。［作为司马昭的主要参谋之一，他经当面观察拥有重兵和要地的诸葛诞，有效地告诫司马昭后者必叛，并且主张迅即解决：］帝新执朝权，恐方镇有异议，使充诣诸葛诞，图欲伐吴，阴察其变。充既论说时事，因谓诞曰："天下皆愿禅代，君以为如何？"诞厉声曰："卿非贾豫州子乎，世受魏恩，岂可欲以社稷输人乎！若洛中有难，吾当死之。"充默然。及还，白帝曰："诞在扬州，威名夙著，能得人死力。观其规略，为反必也。今征之，反速而事小；不征，事迟而祸大。"帝乃征诞为司空，而诞果叛。［他还为粉碎诸葛诞提出了重要的、被采纳了的军事战略建议：］复从征诞，充进计曰："楚兵轻而锐，若深沟高垒以逼贼城，可不战而克也。"帝从之。城陷，帝登垒以劳充。帝先归洛阳，使充统后事，进爵宣阳乡侯，增邑千户。迁廷尉，充雅长法理，有平反之称。

［他给司马昭提供的最显要、最难忘的效劳是自告奋勇地临阵杀死君主曹髦（他几乎毫无"君君臣臣"的正统信仰），为此他得到的酬赏是成为深受宠信的司马氏腹心，"朝廷机密，皆与筹之"，继而又为司马炎而非司马攸继位立下大功。］

转中护军，高贵乡公之攻相府也，充率众距战于南阙。军将败，骑督成倅弟太子舍人济谓充曰："今日之事如何？"充曰："公等养汝，正拟今日，复何疑！"济于是抽戈犯跸。及常道乡公即位，进封安阳乡侯，增邑千二百户，统城外诸军，加散骑常侍。

钟会谋反于蜀，帝假充节，以本官都督关中、陇右诸军事，西据汉中，未至而会死。时军国多事，朝廷机密，皆与筹之。帝甚信重充，与裴秀、王沈、羊祜、荀勖同受腹心之任。帝又命充定法律。假金章,赐甲第一区。五等初建,封临沂侯,为晋元勋,深见宠异,禄赐常优于群官。[开始直接说到他的政治人格或战略——他说到底的最重要的权势来源:]充有刀笔才,能观察上旨。[他为司马炎而非司马攸继位立下大功:]初,文帝以景帝恢赞王业,方传位于舞阳侯攸。充称武帝宽仁,且又居长,有人君之德,宜奉社稷。及文帝寝疾,武帝请问后事。文帝曰:"知汝者贾公闾也。"帝袭王位,拜充晋国卫将军、仪同三司、给事中,改封临颍侯。及受禅,充以建明大命,转车骑将军、散骑常侍、尚书仆射,更封鲁郡公,母柳氏为鲁国太夫人。

······ ······

列传第二十六　孙楚传　摘录和评注

[孙楚,西晋文人,"才藻卓绝,爽迈不群,多所陵傲",文采、风度和坏脾气皆引人注目。他的政治文学作品《遗孙皓书》虽然实际上完全未起到作用,但系"曩代之佳笔",气势磅礴,主题为消灭分立主义政权和全国重新统一。]

[恃才自傲,在当地名声不佳,因而年四十余才入仕途;司马昭独裁时奉命作书遗东吴孙皓,曰"小不事大,《春秋》所诛",是为全国重新统一的决心宣示和对分立主义政权的警告,凭他的杰出文才闻名于世。]

孙楚,字子荆,太原中都[今山西平遥县西北]人也。祖资,魏骠骑将军。父宏,南阳太守。楚才藻卓绝,爽迈不群,多所陵傲,缺乡曲之誉。年四十余,始参镇东军事。文帝[司马昭]遣符劭、孙郁使吴[大约在264年孙皓即位后不久,翌年司马昭去世],将军石苞令楚作书遗孙皓曰:

盖见机而作,《周易》所贵;小不事大,《春秋》所诛。[对分立主义政权的警告!]此乃吉凶之萌兆,荣辱所由生也。……今粗论事要,以相觉悟。

昔……恒灵失德,灾蚀并兴,豺狼抗爪牙之毒,生灵罹涂炭之难。由是九州绝贯,王纲解纽,四海萧条,非复汉有。太祖承运,神武应期,征讨暴乱,克宁区夏;协建灵符,天命既集,遂廓弘基,奄有[全部占有,多用于疆土]魏域。……[晚近的前车之鉴,对分立主义政权的再警告:]昔公孙氏承藉父兄,世居东裔,拥带燕胡,凭陵险远,讲武游盘[游逸娱乐],不供职贡,内傲帝命,外通南国,乘桴沧海,交酬货贿……①自以控弦十万,奔走之力,信能右折燕齐,左震扶桑,轹轹[践踏碾轧]沙漠,南面称王。宣王薄伐,猛锐长驱,师次辽阳,而城池不守;枹鼓暂鸣,而元凶折首。……想所具闻也。

吴之先祖,起自荆楚,遭时扰攘,潜播江表。刘备震惧,亦逃巴岷。遂因山陵积石之固,三江五湖浩汗无涯……两邦合从,东西唱和,互相扇动,距捍中国。自谓三分鼎足之势,可与泰山共相终始也。[更为晚近的前车之鉴,对分立主义政权的再警告:]相国晋王辅相帝室……长辔远御,妙略潜授……小战江由,则成都自溃;曜兵剑阁,则姜维面缚。开地六千,领郡三十。……夫韩并魏徙,虢灭虞亡,此皆前鉴,后事之表。……

[历史趋势固然,但唬人之态夸张,因为此时离西晋击灭孙吴仍有约十五年时间:]方今……国家整修器械,兴造舟楫,简习水战,楼船万艘,千里相望,刳木已来,舟车之用未有如今之殷盛者也。骁勇百万,畜力待时。役不再举,今日之师也。然主相眷眷未便电发者,犹以为爱人治国,道家所尚……故先开大信,喻以存亡……若犹侮慢,未顺王命,然后谋力云合,指麾从风,雍梁二州,顺流而东,青徐战士,列江而西,荆扬兖豫,争驱八冲……忽然一旦,身首横分,宗祀沦覆……勉思良图,惟

---

① 《三国志·魏书·二公孙陶四张传》载:初,恭[公孙康弟]病阴消为阉人,劣弱不能治国。太和二年[228],渊胁夺恭位。明帝即拜渊扬烈将军、辽东太守。[事实上的东北边疆王国的对外政策:在近交之外远交,意在经贸易和欺骗而来的财富,而非战略权势:]渊遣使南通孙权,往来赂遗。魏略曰:国家知渊两端,而恐辽东吏民为渊所误。故公文下辽东,因赦之曰:"告辽东、玄菟将校吏民:逆贼孙权……比年已来,复远遣船,越渡大海,多持货物,诳诱边民。边民无知,与之交关。长吏以下,莫肯禁止。至使周贺浮舟百贾,沈滞津岸,贸迁有无。……辽东君臣……贱忠贞之节,重背版之名……今忠臣烈将,咸忿辽东反覆携贰,皆欲乘桴浮海,期于肆意。朕为天下父母,加念天下新定,既不欲劳动干戈,远涉大川,费役如彼,又悼边陲遗余黎民,迷误如此……其诸与贼使交通,皆赦除之,与之更始。"[旨在维护后背安全的华北君主统治者的绥靖]权遣使张弥、许晏等,赍金玉珍宝,立渊为燕王。渊亦恐权远不可恃,且贪货物,诱致其使,悉斩送弥、晏等首[肮脏,放肆,一个"流氓国家"!],明帝于是拜渊大司马,封乐浪公,持节、领郡如故。魏名臣奏载中领军夏侯献表曰:"公孙渊昔年敢违王命,废绝计贡者,实挟两端。既恃阻险,又怙孙权。故敢跋扈,恣睢海外。……使者至,渊设甲兵为军陈,出见使者,又数对国中宾客出恶言。……

所去就。

劭等至吴,不敢为通。[他的上述雄文完全未起到作用,大概因为魏使害怕孙皓见到此文会要了他们的命。]

⋯⋯ ⋯⋯

史臣曰:⋯⋯孙楚体英绚之姿,超然出类⋯⋯览其贻皓之书,谅曩[往昔的]代之佳笔也。⋯⋯

帝纪第三 武帝 摘录和评注

[司马炎,司马昭嫡长子,西晋王朝的正式建立者,在位长达25年的西晋统治者,还是经过近一个世纪的大乱、分裂和频繁内战之后中国重新统一的最终实现者,虽然这统一(还有因此包括西域、朝鲜半岛北部和今越南北部的"最低限度华夏帝国")只存在半个世纪(265—316)。就此而言,他的最大历史性成就为280年摧枯拉朽地击灭暴君孙皓统治的孙吴。不仅如此,他持有经典儒家治国理念,总的来说在个人秉性和治国方式上"宽惠仁厚",主要依凭一系列值得赞扬的政治/行政管理改革、财税制度调整、相关经济措施以及宫廷和官场节俭而实现了社会相对繁荣。就此,初唐伟大君主李世民给他的赞誉非同小可:"以治易乱","仁以御物,宽而得众,宏略大度,有帝王之量焉。于是民和俗静,家给人足"。]

[然而,有如诸葛亮失败和逝世之后的魏明帝曹叡,灭吴之后的司马炎迅速变得怠惰放纵,以致极度荒淫奢侈,并且事实上引导政治和社会精英广泛奢靡腐化,从而纵其巧取豪夺、贪污纳贿。不仅如此,他根本废弃曹操开始的曹魏中央集权、压抑大贵族的传统,改而大封宗室藩王,使诸王统兵各据一方,以致他死后很快爆发从头至尾16(291—306)的"八王之乱",西晋由此消耗殆尽,十年后即告灭亡,中国进入东晋/五胡十六国的大分裂、大野蛮、大屠戮时代。他登基之后不久册立非常无能和愚钝的次子为皇储且始终不废也构成祸因之一。]

[呜呼!他一生秉性剧变,成败交替,足令李世民感叹"善始于初,而乖令终于

末"！东汉末年始发的华夏野蛮化在其他恶劣效应之外,大概愈益急剧地销蚀着延宕蜕化、长治久安的可能性,或曰维持政治文化相对健康的可能性。]

[他秉性杰出,久经历练,度过一段被司马昭排除在"储君"位置之外的风险期后,成为曹魏最后的独裁者,随即正式实行王朝变更:]

武皇帝讳炎,字安世,文帝长子也。宽惠仁厚,沈深有度量。魏嘉平中,封北平亭侯,历给事中、奉车都尉、中垒将军,加散骑常侍,累迁中护军、假节。迎常道乡公于东武阳,迁中抚军,进封新昌乡侯。及晋国建,立为世子,拜抚军大将军,开府、副贰相国。[他曾度过一段无缘"储君"之位的风险期:]初,文帝以景帝既宣帝之嫡,早世无后[司马师仅有五个女儿],以帝弟攸为嗣[养子],特加爱异,自谓摄居相位,百年之后,大业宜归攸。每曰:"此景王之天下也,吾何与焉。"将议立世子,属意于攸。何曾等固争曰:"中抚军聪明神武,有超世之才。发委地,手过膝,此非人臣之相也。"由是遂定。

咸熙二年[265]五月,立为晋王太子。八月辛卯,文帝崩,太子嗣相国、晋王位。[无论出于什么政治权宜考虑,他一成为独裁者就向社会显示"宽惠仁厚":]下令宽刑宥罪,抚众息役,国内行服三日。……九月戊午,以魏司徒何曾为丞相,镇南将军王沈为御史大夫,中护军贾充为卫将军,议郎裴秀为尚书令、光禄大夫,皆开府。十一月,初置四护军,以统城外诸军。乙未,令诸郡中正以六条举淹滞:一曰忠恪匪躬,二曰孝敬尽礼,三曰友于兄弟,四曰洁身劳谦,五曰信义可复,六曰学以为己。[他决定正式实行王朝变更:]是时晋德既洽,四海宅心。于是天子知历数有在,乃使太保郑冲奉策曰:"咨尔晋王……肆予一人,祇承天序,以敬授尔位,历数实在尔躬。……王其钦顺天命……"帝初以礼让,魏朝公卿何曾、王沈等固请,乃从之。

[他宣告王朝变更,西晋伊始:]泰始元年[265]冬十二月丙寅,设坛于南郊,百僚在位及匈奴南单于四夷会者数万人,柴燎告类于上帝曰:"皇帝臣炎……明告于皇皇后帝:魏帝稽协皇运,绍天明命以命炎。昔者唐尧,熙隆大道,禅位虞舜,舜又以禅禹,迈德垂训,多历年载。……魏室,仍世多故,几于颠坠,实赖有晋匡拯之德……炎虔奉皇运,寅畏天威,敬简元辰,升坛受禅,告类上帝,永答众望。"……于

是大赦，改元。赐天下爵，人五级；鳏寡孤独不能自存者谷，人五斛。复天下租赋及关市之税一年，遗债宿负皆勿收。除旧嫌，解禁锢，亡官失爵者悉复之。丁卯，遣太仆刘原告于太庙。封魏帝为陈留王，邑万户，居于邺宫……追尊宣王为宣皇帝，景王为景皇帝，文王为文皇帝……[他一上来就大封宗室籓王，总计竟达二十七王，籓王分封成为西晋一大基本制度和（事后来看）祸患缘由：]封皇叔祖父孚为安平王，皇叔父干为平原王，亮为扶风王，伷为东莞王，骏为汝阴王，肜为梁王，伦为琅邪王，皇弟攸为齐王，鉴为乐安王，机为燕王，皇从伯父望为义阳王，皇从叔父辅为渤海王，晃为下邳王，瑰为太原王，珪为高阳王，衡为常山王，子文为沛王，泰为陇西王，权为彭城王，绥为范阳王，遂为济南王，逊为谯王，睦为中山王，陵为北海王，斌为陈王，皇从父兄洪为河间王，皇从父弟楙为东平王。……[他还一上来就实施宫廷节俭，有利于国家和社会：]戊辰，下诏大弘俭约，出御府珠玉玩好之物，颁赐王公以下各在差。置中军将军，以统宿卫七军。……诏曰："……除魏氏宗室禁锢[他根本废弃了曹操开始的曹魏中央集权、压抑大贵族传统]。[然而，对文武官吏和普通民众的宽惠仁厚以及宫廷节俭却值得赞扬：]诸将吏遭三年丧者，遣宁终丧。百姓复其徭役。罢部曲将长吏以下质任。省郡国御调，禁乐府靡丽百戏之伎及雕文游畋之具。开直言之路，置谏官以掌之。"……

[他作为西晋开国君主的头14年统治，直到279年发动灭吴战役为止。其间，他本着经典儒家治国理念（他的"总纲"），以"宽惠仁厚"为特征从事法制和司法改革，推行重视农业和施惠民众的经济和社会政策，坚持宫廷节俭，鼓励臣下批评和劝谏君主，弘扬儒家礼教特别是孝道，学尚经典和禁绝谶纬。他确如唐太宗所赞，"仁以御物，宽而得众"，几乎是个伟大的"以治易乱"的君主。]

[然而，下列因素令他并非真正伟大，而且多少预示了后来的急剧蜕变和巨大祸殃，甚或为之种下祸根：如上所述他大封宗室籓王；在内宫的政治含义重大的问题上，由他疼爱和畏惧的杨氏皇后掌控，酿成后来外戚权势泛滥和无能皇储继位；灭吴后的荒淫腐败早早初露端倪；北方少数民族边难经久难平。]

二年[266]春正月……丙午，立皇后杨氏。[一个重大事件——部分归因于他对这位原配皇后杨艳不变的温情、畏惧和近乎言听计从，以后将形成以她的叔父杨

　　　　　　　　　　　　　　古代军政行为方略图景：《晋书》解读

骏为首的强固的杨氏外戚势力,纠缠到他去世为止。]……三月戊戌,吴人来吊祭,有司奏为答诏。帝曰:"昔汉文、光武怀抚尉他、公孙述,皆未正君臣之仪,所以羁縻未宾也。皓遣使之始,未知国庆,但以书答之。"[他继承司马昭定的中国重新统一进程中的轻重缓急次序(见《晋书·帝纪第二·景帝文帝》),对吴羁縻,任其溃烂,留待未来扫荡。①]……初,帝虽从汉魏之制,既葬除服[除去丧服]。而深衣素冠,降席撤膳,哀敬如丧者。戊辰,有司奏改服进膳,不许,遂礼终而后复吉[守丧期满才恢复正常]。及太后之丧,亦如之。[他执意宫廷节俭和传统孝道。]九月乙未,散骑常侍皇甫陶、傅玄领谏官,上书谏诤,有司奏请寝之。诏曰:"凡关言人主,人臣所至难,而苦不能听纳,自古忠臣直士之所慷慨也。每陈事出付主者,多从深刻[每每将陈事之书交付主事者,主事者深究苛求],乃云恩贷当由主上,是何言乎?其详评议。"[他执意听取谏言,鼓励对他的批评和劝谏。]……冬十月……丁未,诏曰:"昔舜葬苍梧,农不易亩;禹葬成纪,市不改肆。上惟祖考清简之旨,所徙陵十里内居人,动为烦扰,一切停之。"[他厌烦扰民,喜好"清简"。]……

三年[267]春正月……丁卯,立皇子衷为皇太子。[悲剧,无尽的悲剧,因为这位皇储非常无能和愚钝,其父逝后他作为晋惠帝先后成为其叔外公和皇后的傀儡,继而是藩王的囚徒和傀儡,(据传言)终被毒杀。司马炎畏惧其生母皇后杨艳,始终不废黜这可怜人——"国家理由"败北。]……九月甲申,诏曰:"古者以德诏爵,以庸制禄,虽下士犹食上农,外足以奉公忘私,内足以养亲施惠。今在位者禄不代耕,非所以崇化之本也。其议增吏俸。"[他对低级官吏特别"宽惠仁厚",以冀他们"奉公忘私"。]……冬十月,听士卒遭父母丧者,非在疆场,皆得奔赴。[他对兵营士卒"宽惠

---

① 从西晋建立到279年司马炎灭吴战役的近15年间,晋吴较大规模战事仅孙皓在268年盲目发动的北伐和西伐,结果全然失败。另外,孙皓又于271年盲目率师北进,但迅即退返。皆见《三国志·吴书·三嗣主传》:[发动对西晋的大规模攻势,结果全然失败:](宝鼎)三年[268]……秋九月,皓出东关,丁奉至合肥。是岁,遣交州刺史刘俊、前部督修则等入击交阯,为晋将毛炅等所破,皆死,兵散还合浦。……[再度发动对西晋的大规模攻势,基于更虚妄的想法,但迅即退返:]三年[271]春正月晦,皓举大众出华里,皓母及妃妾皆行,东观令华覈等固争,乃还。[狂野放纵和白日做梦的一个例解,支配着他的军事"规划":]《江表传》曰:……得中国降人,言寿春下有童谣曰"吴天子当上"。皓闻之,喜曰:"此天命也。"即载其母妻子及后宫数千人,从牛渚陆道西上,云青盖入洛阳,以顺天命。行遇大雪,道涂陷坏,兵士被甲持仗,百人共引一车,寒冻殆死。兵人不堪,皆曰:"若遇敌便当倒戈耳。"皓闻之,乃还。……

仁厚"。]十二月……禁星气谶纬之学[董仲舒往后大致已流传四个世纪、王莽往后已风行(甚而间或猖獗无比)两个半世纪的这些神秘预言术终于遭他禁绝!至少是因为它们反复证明易被用以煽惑旨在改朝换代的篡夺和造反。]

[杰出和创新性的、以"宽简"为特征的法制改革——"简法务本","宜宽有罪":]四年[268]春正月……丙戌,律令成①……戊子,诏曰:"古设象刑而众不犯,今虽参夷[诛灭三族的酷刑]而奸不绝,何德刑相去之远哉!先帝深愍黎元,哀矜庶狱,乃命群后,考正典刑。朕守遗业,永惟保乂皇基,思与万国以无为为政。……律令既就,班之天下,将以简法务本,惠育海内。宜宽有罪,使得自新……"……六月甲申朔,诏曰[展示了他的经典儒家治国理念(他的"总纲"),即重农惠民,司法公允,端正吏治,弘扬礼教,淳朴风俗,学尚经典]:"郡国守相,三载一巡行属县,必以春,此古者所以述职宣风展义也。见长吏,观风俗,协礼律,考度量,存问耆老,亲见百年。录囚徒,理冤枉,详察政刑得失,知百姓所患苦。无有远近,便若朕亲临之。[他不假设或妄信不亲临民间就能很懂得民间。]敦喻五教,劝务农功,勉励学者,思勤正典,无为百家庸末,致远必泥。士庶有好学笃道,孝弟忠信,清白异行者,举而进之;有不孝敬于父母,不长悌于族党,悖礼弃常,不率法令者,纠而罪之。田畴辟,生业修,礼教设,禁令行,则长吏之能也。人穷匮,农事荒,奸盗起,刑狱烦,下陵上替,礼义不兴,斯长吏之否也。若长吏在官公廉,虑不及私,正色直节,不饰名誉者,及身行贪秽,诌黩求容,公节不立,而私门日富者,并谨察之。扬清激浊,举善弹违,此朕所以垂拱总纲,责成于良二千石也。于戏戒哉!"……[应对一系列吴军入侵,即前述孙皓完全失败的盲目北伐和西伐:]冬十月,吴将施绩入江夏,万郁寇襄阳。遣太尉义阳王望屯龙陂。荆州刺史胡烈击败郁。吴将顾容寇郁林,太守毛炅大破之,斩其交州刺史刘俊、将军修则。十一月,吴将丁奉等出芍陂,安东将军汝阴王骏与义阳王望击走之。……十二月,班五条诏书于郡国[展示了他的经典儒家治国理念

---

① 即《泰始律》,中国第一部儒家化法典,以宽简著称,比前代律令的内容有所放宽,而且是中国立法史上由繁入简的里程碑。共620条,两万余字;"减枭、斩、族诛、从坐之条",对女子的判处也有从轻从宽的用意。《晋书·刑法志》称其"蠲其苛秽,存其清约,事从中典,归于益时"。南北朝乃至隋唐的法律无不打上《泰始律》的烙印。见"司马炎",http://baike.sogou.com/v21098.htm? fromTitle=%E5%8F%B8%E9%A9%AC%E7%82%8E。

(他的"总纲")和他对地方行政官吏的总要求(那在本质上与经典黄老之道治国方略相符)]:一曰正身,二曰勤百姓,三曰抚孤寡,四曰敦本息末,五曰去人事。庚寅,帝临听讼观,录廷尉洛阳狱囚,亲平决焉。……

五年[269]春正月癸巳,申戒郡国计吏守相令长,务尽地利,禁游食商贩。丙申,帝临听讼观录囚徒,多所原遣。[他甚至有时亲自复审囚徒,贯彻他的"宽简"法制和司法。]……

六年[270]……六月戊午,秦州刺史胡烈击叛虏于万斛堆,力战,死之。["秦凉之变"! 在河西陇西连年大旱和饥馑的背景下,胡烈暴政引发鲜卑族民大规模造反,由河西鲜卑秃发部首领秃发树机能率领,此后连连击败晋军,直至279年才被镇压下去。[1]]诏遣尚书石鉴行安西将军、都督秦州诸军事,与奋威护军田章讨之。……

七年[271]春正月……匈奴帅刘猛[南匈奴右贤王]叛出塞["秦凉之变"的连锁反应之一]。三月,孙皓帅众趋寿阳[此即前述孙皓迅即退返的再度军事大冒险],遣大司马望屯淮北以距之。……夏四月……[秃发树机能联合氐、羌、匈奴等部落共同反晋,其中尤以北地郡匈奴人("北地胡")最强悍;"秦凉之变"成为西晋的重大持久边难]:北地胡寇金城,凉州刺史牵弘讨之。群虏内叛,围弘于青山,弘军败,死之。五月……雍、凉、秦三州饥,赦其境内殊死以下。……秋七月癸酉,以车骑将军贾充为都督秦、凉二州诸军事。[祸不单行,西晋南端军事祸殃,虽然这对西晋与孙吴之间的力量对比几乎没有影响:]吴将陶璜等围交趾,太守杨稷与郁林太守毛炅及日南等三郡降于吴。……

八年[272]春正月,监军何桢讨匈奴刘猛,累破之,左部帅李恪杀猛而降。……二月乙亥,禁雕文绮组非法之物。壬辰……诏内外群官举任边郡者各三人。[他确实执意听取谏言,鼓励对他的批评和劝谏:]帝与右将军皇甫陶论事,陶与帝争言,散骑常侍郑徽表请罪之。帝曰:"谠言謇谔[正直敢言],所望于左右也。人主常以阿媚为患,岂以争臣为损哉! 徽越职妄奏,岂朕之意。"遂免徽官……六月……丙

---

[1] 此处及以下"秦凉之变"战争解说依据"秦凉之变",http://baike.sogou.com/v71401778.htm?fromTitle=%E7%A7%A6%E5%87%89%E4%B9%8B%E5%8F%98。

申,诏复陇右四郡遇寇害者田租……

九年[273]……秋七月……鲜卑寇广宁[今山西临汾市大宁县],杀略五千人。[大难征兆,北方少数民族全线南下终将在三四十年后成为不可抵挡之势!]诏聘公卿以下[全国官民]子女以备六宫,采择未毕,权[暂且]禁断婚姻。[他灭吴后的荒淫腐败现在初露端倪!]冬十月辛巳,制女年十七父母不嫁者,使长吏配之。……

十年[274]春正月……丁亥,诏曰:"嫡庶之别,所以辨上下,明贵贱。而近世以来,多皆内宠,登妃后之职,乱尊卑之序。自今以后,皆不得登用妾媵以为嫡正。"[他确实尊儒! 然而,这是否更多地出自他对皇后杨艳的温情和畏惧,或后者对他事实上的掌控,特别表现在她感兴趣和利益紧要的问题(特别是"不得登用妾媵以为嫡正"问题)上? 由此,外戚权势和皇储无能愚钝必将损伤他的王朝!]……六月癸巳,临听讼观录囚徒,多所原遣。[他已再三亲自复审囚徒,贯彻他的"宽简"法制和司法。]……秋七月丙寅,皇后杨氏崩。[尽管如此,其堂妹杨芷因杨艳的意志将接续为皇后,杨芷的父亲杨骏将滥用外戚权势,因而他在内宫政治含义重大的问题上将依然被皇后控制。]……八月,凉州虏寇金城诸郡,镇西将军、汝阴王骏讨之,斩其帅乞文泥等。[秃发树机能的盟友乞文泥被消灭,"秦凉之变"战势似乎改观,但事实上将面临更大的波澜和曲折。]……咸宁元年[275]……叛虏树机能送质请降。[秃发树机能本人请降,但事实上将面临更大的波澜和曲折。]……六月……鲜卑力微[鲜卑拓跋部落联盟首领]遣子来献。吴人寇江夏。西域戊己校尉马循讨叛鲜卑,破之,斩其渠帅。[鲜卑阿罗多等寇边,马循率军征讨,斩首四千余级,获生九千余人。]……十二月……大疫,洛阳死者太半。[帝国最核心地区爆发危机! 虽然不是直接人为的。]……

二年[276][是年而非灭吴之年(280)被我们当代某些历史学者认作政治转折点,见P45注④]春正月,以疾疫废朝。……二月……并州虏犯塞,监并州诸军事胡奋击破之。……夏五月,镇西大将军、汝阴王骏讨北胡,斩其渠帅吐敦。[北方边难频仍,总的来说胜负不决。]……秋七月……鲜卑阿罗多等寇边,西域戊己校尉马循讨之,斩首四千余级,获生九千余人,于是来降。……冬十月……丁卯,立皇后杨氏[如前所述,杨艳的堂妹杨芷接续为皇后,其父杨骏将滥用外戚权势,因而他在内宫政治含义重大的问题上依然被皇后控制。]……

三年[277]春正月……诏曰："宗室戚属,国之枝叶,欲令奉率德义,为天下式。然处富贵而能慎行者寡……[既知如此,为何还要坚持大封宗室藩王?! 本着何种"历史教训"——司马氏篡魏而魏君无枝叶扶持的"教训"?]……庚寅……使征北大将军卫瓘讨鲜卑力微。三月,平虏护军文淑[即文鸯]讨叛虏树机能等,并破之。[此役西晋大胜,胡人部落有二十万人归降。"秦凉之变"战争幡然改观,但事实上将仍有重大曲折。]……八月癸亥,徙扶风王亮为汝南王,东莞王伷为琅邪王,汝阴王骏为扶风王,琅邪王伦为赵王,渤海王辅为太原王,太原王颙为河间王,北海为任城王,陈王斌为西河王,汝南王柬为南阳王,济南王耽为中山王,河间王威为章武王。[其中汝南王司马亮、赵王司马伦和河间王司马颙为他死后的"八王之乱"之三王。]……

四年[278]……六月……凉州刺史杨欣与虏若罗拔能[鲜卑秃发树机能的部将]等战于武威,败绩,死之。……十一月辛巳,太医司马程据献雉头裘,帝以奇技异服典礼所禁,焚之于殿前。甲申,敕内外敢有犯者罪之。[至此,他坚持宫廷节俭及经典礼数已达13年。然而,考验不尽,未来未定!]……

[他在最终平定"秦凉之变"前后,于279至280年发动大规模多战线征伐,摧枯拉朽般击灭孙吴,实现中国重新统一。剧变! 灭吴成了他克劳塞维茨式"胜利的顶点",此后他的荒淫腐败迅即开始,而且三北异族是他胜而不克或羁而不驯的对手西晋的最终毁灭者;还有,他妄以为从此全国太平,便"悉去州郡兵",从而助成不久后的全国大乱;①不仅如此,在他晚年一直在朝廷任重臣的杰出政治家齐王司马攸虽然众望所归,被盼望成为他的继位者,但他听佞臣谗言而坚持令其出京归齐,促成后者气恨发病而死,西晋大概由此失去了相对长治久安的唯一机会! 还有,自然

---

① 《资治通鉴·第八十一卷晋纪三晋武帝》载:是岁[280]……诏曰:"昔自汉末,四海分崩,刺史内亲民事,外领兵马。今天下为一,当韬戢干戈,刺史分职,皆如汉氏故事:悉去州郡兵,大郡置武吏百人,小郡五十人。"交州牧陶璜上言:"交、广东西数千里,不宾属者六万余户,至于服从官役,才五千余家。二州唇齿,唯兵是镇。又,宁州诸夷,接据上流,水陆并通,州兵未宜约损,以示单虚。"仆射山涛亦言"不宜去州郡武备",帝不听。及永宁[晋惠帝年号,301—302]以后,盗贼群起,州郡无备,不能禽制,天下遂大乱,如涛所言。然其后刺史复兼兵民之政,州镇愈重矣。

灾害异常频仍,社会势必困苦甚或凋敝(史称"太康之治"值得严重质疑)。]

五年[279]春正月,虏帅树机能攻陷凉州。[北疆战争高度能动,部分地出于有游牧文化特性而"能缩能伸"的鲜卑攻掠武力再度雄起。]乙丑,使讨虏护军武威太守马隆击之……三月,匈奴都督拔弈虚帅部落归化。乙亥,以百姓饥馑,减御膳之半。……冬十月戊寅,匈奴余渠都督独雍等帅部落归化。……[终于发动可谓等了13年的灭吴战役!此时离马隆击灭秃发树机能尚有一个月,是何等的战略果断令他能冒两线大战风险?]十一月,大举伐吴,遣镇军将军、琅邪王伷出涂中,安东将军王浑出江西,建威将军王戎出武昌,平南将军胡奋出夏口,镇南大将军杜预出江陵,龙骧将军王濬、广武将军唐彬率巴蜀之卒浮江而下,东西凡二十余万。以太尉贾充为大都督,行冠军将军杨济为副,总统众军。[九年战争之后击灭秃发树机能,"凉州平":]十二月,马隆击叛虏树机能,大破,斩之,凉州平。……

[在他的最高指挥下,各路大军战无不胜,齐头奋进:]太康元年[280]春正月……癸丑,王浑克吴寻阳赖乡诸城,获吴武威将军周兴。二月戊午,王濬、唐彬等克丹杨城。庚申,又克西陵,杀西陵都督、镇军将军留宪,征南将军成琚,西陵监郑广。壬戌,濬又克夷道乐乡城,杀夷道监陆晏、水军都督陆景。甲戌,杜预克江陵,斩吴江陵督伍延;平南将军胡奋克江安。于是诸军并进,乐乡、荆门诸戍相次来降。乙亥,以濬为都督益、梁二州诸军事,复下诏曰[他既全面又具体的作战指令]:"濬、彬东下,扫除巴丘,与胡奋、王戎共平夏口、武昌,顺流长骛,直造秣陵,与奋、戎审量其宜。杜预当镇静零、桂,怀辑衡阳。大兵既过,荆州南境固当传檄而定,预当分万人给濬,七千给彬。夏口既平,奋宜以七千人给濬。武昌既了,戎当以六千人增彬。太尉充移屯项,总督诸方。"濬进破夏口、武昌,遂泛舟东下,所至皆平。王浑、周浚与吴丞相张悌战于版桥,大败之,斩悌及其将孙震、沈莹,传首洛阳。孙皓穷蹙请降,送玺绶于琅邪王伷。三月壬申,王濬以舟师至于建邺之石头,孙皓大惧,面缚舆榇,降于军门。[投降是昏聩暴君孙皓在全线崩溃中为活命能做的唯一选择。]濬杖节解缚焚榇,送于京都。收其图籍,克州四,郡四十三,县三百一十三,户五十二万三千,吏三万三千,兵二十三万,男女口二百三十万。其牧守已下皆因吴所置,除其苛政,示之简易,吴人大悦。[王濬如此,必定出自司马炎的指示,令人想起伐至朝

歌的武王和进入咸阳的刘邦！此乃懂得政治的得胜者。①]……五月辛亥,封孙皓为归命侯,拜其太子为中郎,诸子为郎中。[《三国志》作者陈寿罕见地谴责司马炎,因为他让那魔鬼般的暴君活命,甚至予以"归命之宠"。②]吴之旧望,随才擢叙。孙氏大将战亡之家徙于寿阳,将吏渡江复十年,百姓及百工复二十年。丙寅,帝临轩大会,引皓升殿,群臣咸称万岁。……庚午,诏诸士卒年六十以上罢归于家。……

二年[281]……三月……赐王公以下吴生口各有差。[历史性大胜之后,他的荒淫腐败迅即开始:]诏选孙皓妓妾五千人入宫。③……[三北异族是他胜而不克或羁而不驯的对手西晋的毁灭者:]冬十月,鲜卑慕容廆[前燕建立者慕容皝之父,后于西晋怀帝永嘉元年(307)自称鲜卑大单于]寇昌黎[属幽州辽西郡;今河北秦皇岛市昌黎县]。十一月……鲜卑寇辽西,平州刺史鲜于婴讨破之。

三年[282]春正月……以尚书张华都督幽州诸军事。三月,安北将军严询败鲜卑慕容廆于昌黎,杀伤数万人。[败后,慕容廆转而东击扶余国,扶余王依虑兵败自杀,慕容廆毁扶余国城,俘虏万余人而返。总的来说,对三北异族都是胜而不克,胜而不决。]……

四年[283]……三月……癸丑,大司马齐王攸薨。[司马攸如前所述曾是司马昭大为属意的"储君",西晋正式建立后一直任中央重臣甚有建树,同时因正直和善深得人心。司马昭晚年,朝廷内外要求司马攸继位的呼声颇高,但他几乎天然对之持有戒心,故听佞臣谗言而坚持令司马攸出京归齐,后者遂气恨发病而死。④ 西晋大概由此

---

① 《史记·周本纪》载:武王至商国,正义谓至朝歌。商国百姓咸待于郊。于是武王使群臣告语商百姓曰:"上天降休!"[休:休戕,或美善,吉庆]商人皆再拜稽首,武王亦答拜。[一位对被征服民众颇为仁慈的征服者,使人想起另一位伟大的华夏革命家刘邦的《约法三章》。]

② 《三国志·吴书·三嗣主传》:评曰……皓凶顽,肆行残暴,忠谏者诛,谀谀者进,虐用其民,穷淫极侈,宜腰首分离,以谢百姓。既蒙不死之诏,复加归命之宠,岂非旷荡之恩,过厚之泽也哉!

③ 《晋书·后妃列传上》载:时帝多内宠,平吴之后复纳孙皓宫人数千,自此掖庭殆将万人,而并宠者甚众,帝莫知所适,常乘羊车,恣其所之,至便宴寝。官人乃取竹叶插户,以盐汁洒地,而引帝车。

④ 《晋书·列传第八宣五王文六王》载:武帝践阼,封齐王,时朝廷草创,而攸总统军事,抚宁内外,莫不景附焉。……攸虽未之国,文武官属,下至士卒,分租赋以给之,疾病死丧赐与之。而时有水旱,国内百姓则加振贷,须丰年乃责[索取赋税],十减其二,国内赖之。(接下页)

失去了相对长治久安的唯一机会!]……

…… ……

六年[285]春正月甲申朔,以比岁不登,免租贷宿负[拖欠的赋税]。[连年自然灾害,省略前后大多是此类记载。]……八月丙戌朔,日有蚀之。减百姓绵绢三分之一。……

迁骠骑将军……降身虚己,待物以信……时骠骑当罢营兵,兵士数千人恋攸恩德,不肯去,遮京兆主言之,帝乃还攸兵。

攸每朝政大议,悉心陈之。诏以比年饥馑,议所节省,攸奏议曰:"臣闻先王之教,莫不先正其本。务农重本,国之大纲。……今宜严敕州郡,检诸虚诈害农之事,督实南亩,上下同奉所务。则天下之谷可复古政,岂患于暂一水旱,便忧饥馁哉!……又都邑之内,游食滋多,巧伎末业,服饰奢丽,富人兼美……宜申明旧法,必禁绝之。使去奢即俭,不夺农时,毕力稼穑,以实仓廪。……"转镇军大将军,加侍中……行太子少傅。……世以为工。

咸宁二年[276],代贾充为司空,侍中、太傅如故。……初……太后临崩[268],亦流涕谓帝曰:"桃符[司马攸小字]性急,而汝为兄不慈,我若遂不起,恐必不能相容。以是属汝,勿忘我言。"及帝晚年,诸子并弱,而太子不令[不慧、不好],朝臣内外,皆属意于攸。中书监荀勖、侍中冯紞皆谄谀自进,攸素疾之。勖等以朝望在攸,恐其为嗣,祸必及己,乃从容言于帝曰:"陛下万岁之后,太子不得立也。"帝曰:"何故?"勖曰:"百僚内外皆归心于齐王,太子焉得立乎!陛下试诏齐王之国,必举朝以为不可,则臣言有征矣。"紞又言曰:"陛下遣诸侯之国,成五等之制者,宜先从亲始。亲莫若齐王。"帝既信勖言,又纳紞说,太康三年[282]乃下诏曰:"古者九命作伯,或入毗朝政,或出御方岳。周之吕望[吕尚,姜太公],五侯九伯,实得征之[《史记·齐太公世家》载管蔡作乱时周公授权姜太公对五侯九伯的征伐权],侍中、司空、齐王攸……宜登显位……"攸不悦……

明年[283]……攸知勖、紞构己,愤怒发疾,乞守先后陵,不许。帝遣御医诊视,诸医希旨,皆言无疾。疾转笃,犹催上道。攸自强入辞,素持容仪,疾虽困,尚自整厉,举止如常,帝益疑无疾。辞出信宿[连宿两夜],欧血而薨,时年三十六。……

又见"咸宁二年转折点说":在以《晋书》为代表的传统史学的论述中,一般以太康元年(280)平吴为界,将晋武帝时代的政治划分为前后两段。在前一个时段中,武帝可以算是励精图治的君主,一举完成了统一大业。但在平吴之后,武帝失却了敦勉勤政的态度,《晋书》最后总结"中朝之乱,实始于斯"。然而,从西晋政治演变的内在脉络看,咸宁二年(276)是更值得注意的年份。该年武帝病危("以疾疫废朝")时拥立齐王攸的密谋和杨骏封侯都对西晋政治的走向产生了深远的影响。前者激化了武帝与齐王攸的矛盾,成为武帝后期一系列政治纷争的源头;后者标志着外戚势力在西晋政治中的崛起。武帝为了抑制宗室/功臣势力和保证太子继位,驱逐司马攸出京和重用外戚杨氏,将其作为异质力量引入西晋政治,改变了西晋政治的权力结构。因此,咸宁二年对晋武帝一朝的政局具有转折性的意义。仇鹿鸣:《咸宁二年与晋武帝时代的政治转折》,《学术月刊》2008年第11期。

七年[286]春正月……乙卯,诏曰:"比年灾异屡发,日蚀三朝,地震山崩。邦之不臧,实在朕躬……"夏五月……鲜卑慕容廆寇辽东。[三北异族反叛简直常见常在!]十二月,……出后宫才人、妓女以下三百七十人归于家。[这只是宫内女性奴的一个小小零头。]……

八年[287]……冬十月,南康平固县吏李丰反,聚众攻郡县,自号将军。十一月,海安令萧辅聚众反。十二月,吴兴人蒋迪聚党反,围阳羡县,州郡捕讨,皆伏诛。[叛乱四起,广泛的社会困苦甚或凋敝的结果?]……

九年[288]春正月壬申朔,日有蚀之。诏曰:"兴化之本,由政平讼理也。二千石长吏不能勤恤人隐,而轻挟私故,兴长刑狱,又多贪浊,烦挠百姓。[在他治下,吏治即使清明过,大概也重返秽浊。]其敕刺史二千石纠其秽浊,举其公清,有司议其黜陟。令内外群官举清能,拔寒素[在世族大家和宗室藩王支配社会的情势下,这只是空话]。"……六月……郡国三十二大旱,伤麦。……九月……郡国二十四螟。[连年爆发自然灾害,省略的前后有太多此类记载。]……

十年[289]……五月,鲜卑慕容廆来降[这位狄酋此后经久效力于西晋,但其他北方异族如何?!]……十一月……甲申,以汝南王亮为大司马、大都督、假黄钺。改封南阳王柬为秦王,始平王玮为楚王,濮阳王允为淮南王,并假节之国,各统方州军事。[宗室藩王主管中央军务(一如既往)和方州军务,其中司马亮和司马玮为以后"八王之乱"之二王。]立皇子乂为长沙王,颖为成都王,["八王之乱"又二王。]晏为吴王,炽为豫章王,演为代王,皇孙遹为广陵王。立濮阳王子迪为汉王,始平王子仪为毗陵王……十二月……虏奚轲[奚轲当为匈奴之一种]男女十万口来降。[北方少数民族内迁和融合过程伴有(除其他因素)因"夹生饭"而来的大规模动乱和血腥。]

太熙元年[290]……夏四月辛丑,以侍中车骑将军杨骏为太尉、都督中外诸军、录尚书事。[在他垂死之际,庸劣的外戚杨骏终获朝廷全权,再加上异常无能的储君司马衷,西晋的灾运无可避免!]己酉,帝崩于含章殿,时年五十五,葬峻阳陵,庙号世祖。

[房玄龄等人乃至唐太宗李世民对晋武帝司马炎的终评。东汉末直至隋唐为止的约四个世纪的大分裂、大血腥、大黑暗必定令他们感慨万千,其间西晋的短暂

统一安定与最血腥、最黑暗时代的迅即到来必定令他们思忖不已！"前事之不忘，后事之师也"，他们的评判总的来说可谓全面、正确甚至深刻。李世民所云"善始于初，而乖令终于末"甚或可认为也是在告诫自己。]

[房玄龄等的终评：]帝宇量弘厚，造次必于仁恕；容纳谠正，未尝失色于人；明达善谋，能断大事，故得抚宁万国，绥静四方。[少有治国者或政治领导能配得上如此的赞誉，但也少有这样的人竟能急剧蜕变，以致"明达"殆尽，晚节俱废。]承魏氏奢侈革弊之后，百姓思古之遗风，乃厉以恭俭，敦以寡欲。[私欲寡淡往往是优良政治素质的一个前提条件。私欲寡淡远不等于雄心寡淡。]……临朝宽裕，法度有恒。[相反的不可取的做法是对待臣下严苛，"规则"无常易变，因人而异而偏。]……平吴之后[急剧的转折，令人想起贾谊《过秦论》的"于是"！①]，天下乂安，遂怠于政术，耽于游宴，[皇后影响过甚，外戚权势泛滥，灭吴前即多少如是：]宠爱后党，亲贵当权，旧臣不得专任，彝章紊废，请谒["走后门"之谓]行矣。[死守异常无能的储君；这里叙述了他为何如此和由此造成的灾难性后果（"中朝之乱，实始于斯矣"）：]爰至末年，知惠帝弗克负荷，然恃皇孙②聪睿，故无废立之心。复虑非贾后所生，终致危败，遂与腹心共图后事。[他的藩王 vs. 外戚两难，多年从未从中解脱：]说者纷然，久而不定，竟用王佑[杨骏腹心]之谋，遣太子母弟秦王柬都督关中，楚王玮、淮南王允并镇守要害，以强帝室。又恐杨氏之逼，复以佑为北军中候，以典禁兵。[垂死之际的昏迷决定，试图以藩王制约外戚而未遂——垂死的他犹如那么多垂死的君主般被人控制：]既而寝疾弥留，至于大渐，佐命元勋，皆已先没，群臣惶惑，计无所从。

---

① 《过秦论》：及至始皇，奋六世之余烈，振长策而御宇内，吞二周而亡诸侯，履至尊而制六合，执敲扑而鞭笞天下，威振四海。南取百越之地，以为桂林、象郡；百越之君，俯首系颈，委命下吏。乃使蒙恬北筑长城而守藩篱，却匈奴七百余里。胡人不敢南下而牧马，士不敢弯弓而报怨。于是[!]废先王之道，焚百家之言，以愚黔首；隳名城，杀豪杰，收天下之兵，聚之咸阳，销锋镝，铸以为金人十二，以弱天下之民。然后践华为城，因河为池，据亿丈之城，临不测之渊，以为固。良将劲弩守要害之处，信臣精卒陈利兵而谁何。天下已定，始皇之心，自以为关中之固，金城千里，子孙帝王万世之业也。

② 司马遹，储君司马衷之子，自幼聪慧，然长大后不修德业，性刚且奢侈残暴；皇后贾南风以其非己出，性情暴虐，恐即位后自己地位难保，乃与贾谧等设计将其谋害致死。

会帝小差[病稍减]，有诏以汝南王亮辅政，又欲令朝士之有名望年少者数人佐之，杨骏秘而不宣。帝复寻至迷乱，杨后辄为诏以骏辅政，促亮进发。帝寻小间，问汝南王来未，意欲见之，有所付托。左右答言未至，帝遂困笃。中朝之乱，实始于斯矣。

[李世民的评论：]制曰：武皇承基，诞膺天命，握图御宇，敷化导民，以佚代劳。以治易乱[司马炎的最大历史功绩，但为时短暂]。[他前期的众多优良素质、可嘉政策和显著成就：]绝缣纶之贡，去雕琢之饰，制奢俗以变俭约，止浇风而反淳朴。雅好直言，留心采擢……仁以御物，宽而得众，宏略大度，有帝王之量焉。于是民和俗静，家给人足，聿修武用，思启封疆。决神算于深衷，断雄图于议表。马隆西伐，王濬南征，师不延时，獯虏削迹，兵无血刃，扬越为墟。通上代之不通，服前王之未服。祯祥显应，风教肃清，天人之功成矣，霸王之业大矣。……骄泰之心，因斯而起[急剧的转折]。见土地之广，谓万叶而无虞；睹天下之安，谓千年而永治。不知处广以思狭["思狭"：灭吴之后他简直顿失的素质，即精细具体的思想方式和勤勉精神]，则广可长广；居治而忘危，则治无常治。① 加之[在委托后嗣问题上：]建立非所，委寄失才，志欲就于升平，行先迎于祸乱。……[他的用人极成问题：所用重臣、藩王和外戚皆成祸患]贾充凶竖，怀奸志以拥权；杨骏豺狼，苟祸心以专辅。及乎宫车晚出[比喻皇帝死亡]，谅暗未周，籓翰变亲以成疏，连兵竞灭其本；栋梁回忠而起伪，拥众各举其威。曾未数年，纲纪大乱，海内版荡，宗庙播迁。[某种意义上他的蜕变的历史性巨型恶果：]帝道王猷[犹王道]，反居文身之俗；神州赤县，翻成被发之乡。……其故何哉？良由失慎于前，所以贻患于后。……子不肖则家亡，臣不忠则国乱；国乱不可以安也，家亡不可以全也。[初唐李世民从司马炎处得出的重大教训：长治久安的前提条件是审慎、细致、有远见、防患于未然]是以君子防其始，圣

---

① [政治文化和思想之平庸、自满、短视]：《晋书·列传第三·何绥传》载：初，（何曾之孙何绥）曾侍武帝宴，退而告遽[何绥父]等曰："国家应天受禅，创业垂统。吾每宴见，未尝闻经国远图，惟说平生常事，非贻厥孙谋之兆也。及身而已，后嗣其殆乎！此子孙之忧也。汝等犹可获没。"指诸孙曰："此等必遇乱亡也。"

人闲[提防,防御]其端。而世祖惑荀勖之奸谋,迷王浑之伪策①,心屡移于众口,事不定于己图。元海[即刘渊,字元海]当除而不除,卒令扰乱区夏;惠帝可废而不废,终使倾覆洪基。夫全一人者德之轻,拯天下者功之重,弃一子者忍之小,安社稷者孝之大;况乎资三世而成业,延二孽以丧之,所谓取轻德而舍重功,畏小忍而忘大孝。[政治视野内的道德选择:小德与大德,"国家理由"。李世民同时在隐然辩解自己的"玄武门之变"?]圣贤之道,岂若斯乎!虽则[关于晋武帝极富戏剧性的悲剧主题:]善始于初,而乖令终于末,所以殷勤史策,不能无慷慨焉。

列传第二十四　陆机传　摘录和评注

[陆机,孙吴头等名门出身,"少有异才,文章冠世,伏膺儒术";吴亡后痛定思痛,作《辩亡论》。"论权所以得,皓所以亡,又欲述其祖父功业",是一则杰出的审视,有其正确的关于国家治理和维护的经典儒家主题,遂成千古名篇。]

陆机,字士衡,吴郡人也。祖逊,吴丞相。父抗,吴大司马。机身长七尺,其声如钟。少有异才,文章冠世,伏膺儒术,非礼不动。抗卒,领父兵为牙门将。年二十而吴灭,退居旧里,闭门勤学,积有十年。以孙氏在吴,而祖父世为将相,有大勋于江表,深慨孙皓举而弃之,乃论权所以得,皓所以亡,又欲述其祖父功业,遂作《辩亡论》二篇。其上篇曰:

[《辩亡论》上篇,"论权所以得,皓所以亡":得在文治杰出和根本地缘战略贯彻始终,亡在文治败劣因而地缘战略崩溃;文治优劣的关键是能否吸引和使用良才。]

[孙吴王国在东汉崩溃时代的华夏大乱中脱颖而出,继之以扩展和巩固,其关

① 指西晋将领王浑推荐和保护刘渊事。刘渊,匈奴冒顿单于之后,本姓挛鞮,因汉高祖嫁公主给冒顿单于并约为兄弟而改姓刘,继承父亲左贤王之位而统率南匈奴一部。王浑多次在晋武帝面前推荐他,于是武帝召见与之交谈,对其非常赏识。"秦凉之变"爆发后,武帝放弃了任用他的想法。齐王司马攸曾劝武帝除掉他,但因王浑反对而作罢。八王之乱时诸王互相攻伐,刘渊乘机在并州自立,称汉王,建立汉国(后改为赵,泛称前赵),308年称帝。

键在于：(1) 孙策和孙权的杰出文治，特别是"宾礼名贤"，致使"豪彦寻声而响臻"，"江东多士"；(2) 孙权贯彻始终的根本地缘战略，导致"魏人请好，汉氏乞盟，遂跻天号，鼎峙而立"。]

昔汉氏失御，奸臣窃命，祸基京畿，毒遍宇内，皇纲弛顿，王室遂卑。于是群雄蜂骇，义兵四合。吴武烈皇帝[孙坚]慷慨下国，电发荆南，权略纷纭，忠勇伯世，威棱则夷羿震荡，兵交则丑虏授馘……于时云兴之将带州，猋[犬迅奔之貌]起之师跨邑，哮阚之群风驱，熊罴之族雾合。虽兵以义动，同盟戮力，然皆苞藏祸心，阻兵怙乱[乘祸乱之际谋取私利]，或师无谋律，丧威稔寇[恶贯满盈的敌人]。忠规武节，未有如此其著者也。

武烈既没，长沙桓王[孙策]逸才命世，弱冠秀发，招揽遗老，与之述业。神兵东驱，奋寡犯众，攻无坚城之将，战无交锋之虏。诛叛柔服，而江外底定；饬法修师，则威德翕赫。宾礼名贤，而张公为之雄；交御豪俊，而周瑜为之杰。彼二君子皆弘敏而多奇，雅达而聪哲，故同方者以类附，等契者以气集，江东盖多士矣。……大业未就，中世而殒。

用集我大皇帝[孙权]……[孙权——能顺应江东特殊情势、开发江东特殊资源的伟大政治领导]从政咨于故实，播宪[颁布法令]稽乎遗风；而加之以笃敬，申之以节俭，畴咨俊茂，好谋善断，束帛旅于丘园，旌命交乎涂巷。["宾礼名贤"的首要主题再度凸显]故豪彦寻声而响臻，志士晞光[喻沐受恩惠]而景骛，异人辐辏，猛士如林。于是张公为师傅；周瑜、陆公、鲁肃、吕蒙之俦，入为腹心，出为股肱；甘宁、凌统、程普、贺齐、朱桓、朱然之徒奋其威，韩当、潘璋、黄盖、蒋钦、周泰之属宣其力；风雅则诸葛瑾、张承、步骘以名声光国，政事则顾雍、潘浚、吕范、吕岱以器任干职……谋无遗计，举不失策。[孙权树立的孙吴根本地缘战略，其历史性实施始于赤壁之战：]故遂割据山川，跨制荆吴，而与天下争衡矣。魏氏尝藉战胜之威，率百万之师，浮邓塞[在今湖北襄阳市北唐白河入汉水处]之舟，下汉阴之众，羽楫万计，龙跃顺流……喟然有吞江浒之志，壹宇宙之气。而周瑜驱我偏师，黜之赤壁，丧旗乱辙，仅而获免，收迹远遁。[孙吴根本地缘战略再获辉煌成功，依凭陆逊夷陵之战：]汉王亦凭帝王之号，帅巴汉之人，乘危骋变，结垒千里，志报关羽之败，图收湘西之地。而我陆公亦挫之西陵，覆师败绩，困而后济，绝命永安。……由是二邦之将，丧气挫锋，势衄财匮，而吴莞然坐乘其弊，故魏人请好，汉氏乞盟，遂跻天号，鼎峙而立。［孙吴王国的伟大历史功绩：在广大的东南/南部中国境内，维持相对和平繁荣，华夏统治大为巩固］西界庸、益之郊，北裂淮、汉之涘［水边］，东苞百越之地，南括群蛮之表。……黎庶免干戈之患，戎马无晨服之虞，而帝业固矣。

［孙权之后的衰败，虽经一度缓解却无可挽回，特别是“爰逮末叶，群公既丧，然后黔首有瓦解之患，皇家有土崩之衅”。］

大皇既没，幼主［孙亮］莅朝，奸回［孙峻、孙琳］肆虐。景皇［孙休］聿兴，虔修遗宪，政无大阙，守文之良主也。［“宾礼名贤”的主题以其正面和“反面”含义第三度凸显：］降及归命之初［孙皓在位之初］，典刑未灭，故老犹存。大司马陆公［陆抗］以文武熙朝，左丞相陆凯以謇谔尽规，而施绩、范慎以威重显，丁奉、钟离斐以武毅称，孟宗、丁固之徒为公卿，楼玄、贺邵之属掌机事，元首虽病，股肱犹良。爰逮末叶，群公既丧，然后黔首有瓦解之患，皇家有土崩之衅，历命应化而微，［随良治消失，地缘战略崩溃：］王师蹑运而发，卒散于阵，众奔于邑，城池无藩篱之固，山川无沟阜之势……虽忠臣孤愤，烈士死节，将奚救哉！

［“权所以得，皓所以亡”的最简要（最简单）结论：“彼此之化（政治教化）殊，授任之才异也。”］

夫曹刘之将非一世所选［曹刘武将之锐非西晋所能选］，向时之师无曩日之众［西晋灭吴的军队（也）没有往昔曹刘的那么多］，战守之道抑有前符，险阻之利俄然未改，而成败贸理，古今诡趣，何哉？彼此之化殊，授任之才异也。

［《辩亡论》下篇：首要主题仍是须有以吸引和善用才士为关键的优良文治，但末尾一段将要义拓宽和升华为前儒家政治哲学的最宏伟命题——天时地利人和，用以概释孙吴的兴亡。］

其下篇曰：

［将孙吴的比较优势集中在君主“求贤如弗及，恤人如稚子”，“推诚信士”，“量能授器”：］昔三方之王也，魏人据中夏，汉氏有岷、益，吴制荆、扬而掩有交、广。曹氏虽功济诸华，虐亦深矣，其人怨。刘翁因险以饰智，功已薄矣，其俗陋。夫吴，桓王基之以武，太祖成之以德，聪明睿达，懿度弘远矣。其求贤如弗及，恤人如稚子，接

士尽盛德之容，亲仁罄丹府之爱。拔吕蒙于戎行，试潘浚于系虏[赏识潘濬于俘虏之列]。推诚信士，不恤人之我欺；量能授器，不患权之我逼。执鞭鞠躬，以重陆公[陆逊]之威；悉委武卫，以济周瑜之师。卑宫菲食，丰功臣之赏；披怀虚己，纳谟士之算。故鲁肃一面而自托[只见一面就委以重任]，士燮蒙险而效命。高张公[张昭]之德，而省游田[游猎]之娱；贤诸葛[诸葛瑾]之言，而割情欲之欢；感陆公之规，而除刑法之烦；奇刘基之议，而作三爵之誓[因为刘基不可醉杀虞翻的谏言警醒，立誓饮酒三爵之后杀令无效]；屏气跼蹐，以伺子明[吕蒙字]之疾；分滋损甘，以育凌统之孤；登坛慷忾，归鲁子[鲁肃]之功；削投怨言，信子瑜之节。是以忠臣竞尽其谟，志士咸得肆力……[审慎勤勉，经营有年，孙吴终成地广兵众、资源富饶、险阻可依的大强国：]地方几万里，带甲将百万，其野沃，其兵练，其器利，其财丰；东负沧海，西阻险塞，长江制其区宇，峻山带其封域，国家之利未见有弘于兹者也。[倘若坚持遵循经典儒家的治国方略，该大强国据信可以“长世永年”：]借使守之以道，御之以术，敦率遗典，勤人谨政，修定策，守常险，则可以长世永年，未有危亡之患也。

[驳蜀吴唇齿相依论，阐说蜀亡后吴能续存近二十年的地缘战略原因——陆抗依凭的防务机理及其杰出的战略才干和武德：]或曰：“吴、蜀唇齿之国也，夫蜀灭吴亡，理则然矣。”夫蜀，盖藩援之与国，而非吴人之存亡也。其郊境之接，重山积险，陆无长毂之径；川阨流迅，水有惊波之艰。虽有锐师百万，启行不过千夫；轴轳千里，前驱不过百舰。故刘氏之伐，陆公[陆逊]喻之长蛇，其势然也。昔蜀之初亡，朝臣异谋，或欲积石以险其流，或欲机械[（制造）兵器]以御其变。天子总群议以咨之大司马陆公，公以四渎[江、河、淮、济]天地之所以节宣其气，固无可遏之理，而机械则彼我所共，彼若弃长技以就所屈[弃长就短]，即荆、楚而争舟楫之用，是天赞我也，将谨守峡口以待擒耳。[陆抗杰出的战略才干和武德：]逮步阐之乱，凭宝城以延强寇，资重币以诱群蛮。于时大邦[即西晋]之众，云翔电发，悬旌江介[江中悬挂战旗]，筑垒遵渚[两岸扎营]，衿带要害[犹如襟带锁住吴国要害]，以止吴人之西，巴、汉舟师，沿江东下。陆公偏师三万，北据东坑，深沟高垒，按甲养威。反虏[指步阐]踠迹[俯伏]待戮，而不敢北窥生路，强寇败绩宵遁，丧师太半。分命锐师五千，

西御水军，东西同捷，献俘万计。① 信哉贤人之谋，岂欺我哉！ 自是烽燧罕惊，封域寡虞。[陆抗逝后，孙吴殆无存活可能：]陆公没而潜谋[西晋灭吴之潜谋]兆，吴衅深而六师骇。夫太康之役，众未盛乎曩日之师；广州之乱，祸有愈乎向时之难[曹刘攻吴之难]②，而邦家颠覆，宗庙为墟。呜呼！"人之云亡，邦国殄瘁"，不其然欤！

---

① 《三国志·吴书·陆逊传》载：[陆抗面对一支总的来说具有压倒性优势的西晋大军，在无望的军事形势中尽力而为；他竟然赢了这场战役，因为他的战略/作战技能和意志力，后者主要针对他自己下属的怀疑和歧异：]凤皇元年[272]，西陵[今湖北宜昌西北]督步阐据城以叛，遣使降晋。抗闻之，日部分诸军，令将军左奕、吾彦、蔡贡等径赴西陵，敕军营更筑严围，自赤谿至故市，内以围阐，外以御寇，昼夜催切，如敌已至，众甚苦之。[他 vs. 他的下属，境况一：]诸将咸谏曰："今及三军之锐，亟以攻阐，比晋救至，阐必可拔。何事于围，而以弊士民之力乎？"抗曰："此城处势既固，粮谷又足，且所缮修备御之具，皆抗所宿规。今反身攻之，既非可卒克，且北救必至，至而无备，表里受难，何以御之？"[他 vs. 他的下属，境况二：]诸将咸欲攻阐，抗每不许。宜都太守雷谭言至恳切，抗欲服众，听令一攻。攻果无利，围备始合。[他 vs. 他的下属，境况三：]晋车骑将军羊祜率师向江陵[今湖北荆州市江陵县，在西陵以东]，诸将咸以抗不宜上[陆抗时在治所乐乡，位于西陵东北方]，抗曰："江陵城固兵足，无所忧患。假令敌没江陵，必不能守，所损者小。如使西陵槃结[相互勾结]，则南山群夷皆当扰动，则所忧虑，难可竟言也。吾宁弃江陵而赴西陵，况江陵牢固乎？"初，江陵平衍，道路通利，抗敕江陵督张咸作大堰遏水，渐渍平中，以绝寇叛。祜欲因所遏水，浮船运粮，扬声将破堰以通步车。[他 vs. 他的下属，境况四：]抗闻，使咸亟破之。诸将皆惑，屡谏不听。祜至当阳，闻堰败，乃改船以车运，大费损功力。晋巴东监军徐胤率水军诣建平，荆州刺史杨肇至西陵。抗令张咸固守其城；公安督孙遵巡南岸御祜；水军督留虑、镇西将军朱琬拒胤；身率三军，凭围对肇。将军朱乔、营都督俞赞亡诣肇。抗曰："赞军中旧吏，知吾虚实者，吾常虑夷兵素不简练，若敌攻围，必先此处。"即夜易夷民，皆以旧将充之。明日，肇果攻故夷兵处，抗命旋军击之，矢石雨下，肇众伤死者相属。肇至经月，计屈夜遁。抗欲追之，而虑阐畜力项领，伺视间隙，兵不足分，于是但鸣鼓戒众，若将追者。肇众凶惧，悉解甲挺走，抗使轻兵蹑之，肇大破败，祜等皆引军还。抗遂陷西陵城，诛夷阐族及其大将吏，自此以下，所请赦者数万口。修治城围，东还乐乡，貌无矜色，谦冲如常，故得将士欢心。

② 《三国志·吴书·三嗣主传》载：[南部边疆区域爆发以郭马为首的大规模兵变，符合谶言"吴之败，兵起南裔"：](天纪)三年[279]夏，郭马反。马本合浦太守脩允部曲督。允转桂林太守，疾病，住广州，先遣马将五百兵至郡安抚诸夷。允死，兵当分给，马等累世旧军，不乐离别。皓时又科实广州户口，马与部曲将何典、王族、吴述、殷兴等因此恐动兵民，合聚人众，攻杀广州督虞授。马自号都督交、广二州诸军事、安南将军，兴广州刺史，述南海太守。典攻苍梧，族始兴。《汉晋春秋》曰：先是，吴有说谶者曰："吴之败，兵起南裔，亡者公孙也。"皓闻之，文武职位至于卒伍有姓公孙者，皆徙于广州，不令停江边。及闻马反，大惧曰："此天亡也。"八月，以军师张悌为丞相，牛渚都督何植为司徒。执金吾滕循为司空，未拜，转镇南将军，假节领广州牧，率万人从东道讨马，与族遇于始兴，未得前。马杀南海太守刘略，逐广州刺史徐旗。皓又遣徐陵督陶濬将七千人从西道，命交州牧陶璜部伍所领及合浦、郁林诸郡兵，当与东西军共击马……

[作为最高潮的末段,将全文要义拓宽和升华为前儒家政治哲学的最宏伟命题——天时地利人和,用以概释孙吴兴亡:]《易》曰"汤、武革命顺乎天",或曰"乱不极则治不形",言帝王之因天时也。古人有言曰"天时不如地利",《易》曰"王侯设险以守其国",言为国之恃险也。又曰"地利不如人和","在德不在险",言守险之在人也。[孙吴兴在天时地利人和,亡在尽失人和,"恃险而已":]吴之兴也,参[即天时、地利、人和]而由焉,孙卿[荀子]所谓合其参者也。及其亡也,恃险而已,又孙卿所谓舍其参者也。夫四州之萌非无众也,大江以南非乏俊也,山川之险易守也,劲利之器易用也,先政之策易修也,功不兴而祸遘何哉? 所以用之者失也。[关于国家治理和维护的经典儒家教义,总的来说历经千年而屡试不爽:]故先王达经国之长规,审存亡之至数,谦己以安百姓,敦惠以致人和,宽冲以诱俊义之谋,慈和以结士庶之爱。是以其安也,则黎元与之同庆;及其危也,则兆庶与之同患。安与众同庆,则其危不可得也;危与下同患,则其难不足恤也。夫然,故能保其社稷而固其土宇,《麦秀》①无悲殷之思,《黍离》②无愍周之感也。

---

① 《史记·宋微子世家》载:武王乃封箕子于朝鲜而不臣也。其后箕子朝周,过故殷墟,感宫室毁坏,生禾黍,箕子伤之,欲哭则不可,欲泣为其近妇人,乃作《麦秀》之诗以歌咏之。其诗曰:"麦秀渐渐[麦芒之状]兮,禾黍油油。彼狡僮兮,不与我好兮!"所谓狡僮者,纣也。殷民闻之,皆为流涕。

② 《诗经·王风·黍离》:彼黍离离[繁茂貌],彼稷之苗。行迈靡靡[迟迟、缓慢],中心摇摇[心神不宁]。知我者谓我心忧,不知我者谓我何求。悠悠苍天! 此何人哉? [这(指故国沦亡的凄凉景象)是谁造成的?]彼黍离离,彼稷之穗。行迈靡靡,中心如醉。知我者谓我心忧,不知我者谓我何求。悠悠苍天! 此何人哉? 彼黍离离,彼稷之实。行迈靡靡,中心如噎。知我者谓我心忧,不知我者谓我何求。悠悠苍天! 此何人哉? 该诗作于西周灭亡后,一位周朝士大夫路过旧都,见昔日宫殿被夷为平地,种上了庄稼,不胜感慨,遂作此哀婉之诗。

列传第三　王祥、郑冲、何曾传　摘录和评注

［西晋建立之初的三位最高级朝廷官僚，其中政治上最值得注意的是何曾，忠于司马氏，行政上能干，在高层政治中"鉴毛辨色"，"外宽内忌"，巴结头号权臣。］

王祥：

［西晋初的顶级大臣之一，曾在东汉末隐居二三十年，曹魏后期治理徐州政绩优异，继而官至三公。他是经典的儒家行为主义者，服侍后母极孝，至于"卧冰求鲤"，得到中国史上影响巨大的大众经典《二十四孝》的颂扬。不仅如此，他为人清达，为官谦逊，值得西晋王朝政权用作道德装饰和伦理样板。］

［官宦世家出身，服侍（虐待他的）后母极孝；东汉末隐居二三十年，继而应召治理徐州，致使该区域"政化大行"。］

王祥，字休徵，琅邪临沂人，汉谏议大夫吉之后也。祖仁，青州刺史。父融，公府辟不就。

祥性至孝。早丧亲，继母朱氏不慈，数谮之，由是失爱于父。["性至孝"，至于"卧冰求鲤"：]每使扫除牛下，祥愈恭谨。父母有疾，衣不解带，汤药必亲尝。母常欲生鱼，时天寒冰冻，祥解衣将剖冰求之，冰忽自解，双鲤跃出，持之而归。母又思黄雀炙，复有黄雀数十飞入其幕，复以供母。乡里惊叹，以为孝感所致焉。有丹柰[柰为苹果的一种，又称花红]结实，母命守之，每风雨，祥辄抱树而泣。其笃孝纯至如此。

汉末遭乱，扶母携弟览避地庐江，隐居三十余年[一说二十年]，不应州郡之命。母终，居丧毁瘁，杖而后起。[治理徐州，致使"政化大行"：]徐州刺史吕虔檄为别驾，祥年垂耳顺[年纪将近六十]，固辞不受。览劝之，为具车牛，祥乃应召，虔委以州事。于时寇盗充斥，祥率励兵士，频讨破之。州界清静，政化大行。时人歌之曰："海沂之康，实赖王祥。邦国不空，别驾之功。"

[官至曹魏廷臣，甚而最高级大臣，德高望重，训化儒道：]

举秀才，除温令，累迁大司农。高贵乡公即位，与定策功，封关内侯，拜光禄勋，转司隶校尉。从讨毌丘俭，增邑四百户，迁太常，封万岁亭侯。[德高望重，"以师道自居，天子北面乞言"：]天子幸太学，命祥为三老。祥南面几杖，以师道自居。天子北面乞言，祥陈明王圣帝君臣政化之要以训之，闻者莫不砥砺。

及高贵乡公之弑也，朝臣举哀，祥号哭曰"老臣无状"，涕泪交流，众有愧色。[他的经典忠诚和正直。]顷之，拜司空，转太尉，加侍中。五等建，封睢陵侯，邑一千六百户。

[作为西晋年迈的最高级大臣之一，他为人清达，为官谦逊，值得西晋政权用作道德装饰：]

及武帝为晋王，祥与荀顗往谒，顗谓祥曰："相王尊重，何侯既已尽敬，今便当拜也。"祥曰[他的经典忠诚、守规和正直]："相国诚为尊贵，然是魏之宰相。吾等魏之三公，公王相去，一阶而已，班例大同，安有天子三司而辄拜人者！损魏朝之望，亏晋王之德，君子爱人以礼，吾不为也。"及入，顗遂拜，而祥独长揖。帝曰："今日方知君见顾之重矣！"武帝践阼，拜太保，进爵为公，加置七官之职。帝新受命，虚己以求谠言。祥与何曾、郑冲等耆艾笃老，希复朝见，帝遣侍中任恺咨问得失，及政化所先。[他为官谦逊，被武帝司马炎认作"朕所毗倚以隆政道者也"：]祥以年老疲耄，累乞逊位,帝不许。御史中丞侯史光以祥久疾,阙朝会礼,请免祥官。诏曰:"太保元老高行,朕所毗倚以隆政道者也。前后逊让,不从所执,此非有司所得议也。"遂寝光奏。祥固乞骸骨,诏听以睢陵公就第,位同保傅,在三司之右,禄赐如前。[他被君主抬到几乎至尊地位!]诏曰:"……今虽以国公留居京邑,不宜复苦以朝请。其赐几杖,不朝,大事皆咨访之。[厚赐无比:]赐安车驷马,第[宅第]一区,钱百万,绢五百匹,床帐簟褥,以舍人六人为睢陵公舍人,置官骑二十人。以公子骑都尉肇为给事中,使常优游定省。又以太保高洁清素,家无宅宇,其权留本府,须所赐第成乃出。"

[他的《训子孙遗令》,谦逊节俭,薄葬为怀:]及疾笃,著遗令训子孙曰:"夫生之有死,自然之理。吾年八十有五,启手何恨。不有遗言,使尔无述。吾生值季末,登庸历试[被朝廷选用],无毗佐之勋,没无以报。气绝但洗手足,不须沐浴,勿缠尸,皆浣故衣,随时[根据季节]所服。所赐山玄玉佩、卫氏玉玦、绶笥皆勿以敛。西芒上土自坚贞,勿用甓石[砖石],勿起坟陇。穿深二丈,椁取容棺。勿作前堂、布几筵、置书箱镜奁之具,棺前但可施床榻而已。糒[bèi,干粮]脯各一盘,玄酒一杯,为朝夕奠。家人大小不须送丧,大小祥乃设特牲[一周年两周年的祭日可用牛猪各一]。无违余命!高柴泣血三年,夫子谓之愚。闵子除丧出见,援琴切切而哀,仲尼谓之孝。故哭泣之哀,日月降杀[会给自己带来损害],饮食之宜,自有制度。[还训以子孙经典儒家自我修养观——信德孝悌让的"立身之本":]夫言行可覆[经得起审查],信之至也;推美引过[美则归人,过则责己],德之至也;扬名显亲,孝之至也;兄弟怡怡,宗族欣欣,悌之至也;临财莫过乎让:此五者,立身之本。颜子所以为命[为夫子之命]……"其子皆奉而行之。

泰始五年[269]薨,诏赐东园秘器,朝服一具,衣一袭,钱三十万,布帛百匹。时文明皇太后崩始逾月,其后诏曰:"为睢陵公发哀,事乃至今。虽每为之感伤,要未得特叙哀情。今便哭之。"……

祥之薨,奔赴者非朝廷之贤,则亲亲故吏而已,门无杂吊之宾。族孙戎叹曰:"太保可谓清达矣!"又称:"祥……不在能言之流。及与之言,理致清远,将非以德掩其言乎!"……

……………

郑冲：

［西晋初的顶级大臣之一，曾任曹魏后期高官，位至三公。他不仅"博究儒术"，而且是儒家行为主义者，"动必循礼"。此外，他的经典儒家兼道家素质不一而足："以儒雅为德""任真自守""恬远清虚""不预世事""不营资产"等。晋武帝司马炎对他的公开正式褒扬无以复加。与王祥一样，对西晋政权来说，他有无治国才能和相关政绩无关紧要，重要的是他作为"以德治国"的宣传样板作用。］

［他出身寒微，但"博究儒术"，且"动必循礼"，还有其他儒家兼道家素质；任曹魏后期高官，位至三公。］

郑冲，字文和，荥阳开封人也。起自寒微，卓尔立操，清恬寡欲，耽玩经史，遂博究儒术及百家之言。有姿望，动必循礼，任真自守，不要乡曲之誉，由是州郡久不加礼。及魏文帝为太子，搜扬侧陋，命冲为文学，累迁尚书郎，出补陈留太守［王祥有治理地方的杰出政绩，而他没有］。［他一直是任官职的很有学问的"逍遥派"，但"逍遥而上"；］冲以儒雅为德，莅职无干局［谓办事的才干器局］之誉，箪食缊袍，不营资产，世以此重之。大将军曹爽引为从事中郎，转散骑常侍、光禄勋。嘉平三年［251］，拜司空。及高贵乡公讲《尚书》，冲执经亲授，与侍中郑小同俱被赏赐。俄转司徒。常道乡公即位，拜太保，位在三司之上，封寿光侯。冲虽位阶台辅，而不预世事。时文帝［司马昭］辅政，平蜀之后，命贾充、羊祜等分定礼仪、律令，皆先咨于冲，然后施行。

［任西晋三公，再三请求退休，在一再被拒之后得到允准，其间伴有君主对他无以复加的赞誉。］

及魏帝告禅，使冲奉策。武帝践阼，拜太傅，进爵为公。顷之，司隶李憙、中丞侯史光奏冲及何曾、荀颛等各以疾病，俱应免官。帝不许。冲遂不视事，表乞骸骨。优诏不许，遣使申喻。冲固辞，上貂蝉印绶，诏又不许。泰始六年［270］，诏曰："……太傅寿光公郑冲、太保郎陵公何曾、太尉临淮公荀颛各尚德依仁，明允笃诚，翼亮先皇，光济帝业。……其为寿光、郎陵、临淮……国置郎中令，假夫人、世子印绶，食本秩三分之一，皆如郡公侯比。"

九年[273]，冲又抗表致仕。诏曰："太傅韫德深粹，履行高洁，恬远清虚，确然绝世。……可谓朝之俊老，众所具瞻者也。……公屡以年高疾笃，致仕告退。惟从公志，则朕孰与咨谋？……今听其所执，以寿光公就第，位同保傅，在三司之右。……赐几杖，不朝。……若朝有大政，皆就咨之。[他被君主抬到几乎至尊地位！而且厚赐无比;]又赐安车驷马，第一区，钱百万，绢五百匹，床帷簟褥，置舍人六人，官骑二十人，以世子徽为散骑常侍，使常优游定省……"

明年[274]薨。帝于朝堂发哀……咸宁初，有司奏，冲与安平王孚等十二人皆存铭太常，配食于庙。……

何曾：

[在曹魏中后期即已任高官的西晋初年显要权臣，与司马氏交情甚厚，主事甚重。与前两位显贵耆老不同，他显然是个饶有经验的政治家、幕僚和行政官;然而又与他们相同，因为他是个儒家行为主义者，"性至孝"，连在家与妻相见都"正衣冠，相待如宾"。可是，就此而言须打的折扣不小：他"性奢豪，务在华侈"，且"外宽内忌"，还巴结头号权臣贾充，因而"为正直所非"。]

[曹魏侯家出身，好学博闻，在曹魏中后期朝廷担任高官，有政见政绩，并与司马懿和司马师/司马昭兄弟心心相连。]

何曾，字颖考，陈国阳夏[今河南太康]人也。父夔，魏太仆、阳武亭侯。曾少袭爵，好学博闻，与同郡袁侃齐名。魏明帝初为平原侯，曾为文学。及即位，累迁散骑侍郎、汲郡典农中郎将、给事黄门侍郎。上疏曰[强调郡守人选恰当对全国善治至关紧要，"得其人则可安，非其人则为患"]："臣闻为国者以清静为基，而百姓以良吏为本。今海内虚耗，事役众多，诚宜恤养黎元，悦以使人。郡守之权虽轻，犹专任千里，比之于古，则列国之君也。上当奉宣朝恩，以致惠和，下当兴利而除其害。得其人则可安，非其人则为患。故汉宣称曰："百姓所以安其田里，而无叹息愁恨之心者，政平讼理也。与我共此者，其惟良二千石乎！"此诚可谓知政之本也。方今国家大举，新有发调，军师远征，上下劬劳。[因为愚民的本性，"良二千石"须"粗有威恩":]夫百姓可与乐成，难与虑始。愚惑之人，能厌目前之小勤，而忘为乱之大祸者,是以郡守益不可不得其人。才虽难备,犹宜粗有威恩,为百姓所信惮者。["良二千石"还须体健、勤政、恤民、不烦扰百姓,非如此者须被更换:]臣闻诸郡守,有年老或疾病,皆委政丞掾,不恤庶事。或体性疏怠,不以政理为意。在官积年,惠泽不加于人。然于考课之限,罪亦不至谪免。故得经延岁月,而无斥罢之期。臣愚以为可密诏主者,使隐核参访郡守,其有老病不隐亲[亲自抚恤]人物,及宰牧少恩,好修人事,烦挠百姓者,皆可征还,为更选代。"顷之,迁散骑常侍。

及宣帝[司马懿]将伐辽东[238],曾上疏魏帝曰[主张在帅师伐辽东的司马懿之下委派一"大臣名将威重宿著者"为副帅,但被明帝拒绝;他(与司马懿私交深厚者)的这项主张有何关于司马懿的政治动机?①]:"臣闻先王制法,必全于慎。故建官受任,则置副佐;陈师命将,则立监贰;宣命遣使,则设介副;临敌交刃,又参御右,盖以尽思谋之功,防安危之变也。是以在险当难,则权足相济;陨缺不豫,则才足相代。其为国防,至深至远。及至汉氏,亦循旧章,韩信伐赵,张耳为贰;马援讨越,刘隆副军。前世之迹,著在篇志。今太尉奉辞诛罪,精甲锐锋,步骑数万,道路迥阻,且四千里。虽假天威,有征无战,寇或潜遁,消引日月。……远虑详备,诚宜有副。今北军诸将及太尉所督,皆为僚属,名位不殊,素无定分统御之尊,卒有变急,不相镇摄。存不忘亡,圣达所裁。臣愚以为宜选大臣名将威重宿著者,成其礼秩,遣诣北军,进同谋略,退为副佐。虽有万一不虞之变,军主有储,则无患矣。"帝不从。出补河内太守,在任有威严之称。征拜侍中,母忧去官。

嘉平[齐王曹芳年号,249—254]中,为司隶校尉。抚军校事尹模凭宠作威,奸利盈积,朝野畏惮,莫敢言者。曾奏劾之,朝廷称焉。[他与司马懿和司马师、司马昭兄弟心心相连:]时曹爽专权,宣帝称疾,曾亦谢病。爽诛,乃起视事。魏帝之废也,曾预其谋焉。

[作为儒家正统派和司马氏亲信,他对"纵情背礼",同时与司马氏若即若离的

---

① 《晋书·宣帝纪》载:景初二年[238],帅牛金、胡遵等步骑四万发自京都。车驾送出西明门。诏弟孚、子师送过温,赐以谷帛牛酒,敕郡守典农以下皆往会焉。见父老故旧,宴饮累日。帝叹息,怅然有感,为歌曰:"天地开辟,日月重光。遭遇际会,毕力遐方。将扫群秽,还过故乡。肃清万里,总齐八荒。告成归老,待罪舞阳[司马懿为舞阳侯]。"[既是真心感慨,也是虚伪之词,以消除明帝潜在的猜疑。他哪愿"告成归老,待罪舞阳"?]

老庄名士阮籍恨之入骨：]时步兵校尉阮籍负才放诞，居丧无礼。曾面质籍于文帝座曰："卿纵情背礼，败俗之人，今忠贤执政，综核名实，若卿之曹，不可长也。"因言于帝曰："公方以孝治天下，而听阮籍以重哀饮酒食肉于公座。宜摈四裔，无令污染华夏[!]。"帝曰："此子羸病若此，君不能为吾忍邪！"曾重引据，辞理甚切。帝虽不从，时人敬惮之。

......曾在司隶积年，迁尚书，正元[高贵乡公年号，254—256]年中为镇北将军、都督河北诸军事、假节。[他大受司马氏"崇重"：]将之镇，文帝使武帝、齐王攸辞送数十里。曾盛为宾主，备太牢之馔。侍从吏驺，莫不醉饱。帝既出，又过其子劭。曾先敕劭曰："客必过汝，汝当豫严。"劭不冠带，停帝良久，曾深以谴劭。曾见崇重如此。迁征北将军，进封颖昌乡侯。咸熙[曹魏最后君主曹奂年号，264—265]初，拜司徒[他终于在司马昭/司马炎治下成为最高级大臣之一]，改封郎陵侯。文帝为晋王，曾与高柔、郑冲俱为三公，将入见，曾独致拜尽敬，二人犹揖而已。[他是儒者，但势利，缺乏对正统君主的经典忠诚。①]

[他在王朝变更中起显要"劝进"作用，并在西晋正式建立后任显要权臣，得到充分酬赏。]

武帝袭王位，以曾为晋丞相，加侍中。与裴秀、王沈等劝进。践阼，拜太尉，进爵为公，食邑千八百户。泰始初，诏曰："……侍中、太尉何曾，立德高峻，执心忠亮，博物洽闻，明识弘达，翼佐先皇，勋庸显著。……其以曾为太保，侍中如故。"久之，以本官领司徒。曾固让，不许。……进位太傅。曾以老年，屡乞逊位。诏曰："太傅……屡辞禄位。朕以寡德，凭赖保佑……虽欲成人之美，岂得遂其雅志，而忘翼佐之益哉！又司徒所掌务烦，不可久劳耆艾。其进太宰，侍中如故。朝会剑履乘舆上殿，如汉相国萧何、田千秋、魏太傅钟繇故事。[他被君主抬到几乎至尊地位！而且厚赐无比：]赐钱百万，绢五百匹及八尺床帐簟褥自副。置长史掾属祭酒及员吏，

① 参见本篇《王祥传》内载：及武帝为晋王，祥与荀颖往谒，颖谓祥曰："相王尊重，何侯既已尽敬，今便当拜也。"祥曰[他的经典忠诚、守规和正直]："相国诚为尊贵，然是魏之宰相。吾等魏之三公，公王相去，一阶而已，班例大同，安有天子三司而辄拜人者！损魏朝之望，亏晋王之德，君子爱人以礼，吾不为也。"及入，颖遂拜，而祥独长揖。

一依旧制。所给亲兵官骑如前。……"后每召见,敕以常所饮食服物自随,令二子侍从。

咸宁四年[278]薨,时年八十。帝于朝堂素服举哀……

[他是个儒家行为主义者,"性至孝",而且连在家与妻相见都一本正经地"正衣冠,相待如宾"。可是另一方面,他"性奢豪,务在华侈",且"外宽内忌",还巴结头号权臣贾充,因而"为正直所非"。]

曾性至孝,闺门[指家门]整肃,自少及长,无声乐嬖幸之好。年老之后,与妻相见,皆正衣冠,相待如宾。己南向,妻北面,再拜上酒,酬酢既毕便出。一岁如此者不过再三焉。[在王朝政权那里,他可起"以德治国"的宣传样板作用:]初,司隶校尉傅玄[西晋初文学家和思想家]著论称曾及荀颛曰:"以文王之道事其亲者,其颍昌何侯乎,其荀侯乎! 古称曾、闵,今日荀、何。内尽其心以事其亲,外崇礼让以接天下……"又曰:"荀、何,君子之宗也。"……[可是,他的儒道和品德须大打折扣:]然性奢豪,务在华侈。帷帐车服,穷极绮丽,厨膳滋味,过于王者。每燕见,不食太官所设,帝辄命取其食。蒸饼上不坼[裂开]作十字不食。食日万钱,犹曰无下箸处。人以小纸为书者,敕记室[在诸王、三公及品级相似的将军府内掌章表书记文檄]勿报。刘毅等数劾奏曾侈忕无度,帝以其重臣,一无所问。都官从事刘享尝奏曾华侈,以铜钩籹纼[牵引]车,莹牛蹄角。后曾辟享为掾,或劝勿应。享谓至公之体,不以私憾,遂应辟。曾常因小事加享杖罚。其外宽内忌,亦此类也。时司空贾充权拟人主,曾卑充而附之。及充与庾纯因酒相竞,曾议党充而抑纯,以此为正直所非……

列传第五 陈骞、裴秀传 摘录和评注

[陈骞和裴秀:跻身西晋初三公之列,前者在"智度"和道德品性上皆超过他的大多数朝廷顶级同僚,后者开创中国古代地图绘制的"科学"方法("制图六体"),主持编绘《禹贡地域图》18篇。]

陈骞：

[近乎全才，在地方治理、中央工作、战场指挥和军区主持方面皆有优良表现。西晋初年即为三公，而且在"智度"和道德品性上皆超过他的大多数朝廷顶级同僚。然而人世间事无完美，区区小事可被曲解或渲染而"获讥于世"。]

[出自名臣父亲，年少即有才智，且老成坚忍：]

陈骞，临淮东阳[今安徽滁州市天长市]人也。父矫，魏司徒[其父名臣，王夫之称其"鲠直清严"①]。……[年少即老成坚忍（如同年长任要职之后能"含垢匿瑕"）：]骞沈厚有智谋。初，矫为尚书令，侍中刘晔见幸于魏明帝，谮矫专权。矫忧惧，以问骞。骞曰："主上明圣，大人大臣，今若不合意，不过不作公耳。"后帝意果释，骞尚少，为夏侯玄[贵族，九卿，曹爽要臣，早期玄学领袖]所侮，意色自若，玄以此异之。

[近乎全才，在地方治理、中央工作、战场指挥和军区主持方面皆有优良表现；西晋初年即为三公。]

起家尚书郎，迁中山、安平太守，并著称绩。征为相国司马、长史、御史中丞，迁尚书，封安国亭侯。蜀贼寇陇右，以尚书持节行征蜀将军，破贼而还。会诸葛诞之乱，复以尚书行安东将军。寿春平，拜使持节、都督淮北诸军事、安东将军，进爵广陵侯。转都督豫州诸军事、豫州刺史，持节、将军如故。又转都督江南诸军事，徙都督荆州诸军事、征南大将军，封郯侯。武帝受禅，以佐命之勋，进车骑将军，封高平郡公，迁侍中、大将军，出为都督扬州诸军事，余如故，假黄钺。攻拔吴枳里城，破涂中屯戍。……

咸宁初，迁太尉，转大司马。骞因入朝，言于帝曰[他对武帝司马炎的一项具有远见卓识但被拒绝了的告诫]："胡烈、牵弘皆勇而无谋，强于自用，非绥边之材，将为国耻。愿陛下详之。"时弘为扬州刺史，不承顺骞命。帝以为不协相构，于是征

---

① 王夫之《读通鉴论》："曹孟德惩汉末之缓弛，而以申、韩为法，臣民皆重足以立；司马氏乘之以宽惠收人心，君弑国亡，无有起卫者。然而魏氏所任之人，自谋臣而外，如崔琰、毛玠、辛毗、陈群、陈矫、高堂隆之流，虽未闻君子之道，而鲠直清严，不屑为招权纳贿、骄奢谄猥鄙之行。故纲纪粗立，垂及于篡，而女谒宵小不得流毒于朝廷，则其效也。"

弘,既至,寻复以为凉州刺史。骞窃叹息,以为必败。二人后果失羌戎之和,皆被寇丧没,[①]征讨连岁,仅而得定,帝乃悔之。

[他在"智度"和道德品性上皆超过他的大多数朝廷顶级同僚:]

[有度量,"含垢匿瑕":]骞少有度量,含垢匿瑕,所在有绩。["智度"卓越,甚得众心:]与贾充、石苞、裴秀等俱为心脊,而骞智度过之,充等亦自以为不及也。累处方任,为士庶所怀。[谦逊无奢望,多次固请退休:]既位极人臣,年逾致仕,思欲退身。咸宁三年[277],求入朝,因乞骸骨。赐衮冕之服,诏曰:"……今听留京城,以前太尉府为大司马府,增置祭酒二人,帐下司马、官骑、大车、鼓吹皆如前,亲兵百人,厨田十顷,厨园五十亩,厨士十人,器物经用皆留给焉。又给乘舆辇,出入殿中加鼓吹,如汉萧何故事。"骞累称疾辞位,诏曰:"……宜时视事。可遣散骑常侍谕意。"骞辄归第,诏又遣侍中敦谕还府。遂固请,许之,位同保傅,在三司之上,赐以几杖,不朝,安车驷马,以高平公还第。帝以其勋旧耆老,礼之甚重。又以骞有疾,听乘舆上殿。

[然而,人世间事无完美,区区小事可被曲解或渲染而"获讥于世":]骞素无謇谔[正直敢言]之风,然与帝语傲;及见皇太子加敬,时人以为谄。[何谄之有?他难道不是可怜那生来愚笨甚或有痴呆之嫌的司马衷?]弟稚与其子舆忿争,遂说骞子女秽行[下云(删)陈舆"无检正",即无端正的操行],骞表徙弟,以此获讥于世。[家内(小)事,招世人讥。]元康二年[292]薨,年八十一,加以衮敛,赠太傅,谥曰武。及葬,帝于大司马门临丧,望柩流涕,礼依大司马石苞故事……

裴秀:

[在担任司马昭的重要军政参谋后,他成为西晋王朝初年的最高级大臣之一,为他主管的全国户籍、土地、田亩和地图等事开创中国古代地图绘制的"科学"方法

---

① 《晋书·武帝纪》载:(泰始)六年[270]……六月戊午,秦州刺史胡烈击叛虏于万斛堆,力战,死之。["秦凉之变"!在河西陇西连年大旱和饥馑民大规模造反,由河西鲜卑秃发部首领秃发树机能率领,此后连连击败晋军,直至279年才被镇压下去。]……七年[271]春正月……匈奴帅刘猛[南匈奴右贤王]叛出塞["秦凉之变"的连锁反应之一]。……夏四月……[秃发树机能联合氐、羌、匈奴等部落共同反晋,其中尤以北地郡匈奴人("北地胡")最强悍;"秦凉之变"成为西晋的重大持久边难:]北地胡寇金城,凉州刺史牵弘讨之。群虏内叛,围弘于青山,弘军败,死之。

（"制图六体"），主持编绘《禹贡地域图》18篇。关于他的性情人品，武帝司马炎在他去世时称赞他"经德履哲，体蹈儒雅"，但至少他曾"占官稻田"。]

[大官宦世家出身，准神童般人物，声誉为"后进领袖有裴秀"：]

裴秀，字季彦，河东闻喜[今山西闻喜县]人也。祖茂，汉尚书令。父潜，魏尚书令。秀少好学，有风操，八岁能属文。叔父徽有盛名，宾客甚众。秀年十余岁，有诣徽者，出则过秀。然秀母贱，嫡母宣氏不之礼，尝使进馔于客，见者皆为之起。秀母曰："微贱如此，当应为小儿故也。"宣氏知之，后遂止。时人为之语曰："后进领袖有裴秀。"

[在因盛名而被推荐给曹爽效力后，稍经挫顿而成为司马昭的重要参谋：]

度辽将军毌丘俭尝荐秀于大将军曹爽，曰："生而岐嶷，长蹈自然；玄静守真，性入道奥；博学强记，无文不该；孝友著于乡党，高声闻于远近。诚宜弼佐谟明……非徒子奇、甘罗之俦，兼包颜、冉、游、夏之美。"爽乃辟为掾，袭父爵清阳亭侯，迁黄门侍郎。爽诛，以故吏免。顷之，为廷尉正，[司马昭的重要参谋，"军国之政，多见信纳"：]历文帝安东及卫将军司马，军国之政，多见信纳。迁散骑常侍。

帝之讨诸葛诞也，秀与尚书仆射陈泰、黄门侍郎钟会以行台从，豫参谋略。及诞平，转尚书，进封鲁阳乡侯，增邑千户。常道乡公立，以豫议定策，进爵县侯，增邑七百户，迁尚书仆射。[王朝变更前不久为司马昭改官制，创议五等之爵：]魏咸熙[元帝曹奂（陈留王）年号，264—265]初，厘革宪司。时荀颛定礼仪，贾充正法律，而秀改官制焉。秀议五等之爵，自骑督已上六百余人皆封。于是秀封济川侯，地方六十里，邑千四百户，以高苑县济川墟为侯国。

[为司马炎被确立为司马昭后继者立有大功，保证他成为朝廷行政首领：]初，文帝未定嗣，而属意舞阳侯攸。武帝惧不得立，问秀曰："人有相否？"因以奇表示之。秀后言于文帝曰："中抚军人望既茂，天表如此，固非人臣之相也。"由是世子乃定。① 武帝

---

① 《晋书·武帝纪》载：[司马炎曾度过一段无缘"储君"之位的风险期：]初，文帝以景帝既宣帝之嫡，早世无后[司马师仅有五个女儿]，以帝弟攸[司马炎同母弟]为嗣[养子]，特加爱异，自谓摄居相位，百年之后，大业宜归攸。每曰："此景王之天下也，吾何与焉。"将议立世子，属意于攸。何曾等固争曰："中抚军聪明神武，有超世之才。发委地，手过膝，此非人臣之相也。"由是遂定。

既即王位，拜尚书令、右光禄大夫，与御史大夫王沈、卫将军贾充俱开府，加给事中。及帝受禅，加左光禄大夫，封钜鹿郡公，邑三千户。

［一再受到指控的他甚受司马炎庇佑，尽管后者承认他有“小疵”：］时安远护军郝诩与故人书云：“与尚书令裴秀相知，望其为益。”有司奏免秀官，诏曰：“不能使人之不加诸我，此古人所难。交关人事，诩之罪耳，岂尚书令能防乎！其勿有所问。”司隶校尉李憙复上言，骑都尉刘尚为尚书令裴秀占官稻田，求禁止秀。诏又以秀干翼朝政，有勋绩于王室，不可以小疵掩大德，使推正尚罪而解秀禁止焉。

［他终成三公：］久之，诏曰：“夫三司之任，以翼宣皇极，弼成王事者也。……尚书令、左光禄大夫裴秀……光佐大业，勋德茂著……宜正位居体……其以秀为司空。”

［他为自己主管的全国户籍、土地、田亩和地图等事开创中国古代地图绘制法（“制图六体”），主持编绘《禹贡地域图》18篇。］

秀儒学治闻，且留心政事，当禅代之际，总纳言之要，其所裁当，礼无违者。［主持编绘《禹贡地域图》18篇：］又以职在地官，以《禹贡》山川地名，从来久远，多有变易。后世说者或强牵引，渐以暗昧。于是甄擿旧文，疑者则阙，古有名而今无者，皆随事注列，作《禹贡地域图》十八篇，奏之，藏于秘府。其序曰：

［该图的重要意义和创新性质：］图书之设，由来尚矣……暨汉屠咸阳，丞相萧何尽收秦之图籍。今秘书既无古之地图，又无萧何所得，惟有汉氏《舆地》及《括地》诸杂图。各不设分率，又不考正准望［谓辨正方位］，亦不备载名山大川。虽有粗形，皆不精审，不可依据。或荒外迂诞之言，不合事实，于义无取。

大晋龙兴……文皇帝乃命有司，撰访吴蜀地图。蜀土既定，六军所经，地域远近，山川险易，征路迂直，校验图记，罔或有差。今上考《禹贡》山海川流，原隰陂泽，古之九州，及今之十六州，郡国县邑，疆界乡陬，及古国盟会旧名，水陆径路，为地图十八篇。

［“制图六体”，开创中国古代地图绘制的“科学”方法：］制图之体有六焉。一曰分率，所以辨广轮之度也。二曰准望，所以正彼此之体也。三曰道里，所以定所由之数也。四曰高下，五曰方邪，六曰迂直，此三者各因地而制宜，所以校夷险之异

也。有图象而无分率,则无以审远近之差;有分率而无准望,虽得之于一隅,必失之于他方;有准望而无道里,则施于山海绝隔之地,不能以相通;有道里而无高下、方邪、迂直之校,则径路之数必与远近之实相违,失准望之正矣,故以此六者参而考之。然远近之实定于分率,彼此之实定于道里,度数之实定于高下、方邪、迂直之算。故虽有峻山钜海之隔,绝域殊方之迥,登降诡曲之因,皆可得举而定者。准望之法既正,则曲直远近无所隐其形也。①

[他,"当世名公",因为一起不意自造的事故而亡:]

秀创制朝仪,广陈刑政,朝廷多遵用之,以为故事。在位四载,为当世名公。服寒食散[寒食散:由石钟乳、紫石英、白石英、石硫磺、赤石脂五味石药合成的一种散剂,有毒性],当饮热酒而饮冷酒,泰始七年[271]薨,时年四十八。诏曰:"司空经德履哲,体蹈儒雅,佐命翼世,勋业弘茂……不幸薨殂,朕甚痛之……"

……[从他的遗存文书,我们知道他屡次敦促灭吴,其时虽然孙皓暴虐,但不易克服的陆抗犹在;他的战略意识和见识当然不如羊祜②:]其友人料其书记,得表草言平吴之事,其词曰:"孙皓酷虐,不及圣明御世兼弱攻昧,使遗子孙,将遂不能臣;时有否泰,非万安之势也。臣昔虽已屡言,未有成旨。今既疾笃不起,谨重尸启。愿陛下时共施用。"……

---

① 虽然裴秀对于"制图六体"已经有所说明,但是后人对"六体"的理解,并不十分清楚,也不完全一致。将"分率"理解为比例尺,"准望"理解为方位或方向的人最多,应当认为这合乎裴秀序文原意。清初著名学者胡渭在其《禹贡锥指·禹贡图后识》中将"道里"正确地解释成地物间人行的道路里程,并将"高下"释为"高取下","方邪"释为"方取斜","迂直"释为"迂取直",亦即在地物间人行的道路里程不是水平直线距离时,需将此道路里程通过数学运算变成水平直线距离,再据此制图,如此图上地物的位置才能准确。"裴秀",http://baike.sogou.com/v7578342.htm?fromTitle=%E8%A3%B4%E7%A7%80。

② 274年陆抗卒,在战场上已无可能存在克星,同时已差不多万事齐备,羊祜才正式提议发动灭吴大战役,然而因未料到的大干扰事变——"秦凉之变"而未果。见《晋书·羊祜杜预传》。

列传第十五　刘毅、崔洪、何攀传　摘录和评注

刘毅：

[无畏无私者。他担任过的最重要职位是西晋初朝廷首席监察官，"夙夜在公，坐而待旦，言议切直，无所曲挠"，多次弹劾大小官员，甚至当面谴责武帝司马炎。他曾上疏抨击九品中正制，此疏为系统批评这个重大制度的重要文献。他的"切直"当然有他不在乎的代价，那就是"不得生作三公"！]

[面对他的严厉批评，君主司马炎的雍雅气量以及自嘲式幽默也给人留下深刻印象。]

[有（遥远的）大贵族家世背景，"少厉清节，好臧否人物，王公贵人望风惮之"，初入仕就"沙汰郡吏百余人"，继而又欲弹劾高官；然而毕竟有所畏，因而被逼侍奉司马氏。]

刘毅，字仲雄，东莱掖[今山东省烟台市莱州市]人。汉城阳景王章[刘邦孙]之后。父喈，丞相属。毅幼有孝行，少厉清节，然好臧否人物，王公贵人望风惮之。侨居平阳[今山西临汾]，太守杜恕请为功曹，沙汰郡吏百余人，三魏称焉。为之语曰："但闻刘功曹，不闻杜府君。"[他有了机会就欲弹劾高官，不成便弃官而去；他有如雷的脾气。]魏末，本郡察孝廉，辟司隶都官从事，京邑肃然。毅将弹河南尹，司隶不许，曰："攫兽之犬，鼷鼠蹈其背。"毅曰："既能攫兽，又能杀鼠，何损于犬！"投传[信符]而去。[真实的甚或大致恒久的形势是犬能杀鼠却不能攫兽！]同郡王基荐毅于公府，曰："毅方正亮直，介然不群，言不苟合，行不苟容。往日侨仕平阳，为郡股肱，正色立朝，举纲引墨，朱紫有分……毅未遇知己，无所自呈。前已口白，谨复申请。"太常郑袤举博士，[他毕竟有所畏，畏丢性命：]文帝辟为相国掾，辞疾，积年不就。时人谓毅忠于魏氏，而帝怒其顾望，将加重辟。毅惧，应命，转主簿。

[他担任过的最重要职位是西晋初朝廷首席监察官，"言议切直，无所曲挠"，多次弹劾大小官员，甚至当面谴责武帝司马炎"卖官，钱入私门"。]

武帝受禅，为尚书郎、驸马都尉，迁散骑常侍、国子祭酒。帝以毅忠蹇正直，使掌谏官。转城门校尉，迁太仆，拜尚书，坐事免官。咸宁[275—280]初，复为散骑常侍、博士祭酒。转司隶校尉，[他担任过的最重要职位。他绝对不虚此职。]纠正豪右，京师肃然。司部守令望风投印绶者甚众，时人以毅方之诸葛丰、盖宽饶[分别为西汉元帝和宣帝时的司隶校尉，刚正不阿，为此皆无善终]。皇太子朝，鼓吹将入东掖门，毅以为不敬，止之于门外，奏劾保傅以下。诏赦之，然后得入。[他似乎不怕任何人、任何事！甚至：]帝尝南郊，礼毕，喟然问毅曰："卿以朕方汉何帝也？"对曰："可方桓灵。"帝曰："吾虽德不及古人，犹克己为政。又平吴会，混一天下。方之桓灵，其已甚乎！"对曰："桓灵卖官，钱入官库；陛下卖官，钱入私门。以此言之，殆不如也。"帝大笑曰："桓灵之世，不闻此言。今有直臣，故不同也。"[面对他的抨击，君主司马炎有其雍雅气量，以及自嘲式幽默。]散骑常侍邹湛进曰："世谈以陛下比汉文帝，人心犹不多同。昔冯唐答文帝，云不能用颇牧[廉颇、李牧]而文帝怒，①今刘毅言犯顺而陛下欢。然以此相校，圣德乃过之矣。"[统治者身边永不乏真会拍马的小人！灭吴之后的晋武帝与一辈子不腐败的汉文帝有天壤之别。]帝曰："我平天下而不封禅，焚雉头裘，行布衣礼，卿初无言。今于小事，何见襃之甚？"湛曰："臣闻猛兽在田，荷戈而出，凡人能之。蜂虿作于怀袖，勇夫为之惊骇，出于意外故也。夫君臣有自然之尊卑，言语有自然之逆顺。向刘毅始言，臣等莫不变色。陛下发不世之诏，出思虑之表，臣之喜庆，不亦宜乎！"[邹湛拍马技术无与伦比！大概别无政治才干，因而《晋书》将此人纳入《文苑列传》。]

……　……

[他上疏抨击九品中正制，此疏为系统批评这个重大制度及其政治和政治文化恶果的重要文献。]

---

① 《史记·张释之冯唐列传》载：文帝辇过……唐曰："臣大父在赵时，为官将，善李牧。臣父故为代相，善赵将李齐，知其为人也。"上既闻廉颇、李牧为人，良说，而搏髀[拍大腿]曰："嗟乎！吾独不得廉颇、李牧时为吾将，（若得，）吾岂忧匈奴哉！"唐曰："主臣！○索隐案：乐彦云'人臣进对前称'主臣'，犹上书前云'昧死'"。陛下虽得廉颇、李牧，弗能用也。"上怒，起入禁中。良久，召唐让曰："公奈何众辱我，独无间处乎？"唐谢曰："鄙人不知忌讳。"

毅以魏立九品，权时之制，未见得人，而有八损，乃上疏曰：

臣闻：立政者，以官才为本，官才有三难，而兴替之所由也。[保证得良好"官才有三难"，统治者需要听取的灼见，特别是第三难!]人物难知，一也；爱憎难防，二也；情伪难明，三也。[九品中正制听任郡州中正官定高下，无考校，无告讦，"情伪由于己"：]今立中正，定九品，高下任意，荣辱在手。人主之威福，夺天朝之权势。爱憎决于心，情伪由于己。公无考校之负，私无告讦之忌。用心百态，求者万端。廉让之风灭，苟且之欲成。天下讻讻，但争品位，不闻推让，窃为圣朝耻之。

······ ······

[九品中正制之郡州中正官"不精才实，务依党利"，即世族宗派利益，还依贿赂所得和附托前景，为此妄言优劣，任凭爱憎；总体效应是"上品无寒门，下品无势族"：]今之中正，不精才实，务依党利，不均称尺，务随爱憎。所欲与者，获虚以成誉；所欲下者，吹毛以求疵。高下逐强弱，是非由爱憎。······或以货赂自通，或以计协登进，附托者必达，守道者困悴。无报于身，必见割夺。有私于己，必得其欲。是以上品无寒门，下品无势族。······慢主罔时，实为乱源。损政之道一也。

[九品中正制之大中正官的实践状况与设立原则相反，中央主管官员加剧这反差，结果上下内斗不息：]置州都[大中正官，司马懿时设]者，取州里清议，咸所归服，将以镇异同，一言议。······今重其任而轻其人，所立品格，还访刁攸[武帝时御史中丞]。攸非州里之所归，非职分之所置。今访之，归正于所不服，决事于所不职，以长谗构之源，以生乖争之兆，似非立都之本旨，理俗之深防也。······刘良上攸之所下，石公[石苞]罪攸之所行，驳违之论横于州里，嫌仇之隙结于大臣。······人伦交争而部党兴，刑狱滋生而祸根结。损政之道二也。

[中正官违背九品中正制的"理想原则"，随意定品，徇私舞弊：]本立格[标准，量度]之体，将谓人伦有序，若贯鱼成次也。为九品者，取下者为格，谓才德有优劣，伦辈有首尾。今之中正，务自远者，则抑割一国，使无上人；秽劣下比，则拔举非次，并容其身。公以为格，坐成其私。······使得上欺明主，下乱人伦。乃使优劣易地，首尾倒错。推贵异之器，使在凡品之下；负戴不肖，越在成人之首。损政之道三也。

[一国之内唯中正官无王法约束，"无赏罚之防"，且禁诉讼，导致中正官为所欲为，"无所顾惮"：]陛下践阼······自王公以至于庶人，无不加法。置中正，委以一国

之重，无赏罚之防。人心多故，清平者寡，故怨讼者众。听之则告讦无已，禁绝则侵枉无极，与其理讼之烦，犹愈侵枉之害。今禁诉讼，则杜一国之口，培一人之势，使得纵横，无所顾惮。诸受枉者抱怨积直，独不蒙天地无私之德，而长壅蔽于邪人之铨［选拔官吏］。……损政之道四也。

［九品中正制废除乡里推荐、政府选拔和考核的传统理想旧制（察举制），致使中正官"有不识之弊"，"有彼此之偏"，致使"（官）位以求成，不由行立"：］昔在前圣之世，欲敦风俗，镇静百姓，隆乡党之义，崇六亲之行，礼教库序以相率，贤不肖于是见矣。然乡老书其善以献天子，司马论其能以官于职，有司考绩以明黜陟。故天下之人退而修本，州党有德义，朝廷有公正，浮华邪佞无所容厝。［传统理想旧制与其理想效应。］今一国之士多者千数，或流徙异邦，或取给殊方［他方，他乡］，面犹不识，况尽其才力！而中正知与不知，其当品状，采誉于台府，纳毁于流言。［关键弊端还是中正官任意和偏私：］任己则有不识之蔽，听受则有彼此之偏。所知者以爱憎夺其平，所不知者以人事乱其度；既无乡老纪行之誉，又非朝廷考绩之课；遂使进官之人，弃近求远，背本逐末。位以求成，不由行立，品不校功，党誉虚妄。损政五也。

［九品中正制的"理想原则"因其制度本身而被违背，以致"抑功实而隆虚名"：］凡所以立品设状者，求人才以理物也，非虚饰名誉，相为好丑。……既以在官，职有大小，事有剧易，各有功报，此人才之实效，功分之所得也。今则反之……虽职之高，还附卑品，无绩于官，而获高叙，是为抑功实而隆虚名也。① 上夺天朝考绩之分，下长浮华朋党之士。损政六也。

［九品中正制本身"品""状"分离、以"品"抑"状"，加上在实践中"所疏则削其长，所亲则饰其短"，因而官场难得能人：］凡官不同事，人不同能，得其能则成，失其能则败。今品不状才能之所宜，而以九等为例。以品取人，或非才能之所长；以状取人，则为本品之所限。若状得其实，犹品状相妨，系絷选举，使不得精于才宜。况今九品，所疏则削其长，所亲则饰其短。徒结白论，以为虚誉，则品不料能，百揆何以

---

① 官位之升降，乃不系于居官服务之成绩，而操于中正之"品状"。"品"者履行，"状"者才能、绩效。中正可得定"品"，不能知"状"。应于入仕之后，别有考课之法。今品、状均付于中正。"变相的封建势力（魏晋南北朝之门第）"，http://www.sbkk88.com/mingzhu/zhongguoxiandai-wenxuemingzhu/guoshidagang/201717.html。

得理,万机何以得修?损政七也。

[九品中正制已严重蜕化,即"今之九品,所下不彰其罪,所上不列其善","清浊同流,以植其私","惩劝不明,风俗污浊":]前九品诏书,善恶必书,以为褒贬,当时天下,少有所忌。今之九品,所下不彰其罪,所上不列其善,废褒贬之义,任爱憎之断,清浊同流,以植其私。……进者无功以表劝,退者无恶以成惩。惩劝不明,则风俗污浊,天下人焉得不解德行而锐人事?损政八也。

[总结九品中正制之大弊,要求"罢中正,除九品":]由此论之,选中正而非其人,授权势而无赏罚,或缺中正而无禁检,故邪党得肆,枉滥纵横。虽职名中正,实为奸府;事名九品,而有八损。或恨结于亲亲,猜生于骨肉,当身困于敌仇,子孙离其殃咎。斯乃历世之患,非徒当今之害也。是以时主观时立法,防奸消乱,靡有常制,故周因于殷,有所损益。至于中正九品,上圣古贤皆所不为,岂蔽于此事而有不周哉,将以政化之宜无取于此也。自魏立以来,未见其得人之功,而生仇薄之累。毁风败俗,无益于化,古今之失,莫大于此。愚臣以为宜罢中正,除九品,弃魏氏之弊法,立一代之美制。

[他的上疏虽得表扬,但不被施行,当然因为太激进:]疏奏,优诏[褒美嘉奖的诏书]答之。后司空卫瓘等亦共表宜省九品,复古乡议里选。帝竟不施行。

[他"夙夜在公,坐而待旦,言议切直,无所曲挠",但"切直"当然得罪人,"故不至公辅"。]

毅夙夜在公,坐而待旦,言议切直,无所曲挠,为朝野之所式瞻。尝散斋[举行祭祀前所行之预备性礼仪]而疾,其妻省之,毅便奏加妻罪而请解斋。妻子有过,立加杖捶,其公正如此。[我们现代人看来的粗暴残苛可被古代儒士视作"公正"!]然以峭直,故不至公辅。帝以毅清贫[我们现在知道他极为廉洁,身为高官却清贫],赐钱三十万,日给米肉。年七十,告老。久之,见许,以光禄大夫归第,门施行马,复赐钱百万。

[他被复起为他抨击的九品中正制的大中正官,因其优秀的正直品质而被人大力推荐,结果颇佳(九品中正制因有罕见的优秀中正官而得近乎理想的效果):]后

司徒举毅为青州大中正，尚书以毅悬车[悬车告老卸任]致仕，不宜劳以碎务。陈留相乐安孙尹表曰："……毅前为司隶，直法不挠，当朝之臣，多所按劾。……直臣无党，古今所悉……毅虽身偏有风疾，而志气聪明，一州品第，不足劳其思虑。毅疾恶之心小过[略微过激]，主者[即尚书]必疑其论议伤物，故高其优礼，令去事实，此为机阁[搁置]毅，使绝人伦之路也。臣州茂德惟毅，越毅不用，则清谈倒错矣。"于是青州自二品已上凭毅取正。光禄勋石鉴等共奏曰："谨按陈留相孙尹表及与臣等书如左。……光禄大夫毅……忠允亮直，竭于事上，仕不为荣，惟期尽节。正身率道，崇公忘私……虽年耆偏疾，而神明克壮，实臣州人士所思准系者矣……"

[九品中正制因有罕见的优秀中正官而得近乎理想的效果：]由是毅遂为州都，铨正人流，清浊区别，其所弹贬，自亲贵者始。太康六年[285]卒，武帝抚几惊曰："失吾名臣，不得生作三公！"[司马炎的真诚遗憾抑或故作姿态？可能是后者，因为他连个谥号也不愿破例发放，尽管朝臣们多数认为应如此。]即赠仪同三司，使者监护丧事。羽林左监北海王宫上疏曰："……谥者行之迹，而号者功之表。今毅功德并立，而有号无谥，于义不体。臣窃以《春秋》之事求之，谥法主于行而不系爵。然汉、魏相承，爵非列侯，则皆没而高行，不加之谥……臣愿圣世举《春秋》之远制，改列爵之旧限，使夫功行之实不相掩替……"帝出其表使八坐议之，多同宫议。奏寝不报……

……初……毅疾冯紞奸佞，欲奏其罪，未果而卒。……[我们现在知道他准备告大状，以图扳倒奸佞重臣冯紞！]

…… ……

崔洪：

[西晋朝廷中正直不曲、铁面无私，乃至生硬严苛（"清厉"）的一位官员。]

[他还似禁欲主义者，"口不言货财，手不执珠玉"。]

崔洪，字良伯，博陵安平[今河北衡水市安平县]人也。高祖寔，著名汉代。父赞，魏吏部尚书、左仆射……洪少以清厉显名，骨鲠不同于物，人之有过，辄面折之，而退无后言。武帝世，为御史治书……寻为尚书左丞，时人为之语曰："丛生棘刺，来自博陵。在南为鹞，在北为鹰。"选吏部尚书，举用甄明，门无私谒……

洪口不言货财，手不执珠玉。汝南王亮常谶公卿，以琉璃盅行酒。酒及洪，洪不执。亮问其故，对曰："虑有执玉不趋[执玉，担心将玉摔坏而不疾趋。出自《礼记》]之义故尔"。然实乖其常性，故为诡说。杨骏诛，洪与都水使者王佑亲，坐见黜。后为大司农，卒于官……

……　……

何攀：

[兼有军事战略、司法和选官等才能的一名西晋官员，最终升至高位。他最重要的政治行动除灭吴战役结束不久防止了一对私敌——大将王浑与大将王濬——火并外，是：(1)意欲告倒很短暂的全权摄政、旧外戚杨骏；(2)几乎宁死不从篡夺帝位的赵王司马伦。他品质高尚，心地善良，不同流俗，不恋官位私财。]

何攀，字惠兴，蜀郡郫[今四川成都市郫都区]人也。仕州为主薄。……王濬为益州，辟为别驾。[他"善于将命"，有军事战略才能：]濬谋伐吴，遣攀奉表诣台，口陈事机，诏再引见，乃令张华与攀筹量进讨之宜。濬兼遣攀过羊祜，面陈伐吴之策。攀善于将命，帝善之，诏攀参濬军事。[他防止了王浑与王濬这对私敌火并：]及孙皓降于濬，而王浑恚于后机，欲攻濬，攀劝濬送皓与浑，由是事解。以攀为濬辅国司马，封关内侯。转荥阳令，上便宜十事，甚得名称。除廷尉平，时廷尉卿诸葛冲以攀蜀士，轻之，及共断疑狱，冲始叹服。迁宣城太守，不行，转散骑侍郎。[他与性情和他完全不同的石崇意欲告倒很短暂的全权摄政杨骏：]杨骏执政，多树亲属，大开封赏，欲以恩泽自卫。攀以为非，乃与石崇共立议奏之。语在崇传。① 帝不纳。以豫诛骏功，封西城侯，邑万户，赐绢万匹，弟逢平乡侯，兄子逵关中侯。[他完全不重个人财富：]攀固让所封户及绢之半，余所受者分给中外宗亲，略不入己。迁翊军校

---

① 《晋书·王祥郑冲何曾石苞等列传》载：元康初，杨骏辅政，大开封赏，多树党援。崇与散骑郎蜀郡何攀共立议，奏于惠帝曰："……班赏行爵，优于泰始革命之初。不安一也。……而今恩泽之封，优于灭吴之功。不安二也。……若尊卑无差，有爵必进，数世之后，莫非公侯。不安三也。臣等敢冒陈闻。窃谓泰始之初，及平吴论功，制度名牒，皆悉具存。纵不能远遵古典，尚当依准旧事。"书奏，弗纳。

尉，顷之，出为东羌校尉。[他终于升至高位，但他全不贪恋之：]征为扬州刺史，在任三年，迁大司农。转兖州刺史，加鹰扬将军，固让不就。太常成粲、左将军卞粹劝攀涖职，中诏又加切厉，攀竟称疾不起。[他几乎宁死不从篡夺帝位的司马伦：]及赵王伦篡位，遣使召攀，更称疾笃。伦怒，将诛之，攀不得已，扶疾赴召。卒于洛阳，时年五十八。

[他是个好心的善良人和彻底的廉洁者："敦儒贵才"，甚至决定性地帮过倒霉的大史家陈寿；"虽居显职，家甚贫素，惟以周穷济乏为事"。]

攀居心平允，涖官整肃，爱乐人物，敦儒贵才。为梁、益二州中正，引致遗滞。巴西陈寿、阎乂、犍为费立皆西州名士，并被乡闾所谤，清议十余年。攀申明曲直，咸免冤滥。攀虽居显职，家甚贫素，无妾媵伎乐，惟以周穷济乏为事。……

[史家的感叹："谏主不易，讥臣实难"；因而——我们的推论——谏者讥者必正直无畏或少畏。]

史臣曰：……谏主不易，讥臣[讥讽权臣]实难。刘毅一遇宽容……何攀从赵伦之命，君子之人，观乎临事者也[欲知君子人品，可看他怎样对事]。

列传第十六　刘颂、李重传　摘录和评注

[两位富有才思的西晋初官员。这才思在刘颂那里导致非同凡响地多达三篇全文载于《晋书》的长篇上疏，大有胡说八道，也大有真知灼见；它在李重那里只导致了一篇这样的上疏，但其中体制改革的根本哲理和改革的战略通则（尤其是后者）堪称辉煌。]

[刘颂在"八王之乱"中"忠鲠不挠"，勇敢非常，李重为官多年却"清简无欲"，以致家贫"无殡敛之地"：他俩可谓树立了不同方面的道德楷模。]

刘颂：

[西晋初负责"典科律，申冤讼"的朝廷司法官，后有两番担任地方行政长官的兴修水利、平惠民众的优秀经历，以及"八王之乱"中在朝廷独自公开反对给夺得全

权的赵王司马伦加九锡的正直勇敢表现。]

　　[传内的绝大部分篇幅给了他在地方行政长官任上的一则上疏,洋洋洒洒,纵论治国理政之道,但那根本上说是依照西周古典模式搞真正的诸侯分封制,因而近乎胡说。其实,与他的司法官经历密切相关,他更重要同时水平高得多的一则上疏载于《晋书·刑法志》。该疏针对惠帝司马衷时政治恶劣加剧司法混乱,以致"刑法不定,狱讼繁滋"的局面,主张除皇帝裁断可超越法律外,"法轨既定则行之……执之坚如金石,群吏岂得在成制之内,复称随时之宜……以乱政典哉"!]

　　[著名世族出身,"能辨物理",担任西晋初朝廷司法官,"时人以颂比张释之":]
　　刘颂,字子雅,广陵人,汉广陵厉王胥之后也。世为名族。同郡有雷、蒋、谷、鲁四姓,皆出其下,时人为之语曰:"雷、蒋、谷、鲁,刘最为祖。"父观,平阳太守。颂少能辨物理,为时人所称。……[担任西晋初朝廷司法官,"时人以颂比张释之":]武帝践阼,拜尚书三公郎,典科律,申冤讼。累迁中书侍郎。咸宁[275—280]中,诏颂与散骑郎白褒巡抚荆、扬,以奉使称旨,转黄门郎。迁议郎,守廷尉。时尚书令史扈寅非罪下狱,诏使考竟,颂执据无罪,寅遂得免,时人以颂比张释之。在职六年,号为详平。[他可以持法但失理——一类司法官和法学家的毛病:]会灭吴,诸将争功,遣颂校其事,以王浑为上功,王濬为中功。帝以颂持法失理,左迁京兆太守,不行,转任河内。……[两番担任地方行政长官的兴修水利、平惠民众的优秀表现:]郡界多公主水碓,遏塞流水,转为浸害,颂表罢之,百姓获其便利。寻以母忧去职。服阕,除淮南相。在官严整,甚有政绩。旧修芍陂,年用数万人,豪强兼并,孤贫失业,颂使大小戮力,计功受分,百姓歌其平惠。

　　[他在河内太守任上的一则上疏,洋洋洒洒,纵论治国理政之道,似有"教育"灭吴后趋于腐败昏聩的皇帝的味道;然而,他的根本主张是依照西周古典模式搞真正的诸侯分封制,那比司马炎大封宗室藩王还过分,他难道对"八王之乱"的前景全无感觉、全然麻木?]
　　颂在郡上疏曰:
　　…… ……

[西晋初，虽貌似康泰繁荣，却实属东汉末以来稍有间断但持续不止的衰乱时代（精英"膏粱之性难正"，"法物政刑渐颓"）：一个正确得惊人的百余年透视！]伏惟陛下虽应天顺人，龙飞践阼，为创基之主，然所遇之时，实是叔世[犹末世，衰乱时代]。何则？汉末陵迟，阉竖用事，小人专朝，君子在野，政荒众散，遂以乱亡。魏武帝以经略之才，拨烦理乱，兼肃文教，积数十年，至于延康[220，汉献帝末年]之初，然后吏清下顺，法始大行。逮至文、明二帝，奢淫骄纵，倾殆之主也。然内盛台榭声色之娱，外当三方英豪严敌，事成克举，少有愆违，其故何也？实赖前绪，以济勋业。然法物政刑，固已渐颓矣。自嘉平[齐王曹芳年号，249—254]之初，晋祚始基，逮于咸熙[陈留王曹奂年号，264—265]之末，其间累年。虽铁钺屡断，翦除凶丑，然其存者咸蒙遭时之恩，不轨于法。泰始之初，陛下践阼，其所服乘皆先代功臣之胤，非其子孙，则其曾玄。古人有言，膏粱之性难正，故曰时遇叔世。[为挽末世，本当"四海洗心整纲"，武帝您却权宜任人，宽宥施政，虽然暂合事宜，但须及早施行现还未施行的从严治国：]当此之秋，天地之位始定，四海洗心整纲之会也。然陛下犹以用才因宜，法宽有由……易朝之为，未可一旦直绳御下，诚时宜也。然至所以为政，矫世众务，自宜渐出公涂，法正威断，日迁就肃。……自泰始以来，将三十年，政功美绩，未称圣旨，凡诸事业，不茂既往。……传之后世，不无虑乎！……

[他那么寄望于宗室藩王制度，在封建之利与封建之弊的数世纪争辩中完全站在封建之利一端；他比司马炎还过分，主张"使同姓必王"，难道对"八王之乱"的前景全无感觉、全然麻木？这与从严治国难道不自相矛盾？]顾惟万载之事，理在二端。天下大器，一安难倾，一倾难正。故虑经后世者，必精目下之政，政安遗业，使数世赖之。若乃兼建诸侯而树籓屏，深根固蒂，则祚延无穷，可以比迹三代。如或当身之政，遗风余烈不及后嗣，虽树亲戚，而成国之制不建，使夫后世独任智力以安大业。若未尽其理，虽经异时，忧责犹追在陛下，将如之何！愿陛下善当今之政，树不拔之势，则天下无遗忧矣。

夫圣明不世及，后嗣不必贤，此天理之常也。故善为天下者，任势而不任人。任势者，诸侯是也；任人者，郡县是也。郡县之察，小政理而大势危；诸侯为邦，近多违而远虑固。圣王推终始之弊，权轻重之理，包彼小违以据大安，然后足以籓固内外，维镇九服。夫武王圣主也，成王贤嗣也，然武王不恃成王之贤而广封建者，虑经无穷也。……[他在这方面对过去几世纪的帝国兴亡、王朝变更原因的理解大致是表面上的:]逮至秦氏,罢侯置守,子弟不分尺土,孤立无辅,二世而亡。汉承周、秦之后,杂而用之,前后二代各二百余年。……昔吕氏作乱,幸赖齐、代之援,以宁社稷。七国叛逆,梁王捍之,卒弭其难。自是之后,威权削夺,诸侯止食租奉,甚者至乘牛车。是以王莽得擅本朝,遂其奸谋,倾荡天下,毒流生灵。光武绍起,虽封树子弟,而不建成国之制,祚亦不延。魏氏承之,圈闭亲戚,幽囚子弟,是以神器速倾,天命移在陛下。长短之应,祸福之征,可见于此。……又魏氏虽正位居体,南面称帝,然三方未宾,正朔有所不加,实有战国相持之势。大晋之兴,宣帝定燕,太祖平蜀,陛下灭吴,可谓功格天地,土广三王,舟车所至,人迹所及,皆为臣妾,四海大同,始于今日。[他比司马炎还过分,主张"使同姓必王"!]宜承大勋之籍,及陛下圣明之时,开启土宇,使同姓必王,建久安于万载,垂长世于无穷。

[可以设想晚年的司马炎看到下面一段应当有何感想:不免"假所资以树私"的重臣如杨骏、贾谧、荀勖、冯统(甚而张华)等不一而足,同时废不了也不愿废的储君司马衷因生理/心理缺陷几乎必为"暗君",因而宫廷和王朝庶几乱不可免!]臣又闻国有任臣则安,有重臣则乱。而王制,人君立子以嫡不以长,立嫡以长不以贤,此事情之不可易者也。而贤明至少,不肖至众,此固天理之常也。……是以暗君在位,则重臣盈朝;明后[贤明的皇帝]临政,则任臣列职。夫任臣之与重臣,俱执国统而立断者也。然成败相反,邪正相背,其故何也? 重臣假所资以树私,任臣因所籍以尽公。尽公者,政之本也;树私者,乱之源也。推斯言之,则泰日少,乱日多,政教渐颓,欲国之无危,不可得也。……[刘颂那里没有别的办法,只有如上所述谬误的"藩屏强御";不仅如此,他完全没有设想到后来贾后暴虐作乱的形势,没有设想到"暗君"的恶妻可能有的巨大恶劣影响:]若乃建基既厚,藩屏强御,虽置幼君赤子而天下不惧……圣王知贤哲之不世及,故立相持之势以御其臣……群后[诸侯]既建,继体贤鄙,亦均一契,等于无虑。……

……建邦苟尽其理,则无向不可。是以周室自成、康以下,逮至宣王,宣王之后,到于赧王,其间历载,朝无名臣,而宗庙不陨者,诸侯维持之也。故曰,为社稷计,莫若建国。……[他比司马炎还过分,主张宗室藩王封地应当有"成国之制":]今诸王裂土,皆兼于古之诸侯,而君贱其爵,臣耻其位,莫有安志,其故何也? 法同郡县,无成国之制故也。……今之建置,宜使率由旧章,一如古典。……

……　……

周之建侯,长享其国,与王者并,远者仅将千载,近者犹数百年;汉之诸王,传祚暨至曾玄。人性不甚相远,古今一揆,而短长甚违,其故何邪? 立意本殊而制不同故也。[他比司马炎还过分,主张宗室藩王封地应当永固不可废,华夏帝国应当永远是(天子之下)不变的诸侯分立格局:]周之封建,使国重于君,公侯之身轻于社稷,故无道之君不免诛放。……胤嗣必继,是无亡国也。……此周室所以长在也。汉之树置君国,轻重不殊,故诸王失度,陷于罪戮,国随以亡。不崇兴灭继绝之序,故下无固国。下无固国,天子居上,势孤无辅,故奸臣擅朝,易倾大业。今宜反汉之弊,修周旧迹。……又班固称"诸侯失国亦犹网密",今又宜都宽其检。……

[他转而谈论吏治——对他来说相对次要的一个方面。他主张"立吏课而肃清议",即考核官员政绩和众议官员品行,这比上面的胡说有道理得多]今阎闾少名士,官司无高能,其故何也? 清议不肃,人不立德,行在取容,故无名士。下不专局[专管一职],又无考课,吏不竭节,故无高能。无高能,则有疾世事;少名士,则后进无准,故臣思立吏课而肃清议。[利用人的私欲,使其奉公尽公,为此须按部就班晋升官吏,考核绩行惩赏之:]夫欲富贵而恶贫贱,人理然也。圣王大谞物情,知不可去,故直同公私之利[将公私利益等同起来],而诡其求道,使夫欲富者必先由贫,欲贵者必先安贱。安贱则不矜,不矜然后廉耻厉;守贫者必节欲,节欲然后操全。以此处务,乃得尽公。尽公者,富贵之徒也。为无私者终得其私,故公私之利同也。今欲富者不由贫自得富,欲贵者不安贱自得贵,公私之涂既乖,而人情不能无私,私利不可以公得,则恒背公而横务。是以风节日颓,公理渐替……

[武帝您少管事,"圣王之化,执要而已,委务于下而不以事自婴",同时须注重考核督察官员对政策方针的贯彻落实:]天下至大,万事至众,人君至少,同于天日,故非垂听所得周览[不能事事都听取遍览]。是以圣王之化,执要而已,委务于下而不以事自婴也。分职既定,无所与[参与]焉……夫造创谋始,逆暗是非,以别能否,甚难察也。既以施行,因其成败,以分功罪,甚易识也。……今陛下每精事始而略于考终,故群吏虑事怀成败之惧轻,饰文采以避目下之谴重,此政功所以未善也。今人主能恒居易执要以御其下,然后人臣功罪形于成败之征,无逃其诛赏。……

[考核官员政绩,考核官员政绩!以此决定其升迁续任与否:]臣之愚虑,窃以为今欲尽善,故宜考终。……又群官多不胜任,亦宜委务,使能者得以成功,不能者得以著败。败著可得而废,功成可得遂任,然后贤能常居位以善事,暗劣不得以尸禄害政。……陛下御今法为政将三十年,而功未日新,其咎安在?……

[提议仿古制从事朝廷行政体制改革,并省机构,减小尚书台直接决断范围,变"尚书制断"为"尚书都统":]古者六卿分职,冢宰为师。秦、汉已来,九列[九卿]执事,丞相都总。今尚书制断,诸卿奉成,于古制为重[比古制繁重],事所不须[有些部门不需要],然今未能省并。可出众事付外寺,使得专之,尚书为其都统,若丞相之为。惟立法创制,死生之断,除名流徙,退免大事,及连度支之事,台乃奏处。其余外官皆专断之,岁终台阁课功校簿而已。……

[对官吏须"纲举而网疏","为政不苛,此为政之要也"。两极弊端:(1)"微过必举","举之则微而益乱";(2)"大纲不振,则豪强横肆"。相对而言,他更侧重于针砭前者:]故善为政者纲举而网疏,纲举则所罗者广,网疏则小必漏,所罗者广则为政不苛,此为政之要也。而自近世以来,为监司者,类大纲不振而微过必举。微过不足以害政,举之则微而益乱;大纲不振,则豪强横肆,豪强横肆,则百姓失职矣,此错所急而倒所务之由也。……古人有言曰:"君子之过,如日之蚀焉。"又曰"过而能改",又曰"不贰过"。凡此数者,皆是贤人君子不能无过之言也。苟不至于害政,则皆天网之所漏……

故君子得全美以善事,不善者必夷戮以警众,此为政诛赦之准式也。……是以圣人深识人情而达政体,故其称曰:"不以一眚掩大德。"又曰:"赦小过,举贤才。"又曰:"无求备于一人。"……谨搜微过,何异放兕[sì,类似犀牛的一种异兽]豹于公路,而禁鼠盗于隅隙……

[须赶快因华夏统一、大战不再而大为减轻人民远赴徭役的长期勤瘁。这政策建议基于一个根本政治哲理,即"攻守之术异也",转变"时不可违":]夫权制[权宜之制]不可以经常,政乖不可以守安,此言攻守之术异也。百姓虽愚,望[愿望]不虚生,必因时而发。有因而发,则望不可夺;事变异前,则时不可违。明圣达政,应赴之速,不及下车,故能动合事机,大得人情。昔魏武帝分离天下,使人役居户,各在一方;既事势所须,且意有曲为,权假一时,以赴所务,非正典也。然逡巡至今,积年

未改……至于平吴之日，天下怀静，而东南二方，六州郡兵，将士武吏，戍守江表，或给京城运漕，父南子北，室家分离，咸更不宁。又不习水土，运役勤瘁，并有死亡之患，势不可久。此宜大见处分，以副人望。……自董卓作乱以至今，近出百年，四海勤瘁，丁难极矣。六合浑并，始于今日，兆庶思宁，非虚望也。……使受百役者不出其国，兵备待事其乡，实在可为。纵复不得悉然为之，苟尽其理，可静三分之二，吏役可不出千里之内。……

[沿惠民安国方向的进一步阐说，(传统中国)善治的基础或最低限度条件：不折腾，利农业，惠农民(汉初几十年的"休息乎无为"后世恒久不忘!)]政务多端……要在三条。凡政欲静，静在息役，息役在无为。仓廪欲实，实在利农，利农在平籴[dí，买进粮食]。……夫王者之利，在生天地自然之财，农是也。……苟或妨农，皆务所息……农官有十百之利，及有妨害，在始似如未急，终作大患，宜逆加功，以塞其渐。……实在善化之为，要在静国……

[胡乱拍马似无所不在，无人能免：竟说平吴后非常腐败的司马炎如同始终非常节俭的汉文帝，甚而过之!]世之私议，窃比陛下于孝文。臣以为圣德隆杀，将在乎后，不在当今。何则？陛下龙飞凤翔，应期践阼，有创业之勋矣。扫灭强吴，奄征南海，又有之矣。以天子之贵，而躬行布衣之所难，孝俭之德，冠于百王，又有之矣。……若善当身之政，建籓屏之固[他的谬误的最根本主张在此再强调一遍!]，使晋代久长，后世瞻遗迹，校功考事，实与汤、武比隆，何孝文足云![在此，胡乱拍马的目的不无建设性：]……若所以资为安之理，或未尽善，则恐良史书勋，不得远尽弘美，甚可惜也。……

又论肉刑，见《刑法志》。①[他的确是部分腐儒式的复古主义者；缘由在当今，应对须复古。]诏答曰："得表陈封国之制，宜如古典，任刑齐法，宜复肉刑，及六州将

---

① 《晋书·刑法志》载：及刘颂为廷尉，频表宜复肉刑，不见省，又上言曰：

臣昔上行肉刑，从来积年，遂寝不论。臣窃以为议者拘孝文之小仁，而轻违圣王之典刑……今死刑重，故非命者众；生刑轻，故罪不禁奸。所以然者，肉刑不用之所致也。……

今为徒者，类性元恶不轨之族也，去家悬远，作役山谷，饥寒切身，志不聊生，虽有廉士介者，苟虑不首死，则皆为盗贼，岂况本性奸凶无赖之徒乎!……法不胜奸。下知法之不胜，相聚而谋为不轨……故自顷年以来，奸恶陵暴，所在充斥。议者不深思此故，而曰肉刑于名忤听，忤听孰与贼盗不禁?（接下页）

士之役,居职之宜,诸所陈闻,具知卿之乃心为国也。动静数以闻。"[君主对他二疏的答复是不表态(non-committal)。]

[乱世中的他:参与消灭贾南风势力的政变,但在朝廷独自公开反对给夺得全权的赵王司马伦加九锡。]

元康[291—299]初,从淮南王允入朝。会诛杨骏,颂屯卫殿中,其夜,诏以颂为三公尚书。又上疏论律令事,为时论所美。[他浪漫有余,政治感觉不足:]久之,转吏部尚书,建九班之制[此制内涵如何,史上历来不详],欲令百官居职希迁,考课能否,明其赏罚。贾郭专朝,仕者欲速,竟不施行。

及赵王伦之害张华也,颂哭之甚恸。闻华子得逃,喜曰:"茂先,卿尚有种也!"伦党张林闻之,大怒,惮颂持正而不能害也。孙秀等推崇伦功,宜加九锡,百僚莫敢异议。颂独曰:"昔汉之锡魏,魏之锡晋,皆一时之用,非可通行。今宗庙乂安,虽嬖后被退,势臣受诛,周勃诛诸吕而尊孝文,霍光废昌邑而奉孝宣,并无九锡之命。违旧典而习权变,非先王之制。九锡之议,请无所施。"张林积忿不已,以颂为张华之党,将害之。孙秀曰:"诛张、裴已伤时望,不可复诛颂。"林乃止。于是以颂为光禄大夫,门施行马。寻病卒……永康元年[300],诏以颂诛贾谧督摄众事有功,追封梁邹县侯……

…… ……

李重:

[学问、文采和品行皆优良的一位官僚,虽然简短但非常优秀地论说过情势主义的体制改革根本哲理和改革的战略通则,后者在政治思想史上尤不多见。]

圣王之制肉刑,远有深理,其事可得而言,非徒惩其畏剥割之痛而不为也,乃去其为恶之具,使夫奸人无用复肆其志,止奸绝本……淫者割其势,理亦如之。除恶塞源,莫善于此,非徒然也。……臣昔常侍左右,数闻明诏,谓肉刑宜用,事便于政。愿陛下信独见之断,使夫能者得奉圣虑,行之于今。……

疏上,又不见省。

[学问、文才和品行皆优良。初入仕时上疏呼吁改革九品中正制,其中包含体制改革根本哲理和改革的战略通则,后者在政治思想史上尤不多见。]

李重字茂曾,江夏钟武[今河南信阳东南]人也。父景,秦州刺史、都亭定侯。重少好学,有文辞;早孤,与群弟居,以友爱著称。弱冠为本国中正,逊让不行。[初入仕时上疏呼吁改革九品中正制:]后为始平王文学,上疏陈九品曰:"先王议制,以时因革,因革之理,唯变所适。[华夏恒久的、情势主义的体制改革根本哲理。它被应用于谈论九品中正制:]九品始于丧乱,军中之政,诚非经国不刊之法也。[它作为(原先就有弊端的)权宜体制的蜕化:]且其检防[检查防备]转碎,征刑失实,故朝野之论,佥谓驱动风俗,为弊已甚。而至于议改,又以为疑。[改革的战略通则:事先慎思改革的利弊得失,而后坚决发动和贯彻,"体例大通"即可,不得轻易摇摆变动]臣以革法创制,当先尽开塞[考虑好]利害之理,举而错[实施]之,使体例大通而无否滞亦未易故[轻易变动]也。[他的政治体制史观主要是儒家而非法家的,但无论如何,非儒非法或儒法道三家混合的初汉被他奉为原则性楷模;混合主义以求平衡,避免极端:]古者诸侯之治,分土有常,国有定主,人无异望,卿大夫世禄,仕无出位之思,臣无越境之交,上下体固,人德归厚。秦反斯道,罢侯置守,风俗浅薄,自此来矣。汉革其弊,斟酌周、秦,并建侯守,亦使分土有定,而牧司必各举贤,贡士任之乡议,事合圣典,比踪三代。方今……承魏氏凋弊之迹,人物播越[人离物散],仕无常朝,人无定处,郎吏蓄于军府,豪右聚于都邑,事体驳错,与古不同。[他呼吁的九品中正制改革办法(看来是要大体复兴汉代的察举制),对此我们难以评判应然性,但可以肯定可行性不大,可望效果很有限:]谓九品既除,宜先开移徙[使各级迁移],听相并就[听任相互合并]。且明贡举之法,不滥于境外[不荐举境外人],则冠带之伦将不分而自均,即土断之实行矣。又建树官司,功在简久。阶级少,则人心定;久其事,则政化成而能否著,此三代所以直道而行也。以为选例九等[选官按例分为九等],当今之要,所宜施用也。……人思反本,修之于乡,华竞自息,而礼让日隆矣。"

[他作为中央朝廷官员(一):与上面的他作为改革呼吁者的图像相反,他可以反对(社会经济)改革,因为在他看来改革呼吁者以空想主义取代情势主义,改革主

张全无可行性。]

迁太子舍人，转尚书郎。时太中大夫恬和表陈便宜，称汉孔光、魏徐干等议，使王公已下制奴婢限数，及禁百姓卖田宅。中书启可，属主者为条制。重奏曰："先王之制，士农工商有分，不迁其业，所以利用厚生，各肆其力也。《周官》以土均之法，经其土地井田之制，而辨其五物九等贡赋之序，然后公私制定，率土均齐。自秦立阡陌，建郡县，而斯制已没。降及汉、魏，因循旧迹，王法所峻者，唯服物车器有贵贱之差，令不僭拟以乱尊卑耳。至于奴婢私产，则实皆未尝曲为之立限也。……然盛汉之初不议其制，光等作而不行，非漏而不及，能而不用也。盖以诸侯之轨既灭，而井田之制未复，则王者之法不得制人之私也。人之田宅既无定限，则奴婢不宜偏制其数，惧徒为之法，实碎而难检。[然而，他居然连限制土地占有和奴婢数量都反对，实属社会经济方面的十足保守派！]……"

……　……

[他作为中央朝廷官员（二）和地方行政长官：选官"务抑华竞，不通私谒，特留心隐逸，由是群才毕举"；地方治理遵循经典儒道，且"清简无欲，正身率下"。]

太熙[290]初，迁廷尉平。……再迁中书郎，每大事及疑议，辄参以经典处决，多皆施行。迁尚书吏部郎，务抑华竞，不通私谒，特留心隐逸，由是群才毕举。拔用北海西郭汤、琅邪刘珩、燕国霍原、冯翊吉谋等为秘书郎及诸王文学，故海内莫不归心。……出为行讨虏护军、平阳太守，崇德化，修学校，表笃行，拔贤能，清简无欲，正身率下，在职三年，弹黜四县。弟嶷亡，表去官。

[他在"八王之乱"中：被逼要为通过血腥政变独掌大权的赵王司马伦服务，以致"以忧逼成疾而卒"；他最后完全证明了他的"清简无欲"。]

永康[300—301]初，赵王伦用为相国左司马，以忧逼成疾而卒，时年四十八。家贫，宅宇狭小，无殡敛之地，诏于典客署营丧……

[房玄龄等与我们一样，就李重特别强调他"言因革之理"：]

史臣曰：子雅[刘颂字]束发[指青少年]登朝，竭诚奉国，广陈封建，深中机宜，详辨刑名,该核政体。虽文惭华婉,而理归切要。……逮元康之间,贼臣专命,举朝战栗,苟避菹醢;颂以此时,忠鲠不挠,哭张公之非罪,拒赵王之妄锡,虽古遗直,何以尚兹。……李重言因革之理,驳田产之制,词惬事当……及锐志铨衡,留心隐逸……岂虚也哉!

列传第十七　傅玄、傅咸传　摘录和评注

[傅玄傅咸父子:父亲是了不起的思想家和大文豪,同时是经典儒家思想,特别是其重农重民观念武装的朝廷专职谏官,但脾气不好,甚"乏弘雅之度"。儿子相比之下,经典儒家观念类同,哲思文采稍逊,但性情涵养过之。还有,后者作为朝廷大臣,在乱世伊始力求入污泥而不染。]

傅玄:

[西晋武帝司马炎初期的杰出思想家、大文豪和朝廷政论家或专职谏官。作为思想家,他持唯物论哲学和朴素唯物主义认识论,且有发现道家与法家间的联系和彼此影响的重要创见。① 作为大文豪的他,所撰不仅有《傅子》数十万言(大多已佚),还有众多继承汉代乐府民歌传统的诗作(今存60余首),特征为反映社会问题,风格朴质雄健。]

[对我们和《晋书》作者的目的而言,远为重要的当然是他作为朝廷政论家或专职谏官的言谈倡议。他乃经典儒家治国思想的信奉者,重农、重民、重教化,而这思

---

① 傅玄持唯物论的哲学思想和认识论上的朴素唯物主义。他认为"元气"是构成自然界事物的基本元素,自然界的生成不是靠"造物主""神""天"等神秘力量,从而丰富和发展了古代元气一元论的自然观。他还充分肯定人的主观能动性,指出人性可塑。
关于傅玄哲学思想的独特贡献,现代著名学问家钟泰认为,傅玄能发前人所未发,认识到道家对法家的影响以及二者之间的联系。钟泰评价他说:"老庄之用,在于申韩。晋人言老庄者多,而知申韩者少。故吾尝言晋人未能得老庄之全,以是蒙其害而不获其用。既得《傅子》读之,觉其尚公道,重爵禄,犹有法家之意。""傅玄",http://baike.sogou.com/v245376.htm? fromTitle=%E5%82%85%E4%BC%91%E5%A5%95。

想之具体应用于当世当时就是泰始初他的"上便宜五事",或曰政论五条,被当时足称贤君雄主的司马炎誉为"申省周备","诚为国大本,当今急务也"。]

[虽出身官宦世家,但少时孤贫,可仍博学善文,性情"刚劲亮直,不能容人之短";入仕后参与编撰《魏书》,然后任职多种岗位,包括县令郡守和典农校尉,"所居称职",且数度上书,"多所匡正";随西晋王朝正式建立而进爵升官。]

傅玄,字休奕,北地泥阳[今陕西铜川市耀州区东南]人也。祖燮,汉汉阳太守。父干,魏扶风太守。玄少孤贫,博学善属文,解钟律。性刚劲亮直,不能容人之短。郡上计吏再举孝廉,太尉辟,皆不就。州举秀才,除郎中,与东海缪施俱以时誉选入著作,撰集魏书。后参安东、卫军军事,转温令,再迁弘农太守,领典农校尉。所居称职,数上书陈便宜,多所匡正。五等建,封鹑觚男。武帝为晋王,以玄为散骑常侍。及受禅,进爵为子,加附马都尉。

[武帝朝廷初他担任专职谏官或政论家,上疏抨击法术刑名治国方略和当代的"虚无放诞"老庄士风,要求奉行经典儒家教化政治,且强调当务之急是用臣上退"虚鄙"惩"不恪"(他心里指的是谁? 是否包括贾充、荀勖及冯纨等?)。]

帝初即位,广纳直言,开不讳之路,玄及散骑常侍皇甫陶共掌谏职。玄上疏曰:"臣闻先王之临天下也,明其大教,长其义节。道化隆于上,清议行于下,上下相奉,人怀义心。亡秦荡灭先王之制,以法术相御,而义心亡矣。近者魏武好法术,而天下贵刑名;魏文慕通达,而天下贱守节。其后纲维不摄,而虚无放诞之论盈于朝野,使天下无复清议,而亡秦之病复发于今。["亡秦之病复发于今":一个相当严重的指责,在什么范围内和多大程度上真实?]陛下圣德,龙兴受禅,弘尧、舜之化,开正直之路,体夏禹之至俭,综殷周之典文,臣咏叹而已,将又奚言! 惟未举清远有礼之臣,以敦风节;未退虚鄙,以惩不恪,臣是以犹敢有言。"诏报曰:"举清远有礼之臣者,此尤今之要也。"[君主规避了他的退"虚鄙"惩"不恪"之臣的要求。]乃使玄草诏进之[下面显示,他规避了君主的具体指令,改题另作]。

[他上疏针对自己所说的不定士农工商之分,教条式地依经典儒家思想妄求划

定社会阶层与其人数,以便"尊儒尚学,贵农贱商"(柏拉图式的儒家"理想国"):]

玄复上疏曰:……汉、魏不定其分[士农工商之分],百官子弟不修经艺而务交游,未知莅事而坐享天禄;农工之业多废,或逐淫利而离其事;徒系名于太学,然不闻先王之风。今圣明之政资始,而汉、魏之失未改,散官众而学校未设,游手多而亲农者少,工器不尽其宜。臣以为亟定其制,通计天下若干人为士,足以副在官之吏;若干人为农,三年足有一年之储;若干人为工,足其器用;若干人为商贾,足以通货而已。尊儒尚学,贵农贱商,此皆事业之要务也。

[与此相关,他和仅有的另一位专职谏官提出激进的重农提议:闲官统统免职,一概"下放"务农]前皇甫陶上事,欲令赐拜散官皆课使亲耕,天下享足食之利。……昔者圣帝明王,贤佐俊士,皆尝从事于农矣。王人赐官,冗散无事者,不督使学,则当使耕,无缘放之使坐食百姓也。今文武之官既众,而拜赐不在职者又多……使冗散之官农,而收其租税,家得其实,而天下之谷可以无乏矣。夫家足食,为子则孝,为父则慈,为兄则友,为弟则悌。天下足食,则仁义之教可不令而行也。……计天下文武之官足为副贰[指辅佐]者使学,其余皆归之于农。若百工商贾有长者,亦皆归之于农。务农若此,何有不赡乎!……

[回到他的第一主题:"尊儒尚学"]夫儒学者,王教之首也。尊其道,贵其业,重其选,犹恐化之不崇;忽而不以为急,臣惧日有陵迟而不觉也。……

[君主的答复如此敷衍,即指示有司"研究研究"]书奏,帝下诏曰:"二常侍恳恳于所论,可谓乃心欲匡益时事者也。而主者率以常制裁之,岂得不使发愤耶!二常侍所论,或举其大较而未备其条目,亦可便令作之,然后主者八坐广共研精。……"俄迁侍中。

[被免去专职谏官职务后,作为御史中丞"上便宜五事",或曰政论五条,关乎农业及鲜卑事务,是为他的重农、重民在当世的具体应用,因其具体清晰和可行而远胜过上面两篇上疏。]

初,玄进皇甫陶,及入而抵,玄以事与陶争,言喧哗,为有司所奏,二人竟坐免官。[可见两位专职谏官被朝廷权臣讨厌,亦不真受武帝重视,因而以此等小事为口实被免!]泰始四年[268],以为御史中丞。时颇有水旱之灾,玄复上疏曰:

　　　　　　　　　　　　古代军政行为方略图景:《晋书》解读

臣……上便宜五事：

其一曰，……旧兵持官牛者，官得六分，士得四分；自持私牛者，与官中分，施行来久，众心安之。今一朝减持官牛者，官得八分，士得二分；持私牛及无牛者，官得七分，士得三分，人失其所，必不欢乐。臣愚以为宜佃兵持官牛者与四分，持私牛与官中分，则天下兵作欣然悦乐，爱惜成谷，无有损弃之忧。

其二曰，以二千石虽奉务农之诏，犹不勤心以尽地利。昔汉氏以垦田不实，征杀二千石以十数。臣愚以为宜申汉氏旧典，以警戒天下郡县，皆以死刑督之。

其三曰，以魏初未留意于水事，先帝统百揆，分河堤为四部，并本凡五谒者，以水功至大，与农事并兴，非一人所周故也。今谒者一人之力，行天下诸水，无时得遍。伏见河堤谒者车谊不知水势，转为他职，更选知水者代之。可分为五部，使各精其方宜。

其四曰，……近魏初课田，不务多其顷亩，但务修其功力[精耕细作之意]，故白田收至十余斛，水田收数十斛。① 自顷以来，日增田顷亩之课，而田兵益甚，功不能修理，至亩数斛已还，或不足以偿种。非与曩时异天地，横遇灾害也，其病正在于务多顷亩而功不修耳。……

其五曰[基于传统的华夏种族优越和文明优越信条，连同"秦凉之变"爆发前不久被他错误理解的西疆紧张形势，提议设一新郡和移民充实之，以便困住可能流动作乱的鲜卑人：]，臣以为胡夷兽心，不与华同，鲜卑最甚。本邓艾苟欲取一时之利，不虑后患，使鲜卑数万散居人间，②此必为害之势也。秦州刺史胡烈素有恩信于西方，今烈往，诸胡虽已无恶，必且消弭，然兽心难保，不必其可久安也。[大半由于他的上述信条，他对西疆形势的关键实质一无所知，因为正是在河西陇西大旱饥馑背景下的胡烈暴政，最终引发鲜卑族民大规模造反，造成"秦凉之乱"。]若后有动衅，

① 两汉向农民按分成制收田租，多产可以多收，曹魏按定额田租向农民征税，增产不能增收，故更能刺激农民的生产积极性，使之愿意精耕细作，多产归己。魏初农作物单位面积产量远远高于晋初，其原因之一应是采取定额田租制。"田租户调令"，http://baike.sogou.com/v66353144. htm？fromTitle＝％E7％94％B0％E7％A7％9F％E6％88％B7％E8％B0％83％E4％BB％A4。

② 256 至 263 年，曹魏镇西将军邓艾都督陇右诸军事时，为讨姜维而引来鲜卑，迁秀发等部鲜卑数万人至河西陇右雍、凉二州之间，即今陕西中部和甘肃一带，最后聚居于河西走廊东部及青海湖以东，与汉、羌等族杂居共处。

烈计能制之。[预计完全错误!]惟恐胡虏适困于讨击,便能东入安定,西赴武威,外名为降,可动复动。此二郡非烈所制,则恶胡东西有窟穴浮游之地,故复为患,无以禁之也。宜更置一郡于高平川,因安定西州都尉募乐徙民,重其复除以充之,以通北道,渐以实边。详议此二郡及新置郡,皆使并属秦州,令烈得专御边之宜。

[此项上疏被司马炎誉为"申省周备","诚为国大本,当今急务也"(是否得到真正的采纳和施行,我们不得而知):]诏曰:"得所陈便宜,言农事得失及水官兴废,又安边御胡政事宽猛之宜,申省周备,一二具之,此诚为国大本,当今急务也。……"

五年[269],迁太仆。时比年不登,羌胡扰边,诏公卿会议。玄应对所问,陈事切直,虽不尽施行,而常见优容。转司隶校尉。

[他脾气如雷,因一小事而大闹朝廷,由此丢官,而后病逝。他的峻急脾气与导致"贵游慑伏"的任职风格:]

献皇后[司马师后妻羊徽瑜]崩于弘训宫[278],设丧位。旧制,司隶于端门外坐,在诸卿上,绝席。其入殿,按本品秩在诸卿下,以次坐,不绝席。而谒者以弘训宫为殿内,制玄位在卿下。[大闹朝廷,"乏弘雅之度"到了极点:]玄恚怒,厉声色而责谒者。谒者妄称尚书所处,玄对百僚而骂尚书以下。御史中丞庾纯奏玄不敬,玄又自表不以实,坐免官。然玄天性峻急,不能有所容;每有奏劾,或值日暮,捧白简,整簪带,竦踊[焦躁不安貌]不寐,坐而待旦。于是贵游慑伏,台阁生风。寻卒于家,时年六十二,谥曰刚。

[作为大文豪的他,其文望可谓一时盖世:]

玄少时避难于河内,专心诵学,后虽显贵,而著述不废。撰论经国九流及三史故事,评断得失,各为区例,名为《傅子》,为内、外、中篇,凡有四部、六录,合百四十首,数十万言,并文集百余卷行于世。玄初作内篇成,子咸以示司空王沈。沈与玄书曰:"省足下所著书,言富理济,经纶政体,存重儒教,足以塞杨、墨之流遁,齐孙、孟于往代。每开卷,未尝不叹息也。'不见贾生,自以过之,乃今不及',信矣!"

其后追封清泉侯。子咸嗣。

傅咸:

[傅玄之子,有如其父,哲思文采稍逊,①性情涵养过之。作为朝廷官员,他在武帝司马炎时上书抨击官多伤农,世俗奢侈,在惠帝司马衷登基之初则先后奉劝短暂专权的杨骏和一度辅政的司马亮审慎收敛。在贾后一人专政的艰难岁月里,他为人正直,竭尽所能地从事司隶校尉本职工作,力求自己入污泥而不染。"虽非周才,偏亮可贵也。"]

[他"刚简有大节","风格峻整","疾恶如仇":]

咸字长虞,刚简有大节。风格峻整,识性明悟,疾恶如仇,推贤乐善……好属文论,虽绮丽不足,而言成规鉴。颍川庾纯常叹曰:"长虞之文近乎诗人之作矣!"

[在武帝司马炎时,他上书抨击官多伤农,世俗奢侈:]

咸宁[275—280]初,袭父爵,拜太子洗马,累迁尚书右丞。……三旬之间,迁司徒左长史。时帝留心政事,诏访朝臣政之损益。[上书抨击官多伤农,指出是为西晋立国15年后依然"五稼普收,仅足相接;暂有灾患,便不继赡"的重要原因:]咸上言曰:"……泰始开元以暨于今[280],十有五年矣。而军国未丰,百姓不赡,一岁不登便有菜色者,诚由官众事殷,复除猥滥,蚕食者多而亲农者少也。……旧都督有四,今并监军,乃盈于十。夏禹敷土,分为九州,今之刺史,几向一倍。户口比汉十分之一,②而置郡县更多。空校牙门,无益宿卫,而虚立军府,动有百数。五等诸侯,复坐置官属。诸所宠给,皆生于百姓。一夫不农,有受其饥,今之不农,不可胜计。纵使五稼普收,仅足相接;暂有灾患,便不继赡。以为当今之急,先并官省事,静事息役,上下用心,惟农是务也。"

---

① 傅咸诗今存10余首,多为四言诗,风格庄重典雅,但缺乏诗情。另有几首五言诗较有情采。例如《赠何劭王济诗》:"橘叶待风飘,逝将与君连。违君能无恋,尺素当言归。"情真意切,感情缠绵。另有赋30多篇,多为抒情咏物之作。其中《粘蝉赋》《青蝇赋》《萤火赋》等,咏物中寓有生活哲理,"物小而喻大",含意深刻。《隋书·经籍志》载傅咸有集17卷,今佚。"傅长虞",http://baike.sogou.com/v62905291.htm? fromTitle=%E5%82%85%E5%92%B8。

② 东汉盛时人口远逾6000万。王育民:《东汉人口考》,《上海师范大学学报》1988年第3期。西晋灭吴之年即280年人口据《晋书·地理志》为1616万。

…… ……

[上书抨击世俗奢侈，"奢侈之费，甚于天灾"，"奢不见诘，转相高尚"：]咸以世俗奢侈，又上书曰："臣以为谷帛难生，而用之不节，无缘不匮。……窃谓奢侈之费，甚于天灾。古者尧有茅茨，今之百姓竞丰其屋。古者臣无玉食，今之贾竖皆厌粱肉。古者后妃乃有殊饰，今之婢妾被服绫罗。古者大夫乃不徒行，今之贱隶乘轻驱肥。古者人稠地狭而有储蓄，由于节也；今者土广人稀而患不足，由于奢也。……奢不见诘，转相高尚。昔毛玠为吏部尚书，时无敢好衣美食者。魏武帝叹曰：'孤之法不如毛尚书。'令使诸部用心，各如毛玠，风俗之移，在不难矣。"……迁尚书左丞。

[在惠帝司马衷登基之初，他不畏风险，先后奉劝杨骏和司马亮审慎收敛，但无实质性效果：]

惠帝即位，杨骏辅政。咸言于骏曰："事与世变，礼随时宜，谅闇[居丧，多用于皇帝]之不行尚矣。由世道弥薄，权不可假，故虽斩焉[丧哀痛貌]在疚[在忧病之中，为居丧的代称]，而躬览万机也。……今圣上欲委政于公，谅闇自居，此虽谦让之心，而天下未以为善。天下未以为善者，以亿兆颙颙，戴仰宸极，听于冢宰，惧天光有蔽。人心既已若此，而明公处之固未为易也。[杨骏权势确实脆弱，虽然在此所述的原因实属胡扯。]窃谓山陵之事既毕，明公当思隆替之宜。[当然这等于与虎谋皮。]周公圣人，犹不免谤。以此推之，周公之任既未易而处，况圣上春秋非成王之年乎！……"……骏意稍折，渐以不平。由是欲出为京兆、弘农太守，骏甥李斌说骏，不宜斥出正人，乃止。["多一事不如少一事"的混迹官场做法与笃信"直正"的他格格不入：]骏弟济素与咸善，与咸书曰："江海之流混混，故能成其深广也。天下大器，非可稍了，而相[指傅咸]观每事欲了。……左丞[尚书左丞]总司天台，维正八坐，此未易居。以君尽性而处未易居之任，益不易也。……"咸答曰："……此由心不直正，欲以苟且为明哲耳！……"居无何，骏诛。咸转为太子中庶子，迁御史中丞。

时太宰、汝南王亮辅政，咸致书曰："咸以为太甲、成王年在蒙幼，故有伊、周之事。圣人且犹不免疑，况臣既不圣，王非孺子，而可以行伊、周之事乎！上在谅闇，听于冢宰，而杨骏无状，便作伊、周，自为居天下之安，所以至死。其罪既不可胜，亦是殿下所见。……"

咸复以亮辅政专权,又谏曰:"杨骏有震主之威,委任亲戚,此天下所以喧哗。今之处重,宜反此失。谓宜静默颐神,有大得失,乃维持之;自非大事,一皆抑遣。……及经过尊门,冠盖车马,填塞街衢,此之翕习[盛貌],既宜弭息。……["多一事不如少一事"的混迹官场做法与笃信"直正"的他格格不入,他不畏"摩天子逆鳞,触猛兽之须":]咸之为人,不能面从而有后言。尝触杨骏,几为身祸;况于殿下,而当有惜!仍往从驾,殿下见语:'卿不识韩非逆鳞之言耶,而欻[xū,急促轻率]摩天子逆鳞!'自知所陈,诚触猛兽之须耳。所以敢言,庶殿下当识其不胜区区。前摩天子逆鳞,欲以尽忠;今触猛兽之须,非欲为恶,必将以此见恕。"亮不纳。……[不纳,令他自己后悔:司马亮辅政仅三个月,就被贾南风伙同司马玮进行肉体消灭。]

……　……

[在贾后专政的艰难岁月里,他为人正直,竭尽所能地从事司隶校尉本职工作,力求入污泥而不染。"虽非周才,偏亮可贵也。"]

咸再为本郡中正,遭继母忧去官。顷之,起以议郎,长兼司隶校尉。咸前后固辞,不听……催使摄职。咸以身无兄弟,丧祭无主,重自陈乞,乃使于官舍设灵坐……

[针对相关时弊,屡屡奏免高官,以致(据称)"京都肃然,贵戚慑伏":]时朝廷宽弛,豪右放恣,交私请托,朝野涽[hùn,肮脏,混浊]淆。咸奏免河南尹澹、左将军倩、廷尉高光、兼河南尹何攀等,京都肃然,贵戚慑伏。咸以"……唐、虞三载考绩,九年黜陟[zhì]。其在《周礼》,三年大比[考核道德、荐举贤能]。孔子亦云,'三年有成'。而中间以来,长吏到官,未几便迁,百姓困于无定,吏卒疲于送迎"。时仆射王戎兼吏部,咸奏:"戎备位台辅,兼掌选举,不能谧静风俗,以凝庶绩,至令人心倾动,开张浮竞。中郎李重、李义不相匡正。请免戎等官。"诏曰:"政道之本,诚宜久于其职,咸奏是也。戎职在论道,吾所崇委,其解禁止。"御史中丞解结以咸劾戎为违典制,越局侵官,干非其分,奏免咸官。诏亦不许。

……　……

吴郡顾荣[孙吴丞相顾雍之孙,吴亡后拜为西晋郎中,转廷尉正,后为琅琊王司马睿(后东晋元帝)腹心幕僚]常与亲故书曰:"傅长虞为司隶,劲直忠果,劾按惊人。虽非周才,偏亮可贵也。"元康四年[294]卒官,时年五十六……

…… ……

列传第三十四　武十三王　摘录和评注

[武帝司马炎在 280 年灭吴之后迅速变得怠惰放纵,极度荒淫奢侈,其中最突出的表现就是极多嫔妃和其他可供他淫乐的宫女。① 有如下述,仅为他生下(18 个)皇子的有正式后妃地位的女人就多达 13 人,还有生下(8 个)皇子但卑微得"不显母氏"的宫女若干人。②]

[除另有纪传的惠帝、怀帝和"八王之乱"的主角司马玮、司马乂、司马颖外,本篇记述的他的 13 个皇子当然都是大贵族藩王,其中 8 人幼年或少年早夭(那个时代最高层贵人那么高的早夭率!),余下重要的几乎唯有淮南王司马允。这位藩王在贾后南风被摧毁后执掌关键的宫廷禁军,他"性沈毅",密谋消灭意图篡帝位的司马伦,继而骤然发动灭伦血斗,然而功败垂成并丢了性命。另外,秦王司马柬提供了一个有趣的对比:作为原配皇后杨艳生的、得到司马炎超级宠爱的皇子,在司马炎薨后"甚有忧危之虑",不愿卷入势难避免的经久内乱,结果如愿以偿,因为去世甚早。]

武帝二十六男:

武帝二十六男:杨元后生毗陵悼王轨、惠帝、秦献王柬。审美人生城阳怀王景、

---

① 《晋书·后妃列传上》载:时帝多内宠,平吴之后复纳孙皓宫人数千,自此掖庭殆将万人,而并宠者甚众,帝莫知所适,常乘羊车,恣其所之,至便宴寝。宫人乃取竹叶插户,以盐汁洒地,而引帝车。

② 这 8 个"不显母氏"的皇子皆"早夭,又无封国及追谥",令人怀疑至少其中某些人的死因或是出自皇和和/或皇后意志的宫内谋杀,犹如这方面臭名昭著的西汉成帝与其宠妃赵合德做的事。见《汉书·外戚传下》。

楚隐王玮、长沙厉王乂。徐才人生城阳殇王宪。匮才人生东海冲王祇。赵才人生始平哀王裕。赵美人生代哀王演。李夫人生淮南忠壮王允、吴孝王晏。庄保林生新都怀王该。陈美人生清河康王遐。诸姬生汝阴哀王谟。程才人生成都王颖。王才人生孝怀帝。杨悼后生渤海殇王恢。余八子不显母氏，并早夭，又无封国及追谥，今并略之。其玮、乂、颖自有传。

武十三王：

司马轨：

[“年二岁而夭”，未给历史留下任何事迹。]

毗陵悼王轨，字正则，初拜骑都尉，年二岁而夭。太康十年[289]，追加封谥，以楚王玮子义嗣。

司马柬：

[原配皇后杨艳生的、得到司马炎超级宠爱的一位皇子，“沈敏有识量”，且“性仁讷”。司马炎薨后，他“甚有忧危之虑”，不愿卷入势难停息的内乱，结果如愿以偿，因为去世甚早。]

[原配皇后杨艳所生，得到司马炎超级宠爱；品性可赞；被委托负责帝国西北疆军政。]

秦献王柬，字弘度，沈敏有识量。泰始六年[270]，封汝南王。咸宁[275—280]初，徙封南阳王，拜左将军、领右军将军、散骑常侍。武帝尝幸宣武场，以三十六军兵簿令柬料校之，柬一省便擿[tī，挑出]脱谬[脱漏、错误]，帝异之，于诸子中尤见宠爱。以左将军居齐献王故府，甚贵宠，为天下所属目。性仁讷，无机辩之誉。太康十年[289]，徙封于秦，邑八万户。于时诸王封中土者皆五万户，以柬与太子同产，故特加之。转镇西将军、西戎校尉、假节，与楚、淮南王俱之国。

[司马炎薨后，他“痛舅氏覆灭，甚有忧危之虑”，不愿（留在中央宫廷）卷入势难停息的最高层内乱。]

及惠帝即位，来朝，拜骠骑将军、开府仪同三司，加侍中、录尚书事，进位大将军。时杨骏伏诛，柬既痛舅氏覆灭，甚有忧危之虑，屡述武帝旨，请还籓，而汝南王亮留冢辅政。及亮与楚王玮被诛,时人谓冢有先识。

[死得早,如愿以偿!]

元康元年[291]薨,时年三十,朝野痛惜之。葬礼如齐献文王攸故事,庙设轩悬之乐。无子……

司马景:

[司马玮的同母兄,死得早,未给历史留下任何事迹。]

城阳怀王景,字景度,出继叔父城阳哀王兆后。泰始五年[269]受封,六年薨。

司马祗、司马裕:

[皆幼年早死,令他们的生母(匮才人、赵才人)一场空!]

东海冲王祗,字敬度,泰始九年[273]五月受封。殇王薨,复以祗继兆,其年薨,时年三岁。

始平哀王裕,字濬度,咸宁三年[277]受封,其年薨,年七岁。……

司马允:

[执掌帝国东南区域军事的大藩王,贾南风被摧毁后执掌关键的宫廷禁军。"性沈毅",密谋消灭摧毁贾南风和意图篡帝位的司马伦,继而骤然发动灭伦血斗,可是功败垂成丢了性命。"坐允夷灭者数千人"。]

[执掌帝国东南区域军事的大藩王,在贾南风被摧毁后执掌关键的宫廷禁军。]

淮南忠壮王允,字钦度,咸宁三年[277],封濮阳王,拜越骑校尉。太康十年[289],徙封淮南,仍之国,都督扬江二州诸军事、镇东大将军、假节。元康九年[299]入朝。

初,愍怀之废[299],议者将立允为太弟。[险些成为皇储(皇太弟)。]会赵王伦废贾后,诏遂以允为骠骑将军、开府仪同三司、侍中,都督如故,领中护军[掌禁军]。允性沈毅,宿卫将士皆敬服之。

["性沈毅",有威望,密谋消灭司马伦,可是功败垂成。]

［他密谋消灭司马伦,司马伦则力图夺其兵权:］伦既有篡逆志,允阴知之,称疾不朝,密养死士［下云"皆淮南奇才剑客也"］,潜谋诛伦。伦甚惮之,转为太尉,外示优崇,实夺其兵也。允称疾不拜。伦遣御史逼允,收官属以下,劾以大逆。［暗争骤然变为剧烈血斗,"伦兵死者千余人":］允惠,视诏,乃孙秀手书也。大怒,便收御史,将斩之,御史走而获免,斩其令史二人。厉色谓左右曰:"赵王欲破我家!"遂率国兵及帐下七百人直出,大呼曰:"赵王反,我将攻之,佐淮南王者左袒。"于是归之者甚众。允将赴宫,尚书左丞王舆闭东掖门,允不得入,遂围相府。允所将兵,皆淮南奇才剑客也。与战,频败之,伦兵死者千余人。太子左率陈徽勒东宫兵鼓噪于内以应,允结陈于承华门前,弓弩齐发,射伦,飞矢雨下。主书司马眭秘以身蔽伦,箭中其背而死。伦官属皆隐树而立,每树辄中数百箭,自辰至未。……［形势意外急剧转折,敌方的一项临时机诈骤然断送了他的斗争和性命:］伦子虔为侍中,在门下省,密要壮士,约以富贵。于是遣司马督护伏胤领骑四百从宫中出,举空版,诈言有诏助淮南王允。允不之觉,开陈纳之,下车受诏,为胤所害,时年二十九。初,伦兵败,皆相传曰:"已擒伦矣。"百姓大悦。既而闻允死,莫不叹息。允三子皆被害,坐允夷灭者数千人。

及伦诛[301],齐王冏上表理允……有诏改葬,赐以殊礼,追赠司徒。……后更以吴王晏子祥为嗣,拜散骑常侍。洛京倾覆,为刘聪所害。

司马演、司马该:

［一个有残疾,一个年少亡,对历史来说全然无足轻重。］

代哀王演,字宏度,太康十年[289]受封。少有废疾,不之国,演常止于宫中。薨,无子……

新都王该,字玄度,咸宁三年[277]受封,太康四年[283]薨,时年十二。无子,国除。

司马遐:

［"美容仪,有精彩,武帝爱之",但"长而懦弱,无所是非"。十足的窝囊废,不害人,也不被人害。他未料到的是,他的长子司马覃在他死后不久竟被立为皇储,但

之后被人(司马颖、司马越)害,先废后杀。]

[“长而懦弱,无所是非”,是十足的窝囊废:]

清河康王遐,字深度,美容仪,有精彩,武帝爱之。既受封,出继叔父城阳哀王兆。太康十年[289],封渤海郡,历右将军、散骑常侍、前将军。元康[291—299]初,进抚军将军,加侍中,遐长而懦弱,无所是非。性好内,不能接士大夫。及楚王玮之举兵也,使遐收卫瓘,而瓘故吏荣晦遂尽杀瓘子孙,遐不能禁,为世所尤[责备,怪罪]。永康元年[300]薨,时年二十八。四子:覃、籥、铨、端。覃嗣立。

[他的长子司马覃在他死后被立为皇储,但之后被司马颖废黜,再后被司马越杀害:]

及冲太孙[惠帝子司马尚,惠帝尚在位时去世,谥冲(冲太孙)]薨[302],齐王冏表曰:“……今者后宫未有孕育,不可庶幸将来而虚天绪,非祖宗之遗志,社稷之长计也。礼,兄弟之子犹子……此先王之令典,往代之成式也。清河王覃神姿岐嶷,慧智早成,康王正妃周氏所生,先帝众孙之中,于今为嫡。……覃宜奉宗庙之重,统无穷之祚……”遂立覃为皇太子。既而河间王颙协迁大驾,表成都王颖为皇太弟,废覃复为清河王[304]。……永嘉[307—313]初,前北军中候任城吕雍、度支校尉陈颜等谋立覃为太子,事觉,幽于金墉城。未几,被害[308],时年十四,葬以庶人礼。

……　……

司马谟:

[年少而亡。]

汝阴哀王谟,字令度,太康七年[286]薨,时年十一。无后,国除。

司马晏:

[与其兄司马允共攻司马伦兵败,幸亏有廷臣并谏才免于被处决。“八王之乱”第四轮期间,作为司马乂前锋与司马颖军“数交战”。成为怀帝之下名义上的最高级大臣,永嘉之乱中惨死于异族之手。是一位恭谨诚笃的低能好人。]

吴敬王晏,字平度,太康十年[289]受封,食丹阳、吴兴并吴三郡,历射声校尉、后军将军。[参与其兄灭伦血斗,幸亏有廷臣并谏才免于被处决:]与兄淮南王允共攻赵王伦,允败,收晏付廷尉,欲杀之。傅祗[时任中书监、常侍]于朝堂正色而争,于是群官并谏,伦乃贬为宾徒县王。后徙封代王。[司马伦被消灭后,他作为司马乂前锋与司马颖军"数交战":]伦诛,诏复晏本封,拜上军大将军、开府,加侍中。长沙王乂、成都王颖之相攻也,乂以晏为前锋都督,数交战。永嘉[307—313]中,为太尉、太将军。[恭谨诚笃的低能好人:]晏为人恭愿[恭谨诚笃],才不及中人,于武帝诸子中最劣。又少有风疾,视瞻不端[不正],后转增剧,不堪朝觐。[惨死于311年永嘉之乱:]及洛京倾覆,晏亦遇害,时年三十一。……

司马恢:

[早夭的幼儿。]

渤海殇王恢,字思度,太康五年[284]薨,时年二岁,追加封谥。

列传第六十　良吏　摘录和评注

[班固《汉书·循吏传》比司马迁《史记》内的同名篇章(《循吏列传》)好得多,也重要得多,因为它记录了六位当时真实的良善能干的地方行政长官,而非像司马迁《循吏列传》里几乎全是传奇式的人物。范晔承继班固的"半创造",其《后汉书·循吏列传》记录十二位同样是真实的地方/区域行政长官,全都正直、能干,为他们治理下的民众的体面生活而多有作为,勤勉地关怀和促进其经济生活、公正待遇甚至更多。可以说,他们树立了所有时代好官的标准。]

[在此,编纂《晋书·良吏列传》的房玄龄等同样认为他们"良吏以为准的"。然而,如下面的导言所述,两晋在这方面总的图景惨淡糜烂! 循吏、良吏从何而来? 答案或主题被显示在写得极好的《汉书·循吏传》导言里,即根本的决定要素是政治领导(对该篇内的大多数案例来说是伟大的汉宣帝本人),经其政治本质、规制性训诫和不断监察起作用。没有此类顶层指引,且在一种不同的、蜕化的政治文化氛围中,情况就不可避免地会是"俗吏多为虚名",就像班固看似不经意地指出的。房玄龄等在此很粗略地概览150余年的两晋史,认为这样的政治领导大致只有在位

前半段的晋武帝。因而,要记录的只是"例外的"良吏,"良能之绩仅有存焉"。]

汉宣帝有言:"百姓所以安其田里而无叹息愁恨之心者,政平讼理也。与我共此者,其唯良二千石乎!"此则长吏之官,实为抚导之本。是以……颍川黄霸[《汉书·循吏传》载],蜀郡文翁[《汉书·循吏传》载],或吏不敢欺,或人怀其惠,或教移齐鲁,或政务宽和,斯并惇史播其徽音,良吏以为准的。

有晋肇兹王业,光启霸图,授方任能,经文纬武。[在"授方任能"方面,西晋首帝司马炎起初优秀,以致"农安其业,吏尽其能":]泰始受禅……劳心庶绩,垂意黎元,申敕守宰之司,屡发忧矜之诏,辞旨恳切,诲谕殷勤,欲使直道正身,抑末敦本。当此时也,可谓农安其业,吏尽其能者欤![继而同样在司马炎治下,官场政治文化蜕变,以致腐败泛滥,贿赂公行:]而帝宽厚足以君人,明威未能厉俗,政刑以之私谒,贿赂于此公行,结绶者以放浊为通,弹冠者以苟得为贵,流遁忘反,浸以为常。刘毅①抗卖官之言,当时以为矫枉,察其风俗,岂虚也哉![其后无论西晋还是东晋,情况总的来说很糟,而且越来越糟:]爰及惠怀,中州鼎沸,逮于江左,晋政多门,(东晋)元帝比少康之隆,处仲[王敦字]为梗,海西微昌邑[西汉昌邑王刘贺,在帝位27天,因荒淫无度而被废]之罪,元子[桓温字]乱常,既权逼是忧,故羁縻成俗。莅职者为身择利,铨综[选拔罗致人才]者为人择官,下僚多英俊之才,势位必高门之胄,遂使良能之绩仅有存焉。[即使东晋大国务家王导、谢安也未能"弘风革弊":]虽复茂弘[王导字]以明允赞经纶,安石[谢安字]以时宗镇雅俗,然外虞孔炽,内难方殷,而匡救弥缝,方免倾覆,弘风革弊,彼则未遑。今采其政绩可称者,以为《良吏传》。

---

① 我们给《晋书·刘毅传》写的首注:无畏无私者。他担任过的最重要职位是西晋初朝廷首席监察官,"夙夜在公,坐而待旦,言议切直,无所曲挠",多次弹劾大小官员,甚至当面谴责武帝司马炎。他曾上疏抨击九品中正制,此疏为系统批评这个重大制度的重要文献。

　　　　　　　　　　　　　　古代军政行为方略图景:《晋书》解读

列传第二十七　胡烈、马隆、罗尚传　摘录和评注

胡烈：

[虽然其传极短，他却是"秦凉之变"事实上的酿造者，因其在河西、陇西连年大旱和饥馑背景下的暴政，尤其对河西鲜卑族的。[①] 他送命，实乃自食其果。]

烈字武玄，为将伐蜀。钟会之反也，烈与诸将皆被闭。烈子世元，时年十八，为士卒先，攻杀会，名驰远近。[详见《三国志·魏书·王毌丘诸葛邓钟传》]烈为秦州刺史，及凉州叛，烈屯于万斛堆，为虏所围，无援，遇害。

马隆：

[看似普通的边远郡守，实为出人意外的军事天才，是凶悍权变的鲜卑族秃发部首领秃发树机能的最终克星，胜利平定大闹了九年的"秦凉之变"。他在几乎所有军事维度上都大不同流俗！]

["少而智勇，好立名节"，且"才堪良将"：]

马隆，字孝兴，东平平陆[今山东济宁市汶上县]人。少而智勇，好立名节。魏兖州刺史令狐愚坐事伏诛，兖州无敢收者。隆以武吏托称愚客，以私财殡葬，服丧三年，列植松柏，礼毕乃还，一州以为美谈。[他侠气满满！]署武猛从事。泰始中，将兴伐吴之役，下诏曰："吴会未平，宜得猛士以济武功……兖州举隆才堪良将。稍迁司马督。

[在凉州刺史不听其劝谏而导致的边疆严重危机里，他在司马炎面前毛遂自荐

---

① 晋泰始四年至五年(268—269)间，河西、陇西地区连年大旱，当地民众深受其害，数十万人嗷嗷待救。秦州灾区胡汉混杂，尤以河西鲜卑人数最为众多。司马炎派遣悍将胡烈前往镇守。胡烈到任后，采取高压手段，先屯兵于高平川(今宁夏固原市清水河流域)，后又派兵进占麦田一带(今甘肃、宁夏两省区的靖远、中卫两县市交界地区)的河西鲜卑聚居地。在胡烈的暴政下，河西鲜卑秃发部首领秃发树机能于泰始六年(270)发起反抗，秦凉之变由此开始。"秦凉之变"，https://baike.sogou.com/v71401778.htm? fromTitle＝％E7％A7％89％E4％B9％8B％E5％8F％98。

平乱,且要求几乎最大的战场自行处置权(discretion)。作为前线的武威太守,他依靠自己精选的特殊勇士部队,连同自己创造的特殊战车和器械,"转战千里,杀伤以千数","全军独克,西土获安"。]

初,凉州刺史杨欣失羌戎之和,隆陈其必败。俄而欣为虏所没,河西断绝,帝每有西顾之忧,临朝而叹曰:"谁能为我讨此虏通凉州者乎?"朝臣莫对。隆进曰:"陛下若能任臣,臣能平之。"帝曰:"必能灭贼,何为不任,顾卿方略何如耳。"隆曰:"陛下若能任臣,当听臣自任。"帝曰:"云何?"隆曰:"臣请募勇士三千人,无问所从来,率之鼓行而西,裹陛下威德,丑虏何足灭哉!"帝许之,乃以隆为武威太守。公卿佥曰:"六军既众,州郡兵多,但当用之,不宜横设赏募以乱常典。隆小将妄说,不可从也。"帝弗纳。[司马炎出于杰出的本能或鉴于危机中的无奈,不顾众公卿反对,决定破格启用一名"小将","乱常典"组建他要求的特殊部队,并且赋予他自行处置权。]隆募限腰引弩[腰引弩即配备一条"腰绊"套在后腰上,伸直双腿顶住弓臂,借助腰背、手臂的力量一起拉弦]三十六钧[(此弩强度)约合九石]、弓四钧,立标简试。自旦至中,得三千五百人,隆曰:"足矣。"因请自至武库选杖。武库令与隆忿争,御史中丞奏劾隆,隆曰:"臣当亡命战场,以报所受,武库令乃以魏时朽杖见给,不可复用,非陛下使臣灭贼意也。"帝从之,又给其三年军资。[依凭他精选的特殊勇士部队,连同他创造的特殊战车和器械,他"且战且前","出敌不意":]隆于是西渡温水。虏树机能等以众万计,或乘险以遏隆前,或设伏以截隆后。隆依《八阵图》作偏箱车[一种攻守两用、装有防护板的战车,在诸葛亮《八阵图》基础上建造,即可与鹿砦、拒马等障碍物结合组成车营,以防敌突袭,又可在护板掩护下从箭窗中发射弓弩,"且战且前"],地广则鹿角车[架戈、戟于车前,形同鹿角,故名]营,路狭则为木屋施于车上,且战且前,弓矢所及,应弦而倒。奇谋间发,出敌不意。或夹道累磁石,贼负铁铠,行不得前,隆卒悉被犀甲,无所留碍,贼咸以为神。[他——军事天才——获得出人意料的大胜,"前后诛杀及降附者以万计",并斩杀秃发树机能,"凉州遂平":]转战千里,杀伤以千数。自隆之西,音问断绝,朝廷忧之,或谓已没。后隆使夜到,帝抚掌欢笑。诘朝,召群臣谓曰:"若从诸卿言,是无秦凉也。"乃诏曰:"隆以偏师寡众,奋不顾难,冒险能济。其假节、宣威将军,加赤幢、曲盖、鼓吹。"隆到武威,虏大人猝跋韩、且万能等率万余落归降,前后诛杀及降附者以万计。又率善戎没骨能等与树机能大战,斩之,凉州遂平。朝议将加隆将士勋赏,有司奏隆将士皆先加显爵,不应更授,卫将军杨珧驳曰:"前精募将士,少加爵命者,此适所以为诱引。今隆全军独克,西土获安,不得便以前授塞此后功,宜皆听许,以明要信。"乃从珧议,赐爵加秩各有差。

[异常能干的西北边疆镇守者和治理者,"积十余年,威信震于陇右"。]

太康[280—289]初,朝廷以西平荒毁,宜时兴复,以隆为平虏护军、西平[凉州西平郡,治所在今青海西宁市]太守,将所领精兵,又给牙门一军,屯据西平。时南虏成奚每为边患,隆至,帅军讨之。虏据险距守,隆令军士皆负农器,将若田者。虏以隆无征讨意,御众稍息。隆因其无备,进兵击破之。毕隆之政,不敢为寇。太熙[290]初,封奉高县侯,加授东羌校尉。积十余年,威信震于陇右。时略阳太守冯翊严舒与杨骏通亲,密图代隆,毁隆年老谬耄,不宜服戎,于是征隆,以舒代镇。氐、羌聚结,百姓惊惧。朝廷恐关陇复扰,乃免舒,遣隆复职,竟卒于官。

······ ······

罗尚:

[历任西晋汉中和巴蜀区域行政长官,品行如蜀地民众所云"贪如豺狼,无复极已"。他的贪残激起巴族以李特为首的流民大造反,战败后施计"大破之,斩李特,传首洛阳"。]

尚字敬之,一名仲。父式,牂柯太守。尚少孤,依叔父宪。善属文。荆州刺史王戎以尚及刘乔为参军,并委任之。太康[晋武帝年号,280—289]末,为梁州刺史。及赵廞反于蜀,尚表曰:"廞非雄才,必无所成,计日听其败耳。"乃假尚节为平西将军、益州刺史、西戎校尉。[品性极为恶劣,为官戕害巴蜀百姓:]性贪,少断,蜀人言曰:"尚之所爱,非邪则佞;尚之所憎,非忠则正。富拟鲁、卫,家成市里;贪如豺狼,无复极已。"又曰:"蜀贼[即李特]尚可,罗尚杀我。平西将军,反更为祸。"[他以贪残激起李特流民大造反,后以诡计"大破之,斩李特":]时李特亦起于蜀,攻蜀,杀赵廞。又攻尚于成都,尚退保江阳。初,尚乞师方岳[指州郡],荆州刺史宗岱率建平太守孙阜救之,次于江州,岱、阜兵盛,诸为寇所逼者,人有奋志。尚乃使兵曹从事任锐伪降，因出密宣告于外，克日俱击，遂大破之，斩李特，传首洛阳。[他最终不敌流民武装：]特子雄僭号，都于郫城。尚遣将军隗伯攻之，不克。俄而尚卒，雄遂据有蜀土。

列传第二十二　阮种传　摘录和评注

[阮种，一位在武帝司马炎面前对策（并列）第一的儒士，为官"正己率下"，百僚"咸惮其威容"。本篇所载他的政见之中，唯有一项值得真正称赞，即正确指出"秦凉之变"爆发的主要原因在于"侵侮边夷""妄加讨戮"和"鄣塞不设""人又忘战"，且主张用可取的战略防止"虚中国以事夷狄"。]

[他年少时就有吸引嵇康的特殊操行，而后被举为贤良，经受武帝司马炎直接考试；他的对策唯论边疆危机，而不是毫无新意的传统儒家千年陈词，因为如上所述。]

阮种，字德猷，陈留尉氏[今河南开封市尉氏县]人……弱冠有殊操，为嵇康所重。康著《养生论》[实为嵇康另一篇《答向子期难养生论》]，所称阮生，即种也。察孝廉，为公府掾。是时西虏内侵，灾害屡见，百姓饥馑，诏三公、卿尹、常伯、牧守各举贤良方正直言之士。于是太保何曾举种贤良。

策曰：……

……　……

又问戎蛮猾夏[270年秦凉之变爆发]。对曰："……[正确地指出了"秦凉之变"爆发的主要原因，即"侵侮边夷""妄加讨戮"和"鄣塞不设""人又忘战"：]自魏氏以来，夷虏内附，鲜有桀悍侵渔之患。由是边守遂息，鄣塞不设。而今丑虏内居，与百姓杂处，边吏扰习，人又忘战。受方任者，又非其材，或以狙诈，侵侮边夷；或干赏啗利，妄加讨戮。夫以微羁而御悍马，乃又操以烦策，其不制者，固其理也。是以群丑荡骇，缘间而动。虽三州覆败，牧守不反，此非胡虏之甚劲，盖用之者过也。[他主张沿袭华夏悠久传统的"战略保守主义"，尤其是效法汉宣帝时赵充国的最低限度武力征伐加政治上分化瓦解敌方的战略，以免"虚中国以事夷狄"：]臣闻王者之伐，有征无战，怀远以德，不闻以兵。夫兵凶器，而战危事也。兵兴则伤农，众集则费积；农伤则人匮，积费则国虚。[汉武帝穷极征伐以致"天下之耗，已过太半"的教训要永远牢记!]昔汉武之世，承文帝之业，资海内之富，役其材臣，以甘心匈奴，竟战胜之功，贪攻取之利，良将劲卒，屈于沙漠，胜败相若，克不过当，夭百姓之命，填饿狼之口。及其以众制寡，令匈奴远迹，收功祁连，饮马瀚海，天下之耗，已过太半矣。夫虚中国以事夷狄，诚非计之得者也。是以盗贼蜂起，山东不振。暨宣元之时，赵充国征西零，冯奉世征南羌，皆兵不血刃，摧抑强暴，擒其首恶，此则折冲厌难，胜败相辨，中世之明效也。"

…… ……

[有"毁誉之徒"不服君主考试结果，因而司马炎举行复试，结果阮种"又擢为第一"。]

时种与邻诜及东平王康俱居上第，即除尚书郎。然毁誉之徒，或言对者因缘假托，帝乃更延群士，庭以问之。

…… ……

策奏，帝亲览焉，又擢为第一。转中书郎。进止有方，正己率下，朝廷咸惮其威容。每为驳议，事皆施用，遂为楷则。

…… ……

从『骨肉相残』到『胡尘惊而天地闭』：西晋的大乱和灭亡

列传第八　齐王司马攸传　摘录和评注

[司马攸，司马炎的同母大弟，庶可谓司马炎统治末期的、在司马炎本人之外的最重要人物。因为他曾是司马昭大为属意的"储君"，继而西晋正式建立后一直任中央重臣甚有建树，同时因正直和善而深得人心，从而在司马炎晚年朝廷内外要求由他而非有痴呆之嫌的司马衷继位的呼声颇高。然而，司马炎几乎天然对之持有戒心，故坚持令他出京归齐，导致他气恨发病而死。西晋大概由此失去了相对长治久安的唯一机会。]

[他一贯"以礼自拘"，这是他大得众望的一大原因，也是他被斗败斗亡的一大原因。]

[他几乎凝聚了经典儒家期望一位君主应有的所有禀赋，而且在司马炎正式建立西晋初年"总统军事，抚宁内外，莫不景附"。]

齐献王攸，字大猷，少而岐嶷。[经典儒家期望一位君主应有的所有禀赋他几乎都有：]及长，清和平允，亲贤好施，爱经籍，能属文，善尺牍，为世所楷。才望出武帝之右，宣帝每器之。景帝无子，命攸为嗣。……及景帝崩，攸年十岁，哀动左右，大见称叹。……奉景献羊后[羊徽瑜]于别第，事后以孝闻。复历散骑常侍、步兵校尉，时年十八，绥抚营部，甚有威惠。……迁卫将军。居文帝丧，哀毁过礼，杖而后起。左右以稻米干饭杂理中丸进之，攸泣而不受。太后自往勉喻曰："若万一加以他疾，将复如何！宜远虑深计，不可专守一志。"常遣人逼进饮食……

[西晋初年他"总统军事，抚宁内外，莫不景附"，同时保持政治审慎，以防敏感的司马炎猜疑（而同样因为敏感，后者对他也很当心地予以优待）：]武帝践阼，封齐王，时朝廷草创，而攸总统军事，抚宁内外，莫不景附焉。诏议籓王令自选国内长吏，攸奏议曰："……伏惟陛下应期创业，树建亲戚，听使籓国自除长吏。（但是）而今草创，制度初立，虽庸蜀顺轨，吴犹未宾，宜俟清泰，乃议复古之制。"书比三上，辄报不许。其后国相上长吏缺，典书令请求差选。攸下令曰："……官人叙才，皆朝廷之事，非国所宜裁也。其令自上请之。"时王家人衣食皆出御府，攸表租秩足以自供，求绝之。前后十余上，帝又不许。攸虽未之国[他是否"之国"的问题一开始就是潜在的敏感的头等政治问题。好笔法！]，文武官属，下至士卒，分租赋以给之，疾病死丧赐与之。而时有水旱，国内百姓则加振贷，须丰年乃责，十减其二，国内赖之。

[他保持谦逊审慎，既出于个性，也符合安全需要：]迁骠骑将军，开府辟召，礼同三司。降身虚己，待物以信。……时骠骑当罢营兵，兵士数千人恋攸恩德，不肯去，遮京兆主言之，帝乃还攸兵。

[他如经典儒家要求的那样，注重农本，注重为此所需的吏治良善及"去奢即俭"：]

攸每朝政大议，悉心陈之。诏以比年饥馑，议所节省，攸奏议曰："臣闻先王之教，莫不先正其本。务农重本，国之大纲。当今方隅清穆，武夫释甲，广分休假，以就农业。然守相不能勤心恤公，以尽地利。昔汉宣叹曰：'与朕理天下者，惟良二千石乎！'勤加赏罚，黜陟幽明，于时翕然，用多名守。计今地有余羡，而不农者众，加附业之人复有虚假，通天下谋之，则饥者必不少矣。今宜严敕州郡，检诸虚诈害农之事，督实南亩，上下同奉所务。则天下之谷可复古政，岂患于暂一水旱，便忧饥馁哉！考绩黜陟，毕使严明，畏威怀惠，莫不自厉。又都邑之内，游食滋多，巧伎末业，服饰奢丽，富人兼美，犹有魏之遗弊，染化日浅，靡财害谷，动复万计。宜申明旧法，必禁绝之。使去奢即俭，不夺农时，毕力稼穑，以实仓廪。……"转镇军大将军，加侍中，羽葆、鼓吹，行太子少傅。数年，授太子太傅……

［最高级内斗开始，他的厄运开始。六年之后终成他完蛋的"对阵激战"。］

咸宁二年［276］［是年而非灭吴之年（280）被我们当代的某些历史学者认作政治转折点，因为该年武帝病危（"以疾疫废朝"）时拥立司马攸的密谋和杨骏封侯都对西晋政治走向产生了深远的影响：前者激化武帝与司马攸的矛盾，成为一系列政治纷争的源头，后者则标志外戚势力的崛起］，代贾充为司空，侍中、太傅如故。［补叙超级政治敏感的起源，虽然本传一开头说过他"才望出武帝之右"：］初，攸特为文帝所宠爱，每见攸，辄抚床呼其小字曰"此桃符座也"，几为太子者数矣。及帝寝疾，虑攸不安，为武帝叙汉淮南王、魏陈思故事而泣。临崩，执攸手以授帝。［超级政治敏感的继续，但事实证明父母的临终嘱咐效能有限！］……及太后临崩，亦流涕谓帝曰："桃符性急，而汝为兄不慈，我若遂不起，恐必不能相容。以是属汝，勿忘我言。"

［潜在紧张到时候变为（并非他——谦谦君子——个人从事的）激烈内斗，饱含政治大局与个人私虑这两类动能：］及帝晚年，诸子并弱，而太子不令，朝臣内外，皆属意于攸。中书监荀勖、侍中冯紞皆谄谀自进，攸素疾之。勖等以朝望在攸，恐其为嗣，祸必及己，乃从容言于帝曰："陛下万岁之后，太子不得立也。"帝曰："何故？"勖曰："百僚内外皆归心于齐王，太子焉得立乎！陛下试诏齐王之国，必举朝以为不可，则臣言有征矣。"紞又言曰："陛下遣诸侯之国，成五等之制者，宜先从亲始。亲莫若齐王。"帝既信勖言，又纳紞说，太康三年［282］乃下诏曰［内斗六年之后终成"对阵激战"］："古者九命作伯，或入毗朝政，或出御方岳。……侍中、司空、齐王攸……以母弟之亲，受台辅之任，佐命立勋，劬劳王室，宜登显位［即至国］，以称具瞻。其以为大司马、都督青州诸军事，侍中如故，假节，将本营千人，亲骑帐下司马大车皆如旧，增鼓吹一部，官骑满二十人，置骑司马五人。余主者详案旧制施行。"攸不悦……

［在司马炎反复催逼之下，他气恨发病而死：］明年［283］，策攸曰："……我有晋……越造王国于东土……用藩翼我邦家。……"又诏下太常，议崇锡之物，以济南郡益齐国。又以攸子寔为北海王。于是备物典策，设轩悬之乐、六佾之舞，黄钺朝车乘舆之副从焉。攸知勖、紞构己，愤怨发疾，乞守先后陵，不许。帝遣御医诊视，

诸医希旨，皆言无疾。疾转笃，犹催上道。[他至死仍是个与他兄长不同的彬彬君子：]攸自强入辞，素持容仪，疾虽困，尚自整厉，举止如常，帝益疑无疾。辞出信宿[谓两三日]，欧血而薨，时年三十六。帝哭之恸[虚伪貌]，冯紞侍侧曰："齐王名过其实，而天下归之。今自薨陨，社稷之福也，陛下何哀之过！"帝收泪而止。……子冏立，别有传。

攸以礼自拘[这是他大得众望的一大原因，也是他被斗败斗亡的一大原因]，鲜有过事。就人借书，必手刊其谬，然后反之。加以至性过人，有触其讳者，辄泫然流涕。虽武帝亦敬惮之，每引之同处，必择言而后发。[司马炎受不了这个弟弟，因为后者老是令他内心紧张！]

……　……

史臣曰：……齐王……道光雅俗，望重台衡，百辟具瞻，万方属意。既而地疑致逼，文雅见疵，紞勖陈蔓草之邪谋，武皇深翼子之滞爱。遂乃褫龙章于衮职，徙侯服于下藩，未及戒涂，终于愤恚，惜哉！若使天假之年而除其害，奉缀衣之命，膺负图之托，光辅嗣君，允厘邦政……何八王之敢力争，五胡之能竞逐哉！[就司马攸倘若不死做的最大的未来历史想象，最后一句想象得无边无际！]《诗》云"人之云亡，邦国殄瘁，"攸实有之；"谗人罔极，交乱四国"，其荀冯之谓也。

列传第十八　向雄传　摘录和评注

[刚正之士，颇有侠气。他最重要的政治事迹是在河南尹任上固谏，反对武帝彻底排挤齐王司马攸的决定，"帝不纳，遂以愤卒"。]

[他颇有侠气：]

向雄，字茂伯，河内山阳[在今河南焦作、修武一带]人也。父韶，彭城太守。[他颇有侠气，尽忠于罪死的雇主，"感义"哀哭和收葬而不顾个人安危：]雄初仕郡为主簿，事太守王经。及经之死也，雄哭之尽哀，市人咸为之悲。后太守刘毅尝以非罪笞雄,及吴奋代毅为太守,又以少谴[小罪过]系雄于狱。司隶钟会于狱中辟雄为都官从事,会死无人殡敛,雄迎丧而葬之。文帝召雄而责之曰:"往者王经之死,卿哭王经于东市,我不问也。今钟会躬为叛逆,又辄收葬,若复相容,其如王法何!"雄曰:"昔者先王掩骼埋胔,仁流朽骨,当时岂先卜其功罪而后葬之哉! 今王诛既加,于法已备。雄感义收葬,教亦无阙。法立于上,教弘于下,何必使雄违生背死以立于时! 殿下仇枯骨而捐之中野,为将来仁贤之资,不亦惜乎!"帝甚悦,与谈宴而遣之。

[他脾气很倔,或曰刚正,为此不惜"忤旨"。那导致他固谏,反对彻底排挤齐王攸,"帝不纳,遂以愤卒"。]

累迁黄门侍郎。时吴奋、刘毅俱为侍中,同在门下,雄初不交言。武帝闻之,敕雄令复君臣之好[上下级之好?]。[他脾气很倔,还记私仇,虽然颇有理由:]雄不得已,乃诣毅,再拜曰:"向被诏命,君臣义绝,如何?"于是即去。帝闻而大怒,问雄曰:"我令卿复君臣之好,何以故绝?"雄曰:"古之君子进人以礼,退人以礼;今之进人若加诸膝,退人若坠诸川。刘河内于臣不为戎首[率兵攻打别人的带头者],亦已幸甚,安复为君臣之好!"帝从之。

[尽管"忤旨",他在武帝之下仍频频升迁。君主的气量大过他的:]泰始中,累迁秦州刺史,假赤幢、曲盖、鼓吹,赐钱二十万。咸宁初,入为御史中丞,迁侍中,又出为征虏将军。太康[280—289]初,为河南尹,赐爵关内侯。[再度"忤旨",而且是在一个极重要的最高级政治问题上,结果对他来说很惨,部分归因于他的倔脾气:]齐王攸将归籓,雄谏曰:"陛下子弟虽多,然有名望者少。齐王卧在京邑,所益实深,不可不思。"帝不纳。雄固谏忤旨,起而径出,遂以愤卒。

………………

列传第二十 曹志传 摘录和评注

[曹魏大贵族和西晋小贵族,据称有才行,但在几任地方行政长官职位上皆极

端不负责任。"触景生情",奏议反对将齐王司马攸逐出京师。]

[他出身显贵,因而得到的赞誉总是太过,无论是司马炎的还是房玄龄等的。]

[曹植与其后妻的次子,王朝变更后降为小贵族。个人(相反的两方面的)秉性:]

曹志,字允恭,谯国谯[今安徽亳州市]人,魏陈思王植之孽子也。少好学,以才行称,夷简有大度,兼善骑射。植曰:"此保家主也。"立以为嗣。后改封济北王。武帝为抚军将军……及帝受禅,降为鄄城县公。诏曰[君主的过誉和错任]:"……曹志履德清纯,才高行洁,好古博物,为魏宗英,朕甚嘉之。其以志为乐平太守。"[他在几任地方行政长官职位上皆极端不负责任(多少有如其父!),一名"不以政事为意"而"以声色自娱"的不合儒道的儒士:]志在郡上书,以为宜尊儒重道,请为博士置吏卒。迁章武、赵郡太守。虽累郡职,不以政事为意,昼则游猎,夜诵《诗》《书》,以声色自娱,当时见者未能审其量也。

咸宁初,诏曰:"鄄城公曹志,笃行履素,达学通识,宜在儒林[他只有这点本领],以弘胄子之教。其以志为散骑常侍、国子博士。"……

[他在西晋朝廷唯一的政治行动:"触景生情",奏议反对将齐王司马攸逐出京师,结果触犯司马炎特敏感处,被罢免官职。]

后迁祭酒。齐王攸将之国,下太常议崇锡文物。时博士秦秀等以为齐王宜内匡朝政,不可之籓。["触景生情",奏议劝谏,结果倒霉:]志又常恨其父不得志于魏,[倒霉出自他对父亲的过誉和盲信;曹植的政才和品性安可媲美于司马攸?!]因怆然叹曰:"安有如此之才,如此之亲,不得树本助化,而远出海隅?晋朝之隆,其殆乎哉!"乃奏议曰:"伏闻大司马齐王当出籓东夏,备物尽礼……古之夹辅王室,同姓则周公其人也,异姓则太公其人也,皆身在内,五世反葬。后虽有五霸代兴,桓、文诵主,下有请隧之僭,上有九锡之礼,终于诵而不正,验于尾大不掉……今圣朝创业之始,始之不谅,后事难工。干植不强,枝叶不茂;骨鲠不存,皮肤不充。[他那么激动,那么激进,难怪司马炎大怒:]自羲皇以来,岂是一姓之独有!……夫欲享万世之利者,当与天下议之。……秦、魏欲独擅其威,而财得没其身;周、汉能分其利,而亲疏为之用。……志以为当如博士等议。"……[房玄龄等在篇末说他"服膺教义,方轨儒门","身虽暂屈,道亦弘矣",亦属过誉。]帝览议,大怒曰:"曹志尚不明吾心,况四海乎!"以议者不指答所问,横造异论,策免太常郑默。于是有司奏收志等结罪,诏惟免志官,以公还第,其余皆付廷尉。

顷之,志复为散骑常侍。遭母忧,居丧过礼,因此笃病,喜怒失常。九年[288]卒……

列传第六十三 外戚列传羊琇传 摘录和评注

[有才智,会谋算,为司马炎而非齐王司马攸继位立下近乎决定性的功劳,因而得到司马炎厚报,"典禁兵,豫机密,宠遇甚厚"。他豪侈无度,放纵无度,屡屡犯法,但同时大有侠气,尽心厚待能人贤士,慷慨振恤穷窘之徒,甚至为被推举者"不惜躯命"。然而,他最终在头号重大的政治问题——将深得人心、众望所归的司马攸撵出京师——上"切谏忤旨"而失去司马炎的宠惠,愤而发病身死。一位有趣的复杂人物!]

[有才智,会谋算,为司马炎继位立下近乎决定性的功劳,因而得到厚报。]
羊琇,字稚舒,景献皇后[羊徽瑜,司马师第三任妻]之从父弟也。父耽,官至太常。兄瑾,尚书右仆射。琇少举郡计,参镇西钟会军事,从平蜀。及会谋反,琇正言苦谏,还,赐爵关内侯。琇涉学有智算,少与武帝通门,甚相亲狎,每接筵同席,尝谓帝曰:"若富贵见用,任领护[领军将军和护军将军]各十年。"帝戏而许之。[在头号重大的政治问题即谁继位上立下头等功劳:]初,帝未立为太子,而声论不及弟攸,文帝素意重攸,恒有代宗之议。琇密为武帝画策,甚有匡救。又观察文帝为政损益,揆度应所顾问之事,皆令武帝默而识之。其后文帝与武帝论当世之务及人间可否,武帝答无不允,由是储位遂定。及帝为抚军,命琇参军事。帝即王位后,擢琇为左卫将军,封甘露亭侯。帝践阼,累迁中护军,加散骑常侍。[司马炎给他的厚报:]琇在职十三年,典禁兵,豫机密,宠遇甚厚。

....

[豪侈放纵无度,屡屡干犯王法,但同时大有侠气,对几等人士好得不能再好;然而,他最终在头号重大的政治问题——众望所归、被盼继位的齐王司马攸被撵出京师——上"切谏忤旨"而失宠惠,愤而发病身死。]

琇性豪侈,费用无复齐限,而屑炭和作兽形以温酒,洛下豪贵咸竞效之。又喜游谳,以夜续昼,中外五亲无男女之别,时人讥之。然党慕[偏袒和钦佩]胜己,其所推举,便尽心无二。穷窘之徒,特能振恤。选用多以得意者居先,不尽铨次[排列先后次序]之理。将士有冒官位者[一说为因他而得到官位的人],为其致节,不惜躯命[!]。然放恣犯法,每为有司所贷。其后司隶校尉刘毅劾之,应至重刑,[司马炎给他的厚报几乎无穷无尽:]武帝以旧恩,直免官而已。寻以侯白衣领护军。顷之,复职。[然而,皇恩毕竟有限,因为事关已经腐败昏庸的司马炎的根本:]及齐王攸出镇也,琇以切谏忤旨,左迁太仆。[他的愤愤的末路:]既失宠愤怨,遂发病,以疾笃求退。拜特进,加散骑常侍,还第,卒。帝手诏曰:"琇与朕有先后之亲,少小之恩,历位外内,忠允[忠诚公允]茂著[公允何在?!]。不幸早薨,朕甚悼之。其追赠辅国大将军、开府仪同三司,赐东园秘器,朝服一袭,钱三十万,布百匹。"谥曰威。

....

帝纪第四　惠帝　摘录和评注

["不慧",即异常无能甚或有痴呆之嫌的司马衷!从武帝纪我们知道,虽然"朝廷咸知不堪政事",但他仍能成为西晋皇帝,首先是因为在前期确如唐太宗所云"宏略大度,有帝王之量"的武帝司马炎从一开始就受控于人:在有重大政治含义的内宫事务上受控于他不变地予以温情、深为畏惧和近乎言听计从的原配皇后杨艳。继而,另有一系列因素保障了他早早册立的储君地位,包括杨艳死后继任皇后的杨芷继续控制皇帝,贪婪和庸劣的杨芷之父杨骏强化和滥用外戚权势,司马炎本人猜忌和排挤大有才智和建树且深得人心的弟弟司马攸,并试图用外戚去制约他自己设立和纵容的宗室藩王,还有他如《晋书》作者所说妄信皇孙司马遹(yù)聪慧,"故

无废立之心",等等。]

[“中朝之乱,实始于斯矣。”司马衷的异常无能和围绕他在武帝薨后继位的复杂政治令强大的宗室藩王尾大不掉,执意血腥内斗,而其导火索则是帝国中央的血腥内斗——惠帝司马衷的丑陋、凶残和野心勃勃的皇后贾南风为求贾氏外戚统治而与楚王司马玮合伙发动政变,杀死几乎昙花一现般全权摄政的杨骏。“八王之乱”由此开始,从头至尾16年,有如群兽轮番厮杀,参战诸王多相继败亡。华夏社会因此惨遭蹂躏,氐、羌、羯、匈奴和鲜卑部族则因此乘机壮大,不久后形成汹涌南下的攻掠和屠戮巨潮。]

[司马衷个人的命运可谓悲剧,无尽的悲剧:司马炎如上所述始终不废黜这可怜人,而司马炎逝后他作为晋惠帝先后成为其国丈杨骏和皇后贾南风的傀儡,接着是诸藩王的囚徒和傀儡以及(据传言)被毒杀者。他命落黄泉后,西晋只苟延残喘了九个春秋。]

[他被立为太子23年后成为皇帝——十足的傀儡皇帝,但犹如被撕裂在彼此为仇的杨氏外戚与贾氏皇后之间。贾后凶狠残忍,在291年三度发动政治血腥更动,接连消灭杨氏外戚、大藩王司马亮和大藩王司马玮。]

[“八王之乱”以楚王司马玮与贾后合谋政变开始,继之为贾后和司马玮合伙杀死汝南王司马亮以及贾后杀死司马玮。贾后的九年专权,伴有频仍的天灾和难御的异族攻袭。]

孝惠皇帝讳衷,字正度,武帝第二子也。泰始三年[267],立为皇太子,时年九岁。太熙元年[290]四月己酉,武帝崩。是日,皇太子即皇帝位,大赦,改元为永熙。尊皇后杨氏曰皇太后,立妃贾氏为皇后。……以太尉杨骏为太傅,辅政。秋八月壬午,立广陵王遹为皇太子[这位储君九年后将因无子嗣的妒妇贾南风的陷害而被废黜,随后被其杀害]……

永平[当年即改元元康]元年[291]……二月……癸酉,镇南将军楚王玮……来朝。……[贾后与楚王司马玮合谋发动禁军政变,彻底消灭全权摄政(“辅政”)的杨骏及其党羽。此乃“八王之乱”的导火索。]三月辛卯,诛太傅杨骏,骏弟将军珧,太子太保济,中护军张劭,散骑常侍段广、杨邈。左将军刘预,河南尹李斌,中书令符俊,东夷校尉文淑,尚书武茂,皆夷三族。……贾后矫诏废皇太后为庶人……诛太后母庞氏。[她摧毁对手干净彻底!]壬寅,征大司马、汝南王亮为太宰,与太保卫瓘辅政。以秦王柬为大将军,东平王楙为抚军大将军,镇南将军、楚王玮为卫将军,领北军中候,[无论如何,总体上宗室籓王力量强大,且已没有除她本人外的实质性制衡。]……六月,贾后矫诏使楚王玮杀太宰、汝南王亮,太保、菑阳公卫瓘。[她简直全无消停,再度伙同楚王司马玮发动政治血腥更动,消灭大籓王司马亮!而且,她随即又消灭合谋者司马玮:]乙丑,以玮擅害亮、瓘,杀之。……[然而,总体上宗室籓王力量依然占压倒性优势,贾后专政势必完蛋]八月庚申,以赵王伦为征东将军、都督徐兖二州诸军事;河间王颙为北中郎将,镇邺……辛未,立陇西世子越为东海王[他是"八王之乱"的最终唯一胜者]……九月……以赵王伦为征西大将军、都督雍梁二州诸军事……

二年[292]春二月己酉,贾后弑皇太后于金墉城……

四年[294]……夏五月,蜀郡山移,淮南寿春洪水出,山崩地陷,坏城府及百姓庐舍……秋八月……上谷居庸、上庸并地陷裂,水泉涌出,人有死者。大饥……是岁,京师及郡国八地震。[是年往后,自然灾害频仍,我们删去的有太多地方就此的记载。社会必定因天灾人祸而困苦凋敝。]

五年[295]……是岁,荆、扬、兖、豫、青、徐等六州大水……

六年[296]……五月,荆、扬二州大水。[北方和西北方少数民族攻掠或反叛:华夏大灾祸行将汹涌来临的征象]匈奴郝散弟度元帅冯翊、北地马兰羌、卢水胡反,攻北地,太守张损死之。冯翊太守欧阳建与度元战,建败绩。征征西大将军、赵王伦为车骑将军,以太子太保、梁王肜为征西大将军、都督雍梁二州诸军事,镇关中。秋八月,雍州刺史解系又为度元所破。秦雍氐、羌悉叛,推氐帅齐万年僭号称帝,围泾阳。……十一月丙子,遣安西将军夏侯俊、建威将军周处等讨万年,梁王肜屯好畤。关中饥,大疫。

七年[297]春正月癸丑,周处与齐万年战于六陌,王师败绩,处死之。……秋七月,雍、梁州疫。大旱,陨霜,杀秋稼。关中饥,米斛万钱。诏骨肉相卖者不禁。[社会因天灾人祸而困苦凋敝!]……

八年[298]……秋九月,荆、豫、扬、徐、冀等五州大水。……

九年[299]春正月,左积弩将军孟观伐氏,战于中亭,大破之,获齐万年。……夏四月,邺人张承基等妖言署置[部署设置,常指选用官吏],聚党数千。郡县逮捕,皆伏诛。……[贾后的又一轮最高层清洗:]十二月壬戌,废皇太子遹为庶人,及其三子幽于金墉城,杀太子母谢氏。

…… ……

列传第一 后妃上杨艳、杨芷传 摘录和评注

杨艳:

[武帝司马炎首位皇后,灾祸性政治影响巨大的女人!司马炎对她不变地怀有温情、畏惧,近乎言听计从,因而形成以她叔父杨骏为首的强固的外戚势力,纠缠到她去世为止;而且,由于这温情和畏惧,司马炎始终不废黜非常无能和愚钝的皇储,后者作为晋惠帝先后成为其叔外公和皇后的傀儡,继而成藩王的囚徒和傀儡以及(据传言)被毒杀者。]

武元杨皇后,讳艳,字琼芝,弘农华阴人也。父文宗[曹魏通事郎,封侯,早卒],见《外戚传》。母天水赵氏,早卒。后依舅家,舅妻仁爱,亲乳养后,遣他人乳其子。及长,又随后母段氏,依其家。[她的资产,对司马昭和司马炎大具吸引力:]后少聪慧,善书,姿质美丽,闲于女工。有善相者尝相后,当极贵,文帝闻而为世子聘焉。["甚被宠遇",她决定性的恒久资产,由她和司马炎共同铸造:]甚被宠遇,生毗陵悼王轨[年二岁夭折]、惠帝、秦献王柬,平阳、新丰、阳平公主。武帝即位,立为皇后。……后追怀舅氏之恩,显官赵俊,纳俊兄虞女粲于后宫为夫人。

[她在皇储这一根本问题上完全控制皇帝,阻止了他的任何异想:]帝以皇太子不堪奉大统,密以语后。后曰:"立嫡以长不以贤,岂可动乎?"[她在后来被证明涉及根本的又一问题上也完全控制皇帝,轻而易举地打消了他的初衷:]初,贾充妻郭氏使略后,求以女为太子妃。及议太子婚,帝欲娶卫瓘[guàn]女。然后盛称贾后有淑德,又密使太子太傅荀颉进言,上乃听之。[皇帝虽然性欲多向,但向哪里由她说了算,而她——性妒的女人——的选择是排除"端正美丽者":]泰始中,帝博选良家

以充后宫,先下书禁天下嫁娶,使宦者乘使车,给骅骑,驰传州郡,召充选者使后拣择。后性妒,惟取洁白长大,其端正美丽者并不见留。时卞籓女有美色,帝掩扇谓后曰:"卞氏女佳。"后曰:"籓三世后族,其女不可枉以卑位。"帝乃止。……

[她还为保住皇储而将堂妹杨芷嫁给对她言听计从的皇帝,而通过杨芷,她死后继续控制皇帝:]及后有疾,见帝素幸胡夫人,恐后立之,虑太子不安。临终,枕帝膝曰:"叔父骏女男胤[杨芷小字]有德色,愿陛下以备六宫。"因悲泣,帝流涕许之。泰始十年[274],崩于明光殿,绝于帝膝,时年三十七。……

[房玄龄等在《后妃列传》篇终对她的评价恰如其分:"武元杨氏预闻朝政,明不逮远,爱弱私情……晋道中微,基于是矣。"]

杨芷:

[如前所述,她是其堂姊杨艳轻而易举塞给司马炎的,以便保住无能和愚钝的皇储。然而,杨艳还塞给司马炎一个性妒和凶悖的儿媳即太子妃贾南风,后者终将令杨芷暴死。]

武悼杨皇后,讳芷,字季兰,小字男胤,元后从妹。父骏,别有传。以咸宁二年[276]立为皇后。婉嫕[yì,性情和善可亲]有妇德,美暎椒房,甚有宠。生渤海殇王,早薨,遂无子。[假如她有子,她就不可能或至少不大可能成为她堂姊在皇储问题上的身后工具了!]……

太子妃贾氏妒忌,帝将废之。后言于帝曰:"贾公闾有勋社稷,犹当数世宥之,贾妃亲是其女,正复妒忌之间,不足以一眚掩其大德。"[她确实"婉嫕有妇德"! 或曰在这场合政治上愚蠢。]后又数诫厉妃,妃不知后之助己,因以致恨,谓后构之于帝,怨怨弥深。[后宫内斗,"凶悖"的贾南风对"婉嫕"的杨芷自然占有显著优势,造成如下所述的重大政治影响。]及帝崩,尊为皇太后。贾后凶悖,忌后父骏执权,遂诬骏为乱,使楚王玮与东安王繇称诏诛骏。内外隔塞,后题帛为书,射之城外,曰"救太傅者有赏",贾后因宣言太后同逆。[贾南风政变,杨芷的惨运开始,继而暴死。]

骏既死,诏使后军将军荀悝送后于永宁宫。……贾后讽群公有司奏曰:"皇太后阴渐奸谋,图危社稷,飞箭系书,要募将士,同恶相济,自绝于天……"诏曰:"此大事,更详之。"有司又奏:"骏藉外戚之资,居冢宰之任,陛下既居谅闇,委以重权,至乃阴图凶逆,布树私党。皇太后内为唇齿,协同逆谋,祸衅既彰……复流书募众,以奖凶党,上背祖宗之灵,下绝亿兆之望。……宜废皇太后为峻阳庶人。"……又奏:"杨骏造乱,家属应诛……请以庞[杨骏妻,杨芷母]付廷尉行刑。"诏曰:"听庞与庶人相随。"有司希贾后旨,固请,乃从之。庞临刑,太后抱持号叫,截发稽颡,上表诣贾后称妾[为贾后的侍妾],请全母命,不见省。[贾南风的凶残无止境:]初,太后尚有侍御十余人,贾后夺之,绝膳而崩,时年三十四,在位十五年。[贾南风的凶残无止境!]贾后又信妖巫,谓太后必诉冤先帝,乃覆而殡之,施诸厌劾符书药物。

永嘉元年[307],追复尊号,别立庙,神主不配武帝。至成帝咸康七年[341]……太后配食武帝。[她的"彻底平反"用了半个世纪。]

列传第十　杨骏传　摘录和评注

[司马炎首位皇后杨艳的叔父和第二任皇后杨芷的父亲。由于司马炎对杨艳不变的温情、畏惧和近乎言听计从(从而亦是对杨芷的),以他为首的强固的杨氏外戚势力得以形成,以至于他——尽管庸劣——在司马炎垂死之际终获朝廷全权。然而,传统中国史上常见的、天然不免的旧外戚与新外戚之间的抵牾随即白热化,而新皇后贾南风及其合谋者楚王司马玮比他厉害、冷酷和彻底得多,结果他和他的党羽转眼之间便成刀下之鬼。]

[一部阴谋记、政变记,有其相当完整的政治环境(context)展示和主角性格说明。]

[以"后父超居重位"——外戚政治的暴发户效应,他因杨艳杨芷受宠而受宠,而授宠者司马炎自灭吴后迅速腐败,导致以他为首的外戚"势倾天下"。]

杨骏,字文长,弘农华阴[今陕西渭南市华阴市东南]人也。少以王官为高陆令、骁骑、镇军二府司马。后以后父超居重位,自镇军将军迁车骑将军,封临晋侯。识者议之曰:"夫封建诸侯,所以籓屏王室也。后妃,所以供粢盛,弘内教也。后父始封而以临晋[附会为临于晋室之上]为侯,兆于乱矣。"尚书褚䂮、郭奕并表骏小器,不可以任社稷之重。武帝不从。[国家急剧蜕变的首要动能:]帝自太康[始年280]以后,天下无事,不复留心万机,惟耽酒色,始宠后党,请谒公行[私下求官风气盛行]。[国家急剧蜕变的首要效应:]而骏及珧[yáo]、济[杨骏两弟]势倾天下,时人有"三杨"之号。

[经过一个以诡谲克服的波折,他在司马炎病笃垂死之际终获朝廷全权:]

及帝疾笃,未有顾命,佐命功臣,皆已没矣,朝臣惶惑,计无所从。而骏尽斥群公,亲侍左右。因辄改易公卿,树其心腹。会帝小间,见所用者非,乃正色谓骏曰:"何得便尔!"乃诏中书,以汝南王亮与骏夹辅王室。[他的诡谲,他的内宫截诏之举:]骏恐失权宠,从中书借诏观之,得便藏匿。中书监华廙恐惧,自往索之,终不肯与。信宿之间,上疾遂笃,[紧接着他的女儿轻而易举地改变了垂死皇帝的制约初衷:]后乃奏帝以骏辅政,帝颔之。便召中书监华廙、令何劭,口宣帝旨使作遗诏,曰:"……侍中、车骑将军、行太子太保,领前将军杨骏,经德履吉,鉴识明远……宜正位上台,拟迹阿衡[执政大官名,商汤时由大臣伊尹掌权,商人遂以阿衡代指伊尹]。其以骏为太尉、太子太傅、假节、都督中外诸军事,侍中、录尚书、领前将军如故……"诏成,后对廙、劭以呈帝,帝亲视而无言。[垂死之际的皇帝实在是他和他女儿的无言的傀儡!]自是二日而崩,骏遂当寄托之重,居太极殿。梓宫将殡,六宫出辞,而骏不下殿,以武贲百人自卫。不恭之迹,自此而始。["不恭":他自"超居重位"后一向毫无政治审慎!]

[他与贾南风之间的激烈争斗开始,对手桀骜不驯的性情和"天下愤然"的政治精英舆论都大不利于他。贾南风援引藩王司马玮入朝突破战略性僵持局面,发动武力政变,他则胆怯不决,坐以待毙。]

惠帝即位,进骏为太傅、大都督、假黄钺,录朝政,百官总己。虑左右间己,乃以其甥段广、张劭为近侍之职。凡有诏命,帝省讫,入呈太后,然后乃出。骏知贾后情性难制,甚畏惮之。又多树亲党,皆领禁兵。于是公室怨望,天下愤然矣。骏弟珧、济并有俊才,数相谏止,骏不能用,因废于家。[他排斥比他明智的两个弟弟,成十足的孤家寡人。]骏阐于古义,动违旧典。武帝崩未逾年而改元,议者咸以为违《春秋》逾年书即位之义。朝廷惜于前失,令史官没之,故明年正月复改年焉。[谁能看得起这个"小器"的大老粗？]骏自知素无美望，惧不能辑和远近，乃依魏明帝即位故事，遂大开封赏，欲以悦众，为政严碎，愎谏自用，不允众心。[他欲悦众而不能，成十足的孤家寡人。]冯翊太守孙楚素与骏厚，说之曰："公以外戚，居伊霍之重，握大权，辅弱主。当仰思古人至公至诚谦顺之道。于周则周召为宰，在汉则朱、东牟，未有庶姓专朝，而克终庆祚者也。今宗室亲重，藩王方壮，而公不与共参万机，内怀猜忌，外树私昵，祸至无日矣。"骏不能从。[他将宗室藩王撂在一边，成十足的孤家寡人。]弘训少府蒯钦，骏之姑子，少而相昵，直亮不回，屡以正言犯骏，珧、济为之寒心。钦曰："杨文长虽闇，犹知人之无罪不可妄杀，必当疏我。我得疏外，可以不与俱死。不然，倾宗覆族，其能久乎！"

[在彼此畏惮的战略性僵持中，贾南风成功地谋求突破，即援引藩王司马玮入朝：]殿中中郎孟观、李肇，素不为骏所礼，阴构骏将图社稷。贾后欲预政事，而惮骏未得逞其所欲，又不肯以妇道事皇太后。黄门董猛，始自帝之为太子即为寺人监，在东宫给事于贾后。后密通消息于猛，谋废太后。猛乃与肇、观潜相结托。贾后又令肇报大司马、汝南王亮，使连兵讨骏。亮曰："骏之凶暴，死亡无日，不足忧也。"肇报楚王玮，玮然之。于是求入朝，骏素惮玮，先欲召入，防其为变，因遂听之。[疏离宗室藩王后，他又准许楚王司马玮入朝：他的臭棋一着又一着！][贾南风携司马玮发动武力政变，"八王之乱"自此始：]及玮至，观、肇乃启帝，夜作诏，中外戒严，遣使奉诏废骏，以侯就第。东安公繇率殿中四百人随其后以讨骏。段广跪而言于帝曰："杨骏受恩先帝，竭心辅政。且孤公无子，岂有反理？愿陛下审之。"帝不答。

[他胆怯不决，等于坐以待毙：]时骏居曹爽故府，在武库南，闻内有变，召众官议之。太傅主簿朱振说骏曰："今内有变，其趣可知，必是阉竖为贾后设谋，不利于公。宜烧云龙门以示威，索造事者首[索取制造事端的首恶分子]，开万春门，引东宫及外营兵，公自拥翼皇太子，入宫取奸人。殿内震惧，必斩送之，可以免难。"骏素怯懦，不决，乃曰："魏明帝造此大功，奈何烧之！"侍中傅祗夜白骏，请与武茂俱入云龙门观察事势。祗因谓群僚"宫中不宜空"，便起揖，于是皆走。

[他和他的党羽迅遭彻底毁灭：]寻而殿中兵出，烧骏府，又令弩士于阁上临骏府而射之，骏兵皆不得出。骏逃于马厩，以戟杀之。观等受贾后密旨，诛骏亲党，皆夷三族，死者数千人。[贾南风从不冒险，因而从不怜悯！血洗旧外戚。她甚至还

有更彻底的:]又令李肇焚骏家私书,贾后不欲令武帝顾命手诏闻于四海也。……

列传第六十三　外戚　摘录和评注

[写得实在不错的导言,着重回答权贵外戚"多至祸败,鲜克令终者,何哉",房玄龄等的回答实际上适用于一切类似的人物。]

详观往诰,逖[tì]听[犹逖闻,常表示恭敬]前闻,阶缘外戚以致显荣者,其所由来尚矣。而多至祸败,鲜克令终者,何哉? 岂不由禄以恩升,位非德举;识惭明恕,材谢经通;假椒房之宠灵,总军国之枢要。或威权震主,或势力倾朝;居安而不虑危,务进而不知退;骄奢既至,衅隙随之者乎! 是以吕霍之家,诛夷于西汉,梁邓之族,剿绝于东都,其余干纪乱常、害时蠹政者,不可胜载。……由此观之,干时纵溢者必以凶终……

["晋难始自宫掖","爱及江左,未改覆车":]逮于晋难,始自宫掖。杨骏藉武帝之宠私,叨窃非据,贾谧乘惠皇之蒙昧,成此厉阶[祸端,祸源],遂使悼后[武帝司马炎的第二位皇后杨芷,暴死于贾南风之手]遇云林[汉宣帝霍皇后"立五年,废处昭台宫。后十二岁,徙云林馆,乃自杀"《汉书·外戚传上》]之灾,愍怀滥湖城之酷。天人道尽,丧乱弘多,宗庙以之颠覆,黎庶于焉殄瘁。《诗》云:"赫赫宗周,褒姒灭之。"其此之谓也。爱及江左,未改覆车。庾亮世族羽仪,王恭高门领袖,既而职兼出纳,任切股肱。孝伯[王恭字]竟以亡身,元规[庾亮字]几于败国,岂不哀哉! ……贾充、杨骏、庾亮、王献之、王恭等已入列传,其余既叙其成败,以为《外戚篇》云。

列传第十　贾充传　摘录和评注

[作为武帝司马炎的头号辅臣,贾充在协助治国理政上表现优良,特别是主持制定《泰始律》和"务农节用,并官省职";然而,他心机刻深,佯善隐恶,"专以谄媚取容"——甚为有效的个人政治战略。]

充所定新律既班于天下，百姓便之。诏曰："汉氏以来，法令严峻。故自元成之世，及建安[汉献帝年号]、嘉平[齐王曹芳年号]之间，咸欲辩章旧典，删革刑书。述作体大，历年无成。先帝愍元元之命陷于密网，亲发德音，厘正名实。车骑将军贾充，奖明圣意，咨询善道。……朕每鉴其用心，常慨然嘉之。今法律既成，始班天下，刑宽禁简，足以克当先旨……"

充为政，务农节用，并官省职，帝善之，[他甚为有效的个人政治战略：]又以文武异容，求罢所领兵。及羊祜等出镇，充复上表欲立勋边境，帝并不许。从容任职，褒贬在己，颇好进士，每有所荐达，必终始经纬之，是以士多归焉。帝舅王恂尝毁充，而充更进悒。或有背充以要权贵者，充皆阳以素意待之。而充无公方之操，不能正身率下，专以谄媚取容。

[他因"刚直守正"之臣"共疾之"而来的个人危机，而解危之法是勾结荀勖将自己的女儿贾南风力荐为太子妃——出于个人私利的一项对国家将有灾难性后果的行为。]

侍中任恺、中书令庾纯等刚直守正，咸共疾之。又以充女为齐王妃，惧后益盛。及氐羌反叛，时帝深以为虑，恺因进说，请充镇关中。乃下诏曰："秦凉二境，比年屡败，胡虏纵暴，百姓荼毒。遂使异类扇动，害及中州。……每虑斯难，忘寝与食。侍中、守尚书令、车骑将军贾充……使权统方任，绥静西夏，则吾无西顾之念，而远近获安矣。其以充为使持节、都督秦凉二州诸军事，侍中、车骑将军如故……"朝之贤良欲进忠规献替者，皆幸充此举，望隆惟新之化。[他的个人危机！鉴于朝廷氛围，他有很大可能失大宠丢大权。]

[出自他的头号党羽荀勖的解危之法："结婚太子，不顿驾而自留矣"]充既外出，自以为失职，深衔任恺，计无所从。将之镇，百僚饯于夕阳亭，荀勖私焉。充以忧告，勖曰："公，国之宰辅，而为一夫所制，不亦鄙乎！然是行也，辞之实难，独有结婚太子，不顿驾而自留矣。"充曰："然。孰可寄怀？"对曰："勖请行之。"俄而侍宴，论太子婚姻事，勖因言充女才质令淑[马基雅维里主义式欺骗！彻底欺骗君主：他们几乎毫无"君君臣臣"的正统信仰！]，宜配储宫。而杨皇后及荀颉亦并称之。帝纳其言。会京师大雪，平地二尺，军不得发。既而皇储当婚，遂不西行。诏充居本职。先

是羊祜密启留充，[这位清廉正直、雅儒诚信的杰出战略家和政治家竟也是这件事的协作者！为什么？]及是，帝以语充。充谢祜曰："始知君长者。"

…………

[“谄媚取容”者无法面面俱到，他的晚年盛极始衰，不无灰暗：被夺兵权，虽"位遇无替"；屡屡反对大举灭吴，但"固谏不见用"，以致"师出而吴平，大惭惧"；朝廷刚直之臣"共疾之"的局面依然如故，甚而更有甚之[1]。]

会帝寝疾[276]，充及齐王攸、荀勖参医药。及疾愈，赐绢各五百匹。初，帝疾笃，朝廷属意于攸。河南尹夏侯和谓充曰："卿二女婿，亲疏等耳，立人当立德。"充不答。及是，帝闻之，徙和光禄勋，乃夺充兵权，而位遇[官位和待遇]无替。寻转太尉、行太子太保、录尚书事。……

…………

[为何他既"谄媚取容"，又顽固地有违帝意，屡屡反对大举灭吴？莫非17世纪思想家王夫之的想象，即他志在篡夺西晋君权乃至图谋王朝变更颇有道理？]伐吴之役，诏充为使持节、假黄钺、大都督，总统六师……充虑大功不捷，表陈"西有昆夷之患，北有幽并之戍，天下劳扰，年谷不登，兴军致讨，惧非其时。又臣老迈，非所克堪。"诏曰："君不行，吾便自出。"充不得已，乃受节钺，将中军，为诸军节度……

王濬之克武昌也，充遣使表曰："吴未可悉定，方夏，江淮下湿，疾疫必起，宜召诸军，以为后图。虽腰斩张华，不足以谢天下。"华豫平吴之策，故充以为言。中书监荀勖奏，宜如充表。帝不从。杜预闻充有奏，驰表固争，言平在旦夕。使及至轘

---

[1] 《晋书·秦秀传》载：(博士秦)秀性忌谗佞，疾之如仇，素轻鄙贾充，及伐吴之役，闻其为大都督，谓所亲者曰："充文案小才，乃居伐国大任，吾将哭以送师。"……及孙皓降于王濬，充未之知，方以吴未可平，抗表请班师。充表与告捷同至，朝野以充位居人上，智出人下，佥以秀为知言。
及充薨，秀议曰："……充舍宗族弗授，而以异姓为后[因儿子贾黎民早卒，以过继贾谧(原名韩谧)为嗣子]，悖礼溺情，以乱大伦。……《谥法》'昏乱纪度曰荒'，请谥荒公。"不从。
《读通鉴论》："充知吴之必亡，而欲留之以为己功，其蓄不轨之志已久，特畏难而未敢发耳。乃平吴之谋始于羊祜，祜卒，举杜预以终其事，充既弗能先焉，承其后以分功而不足以逞，惟阻其行以俟武帝之没，己秉国权，而后曰吴今日乃可图矣，则诸将之功皆归于己，而己为操、懿也无难。""晋感充之弑君以戴己，而不早为之防，求其免于乱也难矣。所幸充死七年而武帝始崩……不然，高贵乡公之刃，岂有惮而不施之司马氏乎？女子犹足以亡晋，充而在，当何如也？"

　　　　　　　　　　　　古代军政行为方略图景：《晋书》解读

辕，而孙皓已降。……充本无南伐之谋，固谏不见用。及师出而吴平，大惭惧，议欲请罪。帝闻充当诣阙，豫幸东堂以待之。罢节钺、僚佐，仍假鼓吹、麾幢。……

及疾笃，上印绶逊位。帝遣侍臣谕旨问疾……太康三年[282]四月薨，时年六十六。帝为之恸……葬礼依霍光及安平献王故事，给茔田一顷。与石苞等为王功配飨庙庭，谥曰武……

列传第十　郭槐传　摘录和评注

[贾充后妻，贾南风生母，猜妒残忍，两度或直接或间接杀人，由此失绝男嗣，从而——据另一处载①——为长远地自保去关爱并非自己女儿生出的愍怀太子司马通。她具有重大政治后果的行动当然是——亦据另一处载②——与她丈夫及其头等党羽一起使贾南风成为太子妃。]

充妇广城君郭槐，性妒忌。[她生性极端猜妒残忍，两度或直接或间接杀人，由此失绝男嗣：]初，黎民年三岁，乳母抱之当阁。黎民见充入，喜笑，充就而拊之。槐望见，谓充私乳母，即鞭杀之。黎民恋念，发病而死。后又生男，过期，复为乳母所抱，充以手摩其头。郭疑乳母，又杀之，儿亦思慕而死。充遂无胤嗣。及薨，槐辄以外孙韩谧为黎民子，奉充后。……及下礼官议充谥，博士秦秀议谥曰荒，帝不纳。博士段畅希旨，建议谥曰武，帝乃从之。……惠帝即位，贾后擅权，加充庙备六佾之乐，母郭为宜城君。及郭氏亡，谥曰宣，特加殊礼。时人讥之，而莫敢言者。

[她的嫉妒心和对丈夫的淫威无边无际，由此导致激烈复杂的家庭内斗（女人

---

① 《晋书·后妃列传上》载：初，后（贾南风）诈有身，内稿物为产具，遂取妹夫韩寿子慰祖养之，托谅阇所生，故弗显。遂谋废太子，以所养代立。……后母广城君以后无子，甚敬重愍怀，每劝厉后，使加慈爱。……及广城君病笃，占术谓不宜封广城，乃改封宜城。后出侍疾十余日，太子常往宜城第，将医出入，恟恟尽礼。宜城临终执后手，令尽意于太子，言甚切至，又曰："赵粲[司马炎嫔妃，杨艳的表妹]及午[贾南风同母妹]必乱汝事，我死后，勿复听入，深忆吾言。"后不能遵之，遂专制天下，威服内外。更与粲、午专为奸谋，诬害太子，众恶彰著。

② 《晋书·后妃列传上》载：初，贾充妻郭氏使赂后[司马炎首位皇后杨艳]，求以女为太子妃。及议太子婚，帝欲娶卫瓘女。然后盛称贾后有淑德，又密使太子太傅荀顗进言，上乃听之。

间的零和游戏）：]初，充前妻李氏淑美有才行，生二女褒、裕，褒一名荃，裕一名濬。父丰诛，李氏坐流徙。后娶城阳太守郭配女，即广城君也。武帝践阼，李以大赦得还，帝特诏充置左右夫人，充母亦敕充迎李氏。郭槐怒，攘袂数充曰："刊定律令，为佐命之功，我有其分。李那得与我并！"充乃答诏，托以谦冲，不敢当两夫人盛礼，实畏槐也。而荃为齐王攸妃，欲令充遣郭而还其母。时沛国刘含母，及帝舅羽林监王虔前妻，皆毌丘俭孙女。此例既多，质之礼官，俱不能决。虽不遣后妻，多异居私通。充自以宰相为海内准则，乃为李筑室于永年里而不往来。荃、濬每号泣请充，充竟不往。[后妻之绝然无情注定前夫亦绝然无情！]会充当镇关右，公卿供帐祖道，荃、濬惧充遂去，乃排幰出于坐中，叩头流血，向充及群僚陈母应还之意。众以荃王妃，皆惊起而散。充甚愧愕，遣黄门将宫人扶去。既而郭槐女为皇太子妃，帝乃下诏断如李比皆不得还，后荃恚愤而薨。初，槐欲省李氏，充曰："彼有才气，卿往不如不往。"[前夫甚至更无情，虽然心理原因复杂。][她情不自禁的在"才气"等价值面前的社会势利感和不自信：]及女为妃，槐乃盛威仪而去。既入户，李氏出迎，槐不觉脚屈，因遂再拜。自是充每出行，槐辄使人寻之，恐其过李也。……

列传第九　荀颉、荀勖、冯统传　摘录和评注

[荀颉、荀勖和冯统：西晋初期王朝政治的三名核心人物，谋才卓越却无"质直之操"，在铸成司马炎死后西晋急剧大乱且混乱经久不息的几个祸源上起了关键性的作用。其中荀勖最重要，且就建树、思想、人格和为臣之道而言最复杂。然而，"始终全其宠禄"是其共同的宗旨和成就，其代价证明至为巨大。]

荀颉：

[他富有儒家的经典学问，却少儒士的经典品格；深受曹魏数代恩惠，却是王朝变更元勋；作为西晋顶级廷臣 10 年，却"无质直之操，唯阿意苟合于荀勖、贾充之间"。]

［正直的战略天才荀彧极聪明的儿子,拥有多方面的丰饶资产,晚年受尽西晋给予的尊荣。］

荀颛,字景倩,颍川人,魏太尉彧之第六子也［他的资产］。幼为姊婿陈群所赏。性至孝,总角知名,［他的资产:］博学洽闻,理思周密。魏时以父勋除中郎。宣帝辅政,见颛奇之,曰:"荀令君之子也。"擢拜散骑侍郎,累迁侍中。为魏少帝［齐王曹芳］执经,拜骑都尉,赐爵关内侯。……

时曹爽专权,何晏等欲害太常傅嘏,颛营救得免。［他的资产:］及高贵乡公立,颛言于景帝曰:"今上践阼,权道非常,宜速遣使宣德四方,且察外志。"毌丘俭、文钦果不服,举兵反。颛预讨俭等有功,进爵万岁亭侯,邑四百户。文帝辅政,迁尚书。帝征诸葛诞,留颛镇守。颛甥陈泰卒,颛代泰为仆射,领吏部,四辞而后就职。［他的资产:］颛承泰后,加之淑慎,综核名实,风俗澄正。咸熙［陈留王曹奂年号,264—265］中,迁司空,进爵乡侯。［他可称司马师、司马昭的备受尊重的亲信。］

［他的资产:］颛年逾耳顺［指人到了60余岁］,孝养蒸蒸,以母忧去职,毁几灭性,海内称之。……及蜀平,兴复五等,命颛定礼仪。颛上请羊祜、任恺、庚峻、应贞、孔颢共删改旧文,撰定晋礼。咸熙初,封临淮侯。［西晋一再给他宗室之外至高的褒赏,位至三公,至为尊荣:］武帝践阼,进爵为公,食邑一千八百户。又诏曰:"……侍中、司空颛……翼亮先皇,遂辅朕躬,实有佐命弼导之勋……其以颛为司徒。"寻加侍中,迁太尉,都督城外牙门诸军事,置司马亲兵百人。顷之,又诏曰:"侍中、太尉颛……其以公行太子太傅,侍中、太尉如故。"时以《正德》《大豫》雅颂未合,命颛定乐。事未终,以泰始十年［274］薨。帝为举哀,皇太子临丧,二宫赙赠,礼秩有加。……又诏曰:"太尉不恤私门,居无馆宇,素丝之志,没而弥显。其赐家钱二百万,使立宅舍。"咸宁［275—280］初,诏论次功臣,将配飨宗庙。所司奏颛等十二人铭功太常,配飨清庙。

［富有经典儒家的学问,却少经典儒士的品格,"无质直之操,唯阿意苟合于荀勖、贾充之间";他历史性的劣举是推荐将造大祸于西晋的贾充之女贾南风为太子妃。］

颛明《三礼》,知朝廷大仪,而无质直之操,唯阿意苟合于荀勖、贾充之间。初,皇

太子将纳妃,颉上言贾充女姿德淑茂[绝顶的胡说八道!①],可以参选,以此获讥于世……②

荀勖:

[他聪明早成,才能卓越,无论在文学艺术上还是在政治谋略上。前一方面,他的最大贡献是创造"泰始笛",是一种世界上大概最早按照某一律制制作且又符合该律制音准要求的管乐器,③而在后一方面,他得以"久管机密",跻身于司马昭和司马炎的极少数最腹心参谋之列。由此,他虽然在西晋朝廷的地位不如前面三位尊显,但实际作用更大。他偶有道德勇气,但惯常秉持迎合"人主微旨"的机会主义之道,"不犯颜忤争,故得始终全其宠禄"。他历史性的劣举与荀颉一样,是与之一起推荐贾南风为太子妃,何况他后来又"深救"她免于被废厄运,而且作为主要肇事者之一,参与排除了齐王司马攸继承帝位的可能性(见下《冯紞传》)。一位复杂的人物!]

[聪明早成,"博学,达于从政","坐错船"担任曹爽的参谋,但在其被杀后立即显示出就他的同僚和他自己而言罕见的道德勇气。]

荀勖,字公曾,颍川颍阴[今河南许昌市]人,汉司空爽曾孙也,祖棐,射声校尉。父肸[xī],早亡。勖依于舅氏。岐嶷凤成,年十余岁能属文。从外祖魏太傅钟繇曰:"此儿当及其曾祖。"既长,遂博学,达于从政。仕魏,辟大将军曹爽掾,迁中书通

---

① 《晋书·后妃列传上》载:初,武帝欲为太子取卫瓘女,元后[杨艳]纳贾郭[贾充妻郭氏]亲党之说,欲婚贾氏。帝曰:"卫公女有五可,贾公女有五不可。卫家种贤而多子,美而长白;贾家种妒而少子,丑而短黑。"元后固请,荀颉、荀勖并称充女之贤,乃定婚。……妒忌多权诈,太子畏而惑之,嫔御罕有进幸者……妃性酷虐,尝手杀数人。或以戟掷孕妾,子随刃堕地……

② 显示他政治上"无质直之操"的记录还有:
《晋书·王祥郑冲何曾石苞等列传》载:及武帝为晋王,祥与荀颉往谒,颉谓祥曰:"相王尊重,何侯[晋丞相何曾]既已尽敬,今便当拜也。"祥曰:"相国诚为尊贵,然是魏之宰相。吾等魏之三公,公王相去,一阶而已,班例大同,安有天子三司而辄拜人者!……"及入,颉遂拜,而祥独长揖。
本篇内《王沈传》载:与荀颉、阮籍共撰《魏书》,多为时讳,未若陈寿之实录也。["多为时讳",即对司马氏专权、弑君和篡夺讳莫如深。]

③ "荀勖",http://www.baike.com/wiki/%E8%8D%80%E5%8B%96。

事郎。爽诛，门生故吏无敢往者，勖独临赴，众乃从之。为安阳令，转骠骑从事中郎。[他还有作为杰出地方行政长官的深得人心的"初始"政绩：]勖有遗爱，安阳生为立祠。迁廷尉正，[他才能卓越，"坐错船"后竟还能担任司马昭的内圈参谋；他终身职能的开端：]参文帝大将军军事，赐爵关内侯，转从事中郎，领记室。

[愈益作为司马昭腹心的机密参谋，他多有作为：]

高贵乡公欲为变时，大将军掾孙佑等守阊阖门。帝弟安阳侯干闻难欲入，佑谓干曰："未有入者，可从东掖门。"及干至，帝迟之，干以状白，帝欲族诛佑。勖谏曰[他此时还不像后来那样"不犯颜忤争"]："孙佑不纳安阳，诚宜深责。然事有逆顺，用刑不可以喜怒为轻重。今成倅刑止其身，佑乃族诛，恐义士私议。"乃免佑为庶人。时官骑路遗求为刺客入蜀，勖言于帝曰："明公以至公宰天下，宜杖正义以伐违贰。而名以刺客除贼，非所谓刑于四海，以德服远也。"帝称善。

[他作为司马昭内圈参谋的最大贡献：]及钟会谋反，审问未至，而外人先告之。帝待会素厚，未之信也。勖曰："会虽受恩，然其性未可许以见得思义，不可不速为之备。"帝即出镇长安……勖启"伐蜀，宜以卫瓘为监军"。及蜀中乱，赖瓘以济。会平，还洛，与裴秀、羊祜共管机密。

时将发使聘吴，并遣当时文士作书与孙皓，帝用勖所作。皓既报命和亲，帝谓勖曰："君前作书，使吴思顺，胜十万之众也。"[作书"胜十万之众"的贡献也非同小可。]帝即晋王位，以勖为侍中，封安阳子，邑千户。武帝受禅，改封济北郡公。勖以羊祜让，乃固辞为侯。[他一贯审慎，无论是在正面还是在负面意义上。]拜中书监，加侍中，领著作，与贾充共定律令。

[他作为武帝司马炎极少数最腹心的参谋之一更是多有作为，其中最重要的属于负面的，即从他的个人私利出发"佞媚"推荐将给西晋造成巨祸的贾南风为太子妃。]

充将镇关右也，勖谓冯𬘩曰[参与酿成国家未来巨祸的个人隐秘动机]："贾公远放，吾等失势。太子婚尚未定，若使充女得为妃，则不留而自停矣。"勖与𬘩伺帝间并称"充女才色绝世，若纳东官，必能辅佐君子，有《关雎》后妃之德。"[绝顶的胡说八道！]遂成婚。当时甚为正直者所疾，而获佞媚之讥焉。[确实佞媚，佞媚头号权臣贾充,为此自觉地损害君主及其国家。]久之,进位光禄大夫。[他在音乐、学问和书法上有重要作为:]既掌乐事,又修律吕,并行于世。初,勖于路逢赵贾人牛铎,识其声。及掌乐,音韵未调,乃曰:"得赵之牛铎则谐矣。"遂下郡国,悉送牛铎,果得谐者。……俄领秘书监,与中书令张华依刘向《别录》,整理记籍。又立书博士,置弟子教习,以钟、胡为法。

咸宁[275—280]初,与石苞等并为佐命功臣,列于铭飨。[他的一项亦属比较负面的战略主张,所幸"帝不从":]及王濬表请伐吴,勖与贾充固谏不可,帝不从,而吴果灭。……及得汲郡冢中古文竹书①,诏勖撰次之,以为《中经》,列在秘书。

[他的一项重要的政治/战略主张:维持当时籓王公侯封土体系半实半虚、不免杂乱的现状,宁愿抱残守缺而非真正复古,宁愿随波逐流而非完美主义("凡事虽有久而益善者,若临时或有不解,亦不可忽")。然而,基本的恶种已被武帝播下,以致后来依然爆发了"八王之乱"。]时议遣王公之国,帝以问勖,勖对曰:"诸王公已为都督,而使之国,则废方任。又分割郡县,人心恋本,必用嗷嗷。国皆置军,官兵还当给国,而阙边守。"帝重使勖思之,勖又陈曰:"……思惟窃宜如前。……其五等体国经远,实不成制度。然但虚名,其于实事,略与旧郡县乡亭无异……五等可须后裁度。凡事虽有久而益善者,若临时或有不解,亦不可忽。"帝以勖言为允,多从其意。

[他的另一项值得注意的政治和行政主张,大致依据一种与上述的抱残守缺、随波逐流差不多相反的"复古完美主义",即复初汉"清静无为"之古,这在当时实际上等于说空话。当然,脱离现状而抽象地看,它不失为一种优秀的中国政治哲理和基本治国方略的表述。]时又议省州郡县半吏以赴农功,勖议以为:"省吏不如省官,省官不如省事,省事不如清心。昔萧曹相汉,载其清静,致画一之歌,此清心之本也。汉文垂拱,几致刑措,此省事也。光武并合吏员,县官国邑裁置十一[(原先的)

---

① 中国历史上最早一次大批出土的战国时代简牍资料。西晋咸宁五年[279]汲郡[今河南新乡市下属卫辉市]一个名叫不准的人盗掘一座战国晚期魏王墓,获得写在竹简上的各种书籍数十车。太康[280—289]初,汲冢竹书为官府收缴,晋武帝令秘书监负责整理,"校缀次第,寻考指归",并用当时通行的隶书将竹简上的"科斗文"(即"古文",战国时魏韩赵使用的文字)过录转写下来。经过荀勖、束皙、卫恒、王庭坚、和峤、王接等学者的整理和考证研究,得到古书凡75篇。汲冢竹书在南北朝时即逐渐散失,流传下来的只有一部《穆天子传》。"汲冢竹书",http://www.baike.com/wiki/%E6%B1%B2%E5%86%A2%E7%AB%B9%E4%B9%A6。

十分之一],此省官也。魏太和[魏明帝曹叡年号,227—233]中,遣王人四出,减天下吏员,正始[魏齐王曹芳年号,240—249]中亦并合郡县,此省吏也。今必欲求之于本,则宜以省事为先。凡居位者,使务思萧曹之心,以翼佐大化。笃义行,崇敦睦,使昧宠忘本者不得容,而伪行自息,浮华者惧矣。重敬让,尚止足,令贱不妨贵,少不陵长,远不间亲,新不间旧,小不加大,淫不破义,则上下相安,远近相信矣。……去奇技,抑异说,好变旧以徼非常之利者必加其诛,则官业有常,人心不迁矣。事留则政稽[繁],政稽则功废。……使信[上下信任]若金石,小失不害大政,忍忿悁以容之。简文案,略细苛,令之所施,必使人易视听,愿之如阳春,畏之如雷震。勿使微文烦挠,为百吏所黩[轻慢],二三之命,为百姓所斁[厌恶],则吏竭其诚,下悦上命矣。……凡此皆愚心谓省事之本也。……凡发号施令,典[典则]而当则安,倘有驳[无规则而杂乱]者,或致壅否[(政道)壅塞]。……令下必行,不可摇动。如其不尔,恐适惑人听,比[及至,直至]前行所省,皆须臾辄复,或激而滋繁,亦不可不重。"勖论议损益多此类。

[他终于位至九卿(但如下所述,他只酷爱不那么显扬的幕后大实权):]太康[280—289]中诏曰:"勖……宜登大位,毗赞朝政。今以勖为光禄大夫、仪同三司、开府辟召,守中书监、侍中、侯如故。"……

[他的历史性"罪过"还是在贾妃及皇储问题上,对此再度起重大的负面作用。他在这方面一贯私心甚重,颠倒黑白,难怪"天下贱勖","议以勖倾国害时"!]……时帝素知太子闇弱,恐后乱国,遣勖及和峤往观之。勖还盛称太子之德,而峤云太子如初。于是天下贵峤而贱勖。帝将废贾妃,勖与冯𬘬等谏请,故得不废。① 时议以勖倾国害时,孙资、刘放[魏明帝曹叡的两名掌机要的近身宠臣,在其垂死之际令曹爽得以任新君的首席辅政乃至实际摄政上起了关键作用]之匹。["性慎密":他保持皇帝宠信和个人安全的一项"秘诀"]然性慎密,每有诏令大事,虽已宣布,然终不言,不欲使人知己豫闻也。族弟良曾劝勖曰:"公大失物情,有所进益者自可语之,则怀恩多矣。"其婿武统亦说勖"宜有所营置,令有归戴者"。勖并默然不应,退而语

---

① 《晋书·后妃列传上》载:(贾)妃性酷虐,尝手杀数人。或以戟掷孕妾,子随刃堕地。帝闻之,大怒,已修金墉城,将废之。充华(夫人)赵粲[司马炎嫔妃,杨艳的表妹]从容言曰:"贾妃年少,妒是妇人之情耳,长自当差。愿陛下察之。"其后杨珧[杨骏弟]亦为之言曰:"陛下忘贾公闾[贾充字]耶?"荀勖深救之,故得不废。

诸子曰:"人臣不密则失身,树私则背公,是大戒也。汝等亦当宦达人间,宜识吾此意。"久之,以勖守尚书令。[他酷爱"专管机事"的幕后大实权!]勖久在中书,专管机事。及失之[失去中书监之职,升任名义上官位更高的尚书令],甚罔罔怅恨。或有贺之者,勖曰:"夺我凤皇池,诸君贺我邪!"……

[《晋书》关于他的下面一句可谓点睛之笔,概括了他何以和怎样担任武帝司马炎极少数最重要的谋臣之一,还有此等"秘诀"的个人动机和个人结果。我们不禁要设想,假如他能再活得长一点儿,活过比他晚死一年的司马炎,他会如何对待西晋的新主子与其狂暴地发动的首轮"八王之乱"?]

勖久管机密,有才思,探得人主微旨,不犯颜忤争,故得始终全其宠禄。太康十年[289]卒,诏赠司徒……

…… ……

冯纨:

[就谋臣才能和政治作为而言,他与荀勖颇为相似,或更准确地说他是荀勖的主要伙伴和第一帮手。他对武帝司马炎"承颜悦色",与贾充荀勖"亲善"非常,在贾南风得为太子妃、免除被废厄运和齐王司马攸被排除继承帝位可能性这三个关键问题上,成就了他的历史性劣举。此外,《晋书》未就他留下任何值得一提的正面记载,因而与荀勖相比,他不是一个复杂人物!]

冯纨,字少胄,安平人[今河北冀州市]也。祖浮,魏司隶校尉。父员,汲郡太守。[他的谋臣才能与荀颉、荀勖颇为相似;他的资产:]纨少博涉经史,识悟机辩。历仕为魏郡太守,转步兵校尉,徙越骑。[他的两项可谓更大的资产:]得幸于武帝,稍迁左卫将军。承颜悦色,宠爱日隆,贾充、荀勖并与之亲善。[他的两项历史性劣举:]充女之为皇太子妃也,纨有力焉。及妃之将废,纨、勖乾没救请,故得不废。……迁御史中丞,转侍中。

[他的第三项历史性劣举(同样是跟随荀勖的):]帝病笃得愈,纨与勖见朝野之望,属在齐王攸。攸素薄勖。勖以太子愚劣,恐攸得立,有害于己,乃使纨言于帝曰:

"陛下前者疾若不差,太子其废矣。齐王为百姓所归,公卿所仰,虽欲高让,其得免乎! 宜遣还籓,以安社稷。"帝纳之。及攸薨,朝野悲恨。初,帝友于之情甚笃,既纳统、勖邪说,遂为身后之虑,以固储位。既闻攸殒,哀恸特深。统侍立,因言曰:"齐王名过于实,今得自终,此乃大晋之福。陛下何乃过哀!"帝收泪而止。

[他为自己的过错而深深嫉恨正确者:]初谋伐吴,统与贾充、荀勖同共苦谏不可。吴平,统内怀惭惧,疾张华如仇。及华外镇,威德大著,朝论当征为尚书令。统从容侍帝,论晋魏故事,因讽帝,言华不可授以重任,帝默然而止。事具《华传》。①

太康七年[286],统疾,诏以统为散骑常侍,赐钱二十万、床帐一具。寻卒。……

列传第一　后妃列传上贾南风、谢玖传　摘录和评注

贾南风:

[蠢笨皇帝晋惠帝的奸狠皇后,容貌丑,品性恶,野心勃勃,凶残无比。她在武帝司马炎崩后不到一年发动血腥内斗,为求贾氏外戚统治而与楚王司马玮合伙政变,杀死短暂全权摄政的杨骏,随后又接连杀死大籓王司马亮和合谋者司马玮。"八王之乱"由此开启。她专权九年,"众恶彰著",伴有《惠帝纪》告诉我们的频仍的天灾和难御的异族攻袭。她最终被赵王司马伦等骤然推倒,继而暴死。]

[有如房玄龄等在《后妃列传》篇末所云,她可跻身于中国史上头等"女祸":"褒后灭周,方之盖小;妹妃倾夏,曾何足喻。中原陷于鸣镝,其兆彰于此焉。"]

["丑而短黑"的她竟成为太子妃,而后成为皇后,其间她的邪恶(妒忌、多诈、酷虐)显露多多:]

---

① 《晋书·卫瓘张华列传》载:华名重一世,众所推服,晋史及仪礼宪章并属于华,多所损益。当时诏诰皆所草定,声誉益盛,有台辅之望焉。而荀勖自以大族,恃帝恩深,憎疾之,每伺间隙,欲出华外镇。会帝问华:"谁可托寄后事者?"对曰:"明德至亲,莫如齐王攸。"既非上意所在,微为忤旨,间言遂行。乃出华为持节、都督幽州诸军事、领护乌桓校尉、安北将军。

惠贾皇后，讳南风，平阳人也，小名峕。父充，别有传。[她的暴发起点：受贿的杨艳在一个后来证明涉及根本的问题上完全控制皇帝，打消了皇帝的初衷]初，武帝欲为太子取卫瓘女，元后[杨艳]纳贾郭[贾充妻郭氏]亲党之说，欲婚贾氏。帝曰："卫公女有五可，贾公女有五不可。卫家种贤而多子，美而长白；贾家种妒而少子，丑而短黑。"元后固请[在可选择的情况下，杨艳竟甘愿给她的亲儿子一个"丑而短黑"的妻子，其中必有贿赂以外的原因]，荀颉、荀勖并称充女之贤，乃定婚。始欲聘后妹午，午年十二，小太子一岁，短小未胜衣。更娶南风，时年十五，大太子二岁。[她成为贾妃：]泰始八年[272]二月辛卯，册拜太子妃。[她随即在内宫"妒忌多权诈"：]妒忌多权诈，太子畏而惑之，嫔御罕有进幸者。帝常疑太子不慧，且朝臣和峤等多以为言，故欲试之。尽召东宫大小官属，为设宴会，而密封疑事，使太子决之，停信待反。妃大惧，倩[qiàn，请，央求]外人作答。答者多引古义。给使张泓曰："太子不学，而答诏引义，必责作草主，更益谴负。不如直以意对。"妃大喜，语泓："便为我好答，富贵与汝共之。"泓素有小才，具草，令太子自写。帝省之，甚悦。先示太子少傅卫瓘，瓘大踧踖[cùjí，恭敬不安]，众人乃知瓘先有毁言，殿上皆称万岁。充密遣语妃云："卫瓘老奴，几破汝家。"[贾妃不忘报复，卫瓘终将暴死。]

[贾妃酷虐无比，然而躲过惩罚：]妃性酷虐，尝手杀数人。或以戟掷孕妾，子随刃堕地。帝闻之，大怒，已修金墉城，将废之。充华赵粲从容言曰："贾妃年少，妒是妇人之情耳，长自当差。愿陛下察之。"其后杨珧亦为之言曰："陛下忘贾公闾耶？"荀勖深救之，故得不废。[贾妃终成贾后：]惠帝即位，立为皇后，生河东、临海、始平公主、哀献皇女。

[消灭杨骏集团后，她作为暴戾的专权者，扶持贾氏外戚权势，诛杀大藩王司马亮和宿怨卫瓘，而后又诛杀合谋者楚王司马玮，还在专权八年后废黜和杀害并非己出的太子司马遹。]

后暴戾日甚。侍中贾模，后之族兄，右卫郭彰，后之从舅，并以才望居位，与楚王玮、东安公繇分掌朝政。后母广城君养孙贾谧干预国事，权侔人主。繇密欲废后，贾氏惮之。及太宰亮、卫瓘等表繇徙带方[今朝鲜凤山附近]，夺楚王中候，后知玮怨之，乃使帝作密诏令玮诛瓘、亮，以报宿憾。模知后凶暴，恐祸及己，乃与裴颁、王衍谋废之,衍悔而谋寝。

[她还荒淫放恣,"乱彰内外":]后遂荒淫放恣,与太医令程据等乱彰内外。洛南有盗尉部小吏,端丽美容止,既给厮役,忽有非常衣服,众咸疑其窃盗,尉嫌而辩之。贾后疏亲欲求盗物,往听对辞。小吏云:"先行逢一老姬,说家有疾病,师卜云宜得城南少年厌之,欲暂相烦,必有重报。于是随去,上车下帷,内簏箱中,行可十余里,过六七门限,开簏箱,忽见楼阙好屋。问此是何处,云是天上,即以香汤见浴,好衣美食将入。见一妇人,年可三十五六,短形青黑色,眉后有疵。见留数夕,共寝欢宴。临出赠此众物。"听者闻其形状,知是贾后,惭笑而去,尉亦解意。时他人入者多死,惟此小吏,以后爱之,得全而出。……[她荒淫和"乱彰内外"的一例。]

初,后诈有身,内稿物为产具,遂取妹夫韩寿子慰祖养之,托谅闇所生,故弗显。遂谋废太子,以所养代立。时洛中谣曰:"南风烈烈吹黄沙,遥望鲁国郁嵯峨,前至三月灭汝家。"后母广城君以后无子,甚敬重愍怀,每劝厉后,使加慈爱。……及广城君病笃,占术谓不宜封广城,乃改封宜城。后出侍疾十余日,太子常往宜城第,将医出入,恂恂尽礼。宜城临终执后手,令尽意于太子,言甚切至,又曰:"赵粲及午[前述贾南风同母妹]必乱汝事,我死后,勿复听入,深忆吾言。"后不能遵之,遂专制天下,威服内外。更与粲、午专为奸谋,诬害太子,众恶彰著。初,诛杨骏及汝南王亮、太保卫瓘、楚王玮等,皆临机专断。……

[她的末日:赵王司马伦骤然动武灭贾后。]

及太子废黜,赵王伦、孙秀[赵王司马伦佞臣]等因众怨谋欲废后。后数遣宫婢微服于人间视听,其谋颇泄。后甚惧,遂害太子,以绝众望。赵王伦乃率兵入宫,使翊军校尉齐王冏入殿废后。后与冏母有隙,故伦使之。后惊曰:"卿何为来!"冏曰:"有诏收后。"后曰:"诏当从我出,何诏也?"后至上阁,遥呼帝曰:"陛下有妇,使人废之,亦行自废。"又问冏曰:"起事者谁?"冏曰:"梁[梁王司马肜(róng)]、赵。"后曰:"系狗当系颈,今反系其尾,何得不然!"至宫西,见谥尸,再举声而哭遽止。伦乃矫诏遣尚书刘弘等持节赍金屑酒赐后死。后在位十一年。赵粲、贾午、韩寿、董猛[宦官,贾后亲信,封侯]等皆伏诛。……

惠帝司马衷嫔妃谢玖：

[出身贫贱的内宫才人，"得幸有身"，导致贾妃/贾后经久妒忌，因而不仅母子分离，而且最终俱遭杀害。]

谢夫人，名玖。家本贫贱，父以屠羊为业，玖清惠贞正而有淑姿，选入后庭为才人。惠帝在东宫，将纳妃。武帝虑太子尚幼，未知帷房之事，乃遣往东宫侍寝，由是得幸有身。贾后妒忌之，玖求还西宫，遂生愍怀太子[司马遹]，年三四岁，惠帝不知也。入朝，见愍怀与诸皇子共戏，执其手，武帝曰："是汝儿也。"及立为太子，拜玖为淑媛。贾后不听太子与玖相见，处之一室。及愍怀遇酷，玖亦被害焉。永康初，诏改葬太子，因赠玖夫人印绶，葬显平陵。

列传第十　贾谧传　摘录和评注

["继佐命之后，又贾后专恣，谧权过人主"，其作威作福和穷奢极欲使其成为传统中国贵族和外戚政治中许许多多特坏人物之一。他参与陷害愍怀太子司马遹，不久后因被当作贾南风党羽而暴死于赵王司马伦之手。]

[他的主要非政治秉性给了他的恶名一点弥补：有才思，有文采，被跟随他的某些纨绔文人誉为贾谊再世。]

[依托贾充，更依托贾后，他作威作福，穷奢极欲：]

谧字长深[字长渊，唐修《晋书》避唐高祖讳，作"长深"]。母贾午，充少女也。[他父母婚前相爱的浪漫故事，犹如千年后的《西厢记》。房玄龄等以如此长的篇幅作此旁述，可见大感兴趣：]父韩寿，字德真，南阳堵阳人，魏司徒暨曾孙。美姿貌，善容止，贾充辟为司空掾。充每宴宾僚，其女辄于青璅[装饰门窗的青色连环花纹]中窥之，见寿而悦焉。问其左右识此人不，有一婢说寿姓字，云是故主人。女大感想，发于寤寐。婢后往寿家，具说女意，并言其女光丽艳逸，端美绝伦。寿闻而心动，便令为通殷勤。婢以白女，女遂潜修音好，厚相赠结，呼寿夕入。寿劲捷过人，逾垣而至，家中莫知，惟充觉其女悦畅异于常日。时西域有贡奇香，一著人则经月不歇,帝甚贵之,惟以赐充及大司马陈骞。其女密盗以遗寿,充僚属与寿燕处,闻其芬馥,称之于充。自是充意知女与寿通,而其门阁严峻,不知所由得入。乃夜中阳惊,托言有盗,因使循墙以观其变。左右白曰:"无余异,惟东北角如狐狸行处。"充乃考问女之左右,具以状对。充秘之,遂以女妻寿。……

谧好学,有才思。为充嗣,继佐命[辅助帝王创业的人]之后,又贾后专恣,谧权过人主,至乃锁系黄门侍郎,其为威福如此。负其骄宠,奢侈逾度,室宇崇僭,器服珍丽,歌僮舞女,选极一时。[还有一帮"贵游豪戚及浮竞之徒"依托他从事雅俗极乐;他的"浪漫":]开阁延宾。海内辐凑,贵游豪戚及浮竞之徒,莫不尽礼事之。或著文章称美谧,以方贾谊。渤海石崇欧阳建、荥阳潘岳、吴国陆机陆云、兰陵缪征、京兆杜斌挚虞、琅邪诸葛诠、弘农王粹、襄城杜育、南阳邹捷、齐国左思、清河崔基、沛国刘瑰、汝南和郁周恢、安平牵秀、颍川陈眕[zhěn]、太原郭彰、高阳许猛、彭城刘讷、中山刘舆刘琨皆傅会于谧,号曰二十四友,其余不得预焉。历位散骑常侍、后军将军。广城君薨,去职。丧未终。起为秘书监,掌国史。[西晋史应从政权变更还是王朝变更开始?他有"才思",其合理主张终排众议(其中荀勖等人绝无道理),"一锤定音":]先是,朝廷议立晋书限断,中书监荀勖谓宜以魏正始[齐王曹芳第一个年号,240—249]起年,著作郎王瓒欲引嘉平[齐王曹芳第二个年号,249—254]已下朝臣尽入晋史,于时依违未有所决。惠帝立,更使议之。谧上议,请从泰始为断。于是事下三府,司徒王戎、司空张华、领军将军王衍、侍中乐广、黄门侍郎嵇绍、国子博士谢衡皆从谧议。骑都尉济北侯荀畯、侍中荀藩、黄门侍郎华混以为宜用正始开元。博士荀熙、刁协谓宜嘉平起年。谧重执奏戎、华之议,事遂施行。

[他的潜在野心是成为皇储,因而参与陷害愍怀太子司马遹——他几乎唯一被记载的政治作为。不久后,他理所当然地被当作后党而暴死于司马伦之手。]

寻转侍中。领秘书监如故。谧时从帝幸宣武观校猎,讽尚书于会中召谧受拜,诫左右勿使人知,于是众疑其有异志矣。谧既亲贵,数入二宫,共愍怀太子游处,无屈降心。常与太子弈棋争道,成都王颖在坐,正色曰:"皇太子国之储君,贾谧何得无礼!"谧惧,言之于后,遂出颖为平北将军,镇邺。

及为常侍,侍讲东宫,太子意有不悦,谧患之。……及迁侍中,专掌禁内,遂与后成谋,诬陷太子[299]。及赵王伦废后[300],以诏召谧于殿前,将戮之。走入西钟下,呼曰:"阿后救我!"乃就斩之。韩寿少弟蔚有器望,及寿兄巩令保、弟散骑侍郎预、吴王友鉴、谧母贾午皆伏诛。

…… ……

列传第二十五　潘岳传　摘录和评注

潘岳(潘安):

[所谓太康诗风的主要代表,"辞藻绝丽",但在中国文人史乃至千古传说中他更有名的是"美姿仪",引得无数妇人喜爱。然而,他的人品和政治表现令人鄙夷:"性轻躁,趋世利","谄事贾谧","构愍怀之文,岳之辞也"。中国轻薄型文豪的一个典型。]

[官僚世家出身,自少以才颖见称,其文学生涯以颂扬君主为开端:]

潘岳,字安仁,荣阳中牟[今河南郑州中牟县]人也。祖瑾,安平太守。父芘[bì],琅邪内史。岳少以才颖见称,乡邑号为奇童,谓终贾[西汉终军和贾谊的并称,两人皆年少有才]之俦也。早辟司空太尉府,举秀才。

泰始中,武帝躬耕藉田,岳作赋以美其事,曰:

…… ……

[嫉妒无处不有:他免不了因文才而"为众所疾","遂栖迟十年";继而在县令职位上值得称赞地"勤于政绩"。]

[嫉妒无处不有,别人针对他的与他针对别人的,后者亦可称为恃才傲物:]岳才名冠世,为众所疾,遂栖迟十年。出为河阳令,负其才而郁郁不得志。时尚书仆射山涛、领吏部王济裴楷等并为帝所亲遇,岳内非之,乃题阁道为谣曰:"阁道东,有大牛。王济鞅[套在马颈或马腹上的皮带],裴楷鞧[qiū,套车时络在牲口股后尾间的皮带],和峤刺促[忙碌急迫]不得休。"

［在县令任上曾上良谏,且"勤于政绩":］

转怀令。［良谏:谏言维护私营旅店业,反对官办］时以逆旅［客舍,旅店］逐末废农,奸淫亡命,多所依凑,败乱法度,敕当除之。十里一官檩［官办旅店］,使老小贫户守之,又差吏掌主,依客舍收钱。岳议曰:"谨案:逆旅,久矣其所由来也。行者赖以顿止,居者薄收其直,交易贸迁,各得其所。官无役赋,因人成利,惠加百姓而公无末费。……自尧到今,未有不得客舍之法……

又诸劫盗皆起于迥绝,止乎人众。十里萧条,则奸轨生心;连陌接馆,则寇情震慑。且闻声有救,已发有追,不救有罪,不追有戮,禁暴捕亡,恒有司存。凡此皆客舍之益,而官檩之所乏也。……今贱吏疲人,独专檩税,管开闭之权,藉不校之势,此道路之蠹,奸利所殖也。……"

请曹列上,朝廷从之。

［"勤于政绩",继而终成君主侍从:］岳频宰二邑,勤于政绩。调补尚书度支郎,迁廷尉评,以公事免。杨骏辅政,高选吏佐,引岳为太傅主簿。骏诛,除名。……未几,选为长安令……征补博士,未召,以母疾辄去,官免。寻为著作郎,转散骑侍郎,迁给事黄门侍郎。

［他的人品和政治表现令人(甚至令他母亲)鄙夷:"性轻躁,趋世利","谄事贾谧","构愍怀之文,岳之辞也"。］

岳性轻躁,趋世利,与石崇等谄事贾谧,每候其出,与崇辄望尘而拜。构愍怀之文,岳之辞也。谧二十四友,岳为其首。谧《晋书》限断,亦岳之辞也。其母数诮之曰:"尔当知足,而乾没［投机图利］不已乎?"而岳终不能改。

［正当他在"八王之乱"初期似乎大梦初醒、欲"绝意乎宠荣之事"的时候,横祸降临,他惨死,且夷三族。］

既仕宦不达,乃作《闲居赋》曰:

……自弱冠涉于知命之年,八徙官而一进阶,再免,一除名,一不拜职,迁者三而已矣。虽通塞有遇,抑亦拙之效也。……方今俊乂在官,百工惟时,拙者可以绝意乎宠荣之事矣。太夫人在堂,有羸老之疾,尚何能违膝下色养,而屑屑从斗筲之役？于是……筑室种树，逍遥自得。池沼足以渔钓，春税[春谷取利]足以代耕。灌园鬻[yù，卖]蔬，供朝夕之膳；牧羊酤酪，俟伏腊之费。……乃作《闲居赋》以歌事遂情焉。其辞曰：

……　……

[横祸——因他先前欺凌"家奴"之举而准备着的横祸——降临：]初，芘为琅邪内史，孙秀为小史给岳，而狡黠自喜。岳恶其为人，数挞辱之，秀常衔忿。及赵王伦辅政，秀为中书令。岳于省内谓秀曰："孙令犹忆畴昔周旋不？"答曰："中心藏之，何日忘之！"岳于是自知不免。俄而秀遂诬岳及石崇、欧阳建谋奉淮南王允、齐王冏为乱，诛之，夷三族。[血腥报复（古老的主题）无边无际！]岳将诣市，与母别曰："负阿母！"初被收，俱不相知，石崇已送在市，岳后至，崇谓之曰："安仁，卿亦复尔邪！"岳曰："可谓白首同所归。"……岳母及兄侍御史释、弟燕令豹、司徒掾据、据弟诜，兄弟之子，已出之女，无长幼一时被害，唯释子伯武逃难得免。而豹女与其母相抱号呼不可解，会诏原之。

[反差！史家妙笔之下他得意之时："美姿仪"且"辞藻绝丽"，引得无数妇人喜爱。]

岳美姿仪，辞藻绝丽，尤善为哀诔之文。少时常挟弹[弹弓]出洛阳道，妇人遇之者，皆连手萦绕，投之以果，遂满车而归。时张载甚丑，每行，小儿以瓦石掷之，委顿而反。……

列传第十五　和峤、任恺传　摘录和评注

和峤：

[西晋初一位才高且正直的大臣，鄙视奸佞权贵，直言太子不慧，得罪贾后南风。然而，他家室巨富却极端吝啬，被讥为"钱癖"。]

[高官世家出身，有才气且尽得其阶级利益。作为地方行政长官"甚得百姓欢

　　　　　　　　　古代军政行为方略图景：《晋书》解读

心",作为朝廷要臣鄙视奸佞权贵。]

和峤,字长舆,汝南西平[今河南驻马店市西平县]人也。[他有才气和气度,且尽得其阶级利益:]祖洽,魏尚书令。父迪,魏吏部尚书。峤少有风格,慕舅夏侯玄之为人,厚自崇重。有盛名于世,朝野许其能整风俗,理人伦。袭父爵上蔡伯,起家太子舍人。[作为地方行政长官,"甚得百姓欢心":]累迁颍川太守,为政清简,甚得百姓欢心。太傅从事中郎庾颛见而叹曰:"峤森森如千丈松,虽磥砢多节目[言其峭直],施之大厦,有栋梁之用。"贾充亦重之,称于武帝,[入朝廷为要臣,鄙夷荀勖为人,不屑与之同乘:]入为给事黄门侍郎,迁中书令,帝深器遇之。旧监令共车入朝,时荀勖为监,峤鄙勖为人,以意气加之,每同乘,高抗专车而坐。乃使监令异车,自峤始也。

[成为武帝的亲近内臣,在其面前坚称太子不慧,正直且勇敢:]

吴平,以参谋议功,赐弟郁爵汝南亭侯。峤转侍中,愈被亲礼,与任恺、张华相善。峤见太子不令,因侍坐曰:"皇太子有淳古之风,而季世多伪,恐不了陛下家事。"帝默然不答。后与荀颛、荀勖同侍,帝曰:"太子近入朝,差长进,卿可俱诣之,粗及世事。"即奉诏而还。颛、勖并称太子明识弘雅,诚如明诏。峤曰:"圣质如初耳!"帝不悦而起。峤退居,恒怀慨叹,[他坚持不说假话,特别在对国家至关紧要的储君问题上:]知不见用,犹不能已。在御坐言及社稷,未尝不以储君为忧。帝知其言忠,每不酬和。后与峤语,不及来事。或以告贾妃,妃衔之。[得罪了睚眦必报的贾南风!]太康末,为尚书,以母忧去职。

[贾南风专政,已位至九卿的他居然能(靠会说话?)躲过贾后的报复。他的人品污点:家室巨富却极端吝啬,被讥为"钱癖"。]

及惠帝即位,拜太子少傅,加散骑常侍、光禄大夫。太子朝西宫,峤从入。贾后使帝问峤曰:"卿昔谓我不了家事,今日定云何?"峤曰[他好会说话]:"臣昔事先帝,曾有斯言。言之不效,国之福也。臣敢逃其罪乎!"元康二年[292]卒[我们不知道他在至此时已有两轮的"八王之乱"中有何表现],赠金紫光禄大夫,加金章紫绶,本位如前。……[他非同小可的人品污点:]峤家产丰富,拟于王者,然性至吝,以是获讥于世,杜预以为峤有钱癖。以弟郁子济嗣……[他没有子嗣,为何极端吝啬积累巨富?葛朗台!]

……………

任恺:

[魏明帝驸马,晋武帝内侍,后者对他"器而昵之,政事多咨焉"。他正直,以贾充为死对头,是反贾朋党的重要甚至核心人物。贾充诡谲,成功设计将他调离武帝"门下枢要",如同先前他多谋,意欲将贾充调离京城而未遂那样。]

[贾充势力对他的迫害似无尽头,以致他意气消沉,放纵不已,后虽复官却"不得志,竟以忧卒"。]

[魏明帝驸马,晋武帝内侍,后者对他"器而昵之,政事多咨焉"。他忠正,"以社稷为己任",从而与贾充激烈内斗,险些成功地将后者调离京城,远赴秦凉。]

任恺,字元褒,乐安博昌[今山东滨州市博兴县东南]人也。父昊,魏太常。恺少有识量,尚魏明帝女,累迁中书侍郎、员外散骑常侍。晋国建,为侍中,封昌国县侯。

恺有经国之干,万机大小多管综之。性忠正,以社稷为己任,帝器而昵之,政事多咨焉。泰始初,郑冲、王祥、何曾、荀颐、裴秀等各以老疾归第。帝优宠大臣,不欲劳以筋力,数遣恺谕旨于诸公,咨以当世大政,参议得失。[他"以社稷为己任",从而力求削减贾充的权势,险些成功,就像先前贾充设计将他调离武帝身边而接近成功一样:]恺恶贾充之为人也,不欲令久执朝政,每裁抑焉。充病之,不知所为。后承间言恺忠贞局正,宜在东宫,使护太子。帝从之,以为太子少傅,而侍中如故,充计画不行。会秦、雍寇扰,天子以为忧。恺因曰:"秦凉覆败,关右骚动,此诚国家之所深虑。宜速镇抚,使人心有庇。自非威望重臣有计略者,无以康西土也。"帝曰:"谁可任者?"恺曰:"贾充其人也。"中书令庾纯亦言之,于是诏充西镇长安。充用荀勖计得留。

[他是反贾朋党的重要甚至核心人物,即使皇帝和稀泥仍内斗不绝。贾充诡

谲,终于成功地将他调离武帝"门下枢要"。]

充既为帝所遇,欲专名势,而庾纯、张华、温颢、向秀、和峤之徒皆与恺善,杨珧、王恂、华廙等充所亲敬,于是朋党纷然。[在朝廷和内宫中,贾充朋党与反贾朋党之间激烈竞争。]帝知之,召充、恺宴于式乾殿,而谓充等曰:"朝廷宜一,大臣当和。"充、恺各拜谢而罢。既而充、恺等以帝已知之而不责,结怨愈深,外相崇重,内甚不平。[即使(或因为)皇帝和稀泥仍内斗不绝。]或为充谋曰:"恺总门下枢要,得与上亲接,宜启令典选,便得渐疏……"充因称恺才能,宜在官人之职。帝不之疑,谓充举得其才。即日以恺为吏部尚书,加奉车都尉。

[他败在贾充手下,但仍做好朝廷本职工作;贾充力求全胜,终于令他一度丢官且"毁谤益至"。]

恺既在尚书,选举公平,尽心所职,然侍觐转希。[贾充及其党羽要的是他被诬陷后的全盘毁损,险些如愿。]充与荀勖、冯紞承间浸润,谓恺豪侈,用御食器。充遣尚书右仆射、高阳王珪奏恺,遂免官。有司收太官宰人检核,是恺妻齐长公主得赐魏时御器也。恺既免而毁谤益至,帝渐薄之。然山涛明恺为人通敏有智局,举为河南尹。坐贼发不获,又免官。复迁光禄勋。

[迫害似无尽头,他再度被免官,遂看破红尘,"纵酒耽乐,极滋味以自奉养"。皇帝对他的旧情令他复官,位九卿,但他"不得志,竟以忧卒"。]

恺素有识鉴,加以在公勤恪,甚得朝野称誉。而贾充朋党又讽有司奏恺与立进令刘友交关。事下尚书,恺对不伏。尚书杜友、廷尉刘良并忠公士也,知恺为充所抑,欲申理之,故迟留而未断,以是恺及友、良皆免官。[他被免官后意气消沉,放纵不已,豪奢以"极滋味":]恺既失职,乃纵酒耽乐,极滋味以自奉养。初,何劭以公子奢侈,每食必尽四方珍馔,恺乃逾之,一食万钱,犹云无可下箸处。恺时因朝请,帝或慰谕之,恺初无复言,惟泣而已。后起为太仆,转太常。

……恺不得志,竟以忧卒,时年六十一……

列传第二十　庾纯、秦秀传　摘录和评注

庾纯：

[“为世儒宗”，官至中书令、河南尹。他正直勇敢，曾怒斥奸佞权臣贾充为天下乱源，因此一度受到惩罚。]

[在此未述这位西晋“儒宗”有文集八卷经《隋书·经籍志》传于后世。]

[“为世儒宗”，身居要职，反对奸佞权臣贾充，为此一度倒霉。]

庾纯，字谋甫，博学有才义，为世儒宗。郡补主簿，仍参征南府，累迁黄门侍郎，封关内侯，历中书令、河南尹。[他谋求将贾充调离京师]初，纯以贾充奸佞，与任恺共举充西镇关中，充由是不平。……世言纯之先尝有伍伯[伍长，或役卒]者，充之先有市魁者，充、纯以此相讥焉。充自以位隆望重，意殊不平。及纯行酒，充不时饮。纯曰：“长者为寿，何敢尔乎！”充曰：“父老不归供养，将何言也！”[他正直勇敢，怒斥贾充为天下乱源]纯因发怒曰：“贾充！天下凶凶，由尔一人。”充曰：“充辅佐二世，荡平巴、蜀，有何罪而天下为之凶凶？”纯曰：“高贵乡公何在？”[！]众坐因罢。充左右欲执纯，中护军羊琇、侍中王济佑之，因得出。充惭怒，上表解职。[被杀危险迫使他心不由衷地“服罪”求饶]纯惧，上河南尹、关内侯印绶，上表自劾曰：“司空公贾充请诸卿校并及臣。臣不自量，饮酒过多。醉乱行酒，重酌于公，公不肯饮，言语往来，公遂诃臣父老不归供养，卿为无天地。臣不服罪自引，而更忿怒，厉声名公，临时喧饶，遂至荒越。……充为三公，论道兴化，以教义责臣，是也。而以枉错直，居下犯上，醉酒迷荒，昏乱仪度。……请台免臣官，廷尉结罪，大鸿胪削爵土。敕身不谨，伏须罪诛。”御史中丞孔恂劾纯，请免官。诏曰：“……纯以凡才，备位卿尹，不惟谦敬之节，不忌覆车之戒，陵上无礼，悖言自口，宜加显黜，以肃朝伦。”遂免纯官。[受免官惩罚。]

……　……

帝复下诏曰[君主司马炎最终和稀泥！仅谴责他酒醉失言，宽宥他且复其官。]“……今议责庾纯……醉酒沈湎……疑贾公亦醉，若其不醉，终不于百客之中

责以不去官供养也。……明不责醉,恐失度也。所以免纯者,当为将来之醉戒耳。……"复以纯为国子祭酒,加散骑常侍。……

……　……

迁侍中,以父忧去官。起为御史中丞,转尚书。除魏郡太守,不之官,拜少府。年六十四卒。……

秦秀:

["以忠直知名"的晋初朝廷博士,在朝廷上严厉谴责重臣何曾和贾充。他不以君主及权贵的意向为唯一准绳,"与物多忤",因而二十年从未升官。]

["以忠直知名",在朝廷上严厉谴责已故重臣何曾"资性骄奢,不循轨则",也隐秘地批评君主司马炎宽纵何曾父子的此等行为。]

秦秀,字玄良,新兴云中[今山西忻(xīn)州市下属原平市]人也。父朗,魏骁骑将军。秀少敦学行,以忠直知名。咸宁[275—280]中,为博士。何曾卒,下礼官议谥。秀议曰:

故太宰何曾,虽阶世族之胤,而少以高亮严肃,显登王朝。事亲有色养之名,在官奏科尹模,此二者实得臣子事上之概。然资性骄奢,不循轨则。……丘明有言:"俭,德之恭;侈,恶之大也。"……曾……骄奢过度,名被九域,行不履道,而享位非常。……秽皇代之美,坏人伦之教,生天下之丑,示后生之傲,莫大于此。[隐秘地批评君主司马炎宽纵何曾父子"骄奢过度,行不履道":]自近世以来,宰臣辅相,未有受垢辱之声,被有司之劾,父子尘累而蒙恩贷若曾者也。

……管子有言:"礼义廉耻,是谓四维,四维不张,国乃灭亡。"宰相大臣,人之表仪,若生极其情,死又无贬,是则帝室无正刑也。王公贵人,复何畏哉! 所谓四维,复何寄乎! 谨按《谥法》:"名与实爽[差失,违背]曰缪,怙乱肆行曰丑。"曾之行己,皆与此同,宜谥缪丑公。

时虽不同秀议,而闻者惧焉。

[他"性忌谀佞,疾之如仇",因此轻鄙头号奸佞权臣贾充,贾充死后他在朝廷对

其予以严厉谴责。]

秀性忌谗佞，疾之如仇，素轻鄙贾充，及伐吴之役，闻其为大都督，谓所亲者曰："充文案小才，乃居伐国大任，吾将哭以送师。"或止秀曰："昔蹇叔知秦军必败，故哭送其子耳。今吴君无道，国有自亡之形，群率践境，将不战而溃。子之哭也，既为不智，乃不赦之罪。"于是乃止。及孙皓降于王濬，充未之知，方以吴未可平，抗表请班师。充表与告捷同至，朝野以充位居人上，智出人下，金以秀为知言。

[在朝廷上严厉谴责贾充，理由是贾充无子嗣，但不传嗣给贾氏宗族，却由外孙、女儿贾午之子贾谧入继子嗣，"悖礼溺情，以乱大伦"：]及充薨，秀议曰："充舍宗族弗授，而以异姓[贾谧父为韩寿，原姓韩]为后，悖礼溺情，以乱大伦。昔鄫养外孙莒公子为后，《春秋》书'莒人灭鄫'。圣人岂不知外孙亲邪！但以义推之，则无父子耳。……绝父祖之血食，开朝廷之祸门。《谥法》'昏乱纪度曰荒'，请谥荒公。"不从。

…… ……

[他"性悻直，与物多忤"，二十年从未升官，反倒有一次暂时丢官经历。]

后与刘暾等同议齐王攸事，忤旨，除名。寻复起为博士。秀性悻直，与物多忤。为博士前后垂二十年，卒于官。

列传第六　卫瓘、张华传　摘录和评注

[西晋高层复杂的血腥内斗中两位复杂的人物。他们相似之处太多！俱在西晋初任重臣，政绩杰出，也俱在"八王之乱"初期因政治作用重大和深受私敌怨恨而死于非命。不仅如此，他俩都"学问深博，明习文艺"，而且总的来说堪称正直，虽然这正直必因环境之复杂险恶而打折扣。]

卫瓘：

[曹魏末期和西晋初期高层复杂的血腥内斗中的复杂人物。蜀汉亡后，他跟随钟会迫害邓艾，钟会叛乱后又带兵杀死钟会，并且怀着复杂的私心消灭邓艾。在晋武帝司马炎之下，他身居要职，位至三公，但因主动触及政治最敏感处而先后深深

地得罪了太子妃贾南风和楚王司马玮。报复到来！在已成皇后的贾南风与其最初的血腥政变合谋者司马玮手里，他以"莫须有"的罪名惨死，且"举门无辜受祸"。]

[他"学问深博，明习文艺"，尤善草书，同时"为政清简，甚得朝野声誉"，还有堪称卓越的废除"九品中正制"建议。然而，在西晋大乱之初，所有这些都无助于他个人生存，其中"清简"反而还加速了他的毁灭。]

[儒官家庭出身，少年时起就是儒家行为主义者，且"明识清允"。任朝廷官员后称职能干、正直有节，对专政权臣无所亲疏，亦无所得罪。]

卫瓘，字伯玉，河东安邑[今山西夏县北]人也。高祖暠，汉明帝时，以儒学自代郡征，至河东安邑卒，因赐所亡地而葬之，子孙遂家焉。父觊[jì]，魏尚书。① 瓘年十岁丧父，至孝过人。性贞静有名理，以明识清允称。袭父爵阆乡侯。弱冠为魏尚书郎。时魏法严苛，母陈氏忧之，瓘自请得徙为通事郎，转中书郎。时权臣专政，瓘优游其间，无所亲疏，甚为傅嘏所重，谓之宁武子。在位十年，以任职称，累迁散骑常侍。陈留王即位，拜侍中，持节慰劳河北。以定议功，增邑户。数岁转廷尉卿。瓘明法理，每至听讼，小大以情。

[蜀汉灭亡后他一串急剧变动的复杂行为，后果可谓重大。]

邓艾、钟会之伐蜀也，瓘以本官持节监艾、会军事，行镇西军司，给兵千人。蜀既平，艾辄承制封拜。② [他跟随钟会迫害邓艾，但并非不明白钟会也要害他自己的

---

① 据《三国志·魏书·王卫二刘傅传》，卫觊：文人，同时也是有洞察力和才干的官僚。除了文学写作，他在行政管理和体制恢复方面做许多事情。他懂得并关心普通民众及社会。也许可称作一位经典儒士。

② 《三国志·魏书·王毋丘诸葛邓钟传》载：[呜呼！辉煌的将领邓艾达到了他个人克劳塞维茨式"胜利的顶点"，很快丧失了政治审慎和个人谦逊。]艾至成都，禅率太子诸王及群臣六十余人面缚舆榇[chèn，载棺以随，表示决死或有罪当死]诣军门，艾执节解缚焚榇，受而宥之。检御将士，无所虏略，绥纳降附，使复旧业，蜀人称焉。[他对被征服者全无残暴；然而，他滥用随机处置权]辄依邓禹故事，承制拜禅行骠骑将军，太子奉车、诸王驸马都尉。蜀群司各随高下拜为王官，或领艾官属。以师纂领益州刺史，陇西太守牵弘等领蜀中诸郡。[他昏了头！]使于绵竹筑台以为京观，用彰战功。士卒死事者，皆与蜀兵同共埋藏。艾深自矜伐，谓蜀士大夫曰："诸君赖遭某，故得有今日耳。若遇吴汉之徒，已殄灭矣。"

险恶用心：]会阴怀异志，因艾专擅，密与瓘俱奏其状。诏使槛车征之，会遣瓘先收艾。会以瓘兵少，欲令艾杀瓘，因加艾罪。瓘知欲危己，然不可得而距，乃夜至成都，檄艾所统诸将，称诏收艾，其余一无所问。若来赴官军，爵赏如先；敢有不出，诛及三族。比至鸡鸣，悉来赴瓘，唯艾帐内在焉。平旦开门，瓘乘使者车，径入至成都殿前。艾卧未起，父子俱被执。艾诸将图欲劫艾，整仗趣瓘营。瓘轻出迎之，伪作表草，将申明艾事，诸将信之而止。俄而会至，乃悉请诸将胡烈等，因执之，囚益州解舍，遂发兵反。[他拒不跟随钟会叛乱，反而智勇双全地组织和发动镇压，消灭钟会：]于是士卒思归，内外骚动，人情忧惧。会留瓘谋议，乃书版云"欲杀胡烈等"，举以示瓘，瓘不许，因相疑贰。瓘如厕，见胡烈故给使，使宣语三军，言会反。会逼瓘定议，经宿不眠，各横刀膝上。在外诸军已潜欲攻会。瓘既不出，未敢先发。会使瓘慰劳诸军。瓘心欲去，且坚其意，曰："卿三军主，宜自行。"会曰："卿监司，且先行，吾当后出。"瓘便下殿。会悔遣之，使呼瓘。瓘辞眩疾动，诈仆地。比出阁，数十信追之。瓘至外解，服盐汤，大吐。瓘素羸，便似困笃。会遣所亲人及医视之，皆言不起，会由是无所惮。及暮，门闭，瓘作檄宣告诸军。诸军并已唱义，陵旦共攻会。会率左右距战，诸将击败之，唯帐下数百人随会绕殿而走，尽杀之。瓘于是部分诸将，群情肃然。[他怀着复杂的私心杀害邓艾，他的正直和儒家修养毕竟有限！]邓艾本营将士复追破槛车出艾，还向成都。瓘自以与会共陷艾，惧为变，又欲专诛会之功，乃遣护军田续至绵竹，夜袭艾于三造亭，斩艾及其子忠。[他鼓动宿怨，"借刀杀人"，他的正直和儒家修养毕竟有限！]初，艾之入江由也，以续不进，将斩之，既而赦焉。及瓘遣续，谓之曰："可以报江由之辱矣。"

[毁灭钟会及邓艾强劲地促进了他的攀升。此后，他身任几大区域头号军政要职，"所在皆有政绩"，继而出任中央大臣，位至三公，"为政清简，甚得朝野声誉"。]

事平，朝议封瓘。瓘以克蜀之功，群帅之力，二将跋扈，自取灭亡，虽运智谋，而无搴旗之效，固让不受。[看来他充分恢复了儒家修养和"贞静有名理"性情。或许，他有所内疚？][身任几大区域头号军政要职，"所在皆有政绩"：]除使持节、都督关中诸军事、镇西将军，寻迁都督徐州诸军事、镇东将军，增封菑阳侯，以余爵封弟实开阳亭侯。泰始初，转征东将军，进爵为公，都督青州诸军事、青州刺史，加征东大将军、青州牧。所在皆有政绩。除征北大将军、都督幽州诸军事、幽州刺史、护乌桓校尉。至镇,表立平州,后兼督之。[他在边疆防务中有效地"以夷制夷","分而治之":]于时幽并东有务桓,西有力微,并为边害。瓘离间二虏,遂致嫌隙,于是务桓降而力微以忧死。朝廷嘉其功,赐一子亭侯。瓘乞以封弟,未受命而卒,子密受封为亭侯。瓘六男无爵,悉让二弟,远近称之。累求入朝,既至,武帝善遇之,俄使旋镇。[出任朝廷大臣,"性严整,以法御下":]咸宁[275—280]初,征拜尚书令,加侍中。性严整,以法御下,视尚书若参佐,尚书郎若掾属。[他"学问深博,明习文艺",尤善草书:]瓘学问深博,明习文艺,与尚书郎敦煌索靖俱善草书,时人号为"一台二妙"。汉末张芝亦善草书,论者谓瓘得伯英[张芝字]筋,靖得伯英肉。太康[280—289]初,迁司空,侍中、令如故。[他在三公重臣位上"为政清简",谦逊审慎:]为政清简,甚得朝野声誉。武帝敕瓘第四子宣尚繁昌公主。瓘自以诸生之胄,婚对微素,抗表固辞,不许。又领太子少傅,加千兵百骑鼓吹之府。以日蚀,瓘与太尉汝南王亮、司徒魏舒俱逊位,帝不听。

[他的一项堪称卓越的提议:废除"九品中正制"。"武帝善之",但"卒不能改"]瓘以魏立九品,是权时之制,非经通之道,宜复古乡举里选。与太尉亮等上疏曰:[传统的"乡举里选"之裨益:]"昔圣王崇贤,举善而教……诚以间伍之政,足以相检,询事考言,必得其善,人知名不可虚求,故还修其身。是以崇贤而俗益穆,黜恶而行弥笃。斯则乡举里选者,先王之令典也。自兹以降,此法陵迟。魏氏承颠覆之运,起丧乱之后,人士流移,考详无地,故立九品之制,粗且为一时选用之本耳。其始造也,乡邑清议,不拘爵位,褒贬所加,足为劝励,犹有乡论余风。中间渐染,遂计资定品,使天下观望,[据称本为一时权宜之计的"九品中正制"的大弊端:]唯以居位为贵,人弃德而忽道业,争多少于锥刀之末,伤损风俗,其弊不细。[提议激进改革,一蹴而就(他和司马亮难道没有想过激进改革能否成功?!)]今九域同规,大化方始,臣等以为宜皆荡除末法,一拟古制,以土断,定自公卿以下,皆以所居为正,无复悬客远属异土者。如此,则同乡邻伍,皆为邑里,郡县之宰,即以居长,尽除中正九品之制,使举善进才,各由乡论。然则下敬其上,人安其教,俗与政俱清,化与法并济。人知善否之教,不在交游,即华竞自息,各求于己矣。今除九品,则宜准古

制,使朝臣共相举任,于出才之路既博,且可以厉进贤之公心,核在位之明暗,诚令典也。"武帝[290年卒]善之,而卒不能改。

[他主动触及政治最敏感处,从而深深得罪了太子妃贾南风。他的末日之路开启!]

惠帝之为太子也,朝臣咸谓纯质,不能亲政事。瓘每欲陈启废之,而未敢发。后会宴陵云台,瓘托醉,因跪帝床前曰:"臣欲有所启。"帝曰:"公所言何耶?"瓘欲言而止者三,因以手抚床曰:"此座可惜!"帝意乃悟,因谬曰:"公真大醉耶?"瓘于此不复有言。贾后由是怨瓘。[这睚眦必报的暴虐女人的"怨"将证明是致命的。]

[恶兆来临,来自另一个恶源——大外戚杨骏:]宣尚公主,数有酒色之过。杨骏素与瓘不平,骏复欲自专权重,宣若离婚,瓘必逊位,于是遂与黄门等毁之,讽帝夺宣公主。瓘惭惧,告老逊立。乃下诏曰:"司空瓘……进位太保,以公就第……"……帝后知黄门虚构,欲还复主,而宣疾亡。

[他和他子孙的末日! 屠杀者除报私怨外,还"忌其方直"。]

惠帝即位,复瓘千兵。及杨骏诛,以瓘录尚书事,加绿綟绶,剑履上殿,入朝不趋,给骑司马,与汝南王亮共辅朝政。[他再度触及政治最敏感处,令楚王司马玮深怨在心,由此加剧了他的惨死:]亮奏遣诸王还藩,与朝臣廷议,无敢应者,唯瓘赞其事,楚王玮由是憾焉。贾后素怨瓘,且忌其方直,不得骋己淫虐;又闻瓘与玮有隙,遂谤瓘与亮欲为伊霍之事,启帝作手诏,使玮免瓘等官。黄门赍诏授玮,玮性轻险,欲骋私怨,夜使清河王遐收瓘。左右疑遐矫诏,咸谏曰:"礼律刑名,台辅大臣,未有此比,且请距之。须自表[让卫瓘自辩]得报,就戮未晚也。"瓘不从,遂与子恒、岳、裔及孙等九人同被害,时年七十二。……太保主簿刘繇等冒难收瓘而葬之。

初,瓘为司空,时帐下督荣晦有罪,瓘斥遣之。及难作,随兵讨瓘,故子孙皆及于祸。

[报复(revenge)这古老主题之下"举门无辜受祸"的惨酷详情:]楚王玮之伏诛也……繇等执黄幡,挝登闻鼓[登闻鼓,直诉方式之一,诉冤屈者击此鼓以鸣冤],上言曰:"初,矫诏者至,公承诏当免,即便奉送章绶,虽有兵仗,不施一刃,重敕出第,单车从命。如矫诏之文唯免公官,右军以下即承诈伪,违其本文,辄戮宰辅,不复表上,横收公子孙辄皆行刑,贼害大臣父子九人。……谨条瓘前在司空时,帐下给使

荣晦无情被黜，知瓘家人数、小孙名字。晦后转给右军，其夜晦在门外扬声大呼，宣诏免公还第。及门开，晦前到中门，复读所赍伪诏，手取公章绶貂蝉，催公出第。晦按次录瓘家口及其子孙，皆兵仗将送，著东亭道北围守，一时之间，便皆斩斫。害公子孙，实由于晦。及将人劫盗府库，皆晦所为。考晦一人，众奸皆出。乞验尽情伪，加以族诛。"诏从之。

朝廷以瓘举门无辜受祸，乃追瓘伐蜀勋，封兰陵郡公、增邑三千户，谥曰成，赠假黄钺。

······ ······

张华：

[政治家兼大文人。作为政治家，他的最大作为除不同凡响地坚持提倡发动灭吴战役外，是首谋诛杀造成京师大乱的楚王司马玮，从而被贾南风从政治考虑出发委以朝政（"贾后虽凶妒，而知敬重华"），并得"虽当暗主虐后之朝，而海内晏然"之效。作为缓解黑暗政治的一大因素，他在"八王之乱"第二轮起始与贾南风一起被赵王司马伦毁灭。]

[与卫瓘相似，他学问渊博，文才出众，且藏书成癖，"家无余财，惟有文史溢于机箧"；亦与卫瓘相似，他有着高层血腥内斗中的复杂性。假设他在贾南风/司马玮暴政之始退出政治岂不更明智？]

["少孤贫，自牧羊"，然而其才华、礼仪和器识不可湮没，终于"声名始著"于《鹪鹩[jiāoliáo]赋》，并且由此步入他在其中施展大才干的官僚生涯。]

张华，字茂先，范阳方城[今河北固安]人也。父平，魏渔阳郡守。华少孤贫，自牧羊，同郡卢钦见而器之。乡人刘放亦奇其才，以女妻焉。华学业优博，辞藻温丽，朗赡多通，图纬方伎之书莫不详览。少自修谨，造次必以礼度。勇于赴义，笃于周急。器识弘旷，时人罕能测之。初未知名，著《鹪鹩赋》以自寄。[①] 其词曰：

---

① 这篇赋蕴含着庄子思想，第一是避祸远害的处世态度，第二是"任自然以为资"的人生理想，第三是关于"小"和"大"这对哲学范畴问题的探讨。庄子思想虽然对张华有影响，但未主导他的行为，而是辅助张华正统的儒家思想。南秀渊：《论张华〈鹪鹩赋〉中的庄子思想》，《北方文学》2012 年 7 月。

....

陈留阮籍见之，叹曰："王佐之才也！"由是声名始著。[他由此步入他在其中大展才干的官僚生涯，"朝议表奏，多见施用"，"四海之内，若指诸掌"]郡守鲜于嗣荐华为太常博士。卢钦言之于文帝，转河南尹丞，未拜，除佐著作郎。顷之，迁长史，兼中书郎。朝议表奏，多见施用，遂即真。晋受禅，拜黄门侍郎，封关内侯。

华强记默识，四海之内，若指诸掌。武帝尝问汉宫室制度及建章千门万户，华应对如流，听者忘倦，画地成图，左右属目。帝甚异之，时人比之子产。数岁，拜中书令，后加散骑常侍。遭母忧，哀毁过礼，中诏勉励，逼令摄事。

[他的最大政治作为之一：不同凡响地坚持提倡发动灭吴战役，并且作为战略家参与"运筹决算"。]

初，帝潜与羊祜谋伐吴，而群臣多以为不可，唯华赞成其计。其后，祜疾笃，帝遣华诣祜，问以伐吴之计，语在《祜传》。① 及将大举，以华为度支尚书，乃量计运漕，决定庙算。众军既进，而未有克获，贾充等奏诛华以谢天下。帝曰："此是吾意，华但与吾同耳。"时大臣皆以为未可轻进，华独坚执，以为必克。及吴灭，诏曰："尚书、关内侯张华，前与故太傅羊祜共创大计，遂典掌军事，部分诸方，算定权略，运筹决胜，有谋谟之勋。其进封为广武县侯，增邑万户，封子一人为亭侯，千五百户，赐绢万匹。"

[他身为重臣，虽政绩不凡，但得罪了另一重臣，并在极敏感的帝位继承（或至少未来首席辅政）问题上有违司马炎的意思，结果被逐离中央。他在东北边疆地区治理上表现卓越。]

华名重一世，众所推服，晋史及仪礼宪章并属于华，多所损益。当时诏诰皆所

---

① 《晋书·羊祜杜预传》载：祜寝疾，求入朝。既至洛阳……中诏申谕，扶疾引见，命乘辇入殿，无下拜，甚见优礼。及侍坐，面陈伐吴之计。帝以其病，不宜常入，遣中书令张华问其筹策。祜曰："今主上有禅代之美，而功德未著。吴人虐政已甚，可不战而克。混一六合，以兴文教，则主齐尧舜，臣同稷契，为百代之盛轨。如舍之，若孙皓不幸而没，吴人更立令主，虽百万之众，长江未可而越也，将为后患乎！"华深赞成其计。祜谓华曰："成吾志者，子也。"

草定,声誉益盛,有台辅之望焉。而荀勖自以大族,恃帝恩深,憎疾之,每伺间隙,欲出华外镇。会帝问华:"谁可托寄后事者?"对曰:"明德至亲,莫如齐王攸。"既非上意所在,微为忤旨,间言遂行。乃出华为持节、都督幽州诸军事、领护乌桓校尉、安北将军。[他以"抚纳"为基本方针,卓越地治理东北边疆:]抚纳新旧,戎夏怀之。东夷马韩、新弥诸国依山带海,去州四千余里,历世未附者二十余国,并遣使朝献。于是远夷宾服,四境无虞,频岁丰稔,士马强盛。

[他的名望过大,在东北边疆的士马过盛,导致司马炎再度猜忌,结果被调回中央担任闲职,而后更被免官。]

朝议欲征华入相,又欲进号仪同[即仪同三司]。初,华毁征士冯恢于帝,纨即恢之弟也,深有宠于帝。[私恨者有效的诡诈谮言方式:]纨尝侍帝,从容论魏晋事,因曰:"臣窃谓钟会之衅,颇由太祖。"帝变色曰:"卿何言邪!"纨免冠谢曰:"臣愚冗瞽言,罪应万死。然臣微意,犹有可申。"帝曰:"何以言之?"纨曰:"……钟会才见有限,而太祖夸奖太过,嘉其谋猷,盛其名器,居以重势,委以大兵,故使会自谓算无遗策,功在不赏,轶[zhōu]张[强横、嚣张]跋扈,遂构凶逆耳。向令太祖录其小能,节以大礼,抑之以权势,纳之以轨则,则乱心无由而生,乱事无由而成矣。"帝曰:"然。"纨稽首曰:"陛下既已然微臣之言,宜思坚冰之渐,无使如会之徒复致覆丧。"帝曰:"当今岂有如会者乎?"纨曰:"东方朔有言'谈何容易',《易》曰:'臣不密则失身'。"帝乃屏左右曰:"卿极言之。"纨曰:"陛下谋谟之臣,著大功于天下,海内莫不闻知,据方镇总戎马之任者,皆在陛下圣虑矣。"帝默然。顷之,征华为太常。以太庙屋栋折,免官。遂终帝之世,以列侯朝见。

[他的最大政治作为之二:首谋诛杀造成京师大乱的楚王司马玮;继而,大权独揽的贾南风从政治考虑出发委他以朝政("贾后虽凶妒,而知敬重华"),结果"虽当暗主虐后之朝,而海内晏然"。]

[杨骏专权,他被排斥在朝政之外:]惠帝即位,以华为太子少傅,与王戎、裴楷、和峤俱以德望为杨骏所忌,皆不与朝政。及骏诛后,将废皇太后[杨芷],会群臣于朝堂,议者皆承望风旨,以为《春秋》绝文姜,今太后自绝于宗庙,亦宜废黜。"惟华议

以为"夫妇之道,父不能得之于子,子不能得之于父,皇太后非得罪于先帝者也。今党其所亲,为不母于圣世,宜依汉废赵太后[赵飞燕妹赵合德]为孝成后故事,贬太后之号,还称武皇后,居异宫,以全贵终之恩"。不从,遂废太后为庶人。

[291年,他首谋诛杀司马玮,功大复为重臣。]楚王玮受密诏杀太宰汝南王亮、太保卫瓘等,内外兵扰,朝廷大恐,计无所出。华白帝以"玮矫诏擅害二公,将士仓卒,谓是国家意,故从之耳。今可遣驺虞幡使外军解严[派特使持幡让外军解除戒严],理必风靡"。上从之,玮兵果败。及玮诛,华以首谋有功,拜右光禄大夫、开府仪同三司、侍中、中书监,金章紫绶。固辞开府。

[出于贾南风精致的政治考虑,他成为朝廷首席重臣,主管朝政,政绩斐然。]

贾谧与后共谋,以华庶族,儒雅有筹略,进无逼上之嫌,退为众望所依,欲倚以朝纲,访以政事。疑而未决,以问裴颜,颜素重华,深赞其事。华遂尽忠匡辅,弥缝补阙,虽当暗主虐后之朝,而海内晏然,华之功也。[他成了缓解黑暗政治的一大因素。鉴于他日后作为贾后专政的首席朝廷辅佐而遭遇的暴死,我们不禁要问是否值得如此?]华惧后族之盛,作《女史箴》以为讽。贾后虽凶妒,而知敬重华。久之,论前后忠勋,进封壮武郡公。华十余让,中诏敦譬,乃受。数年,代下邳王晃为司空,领著作。

[他早已深深卷入最高层血腥内斗,面对一个摧毁贾南风的政变机会,他出于复杂的考虑而拒绝(事后来看等于将此机会留给了他的毁灭者司马伦):]及贾后谋废太子[事成于299年],左卫率刘卞甚为太子所信遇,每会宴,卞必预焉。屡见贾谧骄傲,太子恨之,形于言色,谧亦不能平。卞以贾后谋问华,华曰:"不闻。"卞曰:"卞以寒悴,自须昌小吏受公成拔,以至今日。士感知己,是以尽言,而公更有疑于卞邪!"华曰:"假令有此,君欲如何?"卞曰:"东宫俊乂如林,四率精兵万人。公居阿衡之任[国家辅弼之任,宰相之职],若得公命,皇太子因朝入录尚书事,废贾后于金墉城,两黄门力耳。"华曰:"今天子当阳,太子,人子也,吾又不受阿衡之命,忽相与行此,是无其君父,而以不孝示天下也。虽能有成,犹不免罪,况权戚满朝,威柄不一,而可以安乎!"及帝会群臣于式乾殿,出太子手书,遍示群臣,莫敢有言者。惟华谏曰:"此国之大祸。自汉武以来,每废黜正嫡,恒至丧乱。且国家有天下日浅,愿陛下详之。"尚书左仆射裴颜以为宜先检校传书者,又请比校太子手书,不然,恐有诈

妄。贾后乃内出太子素启事十余纸，众人比视，亦无敢言非者，议至日西不决，后知华等意坚，因表乞免为庶人，帝乃可其奏。

[他及他全家族的末日：在"八王之乱"第二轮起始，与贾南风一起被恨他入骨的赵王司马伦毁灭。]

[他个人致命地得罪了司马伦：]初，赵王伦为镇西将军，挠乱关中，氐羌反叛，乃以梁王肜代之。或说华曰："赵王贪昧，信用孙秀，所在为乱，而秀变诈，奸人之雄。今可遣梁王斩秀，刈赵之半，以谢关右，不亦可乎！"华从之，肜许诺。秀友人辛冉从西来，言于肜曰："氐羌自反，非秀之为。"故得免死。伦既还，谄事贾后，因求录尚书事，后又求尚书令。华与裴𬱟皆固执不可，由是致怨，伦、秀疾华如仇。武库火，华惧因此变作，列兵固守，然后救之，故累代之宝及汉高斩蛇剑、王莽头、孔子屐等尽焚焉。……

……及伦、秀将废贾后，秀使司马雅夜告华曰："今社稷将危，赵王欲与公共匡朝廷，为霸者之事。"华知秀等必成篡夺，乃距之。雅怒曰："刃将加颈，而吐言如此！"不顾而出。……是夜难作，诈称诏召华，遂与裴𬱟俱被收。华将死，谓张林曰："卿欲害忠臣耶？"林称诏诘曰："卿为宰相，任天下事，太子之废，不能死节，何也？"华曰："式乾之议，臣谏事具存，非不谏也。"林曰："谏若不从，何不去位？"华不能答。[他确实无以作答。①他在最高层血腥内斗中卷入得太深太久！也许他过于看重"贾后虽凶妒，而知敬重华"。]须臾，使者至曰："诏斩公。"华曰："臣先帝老臣，中心如丹。臣不爱死，惧王室之难，祸不可测也。"遂害之于前殿马道南，夷三族[！]，朝野莫不悲痛之。时年六十九。

[他对寒士良善，且藏书成癖，"家无余财，惟有文史溢于机箧"。]

---

① 下文（被删减）有秘书监挚虞在司马伦毙命后就此作的辩解，内含行动须有说得过去的成功希望才算正当的重要思想："议者有责华以愍怀太子之事不抗节廷争。当此之时，谏者必得违命之死。先圣之教，死而无益者，不以责人。故晏婴，齐之正卿，不死崔杼之难；季札，吴之宗臣，不争逆顺之理。理尽而无所施者，固圣教之所不责也。"

华性好人物，诱进不倦，至于穷贱侯门之士有一介之善者，便咨嗟称咏，为之延誉。雅爱书籍，身死之日，家无余财，惟有文史溢于机箧。尝徙居，载书三十乘。秘书监挚虞撰定官书，皆资华之本以取正焉。天下奇秘，世所希有者，悉在华所。由是博物洽闻，世无与比。

…… ……

［他死后"平反"，仍在（且因）"八王之乱"期间。］

太安二年［303］，诏曰："……华之见害，俱以奸逆图乱，滥被枉贼。其复华侍中、中书监、司空、公、广武侯及所没财物与印绶符策，遣使吊祭之。"

……华著《博物志》十篇，及文章并行于世。……

列传第二十三　愍怀太子传　摘录和评注

［愍怀太子司马遹是开启"八王之乱"的贾后南风害死的最后一人，经过她精致的鬼蜮伎俩，在其九年专权间的最后一轮高层清洗中惨遭废黜和囚禁。他继而丧命，直接缘于赵王司马伦的鬼蜮伎俩和曲折的政变阴谋。因此，本篇的主题昭彰：最高层的旨在你死我活的阴谋诡计！］

［皇储司马衷的长子，"幼而聪慧"，似乎懂政治，从而受到爷爷武帝宠爱，甚至被后者认为有司马懿遗风。司马衷即位为惠帝后，他便被册立为太子，且受到了特别良好的教育。］

愍怀太子遹，字熙祖，惠帝长子，母曰谢才人［下云出身微贱，"本屠家女"］。幼而聪慧，武帝爱之，恒在左右。……宫中尝夜失火，武帝登楼望之。太子时年五岁，牵帝裾入闇中。帝问其故，太子曰："暮夜仓卒，宜备非常，不宜令照见人君也。"由是奇之。尝从帝观豕牢，言于帝曰："豕甚肥，何不杀以享士，而使久费五谷？"帝嘉其意，即使烹之。因抚其背，谓廷尉傅祗曰："此儿当兴我家。"尝对群臣称太子似宣帝，于是令誉流于天下。

时望气者言广陵有天子气，故封为广陵王，邑五万户。以刘寔为师，孟珩为友，杨准、冯荪为文学。惠帝即位,立为皇太子。盛选德望以为师傅,以何劭为太师,王戎为太傅,杨济为太保,裴楷为少师,张华为少傅,和峤为少保。元康元年[291],出就东宫,又诏曰:"遹尚幼蒙,今出东宫,惟当赖师傅群贤之训。其游处左右,宜得正人使共周旋,能相长益者。"……

[何人能预见未来?好先生又怎么一定会"教出"好学生?他"及长,不好学",不尊师,且被阴险凶暴的贾后南风蓄意鼓励放荡不羁,残忍凶恶,以便到时候不堪她一击。]

及长,不好学,惟与左右嬉戏,不能尊敬保傅。贾后素忌太子有令誉,因此密敕黄门阉宦媚谀于太子曰:"殿下诚可及壮时极意所欲,何为恒自拘束?"[贾后教他放纵无比。]每见喜怒之际,辄叹曰:"殿下不知用威刑,天下岂得畏服!"[还教他凶恶残忍。]太子所幸蒋美人生男,又言宜隆其赏赐,多为皇孙造玩弄之器,太子从之。[坏先生深怀个人的和政治的动机,轻而易举地教出一个极坏的学生:]于是慢弛益彰,或废朝侍,恒在后园游戏。爱埤车小马,令左右驰骑,断其鞅勒[套马的皮带和勒马的缰绳],使堕地为乐。或有犯忤者,手自捶击之。性拘小忌,不许缮壁修墙,正瓦动屋。而于宫中为市,使人屠酤[屠牲卖酒],手揣斤两,轻重不差[指他本人手起刀落,丝毫不差]。其母本屠家女也,故太子好之。又令西园卖葵菜、蓝子、鸡、面之属,而收其利。[此类行为恰似极其腐败、放纵和卑劣的东汉末灵帝!①]东宫旧制,月请钱五十万,备于众用,太子恒探取二月,以供嬖宠。洗马江统陈五事以谏之,太子不纳,语在《统传》中。舍人杜锡以太子非贾后所生,而后性凶暴,深以为忧,每尽忠规劝太子修德进善,远于谗谤。[舍人杜锡清醒,深知贾后对他主公所教所纵恰恰旨在最终废黜之!]太子怒,使人以针著锡常所坐毡中而刺之。

---

① 《后汉书·灵帝纪》载:帝作列肆[模拟市场]于后宫,使诸采女贩卖[令嫔妃宫女扮作商贩],更相盗窃争斗。帝著商估服,饮宴为乐。又于西园弄狗,著进贤冠[《三礼图》曰:"进贤冠,文官服之,前高七寸,后高三寸,长八寸。"狗着该冠],带绶。又驾四驴,帝躬自操辔,驱驰周旋,京师转相放效。

[如上所述，他全无政治远见，因而还与贾后所宠幸的贾充的过继子嗣贾谧交恶，从而增添了一个权势炽盛的要敌（虽然因为有贾后，贾谧对于他的毁灭来说绝非必不可少）。]

　　太子性刚，知贾谧恃后之贵，不能假借之。谧至东宫，或舍之而于后庭游戏。詹事裴权谏曰：“贾谧甚有宠于中宫，而有不顺之色，若一旦交构，大事去矣。宜深自谦屈，以防其变，广延贤士，用自辅翼。”太子不能从。初，贾后母郭槐欲以韩寿女为太子妃，太子亦欲婚韩氏以自固。而寿妻贾午及后皆不听，而为太子聘王衍小女惠风。太子闻衍长女美，而贾后为谧聘之，心不能平，颇以为言。谧尝与太子围棋，争道，成都王颖见而诃谧，谧意愈不平，因此谮太子于后曰：“太子广买田业，多畜私财以结小人者，为贾氏故也。密闻其言云：‘皇后万岁后，吾当鱼肉之。’非但如是也，若宫车晏驾，彼居大位，依杨氏故事，诛臣等而废后于金墉，如反手耳。不如早为之所，更立慈顺者以自防卫。”后纳其言[对心机早立和残忍果断的贾后而言，贾谧的谗言和提议绝非必不可少！]，又宣扬太子之短，布诸远近。于时朝野咸知贾后有害太子意。中护军赵俊请太子废后，太子不听。

　　[在“宣扬太子之短，布诸远近”之后，贾后对他摊牌（经鬼蜮伎俩捏造他谋反），而他不堪一击。]

　　（元康）九年[299]……十二月，贾后将废太子，[捏造他谋反的一则较为复杂的诡谲故事]诈称上不和，呼太子入朝。既至，后不见，置于别室，遣婢陈舞赐以酒枣，逼饮醉之。使黄门侍郎潘岳作书草，若祷神之文，有如太子素意，因醉而书之，令小婢承福以纸笔及书草使太子书之。文曰：“陛下宜自了；不自了，吾当入了之。中宫[皇后居住之处]又宜速自了；不了，吾当手了之。并谢妃共要克期[在严格规定的期限内]而两发，勿疑犹豫，致后患。茹毛饮血于三辰之下，皇天许当扫除患害，立道文[司马遹之子，幸姬蒋美人生]为王，蒋为内主。愿成，当三牲祠北君，大赦天下。要疏如律令。”太子醉迷不觉，遂依而写之，其字半不成。既而补成之，后以呈帝。[经过一番近乎一面倒地对他极为不利，但极少数意见仍有作用的宫廷辩论，他丢失一切地位，但暂时保住性命。]帝幸式乾殿，召公卿入，使黄门令董猛以太子书及青纸诏曰：“遹书如此，今赐死。”遍示诸公王，莫有言者，惟张华、裴颜证明太子。贾后使董猛矫以长广公主辞白帝曰："事宜速决,而群臣各有不同,若有不从诏,宜以军法从事。"议至日西不决。后惧事变,乃表免太子为庶人,诏许之。于是使尚书和郁持节,解结为副,及大将军梁王肜、镇东将军淮南王允、前将军东武公澹、赵王伦、太保何劭诣东宫,废太子为庶人。是日太子游玄圃,闻有使者至,改服出崇贤门,再拜受诏,步出承华门,乘粗犊车。澹以兵仗送太子妃王氏、三皇孙于金墉城,考竟谢淑妃及太子保林蒋俊。明年正月,贾后又使黄门自首,欲与太子为逆。诏以黄门首辞班示公卿。又遣澹以千兵防送太子,更幽于许昌宫之别坊,令治书御史刘振持节守之。……

初,太子之废也,妃父王衍表请离婚。[已经被废的司马遹本人详细叙述他被捏造谋反的那则诡谲故事,其中的关键是被贾后逼醉,醉后才有"荒迷"抄写贾后准备好的谋反文书之事]太子至许,遗妃书曰:"……去年十二月,道文疾病困笃,父子之情,实相怜愍。于时表国家乞加徽号,不见听许。疾病既笃,为之求请恩福,无有恶心。自道文病,中宫三遣左右来视,云:'天教呼汝。'到二十八日暮,有短函来,题言东宫发,疏云:'言天教欲见汝。'即便作表求入。二十九日早入见国家,须臾遣至中宫。中宫左右陈舞见语:'中宫旦来吐不快。'使住空屋中坐。须臾中宫遣陈舞见语:'闻汝表陛下为道文乞王,不得王是成国耳。'中宫遥呼陈舞:'昨天教与太子酒枣。'便持三升酒、大盘枣来见与,使饮酒啖枣尽。遹素不饮酒,即便遣舞启说不堪三升之意。中宫遥呼曰:'汝常陛下前持酒可喜,何以不饮?天与汝酒,当使道文差也。'便答中宫:'陛下会同一日见赐,故不敢辞,通日不饮三升酒也。且实未食,恐不堪。又未见殿下,饮此或至颠倒。'陈舞复传语云:'不孝那!天与汝酒饮,不肯饮,中有恶物邪?'遂可饮二升,余有一升,求持还东宫饮尽。逼迫不得已,更饮一升。饮已,体中荒迷,不复自觉。须臾有一小婢持封箱来,云:'诏使写此文书。'遹便惊起,视之,有一白纸,一青纸。催促云:'陛下停待。'又小婢承福持笔研墨黄纸来,使写。急疾不容复视,实不觉纸上语轻重。父母至亲,实不相疑,事理如此,实为见诬,想众人见明也。"

[大风波骤然又起:"太子既废非其罪,众情愤怨",贾后的主要协作者赵王司马伦由此决定玩弄鬼蜮伎俩以图政变,即先唆使贾后杀害司马遹,然后以"为太子报

仇"为名消灭贾后,是为"八王之乱"第二轮之始。]

太子既废非其罪,众情愤怨。右卫督司马雅,宗室之疏属也,与常从督许超并有宠于太子,二人深伤之,说赵王伦谋臣孙秀曰:"国无适嗣,社稷将危,大臣之祸必起。而公奉事中宫,与贾后亲密,太子之废,皆云豫知,一旦事起,祸必及矣。何不先谋之!"秀言于赵王伦,伦深纳焉。计既定,而秀说伦曰:"太子为人刚猛,若得志之日,必肆其情性矣。明公素事贾后,街谈巷议,皆以公为贾氏之党。今虽欲建大功于太子,太子虽将含忍宿怨,必不能加赏于公,当谓公逼百姓之望,翻覆以免罪耳。若有瑕衅,犹不免诛。不若迁延却期,贾后必害太子,然后废贾后,为太子报仇,犹足以为功,乃可以得志。"伦然之。秀因使反间,言殿中人欲废贾后,迎太子。贾后闻之忧怖,乃使太医令程据合巴豆杏子丸。三月,矫诏使黄门孙虑赍至许昌以害太子。初,太子恐见鸩,恒自煮食于前。虑以告刘振[治书御史,持节在许昌宫监察被囚的司马遹],振乃徙太子于小坊中,绝不与食,宫中犹于墙壁上过食与太子。虑乃逼太子以药,太子不肯服,因如厕,虑以药杵椎杀之,太子大呼,声闻于外。时年二十三。……

[冤屈:他的个人主题。]

及贾庶人死,乃诛刘振、孙虑、程据等……帝为太子服长子斩衰,群臣齐衰,使尚书和郁率东宫官属具吉凶之制,迎太子丧于许昌。

丧之发也,大风雷电,帏盖飞裂。……谥曰愍怀。六月己卯,葬于显平陵。帝……立思子台,故臣江统、陆机并作诔颂焉。……

列传第十八　阎缵传　摘录和评注

[河间王司马颙之下的一名"博览坟典""慷慨好大节"的小官,反复为受贾南风陷害而被废被杀的愍怀太子司马遹鸣冤,并且揭示部分相关的政治教训,即西晋顶层政治变动惯于血腥,"辄加诛斩""动辄灭门"(此风或来自司马懿高平陵政变)。此外,他关于皇室教育、东宫教育说的也饶有意义。]

[小官宦世家出身，"少游英豪，多所交结，博览坟典"，且行为殊儒，饶有侠气。]

阎缵，字续伯，巴西安汉[今四川南充北]人也。祖圉，为张鲁功曹，劝鲁降魏，封平乐乡侯。父璞，嗣爵，仕吴至牂柯太守。缵侨居河南新安，少游英豪，多所交结，博览坟典，该通物理。[行为殊儒：]父卒，继母不慈，缵恭事弥谨。而母疾之愈甚，乃诬缵盗父时金宝，讼于有司。遂被清议十余年，缵无怨色，孝谨不息。母后意解，更移中正，乃得复品。[还有侠气：]为太傅杨骏舍人，转安复令。骏之诛也，缵弃官归，要骏故主簿潘岳、掾崔基等共葬之。基、岳畏罪，推缵为主。墓成，当葬，骏从弟模告武陵王澹，将表杀造意者。众咸惧，填冢而逃，缵独以家财成墓，葬骏而去。……河间王颙引为西戎校尉[协助治理长安的中级军官]司马，有功，封平乐乡侯。

[勇敢地为受贾南风陷害而被废的愍怀太子鸣冤，说后者虽放荡不羁，但未谋反。]

愍怀太子之废也[299]，缵舆棺诣阙，上书理太子之冤曰：

……[司马遹放荡不羁与其重大原因：]臣伏念遹生于圣父而至此者，由于长养深宫，沈沦富贵，受饶先帝，父母骄之。每见选师傅下至群吏，率取膏粱击钟鼎食之家，希有寒门儒素如卫绾、周文、石奋、疏广，洗马、舍人亦无汲黯、郑庄之比[皇家教育的一个常见弊端]，遂使不见事父事君之道。……非但东宫，历观诸王师友文学，皆豪族力能得者，率非龚遂、王阳，能以道训。[藩王家庭教育亦如此。产出纨绔子弟的方便途径：]友无亮直三益之节，官以文学为名，实不读书，但共鲜衣好马，纵酒高会，嬉游博弈，岂有切磋，能相长益！臣常恐公族迟陵，以此叹息。今遹可以为戒，恐其被斥，弃逐远郊，始当悔过，无所复及。

[司马遹未谋反，无悖逆行动，因而"尚可禁持"，只要"重选保傅"予以再教育：]昔戾太子无状，称兵距命，而壶关三老上书，有田千秋之言，犹曰："子弄父兵，罪应笞耳！"汉武感悟之，筑思子之台。今遹无状，言语悖逆，受罪之日，不敢失道，犹为轻于戾太子，尚可禁持，重选保傅。["重选保傅"，逆反上述糟糕透顶的教育方式：]如司空张华，道德深远，乃心忠诚，以为之师。光禄大夫刘寔，寒苦自立，终始不衰，

年同吕望，经籍不废，以为之保。尚书仆射裴颁，明允恭肃，体道居正，以为之友。置游谈文学，皆选寒门孤宦以学行自立者，及取服勤更事、涉履艰难、事君事亲、名行素闻者，使与共处。使严御史监护其家，绝贵戚子弟、轻薄宾客。如此，左右前后，莫非正人。……

……　……

……[他的勇敢和誓死决心：]臣老母见臣为表，乃为臣卜卦，云"书御即死"。妻子守臣，涕泣见止。臣独以为……唯当陈诚，以死献忠。辄具棺絮，伏须刑诛。

书御不省。[他不受诛就谢天谢地了。]

[赵王司马伦政变毁灭贾后及其党羽后，他再度为司马遹鸣冤，并且揭示部分相关的政治教训。]

及张华遇害[300]，贾谧被诛，朝野震悚，缵独抚华尸恸哭曰："早语君逊位而不肯，今果不免，命也夫！"过叱贾谧尸曰："小儿乱国之由，诛其晚矣！"[他现在可以抒发对贾后乱国的痛恨！]

皇太孙[司马遹之子司马臧]立，缵复上疏曰：

臣前上书讼太子之枉，不见省览。……恨臣精诚微薄，不能有感，竟使太子流离，没命许昌。……

[杰出的是，他就司马遹遭难揭示了部分相关的政治教训：]……自晋兴已来，用法太严，迟速之间，辄加诛斩。一身伏法，犹可强为，今世之诛，动辄灭门。昔吕后临朝，肆意无道。周昌相赵[赵王如意，戚夫人子]，(吕后)三召其王而昌不遣，先征昌入，乃后召王。此由汉制本宽，得使为快。假令如今，吕后必谓昌已反，夷其三族，则谁敢复为杀身成义者哉！此法宜改，可使经远。又汉初废赵王张敖，其臣贯高谋弑高祖，高祖不诛，以明臣道。田叔、孟舒十人为奴，髡钳随王，隐亲侍养，故令平安。向使晋法得容为义，东宫之臣得如周昌，固护太子得如邴吉[邴吉拒诏护皇曾孙，后得原宥，不治其拒诏之罪]，距诏不坐，伏死谏争，则圣意必变，太子以安。如田叔、孟舒侍从不罪者，则隐亲左右，奸凶毒药无缘得设，太子不夭也。

……　……

　　　　　　　　古代军政行为方略图景：《晋书》解读

缵又陈[如他首次为司马遹鸣冤时说的那样,他再次饶有意义地谈论应有的皇室教育、东宫教育]:

……保傅东宫……宜选寒苦之士,忠贞清正,老而不衰……以为师傅。其侍臣以下文武将吏,且勿复取盛戚豪门子弟,若吴太妃家室及贾、郭之党。如此之辈,生而富溢,无念修己,率多轻薄浮华,相驱放纵,皆非所补益于吾少主者也。皆可择寒门笃行、学问素士、更履险易、节义足称者,以备群臣……

……天子之子不患不富贵,不患人不敬畏,患于骄盈,不闻其过,不知稼穑之艰难耳。至于甚者,乃不知名六畜,可不勉哉!……

…… ……

[他因"忠烈"终于升为中级官员,"慷慨好大节"不变,侠气不变:]

朝廷善其忠烈,擢为汉中太守。赵王伦死,既葬,缵以车轹[车轮碾压]其冢。时张华兄子景后徙汉中,缵又表宜还。缵不护细行,而慷慨好大节。卒于官,时年五十九。……

列传第二十六　江统传　摘录和评注

[江统,有"经国远图"的政治/战略思想家,留下西晋最杰出的政治/战略文献之一《徙戎论》。该文秉承关于北方和西北方少数民族最悠久、最简要的华夏偏颇信条和历史经验,从少数民族世纪性大规模内迁的决定性事实出发,杰出地预感到五胡乱华。他"宜杜其萌"的战略主张是"申谕发遣,还其本域",不仅不可能被只关注高层清洗以利独裁的暴虐专权者贾后南风采纳,而且确如房玄龄等所言,是过晚地试图逆反历史大潮的"社会工程"(social engineering)空谈("假其言见用,恐速祸招怨,无救于将颠也")。]

[他的正直勇敢令人惊叹,因为他冒被贾后诛杀的大风险,违禁送别被废被徙的愍怀太子司马遹,"悲泣流涟"。]

[因氏族首领齐万年的反叛和战争而"深惟四夷乱华",作《徙戎论》——西晋最杰出的政治/战略文献之一,杰出地预感到华夏史上最悲惨最黑暗时代即五胡乱华时代的到来,虽然其对策是"社会工程"空谈,过晚地试图逆反历史大潮。]

江统,字应元,陈留圉[今河南开封市通许县南]人也。……父祚,南安太守。统静默有远志,时人为之语曰:"嶷然稀言江应元。"与乡人蔡克俱知名。袭父爵,除山阴令。时关陇屡为氐、羌所扰,孟观西讨,自擒氐帅齐万年。① 统深惟四夷乱华,宜杜其萌,乃作《徙戎论》。其辞曰:

[关于蛮夷的最古老、最简要华夏信条,地理、族裔、文化的巨大区隔:]夫夷蛮戎狄,谓之四夷,九服之制,地在要荒。《春秋》之义,内诸夏而外夷狄。以其言语不通,贽币不同,法俗诡异,种类乖殊;或居绝域之外,山河之表,崎岖川谷阻险之地,与中国壤断土隔,["天子有道,守在四夷",尚无华夏对蛮夷的统治或控制,因而尚无华夏帝国和帝国主义:]不相侵涉,赋役不及,正朔不加,故曰"天子有道,守在四夷"。[据传奇,开始有因"西戎即叙"而来的华夏帝国,其帝国主义意识形态的根本是华夏强烈的族裔/文化优越感和相应的鄙视,然而这帝国统治或控制(甚而华夏边防)远不稳定,因为北方西北方蛮夷千余年里"弱则畏服,强则侵叛"]禹平九土,而西戎即叙[归顺]。其性气贪婪,凶悍不仁,四夷之中,戎狄为甚。弱则畏服,强则侵叛。虽有贤圣之世,大德之君,咸未能以通化率导,而以恩德柔怀也。当其强也,以殷之高宗而愤于鬼方,有周文王而患昆夷、猃狁,高祖困于白登,孝文军于霸上。及其弱也,周公来九译之贡,中宗[汉宣帝庙号]纳单于之朝,以元成之微,而犹四夷宾服。此其已然之效也。[历史经验:为讨便宜而以大量内迁异族作帝国

———————

① 《晋书·惠帝纪》载:(元康)六年[296]……五月……[北方和西北方异族攻掠或反叛:华夏大灾祸行将汹涌来临的征象]匈奴郝散[匈奴族造反首领]。元康四年(294)于谷远(今山西沁源)起兵反晋,攻上党,杀长吏。不久降晋,为冯翊都尉所杀。弟度元帅冯翊、北地马兰羌、卢水胡反,攻北地,太守张损死之。冯翊太守欧阳建与度元战,建败绩。……秋八月,雍州刺史解系又为度元所败。秦雍氐、羌悉叛,推氐帅齐万年僭号称帝,围泾阳。……十一月丙子,遣安西将军夏侯骏、建威将军周处等讨万年,梁王肜屯好畤。……
七年[297]春正月癸丑,周处与齐万年战于六陌,王师败绩,处死之。……秋七月,雍、梁州疫。大旱,陨霜,杀秋稼。关中饥,米斛万钱。诏骨肉相卖者不禁。[社会因天灾人祸而困苦凋敝!]……
九年[299]春正月,左积弩将军孟观伐氐,战于中亭,大破之,获齐万年。……

边疆军事力量万万不可]故匈奴求守边塞，而侯应陈其不可，①单于屈膝未央，望之议以不臣。②[几乎复制两个多世纪以前伟大史家班固在其《汉书·匈奴传》篇末论说的对待边疆少数民族的战略论："是故圣王……外而不内，疏而不戚（亲近），政教

---

① 《汉书·匈奴传下》载：竟宁元年[33 B.C.]，(南匈奴呼韩邪)单于复入朝，礼赐如初，加衣服锦帛絮，皆倍于黄龙[宣帝年号，49 B.C.]时。单于自言愿婿汉氏以自亲。元帝以后宫良家子王墙[又作王嫱、王樯]字昭君赐单于。

单于欢喜，上书愿保[守卫]塞上谷以西至敦煌，传之无穷，请罢边备塞吏卒，以休天子人民。天子令下有司议，议者皆以为便。郎中侯应习边事，以为不可许。上问状，应曰[《侯应论罢边十不可》]：

……周、秦以来，匈奴暴桀，寇侵边境，汉兴，尤被其害。臣闻北边塞至辽东，外有阴山……本冒顿单于依阻其中，治作弓矢，来出为寇，是其范围也。至孝武世，出师征伐，斥夺此地，攘之幕北。然后边境得用少安。……边长老言匈奴失阴山之后，过之未尝不哭也。如罢备塞戍卒，示夷狄之大利，不可一也。[地缘战略论据]今圣德广被，天覆匈奴，匈奴得蒙全活之恩，稽首来臣。夫夷狄之情，困则卑顺，强则骄逆，天性然也。前以罢外城，省亭隧，今裁足以候望通烽火而已。古者安不忘危，不可复罢，二也。[族裔文化论据]中国有礼义之教、刑罚之诛，愚民犹尚犯禁，又况单于，能必其众不犯约哉！三也。[再度是族裔文化论据，连同基于人性的一项普遍的政治论据。]自中国尚建关梁以制诸侯，所以绝臣下之觊欲也。设塞徼，置屯戍，非独为匈奴而已，亦为诸属国降民，本故匈奴之人，恐其思旧逃亡，四也。[从帝国宗主控制的需要出发的论据，控制西北诸附庸族裔。]近西羌保塞，与汉人交通，吏民贪利，侵盗其畜产、妻子，以此怨恨，起而背畔，世世不绝。今罢乘塞[登塞而守]，则生嫚易[犹相欺侮]分争之渐，五也。[从沿帝国西部边疆地区的潜在动乱这特殊形势出发的论据。]……如罢戍卒，省候望，单于自以保塞守御，必深德汉[谓有德于汉]，请求无已。小失其意，则不可测。开夷狄之隙，亏中国之固，十也。[基于一项对下述机制之经验性常识理解的论据，即贡献导致和加强索求或野心，特别在自治的人民那里。诉诸自助，而非免费的午餐。]非所以永持至安，威制百蛮之长策也。

对奏，天子有诏："勿议罢边塞事。"使车骑将军（许嘉）口谕单于曰："单于上书愿罢北边吏士屯戍，子孙世世保塞……朕甚嘉之。中国四方皆有关梁障塞，非独以备塞外也，亦以防中国奸邪放纵，出为寇害，故明法度以专众心也。……为单于怪其不罢，故使大司马车骑将军嘉晓单于。"单于谢曰："愚不知大计，天子幸使大臣告语，甚厚！"……

② 《汉书·匈奴传下》：赞曰：……故呼韩邪始朝于汉，汉议其仪，而萧望之曰："戎狄荒服，言其来服荒忽无常，时至时去，宜待以客礼，让而不臣。如其后嗣遁逃窜伏，使于中国不为叛臣。"[萧望之这著名的学者大臣懂得一种古老战略智慧的"秘密"，从对"他们"与"我们"之间基本的族裔/文化差异的牢固坚定的理解出发，加上一种由此而来的冷静意识，即像被应用于"我们"那样去对他们施以同化或统治是不可能、经不起和不可行的。]及孝元时，议罢守塞之备，侯应以为不可，可谓盛不忘衰，安必思危，远见识微之明矣。[和平繁荣时期总是要保持"我们的"边境防御，同样因为"他们"不是"我们"。]

不及其人,正朔(谓历法)不加其国;来则惩而御之,去则备而守之。其慕义而贡献,则接之以礼让,羁縻不绝,使曲在彼,盖圣王制御蛮夷之常道也"]是以有道之君牧夷狄也,惟以待之有备,御之有常,虽稽颡执贽,而边城不弛固守;为寇贼强暴,而兵甲不加远征,期令境内获安,疆埸不侵而已。

[大利于蛮夷的根本的历史转折点之一! 那用司马迁的话说是"幽王……废申后,去太子也。申侯怒,与缯、西夷犬戎攻幽王。幽王举烽火征兵,兵莫至。遂杀幽王骊山下"。从此华夏普遍内战,"戎狄乘间,得入中国"]及至周室失统,诸侯专征,以大兼小,转相残灭,封疆不固,而利害异心。戎狄乘间,得入中国。[在江统看来,最糟糕的是那么广泛和频仍地用蛮夷作为军事力量或战略盟友去打华夏内战,导致蛮夷大规模交织性地渗入华夏:]或招诱安抚,以为己用。故申、缯之祸,颠覆宗周;襄公要秦,遽兴姜戎。[秦襄公(?—766 B.C.)出兵护周平王东迁,以功封诸侯,统治关中时,羌戎各族也骤然崛起。]当春秋时,义渠、大荔居秦、晋之域,陆浑、阴戎处伊、洛之间,鄋瞒[春秋时长狄的一支,其国都在今山东高青县高城镇西北二里左右的狄城遗址]之属害及济东,侵入齐、宋,陵虐邢、卫,南夷与北狄交侵中国,不绝若线。[内战与外战交错——春秋战国华夏/半华夏的"攘夷史":]齐桓攘之,存亡继绝,北伐山戎,以开燕路。……逮至春秋之末,战国方盛,楚吞蛮氏,晋霸陆浑,赵武胡服,开榆中之地,秦雄咸阳,灭义渠之等。[秦帝国辉煌的"攘夷史"——"一世之功","当时中国无复四夷也":]始皇之并天下也,南兼百越,北走匈奴,五岭长城,戎卒亿计。虽师役烦殷,寇贼横暴,然一世之功,戎虏奔却,当时中国无复四夷也。

[大利于蛮夷的根本的历史转折点之二! 东汉衰落时代"诸戎遂炽","寇发心腹,害起肘腋,疢笃难疗",那可源溯于西汉末的全国大乱和野蛮化以及马援徙羌人内迁:]汉兴而都长安,关中之郡号曰三辅,《禹贡》雍州,宗周丰、镐之旧也。及至王莽之败,赤眉因之,西都荒毁,百姓流亡。建武中,以马援领陇西太守,讨叛羌,徙其余种于关中,居冯翊、河东空地,而与华人杂处。数岁之后,族类蕃息,既恃其肥强,且苦汉人侵之。永初[东汉安帝年号,元年为107年]之元,骑都尉王弘使西域,发调羌、氐,以为行卫。于是群羌奔骇,互相扇动,二州之戎,一时俱发,覆没将守,屠破

城邑。邓骘之征，弃甲委兵，舆尸丧师，①前后相继，诸戎遂炽，至于南入蜀汉，东掠赵、魏，唐突轵关[位于今河南济源城西22公里处，关当轵道之险，因曰轵关]，侵及河内。及遣北军中侯朱宠将五营士于孟津距羌[永初五年(111)，羌族军队进入河东又转到河内郡，朱宠奉命率领五营将士屯军孟津(今河南孟津东北)，以防止羌兵侵袭京师洛阳]，十年之中，夷夏俱毙，任尚、马贤仅乃克之。此所以为害深重、累年不定者，虽由御者之无方，将非其才，亦岂不以寇发心腹，害起肘腋，疢笃难疗，疮大迟愈之故哉！自此之后，余烬不尽，小有际会，辄复侵叛。马贤忸忕[骄纵]，终于覆败；②段颎临冲

---

① 《后汉书·安帝纪》载：永初元年[107]……六月……壬戌，罢西域都护。
　　先零种羌叛，断陇道，大为寇掠，遣车骑将军邓骘[zhì]、征西校尉任尚讨之。……
　　二年[108]春正月……车骑将军邓骘为种羌所败于冀西。……
　　冬十月……征西校尉任尚与先零羌战于平襄，尚军败绩。
　　十一月辛酉，拜邓骘为大将军，征还京师，留任尚屯陇右。先零羌滇零称天子于北地，遂寇三辅，东犯赵、魏，南入益州，杀汉中太守董炳。……
　　三年[109]春正月……遣骑都尉任仁讨先零羌，不利，羌遂破没临洮。
② 《后汉书·西羌传》载：[先零羌被击碎后，种种羌人大致互不协调地从事众多零碎的战争。其中，由帝国专员马贤从事的几场大为残忍，有如典型的种族战争。因为有他，纯军事的血腥方式在边疆地区简直肆行不已。]
　　六年[119]春，勒姐种与陇西种羌号良等通谋欲反，马贤[护羌校尉]逆击之于安故[县名，治所在今甘肃临洮南]，斩号良及种人数百级，皆降散。
　　永宁元年[120]春，上郡沈氏种羌五千余人复寇张掖。其夏，马贤将万人击之。初战失利，死者数百。明日复战，破之，[马贤颇为残忍：]斩首千八百级，获生口千余人，马、牛、羊以万数，余房悉降。时当煎种大豪饥五等，以贤兵在张掖，乃乘虚寇金城。贤还军迫之出塞，[甚至更残忍：]斩首数千级而还。烧当、烧何种闻贤军还，率三千余人复寇张掖，杀长吏。初，饥五同种大豪卢匆、忍良等千余户别留允街，而首施[犹首鼠]两端。建光元年[121，是年邓太后崩]春，马贤率兵召卢匆斩之，因放兵击其种人，[再度残忍：]首房二千余人，掠马、牛、羊十万头，忍良等皆亡出塞。……
　　顺帝永建元年[126]，陇西钟羌反。校尉马贤将七千余人击之，战于临洮，斩首千余级[又一次残忍]，皆率种人降。进封贤都乡侯，自是凉州无事。……
　　[此后，凶猛的屠夫马贤重返近西疆场，从事频繁的征服、杀戮和掠夺。]
　　(阳嘉)三年[134]，钟羌良封等复寇陇西、汉阳，诏拜前校尉马贤为谒者，镇抚诸种。马续遣兵击良封，斩首数百级。四年[135]，马贤亦发陇西吏士及羌胡兵击杀良封，斩首八百级，获马、牛、羊五万余头。……
　　(永和)四年[139]，马贤将湟中义从兵及羌胡万余骑掩击那离等，斩之，获首房千二百余级，得马、骡、羊十万余头。[他几乎总是凶猛、冷血和残酷的！]……(接下页)

[两种战车,喻征伐],自西徂东[巡战]。① 雍州之戎,常为国患,中世之寇,惟此为大。[华夏君主再三犯为利用其军事力量而将蛮夷内迁的大错,这回是曹操;"权宜之计,一时之势","今者当之,已受其弊"]汉末之乱,关中残灭。魏兴之初,与蜀分隔,疆场之戎,一彼一此。魏武皇帝令将军夏侯妙才[夏侯渊字]讨叛氐阿贵、千万等,后因拔弃汉中,遂徙武都[位于今甘肃东南部,地处秦巴山地,毗邻川陕]之种于秦川,欲以弱寇强国,抒御蜀虏。此盖权宜之计,一时之势,非所以为万世之利也。今者当之,已受其弊矣。"

[又一大轮羌族反叛和战争,出自马贤式人物实行的帝国军事高压方针,为此他最终在近西战场上暴死,作为对他的惩罚;帝国赢得又一回皮洛士式的胜利。]

五年[140]夏,且冻、傅难种羌等遂反叛,攻金城,与西塞及湟中杂种羌胡大寇三辅,杀害长吏。……于是发京师近郡及诸州兵讨之,拜马贤为征西将军……且冻分遣种人寇武都,烧陇关,掠苑马。六年[141]春,马贤将五六千骑击之。到射姑山,贤军败,贤及二子皆战殁。[马贤战死,作为报复或惩罚!]……

① 《后汉书·皇甫张段列传》载:[段颎:帝国战神和战场屠夫,一次又一次地对边疆蛮夷进行凶猛的战役,特别是一贯在战场上杀戮和战胜羌人,操作他笃信的一类"种族清洗"和一种有充分武德的歼灭战略。]

[作为指挥将领,他对东向攻袭的羌蛮反复打大规模战役,凶猛,暴烈,一贯杀戮。]

延熹[东汉桓帝年号]二年[159],迁护羌校尉。会烧当、烧何、当煎、勒姐等八种羌寇陇西、金城塞,颎将兵及湟中义从羌万二千骑出湟谷,击破之。追讨南度河,使军吏田晏、夏育募先登,悬索相引,复战于罗亭,大破之,斩其酋豪以下二千级,获生口万余人,虏皆奔走。

明年[160]春,余羌复与烧何大豪寇张掖,攻没钜鹿坞,杀属国吏民,又招同种千余落,并兵晨奔颎军。[他在战场上格外凶猛,穷打狠追,大肆屠戮]颎下马大战,至日中,刀折矢尽,虏亦引退。颎追之,且斗且行,昼夜相攻,割肉食雪,四十余日,遂至河首积石山[在今甘肃西南部积石山保安族东乡族撒拉族自治县],出塞二千余里,斩烧何大帅,首虏五千余人。又分兵击石城羌,斩首溺死者千六百人。烧当羌九十余口诣颎降。又杂种羌屯聚白石[县名,治所在今甘肃南部甘南州夏河县麻当],颎复进击,首虏三千余人。……

[恢复凶猛征伐和屠戮:]时,滇那等诸种羌五六千人寇武威、张掖、酒泉,烧人庐舍。六年[163],寇势转盛,凉州几亡。冬,复以颎为护羌校尉,乘驿之职。明年……冬,颎将万余人击破之,斩其酋豪,首虏四千余人。

八年[165]……夏,进军击当煎种于湟中,[他可以输掉一场战斗,但从不输一场战役:]颎兵败,被围三日,用隐士樊志张策,潜师夜出,鸣鼓还战,大破之,首虏数千人。颎遂穷追,展转山谷间,自春及秋,无日不战,虏遂饥困败散,北略武威间。

颎凡破西羌,斩首二万三千级,获生口数万人,马牛羊八百万头,降者万余落。[在打击攻袭的羌人方面,他是个一贯的战场屠夫和得胜者!]封颎都乡侯,邑五百户。

永康元年[167],当煎诸种复反,合四千余人,欲攻武威,颎复追击于鸾鸟[县名,治所在今甘肃永昌县水源镇北地村北],大破之,杀其渠帅,斩首三千余级,西羌于此弭定。

[重返立论的根本：华夏在族裔/文化上无比优越，而蛮夷"非我族类，其心必异"；华夏紧要区域尤不得让蛮夷族群居住]夫关中土沃物丰，厥田[语出《尚书·禹贡》，厥同撅（掘），谓农田]上上[九等之头等]，加以泾、渭之流溉其舄[xì]卤[土地里的盐碱成分]，郑国、白渠灌浸相通，黍稷之饶，亩号一钟，百姓谣咏其殷实，帝王之都每以为居，未闻戎狄宜在此土也。非我族类，其心必异，戎狄志态，不与华同。

[华夷杂居导致的一种危险的效应：前者对后者"侮其轻弱，使其怨恨之气毒于骨髓"。对民族压迫和凌辱的深刻的反思]而因其衰弊，迁之畿服，士庶玩习，侮其轻弱，使其怨恨之气毒于骨髓。至于蕃育众盛，则坐生其心。[偏见与洞察结合的见识：]以贪悍之性，挟愤怒之情，候隙乘便，辄为横逆。而居封域之内，无障塞之隔，掩不备之人，收散野之积，故能为祸滋扰，暴害不测。此必然之势，已验之事也。

[他强迫性的蛮夷人口大迁徙的国策建议，过晚地试图逆反历史大潮的"社会工程"空谈]当今之宜，宜及兵威方盛，众事未罢，徙冯翊、北地、新平、安定界内诸羌，著[标明]先零、罕开、析支之地；徙扶风、始平、京兆之氐，出还陇右，著阴平、武都之界。廪其道路之粮，令足自致，各附本种，反其旧土，使属国、抚夷就安集之。戎晋不杂，并得其所，上合往古即叙[归顺]之义，下为盛世永久之规。纵有猾夏之心，风尘之警，则绝远中国，隔阂山河，虽为寇暴，所害不广。是以充国、子明[汉元帝时破羌将领冯奉世字]能以数万之众制群羌之命，有征无战，全军独克，虽有谋谟深计，庙胜远图，岂不以华夷异处，戎夏区别，要塞易守之故，得成其功也哉！

[对他的诘难完全有理：]难者曰：方今关中之祸[即齐万年之乱]，暴兵二载，征戍之劳，老师十万，水旱之害，荐饥累荒，疫疠之灾，札瘥[chài][因疫疠、疾病而死]夭昏。凶逆既戮，悔恶初附，且款且畏，咸怀危惧，百姓愁苦，异人同虑，望宁息之有期，若枯旱之思雨露，诚宜镇之以安豫。而子方欲作役起徒，兴功造事，使疲悴之众，徙自猜之寇，以无谷之人，迁乏食之虏，恐势尽力屈，绪业不卒，羌戎离散，心不可一，前害未及弭，而后变复横出矣。

[他完全不接受此种诘难。他强行迁徙蛮夷的主张基于十足的"种族现实主义/马基雅维里主义"，强调蛮夷"悔恶反善，怀我德惠而来柔附"全不可能，必须乘其兵败而"势穷道尽，智力俱困"之际"制以兵威，使之左右无违"]答曰：羌戎狡猾，擅相号署，攻城野战，伤害牧守，连兵聚众，载离寒暑矣。而今异类瓦解，同种土崩，

老幼系房，丁壮降散，禽离兽进，不能相一。子以此等为尚挟余资，悔恶反善，怀我德惠而来柔附乎？将势穷道尽，智力俱困，惧我兵诛以至于此乎？曰，无有余力，势穷道尽故也。然则我能制其短长之命，而令其进退由己矣。夫乐其业者不易事，安其居者无迁志。方其自疑危惧，畏怖促遽，故可制以兵威，使之左右无违也。迫其死亡散流，离遏[远离去]未鸠[聚集]，与关中之人，户皆为仇，故可遁[远]迁远处，令其心不怀土也。……且关中之人百余万口，率其少多，戎狄居半，处之与迁，必须口实。[无论是安顿之还是迁徙之，都需供给粮食。]若有穷乏糁粒不继者，故当倾关中之谷以全其生生之计[真的还有这资源？大为可疑！]，必无挤于沟壑而不为侵掠之害也。今我迁之，传食而至，附其种族，自使相赡，而秦地之人得其半谷，此为济行者以廪粮，遗居者以积仓，宽关中之逼，去盗贼之原，除旦夕之损，建终年之益。若惮暂举之小劳[难道强行迁徙至少五十万人是"暂举之小劳"?!]，而忘永逸之弘策[难道被迁徙的大众永不会再度大规模内渗或内侵?! 漠视历史教益的"永逸之弘策"]；惜日月之烦苦，而遗累世之寇敌，非所谓能开物成务，创业垂统，崇其拓迹，谋及子孙者也。

[南匈奴的内附和反复反叛故事被拿来支持他的主张。故事大抵准确，但主张依然谬误，因为殊难施行，且不保恒久：]并州之胡，本实匈奴桀恶之寇也。汉宣之世，冻馁残破，国内五裂，后合为二，呼韩邪遂衰弱孤危，不能自存，依阻塞下，委质柔服。建武中，南单于复来降附，遂令入塞，居于漠南，数世之后，亦辄叛戾，故何熙、梁慬戎车屡征。中平[汉灵帝年号，184—189]中，以黄巾贼起，发调其兵，部众不从，而杀羌渠。由是于弥扶罗求助于汉，以讨其贼。仍值世丧乱，遂乘衅而作，卤掠赵、魏，寇至河南。① 建安[汉献帝年号，196—220]中，又使右贤王去卑诱质呼厨泉，

---

① 《后汉书·南匈奴列传》载：单于羌渠，光和[灵帝年号]二年[179]立。中平四年[187]，前中山太守张纯反畔，遂率鲜卑寇边郡。灵帝诏发南匈奴兵，配幽州牧刘虞讨之。单于遣左贤王将骑诣幽州。国人恐单于发兵无已，五年[188]，右部醢[xǐ]落与休著各胡白马铜等十余万人反，攻杀单于。单于羌渠立十年，子右贤王于扶罗立。

持至尸逐侯单于于扶罗，中平五年[188]立。国人杀其父者遂畔，共立须卜骨都侯为单于，而于扶罗诣阙自讼。会灵帝崩，天下大乱，单于将数千骑与白波贼合兵寇河内诸郡。时民皆保聚，抄掠无利，而兵遂挫伤。复欲归国，国人不受，乃止河东。须卜骨都侯为单于一年而死，南庭遂虚其位……

听其部落散居六郡。咸熙[常道乡公年号，264—265]之际，以一部太强，分为三率。泰始[晋武帝年号，265—274]之初，又增为四。于是刘猛[匈奴右贤王，271年叛逃出塞，攻打并州]内叛，连结外虏。近者郝散[匈奴族反叛首领，294年于谷远(今山西沁源)起兵反晋，攻上党，杀长吏]之变，发于谷远。[对匈奴大发难的预感！(果然，匈奴前赵刘渊在304年拥兵大反叛，随即立国，是为五胡十六国之首)]今五部之众，户至数万，人口之盛，过于西戎。然其天性骁勇，弓马便利，倍于氐、羌。若有不虞风尘之虑，则并州之域可为寒心。[顺便说，他对高句丽衰而复盛、大举扩张的长远未来也有颇准确的预感，但那要等到公元六至七世纪：]荣阳句骊本居辽东塞外，正始中，幽州刺史毌丘俭伐其叛者，徙其余种。始徙之时，户落百数，子孙孳息，今以千计，数世之后，必至殷炽。今百姓失职，犹或亡叛，犬马肥充，则有噬啮，况于夷狄，能不为变！但顾其微弱势力不陈耳。

[根本信念：华夏"以四海之广，士庶之富，岂须夷虏在内，然后取足哉"！]夫为邦者，患不在贫而在不均，忧不在寡而在不安。以四海之广，士庶之富，岂须夷虏在内，然后取足哉！[根本主张：对华夏境内异族"申谕发遣，还其本域"]此等皆可申谕发遣，还其本域，慰彼羁旅怀土之思，释我华夏纤介之忧。惠此中国，以绥四方，德施永世，于计为长。

帝不能用。未及十年，而夷狄乱华，时服其深识。[无论如何，他毕竟杰出地预感到华夏史上最悲惨最黑暗的时代即五胡乱华时代的到来！]

…… ……

[他的正直勇敢令人惊叹，因为他冒被贾后诛杀的大风险，违禁送别被废被徙的愍怀太子司马遹，"悲泣流涟"，虽然他明白他的这位主公就个人品行而言颇为糟糕。]

转太子洗马。在东宫累年，甚被亲礼。太子颇阙朝觐，又奢费过度，多诸禁忌，统上书谏曰：

…… ……

及太子废，徙许昌，贾后讽有司不听宫臣追送。统与宫臣冒禁至伊水，拜辞道左，悲泣流涟。[被贾后诛杀的大风险，因贾后宠臣贾谧的政治考虑而未成真：]都官从事悉收统等付河南、洛阳狱。付郡者，河南尹乐广悉散遣之，系洛阳者犹未释。都官从事孙琰说贾谧曰："所以废徙太子，以为恶故耳。东官故臣冒罪拜辞，涕泣路次，不顾重辟，乃更彰太子之德，不如释之。"谧语洛阳令曹摅，由是皆免。及太子薨，改葬，统作诔叙哀，为世所重。

[他在"八王之乱"中后期可谓随波逐流，但不失起码的正直和能干。]

后为博士、尚书郎，参大司马、齐王冏军事。冏骄荒将败，统切谏，文多不载。迁廷尉正，每州郡疑狱，断处从轻。成都王颖请为记室，多所箴谏。申论陆云兄弟[见前《晋书·陆机陆云列传》]，辞甚切至。以母忧去职。服阕，为司徒左长史。东海王越为兖州牧，以统为别驾，委以州事，与统书曰："昔王子师[东汉末王允字]为豫州，未下车，辟荀慈明；下车，辟孔文举。① 贵州人士有堪应此者不？"统举高平郗鉴为贤良，陈留阮修为直言，济北程收为方正，时以为知人。寻迁黄门侍郎、散骑常侍，领国子博士。永嘉四年[310]，避难奔于成皋，病卒。……

_____

① 《后汉书·陈王列传》载：中平元年[184]，黄巾贼起，特选拜（王允）豫州刺史。辟荀爽、孔融等为从事，上除禁党。

列传第三十一　刘乔传　摘录和评注

[本传内有关于"八王之乱"的一番至理名言,出自荆州刺史刘弘:"自顷兵戈纷乱,猜祸锋生,恐疑隙构于群王,灾难延于宗子……今夕为忠,明旦为逆,翩其反而,互为戎首,载籍以来,骨肉之祸未有如今者也。……今边陲无备豫之储,中华有杼轴之困,而股肱之臣不惟国体,职竞寻常,自相楚剥,为害转深,积毁销骨。万一四夷乘虚为变,此亦猛兽交斗,自效于卞庄者矣。"]

……　……

东海王越将讨乔[时为豫州刺史,愤恨于自己豫州的地盘被夺,站到河间王司马颙一边大反东海王司马越,特别是后者的辅臣范阳王司马虓],弘[徒然在刘乔与司马越之间和稀泥,基于华夏内乱必致"四夷乘虚为变"的可赞的大道理]……上表曰:"范阳王虓欲代豫州刺史乔,乔举兵逐虓,司空、东海王越以乔不从命讨之。臣以为乔忝受殊恩,显居州司,自欲立功于时,以徇国难,无他罪阙,而范阳代之,代之为非。然乔亦不得以虓之非,专威辄讨……[可谓关于"八王之乱"的一番至理名言：]然自顷兵戈纷乱，猜祸锋生，恐疑隙构于群王，灾难延于宗子……今夕为忠，明旦为逆，翻其反而，互为戎首，载籍以来，骨肉之祸未有如今者也。臣窃悲之，痛心疾首。今边陲无备豫之储，中华有杼轴[枢要]之困，而股肱之臣不惟国体，职竞[专事竞逐]寻常，自相楚剥[打击，伤害]，为害转深，积毁销骨。万一四夷乘虚为变，此亦猛兽交斗，自效于卞庄者矣①。臣以为宜速发明诏，诏越等令两释猜嫌，各保分局。自今以后，其有不被诏书擅兴兵马者，天下共伐之。……"

帝纪第四　惠帝　摘录和评注

……　……

["八王之乱"第二轮：赵王司马伦等摧毁专权九年的贾后，控制中央政权，继之以数月后篡夺帝位，藩王间的内战开始，不久达到巨大规模，司马伦大败，而后完蛋。]

永康元年[300]……三月……癸未，贾后矫诏害庶人遹于许昌。[她总是干净彻底地毁灭她界定的任何对手，不冒任何风险！]夏四月……[赵王司马伦等骤然推倒贾后，掌控中央政权：]癸巳，梁王肜、赵王伦矫诏废贾后为庶人，司空张华、尚书仆射裴頠皆遇害，侍中贾谧及党与数十人皆伏诛。甲午，伦矫诏大赦，自为相国、都督中外诸军，如宣文辅魏故事，追复故皇太子位。……己亥，赵王伦矫诏害贾庶人……[藩王间的内战开始：]秋八月，淮南王允举兵讨赵王伦，不克，允及其二子秦王郁、汉王迪皆遇害。……以齐王冏["八王之乱"之一王，赵王司马伦当时的主要协作者]为平东将军，镇许昌……十一月……甲子，立皇后羊氏[这位羊后是一直伴随傀儡惠帝受难的傀儡，外戚权势已无可能]……益州刺史赵廞与洛阳流人李庠[巴氏造反领袖之一]害成都内史耿滕、犍为太守李密、汶山太守霍固、西夷校尉陈总，据成都反。[华夏乱中有乱。]

---

① 《史记·张仪列传》载纵横家陈轸言：庄子欲刺虎，馆竖子止之，曰："两虎方且食牛，食甘必争，争则必斗，斗则大者伤，小者死，从伤而刺之，一举必有双虎之名。"卞庄子以为然，立须之。有顷，两虎果斗，大者伤，小者死。庄子从伤者而刺之，一举果有双虎之功。

［司马伦篡夺帝位,惠帝被废,成为其囚徒：］永宁元年[301]春正月乙丑,赵王伦篡帝位。丙寅,迁帝于金墉城[三国魏明帝时筑,为当时洛阳城(今河南洛阳市东)西北角上一小城。魏晋时被废的帝、后,都安置于此],号曰太上皇,改金墉曰永昌宫。废皇太孙臧[晋太子司马遹之庶次子,惠帝司马衷之孙,生母为美人蒋俊]为濮阳王。……癸酉,伦害濮阳王臧。洛阳流人李特[李庠之兄,后者已被上述"据成都反"的赵廞杀害]杀赵廞,传首京师。[围绕帝位的零和游戏——诸大藩王联合进击篡帝位的司马伦,内战规模巨大：]三月,平东将军、齐王冏起兵以讨伦,传檄州郡,屯于阳翟。征北大将军、成都王颖,征西大将军、河间王颙,常山王乂,豫州刺史李毅,兖州刺史王彦,南中朗将、新野公歆,皆举兵应之,众数十万。[司马伦大败：]伦遣其将闾和出伊阙,张泓、孙辅出堮坂以距冏,孙会、士猗、许超出黄桥以距颖。及颖将赵骧、石超战于溴水,会等大败,弃军走。……夏四月……冏将何勖等击张泓于阳翟,大破之,斩孙辅等。[司马伦迅即完蛋：]辛酉,左卫将军王舆与尚书、淮陵王漼勒兵入宫,禽伦党孙秀、孙会、许超、士猗、骆休等,皆斩之。逐伦归第,即日乘舆反正。群臣顿首谢罪,帝曰："非诸卿之过也。"[照旧极端赢弱无力的傀儡不得不说的假话废话。]……诛赵王伦、义阳王威、九门侯质等及伦之党与。五月,立襄阳王尚为皇太孙。六月……庚午,东莱王蕤[ruí]、左卫将军王舆谋废齐王冏,事泄,蕤废为庶人,舆伏诛,夷三族。[华夏乱中有乱！]甲戌,以齐王冏为大司马、都督中外诸军事,成都王颖为大将军、录尚书事,河间王颙为太尉。[摧毁司马伦的三大藩王(齐王、成都王和河间王)一度联合执政。]……秋七月甲午……复封常山王乂为长沙王……冬十月,流人李特反于蜀。……是岁,郡国十二旱,六蝗。

［"八王之乱"第三轮：齐王司马冏控制中央,因据称"窥伺神器"而在围绕帝位的零和游戏中被其他大藩王毁灭。]

太安元年[302]……三月……皇太孙尚薨。……[巴氐流人李特率众击败藩王特遣部队,攻城略地,控制部分巴蜀：]太尉、河间王颙遣将衙博击李特于蜀,为特所败。特遂陷梓潼、巴西,害广汉太守张微,自号大将军。癸卯,以清河王遐子覃为皇太子……以齐王冏为太师,东海王越[这个最终在"八王之乱"中唯一胜出的大藩王也到了中央]为司空。秋七月,兖、豫、徐、冀等四州大水。……[司马冏因"窥伺神器"而被其他大籓王毁灭:]十二月丁卯,河间王颙表齐王冏窥伺神器,有无君之心,与成都王颖、新野王歆、范阳王虓同会洛阳,请废冏还第。长沙王乂奉乘舆屯南止车门,攻冏,杀之,幽其诸子于金墉城,废冏弟北海王寔。……以长沙王乂为太尉、都督中外诸军事。……

[“八王之乱”第四轮:长沙王司马乂控制中央,两大籓王(河间王、成都王)举兵讨伐,围绕帝都洛阳进行残酷的拉锯战,司马乂终败被毁。]

二年[303]……[李特巴蜀之乱越闹越大:]三月,李特攻陷益州。荆州刺史宋岱击特,斩之,传首京师。夏四月,特子雄[李特第三子,自称大都督、大将军、益州牧。不久,攻克成都。304 年称成都王,306 年称帝,国号“大成”]复据益州。[华夏腹心地区义阳蛮——巴人廪君蛮一分支(东汉时称江夏蛮)——在张昌率领下掀起大规模流民造反,短短一年内令人难以设想地几乎控制整个长江中下游地区!①]五月,义阳蛮张昌举兵反,以山都人丘沈为主,改姓刘氏,伪号汉,建元神凤,攻破郡县,南阳太守刘彬,平南将军羊尹,镇南大将军、新野王歆并遇害。六月,遣荆州刺史刘弘等讨张昌于方城,王师败绩。秋七月,中书令卞粹、侍中冯荪、河南尹李含等贰于长沙王乂,乂疑而害之。张昌陷江南诸郡,武陵太守贾隆、零陵太守孔纮、豫章太守阎济、武昌太守刘根皆遇害。昌别帅石冰寇扬州,刺史陈徽与战,大败,诸郡尽没。临淮人封云举兵应之,自阜陵寇徐州。[大籓王们忙着自己的“顶层内战,河间王司马颙和成都王司马颖举兵讨伐控制中央的长沙王司马乂,攻打洛阳:]八月,河间王颙、成都王颖举兵讨长沙王乂,帝以乂为大都督,帅军御之。[来得快去得也快,张昌战败殒命:]庚申,刘弘及张昌战于清水,斩之。[洛阳被攻破,“死者万计”:]颙遣其将张方,颖遣其将陆机、牵秀、石超等来逼京师。乙丑,帝幸十三里桥,遣将军皇甫商距方于宜阳。己巳,帝旋军于宣武。……九月丁丑,帝次于河桥。壬午,皇甫商为张方所败。甲申,帝军于芒山。丁亥,幸偃师。辛卯,舍于豆田。……帝旋于城东。丙申,进军缑氏,击牵秀,走之……张方入京城,烧清明、开阳二门,死者万计。石超逼乘舆于缑氏[今河南洛阳市下属偃师市辖区]。冬十月壬寅,帝旋于宫。石

---

① 王宝顶:《释“绛头毛面”》,《民族研究》1996 年第 1 期。

超焚缣氏，服御无遗。[围绕洛阳的残酷拉锯战，帝都凋敝，"米石万钱"：]丁未，破牵秀、范阳王虓于东阳门外。戊申，破陆机于建春门，石超走，斩其大将贾崇等十六人，悬首铜驼街。张方退屯十三里桥。十一月……王师攻方垒，不利。方决千金堨，水碓皆涸。乃发王公奴婢手舂给兵稟，一品已下不从征者、男子十三以上皆从役。又发奴助兵，号为四部司马。公私穷蹙(cù，蹙)，米石万钱。诏命所至，一城而已。……[司马乂终败被毁：]癸亥，东海王越执长沙王乂，幽于金墉城，寻为张方所害。……甲子，大赦。丙寅，扬州秀才周玘、前南平内史王矩、前吴兴内史顾秘起义军以讨石冰[张昌别帅]。冰退，自临淮趣寿阳。征东将军刘准遣广陵度支陈敏击冰。[巴蜀之乱越闹越大，李特之子"尽有成都之地"：]李雄[李特第三子，自称大都督、大将军、益州牧。不久，攻克成都。304年称成都王，306年称帝，国号"大成"]自郫城攻益州刺史罗尚，尚委城而遁，雄尽有成都之地。……

["八王之乱"第五轮：控制帝都和惠帝的河间王司马颙击败讨伐军，继而洗劫洛阳退往长安；随后，控制帝都和惠帝的成都王司马颖专横残暴，而且击败东海王司马越等发动的征讨，但随之兵败；惠帝被司马颙劫持于流亡道路，悲惨莫名。华夏一片混乱。]

[河间王司马颙击败讨伐军，继而洗劫洛阳去往长安：]永兴元年[304]春正月……帝逼于河间王颙，密诏雍州刺史刘沈、秦州刺史皇甫重以讨之。沈举兵攻长安，为颙所败。张方大掠洛中，还长安。[霍布斯式"自然状态"：]于是军中大馁，人相食。[成都王司马颖残暴统治洛阳，并且废黜皇后和太子，傀儡惠帝悲惨：]以成都王颖为丞相。颖遣从事中郎成夔等以兵五万屯十二城门，殿中宿所忌者，颖皆杀之，以三部兵代宿卫。二月乙酉，废皇后羊氏，幽于金墉城，黜皇太子覃复为清河王。三月，陈敏攻石冰，斩之，扬、徐二州平。河间王颙表请立成都王颖为太弟。戊申，诏曰："……成都王颖温仁惠和[!]，克平暴乱。其以颖为皇太弟、都督中外诸军事，丞相如故。"……丙辰……以太尉颙为太宰……六月，新作三城门。[司马颖遭攻伐，特别是司马越等发动的大规模攻伐；后者兵败，惠帝悲惨：]秋七月丙申朔，右卫将军陈眕以诏召百僚入殿中，因勒兵讨成都王颖。戊戌，大赦，复皇后羊氏及皇太子覃。己亥，司徒王戎、东海王越、高密王简、平昌公模、吴王晏、豫章王炽、襄阳

王范、右仆射荀籓等奉帝北征，至安阳，众十余万，颖遣其将石超距战。己未，六军败绩于荡阴[在今河南安阳市]，矢及乘舆，百官分散……帝伤颊，中三矢，亡六玺。帝遂幸超军，馁甚……超遣弟熙奉帝之邺……颖府有九锡之仪……八月……张方复入洛阳，废皇后羊氏及皇太子覃。[南匈奴刘渊大规模反叛，四年后将成为前赵皇帝！]匈奴左贤王刘元海反于离石[今山西吕梁市离石区]，自号大单于。[司马颖由胜转败，实为囚徒的傀儡惠帝一再流亡，悲惨莫名：]安北将军王浚遣乌丸骑攻成都王颖于邺，大败之。颖舆帝单车走洛阳，服御分散，仓卒上下无赍，侍中黄门被囊中赍私钱三千，诏贳用。所在买饭以供，宫人止食于道中客舍。宫人有持升余粝米饭及燥蒜盐豉以进帝，帝啖之，御中黄门布被。次获嘉，市粗米饭，盛以瓦盆，帝啖两盂。有老父献蒸鸡，帝受之。至温，将谒陵，帝丧履，纳从者之履，下拜流涕，左右皆歔欷。及济河，张方帅骑三千，以阳燧青盖车奉迎……冬十一月乙未，方请帝谒庙，四劫帝幸长安。方以所乘车入殿中，帝驰避后园竹中。方逼帝升车，左右中黄门鼓吹十二人步从，唯中书监卢志侍侧。方以帝幸其垒，帝令方具车载宫人宝物，[亦兵亦匪，帝宫被洗劫一空：]军人因妻略[奸污霸占]后宫，分争府藏。魏晋已来之积，扫地无遗矣。行次新安，寒甚，帝堕马伤足……河间王颙帅官属步骑三万，迎于霸上……辛丑，复皇后羊氏。[帝国破碎，不仅是由于"八王之乱"：]李雄僭号成都王，刘元海僭号汉王。十二月丁亥，诏曰："……成都王颖自在储贰，政绩亏损，四海失望，不可承重，其以王还第。豫章王炽先帝爱子，令闻日新，四海注意，今以为皇太弟……以司空越为太傅，与太宰颙夹辅朕躬……清通之后，当还东京。"……以河间王颙都督中外诸军事。

["八王之乱"第六轮：在军阀迭起、战火遍野、华夏极端混乱的背景下，东海王司马越攻伐司马颙和司马颖得胜，劫得惠帝，垄断中央权威，并且（据传说）毒死惠帝。"八王之乱"结束，西晋临近灭亡。]

二年[305]春正月甲午朔，帝在长安。夏四月……丙子，张方废皇后羊氏。……[华夏持续地乱中有乱：]六月……陇西太守韩稚攻秦州刺史张辅，杀之。李雄僭即帝位，国号蜀。秋七月……[东海王司马越准备率大军夺取中央权威和傀儡惠帝政权：]东海王越严兵徐方，将西迎大驾。[司马颖部将亦兵亦匪：]成都王颖部将公师藩等聚众攻陷郡县,害阳平太守李志、汲郡太守张延等,转攻邺,平昌公模遣将军赵骧击破之。[军阀迭起,战火遍野,华夏极端混乱。]八月……骠骑将军、范阳王虓[xiāo]逐冀州刺史李义。扬州刺史曹武杀丹阳太守朱建。李雄遣其将李骧寇汉安。车骑大将军刘弘逐平南将军、彭城王释于宛。九月庚寅朔,公师藩又害平原太守王景、清河太守冯熊。庚子,豫州刺史刘乔攻范阳王虓于许昌,败之。壬子,以成都王颖为镇军大将军、都督河北诸军事,镇邺。河间王颙遣将军吕郎屯洛阳。冬十月丙子,诏曰:"……颍川太守刘舆迫胁骠骑将军虓,距逆诏令,造构凶逆,擅劫郡县,合聚兵众……今遣右将军张方为大都督,统精卒十万……除舆兄弟。"丁丑,使前车骑将军石超、北中郎将王阐讨舆等。……十一月,立节将军周权诈被檄,自称平西将军,复皇后羊氏。洛阳令何乔攻权,杀之,复废皇后。十二月……成都王颖进据洛阳,张方、刘弘等并桉兵不能御。范阳王虓济自官渡,拔荥阳,斩石超[司马颖部将],袭许昌,破刘乔于萧,乔奔南阳。右将军陈敏举兵反,自号楚公,矫称被中诏,从沔汉奉迎天子;逐扬州刺史刘机、丹杨太守王旷;遣弟恢南略江州,刺史应邈奔弋阳。

光熙元年[306]春正月戊子朔……帝在长安。[司马越分军攻伐司马颙和司马颖,得胜,遣将劫惠帝:]河间王颙闻刘乔破,大惧,遂杀张方,请和于东海王越,越不听。宋胄[司马越部将]等破颖将楼衰,进逼洛阳,颖奔长安。甲子,越遣其将祁弘、宋胄、司马纂等迎帝。……夏四月己巳,东海王越屯于温。颙遣弘农太守彭随、北地太守刁默距祁弘等于湖。五月……壬辰,祁弘等与刁默战,默大败,颙、颖走南山,奔于宛。[华夏野蛮化,如同罗马野蛮化,在其"经典"含义上:]弘等所部鲜卑大掠长安,杀二万余人。……[司马越军劫得惠帝,前往帝都洛阳:]己亥,弘等奉帝还洛阳,帝乘牛车,行宫藉草,公卿跋涉。……六月丙辰朔,至自长安,升旧殿,哀感流涕。谒于太庙。复皇后羊氏。……八月,以太傅、东海王越录尚书,骠骑将军、范阳王虓为司空。九月,顿丘太守冯嵩执成都王颖,送之于邺……冬十月,司空、范阳王虓薨。虓长史刘舆害成都王颖。[惠帝殒命(如后所述"因食饼中毒而崩,或云司马越之鸩"):]十一月庚午,帝崩于显阳殿,时年四十八,葬太阳陵。

[初唐官方史家/重臣回溯惠帝及其皇父的有关根本"隐情",引出在他们眼里

的、关于皇帝个人与王朝国家之关系的历史教训——"古者败国亡身……不有乱常,则多庸暗"。]

　　帝之为太子也,朝廷咸知不堪政事,武帝亦疑焉。尝悉召东宫官属,使以尚书事令太子决之,帝不能对。贾妃[邪恶的女人,鬼精灵辅导下的鬼精灵!]遣左右代对,多引古义。给事张泓曰:"太子不学,陛下所知,今宜以事断,不可引书。"妃从之。泓乃具草,令帝书之。武帝览而大悦,太子遂安。[武帝司马炎那么容易被哄骗,因为他只听取他喜欢听的! 其灾难性后果:]及居大位,政出群下,纲纪大坏,货赂公行,势位之家,以贵陵物,忠贤路绝,谗邪得志,更相荐举,天下谓之互市焉。高平王沈作《释时论》,南阳鲁褒作《钱神论》,庐江杜嵩作《任子春秋》,皆疾时之作也。[表明惠帝"庸暗"甚或痴呆的著名范例:]帝尝在华林园,闻虾蟆声,谓左右曰:"此鸣者为官乎,私乎?"或对曰:"在官地为官,在私地为私。"及天下荒乱,百姓饿死,帝曰:"何不食肉糜?"其蒙蔽皆此类也。后因食饼中毒而崩,或云司马越之鸩。

　　史臣曰:不才之子,则天称大,权非帝出,政迩宵人[小人]。[第一个"宵人"就是他的皇后贾南风。]……生灵版荡,社稷丘墟。古者败国亡身,分镳[分道扬镳]共轸[指车箱底部四周的横木,借指车],不有乱常,则多庸暗。岂明神丧其精魄,武皇不知其子也!

列传第二十九　八王列传　摘录和评注

　　汝南文成王亮　楚隐王玮　赵王伦　齐王冏　长沙王乂　成都王颖　河间王颙　东海孝献王越

　　[《晋书》内极重要的一个长篇,因为这是以贪诈和暴虐(唯司马亮和司马乂例外)去上演"八王之乱"的主角——八大籓王——的合传,尽管还有横暴嗜血程度完全不亚于他们的贾后南风作为主角之一,也尽管武帝司马炎以其两大根本错误在根源上酿造了这场历史性大灾。]

［我们已在《武帝纪》的评注中着重谴责这两大根本错误：(1)废弃曹操开始的曹魏中央集权、压抑大贵族传统，改而大封宗室藩王，使诸王统兵各据一方；(2)在内宫政治含义重大的问题上受他疼爱和畏惧的杨氏皇后掌控，从而册立非常无能和愚钝的次子为皇储且始终不废，还为其配上奸狠凶残的贾南风为太子妃。］

［"中朝之乱，实始于斯矣。"司马炎薨后帝国中央由贾南风发动的血腥内斗几乎接踵而来，并且由此释放出强大的诸宗室藩王中间的血腥内斗动能。如前所述，"八王之乱"有如群兽轮番厮杀，参战诸王多相继败亡。华夏社会因此惨遭蹂躏，氐、羌、羯、匈奴和鲜卑部族则乘机壮大，不久后成为汹涌南下的攻掠和屠戮巨潮。诚如房玄龄等事后痛叹："难起萧墙，骨肉相残，黎元涂炭，胡尘惊而天地闭，戎兵接而宫庙隳，支属肇其祸端，戎羯乘其间隙，悲夫！"］

［由三段构成的导言：一番华夏帝国之华夏部分基本构造的交替演变简史，大致充斥着褒分封、贬集权的传统儒家陈词，然而关于历史性大灾"八王之乱"的历史性结论简明扼要，必不可免。］

［西周分封之大利：］自古帝王之临天下也，皆欲广树藩屏，崇固维城。唐、虞以前，宪章盖阙，夏、殷以后，遗迹可知。然而玉帛会于涂山［《左传·哀公七年》云"禹合诸侯于涂山，执玉帛者万国"］，虽云万国，至于分疆胙土，犹或未详。泊乎周室，粲焉可观，封建亲贤，并为列国。当其兴也，周、召赞其升平；及其衰也，桓、文辅其危乱。故得卜世之祚克昌，卜年之基惟永。逮王赧即世，天禄已终，虚位无主，三十余载。［秦皇集权之大弊：］爰及暴秦，并吞天下，惩衰周之削弱，忽帝业之远图，谓王室之陵迟，由诸侯之强大。于是罢侯置守，独尊诸己，至乎子弟，并为匹夫，惟欲肆虐陵威，莫顾谋孙翼子。枝叶微弱，宗祐孤危，内无社稷之臣，外阙藩维之助。陈、项一呼，海内沸腾，陨身于望夷［秦代宫名，故址在今陕西省泾阳县东南，因东北临泾水以望北夷，故名。秦末，赵高迫杀秦二世于此］，系颈于轵道。事不师古，二世而灭。［关于西汉的看法，房玄龄等多少有如班固《汉书·诸侯王表》，大致情势性地全面看待分封藩王的政治必需、裨益和弊端，综论先建立而后严厉限制藩王权势，那是两套中央行动，被认为有着各自在相反方向上的弊端。］汉祖勃兴，爰革斯弊。于是分王子弟，列建功臣，锡之山川，誓以带砺［《史记·高祖功臣侯者年表》：

"使河如带，泰山若砺（磨刀石）。"比喻河山]。然而矫枉过直，惩羹吹齑[齑：细切的冷食肉菜。被热汤烫过嘴，吃冷食时也要吹一吹。比喻受到过教训，遇事过分小心]，土地封疆，逾越往古。始则韩、彭菹醢，次乃吴、楚称乱。然虽克灭权逼，犹足维翰王畿。泊成、哀之后，咸籓陵替，君臣乘兹间隙，窃位偷安。[据称东汉初恢复实质性分封，但显然言过其实：]光武雄略纬天，慷慨下国，遂能除凶静乱，复禹配天，休祉盛于两京，鼎祚隆于四百，宗支继绝之力，可得而言。[曹操时开始的曹魏中央集权、压抑大贵族国策体制遭到严厉谴责，像对秦始皇的：]魏武忘经国之宏规，行忌刻之小数，功臣无立锥之地，子弟君不使之人[宗室子弟不能号令臣民]，徒分茅社，实传虚爵，本根无所庇荫，遂乃三叶而亡。

[晋武帝废弃曹魏传统，大封有权有兵的宗室籓王：酿造"八王之乱"的这一大错如何符合这里褒分封、贬集权的传统儒家基调？房玄龄等的办法是基本上文不对题的"付托失所，授任乖方"云云：]有晋思改覆车，复隆盘石，或出拥旄节，莅岳牧之荣；入践台阶，居端揆之重。然而付托失所，授任乖方，政令不恒，赏罚斯滥。或有材而不任，或无罪而见诛，朝为伊、周，夕为莽、卓。机权失于上，祸乱作于下。楚、赵诸王，相仍构衅，徒兴晋阳之甲[典出《春秋公羊传》，意为地方臣属因不满朝廷而举兵]，竟匪[没有]勤王之师。始则为身择利，利未加而害及；初乃无心忧国，国非忧而奚拯！遂使昭阳兴废，有甚弈棋；乘舆幽絷，更同羑里。[特别是后果：]胡羯陵侮，宗庙丘墟，良可悲也。

夫为国之有籓屏，犹济川之有舟楫，安危成败，义实相资。舟楫且完，波涛不足称其险；籓屏式固，祸乱何以成其阶！[酿造"八王之乱"的"结构性原因"如何与这里褒分封、贬集权的传统儒家基调吻合？回答基本上文不对题，而且竟用东晋创始者司马睿作例：]向使八王之中，一籓繄赖，如梁王之御大故，若朱虚之除大憝，则外寇焉敢凭陵，内难奚由窃发！纵令天子暗劣，鼎臣奢放，虽或颠沛，未至土崩。何以言之？琅邪譬彼诸王，权轻众寡，度长絜大，不可同年。遂能匹马济江，奄有吴会，存重宗社，百有余年。虽曰天时，抑亦人事。岂如赵伦、齐冏之辈，河间、东海之徒，家国俱亡，身名并灭。善恶之数，此非其效欤！[无论如何，关于历史性大灾的历史性结论简明扼要和必不可免：]西晋之政乱朝危，虽由时主，然而煽其风、速其祸者，咎在八王，故序而论之，总为其传云耳。

司马亮：

[司马懿第四子，司马师和司马昭异母弟，无论镇守京外还是任职于朝廷，其最大贵族身份加上（要打大折扣的）"清警有才用"保证他皆位极人臣。在武帝垂死之年的关键性宫廷内斗中，他再三败给外戚杨骏；而后不久，他就被贾后南风无情消灭。]

[一位可称孬种的显贵！用房玄龄等较客气的话说，"汝南以纯和之姿，失于无断"。]

[最大贵族，位极人臣：]

汝南文成王亮，字子翼，宣帝第四子也。少清警有才用，仕魏为散骑侍郎、万岁亭侯，拜东中郎将，进封广阳乡侯。讨诸葛诞于寿春，失利，免官。顷之，拜左将军，加散骑常侍、假节，出监豫州诸军事。[镇守帝国最核心区域。]五等建，改封祁阳伯，转镇西将军。[四镇将军之一，督帅凉雍二州。]武帝践阼，封扶风郡王，邑万户，置骑司马，增参军掾属，持节、都督关中雍、凉诸军事。[镇守帝国次核心区域。]会秦州刺史胡烈为羌虏所害，亮遣将军刘旂、骑督敬琰赴救，不进，坐是贬为平西将军。[看来他无甚军事"才用"，因为在两次重大战役中均失利。]旂当斩，亮与军司曹同上言，节度之咎由亮而出，乞丐旂死。诏曰："高平困急，计城中及旂足以相拔，就不能径至，尚当深进。今奔突有投，而坐视覆败，故加旂大戮。今若罪不在旂，当有所在。"有司又奏免亮官，削爵土。诏惟免官。顷之，拜抚军将军。是岁，吴将步阐来降，假亮节都督诸军事以纳之。寻加侍中之服。

咸宁[275—280]初……进号卫将军，加侍中。[宗室宗师，武帝之下外戚之外第一大贵族：]时宗室殷盛，无相统摄，乃以亮为宗师，本官如故，使训导观察，有不遵礼法，小者正以义方，大者随事闻奏。

三年[277]，徙封汝南，出为镇南大将军、都督豫州军事，开府、假节，之国，给追锋车、皂轮犊车，钱五十万。[再次镇守帝国最核心区域。]顷之，征亮为侍中、抚军大将军，领后军将军，统冠军、步兵、射声、长水等营，给兵五百人，骑百匹。[任职中央，官位高得无以复加：]迁太尉、录尚书事、领太子太傅，侍中如故。

[在武帝垂死之年的关键性宫廷内斗中，他再三败给外戚杨骏。]

及武帝寝疾，为杨骏所排，乃以亮为侍中、大司马、假黄钺、大都督、督豫州诸军事，出镇许昌，加轩悬之乐，六佾之舞。封子羕为西阳公。未发，帝大惭，诏留亮委以后事。杨骏闻之，从中书监华廙索[索取]诏视，遂不还[送还]。[他是个"清警"而不敢对阵激战的孬种：]帝崩，亮惧骏疑己，辞疾不入，于大司马门外叙哀而已，表求过葬。骏欲讨亮，亮知之，问计于廷尉何勖。勖曰："今朝廷皆归心于公，公何不讨人而惧为人所讨！"或说亮率所领入废骏，亮不能用，夜驰赴许昌，故得免。及骏诛[291][贾后南风与楚王司马玮合谋发动禁军政变，彻底消灭全权摄政（"辅政"）杨骏及其党羽，此乃"八王之乱"的导火索]，诏曰[实际独裁者给最高大贵族一个"首席行政管理者"职位]："大司马、汝南王亮体道冲粹，通识政理，宣翼之绩，显于本朝……其以亮为太宰、录尚书事，入朝不趋，剑履上殿……与太保卫瓘对掌朝政。"[在此职位上他再度证明"才用"大为不足，且已失去"清警"：]亮论赏诛杨骏之功过差[过分，失度]，欲以苟悦众心，由是失望。

[很快他就被实际独裁者彻底消灭：]

楚王玮有勋而好立威，亮惮之，欲夺其兵权。玮甚憾，乃承贾后旨，诬亮与瓘有废立之谋，矫诏遣其长史公孙宏与积弩将军李肇夜以兵围之。[再度证明自己是个彻底的孬种，只能被彻底毁灭！]帐下督李龙白外有变，请距之，亮不听。俄然楚兵登墙而呼，亮惊曰："吾无二心，何至于是！若有诏书，其可见乎？"宏等不许，促兵攻之。长史刘准谓亮曰："观此必是奸谋，府中俊乂如林，犹可尽力距战。"又弗听，遂为肇所执，而叹曰："我之忠心，可破示天下也，如何无道，枉杀不辜！"是时大热，兵人坐亮于车下，时人怜之，为之交扇。将及日中，无敢害者。玮出令曰："能斩亮者，赏布千匹。"遂为乱兵所害，投于北门之壁，鬓发耳鼻皆悉毁焉。及玮诛，追复亮爵位，给东园温明秘器，朝服一袭，钱三百万，布绢三百匹，丧葬之礼如安平献王孚[司马懿之弟]故事，庙设轩悬之乐。……

…… ……

司马玮：

[武帝崩后，这位镇守长江中游南岸区域的青年藩王随即进京，掌京师宿卫，从而与贾后南风合谋发动禁军政变，彻底消灭摄政的外戚杨骏及其党羽，继而又消灭

私敌大藩王司马亮和太保卫瓘,由此开启"八王之乱"。就此而言,他确是个历史性(historic)人物。]

[他虽"果锐""狠戾",但不如阴险、决绝和暴虐的贾后,后者随即消灭之。]

[在与贾后合谋彻底消灭外戚杨骏及其党羽后,他俩又合谋消灭作为他私敌的司马亮和卫瓘。]

楚隐王玮,字彦度,武帝第五子也。初封始平王,历屯骑校尉。太康[280—289]末,徙封于楚,出之国,都督荆州诸军事、平南将军,转镇南将军。武帝崩,入为卫将军,领北军中候[掌监负责京师宿卫的北军五营。北军因驻守京师城北,故有此称],加侍中、行太子少傅。

杨骏之诛也,玮屯司马门。玮少年果锐,多立威刑,朝廷忌之。汝南王亮、太保卫瓘以玮性很戾,不可大任,建议使与诸王之国,玮甚忿之。[一番血腥的阴谋故事,其间他或他的党羽反复使用的伎俩是"矫命"或"矫诏",以动员贾后南风、掌控全部中央武装、解除对手的可用人力]长史公孙宏、舍人岐盛并薄于行,为玮所昵。瓘等恶其为人,虑致祸乱,将收盛。盛知之,遂与宏谋,因积弩将军李肇矫称玮命["矫命"],谮亮、瓘于贾后。而后不之察,使惠帝为诏曰:"太宰、太保欲为伊、霍之事,王宜宣诏,令淮南、长沙、成都王屯宫诸门,废二公。"夜使黄门赍以授玮。玮欲覆奏,黄门曰:"事恐漏泄,非密诏本意也。"玮乃止。遂勒本军,复矫诏召三十六军[西晋中央直属军队]["矫诏"],手令告诸军曰:"天祸晋室,凶乱相仍。间者杨骏之难,实赖诸君克平祸乱。而二公潜图不轨,欲废陛下以绝武帝之祀。今辄奉诏,免二公官。吾今受诏都督中外诸军。诸在直卫者皆严加警备,其在外营,便相率领,径诣行府。助顺讨逆,天所福也。悬赏开封,以待忠效。皇天后土,实闻此言。"[再"矫诏"]又矫诏使亮、瓘上太宰太保印绶、侍中貂蝉[貂尾、蝉羽,系官帽上的装饰品,侍中貂蝉代指侍中的官帽]之国,官属皆罢遣之。[再"矫诏":]又矫诏敕亮、瓘官属曰:"二公潜谋,欲危社稷,今免还第。官属以下,一无所问。若不奉诏,便军法从事。能率所领先出降者,封侯受赏。朕不食言。"遂收亮、瓘,杀之。

[他虽"果锐""狠戾",但远不如决绝暴虐的贾后,后者随即先下手消灭之("贾后先恶瓘、亮,又忌玮,故以计相次诛之")。]

岐盛说玮，可因兵势诛贾模[贾后族兄，贾后因其多谏而与之渐疏远，不得志]、郭彰[贾后从舅，与贾充素相亲遇，充妻待彰若同生。历任高官，贾后专政期间参与权势，宾客盈门]，匡正王室，以安天下。玮犹豫未决。会天明，帝用张华计，①遣殿中将军王宫赍驺虞幡[一种绘有驺虞(古代传说中的仁兽)图形的旗帜，用以传旨解兵]麾众曰："楚王矫诏。"众皆释杖而走。玮左右无复一人，窘迫不知所为，惟一奴年十四，驾牛车将赴秦王柬。帝遣谒者诏玮还营，执之于武贲署，遂下廷尉。诏以玮矫制害二公父子，又欲诛灭朝臣，谋图不轨，遂斩之，时年二十一。……玮临死，出其怀中青纸诏，流涕以示监刑尚书刘颂曰："受诏而行，谓为社稷，今更为罪，托体先帝，受枉如此，幸见申列。"颂亦歔欷不能仰视。公孙宏、岐盛并夷三族。

玮性开济好施，能得众心，及此莫不陨泪，百姓为之立祠。[贾后：武帝崩后三番血腥政治变更的首要缔造者，"八王之乱"第一轮的主角]贾后先恶瓘、亮，又忌玮，故以计相次诛之。……

司马伦：

[西晋最大贵族之一，"八王之乱"第二轮的主角。他于 300 年摧毁专权九年的贾后，控制中央政权，数月后篡夺帝位。藩王间的内战大致由此开始，不久达到巨大规模，他大败，而后完蛋。]

[他"无学""庸琐"，从而依赖"贪淫昧利"的邪恶的亲信战略/战术家孙秀，以致"秀之威权振于朝廷，天下皆事秀而无求于伦"。此外，其余"所共立事者，皆邪佞之徒，惟竞荣利，无深谋远略"。一群卑劣异常的暴发户！]

[他几乎一开始就是个本应被正法的坏蛋，后来照旧是坏蛋，"深交贾、郭，谄事中宫，大为贾后所亲信"。]

赵王伦，字子彝，宣帝第九子也，母曰柏夫人。魏嘉平[249—254]初，封安乐亭

---

① 《晋书·卫瓘张华列传》载：楚王玮受密诏杀太宰汝南王亮、太保卫瓘等，内外兵扰，朝廷大恐，计无所出。华白帝以"玮矫诏擅害二公，将士仓卒，谓是国家意，故从之耳。今可遣驺虞幡使外军解严[解除戒严]，理必风靡。"上从之，玮兵果败。及玮诛，华以首谋有功，拜右光禄大夫、开府仪同三司、侍中、中书监，金章紫绶。

侯。五等建,改封东安子,拜谏议大夫。武帝受禅,封琅邪郡王。[他本应被正法:]坐使散骑将刘缉买工所将盗御裘,廷尉杜友正缉[将刘缉正法]弃市,伦当与缉同罪。有司奏伦爵重属亲,不可坐。……帝……以伦亲亲故,下诏赦之。及之国,行东中郎将、宣威将军。咸宁[275—280]中,改封于赵,迁平北将军、督邺城守事,进安北将军。元康[291—299]初,迁征西将军、开府仪同三司,镇关中。伦刑赏失中,氐、羌反叛,征还京师。寻拜车骑将军、太子太傅。[他是后来被他摧毁的贾后的宠幸走卒:]深交贾、郭,谄事中宫,大为贾后所亲信。[较为正直的朝廷重臣张华和裴頠自然成为他痛恨的私敌:]求录尚书,张华、裴頠固执不可。又求尚书令,华、頠复不许。

[他——"执兵之要,性贪冒"的坏蛋——被他属下的阴谋者们轻易动员起来,然后借刀杀人,先灭掉起初秘密规划的拥戴对象愍怀太子。]

愍怀太子废,使伦领右军将军。时左卫司马督司马雅及常从督许超,并尝给事东宫,二人伤太子无罪,与殿中中郎士猗等谋废贾后,复太子,以华、頠不可移,难与图权,伦执兵之要,性贪冒,可假以济事,乃说伦嬖人孙秀曰:"中宫凶妒无道,与贾谧等共废太子。今国无嫡嗣,社稷将危,大臣将起大事。而公名奉事中宫,与贾、郭亲善,太子之废,皆云豫知,一朝事起,祸必相及。何不先谋之乎?"秀许诺,言于伦,伦纳焉。[他那么容易就被他属下的阴谋者们动员起来!]遂告通事令史张林及省事张衡、殿中侍御史殷浑、右卫司马督路始,使为内应。[孙秀要他延后倒贾政变,以便借刀杀人,先灭掉昔日规划的拥戴对象愍怀太子:]事将起,而秀知太子聪明,若还东宫,将与贤人图政,量己必不得志,乃更说伦曰:"太子为人刚猛,不可私请。明公素事贾后,时议皆以公为贾氏之党。今虽欲建大功于太子,太子含宿怒,必不加赏于明公矣。当谓逼百姓之望,翻覆以免罪耳。此乃所以速祸也。今且缓其事,贾后必害太子,然后废后,为太子报仇,亦足以立功,岂徒免祸而已。"伦从之。秀乃微泄其谋,使谧党颇闻之。伦、秀因劝谧等早害太子,以绝众望。

[骤然发动政变,消灭贾后及其党羽,同时杀害张华和裴頠,自己成为独裁者。]

太子既遇害,伦、秀之谋益甚,而超、雅惧后难,欲悔其谋,乃辞疾。秀复告右卫佽飞督闾和,和从之,期四月三日丙夜一筹,以鼓声为应。至期,乃矫诏[与司马玮相似,凭"矫诏"解除对手可用人力]敕三部司马曰:"中宫与贾谧等杀吾太子,今使车骑入废中宫。汝等皆当从命,赐爵关中侯。不从,诛三族。"于是众皆从之。[再凭"矫诏"使政变武装不遇抵抗地进入内宫:]伦又矫诏开门夜入,陈兵道南,遣翊军校尉、齐王冏将三部司马百人,排阁而入。华林令骆休为内应,迎帝幸东堂。[消灭贾后及其党羽,同时杀害张华和裴𫖮:]遂废贾后为庶人,幽之于建始殿。收吴太妃、赵粲及韩寿妻贾午等,付暴室考竟。诏尚书以废后事,仍收捕贾谧等,召中书监、侍中、黄门侍郎、八坐,皆夜入殿,执张华、裴𫖮、解结、杜斌等,于殿前杀之。尚书始疑诏有诈,郎师景露版[指奏章,因其不缄封,故称]奏请手诏。伦等以为沮众,斩之以徇。明日,伦坐端门,屯兵北向,遣尚书和郁持节送贾庶人于金墉。诛赵粲叔父中护军赵浚及散骑侍郎韩豫等,内外群官多所黜免。[又凭"矫诏"使自己成为独裁者:]伦寻矫诏自为使持节、大都督、督中外诸军事、相国,侍中、王如故,一依宣、文辅魏故事……孙秀等封皆大郡,并据兵权,文武官封侯者数千人,百官总己听于伦。

[孙秀:"秀之威权振于朝廷,天下皆事秀而无求于伦""遂恣其奸谋,多杀忠良,以逞私欲"]伦素庸下,无智策,复受制于秀,秀之威权振于朝廷,天下皆事秀而无求于伦。秀起自琅邪小史,累官于赵国,以谄媚自达。既执机衡,遂恣其奸谋,多杀忠良,以逞私欲。司隶从事游颢与殷浑有隙,浑诱颢奴晋兴,伪告颢有异志。秀不详察,即收颢及襄阳中正李迈,杀之,厚待晋兴,以为己部曲督。前卫尉石崇、黄门郎潘岳皆与秀有嫌,并见诛。于是京邑君子不乐其生矣。

[他篡夺帝位,藩王间的内战大致由此开始,不久达到巨大规模。]

[他加九锡:]淮南王允、齐王冏以伦、秀骄僭,内怀不平。秀等亦深忌焉,乃出冏镇许,夺允护军。允发愤,起兵讨伦。允既败灭,伦加九锡,增封五万户。伦伪为饰让,诏遣百官诣府敦劝,侍中宣诏,然后受之。……又以孙秀为侍中、辅国将军、相国司马,右率如故。张林[原为通事令史]等并居显要。增相府兵为二万人,与宿卫同,又隐匿兵士,众过三万。……

伦无学,不知书;[依凭大乱,原先卑贱的暴发户骤然成为最高等精英:]秀亦以狡黠小才,贪淫昧利。所共立事者,皆邪佞之徒,惟竞荣利,无深谋远略。……秀子会,年二十,为射声校尉,尚帝女河东公主。……会形貌短陋,奴仆之下者,初与富室儿于城西贩马,百姓忽闻其尚主,莫不骇愕。

[经"矫作禅让之诏",他篡夺帝位:]伦、秀并惑巫鬼,听妖邪之说。秀使牙门赵

奉诈为宣帝神语,命伦早入西宫。又言宣帝于北芒为赵王佐助,于是别立宣帝庙于芒山。谓逆谋可成。……秀等部分诸军,分布腹心,使散骑常侍、义阳王威兼侍中,出纳诏命,矫作禅让之诏,使使……奉皇帝玺绶以禅位于伦。伦伪让不受。于是宗室诸王、群公卿士咸假称符瑞天文以劝进,伦乃许之。……其夜,使张林等屯守诸门。义阳王威及骆休等逼夺天子玺绶。夜漏未尽,内外百官以乘舆法驾迎伦。惠帝乘云母车,卤簿[天子出,车驾次第,谓之卤簿]数百人,自华林西门出居金墉城。……使张衡卫帝,实幽之也。

伦从兵五千人,入自端门,登太极殿,满奋、崔随、乐广进玺绶于伦,乃僭即帝位,大赦,改元建始。……以世子荂为太子……孙秀为侍中、中书监、骠骑将军、仪同三司,张林等诸党皆登卿将,并列大封。其余同谋者咸超阶越次,不可胜纪,[一个完全缺乏合法性的政权的鄙俗狼狈摸样:]至于奴卒斯役亦加以爵位。每朝会,貂蝉盈坐,时人为之谚曰:"貂不足,狗尾续。"而以苟且之惠取悦人情,府库之储不充于赐,金银冶铸不给于印,故有白版之侯,君子耻服其章,百姓亦知其不终矣。

……[他的政权实际上是孙秀的,而后者"朝行夕改者数四,百官转易如流":]孙秀既立非常之事,伦敬重焉。秀住文帝为相国时所居内府,事无巨细,必咨而后行。伦之诏令,秀辄改革,有所与夺,自书青纸为诏,或朝行夕改者数四,百官转易如流矣。……

时齐王冏、河间王颙、成都王颖并拥强兵,各据一方。秀知冏等必有异图,乃选亲党及伦故吏为三王参佐及郡守。[伪帝政权高层血腥内斗:]秀本与张林有隙,虽外相推崇,内实忌之。及林为卫将军,深怨不得开府,潜与荂笺,具说秀专权,动违众心,而功臣皆小人,挠乱朝廷,要一时诛之。荂以书白伦,伦以示秀。秀劝伦诛林,伦从之。于是伦请宗室会于华林园,召林、秀及王舆入,因收林,杀之,诛三族。

[司马冏、司马颙、司马颖起兵讨伐,司马伦发三个方面军出关抵御,藩王间内战达到巨大规模:]及三王起兵讨伦檄至,伦、秀始大惧,遣其中坚孙辅为上军将军,积弩李严为折冲将军,率兵七千自延寿关出,征虏张泓、左军蔡璜、前军闾和等率九千人自墿坂关出,镇军司马雅、扬威莫原等率八千人自成皋关出。召东平王楙为使持节、卫将军,都督诸军以距义师。[一如既往,"伦、秀并惑巫鬼,听妖邪之说",以此充作战略动员:]使杨珍昼夜诣宣帝别庙祈请,辄言宣帝谢陛下,某日当破贼。拜道

士胡沃为太平将军,以招福祐。秀家日为淫祀,作厌胜之文,使巫祝选择战日。又令近亲于嵩山著羽衣,诈称仙人王乔,作神仙书,述伦祚长久以惑众。秀欲遣馥、虔领兵助诸军战,馥、虔不肯。虔素亲爱刘舆,秀乃使舆说虔,虔然后率众八千为三军继援。[他的部队虽然连战连胜,但无决定性意义。]而泓、雅等连战虽胜,义军散而辄合,雅等不得前。许超等与成都王颖军战于黄桥,杀伤万余人。泓径造阳翟,又于城南破齐王冏辎重,杀数千人,遂据城保邸阁。而冏军已在颍阴,去阳翟四十里。冏分军渡颍,攻泓等不利。泓乘胜至于颍上,夜临颍而阵。冏纵轻兵击之,诸军不动,[很大程度上因为他的混乱指挥,他的部队开始乱作一团,转胜为败。]而孙辅、徐建军夜乱,径归洛自首。辅、建之走也,不知诸军督尚存,乃云:"齐王兵盛,不可当,泓等已没。"伦大震,秘之,而召虔及超还。会泓败冏露布至,伦大喜,及复遣超,而虔还已至庾仓。超还济河,将士疑阻,锐气内挫。泓等悉其诸军济颍,进攻冏营,冏出兵击其别率孙髦、司马谭、孙辅,皆破之,士卒散归洛阳,泓等收众还营。秀等知三方日急,诈传破冏营,执得冏,以诳惑其众,令百官皆贺,而士猗、伏胤、孙会皆杖节各不相从。伦复授太子詹事刘琨节,督河北将军,率步骑千人催诸军战。会等与义军战于激水,大败,退保河上,刘琨烧断河桥。

[在战场兵败形势下,伪帝政权中央坍塌,孙秀及其党羽死于内外诸军兵变,司马伦被迫迎惠帝复位,而后成阶下囚,旋被处决。]

自义兵之起,百官将士咸欲诛伦、秀以谢天下。秀知众怒难犯,不敢出省。及闻河北军悉败,忧懑不知所为。义阳王威劝秀至尚书省与八坐[五曹尚书,合尚书令与尚书左、右仆射为八座]议征战之备,秀从之。使京城四品以下子弟年十五以上,皆诣司隶,从伦出战。内外诸军悉欲劫杀秀,威惧,自崇礼闼[tà,门,小门]走还下舍。许超、士猗、孙会等军既并还,乃与秀谋,或欲收余卒出战,或欲焚烧官室,诛杀不附己者,挟伦南就孙旃、孟观等,或欲乘船东走入海,许未决。王舆反之,率营兵七百余人自南掖门入,敕宫中兵各守卫诸门,三部司马为应于内。舆自往攻秀,秀闭中书南门。舆放兵登墙烧屋,秀及超、猗遽走出,左卫将军赵泉斩秀等以徇。收孙奇于右卫营,付廷尉诛之。执前将军谢惔、黄门令骆休、司马督王潜,皆于殿中斩之。三部司马兵于宣化闼中斩孙弼以徇……王舆屯云龙门,使伦为诏曰:"吾为孙秀等所误,以怒三王。今已诛秀,其迎太上复位,吾归老于农亩。"传诏以驺虞幡敕将士解兵。文武官皆奔走，莫敢有居者。黄门将伦自华林东门出，及荂皆还汶阳里第。于是以甲士数千迎天子于金墉，百姓咸称万岁。帝自端门入，升殿，御广室，送伦及荂等付金墉城。

…… ……

梁王肜表伦父子凶逆，宜伏诛。百官会议于朝堂，皆如肜表。遣尚书袁敞持节赐伦死，饮以金屑苦酒。伦惭，以巾覆面，曰："孙秀误我！孙秀误我！"于是收荂、馥、虔、诩付廷尉狱，考竟。馥临死谓虔曰："坐尔破家也！"百官是伦所用者，皆斥免之，台省府卫仅有存者，自兵兴六十余日，战所杀害仅十万人[内战如同地狱，屠戮非此一例！]。

["凡与伦为逆豫谋大事者"皆人头落地：]凡与伦为逆豫谋大事者：张林为秀所杀；许超、士猗、孙弼、谢惔、殷浑与秀为王舆所诛；张衡、闾和、孙髦、高越自阳翟还，伏胤战败还洛阳，皆斩于东市；蔡璜自阳翟降齐王冏，还洛自杀；王舆以功免诛，后与东莱王蕤谋杀冏，又伏法。

司马冏：

[篡夺帝位的司马伦的克星之一，继而成为"八王之乱"第三轮的主角。作为首辅在洛阳执政一年半后，他因"伺窥神器"而在围绕帝位的零和游戏中被其他大藩王毁灭。]

[他"临祸忘忧，逞心纵欲"，一朝得意便骄奢腐败无比，全不知天道无常！]

[他曾参与司马伦消灭贾后的血腥政变，但旋即成为司马伦的私敌。司马伦篡夺帝位后，他首倡讨伐，并在战场对决中转败为胜，继而位极人臣。]

齐武闵王冏，字景治，献王攸之子也。……初，攸有疾，武帝不信，遣太医诊候，皆言无病。及攸薨，帝往临丧，冏号踊诉父病为医所诬，诏即诛医。由是见称，遂得为嗣。元康[291—299]中，拜散骑常侍，领左军将军、翊军校尉。[从协从到私敌：]赵王伦密与相结，废贾后，以功转游击将军。冏以位不满意，有恨色。孙秀微觉之，且惮其在内，出为平东将军、假节，镇许昌。伦篡，迁镇东大将军、开府仪同三司，欲以宠安之。

[首倡讨伐伪帝司马伦:]冏因众心怨望,潜与离狐王盛、颍川王处穆谋起兵诛伦。伦遣腹心张乌觇之,乌反,曰:"齐无异志。"[作为冷血的马基雅维里主义者,他为防止泄密而接连杀了两位同谋,包括一位藩王:]冏既有成谋未发,恐或泄,乃与军司管袭杀处穆,送首于伦,以安其意。谋定,乃收袭杀之。遂与豫州刺史何勖、龙骧将军董艾等起军,遣使告成都、河间、常山、新野四王,移檄天下征镇、州郡县国,咸使闻知。扬州刺史郗隆承檄,犹豫未决,参军王邃斩之,送首于冏。[战场对决,转败为胜:]冏屯军阳翟,伦遣其将闾和、张泓、孙辅出堮坂,与冏交战。冏军失利,坚垒自守。会成都军破伦众于黄桥,冏乃出军攻和等,大破之。[他"率众入洛",兵马大盛,位极人臣:]及王舆废伦,惠帝反正,冏诛讨贼党既毕,率众入洛,顿军通章署,甲士数十万,旌旗器械之盛,震于京都。天子就拜大司马,加九锡之命,备物典策,如宣、景、文、武辅魏故事。

[他身为事实上的"第一执政",骄奢腐败,"惟宠亲昵",诛杀谏臣,很快成了不自觉的孤家寡人。]

冏于是辅政,居攸故宫,置掾属四十人。大筑第馆,北取五谷市,南开诸署,毁坏庐舍以百数,使大匠营制,与西宫等。凿千秋门墙以通西阁,后房施钟悬,前庭舞八佾,沈于酒色,不入朝见。坐拜百官,符敕三台,选举不均,惟宠亲昵。以车骑将军何勖领中领军。封葛为牟平公,路秀小黄公,卫毅阴平公,刘真安乡公,韩泰封丘公,号曰"五公",委以心膂。殿中御史桓豹奏事,不先经冏府,即考竟之。于是朝廷侧目,海内失望矣。南阳处士郑方露版极谏,主簿王豹屡有箴规,冏并不能用,遂奏豹杀之。有白头公入大司马府大呼,言有兵起,不出甲子旬。即收杀之。

冏骄恣日甚,终无悛志。前贼曹属孙惠复上谏曰[臣谏之一,在此对我们的价值是(1)强调天道无常,呼吁政治审慎,(2)概说"八王之乱"肇始往后的大惨状]:

……大名不可久荷,大功不可久任,大权不可久执,大威不可久居。……遗其不可而谓之为可。惠窃所不安也。

自永熙[290,惠帝即位之年]以来,十有一载,人不见德,惟戮是闻。公族构篡夺之祸,骨肉遭枭夷之刑,群王被囚槛之困,妃主有离绝之哀。历观前代,国家之祸,至亲之乱,未有今日之甚者也。良史书过,后嗣何观!……今明公建不世之义,而未为不世之让,天下惑之,思求所悟。长沙、成都,鲁、卫之密,国之亲亲,与明公计功受赏，尚不自先。今公宜……崇亲推近，功遂身退，委万机于二王……宅大齐之墟，振泱泱之风，垂拱青、徐之域，高枕营丘之籓。……今明公忘亢极之悔，忽穷高之凶，弃五岳之安，居累卵之危，外以权势受疑，内以百揆损神。……群下竦战，莫之敢言。

……　……

冏不纳，亦不加罪。

[他的克星到了：河间王司马颙发难，联合成都王司马颖及其他某些藩王讨伐，根本理由是他"实协异望"，"伺窥神器"。]

翊军校尉李含奔于长安，诈云受密诏，使河间王颙诛冏，因导以利谋。颙从之，上表曰：

王室多故，祸难罔已。大司马冏虽唱义有兴复皇位之功，而定都邑，克宁社稷，实成都王勋力也[对司马颖的马基雅维里主义式的拉拢和动员]。而冏不能固守臣节，实协异望。在许昌营有东西掖门，官置治书侍御史，长史、司马直立左右，如侍臣之仪。京城大清，篡逆诛夷，而率百万之众来绕洛城。阻兵经年，不一朝觐，百官拜伏，晏然南面。坏乐官市署，用自增广。辄取武库秘杖，严列不解。故东莱王蕤知其逆节，表陈事状，而见诬陷，加罪黜徙。以树私党，僭立官属。幸妻嬖妾，名号比之中宫。沈湎酒色，不恤群黎。……操弄王爵，货赂公行。群奸聚党，擅断杀生。密署腹心，实为货谋。斥罪忠良，伺窥神器。

臣受重任，蕃卫方岳，见冏所行，实怀激愤。即日翊军校尉李含乘驿密至，宣腾诏旨。臣伏读感切，五情若灼。《春秋》之义，君亲无将[《春秋》云："君亲无将，将则诛焉。"君亲即君主和父母，将即忤逆、反叛]。……今辄勒兵，精卒十万，与州征并协忠义，共会洛阳。骠骑将军长沙王乂，同奋忠诚，废冏还第。有不顺命，军法从事。成都王颖明德茂亲，功高勋重，往岁去就，允合众望，宜为宰辅，代冏阿衡之任。①

[骤然杀出"径入宫，发兵攻冏府"的"半黑马"长沙王司马乂，经洛阳城内宫内

---

① 《晋书·惠帝纪》载：太安元年[302]……十二月丁卯，河间王颙表齐王冏窥伺神器，有无君之心，与成都王颖、新野王歆、范阳王虓同会洛阳，请废冏还第。

血腥大战,彻底摧毁司马冏集团。]

颙表既至,冏大惧,会百僚曰:"昔孙秀作逆,篡逼帝王,社稷倾覆,莫能御难。孤纠合义众,扫除元恶,臣子之节,信著神明。二王今日听信谗言,造构大难,当赖忠谋以和不协耳。"司徒王戎、司空东海王越说冏委权崇让。冏从事中郎葛旟[yú]怒曰:"赵庶人听任孙秀,移天易日,当时喋喋,莫敢先唱。公蒙犯矢石,躬贯甲胄,攻围陷阵,得济今日。……谗言僭逆,当共诛讨,虚承伪书,令公就第。汉、魏以来,王侯就第宁有得保妻子者乎!议者可斩。"于是百官震悚,无不失色。

长沙王乂[时为骠骑将军,在洛阳]径入宫,发兵攻冏府。冏遣董艾陈兵宫西。乂又遣宋洪等放火烧诸观阁及千秋、神武门。冏令黄门令王湖悉盗驺虞幡,唱云:"长沙王矫诏。"乂又称:"大司马谋反,助者诛五族。"是夕,城内大战,飞矢雨集,火光属天。帝幸上东门,矢集御前。群臣救火,死者相枕。明日,冏败,乂擒冏至殿前,帝恻然,欲活之。乂叱左右促牵出,冏犹再顾,遂斩于阊阖门外,徇首六军。诸党属皆夷三族。……暴冏尸于西明亭,三日而莫敢收敛。……[用前载孙惠谏言里的话说:"自永熙(290,惠帝即位之年)以来……人不见德,惟戮是闻。公族构篡夺之祸,骨肉遭枭夷之刑……历观前代,国家之祸,至亲之乱,未有今日之甚者也。]

…… ……

司马乂:

[这位击败司马冏并将其斩首暴尸的大藩王是"八王之乱"第四轮的主角。他独自控制中央,导致河间王司马颙、成都王司马颖举兵讨伐。在围绕帝都洛阳进行的残酷拉锯战中,他终败被毁。]

[他有优秀的才能和德行,攻杀垄断中央权力的司马冏。]

长沙厉王乂,字士度,武帝第六子也。太康十年[289]受封,拜员外散骑常侍。及武帝崩,乂时年十五,孺慕[孝敬父母和尊重长者]过礼……(楚王)玮既诛,乂以同母,贬为常山王,之国。

乂身长七尺五寸,开朗果断,才力绝人,虚心下士,甚有名誉。三王之举义[讨伐篡夺帝位的赵王伦]也,乂率国兵应之,过赵国,房子令距守,乂杀之,进军为成都后系[后继部队]。……至洛,拜抚军大将军,领左军将军。顷之,迁骠骑将军、开府,复本国。

义见齐王冏渐专权,尝与成都王颖俱拜陵,因谓颖曰:"天下者,先帝之业也,王宜维之。"时闻其言者皆惮之。及河间王颙将诛冏,传檄以义为内主。冏遣其将董艾袭义,义将左右百余人,手斫车轓,露乘驰赴宫,闭诸门,奉天子与冏相攻,起火烧冏府,连战三日,冏败,斩之,并诛诸党与二千余人。

[谴责司马冏"伺窥神器"的司马颙和司马颖图谋借刀杀人而后废帝但未遂,于是发动大讨伐,围绕洛阳进行残酷的拉锯战。]

颙本以义弱冏强,冀义为冏所擒,然后以义为辞,宣告四方共讨之,因废帝立成都王,己为宰相,专制天下。[绝顶的马基雅维里主义! 对司马义的内战在大讨伐之前已经开始:]即而义杀冏,其计不果,乃潜使侍中冯荪、河南尹李含、中书令卞粹等袭义。义并诛之。[二王发动大讨伐,伴之以未遂的暗杀:]颙遂与颖同伐京都。颖遣刺客图义,时长沙国左常侍王矩侍直,见客色动,遂杀之。诏以义为大都督以距颙。[围绕洛阳进行"死者日万"的残酷拉锯战,伴之以遭拒的停战和划分势力范围的劝说:]连战自八月至十月,朝议以义、颖兄弟,可以辞说而释,乃使中书令王衍行太尉,光禄勋石陋行司徒,使说颖,令与义分陕而居[即分陕而治,西周初期以今河南三门峡市陕州区内的"陕塬"为分界线,将西周划分为东西两大行政区,由周公与召公分头治理],颖不从。义因致书于颖曰:"……今卿复与太尉共起大众,阻兵百万,重围宫城。……死者日万,酷痛无罪。……卿宜还镇,以宁四海,令宗族无羞,子孙之福也。如其不然,念骨肉分裂之痛,故复遣书。"

颖复书曰:"……征西羽檄,四海云应。仁兄……如何迷惑,自为戎首! 上矫君诏,下离爱弟,推移辇毂,妄动兵威,还任豺狼,弃戮亲善。行恶求福,如何自勉! ……今武士百万,良将锐猛,要当与兄整顿海内。若能……投戈退让,自求多福,颖亦自归邺都,与兄同之。……慎哉大兄,深思进退也!"

["战久粮乏,城中大饥"之际,他最终被毁,毁于"内奸"东海王司马越。]

义前后破颖军,斩获六七万人。战久粮乏,城中大饥,虽曰疲弊,将士同心,皆愿效死。而义奉上之礼未有亏失,张方以为未可克,欲还长安。[他毁于"内奸"东海王司马越：]而东海王越[时在朝中任司空，领中书监]虑事不济，潜与殿中将收乂送金墉城。……

殿中左右恨乂功垂成而败，谋劫出之，更以距颖。越惧难作，欲遂诛乂。黄门郎潘滔劝越密告张方[司马越借刀杀人]，方遣部将郅辅勒兵三千，就金墉收乂，至营，炙而杀之。乂冤痛之声达于左右，三军莫不为之垂涕。时年二十八。

…… ……

司马颖：

[司马颙和司马越以外"八王之乱"最后两轮的三大主角之一，继司马颙之后控制帝都洛阳和惠帝。击败司马越等发动的征讨，但随之兵败。最后在 306 年，他依附的司马颙被司马越击溃，他随后在波澜起伏的奔逃途中死于非命。]

[他先前貌似"器性敦厚"，注重拉拢众心，但司马冏亡后本性毕露，骄奢无度，僭侈日甚，且专横残暴。]

[他以大藩王身份拥兵镇守华北，在讨伐篡夺帝位的司马伦时大战三场，转败为胜，继而准备与盟主司马冏决裂。]

成都王颖，字章度，武帝第十六子也。太康[280—289]末受封，邑十万户。后拜越骑校尉，加散骑常侍、车骑将军。贾谧尝与皇太子博[下棋]，争道[争棋路]。颖在坐，厉声呵谧曰："皇太子国之储君，贾谧何得无礼！"谧惧，由此出颖为平北将军，镇邺[在今河北临漳县西、河南安阳市北郊一带]。转镇北大将军。

赵王伦之篡也，进征北大将军，加开府仪同三司。[他是讨伐司马伦的主力之一，大战三场，转败为胜：]及齐王冏举义，颖发兵应冏……使兖州刺史王彦，冀州刺史李毅，督护赵骧、石超等为前锋。羽檄所及，莫不响应。至朝歌，众二十余万。赵骧至黄桥，为伦将士猗、许超所败，死者八千余人，士众震骇。颖欲退保朝歌，用卢志、王彦策，又使赵骧率众八万，与王彦俱进。伦复遣孙会、刘琨等率三万人，与猗、超合兵距骧等，精甲耀日，铁骑前驱。猗既战胜，有轻骧之心。未及温十余里，复大战，猗等奔溃。颖遂过河，乘胜长驱。左将军王舆杀孙秀，幽赵王伦，迎天子反正。及颖入京都，诛伦。……[他大不满讨伐司马伦的倡导者司马冏胜后"擅威权"，遂坚决离去,返回邺城:]冏始率众入洛,自以首建大谋,遂擅威权。颖营于太学,及入朝,天子亲劳焉。颖拜谢曰:"此大司马臣冏之勋,臣无豫焉。"见讫,即辞出,不复还营,便谒太庙,出自东阳城门,遂归邺。遣信与冏别,冏大惊,驰出送颖,至七里涧及之。颖住车言别,流涕,不及时事,惟以太妃疾苦形于颜色,百姓观者莫不倾心。

[他显得"器性敦厚",着力拉拢众心,以图后事:]至邺,诏遣兼太尉王粹加九锡殊礼,进位大将军、都督中外诸军事、假节、加黄钺、录尚书事,入朝不趋,剑履上殿。颖拜受徽号,让殊礼九锡,表论兴义功臣卢志、和演、董洪、王彦、赵骧等五人,皆封开国公侯。又表称:"大司马[司马冏]前在阳翟[今河南禹州市],与强贼相持既久,百姓创痍,饥饿冻馁,宜急振救。乞差发郡县车,一时运河北邸阁米十五万斛,以振阳翟饥人。"卢志言于颖曰:"黄桥战亡者有八千余人,既经夏暑,露骨中野,可为伤恻。昔周王葬枯骨,故《诗》云'行有死人,尚或墐[jìn,掩埋]之'。况此等致死王事乎!"颖乃造棺八千余枚,以成都国秩为衣服,敛祭,葬于黄桥北,树枞篱为之茔域。又立都祭堂,刊石立碑,纪其赴义之功,使亡者之家四时祭祀有所。……又命河内温县埋藏赵伦战死士卒万四千余人。颖形美而神昏,不知书,然器性敦厚,委事于志[卢志],故得成其美焉。

[在"八王之乱"第三轮中,众望所归的他得胜,而后留在他的老根据地"悬执朝政",于是本性毕露,"恃功骄奢,百度弛废,甚于冏时"。]

及齐王冏骄侈无礼,于是众望归之。诏遣侍中冯荪、中书令卞粹喻颖入辅政,并使受九锡。颖犹让不拜。寻加太子太保。颖嬖人孟玖不欲还洛,又程太妃爱恋邺都,以此议久不决。留义募将士既久,咸怨旷思归,或有辄去者……颖知不可留,因遣之,百姓乃安。及冏败,颖悬执朝政,事无巨细,皆就邺咨之。后张昌[义阳蛮(汉化的蛮族),荆楚流民武装领袖,势盛时大致控制荆、江、徐、扬、豫五州]扰乱荆土,颖拜表南征,所在响赴。既恃功骄奢,百度弛废,甚于冏时。

[与司马颙联手征讨控制朝廷的司马乂,经残酷的拉锯战而入京师,"复旋镇于邺",并被司马颙捧上"皇太弟"即储君地位。他"僭侈日甚,有无君之心"。]

颖方恣其欲,而惮长沙王乂在内,遂与河间王颙表请诛后父羊玄之、左将军皇甫商等,檄乂使就第。乃与颙将张方伐京都,以平原内史陆机为前锋都督、前将军、假节。颖次朝歌……进军屯河南,阻清水为垒,造浮桥以通河北,以大木函盛石,沉之以系桥,名曰石鳖。陆机战败,死者甚众,机又为孟玖所谮,颖收机斩之,夷其三族,语在《机传》。于是进攻京城。时常山人王舆合众万余,欲袭颖,会乂被执,其党斩舆降。[他登上储君地位，"僭侈日甚，有无君之心"：]颖既入京师，复旋镇于邺，增封二十郡，拜丞相。河间王颙表颖宜为储副，遂废太子覃，立颖为皇太弟，丞相如故，制度一依魏武故事，乘舆服御皆迁于邺。① ……僭侈日甚，有无君之心，委任孟玖等，大失众望。

[他遭惠帝亲率的盛大讨伐，但击败之，遂生擒惠帝，将其劫持至邺。]

永兴[304—306]初，左卫将军陈眕[zhěn]、殿中中郎逯苞、成辅及长沙故将上官巳等，奉大驾讨颖，驰檄四方，赴者云集。② 军次安阳，众十余万，邺中震惧。颖欲走，其掾步熊有道术，曰："勿动！南军必败。"颖会其众问计，东安王繇乃曰："天子亲征，宜罢甲，缟素出迎请罪。"司马王混、参军崔旷劝颖距战，颖从之，乃遣奋武将军石超率众五万，次于荡阴[在今河南安阳市]。二弟匡、规自邺赴王师，云："邺中皆已离散。"由是不甚设备。超众奄至[突然到来]，王师败绩，矢及乘舆，侍中嵇绍死于帝侧，左右皆奔散，乃弃天子于槁中。超遂奉帝幸邺。颖改元建武，害东安王繇，署置百官，杀生自己，立郊于邺南。

[随后他由胜转败，败于他的敌人引来的异族武装。他劫持惠帝落荒而逃，旋即被司马颙控制押往长安，后者"废颖归藩"。]

安北将军王浚、宁北将军东嬴公腾杀颖所置幽州刺史和演，颖征浚，浚屯冀州不进，与腾及乌丸、羯朱袭颖。候骑至邺，颖遣幽州刺史王斌及石超、李毅等距浚，为羯朱等所败。邺中大震，百僚奔走，士卒分散。颖惧，将帐下数十骑，拥天子，与中书监卢志单车而走，五日至洛。羯朱追至朝歌，不及而还。河间王颙遣张方率甲卒二万救颖，至洛，方乃挟帝，拥颖及豫章王并高光、卢志等归于长安。颙废颖归

① 《晋书·惠帝纪》载：[前此，已有新灾变(Ⅰ)司马颙击败惠帝密诏的讨伐军，继而洗劫洛阳去往长安：]永兴元年[304]春正月……帝逼于河间王颙，密诏雍州刺史刘沈、秦州刺史皇甫重以讨之。沈举兵攻长安，为颙所败。张方[司马颙部将]大掠中，还长安。于是军中大馁，人相食。[新灾变(Ⅱ)司马颖残暴统治洛阳，并且废黜皇后和太子，傀儡惠帝悲惨：]以成都王颖为丞相。颖遣从事中郎盛夔等以兵五万屯十二城门，殿中宿所忌者，颖皆杀之，以三部兵代宿卫。二月乙酉，废皇后羊氏，幽于金墉城，黜皇太子覃复为清河王。三月……河间王颙表请立成都王颖为太弟。戊申，诏曰："……成都王颖温仁惠和[！]，克平暴乱。其以颖为皇太弟、都督中外诸军事，丞相如故。"

② 《晋书·惠帝纪》载：(永兴元年[304])秋七月丙申朔，右卫将军陈缲[xūn]以诏召百僚入殿中，因勒兵讨成都王颖。戊戌，大赦，复皇后羊氏及皇太子覃。己亥，司徒王戎、东海王越、高密王简、平昌公模、吴王晏、豫章王炽、襄阳王范、右仆射荀藩等奉帝北征，至安阳，众十余万……

籓,以豫章王为皇太弟。

[最后在 306 年,他依附的司马颙被司马越击溃,他在波澜起伏的奔逃途中死于非命。]

[他"归籓"不成,只得逃往关中:]颖既废,河北思之。邺中故将公师籓、汲桑等起兵以迎颖,众情翕然。颙复拜颖镇军大将军、都督河北诸军事,给兵千人,镇邺。颖至洛,而东海王越率众迎大驾,所在锋起。颖以北方盛强,惧不可进,自洛阳奔关中。[逃往关中也不成,只得孤身另觅出路,结果被捕:]出路值大驾还洛,颖自华阴趋武关,出新野。帝诏镇南将军刘弘、南中郎将刘陶收捕颖,于是弃母妻,单车与二子庐江王普、中都王廓渡河赴朝歌,收合故将士数百人,欲就公师籓。顿丘太守冯嵩执颖及普、廓送邺,范阳王虓幽之,而无他意。[他运气实在不好,毙命于一名王府管家之手:]属虓暴薨,虓长史刘舆见颖为邺都所服,虑为后患,秘不发丧,伪令人为台使,称诏夜赐颖死。颖谓守者田徽曰:"范阳王亡乎?"徽曰:"不知。"颖曰:"卿年几?"徽曰:"五十。"颖曰:"知天命不?"徽曰:"不知。"颖曰:"我死之后,天下安乎不安乎?我自放逐,于今三年,身体手足不见洗沐,取数斗汤来!"其二子号泣,颖敕人将去。乃散发东首卧,命徽缢之,时年二十八。二子亦死。邺中哀之。

······ ······

司马颙:

[到 303 年底联手司马颖击灭司马乂武力时,他成为盛极一时的最大籓王,控制帝都和朝廷,将司马颖捧上"皇太弟"即储君地位,并在司马颖战败而挟帝奔逃途中将其押往他的老巢长安,旋即"废颖归籓"。然而好景不长,306 年他在"八王之乱"最后一轮中被后来居上者司马越击溃,随后死于非命。]

[据称他品性甚好,贤名可掬,但至少他一度攀附篡夺了帝位的司马伦,而且他的首要部将张方暴虐无比,两度洗劫洛阳和帝宫,使之沦入霍布斯式自然状态。]

[据说他品性甚好,贤名可掬:]

河间王颙,字文载,安平献王孚孙,太原烈王瑰之子也。初袭父爵,咸宁二年[276]就国。三年[277],改封河间。少有清名,轻财爱士。与诸王俱来朝,武帝叹颙可以为诸国仪表。元康[291—299]初,为北中郎将,监邺城。九年[299],代梁王肜为平西将军,镇关中[他从此有了较经久的老巢]。石函之制[武帝司马炎制定],非亲亲不得都督关中,颙于诸王为疏,特以贤举。

[在一度攀附篡夺了帝位的司马伦后,他机会主义地参加诸王讨伐但未经哪怕一战;其后,他首倡讨伐据他称"伺窥神器"的司马冏,继而讨伐他"潜图"害之而未遂的司马乂,由此成为盛极一时的最大藩王。]

及赵王伦篡位,齐王冏谋讨之。[他以三项行动去攀附伪帝司马伦:]前安西参军夏侯奭[shì]自称侍御史,在始平合众,得数千人,以应冏,遣信要颙。颙遣主簿房阳、河间国人张方讨擒奭,及其党十数人,于长安市腰斩之。及冏檄至,颙执冏使,送之于伦。伦征兵于颙,颙遣方率关右健将赴之。[在做实力对比后,他机会主义地参加讨伐司马伦:]方至华阴,颙闻二王[齐王冏、成都王颖]兵盛,乃加长史李含龙骧将军,领督护席薳[wěi]等追方军回,以应二王。义兵至潼关,而伦、秀已诛,天子反正,含、方各率众还。及冏论功,虽怒颙初不同,而终能济义,进位侍中、太尉,加三赐之礼。

[他首倡讨伐据他称"伺窥神器"的司马冏:]后含为翊军校尉,与冏参军皇甫商、司马赵骧等有憾,遂奔颙,诡称受密诏伐冏,因说利害。颙纳之,便发兵,遣使邀成都王颖。以含为都督,率诸军屯阴盘,前锋次于新安,去洛百二十里。檄长沙王乂讨冏。[讨伐他"潜图"害之而未遂的司马乂:]及冏败,颙以含为河南尹,使与冯荪、卞粹等潜图害乂。商知含前矫诏及与颙阴谋,具以告乂。乂乃诛含等。颙闻含死,即起兵以讨商为名,使张方为都督,领精卒七万向洛。方攻商,商距战而溃,方遂进攻西明门。乂率中军左右卫击之,方众大败,死者五千余人。方初于驶水桥西为营,于是筑垒数重,外引廆谷,以足军资。乂复从天子出攻方,战辄不利。及乂死,方还长安。[他成为盛极一时的最大藩王:]诏以颙为太宰、大都督、雍州牧。颙废皇太子覃,立成都王颖为太弟,改年,大赦。

[在"八王之乱"第五轮,他遣张方援救司马颖,张方遂彻底洗劫洛阳宫室,挟持惠帝到长安;然而,他随后被司马越大军击溃,退保孤城,继而死于非命。]

左卫将军陈眕奉天子伐颖,颙又遣方率兵二万救邺。天子已幸邺。方屯兵洛阳。及王浚等伐颖[安北将军王浚遣乌丸骑攻颖于邺,大败之],颖挟天子归洛阳。[张方彻底洗劫洛阳宫室,挟持惠帝到长安:]方将兵入殿中,逼帝幸其垒,掠府库,将焚宫庙以绝众心。卢志谏,乃止。方又逼天子幸长安。颙及选置百官,改秦州为定州。[司马越大军讨伐,盟友司马颖被击溃:]及东海王越起兵徐州,西迎大驾,关中大惧,方谓颙曰:"方所领犹有十余万众,奉送大驾还洛宫,使成都王反邺,公自留镇关中,方北讨博陵[王浚为博陵公]。如此,天下可小安,无复举手者。"颙虑事大难济,不许。乃假刘乔节,进位镇东大将军,遣成都王颖总统楼褒、王阐等诸军,据河桥以距越。王浚遣督护刘根,将三百骑至河上。阐出战,为根所杀。颖顿军张方故垒,范阳王虓遣鲜卑骑与平昌、博陵众袭河桥,楼褒西走,追骑至新安,道路死者不可胜数。

[他斩了张方,以图获司马越宽恕:]初,越以张方劫迁车驾,天下怨愤,唱义与山东诸侯克期奉迎,先遣说颙,令送帝还都,与颙分陕而居。颙欲从之,而方不同。及东军大捷,成都等败,颙乃令方亲信将郅辅夜斩方,送首以示东军。[他改变主意,以图守关拒越,但兵败:]寻变计,更遣刁默守潼关,乃咎辅杀方,又斩辅。颙先遣将吕朗等据荥阳,范阳王虓司马刘琨以方首示朗,于是朗降。时东军既盛,破刁默以入关,颙惧,又遣马瞻、郭传于霸水御之,瞻等战败散走。[他只身奔逃:]颙乘单马,逃于太白山[在今陕西宝鸡市眉县境内]。东军入长安,大驾旋,以太弟太保梁柳为镇西将军,守关中。[在他部下用计"光复"长安后,已经意志消沉的他"保城而已":]马瞻等出诣柳,因共杀柳于城内。瞻等与始平太守梁迈合从,迎颙于南山。颙初不肯入府,长安令苏众、记室督朱永劝颙表称柳病卒,辄知方事。弘农太守裴廙、秦国内史贾龛、安定太守贾疋等起义讨颙,斩马瞻、梁迈等。东海王越遣督护麋晃率国兵伐颙。至郑,颙将牵秀距晃,晃斩秀,并其二子。义军据有关中,颙保城而已。[他已失去保城的起码实力。]

[他运气实在不好,死于非命:]永嘉初[307],诏书以颙为司徒,乃就征。南阳王模[司马越之弟]遣将梁臣于新安[今河南渑池东]雍谷车上扼杀之,并其三子。……

司马越:

["八王之乱"的后来居上者和最后胜出者,303 年作为朝中"内奸"进行的突然背叛和借刀杀人行为,毁了当时仍颇有可能战胜成都、河间二王的司马乂,从而在这场多年大乱中展露头角。此后,他乘司马颖"僭侈日甚、大失众望"的机会,携惠

帝讨伐司马颖,结果兵败,逃回老巢东海国暂时韬光养晦。306年他作为盟主发动诸多藩王和州郡,大举讨伐将惠帝劫至长安的关中司马颙及其依附者司马颖,结果全胜,"八王之乱"由此结束。]

[同年底,惠帝在他全权控制的宫内殒命(《惠帝纪》云"因食饼中毒而崩,或云司马越之鸩"),继位的怀帝作为不甘心的傀儡,五年后下诏各方讨伐他,结果他在华夷共造的全国大灾难中闻之惊惧而死。]

[全国大灾难! 在他独裁的五年里,华夏阶级战争如火如荼,匈奴/羯胡前赵凶猛攻袭,十万鲜卑铁骑被邀"以夷制夷",而他却多有贪婪暴虐、排斥异己和疏离众心的恶行。他死后一个月,羯胡石勒一役绝灭十余万西晋官兵士庶,继而匈奴刘聪大军先后大破洛阳和长安并肆行毁灭。房玄龄等对他的痛责无以复加:"既而帝京寡弱,狡寇凭陵,遂令神器劫迁,宗社颠覆,数十万众并垂饵于豺狼,三十六王咸陨身于锋刃。祸难之极,振古未闻!"]

[他"少有令名,谦虚持布衣之操",但显然是个颇有心机的机会主义者,参与了武帝薨后头十年大概每一场最高层政治血腥变更,成为朝廷行政管理首领。]

东海孝献王越,字元超,高密王泰之次子也。少有令名,谦虚持布衣之操,为中外所宗。初以世子为骑都尉,与驸马都尉杨邈及琅邪王伷子繇俱侍讲东宫,拜散骑侍郎,历左卫将军,加侍中。讨杨骏有功,封五千户侯。迁散骑常侍、辅国将军、尚书右仆射,领游击将军。复为侍中,加奉车都尉,给温信[温和诚实]五十人,别封东海王,食六县。永康[300—301]初,为中书令,徙侍中,迁司空,领中书监。

[他在303年,作为朝中"内奸"进行的突然背叛和借刀杀人,毁了忙于藩王内战的司马乂,从而在"八王之乱"中崭露头角。翌年,他乘政治上有利的机会携惠帝讨伐司马颖,结果兵败,逃回老巢暂时韬光养晦。306年,他作为盟主发动诸多藩王和州郡,大举讨伐司马颙司马颖并获胜,从而结束"八王之乱",成为宫廷和朝廷的全权控制者。]

[作为"内奸"毁了司马乂:]成都王颖攻长沙王乂,乂固守洛阳,殿中诸将及三部司马疲于战守,密与左卫将军朱默夜收乂别省,逼越为主,启惠帝免乂官。事定,越称疾逊位。帝不许,加守尚书令。[携惠帝讨伐司马颖,兵败逃回老巢:]太安初

[304]，帝北征邺，以越为大都督。六军败，越奔下邳，徐州都督、东平王楙不纳，越径还东海。[他暂时韬光养晦，拒绝依附司马颖司马颙：]成都王颖以越兄弟宗室之美，下宽令招之，越不应命。帝西幸，以越为太傅，与太宰颙夹辅朝政，让不受。[作为大盟主大举讨伐挟持惠帝至关中的成都河间二王，先败后克，成为"八王之乱"的最终胜出者：]东海中尉刘洽劝越发兵以备颖，越以洽为左司马，尚书曹馥为军司。既起兵，楙惧，乃以州与越。越以司空领徐州都督，以楙领兖州刺史。越三弟并据方任征伐，辄选刺史守相，朝士多赴越。而河间王颙挟天子，发诏罢越等，皆令就国。越唱义奉迎大驾，还复旧都，率甲卒三万，西次萧县。豫州刺史刘乔不受越命，遣子祐距之，越军败。范阳王虓遣督护田徽以突骑八百迎越，遇祐于谯，祐众溃，越进屯阳武。山东兵盛，关中大惧，颙斩送张方首求和，寻变计距越。越率诸侯及鲜卑许扶历、驹次宿归等步骑[借蛮夷之力助华夏内战，且放纵蛮夷劫掠屠戮（《惠帝纪》载：稍前，司马越部将祁弘等所部鲜卑大掠长安，杀二万余人）]迎惠帝反洛阳。[他成为事实上的太上皇：]诏越以太傅录尚书，以下邳、济阳二郡增封。

[惠帝暴崩后，他继续独裁，多有贪婪暴虐、排斥异己、疏离众心和不负责任的恶行。]

及怀帝即位，委政于越。……帝始亲万机，留心庶事，越不悦，求出籓，帝不许。越遂出镇许昌。

永嘉初[307]，自许昌率苟晞及冀州刺史丁劭讨汲桑[牧民武装首领，石勒初为其首要部将]，破之。[他贪婪：]越还于许，长史潘滔说之曰："兖州天下枢要，公宜自牧。"及转苟晞为青州刺史，由是与晞有隙。

寻诏越为丞相，领兖州牧，督兖、豫、司、冀、幽、并六州。越辞丞相不受，自许迁于鄄城。[他暴虐：]越恐清河王覃终为储副，矫诏收付金墉城，寻害之。

[镇压汉族叛民流民武装：]王弥[叛民领袖，308年进逼洛阳，为晋军所败不久后归附南匈奴]入许，越遣左司马王斌率甲士五千人入卫京都。鄄城自坏，越恶之，移屯濮阳，又迁于荥阳。召田甄[并州汉族武装流民集团"乞活军"将领]等六率，甄不受命，越遣监军刘望讨甄。初，东嬴公腾之镇邺也，携并州将田甄、甄弟兰、任祉、祁济、李恽、薄盛等部众万余人至邺，遣就谷冀州，号为乞活。及腾败，甄等邀破汲桑于赤桥，越以甄为汲郡，兰为钜鹿太守。甄求魏郡，越不许，甄怒，故召不至。望

既渡河,甄退。李恽、薄盛斩田兰,率其众降,甄、祉、济弃军奔上党。

[他暴虐:]越自荥阳还洛阳,以太学为府。疑朝臣贰己,乃诬帝舅王延等为乱,遣王景率甲士三千人入宫收延等,付廷尉杀之。越解兖州牧,领司徒。[他排斥异己:]越既与苟晞构怨,又以顷兴事多由殿省,乃奏宿卫有侯爵者皆罢之。时殿中武官并封侯,由是出者略尽,皆泣涕而去。乃以东海国上军将军何伦为右卫将军,王景为左卫将军,领国兵数百人宿卫。

[他暴虐:]越自诛王延等,大失众望,而多有猜嫌。散骑侍郎高韬有忧国之言,越诬以讪谤时政害之,而不自安。[他极端不负责任,导致"帝京寡弱"不堪:]乃戎服入见,请讨石勒,且镇集兖、豫以援京师。帝曰:"今逆虏侵逼郊畿,王室蕘蕘[骚乱貌],莫有固心。朝廷社稷,倚赖于公,岂可远出以孤根本!"对曰:"臣今率众邀贼,势必灭之。贼灭则不遑消殄,已东诸州职贡流通。此所以宣畅国威,籓屏之宜也。若端坐京辇以失机会,则蚌弊日滋,所忧逾重。"遂行。留妃裴氏、世子、镇军将军毗,及龙骧将军李恽并何伦等守卫京都。表以行台["台"指在中央的尚书省,出征时于其驻在地设立临时性机构,称为行台]随军,率甲士四万东屯于项,王公卿士随从者甚众。① 诏加九锡。越乃羽檄四方……所征皆不至。[他"大失众望",几乎成了孤家寡人。]而苟晞又表讨越,语在《晞传》。……

[在华夷共造的无可救药的全国大灾难形势中,不甘心做傀儡的怀帝下诏各方讨伐他,他闻之惊惧而死,死后被同时作极残忍的超大规模屠戮的石勒焚尸。]

越专擅威权,图为霸业,朝贤素望,选为佐吏,名将劲卒,充于己府,不臣之迹,四海所知。而公私罄乏,所在寇乱,州郡携贰,上下崩离,祸结衅深,遂忧惧成疾。永嘉五年[311],薨于项。② 秘不发丧。以襄阳王范为大将军,统其众。还葬东海。石勒追及于苦县宁平城[今河南周口市郸城县东北],将军钱端出兵距勒,战死,军溃。勒命焚越柩曰:"此人乱天下,吾为天下报之,故烧其骨以告天地。"[极残忍的超大规模屠戮和食人肉!"天下归罪于越":]于是数十万众,勒以骑围而射之,相践

---

① 《晋书·怀帝愍帝纪》载:(永嘉四年[310])十一月甲戌,东海王越帅众出许昌,以行台自随。宫省无复守卫,荒馑日甚,殿内死人交横,府寺营署并掘堑自守,盗贼公行,枹鼓之音不绝。

② 《晋书·怀帝愍帝纪》载:(永嘉)五年[311]春正月,帝密诏苟晞讨东海王越。壬申,晞为曹嶷所破。乙未,越遣从事中郎将杨瑁、徐州刺史裴盾共击晞。癸酉,石勒入江夏,太守杨珉奔于武昌。……二月,石勒寇汝南,汝南王祐奔建邺。三月戊午,诏下东海王越罪状,告方镇讨之。以征东大将军苟晞为大将军。丙子,东海王越薨。

如山。王公士庶死者十余万。王弥弟璋焚其余众,并食之。天下归罪于越。帝发诏贬越为县王。

[西晋灭顶之灾的另一维度:]何伦、李恽闻越之死,秘不发丧,奉妃裴氏及毗出自京邑,从者倾城,所经暴掠。至洧仓[今河南许昌市鄢陵县],又为勒所败,毗及宗室三十六王俱没于贼。……裴妃为人所略,卖于吴氏……

…… ……

[房玄龄等对八王的分评和对"八王之乱"的总评,这些看法值得称赞。其中,司马越受到强烈得无以复加的谴责,而"八王之乱"作为总体,被认为最直接地导致了中国史上最大最久的惨剧。]

史臣曰:……汝南以纯和之姿,失于无断;楚隐习果锐之性,遂成凶很。或位居朝右,或职参近禁,俱为女子[贾后南风]所诈,相次受诛……伦实庸琐,见欺孙秀,潜构异图,煽成奸慝。……冏名父之子,唱义勤王,摧伪业于既成,拯皇舆于已坠,策勋考绩,良足可称。然而临祸忘忧,逞心纵欲,曾不知乐不可极,盈难久持……长沙材力绝人,忠概迈俗……抚其遗节,终始可观。颖既入总大权,出居重镇……乃协契河间,共图进取。而颙任李含之狙诈,杖张方之陵虐,遂使武闵[司马同谥号为武闵]丧元,长沙授首,逞其无君之志,矜其不义之强……东海纠合同盟,创为义举,匡复之功未立,陵暴之衅已彰,罄彼车徒,固求出镇。既而帝京寡弱,狡寇凭陵,遂令神器劫迁,宗社颠覆,数十万众并垂饵于豺狼,三十六王咸陨身于锋刃。祸难之极,振古未闻。虽及焚如[谓火焰炽盛,亦指火灾或战事],犹为幸也。自惠皇失政,难起萧墙,骨肉相残,黎元涂炭,胡尘惊而天地闭,戎兵接而宫庙隳,支属肇其祸端,戎羯乘其间隙,悲夫!《诗》所谓"谁生厉阶,至今为梗"[《诗经·大雅·桑柔》句,意为是谁生这祸根? 至今作梗伤人],其八王之谓矣。

列传第三十　牵秀、皇甫重、李含、张方传　摘录和评注

[与"八王之乱"密切相关的几位重要的助乱人物。他们并非传统意义上的显贵,亦非显贵出身,但其中张方的历史重要性不亚于前面《八王列传》内详述的孙

秀,那是篡夺帝位的司马伦的实际主使者,邪恶的亲信/战术家。张方"世贫贱",以骁勇得幸于司马颙,成为其首要部将,以活活烧死被阴谋抓捕的司马乂和彻底洗劫洛阳宫室、挟持惠帝到长安最为臭名昭著。这位暴虐者的最终下场是被其主子暗杀式地斩首,以图求得大举进逼关中的司马越的宽恕。]

[出身寒微的李含成为司马颙的首要军师,接连献策得到采纳。特别重要的是,他矫称受密诏,动员司马颙发难讨伐司马冏,并被司马颙任命为讨伐军首脑。不料,司马乂骤然"径入宫,发兵攻冏府",不久后还杀了他本人。作为利己的战略家("含之本谋欲并去乂、冏,使权归于颙,含因得肆其宿志"),他败得精光!]

…… ……

牵秀:

[有文才,性豪侠,且"好为将帅"。这野心驱使他投奔司马颖,并凭全不豪侠的阴邪行为"见亲于颖"。其后,类似的野心驱使他背叛兵败落荒的前主子,改而归依司马颙。最后,作为在司马越征伐大军面前守卫关中的主将之一,他被同样是小人的一名关中同僚施诈杀死。总之,他为虚荣可谓不择手段,但稍有成,终全败。]

[有文才,性豪侠(但大打折扣):]

牵秀,字成叔,武邑观津[在今河北衡水市武邑县]人也。祖招,魏雁门太守。秀博辩有文才,性豪侠,弱冠得美名,为太保卫瓘、尚书崔洪所知。太康[280—289]中,调补新安令,累迁司空从事中郎。与帝舅王恺素相轻侮,恺讽司隶荀恺奏秀夜在道中载高平国守士田兴妻。秀即表诉被诬,论恺秽行,文辞亢厉,以讥抵外戚。于时朝臣虽多证明其行,而秀盛名美誉由是而损,遂坐免官。后司空张华请为长史。[据《晋书·贾充杨骏传》,他全不豪侠地附于贾后南风主要党羽之一贾谧,作为"浮竞之徒",为其浪漫俱乐部"二十四友"之一。]

["好为将帅"的野心驱使他投奔司马颖,继而又靠陷害私敌和谄媚佞幸"见亲于颖"。]

秀任气,好为将帅。张昌[汉化的蛮族,荆楚流民武装领袖]作乱,长沙王乂遣秀讨昌,秀出关,因奔成都王颖。颖伐乂,以秀为冠军将军,与陆机、王粹等共为河桥之役。机战败，秀证成其罪，①又谄事黄门孟玖，故见亲于颖。……

[他离弃兵败落荒的前主子，改而归依司马颙；最后，作为守卫关中抵御司马越的主将之一，他被一名关中同僚施诈杀死。]

河间王颙甚亲任之。关东诸军奉迎大驾，以秀为平北将军，镇冯翊。秀与颙将马瞻等将辅颙以守关中，颙密遣使就东海王越求迎，越遣将麋晃等迎颙。时秀拥众在冯翊，晃不敢进。颙长史杨腾前不应越军，惧越讨之，欲取秀以自效，与冯翊大姓诸严诈称颙命，使秀罢兵，秀信之，腾遂杀秀于万年。

…… ……

皇甫重：

[作为司马乂的部属，其军政生涯主题是对司马颙的首要军师李含的强烈私愤，以致违背其主公的旨意坚持聚兵讨伐李含，结果招来司马颙武力的围攻。在进行一场杰出的守城战之后，他的部下们因得救援无望，转而将他杀害。]

[他与李含互为不共戴天的私敌，同时分处潜在互相敌对的藩王阵营；他俩互谋对方的性命。]

皇甫重，字伦叔，安定朝那[今甘肃东部平凉市西北]人也。性沈果，有才用，为司空张华所知，稍迁新平太守。元康[291—299]中，华版为秦州刺史。齐王冏辅政，以重弟商为参军。冏诛，长沙王乂又以为参军。[他与李含互为不共戴天的私敌，互谋性命。]时河间王颙镇关中，其将李含先与商、重有隙，每衔之，及此，说颙曰：

---

① 《晋书·陆机陆云传》载：太安[302—303]初，颖与河间王颙起兵讨长沙王乂，假机后将军、河北大都督，督北中郎将王粹、冠军牵秀等诸军二十余万人。……[他麾下的大军极其壮观，但被长沙王司马乂轻而易举地击碎：]列军自朝歌至于河桥，鼓声闻数百里，汉、魏以来，出师之盛，未尝有也。长沙王乂奉天子与机战于鹿苑，机军大败，赴七里涧而死者如积焉，水为之不流……[自傲轻慢的他平日在小人纷纭的司马颖阵营内树立了太多私敌，后者待他战败便群起而害之：]初，宦人孟玖弟超并为颖所嬖宠。……及战，超不受机节度，轻兵独进而没。玖疑机杀之，遂谮机于颖，言其有异志。将军王阐、郝昌、公师藩等皆玖所用，与牵秀等共证之。颖大怒，使秀密收机。……天明而秀兵至。机……叹曰："华亭鹤唳，岂可复闻乎！"[华亭在今上海市松江区西，陆机于吴亡入洛以前，常云游于华亭墅中，现云此感慨生平，悔入仕途。]遂遇害于军中……

"商为乂所任，重终不为人用，宜急除之，以去一方之患。可表迁重为内职，因其经长安，乃执之。"重知其谋，乃露檄上尚书，以颙信任李含，将欲为乱，召集陇上士众，以讨含为名。乂以兵革累兴，今始宁息，表请遣使诏重罢兵，征含为河南尹。含既就征，重不奉诏，[他甚至违背其主公的旨意，坚持聚兵讨伐李含，结果招来司马颙武力的围攻]颙遣金城太守游楷、陇西太守韩稚等四郡兵攻之。

[司马乂与司马颙之间爆发大冲突，在进行了一场杰出的守城战之后，前者的败亡最终导致他的丧命。]

顷之，成都王颖与颙起兵共攻乂，以讨后父尚书仆射羊玄之及商为名。乂以商为左将军、河东太守，领万余人于关门距张方，为方所破，颙军遂进。乂既屡败，乃使商间行赍帝手诏，使游楷尽罢兵，令重进军讨颙。商行过长安，至新平，遇其从甥，从甥素憎商，以告颙，颙捕得商，杀之。[非常杰出的守城战，怀有得到救援的希望：]乂既败，重犹坚守，闭塞外门，城内莫知，而四郡兵筑土山攻城，重辄以连弩射之。所在为地窟以防外攻，权变百端，外军不得近城，将士为之死战。颙知不可拔，乃上表求遣御史宣诏喻之令降。重知非朝廷本意，不奉诏。[得到救援的希望破灭，他随即死于众部之手：]获御史骓人问曰："我弟将兵来，欲至未？"骓云："已为河间王所害。"重失色，立杀骓。于是城内知无外救，遂共杀重。[呜呼！如克劳塞维茨在《战争论》内所云，"机器本身开始抵抗"，"大量属众……往下将他（司令官）拖入畜生般的世界，那里盛行逃避危险和不知羞耻"①。]

先是，重被围急，遣养子昌请救于东海王越，越以颙新废成都王颖，与山东连和，不肯出兵。昌乃与故殿中人杨篇诈称越命，迎羊后于金墉城入宫，以后令发兵讨张方，奉迎大驾。事起仓卒，百官初皆从之，俄而又共诛昌。

······ ······

---

① "只要一支部队心甘情愿斗志昂扬地作战，就很少需要大意志力；然而，一旦种种状况变得困难，就像它们在危急的时候必定的那样，事情就不再如一部运转顺利的机器似的运作。机器本身开始抵抗，司令官需要巨大的意志力去克服这抵抗……保持住对部下的掌控。一旦这掌控丧失，一旦他自己的勇气不再能振兴部下的勇气，大量属众就会往下将他拖入畜生般的世界，那里盛行逃避危险和不知羞耻。"克劳塞维茨《战争论》第一篇第3章"论军事天才"。

李含:

[出身寒微的他因有富有才干之誉而成为司马颙的首要军师。尤为重要的是他矫称受密诏,动员司马颙发难讨伐司马冏,还被任命为讨伐军首脑。不料,司马乂"径入宫,发兵攻冏府",不久后还杀了他本人。"含之本谋欲并去乂、冏,使权归于颙,含因得肆其宿志",结果一败涂地。]

[他出生寒微,与皇甫商弟兄早就互为私敌。他的补偿是因为"贤"且"有才干"而两三度得到大官提携和辩护,虽然这辩护当时无用。]

李含,字世容,陇西狄道人也。侨居始平[在今陕西咸阳市兴平市南部]。少有才干,两郡并举孝廉。安定皇甫商州里年少,少恃豪族,以含门寒微,欲与结交,含距而不纳,商恨焉,遂讽州以短檄召含为门亭长。会州刺史郭奕素闻其贤,下车擢含为别驾,遂处群僚之右。寻举秀才,荐之公府,自太保掾转秦国郎中令。司徒迁含领始平中正。秦王薨,含依台仪,葬讫除丧[由着丧服变着吉服,或由着重丧服改着轻丧服]。尚书赵浚有内宠,疾含不事己,遂奏含不应除丧。本州大中正傅祇以名义贬含。中丞傅咸上表理含……

帝不从,含遂被贬,退割为五品。归长安,岁余,光禄差含为寿城邸阁督。司徒王戎表含曾为大臣,虽见割削,不应降为此职。诏停。后为始平令。

[他的时候到了:司马颙要他,"甚见信任",很快成为其首要军师,接连献策得到采纳。]

及赵王伦篡位,或谓孙秀曰:"李含有文武大才,无以资人。"秀以为东武阳令。河间王颙表请含为征西司马,甚见信任。顷之,转为长史。颙诛夏侯奭,送齐王冏使与赵王伦,遣张方率众赴伦,①皆含谋也。后颙闻三王兵盛,乃加含龙骧将军,统席薳等铁骑,回遣张方军以应义师。天子反正,含至潼关而还。

[与皇甫商等人的私愤和其他私虑导致他——阴谋家——矫称受密诏,动员司

---

① 《晋书·八王传》载:及赵王伦篡位,齐王同谋讨之。[司马颙以三项行动去攀附伪帝司马伦:]前安西参军夏侯奭自称侍御史,在始平合众,得数千人,以应冏,遣信要颙。颙遣主簿房阳、河间国人张方讨擒奭,及其党十数人,于长安市腰斩之。及冏檄至,颙执冏使,送之于伦。伦征兵于颙,颙遣方率关右健将赴之。

马颙以马基雅维里主义方式发难,联合司马颖讨伐司马冏。司马颙采纳,还任命他为讨伐军首脑;不料,司马乂抢先诛杀司马冏。]

[私愤和私虑:]初,梁州刺史皇甫商为赵王伦所任,伦败,去职诣颙,颙慰抚之甚厚。含谏颙曰:"商,伦之信臣,惧罪至此,不宜数与相见。"商知而恨之。及商当还都,颙置酒饯行,商因与含忿争,颙和释之。后含被征为翊军校尉。时商参齐王冏军事,而夏侯奭兄在冏府,称奭立义,被西藩枉害。含心不自安。冏右司马赵骧又与含有隙,冏将阅武,含惧骧因兵讨之,[他矫称受密诏,动员司马颙以马基雅维里主义方式发难讨伐司马冏。]乃单马出奔于颙,矫称受密诏。颙即夜见之,乃说颙曰:"成都王至亲,有大功,还藩,甚得众心。齐王越亲而专执威权,朝廷侧目。今檄长沙王令讨齐,使先闻于齐,齐必诛长沙,因传檄以加齐罪,则冏可擒也。既去齐,立成都,除逼建亲,以安社稷,大勋也。"颙从之,遂表请讨冏,拜含为都督,统张方等率诸军以向洛阳。含屯阴盘,[司马乂令他失算:]而长沙王乂诛冏,含等旋师。

[他的自私算计("并去乂、冏,使权归于颙,含因得肆其宿志")落空之后,他的私敌皇甫商借刀杀人,要了他的性命。]

初,含之本谋欲并去乂、冏,使权归于颙,含因得肆其宿志。既长沙胜齐,颙、颖犹各守藩,志望未允。[他的自私算计落空!]颙表含为河南尹。[老私敌皇甫商成功地动员司马乂干掉他:]时商复被乂任遇,商兄重时为秦州刺史,含疾商滋甚,复与重构隙。……商说乂曰:"河间之奏,皆李含所交构也。若不早图,祸将至矣。且河间前举,由含之谋。"乂乃杀含。

张方:

["世贫贱",以骁勇得幸于司马颙,成为其首要部将,因先后烧死司马乂和洗劫洛阳、挟持惠帝而最为臭名昭著。他最终被主子暗杀式地斩首,以图求得进逼关中的司马越宽恕。丛林世界!]

["世贫贱",以骁勇得幸于司马颙,成为其首要部将;在洛阳城内外经拉锯战决定性地击败司马乂,继而大施暴行。]

张方,河间[今河北中南部河间市]人也。世贫贱,以材勇得幸于河间王颙,累迁兼振武将军。永宁[301—302]中,颙表讨齐王冏,遣方领兵二万为前锋。及冏被长沙王乂所杀,颙及成都王颖复表讨乂,遣方率众自函谷入屯河南。[他率前锋部队攻入洛阳,在城内外与司马乂进行残酷的拉锯战,终于靠出敌不意得胜:]惠帝遣左将军皇甫商距之,方以潜军破商之众,遂入城。乂奉帝讨方于城内,方军望见乘舆,于是小退,方止之不得,众遂大败,杀伤满于衢巷。方退壁于十三里桥,人情挫衄,无复固志,多劝方夜遁。方曰:"兵之利钝是常,贵因败以为成耳。我更前作垒,出其不意,此用兵之奇也。"乃夜潜进逼洛城七里。乂既新捷,不以为意,忽闻方垒成,乃出战,败绩。[他活活烧死被阴谋抓捕的司马乂,继而首次洗劫洛阳:]东海王越等执乂,送于金墉城。方使郅辅取乂还营,炙杀之。于是大掠洛中官私奴婢万余人,而西还长安。颙加方右将军、冯翊太守。

[紧随司马颖之击败司马越等的"奉帝北征",他再度为司马颙入占洛阳,控制惠帝,再度洗劫帝都,然后挟持惠帝去往司马颙的老巢关中长安。]

荡阴之役[304],颙又遣方镇洛阳,上官巳、苗愿等距之,大败而退。清河王覃夜袭巳、愿,巳、愿出奔,方乃入洛阳。覃于广阳门迎方而拜,方驰下车扶止之。于是复废皇后羊氏。及帝自邺还洛,方遣息罴以三千骑奉迎。……方见帝将拜,帝下车自止之。

[暴掠洛阳,而后挟持惠帝至长安:]方在洛既久,兵士暴掠,发哀献皇女[惠帝和贾后南风的女儿司马女彦,谥号哀献皇女]墓。军人喧喧,无复留意,议欲西迁,尚置其迹,欲须天子出,因劫移都。乃请帝谒庙,帝不许。方遂悉引兵入殿迎帝,帝见兵至,避之于竹林中,军人引帝出,方于马上稽首曰:"胡贼纵逸,宿卫单少,陛下今日幸臣垒,臣当捍御寇难,致死无二。"于是军人便乱入宫阁,争割流苏武帐[置有兵器的帷帐,帝王或大臣所用]而为马帴[jiǎn,即马鞯,垫在马鞍子下面的东西]。方奉帝至弘农,颙遣司马周弼报方,欲废太弟,方以为不可。

[司马越等大举讨伐司马颙,而他作为步骑十万的战场统帅,竟遭其主子暗杀式斩首,以图求得司马越宽恕。]

帝至长安,以方为中领军、录尚书事,领京兆太守。时豫州刺史刘乔檄称颍川太守刘舆迫胁范阳王虓距逆诏命,及东海王越等起兵于山东,乃遣方率步骑十万往讨之。方屯兵霸上,而刘乔为虓等所破。颙闻乔败,大惧,将罢兵,恐方不从,迟疑未决。

[他的末日，一则包含几重私仇、几重背叛、残忍暗杀和更多丑陋的丛林故事。]
初，方从山东来，甚微贱，长安富人郅辅厚相供给。及贵，以辅为帐下督，甚昵之。
颙参军毕垣，河间冠族，为方所侮，忿而说颙曰："张方久屯霸上，闻山东贼盛，盘桓
不进，宜防其未萌。其亲信郅辅具知其谋矣。"而缪播等先亦构之，颙因使召辅，垣
迎说辅曰："张方欲反，人谓卿知之。王若问卿，何辞以对？"辅惊曰："实不闻方反，为
之若何？"垣曰："王若问卿，但言尔尔。不然，必不免祸。"辅既入，颙问之曰："张方
反，卿知之乎？"辅曰："尔。"颙曰："遣卿取之可乎？"又曰："尔。"颙于是使辅送书于
方，因令杀之。辅既昵于方，持刀而入，守阁者不疑，因火下发函，便斩方头。颙以
辅为安定太守。初缪播等议斩方，送首与越，冀东军可罢。及闻方死，更争入关，颙
颇恨之，又使人杀辅。

史臣曰：晋氏之祸难荐臻[接连来到，一再遇到]，实始藩翰。……或抗忠尽节，
或饰诈怀奸。虽邪正殊途，而咸至诛戮，岂非时艰政紊，利深祸速者乎！……

列传第三十一　苟晞传　摘录和评注

[一位甚有军政才能的西晋将领，独裁者司马越的得力臣属和最终克星。他先
以军政结合方式轻易击碎一时势盛的牧民反叛首领汲桑的武装，加上其后得胜连
连，致使他"威名甚盛，时人拟之韩白[韩信、白起]"(!)。继而，他对司马越的私恨急
剧激化，遂被"恶越专权"的晋怀帝委以发动各方联合讨伐的大任和统帅地位，从而
直接导致司马越惊惧而死。]

[他的负面品性至少有如韩信和白起，即如前者般的携贰和后者般的暴烈。他
"以严刻立功，日加斩戮，流血成川，人不堪命，号曰'屠伯'"——那个时代华夏野蛮
的典型反映！不仅如此，他在得意时穷奢极欲，腐败透顶，且暴虐透顶，最后被他曾
击败过的羯胡石勒活捉并杀死。]

[在"八王之乱"中几度改换门庭,直到担任司马越征伐军的前锋才开始显现出他的军政大才;破汲桑和其后连连得胜致使他"威名甚盛"。]

苟晞,字道将,河内山阳[今河南焦作市修武县]人也。少为司隶部从事,校尉石鉴深器之。[在"八王之乱"中几度改换门庭:]东海王越为侍中,引为通事令史,累迁阳平太守。齐王冏辅政,晞参冏军事,拜尚书右丞,转左丞,廉察诸曹,八坐以下皆侧目惮之。及冏诛,晞亦坐免。长沙王乂为骠骑将军,以晞为从事中郎。惠帝征成都王颖,以为北军中候。及帝还洛阳,晞奔范阳王虓,虓承制用晞行兖州刺史。

[他显现战场上的军政大才,"时人拟之韩白":]汲桑之破邺也,东海王越出次[出军驻扎]官渡以讨之,命晞为前锋。桑素惮之,于城外为栅以自守。晞将至,顿军休士,先遣单骑示以祸福。桑众大震,弃栅宵遁,婴城固守[谓环城而守]。晞陷其九垒,遂定邺而还。① 西讨吕朗等,灭之。后从高密王略[字元简,故亦称司马简,司马越之弟]讨青州贼刘根,破汲桑故将公师藩,败石勒于河北,威名甚盛,时人拟之韩白。[他火箭般地腾升:]进位抚军将军、假节、都督青兖诸军事,封东平郡侯,邑万户。

[他在文官职能上的大才,还有不徇私情(或许多少隐含他日后的暴烈);另一方面,他事实上颇有审慎的政治心计,为免祸自保而认真巴结京都亲贵]晞练于官事,文簿盈积,断决如流,人不敢欺。其从母[姑母]依之,奉养甚厚。从母子求为将,晞距之曰:"吾不以王法贷人,将无后悔邪?"固欲之,晞乃以为督护。后犯法,晞杖节斩之,从母叩头请救,不听。既而素服哭之,流涕曰:"杀卿者兖州刺史,哭弟者苟道将。"其杖法如此。

晞见朝政日乱,惧祸及己,而多所交结,每得珍物,即贻都下[京都]亲贵。兖州去洛五百里,恐不鲜美,募得千里牛,每遣信,旦发暮还。

---

① 《晋书·怀帝愍帝纪》载:永嘉元年[307]春正月……以太傅、东海王越辅政……夏五月,马牧帅汲桑[奴隶羯族石勒与之关系亲密,共招募起兵]聚众反,败魏郡太守冯嵩,遂陷邺城,害新蔡王腾。烧邺宫,火旬日不灭。又杀前幽州刺史石鲜于乐陵,入掠平原,山阳公刘秋遇害。……秋七月己酉朔,东海王越进屯官渡,以讨汲桑。……八月己卯朔,抚军将军苟晞败汲桑于邺。……九月戊申,苟晞又破汲桑,陷其九垒。……十二月戊寅,并州人田兰、薄盛等斩汲桑于乐陵。

［司马越因其“有大志，非纯臣”而开始防范他，使用某种切中其虚荣心的“间接战略”；他表现出极为暴烈的品性——“日加斩戮，流血成川，人不堪命”。］

初，东海王越以晞复其仇耻［汲桑部将攻杀驻扎邺城的司马越之弟司马腾］，甚德之，引升堂，结为兄弟。越司马藩滔等说曰：“兖州要冲，魏武以之辅相汉室。苟晞有大志，非纯臣，久令处之，则患生心腹矣。若迁于青州，厚其名号，晞必悦，公自牧兖州，经纬诸夏，藩卫本朝，此所谓谋之于未有，为之于未乱也。”越以为然，乃迁晞征东大将军、开府仪同三司，加侍中、假节、都督青州诸军事，领青州刺史，进为郡公。［他作为残忍酷烈的“屠伯”，依靠杀戮治理：］晞乃多置参佐，转易守令，以严刻立功，日加斩戮，流血成川，人不堪命，号曰“屠伯”。顿丘太守魏植为流人所逼，众五六万，大掠兖州。晞出屯无盐［县名，治所在今山东泰安市东平县东平镇无盐村南］，以弟纯领青州，刑杀更甚于晞，百姓号“小苟酷于大苟”。晞寻破植。

［对司马越的私恨急剧激化，以致他宣告要“诛国贼，尊王室”，遂被“恶越专权”的晋怀帝委以发动联合讨伐的大任。］

［私恨急剧激化，宣告讨逆尊王：］时潘滔及尚书刘望等共诬陷晞，晞怒，表求滔等首，又请越从事中郎刘洽为军司，越皆不许。晞于是昌言曰：“司马元超为宰相不平，使天下淆乱，苟道将岂可以不义使之？韩信不忍衣食之惠，死于妇人之手。今将诛国贼，尊王室，桓文岂远哉！”乃移告诸州，称己功伐，陈越罪状。

［怀帝“复遣诏”，委以发动全国联合讨伐，于是他奉诏倡义，用的都是在异族狂潮面前拯救华夏的名义：］时怀帝恶越专权，乃诏晞曰：“……公威震赫然，枭斩藩、桑，走降乔、朗，魏植之徒复以诛除，岂非高识明断，朕用委成。加王弥、石勒为社稷之忧，故有诏委统六州。而公谦分小节，稽违大命，非所谓与国同忧也。今复遣诏，便施檄六州，协同大举，翦除国难，称朕意焉。”晞复移诸征镇州郡曰：“天步艰险，祸难殷流，刘元海造逆于汾阴，石世龙阶乱于三魏，荐食畿甸，覆丧邺都，结垒近郊，仍震兖豫……郡守官长，堙没数十，百姓流离，肝脑涂地。晞……猥被中诏，委以关东，督统诸军，钦承诏命。……夫翼奖皇家，宣力本朝，虽陷汤火，大义所甘。加诸方牧，俱受荣宠，义同毕力，以报国恩。晞虽不武，首启戎行，秣马裹粮，以俟方镇。凡我同盟，宜同赴救。显立名节，在此行矣。”

［在大败于前赵军队之后，奉怀帝密诏讨伐司马越，主要理由之一是司马越专权"令戎狄充斥，所在犯暴"：］会王弥遣曹嶷破琅邪，北攻齐地。……晞……简精锐，与贼大战，会大风扬尘，晞遂败绩，弃城夜走。嶷追至东山，部众皆降嶷。晞单骑奔高平，收邸阁，募得数千人。

帝又密诏晞讨越，晞复上表曰："殿中校尉李初至，奉被手诏，肝心若裂。［他对司马越的强烈私恨溢于言表：］东海王越得以宗臣遂执朝政，委任邪佞，宠树奸党，至使前长史潘滔、从事中郎毕邈、主簿郭象等操弄天权，刑赏由己。……带甲临宫，诛讨后弟，翦除宿卫，私树国人。①……滔、邈等劫越出关，矫立行台，逼徙公卿，擅为诏令，纵兵寇抄，茹食居人，交尸塞路，暴骨盈野。遂令方镇失职，城邑萧条，淮豫之萌，陷离涂炭。臣……即日承司空、博陵公浚书，称殿中中郎刘权赍诏，敕浚与臣共克大举。辄遣前锋征虏将军王赞径至项城，使越稽首归政，斩送滔等。……"

［怀帝再度密诏，要他作为统帅讨伐司马越，而他遣军响应：］五年［311］，帝复诏晞曰："太傅信用奸佞，阻兵专权，内不遵奉皇宪，外不协比方州，遂令戎狄充斥，所在犯暴。留军何伦抄掠宫寺，劫剥公主，杀害贤士，悖乱天下，不可忍闻。虽惟亲亲，宜明九伐。诏至之日，其宣告天下，率齐大举，桓文之绩，一以委公。……道涩，故练写副，手笔示意。"晞表曰："奉被手诏，委臣征讨，喻以桓文……自顷宰臣专制，委杖佞邪，内擅朝威，外残兆庶……纵兵寇掠，陵践宫寺……广平、武安公主，先帝遗体，咸被逼辱。逆节虐乱，莫此之甚。辄祇奉前诏，部分诸军，遣王赞率陈午等将兵诣项，龚行天罚。"

［司马越惊惧而死，他对行将灭亡的西晋来说，成为徒然无用的最后军事砥柱，同时开始穷奢极欲，腐败透顶，且暴虐透顶，最终被石勒活捉并杀死。］

初，越疑晞与帝有谋，使游骑于成皋间，获晞使，果得诏令及朝廷书，遂大构疑隙。越出牧豫州以讨晞，复下檄说晞罪恶，遣从事中郎杨珉为兖州，与徐州刺史裴

---

① 《晋书·八王列传》载：越自荥阳还洛阳，以太学为府。疑朝臣贰己，乃诬帝舅王延等为乱，遣王景率甲士三千人入宫收延等，付廷尉杀之。……越既与苟晞构怨，又以顷兴事多由殿省，乃奏宿卫有侯爵者皆罢之。时殿中武官并封侯，由是出者略尽，皆泣涕而去。乃以东海国上军将军何伦为右卫将军，王景为左卫将军，领国兵数百人宿卫。

盾共讨晞。晞使骑收河南尹潘滔，滔夜遁，及执尚书刘会、侍中程延，斩之。会越薨，盾败，诏晞为大将军大都督、督青徐兖豫荆扬六州诸军事，增邑二万户，加黄钺，先官如故。

晞以京邑荒馑日甚，寇难交至，表请迁都，遣从事中郎刘会领船数十艘，宿卫五百人，献谷千斛以迎帝。朝臣多有异同。俄而京师陷，晞与王赞屯仓垣。豫章王端及和郁等东奔晞，晞群官尊端为皇太子，置行台。端承制以晞领太子太傅、都督中外诸军、录尚书，自仓垣徒屯蒙城[在今河南商丘市梁园区蒙墙寺村]，赞屯阳夏。

[他开始穷奢极欲，腐败暴虐，最终被石勒毁灭：]晞出于孤微，位至上将，志颇盈满，奴婢将千人，侍妾数十，终日累夜不出户庭，刑政苛虐，纵情肆欲。辽西阎亨以书固谏，晞怒，杀之。晞从事中郎明预有疾居家，闻之，乃舆病谏晞曰：“皇晋遭百六之数，当危难之机，明公亲稟庙算，将为国家除暴。阎亨美士，奈何无罪一旦杀之！”晞怒白：“我自杀阎亨，何关人事，而舆病来骂我！”左右为之战栗……由是众心稍离，莫为致用，加以疾疫饥馑，其将温畿、傅宣皆叛之。石勒攻阳夏，灭王赞，驰袭蒙城，执晞，署为司马，月余乃杀之。晞无子，弟纯亦遇害。

列传第九　王浚传　摘录和评注

[晋武帝重臣王沈的私生子和唯一子嗣，品行恶劣：在"八王之乱"中先秉承贾南风的旨意杀害被囚的愍怀太子司马遹，后暗助篡夺帝位的司马伦。继而，他为报私愤而引胡乱华，"黔庶荼毒，自此始也"。这就是他的历史性(historic)意义！]

[接着，他因力援司马越而大得褒赏位至三公，依凭他麾下的幽冀两州军队和他引来的鲜卑武力，他数度击败时为匈奴前赵大将的羯胡石勒，并且从事争夺冀州地盘的华夏内战。最后，他竟妄谋称帝，建立割据式的独立国家，为此滥杀谏者，且为政苛暴害民。到头来，他和他的军队被诈降的石勒彻底毁灭。]

[他是西晋显贵中一名极坏的人物，不仅"乘间伺隙，潜图不轨"，而且"放肆獯虏，遂使……黎元涂地"。大致而言，自三国鼎立局面形成起，大规模屠戮自此始。① 华夏野

---

① 可能唯一的例外是《三国志·魏书·文帝纪》裴松之注引《魏书》载：(黄初二年[221])十一月辛未，镇西将军曹真命众将及州郡兵讨破叛胡治元多、卢水、封赏等，斩首五万余级[大规模屠戮，屡见于不同种族或族裔之间的总体战！]，获生口十万，羊一百一十一万口，牛八万，河西遂平。……

蛮化！]

[他"偶尔"捡到一个公侯爵位，于是有了以后拥兵拥地的起始资本。]

浚字彭祖。母赵氏妇，良家女也，贫贱，出入沈家，遂生浚，沈初不齿之。年十五，沈薨，无子，亲戚共立浚为嗣，拜驸马都尉。太康［280—289］初，与诸王侯俱就国。三年来朝，除员外散骑侍郎。元康［291—299］初，转员外常侍，迁越骑校尉、右军将军。出补河内太守，以郡公不得为二千石，转东中郎将，镇许昌。

[他在"八王之乱"中：品行恶劣，先后明投暗助几名"阶段性首恶"，加上引胡乱华，特别是与鲜卑武力一起大屠戮和大暴掠。]

[秉承贾南风旨意杀害被囚的愍怀太子司马遹：]及愍怀太子幽于许昌，浚承贾后旨，与黄门孙虑共害太子［300］。迁宁北将军、青州刺史。寻徙宁朔将军、持节、都督幽州诸军事。[成为幽州军政首脑后结好鲜卑势力，遂肇始他的一项长久方针：]于时朝廷昏乱，盗贼蜂起，浚为自安之计，结好夷狄，以女妻鲜卑务勿尘，又以一女妻苏恕延［亦为鲜卑部落首领］。

[暗助篡夺帝位的司马伦：]及赵王伦篡位，三王［据《惠帝纪》实为四王，即齐王冏、成都王颖、河间王颙、常山王乂］起义兵［301］，浚拥众挟两端，遏绝檄书，使其境内士庶不得赴义，成都王颖欲讨之而未暇也。伦诛，进号安北将军。及河间王颙、成都王颖兴兵内向，害长沙王乂［303］，而浚有不平之心。[在与司马颖结仇后，他引胡乱华，与乌桓单于（可能实为鲜卑一部首领）合作消灭奉命要消灭他的司马颖部属和演：]颖表请幽州刺史石堪为右司马，以右司马和演代堪，密使演杀浚，并其众。演与乌丸单于审登谋之，于是与浚期游蓟城南清泉水上。蓟城内西行有二道，演浚各从一道。演与浚欲合卤簿［仪仗］，因而图之。值天暴雨，兵器沾湿，不果而还。单于由是与其种人谋曰："演图杀浚，事垂克而天卒雨，使不得果，是天助浚也。违天不祥，我不可久与演同。"乃以谋告浚。浚密严兵，与单于围演。演持白幡诣浚降，遂斩之，自领幽州。[他再进一步，与鲜卑合作大败司马颖，占得重镇，随即华夷携手大屠戮、大暴掠：]大营器械，召务勿尘，率胡晋合二万人，进军讨颖。以主簿祁弘为前锋，遇颖将石超于平棘，击败之。浚乘胜遂克邺城［故都城，主要在今河北临漳

县境内]①，士众暴掠，死者甚多。鲜卑大略妇女，浚命敢有挟藏者斩，于是沈于易水〔在今河北西部，源出易县境，入南拒马河〕者八千人。黔庶〔黔首庶民，指百姓〕荼毒，自此始也。〔如本传首注所说，这使他有了某种历史性意义，因为大致而言，自三国鼎立局面形成后，大规模屠戮自此始！〕

〔他力援司马越而大得褒赏，位至三公：〕浚还蓟，声实益盛。东海王越将迎大驾，浚遣祁弘率乌丸突骑为先驱。惠帝旋洛阳，转浚骠骑大将军、都督东夷河北诸军事，领幽州刺史，以燕国增博陵之封。怀帝即位〔307〕，以浚为司空，领乌丸校尉，〔封前不久对其治下的华夏民众进行大屠杀大暴掠的鲜卑酋领大位高爵！西晋王朝本身与其边疆政策之羸弱和卑劣一至于此！〕务勿尘为大单于。浚又表封务勿尘辽西郡公，其别部大飘滑及其弟渴末别部大屠瓮等皆为亲晋王。

〔依凭幽冀两州军队和引来的鲜卑武力，他数度击败时为匈奴前赵大将的羯胡石勒，并且从事争夺冀州地盘的华夏内战。〕

永嘉〔307—313〕中，石勒寇冀州，浚遣鲜卑文鸯讨勒，勒走南阳。〔他靠他引来的鲜卑武力一败石勒。〕明年，勒复寇冀州，刺史王斌为勒所害，浚又领冀州。〔他现在统领幽冀两州，石勒仍为他的劲敌。〕诏进浚为大司马，加侍中、大都督、督幽冀诸军事。〔他政治上的"战略空间"由于西晋中央政权凌夷而大为扩展，这必定急剧增大他的割据野心；〕使者未及发，会洛京倾覆〔311〕，浚大树威令，专征伐，〔他和他引来的鲜卑武力二败石勒，虽然打了由鲜卑偿付的折扣：〕遣督护王昌、中山太守阮豹等，率诸军及务勿尘世子疾陆眷，并弟文鸯、从弟末杯，攻石勒于襄国，勒率众来距，昌逆击败之。末杯逐北入其垒门，为勒所获。勒质末杯，遣间使来和，疾陆眷遂以铠马二百五十四、金银各一篨赎末杯，结盟而退。

〔矫诏宣布他的"影子政府"（"承制"）：〕其后浚布告天下，称受中诏承制，乃以司空荀籓为太尉，光禄大夫荀组为司隶，大司农华荟为太常，中书令李𬱟〔huán〕为河南尹。〔他的分遣军被石勒击败：〕又遣祁弘讨勒，及于广宗。时大雾，弘引军就道，卒与勒遇，为勒所杀。〔他改变优先事项，从事争夺冀州地盘的华夏内战，而鲜卑武力

_____

① 《晋书·惠帝纪》载：安北将军王浚遣乌丸骑攻成都王颖于邺，大败之。颖舆帝单车走洛阳……

照例是他的依凭之一:]由是刘琨与浚争冀州。琨使宗人刘希还中山合众,代郡、上谷、广宁三郡人皆归于琨。浚患之,遂辍讨勒之师,而与琨相距。浚遣燕相胡矩督护诸军,与疾陆眷并力攻破希。驱略三郡士女出塞,琨不复能争。

浚还,欲讨勒,使枣嵩督诸军屯易水,召疾陆眷,将与之俱攻襄国。[他为政苛暴害民,且疏离鲜卑盟友(附庸)。他开始众叛亲离:]浚为政苛暴,将吏又贪残,并广占山泽,引水灌田,渍陷冢墓,调发殷烦,下不堪命,多叛入鲜卑。从事韩咸切谏,浚怒,杀之。疾陆眷自以前后违命,恐浚诛之。勒亦遣使厚赂,疾陆眷等由是不应召。浚怒,以重币诱单于猗卢子右贤王日律孙,令攻疾陆眷,反为所破。

[形势复杂(他既遭华夷人众背叛,又得"诸避乱游士"),头脑发昏,他竟妄谋称帝,建立割据式的独立国家。]

时刘琨大为刘聪所迫,诸避乱游士多归于浚。浚日以强盛,乃设坛告类,建立皇太子,备置众官。浚自领尚书令,以枣嵩、裴宪并为尚书,使其子居王宫,持节,领护匈奴中郎将,以妻舅崔毖为东夷校尉。又使嵩监司冀并兖诸军事、行安北将军,以田徽为兖州,李恽为青州。恽为石勒所杀,以薄盛代之。["影子政府"不够胃口,何如称帝恰中野心:]浚以父字处道,为"当涂高"应王者之谶,谋将僭号。[他惯于迫害乃至诛杀谏者,以致"士人愤怨,内外无亲":]胡矩谏浚,盛陈其不可。浚忿之,出矩为魏郡守。前渤海太守刘亮、从子北海太守搏、司空掾高柔并切谏,浚怒,诛之。浚素不平长史燕国王悌,遂因他事杀之。[他的将吏惯于"贪残":]时童谣曰:"十囊五囊入枣郎。"枣嵩,浚之子婿也……又谣曰:"幽州城门似藏户[仓库出入口],中有伏尸王彭祖[王浚字彭祖]。"……时燕国霍原,北州名贤,浚以僭位事示之,原不答,浚遂害之。由是士人愤怨,内外无亲。以矜豪日甚,不亲为政,所任多苛刻;加亢旱灾蝗,士卒衰弱。[他盲目,几乎看不见他愈益加甚的真正羸弱形势。]

[在众叛亲离、"士卒衰弱"和鲜卑侵逼的恶劣形势下,他中石勒诈降之计,结果被彻底消灭。]

浚之承制也,参佐皆内叙,唯司马游统外出。统怨,密与石勒通谋。勒乃诈降于浚,许奉浚为主。时百姓内叛,疾陆眷等侵逼。浚喜勒之附己,勒遂为卑辞以事之。献遗珍宝，使驿相继。浚以勒为诚，不复设备。勒乃遣使克日上尊号于浚，浚许之。勒屯兵易水，督护孙纬疑其诈，驰白浚，而引军逆勒。浚不听，使勒直前。众议皆曰："胡贪而无信，必有诈，请距之。"浚怒，欲斩诸言者，众遂不敢复谏。盛张设以待勒。[他在石勒的诈降面前愚蠢至极！一厢情愿无休无止。]勒至城，便纵兵大掠。浚左右复请讨之，不许。及勒登听事，浚乃走出堂皇，勒众执以见勒。勒遂与浚妻并坐，立浚于前。浚骂曰："胡奴调汝公，何凶逆如此！"勒数浚不忠于晋，并责以百姓馁乏，积粟五十万斛而不振给。遂遣五百骑先送浚于襄国，收浚麾下精兵万人，尽杀之。停二日而还，孙纬遮击之，勒仅而得免。勒至襄国，斩浚，而浚竟不为之屈，大骂而死。无子。[他恶贯满盈，唯一可以赞许的是临死前面对石勒的蛮勇之气。]……

帝纪第五　孝怀帝、孝愍帝　摘录和评注

［晋怀帝司马炽：在位四五年（307—311），伴着五胡立国南侵加华夏王朝内斗这灾难性主题。作为不甘心的傀儡，他下诏各方讨伐司马越，而后者闻之惊死后，时为匈奴前赵将领的羯族大屠夫石勒在311年全歼十余万西晋官兵。旋即"永嘉之乱"爆发，前赵第三任君主刘聪率大军大破洛阳，俘虏在逃跑途中的他，两年后毒杀之。］

［晋愍帝司马邺：在位三四年（313—317）的少年君主，西晋从名存实亡到最后彻底灭亡的可怜见证者。洛阳倾覆，"天下崩离"，他遂落难长安，而"长安城中户不盈百，墙宇颓毁，蒿棘成林"，"饥甚……人相食，死者太半"！前赵兵临城下，他只得出降，在受尽侮辱后亦被毒杀。］

［呜呼！"刘石有滔天之势"，"扰天下如驱群羊，举二都如拾遗芥"，华夏大难势不可挡！为何如此？篇末附的东晋干宝的回答值得注意。］

晋怀帝司马炽：

［作为一名亲王，他以"逍遥派"方针对待初期"八王之乱"，旨在保护自己，或许

还反映了他较正直的道德倾向。然而,这方针无法持久,在惠帝被司马颖劫持流亡之际,他"惧不敢当"地被立为储君。]

孝怀皇帝讳炽,字丰度,武帝第二十五子也。太熙元年[290],封豫章郡王。[他对待初期"八王之乱"的"逍遥派"方针:]属孝惠之时,宗室构祸,帝冲素自守,门绝宾游,不交世事,专玩史籍,有誉于时。初拜散骑常侍,及赵王伦篡,见收。伦败,为射声校尉。累迁车骑大将军、都督青州诸军事。未之镇。[然而,"逍遥派"方针无法持久,因为他武帝之子的身份;被立为储君,即使他"惧不敢当":]永兴元年[304],改授镇北大将军、都督邺城守诸军事。十二月丁亥,立为皇太弟。帝以清河王覃本太子也,惧不敢当。典书令庐陵修肃曰:"二相经营王室,志宁社稷,储贰之重,宜归时望,亲贤之举,非大王而谁?清河幼弱,未允众心,是以既升东宫,复赞藩国。今乘舆播越[流亡],二宫久旷,常恐氐羌饮马于泾川,蚁众控弦于霸水。宜及吉辰,时登储副,上翼大驾,早宁东京,下允黔首喁喁之望。"帝曰:"卿,吾之宋昌[中尉宋昌,劝代王刘恒接受倒吕大臣们的邀请登基为汉文帝,见《史记·孝文本纪》]也。"乃从之。

[惠帝殒命,他即帝位,西晋垂死。前赵和羯胡攻袭凌厉,北方华夏一片混乱、残破和凋敝,帝京洛阳岌岌可危。他作为不甘心的傀儡,下诏各方讨伐司马越,后者闻之惊死。]

光熙元年[306]十一月庚午,孝惠帝崩。羊皇后以于太弟炽为嫂,不得为太后,催清河王覃入,已至尚书阁,侍中华混等急召太弟。癸酉,即皇帝位……立妃梁氏为皇后。……

永嘉元年[307]春正月……以太傅、东海王越辅政……[华夏持续动乱,阶级战争与族裔战争交织:]二月辛巳,东莱人王弥[叛民领袖,308年率军进击洛阳时败于晋军,后归依前赵刘渊为主将]起兵反,寇青、徐二州,长广太守宋黑、东牟太守庞伉并遇害。……三月……庚午,立豫章王诠为皇太子。……[匈奴前赵刘渊攻势难挡:]并州诸郡为刘元海所陷,刺史刘琨独保晋阳。[羯胡石勒攻袭连连:]夏五月,马牧帅汲桑[奴隶羯族石勒与之相识,关系亲密,共招募起兵]聚众反,败魏郡太守冯嵩,遂陷邺城,害新蔡王腾。烧邺宫,火旬日不灭。又杀前幽州刺史石尠于乐陵,入掠平原,山阳公刘秋遇害。……秋七月己酉朔,东海王越进屯官渡,以讨汲桑。

[未来东晋王朝国家的胚胎浮现:]己未,以平东将军、琅邪王睿为安东将军、都督扬州江南诸军事、假节,镇建邺。八月己卯朔,抚军将军苟晞败汲桑于邺。……九月戊申,苟晞又破汲桑,陷其九垒。……十二月戊寅,并州人田兰、薄盛等斩汲桑于乐陵。……东海王越矫诏囚清河王覃于金墉城。癸卯,越自为丞相。以抚军将军苟晞为征东大将军。

二年[308]……二月辛卯,清河王覃为东海王越所害。[汲桑虽死,石勒(已于前一年十月归依前赵)犹在:]庚子,石勒寇常山,安北将军王浚讨破之。三月,东海王越镇鄄城。[前赵刘渊势不可挡:]刘元海侵汲郡,略有顿丘、河内之地。王弥寇青、徐、兖、豫四州。夏四月丁亥,入许昌,诸郡守将皆奔走。五月甲子,弥遂寇洛阳,司徒王衍帅众御之,弥退走。秋七月甲辰,刘元海寇平阳,太守宋抽奔京师,河东太守路述力战,死之。……[刘渊称帝:]冬十月甲戌,刘元海僭帝号于平阳,仍称汉。……十一月……[前赵石勒凶猛进击:]石勒寇邺,魏郡太守王粹战败,死之。……

三年[309]……三月……丁巳,东海王越归京师。乙丑,勒兵入宫,于帝侧收近臣中书令缪播、帝舅王延等十余人,并害之。……[刘渊在帝国腹心大败晋军,后者死伤万计:]刘元海冠黎阳,遣车骑将军王堪击之,王师败绩于延津[在今河南新乡市],死者三万余人。大旱,江、汉、河、洛皆竭,可涉。[北方华夏社会必定极端残破凋敝!]夏四月,左积弩将军朱诞叛奔于刘元海。石勒攻陷冀州郡县百余壁。[蛮乱蜂起:]秋七月……辛未,平阳人刘芒荡自称汉后,诳诱羌戎,僭帝号于马兰山。支胡[一说为秦胡,即秦时亡入胡地的华夏遗民①]五斗叟、郝索聚众数千为乱,屯新丰,与芒荡合党。[前赵刘聪大军凶猛挺进,连战连胜,直到在洛阳城外与晋军拉锯战为止:]刘元海遣子聪及王弥寇上党,围壶关。并州刺史刘琨使兵救之,为聪所败。淮南内史王旷、将军施融、曹超及聪战,又败,超、融死之。上党太守庞淳以郡降贼。九月丙寅,刘聪围浚仪,遣平北将军曹武讨之。丁丑,王师败绩。东海王越入保京城。聪至西明门,越御之,战于宣阳门外,大破之。[前赵石勒受重挫,因为晋将王浚大规模地"以夷制夷":]石勒寇常山,安北将军王浚使鲜卑骑救之[此役鲜

---

① 李志敏:《支胡考——兼谈秦胡在史册消失问题》,《西北民族研究》1995年第1期。

卑骑兵达十余万人]，大破勒于飞龙山[死者三万余人]。征西大将军、南阳王模使其将淳于定破刘芒荡、五斗叟，并斩之。使车骑将军王堪、平北将军曹武讨刘聪，王师败绩，堪奔还京师。……刘聪攻洛阳西明门，不克。……冬十一月，石勒陷长乐，安北将军王斌遇害，因屠黎阳。乞活[西晋末至东晋活跃于黄河南北的武装流民集团]帅李恽、薄盛等帅众救京师，聪退走。[刘聪大军受重挫，退离洛阳城外。]……

四年[310]……[石勒再度凶猛攻袭，近乎连战连捷：]二月，石勒袭鄄城，兖州刺史袁孚战败，为其部下所害。勒又袭白马，车骑将军王堪死之。……五月，石勒寇汲郡，执太守胡宠，遂南济河，荥阳太守裴纯奔建邺。……[天灾人祸，华夏北方大残破大凋敝：]幽、并、司、冀、秦、雍等六州大蝗，食草木、牛马毛，皆尽。[刘渊死，刘聪经血腥内斗自立为前赵继帝，并且继续攻战：]六月，刘元海死，其子和嗣伪位，和弟聪杀和而自立。秋七月，刘聪从弟曜及其将石勒围怀，诏征虏将军宋抽救之，为曜所败，抽死之。九月，河内人乐仰执太守裴整叛，降于石勒。……[流民领袖王如！华夏持续自乱，阶级战争与族裔战争交织：]雍州人王如[南阳流民造反领袖]举兵反于宛，杀害令长，自号大将军、司雍二州牧，大掠汉沔，新平人庞寔、冯翊人严嶷、京兆人侯脱等各起兵应之。征南将军山简、荆州刺史王澄、南中郎将杜蕤并遣兵援京师，及如战于宛，诸军皆大败；王澄独以众进至沶口，众溃而归。冬十月……壬寅，石勒围仓垣，陈留内史王赞击败之，勒走河北。……京师饥。东海王越羽檄征天下兵，帝谓使者曰："为我语诸征镇，若今日，尚可救，后则无逮矣。"时莫有至者。[内外交困，洛阳陷落只是时间问题！]石勒陷襄城，太守崔旷遇害，遂至宛。王浚遣鲜卑文鸯帅骑救之，勒退。[王浚再度依靠鲜卑骑兵"以夷制夷"。]浚又遣别将王申始讨勒于汶石津，大破之。[石勒再度受重挫。]十一月甲戌，东海王越帅众出许昌，以行台自随。[洛阳极端残破凋敝，陷落只是时间问题：]宫省无复守卫，荒馑日甚，殿内死人交横，府寺营署并掘堑自守，盗贼公行，枹鼓之音不绝。……

[在毫无改善的全国灾难性形势中，他下诏各方讨伐司马越，后者惊惧而死：]五年[311]春正月，帝密诏苟晞讨东海王越。壬申，晞为曹嶷所破。乙未，越遣从事中郎将杨瑁、徐州刺史裴盾共击晞。癸酉，石勒入江夏，太守杨珉奔于武昌。乙亥，李雄攻陷涪城，梓潼太守谯登遇害。……二月，石勒寇汝南，汝南王祐奔建邺。三月戊午，诏下东海王越罪状，告方镇讨之。以征东大将军苟晞为大将军。丙子，东

海王越薨。［以下分割此段。］

［压倒性大灾！石勒在 311 年全歼十余万西晋官兵士庶。怀帝的大难历程开始，首先是在帝都"人相食"的物资极端匮乏的境况中流亡，但"为盗所掠，不得进而还"，继而被大破洛阳的刘聪大军俘虏，最后被刘聪毒死。］

［石勒全歼十余万西晋官兵士庶：］四月戊子，石勒追东海王越丧，及于东郡，将军钱端战死，军溃，太尉王衍、吏部尚书刘望、廷尉诸葛铨、尚书郑豫、武陵王澹等皆遇害，王公已下死者十余万人。东海世子毗及宗室四十八王寻又没于石勒。［全国照例反叛蜂起，混乱至极，血腥至极：］贼王桑、冷道陷徐州，刺史裴盾遇害，桑遂济淮，至于历阳。五月，益州流人汝班、梁州流人蹇抚作乱于湘州，虏刺史苟眺，南破零、桂诸郡，东掠武昌，安城太守郭察、劭陵太守郑融、衡阳内史滕育并遇害。……［他开始在帝都"人相食"、宫廷和朝廷极端羸弱和残破的情况下流亡，但未遂：］大将军苟晞表迁都仓垣［今河南开封市陈留县西］，帝将从之，诸大臣畏滔，不敢奉诏，且宫中及黄门恋资财，不欲出。至是饥甚，人相食，百官流亡者十八九。帝召群臣会议，将行而警卫不备。帝抚手叹曰："如何会无车舆！"乃使司徒傅祗出诣河阴，修舟楫，为水行之备。朝士数人导从。帝步出西掖门。至铜驰街，为盗所掠，不得进而还。［再度压倒性大灾！匈奴族刘曜大军大破洛阳，无所不用其极，并且俘虏试图逃往长安的他：］六月癸未，刘曜、王弥、石勒同寇洛川，王师频为贼所败，死者甚众。……丁酉，刘曜、王弥入京师。帝开华林园门，出河阴藕池，欲幸长安，为曜等所追及。曜等遂焚烧宫庙，逼辱妃后，吴王晏、竟陵王楙、尚书左仆射和郁、右仆射曹馥、尚书闾丘冲、袁粲、王绲、河南尹刘默等皆遇害，百官士庶死者三万余人。帝蒙尘于平阳［今山西临汾，前赵都城］，刘聪以帝为会稽公。……［长安沦陷，前赵大军势不可挡：］八月，刘聪使子粲攻陷长安，太尉、征西将军、南阳王模遇害，长安遗人四千余家奔汉中。九月癸亥，石勒袭阳夏，至于蒙县，大将军苟晞、豫章王端并没于贼。冬十月，勒寇豫州，诸军至江而还。……

六年［312］春正月，帝在平阳。刘聪寇太原。……秋七月……石勒寇冀州。刘粲寇晋阳，平北将军刘琨遣部将郝诜帅众御粲，诜败绩，死之，太原太守高乔以晋阳降粲。……八月……辛亥，阴平都尉董冲逐太守王鉴，以郡叛降于李雄。［华夏破碎！唯一的安慰是"光复"长安；与此同时，鲜卑拓跋部雄起，部分地归因于华夏将领引其"以夷制夷"]乙亥，刘琨乞师于猗卢[鲜卑拓跋部首领，与刘琨结为兄弟]，表卢为代公。九月……辛巳，前雍州刺史贾疋讨刘粲于三辅，走之，关中小定，乃与卫将军梁芬、京兆太守梁综共奉秦王邺为皇太子[后为晋愍帝]于长安。冬十月，猗卢自将六万骑次于盆城。十一月甲午，刘粲遁走，刘琨收其遗众，保于阳曲[在今山西太原]。是岁大疫。

[他最后以被俘和被辱的身份被刘聪毒死：]七年[313]春正月，刘聪大会，使帝著青衣行酒。侍中庾珉号哭，聪恶之。丁未，帝遇弑，崩于平阳，时年三十。

[他，一名格外悲剧式的人物。]

……帝……在东宫，恂恂谦损，接引朝士，讲论书籍。及即位，始遵旧制，临太极殿，使尚书郎读时令，又于东堂听政。至于宴会，辄与群官论众务，考经籍。黄门侍郎傅宣叹曰："今日复见武帝之世矣！"秘书监荀崧又常谓人曰："怀帝天姿清劲，少著英猷，若遭承平，足为守文佳主。而继惠帝扰乱之后，东海专政，无幽厉之衅，而有流亡之祸。"

晋愍帝司马邺：

[在西晋实亡后的一名少年"残余皇帝"，经苦难的逃亡登上虚无的帝位，与此同时大势依旧。]

孝愍皇帝讳邺，字彦旗，武帝孙，吴孝王晏之子也。……袭封秦王。永嘉二年[308]，拜散骑常侍、抚军将军。[经狼狈不堪的苦难逃亡抵达长安，登上虚无的帝位：]及洛阳倾覆[311]，避难于荥阳密县，与舅荀藩、荀组相遇，自密南趋许颍。豫州刺史阎鼎与前抚军长史王毗、司徒长史刘畴、中书郎李昕及藩、组等同谋奉帝归于长安，而畴等中涂复叛，鼎追杀之，藩、组仅而获免。鼎遂挟帝乘牛车，自宛趣武关，频遇山贼，士卒亡散，次于蓝田。鼎告雍州刺史贾疋[pǐ]，疋遽遣州兵迎卫，达于长安……六年[312]九月辛巳，奉秦王为皇太子……建兴元年[313]夏四月丙午，奉怀帝崩问，举哀成礼。壬申，即皇帝位……[前赵数面挥军，攻击不断：]石勒攻龙骧将军李恽于上白，恽败，死之。……六月，石勒害兖州刺史田徽。是时，山东郡邑相继陷于勒。……九月……刘聪寇河南，河南尹张髦死之。……

二年[314]……三月癸酉，石勒陷幽州，杀侍中、大司马、幽州牧、博陵公王浚，焚烧城邑，害万余人。……六月，刘曜、赵冉寇新丰诸县，安东将军索綝讨破之。秋七月，曜、冉等又逼京都，领军将军麹允讨破之，冉中流矢而死。……

三年[315]……五月，刘聪寇并州……秋七月，石勒陷濮阳，害太守韩弘。刘聪寇上党，刘琨遣将救之。八月癸亥，战于襄垣，王师败绩。……九月，刘曜寇北地，命领军将军麹允讨之。[前赵军逼近长安：]冬十月……刘聪陷冯翊，太守梁肃奔万年。……

[316年：最后结算之年，西晋彻底输光。前赵大军兵临极端残破凋敝、根本无力可守的长安，他决定投降，不久在受尽侮辱后被刘聪毒杀。]

四年[316]……夏四月丁丑，刘曜寇上郡，太守籍韦率其众奔于南郑。……石勒陷廪丘[在今山东菏泽市郓城县西北水堡]，北中郎将刘演出奔。……秋七月，刘曜攻北地，麹允帅步骑三万救之。王师不战而溃[!]，北地太守麹昌奔于京师。曜进至泾阳，渭北诸城悉溃，建威将军鲁克、散骑常侍梁纬、少府皇甫阳等皆死之。[前赵大军兵临长安，那里已是孤城一座，极端残破凋敝，简直人间地狱，他本人亦遭饥馑：]八月，刘曜逼京师，内外断绝……冬十月，京师饥甚，米斗金二两，人相食，死者太半。太仓有曲数饼，麹允屑为粥以供帝，至是复尽。[决定投降，以免"屠烂之苦"，西晋彻底灭亡：]帝泣谓允曰："今窘厄如此，外无救援，死于社稷，是朕事也。然念将士暴离斯酷，今欲因城未陷为羞死之事，庶令黎元免屠烂之苦。行矣遣书，朕意决矣。"十一月乙未，使侍中宋敞送笺于曜，帝乘羊车，肉袒衔璧[投降礼仪]，舆榇出降。群臣号泣攀车，执帝之手，帝亦悲不自胜。……曜焚榇受璧，使宋敞奉帝还宫。……辛丑，帝蒙尘于平阳，麹允及群官并从。刘聪假帝光禄大夫、怀安侯。壬寅，聪临殿，帝稽首于前，麹允伏地恸哭，因自杀。尚书允、侍中梁浚、散骑常侍严敦、左丞臧振、黄门侍郎任播、张伟、杜曼及诸郡守并为曜所害……石勒围乐平，司空刘琨遣兵援之，为勒所败，乐平太守韩据出奔。司空长史李弘以并州叛降于勒。……五年[317]春正月，帝在平阳。……[东晋在江南建立，只据半壁华夏，其余饱受"胡蝗"蹂躏：]三月，琅邪王睿承制改元，称晋王于建康。……秋七月，大暑，司、冀、青、雍等四州螽蝗。石勒亦竞取百姓禾，时人谓之"胡蝗"。[他在受尽前赵君主侮辱后，终遭与怀帝同样的暴死命运：]……冬十月丙子……刘聪出猎，令帝行车骑将军，戎服执戟为导，百姓聚而观之，故老或歔欷流涕，聪闻而恶之。聪后因大会，使帝行酒洗爵，反而更衣，又使帝执盖，晋臣在坐者多失声而泣，尚书郎辛宾抱帝恸哭，为聪所害。十二月戊戌，帝遇弑，崩于平阳，时年十八。

[再述一遍他在出降前的残余王朝惨状和华夏惨状：]帝之继皇统也，属永嘉之乱，天下崩离，长安城中户不盈百，墙宇颓毁，蒿棘成林。朝廷无车马章服，唯桑版署号而已。众唯一旅，公私有车四乘，器械多阙，运馈不继。巨猾滔天，帝京危急，诸侯无释位之志，征镇阙勤王之举，故君臣窘迫，以至杀辱云。

史臣曰：……于时五岳三涂，并皆沦寇……股肱非挑战之秋，刘石有滔天之势，疗饥中断，婴戈外绝，两京沦狄……思为一郡，其可得乎！干宝有言曰：

[东晋著名史家和文人干宝《晋纪总论》：一位同时代儒士如何总结西晋兴起的历史和败亡的教训？兴起主要靠杰出伟大的政治领导；败亡主要源于背离经典儒家治国方式和从上到下的文化严重蜕变。]

昔高祖宣皇帝[司马懿]以雄才硕量，应时而仕，值魏太祖创基之初，筹画军国，嘉谋屡中，遂服舆軫，驱驰三世。性深阻有若城府，而能宽绰以容纳；行任数以御物，而知人善采拔。故贤愚咸怀，大小毕力。尔乃取邓艾于农隙，引州泰[深受司马懿赏识的一位曹魏将领]于行役，委以文武，各善其事。故能西禽孟达，东举公孙，内夷曹爽，外袭王凌。神略独断，征伐四克，维御群后，大权在己。……世宗[司马师庙号]承基，太祖[司马昭庙号]继业……钦诞[文钦、诸葛诞]寇外，潜谋虽密，而在机必兆；淮浦再扰，而许洛不震……然后推毂钟邓，长驱庸蜀，三关电埽，而刘禅入臣……始当非常之礼，终受备物之锡。至于世祖[司马炎庙号]，遂享皇极。仁以厚下，俭以足用，和而不驰，宽而能断，故民咏维新，四海悦劝矣。……天下书同文，车同轨，牛马被野，余粮委亩……["树立失权，托付非才"，"苟且之政"："八王之乱"的起始就是天下大乱、异族横行的起始]武皇既崩，山陵未乾，而杨骏被诛，母后废黜。寻以……楚王之变，宗子无维城之助……民不见德，惟乱是闻，朝为伊周[商伊尹和西周周公旦，摄政之臣]，夕成桀蹠……名实反错，天纲解纽。国政迭移于乱人，禁兵外散于四方，方岳无钧石之镇，关门无结草之固……戎羯称制，二帝失尊，

　　　　　　　　　　　　古代军政行为方略图景：《晋书》解读

何哉？树立失权,托付非才,四维不张,而苟且之政多也。

……彼元海者,离石之将兵都尉;王弥者,青州之散吏也。盖皆弓马之士,驱走之人,非有吴先主、诸葛孔明之能也;新起之寇,乌合之众,非吴蜀之敌也;脱末为兵,裂裳为旗,非战国之器也……然而扰天下如驱群羊,举二都如拾遗芥,将相王侯连颈以受戮,后嫔妃主虏辱于戎卒,岂不哀哉！〔经典儒家治国方式,其哲理和机制,中国一大逾千年的政治经验〕天下,大器也;群生,重畜也。……器大者,不可以小道治;势重者,不可以争竞扰。古先哲王知其然也,是以扞其大患,御其大灾。百姓皆知上德之生己,而不谓浚己以生也,是以感而应之,悦而归之……然后设礼文以理之,断刑罚以威之,谨好恶以示之,审祸福以喻之,求明察以官之,尊慈爱以固之。故众知向方,皆乐其生而哀其死,悦其教而安其俗;君子勤礼,小人尽力……基广则难倾,根深则难拔,理节则不乱,胶结则不迁,是以昔之有天下者之所以长久也。……〔从司马懿开始逐渐偏离甚至背离经典儒家治国方式〕宣景遭多难之时,诛庶孽以便事,不及修公刘、太王之仁也。受遗辅政,屡遇废置〔即先后废齐王和高贵乡公〕……二祖逼禅代之期……是其创基立本,异于先代者也。〔干宝的透视的或许最深刻处:从上到下普遍的文化蜕变最终导致或促成政治大灾变〕加以朝寡纯德之人,乡乏不贰之老,风俗淫僻,耻尚失所,学者以老庄为宗而黜《六经》,谈者以虚荡为辨而贱名检,行身者以放浊为通而狭节信,进仕者以苟得为贵而鄙居正,当官者以望空为高而笑勤恪……而世族贵戚之子弟,陵迈超越,不拘资次。悠悠风尘,皆奔竞之士,列官千百,无让贤之举。……其妇女……先时而婚,任情而动,故皆不耻淫泆之过,不拘妒忌之恶,父兄不之罪也,天下莫之非也……礼法刑政于此大坏,如水斯积而决其堤防,如火斯畜而离其薪燎也。……民风国势如此,虽以中庸之主治之……贾谊必为之痛哭,又况我惠帝以放荡之德临之哉！怀帝承乱得位,羁于强臣,愍帝奔播之后,徒厕其虚名,天下之政既去,非命世之雄才,不能取之矣！……

列传第三十二　刘琨传　摘录和评注

[刘琨,西晋的最终名将,是华北抵御异族狂潮最后的徒然的砥柱。他——像史上许多名人那样——凸显一类重大关系:政治行为和战略方式与个人品性和道德之间的关系。]

[继侍奉伪帝司马伦而战场大败后,他在"八王之乱"中的最重要军事经历是为司马越击溃司马颙部将刘乔和击灭司马颖部将石超。307 年他开始了他的伟绩,即作为司马越任命的并州刺史抵达残破不堪和危如累卵的晋阳,在那里恢复社会生产和经济,抵御匈奴前赵攻袭多年。他有最后证明是祸因之一的品性弊端:"素奢豪,嗜声色,虽暂自矫励,而辄复纵逸。"加上他放纵佞幸、斩杀忠良和离异部众,导致他不仅将晋阳丧失给前赵,而且不久后全军被石勒歼灭。① 他只身投奔幽州刺史、鲜卑段部大人段匹磾,两年后被其杀害。说到底,他的抗击事业无望。②]

[名门出身,这是"八王之乱"末期以前他在政治上屡败而不倒的秘诀:]

刘琨,字越石,中山魏昌[今河北石家庄市无极县]人,汉中山靖王胜之后也。祖迈,有经国之才,为相国参军、散骑常侍。父蕃,清高冲俭,位至光禄大夫。琨少得俊朗之目……以雄豪著名。年二十六,为司隶从事。[有如本篇末房玄龄等所贬,"刘琨弱龄,本无异操,飞缨贾谧之馆,借箸马伦之幕,当于是日,实佻巧之徒欤"!]时征虏将军石崇河南金谷涧中有别庐[金谷园,遗址在今洛阳老城东北七里处的金谷涧内,石崇穷奢极欲的主要所在地],冠绝时辈,引致宾客,日以赋诗。琨预其间,文咏颇为当时所许。秘书监贾谧参管朝政,京师人士无不倾心。石崇、欧阳建、陆机、陆云之徒,并以文才降节事谧,琨兄弟亦在其间,号曰"二十四友"。太

---

① 朱熹评曰:"如刘琨恃才傲物,骄恣奢侈,卒至父母妻子皆为人所屠。今人率以才自负,自待以英雄,以至恃气傲物,不能谨严。以此临事,卒至于败而已。"《朱子语类》卷第一百三十五。

② 王夫之评曰:"琨乃以孤立之身,游于豺狼之窟,欲志之伸也,必不可得;即欲以颈血溅刘聪、石勒,报晋之宗社也,抑必不能;是以君子深惜其愚也。"王夫之《读通鉴论》卷十三。本篇末房玄龄等亦云:"越石[刘琨字]区区,独御鲸鲵之锐,推心异类,竟终幽囿,痛哉!"

尉高密王泰辟为掾，频迁著作郎、太学博士、尚书郎。

[侍奉伪帝司马伦而战场大败：]赵王伦执政，以琨为记室督，转从事中郎。伦子荂[fū]，即琨姊婿也，故琨父子兄弟并为伦所委任。及篡，荂为皇太子，琨为荂詹事。三王之讨伦也，以琨为冠军、假节，与孙秀子会率宿卫兵三万距成都王颖，战于黄桥，琨大败而还，焚河桥以自固。及齐王冏辅政，以其父兄皆有当世之望，故特宥之，拜兄舆为中书郎，琨为尚书左丞，转司徒左长史。冏败，范阳王虓镇许昌，引为司马。

[他为司马越击溃司马颙部将刘乔和击灭司马颖部将石超：]

及惠帝幸长安，东海王越谋迎大驾，以琨父蕃为淮北护军、豫州刺史。刘乔攻范阳王虓于许昌也，琨舆汝南太守杜育等率兵救之，未至而虓败，琨与虓俱奔河北，琨之父母遂为刘乔所执。琨乃说冀州刺史温羡，使让位于虓。及虓领冀州，遣琨诣幽州，乞师于王浚，得突骑八百人，与虓济河，共破东平王楙于廪丘，南走刘乔，始得其父母。又斩石超，降吕朗，因统诸军奉迎大驾于长安。以动封广武侯，邑二千户。

[作为并州刺史抵达残破不堪和危如累卵的晋阳（今山西太原），在那里恢复社会生产和经济，抵御匈奴前赵攻袭多年；然而，他严重的品性弊端开始显现。]

[前往晋阳：]永嘉元年[307]，为并州刺史，加振威将军，领匈奴中郎将。琨在路上表曰："……[华北悲惨莫名：]臣自涉州疆，目睹困乏，流移四散，十不存二，携老扶弱，不绝于路。及其在者，鬻卖妻子，生相捐弃，死亡委危，白骨横野，哀呼之声，感伤和气。群胡数万，周匝四山，动足遇掠，开目睹寇……"……

时东赢公腾自晋阳镇邺，并土饥荒，百姓随腾南下，余户不满二万，寇贼继横，道路断塞。琨募得千余人，转斗至晋阳。[晋阳残破不堪：]府寺焚毁，僵尸蔽地，其有存者，饥羸无复人色，荆棘成林，豺狼满道。[他在那里着力恢复社会生产和经济，抵御莫名寇盗和匈奴前赵，效果差强人意：]琨翦除荆棘，收葬枯骸，造府朝，建市狱。寇盗互来掩袭，恒以城门为战场，百姓负楯以耕，属鞬[箭服]而耨。琨抚循劳徕，甚得物情。刘元海时在离石，相去三百许里。琨密遣离间其部杂虏，降者万余落。元海甚惧，遂城蒲子[今山西临汾市隰(xí)县]而居之。在官未期，流人稍复，鸡犬之音复相接矣。琨父蕃自洛赴之。人士奔进者多归于琨，琨善于怀抚，而短于控御。一日之中，虽归者数千，去者亦以相继。[本性难移！他"虽暂自矫励，而辄复纵逸"：]然素奢豪，嗜声色，虽暂自矫励，而辄复纵逸。

[“纵逸”加上放纵佞幸、斩杀忠良和离异部众，导致他将晋阳丧失给前赵。]

河南徐润者，以音律自通，游于贵势，琨甚爱之，署为晋阳令。润恃宠骄恣，干预琨政。奋威护军令狐盛性亢直，数以此为谏，并劝琨除润，琨不纳。初，单于猗㔸以救东嬴公腾之功，琨表其弟猗卢[鲜卑拓跋部，后成其首领]为代郡公，与刘希合众于中山。王浚[大都督，督幽冀诸军事，引来大肆屠掠华夏民众的鲜卑骑兵大军]以琨侵己之地，数来击琨，琨不能抗，由是声实稍损。[不能抗王浚：他军事大失败的开端]徐润又谮令狐盛于琨曰："盛将劝公称帝矣。"琨不之察，便杀之。琨母曰："汝不能弘经略驾豪杰，专欲除胜己以自安，当何以得济！如是，祸必及我。"不从。[先胜后败，将晋阳丧失给前赵：]盛子泥奔于刘聪，具言虚实。聪大喜，以泥为乡导。属上党太守袭醇降于聪，雁门乌丸复反，琨亲率精兵出御之。聪遣子粲及令狐泥乘虚袭晋阳，太原太守高乔以郡降聪，琨父母并遇害。琨引猗卢并力攻粲，大败之，死者十五六。琨乘胜追之，更不能克。猗卢以为聪未可灭，遗琨牛羊车马而去[他须借助蛮夷之力，但蛮夷不可靠]，留其将箕澹、段繁等戍晋阳。琨志在复仇，而屈于力弱，泣血尸立，抚慰伤痍，移居阳邑城[今山西晋中市太谷县阳邑村]，以招集亡散。

[他作为华北抗御前赵的最后堡垒，绝望出击，全军被歼。]
愍帝即位[313]，拜大将军、都督并州诸军事，加散骑常侍、假节。……
…… ……

及麹允败[315或316]，刘曜斩赵冉，琨又表曰：

…… ……

……[军事形势全然无望，"进退唯谷，首尾狼狈"：]匈羯石勒以三月三日径掩蓟城，大司马、博陵公浚受其伪和，为勒所虏，勒势转盛，欲来袭臣。城坞骇惧，志在自守。……勒据襄国，与臣隔山，寇骑朝发，夕及臣城，同恶相求，其徒实繁。自东北八州，勒灭其七，先朝所授，存者唯臣。是以勒朝夕谋虑，以图臣为计，窥伺间隙，寇抄相寻，戎士不得解甲，百姓不得在野。……唯臣子然与寇为伍。自守则稽诛之诛[稽诛？稽延被讨伐、被诛戮的期限]，进讨则勒袭其后，进退唯谷，首尾狼狈。徒怀愤踊，力不从愿……秋谷既登，胡马已肥，前锋诸军并有至者，臣当首启戎行，身先士卒。[准备绝望的赌博：]臣与二虏，势不并立，聪、勒不枭，臣无归志……

（建兴）三年[315]，帝遣兼大鸿胪赵廉持节拜琨为司空、都督并冀幽三州诸军事。琨上表让司空，受都督，克期与猗卢讨刘聪。寻猗卢父子相图，卢及兄子根皆病死，部落四散。琨子遵先质于卢，众皆附之。及是，遵与箕澹等帅卢众三万人，马牛羊十万，悉来归琨，琨由是复振，率数百骑自平城抚纳之。[绝望之余的虚浮侥幸心理导致灭顶，全军被石勒伏击战歼灭，他只身投奔鲜卑段匹磾：]属石勒攻乐平，太守韩据请救于琨，而琨自以士众新合，欲因其锐以威勒。箕澹谏曰："此虽晋人，久在荒裔，未习恩信，难以法御。今内收鲜卑之余谷，外抄残胡之牛羊，且闭关守险，务农息士，既服化感义，然后用之，则功可立也。"琨不从，悉发其众，命澹领步骑二万为前驱，琨自为后继。勒先据险要，设伏以击澹，大败之，一军皆没，并土震骇。寻又炎旱，琨穷蹙不能复守。幽州刺史鲜卑段匹磾数遣信要琨，欲与同奖王室。琨由是率众赴之，从飞狐入蓟。匹磾见之，甚相崇重，与琨结婚，约为兄弟。

[经几番曲折，他被段匹磾杀害。]

是时西都不守，元帝称制江左，琨乃令长史温峤劝进，于是河朔征镇夷夏一百八十人连名上表，语在《元纪》。……

建武元年[317]，琨与匹磾期讨石勒……匹磾从弟末波纳勒厚赂，独不进，乃沮其计。琨、匹磾以势弱而退。是岁，元帝转琨为侍中、太尉，其余如故，并赠名刀。琨答曰："谨当躬自执佩，馘截二虏。"

[送命的曲折故事：]匹磾奔其兄丧，琨遣世子群送之，而末波率众要击匹磾而败走之，群为末波所得。末波厚礼之，许以琨为幽州刺史，共结盟而袭匹磾，密遣使赍群书请琨为内应，而为匹磾逻骑所得。时琨别屯故征北府小城，不之知也。因来见匹磾，匹磾以群书示琨曰："意亦不疑公，是以白公耳。"琨曰："与公同盟，志奖王室，仰凭威力，庶雪国家之耻。若儿书密达，亦终不以一子之故负公忘义也。"匹磾雅重琨，初无害琨志，将听还屯。其中弟叔军好学有智谋，为匹磾所信，谓匹磾曰："吾胡

夷耳,所以能服晋人者,畏吾众也。今我骨肉构祸,是其良图之日,若有奉琨以起,吾族尽矣。"[悠久深刻的族裔隔阂,遂无真正的华夷互信。]匹䃅遂留[拘押]琨。……

初,琨之去晋阳也,虑及危亡而大耻不雪,亦知夷狄难以义伏,冀输写[倾吐]至诚,侥幸万一。[悠久深刻的族裔隔阂,遂无真正的华夷互信,更没有华夏方面借以得到敬畏的力量优势。]……斯谋未果,竟为匹䃅所拘。自知必死,神色怡如也。……

……然琨既忠于晋室,素有重望,被拘经月,远近愤叹。匹䃅所署代郡太守辟闾嵩,与琨所署雁门太守王据、后将军韩据连谋,密作攻具,欲以袭匹䃅。而韩据女为匹䃅儿妾,闻其谋而告之匹䃅,于是执王据、辟闾嵩及其徒党悉诛之。会王敦密使匹䃅杀琨,匹䃅又惧众反己,遂称有诏收琨。初,琨闻敦使到,谓其子曰:"处仲[王敦字]使来而不我告,是杀我也。死生有命,但恨仇耻不雪,无以下见二亲耳。"因歔欷不能自胜。匹䃅遂缢之,时年四十八。……

列传第三十三　李矩、魏浚、魏该、郭默传　摘录和评注

[几位在华北几处孤城抗御匈奴前赵攻袭杀掠的将领,其中李矩最引人瞩目,如房玄龄等云:"能以少击众,战胜获多……惜其寡弱,功亏一篑。方之数子,其最优乎!"]

[郭默是本篇内唯一的功罪相较之后的反面人物:矫诏斩杀同为朝廷将领的私敌,品性中也许固有的丑恶因子可以发展到"狂悖"地步!]

李矩:

[华北又一位抗御石勒攻袭杀掠的华夏英雄。他"勇毅多权略,志在立功",据守荥阳多年,先后出敌不意大败前赵石勒、刘畅、刘聪大军。可是,说到底寡不敌众的形势最终促使他的部属们密谋投降石勒后赵,而他无力镇压,只得率众南下投归东晋,途中坠马而亡。]

[能长时间抗御异族狂潮的一个关键原因，是他有着甚为优秀的人格和政治素质：原先就"素为乡人所爱"，始守荥阳后"招怀离散，远近多附之"，且"垂心抚恤"饥病交加的黎民百姓，解放被群盗掳掠的众多妇女。]

["勇毅多权略"，在极野蛮的狂潮前奋力创出一个局部的基本秩序：]

李矩，字世回，平阳[今山西临汾西]人也。童龀时，与群儿聚戏，便为其率，计画指授，有成人之量。及长，为吏，送故县令于长安，征西将军梁王肜以为牙门。伐氐齐万年有殊功，封东明亭侯。还为本郡督护……属刘元海攻平阳，百姓奔走，矩素为乡人所爱，乃推为坞主，东屯荥阳，后移新郑[今河南郑州市下属新郑市]。

矩勇毅多权略，志在立功，东海王越以为汝阴太守。[在极野蛮的狂潮前，他奋力创出一个局部基本秩序，据守荥阳：]永嘉[307—313]初……洛阳不守，太尉荀籓奔阳城，卫将军华荟奔成皋。时大饥，贼帅侯都等每略人而食之，籓、荟部曲多为所啖[！]。矩讨都等灭之，乃营护籓、荟，各为立屋宇，输谷以给之。及籓承制，建行台，假矩荥阳太守。矩招怀离散，远近多附之。

[以诱敌而后伏击战术大败石勒大军，继而又施诈降计大败刘畅大军；善于出敌不意的杰出战术家！]

石勒亲率大众袭矩，矩遣老弱入山，令所在散牛马，因设伏以待之。贼争取牛马。伏发，齐呼，声动山谷，遂大破之，斩获甚众，勒乃退。籓表元帝，加矩冠军将军，轺车幢盖，进封阳武县侯，领河东、平阳太守。[他优秀的人格和政治素质：]时饥馑相仍，又多疫疠，矩垂心抚恤，百姓赖焉。会长安群盗东下，所在多虏掠，矩遣部将击破之，尽得贼所略妇女千余人。诸将以非矩所部[认为这些妇女不是自己辖区的人]，欲遂留之。矩曰："俱是国家臣妾，焉有彼此！"乃一时遣之。

……后刘聪遣从弟畅步骑三万讨矩，屯于韩王故垒，相去七里，遣使招矩。时畅卒至，矩未暇为备，遣使奉牛酒诈降于畅，潜匿精勇，见其老弱。畅不以为虞，大飨渠帅，人皆醉饱。矩谋夜袭之，兵士以贼众，皆有惧色。矩令郭诵[李矩外甥]祷郑子产祠曰："君昔相郑，恶鸟不鸣。凶胡臭羯，何得过庭！"使巫扬言："东里有教，当遣神兵相助。"将士闻之，皆踊跃争进。乃使诵及督选杨璋等选勇敢千人，夜掩畅营，获铠马甚多，斩首数千级，畅仅以身免。

先是，郭默[刘琨部将，欲投奔李矩]闻矩被攻，遣弟芝率众援之。既而闻破畅，芝复驰来赴矩。矩乃与芝马五百四，分军为三道，夜追贼，复大获而旋。

[奇袭击溃刘聪大军，并且挫败刘聪随后对其奇袭部队的围攻战；"聪因愤恚，发病而死"。]

[分化敌方，争取到镇守洛阳的前赵刘聪部将赵固反水，洛阳暂时光复：]先是，聪使其将赵固镇洛阳，长史周振与固不协，密陈固罪。矩之破畅也，帐中得聪书，敕畅平矩讫，过洛阳，收固斩之，便以振代固。矩送以示固，固即斩振父子，遂率骑一千来降，矩还令守洛。[刘聪遣大军讨伐赵固：]后数月，聪遣其太子粲率刘雅生等步骑十万屯孟津北岸，分遣雅生攻赵固于洛。固奔阳城山，遣弟告急，[奉他之命援救赵固的将才郭诵出奇兵夜渡，奇袭击溃刘聪大军：]矩遣郭诵屯洛口以救之。诵使将张皮简精卒千人夜渡河。粲候者告有兵至，粲恃其众，不以为虞。既而诵等奄至，十道俱攻，粲众惊扰，一时奔溃，杀伤太半，因据其营，获其器械军资不可胜数。[再接再厉，他率军救援终于寡不敌众的被围奇兵，出敌不意突围成功，刘聪因此气得发病而死：]及旦，粲见皮等人少，更与雅生悉余众攻之，苦战二十余日不能下。矩进救之，使壮士三千泛舟迎皮。贼临河列阵，作长钩以钩船，连战数日不得渡。矩夜遣部将格增潜济入皮垒，与皮选精骑千余，而杀所获牛马，焚烧器械，夜突围而出，奔武牢。聪追之，不及而退。聪因愤恚，发病而死。……

[在石勒后赵初创之际，思前瞻后，他痛感"众少不足立功"，而这正是不可变更的根本结构性形势，寡不敌众的形势。这最终促使他试图投降前赵末位君主刘曜，随后又促使他的部属们密谋投降后赵首位君主石勒，而他无力镇压，只得率众南下投归东晋，途中坠马而亡。]

及刘粲嗣位，昏虐日甚，其将靳准乃起兵杀粲，并其宗族，发聪冢，斩其尸，遣使归矩，称"刘元海屠各[匈奴部落名]小丑，因大晋事故之际，作乱幽并，矫称天命，至令二帝幽没虏庭。辄率众扶侍梓宫，因请上闻"。矩驰表于帝，帝遣太常韩胤等奉迎梓宫，未至而准已为石勒、刘曜所没。[他痛感"众少不足立功"，与此同时暂时光复的洛阳经两度反复终告丧失：]矩以众少不足立功，每慷慨愤叹。及帝践阼，以为都督司州诸军事、司州刺史，改封平阳县侯，将军如故。时弘农太守尹安、振威将军宋始等四军并屯洛阳，各相疑阻，莫有固志。矩、默各遣千骑至洛以镇之。安等乃同谋告石勒，勒遣石生率骑五千至洛阳，矩、默军皆退还。俄而四将复背勒，遣使乞迎，默又遣步卒五百人入洛。石生以四将相谋，不能自安，乃虏宋始一军，渡河而南。百姓相率归矩，于是洛中遂空。[将才郭诵在坚守荥阳之际再度连败石勒部将：]矩乃表郭诵为扬武将军、阳翟令，阻水筑垒，且耕且守，为灭贼之计。属赵固死，石生遣骑袭诵，诵多计略，贼至，辄设伏破之，虏掠无所得。生怒，又自率四千余骑暴掠诸县，因攻诵垒，接战须臾，退军墕坂。诵率劲勇五百追及生于磐脂故亭，又大破之。矩以诵功多，表加赤幢曲盖，封吉阳亭侯。

……[他在兵败和大饥的绝境中试图投降刘曜而未成：]勒遣其将石良率精兵五千袭矩，矩逆击不利……勒将石生屯洛阳，大掠河南，矩、默[郭默]大饥，默因复说矩降曜。矩既为石良所破遂，从默计，遣使于曜。曜遣从弟岳军于河阴，欲与矩谋攻石生。勒遣将围岳，岳闭门不敢出。默后为石匆所败，自密南奔建康……

[他的部属们密谋投降石勒，他无奈只得率众南下投归东晋，途中除百余人外"众皆道亡"，他本人则坠马命丧：①]矩所统将士有阴欲归勒者，矩知之而不能讨[！]，乃率众南走，将归朝廷，众皆道亡[！]，惟郭诵及参军郭方，功曹张景，主簿苟远，将军骞韬、江霸、梁志、司马尚、季弘、李瑰、段秀等百余人弃家送矩。至于鲁阳县[在今河南平顶山市鲁山县尧山镇一带]，矩坠马卒，葬襄阳之岘山。

魏浚：

[311年帝都洛阳陷落后，他能在极残破、极悲惨的无政府境况中，自发地担当杰出的组织者，有效地重建和维持洛北局部秩序。遭"忌浚得众"的前赵刘曜围攻，死于非命。]

魏浚，东郡东阿[今山东聊城市东阿县]人也，寓居关中。初为雍州小吏，河间王颙败乱之际，以为武威将军。后为度支校尉，有干用。永嘉[307—313]末，与流人数百家东保河阴之硖石。时京邑荒俭，浚劫掠得谷麦，献之怀帝，帝以为扬威将军、

---

① "一旦种种状况变得困难，就像它们在多有危急的时候必定的那样，事情就不再如一部运转顺利的机器似的运作。机器本身开始抵抗……一旦他(司令官)自己的勇气不再能振兴部下的勇气，大量属众就会往下将他拖入畜生般的世界，那里盛行逃避危险和不知羞耻。"克劳塞维茨《战争论》第一篇第3章"论军事天才"。

平阳太守,度支如故。以乱不之官。[他的最佳时刻,在极残破、极悲惨的无政府境况中;野蛮中的文明构建,"自然状态"中的秩序构建:]及洛阳陷[311],屯于洛北石梁坞,抚养遗众,渐修军器。其附贼者,皆先解喻,说大晋运数灵长,行已建立,归之者甚众。其有恃远不从命者,遣将讨之,服从而已,不加侵暴。于是远近感悦,襁负至者渐众。[两位苦难英雄的相会:]刘琨承制,假浚河南尹。时太尉荀藩建行台在密县,浚诣藩咨谋军事,藩甚悦,要李矩同会。矩将夜赴之,矩官属以浚不可信,不宜夜往。矩曰:"忠臣同心,将何疑乎!"及会,客主尽叹,浚因与矩相结而去。[遭刘曜大军围攻,被擒被杀:]刘曜忌浚得众,率众军围之。刘演、郭默遣军来救,曜分兵逆于河北,乃伏兵深隐处,以邀演、默军,大破之,尽虏演等骑。浚夜遁走,为曜所得,遂死之。追赠平西将军。族子该领其众。

魏该:

[魏浚族子(同族兄弟之子。《朱子全书》卷三七:"据礼,兄弟之子,当称从子为是。自曾祖而下三代称从子,自高祖四世而上称族子。"),不折不挠,多年坚持为晋朝抗击匈奴前赵和征讨本朝叛将。]

该一名亥,本侨居京兆阴磐。……及刘曜攻洛阳,随浚赴难,先领兵守金墉城,故得无他。曜引去,余众依之。

[不折不挠,历经反复,多年坚持抗击匈奴前赵:]时杜预子尹为弘农太守,屯宜阳界一泉坞,数为诸贼所抄掠。尹要该共距之,该遣其将马瞻将三百人赴尹。瞻知其无备,夜袭尹杀之,迎该据坞。坞人震惧,并服从之。乃与李矩、郭默相结以距贼。荀藩即以该为武威将军,统城西雍凉人,使讨刘曜。元帝承制,加冠军将军、河东太守。督护河东、河南、平阳三郡。

曜尝攻李矩,该破之。及矩将迎郭默,该遣军助之……后渐饥弊,曜寇日至,欲率众南徙,众不从,该遂单骑走至南阳。……马瞻率该余众降曜。曜征发既苦,瞻又骄虐,部曲遣使呼该,该密往赴之,其众杀瞻而纳该。该迁于新野,[征讨东晋作乱叛将杜曾:]率众助周访讨平杜曾,诏以该为顺阳太守。

[他对东晋的忠诚经得起任何考验:]王敦之反也,梁州刺史甘卓不从,欲观该去就,试以敦旨动之。该曰:"我本去贼,惟忠于国。今王公举兵向天子,非吾所宜

与也。"遂距而不应。[征讨东晋作乱叛将苏峻:]及苏峻反,率众救台,军次石头,受陶侃节度。峻未平,该病笃还屯,卒于道……

郭默:

[311年永嘉之乱后,他作为武装坞主依凭一套"战略"坐大,继而抵御匈奴前赵,且与李矩联手抗战。然而,他品性的阴暗面随后接连显露出来,以至于矫诏斩杀同为朝廷将领的私敌,遂被东晋太尉陶侃剿灭。]

[如房玄龄等谴责的,他"忿因眦睚,祸及诛夷,非夫狂悖,岂宜至此"!]

[永嘉之乱后,他作为坞主依凭劫掠聚富和笼络士众坐大,继而智勇双全地抵御前赵刘曜的重重围困并成功突围;突围后与李矩联手,奋力抗击刘曜石勒。]

郭默,河内怀人。少微贱……永嘉之乱[311],默率遗众自为坞主,以渔舟抄东归行旅,积年遂致巨富,流人依附者渐众。抚循将士,甚得其欢心。……刘元海遣从子曜讨默,曜列三屯围之,欲使饿死。默送妻子为质,并请粜焉,粜毕,设守。曜怒,沈默妻子于河而攻之。……默乃遣芝[郭默弟]质于石勒,勒以默多诈,封默书与刘曜。默使人伺得勒书,便突围投李矩。后与矩并力距刘、石,事见矩传。

[他品性的阴暗面显露出来:在危境中背弃李矩而逃至东晋都城;他得到明帝重用,但无良好表现。]

太兴[318—321]初,除颍川太守。[在抗战危境中弃李矩而去,单骑逃至东晋都城:]默与石勒战败,矩转薇弱,默深忧惧,解印授其参军殷峤,谓之曰:"李使君遇吾甚厚,今遂弃去,无颜谢之,三日可白吾去也。"乃奔阳翟。矩闻之,大怒,遣其将郭诵追默,至襄城,及之。默弃家人,单马驰去。默至京都,明帝授征虏将军。刘遐[北中郎将,兖州刺史]卒,以默为北中郎将、监淮北军事、假节。……

朝廷将征苏峻,惧其为乱,召默拜后将军,领屯骑校尉。[他在东晋当时的头号危机即苏峻叛乱中缺乏良好表现:]初战有功,及六军败绩[328],南奔。郗鉴议于曲阿北大业里作垒,以分贼势,使默守之。峻遣韩晃等攻默甚急,垒中颇乏水,默惧,分人马出外,乃潜从南门荡出,留人坚守。会峻死[328],围解,征为右军将军。

[他品性的阴暗面再度显露出来,特别是私恨私敌并矫诏斩杀之。]

[不满似乎无功可立的新官职:]默乐为边将，不愿宿卫，及赴召，谓平南将军刘胤曰:"我能御胡而不见用。右军主禁兵，若疆场有虞，被使出征，方始配给，将卒无素，恩信不著，以此临敌，少有不败矣。……

[私恨同为朝廷将领的私敌:]初，默之被征距苏峻也，下次寻阳，见胤，胤参佐张满等轻默，保露视之，默常切齿。至是，胤腊日饷默酒一器，脬一头，默对信[当着使者]投之水中，忿愤益甚。[矫诏斩杀私敌，然后诬以大逆:]又侨人盖脬先略取祖焕所杀孔炜女为妻，炜家求之，张满等使还其家，脬不与，因与胤、满有隙。至是，脬谓默曰:"刘江州不受免，密有异图，与长史司马张满、荀楷等日夜计谋，反逆已形，惟忌郭侯一人，云当先除郭侯而后起事。祸将至矣，宜深备之。"默既怀恨，便率其徒候旦门开袭胤。胤将吏欲距默，默响之曰:"我被诏有所讨，动者诛及三族。"遂入至内寝。胤尚与妾卧，默牵下斩之。出取胤僚佐张满、荀楷等，诬以大逆。传胤首于京师，诈作诏书，宣视内外。[紧接着还有更多恶行:]掠胤女及诸妾，并金宝还船。初云下都，俄而还，停胤故府，招桓宣、王愆期。愆期惧逼，劝默为平南、江州，默从之。愆期因逃庐山，桓宣固守不应。

[王导惧其造作大乱，对他无限绥靖，但陶侃决然率军讨伐，经"围之数重"而将其"斩于军门"。]

司徒王导惧不可制，乃大赦天下，枭胤首于大航[即朱雀桥，王导谢安等豪门巨宅多在此附近]，以默为西中郎将、豫州刺史。武昌太守邓岳驰白太尉陶侃，侃闻之，投袂起曰:"此必诈也。"即日率众讨默，上疏陈默罪恶。导闻之，乃收胤首，诏庾亮助侃讨默。[他的末日——"斩于军门":]默欲南据豫章，而侃已至城下，筑土山以临之。诸军大集，围之数重。侃惜默骁勇，欲活之，遣郭诵见默，默许降，而默将张丑、宋侯等恐为侃所杀，故致进退，不时得出。攻之转急，宋侯遂缚默求降，即斩于军门，同党死者四十人，传首京师。

史臣曰:邵、李、魏、郭等诸将，契阔丧乱之辰，驱驰戎马之际，威怀足以容众，勇略足以制人，乃保据危城，折冲千里，招集义勇，抗御仇雠，虽艰阻备尝，皆乃心王室。而矩能以少击众，战胜获多……惜其寡弱，功亏一篑。方之数子，其最优乎！默既拔迹危亡，参陪朝伍，忿因眦睚，祸及诛夷，非夫狂悖，岂宜至此！……

列传第一　后妃列传上羊献容传　摘录和评注

[晋惠帝司马衷的第二位皇后。因"八王之乱",外戚拥有权势已无真正可能,因而她是一直伴随傀儡惠帝受难的傀儡,被轮流占优势的不同藩王屡废屡立,在中国后妃史上绝无仅有。]

[最后她作为俘虏,竟成了匈奴前赵皇帝刘曜的皇后,并且在她看来终遇幸福!①]

惠羊皇后,讳献容,泰山南城人。祖瑾,父玄之,并见《外戚传》。[她成为皇后,出于赵王司马伦佞臣孙秀的一个"小关系户"考虑;皇帝已不重要,皇后更是如此:]贾后既废,孙秀议立后。后外祖孙旂与秀合族,又诸子自结于秀,故以太安元年[302]立为皇后。[据《惠帝纪》,她被立为皇后的时间为永康元年(300)十一月。]……

["八王之乱"中,她经历因藩王意志而反复被废、复立和再废的循环,此外还遭受颠沛流亡之苦:]成都王颖伐长沙王乂,以讨玄之[羊后之父,因羊后而任光禄大夫、特进散骑常侍,封兴晋侯,后迁任尚书右仆射,加侍中,进爵为兴晋公]为名。乂败,颖奏废后为庶人,处金墉城。陈眕[zhěn]等唱伐成都王,大赦,复后位。张方入洛,又废后。方逼迁大驾幸长安,留台复后位。永兴初,张方又废后。[她在被三废之后,作为"枯穷之人"险些被河间王司马颙杀害:]河间王颙矫诏,以后屡为奸人所立,遣尚书田淑敕留台赐后死。诏书累至,司隶校尉刘暾与尚书仆射荀籓、河南尹周馥驰上奏曰:"……羊庶人门户残破,废放空宫,门禁峻密,若绝天地,无缘得与奸人构乱。众无智愚,皆谓不然,刑书猥至,罪不值辜,人心一愤,易致兴动。……今杀一枯穷之人而令天下伤惨,臣惧凶竖乘间,妄生变故……"颙见表大怒,乃遣陈颜、吕朗东收暾。暾奔青州,后遂得免,帝还洛,迎后复位。后洛阳令何乔又废后。及张方首至,其日复后位。[她作为皇后,共经历四废五立!]

---

①　她也是中国史上唯一在两个王朝皆为皇后的人。

会帝崩，后虑太弟[皇太弟司马炽，晋武帝第二十五子]立为嫂叔，不得称太后，催前太子清河王覃入，将立之，不果。怀帝即位，尊后为惠帝皇后，居弘训宫。[最后她作为俘虏，竟成了匈奴前赵皇帝刘曜的皇后！]洛阳败，没于刘曜。曜僭位，以为皇后。因问曰："吾何如司马家儿？"后曰："胡可并言？陛下开基之圣主，彼亡国之暗夫，有一妇一子及身三耳，不能庇之，贵为帝王，而妻子辱于凡庶之手。遣妾尔时实不思生，何图复有今日。妾生于高门，常谓世间男子皆然。自奉巾栉[毛巾和梳子，泛指盥洗用具]以来，始知天下有丈夫耳。"[可以认为这是她的真心话，在受尽本族人的无穷羞辱和蹂躏之后。]曜甚爱宠之，生曜二子而死，伪谥献文皇后。

列传第二十五　潘尼传　摘录和评注

[潘岳之侄，品性与其相反的文豪。虽然在中央历任多种高级官职乃至相当于丞相的中书令，但他稳静恬淡，不与人争利，恰如他最知名的作品《安身论》所表达的。"八王之乱"和五胡乱华中一种有原则、讲正直的消极自保之道。]

["性静退不竞"，作《安身论》，表达他笃信的稳静恬淡的人生观。]

尼字正叔。祖勖[xù]，汉东海相。父满，平原内史。并以学行称。尼少有清才，与岳俱以文章见知。性静退不竞，唯以勤学著述为事。著《安身论》以明所守，其辞曰：

[一种以专心自顾自守、戒绝扰世扰己为中心的人生观，那么接近老子哲学。]盖崇德莫大乎安身，安身莫尚乎存正，存正莫重乎无私，无私莫深乎寡欲。是以君子安其身而后动，易其心而后语，定其交而后求，笃其志而后行。["动者，吉凶之端也"，"故君子不妄动"：]然则动者，吉凶之端也；语者，荣辱之主也；求者，利病之几也；行者，安危之决也。故君子不妄动也，动必适其道；不徒语也，语必经于理；不苟求也，求必造于义；不虚行也，行必由于正。夫然，用能免或系之凶，享自天之祐。故身不安则殆，言不从则悖，交不审则惑，行不笃则危。四者行乎中，则忧患接乎外矣。[忧患生于自私、有欲：]忧患之接，必生于自私，而兴于有欲。自私者不能成其

私,有欲者不能济其欲,理之至也。欲苟不济,能无争乎? 私苟不从,能无伐乎? 人人自私,家家有欲,众欲并争,群私交伐。争,则乱之萌也;伐,则怨之府也。怨乱既构,危害及之,得不惧乎? [然而,"道""理""义""正"仍至关重要。]

[私欲奔放、权势泛滥和恶斗不已的世俗权势世界,尤其是在"八王之乱"中的:]然弃本要末之徒,知进忘退之士,莫不饰才锐智,抽锋擢颖,倾侧乎势利之交,驰骋乎当涂之务。朝有弹冠之朋,野有结绶之友,党与炽于前,荣名扇其后。握权,则赴者鳞集;失宠,则散者瓦解;求利,则托刎颈之欢;争路,则构刻骨之隙。于是浮伪波腾,曲辩云沸,寒暑殊声,朝夕异价,驽蹇[劣马,喻庸劣的才力]希奔放之迹,铅刀竞一割之用。至于爱恶相攻,与夺交战,诽谤噂沓,毁誉纵横,君子务能,小人伐技,风颓于上,俗弊于下。祸结而恨争也不强,患至而悔伐之未辩,大者倾国丧家,次则覆身灭祀。其故何邪? 岂不始于私欲而终于争伐哉?

君子则不然。知自私之害公也,然后外其身;知有欲之伤德也,故远绝荣利;知争竞之遘灾也,故犯而不校;知好伐之招怨也,故有功而不德。[一种对自己和对他人有呼吁力的"间接路线":"静退不竞"恰可保证安全和恰当的私利。]安身而不为私,故身正而私全;慎言而不适欲,故言济而欲从;定交而不求益,故交立而益厚;谨行而不求名,故行成而名美。止则立乎无私之域,行则由乎不争之涂,必将通天下之理,而济万物之性。天下犹我,故与天下同其欲;己犹万物,故与万物同其利。

[以专心自顾自守、戒绝扰世扰己为中心的人生观(甚而政治观)的实践要诀:不忘危、不忘退、不忘乱。]夫能保其安者,非谓崇生生之厚而耽逸豫之乐也,不忘危而已。有期进者,非谓穷贵宠之荣而藉名位之重也,不忘退而已。存其治者,非谓严刑政之威而明司察之禁也,不忘乱而已。故寝蓬室,隐陋巷,披短褐,茹藜藿,环堵而居,易衣而出,苟存乎道,非不安也。虽坐华殿,载文轩,服黼[fǔ]绣,御方丈,重门而处,成列而行,不得与之齐荣。用天时,分地利,甘布衣,安薮泽,沾体涂足,耕而后食,苟崇乎德,非不进也。虽居高位,缲重禄,执权衡,握机秘,功盖当时,势侔人主,不得与之比逸。遗意虑,没才智,忘肝胆,弃形器,貌若无能,志若不及,苟正乎心,非不治也。虽繁计策,广术艺,审刑名,峻法制,文辩流离,论议绝世,不得与之争功。[对自己和对他人有呼吁力的"间接路线":"安身""进德""治心"可以"保国家""处富贵""治万物"。]故安也者,安乎道者也。进也者,进乎德者也。治也者,

治乎心者也。未有安身而不能保国家，进德而不能处富贵，治心而不能治万物者也。

…… ……

［以专心自顾自守、戒绝扰世扰己为中心的人生观，那么接近老子哲学：］今之学者诚能释自私之心，塞有欲之求，杜交争之原，去矜伐之态，动则行乎至通之路，静则入乎大顺之门，泰则翔乎寥廓之宇，否则沦乎浑冥之泉，邪气不能干其度，外物不能扰其神，哀乐不能荡其守，死生不能易其真，而以造化为工匠，天地为陶钧，名位为糟粕，势利为埃尘，治其内而不饰其外，求诸己而不假诸人，忠肃以奉上，爱敬以事亲，可以御一体，可以牧万民，可以处富贵，可以安贱贫，经盛衰而不改，则庶几乎能安身矣。［即使在黑暗时代，一种正直平和的私人生活甚或公共政治是仍有可能的！悲观中的乐观，消极中的积极。］

［他的从政任官生涯：知易行难，他在现实生活里未充分实践他的《安身论》，以致选边投入"八王之乱"；然而，《安身论》哲理毕竟彻入其骨髓，因而虽"职居显要，从容而已"。］

初应州辟，后以父老，辞位致养。太康［280—289］中，举秀才，为太常博士。历高陆令、淮南王允镇东参军。元康［291—299］初，拜太子舍人……

…… ……

出为宛令，在任宽而不纵，恤隐勤政，厉公平而遗人事。入补尚书郎，俄转著作郎。……

及赵王伦篡位，孙秀专政，忠良之士皆罹祸酷。尼遂疾笃，取假拜扫坟墓。闻齐王冏起义，乃赴许昌。冏引为参军，与谋时务，兼管书记。事平，封安昌公。历黄门侍郎、散骑常侍、侍中、秘书监。永兴［304—306］末，为中书令。时三王战争，皇家多故，尼职居显要，从容而已。虽忧虞不及，而备尝艰难。永嘉［307—313］中，迁太常卿。［他困顿窘迫至极，死于"五胡乱华"之初；"安身"在其时甚而难于在"八王之乱"期间！］洛阳将没［311］，携家属东出成皋，欲还乡里。道遇贼，不得前，病卒于坞壁，年六十余。

东晋百年（上）：创建和维护据守半壁的华夏国家

帝纪第六　元帝、明帝　摘录和评注

［我们现在开始考察或回顾东晋(317—420)的历史,首先依据以君主生涯为中心或时间标尺的帝纪编年史,那记录一个只据半壁河山的华夏王朝,与占据和在大部分时间里空前蹂躏另半壁河山以及更多地域的五胡众多其他王朝"分庭抗礼",而这经久对峙的最显要事件,便是383年由宰相谢安主持和前锋都督谢玄指挥,经著名的淝水之战大败凶猛南侵的氐族前秦苻坚大军。东晋难能可贵! 其伟大意义在于保住华夏民族和文明的"半壁河山"。］

［东晋皇帝虽为司马氏,但司马氏已经在西晋时期近乎身败名裂,一个世纪里伴其互助互斗而控制东晋的大致是诸大门阀世族,犹如特别在中国春秋时期和西方古典／中世纪史上常见的贵族寡头政治。然而,皇权与这贵族寡头权势并存,两者之间既合作又抵牾的复杂的结构性情势便在所难免。贵族寡头阶层内部,政治上重要的既有南下的王、谢、桓、袁等"侨姓",又有本身居于江南的朱、张、顾、陆等"吴姓",而主持朝廷大局的政治魁首从出身琅琊王氏的杰出国务家王导往后,有陈郡谢氏的谢安、谢玄等。在北方强蛮虎视眈眈的时候,地缘和文化基础乃至政治经

历颇为不同的"侨姓"与"吴姓"能携手创设和维持东晋,无疑是个了不起的政治成就,不管这是得益于江淮天险,还是得益于西晋显贵分崩离析,遂为异族刀下鬼的教训;然而另一方面,东晋世族互相间内斗,主要是占优势的不同"侨姓"间的内斗必不可免。]

[最后,就贯穿东晋政治的结构性权势关系而言,朝廷与外镇是一种至关紧要的两分(dichotomy),后者鉴于京师区域偏处江东的地理状况、东晋抵御北蛮的基本地缘政治/战略格局和长江中游南侧的丰富资源对国家不可或缺,这地缘经济,必然举足轻重,以致有时尾大不掉,甚而严重威胁朝廷。这与帝室与世族间的争斗和世族互相间的争斗交织在一起,经几度剧烈危机,最后恶化到桓氏大族的桓玄独大,于404年废帝自立且改国号。]

[英雄再度出现!杰出的军事统帅和政治家、出身低级士族的刘裕攻败桓玄,控制东晋政权,继而于409至417年两度大规模北伐,先后击灭鲜卑南燕和羌族后秦,与此同时在南方华夏用兵,击灭若干割据者。420年,刘裕废除东晋,创立宋朝(刘宋),与19年后统一了北方华夏及更多地域的鲜卑拓跋王朝对峙,中国历史始入约一个半世纪的南北朝时期。]

[晋元帝司马睿(317至323年在位),在外凶内乱之中延续了一个世纪的东晋王朝的开国皇帝,而且即使有门阀世族的政治/社会支配地位和王导的指引操持作用,他也算马基雅维里最尊崇的一类人物,即伟大国家的创立者。起初,他一向"恭俭退让,以免于祸",直至307年他受东海王司马越之命,偕王导不无异心和眼界地渡江至建邺屯兵镇守,从而植下未来东晋王朝的胚胎。随北方世族在异族的凶狠推压下逐渐南迁,晋愍帝316年年底出降后不久他承制改元,即晋王位,翌年即帝位。大有赖于王导饶有战略和策略地使本地南方世族和南迁北方世族都拥戴他,加上民族危难和社会困乏情势下的痛定思痛、励精图治气象,这个新的王朝政权才得以维持和巩固。]

[王导盛大的权势终令大权旁落的他图谋变局,由此爆发东晋高层大内斗,结果他一败涂地,得到王导助力(并受其制约)的狂野的堂兄王敦肆无忌惮地支配朝政。他忧愤病逝,留下明帝、王导终平王敦之乱。]

［在西晋"八王之乱"中，作为大贵族但殆无独立权势的他坚持出于本能的安全战略，即"恭俭退让，以免于祸"，直至307年他受东海王司马越之命，偕王导不无异心和眼界地渡江至建邺屯兵镇守为止。］

元皇帝讳睿，字景文，宣帝曾孙，琅邪恭王觐之子也。咸宁二年［276］生于洛阳……年十五，嗣位琅邪王。幼有令闻。及惠皇之际，王室多故，帝每恭俭退让，以免于祸。沈敏有度量，不显灼然之迹，故时人未之识焉。惟侍中嵇绍异之，谓人曰："琅邪王毛骨非常，殆非人臣之相也。"［这是诙谐，还是灼见？］元康二年［292］，拜员外散骑常侍。累迁左将军，从讨成都王颖。荡阴之败①也，叔父东安王繇为颖所害。帝惧祸及，将出奔。其夜月正明，而禁卫严警，帝无由得去，甚窘迫。有顷，云雾晦冥，雷雨暴至，徼者皆驰，因得潜出。颖先令诸关无得出贵人，帝既至河阳，为津吏所止。从者宋典后来，以策鞭帝马而笑曰："舍长！官禁贵人，汝亦被拘邪！"吏乃听过。至洛阳，迎太妃俱归国。［一则偶然的历史事件——大藩王司马越的这么一个要他看管其老巢的任命——及其后续竟有深远的历史性结局：］东海王越之收兵［起兵］下邳也，假帝辅国将军。寻加平东将军、监徐州诸军事，镇下邳。俄迁安东将军、都督扬州诸军事。越西迎大驾，留帝居守。［"用王导计，始镇建邺"，植下未来东晋王朝的胚胎：］永嘉初［永嘉元年，307］，用王导计，始镇建邺，以……王敦、王导、周顗、刁协并为腹心股肱，［王导和他建设独立权势和南迁基地的主要政治方针或战略：］宾礼名贤，存问风俗，江东归心焉。……增封宣城郡二万户，加镇东大将军、开府仪同三司。……及怀帝蒙尘于平阳［今山西临汾，前赵都城］，司空荀藩等移檄天下，推帝为盟主。［他的大贵族血缘和现已可观的独立权势令他开始有威望，而且这威望急剧增进。西晋遭殃，东晋"得益"。］……愍帝即位，加左丞相。岁余，进位丞相、大都督中外诸军事。［他和王导实际上无心北伐，只欲偏安，一如八个世纪后的南宋开国皇帝宋高宗赵构所云"若元帝，仅能保区区之江左，略无规取中原之心"（《宋史全文·卷二十上·宋高宗十》）。］遣诸将分定江东，斩叛者孙弼于宣城，平杜

---

① 《晋书·惠帝纪》载：(永兴元年，304)秋七月……己亥，司徒王戎、东海王越、高密王简、平昌公模、吴王晏、豫章王炽、襄阳王范、右仆射荀藩等奉帝北征，至安阳，众十余万，颖遣其将石超距战。己未，六军败绩于荡阴，矢及乘舆，百官分散……

羑于湘州,承制赦荆扬。及西都不守,帝出师露次[止宿野外],躬擐甲胄,移檄四方,征天下之兵,克日进讨。……

[318年他正式称帝,开东晋皇朝,大概伴有在民族危难和国家初创之际的痛定思痛、励精图治气象。]

[先称晋王:]建武元年[317]春二月辛巳,平东将军宋哲至,宣愍帝诏曰:"……凶胡敢帅犬羊,逼迫京辇。朕今幽塞穷城,忧虑万端,恐一旦崩溃。卿……使摄万机,时据旧都,修复陵庙,以雪大耻。"三月,帝素服出次,举哀三日。西阳王羕及群僚参佐、州征牧守等上尊号,帝不许。……群臣乃不敢逼,请依魏晋故事为晋王,许之。辛卯,即王位……立宗庙社稷于建康。……丙辰,立世子绍为晋王太子[后为晋明帝]。[王导及其堂兄王敦差不多就是实际执政者:]以……征南大将军、汉安侯王敦为大将军,右将军王导都督中外诸军事、骠骑将军……六月丙寅,司空、并州刺史、广武侯刘琨……等一百八十人上书劝进,曰:

……臣闻尊位不可久虚,万机不可久旷……狡寇窥窬,伺国瑕隙,黎元波荡,无所系心,安可废而不恤哉?陛下虽欲逡巡[有所顾虑而徘徊不前或退却],其若宗庙何?其若百姓何?……

帝优令答之。语在琨传。①……

[得知晋愍帝暴死后,他即称皇帝:]太兴元年[318]……三月癸丑,愍帝崩问至,帝斩缞居庐。丙辰,百僚上尊号。令曰:"……今宗庙废绝,亿兆无系,群官庶尹,咸勉之以大政,亦何敢辞,辄敬从所执。"是日,即皇帝位。……庚午,立王太子绍为皇太子。壬申,诏曰[在民族危难和国家初创之际的朴实为政、纠察吏治,至少在口头上]:"昔之为政者,动人以行不以言,应天以实不以文,故我清静而人自正。其次听言观行,明试以功。其有政绩可述,刑狱得中,人无怨讼,久而日新,及当官软弱,茹柔吐刚,行身秽浊,修饰时誉者,各以名闻。……"[王导及王敦差不多就是名实兼

---

① 《晋书·列传第三十二刘琨传》载:是时西都不守,元帝称制江左,琨乃令长史温峤劝进,于是河朔征镇夷夏一百八十人连名上表,语在《元纪》。令报曰:"豺狼肆毒,荐覆社稷,亿兆颙颙,延首囹系。是以居于王位,以答天下,庶以克复圣主,扫荡仇耻,岂可猥当隆极,此孤之至诚著于遐迩者也……"

备的执政者：]夏四月……加大将军王敦江州牧，进骠骑将军王导开府仪同三司。戊寅，初禁招魂葬。乙酉，西平地震。五月癸丑，使持节、侍中、都督、太尉、并州刺史、广武侯刘琨为段匹磾［辽西鲜卑人，晋幽州刺史、鲜卑段部的部族大人］所害。……［大概确有在民族危难和国家初创之际的痛定思痛、励精图治气象：］六月……初置谏鼓谤木［于交通要道竖立木柱，让人在上面写谏言］。秋七月戊申，诏曰："王室多故，奸凶肆暴，皇纲驰坠，颠覆大猷。朕以不德，统承洪绪，夙夜忧危，思改其弊。二千石令长当祇奉旧宪，正身明法，抑齐豪强，存恤孤独，隐实户口，劝课农桑。州牧刺史当互相检察，不得顾私亏公。长吏有志在奉公而不见进用者，有贪惏秽浊而以财势自安者，若有不举，当受故纵蔽善之罪，有而不知，当受闭塞之责。各明慎奉行。"刘聪死，其子粲嗣伪位……冬十月……刘曜僭即皇帝位于赤壁。……加大将军王敦荆州牧。［王敦拥兵愈重，兵权愈大。］庚申，诏曰："……群公卿士，其各上封事，具陈得失，无有所讳，将亲览焉。"新作听讼观。……十二月……癸巳，诏曰："……吴之高德名贤或未旌录者，具条列以闻。"［王导和他的"统一战线"基本国策：善待江东本地世族。］……

二年［319］……夏四月，龙骧将军陈川以浚仪［今河南开封］叛。降于石勒。……秦州刺史陈安叛，降于刘曜。……徐杨及江西诸郡蝗。吴郡大饥。平北将军祖逖及石勒将石季龙战于浚仪，王师败绩。［天灾人祸情势下的宫廷和朝廷节俭：］壬戌，诏曰："天下凋弊，加以灾荒，百姓困穷，国用并匮，吴郡饥人死者百数。天生蒸黎而树之以君……且当去非急之务，非军事所须者皆省之。"［武装统一东晋境内的努力：］甲子，梁州刺史周访及杜曾［割据汉水、沔水地区的前晋军将领］战于武当，斩之，禽第五猗［杜曾主要部将］。……十一月戊寅，石勒僭即王位，国号赵。……是岁……三吴大饥。

三年［320］……六月，大水……秋七月……祖逖部将卫策大破石勒别军于汴水。加逖为镇西将军。……

四年［321］……三月，置周易、仪礼、公羊博士。……夏四月辛亥，帝亲览庶狱。……五月，旱。庚申，诏曰："昔汉二祖及魏武皆免良人，武帝时，凉州覆败，诸为奴婢亦皆复籍，此累代成规也。其免中州良人遭难为扬州诸郡僮客者，以备征役。"秋七月，大水。……壬午，以骠骑将军王导为司空……九月壬寅，镇西将军、豫州刺史祖逖卒。……

[王导执政权势盛大,终令他以丞相司直刘隗和尚书令刁协等人为心腹图谋变局,由此爆发东晋高层大内斗。皇权与世族权势的抵牾同朝廷与外镇的对立相交织,终于导致双重巨鳄王敦以清君侧为名,举兵武昌,攻破建邺,在王导的助力(及制约)下主宰朝政。他忧愤病逝,留下明帝和王导终平王敦之乱。]

[王敦起兵武昌,继而轻而易举地攻破建邺,消除政敌:]永昌元年[322]正月……戊辰,大将军王敦举兵于武昌,以诛刘隗为名,龙骧将军沈充帅众应之。三月,征征西将军戴若思、镇北将军刘隗还卫京都。……刘隗军于金城[在今江苏句容县北],右将军周札守石头[石头城,在今江苏南京市西清凉山上;唐以前,长江直逼清凉山西南麓,形成悬崖峭壁],帝亲被甲徇六师于郊外。……四月,敦前锋攻石头,周札开城门应之,奋威将军侯礼死之。敦据石头,戴若思、刘隗帅众攻之……六军败绩。尚书令刁协奔于江乘,为贼所害。镇北将军刘隗奔于石勒。……[王敦主宰朝政,大体控制整个东晋,但抵挡不了石勒接连攻取东晋江北/淮北领地:]敦乃自为丞相、都督中外诸军、录尚书事,封武昌郡公,邑万户。丙子,骠骑将军、秣陵侯戴若思,尚书左仆射、护军将军、武城侯周颉为敦所害。敦将沈充陷吴国,魏乂陷湘州,吴国内史张茂,湘州刺史、谯王承并遇害。五月壬申,敦……加司空王导尚书令。……秋七月……石勒将石季龙攻陷太山……兖州刺史郗鉴自邹山退守合肥。八月,敦以其兄含为卫将军,自领宁、益二州都督。琅邪太守孙默叛,降于石勒。冬十月,大疫,死者十二三。……石勒攻陷襄城[在今安徽繁昌县]、城父[在今安徽亳州市谯城区附近],遂围谯[今安徽亳州市谯城区],破祖约别军,约退据寿春。[他忧愤病逝:]十一月……闰月己丑,帝崩于内殿,时年四十七,葬建平陵,庙号中宗。

[房玄龄等追述他的一些优良秉性,总结他的成就、局限和遭难,断言他"恭俭之德虽充,雄武之量不足","失驭强臣,自亡齐斧"。]

帝冲素,容纳直言,虚己待物。初镇江东,颇以酒废事,王导深以为言,帝命酌,引觞覆之,于此遂绝。有司尝奏太极殿广室施绛帐,帝曰:"汉文[西汉文帝]集上书皂囊为帷。"遂令冬施青布,夏施青练帷帐。将拜贵人,有司请市雀钗,帝以烦费不许。所幸郑夫人衣无文采。从母弟王虔为母立屋过制，流涕止之。然晋室遘纷，皇舆播越，天命未改，人谋叶赞[协同翊赞]。元戎[兵车，大军]屡动，不出江畿，经略区区，仅全吴楚。终于下陵上辱，忧愤告谢。恭俭之德虽充，雄武之量不足。……

史臣曰：……王茂弘[王导字]为分陕①之计，江东可立。[顺便又提到东晋的准备和萌芽出自王导饶有远见的根本建议。]……布帐练帷，详刑简化，抑扬前轨，光启中兴。古者私家不蓄甲兵，大臣不为威福，王之常制，以训股肱。中宗失驭强臣，自亡齐斧[象征帝王权力的黄钺]，两京胡羯，风埃相望。……享国无几，哀哉！

[晋明帝司马绍(322 至 325 年在位)，一位重新稳定了东晋的皇帝，重用王导，平定王敦之乱且妥贴善后，使帝室恢复对门阀世族的和善和依赖方针，并且注重对江东本地世族("吴姓")的"统一战线"基本国策。他最杰出的是"聪明有机断"，面对势盛但狂野的王敦"以弱制强，潜谋独断，廓清大祲"。]

[他自幼聪慧，"性至孝，有文武才略"，且与世族政治显贵和普通将士关系良好，"远近属心"：很难设想元帝司马睿能有比他更好的皇位继承者。]

明皇帝讳绍，字道畿，元皇帝长子也。幼而聪哲，为元帝所宠异。[关于他幼年时就异常聪明的一则传奇式逸事：]年数岁，尝坐置膝前，属长安使来，因问帝曰："汝谓日与长安孰远？"对曰："长安近。不闻人从日边来，居然可知也。"元帝异之。明日，宴群僚，又问之。对曰："日近。"元帝失色，曰："何乃异间者之言乎？"对曰："举目则见日，不见长安。"由是益奇之。

建兴初，拜东中郎将，镇广陵[今江苏扬州]。元帝为晋王，立为晋王太子。及帝即尊号，立为皇太子。性至孝，有文武才略，钦贤爱客，雅好文辞。当时名臣，自王导、庾亮、温峤、桓彝、阮放等，咸见亲待。尝论圣人真假之意，导等不能屈。又习武艺，善抚将士。于时东朝济济，远近属心焉。及王敦之乱，六军败绩，帝欲帅将士决战，升车将出，中庶子温峤固谏，抽剑斩鞅[用马拉车时套在马颈上的皮套子]，乃

---

① 西周成王年幼，周公旦和召公奭辅政，两人决定以陕城为界(据《水经注》)"分陕"而治。陕城大约在今河南三门峡市。分陕因而可引申为分权分地。

止。[王敦主宰朝政时，他依凭大得众望而安然渡过危机。]敦素以帝神武明略，朝野之所钦信，欲诬以不孝而废焉。大会百官而问温峤曰："皇太子以何德称？"声色俱厉，必欲使有言。峤对曰："钩深致远，盖非浅局所量。以礼观之，可称为孝矣。"众皆以为信然，敦谋遂止。永昌元年[322]闰月己丑，元帝崩。庚寅，太子即皇帝位……

[登基为明帝后，面对王敦"谋篡逆"和前赵屡屡攻取东晋江北/淮北领地的灾难性形势，他不惊不乱，重用王导等人，"躬率六军"摧毁王敦。]

太宁元年[323]春正月……李雄使其将李骧、任回寇台登[在今四川凉山彝族自治州冕宁县]，将军司马玖死之。越巂[辖境相当于今云南丽江及绥江两县间祥云、大姚以北和四川木里、石棉、甘洛、雷波以南地区]太守李钊、汉嘉[辖境相当于今四川省雅安、芦山、名山、天全、荥经、汉源等地]太守王载以郡叛，降于骧。[东晋羸弱，对边远的西南边疆地区大致力所不逮。]……[东晋羸弱，其江北/淮北领地照旧不敌前赵攻伐攫取。]三月……石勒攻陷下邳，徐州刺史卞敦退保盱眙。[东晋皇室更为羸弱，面临王敦"谋篡逆"。]王敦献皇帝信玺一纽。敦将谋篡逆，讽朝廷征己，帝乃手诏征之。夏四月，敦下屯于湖，转司空王导为司徒，自领扬州牧。巴东监军柳纯为敦所害。……五月，京师大水。……梁硕[原新昌太守，317年起兵反叛]攻陷交州，刺史王谅死之。……六月……平南将军陶侃遣参军高宝攻梁硕，斩之，传首京师。……八月……石勒将石季龙攻陷青州[在今山东境内]，刺史曹嶷遇害。冬十一月，王敦以其兄征南大将军含为征东大将军、都督扬州江西诸军事。以军事饥乏，调刺史以下米各有差。

二年[324]春正月……石勒将石季龙寇兖州，刺史刘遐自彭城退保泗口。三月，刘曜将康平寇魏兴[郡治在今湖北竹山北]，及南阳。夏五月，王敦矫诏拜其子应为武卫将军，兄含为骠骑大将军。帝所亲信常从督公乘雄、冉曾并为敦所害。[王敦即将发动武力篡逆，明帝司马绍不惊不乱，冒险微服侦察，准备反击。]六月，敦将举兵内向，帝密知之，乃乘巴滇骏马微行，至于湖，阴察敦营垒而出。有军士疑帝非常人。又敦正书寝，梦日环其城，惊起曰："此必黄须鲜卑奴来也。"帝母荀氏，燕代人，帝状类外氏，须黄，敦故谓帝云。于是使五骑物色追帝。帝亦驰去，马有遗粪,辄以水灌之。见逆旅卖食妪,以七宝鞭与之,曰:"后有骑来,可以此示也。"俄而追者至,问妪。妪曰:"去已远矣。"因以鞭示之。五骑传玩,稽留遂久,又见马粪冷,以为信远而止不追。帝仅而获免。[他部署多面武力以便捍卫京师,并且反击和摧毁王敦,包括重用王导(为执行主帅?)。]丁卯,加司徒王导大都督、假节,领扬州刺史,以丹杨尹温峤为中垒将军,与右将军卞敦守石头,以光禄勋应詹为护军将军、假节,督朱雀桥南诸军事,以尚书令郗鉴行卫将军、都督从驾诸军事,以中书监庾亮领左卫将军,以尚书卞壸行中军将军。征平北将军、徐州刺史王邃,平西将军、豫州刺史祖约,北中郎将、兖州刺史刘遐,奋武将军、临淮太守苏峻,奋威将军、广陵太守陶瞻等还卫京师。帝次于中堂。[针对王敦的防卫和反击战役,"帝躬率六军","大破之",王敦殒命:]秋七月壬申朔,敦遣其兄含及钱凤、周抚、邓岳等水陆五万,至于南岸。温峤移屯水北,烧朱雀桁,以挫其锋。帝躬率六军,出次南皇堂。至癸酉夜,募壮士,遣将军段秀、中军司马曹浑、左卫参军陈嵩、钟寅等甲卒千人渡水,掩其未毕。平旦,战于越城[在今南京,由越王勾践建造的最早的一座城池,北临秦淮河,南倚雨花台,西控长江],大破之,斩其前锋将何康。王敦愤惋而死。[王敦文武党羽俱被剪灭:]……沈充帅万余人来会含等,庚辰,筑垒于陵口[在今江苏丹阳市陵口镇]。丁亥,刘遐、苏峻等帅精卒万人以至……义兴人周蹇杀敦所署太守刘芳,平西将军祖约逐敦所署淮南太守任台于寿春。乙未,贼众济水,护军将军应詹帅建威将军赵胤等距战,不利。贼至宣阳门[在今南京城南],北中郎将刘遐、苏峻等自南塘横击,大破之。刘遐又破沈充于青溪[河流,在今南京,与秦淮河交接]。丙申,贼烧营宵遁。丁酉,帝还宫,大赦,惟敦党不原。于是分遣诸将追其党与,悉平之。封司徒王导为始兴郡公,邑三千户,赐绢九千匹……其余封赏各有差。[平乱后继续重用王导:]冬十月,以司徒王导为太保、领司徒,太宰、西阳王羕领太尉……诏王敦群从一无所问。[坚决剪灭党羽,同时完全宽恕群从:优良的政策。]……

[随平定王敦之乱而妥帖善后,"分上流之势……强本弱枝",注重制度恢复和建设,注重国内社会精英的"统一战线";继而他英年早逝,留下政治意义重要的遗嘱和付托。]

三年[325]……三月……戊辰,立皇子衍[明帝长子]为皇太子……夏四月……

诏曰[表示开明态度,欢迎和鼓励臣下直言]:"滄直言,引亮正,想群贤达吾此怀矣。……虽虚暗,庶不距逆耳之谈。……"……石勒将石良寇兖州,刺史檀赟[yūn]力战,死之。将军李矩等并众溃而归,石勒尽陷司、兖、豫三州之地。[篇末房玄龄等所言明帝的一项重大军政举措,即"改授荆、湘等四州",旨在"分上流之势,拨乱反正,强本弱枝",此乃东晋着重制度性缓解朝廷对外镇这癌变式两分的首次重大努力。]五月,以征南大将军陶侃为征西大将军、都督荆湘雍梁四州诸军事、荆州刺史,王舒为安南将军、都督广州诸军事、广州刺史。六月……以广州刺史王舒为都督湘州诸军事、湘州刺史,湘州刺史刘颙为平越中郎将、都督广州诸军事、广州刺史。……六月……大旱,自正月不雨,至于是月。秋七月……诏曰[对西晋已废宗室藩王后裔的"统一战线"政策]:"……兴灭继绝,政道之所先。又宗室哲王有功勋于大晋受命之际者,佐命功臣,硕德名贤,三祖[宣、文、武三帝]所与共维大业,咸开国胙土、誓同山河者,而并废绝,禋祀不传,甚用怀伤。主者其详议诸应立后者以闻。"又诏曰[注重制度恢复和建设]:"郊祀天地,帝王之重事。自中兴以来,惟南郊,未曾北郊,四时五郊之礼都不复设,五岳、四渎、名山、大川载在祀典应望秩者,悉废而未举。主者其依旧详处。"八月,诏曰[对南方本地"静己守真"世族的"统一战线"政策]:"……追显既往,以劝将来也。吴时将相名贤之胄,有能纂修家训,又忠孝仁义,静己守真,不闻于时者,州郡中正亟以名闻,勿有所遗。"闰月……壬午,帝不豫,召太宰、西阳王羕,司徒王导,尚书令卞壶,车骑将军郗鉴,护军将军庾亮,领军将军陆晔,丹杨尹温峤并受遗诏,辅太子。丁亥,诏曰[他的临终遗嘱,要求丧葬节俭,并且授权王导等如同集体摄政,但也要求后者团结同僚]:"自古有死,贤圣所同,寿夭穷达,归于一概,亦何足特痛哉!……仰惟祖宗洪基,不能克终堂构,大耻未雪,百姓涂炭,所以慨耳。不幸之日,敛以时服,一遵先度,务从简约,劳众崇饰,皆勿为也。[令人想到西汉文帝的伟大遗嘱和曹魏文帝的伟大《终制》!][授权王导等如同集体摄政,要求后者团结一心:]衍以幼弱[时四岁],猥当大重,当赖忠贤,训而成之。昔周公匡辅成王,霍氏拥育孝昭,义行前典,功冠二代,岂非宗臣之道乎?凡此公卿,时之望也。敬听顾命,任托付之重,同心断金,以谋王室。诸方岳征镇,刺史将守,皆朕扞城,推毂于外,虽事有内外,其致一也。……譬若唇齿,表里相资。宜戮力一心……百辟卿士,其总己以听于冢宰,保祐冲幼,弘济艰难……则朕没于地下,无恨黄泉。"戊子,帝崩于东堂,年二十七,葬武平陵,庙号肃祖。

[房玄龄等对他可谓赞不绝口,指出他的最优秀素质和主要功勋,即在东晋"虚弊既甚,事极艰虞"的危难情势下击碎王敦权势与其篡逆之举,并且"拨乱反正,强本弱枝";还说他"规模弘远",这可是《汉书》赞颂比他伟大得多的汉高祖的话语!①]

帝聪明有机断,尤精物理。于时兵凶岁饥,死疫过半,虚弊既甚,事极艰虞。属王敦挟震主之威,将移神器。帝崎岖遵养,以弱制强,潜谋独断,廓清大浸。改授荆、湘等四州,以分上流之势,拨乱反正,强本弱枝。虽享国日浅,而规模弘远矣。

史臣曰:……楚江恒战,方城对敌,不得不推诚将相,以总戎麾。楼船万计,兵倍王室,处其利而无心者,周公其人也。威权外假,嫌隙内兴,彼有顺流之师,此无强藩之援。……运龙韬于掌握,起天旆于江靡,燎其余烬,有若秋原。去缞经而践戎场,斩鲸鲵而拜园阙。镇削威权,州分江汉,覆车不践,贻厥孙谋[为子孙的将来作好安排]。……

列传第三十四　元四王列传　摘录和评注

元帝六男:

元帝六男:宫人荀氏生明帝及琅邪孝王裒[póu]。石婕好生东海哀王冲。王才人生武陵威王晞。郑夫人生琅邪悼王焕及简文帝。

元四王:

司马裒:

[司马睿次子,"有成人之量,过于明帝",因而一度被司马睿考虑为储君;然而,不及重用他便早逝。]

琅邪孝王裒字道成,母荀氏,以微贱入宫,元帝命虞妃养之。裒初继叔父长乐亭侯浑,后徙封宣城郡公,拜后将军。["立子以德不以年",司马睿一度意欲将他立

---

① 《汉书·高帝纪下》:初,高祖不修文学,而性明达,好谋,能听,自监门戍卒,见之如旧。初顺民心作三章之约。天下既定,命萧何次律令,韩信申军法,张苍定章程,叔孙通制礼仪,陆贾造《新语》。又与功臣剖符作誓,丹书铁契,金匮石室,藏之宗庙。虽日不暇给,规摹弘远矣。

为储君：]及帝为晋王，有司奏立太子，帝以衷有成人之量，过于明帝，从容谓王导曰："立子以德不以年。"导曰："世子、宣城俱有朗隽之目，固当以年。"于是太子位遂定。更封衷琅邪，嗣恭王后，改食会稽、宣城邑五万二千户，拜散骑常侍、使持节、都督青徐兖三州诸军事、车骑将军，征还京师。建武元年[317，司马睿称帝前一年]薨，年十八……

司马冲：

[历经元、明、成三帝的大贵族，但未留下任何史载的军功政绩，因而看来没什么才干。]

东海哀王冲，字道让。元帝以东海王越世子毗没于石勒，不知存亡，乃以冲继毗后，称东海世子，以毗陵郡增本封邑万户，又改食下邳、兰陵，以越妃裴氏为太妃，拜长水校尉。……永昌[322—323]初，迁中军将军，加散骑常侍。及东海太妃薨，因发毗丧。冲即王位，以荥阳益东海国，转车骑将军，徙骠骑将军。咸康[东晋成帝年号]七年[341]薨，年三十一……

………………

司马晞：

["无学术而有武干"，历经元帝往后七位东晋君主，直至成为最高级廷臣和超级元老。然后，独掌大权近二十年的桓温指控他包藏叛逆祸心，结果先被免官废藩，后遭流放。]

[历经七位东晋君主，直至成为地位无以复加的朝廷显贵：]

武陵威王晞，字道叔，出继武陵王喆后，太兴元年[318]受封。咸和[成帝年号，326—334]初，拜散骑常侍。后以湘东增武陵国，除左将军，迁镇军将军，加散骑常侍。康帝即位[343]，加侍中、特进。建元[343—344]初，领秘书监。穆帝即位[345]，转镇军大将军，迁太宰。太和[废帝海西公年号，366—371]初，加羽葆鼓吹，入朝不趋，赞拜不名，剑履上殿。固让。

[他历经的第八位君主登基后，已独掌内外大权17年的桓温对他施以决定性打击。]

晞无学术而有武干,为桓温所忌。及简文帝即位[371],温乃表晞曰[桓温指控他的理由除图谋叛逆外或许多少有些可信:]:"晞体自皇极,故宠灵光世,不能率由王度,修己慎行,而聚纳轻剽,苞藏亡命。又息综矜忍[傲慢残刻],虐加于人。袁真[随桓温北伐鲜卑前燕末帝慕容暐,遭挫败,随之因桓温归罪于他而据寿阳反叛,交通慕容暐]叛逆,事相连染。顷自猜惧,将成乱阶。请免晞官,以王归籓……"[遭免官后又被废籓和流放:]……温又逼新蔡王晃使自诬与晞、综及著作郎殷涓、太宰长史庾倩、掾曹秀、舍人刘彊等谋逆,遂收付廷尉,请诛之。简文帝不许,温于是奏徙新安郡[即徽州,所辖地域为今安徽黄山市、绩溪县及江西婺源县],家属悉从之,而族诛殷涓等,废晃徙冲阳郡。

[姗姗来迟的准平反或宽恕,而后姗姗来迟的复籓:]

太元六年[381],晞卒于新安,时年六十六。孝武帝[373 年即位,翌年桓温病死]三日临于西堂,诏曰:"感惟摧恸,便奉迎灵柩,并改移妃应氏及故世子梁王诸丧,家属悉还。"复下诏曰:"故前武陵王体自皇极,克己思愆。仰惟先朝仁宥之旨,岂可情礼靡寄! 其追封新宁郡王,邑千户。"……十二年[387],追复晞武陵国……

……　……

司马焕:

["母有宠,元帝特所钟爱",但仅二岁即亡。]

琅邪悼王焕,字耀祖。母有宠,元帝特所钟爱。……及焕疾笃,帝为之彻膳,乃下诏封为琅邪王,嗣恭王后,俄而薨,年二岁。

帝悼念无已……

……　……

永昌元年[322,元帝末年],立焕母弟昱为琅邪王,即简文帝也。……

司马昱:

["无济世大略",《帝纪第九》中记述的简文帝司马昱在位仅八个月。此前,作为超老资格的贵族重臣,他曾引入殷浩制衡桓温,全败后竟成为桓温强制册立的皇帝傀儡! 无怪乎他"常惧废黜"、忧愤不已而不久殒命。他的重要性是留下了两个颇有历史意义的儿子,即孝武帝司马曜与其同母弟司马道子。前者的历史意义正

负相兼,而后者完全负面:司马曜亲政期间,东晋经彪炳中国史册的淝水之战,大败凶猛南侵的前秦苻坚大军;司马曜还改革税收,据称促进了社会复兴;大国务家谢安去世后,司马曜立即将首席重臣地位授予司马道子,导致"道子荒乎朝政,国宝汇以小人"①。孝武帝另有专纪,司马道子则在《元四王列传》后的《简文三子列传》内有记载。]

列传第三十六　刘弘传　摘录和评注

["江东立国,以荆、湘为根本,西晋之乱,刘弘、陶侃勤敏慎密,生聚之者数十年,民安、食足、兵精、刍粮、舟车、器仗,且求之而夕给,而南宋无此也。"]

[刘弘,可谓奠定了东晋颇大部分基础的西晋名臣。他的首要作为是非常有效地担任长江中游荆州刺史,先迅速击灭占据荆、江、徐、扬、豫五州大部的张昌反叛武装,然后凭其杰出的治理振兴所辖江汉地区,并在这整个过程中启用和重用后来东晋中期的顶梁柱、苏峻之乱的荡平者陶侃,使之崭露头角、荣立大功。1300 余年后,饶有洞察力的思想家王夫之盛赞道:"晋保江东以存中国之统,刘弘之力也。"②]

[他品德高尚,"无往而不持以正者"(王夫之语),尽最大可能拒不卷入司马颙与司马越之间的内战;他实施最好形态的儒家仁治,"劝课农桑,宽刑省赋",抚贫恤苦,善待流民。他去世时,荆州"士女嗟痛,若丧所亲矣"。]

[名门之后,"有干略政事之才",任荆州刺史伊始击灭张昌反叛武装:]

刘弘,字和季,沛国相[今安徽淮北市濉(suī)溪]人也。祖馥,魏扬州刺史。父靖,镇北将军。弘有干略政事之才,[年轻时与青年司马炎的亲密关系大有助于他

---

① 见《晋书·简文帝孝武帝纪》。

② 王夫之《读通鉴论》。其中还说:"晋有天下,初并蜀、吴,二方之民,习于割据之余,未有以绥之也;而中朝内乱,故赵廞、李特、张昌、石冰乘之以兴。乃特之子孙窃蜀者数十年,而江南早定,刘弘之功茂矣哉!""弘任陶侃、诛张昌、平陈敏,而江东复为完土。侃长以其才,而弘大以其量,唯弘能用侃。""微弘,则周玘、顾荣、贺循无所惮而保其贞;微弘,则陶侃无所托以尽其才;微弘,则琅邪南迁,王导亦无资以立国。"

的为官生涯:]少家洛阳,与武帝同居永安里,又同年,共研席。以旧恩起家太子门大夫,累迁率更令[主宫殿门户及赏罚之事],转太宰长史。张华甚重之。由是为宁朔将军、假节、监幽州诸军事,领乌丸校尉,甚有威惠,寇盗屏迹,为幽朔所称。[证明确"有干略政事之才"。]以勋德兼茂,封宣城公。[开始担任长江中游荆州刺史要职,经短暂受挫后用陶侃迅速击灭张昌主力,继而斩灭其本人:]太安[302—303]中,张昌作乱,转使持节、南蛮校尉、荆州刺史,率前将军赵骧等讨昌,自方城至宛、新野,所向皆平。及新野王歆之败也,以弘代为镇南将军、都督荆州诸军事,余官如故。[启用并重用地位甚微的陶侃,后者击破张昌主力,斩首数万级(!)]弘遣南蛮长史陶侃[下《陶侃传》载,其南蛮长史一职亦为刘弘所授]为大都护,参军蒯恒为义军督护,牙门将皮初为都战帅,进据襄阳。张昌并军围宛,败赵骧军,弘退屯梁。侃、初等累战破昌,前后斩首数万级。及到官,昌惧而逃,其众悉降,荆土平。

初,弘之退也,范阳王虓遣长水校尉张奕领荆州。弘至,奕不受代,与兵距弘。弘遣军讨奕,斩之……[斩灭张昌本人:]张昌窜于下隽山[在今湖北咸宁市通城县境内],弘遣军讨昌,斩之,悉降其众。①

[他成功地振兴所辖江汉地区,依凭实施最好形态的儒家仁治,包括选官得当,"劝课农桑,宽刑省赋",抚贫恤苦,善待流民等。]

时荆部守宰多阙,弘请补选,帝从之。[选官依据德、功、才三大标准:]弘乃叙功铨德[按照功劳和德行],随才补授,甚为论者所称。乃表曰:"……太上立德,其次立功也。顷者多难,淳朴弥凋,臣辄以征士[不接受朝廷征聘的隐士]伍朝补零陵太守,庶以惩波荡之弊,养退让之操。……长史陶侃、参军蒯恒、牙门皮初,戮力致讨,荡灭奸凶,侃恒各以始终军事,初为都战帅,忠勇冠军,汉沔清肃,实初等之勋也。……臣以初补襄阳太守,侃为府行司马,使典论功事,恒为山都令。……"[下面的事迹告诉我们,他还不徇私,即使是朝廷主动以及或许无意给的私家好处也不

---

① 他击灭张昌武装前后仅用两三个月时间。《晋书·惠帝纪》载:(太安)二年[303]……五月,义阳蛮张昌举兵反,以山都人丘沈为主,改姓刘氏,伪号汉,建元神凤,攻破郡县,南阳太守刘彬,平南将军羊尹,镇南大将军、新野王歆并遇害。六月,遣荆州刺史刘弘等讨张昌于方城,王师败绩。秋七月……张昌陷江南诸郡,武陵太守贾隆、零陵太守孔纮、豫章太守阎济、武昌太守刘根皆遇害。昌别帅石冰寇扬州,刺史陈徽与战,大败,诸郡尽没。临淮人封云举兵应之,自阜陵寇徐州。八月……庚申,刘弘及张昌战于清水,斩之。

接受:]朝廷以初虽有功,襄阳又是名郡,名器宜慎,不可授初,乃以前东平太守夏侯
陟为襄阳太守,余并从之。陟,弘之婿也。弘下教曰:"夫统天下者,宜与天下一心;
化一国者,宜与一国为任。若必姻亲然后可用,则荆州十郡,安得十女婿然后为政
哉!"乃表"陟姻亲,旧制不得相监[即相监临,东汉桓帝时制定的回避规定,婚姻之
家不得交互为官]。皮初之勋宜见酬报"。诏听之。

　　弘于是[采取两项最根本的振兴措施,它们那么符合传统的儒家根本治道:]劝
课农桑,宽刑省赋,岁用有年[每年都有所积蓄],百姓爱悦。[抚贫恤苦:]弘尝夜起,
闻城上持更者叹声甚苦,遂呼省之。兵年过六十,羸疾无襦[短袄]。弘愍之,乃谪
罚主者,遂给韦袍复帽[皮袍夹帽],转以相付。[让利于民:]旧制,岷方二山泽中不
听百姓捕鱼,弘下教曰:"礼,名山大泽不封,与共其利。今公私并兼,百姓无复厝手
[措手,插手]地,当何谓邪!速改此法。"[取消某些待遇的等级性或"特殊化",军队
官兵"同其薄厚":]又"酒室中云齐中酒、听事酒、猥酒,同用曲米,而优劣三品。投醪
[将酒投入河中,与士兵共饮,比喻与士兵同甘共苦]当与三军同其薄厚,自今不得
分别。"……[善待流民,妥善安置,在一个有那么多流民因饥寒交迫遂揭竿而起的
时代:]于时流人在荆州十余万户,羁旅贫乏,多为盗贼。弘乃给其田种粮食,擢其
贤才,随资叙用。[他安分守己,不要非分之利:]时总章太乐伶人,避乱多至荆州,
或劝可作乐者[令他们(为刘弘)作乐]。弘曰:"……今主上蒙尘,吾未能展效臣节,
虽有家伎,犹不宜听,况御乐哉!"乃下郡县,使安慰之,须朝廷旋返,送还本署。[哪
怕是按规章可得的额外私利也不要:]论平张昌功,应封次子一人县侯,弘上疏固
让,许之。进拜侍中、镇南大将军、开府仪同三司。

　　[他尽最大可能拒不卷入司马颙与司马越之间的内战;与此同时,他面对作乱
叛臣陈敏的进攻威胁,布军保卫荆州地区,致使陈敏"竟不敢窥境"。]

　　惠帝幸长安,河间王颙挟天子,诏弘为刘乔[站到司马颙一边大反司马越的前
豫州刺史]继援。弘以张方残暴,知颙必败,遣使受东海王越节度。时天下大乱,弘
专督江汉,威行南服。前广汉太守辛冉说弘以从横之事[纵横割据],弘大怒,斩之。
河间王颙使张光为顺阳太守,南阳太守卫展说弘曰:"……张光,太宰腹心,宜斩光
以明向背。"弘曰:"宰辅得失,岂张光之罪!危人自安,君子弗为也。"展深恨之。

　　陈敏[广陵王丞相,305年为割据江东而举兵叛乱,驱逐扬州刺史刘机等,尽占

吴越之地]寇扬州，引兵欲西上，弘乃解南蛮，以授前北军中候蒋超，统江夏太守陶侃、武陵太守苗光，以大众屯于夏口。又遣治中何松领建平、宜都、襄阳三郡兵，屯巴东，为罗尚后继。又加南平太守应詹宁远将军，督三郡水军，继蒋超。[他对陶侃的由衷信任和放手重用：]侃与敏同郡，又同岁举吏，或有间侃者，弘不疑之。乃以侃为前锋督护，委以讨敏之任。侃遣子及兄子为质，弘遣之曰："……匹夫之交尚不负心，何况大丈夫乎！"陈敏竟不敢窥境。永兴三年[306]，诏进号车骑将军，开府及余官如故。

[他去世，荆州地区"士女嗟痛，若丧所亲"；数年后江汉复乱，"父老追思弘"，有如《甘棠》追思召公。]

……及东海王越奉迎大驾，弘遣参军刘盘为督护，率诸军会之。盘既旋，弘自以老疾，将解州及校尉，适分授所部，未及表上，卒于襄阳[306]。士女嗟痛，若丧所亲矣。

……以高密王略代镇，寇盗不禁，诏起璠[刘弘之子]为顺阳内史，江汉之间翕然归心。及略薨，山简代之[309]。简至，知璠得众心，恐百姓逼以为主，表陈之，由是征璠为越骑校尉[京师禁军将领之一]。……南夏遂乱[310 年，武吏王如在南阳发动流民武装反叛，继而击败山简等军，转战于汉水]。父老追思弘，虽《甘棠》[《诗经·召南·甘棠》，怀念周初重臣召公的民歌]之咏召伯，无以过也。

列传第三十五　王导传　摘录和评注

[历时近一个世纪的东晋是个只据半壁河山的华夏王朝，与占据并在大部分时间里空前蹂躏另半壁华夏河山以及更多地域的五胡众多其他王朝"分庭抗礼"，从而大有助于华夏文明的承继、保存甚而优化。对此，大国务家王导功勋卓著：从一开始，他就作为首席幕僚协助司马睿渡江至建邺镇守（"用王导计，始镇建邺"[《元帝纪》]），植下未来东晋国家的胚胎；他在主持政治大局期间，饶有战略和策略地使本地江南世族（"吴姓"）和南迁北方世族（"侨姓"）拥戴共主，携手维持这君主制贵族寡头国家。如我们已在《元帝纪》首注里说过的，这确实构成一项了不起的政治

成就,不管它是大得益于江淮天险,还是大得益于西晋显贵分崩离析,遂为异族刀下鬼的当代教训。还可以赞赏看似并非英雄主义的两条:他和司马睿奉行战略集中,专注于东晋的构建和维护,无心从事必定损耗资源却徒然无功的北伐;他反复表明他深谙"政治是可能性的艺术",在国内政治中决不莽撞冒进,决不惮退畏等。①]

[然而,他远非完美的国务家:他与堂兄王敦分享东晋执政权,而后者实质上野心无边;他的权势过于盛大,终令元帝择心腹图谋变局。这两项情势交互作用,导致东晋高层大内斗:王敦以清君侧为名发动叛乱,攻破建邺,在他的助力(及制约)下主宰朝政,元帝忧愤病逝。不过,其后在王敦发动武力篡逆时,他辅助重用他的英君明帝摧毁之,从而恢复了东晋的政治稳定。]

[作为国家首辅他堪称长久:幼儿成帝即位后,太后庾氏临朝称制,外戚庾亮权盛专横,从而促成致使京师沦陷约两年的重大叛乱,而平叛后他的权势恢复如初,甚至盛而又盛。339年,随司马睿南下渡江后大约三十年,他病逝。继而,东晋辅政重臣多年呈走马灯状,无人及其门阀世族能持久地填补他留下的权势真空,直到近四十年后大国务家谢安登上政治舞台中心为止。]

["少有风鉴,识量清远" :事后证明,他确实眼光远大和气度宽宏——大国务家的必要素质,且为世族子弟——当时成为国务家大抵必备的一个条件。]

王导[琅琊临沂(今山东临沂)人],字茂弘,光禄大夫览之孙也。父裁,镇军司马。导少有风鉴,识量清远。年十四,陈留高士张公见而奇之,谓其从兄敦曰:"此儿容貌志气,将相之器也。"初袭祖爵即丘子。司空刘寔寻引为东阁祭酒,迁秘书郎、太子舍人、尚书郎,并不行。后参东海王越军事。

[创设东晋的大战略(一):他与同乡琅琊王司马睿"素相亲善",而且"倾心推奉,潜有兴复之志";随其南下渡江镇守建邺,肇始对江南世族至关紧要的"统一战

---

① 就此而言,他与之后的太后褚蒜子多少有些相似。褚蒜子先后四度临朝、扶立五帝,特征为气度宽宏,耐心灵活,只做合法和力所能及之事,从不搞政变,一向顺势善持。她在东晋内外交困之中尽力而为,伸缩有度,帮助王朝度过漫长的桓温桓玄专权甚而篡位时期。见《晋书·后妃列传下》。

线",于是"吴会风靡,百姓归心焉"。]

时元帝为琅邪王,与导素相亲善。导知天下已乱,遂倾心推奉,潜有兴复之志。帝亦雅相器重,契同友执。帝之在洛阳也,导每劝令之国。会帝出镇下邳,请导为安东司马,军谋密策,知无不为。[随司马睿走了徙镇建康这创设东晋的关键的第一步,继之以令江南世族开始敬畏和拥戴其主公这第二步;肇始必不可少的"统一战线";]及徙镇建康,吴人不附,居月余,士庶莫有至者,导患之。会敦来朝,导谓之曰:"琅邪王仁德虽厚,而名论犹轻。兄威风已振,宜有以匡济者。"会三月上巳,帝亲观禊[禊(xì):春秋两季在水边举行的清除不祥的祭祀],乘肩舆,具威仪,敦、导及诸名胜皆骑从。吴人纪瞻、顾荣,皆江南之望,窃觇之,见其如此,咸惊惧,乃相率拜于道左。导因进计曰:"古之王者,莫不宾礼故老,存问风俗,虚己倾心,以招俊乂。况天下丧乱,九州分裂,大业草创,急于得人者乎!顾荣、贺循,此土之望,未若引之以结人心。二子既至,则无不来矣。"帝乃使导躬造循、荣,二人皆应命而至,由是吴会风靡,百姓归心焉。自此之后,渐相崇奉,君臣之礼始定。

[创设东晋的大战略(二):大战略的其他方面:容纳华北南下避难人众,引其精英参政;"为政务在清静",奉行审慎节俭之策;从事政治教育,旨在提振众心;为改善社会/政治文化而兴办学校,以便有助于社会稳定和发展。]

俄而洛京倾覆,中州士女避乱江左者十六七,导劝帝收其贤人君子,与之图事。时荆扬晏安,户口殷实,导为政务在清静,每劝帝克己励节,匡主宁邦。[他在司马睿那里和在朝野的政治威望和魅力无以复加;]于是尤见委杖,情好日隆,朝野倾心,号为"仲父"。帝尝从容谓导曰:"卿,吾之萧何也。"对曰[暴秦以来的一大政治史哲理,即暴政暴乱时代之后须有德政仁政,最初由陆贾对汉高祖揭示]:"昔秦为无道,百姓厌乱,巨猾陵暴,人怀汉德,革命反正,易以为功。自魏氏以来,迄于太康之际,公卿世族,豪侈相高,政教陵迟,不遵法度,群公卿士,皆餍于安息,遂使奸人乘衅,有亏至道。然否终斯泰[坏运到尽头,好运就来了],天道之常。大王方立命世之勋,一匡九合,管仲、乐毅,于是乎在,岂区区国臣所可拟议!愿深弘神虑,广择良能。顾荣、贺循、纪瞻、周玘皆南土之秀,愿尽优礼,则天下安矣。"帝纳焉。

······ ······

晋国既建[317],以导为丞相军咨祭酒。[从事政治教育,旨在提振众心:]桓彝初过江,见朝廷微弱,谓周颛曰:"我以中州多故,来此欲求全活,而寡弱如此,将何以济!"忧惧不乐。往见导,极谈世事,还,谓颛曰:"向见管夷吾[管仲],无复忧矣。"过江人士,每至暇日,相要出新亭饮宴。周颛中坐而叹曰:"风景不殊,举目有江河之异。"皆相视流涕。惟导愀然变色曰:"当共戮力王室,克复神州,何至作楚囚相对泣邪!"众收泪而谢之。[他及王敦在名义和实际两方面皆近乎全权执政:]俄拜右将军、扬州刺史、监江南诸军事,迁骠骑将军,加散骑常侍、都督中外诸军、领中书监、录尚书事、假节,刺史如故。导以敦统六州[位为大将军],固辞中外都督。后坐事除节。

于时军旅不息,学校未修,导上书曰[为改善社会/政治文化而兴办学校,以便有助于社会稳定和更多;经典儒家教义]:

夫风化之本在于正人伦,人伦之正存乎设庠序。庠序设,五教明,德礼洽通,彝伦攸叙[常伦所序],而有耻且格,父子兄弟夫妇长幼之序顺,而君臣之义固矣。《易》所谓"正家而天下定"者也。故圣王蒙以养正,少而教之,使化沾肌骨,习以成性,迁善远罪而不自知,行成德立,然后裁之以位。虽王之世子,犹与国子齿[并列],使知道而后贵。其取才用士,咸先本之于学。……

自顷皇纲失统,颂声不兴,于今将二纪[一纪为十二年,在此二纪系约数]矣。《传》曰:"三年不为礼,礼必坏;三年不为乐,乐必崩。"而况如此之久乎! 先进忘揖让之容,后生惟金鼓是闻,干戈日寻,俎豆不设,先王之道弥远,华伪之俗遂滋,非所以端本靖末之谓也。殿下……诚宜经纶稽古,建明学业,以训后生,渐之教义,使文武之道坠而复兴,俎豆之仪幽而更彰。……兽心革面,饕餮检情,揖让而服四夷[!],缓带[宽束衣带,形容悠闲自在从容不迫]而天下从[!]。[拘泥于儒家教义和话语,以致不免超级浪漫。]得乎其道,岂难也哉! ……

帝甚纳之。

…… ……

列传第三十八　顾荣、纪瞻、贺循、薛兼传　摘录和评注

[东晋政治的本质,在于司马氏皇室与门阀世族之间互助互斗的错综联结,连同门阀世族中间类似的复杂关系。后者内部最基本地划分为华北南下的"侨姓"与世代居于江南的"吴姓",而在北方强蛮虎视眈眈的当时,地缘/文化基础和政治经

历大为不同的"侨姓"与"吴姓"能携手创设和维持东晋,无疑是个了不起的成就。这个成就既归功于南下的皇室和"侨姓"世族中间杰出的政治家们的团结政策,也归功于"吴姓"大族政治代表们的迎合态势。在北方强蛮的致命威胁面前,他们至少懂得保住华夏民族和文明的"半壁河山"至关紧要,至高无上。]

[本篇即是"吴姓"大族首要代表的列传。其中最重要的是"方面盟主,功高元帅"顾荣:江南世族的首脑,击灭意欲割据江东的叛将陈敏,事实上为未来的东晋开辟了天地;随后,拥戴司马睿南渡创设东晋,而后者对他"凡所谋画,皆以咨焉"。]

顾荣:

["南土著姓",孙吴伟大国务家顾雍之孙。经过西晋"八王之乱"期间不断的个人颠簸和磨难,他作为江南世族事实上的首脑先击灭意欲割据江东的叛将陈敏,随后拥戴司马睿南渡创设东晋。司马睿正式称帝前六年他即去世,但如在他逝后赠位问题上为他打抱不平的吴郡内史殷祐所云,他"首建密谋,为方面盟主,功高元帅"。]

[孙吴顶级名门之后,"机神朗悟";吴亡后为西晋名士兼廷臣,"八王之乱"期间"数践危亡之际"。]

顾荣,字彦先,吴国吴[今江苏苏州]人也,为南土著姓。祖雍,吴丞相。父穆,宜都太守。荣机神朗悟,弱冠仕吴,为黄门侍郎、太子辅义都尉。[吴亡后几乎当然地成为西晋名士兼廷臣:]吴平,与陆机兄弟同入洛,时人号为"三俊"。例拜为郎中,历尚书郎、太子中舍人、廷尉正。恒纵酒酣畅,谓友人张翰曰:"惟酒可以忘忧,但无如[语气比"无奈"委婉些,略带意外的意味]作病何耳。"

会赵王伦诛淮南王允[永康元年(300年)在讨伐司马伦时被司马督护伏胤所杀],收允僚属付廷尉,皆欲诛之,荣平心处当,多所全宥。及伦篡位,伦子虔为大将军,以荣为长史。初,荣与同僚宴饮,见执炙[zhì,烤,烤肉]者貌状不凡,有欲炙之色,荣割炙啖之[给他吃]。坐者问其故,荣曰:"岂有终日执之而不知其味!"及伦败,荣被执,将诛["八王之乱"期间的首次磨难,险些被处决],而执炙者为督率,遂救之,得免。[他对不幸者仁柔,不幸者也对他仁柔。]

齐王冏召为大司马主簿。冏擅权骄恣,荣惧及祸,终日昏酣,不综府事,以情告友人长乐冯熊。熊谓冏长史葛旟曰:"以顾荣为主簿,所以甄拔才望,委以事机,不复计南北亲疏,欲平海内之心也。今府大事殷,非酒客之政。"旐曰:"荣江南望士,且居职日浅,不宜轻代易之。"["南北亲疏"乃吴亡后华夏王朝国家内的一大问题]熊曰:"可转为中书侍郎,荣不失清显,而府更收实才。"旐然之,白冏,以为中书侍郎。在职不复饮酒。人或问之曰:"何前醉而后醒邪?"荣惧罪,乃复更饮。与州里杨彦明书曰:"吾为齐王主簿,恒虑祸及,见刀与绳,每欲自杀,但人不知耳。"["八王之乱"期间二次磨难,总是恐祸惧罪,以致心理极其痛苦。]及旐诛,荣以讨葛旐功,封嘉兴伯,转太子中庶子。

长沙王乂为骠骑,复以荣为长史。乂败,转成都王颖丞相从事中郎。["八王之乱"期间第三次磨难,即跟随惠帝苦难流亡:]惠帝幸临漳,以荣兼侍中,遣行园陵。会张方据洛,不得进,避之陈留。及帝西迁长安,征为散骑常侍,以世乱不应,遂还吴。东海王越聚兵于徐州,以荣为军咨祭酒。[还吴也逃不了"八王之乱"的纠葛。]

[作为江南世族事实上的首脑,在一度机会主义地服侍陈敏之后击灭陈敏;此举事实上为司马睿南下创设东晋开辟了天地。]

属广陵相陈敏反,南渡江,逐扬州刺史刘机、丹阳内史王旷,阻兵据州,分置子弟为列郡,收礼豪桀,有孙氏鼎峙之计。假荣右将军、丹杨内史。荣数践危亡之际,恒以恭逊自勉。会敏欲诛诸士人,荣说之曰[若有必要,他就能鼓舌如簧,为救豪族士人而无边地吹捧和鼓励如下所述低能的临时主公]:"中国丧乱,胡夷内侮,观太傅今日不能复振华夏,百姓无复遗种。江南虽有石冰之寇,人物尚全。荣常忧无窦氏、孙、刘之策,有以存之耳。今将军怀神武之略,有孙吴之能,功勋效于已著,勇略冠于当世,带甲数万,舳舻山积,上方虽有数州,亦可传檄而定也。若能委信君子,各得尽怀,散蒂芥之恨,塞谗诐之口,则大事可图也。"敏纳其言,悉引诸豪族委任之。[这当然更促成他为江南豪门世族实际上的首脑。]敏仍遣甘卓出横江,坚甲利器,尽以委之。荣私于卓曰:"若江东之事可济,当共成之。然卿观事势当有济理不?敏既常才,本无大略,政令反覆,计无所定,然其子弟各已骄矜,其败必矣。而吾等安然受其官禄,事败之日,使江西诸军函首送洛,题曰逆贼顾荣、甘卓之首,岂惟一身颠覆,辱及万世,可不图之!"卓从之。[凭智谋轻易击灭陈敏:]明年,周玘与荣及甘卓、纪瞻潜谋起兵攻敏。荣废桥敛舟于南岸,敏率万余人出,不获济,荣麾以羽扇，其众溃散。事平，还吴。永嘉［307—313］初，征拜侍中，行至彭城，见祸难方作，遂轻舟而还，语在《纪瞻传》。

［他拥戴司马睿南渡创设东晋，而后者对他"凡所谋画，皆以咨焉"，是为"侨姓"皇权与"吴姓"世族的首次伟大合作。］

元帝镇江东，以荣为军司，加散骑常侍，凡所谋画，皆以咨焉。荣既南州望士，躬处右职，朝野甚推敬之。［他可以直率甚而不无严厉地劝谏司马睿：］时帝所幸郑贵嫔有疾，以祈祷颇废万机，荣上笺谏曰："昔文王父子兄弟乃有三圣，可谓穷理者也。而文王日昃不暇食，周公一沐三握发，何哉？诚以一日万机，不可不理；一言蹉跌，患必及之故也。当今衰季之末，属乱离之运，而天子流播，豺狼塞路，公宜露营野次，星言夙驾，伏轼怒蛙［《韩非子·内储说上》："越王勾践见怒蛙而式之（伏在车前横木上对其表示敬意）。御者曰："何为式？"王曰："蛙有气如此，可无为式乎？"］以募勇士，悬胆于庭以表辛苦。贵嫔未安，药石实急；祷祀之事，诚复可修；岂有便塞参佐白事，断宾客问讯？今强贼临境，流言满国，人心万端，去就纷纭。愿冲虚纳下，广延俊彦，思画今日之要，塞鬼道淫祀，弘九合之勤，雪天下之耻，则群生有赖，开泰有期矣。"

［他被司马睿采纳了的重大提议：广用"南土之士"。］时南土之士未尽才用，荣又言："陆士光贞正清贵，金玉其质；甘季思忠款尽诚，胆干殊快；殷庆元质略有明规，文武可施用；荣族兄公让明亮守节，困不易操；会稽杨彦明、谢行言皆服膺儒教，足为公望；贺生沈潜，青云之士；陶恭兄弟才干虽少，实事极佳。凡此诸人，皆南金也。"书奏，皆纳之。

［司马睿正式称帝前六年他即去世，但他"首建密谋，为方面盟主，功高元帅"。］

（永嘉）六年［312］，卒官。帝临丧尽哀，欲表赠荣，依齐王功臣格［齐王同等起兵讨赵王伦，为合起义之众，设封授降格的《己亥义格》，又称作《齐王功臣格》］。吴郡内史殷祐笺曰［在依然存在对南人歧视的东晋政权内，有人在他逝后赠位问题上为他打抱不平，其疏愤懑之情溢于言表！］：

昔贼臣陈敏凭宠藉权，滔天作乱，兄弟姻娅盘固州郡，威逼士庶以为臣仆，于时贤愚计无所出。故散骑常侍、安东军司、嘉兴伯顾荣经德体道，谋猷弘远，忠贞之节,在困弥厉。崎岖艰险之中,逼迫奸逆之下,每惟社稷,发愤慷忾。密结腹心,同谋致讨。信著群士,名冠东夏,德声所振,莫不响应,荷戈骏奔,其会如林。荣躬当矢石,为众率先,忠义奋发,忘家为国,历年逋寇,一朝土崩,兵不血刃,荡平六州,勋茂上代,义彰天下。

伏闻论功依故大司马齐王格,不在帷幕密谋参议之例,下附州征野战之比,不得进爵拓土,赐拜子弟,遐迩同叹,江表失望。……荣众无一旅,任非籓翰,孤绝江外,王命不通,临危独断,以身徇国,官无一金之费,人无终朝之劳。元恶既殄,高尚成功,封闭仓廪,以俟大军,故国安物阜,以义成俗,今日匡霸事举,未必不由此而隆也。……荣首建密谋,为方面盟主,功高元帅,赏卑下佐,上亏经国纪功之班,下孤忠义授命之士。

……历观古今,未有立功若彼,酬报如此者也。

由是赠荣侍中、骠骑将军、开府仪同三司,谥曰元。及帝为晋王,追封为公,开国,食邑。

…… ……

纪瞻:

[孙吴高级大臣之后,"少交游,好读书",似乎是个思想家。"与顾荣等共诛陈敏",继而归依司马睿,东晋王朝正式建立后任掌管户口租税的廷臣和高级将领。元明两帝都看重他,至少因为他"才兼文武,忠亮雅正"。]

[他与陆机的政治哲学对话(一):他俩似乎是思想家,但不过重复司马迁《高祖本纪》之末的著名见识①,并且浪漫主义地认为"当今之政宜去文存朴,以反其本"。]

———————————

① 太史公曰:夏之政忠。忠之敝,小人以野,◇集解郑玄曰:"忠,质厚也。野,少礼节也。"故殷人承之以敬。敬之敝,小人以鬼,◇集解郑玄曰:"多威仪,如事鬼神。"故周人承之以文。文之敝,小人以僿,◇集解徐广曰:"一作'薄'。"郑玄曰:"文,尊卑之差也。薄,苟习文法,无悃诚也。"故救僿莫若以忠。◇集解郑玄曰:"复反始。"三王之道若循环,终而复始。[司马迁的政治史哲学,不存在永久和完美的治理之道,因而经调整去适应一个时代的情势乃是关键。适应性变革意义上的政治实用主义。]周秦之间,可谓文敝矣。秦政不改,反酷刑法,岂不缪乎?故汉兴,承敝易变,使人不倦,得天统矣。

纪瞻,字思远,丹杨秣陵[今江苏南京]人也。祖亮,吴尚书令。父陟,光禄大夫。瞻少以方直知名。吴平,徙家历阳郡。察孝廉,不行。

后举秀才,尚书郎陆机策之曰:"……夏人尚忠,忠之弊也朴,救朴莫若敬。殷人革而修焉,敬之弊也鬼,救鬼莫若文。周人矫而变焉,文之弊也薄,救薄则又反之于忠。然则王道之反覆其无一定邪……今将反古以救其弊,明风以荡其秽,三代之制将何所从?太古之化有何异道?"瞻对曰:"瞻闻有国有家者,皆欲迈化隆政,以康庶绩,垂歌亿载,永传于后。然而俗变事弊,得不随时,虽经圣哲,无以易也。故忠弊质野,敬失多仪。周鉴二王之弊,崇文以辩等差,而流遁者归薄而无款诚,款诚之薄,则又反之于忠。三代相循,如水济火,所谓随时之义,救弊之术也。……非贤圣之不同,世变使之然耳。今大晋阐元……然而大道既往,人变由久,谓当今之政宜去文存朴,以反其本,则兆庶渐化,太和可致也。"["当今之政宜去文存朴,以反其本"的主张或许是附会老庄虚玄文化和恣肆风度。]

…… ……

[他与陆机的政治哲学对话(二):他俩似乎是思想家,但不过重复班固《刑法志》起首的刑法史"轮回"概论①,不过反映晋武帝司马炎以"宽简"为特征的法制

---

① [狭义的法律惩罚,从蜕化到汉帝国初期的大扭转:]
　[远古黄金时代(同样反映在下述晋叔向的想象中):]昔周之法,建三典以刑邦国,诘四方:一曰,刑新邦用轻典;二曰,刑平邦用中典;三曰,刑乱邦用重典。……
　[经由四个主要阶段的蜕化:]周道既衰,穆王眊荒,命甫侯度时作刑,以诘四方。墨罚之属千,劓罚之属千,膑罚之属五百,宫罚之属三百,大辟之罚其属二百。五刑之属三千,盖多于平邦中典五百章,所谓刑乱邦用重典者也。
　春秋之时,王道浸坏,教化不行,子产相郑而铸刑书。晋叔向非之曰:"昔先王议事以制,不为刑辟,惧民之有争心也,犹不可禁御,是故闲之以谊,纠之以政,行之以礼,守之以信,奉之以仁;制为禄位以劝其从,严断刑罚以威其淫。惧其未也,故诲之以忠,竦之以行,教之以务,使之以和,临之以敬,莅之以强,断之以刚。……今吾子相郑国,制参辟,铸刑书,将以靖民,不亦难乎!……民知争端矣,将弃礼而征于书。锥刀之末,将尽争之,乱狱滋丰,贿赂并行。终子之世,郑其败摩(乎)!"偷薄之政,自是滋矣。孔子伤之,曰:"导之以德,齐之以礼,有耻且格;导之以政,齐之以刑,民免而无耻。"……
　陵夷至于战国,韩任申子,秦用商鞅,连相坐之法,造参夷之诛;增加肉刑、大辟,有凿颠[用铁器凿人头顶的死刑]、抽胁[抽去其肋骨致死]、镬亨之刑。(接下页)

改革①。]

又问：“昔唐虞垂五刑之教，周公明四罪之制，故世叹清问而时歌缉熙。奸宄既殄，法物滋有。叔世[末世]崇三辟之文，暴秦加族诛之律，淫刑沦胥，虐滥已甚。汉魏遵承，因而弗革……宽克之中，将何立而可？族诛之法足为永制与不？”对曰：“……太古之时，化道德之教，贱勇力而贵仁义。仁义贵则强不陵弱，众不暴寡。三

[以极为严酷、处处施加和详尽到底的法律惩罚，秦帝国构成终极的最恶：]至于秦始皇，兼吞战国，遂毁先王之法，灭礼谊之官，专任刑罚，躬操文墨，昼断狱，夜理书，自程决事，日县石之一[县，称也。石，百二十斤也。读文书，日以百二十斤为程]。而奸邪并生，赭衣塞路，囹圄成市，天下愁怨，溃而叛之。

[汉帝国初期的伟大扭转：温和、简易，最低限度主义，通情达理；对国家和社会的伟大效应：]汉兴，高祖初入关，约法三章曰：“杀人者死，伤人及盗抵罪。”蠲削烦苛，兆民大说。其后四夷未附，兵革未息，三章之法不足以御奸，于是相国萧何攈摭[jùn zhí，摘取]秦法，取其宜于时者，作律九章。

当孝惠、高后时，百姓新免毒蠚[毒虫用毒刺刺扎施毒，喻指毒害人的行为]，人欲长幼养老。萧、曹为相，填以无为，从民之欲而不扰乱，是以衣食滋殖，刑罚用稀。

[在高祖之后，就此成就最大的是文帝：]及孝文即位，躬修玄默，劝趣农桑，减省租赋。而将相皆旧功臣，少文多质，惩恶亡之政，论议务在宽厚，耻言人之过失。化行天下，告讦之俗易。吏安其官，民乐其业，畜积岁增，户口浸息。风流笃厚，禁罔疏阔。选张释之为廷尉，罪疑者予民，是以刑罚大省……

即位十三年[167 B.C.]……天子……下令曰：“……夫刑至断支休，刻肌肤，终身不息，何其刑之痛而不德也！岂为民父母之意哉！其除肉刑，有以易之……具为令。”

景帝元年[156 B.C.]，下诏曰[文帝的后继者造就的另一项温和性质的重大改革]：“加笞[施以笞刑]与重罪无异，幸而不死，不可为人[指残废]。其定律：笞五百曰[改为]三百，笞三百曰二百。”狱尚不全。至中六年[144 B.C.]，又下诏曰[进一步]：“加笞者，或至死而笞未毕，朕甚怜之。其减笞三百曰二百，笞二百曰一百。”

① 《晋书·武帝纪》载：[以“宽简”为特征的法制改革——“简法务本”，“宜宽有罪”：]（泰始）四年[268]春正月……丙戌，律令成……戊子，诏曰：“古设象刑而众不犯，今虽参夷[诛灭三族的酷刑]而奸不绝，何德刑相去之远哉！先帝深愍黎元，哀矜庶狱，乃命群后，考正典刑。朕守遗业，永惟保乂皇基，思与万国以无为为政。……律令既就，班之天下，将以简法务本，惠育海内。宜宽有罪，使得自新……”
此即《泰始律》，中国第一部儒家化法典，以宽简著称，比前代律令的内容有所放宽，而且是中国立法史上由繁入简的里程碑。共620条，两万余字，“减枭、斩、族诛、从坐之条”，对女子的判处也有从轻从宽的用意。《晋书·刑法志》称其“蠲其苛秽，存其清约，事从中典，归于益时”。南北朝乃至隋唐的法律无不打上《泰始律》的烙印。“司马炎”，http://baike.sogou.com/v21098.htm? fromTitle＝％E5％8F％B8％E9％A9％AC％E7％82％8E。

皇结绳而天下泰……太古知法，所以远狱。及其末，不失有罪，是以狱用弥繁，而人弥暴，法令滋章，盗贼多有……淫刑沦胥，感伤和气，化染后代，不能变改。……魏承汉末，因而未革，将以俗变由久，权时之宜也。今四海一统，人思反本，渐尚简朴，则贪夫不竞；尊贤黜否，则不仁者远。……"［看看"八王之乱"！上述奇效完全是太离谱的昏话。］

…………

［然而，对我们和东晋来说重要得多的是，在很短暂地为官西晋后，他"与顾荣等共诛陈敏"，继而归依司马睿，作为参谋和独当一面的将领立有军功。］

永康［300—301］初，州又举寒素［汉晋选拔士人的科目名。晋葛洪《抱朴子·审举》："故时人语曰：举秀才，不知书；察孝廉，父别居；寒素清白浊如泥，高第良将怯如鸡。"］，大司马辟东阁祭酒。其年，除鄢陵公国相，不之官。明年，左降松滋侯相。太安［302—303］中，弃官归家，与顾荣等共诛陈敏，语在荣传。

召拜尚书郎，与荣同赴洛……至徐州，闻乱日甚，将不行。会刺史裴盾得东海王越书，若荣等顾望，以军礼发遣，乃与荣及陆玩等各解船弃车牛，一日一夜行三百里，得还扬州。

元帝为安东将军，引为军谘祭酒，转镇东长史。帝亲幸瞻宅，与之同乘而归。以讨周馥、华轶功，封都乡侯。石勒入寇，加扬威将军、都督京口以南至芜湖诸军事，以距勒。勒退，除会稽内史。……寻迁丞相军谘祭酒。论讨陈敏功，封临湘县侯。西台除侍中，不就。

［为人"方直"的他劝司马睿称帝，言辞相当激烈；"及帝践位……上疏谏诤，多所匡益"。］

及长安不守，与王导俱入劝进。帝不许。瞻曰［坚持劝进］："……二帝失御，宗庙虚废，神器去晋，于今二载，梓宫未殡，人神失御。陛下膺录受图，特天所授。使六合革面，遐荒来庭，宗庙既建，神主复安，亿兆向风，殊俗毕至……而犹欲守匹夫之谦，非所以阐七庙，隆中兴也。［"匹夫之谦"不应敌过"国家理由"。］……欲逆天时，违人事，失地利，三者一去，虽复倾匡于将来，岂得救祖宗之危急哉！……今五都燔燕,宗庙无主,刘载[刘聪又名刘载]窃弄神器于西北,陛下方欲高让于东南,此所谓揖让而救火也。["匹夫之谦"不应敌过"民族理由"。]……帝犹不许,使殿中将军韩绩撤去御坐。瞻叱绩曰:"帝坐上应星宿,敢有动者斩!"帝为之改容。

及帝践位,拜侍中,转尚书,上疏谏诤,多所匡益,帝甚嘉其忠烈。会久疾,不堪朝请,上疏曰:

……臣之职掌,户口租税,国之所重。方今六合波荡,人未安居,始被大化,百度草创,发卒转运,皆须人力。以臣平强,兼以晨夜,尚不及事,今俟命漏刻,而当久停机职,使王事有废。若朝廷以之广恩,则忧责日重;以之序官,则官废事弊……

因以疾免。寻除尚书右仆射,屡辞不听,遂称病笃,还第,不许。[元帝显然看重他,舍不得放他退休养病。]

…… ……

[明帝司马绍也看重他,称他为其数不超过十人的社稷之臣之一,在他即将病逝时才放他退休,至少因为他"才兼文武,忠亮雅正"。]

明帝尝独引瞻于广室,慨然忧天下,曰:"社稷之臣,欲无复十人,如何?"因屈指曰:"君便其一。"瞻辞让。帝曰:"方欲与君善语,复云何崇谦让邪!"瞻才兼文武,朝廷称其忠亮雅正。俄转领军将军[领军中资重者之称,掌禁兵,从一品],当时服其严毅。虽恒疾病,六军敬惮之。瞻以久病,请去官,不听,复加散骑常侍。及王敦之逆,帝使谓瞻曰:"卿虽病,但为朕卧护六军,所益多矣。"乃赐布千匹。瞻不以归家,分赏将士。贼平,复自表还家,帝不许,固辞不起。[明帝好不容易才放他退休养病,其时离他去世仅很短时间。]诏曰:"瞻忠亮雅正,识局经济,屡以年耆病久,逡巡告诚。朕深明此操,重违高志,今听所执,其以为骠骑将军,常侍如故。服物制度,一按旧典。"遣使就拜,止家为府。寻卒,时年七十二。册赠本官、开府仪同三司,谥曰穆……

[追述他除"方直"外的个人品性:"少交游,好读书","慎行爱士",对朋友极为厚道,且以豪宅园池"厚自奉养"。]

瞻性静默,少交游,好读书,或手自抄写,凡所著述,诗赋笺表数十篇。兼解音乐,殆尽其妙。厚自奉养,立宅于乌衣巷,馆宇崇丽,园池竹木,有足赏玩焉。慎行爱士,老而弥笃。尚书闵鸿、太常薛兼、广川太守河南褚沈、给事中宣城章辽、历阳太守沛国武嘏……咸藉其高义,临终托后于瞻。瞻悉营护其家,为起居宅,同于骨肉焉。少与陆机兄弟亲善,及机被诛,赡恤其家周至,及嫁机女,资送同于所生。……

贺循:

[徐淮/江东儒学大师和大官之后,本人亦是学问和行为双重意义上的"当世儒宗"。早年入仕后"无援于朝,久不进序"的经历令他多次拒绝当官邀请,哪怕是东晋高级大臣职位。然而对我们来说,本传最引人注目的不是他的行为,而是司马睿对他频频表现的无上敬重和关照,反映了司马睿团结江南世族的坚定国策,以及礼贤下士的大国务家素质。]

[徐淮/江东儒学大师和大官之后,不仅"博览众书,尤精礼传",而且"言行进止,必以礼让";虽然在地方行政长官任上堪称能干,但"无援于朝,久不进序"。]

贺循,字彦先,会稽山阴[今浙江绍兴]人也。其先庆普[西汉经学家,今文《礼》学"庆氏学"开创者,今江苏沛县人],汉世传《礼》,世所谓庆氏学。族高祖纯,博学有重名,汉安帝时为侍中,避安帝父讳,改为贺氏。曾祖齐,仕吴为名将。祖景,灭贼校尉。父邵,中书令,为孙皓所杀,徙家属边郡。循少婴家难,流放海隅,吴平,乃还本郡。操尚高厉,童龀不群,言行进止,必以礼让,国相丁乂请为五官掾。[能干的地方行政长官,"以宽惠为本",且有风俗改革措施:]刺史嵇喜举秀才,除阳羡令,以宽惠为本,不求课最。后为武康令,俗多厚葬,及有拘忌回避岁月,停丧不葬者,循皆禁焉。政教大行,邻城宗之。[然而如下所述,他在西晋朝廷没有门路,况且江南士人素受歧视,经陆机推荐才迟迟略得提拔进京:]然无援于朝,久不进序。著作郎陆机上疏荐循曰:"伏见武康令贺循德量邃茂,才鉴清远,服膺道素,风操凝峻,历试二城,刑政肃穆。……出自新邦,朝无知己,居在退外,志不自营,年时倏忽,而遴无阶绪,实州党愚智所为恨恨。……荆、扬二州,户各数十万,今扬州无郎,而荆州江南乃无一人为京城职者,诚非圣朝待四方之本心。至于才望资品,循可尚书郎……"久之,召补太子舍人。

[作为在乡士人,先不战而克占据会稽郡的张昌武装属部,继而鹤立鸡群坚决不侍叛将陈敏;无论有功还是有节,皆不受赏入仕。]

赵王伦篡位[301],转侍御史,辞疾去职。后除南中郎长史,不就。[他已对做朝廷命官近乎彻底失望。]会逆贼李辰[即张昌,荆楚民众造反领袖,李辰系其改名,一度控制荆江徐扬豫五州大部]起兵江夏,征镇不能讨,皆望尘奔走。辰别帅石冰略有扬州,逐会稽相张景,以前宁远护军程超代之,以其长史宰与领山阴令。……前南平内史王矩、吴兴内史顾秘、前秀才周玘等唱义,传檄州郡以讨之,循亦合众应之。冰大将抗宠有众数千,屯郡讲堂。循移檄于宠,为陈逆顺,宠遂遁走,超、与皆降,一郡悉平。循迎景还郡,即谢遣兵士,杜门不出,论功报赏,一无豫焉。

及陈敏之乱,诈称诏书,以循为丹杨内史。循辞以脚疾,手不制笔,又服寒食散,露发袒身,示不可用,敏竟不敢逼。是时州内豪杰皆见维萦,或有老疾,就加秩命,惟循与吴郡朱诞不豫其事。及敏破,征东将军周馥上循领会稽相,寻除吴国内史,公车征贤良,皆不就。[他已对做朝廷命官近乎彻底失望。]

[即使是待他诚恳有加、邀他接替顾荣要职的司马睿,也很难动员他离乡做官。]

元帝为安东将军,复上循为吴国内史,与循言及吴时事,因问曰:"孙皓尝烧锯截一贺头,是谁邪?"循未及言,帝悟曰:"是贺邵也。"循流涕曰:"先父遭遇无道,循创巨痛深,无以上答。"帝甚愧之,三日不出。[一向敬重江南名士的司马睿待他诚恳有加。]东海王越命为参军,征拜博士,并不起。

[司马睿即使邀他接替顾荣要职,也遭拒而终:]及帝迁镇东大将军,以军司顾荣卒[312],引循代之。循称疾笃,笺疏十余上。帝遗之书曰:

……当宇宙清泰,彝伦攸序,随运所遇,动默在己。或有退栖高蹈,轻举绝俗,逍遥养和,恬神自足,斯盖道隆人逸,势使其然。若乃时运屯弊,主危国急,义士救时,驱驰拯世……岂非大雅君子卷舒[犹进退,入世和避世]合道乎!……良以寇逆殷扰,诸夏分崩,皇居失御,黎元荼毒,是以日夜忧怀,慷慨发愤,志在竭节耳。前者顾公临朝,深赖高算……至于今日……邦国珍悴,群望颙颙,实在君侯。苟义之所在,岂得让劳居逸!想达者亦一以贯之也。……今上尚书,屈德为军司,谨遣参军沈祯衔命奉授,望必屈临,以副倾迟。

循犹不起。[对说服他做官,司马睿说的"国家理由"和"民族理由"都不起作用。他已证明可以忠诚有为,但做官(在他约十年前"辞疾去职"后)不在其列!]

[在"辞疾去职"后十多年,因司马睿"敦逼不得已"才抱病离乡做官,但仍拒受赏。]

及帝承制,复以为军咨祭酒。循称疾,敦逼不得已,乃舆疾至。帝亲幸其舟,因咨以政道。循嬴疾不堪拜谒,乃就加朝服,赐第一区,车马床帐衣褥等物。循辞让,一无所受。

……[本篇所载的他难得提出的一项国策提议,像他多年前任县令时的能干表现一样,表明他绝非腐儒,而是有实际政治/战略才能的参谋人才:]时江东草创,盗贼多有,帝思所以防之,以问于循。循答曰:"江道万里,通涉五州,朝贡商旅之所来往也。今议者欲……使诸县领兵。愚谓令长威弱,而兼才难备,发惮役之人,而御之不肃,恐未必为用。以循所闻,江中剧地惟有阖庐一处,地势险奥,亡逃所聚。特宜以重兵备戍,随势讨除,绝其根带。沿江诸县各有分界,分界之内,官长所任,自可度土分力,多置亭候,恒使徼行,峻其纲目,严其刑赏……勤则有殊荣之报,堕则有一身之罪……所给人以时番休,役不至困,代易有期。……若寇劫强多,不能独制者,可指其纵迹,言所在都督寻当致讨。今不明部分,使所在百姓与军家杂其徼备,两情俱堕,莫适任负,故所以徒有备名而不能为益者也。"帝从之。

[他很快又恢复到非常不愿当官的状态,哪怕是中书令之类的高级大臣职位也"以老疾固辞",最后实在不得已才接受个高级虚职。]

及愍帝即位[313],征为宗正,元帝在镇,又表为侍中,道险不行。以讨华轶功,将封乡侯,循自以卧疾私门,固让不受。建武[317—318]初,为中书令,加散骑常侍,又以老疾固辞。帝下令曰:"……循言行以礼,乃时之望,俗之表也。实赖其谋猷……疾患有素,犹望卧相规辅……今从其所执。"于是改拜太常,常侍如故。循以九卿旧不加官,今又疾患,不宜兼处此职,惟拜太常而已。

时宗庙始建，旧仪多阙……

……　……

时尚书仆射习协与循异议，循答义深备，辞多不载，竟从循议焉。朝廷疑滞皆咨之于循，循辄依经礼而对，为当世儒宗。[他"尤精礼传"，"为当世儒宗"！]

其后帝以循清贫[身居九卿却清贫：经典的儒家行为主义者，甚至更多！]，下令曰："循冰清玉洁，行为俗表，位处上卿，而居身服物盖周形而已，屋室财庇风雨。孤近造其庐，以为慨然。其赐六尺床荐席褥并钱二十万，以表至德，畅孤意焉。"循又让，不许，不得已留之，初不服用。[照例地不受赏，不享赐。]及帝践位，有司奏琅邪恭王宜称皇考，循又议曰："案礼子不敢以己爵加父。"[更不谄媚拍马，不折不扣地奉行他的原则，或如下所述"垂典之教"。]帝纳之。俄以循行太子太傅，太常如故。

[本传结尾像前面一样，频频叙述司马睿对他——一位顽固的儒家老学究——的无上敬重和关照，反映了司马睿团结江南世族的坚定国策，以及礼贤下士的大国务家素质。]

循自以枕疾废顿，臣节不修，上隆降尊之义，下替交叙之敬，惧非垂典之教也，累表固让。帝以循体德率物，有不言之益，敦厉备至，期于不许，命皇太子亲往拜焉。循有羸疾，而恭于接对；诏断宾客，其崇遇如此。疾渐笃，表乞骸骨，上还印绶，改授左光禄大夫、开府仪同三司。帝临轩，遣使持节，加印绶。循虽口不能言，指麾左右，推去章服。[至死不受赏，不享赐！]车驾亲幸，执手流涕。太子亲临者三焉，往还皆拜，儒者以为荣。[还有一项动机和效应："儒者以为荣"，在一个华夏遭殃、老庄风行的时代！]太兴二年[319]卒，时年六十。帝素服举哀，哭之甚恸。赠司空，谥曰穆。将葬，帝又出临其枢，哭之尽哀，遣兼侍御史持节监护。皇太子追送近涂，望船流涕。

循少玩篇籍，善属文，博览众书，尤精礼传。雅有知人之鉴……

……　……

薛兼：

[孙吴高官名士之后，归依和效劳于初创东晋的司马睿，数任要职，"甚勤王

事"。然而,本传几乎只述他作为太子师傅如何得到学生明帝的莫大尊重。]

[孙吴高官名士之后,"清素有器宇",被西晋权臣誉为"南金"之一。他仕途的根本转折是归依和效劳于初创东晋的司马睿,数任要职,"甚勤王事"。]

薛兼,字令长,丹杨人也。祖综,仕吴为尚书仆射。父莹,有名吴朝。吴平,为散骑常侍。兼清素有器宇,少与同郡纪瞻、广陵闵鸿、吴郡顾荣、会稽贺循齐名,号为"五俊"。初入洛,司空张华见而奇之,曰:"皆南金也。"察河南孝廉,辟公府,除比阳相,莅任有能名。历太子洗马、散骑常侍、怀令。司空、东海王越引为参军,转祭酒,赐爵安阳亭侯。元帝为安东将军,以为军咨祭酒,稍迁丞相长史。甚勤王事,以上佐禄优,每自约损,取周而已。进爵安阳乡侯,拜丹阳太守。中兴建,转尹[晋元帝太兴元年(318)改丹阳郡守为丹阳尹,领八县,为京畿长官],加秩中二千石,迁尚书,领太子少傅。自综至兼,三世傅东宫,谈者美之。

[然而,本传几乎完全不说他在要职上做了什么,只述他作为太子师傅如何得到登基的学生即明帝莫大尊重,表明史官的某种流俗的虚荣倾慕。]

永昌[322—323]初,王敦表兼为太常。明帝即位,加散骑常侍。帝以东宫时师傅,犹宜尽敬,乃下诏曰:"……孔子有云:'故虽天子,必有尊也。'朕将祗奉先师之礼,以咨有德。……太常安阳乡侯训保朕躬,忠肃笃诚。夫崇亲尊贤,先帝所重……"是岁,卒。诏曰:"太常、安阳乡侯兼履德冲素,尽忠恪己。方赖德训,弘济政道,不幸殂殒,痛于厥心。今遣持节侍御史赠左光禄大夫、开府仪同三司。……"及葬,属王敦作逆,朝廷多故,不得议谥,直遣使者祭以太牢。……

[用传统话务,房玄龄等将我们首注谈论的东晋政治的一部分本质说得清清楚楚。]

史臣曰:元帝树基淮海,百度权舆,梦想群材,共康庶绩。顾、纪、贺、薛等并南金东箭["东南竹箭"的省称,喻杰出人才],世胄高门,委质霸朝,豫闻邦政……

列传第七十　　张昌、陈敏、杜曾、杜弢传　　摘录和评注

[本篇内的角色,俱为西晋八王集团和东晋王敦、二桓集团这样的华夏王朝内部最高级颠覆和叛乱者之外的大中型叛乱的发动者和主使者。其中,有些是起初苦难和颠沛流离的下层平民,特别是流民,颇有政治才能,首先是动员和组织大众的能力,因而不少在我们的时代被称作起义领袖;另一些则是世族或官员出身,能够动员和统率贫苦怨愤的大量徒众去武装追求可赞或可鄙的政治目的;还有一些是王朝地方或外镇将领,或野心勃勃至少追逐区域割据,或受逼叛乱以求自保,或两者兼而有之。然而,他们的根本政治素质和人格品性无不恶劣,因而无不迟早覆亡。]

张昌:

[巴蛮出身的中原小吏,"武力过人",野心过人,靠民众不满和方术"诳惑"动员武装造反,一度控制长江中下游五州,但专事劫掠,"人情渐离",很快全盘溃灭。]

[巴蛮出身的中原小吏,靠民众不满和方术"诳惑"动员造反,继而在 303 年"造妖言"立天子,兵势大振。]

张昌,本义阳[西晋宗室王国,治所在今河南南阳市新野县]蛮[在巴地的虞君蛮的一个分支]也。少为平氏县吏,武力过人,每自占卜,言应当富贵。好论攻战,侪类咸共笑之。[机会形势与动员战略:]及李流[巴氐人,成汉政权奠基人李特四弟,李特被西晋军队斩杀后与李特之子重振武装]寇蜀,昌潜遁半年,聚党数千人,盗得幢麾,诈言台[(荆州)行政当局]遣其募人讨流。会《壬午诏书》发武勇以赴益土,号曰"壬午兵"。自天下多难,数术者云当有帝王兴于江左,及此调发,人咸不乐西征,昌党因之诳惑,百姓各不肯去。而诏书催遣严速,所经之界停留五日者,二千石免。由是郡县官长皆躬出驱逐,展转不远,屯聚而为劫掠。是岁江夏大稔[粮食大丰收],流人就食者数千口。

太安二年[303],昌于安陆县石岩山屯聚,去郡八十里,诸流人及避戍役者多往

从之。［开始武装造反，胜后据有江夏，动员战略升级，即"造妖言"立天子：］昌乃易姓名为李辰。太守弓钦遣军就讨，辄为所破。昌徒众日多，遂来攻郡。钦出战，大败，乃将家南奔沔口。镇南大将军、新野王歆遣骑督靳满讨昌于随郡西，大战，满败走，昌得其器杖，据有江夏，即其府库。［"造妖言"立天子：］造妖言云："当有圣人出。"山都县吏丘沈遇于江夏，昌名之为圣人，盛车服出迎之，立为天子，置百官。沈易姓名为刘尼，称汉后，以昌为相国，昌兄昧为车骑将军，弟放广武将军，各领兵。于石岩中作宫殿，又于岩上织竹为鸟形，衣以五彩，聚肉于其傍，众鸟群集，诈云凤皇降，又言珠袍、玉玺、铁券、金鼓自然而至。乃下赦书，建元神凤，郊祀、服色依汉故事。其有不应其募者，族诛。［兵势大振：］又流讹言云："江淮已南当图反逆，官军大起，悉诛讨之。"群小互相扇动，人情惶惧，江沔间一时奔起，竖牙旗，鸣鼓角，以应昌，旬月之间，众至三万，皆以绛科头，撍［zǎn］之以毛。江夏、义阳士庶莫不从之……

［大举进攻，连战连胜，"其锋不可当"，荆、江、徐、扬、豫五州"皆畏逼从逆"；然而，此乃他的克劳塞维茨式"胜利顶点"，因为他素质卑劣，专事劫掠。］

新野王歆上言："妖贼张昌、刘尼妄称神圣，犬羊万计，绛头毛面，挑刀走戟，其锋不可当。请台敕诸军，三道救助。"于是刘乔率诸军据汝南以御贼，前将军赵骧领精卒八千据宛，助平南将军羊伊距守。昌遣其将军黄林为大都督，率二万人向豫州，前驱李宫欲掠取汝水居人，乔遣将军李杨逆击，大破之。林等东攻弋阳，太守梁桓婴城固守。又遣其将马武破武昌，害太守，昌自领其众。西攻宛，破赵骧，害羊伊。进攻襄阳，害新野王歆。昌别率石冰东破江、扬二州，伪置守长。当时五州之境皆畏逼从逆。又遣其将陈贞、陈兰、张甫等攻长沙、湘东、零陵诸郡。昌虽跨带五州，树立牧守，皆桀盗小人而无禁制，但以劫掠为务，人情渐离。［转折："人情渐离"，即他的 immobilization。］

［来得快，去得也快，大败于陶侃，304 年被擒斩首。］

是岁，诏以宁朔将军、领南蛮校尉刘弘镇宛，弘遣司马陶侃、参军蒯桓、皮初等率众讨昌于竟陵，刘乔又遣将军李杨、督护尹奉总兵向江夏。侃等与昌苦战累日，大破之,纳降万计,昌乃沈窜于下俊山[在今湖北咸宁市通城县西北]。明年秋,乃擒之,传首京师,同党并夷三族。

陈敏:

[颇能干的西晋区域财政官,以少胜多大破张昌麾下一主力,遂野心盛至要割据江东。然而,得逞后他的拙劣政治本性和战略才能缺陷大发作,很快祸起萧墙,兵溃覆灭。]

[从低级官吏干起,成为颇能干的区域财政官。]

陈敏,字令通,庐江[郡名,治所在今安徽合肥市庐江县]人也。少有干能,以郡廉吏补尚书仓部令史。及赵王篡逆,三王起义兵,久屯不散,京师仓廪空虚,敏建议曰:“南方米谷皆积数十年,时将欲腐败,而不漕运以济中州,非所以救患周急也。”朝廷从之,以敏为合肥度支,迁广陵度支。

[以压倒性的兵员数量劣势大破张昌麾下一主力,在“八王之乱”中,“遂有割据江东之志”;很快据有吴越之地(305),自封公号,自加九锡。]

[鹊起为杰出的“战区将领”:]张昌之乱,遣其将石冰等趣寿春,都督刘准忧惶计无所出。时敏统大军在寿春,谓准曰:“此等本不乐远戍,故逼迫成贼。乌合之众,其势易离。敏请合率运兵,公分配众力,破之必矣。”准乃益敏兵击之,破吴弘、石冰等,敏遂乘胜逐北,战数十合。时冰众十倍,敏以少击众,每战皆克,遂至扬州。回讨徐州贼封云,云将张统斩云降。敏以功为广陵相。[功高激发野心,意欲割据江东——“八王之乱”中的一类意志独立者:]时惠帝幸长安,四方交争,敏遂有割据江东之志。其父闻之,怒曰:“灭我门者,必此儿也!”父亡,去职。东海王越当西迎大驾,承制起敏为右将军、假节、前锋都督,致书于敏曰[东海王司马越援引他为权势助手]:

将军建谋富国,则有大漕之勋。及遭冰昌之乱,则首率义徒,以寡敌众。外无强兵之援,内无运筹之侣,只身挺立,雄略从横,擢奇谋于马首,夺灵计于临危,金声振于江外,精光赫于扬楚。攻坚陷险,三十余战,师徒无亏,勍[qíng,强大]敌自灭。五州复全,苞茅入贡,岂非将军之功力哉!

今羯贼屯结,游魂河济,鼠伏雄窜,藏匿陈留,始欲奸盗,终图不轨。将军孙吴之术既明,已试之功先著,孤与将军情分特隆,想割草土之哀,抑难居之思,舍经执戈,来恤国难。天子远巡,銮舆未反,引领东眷,有怀山陵。当凭将军戮力,王辂有旋。将军率将所领,承书风发,米布军资,惟将军所运。

[然而助司马越不料兵败,遂发动割据,很快据有吴越之地:]时越讨豫州刺史刘乔,敏引兵会之,与越俱败于萧。敏因中国大乱,遂请东归,收兵据历阳[今安徽马鞍山市和县]。会吴王常侍甘卓自洛至,教卓假称皇太弟命,拜敏为扬州刺史,并假江东首望顾荣等四十余人为将军、郡守,荣并伪从之。敏为息娶卓女,遂相为表里。扬州刺史刘机、丹杨太守王广等皆弃官奔走。敏弟昶知顾荣等有贰心,劝敏杀之,敏不从。[他埋下自灭之种,因为江南大世族顾荣等只是"伪从",或曰自觉自为的朝廷"特洛伊木马"。]昶将精兵数万据乌江,弟恢率钱端等南寇江州,刺史应邈奔走,弟斌东略诸郡,遂据有吴越之地。敏命寮佐以己为都督江东军事、大司马、楚公,封十郡,加九锡,列上尚书,称自江入河,奉迎銮驾。

……………

[他政治本性拙劣,战略才干有限,一旦据有江东便弊端全露,结果突然祸起萧墙,旋即他兵溃覆灭(307)。]

敏凡才无远略,一旦据有江东,刑政无章,不为英俊所服,且子弟凶暴,所在为患。周玘、顾荣之徒常惧祸败……玘、荣遣使密报征东大将军刘准遣兵临江,己为内应。准遣扬州刺史刘机、宁远将军衡彦等出历阳,敏使弟昶及将军钱广次乌江以距之,又遣弟闳为历阳太守,戍牛渚。钱广……潜使图昶。广遣其属何康、钱象投募送白事于昶,昶颣头视书,康挥刀斩之,称州下已杀敏,敢有动者诛三族,吹角为内应。广先勒兵在朱雀桥,陈兵水南,玘、荣又说甘卓,卓遂背敏。敏率万余人将与卓战,未获济,荣以白羽扇麾之,敏众溃散。敏单骑东奔至江乘,为义兵所斩,母及妻子皆伏诛,于是会稽诸郡并杀敏诸弟无遗焉。①

…… ……

杜曾:

［勇猛狡谲残忍,永嘉之乱期间设计杀掉一机会主义小军阀,自己成为此类人物,分据汉水、沔水地区。虽曾击败陶侃荀崧,但终被俘被斩。］

［勇猛狡谲残忍,设计袭杀他曾假意"卑身屈节"效力的机会主义小军阀,遂拥兵"分据沔汉"。］

杜曾,新野［今河南南阳市新野县］人……少骁勇绝人,能被甲游于水中。始为新野王歆镇南参军,历华容令,至南蛮司马。凡有战阵,勇冠三军。会永嘉之乱,荆州荒梗,故牙门将胡亢聚众于竟陵,自号楚公,假曾竟陵太守。亢后与其党自相猜贰,诛其骁将数十人,曾心不自安,潜谋图之,乃卑身屈节以事于亢,亢弗之觉,甚信任之。会荆州贼王冲自号荆州刺史,部众亦盛,屡遣兵抄亢所统,亢患之,问计于曾,曾劝令击之,亢以为然。曾白亢取帐下刀戟付工磨之,因潜引王冲之兵。亢遣精骑出距冲,城中空虚,曾因斩亢而并其众［313］,自号南中郎将、领竟陵太守。曾求南郡太守刘务女不得,尽灭其家。［残忍无赖至极！］会愍帝遣第五猗为安南将军、荆州刺史,曾迎猗于襄阳,为兄子娶猗女,遂分据沔汉。

［击败轻敌的陶侃,继而狡骗和围袭轻信的荀崧。］

时陶侃新破杜弢,乘胜击曾,有轻曾之色。侃司马鲁恬言于侃曰:"古人争战,先料其将,今使君诸将无及曾者,未易可逼也。"侃不从,进军围之于石城。时曾军多骑,而侃兵无马,曾密开门,突侃阵,出其后,反击其背,侃师遂败,投水死者数百

---

① 《晋书·顾荣传》载:……敏仍遣甘卓出横江,坚甲利器,尽以委之。荣私于卓曰:"若江东之事可济,当共成之。然卿观事势当有济理不?敏既常才,本无大略,政令反覆,计无所定,然其子弟各已骄矜,其败必矣。而吾等安然受其官禄,事败之日,使江西诸军函首送洛,题曰逆贼顾荣、甘卓之首,岂惟一身颠覆,辱及万世,可不图之!"卓从之。明年,周玘与荣及甘卓、纪瞻潜谋起兵攻敏。荣废桥敛舟于南岸,敏率万余人出,不获济,荣麾以羽扇,其众溃散。事平,还吴。……

人。曾将趋顺阳，下马拜侃，告辞而去。既而致笺于平南将军荀崧，求讨丹水贼以自效，崧纳之。侃遗崧书曰："杜曾凶狡，所将之卒皆豺狼也，可谓枭食母之物。此人不死，州土未宁，足下当识吾言。"崧以宛中兵少，藉曾为外援，不从侃言。曾复率流亡二千余人围襄阳[即围荀崧，后者兼襄阳太守]，数日不下而还。

[连胜不败之后，终被王敦部将出其不意地击溃，被俘被斩，甚至被仇人"脔（luán，切成小块）其肉而啖之"。]

及王廙为荆州刺史，曾距之，廙使将朱轨、赵诱击曾，皆为曾所杀。王敦遣周访讨之，屡战不能克，访潜遣人缘山开道，出曾不意以袭之，曾众溃，其将马俊、苏温等执曾诣访降。访欲生致武昌，而朱轨息[子]昌、赵诱息胤皆乞曾以复冤，于是斩曾[319]，而昌、胤脔其肉而啖之[残忍对残忍，暴兽世界！]。

杜弢：

[蜀地官僚家族出身，"才学著称"，县官任上竟成西晋末荆、湘地区巴蜀流民造反首领。连战连胜后伪降，继而鏖战不支遂真降，经"爱其才"的老恩人"老领导"说情才被朝廷接受。不料官军将领们不肯饶他，他不胜愤怒，再度反叛，兵败后逃遁失踪。]

[陶侃是他的两度克星，而他的劣迹据本传记载似乎仅一度"纵兵肆暴"。]

[蜀地官僚家族出身，"才学著称"，作为县令先镇压造反，继而又被推举领导造反，连战连胜。]

杜弢，字景文，蜀郡成都人也。祖植，有名蜀土，武帝时为符节令。父眕[zhěn]，略阳护军。弢初以才学著称，州举秀才。遭李庠之乱，避地南平，太守应詹爱其才而礼之。后为醴陵令。时巴蜀流人汝班、蹇硕等数万家，布在荆湘间，而为旧百姓之所侵苦，并怀怨恨。会属贼李骧杀县令，屯聚乐乡，众数百人，弢与应詹击骧，破之。蜀人杜畴、蹇抚等复扰湘州，参军冯素与汝班不协，言于刺史荀眺曰："流人皆欲反。"眺以为然，欲尽诛流人。班等惧死，聚众以应畴。[成为荆湘地区巴蜀流民造反领袖，连战连胜，同时"纵兵肆暴"：]时弢在湘中，贼众共推弢为主，弢自称梁益二州牧、平难将军、湘州刺史,攻破郡县,眺委城走广州。广州刺史郭讷遣始兴太守严佐率众攻敩,敩逆击破之。荆州刺史王澄复遣王机击敩,败于巴陵。敩遂纵兵肆暴,[伪降,居然成为朝廷郡守:]伪降于山简[征南将军、都督荆湘交广四州诸军事],简以为广汉太守。

[伪降之后又大举攻战,击灭四太守,终经与王敦陶侃大军鏖战而死伤惨重,遂真请降但帝不许;然而,依凭"爱其才"恤其情的老恩人、"老领导"上书求宽宥,得到赦免,并任官。]

眺之走也,州人推安成太守郭察领州事,因率众讨敩,反为所败,察死之。敩遂南破零陵,东侵武昌,害长沙太守崔敷、宜都太守杜鉴、邵陵太守郑融等。元帝命征南将军王敦、荆州刺史陶侃等讨之,前后数十战,敩将士多物故,于是请降。帝不许。……

…… ……

[得"爱其才"的老恩人、"老领导"上书说情:](应)詹甚哀之,乃启呈敩书,并上言曰:"敩益州秀才,素有清望,文理既优,干事兼美。往因使流寓,居詹郡界,其贞心坚白,詹所委究。李骧为变乐乡,劫略良善,敩时出家财,招募忠勇,登坛歃血,义诚慷慨。会骧攻烧南平,敩遂东下巴汉,与湘中乡人相遇,推其素望,遂相凭结。论敩本情,非首作乱阶者也。然破湘川,实敩之罪,亦由兵交其间,遂使滋蔓。按敩今书,血诚亦至矣。昔朱鲔自疑于洛阳,光武指河水以明心,鲔感义归诚,终展力报施,受封侯之宠,由恕过以录功也。詹窃谓今者当屺运之会,思弘远猷……况敩等素无斯愆而稽颡投命邪!以为可遣大使宣扬圣旨,云泽沾之于上,百姓沐浴于下,则上下交泰,江左无风尘之虞矣。"帝乃使前南海太守王运受敩降,宣诏书大赦,凡诸反逆一皆除之,加敩巴东监军。

[悲剧,最后一场空:官军将领们不肯饶他,他不胜愤怒,再度反叛,大败于陶侃,"乃逃遁,不知所在"。]

敩受命后,诸将殉功[贪功]者攻击之不已,敩不胜愤怒,遂杀运而使其将王真领精卒三千为奇兵,出江南,向武陵,断官军运路。陶侃使伏波将军郑攀邀击,大破之，真步走湘城。于是侃等诸军齐进，真遂降侃，众党散溃。弢乃逃遁，不知所在。

列传第四十一　王鉴传　摘录和评注

[江南文士，司马睿初创东晋时上疏呼吁大举征伐杜弢流民武装，后者其时近乎倾覆了长江中游地区。从战略角度看，该上疏最引人注目之处在于：（1）极明确地规定和论说眼下的战略目的；（2）提出具体的政治军事结合以克敌制胜的战略路径；（3）还提出旨在富国强兵的战后大战略。它借以克服异议的战略论辩也给人留下深刻印象。]

王鉴，字茂高，堂邑[今江苏南京市六合区一带]人也。父濬，御史中丞。鉴少以文笔著称，初为元帝琅邪国侍郎。时杜弢[流亡至荆湘两州的巴蜀流民造反领袖]作逆，江湘流弊，王敦不能制，朝廷深以为忧。鉴上疏劝帝征之，曰：

天祸晋室，四海颠覆，丧乱之极，开辟未有。[司马睿初创东晋时的地缘政治之羸弱艰难：]明公……方将振长辔而御八荒，扫河汉而清天途。所藉之资，江南之地，盖九州之隅角，垂尽之余人耳。而百越鸱视于五岭，蛮蜀狼顾于湘汉，江州萧条，白骨涂地，豫章一郡，十残其八。继以荒年，公私虚匮，仓库无旬月之储，三军有绝乏之色。赋敛搜夺，周而复始，卒散人流，相望于道。残弱之源日深，全胜之势未举。……[征伐杜弢武装乃初创中的东晋的生存关键：]江扬本六郡之地，一州封域耳。若兵不时戢，人不堪命，三江受敌，彭蠡[即彭蠡湖，一说为鄱阳湖古称]振摇，是贼逾我垣墙之内，窥我室家之好。黩武之众易动，惊弓之鸟难安，鉴之所甚惧也。[连败之后大举征伐已近乎刻不容缓：]去年已来，累丧偏将，军师屡失，送死之寇，兵厌奔命，贼量我力矣。虽继遣偏裨，惧未足成功也。愚谓尊驾宜亲幸江州，然后方召之臣，其力可得而宣；熊罴之士，其锐可得而奋。[他具体的征伐战略主张，即征召两路大军建设战略重心，而后以政治军事相结合的方略"乘隙骋奇，扰其窟穴，显示大信，开以生途"，凭此瓦解和靖平敌手：]进左军于武昌，为陶侃之重；建名将于安成，连甘卓之垒。南望交广，西抚蛮夷。要害之地，勒劲卒以保之；深沟坚壁，按精甲而守之。六军既赡，战士思奋，尔乃乘隙骋奇，扰其窟穴，显示大信，开以生途，杜弢之颈固已锁于麾下矣。

[抨击因畏惧风险而主张"放敌"者，那在当时可能是朝廷主流：]议者将以大举役重，人不可扰。鉴谓暂扰以制敌，愈于放敌而常扰也。夫四体者，人之所甚爱，苟宜伐病，则削肌刮骨矣。然守不可虚，鉴谓王导可委以萧何之任。或以小贼方毙，不足动千乘之重。[这大概是因畏惧风险而主张"放敌"者的一种蓄意的论辩策略。]鉴见王弥[转战青徐两州、进逼洛阳的西晋末叛民领袖]之初，亦小寇也，官军不重其威，狡逆得肆其变，卒令温怀不守，三河倾覆，致有今日之弊，此已然之明验也。蔓草犹不可长，况狼兕[sì，水牛状猛兽]之寇乎！[以一系列历史范例力劝司马睿亲征：]当五霸之世[春秋五霸之时]，将非不良，士非不勇，征伐之役，君必亲之……昔汉高、光武二帝，征无远近，敌无大小，必手振金鼓，身当矢石，栉风沐雨，壶浆不赡，驰骛四方，匪遑宁处，然后皇基克构，元勋以融。今大弊之极，剧于曩代，崇替[兴废，盛衰]之命，系我而已。欲使銮旗无野次之役，圣躬远风尘之劳，而大功坐就，鉴未见其易也。……刘玄德躬登汉山，而夏侯之锋摧；吴伪祖亲溯长江，而关羽之首悬；袁绍犹豫后机，挫衄三分之势；刘表卧守其众，卒亡全楚之地。历观古今拨乱之主，虽圣贤，未有高拱闲居不劳而济者也……

[抨击主张延迟征伐者，强调它刻不容缓：]议者或以当今暑夏，非出军之时。鉴谓今宜严戒，须秋而动。高风启途，龙舟电举，曾不十日，可到豫章。豫章去贼尚有千里之限，但临之以威灵，则百胜之理济矣。[他还提出了旨在富国强兵的战后大战略，即"广农桑之务，播恺悌之惠，除烦苛之赋"：]既扫清湘野，涤荡楚郢，然后班爵序功，酬将士之劳；卷甲韬旗，广农桑之务，播恺悌之惠，除烦苛之赋。比及数年，国富兵强，龙骧虎步，以威天下，何思而不服，何往而不济，桓文之功不难懋也。今惜一举之劳，而缓垂死之寇，诚国家之大耻，臣子之深忧也。

…… ……

["疏奏，帝深纳之"：]疏奏，帝深纳之，即命中外戒严，将自征发。会弢已平，故止。

中兴建，拜驸马都尉、奉朝请，出补永兴令。大将军王敦请为记室参军，未就而卒，时年四十一。文集传于世。

…… ……

列传第二十八　周玘、周访传　摘录和评注

［东晋创始时期江南世族的两位大人物。周玘虽"三定江南，开复王略"，但对南下的中原世族的莫大统治权势愤懑不平，因而密谋反叛。就正面意义而言，周访无与伦比：东晋开国功臣，"智勇过人，为中兴名将"，且品格高尚，正直勇敢，富有智谋。］

周玘：

［留下勇"除三害"之千年逸事①的周处的长子，"强毅沈断有父风"，"三定江南，开复王略"，即在击碎张昌造反和陈敏反叛、"光复"长江中下游地区方面立有大功，且通过击碎钱璯反叛而巩固初生的东晋。］

玘字宣佩。强毅沈断有父风，而文学不及。闭门洁己，不妄交游，士友咸望风敬惮焉，故名重一方。弱冠，州郡命，不就。刺史初到，召为别驾从事，虚己备礼，方始应命。累荐名宰府，举秀才，除议郎。

［作为主角之一，参与击碎义阳蛮张昌造反和"光复"长江中下游地区。］

太安［302—303］初，妖贼张昌［汉化蛮族义阳蛮首领］、丘沈［县吏，被张昌改名刘尼，假托为汉皇室后裔并拥立为帝］等聚众于江夏，百姓从之如归。惠帝使监军华宏讨之，败于障山。昌等浸盛，杀平南将军羊伊，镇南大将军、新野王歆等，所在覆没。昌别率封云攻徐州，石冰攻扬州，刺史陈徽出奔，冰遂略有扬土。玘密欲讨冰，潜结前南平内史王矩，共推吴兴太守顾秘都督扬州九郡军事，及江东人士同起

---

① 《晋书·周处传》载：处少孤，未弱冠，膂力绝人，好驰骋田猎，不修细行，纵情肆欲，州曲患之。处自知为人所恶，乃慨然有改励之志，谓父老曰："今时和岁丰，何苦而不乐耶？"父老叹曰："三害未除，何乐之有！"处曰："何谓也？"答曰："南山白额猛兽，长桥下蛟，并子为三矣。"处曰："若此为患，吾能除之。"父老曰："子若除之，则一郡之大庆，非徒去害而已。"处乃入山射杀猛兽，因投水搏蛟，蛟或沈或浮，行数十里，而处与之俱，经三日三夜，人谓死，皆相庆贺。处果杀蛟而反，闻乡里相庆，始知人患己之甚……

义兵,斩冰所置吴兴太守区山及诸长史。冰遣其将羌毒领数万人距玘,玘临阵斩毒。时右将军陈敏自广陵率众助玘,斩冰别率赵[lóng]于芜湖,因与玘俱前攻冰于建康。冰北走投封云,云司马张统斩云、冰以降,徐、扬并平。不言功赏,散众还家。

[作为战略密谋家和战场统兵者,在击碎西晋属将陈敏反叛和"光复"长江下游地区中起更大作用。]

陈敏[被东海王司马越启用为右将军,305年举兵反叛,欲割据江东,曾一度尽占吴越之地]反于扬州,以玘为安丰太守,加四品将军。玘称疾不行,密遣使告镇东将军刘准,令发兵临江,己为内应,剪发为信。准在寿春,遣督护衡彦率众而东。时敏弟昶为广武将军、历阳内史,以吴兴钱广为司马。玘密讽广杀昶。与顾荣、甘卓等以兵攻敏,敏众奔溃,单马北走,获之于江乘界,斩之于建康,夷三族。东海王越闻其名,召为参军。诏补尚书郎、散骑郎,并不行。元帝初镇江左,以玘为仓曹属。

[作为故乡民兵首领,击碎西晋属将钱璯反叛,有助于巩固初生的东晋。]

初,吴兴人钱璯亦起义兵讨陈敏,越命为建武将军,使率其属会于京都。璯至广陵[今江苏扬州],闻刘聪逼洛阳,畏懦不敢进。帝促以军期,璯乃谋反。……璯遂杀度支校尉陈丰,焚烧邸阁,自号平西大将军、八州都督,劫孙皓子充,立为吴王,既而杀之。来寇玘县。帝遣将军郭逸、郡尉宋典等讨之,并以兵少未敢前。玘复率合乡里义众,与逸等俱进,讨璯,斩之,传首于建康。

…… ……

周访:

[江南世族,东晋开国功臣,"智勇过人,为中兴名将"。他平华轶江州之乱,重创杜弢流民武装,击碎反叛将领杜曾。正直勇敢,大有战略坚韧性,以致"(王)敦虽怀逆谋,终访之世未敢为非"。]

[江南世族,沉毅谦让,大有豪侠气:]

周访,字士达,本汝南[今河南驻马店市]安城人也。汉末避地江南,至访四世。吴平,因家庐江寻阳焉。祖纂,吴威远将军。父敏,左中郎将。访少沉毅,谦而能让,果于断割,周穷振乏,家无余财。……

[东晋开国功臣,连战连捷,平江州之乱:]

及元帝渡江,命参镇东军事。……寻以为扬烈将军,领兵一千二百,屯寻阳[在今湖北黄梅西南]鄂陵,与甘卓、赵诱讨华轶[官至江州刺史,因不服司马睿指挥而被讨伐,兵败被杀]。所统厉武将军丁乾与轶所统武昌太守冯逸交通,访收斩之。逸来攻访,访率众击破之。逸遁保柴桑,访乘胜进讨。轶遣其党王约、傅札等万余人助逸,大战于溢口,约等又败。访与甘卓等会于彭泽,与轶水军将朱矩等战,又败之。轶将周广烧城以应访,轶众溃,访执轶,斩之,遂平江州[西晋置江州,辖今赣、闽及湘、鄂各一小部,治所先在豫章(今南昌),后迁柴桑(今九江西南)]。

[以非同寻常的骁勇、智谋和出敌不意重创杜弢流民武装:]

帝以访为振武将军、寻阳太守,加鼓吹、曲盖。复命访与诸军共征杜弢。弢作桔槔[吊杆]打官军船舰,访作长岐枨[chéng,长长的分叉的木栏,有阻挡作用]以距之,桔槔不得为害。而贼从青草湖密抄官军,又遣其将张彦陷豫章,焚烧城邑。王敦时镇溢口,遣督护缪蕤、李恒受访节度,共击彦。蕤于豫章、石头,与彦交战,彦军退走,访率帐下将李午等追彦,破之,临阵斩彦。时访为流矢所中,折前两齿,形色不变。及暮,访与贼隔水,贼众数倍,自知力不能敌,乃密遣人如樵采者而出,于是结阵鸣鼓而来,大呼曰:"左军至!"士卒皆称万岁。至夜,令军中多布火而食,贼谓官军益至,未晓而退。访谓诸将曰:"贼必引退,然终知我无救军,当还掩人,宜促渡水北。"既渡,断桥讫,而贼果至,隔水不得进,于是遂归湘州。访复以舟师造湘城,军达富口,而弢遣杜弘出海昏。时溢口骚动,访步上柴桑,偷渡,与贼战,斩首数百。贼退保庐陵,访追击败之,贼婴城处自守。寻而军粮为贼所掠,退住巴丘。粮廪既至,复围弘于庐陵。弘大掷宝物于城外,军人竞拾之,弘因阵乱突围而出。访率军追之,获鞍马铠杖不可胜数。弘入南康,太守将率兵逆击,又破之,奔于临贺。帝又进访龙骧将军。王敦表为豫章太守。加征讨都督,赐爵寻阳县侯。

[以其足智多谋、勇猛击碎反叛将领杜曾武装,"遂定汉、沔"。]

[反叛将领杜曾三战连捷,"大为寇害,威震江、沔":]时梁州刺史张光卒,愍帝以侍中第五猗为征南大将军,监荆、梁、益、宁四州,出自武关。贼率杜曾[建兴三年(315),割据汉水、沔水地区]、挚瞻、胡混等并迎猗,奉之,聚兵数万,破陶侃于石城,攻平南将军荀崧于宛,不克,引兵向江陵。王敦以从弟廙为荆州刺史,令督护征虏

将军赵诱、襄阳太守朱轨、陵江将军黄峻等讨曾,而大败于女观湖,诱、轨并遇害。曾遂逐虏,径造沔口,大为寇害,威震江、沔。[杜曾虽然"勇冠三军",但其武装被周访击碎,因为后者勇猛无比,先发制人,且猛追穷寇:]元帝命访击之。访有众八千,进至沌阳。曾等锐气甚盛,访曰:"先人有夺人之心,军之善谋也。"使将军李恒督左甄[左翼军],许朝督右甄[右翼军],访自领中军,高张旗帜。曾果畏访,先攻左右甄。曾勇冠三军,访甚恶之,自于阵后射雉以安众心。令其众曰:"一甄败,鸣三鼓;两甄败,鸣六鼓。"赵胤领其父余兵属左甄,力战,败而复合。胤驰马告访,访怒,叱令更进。胤号哭还战,自旦至申,两甄皆败。访闻鼓音,选精锐八百人,自行酒饮之,敕不得妄动,闻鼓音乃进。贼未至三十步,访亲鸣鼓,将士皆腾跃奔赴,曾遂大溃,杀千余人。访夜追之,诸将请待明日,访曰:"曾骁勇能战,向之败也,彼劳我逸,是以克之。宜及其衰乘之,可灭。"鼓行而进,遂定汉、沔。曾等走固武当。访以功迁南中郎将、督梁州诸军、梁州刺史,屯襄阳。访谓其僚佐曰:"昔城濮之役,晋文以得臣不死而有忧色,今不斩曾,祸难未已。"于是出其不意,又击破之,曾遁走。访部将苏温收曾诣军,并获第五猗、胡混、挚瞻等,送于王敦。又白敦,说猗逼于曾,不宜杀。敦不从而斩之。进位安南将军、持节,都督、刺史如故。

······ ······

列传第四十一　熊远传　摘录和评注

[出生于江南微贱之家,然能文学,且非流俗。从作为文书佐官侍奉正在初创东晋的司马睿起,到东晋王朝正式建立后担任高级廷臣,他始终为官清正,屡进谏言,被认为是能担当重任之人。]

[出生于江南微贱之家,然能文学,且非流俗;屡次退避之后,终于经久入仕。]

熊远,字孝文,豫章南昌[今江西南昌]人也。祖翘,尝为石崇苍头[奴仆],而性廉直,有士风。黄门郎潘岳见而称异,劝崇免之,乃还乡里。[有志尚,能文学,非流俗:]远有志尚,县召为功曹,不起,强与衣帻,扶之使谒。十余日荐于郡,由是辟为文学掾。远曰："辞大不辞小也。"固请留县。太守察远孝廉。属太守讨氐羌，远遂不行，送至陇右而还。后太守会稽夏静辟为功曹。及静去职，远送至会稽以归。[终于经久入仕:]州辟主簿、别驾，举秀才，除监军华轶司马、领武昌太守、宁远护军。

[从开始侍奉经营江东的司马睿，到东晋王朝正式建立，他屡进忠言良策，而司马睿"每叹其忠公"。]

元帝作相，引为主簿。时传北陵被发，帝将举哀，远上疏曰："……应更遣使摄河南尹案行，得审问，然后可发哀。即宜命将至洛，修复园陵，讨除逆类。……此酷辱之大耻，臣子奔驰之日!……今顺天下之心，命貔貅[pí xiū，凶猛的瑞兽]之士，鸣橄前驱，大军后至，威风赫然，声振朔野，则上副西土义士之情，下允海内延颈之望矣。"[幸亏司马睿没有采纳这完全非战略的浪漫主张!]属[恰好遇到]有杜弢之难，不能从。

时江东草创，农桑弛废，远建议曰[颇有必要的经典重农主张]："立春之日，天子祈谷于上帝，乃择元辰，载耒耜[lěi sì，一种手持翻土农具，犁的前身]帅三公、九卿、诸侯、大夫，躬耕帝藉，以劝农功。《诗》云：'弗躬弗亲，庶人不信。'自丧乱以来，农桑不修，游食者多，皆由去本逐末故也。"时议美之。

建兴[313—317]初，正旦[正月初一]将作乐，远谏曰[在危难受辱和亟须奋斗之际切勿"荣耳目之观，崇戏弄之好"：经典节俭主张]："谨案《尚书》，尧崩，四海遏密八音。《礼》云，凶年，天子撤乐减膳。孝怀皇帝梓宫未反，豺狼当途，人神同忿。公明德茂亲，社稷是赖。今杜弢蚁聚湘川，比岁征行，百姓疲弊，故使义众奉迎未举。……今荣耳目之观，崇戏弄之好，惧违《云》《韶》《雅》《颂》之美，非纳轨物，有尘大教。谓宜设馔以赐群下而已。"元帝纳之。

转丞相参军。是时琅邪国侍郎王鉴劝帝亲征杜弢，远又上疏曰[旨在节省征伐成本的明智主张]："……杜弢小竖，寇抄湘川，比年征讨，经载不夷。昔高宗伐鬼方，三年乃克，用兵之难，非独在今。……今公亲征，文武将吏、度支筹量、舟舆器械所出若足用者，然后可征。愚谓宜如前遣五千人，径与水军进征，既可得速，必不后时。……必使督护得才，即贼不足虑也。"会弢已平，转从事中郎，累迁太子中庶子、尚书左丞、散骑常侍。帝每叹其忠公，谓曰："卿在朝正色，不茹柔吐刚，忠亮至到，可为王臣也。吾所欣赖，卿其勉之!"

[东晋王朝正式建立后他担任高级廷臣,品性行为一如既往。]

及中兴建,帝欲赐诸吏投刺[投递名帖]劝进者加位一等,百姓投刺者赐司徒吏,凡二十余万。远以为[旨在普惠、公平和省事节约的将被拒的主张:]"秦汉因赦赐爵,非长制也。今案投刺者不独近者情重,远者情轻,可依汉法例,赐天下爵,于恩为普,无偏颇之失。可以息检核之烦,塞巧伪之端。"帝不从。

[劾奏跋扈权臣:]转御史中丞。时尚书刁协用事,众皆惮之。尚书郎卢绵将入直,遇协于大司马门外。协醉,使绵避之,绵不回。协令威仪牵捽绵堕马,至协车前而后释。远奏免协官。

[他的以下上疏披露和针砭了东晋初期的结构性弊端,即世族显贵当道,高层文化颓荡,官吏逢迎是图,"群司以从顺为善,相违见贬",虽然他"未能遣军北讨,仇贼未报"的指责不免过于浪漫:]时冬雷电,且大雨,帝下书责躬引过,远复上疏曰:

被庚午诏书,以雷电震,暴雨非时,深自克责。……臣暗于天道,窃以人事论之。陛下节俭敦朴,恺悌流惠,而王化未兴者,皆群公卿士不能夙夜在公,以益大化……

今逆贼猾夏,暴虐滋甚,二帝幽殡,梓宫未反,四海延颈,莫不东望。而未能遣军北讨,仇贼未报,此一失也。……陛下忧劳于上,而群官未同戚容于下,每有会同,务在调戏酒食而已,此二失也。[世族显贵当道下的官场政治文化:]选官用人,不料实德,惟在白望,不求才干,乡举道废,请托交行。有德而无力者退,修望而有助者进;称职以违俗见讥,虚资以从容见贵。是故公正道亏,私途日开,强弱相陵,冤枉不理。今当官者以理事为俗吏,奉法为苛刻,尽礼为谄谀,从容为高妙,放荡为达士,骄蹇为简雅,此三失也。

……时所谓三善者,王法所不加;清论美其贤;渐相登进,仕不辍官,攀龙附凤,翱翔云霄。遂使世人削方为圆,挠直为曲,岂待顾道德之清涂,践仁义之区域乎!是以万机未整,风俗伪薄,皆此之由。不明其黜陟,以审能否,此则俗未可得而变也。

[世族显贵当道下的官场政治文化:]今朝廷群司以从顺为善,相违见贬,不复论才之曲直,言之得失也。时有言者,或不见用,是以朝少辩争之臣,士有禄仕之志焉。……

[对王敦之乱饶有分寸的抵制(即抵制但不自毁)完满地证明了他之"正而

有谋":]

累迁侍中,出补会稽内史。时王敦作逆,沈充举兵应之,加远将军,距而不受,不输军资于充,保境安众为务。敦至石头,讽朝廷征远,乃拜太常卿,加散骑常侍。敦深惮其正而有谋,引为长史。数月病卒。

…… ……

列传第四十七　诸葛恢传　摘录和评注

[他的祖父掀起规模巨大的反司马氏叛乱,他的父亲投奔孙吴和吴亡后终生仇恨其王朝,然而他却作为"避地江左"的名士衷心效力司马睿,渐成朝廷重臣,到明帝司马绍时官至尚书令。他的最佳成就是在会稽内史任内"政清人和",为诸郡第一,因为他肯定牢记该使命的重大意义,用司马睿嘱托他的话说是"今之会稽,昔之关中,足食足兵,在于良守"。]

[他的祖父掀起反司马氏大叛乱,他的父亲则终身仇恨其王朝。]

诸葛恢,字道明,琅邪阳都[今山东临沂市沂南县]人也。祖诞,魏司空,为文帝所诛。父靓,奔吴,为大司马。吴平,逃窜不出。武帝与靓有旧,靓姊又为琅邪王妃,帝知靓在姊间,因就见焉。靓逃于厕,帝又逼见之,谓曰:"不谓今日复得相见。"靓流涕曰:"不能漆身皮面[不能效法古人以漆涂面、刀割脸皮去为旧主(在此指其父诸葛诞)复仇],复睹圣颜!"诏以为侍中,固辞不拜,归于乡里,终身不向朝廷而坐。

[他却作为南下名士衷心效力于司马睿,渐成朝廷重臣;他的最佳成就是在会稽内史任内"政清人和",为诸郡第一。]

恢弱冠知名,试守即丘长,转临沂令,为政和平。[他是南下名士,虽然"名亚王导庾亮":]值天下大乱,避地江左,名亚王导、庾亮。导尝谓曰:"明府当为黑头公[少年而居高位者,指极其年少有为]。"及导拜司空,恢在从,导指冠谓曰:"君当复著此。"……于时颍川荀闿字道明、陈留蔡谟字道明,与恢俱有名誉,号曰"中兴三明",人为之语曰:"京都三明各有名,蔡氏儒雅荀葛清。"

[衷心效力于司马睿，渐成重臣：]元帝为安东将军，以恢为主簿，再迁江宁令。讨周馥[310年，扬州都督周馥愤司马越不尽臣节，请晋惠帝离开洛阳迁都寿春（今安徽淮南市寿县），并称将率精兵3万迎奉大驾，从而对司马睿刚在建邺创立的局面构成威胁，司马睿遂遣军击败周馥]有功，封博陵亭侯，复为镇东参军。与卞壸并以时誉迁从事中郎，兼统记室。时四方多务，笺疏殷积，恢斟酌酬答，咸称折中。于时王氏为将军，而恢兄弟及颜含并居显要，刘超以忠谨掌书命，时人以帝善任一国之才。[受司马睿重托任会稽内史，任内"政清人和"，为诸郡第一：]愍帝即位，征用四方贤隽，召恢为尚书郎，元帝以经纬须才，上疏留之，承制调为会稽太守。临行，帝为置酒，谓曰："今之会稽，昔之关中，足食足兵，在于良守。以君有莅任之方，是以相屈。四方分崩，当匡振圮运。政之所先，君为言之。"恢陈谢，因对曰："今天下丧乱，风俗陵迟，宜尊五美，屏四恶，①进忠实，退浮华。"[在谈论和实践政治时，他分明是个经典儒士。]帝深纳焉。太兴[318—321]初，以政绩第一，诏曰："自顷多难，官长数易，益有诸弊……汉宣帝称'与我共安天下者，其惟良二千石'，斯言信矣。是以黄霸等或十年，或二十年而不徙，所以能济其中兴之勋也。赏罚黜陟，所以明政道也。会稽内史诸葛恢莅官三年，政清人和，为诸郡首，宜进其位班，以劝风教。今增恢秩中二千石。"

顷之，以母忧去官。[元帝、明帝、成帝三朝重臣：]服阕，拜中书令。王敦上恢为丹杨尹，以久疾免。明帝征敦，以恢为侍中，加奉车都尉。讨王含有功，进封建安伯，以先爵赐次子为关内侯。又拜恢后将军、会稽内史。征为侍中，迁左民尚书、武陵王师、吏部尚书。累迁尚书右仆射，加散骑常侍、银青光禄大夫、领选本州大中正、尚书令，常侍、吏部如故。成帝践阼[325]，加侍中、金紫光禄大夫。卒[345]，年六十二。赠左光禄大夫、仪同三司……谥曰敬，祠以太牢。……

…… ……

---

① 《论语·尧曰》：子张问于孔子曰："何如斯可以从政矣？"子曰："尊五美，屏四恶，斯可从政矣。"子张曰："何谓五美？"子曰："君子惠（民）而不费，劳（民）而（民）不怨，欲而不贪，泰而不骄，威而不猛。"子张曰："何谓四恶？"子曰："不教而杀谓之虐；不戒视成[（下属官吏的）最终成绩]谓之暴；慢令致期[自己延误发令，却要下属限时做好]谓之贼；犹之与人也，出纳之吝谓之有司[一译为在向民众发放财物时，如果吝啬，就不配做君主，只配做有司]。"

列传第四十八　孔坦传　摘录和评注

[孔子二十六代孙，父祖久居会稽山阴（今浙江绍兴），入晋为高官。有经典儒士的学问和行为方式，以此侍奉创设东晋的司马睿及太子司马绍。他提议落实、坚持和扩展民间人士入仕的审核和试经制度，而且（我们未摘录）在苏峻之乱期间反复提出准确、杰出的战略见解和主张，因而居然是个真正的战略家！]

[他可称江南官宦世家儒士，有经典儒家学问和行为方式，以此侍奉司马睿及太子司马绍。]

坦字君平。祖冲，丹阳太守[据后人考证实为豫章太守]。父侃，大司农。坦少方直，有雅望，通《左氏传》，解属文。元帝为晋王，以坦为世子文学。东宫建，补太子舍人，迁尚书郎。时台郎初到，普加策试，帝手策问曰："吴兴徐馥为贼，杀郡将，郡今应举孝廉不？"坦对曰："四罪不相及，殛鲧而兴禹。徐馥为逆，何妨一郡之贤！"又问："奸臣贼子弑君，污宫潴[zhū，水积聚]宅，莫大之恶也。乡旧废四科之选，今何所依？"坦曰："季平子逐鲁昭公，岂可以废仲尼也！"竟不能屈。

[他向元帝提议落实、坚持和扩展民间人士入仕的审核和试经制度，并且为此兴办补习学校。]

先是，以兵乱之后，务存慰悦，远方秀孝[秀才、孝廉]到，不策试，普皆除署[署任为官吏]。至是，帝申明旧制，皆令试《经》，有不中科，刺史、太守免官。太兴三年[320]，秀孝多不敢行[不敢来参加考试]，其有到者，并托疾。帝欲除署孝廉[将已到京的孝廉特例处理授其官职]，而秀才如前制。坦奏议曰：

臣闻经邦建国，教学为先，移风崇化，莫尚斯矣。……自丧乱以来，十有余年，干戈载扬，俎豆礼戢，家废讲诵，国阙庠序，率尔[急遽]责试，窃以为疑。然宣下以来，涉历三载，累遇庆会[喜庆的聚会]，遂未一试。扬州诸郡，接近京都，惧累及君父，多不敢行。其远州边郡，掩诬朝廷，冀于不试，冒昧来赴，既到审试，遂不敢会。臣愚以不会与不行，其为阙也同。若当偏加除署，是为肃法奉宪者失分，侥幸投射者得官，颓风伤教，惧于是始。

夫王言如丝,其出如纶,临事改制,示短天下,人听有惑,臣窃惜之。愚以王命无贰,宪制宜信。去年察举,一皆策试。如不能试,可不拘到,遣归不署。又秀才虽以事策,亦泛问经义,苟所未学,实难暗通,不足复曲碎垂例,违旧造异。……崇修学校,普延五年,以展讲习,钧法齐训,示人轨则。……

帝纳焉。听[任凭](策试)孝廉申至[推迟]七年,秀才如故。

…… ……

列传第三十二　祖逖传　摘录和评注

[东晋第一位北伐首领,虽然只是得到正集中精力初创南方华夏国家的司马睿的准许而非支持。他先聚众力克兖豫地方豪强武装,收复豫州,继而接连击败羯胡后赵大军,"由是黄河以南尽为晋土"。后赵君主石勒由此暂且不敢南侵,与他达成休战协议。]

[他的辉煌武功的根本前提在于他优秀的个人秉性和政治战略,"爱人下士",善于招抚,"劝督农桑","收葬枯骨",使他众星拱月,受百姓感戴。他是骑在战马上的绅士,深谙团结动员的统帅![①]]

[然而,在其事业高峰期,司马睿仍不肯承认他的丰功和权威,同时东晋高层内斗激烈很可能导致"(北伐)大功不遂"。由此,他忧愤成疾,病死雍丘,结果王敦无忌而发难,后赵卷土重来。]

---

① 对祖逖北伐丰功的缘由,清末保守主义改革重臣张之洞持另一种补充性的看法,即他为之效力的华夏东晋国家的正统性和威望不可或缺:"若强中御外之策,惟有以忠义号召合天下之心,以朝廷威灵合九州之力,乃天经地义之道,古今中外不易之理。昔盗跖武拥众,而不能据一邑;田畴[东汉末儒士,领族人隐居躬耕,数年间吸引百姓至五千余家,继而订立法律,设立礼制,开学讲道,乌丸、鲜卑各遣使贡礼归顺]德望服人,而不能拒乌桓;祖逖智勇善战,在中原不能自立,南依于晋,而遂足以御石勒;宋弃汴京而南渡,中原数千里之遗民,人人可以自主矣,然两河结寨,陕州婴城[谓环城而守]莫能自保,宋用韩、岳为大将,而成破金之功……盖惟国权能御敌国,民权断不能御敌国,势固然也。"张之洞《劝学篇》。

[华北世族出身，青少年时就显现出后来有其优秀政治影响的那些秉性；在"八王之乱"中期侍奉过两三位与乱主角，但看来304年荡阴之役后便幻灭于藩王混斗，继而南下投奔初创的东晋。]

祖逖，字士稚，范阳道[今河北保定市涞水县]人也。世吏二千石，为北州旧姓。父武，晋王掾、上谷太守。逖少孤，兄弟六人。……[青少年时就预示出上述秉性：]逖性豁荡，不修仪检，年十四五犹未知书，诸兄每忧之。然轻财好侠，慷慨有节尚……散谷帛以周贫乏，乡党宗族以是重之。后乃博览书记，该涉[博览]古今，往来京师，见者谓逖有赞世才具。侨居阳平[郡名，治所在今山东聊城市冠县东古城镇]。……与司空刘琨俱为司州主簿，情好绸缪，共被同寝。中夜闻荒鸡鸣，蹴琨觉曰："此非恶声也。"因起舞。逖、琨并有英气，每语世事，或中宵起坐，相谓曰："若四海鼎沸，豪杰并起，吾与足下当相避[在此谓大干一番事业]于中原耳。"

辟齐王冏大司马掾、长沙王乂骠骑祭酒，转主簿，累迁太子中舍人、豫章王[司马炽，后为晋怀帝]从事中郎。[看来荡阴之役后他便幻灭于藩王混斗，用后面的话说他认识到"藩王争权，自相诛灭，遂使戎狄乘隙，毒流中原"：]从惠帝北伐，王师败绩于荡阴，遂退还洛。大驾西幸长安，关东诸侯范阳王虓、高密王略、平昌公模等竞召之，皆不就。东海王越以逖为典兵参军、济阴太守，母丧不之官。[南下投奔东晋，再次显露其长于团结动员的秉性：]及京师大乱，逖率亲党数百家避地淮泗，以所乘车马载同行老疾，躬自徒步，药物衣粮与众共之，又多权略，是以少长咸宗之，推逖为行主。达泗口[古泗水入淮之口，在今江苏淮安市西南]，元帝逆用为徐州刺史，寻征军咨祭酒，居丹徒之京口[今江苏镇江]。

[自荐北伐，得到正集中精力初创南方华夏国家的司马睿的准许但非支持。]

逖以社稷倾覆，常怀振复之志。[有侠气，"爱人下士"，志在振复：]宾客义徒皆暴杰勇士，逖遇之如子弟。时扬土大饥，此辈多为盗窃，攻剽富室，逖抚慰问之曰："比复南塘一出不？"[要不我们再到南塘(当时富户集中地)干一把？]或为吏所绳，逖辄拥护救解之。谈者以此少逖，然自若也。[向司马睿自荐北伐：]时帝方拓定江南，未遑北伐，逖进说曰："晋室之乱，非上无道而下怨叛也。由藩王争权，自相诛灭,遂使戎狄乘隙,毒流中原。今遗黎既被残酷,人有奋击之志。大王诚能发威命将,使若逖等为之统主,则郡国豪杰必因风向赴,沈溺之士欣于来苏[形容百姓盼望明君来解脱其苦难],庶几国耻可雪,愿大王图之。"[获得司马睿准许但非支持:]帝乃以逖为奋威将军、豫州刺史,给千人廪,布三千匹,不给铠仗,使自招募。仍将本流徙部曲百余家渡江,中流击楫而誓曰:"祖逖不能清中原而复济者,有如大江!"辞色壮烈,众皆慨叹。屯于江阴,起冶铸兵器,得二千余人而后进。

[他先聚众力克地方豪强武装,收复豫州,继而接连击败后赵大军,"由是黄河以南尽为晋土";在此奋斗过程中,他尽显优秀的个人秉性和政治战略,受到百姓感戴。]

初,北中郎将刘演距于石勒也,流人坞主张平、樊雅等在谯,演署平为豫州刺史,雅为谯郡太守。又有董瞻、于武、谢浮等十余部,众各数百,皆统属平。逖诱浮使取平,浮谲平与会,遂斩以献逖。[他还有上面未述的分化对手、分而治之的战略/战术才干。]帝嘉逖勋,使运粮给之,而道远不至,军中大饥。进据太丘。樊雅遣众夜袭逖,遂入垒,拔戟大呼,直趣逖幕,军士大乱。逖命左右距之,督护董昭与贼战,走之。逖率众追讨,而张平余众助雅攻逖。蓬陂坞主陈川,自号宁朔将军、陈留太守。逖遣使求救于川,川遣将李头率众援之,逖遂克谯城。[再度分化对手,分而治之。]

初,樊雅之据谯也,逖以力弱,求助于南中郎将王含,含遣桓宣领兵助逖。逖既克谯,宣等乃去。石季龙[石虎,石勒堂侄]闻而引众围谯,含又遣宣救逖,季龙闻宣至而退。宣遂留,助逖讨诸屯坞未附者。

李头之讨樊雅也,力战有勋。逖时获雅骏马,头甚欲之而不敢言,逖知其意,遂与之。头感逖恩遇,每叹曰:"若得此人为主,吾死无恨。"川闻而怒,遂杀头。头亲党冯宠率其属四百人归于逖,川益怒,遣将魏硕掠豫州诸郡,大获子女车马。逖遣将军卫策邀击于谷水,尽获所掠者,皆令归本,军无私焉。川大惧,遂以众附石勒。[大败后赵石虎大军:]逖率众伐川,石季龙领兵五万救川,逖设奇以击之,季龙大败,收兵掠豫州,徙陈川还襄国,留桃豹等守川故城,住西台。逖遣将韩潜等镇东台。同一大城,贼从南门出入放牧,逖军开东门,相守四旬[一年]。[作为战术家,他足智多谋：]逖以布囊盛土如米状，使千余人运上台，又令数人担米，伪为疲极而息于道，贼果逐之，皆弃担而走。贼既获米，谓逖士众丰饱，而胡戍饥久，益惧，无复胆气。[凭借军事和政治手段，接连击败后赵军：]石勒将刘夜堂以驴千头运粮以馈桃豹，逖遣韩潜、冯铁等追击于汴水，尽获之。豹宵遁，退据东燕城，逖使潜进屯封丘以逼之。冯铁据二台，逖镇雍丘，数遣军要截石勒，勒屯戍渐蹙。候骑常获濮阳人，逖厚待遣归。咸感逖恩德，率乡里五百家降逖。勒又遣精骑万人距逖，复为逖所破，勒镇戍归附者甚多。时赵固、上官巳、李矩、郭默等各以诈力相攻击，逖遣使和解之，示以祸福，遂受逖节度。[在军政治理方面，他尽显优秀的基于他个人秉性的政治战略；再加上有效的作战，导致"黄河以南尽为晋土"：]逖爱人下士，虽疏交贱隶，皆恩礼遇之，由是黄河以南尽为晋土。河上堡[黄河北岸地区的诸坞堡？]固先有任子[作为人质的子弟]在胡者，皆听两属，时遣游军伪抄之，明其未附。诸坞主感戴，胡中有异谋，辄密以闻。前后克获，亦由此也。其有微功，赏不逾日。躬自俭约，劝督农桑，克己务施，不畜资产，子弟耕耘，负担樵薪，又收葬枯骨，为之祭醊[zhuì，祭祀时将酒洒在地上]，百姓感悦。尝置酒大会，耆老中坐流涕曰："吾等老矣！更得父母，死将何恨！"乃歌曰："幸哉遗黎免俘虏，三辰既朗遇慈父，玄酒忘劳甘瓠脯，何以咏恩歌且舞。"其得人心如此。故刘琨与亲故书，盛赞逖威德。诏进逖为镇西将军。

[石勒暂且不敢南侵，与他达成休战协议；然而，已正式称帝的司马睿仍不肯承认他的丰功和权威，同时东晋高层内斗激烈很可能导致"大功不遂"。由此，他忧愤成疾，病死雍丘。]

石勒不敢窥兵河南，使成皋县修逖母墓，因与逖书，求通使交市，逖不报书，而听互市，收利十倍，于是公私丰赡，士马日滋。[作为理解本身力量限度的战略家，他深谙巩固的必要，阶段性渐进的必要。①][突来变故：如宋末文天祥所叹，"何哉戴若思，中道奋螳臂。豪杰事垂成，今古为短气"]方当推锋越河，扫清冀朔，会朝廷将

---

① 北宋大文人、政治家苏辙就此赞曰："敌国相图，必审于彼己。将强敌弱，则利于进取；将弱敌强，则利于自守。违此二者，而求成功，难矣。……盖敌强将弱，能知自守之为利者，唯逖一人。夫惟知自守之为进取，而后可以言进取也哉！"苏辙《栾城后集·第十卷·历代论四》。

遣戴若思为都督,邃以若思是吴人,虽有才望,无弘致远识,且已蓟荆棘,收河南地,而若思雍容[指南方人戴若思对北伐不积极],一旦来统之,意甚怏怏。[他的忧愤还更多:]且闻王敦与刘隗等构隙,虑有内难,大功不遂。感激发病,乃致妻孥汝南大木山下。时中原士庶咸谓邃当进据武牢,而反置家险厄,或谏之,不纳。邃虽内怀忧愤,而图进取不辍,营缮武牢城,城北临黄河,西接成皋,四望甚远。邃恐南无坚垒,必为贼所袭,乃使从子汝南太守济率汝阳太守张敞、新蔡内史周闳率众筑垒。未成,而邃病甚。……俄卒于雍丘[今河南开封市杞县],时年五十六。豫州士女若丧考妣,谯梁百姓为之立祠。[当地百姓感戴,在他死后如在他生前。]……王敦久怀逆乱,畏邃不敢发,至是始得肆意焉。……

列传第三十三　邵续、段匹磾传　摘录和评注

邵续:

[华北抗御羯胡石勒攻袭杀掠的华夏英雄。他在被石勒军包围的富平城——东晋在北方孤悬的堡垒——坚守多年,其战略为先佯装归降,然后归依东晋、与石勒决裂并击败之,继而进一步聚众坚守孤城。显然,就他而言,多年的根本战略形势乃孤立无援,兵败城陷遂必不可免。320年他落入敌手,拒降被杀,富平陷落。如本篇末"赞曰":"实惟忠壮……力小任重,功亏身丧。"]

[才士,不满"八王之乱":]

邵续,字嗣祖,魏郡安阳[今河南安阳市安阳县]人也。父乘,散骑侍郎。续朴素有志烈,博览经史,善谈理义,妙解天文。初为成都王颖参军,颖将讨长沙王乂,续谏曰:"续闻兄弟如左右手,今明公当天下之敌,而欲去一手乎?续窃惑之。"颖不纳。后为苟晞参军,除沁水令。

[在被石勒军包围的富平城"绥怀流散,多归附之";此外,其坚守战略为先佯装归降,然后归依东晋、与石勒决裂、联手鲜卑段匹磾军击败之。]

时天下渐乱,续去县还家,纠合亡命,得数百人。王浚假续绥集将军、乐陵太

守,屯厌次[今山东滨州市惠民县,治所富平城,在今滨州市阳信县],以续子义为督护。续绥怀流散,多归附之。石勒既破浚[314],遣义还招续,续以孤危无援,权附于勒,勒亦以义为督护。既而段匹磾在蓟,遗书要续俱归元帝,续从之。其下谏曰:"今弃勒归匹磾,任子危矣。"续垂泣曰:"我出身为国,岂得顾子而为叛臣哉!"遂绝于勒,勒乃害义。[引来鲜卑段部武力乃坚守富平的一大关键:]续惧勒攻,先求救于匹磾,匹磾遣弟文鸯救续。文鸯未至,勒已率八千骑围续。勒素畏鲜卑,又闻文鸯至,乃弃攻具东走。续与文鸯追勒至安陵,不及,虏勒所署官,并驱三千余家,又遣骑入抄勒北边,掠常山,亦二千家而还。

[进一步聚合华夷兵众,但与石勒麾下进行武力拉锯以致"首尾相救,疲于奔命",继而被石虎用计擒拿。]

匹磾既杀刘琨,夷晋多怨叛,遂率其徒依续。勒南和令赵领等率广川、渤海千余家背勒归续。而帝以续为平原乐安太守、右将军、冀州刺史,进平北将军、假节,封祝阿子。[与石勒麾下进行武力拉锯,"首尾相救,疲于奔命":]续遣兄子武邑内史存与文鸯率匹磾众就食平原,为石季龙所破。续先与曹嶷[西晋末年参加王弥暴动,后归附石勒为征东大将军、青州刺史]亟相侵掠,嶷因存等败,乃破续屯田,又抄其户口,续首尾相救,疲于奔命。太兴[318—321]初,续遣存及文鸯屯济南黄巾固,因以逼嶷,嶷惧,求和。俄而匹磾率众攻段末杯,[石勒遣石虎乘虚围攻富平,用计引他出城,随即断后擒拿:]石勒知续孤危,遣季龙乘虚围续。季龙骑至城下,掠其居人,续率众出救,季龙伏骑断其后,遂为季龙所得,使续降其城。续呼其兄子竺等曰:"吾志雪国难,以报所受,不幸至此。汝等努力自勉,便奉匹磾为主,勿有二心。"

······ ······

[他拒降被杀,富平陷落:]

季龙遣使送续于勒,勒使使徐光让之曰:"······续蚁封海阿,跋扈王命,以夷狄不足为君邪?[石勒于319年年底称赵王,建立后赵。]何无上之甚也!国有常刑,于分甘乎?"续对曰[作为石勒阶下囚的他慨然宣告只忠于东晋,决不"去真即伪"]:"······归遗晋,仍荷宠授,誓尽忠节,实无二心。且受彼厚荣,而复二三其趣者,恐亦不容于明朝矣。······使囚去真即伪,不得早叩天门者,大王负囚,囚不负大王也。······"[他的慨然之言不料换得——事后来看——缓死:]勒曰:"其言慨至,孤愧之多矣。夫忠于其君者，乃吾所求也。"命张宾延之于馆，厚抚之，寻以为从事中郎。今自后诸克敌擒俊，皆送之，不得辄害，冀获如续之流。

……续既为勒所执，身灌园鬻〔yù〕莱，以供衣食。勒屡遣察之，叹曰："此真高人矣。不如是，安足贵乎！"嘉其清苦，数赐谷帛。每临朝嗟叹，以励群官。

[富平陷落，他终被杀：]续被获之后，存及竺、缉等与匹䃟婴城距寇……勒屡遣季龙攻之，战守疲苦，不能自立。久之，匹䃟及其弟文鸯与竺、缉等悉见获，惟存得溃围南奔，在道为贼所杀。续竟亦遇害。

段匹䃟：

[鲜卑段部大人，西晋册封的盟友，东晋在北蛮夷的臣属。与刘琨结盟征讨石勒，但征前"惧琨图己，遂害之"，这导致"晋人离散"。随后他与邵续结盟，但其主力被石虎歼灭。他由此被迫降于后赵后"抗节虏廷"且密谋造反，遂被杀害。]

[房玄龄等盛赞他"本自遐方，而系心朝廷，始则尽忠国难，终乃抗节虏廷，自苏子卿（苏武）以来，一人而已"。虽然就"抗节虏廷"而言，拿如此不到一年的段匹䃟与如此十九年的苏武媲美，未免有些过分。]

[鲜卑段部大人，西晋册封的盟友，"率众助国征讨"。]

段匹䃟，东部鲜卑人也。种类劲健，世为大人。父务勿尘，遣军助东海王越征讨有功，王浚表为亲晋王，封辽西公[303；领辽西郡，今河北秦皇岛市]，嫁女[王浚女]与务勿尘，以结邻援。怀帝即位，以务勿尘为大单于，匹䃟为左贤王，率众助国征讨，假抚军大将军。务勿尘死，弟涉复辰以务勿尘子疾陆眷袭号。

[与刘琨结盟征讨即将建立后赵的羯胡石勒，但因鲜卑段部激烈内斗而未果。]

……建武[317—318]初，匹䃟推刘琨为大都督，结盟讨勒，并檄涉复辰、疾陆眷、末杯[疾陆眷从弟，亦作末波]等三面俱集襄国[今河北邢台县]，琨、匹䃟进屯固安，以候众军。勒惧，遣间使厚赂末杯。然末杯既思报其旧恩[312年石勒击败参加段疾陆眷攻伐的段末杯，以其为人质求和，事成，末杯认石勒为义父，得其释放]，且因匹䃟在外，欲袭夺其国，乃间匹䃟于涉复辰、疾陆眷曰："……一旦有功，匹䃟独收之矣。"涉复辰等以为然，引军而还。匹䃟亦止。[随后其族内爆发大血拼，段末杯击败他,并且血腥篡夺单于位:]鲜卑段部内会疾陆眷病死,匹䃅自蓟奔丧,至于右北平。末杯宣言匹䃅将篡,出军击败之。末杯遂害涉复辰及其子弟党与二百余人,自立为单于。

[他复与刘琨结盟征讨石勒,但征前"惧琨图己,遂害之","于是晋人离散矣"。他势单力薄,只得与邵续结盟,经再败于段末杯之后几乎彻底报复了这族内仇敌。然而,胜后续战导致他的主力被歼。]

[杀害刘琨,导致自己势单力薄:]及王浚败,匹䃅领幽州刺史,刘琨自并州依之,复与匹䃅结盟,俱讨石勒。匹䃅复为末杯所败,士众离散,惧琨图己,遂害之,于是晋人离散矣。[与邵续结盟,但再败于段末杯:]匹䃅不能自固,北依邵续[319],末杯又攻败之。[随即几乎彻底报复了这族内仇敌:]匹䃅被疮,谓续曰:"吾夷狄慕义,以至破家,君若不忘旧要,与吾进讨,君之惠也。"续曰:"赖公威德,续得效节。今公有难,岂敢不俱!"遂并力追末杯,斩获略尽。[他不知延宕克劳塞维茨式"胜利的顶点",结果胜后续战导致他的主力被石虎歼灭:]又令文鸯[段匹䃅弟]北讨末杯弟[段骑督]于蓟城,及还,去城八十里,闻续已没,众惧而散,复为石季龙所遮,文鸯以其亲兵数百人力战破之,始得入城。季龙复抄城下,文鸯登城临见,欲出击之,匹䃅不许。文鸯曰:"我以勇闻,故百姓杖我。见人被略而不救,非丈夫也。令众失望,谁复为我致死乎!"遂将壮士数十骑出战,杀胡甚多。遇马乏,伏不能起。季龙呼曰:"大兄与我俱是戎狄,久望共同。天不违愿,今日相见,何故复战?请释杖。"文鸯骂曰:"汝为寇虐,久应合死,吾兄不用吾计,故令汝得至此,吾宁死,不为汝擒。"遂下马苦战,槊[shuò,长矛]折,执刀力战不已。季龙军四面解马罗披[马罗披即障泥,垂于马腹两侧,用于遮挡尘土]自鄣,前捉文鸯。文鸯战自辰至申,力极而后被执。城内大惧。

[作为东晋在北蛮夷的属臣,他难能可贵地"心不忘本""系心朝廷",被迫降于后赵后"抗节虏廷"且密谋造反,遂被杀害。]

匹䃅欲单骑归朝,续弟乐安内史洎协兵,不许,洎复欲执台使王英送于季龙,匹䃅正色责之曰:"卿不能遵兄之志,逼吾不得归朝,亦以甚矣,复欲执天子使者,我虽胡素,所未闻也。"因谓英曰:"匹䃅世受重恩,不忘忠孝。今日事逼,欲归罪朝廷,而见逼迫,忠款不遂。若得假息[苟延残喘],未死之日,心不忘本。"遂渡黄河南[321]。匹䃅著朝服,持节,宾从出见季龙曰:"我受国恩,志在灭汝。不幸吾国自乱,以至于此。既不能死，又不能为汝敬也。"勒及季龙素与匹䃅结为兄弟，季龙起而拜之。匹䃅到襄国，又不为勒礼，常著朝服，持晋节。经年，国中谋推匹䃅为主，事露，被害[321]。文鸯亦遇鸩而死，惟末波存焉……

[半个世纪的鲜卑段部"准国家"简史，在西晋末和五胡十六国这中国史上最黑暗的时代：起自华夏"八王之乱"，继之蛮夷互相攻伐，最终亡于慕容前燕。]

自务勿尘已后，值晋丧乱，自称位号，据有辽西之地，而臣御晋人。其地西尽幽州，东界辽水。然所统胡晋可三万余家，控弦可四五万骑，而与石季龙递相侵掠，连兵不息，竟为季龙所破，徙其遗黎数万家于司雍之地。其子兰复聚兵，与季龙为患久之。及石氏之亡，末波之子勤鸩集胡羯得万余人，保枉人山[在今山东德州市平原县]，自称赵王，附于慕容俊。俄为冉闵所败，徙于绎幕[在今山东德州市平原县西北]，僭即尊号。俊遣慕容恪击之，勤惧而降[352，同年慕容俊杀冉闵，灭冉魏]。

列传第三十五　王导传　摘录和评注

…… ……

[骤变！鉴于王导和王敦权势太甚，且扶植纵容世族门阀太过，司马睿称帝后迅即择心腹图谋变局，于是王导"渐见疏远"，类同靠边站；然而他非凡地安分守己，淡泊处之。]

及帝登尊号[318]，百官陪列，命导升御床共坐。导固辞，至于三四，曰："若太阳下同万物，苍生何由仰照！"帝乃止。[他在拥有盛势盛誉的同时，仍保有政治大局必需的谦逊。]进骠骑大将军、仪同三司。……进位侍中、司空、假节、录尚书，领中书监。会太山太守徐龛反，帝访可以镇抚河南者，导举太子左卫率羊鉴。既而鉴败，抵罪。导上疏曰[他仍保有政治大局必需的谦逊和自责]："徐龛叛戾，久稽天诛，臣创议征讨，调举羊鉴。鉴暗懦覆师，有司极法。圣恩降天地之施，全其首领。然臣受重任，总录机衡，使三军挫衄，臣之责也。乞自贬黜，以穆朝伦。"诏不许。寻代贺循领太子太傅。……[元帝择心腹图谋变局，于是他"渐见疏远"：]及刘隗[丞相司直，元帝心腹，着力打击恣意妄为、腐败不法的世族显贵]用事，导渐见疏远，

[然而他淡泊处之,安分守己,实属非凡!他杰出的政治气度、眼光甚而优雅人格——他能历经曲折而长久执政的一项"秘诀":]任真推分[守分自安],澹如也。有识咸称导善处兴废焉。

列传第三十九　刘隗、刁协、戴若思、周颉传　摘录和评注

[东晋王朝国家创建及巩固的关键是政治平衡:皇权与门阀世族权势之间的大致平衡,还有不同的门阀世族间的大致平衡,而平衡的根本要义和效应是——用最多数人最能懂的话说——团结,尽可能广泛和持久的团结。然而,这些平衡的塑造和维持往往艰难,因为内外基本环境往往高度能动,所涉的政治势力又多种多样,而为适应和驾驭复杂和能动的形势与多种多样的政治成分必不可少的、恰当和及时的政治调整(很大程度上依凭具体、细致和复杂的战略战术操作)却不可多得。]

[不可多得!这甚至对可谓英主的元帝来说也是如此。王导在朝中权势盛大,王敦在京外掌军万千,终令他以丞相司直刘隗和尚书令刁协等人为心腹图谋变局。他的这两位腹心幕僚生性"亮直,志奉兴王",然而前者在"阴候主情"、排抑权贵的同时殆无权变,树敌太多,后者则刚愎苛刻,"虽有崇上之心,专行刻下之化"。结果,东晋高层内部爆发大内斗,发展到王敦以清君侧为名举兵武昌攻破建邺,在王导的助力(及制约)下主宰朝政,元帝本人则忧愤病逝。手段倾覆目的,意欲造就平衡的新权臣以其行为杜绝了平衡的可能性!这至少证明——如房玄龄等所云——"太刚则折,至察无徒(没有朋友或同伴),以之为政,则害于而国;用之行己,则凶于乃家。"①至于同样颇受元帝信任、被委以都督六州军事以制约王敦军力的戴若思,则兵败石头城,继而短暂地见容于王敦后被其害。]

刘隗:

[正直勇敢之士,笃信皇权,执意法治,早于或后于"善求人主意",得知元帝渴

---

① 　如后所述,刘隗被迫投奔石勒,刁协在逃命途中"为人所杀,送首于敦"。

求抑制当权世族权势,尤其是王导王敦的。"王氏深忌疾之。而隗之弹奏不畏强御",以致王导曾被迫引咎辞职。]

[然而,他虽一时应元帝之意而与刁协共同控制朝政,却殆无权变,急于求成,树敌过多,特别是力求削弱王敦兵权。这一切终于激发王敦322年举兵反叛,在对手远不拥有足够实力的情况下轻易攻破京师,主宰大政。他为保命只得投奔羯胡石勒。]

[低级官员之子,避乱渡江遂成司马睿近侍。"善求人主意,帝深器遇之",提升为掌管"刑宪"的丞相司直,在此职上排抑豪强,不避权贵,结果"王氏深忌疾之"。]

刘隗,字大连,彭城[今江苏徐州]人,楚元王交之后也。父砥,东光令。隗少有文翰,起家郎,稍迁冠军将军、彭城内史。避乱渡江,元帝以为从事中郎[君主或主公的近侍和幕僚]。["善求人主意,帝深器遇之":]隗雅习文史,善求人主意,帝深器遇之。迁丞相司直,委以刑宪。[排抑豪强,不避权贵,劾奏多多:]时建康尉收护军士,而为府将[护军将军属下]篡取之,隗奏免护军将军戴若思官。世子文学[司马绍文学掾]王籍之[王导堂侄]居叔母丧而婚,隗奏之……东阁祭酒颜含在叔父丧嫁女,隗又奏之。庐江太守梁龛明日当除妇服[男子应为亡妻服丧一年,期满后才能脱去丧服],今日请客奏伎,丞相长史周顗等三十余人同会,隗奏曰:"……周景王有三年之丧,既除而宴,《春秋》犹讥,况龛匹夫……宜肃丧纪之礼。请免龛官,削侯爵。顗等知龛有丧,吉会非礼,宜各夺俸一月,以肃其违。"从之。丞相行参军宋挺,本扬州刺史刘陶门人,陶亡后,挺娶陶爱妾以为小妻。建兴中,挺又割盗官布六百余匹,正刑弃市,遇赦免。既而奋武将军阮抗请为长史。隗劾奏曰:"挺蔑其死主而专其室,悖在三[指礼敬君、父、师]之义,伤人伦之序,当投之四裔以御魑魅。请除挺名,禁锢终身。而奋武将军、太山太守阮抗请为长史……襃求赃污,举顽用嚚[yín,奸诈]。请免抗官,下狱理罪。"奏可,而挺病死。隗又奏:"……作法垂于来世……请曹如前追除挺名为民,录妾还本,显证恶人,班下远近。"从之。南中郎将王含[王敦兄,为人凶暴贪鄙]以族强显贵,骄傲自恣,一请参佐及守长二十许人,多取非其才。隗劾奏文致甚苦,事虽被寝,王氏深忌疾之。而隗之弹奏不畏强御,皆此类也。

[他的一项劾奏迫使王导引咎辞职。东晋正式建立后,他作为首席司法官严法如旧。]

[他的无情劾奏迫使王导引咎辞职:]建兴[313—317]中,丞相府[王导为丞相]斩督运令史淳于伯而血逆流,隗又奏曰:"……谨按行督运令史淳于伯刑血著柱,遂逆上终极柱末二丈三尺,旋复下流四尺五寸。百姓喧哗,士女纵观,咸曰其冤。……以乏军兴[征集财物以供军用]论,于理为枉。四年之中,供给运漕,凡诸征发租调百役,皆有稽停[迟滞,停留],而不以军兴论,至于伯也,何独明之?捶楚之下,无求不得,囚人畏痛,饰辞应之。……谨按从事中郎周筵、法曹参军刘胤、属李匡幸荷殊宠,并登列曹,当思敦奉政道,详法慎杀,使兆庶无枉,人不称诉。而令伯枉同周青①,冤魂哭于幽都,诉灵恨于黄泉……皆由筵等不胜其任,请皆免官。"于是右将军王导等上疏引咎,请解职。帝曰:"政刑失中,皆吾暗塞所由。寻示愧惧,思闻忠告,以补其阙。而引过求退,岂所望也!"由是导等一无所问。

[作为首席司法官严法如旧:]晋国既建,拜御史中丞。周嵩嫁女,门生断道[阻塞或截断道路]解庐,斫[zhuó,砍]伤二人,建康左尉赴变,又被斫。隗劾嵩兄颐曰:"颐幸荷殊宠,列位上僚,当崇明宪典,协和上下,刑于左右,以御于家邦。而乃纵肆小人,群为凶害,公于广都之中白日刃尉,远近汹吓,百姓喧华,亏损风望,渐不可长。……宜加贬黜,以肃其违。"颐坐免官。

[应元帝之意,他与刁协共控朝政,主旨为排抑王导和削弱王敦兵权,其殆无策略的冒进政策激发王敦以清君侧为名举兵反叛,轻易攻破京师,于是他只得投奔石勒。]

---

① 《汉书·隽疏于薛平彭传》载:东海有孝妇[周青],少寡,亡子,养姑[婆婆]甚谨,姑欲嫁之,终不肯。姑谓邻人曰:"孝妇事我勤苦,哀其亡子守寡。我老,久累丁壮,奈何?"其后姑自经死,姑女告吏:"妇杀我母。"吏捕孝妇,孝妇辞不[不辞]杀姑。吏验治,孝妇自诬服。具狱上府,于公[于定国]以为此妇养姑十余年,以孝闻,必不杀也。太守不听,于公争之,弗能得,乃抱其具狱,哭于府上,因辞疾去。太守竟论杀孝妇。郡中枯旱三年。后太守至,卜筮其故,于公曰:"孝妇不当死,前太守强断之,咎党在是乎?"于是太守杀牛自祭孝妇冢,因表其墓,天立大雨,岁孰。郡中以此大敬重于公。

［“诸刻碎之政，皆云隗、协所建”：］太兴［318—321］初，长兼侍中，赐爵都乡侯，寻代薛兼为丹阳尹，与尚书令刁协并为元帝所宠，欲排抑豪强。诸刻碎之政，皆云隗、协所建。隗虽在外，万机秘密皆豫闻之。拜镇北将军、都督青徐幽平四州军事、假节，加散骑常侍，率万人镇泗口。

［力求削弱王敦兵权：］初，隗以王敦威权太盛，终不可制，劝帝出腹心以镇方隅，故以谯王承为湘州（刺史），续用隗及戴若思为都督。敦甚恶之，与隗书曰：“顷承圣上顾眄［miǎn］足下，今大贼未灭，中原鼎沸，欲与足下周生之徒戮力王室，共静海内。若其泰也，则帝祚于是乎隆；若其否也，则天下永无望矣。”隗答曰：“鱼相忘于江湖，人相忘于道术。竭股肱之力，效之以忠贞，吾之志也。”［他一本正经，无谓地激化对立，殆无策略！］敦得书甚怒。及敦作乱，以讨隗为名，诏征隗还京师，百官迎之于道，隗岸帻［推起头巾，露出前额，形容态度洒脱］大言，意气自若。［平乱实力大为不济，却临祸洒脱莫名，大言如旧，一代英主元帝咋将大业委托于这号归根结底轻浮的人物?!］及入见，与刁协奏请诛王氏［居然不顾大局和后果而要诛杀王导］。不从，［终有惧色，且作战失败：］有惧色，率众屯金城。及敦克石头，隗攻之不拔，入宫告辞，帝雪涕与之别。隗至淮阴，为刘遐所袭，携妻子及亲信二百余人奔于石勒，勒以为从事中郎、太子太傅。卒年六十一。

……　……

刁协：

［秉承元帝意愿排抑当权世族的另一位主要改革家，但其品性和战略（或无战略）都颠覆了其改革目的。他尽管“悉力尽心，志在匡救”，却“性刚悍，与物多忤”，“又使酒放肆，侵毁公卿”，处于除元帝和刘隗可依外几乎孤家寡人的境地。政治被简化为“崇上抑下”，“专行刻下之化”，同时加速摊牌却无赢牌实力，最后的厄运可想而知。］

［在侍奉几位大藩王后，不就任京畿区域长官却南下归依司马睿，担任后者的核心幕僚之一和重要廷臣，制定东晋初始的典章制度。］

刁协，字玄亮，渤海饶安［今河北沧州市盐山县］西南人也。祖恭，魏齐郡太守。

父攸,武帝时御史中丞。协少好经籍,博闻强记,释褐[脱去平民衣服,喻始任官职]濮阳王文学,累转太常博士、本郡大中正。[侍奉几位大藩王:]成都王颖请为平北司马,后历赵王伦相国参军,长沙王乂骠骑司马。及东嬴公腾镇临漳,以协为长史,转颍川太守。[不就任京畿区域长官,南下归依司马睿:]永嘉[307—313]初,为河南尹,未拜,避难渡江。元帝以为镇东军咨祭酒,转长史。愍帝即位[313],征为御史中丞,例不行。元帝为丞相,以协为左长史。中兴建,拜尚书左仆射。[制定东晋初始的典章制度:]于时朝廷草创,宪章未立,朝臣无习旧仪者。协久在中朝,谙练旧事,凡所制度,皆禀于协焉,深为当时所称许。[升为事权甚大的尚书令:]太兴[318—321]初,迁尚书令,在职数年,加金紫光禄大夫,令如故。

[他秉承元帝意愿排抑当权王氏世族,却"性刚悍,与物多忤","又使酒放肆,侵毁公卿",处于几乎孤家寡人的境地。加速摊牌却无赢牌实力,结果兵败于王敦,逃亡途中"为人所杀,送首于敦"。]

[他的政治主旨与实际上倾覆这主旨的行为方式:]协性刚悍,与物多忤,每崇上抑下,故为王氏所疾。又使酒放肆,侵毁公卿,见者莫不侧目。然悉力尽心,志在匡救,帝甚信任之。[组建意欲防范王敦反叛的新军:]以奴为兵①,取将吏客使转运,皆协所建也,众庶怨望之。[兵败于王敦,逃亡途中被杀:]及王敦构逆,上疏罪协。帝使协出督六军。既而王师败绩,协与刘隗俱侍帝于太极东陛,帝执协、隗手,流涕呜咽,劝令避祸。协曰:"臣当守死,不敢有贰。"帝曰:"今事逼矣,安可不行!"乃令给协、隗人马,使自为计。协年老,不堪骑乘,素无恩纪,募从者,皆委[推脱,推诿]

---

① 刁协和刘隗积极着手建立一支由朝廷直接控制和指挥的新军,以便在万一王敦反叛的情况下不至于无兵可用。但在当时的军户制下,良人无当兵的义务,军户又多由门阀世族把持,故建立新军必须解决兵源问题。为解燃眉之急,刁协建议征发扬州诸郡的奴客为兵,以备征役。太兴四年[321]五月,元帝下诏发奴为兵,总共得两万余人,征西将军戴若思和丹阳尹刘隗各领约一半。"刘隗",https://baike.sogou.com/v8363617.htm? fromTitle＝％E5％88％98％E9％9A％97。
《晋书·元帝明帝纪》载:(太兴)四年[321]……五月,旱。庚申,诏曰:"昔汉二祖及魏武皆免良人,武帝时,凉州覆败,诸为奴婢亦皆复籍,此累代成规也。其免中州良人遭难为扬州诸郡僮客者,以备征役。"

之行。至江乘，为人所杀，送首于敦，敦德刁氏，收葬之。帝痛协不免，密捕送协首者而诛之。

…… ……

戴若思（戴渊）：

[他同样颇受元帝信任，被委以都督六州军事以制约王敦军力。然而，在京师保卫战中他被王敦击败，虽暂时保住性命但很快便被杀害。]

[孙吴高官之后，"少好游侠，不拘操行"，受陆机感悟而改弦易辙。]

戴若思，广陵人也，名犯高祖[唐高祖李渊]庙讳。祖烈，吴左将军。父昌，会稽太守。若思有风仪，性闲爽，少好游侠，不拘操行。遇陆机赴洛，船装甚盛，遂与其徒掠之。若思登岸，据胡床，指麾同旅，皆得其宜。机察见之，知非常人，在舫屋上遥谓之曰："卿才器如此，乃复作劫邪！"若思感悟，因流涕，投剑就之。机与言，深加赏异，遂与定交焉。

[在东海王司马越之下步步高升：]若思后举孝廉，入洛，机荐之于赵王伦……伦乃辟之，除沁水令，不就，遂往武陵省父。时同郡人潘京素有理鉴，名知人，其父遣若思就京与语，既而称若思有公辅之才。累转东海王越军咨祭酒，出补豫章太守，加振威将军，领义军都督。以讨贼有功，赐爵秣陵侯，迁治书侍御史、骠骑司马，拜散骑侍郎。

[归依正在初创东晋的司马睿，出任方面大将，都督六州军事，领奴客兵万人防范王敦举军反叛。]

元帝召为镇东右司马。将征杜弢，加若思前将军，未发而弢灭。帝为晋王，以为尚书。中兴建，为中护军，转护军将军、尚书仆射，皆辞不拜。出为征西将军、都督兖豫幽冀雍并六州诸军事、假节，加散骑常侍。发投刺王官[曾在皇帝即位前投书劝进的王官]千人为军吏，调扬州百姓家奴万人为兵配之，以散骑常侍王遐为军司，镇寿阳[淝水西岸重镇]，与刘隗同出。帝亲幸其营，劳勉将士，临发祖伐，置酒赋诗。

[在京师保卫战中败给王敦,凭机会主义的"油嘴滑舌"保命,但很快被害。]

若思至合肥,而王敦举兵,诏追若思还镇京都,进骠骑将军,与右卫将军郭逸夹道筑垒于大桁之北。寻而石头失守,若思与诸军攻石头,王师败绩。若思率麾下百余人赴宫受诏,与公卿百官于石头见敦。敦问若思曰:"前日之战有余力乎?"若思不谢而答曰:"岂敢有余,但力不足耳。"又曰:"吾此举动,天下以为如何?"若思曰:"见形者谓之逆,体诚者谓之忠。"敦笑曰:"卿可谓能言。"敦参军吕猗昔为台郎,有刀笔才,性尤奸谄,若思为尚书,恶其为人,猗亦深憾焉。至是,乃说敦曰:"周颛、戴若思皆有高名,足以惑众,近者之言曾无愧色。公若不除,恐有再举之患,为将来之忧耳。"敦以为然,又素忌之,俄而遣邓岳、缪坦收若思而害之。若思素有重望,四海之士莫不痛惜焉。贼平,册赠右光禄大夫、仪同三司,谥曰简。

······ ······

周颛:

[元帝之下排抑当权世族的改革阵营成员,虽然在其中他本领最小,却是最有分寸感的,因为如本传末所载,在刘隗因王敦举兵反叛而劝元帝诛尽京城王氏世族时,他"言(王)导忠诚,申救甚至",以致"帝纳其言"。然而,不知此事的王导默许(甚而提示)王敦在攻破建邺后杀了他,直至得知真相后才"悲不自胜"。]

[他有他的道德伟大:不仅是名士,而且简直可称名侠,完全正面意义上的!]

[能以其神采风度镇住名士的名士(这大概就是元帝宠他的原因,虽然他如后所述无甚本领且频频酒醉误事)。]

周颛[今河南驻马店市汝南县人],字伯仁,安东将军浚之子也。少有重名,神彩秀彻,虽时辈亲狎,莫能媟[轻慢放肆地对待]也。司徒掾同郡贲嵩有清操,见颛,叹曰:"汝颍固多奇士!自顷雅道陵迟,今复见周伯仁,将振起旧风,清我邦族矣。"广陵戴若思东南之美,举秀才,入洛,素闻颛名,往候之,终坐而出,不敢显其才辩。颛从弟穆亦有美誉,欲陵折颛,颛陶然弗与之校,于是人士益宗附之。州郡辟命皆不就。弱冠,袭父爵武城侯,拜秘书郎,累迁尚书吏部郎。东海王越子毗为镇军将军,以颢为长史。

[侍奉初创东晋的司马睿，官高任重却办不了事，虽办不了事仍任高官，只是他自己还不失自知之明；然而，即使有自知之明仍"颇以酒失"。]

元帝初镇江左，请为军咨祭酒，[官高任重却办不了事：]出为宁远将军、荆州刺史、领护南蛮校尉、假节。始到州，而建平流人傅密等叛迎蜀贼杜弢，颢狼狈失据。陶侃遣将吴寄以兵救之，故颢得免……帝召为扬威将军、兖州刺史。颢还建康，帝留颢不遣，复以为军咨祭酒，寻转右长史。中兴建，补吏部尚书。[出错再出错：]顷之，以醉酒为有司所纠，白衣领职。复坐门生斫[zhuó]伤人，免官。

太兴[318—321]初，更拜太子少傅，尚书如故。颢上疏让曰[他自己还不失自知之明]："臣退自循省，学不通一经，智不效一官，止足良难，未能守分，遂忝显任，名位过量。不悟天鉴忘臣顽弊，乃欲使臣内管铨衡，外忝傅训，质轻蝉翼，事重千钧，此之不可，不待识而明矣。若臣受负乘之责[对失职的追究]，必贻圣朝惟尘之耻蒙[受用人不当的耻辱]，俯仰愧惧，不知所图。"诏曰[然而元帝有失知人之明]："绍[司马绍，未来的明帝]幼冲便居储副之贵，当赖轨匠以祛蒙蔽。望之俨然[（有严正的师长）使他望之俨然]，斯不言之益，何学之习邪，所谓与田苏[春秋晋国贤人，后借指贤德长者]游忘其鄙心者。便当副往意，不宜冲让。"转尚书左仆射，领吏部如故。

……[他有时的醉后狂悖连宠他的元帝也无法容忍：]帝宴群公于西堂，酒酣，从容曰："今日名臣共集，何如尧舜时邪？"颢因醉厉声曰："今虽同人主，何得复比圣世！"帝大怒而起，手诏付廷尉，将加戮，累日方赦之。及出，诸公就省，颢曰："近日之罪，固知不至于死。"寻代戴若思为护军将军。[再度"荒醉失仪"，再度得帝宽恕：]尚书纪瞻置酒请颢及王导等，颢荒醉失仪，复为有司所奏。诏曰："颢参副朝右，职掌铨衡，当敬慎德音，式是百辟。屡以酒过，为有司所绳。……颢必能克己复礼者，今不加黜责。"

["颇以酒失"，"颇以酒失"！]初，颢以雅望获海内盛名，后颇以酒失。为仆射，略无醒日，时人号为"三日仆射"。庾亮曰："周侯末年，所谓凤德之衰也。"[《论语·微子》："楚狂接舆歌而过，孔子曰：'凤兮！凤兮！何德之衰！'"后即以"凤德"指德行名望]颢在中朝时，能饮酒一石，及过江，虽日醉，每称无对[没有对手]。偶有旧对从

北来,颜遇之欣然,乃出酒二石共饮,各大醉。及颜醒,使视客,已腐胁而死。

······ ······

[面对王敦反叛得胜控制朝政,他大义凛然,无畏不屈:他是个首尾一贯不折不扣的名士,直至命丧。]

及王敦构逆······颜曰:"······人主自非尧舜,何能无失,人臣岂可得举兵以胁主!······处仲[王敦字]刚愎强忍,狼抗无上,其意宁有限邪!"既而王师败绩,颜奉诏诣敦,敦曰:"伯仁,卿负我!"颜曰:"公戎车犯顺,下官亲率六军,不能其事,使王旅奔败,以此负公。"敦惮其辞正,不知所答。······护军长史郝嘏等劝颜避敦,颜曰:"吾备位大臣,朝廷丧败,宁可复草间求活,外投胡越邪!"[或许这也是他对刘隗刁协最终表现的谴责和鄙视。]俄而与戴若思俱被收,路经太庙,[他简直可被称为名侠!]颜大言曰:"天地先帝之灵:贼臣王敦倾覆社稷,枉杀忠臣,陵虐天下,神祇有灵:当速杀敦,无令纵毒,以倾王室。"语未终,收人以戟伤其口,血流至踵,颜色不变,容止自若,观者皆为流涕。遂于石头南门外石上害之,时年五十四。

[他被害后,有两件事情终告大白:(1)他不敛财,为人"清约";(2)在刘隗劝元帝诛尽京城王氏时,他"言(王)导忠诚,申救甚至",以致"帝纳其言"。]

······敦素惮颜,每见颜辄面热,虽复冬月,扇面手不得休。敦使缪坦籍颜家,收得素簏数枚,盛故絮而已,酒五瓮,米数石,在位者服其清约。敦卒后,追赠左光禄大夫、仪同三司,谥曰康,祀以少牢。

[他对王氏世族大有分寸感,而且他拯救王导的方式完全是名侠式的:]初,敦之举兵也,刘隗劝帝尽除诸王,司空导率群从诣阙请罪,值颜将入,导呼颜谓曰:"伯仁,以百口累卿!"[意为我们家几百口性命就全靠你了]颜直入不顾。既见帝,言导忠诚,申救甚至,帝纳其言。颜喜饮酒,致醉而出。导犹在门,又呼颜。颜不与言,顾左右曰:"今年杀诸贼奴,取金印如斗大系肘。"既出,又上表明导,言甚切至。导不知救己,而甚衔之。敦既得志,问导曰:"周颜、戴若思南北之望,当登三司,无所疑也。"导不答。又曰:"若不三司,便应令仆[仆射官位]邪?"又不答。敦曰:"若不尔,正当诛尔。"导又无言。导后料检中书故事,见颜表救己,殷勤款至。导执表流涕,悲

不自胜,告其诸子曰:"吾虽不杀伯仁,伯仁因我而死。幽冥之中,负此良友!"……

[房玄龄等的终评富含政治/战略哲理,可谓警世良言:]

史臣曰:夫太刚则折,至察无徒,[没有朋友或同伴。语出西汉戴圣《大戴礼记·子张问入官》:"水至清则无鱼,人至察则无徒。"]以之为政,则害于而国;用之行己,则凶于乃家。……大连[刘隗字]司宪,阴候主情,当约法之秋,献斫棺之议。玄亮[刁协字]刚愎,与物多违,虽有崇上之心,专行刻下之化,同薄相济,并运天机。是使贤宰见疏,致物情于解体;权臣发怒,借其名以誓师。……颛招时论,尤其酒德,《礼经》曰"瑕不掩瑜",未足韬[隐蔽,遮蔽]其美也。

列传第二十八　周玘、周勰传　摘录和评注

周玘:

……　……

[虽然如前所述,他在为初生的东晋击碎陈敏及钱璯反叛上大有贡献,但最终他也反叛了。因为东晋政权内部中原世族与江南世族之间大为激化的争斗。反叛密谋泄露后,他"忧愤发背而卒",尽管东晋创立者司马睿有意网开一面。]

宗族强盛,人情所归,帝疑惮之。于时中州人士佐佑王业,而玘自以为不得调,内怀怨望,复为刁协轻之,耻恚愈甚。时镇东将军祭酒东莱王恢亦为周颛所侮,乃与玘阴谋诛诸执政,推玘及戴若思与诸南士共奉帝以经纬世事。先是,流人帅夏铁等寓于淮、泗,恢阴书与铁,令起兵,己当与玘以三吴应之。建兴[313—317]初,铁已聚众数百人,临淮太守蔡豹斩铁以闻。恢闻铁死,惧罪,奔于玘,玘杀之,埋于豕牢。[他竟秘密杀害同谋者以图免罪!]帝闻而秘之,召玘为镇东司马,未到,复改授建武将军、南郡太守。既南行,至芜湖,又下令曰:"玘奕世忠烈,义诚显著,孤所钦喜。今以为军咨祭酒,将军如故,进爵为公,禄秩僚属一同开国之例。"玘忿于回易[更改,变换],又知其谋泄,遂忧愤发背而卒,时年五十六。将卒,谓之勰曰:"杀我者诸伧子,能复之,乃吾子也。"[他对排挤江南世族的中原世族恨之入骨!]吴人谓中州人

曰"伧"[本义为粗俗],故云耳。赠辅国将军,谥曰忠烈。子勰[xié]嗣。

周勰:

[周玘之子,牢记其父的复仇遗言,然而他和他同党的武装反叛迅即夭折。尽管司马睿对他像对其父那般网开一面,他却意志全消,"淫侈纵恣"以度余生。]

勰字彦和。常缄父言。[东晋初期的一种根本内部形势和政治/社会紧张局面:]时中国亡官失守之士避乱来者,多居显位,驾御吴人,吴人颇怨。勰因之欲起兵,潜结吴兴郡功曹徐馥。馥家有部曲,勰使馥矫称叔父札[周处第三子]命以合众,豪侠乐乱者翕然附之,以讨王导、刁协为名。孙皓族人弼亦起兵于广德以应之。馥杀吴兴太守袁琇[315],有众数千,将奉札为主。时札以疾归家,闻而大惊,乃告乱于义兴太守孔侃。勰知札不同,不敢发兵。馥党惧,攻馥,杀之。孙弼众亦溃,宣城太守陶猷灭之。元帝以周氏奕世豪望,吴人所宗,故不穷治,抚之如旧。[司马睿两度宽宥周家反叛,表现了国务家的大战略度量。]勰为札所责,失志归家,淫侈纵恣,每谓人曰:"人生几时,但当快意耳。"终于临淮太守。

…… ……

列传第六十八　王敦传　摘录和评注

[我们在评注东晋史的一开初就强调,有三大互相交织的权势关系始终贯穿着东晋政治:司马氏皇权与贵族寡头即诸大门阀世族之间的;各大门阀世族互相间的;中央朝廷与大外镇或京外主要军阀势力之间的。就这些权势关系而言,王敦是首位重要人物,其野心、权势和最终反叛激发起东晋的最大内部政治风暴,导致元帝惨败,明帝平乱。]

[因此,王敦传重要,实质性地丰富了前面有关篇章(特别是《元帝明帝纪》)提供的相关竞斗知识,连同主角性情。]

[王氏世族的魁首之一，与其堂弟王导分别为拥有最大武力的头号外镇和近乎控制朝政的首席朝臣。他们的盛大权势终令大权旁落的元帝司马睿图谋变局，结果一败涂地，狂野的他肆无忌惮地举兵反叛，支配朝政。在这克劳塞维茨式"胜利的顶点"上，雄才大略的明帝司马绍成为他的致命克星，王导则从他的主要助力变成明帝平叛的首席辅臣。他和他的文武党羽终被剪灭，东晋重获政治稳定，尽管这稳定因明帝命归黄泉和庾氏外戚专政只延续两三年时间。]

[他体现了到达权势顶峰之后常见的急剧衰败机制，而这最有教益。]

[世族出身，成皇亲贵族；性情残忍，与王导截然不同。]

王敦，字处仲，司徒导之从父兄也。父基，治书侍御史。[成皇亲贵族：]敦少有奇人之目，尚武帝女襄城公主，拜驸马都尉，除太子舍人。[为人残忍，或曰"蜂目已露"，仅"豺声未振"：]时王恺、石崇以豪侈相尚，恺尝置酒，敦与导俱在坐，有女伎吹笛小失声韵，恺便驱杀之，一坐改容，敦神色自若。他日，又造恺，恺使美人行酒，以客饮不尽，辄杀之。酒至敦、导所，敦故不肯持，美人悲惧失色，而敦傲然不视。导素不能饮，恐行酒者得罪，遂勉强尽觞。导还，叹曰："处仲若当世，心怀刚忍，非令终也。"洗马潘滔见敦而目之曰："处仲蜂目已露，但豺声未振，若不噬人，亦当为人所噬。"……迁给事黄门侍郎。

["八王之乱"期间谋算准确，政治站队屡屡妥当；追随司马睿南下，与王导"同心翼戴"司马睿创东晋，以致时人语曰"王与马，共天下"。]

["八王之乱"期间的准确谋算和有效方略(1)：]赵王伦篡位，敦叔父彦为兖州刺史，伦遣敦慰劳之。会诸王起义兵；彦被齐王冏檄，惧伦兵强，不敢应命，敦劝彦起兵应诸王，故彦遂立勋绩。惠帝反正，敦迁散骑常侍、左卫将军、大鸿胪、侍中，出除广武将军、青州刺史。["八王之乱"期间的准确谋算和有效方略(2)：]永嘉[307—313]初，征为中书监。于时天下大乱，敦悉以公主时侍婢百余人配给将士，金银宝物散之于众，单车还洛。东海王越自荥阳来朝，敦谓所亲曰："今威权悉在太傅，而选用表请，尚书犹以旧制裁之，太傅今至，必有诛罚。"俄而越收中书令缪播等十余人杀之。越以敦为扬州刺史……其后征拜尚书，不就。[随司马睿南下，作为重臣

辅佐后者初创东晋;"王与马,共天下":]元帝召为安东军咨祭酒。会扬州刺史刘陶卒,帝复以敦为扬州刺史,加广武将军。寻进左将军、都督征讨诸军事、假节。帝初镇江东,威名未著,敦与从弟导等同心翼戴,以隆中兴,时人为之语曰:"王与马[司马氏],共天下。"寻与甘卓等讨江州刺史华轶,斩之。

[尤其依凭平乱征战,他成为执掌盛大武力和区域政权的大外镇,"专擅之迹渐彰":]

蜀贼杜弢作乱,荆州刺史周颤退走,敦遣武昌太守陶侃、豫章太守周访等讨弢,而敦进住豫章,为诸军继援。及侃破弢,敦上侃为荆州刺史。既而侃为弢将杜曾所败,敦以处分失所,自贬为广武将军,帝不许。[成为拥有盛大武力和区域政权的大外镇:]侃之灭弢也,敦以元帅进镇东大将军、开府仪同三司,加都督江扬荆湘交广六州诸军事、江州刺史,封汉安侯。敦始自选置,兼统州郡焉。["专擅之迹渐彰":]顷之,杜弢将杜弘南走广州,求讨桂林贼自效,敦许之。陶侃距弘不得进,乃诣零陵太守尹奉降,奉送弘与敦,敦以为将,遂见宠待。南康人何钦所居险固,聚党数千人,敦就加四品将军,于是专擅之迹渐彰矣。

建武[317—318]初,又迁征南大将军,开府如故。中兴建,拜侍中、大将军、江州牧。遣部将朱轨、赵诱伐杜曾,为曾所杀,敦自贬,免侍中,并辞牧不拜。寻加荆州牧……

…… ……

[王敦叛乱,攻入京师,独裁大权。]

[王氏堂兄弟权势盛大,终令元帝以丞相司直刘隗和尚书令刁协等人为心腹图谋变局,由此引发东晋高层首次大内斗(一):皇权 *vs.* 王导。]

……又固辞州牧,听为刺史。时刘隗用事,颇疏间王氏,导等甚不平之。敦上疏曰:

导昔蒙殊宠,委以事机,虚己求贤,竭诚奉国,遂藉恩私,居辅政之重。……导虽凡近,未有秽浊之累;既往之勋,畴昔之顾,情好绸缪,足以历薄俗,明君臣,合德义,同古贤。昔臣亲受嘉命,云:"吾与卿及茂弘[王导字]当管鲍之交。"……

"……王佐之器,当得宏达远识、高正明断、道德优备者,以臣暗识,未见其才。然于见人,未逾于导;加辅翼积年,实尽心力。霸王之主,何尝不任贤使能,共相终始!……以导之才,何能无失!当令任不过分,役其所长,以功补过,要之将来。导性慎密,尤能忍事,善于斟酌,有文章才义,动静顾问,起予圣怀,外无过宠,公私得所。今皇祚肇建,八表承风;圣恩不终,则遐迩失望。天下荒弊,人心易动;物听一移,将致疑惑。臣非敢苟私亲亲,惟欲忠于社稷。"

表至,导封以还敦,敦复遣奏之。

[王氏堂兄弟权势盛大,终令元帝以丞相司直刘隗和尚书令刁协等人为心腹图谋变局,由此引发东晋高层首次大内斗(二):王敦 vs. 皇权(十王导?)。王敦攻入京师,独揽大权。]

[他作为双重巨鳄(大世族十大外镇),终于过了韬光养晦的时节:]初,敦务自矫厉,雅尚清谈,口不言财色。既素有重名,又立大功于江左,专任阃[kǔn]外,手控强兵,群从贵显,威权莫贰,遂欲专制朝廷,有问鼎之心。帝畏而恶之,遂引刘隗、刁协等以为心膂。敦益不能平,于是嫌隙始构矣。每酒后辄咏魏武帝乐府歌曰:"老骥伏枥,志在千里。烈士暮年,壮心不已。"以如意打唾壶为节,壶边尽缺。及湘州刺史甘卓迁梁州,敦欲以从事中郎陈颁代卓,帝不从,更以谯王承镇湘州。敦复上表陈古今忠臣见疑于君,而苍蝇之人交构其间,欲以感动天子。帝愈忌惮之。俄加敦羽葆鼓吹,增从事中郎、掾属、舍人各二人。帝以刘隗为镇北将军,戴若思为征西将军,悉发扬州奴为兵,外以讨胡,实御敦也。[他率大军攻向京师,名义为清君侧:]永昌元年[322],敦率众内向,以诛隗为名,上疏曰:

[刘隗罪大莫及:]刘隗前在门下,邪佞谄媚,谮毁忠良,疑惑圣听,遂居权宠,挠乱天机,威福自由,有识杜口。大起事役,劳扰士庶,外托举义,内自封植;奢僭过制……晋魏已来,未有此比。倾尽帑藏,以自资奉;赋役不均,百姓嗟怨;免良人奴,自为惠泽。自可使其大田以充仓廪,今便割配,皆充隗军……又徐州流人辛苦经载,家计始立,隗悉驱逼,以实己府。……百姓哀愤,怨声盈路。……奸狡饕餮,未有隗比,虽无忌、宰嚭、弘恭、石显未足为喻。是以遐迩愤慨,群后失望。

[诛杀刘隗,方可退兵:]臣备位宰辅,与国存亡,诚乏平勃济时之略,然自忘驽驽,志存社稷,岂忍坐视成败,以亏圣美。事不获已,今辄进军,同讨奸孽,愿陛下深

垂省察,速斩隗首,则众望厌服,皇祚复隆。……

又曰[强烈谴责元帝"信奸佞"]:

陛下……

自从信隗已来,刑罚不中,街谈巷议,皆云如吴之将亡。闻之惶惑,精魂飞散,不觉胸臆摧破,泣血横流。陛下当全祖宗之业,存神器之重,察臣前后所启,奈何弃忽忠言,遂信奸佞,谁不痛心!……

[元帝盛怒,"亲率六军,以诛大逆":]敦党吴兴人沈充起兵应敦。敦至芜湖,又上表罪状刁协。帝大怒,下诏曰:"王敦凭恃宠灵,敢肆狂逆,方朕太甲[意为说朕有如商代第四位君主太甲,早年尚贤明,后昏乱暴虐,被首席辅臣伊尹放逐,幽居桐宫],欲见幽囚。是可忍也,孰不可忍也!今亲率六军,以诛大逆,有杀敦者,封五千户侯。"召戴若思、刘隗并会京师。敦兄含时为光禄勋,叛奔于敦。

[他攻入京师,实施清洗,独揽权力,然后"还屯武昌,多害忠良,宠树亲戚":],敦至石头,欲攻刘隗,其将杜弘曰:"刘隗死士众多,未易可克,不如攻石头。周札少恩,兵不为用,攻之必败。札败,则隗自走。"敦从之。札果开城门纳弘。诸将与敦战,王师败绩。既入石头,拥兵不朝,放肆兵士劫掠内外。官省奔散,惟有侍中二人侍帝。帝脱戎衣,著朝服,顾而言曰:"欲得我处,但当早道,我自还琅邪,何至困百姓如此!"敦收周颛、戴若思害之。以敦为丞相、江州牧,进爵武昌郡公,邑万户,使太常荀崧就拜,又加羽葆鼓吹,并伪让不受。还屯武昌,多害忠良,宠树亲戚,以兄含为卫将军、都督沔南军事、领南蛮校尉、荆州刺史,以义阳太守任愔督河北诸军事、南中郎将,敦又自督宁、益二州。

[他在臻于克劳塞维茨式"胜利的顶点"之后的衰败:"既得志,暴慢愈甚",加上爪牙皆"凶顽刚暴""凶险骄恣",遂完全疏离士庶,以致自己都知道下场凶险。]

及帝崩,太宁[东晋明帝年号,323—326]元年,敦讽朝廷征己,明帝[新君雄才大略,先韬光养晦地敷衍他,以伺机剪灭之]乃手诏征之,语在《明帝纪》。又使兼太常应詹拜授加黄钺,班剑武贲二十人,奏事不名,入朝不趋,剑履上殿。敦移镇姑孰,帝使侍中阮孚赍牛酒犒劳,敦称疾不见,使主簿受诏。以王导为司徒,敦自为扬州牧。

[史上常见的到达权势顶峰之后的急剧衰败机制：]敦既得志，暴慢愈甚，四方贡献多入己府，将相岳牧悉出其门。徙含为征东将军、都督扬州江西诸军事，从弟舒为荆州，彬为江州，邃为徐州。含字处弘，凶顽刚暴，时所不齿，以敦贵重，故历显位。敦以沈充、钱凤为谋主，诸葛瑶、邓岳、周抚、李恒、谢雍为爪牙。充等并凶险骄恣，共相驱扇，杀戮自己；又大起营府，侵人田宅，发掘古墓，剽掠市道，士庶解体，咸知其祸败焉。敦从弟豫章太守棱日夜切谏，敦怒，阴杀之。敦无子，养含子应。及敦病甚，拜应为武卫将军以自副。钱凤谓敦曰："脱其不讳，便当以后事付应。"敦曰："非常之事，岂常人所能！且应年少，安可当大事。我死之后，莫若解众放兵，归身朝廷，保全门户，此计之上也。退还武昌，收兵自守，贡献不废，亦中计也。及吾尚存，悉众而下，万一侥幸，计之下也。"[坏的产生更坏的，昏的产生更昏的：]凤谓其党曰："公之下计，乃上策也。"遂与沈充定谋，须敦死后作难。

敦又忌周札，杀之而尽灭其族。常从督冉曾、公乘雄等为元帝腹心，敦又害之。以宿卫尚多，奏令三番休二。……[他的极端昏暴和病笃濒死，便是他的战略性剪灭者等待的时机：]时帝将讨敦，微服至芜湖，察其营垒，又屡遣大臣讯问其起居。迁含骠骑大将军、开府仪同三司，含子瑜散骑常侍。

[明帝雄才大略，骤然发动对他的剪灭战役。]

敦以温峤为丹杨尹，欲使觇伺朝廷[他找错了探子！]。峤至，具言敦逆谋。帝欲讨之，知其为物情[世情]所畏服，乃伪言敦死，于是下诏曰：

[明帝连讨伐诏书都富有战略策略，不仅"伪言敦死"，而且不谈"历史问题"，专述他在独揽权力后的昏乱暴虐，连同他完全辜负元明两帝的容忍和等待；剪灭战役的合法性在于"神怒人怨"和"社稷之危，匪夕则旦"。]先帝以圣德应运，创业江东，司徒导首居心膂，以道翼赞。故大将军敦参处股肱，或内或外，夹辅之勋，与有力焉。阶缘际会，遂据上宰，杖节专征，委以五州。刁协、刘隗立朝不允，敦抗义致讨……事解之后，劫掠城邑，放恣兵人，侵及宫省；背违赦信，诛戮大臣；纵凶极逆，不朝而退。六合阻心，人情同愤。先帝含垢忍耻，容而不责，委任如旧，礼秩有加。……而敦曾无臣子追远之诚，又无辅孤同奖之操，缮甲聚兵，盛夏来至，辄以天官假授私属，将以威胁朝廷，倾危宗社。朕愍其狂戾，冀其觉悟，故且含隐以观其

终。而敦矜其不义之强，有侮弱朝廷之志，弃亲用羁，背贤任恶。钱凤竖子，专为谋主，逞其凶慝，诬罔忠良。周嵩亮直，谗言致祸；周札、周筵累世忠义，听受谗构，残夷其宗。秦人之酷，刑不过五。敦之诛戮，傍滥无辜，灭人之族，莫知其罪。天下骇心，道路以目。神怒人怨，笃疾所婴，昏荒悖逆，日以滋甚，辄立兄息以自承代，多树私党，莫非同恶，未有宰相继体而不由王命者也。顽凶相奖，无所顾忌，擅录冶工，辄割运漕，志骋凶丑，以窥神器。社稷之危，匪夕则旦。天下长奸，敦以陨毙。凤承凶宄，弥复煽逆。是可忍也，孰不可忍也。

[明帝重用王导，包括让其作为事实上的执行主帅从事剪灭战役:]今遣司徒导，镇南将军、丹杨尹峤，建威将军赵胤武旅三万，十道并进；平西将军邃率兖州刺史遐、奋武将军峻、奋威将军赡精锐三万，水陆齐势；朕亲御六军，左卫将军亮，右卫将军胤，护军将军詹，领军将军瞻，中军将军壶，骁骑将军艾，骠骑将军、南顿王宗，镇军将军、汝南王祐，太宰、西阳王羕被练三千，组甲三万，总统诸军，讨凤之罪。[明帝的战略策略性还在于宣告"罪止一人，朕不滥刑"，且施恩于广大士兵:]罪止一人，朕不滥刑。有能杀凤送首，封五千户侯，赏布五千匹。

……其余文武，诸为敦所授用者，一无所问，刺史二千石不得辄离所职。书到奉承，自求多福，无或猜嫌，以取诛灭。敦之将士，从敦弥所，怨旷日久，或父母陨没，或妻子丧亡，不得奔赴，衔哀从役，朕甚愍之，希不悽怆。其单丁在军无有兼重者，皆遣归家，终身不调，其余皆与假三年，休讫还台……明承诏书，朕不负信。

又诏曰："敢有舍王敦姓名而称大将军者，军法从事。"

[他和他党羽的末日。]

[病笃濒死的他遣兄长王含为帅攻向京师:]敦病转笃，不能御众，使钱凤、邓岳、周抚等率众三万向京师。含谓敦曰："此家事，吾便当行。"于是以含为元帅。凤等问敦曰："事克之日，天子云何？"敦曰："尚未南郊，何得称天子！便尽卿兵势，保护东海王[元帝第三子司马冲]及裴妃[西晋东海王司马越之妻，司马睿能镇守建邺，躲过北方浩劫，主要靠裴妃进言司马越，因此司马睿对她特别感激]而已。"乃上疏罪状温峤，以诛奸臣为名。

含至江宁，司徒导遗含书曰[王导以事实上的王氏世族首领资格劝王含退兵守节]：

　　近承大将军困笃绵绵，或云已有不讳，悲怛之情，不能自胜。寻知钱凤大严，欲肆奸逆，朝士忿愤，莫不扼腕……圣主发赫斯之命，具如檄旨……望兄奖群贤忠义之心，抑奸细不逞之计，当还武昌，尽力籓任……

　　兄之此举，谓可得如大将军昔年之事乎？昔年佞臣乱朝，人怀不宁，如导之徒，心思外济。今则不然。大将军来屯于湖，渐失人心，君子危怖，百姓劳弊……不北面而执臣节，乃私相树建，肆行威福，凡在人臣，谁不愤叹！此直钱凤不良之心闻于远近，自知无地，遂唱奸逆……

　　导门户小大受国厚恩，兄弟显宠，可谓隆矣。导虽不武，情在宁国。今日之事，明目张胆为六军之首，宁忠臣而死，不无赖而生矣。但恨大将军桓文之勋不遂，而兄一旦为逆节之臣，负先人平素之志，既没之日，何颜见诸父于黄泉，谒先帝于地下邪？执省来告，为兄羞之，且悲且惭。愿速建大计，惟取钱凤一人，使天下获安，家国有福……

　　……导所统六军，石头万五千人，宫内后苑二万人，护军屯金城六千人，刘遐[东晋北中郎将、兖州刺史]已至，征北[征北将军、王导堂弟王邃]昨已济江万五千人。以天子之威，文武毕力，岂可当乎！事犹可追，兄早思之。大兵一夺，导以为灼炟[焦虑貌]也。

　　[王含兵败：]含不答。帝遣中军司马曹浑等击含于越城，含军败，敦闻，怒曰："我兄老婢耳，门户衰矣！……"语参军吕宝曰："我当力行。"因作势而起，困乏复卧。

　　[钱凤兵败，王敦病死：]凤等至京师，屯于水南。帝亲率六军以御凤，频战破之。敦谓羊鉴及子应曰："我亡后，应便即位，先立朝廷百官，然后乃营葬事。"……俄而敦死，时年五十九。应秘不发丧，裹尸以席，蜡涂其外，埋于厅事中，与诸葛瑶等恒纵酒淫乐。

　　[沈充兵败，王含复败：]沈充自吴率众万余人至，与含等合……含复率众渡淮，苏峻等逆击，大败之，充亦烧营而退。

　　[钱凤和沈充覆灭，王敦被剖棺戮尸，王含逃亡后被沉江中，"余党悉平"：]既而周光斩钱凤，吴儒斩沈充，并传首京师。有司议曰："王敦滔天作逆，有无君之心，宜依崔杼、王浚故事，剖棺戮尸，以彰元恶。"于是发瘗[yì，埋葬处]出尸，焚其衣冠，跽

[长跪]而刑之。敦、充首同日悬于南桁，观者莫不称庆……含父子乘单船奔荆州刺史王舒，舒使人沈之于江，余党悉平。

…… ……

[补述他谋逆的两名谋主或狗头军师的来历，其中一人颇有真正的侠气:]沈充，字士居。少好兵书，颇以雄豪闻于乡里。敦引为参军，充因荐同郡钱凤。凤字世仪，敦以为铠曹参军，数得进见。知敦有不臣之心，因进邪说，遂相朋构，专弄威权，言成祸福。遭父丧，外托还葬，而密为敦使，与充交构。

…… ……

[沈充有真正的侠气，人性复杂!]明帝将伐敦，遣其乡人沈祯谕充，许以为司空。充谓祯曰:"三司具瞻之重，岂吾所任! 币厚言甘，古人所畏。且丈夫共事，终始当同，宁可中道改易，人谁容我!"……率兵临发，谓其妻子曰:"男儿不竖豹尾，终不还也。"及败归吴兴，亡失道，误入其故将吴儒家。儒诱充内重壁中，因笑谓充曰:"三千户侯也。"充曰:"封侯不足贪也。尔以大义存我，我宗族必厚报汝。若必杀我，汝族灭矣。"儒遂杀之。充子劲竟灭吴氏。劲见《忠义传》。

[房玄龄等评王敦(与明帝):辅佐立国，功高难比，继而骄矜图逆，兴乱作虐，"赖嗣君英略……运兹庙算，殄彼凶徒"，故"晋祚灵长"。]

史臣曰:……王敦……弼成王度，光佐中兴……此功固不细也。既而负勋高而图非望，恃势逼而肆骄陵。衅隙起自刁刘，祸难成于钱沈……蜂目既露，豺声又发，擅窃国命，杀害忠良，遂欲篡盗乘舆，逼迁龟鼎。赖嗣君英略，晋祚灵长，诸侯释位，股肱戮力，用能运兹庙算，殄彼凶徒，克固鸿图，载清天步者矣。

列传第三十五　王导传　摘录和评注

…… ……

[王敦反叛后，他靠频频谢罪和元帝尚存的情谊，保全了性命和重要幕僚地位:]王敦之反也，刘隗劝帝悉诛王氏，论者为之危心。导率群从昆弟子侄二十余

人,每旦诣台待罪。帝以导忠节有素,特还朝服,召见之。导稽首谢曰:"逆臣贼子,何世无之,岂意今者近出臣族!"帝跣而执之曰:"茂弘,方托百里之命于卿,是何言邪!"乃诏曰:"导以大义灭亲,可以吾为安东时节[元帝在徙镇建邺以前为安东将军,王导时为其亲信幕僚]假之。"[王敦攻入京师,在他的助力(及制约)下主宰朝政;他仍忠于元帝,尽管打了折扣(他深谙"政治是可能性的艺术"):]及敦得志,加导守尚书令。初,西都覆没,海内思主,群臣及四方并劝进于帝。时王氏强盛,有专天下之心,敦惮帝贤明,欲更议所立,导固争乃止。及此役也,敦谓导曰:"不从吾言,几致覆族。"导犹执正议,敦无以能夺……

[元帝薨后,继位的明帝重用他辅政,且委以击灭王敦的近乎执行主帅大任;明帝薨后,太后庾氏临朝称制,外戚庾亮权盛专横,他再度实际上靠边站。]

初,帝爱琅邪王裒,将有夺嫡之议,以问导。导曰:"夫立子以长,且绍[未来的明帝]又贤,不宜改革。"帝犹疑之。导日夕陈谏,故太子卒定。[明帝当然感激他,信任他!]及明帝即位[322],导受遗诏辅政,解扬州,迁司徒,一依陈群辅魏故事。王敦又举兵内向。时敦始寝疾,导便率子弟发哀,众闻,谓敦死,咸有奋志。及帝伐敦[323],假导节,都督诸军,领扬州刺史。敦平,进封始兴郡公,邑三千户,赐绢九千匹,进位太保,司徒如故,剑履上殿,入朝不趋,赞拜不名。固让。帝崩[324],导复与庾亮等同受遗诏,共辅幼主,是为成帝。① ……

列传第三十七　温峤传　摘录和评注

[温峤,东晋大政治家,明帝司马绍的肱股之臣,对先后平定东晋初中期两大内部危机——王敦之乱和苏峻之乱——起了关键作用。他的国务家特征主要在于深

① 《晋书·成帝康帝纪》载:太宁三年[325]……闰月[闰八月]戊子,明帝崩。己丑,太子即皇帝位……尊皇后庾氏为皇太后。秋九月癸卯,皇太后临朝称制。司徒王导录尚书事,与中书令庾亮参辅朝政。以抚军将军、南顿王宗为骠骑将军……

咸和元年[326]……冬十月……车骑将军、南顿王宗有罪,伏诛,贬其族为马氏。[受庾亮排挤而起兵叛乱。]免太宰、西阳王羕[司马宗兄,"象征性"最高级元老,受元帝和明帝尊崇],降为弋阳县王……

明大义,深谙形势,饶有分寸,聚合众心,所以"能宣力王室,扬名本朝"。]

［学识、口才和行为方式皆优秀的俊德之士：］

温峤［今山西晋中市祁县人］,字太真,司徒羡弟之子也。父憺,河东太守。峤性聪敏,有识量,博学能属文,少以孝悌称于邦族。风仪秀整,美于谈论,见者皆爱悦之。年十七,州郡辟召,皆不就。司隶命为都官从事。散骑常侍庾敳［ái］有重名,而颇聚敛,峤举奏之,京都振肃。后举秀才、灼然［晋代举试科目名,为九品中正的第二品］。司徒辟东阁祭酒,补上党潞令。

［担任在华北抵御异族狂潮的最后砥柱刘琨的参谋长。奉刘琨之命赴江南,劝进司马睿开辟东晋王朝,且以"辞旨慷慨"博得举朝瞩目,君臣器重。］

平北大将军刘琨妻,峤之从母［母亲的姊妹］也。琨深礼之,请为参军。琨迁大将军,峤为从事中郎、上党太守,加建威将军、督护前锋军事。将兵讨石勒,屡有战功。［"峤为之谋主,琨所凭恃焉"：］琨迁司空,以峤为右司马。于时并土荒残,寇盗群起,石勒、刘聪跨带疆场,峤为之谋主,琨所凭恃焉。

［"晋祚虽衰,天命未改",遂奉表劝进：］属二都倾覆,社稷绝祀,元帝初镇江左,琨诚系王室,谓峤曰："昔班彪识刘氏之复兴,马援知汉光之可辅。今晋祚虽衰,天命未改,吾欲立功河朔,使卿延誉江南,子其行乎?"对曰："峤虽无管张之才,而明公有桓文之志,欲建匡合之功,岂敢辞命。"乃以为左长史,檄告华夷,奉表劝进。［他劝进"辞旨慷慨",以致举朝瞩目,是为他在东晋未来事业的自制发动器：］峤既至,引见,具陈琨忠诚,志在效节,因说社稷无主,天人系望,辞旨慷慨。举朝属目,帝器而喜焉。王导、周顗、谢鲲、庾亮、桓彝等并与亲善。［衷心拥戴王导的国师功能：］于时江左草创,纲维未举,峤殊以为忧。及见王导共谈,欢然曰："江左自有管夷吾,吾复何虑!"屡求反命,不许。会琨为段匹磾所害……

除散骑侍郎。初,峤欲将命,其母崔氏固止之,峤绝裾而去。["以孝悌称于邦族"的他深明国家大义。]……

［明帝司马绍的腹心幕僚,在攻入建康控制朝政的王敦之下韬光养晦,密谋

"翻天"。]

后历骠骑王导长史，迁太子中庶子。[建立与未来明帝的亲密关系，然绝非佞臣；]及在东宫，深见宠遇，太子与为布衣之交。数陈规讽，又献《侍臣箴》，甚有弘益。时太子起西池楼观，颇为劳费，峤上疏以为朝廷草创，巨寇未灭，宜应俭以率下，务农重兵，太子纳焉。王敦举兵内向，六军败绩，太子将自出战，峤执鞚[带嚼子的马笼头]谏曰："臣闻善战者不怒，善胜者不武，如何万乘储副而以身轻天下！"太子乃止。

[明帝司马绍的腹心幕僚，"甚为王敦所忌"：]明帝即位，拜侍中，机密大谋皆所参综，诏命文翰亦悉豫焉。俄转中书令。峤有栋梁之任，帝亲而倚之，甚为王敦所忌，因请为左司马。敦阻兵不朝，多行陵纵，峤谏敦曰："……公自还辇毂，入辅朝政，阙拜觐之礼，简人臣之仪，不达圣心者莫不於邑[忧郁烦闷]。昔帝舜服事唐尧，伯禹竭身虞庭，文王虽盛，臣节不怠。故有庇人之大德，必有事君之小心……愿思舜、禹、文王服事之勤，惟公旦吐握之事，则天下幸甚。"敦不纳。[他在王敦之下深谙形势，"以附其欲"；他有他的间接战略或马基雅维里主义：]峤知其终不悟，于是谬为设敬，综其府事，干说密谋，以附其欲。深结钱凤[王敦谋主]，为之声誉，每曰："钱世仪精神满腹。"峤素有知人之称，凤闻而悦之，深结好于峤。会丹杨尹缺，峤说敦曰："京尹辇毂喉舌，宜得文武兼能，公宜自选其才。若朝廷用人，或不尽理。"敦然之，问峤谁可作者。峤曰："愚谓钱凤可用。"凤亦推峤，峤伪辞之。敦不从，表补丹杨尹。峤犹惧钱凤为之奸谋，因敦饯别，峤起行酒，至凤前，凤未及饮，峤因伪醉，以手版击凤帻坠，作色曰："钱凤何人，温太真行酒而敢不饮！"敦以为醉，两释之。临去言别，涕泗横流，出阁复入，如是再三，然后即路。及发后，凤入说敦曰："峤于朝廷甚密，而与庾亮深交，未必可信。"敦曰："太真昨醉，小加声色，岂得以此便相谗贰。"由是凤谋不行，而峤得还都，[他密谋"翻天"：]乃具奏敦之逆谋，请先为之备。

[324年王敦再度起兵欲行篡逆，名义为"诛奸臣，以峤为首"；他在平乱中或许起了首要作用。]

及敦构逆，加峤中垒将军、持节、都督东安北部诸军事。敦与王导书曰："太真别来几日，作如此事！"表诛奸臣，以峤为首。募生得峤者，当自拔其舌。及王含、钱凤奄至都下，峤烧朱雀桁以挫其锋，帝怒之，峤曰："今宿卫寡弱，征兵未至，若贼豕突，危及社稷，陛下何惜一桥。"贼果不得渡。峤自率众与贼夹水战，击王舍，败之，复督刘退追钱凤于江宁。事平，封建宁县开国公，赐绢五千四百匹，进号前将军。

[他就平乱后惩罚胁从之事力主区别对待，像在其他事情上一样饶有分寸：]时制王敦纲纪除名，参佐禁固，峤上疏曰："王敦刚愎不仁，忍行杀戮，亲任小人，疏远君子，朝廷所不能抑，骨肉所不能间。处其朝者恒惧危亡，故人士结舌，道路以目，诚贤人君子道穷数尽，遵养时晦之辰也。[他自己也是如此，故深有体会。]且敦为大逆之日，拘录人士，自免无路，原其私心，岂遑晏处，如陆玩、羊曼、刘胤、蔡谟、郭璞常与臣言，备知之矣。必其凶悖，自可罪人斯得；如其枉入奸党，宜施之以宽……陛下仁圣含弘，思求允中；臣阶缘博纳，干非其事，诚在爱才，不忘忠益。"帝从之。

[在"天下凋弊，国用不足"之际论国务之轻重缓急次序：内部安全、劝务农桑、部队屯田、精简冗官。]

是时天下凋弊，国用不足，诏公卿以下诣都坐论时政之所先，峤因奏军国要务。其一曰："祖约退舍寿阳[今安徽泗水西岸重镇]，有将来之难。今二方守御，为功尚易。淮泗都督，宜竭力以资之。选名重之士，配征兵五千人，又择一偏将，将二千兵，以益寿阳，可以保固徐豫，援助司土。"其二曰："一夫不耕，必有受其饥者。今不耕之夫，动有万计。春废劝课之制，冬峻出租之令，下未见施，惟赋是闻。赋不可以已，当思令百姓有以殷实。司徒置田曹掾，州一人，劝课农桑，察吏能否，今宜依旧置之。必得清恪奉公，足以宣示惠化者，则所益实弘矣。"其三曰："诸外州郡将兵者及都督府非临敌之军，且田且守。又先朝使五校出田，今四军五校有兵者，及护军所统外军，可分遣二军出，并屯要处。缘江上下，皆有良田，开荒须一年之后即易。且军人累重[指家庭负担重]者在外，有樵采蔬食之人，于事为便。"其四曰："建官以理世，不以私人也。如此则官寡而材精……然今江南六州之土，尚又荒残，方之平日，数十分之一耳。三省军校无兵者，九府寺署可有并相领者，可有省半者……荒残之县，或同在一城，可并合。如此选既可精，禄俸可优，令足代耕，然后可责以清公耳。"……议奏，多纳之。

……　……

列传第三十七　郗鉴传　摘录和评注

［郗鉴，东晋中期的优秀政治家，维持皇权威望和抑制世族权势是其主要政绩，而构筑朝廷内外几大势力间的平衡则是其主要方略。他非门阀出身，为人谦逊低调，此乃他政治行为的"阶级"和品性缘由。］

［"少孤贫"但"博览经籍"，"以儒雅著名"；在全国大乱中因守节自好而成为避难流民领袖。］

郗鉴，字道徽，高平金乡［今山东济宁市金乡县］人，汉御史大夫虑之玄孙也。少孤贫，博览经籍，躬耕陇亩，吟咏不倦。以儒雅著名，不应州命。赵王伦辟为掾，知伦有不臣之迹，称疾去职。及伦篡，其党皆至大官，而鉴闭门自守，不染逆节。［他是个有眼光、坐得住的非流俗之士。］惠帝反正，参司空军事，累迁太子中舍人、中书侍郎。东海王越辟为主簿，举贤良，不行。征东大将军苟晞檄为从事中郎。晞与越方以力争，鉴不应其召。从兄旭，晞之别驾，恐祸及己，劝之赴召，鉴终不回，晞亦不之逼也。［他确实是个有眼光、坐得住的非流俗之士。］……［他可以是大乱之中依凭其"仁德"自动感召的流民领袖：］鉴得归乡里。于时所在饥荒，州中之士素有感其恩义者，相与资赡。鉴复分所得，以恤宗族及乡曲孤老，赖而全济者甚多，咸相谓曰："今天子播越［流亡］，中原无伯，当归依仁德，可以后亡。"遂共推鉴为主，举千余家俱避难于鲁之峄山。［本传后载他临死时上疏云："臣所统错杂，率多北人，或逼迁徙，或是新附。"他或可谓至死仍是个"流民帅"。］

［他归依东晋创始者司马睿，被明帝司马绍引为制约王敦的皇室重大外援，继而历经风险"与帝谋灭敦"。］

元帝初镇江左，承制假鉴龙骧将军、兖州刺史，镇邹山。时荀籓用李述，刘琨用兄子演，并为兖州，各屯一郡，以力相倾，阖州编户，莫知所适。又徐龛、石勒左右交侵，日寻干戈，外无救援，百姓饥馑，或掘野鼠蛰燕［冬季伏匿在岩穴中的燕子］而食

　　　　　　　　　　　　　　　　　　古代军政行为方略图景：《晋书》解读

之，终无叛者。[他朴实的魅力：属下百姓极为艰难困苦但"终无叛者"。]三年间，众至数万。帝就加辅国将军、都督兖州诸军事。

永昌[322—323]初，征拜领军将军，既至，转尚书，以疾不拜。[明帝制约王氏权势的需要令他成为外藩重臣：]时明帝初即位，王敦专制，内外危逼，谋杖鉴为外援，由是拜安西将军、兖州刺史、都督扬州江西诸军、假节，镇合肥。[王敦的猜忌导致他被征还京师，继而以其正直得罪王敦：]敦忌之，表为尚书令，征还。道经姑孰，与敦相见，敦谓曰："乐彦辅[乐广，西晋河南尹，在众人因冒死辞送愍怀太子被关押时，不顾压力将这些人全部释放]短才耳。后生流宕，言违名检，考之以实，岂胜满武秋[满奋，西晋尚书令，持节奉玺绶于赵王司马伦，迁司隶校尉]邪？"鉴曰："拟人必于其伦。彦辅道韵平淡，体识冲粹，处倾危之朝，不可得而亲疏。及愍怀太子之废，可谓柔而有正。武秋失节之士，何可同日而言！"敦曰："愍怀废徙之际，交有危机之急，人何能以死守之乎！……"鉴曰："丈夫……岂可偷生屈节，靦颜天壤邪！……"敦素怀无君之心，闻鉴言，大忿之，遂不复相见，拘留不遣。[他面对莫大风险"举止自若，初无惧心"：]敦之党与谮毁日至，鉴举止自若，初无惧心。敦谓钱凤曰："郗道徽儒雅之士，名位既重，何得害之！"乃放还台。["与帝谋灭敦"：]鉴遂与帝谋灭敦。

[面对王敦之乱，他是个明了形势、讲求实际的现实主义者，力主不冒进，等时机，由此得到明帝高度信任，"万机动静辄问之"。]

既而钱凤攻逼京都，假鉴节，加卫将军、都督从驾诸军事。鉴以无益事实，固辞不受军号。时议者以王含、钱凤众力百倍，苑城小而不固，宜及军势未成，大驾自出距战。鉴曰[一番清醒和终究积极的战略评估]："群逆纵逸，其势不可当，可以算屈，难以力竞。且含等号令不一，抄盗相寻，百姓惩往年之暴，皆人自为守。乘逆顺之势，何往不克！且贼无经略远图，惟恃豕突一战，旷日持久，必启义士之心，令谋猷得展。今以此弱力敌彼强寇，决胜负于一朝，定成败于呼吸，虽有申胥[伍子胥]之徒，义存投袂，何补于既往哉！"帝从之。鉴以尚书令领诸屯营。

[荡平王敦之乱后，"帝以其有器望，万机动静辄问之"，或许是"分上流之势，拨

乱反正，强本弱枝"这一重大体制改革的提议者①：]及凤等平，温峤上议，请宥敦佐吏，鉴以为先王崇君臣之教，故贵伏死之节；昏亡之主，故开待放之门。王敦佐吏虽多逼迫，然居逆乱之朝，无出关之操，准之前训，宜加义责。又奏钱凤母年八十，宜蒙全宥。乃从之。封高平侯，赐绢四千八百匹。帝以其有器望，万机动静辄问之，乃诏鉴特草上表疏，以从简易。王导议欲赠周札官，鉴以为不合，语在札传。导不从。鉴于是驳之曰："敦之逆谋，履霜日久，缘札开门，令王师不振。若敦前者之举，义同桓文，则先帝可为幽厉邪？"朝臣虽无以难，而不能从。俄而迁车骑将军、都督徐兖青三州军事、兖州刺史、假节、镇广陵。[成帝司马衍的顾命大臣之一，虽然外戚庾亮专权使之如同虚设：]寻而帝崩，鉴与王导、卞壸、温峤、庾亮、陆晔等并受遗诏，辅少主，进位车骑大将军、开府仪同三司，加散骑常侍。

　　……　……

列传第四十　应詹传　摘录和评注

　　[应詹"质素弘雅"，才干卓越，先后为临近灭亡的西晋和初创时期的东晋掌管若干前沿、边陲或腹地区域军政，深得百姓爱戴，以致被颂为"润同江海，恩犹父母"。他在王敦谋逆作乱问题上始终立场端正，并且作为明帝委任的都督前锋军事为平乱立有汗马功劳。]

　　[他行为纯儒，"质素弘雅"，且"以学艺文章称"。经历"八王之乱"后，效力于事实上奠定东晋颇大部分基础的刘弘，深得后者赏识，贡献颇大。]

　　应詹，字思远，汝南南顿[今河南周口市下属项城市]人，魏侍中璩之孙也。詹

---

① 《晋书·元帝明帝纪》载：(太宁)三年[325]……[篇末房玄龄等所言明帝的一项重大军政举措，即"改授荆、湘等四州"，旨在"分上流之势，拨乱反正，强本弱枝"：]五月，以征南大将军陶侃为征西大将军、都督荆湘雍梁四州诸军事、荆州刺史，王舒为安南将军、都督广州诸军事、广州刺史。六月……以广州刺史王舒为都督湘州诸军事、湘州刺史，湘州刺史刘顗为平越中郎将、都督广州诸军事、广州刺史。

幼孤,为祖母所养。年十余岁,祖母又终,居丧毁顿,杖而后起,遂以孝闻。家富于财,年又稚弱,乃请族人共居,委以资产,情若至亲,世以此异焉。弱冠知名,性质素弘雅,物虽犯而弗之校,以学艺文章称。司徒何劭见之曰:"君子哉若人!"

初辟公府,为太子舍人。赵王伦以为征东长史。伦诛,坐免。成都王颖辟为掾……[效力于深为赏识他的刘弘,而"弘著绩汉南,詹之力也"。]镇南大将军刘弘,詹之祖舅也,请为长史,谓之曰:"君器识弘深,后当代老子[老夫,自谦之称]于荆南矣。"仍委以军政。弘著绩汉南,詹之力也。迁南平太守。

[西晋临近灭亡之际,他在万难中实现了最杰出的区域守卫和治理,依凭他怀柔南蛮以致"天下大乱,詹境独全",而获得安全的数郡郡民对他感戴不尽。其后,他归依初创东晋的司马睿,监巴东五郡军事,又得民众深切爱戴。]

王澄为荆州,假詹督南平、天门、武陵三郡军事。及洛阳倾覆,詹攘袂流涕,劝澄赴援。澄使詹为檄,詹下笔便成,辞义壮烈,见者慷慨,然竟不能从也。[他在万难中实现了最杰出的区域守卫和治理,依凭他怀柔南蛮。]天门、武陵溪蛮并反,詹讨降之。时政令不一,诸蛮怨望,并谋背叛。詹召蛮酋,破铜券与盟,由是怀詹,数郡无虞。其后天下大乱,詹境独全。百姓歌之曰:"乱离既普,殆为灰朽。侥幸之运,赖兹应后。岁寒不凋,孤境独守。拯我涂炭,惠隆丘阜。润同江海,恩犹父母。"镇南将军山简复假詹督五郡军事。会蜀贼杜畴作乱,来攻詹郡,力战摧之。寻与陶侃破杜弢于长沙,贼中金宝溢目,詹一无所取,唯收图书,莫不叹之。[他非流俗的品性令人赞叹。]元帝假詹建武将军,王敦又上詹监巴东五郡军事,赐爵颍阳乡侯。陈人王冲拥众荆州,素服詹名,迎为刺史。詹以冲等无赖,弃还南平,冲亦不怨。其得人情如此。迁益州刺史,领巴东监军。詹之出郡也,士庶攀车号泣,若恋所生。

[提倡在东晋复兴儒学教育,抑制老庄世风,训导社会文化,元帝"深纳之"。]

俄拜后军将军。詹上疏陈便宜,曰:"……性相近,习相远,训导之风,宜慎所好。魏正始[魏齐王曹芳年号,240—249]之间,蔚为文林。元康[晋惠帝年号,291—299]以来,贱经尚道,以玄虚宏放为夷达,以儒术清俭为鄙俗。永嘉之弊,未必不由此也。今虽有儒官,教养未备,非所以长育人才,纳之轨物也。宜修辟雍,崇明教义,先令国子受训,然后皇储亲临释奠,则普天尚德,率土知方矣。"元帝雅重其才,深纳之。

[在王敦谋逆作乱问题上始终立场端正,继而为平乱立有汗马功劳。]

顷之,出补吴国内史,以公事免。镇北将军刘隗出镇,以詹为军司。加散骑常侍,累迁光禄勋。詹以王敦专制自树,故优游讽咏,无所标明。及敦作逆,明帝问詹计将安出。詹厉然慷慨曰:"陛下宜奋赫斯之威,臣等当得负戈前驱,庶凭宗庙之灵,有征无战。如其不然,王室必危。"帝以詹为都督前锋军事、护军将军、假节,都督朱雀桥南。贼从竹格渡江,詹与建威将军赵胤等击败之,斩贼率杜发,枭首数千级。贼平,封观阳县侯,食邑一千六百户,赐绢五千四。上疏让……不许。

[在江州军政长官任上再度不辱使命,深得民心:]

迁使持节、都督江州诸军事、平南将军、江州刺史。詹将行,上疏曰[他值得注意的一项上疏,强烈呼吁切实整顿和优化官员队伍,依靠严格的选官、监察、奖惩、复用条件、俸禄等制度并严格施行]:

……弘济兹务,在乎官人。今南北杂错,属托者无保负之累,而轻举所知,此博采所以未精,职理所以多阙。今凡有所用,宜随其能否而与举主同乎褒贬,则人有慎举之恭,官无废职之咎。……汉朝使刺史行部,乘传奏事,犹恐不足以辨彰幽明,弘宣政道,故复有绣衣直指。今之艰弊,过于往昔,宜分遣黄、散若中书郎等循行天下,观采得失,举善弹违,断截苟且,则人不敢为非矣。汉宣帝时,二千石有居职修明者,则入为公卿;其不称职免官者,皆还为平人。惩劝必行,故历世长久。中间以来,迁不足竞,免不足惧。或有进而失意,退而得分。……今宜峻左降旧制,可二千石免官,三年乃得叙用,长史六年[长史免官,六年乃得叙用之意],户口折半,道里倍之。此法必明,便天下知官难得而易失,必人慎其职,朝无惰官矣。都督可课佃(公田)二十顷,州十顷,郡五顷,县三顷。皆取文武吏医卜[耕种公田(作为地方长官俸禄)],不得挠乱百姓。三台九府,中外诸军,有可减损,皆令附农。市息末伎,道无游人,不过一熟,丰穰可必。然后重居职之俸,使禄足以代耕。顷大事之后,退迩皆想宏略,而寂然未副,宜早振纲领,肃起群望。

［"抚而怀之"、得民欢心的治理方针再度为他赢得人望：]时王敦新平，人情未安，詹抚而怀之，莫不得其欢心，百姓赖之。

疾笃，与陶侃书曰："……足下建功峤南，旋镇旧楚。吾承乏幸会，来忝此州，图与足下进共竭节本朝，报恩幼主……岂悟时不我与，长即幽冥，永言莫从，能不慨怅！……"［平定王敦之乱后，他与陶侃分治江州和荆州，稳定和复兴了东晋的京外基础和资用源泉。］以咸和六年［331］卒，时年五十三。册赠镇南大将军、仪同三司，谥曰烈，祠以太牢……

［传末画龙点睛般的旁述：他为人厚道之至，应了开头讲的"质素弘雅"]初，京兆韦泓丧乱之际，亲属遇饥疫并尽，客游洛阳，素闻詹名，遂依托之。詹与分甘共苦，情若弟兄。遂随从积年，为营伉俪，置居宅，并荐之于元帝……帝即辟之。自后位至少府卿。既受詹生成之惠，詹卒，遂制朋友之服，哭止宿草……祭詹终身。

列传第三十一　周嵩传　摘录和评注

［西晋廷臣之子，东晋御史中丞，"狷直果侠，每以才气陵物"于元帝朝。他最重要的政治作为是在元帝"以王敦势盛，渐疏忌王导等"的情况下上疏劝谏，导致元帝感悟，王导等得以免遭大祸。他终被王敦杀害，因为他不畏其淫威，不对其妥协。一位保全他人而不知保全自己的绝对刚直人物！］

［"狷直果侠，每以才气陵物"，因谏言反对司马睿正式开创东晋王朝而忤旨被逐，甚至险些丢了脑袋。］

周浚［西晋灭吴功臣之一，后迁侍中，转少府兼将作大匠，再后代王浑都督扬州诸军事、安东将军］……三子：颙、嵩、谟……

嵩字仲智，狷直果侠，每以才气陵物。元帝作相，引为参军。及帝为晋王［317，翌年称帝］，……嵩上疏曰［反对司马睿正式开创东晋王朝]："……古之王者，必应天顺时，义全而后取，让成而后得，是以享世长久，重光万载也。今议者以殿下化流江汉，泽被六州，功济苍生，欲推崇尊号。臣谓今梓宫未反［愍帝316年投降南匈奴前赵,翌年被杀害],旧京未清,义夫泣血,士女震动;宜深明周公之道,先雪社稷大耻,尽忠言嘉谋之助,以时济弘仁之功,崇谦谦之美,推后己之诚;然后揖让以谢天下,谁敢不应,谁敢不从!"[忤旨被逐:]由是忤旨,出为新安太守。

嵩怏怏不悦,临发,与散骑郎张嶷在侍中戴邈坐,褒贬朝士,又诋毁邈,邈密表之。[他不怕任何人,到了"矜豪傲慢""轻忽朝廷"的地步,险些丢了脑袋。]帝召嵩入,面责之曰:"卿矜豪傲慢,敢轻忽朝廷,由吾不德故耳。"嵩跪谢曰:"昔唐虞至圣,四凶在朝。陛下虽圣明御世,亦安能无碌碌之臣乎!"帝怒,收付廷尉。廷尉华恒以嵩大不敬弃市论,嶷以扇和减罪除名。时颛[周嵩兄,太子少傅,尚书]方贵重,帝隐忍。久之,补庐陵太守,不之职,更拜御史中丞。

[在复得的高官职位上成功地劝谏"以王敦势盛,渐疏忌王导等"的元帝司马睿,导致王导等得以免遭大祸。]

是时帝以王敦势盛,渐疏忌王导等。嵩上疏曰:

…… ……

夫傅说之相高宗,申召[申伯、召穆公]之辅宣王[周宣王],管仲之佐齐桓,衰范之翼晋文,或宗师其道,垂拱受成,委以权重,终致匡主,未有忧其逼己,还为国蠹者也。[明君可以对贤臣放心,不管后者有多大权力。]始田氏擅齐,王莽篡汉,皆藉封土之强,假累世之宠,因暗弱之主,资母后之权,树比周之党,阶绝灭之势,然后乃能行其私谋,以成篡夺之祸耳。岂遇立功之主,为天人所相,而能运其奸计,以济其不轨者哉![只有在"暗弱之主"之下才会发生重臣"成篡夺之祸"的事情。]……

今王导、王虞等,方之前贤,犹有所后。至于忠素竭诚,义以辅上,共隆洪基,翼成大业,亦昔之亮也。虽陛下乘奕世之德,有天人之会,割据江东,奄有南极,龙飞海峤,兴复旧物,此亦群才之明,岂独陛下之力也。[这句话说得直率,对元帝不客气。]今王业虽建,羯寇未枭,天下荡荡,不宾者众,公私匮竭,仓庾未充,梓宫沈沦,妃后不反,正委贤任能推毂之日也。[刘隗、刁协是佞臣,不要听他们的"疑似之说"!他不怕得罪任何人]功业垂就,晋祚方隆,而一旦听孤臣之言,惑疑似之说,乃更以危为安,以疏易亲,放逐旧德,以佞伍贤,远亏既往之明,顾伤伊管之交,倾巍巍之望,丧如山之功,将令贤智杜心,义士丧志,近招当时之患,远遗来世之笑。……

……臣干犯时讳,触忤龙鳞者何? 诚念社稷之忧,欲报之于陛下也。……臣不胜忧愤,竭愚以闻。

疏奏,帝感悟,故导等获全。[劝谏成功,元帝至少是起码的明君。]

[他终被王敦杀害,因为不畏其淫威,不对其妥协。]

王敦既害颛而使人吊嵩,嵩曰:"亡兄天下人,为天下人所杀,复何所吊!"敦甚衔之,惧失人情,故未加害,用为从事中郎。嵩,王应[王敦无子,以侄王应为嗣]嫂父也,以颛横遇祸,意恒愤愤,尝众中云:"应不宜统兵。"敦密使妖人李脱诬嵩及周莚潜相署置,遂害之。嵩精于事佛,临刑犹于市诵经云。[佛教教义助其平静赴难,大概亦助其平日无畏,但为何未使之看淡政治?]

······ ······

列传第二十八　周札、周访传　摘录和评注

周札:

[周玘之弟,依凭江南世族身份和镇压徐馥叛乱之功而位居军政要职,任上为叛乱的王敦攻占首都作出甚大贡献;然而他一门五侯,"王敦深忌之",最终被诛灭。]

[江南豪右,"性矜险好利",依凭江南世族身份和镇压徐馥叛乱之功而位居军政要职,"都督石头水陆军事"。]

札字宣季。性矜险好利,外方内荏,少以豪右自处,州郡辟命皆不就。察孝廉,除郎中、大司马齐王同参军。出补句容令,迁吴国上军将军。辟东海王越参军,不就。以讨钱璯功,赐爵漳浦亭侯。元帝为丞相[315],表札为宁远将军、历阳内史,不之职,转从事中郎。徐馥平,以札为奋武将军、吴兴内史,录前后功,改封东迁县侯,进号征虏将军、临扬州江北军事、东中郎将,镇涂中,未之职,转右将军、都督石头水陆军事。札脚疾,不堪拜,固让经年,有司弹奏,不得已乃视职。加散骑常侍。

[为叛乱的王敦攻占东晋首都作出关键性贡献。然而一门五侯,"吴士贵盛,莫与为比,王敦深忌之":在王敦垂死和僚属惊恐之际,猜忌一变而为诛灭。]

王敦举兵攻石头，札开门应敦，故王师败绩。① 敦转札为光禄勋，寻补尚书。顷之，迁右将军、会稽内史。[他到了克劳塞维茨式"胜利的顶点"：一门五侯，"吴士贵盛，莫与为比"。]时札兄靖子懋晋陵太守、清流亭侯，懋弟筵征虏将军、吴兴内史，筵弟赞大将军从事中郎、武康县侯，赞弟缙太子文学、都乡侯，次兄子勰临淮太守、乌程公。札一门五侯，并居列位，吴士贵盛，莫与为比，["自然"反应随即而来——关于权势、声誉和野心的猜忌：]王敦深忌之。后筵丧母，送者千数，敦益惮焉。[在王敦垂死和僚属惊恐之际，猜忌一变而为诛灭决心；江南世族间大火并，由南下的中原世族首领发动。]及敦疾，钱凤以周氏宗强，与沈充[吴兴人，永昌元年（322），王敦上表讨伐刘隗，沈充招募响应，任大都督，统率东吴军事]权势相侔，欲自托于充，谋灭周氏，使充得专威扬土，乃说敦曰："夫有国者患于强逼，自古衅难恒必由之。今江东之豪莫强周、沈，公万世之后，二族必不静矣。周强而多俊才，宜先为之所，后嗣可安，国家可保耳。"敦纳之。时有道士李脱者，妖术惑众，自言八百岁，故号李八百。自中州至建邺，以鬼道疗病，又署人官位，时人多信事之。弟子李弘养徒灊[qián]山[在今安徽省霍山县]，云应谶当王。故敦使庐江太守李恒告札及其诸兄子与脱谋图不轨。时筵为敦咨议参军，即营中杀筵及脱、弘，又遣参军贺鸾就沈充尽掩杀札兄弟子，既而进军会稽，袭札。札先不知，卒闻兵至，率麾下数百人出距之，兵散见杀。["兵散见杀"，他吝啬贪财，因此在最后关头没能活命：]札性贪财好色，惟以业产为务。兵至之日，库中有精杖，外白以配兵，札犹惜不与，以弊者给之，其鄙吝如此，故士卒莫为之用。……

① 《晋书·元帝明帝纪》载：[王敦起兵武昌，轻而易举地攻破建邺，消除政敌：]永昌元年[322]正月……戊辰，大将军王敦举兵于武昌，以诛刘隗为名，龙骧将军沈充帅众应之。三月，征征西将军戴若思、镇北将军刘隗还卫京都。……刘隗军于金城[在今江苏句容县北]，右将军周札守石头[石头城，在今江苏南京市西清凉山上；唐以前，长江直逼清凉山西南麓，形成悬崖峭壁]，帝亲被甲徇六师于郊外。……四月，敦前锋攻石头，周札开城门应之，奋威将军侯礼死之。敦据石头，戴若思、刘隗帅众攻之……六军败绩。尚书令习协奔于江乘，为贼所害。镇北将军刘隗奔于石勒。……[王敦主宰朝政，大体控制整个东晋：]敦乃自为丞相、都督中外诸军、录尚书事，封武昌郡公，邑万户。丙子，骠骑将军、秣陵侯戴若思，尚书左仆射、护军将军、武城侯周颛为敦所害。敦将沈充陷吴国，魏乂陷湘州，吴国内史张茂，湘州刺史、谯王承并遇害。五月壬申，敦……加司空王导尚书令。……八月，敦以其兄含为卫将军，自领宁、益二州都督。……[元帝司马睿忧愤病逝：]十一月……闰月己丑，帝崩于内殿，时年四十七……

…… ……

周访：

…… ……

[王敦 vs.周札的故事似乎要在周访——江南世族和东晋名将——身上重演，但他的勇敢和智谋远胜于周札："敦虽怀逆谋，终访之世未敢为非。"]

初，王敦惧杜曾之难，谓访曰："擒曾，当相论为荆州刺史。"及是而敦不用。至王廙[yì]去职，诏以访为荆州。敦以访名将，勋业隆重，有疑色。其从事中郎郭舒说敦曰："鄙州虽遇寇难荒弊，实为用武之国，若以假人，将有尾大之患，公宜自领，访为梁州足矣。"敦从之，访大怒。敦手书譬释，并遗玉环玉碗以申厚意。访投碗于地曰："吾岂贾竖，可以宝悦乎！"[他正直勇敢。]阴欲图之。既在襄阳，务农训卒，勤于采纳，守宰有缺辄补，然后言上。[他足智多谋，大有战略坚韧性。]敦患之，而惮其强，不敢有异。访威风既著，远近悦服，智勇过人，为中兴名将。性谦虚，未尝论功伐。或问访曰："人有小善，鲜不自称。卿功勋如此，初无一言何也？"访曰："朝廷威灵，将士用命，访何功之有！"士以此重之。访练兵简卒，欲宣力中原，与李矩、郭默相结，慨然有平河、洛之志。善于抚纳，士众皆为致死。闻敦有不臣之心，访恒切齿。敦虽怀逆谋，故终访之世未敢为非。

……太兴三年[320]卒，时年六十一。帝哭之甚恸，诏赠征西将军，谥曰壮，立碑于本郡。……

列传第四十六　王彬传　摘录和评注

[王导从弟，东晋书画大家和文学家，王敦忠实党羽王廙之弟，但与其截然不同。他是义士侠士，视死如归地当面痛斥王敦"杀戮忠良，谋图不轨"。]

彬字世儒。少称雅正，弱冠，不就州郡之命。光禄大夫傅祗辟为掾。后与兄廙俱渡江，为扬州刺史刘机建武长史。元帝引为镇东贼曹参军，转典兵参军。豫讨华轶功,封都亭侯……迁建安太守,徙义兴内史,未之职,转军咨祭酒。

中兴建,稍迁侍中。从兄敦举兵石头,帝使彬劳之。[义士侠士 vs.强者暴者:他视死如归地当面痛斥王敦。]会周顗遇害,彬素与顗善,先往哭顗,甚恸。既而见敦,敦怪其有惨容,而问其所以。彬曰:"向哭伯仁,情未能已。"敦怒曰:"伯仁自致刑戮,且凡人遇汝,复何为者哉!"彬曰:"伯仁长者,君之亲友,在朝虽无謇谔,亦非阿党,而赦后加以极刑,所以伤恸也。"因勃然数敦曰:"兄抗旌犯顺,杀戮忠良,谋图不轨,祸及门户。"音辞慷慨,声泪俱下。敦大怒,厉声曰:"尔狂悖乃可至此,为吾不能杀汝邪!"时王导在坐,为之惧,劝彬起谢。彬曰:"有脚疾已来,见天子尚欲不拜,何跪之有!此复何所谢!"敦曰:"脚痛孰若颈痛?"彬意气自若,殊无惧容。[在勇者面前,强者暴者的恐吓没有意义。]后敦议举兵向京师,彬谏甚苦。敦变色目左右,将收彬,彬正色曰:"君昔岁害兄,今又杀弟邪?"先是,彬从兄豫章太守棱为敦所害,敦以彬亲故容忍之。俄而以彬为豫章太守。[他还有其他好品质:]彬为人朴素方直,乏风味之好,虽居显贵,常布衣蔬食。迁前将军、江州刺史。

[侠士 vs."守文"之士:]及敦死,王含欲投王舒,王应劝含投彬。含曰:"大将军平素与江州云何,汝欲归之?"应曰:"此乃所以宜往也。江州当人强盛时,能立同异,此非常人所及。睹衰厄,必兴愍恻。荆州守文,岂能意外行事!"含不从,遂共投舒,舒果沈含父子于江。彬闻应来,密具船以待之。既不至,深以为恨。

[他的幸运,还有他的"公共成就":]

敦平,有司奏彬及兄子安成太守籍之,并是敦亲,皆除名。诏曰:"司徒导以大义灭亲,其后昆虽或有违,犹将百世宥之,况彬等公之近亲。"乃原之。征拜光禄勋,转度支尚书。苏峻平后,改筑新宫,彬为大匠。以营创勋劳,赐爵关内侯,迁尚书右仆射。卒官,年五十九。赠特进、卫将军,加散骑常侍,谥曰肃……

列传第四十　甘卓传　摘录和评注

[孙吴名将甘宁之孙,归依司马睿后为初创东晋立有显著战功,遂先后主持湘州(湖南一部)和梁州(主要为汉中)。王敦之乱时被双方用作方面大将,但首尾两

端,在双方之间犹疑不定,其下场是被暂时得胜的王敦下令袭杀。"疑留不断,自取诛夷。"]

[孙吴名门之后,"八王之乱"期间弃官回江东,与力图割据的叛将陈敏"共相结托",继而又多少机会主义地加入以顾荣为首的反陈敏阵营,力击灭之。]

甘卓,字季思,丹杨人,秦丞相茂之后也。曾祖宁,为吴将。祖述,仕吴为尚书。父昌,太子太傅。吴平,卓退居自守。郡命主簿、功曹,察孝廉,州举秀才,为吴王常侍。讨石冰,以功赐爵都亭侯。东海王越引为参军,出补离狐令。卓见天下大乱,弃官东归,前至历阳,与陈敏相遇。敏甚悦,共图纵横之计,遂为其子景娶卓女,共相结托。会周玘唱义,密使钱广攻敏弟昶,敏遣卓讨广,顿朱雀桥南。会广杀昶,玘告丹杨太守顾荣共邀说卓。卓素敬服荣,且以昶死怀惧,良久乃从之。遂诈疾迎女,断桥,收船南岸,共灭敏,传首于京都。①

[归依司马睿,为初创东晋立有显著战功,遂先后主持湘州和梁州,他在那里为政简惠,惠及贫民。]

元帝初渡江,授卓前锋都督、扬威将军、历阳内史。其后讨周馥,征杜弢,屡经苦战,多所擒获。以前后功,进爵南乡侯,拜豫章太守。寻迁湘州刺史,将军如故。复进爵于湖侯。

……　……

卓寻迁安南将军、梁州刺史、假节、督沔北诸军,镇襄阳。卓外柔内刚,为政简惠,善于绥抚,估税悉除,市无二价。州境所有鱼池,先恒责税,卓不收其利,皆给贫民,西土称为惠政。

---

① 《晋书·顾荣纪瞻等传》载:敏仍遣甘卓出横江,坚甲利器,尽以委之。荣私于卓曰:"若江东之事可济,当共成之。然卿观事势当有济理不? 敏既常才,本无大略,政令反覆,计无所定,然其子弟各已骄矜,其败必矣。而吾等安然受其官禄,事败之日,使江西诸军函首送洛,题曰逆贼顾荣、甘卓之首,岂惟一身颠覆,辱及万世,可不图之!"卓从之。明年,周玘与荣及甘卓、纪瞻潜谋起兵攻敏。荣废桥敛舟于南岸,敏率万余人出,不获济,荣麾以羽扇,其众溃散。事平,还吴。

[王敦之乱时,他被双方用作方面大将,但首尾两端,在双方之间犹疑不定。]

王敦称兵,遣使告卓。卓乃伪许,而心不同之。及敦升舟,而卓不赴,使参军孙双诣武昌谏止敦。敦闻双言,大惊曰:"甘侯前与吾语云何,而更有异!正当虑吾危朝廷邪?吾今下唯除奸凶耳。卿还言之,事济当以甘侯作公。"双还报卓,卓不能决。[在大事上患得患失举棋难定是他的首要性格特征;对王敦犹豫。]或说卓且伪许敦,待敦至都而讨之。卓曰:"昔陈敏之乱,吾亦先从后图,而论者谓惧逼面谋之。虽吾情本不尔,而事实有似,心恒愧之。今若复尔,谁能明我!"时湘州刺史谯王承遣主簿邓骞说卓曰:"刘大连[刘隗字大连]虽乘权宠,非有害于天下也。大将军以其私憾称兵象魏[天子或诸侯宫门外的一对高建筑,亦叫"阙"或"观",借指宫室、朝廷],虽托讨乱之名,实失天下之望,此忠臣义士匡救之时也……今若因天人之心,唱桓文之举,杖大顺以扫逆节,拥义兵以勤王室,斯千载之运,不可失也。"卓笑曰:"桓文之事,岂吾所能。至于尽力国难,乃其心也。当共详思之。"[在大事上患得患失举棋难定是他的首要性格特征;对朝廷犹豫。][有得必有失,有失必有得,患得患失者可以久久迟疑不决,两分式的幕僚舆论则可以加剧决策者内心久久不解的自相矛盾]参军李梁说卓曰:"昔隗嚣乱陇右,窦融保河西以归光武,今日之事,有似于此。将军有重名于天下,但当推亡固存,坐而待之。使大将军胜,方当崇将军以方面之重;如其不胜,朝廷必以将军代之。何忧不富贵,而释此庙胜,决存亡于一战邪!"骞谓梁曰:"光武创业,中国未平,故隗嚣断陇右,窦融兼河西,各据一方,鼎足之势,故得文服天子,从容顾望。及海内已定,君臣正位,终于陇右倾覆,河西入朝。何则?向之文服,义所不容也。今将军之于本朝,非窦融之喻也。襄阳之于大府,非河西之固也。且人臣之义,安忍国难而不陈力,何以北面于天子邪!使大将军平刘隗,还武昌,增石城之守,绝荆湘之粟,将军安归乎?势在人手,而曰我处庙胜,未之闻也。"卓尚持疑未决,骞又谓卓曰:"今既不义举,又不承大将军檄,此必至之祸,愚智所见也。且议者之所难,以彼强我弱,是不量虚实者也。今大将军兵不过万余,其留者不能五千,而将军见众既倍之矣。将军威名天下所闻也,此府精锐,战胜之兵也。拥强众,藉威名,杖节而行,岂王舍所能御哉!溯流之众,势不自救,将军之举武昌,若摧枯拉朽,何所顾虑乎!武昌既定,据其军实,镇抚二州,施惠士卒,使还者如归,此吕蒙所以克敌也。如是,大将军可不战而自溃。今释必胜之策,安坐以待危亡,不可言知计矣。愿将军熟虑之。"

[好不容易做出的最后决定:参与讨平王敦。]时敦以卓不至,虑在后为变,遣参军乐道融苦要卓俱下。道融本欲背敦,因说卓袭之,语在融传。卓既素不欲从敦,得道融说,遂决曰:"吾本意也。"乃与巴东监军柳纯、南平太守夏侯承、宜都太守谭该等十余人,俱露檄远近,陈敦肆逆,率所统致讨。遣参军司马赞、孙双奉表诣台,参军罗英至广州,与陶侃克期,参军邓骞、虞冲至长沙,令谯王承坚守。征西将军戴若思在江西,先得卓书,表上之,台内皆称万岁。武昌惊,传卓军至,人皆奔散。诏书迁卓为镇南大将军、侍中、都督荆梁二州诸军事、荆州牧,梁州刺史如故,陶侃得卓信,即遣参军高宝率兵下。

[对惯于犹豫者而言,最后的决定往往事后证明并非最好的:他仍在犹豫,倾向"中道而废",以致精神失常,结果被暂时得胜的王敦下令袭杀。]

卓虽怀义正,而性不果毅,且年老多疑,计虑犹豫,军次猪口,累旬不前。敦大惧,遣卓兄子行参军印求和,谢卓曰:"君此自是臣节,不相责也。吾家计急,不得不尔。想便旋军襄阳,当更结好。"[在王师败绩的情势下他太怕兵败送命:]时王师败绩,敦求台驺虞幡驻卓。卓闻周顗、戴若思遇害,流涕谓印曰:"吾之所忧,正谓今日……吾适径据武昌,敦势逼,必劫天子以绝四海之望。不如还襄阳,更思后图。"即命旋军。都尉秦康说卓曰:"今分兵取敦不难,但断彭泽,上下不得相赴,自然离散,可一战擒也。将军既有忠节,中道而废,更为败军将,恐将军之下亦各便求西还,不可得守也。"卓不能从。乐道融亦日夜劝卓速下。卓性先宽和,忽便强塞,径还襄阳,意气骚扰,举动失常,自照镜不见其头,视庭树而头在树上,心甚恶之……卓转更很愎[犹刚愎],闻谏辄怒。方散兵使大佃[大规模屯田],而不为备。功曹荣建固谏,不纳。[他被王敦下令袭杀:]襄阳太守周虑等密承敦意,知卓无备,诈言湖中多鱼,劝卓遣左右皆捕鱼,乃袭害卓于寝,传首于敦。……

……　……

列传第四十六　王廙传　摘录和评注

王廙：

[王导从弟,东晋书画大家和文学家,早早投奔司马睿初创东晋;其后他在政治上表现恶劣,为王敦忠实党羽,助其作乱。]

[多才多艺,早早投奔司马睿初创东晋,官至荆州刺史。]

王廙,字世将,丞相导从弟,而元帝姨弟也。父正,尚书郎。廙少能属文,多所通涉,工书画,善音乐、射御、博弈、杂伎。辟太傅掾,转参军 …… 出为濮阳太守。元帝作镇江左,廙弃郡过江。帝见之大悦,以为司马。频守庐江、鄱阳二郡。豫讨周馥、杜弢,以功累增封邑,除冠军将军,镇石头,领丞相军咨祭酒。王敦启为宁远将军、荆州刺史。

及帝即位,廙奏《中兴赋》……

…… ……

文多不载。

[他出任荆州刺史是王敦排挤陶侃的结果。他在该州竟"大诛戮侃时将佐"等,"大失荆土之望",结果被明帝调还京师。]

初,王敦左迁陶侃,使廙代为荆州。将吏马俊、郑攀等上书请留侃,敦不许。廙为俊等所袭,奔于江安。贼杜曾[东晋叛将,315年占据汉水、沔水地区,319年战败被杀]与俊、攀北迎第五猗以距廙。廙督诸军讨曾,又为曾所败。敦命湘州刺史甘卓、豫章太守周广等助廙击曾,曾众溃,廙得到州。[有大名士风貌:]廙性俊率,尝从南下,旦自寻阳,迅风飞帆,暮至都,倚舫楼长啸,神气甚逸。王导谓庾亮曰:"世将为伤时识事。"亮曰:"正足舒其逸气耳。"廙在州大诛戮侃时将佐,及征士皇甫方回[皇甫谧子,避难荆州,先人后己,尊贤爱物,南土人士咸崇敬之,刺史陶侃礼之甚厚],于是大失荆土之望,人情乖阻。帝乃征廙为辅国将军,加散骑常侍。以母丧去职。服阕,拜征虏将军,进左卫将军。

[他为王敦忠实党羽,助其作乱:]

及王敦构祸，帝遣廙喻敦，既不能谏其悖逆，乃为敦所留，受任助乱。敦得志，以廙为平南将军领护南蛮校尉、荆州刺史。寻病卒。帝犹以亲故，深痛愍之。丧还京都，皇太子亲临拜枢，如家人之礼。……①

　　…… ……

---

① 我们不禁想起范晔对"为正直所羞"的大儒马融的抨击。《后汉书·马融传》末论曰：马融……终以奢乐恣性，党附成讥，固知识能匡欲者鲜矣［一则深刻的评论！人，甚至包括学问大师，本质上是动物。因而，知识在一定意义上与道德不相干，而天才可能像马融那样没有原则］。夫事苦，则矜全［怜惜（名节？）而予以保全］之情薄；生厚，故安存之虑深。［如何达到一个平衡，以便成为一名有道德的讲求实际者？一个对我们所有人来说都很严肃的问题。］登高不惧者，胥靡之人也；坐不垂堂者，千金之子也。原其大略，归于所安而已矣。……

列传第二　后妃列传下庾文君传　摘录和评注

晋明帝司马绍皇后庾文君：

[外戚统治！虽然她"性仁慈"，有德行，但皇帝逝后她临朝称制，用兄长庾亮专横掌朝，结果酿成重大叛乱，致使"后见逼辱，遂以忧崩"。]

明穆庾皇后，讳文君，颍川鄢陵[今河南许昌市鄢陵县]人也。父琛，见《外戚传》。后性仁慈，美姿仪。元帝闻之，聘为太子妃，以德行见重。明帝即位，立为皇后。……

[外戚统治与其祸殃：]及成帝即位，尊后曰皇太后。群臣奏：天子幼冲，宜依汉和熹皇后[邓绥]故事。辞让数四，不得已而临朝摄万机。后兄中书令亮管诏命……咸和元年[326]，有司奏请追赠后父及夫人毌丘氏，后陈让不许，三请不从。及苏峻作逆，京都倾覆，后见逼辱，遂以忧崩，时年三十二。后即位凡六年。……

帝纪第七　成帝、康帝　摘录和评注

[晋成帝司马衍，"少而聪敏，有成人之量"，4 岁登基，在位 17 年（325—342）。

他登基后，明帝要王导等人集体摄政的遗嘱立即被违背，改由皇太后庾文君临朝称制，皇太后兄庾亮权势炽盛，以至于"舅氏当朝，权侔人主"。不久后，爆发由庾亮专横导致的苏峻叛乱，叛军攻入京都建邺并占领一年多，是为朝廷与外镇（或准外镇）的结构性潜在矛盾的一次恶性滥觞。叛乱被平定后，王导权势恢复如初，庾亮权势衰弱。他在位的主要故事就是这伴随内斗的最高层权势转移和再转移，此后就他个人而言几乎唯一可谈的不外"及长，颇留心万机，务在简约"，而他在位期间东晋面对的北方形势主要是羯胡后赵灭匈奴前赵，石勒石虎连连攻略，逼近长江中游彼岸。]

［晋康帝司马岳，居帝位仅约三年（342—344）的青年皇帝，留给中国历史的名声仅是书法家而无关任何政绩。除了那些幼年早逝的纯摆设，这在中国帝政史上实属罕见。东晋王朝面临的内外交困的基本形势依然如故。]

晋成帝司马衍：

［他幼年登基，"皇太后临朝称制"，"舅氏当朝"，一年多后爆发由庾亮专横导致的苏峻叛乱①，王师连败，京都陷落；随后，大将陶侃和大臣温峤率军反攻，击碎叛军，东晋王朝渡过又一场大难，庾亮权势则江河日下。]

成皇帝讳衍，字世根，明帝长子也。太宁三年［325］三月戊辰，立为皇太子。闰月［闰八月］戊子，明帝崩。己丑，太子即皇帝位……尊皇后庾氏为皇太后。秋九月癸卯，皇太后临朝称制。司徒王导录尚书事，与中书令庾亮参辅朝政。以抚军将军、南顿王宗为骠骑将军……

咸和元年［326］……夏四月，石勒遣其将石生寇汝南［在今河南驻马店市］，汝南人执内史祖济以叛……［亲王兼第三号重臣被"舅氏"庾亮消灭，同时名义上的最高级元老被贬：]冬十月……车骑将军、南顿王宗有罪，伏诛，贬其族为马氏。［受庾亮排挤而起兵叛乱。]免太宰、西阳王羕［司马宗兄，受元帝和明帝尊崇]，降为弋阳县王……十一月……石勒将石聪攻寿阳，不克，遂侵逡道［在今安徽合肥市］、阜陵

---

① 《晋书·刘弘陶侃初列传》云：庾亮少有高名，以明穆皇后之兄受顾命之重，苏峻之祸，职亮是由。

[属淮南郡]。加司徒王导大司马、假黄钺、都督中外征讨诸军事以御之……时大旱，自六月不雨，至于是月……[内忧外患！]

二年[327]……[重大叛乱爆发，叛军盛大，王师连败，帝京陷落：]十一月，豫州刺史祖约、历阳太守苏峻等反。十二月辛亥，苏峻使其将韩晃入姑孰，屠于湖。壬子，彭城王雄、章武王休叛，奔峻。庚申，京师戒严。假护军将军庾亮节为征讨都督[下面的事实证明庾亮军事上无能，或缺乏威望]，以右卫将军赵胤为冠军将军、历阳太守，使与左将军司马流帅师距峻，战于慈湖，流败，死之。假骁骑将军钟雅节，帅舟军，与赵胤为前锋，以距峻……辛未，宣城内史桓彝及峻战于芜湖，彝军败绩。军骑将军都鉴遣广陵相刘矩帅师赴京师。三年[328]春正月，平南将军温峤帅师救京师，次于寻阳，遣督护王愆期、西阳太守邓岳、鄱阳太守纪睦为前锋。征西大将军陶侃遣督护龚登受峤节度。钟雅、赵胤等次慈湖，王愆期、邓岳等次直渎。丁未，峻济自横江，登牛渚。二月庚戌，峻至于蒋山[钟山（紫金山）古名金陵山，秦汉时期称钟山，三国时孙权改名蒋山]。假领军将军卞壶节，帅六军，及峻战于西陵，王师败绩。丙辰，峻攻青溪栅，因风纵火，王师又大败。尚书令、领军将军卞壶，丹阳尹羊曼，黄门侍郎周导，庐江太守陶瞻并遇害，死者数千人。[顶层精英逃遁，庾亮在先；京都陷落，皇帝被逼迁徙：]庾亮又败于宣阳门内，遂携其诸弟与郭默、赵胤奔寻阳。于是司徒王导、右光禄大夫陆晔、荀崧等卫帝于太极殿，太常孔愉守宗庙。贼乘胜麾戈接于帝座，突入太后后宫，左右侍人皆见掠夺。是时太官唯有烧余米数石，以供御膳。百姓号泣，响震都邑。丁巳，峻矫诏大赦，又以祖约为侍中、太尉、尚书令，自为骠骑将军、录尚书事……三月丙子，皇太后庾氏崩。夏四月，石勒攻宛，南阳太守王国叛，降于勒……五月乙未，峻逼迁天子于石头，帝哀泣升车，宫中恸哭……[陶侃和温峤率军反攻，经数月战事击碎叛军：]丙午，征西大将军陶侃、平南将军温峤、护军将军庾亮、平北将军魏该舟军四万，次于蔡洲。六月，韩晃攻宣城，内史桓彝力战，死之……庐江太守毛宝攻贼合肥戍，拔之。秋七月，祖约为石勒将石聪所攻，众溃，奔于历阳……九月戊申，司徒王导奔于白石[一说为今南京城西北的狮子山]。庚午，陶侃使督护杨谦攻峻于石头。温峤、庾亮阵于白石，竟陵太守李阳距贼南偏。峻轻骑出战，坠马，斩之，众遂大溃。贼党复立峻弟逸为帅……十二月乙未，石勒败刘曜于洛阳，获之。[翌年石勒杀刘曜，羯胡后赵灭匈奴前赵。]……

四年[329]春正月……戊辰,冠军将军赵胤遣将甘苗讨祖约于历阳,败之,约奔于石勒,其将牵腾帅众降。峻子硕攻台城,又焚太极东堂、秘阁,皆尽。城中大饥,米斗万钱。二月,大雨霖。丙戌,诸军攻石头。李阳与苏逸战于柤浦,阳军败。建威长史滕含以锐卒击之,逸等大败。含奉帝御于温峤舟,群臣顿首号泣请罪。弋阳王羕有罪,伏诛[苏峻作乱,羕诣峻称述其勋,峻大悦,矫诏复羕爵位]……时兵火之后,宫阙灰烬,以建平园为宫。甲午,苏逸以万余人自延陵湖将入吴兴。乙未,将军王允之及逸战于溧阳,获之。[叛军至此大致全部被消灭。]……三月壬子,以征西大将军陶侃为太尉,封长沙郡公……平南将军温峤为骠骑将军、开府仪同三司,封始安郡公。其余封拜各有差。[庾亮权势衰减:]庚午……以护军将军庾亮为平西将军、都督扬州之宣城江西诸军事、假节,领豫州刺史,镇芜湖……九月,石勒将石季龙[即石虎]击胤[刘曜部将赵胤],斩之,进屠上邽[在今甘肃天水市],尽灭刘氏,坑其党三千余人。[屠戮可谓其根本生活方式!]……

[虽然渡过内部政治大难,但东晋依然持久地内外交困。]

五年[330]……夏五月,旱,且饥疫……[羯胡后赵灭匈奴前赵,南向攻战逼近长江中游(甚至长江下游)北岸:]秋八月,石勒僭即皇帝位,使其将郭敬寇襄阳。南中郎将周抚退归武昌,中州流人悉降于勒。郭敬遂寇襄阳,屯于樊城……冬十月丁丑,幸司徒王导第,置酒大会[王导权势和尊荣炽盛]……六年[331]春正月……戊午,以运漕不继,发王公已下千余丁,各运米六斛……夏四月,旱……

七年[332]……夏四月,勒将郭敬陷襄阳。五月,大水。秋七月丙辰,诏诸养兽之属,损费者多,一切除之。[他节俭,以应天灾。]太尉陶侃遣子平西参军斌与南中郎将桓宣攻石勒将郭敬,破之,克樊城。竟陵太守李阳拔新野、襄阳,因而戍之。……

八年[333]……秋七月戊辰,石勒死,子弘嗣伪位……

九年[334]……三月……乙卯,太尉、长沙公陶侃薨。大旱,诏太官撤膳……贬费节用。[他节俭,以应天灾。]辛未,加平西将军庾亮都督江、荆、豫、益、梁、雍六州诸军事。秋八月……自五月不雨,至于是月……十一月,石季龙弑石弘,自立为天王。[东晋将面对一个比石勒更凶狠的羯胡君王石虎!]……

咸康元年[335]……[石虎一度大兵威胁东晋最核心地区,危机!]夏四月癸卯,石季龙寇历阳[今安徽马鞍山市和县,长江下游北岸],加司徒王导大司马、假黄钺、都督征讨诸军事,以御之。癸丑,帝观兵于广莫门,分命诸将,遣将军刘仕救历阳,平西将军赵胤屯慈湖,龙骧将军路永戍牛渚,建武将军王允之戍芜湖。司空郗鉴使广陵相陈光帅众卫京师,贼退向襄阳。戊午,解严……是岁,大旱,会稽余姚尤甚,米斗五百价,人相卖。

二年[336]……二月,算军用税米,空悬[亏空,匮缺?]五十余万石,尚书谢褒已下免官。辛亥,立皇后杜氏……三月,旱,诏太官减膳[他节俭,以应天灾]……秋七月,扬州会稽饥……

三年[337]……夏六月,旱。[辽东鲜卑前燕国建立,它以后将入主中原:]冬十月丁卯,慕容皝自立为燕王。

四年[338]春二月,石季龙帅众七万,击段辽于辽西,辽奔于平岗。夏四月……石季龙为慕容皝所败,癸丑,加皝征北大将军。五月乙未,以司徒王导为太傅、都督中外诸军事……六月,改司徒为丞相,以太傅王导为之。[王导权势盛而又盛。]……

五年[339]……秋七月庚申,使持节、侍中、丞相、领扬州刺史、始兴公王导薨。[王导逝去!何人及其门阀世族能持久地填补他留下的权势真空?]以护军将军何充录尚书事。八月壬午,复改丞相为司徒……[石虎军一度威胁东晋关键地区之一:]九月,石季龙将夔安、李农陷沔南,张貉陷邾城,因寇江夏、义阳,征虏将军毛宝、西阳太守樊俊、义阳太守郑进并死之。夔安等进围石城[县名,属宣城郡(治宛陵,今安徽宣城市)],竟陵太守李阳距战,破之,斩首五千余级。安乃退……

六年[340]春正月庚子,使持节、都督江豫益梁雍交广七州诸军事、司空、都亭侯庾亮薨[庾亮逝去。他在对327年几乎毁了东晋王朝的大叛乱爆发应负有重责之后十多年始终担任军政要职,体现了晋成帝的厚爱和王导的温和团结精神。]……二月,慕容皝及石季龙将石成战于辽西,败之,献捷于京师。庚辰,有星孛于太微。三月丁卯,大赦。以车骑将军、东海王冲为骠骑将军。……七年[341]春二月……己卯,慕容皝遣使求假燕王章玺,许之。三月戊戌,杜皇后崩……

[他去世,留下一个艰难甚至危殆的东晋,还有他聪慧和节俭的个人名声。]

八年[342]……夏六月庚寅，帝不念，诏曰："……司徒、琅邪王岳，亲则母弟，体则仁长，君人之风，允塞时望。肆尔王公卿士，其辅之！……"壬辰，引武陵王晞、会稽王昱、中书监庾冰、中书令何充、尚书令诸葛恢并受顾命。癸巳，帝崩于西堂，时年二十二，葬兴平陵，庙号显宗。

帝少而聪敏，有成人之量。南顿王宗之诛也，帝不之知，及苏峻平，问庾亮曰："常日白头公何在？"亮对以谋反伏诛，帝泣谓亮曰："舅言人作贼，便杀之，人言舅作贼，复若何？"亮惧，变色。庾怿[庾亮次弟]尝送酒于江州刺史王允之，允之与犬，犬毙，惧而表之。帝怒曰："大舅已乱天下，小舅复欲尔邪？"怿闻，饮药而死。然少为舅氏所制，不亲庶政。及长，颇留心万机，务在简约，常欲于后园作射堂，计用四十金，以劳费乃止。雄武之度，虽有愧于前王；恭俭之德，足追踪于往烈矣。

晋康帝司马岳：

[他登基，但居丧不言，委政于一个爱权力又怕权力的归根结底无能的人物。]

康皇帝讳岳，字世同，成帝母弟也。咸和元年[326]封吴王，二年[327]徙封琅邪王；九年[334]拜散骑常侍，加骠骑将军；咸康五年[339]迁侍中、司徒。八年[342]六月庚寅，成帝不念，诏以琅邪王为嗣。癸巳，成帝崩。甲午，即皇帝位……时帝谅阴不言，委政于庾冰、何充。[庾冰，已故庾亮之弟，权力一度盛大但显然害怕这权力，遂出镇京外。鉴于庾亮的教训？]……己未，以中书令何充为骠骑将军……十二月……壬子，立皇后褚氏。

[东晋似欲北伐，但三心二意甚或虚情假意。他去世，殆无政绩，无论好坏。]

建元元年[343]……三月，以中书监庾冰为车骑将军……六月……石季龙帅众伐慕容皝，皝大败之。[显然出于庾冰的主意，似乎准备北伐打击羯胡后赵（但事实将证明这是过眼烟云）：秋七月……丁巳，诏曰："慕容皝摧殄羯寇，乃云死没八万余人，将是其天亡之始也。中原之事，宜加筹量……其遣使诣安西、骠骑，咨谋诸军事。"以……安西将军庾翼为征讨大都督，迁镇襄阳……冬十月辛巳，以车骑将军庾冰都督荆江司雍益梁六州诸军事、江州刺史，以骠骑将军何充为中书监、都督扬豫二州诸军事、扬州刺史、录尚书事，辅政……

二年[344]……二月，慕容皝及鲜卑帅宇文归战于昌黎，归众大败，奔于漠北。……秋八月丙子，进安西将军庾翼为征西将军……九月……丙申，立皇子聃[dān]为皇太子。戊戌，帝崩于式乾殿。时年二十三……

[追溯：成帝留有两个褓褓中的儿子，而他作为皇弟为何能继承皇位？因为庾冰患得患失的盘算！]

初，成帝有疾，中书令庾冰自以舅氏当朝，权侔人主，恐异世之后，戚属将疏，乃言国有强敌，宜立长君，遂以帝为嗣……

列传第四十三　庾亮传　摘录和评注

[《晋书》至此为止，除庾亮（及其几名血亲）外，只有东晋的头号大国务家王导才被独篇单人设传，可见庾亮的重要，或许还有他的某种独特性。如前所述，成帝司马衍4岁登基后，明帝司马绍要王导等人集体摄政的遗嘱立即被违背，改由皇太后庾文君临朝称制，其兄庾亮权势炽盛，以至于"舅氏当朝，权侔人主"。不久后，他的专横导致苏峻叛乱，叛军攻入京都并占领一年多。叛乱被平定后王导权势恢复如初，庾亮的权势则自然衰减，虽然作为帝舅的大贵族地位起了很大的缓冲作用。]

[他的专横是自命正直者的专横，一改王导宽和得众的做法，只讲法规而不论情面，生硬苛刻而圆通全失，以致"苏祖寻戈，宗祧殆覆"。苏峻之乱被荡平后，他肯定出于东山再起、重掌大权的欲念，竟阴谋起兵废黜王导，未遂后又力主准备由他总督大举北伐，不料师未出却前沿陷落，北伐计划随之泡汤。他至少确如房玄龄等所评，"智小谋大，昧经邦之远图；才高识寡，阙安国之长算"。]

[庾亮之死可谓结束了东晋的一个时代，因为王导先他一年逝去，而此前不久温峤、陶侃、郗鉴均命归黄泉。何人及其门阀世族能持久地填补他们留下的权势真空？东晋高层又会形成怎样的权势关系新格局？]

[一位儒道合一的人物，自少便一本正经，"时人皆惮其方俨"。]

庚亮，字元规，明穆皇后之兄也……亮美姿容，善谈论，性好《庄》《老》，风格峻整，动由礼节，闺门之内，不肃而成，时人或以为夏侯太初[夏侯玄，才华出众，与何晏等人开创魏晋玄学先河]、陈长文[魏重臣陈群，陈寿称其"动仗名义，有清流雅望"]之伦也。年十六，东海王越辟为掾，不就，随父在会稽，岿然自守。时人皆惮其方俨，莫敢造之。

[应邀作为高级参谋侍奉初创东晋的司马睿，大得后者器重，于是其妹庚文君成为司马睿的大儿媳妇，这当然对他的前途（至少事后看来）决定性地有利。]

元帝为镇东时，闻其名，辟西曹掾。及引见，风情都雅，过于所望，甚器重之，由是聘亮妹为皇太子妃，亮固让，不许。转丞相参军。预讨华轶[江州刺史，311 年不服司马睿指挥而被讨伐，兵败被杀]功，封都亭侯，转参丞相军事，掌书记。中兴初，拜中书郎，领著作，侍讲东宫。其所论释，多见称述。与温峤俱为太子布衣之好。[侍讲东宫，与未来的明帝结下亲密关系，这又有利于他的前途。]时帝方任刑法，以《韩子》赐皇太子，亮谏以申韩刻薄伤化，不足留圣心，太子甚纳焉。[他实际上应该以此告诫他自己！]累迁给事中、黄门侍郎、散骑常侍。[他已近君、位高和潜在的权重。]……

[作为明帝司马绍的亲信之一，他对平王敦之乱有贡献。]

明帝即位，以为中书监，亮上书让曰[此时的他还算谦逊审慎，与明帝之后的他不一样]：

……先帝龙兴，垂异常之顾，既眷同国士，又申以婚姻，遂阶亲宠……十余年间，位超先达。无劳受遇，无与臣比。小人禄薄，福过灾生，止足之分，臣所宜守……

……臣领中书，则示天下以私矣。何者？臣于陛下，后之兄也……悠悠六合，皆私其姻，人皆有私，则天下无公矣。是以前后二汉，咸以抑后党安，进婚族危。向使西京七族、东京六姓皆非姻族，各以平进，纵不悉全，决不尽败。今之尽败，更由姻昵。[说此番话的他，与明帝之后的他，可谓判若两人！]

……外戚，凭托天地，连势四时，根援扶疏[枝叶茂盛，高低疏密有致]，重矣大矣。而或居权宠，四海侧目，事有不允，罪不容诛。身既招殃，国为之弊。其故何邪？由姻媾之私群情之所不能免，是以疏附则信，姻进则疑。疑积于百姓之心，则祸成于重闺之内矣。此皆往代成鉴，可为寒心者也……今以臣之才，兼如此之嫌，而使内处心膂，外总兵权，以此求治，未之闻也；以此招祸，可立待也……[说此番话的他，与明帝之后的他，可谓判若两人！人类记忆往往短暂。]

…… ……

疏奏，帝纳其言而止。

[他对平王敦之乱有重要贡献：]王敦既有异志，内深忌亮，而外崇重之。亮忧惧，以疾去官。复代王导为中书监。及敦举兵，加亮左卫将军，与诸将距钱凤。及沈充之走吴兴也，又假亮节、都督东征诸军事，追充。事平，以功封永昌县开国公，赐绢五千四百四，固让不受。转护军将军。

[他在明帝病危之际挫败两藩王阴谋，继而与王导受遗诏辅幼主；然而转眼之间，"太后临朝，政事一决于亮"。]

及帝疾笃，不欲见人，群臣无得进者。[他在明帝病危之际对政权稳定有重要贡献]抚军将军、南顿王宗，右卫将军虞胤等，素被亲爱，与西阳王羕将有异谋。亮直入卧内见帝，流涕不自胜。既而正色陈羕与宗等谋废大臣，规共辅政，社稷安否，将在今日，辞旨切至。[与王导等受遗诏辅幼主：]帝深感悟，引亮升御座，遂与司徒王导受遗诏辅幼主。① 加亮给事中，徙中书令。[顾命大臣"集体领导制"启动之际即被倾覆，"政事一决于亮"：]太后临朝，政事一决于亮。

[紧随政权变更而来的是人格变更和政道变更，从而激起苏峻祖约大叛乱，因他守卫不当京师随之陷落。]

[政道骤然变更，生硬严苛，至于杀废宗室，遂大失人心：]先是，王导辅政，以宽

---

① 《晋书·元帝明帝纪》载：帝不豫，召太宰、西阳王羕，司徒王导，尚书令卞壸，车骑将军郗鉴，护军将军庾亮，领军将军陆晔，丹杨尹温峤并受遗诏，辅太子。

和得众，亮任法裁物，颇以此失人心。又先帝遗诏褒进大臣，而陶侃、祖约不在其例，侃、约疑亮删除遗诏，并流怨言。亮惧乱，于是出温峤为江州以广声援，修石头以备之。会南顿王宗复谋废执政，亮杀宗而废宗兄羡。宗，帝室近属，羡，国族元老，又先帝保傅，天下咸以亮翦削宗室。

[一意孤行，终激起苏峻祖约大叛乱：]琅邪人卞咸，宗之党也，与宗俱诛。咸兄阐亡奔苏峻，亮符峻送阐，而峻保匿之。峻又多纳亡命，专用威刑，亮知峻必为祸乱，征为大司农。举朝谓之不可，平南将军温峤亦累书止之，皆不纳。峻遂与祖约俱举兵反。[一意孤行，导致京师无援而陷落：]温峤闻峻不受诏，便欲下卫京都，三吴又欲起义兵，亮并不听，而报峤书曰："吾忧西陲过于历阳[郡名，治所在今安徽省马鞍山市和县；苏峻为冠军将军、历阳内史]，足下无过雷池一步也。"[他几乎无军事才能，是个糟糕的战场指挥将领：]既而峻将韩晃寇宣城，亮遣距之，不能制，峻乘胜至于京都。诏假亮节、都督征讨诸军事，战于建阳门外。军未及阵，士众弃甲而走。亮乘小船西奔，乱兵相剥掠，亮左右射贼，误中舵工，应弦而倒……

亮携其三弟怿、条、翼南奔温峤，峤素钦重亮，虽在奔败，犹欲推为都统。亮固辞，乃与峤推陶侃为盟主。[失魂落魄的他有幸度过他个人的致命危机，主要靠他的风雅举止：]侃至寻阳，既有憾于亮，议者咸谓侃欲诛执政以谢天下。亮甚惧，及见侃，引咎自责，风止可观。侃不觉释然，乃谓亮曰："君侯修石头以拟老子，今日反见求耶！"便谈宴终日。亮啖薤[小蒜]，因留白。侃问曰："安用此为？"亮云："故可以种。"侃于是尤相称叹云："非惟风流，兼有为政之实。"

既至石头，亮遣督护王彰讨峻党张曜，反为所败。[连败后终于打了一场意义不大的胜仗：]亮送节传以谢侃，侃答曰："古人三败，君侯始二。当今事急，不宜数耳。"又曰："朝政多门，用生国祸。丧乱之来，岂独由峻也！"[陶侃也讨厌甚至憎恨王导，这大概是他宽恕和同情庾亮的主要原因。①]亮时以二千人守白石垒，峻步兵万余，四面来攻，众皆震惧。亮激厉将士，并殊死战，峻军乃退，追斩数百级。

---

① 《晋书·刘弘陶侃列传》首注："作为政治家而言，除杰出地治理江汉外，陶侃最引人注意又最为含糊不清的是平苏峻之乱后他与王导的暗斗，甚至很可能一度考虑举兵废黜王导，因而本篇说他'及都督八州，据上流，握强兵，潜有窥窬之志'。"

[叛乱好不容易被荡平后，他的权势则自然衰减，虽然他的大外戚地位依然令他的权势不致江河日下。]

峻平，帝幸温峤舟[329]，亮得进见，稽颡鲠噎，诏群臣与亮俱升御坐。亮明日又泥首谢罪，乞骸骨，欲阖门投窜山海。帝遣尚书、侍中手诏慰喻："此社稷之难，非舅之责也。"[皇帝宽恕（实为其妹太后代替时仅8岁的皇帝宽恕），但他心里自然有数，不深切检讨就过不去，因为群臣心里有数；]亮上疏曰：

……先帝不豫，臣参侍医药，登遐顾命，又豫闻后事，岂云德授，盖以亲也。臣知其不可，而不敢逃命……加以陛下初在谅暗，先后亲览万机，宣通外内，臣当其地，是以激节驱驰，不敢依违。虽知无补，志以死报。而才下位高，知进忘退，乘宠骄盈，渐不自觉。进不能抚宁外内，退不能推贤宗长，遂使四海侧心，谤议沸腾。

祖约、苏峻不堪其愤，纵肆凶逆，事由臣发。社稷倾覆，宗庙虚废，先后以忧逼登遐，陛下盱食逾年，四海哀惶，肝脑涂地，臣之招也，臣之罪也。朝廷寸斩之，屠戮之，不足以谢祖宗七庙之灵；臣灰身灭族，不足以塞四海之责。臣负国家，其罪莫大，实天所不覆，地所不载。陛下矜而不诛，有司纵而不戮。自古及今，岂有不忠不孝如臣之甚！……

……愿陛下览先朝谬授之失，虽垂宽宥，全其首领，犹宜弃之，任其自存自没，则天下粗知劝戒之纲矣。

疏奏，诏曰：

省告恳恻，执以感叹……

[宽宥无边，原则尽弃，帝诏居然说他大致没有错：]贼峻奸逆，书契所未有也。是天地所不容，人神所不宥。今年不反，明年当反，愚智所见也。舅与诸公勃然而召，正是不忍见无礼于君者也。论情与义，何得谓之不忠乎！若以己总率征讨，事至败丧，有司宜明直绳，以肃国体，诚则然矣。且舅遂上告方伯，席卷来下，舅躬贯甲胄，贼峻枭悬。大事既平，天下开泰，衍得反正，社稷乂安，宗庙有奉，岂非舅二三方伯忘身陈力之勋邪！方当策勋行赏，岂复议既往之咎乎！

…… ……

[折腾一番之后，他被任命为外镇大将和政务长官：]亮欲遁逃山海，自暨阳东出。诏有司录夺舟船。亮乃求外镇自效，出为持节、都督豫州扬州之江西宣城诸军

事、平西将军、假节、豫州刺史,领宣城内史。亮遂受命,镇芜湖。

[随后他审慎谦逊了一段时间:]顷之,后将军郭默据湓口以叛,亮表求亲征,于是以本官加征讨都督,率将军路永、毛宝、赵胤、匡术、刘仕等步骑二万,会太尉陶侃俱讨破之。亮还芜湖,不受爵赏。侃移书曰:"夫赏罚黜陟,国之大信,窃怪矫然独为君子。"亮曰:"元帅指捴,武臣效命,亮何功之有!"遂苦辞不受。进号镇西将军,又固让。初,以诛王敦功,封永昌县公。亮比陈让,疏数十上,至是许之。[陶侃逝世后,他升任京外地位最高和权势最大的都督六州军事,兼领三州刺史:]陶侃薨[334],迁亮都督江、荆、豫、益、梁、雍六州诸军事,领江、荆、豫三州刺史,进号征西将军、开府仪同三司、假节。亮固让开府,乃迁镇武昌。

[审慎成往昔之事:他肯定出于东山再起、重掌大权的欲念,竟阴谋起兵废黜王导,未遂后又力主准备由他总督大举北伐,不料前沿陷落,计划泡汤。]

时王导辅政,主幼时艰,务存大纲,不拘细目,委任赵胤、贾宁等诸将,并不奉法,大臣患之。陶侃尝欲起兵废导,而郗鉴不从,乃止。至是,亮又欲率众黜导,又以咨鉴,而鉴又不许。亮与鉴笺曰[数落王导"天大罪状",恨之入骨,要郗鉴与他一起扫除大奸]:

昔于芜湖反覆谓彼罪虽重,而时弊国危,且令方岳[任专一方之重臣]道胜,亦足有所镇压,故共隐忍,解释陶公。自兹迄今,曾无悛改。

主上自八九岁以及成人,入则在宫人之手,出则唯武官小人,读书无从受音句,顾问未尝遇君子……主之少也,不登进贤哲以辅导圣躬……不稽首归政,甫居师傅之尊;成人之主,方受师臣之悖……挟震主之威以临制百官,百官莫之敢忤。……赵贾之徒有无君之心,是而可忍,孰不可忍!

且往日之事,含容隐忍,谓其罪可宥,良以时弊国危,兵甲不可屡动,又冀其当谢往衅,惧而修己。如顷日之纵,是上无所忌,下无所惮,谓多养无赖足以维持天下。公与下官并蒙先朝厚顾,荷托付之重,大奸不扫,何以见先帝于地下! 愿公深惟安国家、固社稷之远算,次计公之与下官负荷轻重,量其所宜。

[因郗鉴拒绝而不遂：]鉴又不许，故其事得息。①

[力主由他总督大举北伐，但此议因前沿陷落而胎死腹中：]时石勒新死，亮有开复中原之谋，乃解豫州授辅国将军毛宝，使与西阳太守樊峻精兵一万，俱戍邾城[今湖北省武汉市新洲区邾城，长江北岸]。又以陶称为南中郎将、江夏相，率部曲五千人入沔中[东晋沔中都督区，辖襄阳、江夏等郡]。亮弟翼为南蛮校尉、南郡太守，镇江陵[今湖北荆州市江陵县，长江北岸]。以武昌太守陈嚣为辅国将军、梁州刺史，趣子午[秦岭北坡子午道，自今陕西安康穿秦岭至西安市长安区子午镇]。……亮当率大众十万，据石城[在今湖北荆门市下属钟祥市，处汉江中游]，为诸军声援，乃上疏曰："……襄阳北接宛许，南阻汉水，其险足固，其土足食。臣宜移镇襄阳之石城下，并遣诸军罗布江沔。比及数年，戎士习练，乘衅齐进，以临河洛。大势一举，众知存亡，开反善之路，宥逼协之罪，因天时，顺人情，诛逆遁，雪大耻，实圣朝之所先务也。愿陛下许其所陈，济其此举……"帝下其议。时王导与亮意同，郗鉴议以资用未备，不可大举。亮又上疏，便欲迁镇。会寇陷邾城，毛宝赴水而死。② 亮陈谢，自贬三等，行安西将军。有诏复位。寻拜司空，余官如故，固让不拜。

[他"忧慨发疾"而死，如前所述可谓结束了东晋的一个时代，何人能持久地填补权势真空？]

亮自邾城陷没，忧慨发疾。会王导薨，征亮为司徒、扬州刺史、录尚书事，又固辞，帝许之。咸康六年[340]薨，时年五十二。追赠太尉，谥曰文康。丧至，车驾亲临。……

……　……

---

① 《晋书·温峤郗鉴列传》内郗鉴传首注："东晋中期的优秀政治家，维持皇权威望和抑制世族权势是其主要政绩，而构筑朝廷内外几大势力间的平衡则是其主要方略。他非门阀出身，为人谦逊低调，此乃他政治行为的'阶级'和品性缘由。"

② 《晋书·成帝康帝纪》载：(咸康)五年[339]……秋七月庚申，使持节、侍中、丞相、领扬州刺史、始兴公王导薨……九月，石季龙[石虎]将夔安、李农陷沔南，张貉陷邾城，因寇江夏、义阳，征房将军毛宝、西阳太守樊俊、义阳太守郑进并死之……

列传第七十　祖约、苏峻传　摘录和评注

祖约：

[祖逖之弟,苏峻帮凶:代领祖逖之职却"愤恚"朝廷,迎合苏峻的推崇而协从其叛乱。无德无能,兵溃投奔石勒而终被斩杀灭门。]

[他欠缺公共忠诚一事因一桩私事而初露端倪。]

祖约,字士少,豫州刺史逖之弟也。初以孝廉为成皋令,与逖甚相友爱。永嘉[307—313]末,随逖过江。元帝称制,引为掾属,与陈留阮孚齐名。后转从事中郎,典选举。

约妻无男而性妒,约亦不敢违忤。尝夜寝于外,忽为人所伤,疑其妻所为,约求去职,帝不听,约便从右司马营东门私出。司直刘隗劾之曰:"约幸荷殊宠,显位选曹……当敬以直内,义以方外……而乃变起萧墙,患生婢妾,身被刑伤,亏其肤发……嚣声远被,尘秽清化……天恩含垢,犹复慰喻,而约违命轻出,既无明智以保其身,又孤恩废命,宜加贬黜,以塞众谤。"帝不之罪。隗重加执据,终不许。

[其兄逝后他代兄领抗北军队,但"竟无绥驭之才,不为士卒所附";然而,他名利心重,牢骚甚大,"遂怀怨望",甚至"愤恚"。]

及逖有功于谯沛,约渐见任遇。逖卒,自侍中代逖为平西将军、豫州刺史,领逖之众。约异母兄光禄大夫纳密言于帝曰:"约内怀陵上之心,抑而使之可也。今显侍左右,假其权势,将为乱阶矣。"帝不纳。时人亦谓纳与约异生,忌其宠贵,故有此言。而约竟无绥驭之才,不为士卒所附。

及王敦举兵,约归卫京都,率众次寿阳,逐敦所署淮南太守任台,以功封五等侯,进号镇西将军,使屯寿阳,为北境藩捍。[他的政治转折点,即"怀怨望",且升级为"愤恚"。叛逆的一种形成机制]自以名辈不后郗、卞,而不豫明帝顾命,又望开府,及诸所表请多不见许,遂怀怨望。石聪尝以众逼之,约屡表请救,而官军不至。聪既退,朝议又欲作涂塘以遏胡寇,约谓为弃己,弥怀愤恚。先是,太后使蔡谟劳

之，约见谟，瞋目攘袂，非毁朝政。

[苏峻反叛，推崇祖约，祖约大喜而协从之；京师沦陷后任反叛政权二号魁首，但下属诸将引羯胡石勒攻之而使之兵溃，其后内战连败。]

及苏峻举兵[328]，遂推崇约而罪执政，约闻而大喜。从子智及衍并倾险好乱，又赞成其事，于是命遂子沛内史涣、女婿淮南太守许柳以兵会峻。遂妻，柳之姊也，固谏不从。及峻克京都，矫诏以约为侍中、太尉、尚书令。[他无能到了极点。]颍川人陈光率其属攻之，约左右阍秃貌类约，光谓为约而擒之，约逾垣护免。光奔于石勒，而约之诸将复阴结于勒，请为内应。勒遣石聪来攻之，约众溃，奔历阳。遣兄子涣攻桓宣于皖城，会毛宝援宣，击涣，败之。赵胤复遣将军甘苗从三焦上历阳，约惧而夜遁，其将牵腾率众出降。

[他的末路：狼狈投奔石勒，石勒"薄其为人"，不久将他斩杀，且"其亲属中外百余人悉灭之，妇女伎妾班赐诸胡"。]

约以左右数百人奔于石勒，勒薄其为人，不见者久之。勒将程遐说勒曰[敦促灭他——"背叛不臣者"]："天下粗定，当显明逆顺，此汉高祖所以斩丁公也。今忠于事君者莫不显擢，背叛不臣者无不夷戮，此天下所以归伏大王也。祖约犹存，臣切惑之。且约大引宾客，又占夺乡里先人田地，地主多怨。"[他无德到了极点。]于是勒乃诈约曰："祖侯远来，未得喜欢，可集子弟一时俱会。"至日，勒辞之以疾，令遐请约及其宗室。约知祸及，大饮致醉。既至于市，抱其外孙而泣。遂杀之，并其亲属中外百余人悉灭之，妇女伎妾班赐诸胡。[心狭投机者 vs.凶暴猛兽！]

……　……

苏峻：

[大叛将，王敦之乱后东晋第二场大内乱的发动者，且一样攻陷京师，致使"干戈扫地，灾眚滔天，虽……李郭(东汉末董卓部将李傕、郭汜)之祸延宫阙，方凶比暴，弗是加也"。]

[他在平王敦之乱中立有大功，成重大外镇，扼京师门户。庾亮专权，轻举躁

动,激发他反叛,叛军攻陷京师,无恶不作。温峤等与之鏖战而大不利,不料"摩擦"突发,苏峻阵亡,而后他的余党节节败北,各被夷灭。]

[有才学,"狡黠有智力",永嘉之乱期间为本地武装豪强盟主,后被迫南渡归依东晋任将官。]

苏峻,字子高,长广掖[今山东莱州市]人也。父模,安乐相。峻少为书生,有才学,仕郡主簿。年十八,举孝廉。永嘉之乱,百姓流亡,所在屯聚,峻纠合得数千家,结垒于本县。于时豪杰所在屯聚,而峻最强。[他的政治动员才能初露(或二露)端倪:]遣长史徐玮宣檄诸屯,示以王化,又收枯骨而葬之,远近感其恩义,推峻为主。遂射猎于海边青山中。[他在受讨伐威胁下南渡归依东晋任将官:]元帝闻之,假峻安集将军。时曹嶷领青州刺史,表峻为掖令,峻辞疾不受。嶷恶其得众,恐必为患,将讨之。峻惧,率其所部数百家泛海南渡。既到广陵,朝廷嘉其远至,转鹰扬将军。会周坚反于彭城,峻助讨之,有功,除淮陵内史,迁兰陵相。

[他的腾达:在平王敦之乱中立有大功,成重大外镇,于是他"颇怀骄溢,自负其众,潜有异志"。]

王敦作逆,诏峻讨敦。卜之不吉,迟回不进。及王师败绩,峻退保盱眙。淮陵故吏徐深、艾毅重请峻为内史,诏听之,加奋威将军。太宁[东晋明帝年号,323—326]初,更除临淮内史。[在平王敦之乱中立有大功,成重大外镇:]王敦复肆逆,尚书令郗鉴议召峻及刘遐援京都……率众赴京师,顿于司徒故府。道远行速,军人疲困。沈充、钱凤谋曰:"北军新到,未堪攻战,击之必克。若复犹豫,后难犯也。"贼于其夜度竹格渚,拔栅将战,峻率其将韩晃于南塘横截,大破之。又随庾亮追破沈充。进使持节、冠军将军、历阳[建康门户,今安徽马鞍山市和县]内史,加散骑常侍,封邵陵公,食邑一千八百户。

[腾达后野心剧涨,"潜有异志":]峻本以单家聚众于扰攘之际,归顺之后,志在立功,既有功于国,威望渐著。至是有锐卒万人,器械甚精,朝廷以江外寄之。而峻颇怀骄溢,自负其众,潜有异志,抚纳亡命,得罪之家有逃死者,峻辄蔽匿之。众力日多,皆仰食县官,运漕者相属,稍有不如意,便肆忿言。

[明帝逝后庾亮专权,庾亮轻举躁动,激起苏峻叛乱;叛军攻陷京师,大肆杀掠,"穷凶极暴,残酷无道"。]

时明帝初崩,委政宰辅,护军庾亮欲征[征调至朝廷]之。峻闻将征,遣司马何仍诣亮曰:"讨贼外任,远近从命,至于内辅,实非所堪。"不从,遂下优诏征峻为大司农,加散骑常侍,位特进,以弟逸代领部曲。峻素疑帝欲害己,表曰:"昔明皇帝亲执臣手,使臣北讨胡寇。今中原未靖,无用家为,乞补青州界一荒郡,以展鹰犬之用。"复不许。峻严装将赴召,而犹豫未决,参军任让谓峻曰[关键的准反叛劝谏]:"将军求处荒郡而不见许,事势如此,恐无生路,不如勒兵自守。"峻从之,遂不应命。朝廷遣使讽谕之,峻曰[露骨得不能再露骨的准反叛宣言,宣告准备举兵"清君侧"]:"台下云我欲反,岂得活邪!我宁山头望廷尉,不能廷尉望山头。往者国危累卵,非我不济,狡兔既死,猎犬理自应烹,但当死报造谋者耳。"于是遣参军徐会结祖约,谋为乱,而以讨亮为名。[联合祖约后发动武装叛乱,在京师近旁击败朝廷大军,攻陷京师]约遣祖涣、许柳率众助峻,峻遣将韩晃、张健等袭姑孰[今安徽马鞍山市当涂县],进逼慈湖,杀于湖令陶馥及振威将军司马流。峻自率涣、柳众万人,乘风济自横江,次于陵口[今江苏丹阳市陵口镇东南隅],与王师战,频捷,遂据蒋陵覆舟山[现称九华山,位于南京市玄武区太平门内西侧],率众因风放火,台省及诸营寺署一时荡尽。遂陷宫城,[攻陷京师后大肆杀掠,"穷凶极暴,残酷无道":]纵兵大掠,侵逼六宫,穷凶极暴,残酷无道。驱役百官,光禄勋王彬等皆被捶挞,逼令担负登蒋山。裸剥士女,皆以坏席苫草自鄣,无草者坐地以土自覆,哀号之声震动内外。时官有布二十万匹,金银五千斤,钱亿万,绢数万匹,他物称是,峻尽费之。[建立反叛政权,"朝廷政事一皆由之":]矫诏大赦,惟庾亮兄弟不在原例。自为骠骑领军将军、录尚书事,许柳丹杨尹,加前将军马雄左卫将军,祖涣骁骑将军,复弋阳王羕为西阳王、太宰、录尚书事,羕息播亦复本官。于是改易官司,置其亲党,朝廷政事一皆由之。又遣韩晃入义兴,张健、管商、弘徽等入晋陵。

[温峤等举军讨伐,与之鏖战而大不利,不料克劳塞维茨式"摩擦"突发,苏峻阵亡;继而,他的余党节节败北,各被夷灭。]

时温峤、陶侃已唱义于武昌,峻闻兵起,用参军贾宁计,还据石头[在今南京清凉山西麓,自虎踞关龙蟠里石头城门到草场门],更分兵距诸义军,所过无不残灭。[温峤率军与之鏖战而大不利:]峤等将至,峻遂迁天子于石头,逼迫居人,尽聚之后苑,使怀德令匡术守苑城。峤等既到,乃筑垒于白石,峻率众攻之,几至陷没。东西抄掠,多所擒虏,兵威日盛,战无不克,由是义众沮衄,人怀异计。朝士之奔义军者,皆云:"峻狡黠有智力,其徒党骁勇,所向无敌。惟当以天讨有罪,诛灭不久;若以人事言之,未易除也。"温峤怒曰:"诸君怯懦,乃是誉贼。"及后累战不捷,峤亦深惮之。管商等进攻吴郡,焚吴县、海监、嘉兴,败诸义军。韩晃又攻宣城,害太守桓彝。商等又焚余杭,而大败于武康,退还义兴。峤与赵胤率步兵万人,从白石南上,欲以临之。峻与匡孝将八千人逆战,峻遣子硕与孝以数十骑先薄赵胤,败之[他克劳塞维茨式"胜利的顶点"]。[克劳塞维茨式"摩擦"突发,他偶发荒谬的数骑突阵之狂,旋即中矛坠马,被"斩首脔割"焚骨:]峻望见胤走,曰:"孝能破贼,我更不如乎!"因舍其众,与数骑北下突阵,不得入,将回趋白木陂,牙门彭世、李千等投之以矛,坠马,斩首脔割之,焚其骨,三军皆称万岁。[他死后,他的余党节节败北,以致各被夷灭:]峻司马任让等共立峻弟逸为主。求峻尸不获,硕乃发庾亮父母墓,剖棺焚尸。[作为总体战的内战,双方残忍莫名!]逸闭城自守。韩晃闻峻死,引兵赴石头。管商及弘徽进攻庱亭垒,督护李闳及轻车长史滕含击破之,斩首千级。商率众走延陵,李闳与庱亭诸军追之,斩获数千级。商诣庾亮降,匡术举苑城降。韩晃与苏逸等并力攻述,不能陷。温峤等选精锐将攻贼营,硕率骁勇数百渡淮而战,于阵斩硕。晃等震惧,以其众奔张健于曲阿,门厄不得出,更相蹈藉,死者万数。逸为李汤所执,斩于车骑府。

管商之降也,余众并归张健。健又疑弘徽等不与己同,尽杀之,更以舟军自延陵向长塘,小大二万余口,金银宝物不可胜数。扬烈将军王允之与吴兴诸军击健,大破之,获男女万余口。健复与马雄、韩晃等轻军俱走,闳率锐兵追之,及于岩山,攻之甚急。健等不敢下山,惟晃独出,带两步靫[皮革制藏箭器具]箭,却据胡床,弯弓射之,伤杀甚众。箭尽,乃斩之。健等遂降,并枭其首。

列传第三十五　王导传　摘录和评注

…… ……

[明帝薨后，太后庾氏临朝称制，外戚庾亮权盛专横，他再度实际上靠边站；苏峻之乱期间，他无生命危险。]

……帝崩[324]，导复与庾亮等同受遗诏，共辅幼主，是为成帝。……

庾亮将征苏峻[历阳太守]，访之于导。导曰[他深谙"政治是可能性的艺术"]："峻猜阻，必不奉诏。且山薮藏疾，宜包容之。"固争不从，亮遂召峻。既而难作[327]，六军败绩，导入宫侍帝。[叛首苏峻占据首都期间，他犹如尊贵的俘虏，无生命危险，继而出逃：]峻以导德望，不敢加害，犹以本官居己之右。峻又逼乘舆幸石头，导争之不得。峻日来帝前肆丑言，导深惧有不测之祸。时路永、匡术、贾宁并说峻，令杀导，尽诛大臣，更树腹心。峻敬导，不纳，故永等贰于峻。导使参军袁耽潜讽诱永等，谋奉帝出奔义军。而峻卫御甚严，事遂不果。导乃携二子随永奔于白石[一说为今南京城北狮子山]。

[苏峻之乱被荡平后，他的权势恢复如初，甚至盛而又盛，但他仍保持审慎谦逊、"简素寡欲"和气度宽宏的品格。]

及贼平[329]，宗庙宫室并为灰烬，温峤议迁都豫章，三吴之豪请都会稽，二论纷纭，未有所适。导曰："建康，古之金陵，旧为帝里，又孙仲谋、刘玄德俱言王者之宅。古之帝王不必以丰俭移都……且北寇游魂，伺我之隙，一旦示弱，窜于蛮越，求之望实[欲求威望和实力(而不得)]，惧非良计。今特宜镇之以静，群情自安。"由是峤等谋并不行。

…… ……

[他权势盛而又盛，但审慎谦逊，"简素寡欲"：]时大旱，导上疏逊位。诏曰："……公体道明哲，弘犹深远，勋格四海，翼亮三世……博综万机，不可一日有旷。公宜遗履谦之近节，遵经国之远略。门下速遣侍中以下敦喻。"导固让。诏累逼之，然后视事。导简素寡欲，仓无储谷，衣不重帛。帝知之，给布万匹，以供私费。导有

赢疾，不堪朝会，帝幸其府，纵酒作乐，后令舆车入殿，其见敬如此。

　　石季龙掠骑至历阳［今安徽马鞍山市和县］，导请出讨之。加大司马、假黄钺、中外诸军事，置左右长史、司马，给布万匹。俄而贼退，解大司马，复转中外大都督，进位太傅，又拜丞相，依汉制罢司徒官以并之。……

　　……　……

　　［他气度宽宏，可谓不计前嫌、团结"异己"的模范（大国务家的一项可贵甚或必需的素质）：］于时庾亮以望重地逼［名望高而所辖地盘狭窄］，出镇于外。① 南蛮校尉陶称间说亮当举兵内向，或劝导密为之防。导曰："吾与元规［庾亮字］休戚是同，悠悠之谈，宜绝智者之口。则如君言，元规若来，吾便角巾还第，复何惧哉！"又与称书，以为庾公帝之元舅，宜善事之。于是谗间遂息。时亮虽居外镇，而执朝廷之权，既据上流，拥强兵，趣向者多归之。导内不能平，常遇西风尘起，举扇自蔽，徐曰："元规尘污人。"②

　　……　……

　　［他病逝，此时他随司马睿南下渡江约过了三十年。何人及其门阀世族能持久地填补他留下的权势真空?!］

　　咸康五年［339］薨，时年六十四。帝举哀于朝堂三日……及葬，给九游辒辌车、黄屋左纛、前后羽葆鼓吹、武贲班剑百人，中兴名臣莫与为比。……

列传第三十六　　陶侃传　　摘录和评注

　　［陶侃，东晋中期的顶梁柱，苏峻之乱的荡平者。历经早年孤贫微贱且"俗异诸

---

① 《晋书·成帝康帝纪》载，其时"以护军将军庾亮为平西将军、都督扬州之宣城江西诸军事、假节，领豫州刺史，镇芜湖"。

② 《晋书·成帝康帝纪》载：(咸康)六年［340，王导去世一年］春正月庚子，使持节、都督江豫益梁雍交广七州诸军事、司空、都亭侯庾亮薨。［庾亮专横施政，对几乎毁了东晋王朝的苏峻之乱爆发负有重责，但之后十多年他始终担任军政要职，体现了王导和晋成帝的温和团结精神。］

华"(房玄龄等篇末云；一说其先为东胡族系分支奚族)，终于得刘弘衷心重用而步入阳关大道。击灭张昌叛军主力，归依东晋英主，曲折荡平杜弢武装，以数年荆州刺史大任登上他军政生涯的首轮高峰。继而，在打消斩杀他的初衷之后，专横跋扈的野心权臣王敦将他从荆州贬至交州。虽然远在华南的他未在平王敦之乱中起任何作用，但明帝司马绍采取的旨在"覆车不践"的平乱后全系列复杂制衡国策，特别是房玄龄等高度赞誉的"改授荆、湘等四州，以分上流之势，拨乱反正，强本弱枝"[《元帝明帝纪》])大有利于他的升迁：他被指定都督荆雍益梁四州军事，领荆州刺史等职。]

[与他的恩主刘弘一样，他依凭杰出的、经典儒家式的治理振兴荆州，"勤于吏职，恭而近礼，爱好人伦"，致使"百姓勤于农殖，家给人足"。在此，我们禁不住还要援引王夫之所言"江东立国，以荆、湘为根本，西晋之乱，刘弘、陶侃勤敏慎密，生聚之者数十年，民安、食足、兵精"。]

[328 年，他实现了他一生最大的军功：作为主力，荡平苏峻之乱。两年后，他还击灭了叛将郭默。从此，江南保持了七十余年的安定局面，直到安帝司马德宗在位时海寇孙恩和权臣桓玄分别大肆作乱为止。终其一生，作为军事家而言，他的特征是"雄毅有权，明悟善决断"，"纤密好问，颇类赵广汉"。作为政治家而言，除杰出地治理江汉外，他最引人注意又最含糊不清的是平苏峻之乱后他与王导的暗斗，甚至很可能一度考虑举兵废黜王导，因而本篇说他"及都督八州，据上流，握强兵，潜有窥窬之志"。外镇冲击朝廷这一东晋的潜在癌变在他那里隐约欲发。作为个人而言，他令人意外地"媵妾数十，家僮千余，珍奇宝货富于天府"。人性复杂！]

[早年孤贫微贱，只能做小吏小官，经常被世族大官瞧不起，即使不乏认为他前程远大的有识之士。]

陶侃，字士行，本鄱阳[今江西鄱阳]人也。吴平，徙家庐江之寻阳[今江西九江西]。父丹，吴扬武将军。侃早孤贫，为县吏。鄱阳孝廉范逵尝过侃，时仓卒无以待宾，其母乃截发得双髲[bì，假发]，以易酒肴，乐饮极欢，虽仆从亦过所望。及逵去，侃追送百余里。逵曰："卿欲仕郡乎？"侃曰："欲之，困于无津耳。"逵过庐江太守张夔，称美之。夔召为督邮，领枞阳令。有能名，迁主簿……长沙太守万嗣过庐江，见侃，虚心敬悦，曰："君终当有大名。"命其子与之结友而去。

　　夔察侃为孝廉，至洛阳，数诣张华。华初以远人，不甚接遇。侃每往，神无忤色。华后与语，异之。除郎中。伏波将军孙秀以亡国支庶，府望不显，中华人士耻为掾属，以侃寒宦，召为舍人。时豫章国郎中令杨晫，侃州里也，为乡论所归。侃诣之……与同乘见中书郎顾荣，荣甚奇之。吏部郎温雅谓晫曰："奈何与小人共载？"晫曰："此人非凡器也。"尚书乐广欲会荆扬士人，武库令黄庆进侃于广。人或非之，庆曰："此子终当远到，复何疑也！"庆后为吏部令史，举侃补武冈令。与太守吕岳有嫌，弃官归，为郡小中正。

[终于遇到他的伯乐或恩主刘弘，得其倾心重用，击灭张昌反叛军主力，击败陈敏犯武昌之举。]

　　会刘弘为荆州刺史，将之官，辟侃为南蛮长史，遣先向襄阳讨贼张昌，破之。弘既至，谓侃曰[刘弘对他绝对看重：]："吾昔为羊公参军，谓吾其后当居身处。今相观察，必继老夫矣。"后以军功封东乡侯，邑千户。

　　陈敏之乱，弘以侃为江夏太守，加鹰扬将军。侃备威仪，迎母官舍，乡里荣之。敏遣其弟恢来寇武昌，侃出兵御之。[刘弘对他绝对信任：]随郡内史扈瓌间侃于弘曰："侃与敏有乡里之旧，居大郡，统强兵，脱有异志，则荆州无东门矣。"弘曰："侃之忠能，吾得之已久，岂有是乎！"侃潜闻之，遽遣子洪及兄子臻诣弘以自固。弘引为参军，资而遣之。又加侃为督护，使与诸军并力距恢。侃乃以运船为战舰，或言不可，侃曰："用官物讨官贼[官府的叛贼]，但须列上有本末耳[有何不可之意]。"于是击恢，所向必破。[他作为将领的优秀统军素质和个人品德：]侃戎政齐肃，凡有虏获，皆分士卒，身无私焉。后以母忧去职。……

[随兄子归依初创东晋的司马睿，杰出地平定和恢复武昌地区，曲折地荡平杜弢武装。]

　　服阕，参东海王越军事。江州刺史华轶表侃为扬武将军，使屯夏口，又以臻为参军。轶与元帝素不平，臻惧难作，托疾而归，白侃曰："华彦夏有忧天下之志，而才不足，且与琅邪不平，难将作矣。"侃怒，遣臻还轶。臻遂东归于帝。帝见之，大悦，命臻为参军，加侃奋威将军，假赤幢曲盖轺车、鼓吹。侃乃与华轶告绝。

顷之，迁龙骧将军、武昌太守。[杰出地平定武昌地区并恢复生产：]时天下饥荒，山夷多断江劫掠。侃令诸将诈作商船以诱之。劫果至，生获数人，是西阳王羕之左右。侃即遣兵逼羕，令出向贼，侃整阵于钓台为后继。羕缚送帐下二十人，侃斩之。自是水陆肃清，流亡者归之盈路，侃竭资振给焉。又立夷市于郡东，大收其利。[受命进击杜弢，先获大胜，被任命为荆州刺史：]而帝使侃击杜弢，令振威将军周访、广武将军赵诱受侃节度。侃令二将为前锋，兄子舆为左甄[左翼军]，击贼，破之。时周颛为荆州刺史，先镇浔水城，贼掠其良口。侃使部将朱伺救之，贼退保泠口。侃谓诸将曰："此贼必更步向武昌，吾宜还城，昼夜三日行可至。卿等认能忍饥斗邪？"部将吴寄曰："要欲十日忍饥，昼当击贼，夜分捕鱼，足以相济。"侃曰："卿健将也。"贼果增兵来攻，侃使朱伺等逆击，大破之，获其辎重，杀伤甚众。遣参军王贡告捷于王敦，敦曰："若无陶侯，便失荆州矣。伯仁方入境，便为贼所破，不知那得刺史？"贡对曰："鄙州方有事难，非陶龙骧莫可。"敦然之，即表拜侃为使持节、宁远将军、南蛮校尉、荆州刺史，领西阳、江夏、武昌，镇于沌口，又移入沔江。遣朱伺等讨江夏贼，杀之。[部将杜曾王贡等反叛，他在军事应对上犯了难得的大错，结果被叛军击溃，受到免官但暂不免职的惩罚：]贼王冲自称荆州刺史，据江陵。王贡还，至竟陵，矫侃命，以杜曾为前锋大督护，进军斩冲，悉降其众。侃召曾不到，贡又恐矫命获罪，遂与曾举兵反，击侃督护郑攀于沌阳，破之，又败朱伺于沔口。侃欲退入湨中，部将张奕将贰于侃，诡说曰："贼至而动，众必不可。"侃惑之而不进。无何，贼至，果为所败。贼钩侃所乘舰，侃窘急，走入小船。朱伺力战，仅而获免。张奕竟奔于贼。侃坐免官。王敦表以侃白衣领职[以布衣身份领职]。

[再击杜弢，大破之，遂恢复荆州刺史等官衔：]侃复率周访等进军入湘，使都尉杨举为先驱，击杜弢，大破之，屯兵于城西……敦于是奏复侃官。

[再度大破杜弢武装，叛将王贡大败后投降，随后进克长沙：]弢将王贡精卒三千，出武陵江，诱五溪夷，以舟师断官运，径向武昌。侃使郑攀及伏波将军陶延夜趣巴陵，潜师掩其不备，大破之，斩千余级，降万余口。贡遁还湘城。贼中离阻[分离，阻隔]，杜弢遂疑张奕而杀之，众情益惧，降者滋多。王贡复挑战，侃遥谓之曰："杜弢为益州吏，盗用库钱，父死不奔丧。卿本佳人，何为随之也？天下宁有白头贼

乎!"贡初横脚马上,侃言讫,贡敛容下脚,辞色甚顺。侃知其可动,复令谕之,截发为信,贡遂来降。而弢败走。进克长沙,获其将毛宝、高宝、梁堪而还。

[专横跋扈的野心权臣王敦"深忌侃功",在打消斩杀他的初衷之后,将他从荆州贬至交州。]

[遭王敦贬抑,险些被其杀死;他在命悬一线时超级镇定和勇敢:]王敦深忌侃功。将还江陵,欲诣敦别,皇甫方回及朱伺等谏,以为不可。侃不从。敦果留侃不遣,左转广州刺史、平越中郎将,以王廙[yì,王敦、王导从弟]为荆州。侃之佐吏将士诣敦请留侃。敦怒,不许。侃将郑攀、苏温、马俊等不欲南行,遂西迎杜曾以距廙。敦意攀承侃风旨,被甲持矛,将杀侃,出而复回者数四。侃正色曰:"使君之雄断,当裁天下,何此不决乎!"因起如厕。咨议参军梅陶、长史陈颁言于敦曰:"周访[振威将军]与侃亲姻,如左右手,安有断人左手而右手不应者乎!"敦意遂解,于是设盛馔以饯。侃便夜发。敦引其子瞻参军。侃既达豫章,见周访,流涕曰:"非卿外援,我殆不免!"侃因进至始兴。

[击碎夺占广州的一伙叛乱者,上任广州刺史,但"在州无事":]先是,广州人背刺史郭讷,迎长沙人王机为刺史。机复遣使诣王敦,乞为交州。敦从之,而机未发。会杜弘据临贺,因机乞降,劝弘取广州,弘遂与温邵及交州秀才刘沈俱谋反。或劝侃且住始兴,观察形势。侃不听,直至广州。弘遣使伪降。侃知其诈,先于封口起发石车。俄而弘率轻兵而至,知侃有备,乃退。侃追击破之,执刘沈于小桂。又遣部将许高讨机,斩之,传首京都。诸将皆请乘胜击温邵,侃笑曰:"吾威名已著,何事遣兵,但一函纸自足耳。"于是下书谕之。邵惧而走,追获于始兴。以功封柴桑侯,食邑四千户。

侃在州无事,辄朝运百甓于斋外,暮运于斋内。人问其故,答曰:"吾方致力中原,过尔优逸,恐不堪事。"其励志勤力,皆此类也。

[王敦之乱平定后,明帝司马绍将他抬到都督荆雍益梁四州军事、领荆州刺史之职;他依凭经典儒家式的治理方式振兴荆州,使"百姓勤于农殖,家给人足"。]

太兴[318—321]初,进号平南将军,寻加都督交州军事。及王敦举兵反,诏侃以本官领江州刺史，寻转都督、湘州刺史。敦得志，上侃复本职，加散骑常侍。时交州刺史王谅为贼梁硕所陷，侃遣将高宝进击平之。以侃领交州刺史……及王敦平，迁都督荆、雍、益、梁州诸军事，领护南蛮校尉、征西大将军、荆州刺史，余如故。楚郢士女莫不相庆。

[治理荆州："综理微密"，"勤于吏职，恭而近礼，爱好人伦"。]侃性聪敏，勤于吏职，恭而近礼，爱好人伦。终日敛膝危坐，阃[门槛]外多事，千绪万端，罔有遗漏。远近书疏，莫不手答，笔翰如流，未尝壅滞。引接疏远，门无停客。常语人曰："大禹圣者，乃惜寸阴，至于众人，当惜分阴，岂可逸游荒醉，生无益于时，死无闻于后，是自弃也。"诸参佐或以谈戏废事者，乃命取其酒器、蒲博[一种博戏，亦泛指赌博]之具，悉投之于江，吏将则加鞭扑，曰："樗（chū）蒲[博戏，其中用于掷采的投子最初是用樗木制成，故称]者，牧猪奴戏耳！[在老庄之道大行的魏晋时代，他的儒家文化信仰：]《老》《庄》浮华，非先王之法言，不可行也。君子当正其衣冠，摄其威仪，何有乱头养望自谓宏达邪！"有奉馈者，皆问其所由。[他是诚实踏实之士，鼓励"力作所致"，惩戒"非理得之"：]若力作所致，虽微必喜，慰赐参倍；若非理得之，则切厉诃辱，还其所馈。尝出游，见人持一把未熟稻，侃问："用此何为？"人云："行道所见，聊取之耳。"侃大怒曰："汝既不田，而戏贼人稻！"执而鞭之。[他的治理及文化熏陶的优良社会效应：]是以百姓勤于农殖，家给人足。时造船，木屑及竹头悉令举掌之，咸不解所以。后正会，积雪始晴，听事前余雪犹湿，于是以屑布地。及桓温伐蜀，又以侃所贮竹头作丁装船。其综理微密，皆此类也。

[328年，他作为主力，荡平苏峻之乱，从而成就了他一生最大的军功；两年后，他还击灭了叛将郭默。]

暨苏峻作逆，京都不守，侃子瞻为贼所害，平南将军温峤要侃同赴朝廷。初，明帝崩，侃不在顾命之列，深以为恨，答峤曰："吾疆场外将，不敢越局。"[他远不那么潇洒淡泊，很在乎功绩与地位的转换，但这或许也反映了他对王导和世族盛大权势的愤恨。然而即使如此，他对让他都督四州军事和领荆州刺史的明帝未免不够感恩！]峤固请之，因推为盟主。侃乃遣督护龚登率众赴峤，而又追回。峤以峻杀其子，重遣书以激怒之。侃妻龚氏亦固劝自行。于是便戎服登舟[这很不容易，在一度拒绝和一度反悔之后！]，星言[星焉，谓披着星星]兼迈，瞻丧至不临。五月，与温峤、庾亮等俱会石头。[他力主"以岁月智计擒之"的根本战略，并且以善纳部属建议、放弃本人初衷而决定了关键的战术，体现了统帅的优秀素质。]诸军即欲决战，侃以贼盛，不可争锋，当以岁月智计擒之。累战无功，诸将请于查浦筑垒。监军部将李根建议，请立白石垒。侃不从，曰："若垒不成，卿当坐之。"根曰："查浦地下，又在水南，唯白石峻极险固，可容数千人，贼来攻不便，灭贼之术也。"侃笑曰："卿良将也。"乃从根谋，夜修晓讫。贼见垒大惊。贼攻大业垒，侃将救之，长史殷羡曰："若遣救大业，步战不如峻，则大事去矣。但当急攻石头，峻必救之，而大业自解。"侃又从羡言。峻果弃大业而救石头。诸军与峻战陈陵东，侃督护竟陵太守李阳部将彭世斩峻于阵，贼众大溃。峻弟逸复聚众。侃与诸军斩逸于石头。

初，庾亮少有高名，以明穆皇后之兄受顾命之重，苏峻之祸，职亮是由。及石头平，惧侃致讨，亮用温峤谋，诣侃拜谢。侃遽止之，曰："庾元规乃拜陶士行邪！"王导入石头城，令取故节，侃笑曰："苏武节似不如是！"导有惭色，使人屏之。侃旋江陵，寻以为侍中、太尉，加羽葆鼓吹，改封长沙郡公，邑三千户，赐绢八千匹，加都督交、广、宁七州军事。[平苏峻之乱令他气势超群，位极人臣。]以江陵偏远，移镇巴陵。遣咨议参军张诞讨五溪夷，降之。

[他逆反王导的绥靖政策，力主讨伐矫诏霸占江州的郭默：]属后将军郭默矫诏袭杀平南将军刘胤，辄领江州。侃闻之曰："此必诈也。"遣将军宋夏、陈修率兵据湓口，侃以大军继进。默遣使送妓婢绢百匹，写中诏呈侃。参佐多谏曰："默不被诏，岂敢为此事。若进军，宜待诏报。"侃厉色曰："国家年小，不出胸怀。[意为天子年幼，诏令并非出于己意。]且刘胤为朝廷所礼，虽方任非才，何缘猥加极刑！郭默虓勇，所在暴掠，以大难新除，威网宽简，欲因隙会骋其从横耳。"发使上表讨默。与王导书曰："郭默杀方州[一州刺史]，即用为方州；害宰相，便为宰相乎？"导答曰："默居上流之势，加有船舰成资，故苞含隐忍，使其有地。一月潜严[谓密敕严阵以待]，足下军到，是得风发相赴，岂非遵养时晦以定大事者邪！"侃省书笑曰："是乃遵养时贼[屈从此贼]也。"[王导在他军到之时放弃绥靖，他"兵不血刃"击灭郭默。]侃既至，默将宗侯缚默父子五人及默将张丑诣侃降，侃斩默等。默在中原，数与石勒等战，贼畏其勇，闻侃讨之，兵不血刃而擒也，益畏侃。苏峻将冯铁杀侃子奔于石勒，勒以

为戍将。侃告勒以故，勒召而杀之。[他的威名甚至得到横行华北的羯胡石勒承认。]诏侃都督江州，领刺史……[他终于都督八州，权势极盛。]

[然而，他自知自身限度（"望非世族，俗异诸华"），故"怀止足之分"，上表逊位。]

遣子斌与南中郎将桓宣西伐樊城，走石勒将郭敬。使兄子臻、竟陵太守李阳等共破新野，遂平襄阳。拜大将军，剑履上殿，入朝不趋，赞拜不名。上表固让……咸和七年[332]六月疾笃，又上表逊位曰：

臣少长孤寒，始愿有限……臣年垂八十，位极人臣，启手启足，当复何恨！……陛下虽圣姿天纵，英奇日新，方事之殷，当赖群俊。[他毕竟拗不过这些因不在其列（"顾命之列"）而"深以为恨"的门阀大腕或皇权臂膀：]司徒导鉴识经远，光辅三世；司空鉴简素贞正，内外惟允；平西将军亮雅量详明，器用周时，即陛下之周召也。献替畴咨，敷融政道，地平天成，四海幸赖。谨遣左长史殷羡奉送所假节麾、幢曲盖、侍中貂蝉、太尉章、荆江州刺史印传棨戟。仰恋天恩，悲酸感结。

以后事付右司马王愆期，加督护，统领文武。

侃舆车出临津就船，明日，薨于樊溪，时年七十六。……

[终其一生，作为军事家而言，他的特征是"雄毅有权，明悟善决断"，"纤密好问，颇类赵广汉"。作为政治家而言，他引人注意又含糊不清的是"据上流，握强兵，潜有窥窬之志"。作为个人而言，他"媵妾数十，家僮千余，珍奇宝货富于天府"。人性复杂！]

[作为军事家：]侃在军四十一载，雄毅有权，明悟善决断。自南陵迄于白帝数千里中，路不拾遗……侃性纤密好问，颇类赵广汉。尝课诸营种柳，都尉夏施盗官柳植之于己门。侃后见，驻车问曰："此是武昌西门前柳，何因盗来此种？"施惶怖谢罪……议者以武昌北岸有邾城，宜分兵镇之。侃每不答，而言者不已，侃乃渡水猎，引将佐语之曰："我所以设险而御寇，正以长江耳。邾城在江北，内无所倚，外接群夷。夷中利深，晋人贪利，夷不堪命，必引寇虏，乃致祸之由，非御寇也。且吴时此城乃三万兵守，今纵有兵守之，亦无益于江南。若羯虏有可乘之会，此又非所资也。"后庾亮戍之，果大败。季年怀止足之分，不与朝权。未亡一年，欲逊位归国，佐

吏等苦留之。及疾笃，将归长沙，军资器仗牛马舟船皆有定簿，封印仓库，自加管钥，以付王愆期，然后登舟，朝野以为美谈……谢安每言"陶公虽用法，而恒得法外意"。其为世所重如此。[作为个人：]然媵妾数十，家僮千余，珍奇宝货富于天府……[作为政治家：]又梦生八翼，飞而上天，见天门九重，已登其八，唯一门不得入。阍者以杖击之，因隧地，折其左翼。及寤，左腋犹痛……及都督八州，据上流，握强兵，潜有窥窬之志，每思折翼之祥，自抑而止。

······ ······

列传第三十七 温峤传 摘录和评注

······ ······

[苏峻叛乱，温峤成为东晋朝廷的顶梁柱，特别是以动人的政治说服力，坚韧地动员陶侃克服犹豫而举兵攻伐苏峻；而且，他实际上是荡平苏峻之乱的政治/战略/战术灵魂。]

[作为成帝司马衍的被外戚庾亮架空的顾命大臣之一，他出任江州刺史，"甚有惠政"：]帝疾笃，峤与王导、郗鉴、庾亮、陆晔、卞壶等同受顾命。时历阳太守苏峻藏匿亡命，朝廷疑之。征西将军陶侃有威名于荆楚，又以西夏为虞，故使峤为上流形援。咸和[326—334]初，代应詹为江州[今江西九江市，东晋置江州，辖境为江西大部]刺史、持节、都督、平南将军，镇武昌，甚有惠政，甄异行能，亲祭徐孺子之墓……

峤闻苏峻之征也，虑必有变，求还朝以备不虞，不听。未几而苏峻果反。[苏峻叛乱，他成为朝廷一大顶梁柱：]峤屯寻阳[今江西九江西]，遣督护王愆期、西阳太守邓岳、鄱阳内史纪瞻等率舟师赴难。及京师倾覆，峤闻之号恸。人有候之者，悲哭相对。俄而庾亮来奔，宣太后诏，进峤骠骑将军、开府仪同三司。峤曰："今日之急，殄寇为先，未效勋庸而逆受荣宠，非所闻也，何以示天下乎！"固辞不受。时亮虽奔败，峤每推崇之，分兵给亮。[在其奔败之际，他对肇祸的大权贵庾亮表现出无私的宽广胸怀；他的确是一位好国务家！][他关键性的艰难任务：说服消极犹豫的陶侃"同赴国难"，举兵征伐]遣王愆期等要陶侃同赴国难，侃恨不受顾命，不许。[首次说服尝试失败。]峤初从之,后用其部将毛宝说,复固请侃行,语在宝传。初,峤与庾亮相推为盟主,峤从弟充言于峤曰:"征西[征西将军陶侃]位重兵强,宜共推之。"峤于是遣王愆期奉侃为盟主。侃许之,遣督护龚登率兵诣峤。[再次尝试说服,如下所述仅表面成功。]峤于是列上尚书,陈峻罪状,有众七千,洒泣登舟,移告四方征镇……

…… ……

时陶侃虽许自下而未发,复追其督护龚登。峤重与侃书曰[第三次说服尝试,晓之以私利与国利]:

仆谓军有进而无退,宜增而不可减。近已移檄远近,言于盟府,克后月半大举。南康、建安、晋安三郡军并在路次,同赴此会,惟须仁公所统至,便齐进耳。仁公今召军还,疑惑远近,成败之由,将在于此。

仆才轻任重,实凭仁公笃爱,远禀成规。至于首启戎行,不敢有辞,仆与仁公当如常山之蛇,首尾相卫,又脣齿之喻也。恐惑者不达高旨,将谓仁公缓于讨贼,此声难追。仆与仁公并受方岳之任,安危休戚,理既同之。且自顷之顾,绸缪往来,情深义重,著于人士之口,一旦有急,亦望仁公悉众见救,况社稷之难!

惟仆偏当一州,州之文武莫不翘企。假令此州不守,约峻树置官长于此,荆楚西逼强胡,东接逆贼,因之以饥馑,将来之危乃当甚于此州之今日也。以大义言之,则社稷颠覆,主辱臣死,公进当为大晋之忠臣,参桓文之义,开国承家,铭之天府;退当以慈父雪爱子之痛。

约峻凶逆无道,囚制人士,裸其五形。近日来者,不可忍见。骨肉生离,痛感天地,人心齐一,咸皆切齿。今之进讨,若以石投卵耳!今出军既缓,复召兵还,人心乖离,是为败于几成也。愿深察所陈,以副三军之望。

[在私恨的助力下,说服成功:]峻时杀侃子瞻,由是侃激励,遂率所统与峤、亮同赴京师,戎卒六万,旌旗七百余里,钲鼓之声震于百里,直指石头,次于蔡洲。侃屯查浦,峤屯沙门浦。时祖约据历阳,与峻为首尾,见峤等军盛,谓其党曰:"吾本知峤能为四公子之事[战国四公子,即魏信陵君、赵平原君、楚春申君、齐孟尝君],今果然矣。"[他是三军聚合以征讨救难的成就者!]

峻闻峤将至,逼大驾幸石头。时峻军多马,南军杖舟楫,不敢轻与交锋。用将军李根计,据白石筑垒以自固,使庾亮守之。贼步骑万余来攻,不下而退,追斩二百余级。峤又于四望矶筑垒以逼贼,曰:"贼必争之,设伏以逸待劳,是制贼之一奇也。"[对依然三心二意的陶侃的说服必须继续,而在这场合说服的办法是提出战略,辅之以义理和威胁:]是时义军屡战失利,峤军食尽,陶侃怒曰:"使君前云不忧无将士,惟得老仆为主耳。今数战皆北,良将安在?荆州接胡蜀二虏,仓廪当备不虞,若复无食,仆便欲西归,更思良算。但今岁计,殄贼不为晚也。"峤曰:"不然……光武之济昆阳,曹公之拔官渡,以寡敌众,杖义故也。峻、约小竖,为海内所患,今日之举,决在一战。峻勇而无谋,藉骄胜之势,自谓无前,今挑之战,可一鼓则擒也。奈何舍垂立之功,设进退之计!且天子幽逼,社稷危殆,四海臣子,肝脑涂地,峤等与公并受国恩,是臻命之日,事若克济,则臣主同祚,如其不捷,身虽灰灭,不足以谢责于先帝。今之事势,义无旋踵,骑猛兽,安可中下哉!公若违众独反,人心必沮。沮众败事,义旗将回指于公矣。"侃无以对,遂留不去。[他是克敌制胜的政治家、战略家及战术家!]

峤于是创建行庙,广设坛场,告皇天后土祖宗之灵,亲读祝文,声气激扬,流涕覆面,三军莫能仰视。[他杰出的战前军众精神动员]其日侃督水军向石头,亮、峤等率精勇一万从白石以挑战。时峻劳其将士,因醉,突阵马踬[被东西绊倒],为侃将所斩,峻弟逸及子硕婴城自固。[军事人力动员:]峤乃立行台,布告天下,凡故吏二千石、台郎御史以下,皆令赴台。于是至者云集……贼将匡术以台城来降,为逸所击,求救于峤。江州别驾罗洞曰:"今水暴长,救之不便,不如攻榻杭。榻杭军若败,术围自解。"峤从之,遂破贼石头军。奋威长史滕含抱天子奔于峤船。时陶侃虽为盟主,而处分规略一出于峤,[他是荡平苏峻之乱的政治/战略/战术灵魂!]及贼灭,拜骠骑将军、开府仪同三司,加散骑常侍,封始安郡公,邑三千户。

初,峻党路永、匡术、贾宁中途悉以众归顺,王导将褒显之,峤曰:"术辈首乱,罪莫大焉。晚虽改悟,未足以补前失。全其首领,为幸已过,何可复宠授哉!"导无以夺。[他的分寸感至少在此超过王导。]

[他的政治清醒和大局意识在其胜利顶峰之际辉煌显现。]

朝议将留辅政,峤以导先帝所任,固辞还籓。[政治清醒和大局意识!]复以京邑荒残，资用不给，峤借资蓄，具器用，而后旋于武昌……峤先有齿疾，至是拔之，因中风，至镇未旬而卒，时年四十二。江州士庶闻之，莫不相顾而泣。[他在他治理之地深得民心。]帝下册书曰："……狂狡滔天，社稷危逼。惟公明鉴特达，识心经远……唱率群后，五州响应，首启戎行，元恶授馘。王室危而复安……今追赠公侍中、大将军、持节、都督、刺史，公如故，赐钱百万，布千匹，谥曰忠武，祠以太牢。"

……　……

列传第四十六　王舒传　摘录和评注

[王导从弟，最早跟随司马睿南下初创东晋的参谋人士之一，东晋王朝正式建立前夕开始担任外镇大将，以后在其大部分生平中继续如此。他在王敦之乱中忠于皇室，立场鲜明，以后又为荡平苏峻之乱作出重要贡献。不仅如此，他在326年因王导委派而出镇会稽，由此肇始了后世高门士族出镇和开发会稽，或者说开启了今浙东地区大踏步的经济开发和社会成长历程。[①]]

[琅琊王氏世族成员，"以天下多故，不营当时名"，坚持不入仕途约达二十年之久，学问和品性堪称优秀。]

王舒[今山东临沂市人]，字处明，丞相导之从弟也。父会，侍御史。舒少为从兄敦所知，以天下多故，不营当时名，恒处私门，潜心学植[同"学殖"，学问的积累增进，泛指学业、学问]。年四十余，州礼命，太傅辟，皆不就。及敦为青州，舒往依焉。时敦被征为秘书监，以寇难路险，轻骑归洛阳，委弃公主[其妻襄城公主，武帝司马炎女]。时辎重金宝甚多，亲宾无不竞取，惟舒一无所眄，益为敦所赏。

---

① 余晓栋:《王舒与会稽——兼论王敦之乱对琅琊王氏的政治影响》,《南京晓庄学院学报》,2017年第1期。该文开头就援引大史学家陈寅恪《述东晋王导之功业》内的话:"新都近旁既无空虚之地,京口晋陵(郡名,治所在今江苏常州)一带又为北来次等士族所占有,至若吴郡、义兴、吴兴等皆是吴人势力强盛之地,不可插入。故(以王导为首的琅琊王氏集团)惟有渡过钱塘江,至吴人士族力量较弱之会稽郡,转而东进,为经济之发展。"

[最早跟随司马睿南下初创东晋的参谋人士之一，东晋王朝正式建立前夕开始担任外镇大将，以后在其大部分生平中继续如此。在王敦之乱中忠于皇室①，大义灭亲，但据说出自苦衷或自保动机。]

及元帝镇建康，因与诸父兄弟俱渡江委质焉。参镇东军事，出补溧阳令。明帝之为东中郎将，妙选上佐，以舒为司马。转后将军、宣城公裒[司马睿次子]咨议参军，迁军司，固辞不受。裒镇广陵，复以舒为车骑司马。频领望府，咸称明练。[开始担任外镇大将。]裒薨，遂代裒镇，除北中郎将，监青徐二州军事。顷之，征国子博士，加散骑常侍，未拜，转少府。太宁[明帝年号，323—326]初，徙廷尉。敦表舒为鹰扬将军、荆州刺史、领护南蛮校尉、监荆州沔南诸军事。[在王敦之乱中大义灭亲，但据说出自政治苦衷：②]及敦败，王含父子俱奔舒，舒遣军逆之，并沈于江。进都督荆州、平西将军、假节。寻以陶侃代舒，迁舒为安南将军、广州刺史。舒疾病，不乐越岭，朝议亦以其有功，不应远出，乃徙为湘州刺史，将军、都督、持节如故。征代邓攸为尚书仆射。

[为荡平苏峻之乱作出重要贡献。]

时将征苏峻，[在 326 年因王导委派而出镇会稽，由此开后世高门士族出镇和开发会稽之端：]司徒王导欲出舒为外援，乃授抚军将军、会稽内史，秩中二千石。舒上疏辞以父名，朝议以字同音异，于礼无嫌。舒复陈音虽异而字同，求换他郡。于是改"会"字为"郐"。舒不得已而行。[作为外镇参与平苏峻之乱，为"东军"之首：]在郡二年而苏峻作逆，乃假舒节都督，行扬州刺史事。时吴国内史庾冰弃郡奔舒，舒移告属县，以吴王师虞骙为军司，御史中丞谢藻行龙骧将军、监前锋征讨军事，率众一万，与庾冰俱渡浙江。前义兴太守顾众、护军参军顾飏等，皆起义军以应舒。舒假众扬威将军、督护吴中军事，飏监晋陵军事，于御亭筑垒。峻闻舒等兵起，乃赦

---

① 下面其子王允之传（被删去）载：(允之)总角，从伯敦谓为似己，恒以自随，出则同舆，入则共寝。敦尝夜饮，允之辞醉先卧。敦与钱凤谋为逆，允之已醒，悉闻其言，虑敦或疑己，便于卧处大吐，衣面并污。凤既出，敦果照视，见允之卧吐中，以为大醉，不复疑之。时父舒始拜廷尉，允之求还定省，敦许之。至都，以敦、凤谋议事白舒，舒即与导俱启明帝。

② "受累于王敦之乱，王舒仕途受挫，其胞弟王邃或亦预录乱被戮，为保全门户计，故有沉王含父子于江的反常举动。"余晓栋：《王舒与会稽——兼论王敦之乱对琅邪王氏的政治影响》。

庚亮诸弟，以悦东军。[他的部将大败，战略恶果严重：]舒率众次郡之西江，为冰、藻后继。冰、飓等遣前锋进据无锡，遇贼将张健等数千人，交战，大败，奔还御亭，复自相惊扰，冰、飓等并退于钱唐，藻守嘉兴。贼遂入吴，烧府舍，掠诸县，所在涂地。舒以轻进奔败，斩二军主者，免冰、飓督护，以白衣行事。更以顾众督护吴晋陵军，屯兵章埭。[他的部将再度大败，"东军"处境艰危：]吴兴太守虞潭率所领讨健，屯乌苞亭，并不敢进。时暴雨大水，贼管商乘船旁出，袭潭及众。潭等奔败。潭还保吴兴，众退守钱唐。舒更遣将军陈孺率精锐千人增戍海浦，所在筑垒。或劝舒宜还都，使谢藻守西陵，扶海立栅。舒不听，留藻守钱唐，使众、飓守紫壁。于是贼转攻吴兴，潭诸军复退。贼复掠东迁、余杭、武康诸县。["东军"终于转败为胜，且连胜：]舒遣子允之行扬烈将军，与将军徐逊、陈孺及扬烈司马朱焘，以精锐三千，轻邀贼于武康[今浙江湖州市德清县境内]，出其不意，遂破之，斩首数百级，贼悉委舟步走。允之收其器械，进兵助潭。时贼韩晃既破宣城，转入故鄣、长城。允之遣朱焘、何准等击之，战于吴。潭以强弩射之，晃等退走，斩首千余级，纳降二千人。潭由是得保郡。是时临海、新安诸山县并反应贼，舒分兵悉讨平之。会陶侃等至京都，舒、潭等并以屡战失利，移书盟府，自贬去节。侃遣使敦喻，不听。及侃立行台，上舒监浙江东五郡军事，允之督护吴郡、义兴、晋陵三郡征讨军事。既而晃等南走，允之追蹑于长塘湖，复大破之。贼平，以功封彭泽县侯，寻卒官，赠车骑大将军、仪同三司，谥曰穆。

······ ······

列传第四十八　孔坦传　摘录和评注

······ ······

[任中级廷臣，苏峻之乱期间反复提出准确杰出的战略见解（就一位经典儒士而言多少令人意外）！]

咸和[成帝司马衍年号，326—334]初，迁尚书左丞，深为台中之所敬惮。[提出必须采取应对苏峻叛乱的先发制人的战略，但被主持朝政的大外戚庾亮拒绝：]寻属苏峻反，坦与司徒司马陶回白王导曰："及峻未至，宜急断阜陵之界，守江西当利诸口，彼少我众，一战决矣。若峻未至，可往逼其城。今不先往，峻必先至。先人有夺人之功，时不可失。"导然之。庾亮以为峻脱径来，是袭朝廷虚也，故计不行。峻遂破姑熟，取盐米，亮方悔之。[他再次显示他有准确的战略见解:]坦谓人曰："观峻之势，必破台城。自非战士，不须戎服。"既而台城陷，戎服者多死，白衣者无他，时人称其先见。[京师沦陷后他投奔陶侃任高级幕僚，又表现出准确杰出的战略判断:]及峻挟天子幸石头，坦奔陶侃，侃引为长史。时侃等夜筑白石垒[在今江苏南京市栖霞区燕子矶，为陶侃军斩杀苏峻之地]，至晓而成。闻峻军严声，咸惧来攻。坦曰："不然。若峻攻垒，必须东北风急，令我水军不得往救。今天清静，贼必不动，决遣军出江乘[县名，在今江苏南京市栖霞区仙林大学城]，掠京口以东矣。"果如所筹。[再度显示他居然是真正的战略家! 提出并坚持导致"贼遂势分"的重要战略主张:]时郗鉴镇京口，侃等各以兵会。既至，坦议以为本不应须召郗公，遂使东门无限。今宜遣还，虽晚，犹胜不也。侃等犹疑，坦固争甚切，始令鉴还据京口，遣郭默屯大业，又令骁将李闳、曹统、周光与默并力，贼遂势分，卒如坦计。

[同样多少令人意外的是，他因功而脾气很大，或曰给自己的儒家行为方式大打折扣:拒绝出任乱后特别凋敝的近畿丹阳的行政长官(尽管此乃十足的高官)，言谈举止过激，而执政者竟拿他没有办法。]

及峻平，以坦为吴郡[主要为今江苏苏州]太守。自陈吴多贤豪，而坦年少，未宜临之。王导、庾亮并欲用坦为丹杨尹。时乱离之后，百姓凋弊，坦固辞之。导等犹未之许。[他大发牢骚，言谈举止过激，而执政者竟拿他没有办法:]坦慨然曰："昔肃祖[明帝庙号]临崩，诸君亲据御床，共奉遗诏。孔坦疏贱，不在顾命之限。既有艰难，则以微臣为先。今由俎上肉，任人脍截耳!"乃拂衣而去。导等亦止。于是迁吴兴内史，封晋陵男，加建威将军。以岁饥，运家米以振穷乏，百姓赖之。[总的来说，他人品依然不错。]时使坦募江淮流人为军，有殿中兵，因乱东还，来应坦募，坦不知而纳之。或讽朝廷，以坦藏台叛兵，遂坐免。[这是他的仕途小风波。]寻拜侍中。

咸康元年[335]，石聪寇历阳[今安徽马鞍山市和县，长江下游北岸]，王导为大司马,讨之,请坦为司马……

　　…… ……

　　[到王导晚年,他——虽然受惠于王导匪浅——终于形成对王导权势独大、盖过君主的严重不满,"由是忤导"而被逐离成帝身旁;他因此不悦成疾,怀怨身亡。]

　　坦在职数年,迁侍中。[他在政治上得罪大权独揽的王导:]时成帝每幸丞相王导府,拜导妻曹氏,有同家人,坦每切谏……及帝既加元服[成人礼],犹委政王导,坦每发愤,以国事为己忧,尝从容言于帝曰:"陛下春秋已长,圣敬日跻,宜博纳朝臣,咨诹善道。"由是忤导,出为廷尉,快快不悦,以疾去职。加散骑常侍,迁尚书,未拜。

　　疾笃……临终,与庾亮书曰[他感情上很靠近权势已衰的庾亮,大概是因为怨恨王导]:"……足下以伯舅之尊,居方伯之重,抗威顾眄,名震天下,懔檬[架屋承瓦的木头]之佐,常愿下风。使九服式序,四海一统,封京观于中原,反紫极于华壤,是宿昔之味咏,慷慨之本诚矣。今中道而毙,岂不惜哉!……"俄卒[335][王导339年卒,庾亮340年卒],时年五十一……亮报书曰[庾亮在感情上也靠近远非重臣的他,因为他们在政治上有惺惺相惜处]:"廷尉孔君,神游体离,呜呼哀哉!得八月十五日书,知疾患转笃,遂不起济,悲恨伤楚,不能自胜……常欲足下同在外藩,戮力时事。此情未果,来书奄至。申寻往复,不觉涕陨……"……

列传第四十　卞壸传　摘录和评注

　　[卞壸(kǔn),从担任未来明帝司马绍的幕僚长和师傅起,他累事三朝,两度任中央日常行政管理首长(尚书令),正直不阿,不畏权贵,竭力维护朝廷纲纪。力劝庾亮未果,后者遂激发起苏峻叛乱,而他在率军抵御苏峻的接连败北的激战中壮烈身亡。]

　　[房玄龄等盛赞他为社稷之臣,"束带立朝,以匡正为己任;褰(qiān)裳卫主,蹈忠义以成名"。]

［正直父亲的正直儿子，担任未来明帝司马绍的幕僚长和师傅，继而廷臣，"忠于事上，权贵屏迹"；作为将领之一参与平定王敦叛乱。］

卞壸，字望之，济阴冤句［今山东菏泽市丹阳街道卞庄］人也。祖统，琅邪内史。父粹，以清辩鉴察称……惠帝初，为尚书郎。杨骏执政，人多附会，而粹正直不阿……齐王冏辅政，为侍中、中书令，进爵为公。及长沙王乂专权，粹立朝正色，乂忌而害之……

壸弱冠有名誉……永嘉中，除著作郎，袭父爵。征东将军周馥请为从事中郎，不就。遭本州倾覆，东依妻兄徐州刺史裴盾。盾以壸行广陵相。元帝镇建邺，召为从事中郎，委以选举，甚见亲杖。出为明帝东中郎长史。遭继母忧，既葬，起复旧职，累辞不就。元帝遣中使敦逼，壸笺自陈……

…… ……

……帝以其辞苦，不夺其志。

服阕，为世子师。壸前后居师佐之任，尽匡辅之节，一府贵而惮焉。中兴建，补太子中庶子，转散骑常侍，侍讲东宫。迁太子詹事，以公事免。寻复职，转御史中丞。忠于事上，权贵屏迹。

…… ……

……壸迁吏部尚书。王含［王敦兄，都督扬州江西诸军事。王敦323年举兵叛乱时为敦军元帅，率众攻建邺兵败，奔荆州，被荆州刺史王舒沉杀于长江］之难，加中军将军。含灭，以功封建兴县公，寻迁领军将军。

［顾命大臣之一和给事中、尚书令，在庾太后摄政时期与庾亮"共参机要"。他"断裁切直，不畏强御"，竭力维护朝廷纲纪和为官节操。］

［他急剧升至权力顶层：］明帝不豫，领尚书令，与王导等俱受顾命辅幼主。复拜右将军，加给事中、尚书令。帝崩，成帝即位，群臣进玺，司徒王导以疾不至。壸正色于朝曰："王公岂社稷之臣邪！大行大殡，嗣皇未立，宁是人臣辞疾之时！"导闻之，乃舆疾而至。［他不给违反纲纪的任何权贵任何脸面，哪怕是王导，更何况如下所述的小人物。］皇太后临朝，壸与庾亮对直省中，共参机要。时召南阳乐谟为郡中正，颍川庾怡为廷尉评。谟、怡各称父命不就。壸奏曰："人无非父而生，职无非事

而立。有父必有命，居职必有悔。有家各私其子，此为王者无人，职不轨物，官不立政。如此则先圣之言废，五教之训塞，君臣之道散，上下之化替矣。乐广以平夷称，庾珉以忠笃显，受宠圣世，身非己有，况及后嗣而可专哉！……若顺谟父之意，则人皆不为郡中正，人伦废矣。顺怡父之意，人皆不为狱官，则刑辟息矣。凡如是者，其可听欤？若不可听，何以许谟、怡之得称父命乎！……宜一切班下，不得以私废公。绝其表疏，以为永制。"朝议以为然。谟、怡不得已，各居所职。是时王导称疾不朝，而私送车骑将军郗鉴，壶奏以导亏法从私，无大臣之节。御史中丞钟雅阿挠［屈从］王典，不加准绳，并请免官。虽事寝不行，举朝震肃。壶断裁切直，不畏强御，皆此类也。

　　［他坚决以匡正时世为己任，不怕得罪人，不求俗名声：］壶干实当官，以褒贬为己任，勤于吏事，欲轨正督世，不肯苟同时好。然性不弘裕，才不副意，故为诸名士所少，而无卓尔优誉。明帝深器之，于诸大臣而最任职。阮孚每谓之曰："卿恒无闲泰，常如含瓦石，不亦劳乎？"壶曰："诸君以道德恢弘，风流相尚，执鄙吝者，非壶而谁！"［他痛斥崇尚玄虚、放浪和清谈的老庄士风为"悖礼伤教，罪莫斯甚！中朝倾覆，实由于此"；他不成功的"文化斗争"：］时贵游子弟多慕王澄、谢鲲［前者王敦族弟，后者谢安伯父，皆为崇尚老庄、放浪形骸和清谈不倦的东晋大名士］为达，壶厉色于朝曰："悖礼伤教，罪莫斯甚！中朝倾覆，实由于此。"欲奏推之。王导、庾亮不从，乃止，然而闻者莫不折节。时王导以勋德辅政，成帝每幸其宅，尝拜导妇曹氏。侍中孔坦密表不宜拜。导闻之曰："王茂弘驽骀耳，若卜望之之岩岩，刁玄亮之察察，戴若思之峰岠［犹岳峙，比喻人品高洁刚正］，当敢尔邪！"［然而，实际上真正的、正面意义上的胜者不是这些刚正不阿之士，而是方向正确、行为圆通灵活的大国务家王导，后者懂得"政治是可能性的艺术"，牢记"水至清则无鱼，人至察则无徒"。］壶廉洁俭素，居甚贫约。息当婚，诏特赐钱五十万，固辞不受。后患面创，累乞解职。

　　［不顾他的劝告，庾亮激起苏峻叛乱，而他在率军抵御的激战中壮烈身亡。］

　　拜光禄大夫，加散骑常侍。时庾亮将征苏峻，言于朝曰："峻狼子野心，终必为乱。今日征之，纵不顺命，为祸犹浅。若复经年，为恶滋蔓，不可复制。此是朝（晁）错劝汉景帝早削七国事也。"当时议者无以易之。壶固争，谓亮曰："峻拥强兵，多藏无赖，且逼近京邑，路不终朝，一旦有变，易为蹉跌。宜深思远虑，恐未可仓卒。"亮不纳。[他在大权遮天、刚愎自用的庾亮面前输掉根本的战略辩论!]壶知必败，平南将军温峤书曰："元规[庾亮字]召峻意定，怀此於邑[忧郁烦闷]。温生足下，奈此事何！吾今所虑，是国之大事，且峻已出狂意，而召之更速，必纵其群恶以向朝廷。朝廷威力诚桓桓，交须接锋履刃，尚不知便可即擒不？王公亦同此情。吾与之争甚恳切，不能如之何。本出足下为外籓任，而今恨出足下在外。若卿在内俱谏，必当相从……"壶司马任台劝壶宜畜良马，以备不虞。壶笑曰："……若万一不然，岂须马哉！"峻果称兵。壶复为尚书令、右将军、领右卫将军，余官如故。

[如他早料到的，必败:]峻至东陵口，诏以壶都督大桁东诸军事、假节，复加领军将军、给事中，壶率郭默、赵胤等与峻大战于西陵，为峻所破。壶与钟雅皆退还，死伤者以千数。壶、雅并还节，诣阙谢罪。峻进攻青溪，壶与诸军距击，不能禁。贼放火烧宫寺，六军败绩。壶时发背创，犹未合，力疾而战，率厉散众及左右吏数百人，攻贼麾下，苦战，遂死之，时年四十八……

[平乱后在他的追赠问题上，王导等像挤牙膏似的被迫两度退让。这应了前面的话，即他"不肯苟同时好"，因而"无卓尔优誉":]峻平，朝议赠壶左光禄大夫，加散骑常侍。尚书郎弘讷议以为"死事之臣古今所重，卞令忠贞之节，当书于竹帛。今之追赠，实未副众望，谓宜加鼎司之号，以旌忠烈之勋"。司徒王导见议，进赠骠骑将军，加侍中。讷重议曰："……委质三朝，尽规翼亮，遭世险难，存亡以之。受顾托之重，居端右之任，拥卫至尊，则有保傅之恩；正色在朝，则有匡躬之节。贼峻造逆，戮力致讨，身当矢镞[kuài，作战时发射石块的器械]，再对贼锋，父子并命，可谓破家为国，守死勤事。昔许男疾终，犹蒙二等之赠，况壶伏节国难者乎！……"于是改赠壶侍中、骠骑将军、开府仪同三司，谥曰忠贞，祠以太牢……

……　……

史臣曰:……卞壶束带立朝，以匡正为己任；襄裳卫主，蹈忠义以成名……古称社稷之臣，忠贞之谓矣……

列传第四十六　顾众、张闿传　摘录和评注

顾众：

[江南顾姓世族成员，参与司马睿草创东晋。作为王敦部属，他不积极地跟随其叛乱。苏峻叛乱、王师败绩后，他回本乡努力运作，"潜图义举"，继而坚持率众在今浙东及苏南与苏峻部将作败多胜少的拉锯战，最终大胜。]

[江南顾姓世族，以孝闻，有侠气，参与司马睿草创东晋。]

顾众，字长始，吴郡吴人，骠骑将军荣之族弟也。父秘，交州刺史，有文武才干。众出后伯父，早终，事伯母以孝闻……元帝为镇东将军。命为参军。以讨华轶功，封东乡侯，辟丞相掾。秘卒，州人立众兄寿为刺史，为州人所害，众往交州迎丧，值杜弢之乱，崎岖六年乃还。秘曾莅吴兴，吴兴义故以众经离寇难，共遗钱二百万，一无所受。

[作为王敦部属，他不积极地跟随其叛乱，能在正直与安全抵牾时进行平衡。]

及帝践阼，征拜驸马都尉、奉朝请，转尚书郎。大将军王敦请为从事中郎，上补南康太守。会诏除鄱阳太守，加广武将军。众径之鄱阳，不过敦，敦甚怪焉。及敦构逆，令众出军，众迟回不发。敦大怒，以军期召众还，诘之，声色甚厉。众不为动容，敦意渐释……敦长史陆玩……谓众曰："卿真所谓刚亦不吐，柔亦不茹，虽仲山甫[周太王古公亶父后裔，周宣王元年（前827年），受举任卿士，位居百官之首]何以加之！"[《诗经·大雅·烝民》："维仲山甫，柔亦不茹，刚亦不吐。"形容不欺软怕硬。]敦事捷，欲以众为吴兴内史。众固辞，举吏部郎桓彝，彝亦让众，事并不行……敦平，除太子中庶子，为义兴太守，加扬威将军。

[苏峻叛乱、王师败绩后，他回本乡努力运作，"潜图义举"。]

苏峻反，王师败绩，众还吴，潜图义举。时吴国内史庾冰奔于会稽，峻以蔡谟代之。前陵江将军张悊[zhé]为峻收兵于吴，众遣人喻悊，悊从之。众乃遣郎中徐机告谟曰："众已潜合家兵，待时而奋，又与张悊克期效节。"谟乃檄众为本国督护，扬威将军仍旧，众从弟护军将军飏为威远将军、前锋督护。吴中人士同时响应。

[他作为被义众推举的"五郡大督护"，坚持率众在今浙东及苏南与苏峻部将作

败多胜少的拉锯战，最终大胜。］

峻遣将弘徽领甲卒五百，鼓行而前。众与飏、恧要击徽，战于高徟，大破之，收其军实。谟以冰当还任，故便去郡。众遣飏率诸军屯无锡。冰至，镇御亭，恐贼从海虞道入，众自往备之。而贼率张健、马流攻无锡，飏等大败，庚冰亦失守，健等遂据吴城。众自海虞由娄县东仓与贼别率交战，破之，义军又集进屯乌苞。会稽内史王舒、吴兴内史虞潭并檄众为五郡大督护，统诸义军讨健。潭遣将姚休为众前锋，与贼战没。众还守紫壁。

时贼党方锐，义军沮退，人咸劝众过浙江。众曰："不然。今保固紫壁，可得全钱唐以南五县。若越他境，便为寓军，控引无所，非长计也。"临平人范明亦谓众曰："此地险要，可以制寇，不可委也。"众乃版明为参军。明率宗党五百人，合诸军，凡四千人，复进讨健。健退于曲阿，留钱弘为吴令。军次路丘，即斩弘首。众进住吴城，遣督护朱祈等九军，与兰陵太守李闳共守虇［chēng］亭［在今江苏丹阳市］。健遣马流、陶阳等往攻之。闳与祈等逆击，大破之，斩首二千余级。

峻平，论功，众以承檄备义，推功于谟，谟以众唱谋，非己之力，俱表相让，论者美之。［高风亮节。］……更拜丹杨尹，本国大中正，入为侍中，转尚书。咸康［成帝年号，335—342］末……以母忧去职。

［晋穆帝初年，他在中央担任军职，起了有益的政治作用：］

穆帝即位，何充执政，复征众为领军［领禁军］，不起。服阕，乃就。是时充与武陵王不平，众会通其间，遂得和释。充崇信佛教，众议其糜费，每以为言……以年老，上疏乞骸骨，诏书不许。迁尚书仆射。永和二年［346］卒，时年七十三。追赠特进、光禄大夫，谥曰靖……

张闿［kǎi］：

［孙吴将领之后，由吴姓世族领袖之一荐于司马睿，担任要职。在主持晋陵地区治理时大修水利，"溉田八百余顷，每岁丰稔"。苏峻叛乱并控制京师后，"王导潜与闿谋"，秘密宣诏三吴"速起义军"，继而他又回到晋陵为平乱运谷招兵。］

［孙吴将领之后，由吴姓世族领袖之一荐于司马睿担任要职。］

张闿，字敬绪，丹阳人，吴辅吴将军昭之曾孙也。少孤，有志操。太常薛兼进之于元帝，言阎才干贞固，当今之良器。即引为安东参军，甚加礼遇。转丞相从事中郎，以母忧去职。既葬，帝强起之，阎固辞疾笃。优命敦逼，遂起视事。及帝为晋王，拜给事黄门侍郎，领本郡大中正。以佐翼勋，赐爵丹杨县侯，迁侍中。

［在治理晋陵地区时大修水利，"溉田八百余顷，每岁丰稔"。］

帝践阼，出补晋陵［今江苏常州］内史，在郡甚有威惠。［元帝颁下的值得称赞的地方行政长官施政根本要则，特别告诫勿"声过其实"，勿"功乎异端"，这永远有重大意义：］帝下诏曰："夫二千石之任，当勉励其德，绥齐所莅，使宽而不纵，严而不苛，其于勤功督察，便国利人，抑强扶弱，使无杂滥，真太守之任也。若声过其实，古人所不取。功乎异端，为政之甚害，盖所贵者本也。"阎遵而行之。时所部四县并以旱失田，阎乃立曲阿新丰塘，溉田八百余顷，每岁丰稔。葛洪为其颂。计用二十一万一千四百二十功，以擅兴造免官。后公卿并为之言曰："张阎兴陂溉田，可谓益国，而反被黜，使臣下难复为善。"帝感悟，乃下诏曰："丹杨侯阎昔以劳役部人免官，虽从吏议，犹未掩其忠节之志也。仓廪国之大本，宜得其才，今以阎为大司农。"阎陈黜免始尔，不宜便居九列。疏奏，不许，然后就职。帝晏驾，以阎为大匠卿，营建平陵，事毕，迁尚书。［他得一再升迁，任朝廷要职。］

［苏峻叛乱并控制京师后，"王导潜与阎谋"，秘密宣诏三吴"速起义军"，继而他又回到晋陵为平乱运谷招兵。］

苏峻之役，阎与王导俱入宫侍卫。峻使阎持节权督东军。王导潜与阎谋，密宣太后诏于三吴，令速起义军。陶侃等至，假阎节，行征虏将军，与振威将军陶回共督丹杨义军。阎到晋陵，使内史刘耽尽以一部谷，并遣吴郡度支运四部谷，以给车骑将军郗鉴。又与吴郡内史蔡谟、前吴兴内史虞潭、会稽内史王舒等招集义兵，以讨峻。峻平，以尚书加散骑常侍，赐爵宜阳伯。迁廷尉，以疾解职，拜金紫光禄大夫。寻卒，时年六十四……

…… ……

列传第二　后妃列传下褚蒜子传　摘录和评注

晋康帝司马岳皇后、晋穆帝司马聃太后褚蒜子：

［她作为皇后无事可载,因为她的丈夫居帝位仅约三年,殆无政绩,无论好坏。然而作为太后,她先后四度临朝、扶立五帝,特征为气度宽宏,耐心灵活,只做合法和力所能及之事,从不搞政变,历来顺势待善,且总是适时归政,不树外戚权势。她在东晋内外交困之际尽力而为,伸缩有度,帮助王朝度过漫长的桓温桓玄专权甚而篡夺时期,而她与大致同时去世的大国务家谢安的合作——明示的和默然的——构成她的一条政治红线。］

［出身名家,“聪明有器识”,从王妃经皇后而成为皇太后,临朝称制,主持穆帝大政(然而,辅政重臣在王导 339 年去世后必然多年呈走马灯状,先后为何充、蔡谟/司马昱、桓温)。］

康献褚皇后,讳蒜子,河南阳翟[今河南禹州]人也。父裒[póu],见《外戚传》。后聪明有器识,少以名家入为琅邪王妃。及康帝即位,立为皇后……及穆帝即位[344],尊后曰皇太后。时帝幼冲,未亲国政。领司徒蔡谟等上奏曰:“……伏惟陛下……临朝摄政,以宁天下。今社稷危急,兆庶悬命……臣等不胜悲怖,谨伏地上请……”太后诏曰:“帝幼冲……所奏恳到……先后允恭谦抑,思顺坤道,所以不距群情,固为国计……辄敬从所奏。”于是临朝称制。

［她谦逊有节,不树外戚尊荣,谨防外戚特权:］有司奏,谢夫人既封,荀、卞二夫人亦应追赠,皆后之前母也。太后不许。太常殷融议依郑玄义,卫将军裒在官庭则尽臣敬,太后归宁之日自如家人之礼。太后诏曰:“典礼诚所未详,如所奏,是情所不能安也,更详之。”征西将军翼、南中郎尚议谓“父尊尽于一家,君敬重于天下,郑玄义合情礼之中”。太后从之。自后朝臣皆敬裒焉。［她适时归政(虽然穆帝实权全在因军功和野心而权势大盛的桓温手中):］帝既冠,太后诏曰:“……帝加元服,礼成德备,当阳亲览,临御万国。今归事反政,一依旧典。”于是居崇德宫,手诏群公曰:“……帝既备兹冠礼,而四海未一,五胡叛逆,豺狼当路,费役日兴,百姓困苦。愿诸君子思量远算,戮力一心,辅翼幼主,匡救不逮……”

［她再度和三度(名义上)临朝称制,以某种韬光养晦方略对付专权的桓温,甚至受桓温之逼下诏废帝。］

及哀帝、海西公之世,太后复临朝称制。桓温之废海西公也,太后方在佛屋烧香,内侍启云"外有急奏",太后乃出。尚倚户前视奏数行,乃曰"我本自疑此",至半便止,索笔答奏云:"未亡人罹此百忧,感念存没,心焉如割。"温始呈诏草,虑太后意异,悚动流汗,见于颜色。及诏出,温大喜。①

[桓温强制册立的傀儡简文帝司马昱"常惧废黜"而不久殒命,她稍后在桓温病死的新形势下再度临朝(随即大国务家谢安开始进入政治舞台中心),数年后适时归政,在东晋赢得对氐族前秦的淝水之战后一年去世:]

简文帝即位[371],尊后为崇德太后。及帝崩[372],孝武帝幼冲,桓温又薨[373]。群臣启曰:"……伏惟陛下德应坤厚,宣慈圣善,遭家多艰,临朝亲览……太后诏曰:"王室不幸,仍有艰屯。览省启事,感增悲叹……苟可安社稷,利天下,亦岂有所执,辄敬从所启……"于是太后复临朝。[她再度适时归政:]帝既冠[376],乃诏曰:"皇帝婚冠礼备……宜当阳亲览……今归政事,率由旧典。"于是复称崇德太后。

太元九年[384],崩于显阳殿,年六十一,在位凡四十年……

列传第四十三　庾冰、庾翼传　摘录和评注

庾冰:

[庾亮之弟,深知其兄的教训,在为自己家族利益而主使成帝之弟而非其子登基后,成了一个爱权力又怕权力、归根结底无能的主政重臣。因此,他是个过渡式

---

① 《晋书·穆帝哀帝海西公纪》载:[桓温废帝](太和)六年[371]……十一月癸卯,桓温自广陵屯于白石。[桓温军临城下,且亲临朝廷,以可怕的指控威逼太后下诏废帝:]丁未,诣阙,因图废立,诬帝在藩夙有痿疾,嬖人相龙、计好、朱灵宝等参侍内寝,而二美人田氏、孟氏生三男,长欲封树,时人惑之,温因讽太后以伊霍之举。己酉,集百官于朝堂,宣崇德太后令曰:"王室艰难,穆、哀短祚,国嗣不育,储宫靡立。琅邪王奕亲则母弟,故以入纂大位。不图德之不建,乃至于斯。昏浊溃乱,动违礼度。有此三孽,莫知谁子。[!]人伦道丧,丑声遐布。既不可以奉守社稷,敬承宗庙,且昏孽并大,便欲建树储藩。诬罔祖宗,颠移皇基,是而可忍,孰不可怀! 今废奕为东海王,以王还第,供卫之仪,皆如汉朝昌邑故事……"于是百官入太极前殿,即日桓温使散骑侍郎刘享收帝玺绶。帝著白恰单衣,步下西堂,乘犊车出神兽门。群臣拜辞,莫不歔欷……

的政治人物,从他开始,之后连同何充、蔡谟/司马昱,主政重臣多年呈走马灯状,直到354年起内外大权尽归桓温。]

[“好礼”,“以雅素垂风”,平苏峻之乱时多有功勋,在辞让多个重要职务后出任朝廷重臣和镇守大将。]

冰字季坚。兄亮以名德流训,冰以雅素垂风,诸弟相率莫不好礼,为世论所重,亮常以为庾氏之宝。司徒辟,不就,征秘书郎。预讨华轶功,封都乡侯。王导请为司徒右长史,出补吴兴内史。

会苏峻作逆,遣兵攻冰,冰不能御,便弃郡奔会稽。[平苏峻之乱时多有功勋:]会稽内史王舒以冰行奋武将军,距峻别率张健于吴中。时健党甚众,诸将莫敢先进。冰率众击健走之,于是乘胜西进,赴于京都。又遣司马滕含攻贼石头城,拔之。冰勋为多,封新吴县侯,固辞不受。迁给事黄门侍郎,又让不拜。司空郗鉴请为长史,不就。出补振威将军、会稽内史。征为领军将军,又辞。[出任朝廷重臣和镇守大将:]寻入为中书监、扬州刺史、都督扬豫兖三州军事、征虏将军、假节。

[王导新丧,他众望所归成为主政者,兢兢业业,表现不错。]

是时王导新丧,人情恇然[惶恐不安貌]。冰兄亮既固辞不入,众望归冰。既当重任,经纶时务,不舍夙夜,宾礼朝贤,升擢后进,由是朝野注心,咸曰贤相。初,导辅政,每从宽惠,冰颇任威刑。殷融谏之,冰曰:“前相之贤,犹不堪其弘,况吾者哉!”……又隐实户口,料出无名万余人,以充军实。[他记住庾亮的罪过和教训,为人审慎谦逊:]诏复论前功,冰上疏曰:“臣门户不幸,以短才赞务,衅及天庭,殃流邦族,若晋典休明,夷戮久矣。而于时颠沛,刑宪暂坠,遂令臣等复得为时陈力。徇国之臣,因之而奋,立功于大罪之后……此之厚幸,可谓弘矣,岂复得计劳纳封,受赏司勋哉!……”许之。

[他“惧权盛,乃求外出”,出任外镇,然而作为理由的北伐全未实现,继而他去世。]

……康帝即位,又进车骑将军。冰惧权盛,乃求外出。会弟翼当伐石季龙,于是以本号除都督江荆宁益梁交广七州豫州之四郡军事、领江州刺史、假节，镇武昌，以为翼援……

…………

顷之，献皇后[褚蒜子]临朝，征冰辅政，冰辞以疾笃。寻而卒，时年四十九。册赠侍中、司空，谥曰忠成，祠以太牢。

[他的小节全然优秀：]冰天性清慎，常以俭约自居。中子袭尝贷官绢十四，冰怒，捶之，市绢还官。临卒……曰："吾……死之日，敛以时服，无以官物也。"及卒，无绢为敛。又室无妾媵，家无私积，世以此称之……

…………

庾翼：

[庾冰之弟，很能干的地方/区域行政长官和外镇，以矢志北伐且为此擅自进军为首要特征。在北伐一事上，他由情感和意气主宰，不明或不顾战略的一条根本原理，即目的应由能力规定。也同样在北伐一事上，外镇尾大不掉这一潜在危险的结构性形势也由他表现出来。]

["少有经纶大略"，连同英雄主义眼界；苏峻之乱后在地方行政长官任上"抚和百姓，甚得欢心"，继而成功地守卫前沿，抵御羯胡。]

翼字稚恭。风仪秀伟，少有经纶大略。[他的英雄主义眼界：]京兆杜乂、陈郡殷浩并才名冠世，而翼弗之重也，每语人曰："此辈宜束之高阁，俟天下太平，然后议其任耳。"见桓温总角之中，便期之以远略，因言于成帝曰："桓温有英雄之才，愿陛下勿以常人遇之，常婿畜之，宜委以方邵之任，必有弘济艰难之勋。"

苏峻作逆，翼时年二十二，兄亮使白衣领数百人，备石头。亮败，与翼俱奔。事平，始辟太尉陶侃府，转参军，累迁从事中郎。在公府，雍容讽议。顷之，除振威将军、鄱阳太守。转建威将军、西阳太守。抚和百姓，甚得欢心。迁南蛮校尉，领南郡太守，加辅国将军、假节。[他的军事才能似乎远超过其兄庾亮：]及邾城失守，石城被围，翼屡设奇兵，潜致粮杖。石城得全，翼之勋也。赐爵都亭侯。

[庾亮死后他出任京师附近地区以外最重要的外镇和政务长官,"劳谦匪懈,戎政严明,经略深远",成就斐然。他矢志北伐,且开始为此准备。]

及亮卒,授都督江荆司雍梁益六州诸军事、安西将军、荆州刺史、假节,代亮镇武昌。翼以帝舅,年少超居大任,退迩属目,虑其不称。翼每竭志能,劳谦匪懈,戎政严明,经略深远,[他对长江中游地区的治理和经略成就斐然:]数年之中,公私充实,人情翕然,称其才干。由是自河以南皆怀归附,石季龙汝南太守戴开率数千人诣翼降。又遣使东至辽东,西到凉州,要给二方,欲同大举。慕容皝、张骏并报使请期。翼雅有大志,欲以灭胡平蜀为己任,言论慷慨,形于辞色……

……　……

[康帝司马岳即位后他力主大举北伐,尽管条件是否具备大为可疑。他的"经纶大略"看来甚为有限,因为被情感和意气主宰的他已不明或不顾战略的根本原理。]

康帝即位[342],翼欲率众北伐,上疏曰:"贼季龙年已六十,奢淫理尽,丑类怨叛,又欲决死辽东。虽骁果,未必能固。若北无掣手之虏,则江南将不异辽左矣。臣所以辄发良人,不顾怨咨。然东西形援未必齐举,且欲北进,移镇安陆[今湖北孝感市下属安陆市,武昌西北近百公里]……辄率南郡太守王愆期、江夏相谢尚、寻阳太守袁真、西阳太守曹据等精锐三万,风驰上道,并勒平北将军桓宣扑取黄季,欲并丹水,摇荡秦雍。御以长辔,用逸待劳,比及数年,兴复可冀。臣既临许洛,窃谓桓温可渡戍广陵,何充可移据淮泗赭圻,路永进屯合肥。伏愿表御之日便决圣听,不可广询同异,以乖事会。[大举北伐显然在朝廷和外镇中缺乏共识。]……"于是并发所统六州奴及车牛驴马,百姓嗟怨。[他的北伐大动员导致"百姓嗟怨"。]时欲向襄阳,虑朝迁不许,故以安陆为辞。帝及朝士皆遣使譬止,车骑参军孙绰亦致书谏。[朝廷显然对北伐没有决心。]翼不从,遂违如辄行。[他志高心急,居然"一意孤行"!]至夏口,复上表曰:

臣近以胡寇有弊亡之势[他的这一基本形势判断显然有误],暂率所统,致讨山北,并分见众,略复江夏数城。臣等以九月十九日发武昌,以二十四日达夏口,辄简卒搜乘停当上道。而所调借牛马,来处皆远,百姓所蓄,谷草不充,并多羸瘠,难以涉路。加以向冬,野草渐枯,往反二千,或容踬顿[指倒毙],辄便随事筹量,权停此举。又山南诸城,每至秋冬,水多燥涸,运漕用功,实为艰阻。[北伐的后勤条件大成问题。]

[然而,所有严重困难都不能遏阻他的激进主义:]计襄阳,荆楚之旧,西接益梁,与关陇咫尺,北去洛河,不盈千里,土沃田良,方城险峻,水路流通,转运无滞,进可以扫荡秦赵,退可以保据上流。臣虽不武,意略浅短,荷国重恩,志存立效。是以受任四年,唯以习戎为务,实欲上凭圣朝威灵高略,下藉士民义慨之诚,因寇衰弊,渐临逼之……

……胡寇衰灭,其日不远。臣虽未获长驱中原,馘截凶丑,亦不可以不进据要害,思攻取之宜。是以辄量宜入沔,徙镇襄阳……

[所有严重困难都不能遏阻他的激进主义,他立足襄阳,"缮修军器,大佃积谷,欲图后举":]翼时有众四万,诏加都督征讨军事。师次襄阳,大会僚佐,陈旌甲,亲授弧矢,曰:"我之行也,若此射矣。"遂三起三叠,徒众属目,其气十倍。初,翼迁襄阳,举朝谓之不可,议者或谓避衰[避灾],唯兄冰意同,桓温及谯王无忌赞成其计。至是,冰求镇武昌,为翼继援。朝议谓冰不宜出,冰乃止。[朝廷消极!]又进翼征西将军,领南蛮校尉。胡贼五六百骑出樊城,翼遣冠军将军曹据追击于挠沟北,破之,死者近半,获马百匹。翼绥来荒远,务尽招纳之宜,立客馆,置典宾参军。桓宣卒,翼以长子方之为义成太守,代领宣众,司马应诞为龙骧将军、襄阳太守,参军司勖为建威将军、梁州刺史,戍西城。康帝崩,兄冰卒,以家国情事,留方之戍襄阳,还镇夏口,悉取冰所领兵自配,以兄子统为寻阳太守。诏使翼还督江州,又领豫州刺史,辞豫州。复欲移镇乐乡,诏不许。缮修军器,大佃积谷,欲图后举。遣益州刺史周抚、西阳太守曹据伐蜀,破蜀将李桓于江阳。

[他突然病逝(他的北伐宏图随之消散):]

翼如厕,见一物如方相[驱逐疫鬼和出丧时在前开路的神像,有四只眼睛,形象可怖],俄而疽发背。疾笃……永和元年[345,穆帝司马聃登基翌年]卒,时年四十一……

爰之[庾翼次子]有翼风,寻为桓温所废。温既废爰之,又以征虏将军刘惔监沔中军事,领义成太守,代方之。而方之、爰之并迁徙于豫章。

帝纪第八　穆帝、哀帝、海西公　摘录和评注

[晋穆帝司马聃,幼儿/少年皇帝(344—361 在位),其幸运是在 2 岁至 15 岁由太后褚蒜子摄政,而这位先后四度临朝、扶立五帝的太后气度宽宏,见识开阔,适时归政,且不树外戚权势。至于辅政重臣,在王导 339 年去世后必然多年呈走马灯状,他在位时先后为何充、蔡谟/司马昱、桓温。349 年羯胡石虎死后中原虽大乱,但东晋北伐无功。]

[这一时期成果出在西南,因为优秀的将才桓温击灭盘踞蜀地的政权成汉。军事胜利和个人野心使桓温权势愈盛,而朝廷与外镇这至关紧要的两分鉴于东晋的几大基本性质(如前所述京师区域偏处江东、东晋抵御北蛮的地缘战略需要和长江中游丰富资源对国家不可或缺)也是如此。354 年起内外大权尽归桓温,然后他三次北伐,先在关中一度击败氐族前秦,既而大破羌族姚襄和收复洛阳,最后(在穆帝薨后八年)征伐鲜卑前燕但惨败而终。他的故事仍未达到可怕的最高潮,那就是……]

[废帝立威! 无子嗣的晋哀帝司马丕(361—365 在位)因食长生药而中毒身死,继位者司马奕在登基六年后因桓温逼太后褚蒜子下诏而被废,翌年降封为海西公。东晋的史事还将继续下去,首先是威势极盛、欲加九锡的桓温病死,王导之后东晋最杰出的国务家和战略家谢安进入舞台中心。]

[从穆帝经哀帝至海西公及其后,东晋国务围绕桓温陷入非常复杂和戏剧性的内斗,各派的方略几乎层出不穷!]

晋穆帝司马聃(时期)①:

---

① 《晋书·刘隗刁协戴若思等传》载刘隗孙、督淮北诸军及冀州刺史刘波 360 年[穆帝薨前一年]的一则上疏,其中谈到穆帝时期的东晋惨状:"今政烦役殷,所在凋弊,仓廪空虚,国用倾竭,下民侵削,流亡相属。略计户口,但咸和[成帝年号,326—334]已来,十分去三……昔汉宣有云:'与我共治天下者,其惟良二千石乎!'是以临下有方者就加玺赠,法苛政乱者恤刑不赦,事简于上,人悦于下。今则不然。告时乞职者以家弊为辞,振穷恤滞者以公爵为施。古者为百姓立君,使之司牧;今者以百姓恤君,使之蚕食,至乃贪污者谓之清勤,慎法者谓之怯劣。何反古道一至于此!"

[司马聃二岁即位为穆帝，"皇太后临朝摄政"，桓温发动和赢得伐蜀战役。]

穆皇帝讳聃，字彭子，康帝子也。建元二年[344]九月丙申，立为皇太子。戊戌，康帝崩。己亥，太子即皇帝位，时年二岁……壬寅，皇太后临朝摄政……

永和元年[345]春正月甲戌朔，皇太后设白纱帷于太极殿，抱帝临轩……八月，豫州刺史路永叛奔于石季龙。[事后证明效果优良的重大任命：桓温执掌长江中上游／西南／华南军务]庚辰，以辅国将军、徐州刺史桓温为安西将军、持节、都督荆司雍益梁宁六州诸军事，领护南蛮校尉、荆州刺史。石季龙将路永屯于寿春。[摄政太后在东晋内外交困中似乎施行"战略保守主义"]：九月丙申，皇太后诏曰："今百姓劳弊，其共思详所以振恤之宜。及岁常调非军国要急者，并宜停之。"……

[辅政重臣何充去世，蔡谟／司马昱代之，桓温发动伐蜀战役]：二年[346]春正月……己卯，使持节、侍中、都督扬州诸军事、扬州刺史、骠骑将军、录尚书事、都乡侯何充卒。二月癸丑，以左光禄大夫蔡谟领司徒，录尚书六条事、抚军大将军、会稽王昱及谟并辅政……十一月辛未，安西将军桓温帅征虏将军周抚，辅国将军、谯王无忌，建武将军袁乔伐蜀，拜表辄行……

[桓温伐蜀得胜，成汉灭亡，尽管事后巴蜀仍有曲折]：三年[347]春正月乙卯，桓温攻成都，克之。丁亥，李势降，益州平。林邑范文攻陷日南，害太守夏侯览，以尸祭天。夏四月……蜀人邓定、隗文举兵反，桓温又击破之，使益州刺史周抚镇彭模[今四川彭山东南，岷江东岸]。丁巳，邓定、隗文复入据成都，征虏将军杨谦弃涪城，退保德阳……秋七月，范文复陷日南，害督护刘雄。[东晋对其最南端鞭长莫及！]隗文立范贲[成汉丞相范长生之子]为帝……十二月，振威护军萧敬文害征虏将军杨谦，攻涪城，陷之。遂取巴西，通于汉中。

[桓温权势开始大盛。东晋小规模分散北伐终告无功。殷浩在司马昱安排下登场，于是桓温 vs.殷浩，东晋朝廷两派势力之间争斗，结果殷浩全败，同时桓温在关中一度大败氐族前秦。]

四年[348]……秋八月，进安西将军桓温为征西大将军、开府仪同三司，封临贺郡公……

五年[349]……石季龙僭即皇帝位于邺。[石虎死后中原虽大乱，但东晋小规模分散北伐终告无功：]二月，征北大将军褚裒使部将王龛北伐，获石季龙将支重。夏四月，益州刺史周抚、龙骧将军朱焘击范贲，获之，益州平……征西大将军桓温遣督军滕畯讨范文，为文所败。[东晋对其最南端鞭长莫及。]石季龙死，子世嗣伪位。五月，石遵废世而自立。六月，桓温屯安陆，遣诸将讨河北。石遵扬州刺史王浃以寿阳来降。秋七月，褚裒进次彭城，遣部将王龛、李迈及石遵将李农战于代陂，王师败绩，王龛为农所执，李迈死之。八月，褚裒退屯广陵，西中郎将陈逮焚寿春而遁……冬十月，石遵将石遇攻宛，陷之，执南阳太守郭启。司马勋[东晋宗室，梁州刺史]进次悬钩[去长安二百里处]，石季龙故将麻秋距之，勋退还梁州。十一月丙辰，石鉴弑石遵而自立。十二月己酉……征北大将军……褚裒卒……

六年[350]……[羯胡后赵亡，但北方仍一片大乱和血腥屠戮：]闰月，冉闵弑石鉴，僭称天王，国号魏。[两三个月前，冉闵屠戮羯胡及其他胡人数十万！]……庐江太守袁真攻合肥，克之……是岁，大疫。

七年[351]春正月……[氐族前秦建立，都长安：]苻健僭称王，国号秦。二月……石祗[石虎之子]大败冉闵于襄国。[大屠戮！此役死者十余万人。]夏四月，梁州刺史司马勋出步骑三万，自汉中入秦川[关中平原地带]，与苻健战于五丈原，王师败绩……刘显[石祗部将]杀石祗。[此乃冉闵大败刘显，斩首三万余级的结果，后者以杀死石祗为秘密求降承诺。]……八月，冉闵豫州牧张遇以许昌来降，拜镇西将军……十一月，石祗将姚弋仲、冉闵将魏脱各遣使来降……十二月辛未，征西大将军桓温帅众北伐，次于武昌而止。时石季龙故将周成屯廪丘，高昌屯野王，乐立屯许昌，李历屯卫国，皆相次来降。

八年[352]春正月……苻健僭帝号于长安……[冉闵亡[①]，鲜卑前燕国家建立：]夏四月，冉闵为慕容俊所灭。俊僭帝号于中山，称燕……秋七月……丁酉……以……抚军大将军、会稽王昱为司徒，征西大将军桓温为太尉……九月……[殷浩登场！此人是司马昱为与桓温抗衡而栽培和引其参与朝政的。桓温 *vs.* 殷浩：东晋

---

① 明代王夫之有云："冉闵尽灭羯胡，而曰：'吾属故晋人，请各称牧守，奉迎天子。'虽非果有效顺之诚，然虑赵人之不忘中国而不戴己，未敢遽僭也。"现代著名史家范文澜则说，"冉闵以区区之力驰骋中原，而东晋又只作壁上观"。"冉闵"，http://baike.sogou.com/v577624.htm?fromTitle=％E5％86％89％E9％97％B5。

朝廷内部矛盾开始激化]中军将军殷浩帅众北伐[军功或兵败与权盛或权败的关系（因果联系与征伐动机）：在桓温和在殷浩那里]，次泗口，遣河南太守戴施据石门，荥阳太守刘遂成仓垣……

九年[353]……三月，旱……五月，大疫……[殷浩倒霉，出师兵败]冬十月，中军将军殷浩进次山桑，使平北将军姚襄为前锋，襄叛，反击浩，浩弃辎重，退保谯城[今安徽亳州市谯城区]……十一月，殷浩使部将刘启、王彬之讨姚襄，复为襄所败，襄遂进据芍陂[位于今安徽寿县南]……

十年[354]……[桓温在政治上摧毁殷浩，垄断内外大权，同时发动对氐族前秦的攻伐]二月己丑，太尉、征西将军桓温帅师伐关中。废扬州刺史殷浩为庶人……[桓温在关中大败氐族前秦]夏四月己亥，温及苻健子苌战于蓝田，大败之。[突然京师危机！]五月，江西乞活[武装流民]郭敞等执陈留内史刘仕而叛，京师震骇，以吏部尚书周闵为中军将军，屯于中堂，豫州刺史谢尚自历阳还卫京师。[桓温在关中突然转胜为败]六月，苻健将苻雄悉众及桓温战于白鹿原[在长安附近]，王师败绩。秋九月辛酉，桓温粮尽，引还。

[桓温的补偿和权位大盛：大破羌族姚襄和收复洛阳，受封公爵。然而，东晋军队在北方连番兵败。]

十一年[355]……夏四月……姚襄帅众寇外黄[在今河南商丘市民权县]，冠军将军高季大破之……

十二年[356]……三月，姚襄入于许昌，以太尉桓温为征讨大都督以讨之。秋八月己亥，桓温及姚襄战于伊水，大败之，襄走平阳，徙其余众三千余家于江汉之间……使扬武将军毛穆之、督护陈午、辅国将军、河南太守戴施镇洛阳……十一月，遣兼司空、散骑常侍车灌、龙骧将军袁真等持节如洛阳，修五陵……

[穆帝亲政，尽管实权全在桓温]升平元年[357]春正月壬戌朔，帝加元服，告天太庙，始亲万机……皇太后居崇德宫……夏五月……苻生将苻眉、苻坚击姚襄，战于三原[今陕西咸阳市三原县]，斩之。六月，苻坚杀苻生而自立……八月丁未，立皇后何氏……

二年[358]春正月，司徒、会稽王昱稽首归政，帝不许[不无微妙，因为这对"制衡"桓温有些微象征意义]……三月,慕容俊陷冀州诸郡,诏安西将军谢奕、北中郎将荀羡北伐……六月,并州刺史张平为符坚所逼,帅众三千奔于平阳,坚追败之……冠军将军冯鸯以众叛归慕容俊,俊尽陷河北之地……十二月,北中郎将荀羡及慕容俊战于山茌[今山东济南市长清区],王师败绩。

三年[359]……秋七月,平北将军高昌为慕容俊所逼,自白马奔于荥阳。冬十月慕容俊寇东阿,遣西中郎将谢万次下蔡,北中郎将郗昙次高平以击之,王师败绩……

四年[360]春正月……丙戌,慕容俊死,子暐嗣伪位……十一月,封太尉桓温为南郡公,温弟冲为丰城县公,子济为临贺郡公……

五年[361]……夏四月,大水。太尉桓温镇宛,使其弟豁将兵取许昌……[穆帝去世,年仅十九:]五月丁巳,帝崩于显阳殿,时年十九。葬永平陵,庙号孝宗。

晋哀帝司马丕(时期):

[司马丕因穆帝无子嗣而即皇帝位,但实际上是桓温的傀儡。]

哀皇帝讳丕,字千龄,成帝长子也[穆帝之堂兄弟]。咸康八年[342],封为琅邪王。永和元年[345]拜散骑常侍,十二年[356]加中军将军,升平三年[359]除骠骑将军。五年[361]五月丁巳,穆帝崩。皇太后令曰:"帝奄不救疾,胤嗣未建。琅邪王丕……其以王奉大统。"……庚申,即皇帝位……九月戊申,立皇后王氏……

[鲜卑前燕攻逼下的洛阳保卫战和桓温再度兴师北伐。桓温与太后之间的战略/政治对峙。司马丕因食长生药而中毒身死。]

[洛阳保卫战:]隆和元年[362]春正月……慕容暐将吕护、傅末波攻陷小垒,以逼洛阳……三月……吕护复寇洛阳……五月丁巳,遣北中郎将庾希、竟陵太守邓遐以舟师救洛阳。秋七月,吕护等退守小平津……邓遐进屯新城,庾希部将何谦及慕容暐将刘则战于檀丘,破之。八月,西中郎将袁真进次汝南,运米五万斛以馈洛阳……十二月……庾希自下邳退镇山阳,袁真自汝南退镇寿阳。

兴宁元年[363]……五月,加征西大将军桓温侍中、大司马、都督中外诸军事、录尚书事、假黄钺……[桓温兴师北伐:]九月壬戌,大司马桓温帅众北伐……

[洛阳等地保卫战或拉锯战:]二年[364]春二月……慕容暐将慕容评袭许昌,颖川太守李福死之。评遂侵汝南,太守朱斌遁于寿阳。又进围陈郡,太守朱辅婴城固守。桓温遣江夏相刘岵击退之……[司马丕因食长生药而中毒,不能视事,太后褚蒜子复临朝摄政:]三月……辛未,帝不豫。帝雅好黄老,断谷[辟谷],饵长生药,服食过多,遂中毒,不识万机,崇德太后[褚蒜子]复临朝摄政。夏四月甲申,慕容暐遣其将李洪侵许昌,王师败绩于悬瓠[在今河南驻马店市汝南县],朱斌奔于淮南,朱辅退保彭城。桓温遣西中郎将袁真、江夏相刘岵等凿阳仪道以通运,温帅舟师次于合肥,慕容尘[前燕将领]复屯许昌……[桓温坚持驻外北伐,太后则坚持征其入朝,是战略激进主义 *vs.* 战略保守主义,还是各自另有政治奥妙?]五月……壬申,遣使喻温入相,温不从。秋七月丁卯,复征温入朝。八月,温至赭圻[在今安徽芜湖市繁昌县获港镇的赭圻村一带],遂城[筑城]而居之。苻坚别帅侵河南,慕容暐寇洛阳。九月,冠军将军陈祐留长史沈劲守洛阳,帅众奔新城。

[哀帝司马丕身死:]三年[365]春正月庚申,皇后王氏崩……二月……丙申,帝崩于西堂,时年二十五。葬安平陵。

海西公(晋废帝)司马奕(时期):

[哀帝弟,因哀帝无嗣而继位。东晋安全形势并不危急但照旧不佳,洛阳再度陷落,蜀地再度危殆。]

废帝讳奕,字延龄,哀帝之母弟也。咸康八年[342]封为东海王。永和八年[352]拜散骑常侍,寻加镇军将军;升平四年[360]拜车骑将军。五年[361],改封琅邪王。隆和初,转侍中、骠骑大将军、开府仪同三司。兴宁三年[365]二月丙申,哀帝崩,无嗣。丁酉,皇太后诏曰:"帝遂不救厥疾……琅邪王奕,明德茂亲,属当储嗣……篡承大统……"……是日,即皇帝位……[东晋输掉拉锯约三年的洛阳保卫战:]三月……丙子,慕容暐将慕容恪陷洛阳,宁朔将军竺瑶奔于襄阳,冠军长史、扬武将军沈劲死之……秋七月己酉,改封会稽王昱为琅邪王。[这位已经历晋元帝往后六代君主的宗室大贵族终获候补皇储地位,虽然他自桓温势盛以来一直无权力,而且将是桓温控制下的忧愬不已的傀儡皇帝。血统的经久合法性。]壬子,立皇后庚氏……[蜀地再度危殆,虽然为时较短:]冬十月,梁州刺史司马勋反,自称成都王。十一月,帅众入剑阁,攻涪,西夷校尉毌丘昕弃城而遁。乙卯,围益州刺史周楚于成都,桓温遣江夏相朱序救之……

太和元年[366]……五月戊寅,皇后庾氏崩。朱序攻司马勋于成都,众溃,执勋,斩之……

二年[367]……

三年[368]……[难得的两三年平安或消停期。]

[突然,实际最高权力者遭灾,从而皇帝遭灾!桓温征伐鲜卑前燕但惨败而终,于是废帝立威成了他维持权力的选择。]

四年[369]夏四月庚戌,大司马桓温帅众伐慕容暐。秋七月辛卯,暐将慕容垂帅众距温,温击败之。九月戊寅,桓温神将邓遐、朱序遇暐将傅末波于林渚,又大破之。戊子,温至枋头[在今河南鹤壁市浚(xùn)县]。丙申,以粮运不继,焚舟而归。辛丑,慕容垂追败温后军于襄邑[今河南商丘市睢县]。冬十月……己巳,温收散卒,屯于山阳。豫州刺史袁真以寿阳叛。十一月辛丑,桓温自山阳及会稽王昱会于涂中[今安徽滁州市区一带的古称],将谋后举。[桓温在兵败后密谋宫廷政治。]十二月,遂城广陵而居之。

五年[370]……[氐族前秦灭鲜卑前燕,成为东晋的首要致命威胁。]冬十月,王猛大破慕容暐将慕容评于潞川。十一月,猛克邺,获慕容暐,尽有其地。

[桓温废帝]六年[371]……六月,京都及丹杨、晋陵、吴郡、吴兴、临海并大水。……十一月癸卯,桓温自广陵屯于白石。[桓温兵临城下,且亲临朝廷,以可怕的指控威逼太后下诏废帝:]丁未,诣阙,因图废立,诬帝在藩夙有痿疾[阳痿],嬖人相龙、计好、朱灵宝等参侍内寝,而二美人田氏、孟氏生三男,长欲封树,时人惑之,温因讽太后以伊霍之举[伊尹和霍光,分别为殷商开国和西汉中兴第一功臣,后人常以行伊霍之事代指权臣摄政废立君主]。己酉,集百官于朝堂,宣崇德太后令曰:"王室艰难,穆、哀短祚,国嗣不育,储官靡立。琅邪王奕亲则母弟,故以入纂大位。不图德之不建,乃至于斯。昏浊溃乱,动违礼度。有此三孽,莫知谁子。[!]人伦道丧,丑声遐布。既不可以奉守社稷,敬承宗庙,且昏孽并大,便欲建树储藩。诬罔祖宗,颠移皇基,是而可忍,孰不可怀!今废奕为东海王,以王还第,供卫之仪,皆如汉

朝昌邑故事[霍光废黜登基为帝仅二十余天的昌邑王]……"于是百官入太极前殿，即日桓温使散骑侍郎刘享收帝玺绶。帝著白帢单衣，步下西堂，乘犊车出神兽门。群臣拜辞，莫不歔欷……

[最重要的一段，追溯或揭示桓温北伐前燕与其惨败后的一贯政治动机及政治诡计：]初，桓温有不臣之心，欲先立功河朔，以收时望。及枋头之败，威名顿挫，遂潜谋废立，以长威权。然惮帝守道，恐招时议。以宫闱重闷，床笫易诬，乃言帝为阉，遂行废辱……

[受尽污蔑和耻辱，司马奕可怜的晚年：]咸安二年[372]正月，降封帝为海西县公。四月，徙居吴县……帝知天命不可再，深虑横祸，乃杜塞聪明，无思无虑，终日酣畅，耽于内宠，有子不育，庶保天年。时人怜之，为作歌焉。朝廷以帝安于屈辱，不复为虞。太元十一年[386]十月甲申，薨于吴，时年四十五。

帝纪第九　简文帝　摘录和评注

[晋简文帝司马昱，在位仅八个月。这位超老资格的贵族重臣曾引入殷浩制衡桓温，全败后竟成为桓温强制册立的傀儡皇帝！无怪乎他"常惧废黜"、忧愤不已而不久殒命。他喜好清谈，热衷玄学，"神识恬畅，而无济世大略"，乃至于被谢安称为"惠帝之流"。他怎能敌得过野心冲天、勇谋双全的桓温！]

[除大贵族身份外，"神识恬畅"是他唯一的资产；作为傀儡即帝位。]

简文皇帝讳昱，字道万，元帝之少子也。幼而岐嶷，为元帝所爱。郭璞见而谓人曰："兴晋祚者，必此人也。"及长，清虚寡欲，尤善玄言。[除大贵族身份外，"神识恬畅"是他唯一的资产：正面的和负面的。][他是超老资格的贵族重臣，因而对他即帝位前的叙述篇幅尤长]永昌元年[322]，元帝诏曰："……子昱仁明有智度……其封昱为琅邪王……"咸和元年[326]，所生郑夫人薨。帝时年七岁，号慕泣血，固请服重。成帝哀而许之，故徙封会稽王，拜散骑常侍。九年[334]，迁右将军，加侍中。咸康六年[340]，进抚军将军，领秘书监。建元元年[343]夏五月癸丑，康帝诏曰："太常职奉天地,兼掌宗庙,其为任也,可谓重矣……会稽王叔履尚清虚,志道无倦……其领太常本官如故。"[他一度为次席甚而首席辅政,可是他——用房玄龄等的话说——"无济世大略":]永和元年[345],崇德太后临朝,进位抚军大将军、录尚书六条事。二年[346],骠骑何充卒,崇德太后诏帝专总万机。八年[352],进位司徒,固让不拜。穆帝始冠,帝稽首归政,不许。[我们已经说过这不无微妙之处,因为对"制衡"桓温有些微象征意义。]废帝即位,以琅邪王绝嗣,复徙封琅邪……太和元年[366],进位丞相、录尚书事,入朝不趋,赞拜不名,剑履上殿,给羽葆鼓吹班剑六十人,又固让。[政治含义如上,但他"固让",是迂腐还是为了个人安全?]及废帝废,皇太后诏曰:"丞相、录尚书、会稽王体自中宗[即晋元帝],明德劭令,英秀玄虚,神栖事外[这就是桓温用不会闹事也无能力闹事的他当傀儡皇帝的原因!]……宜从天人之心,以统皇极……"于是大司马桓温率百官进太极前殿,具乘舆法驾,奉迎帝于会稽邸,于朝堂变服,著平巾帻单衣[他的清虚"秀"!],东向拜受玺绶。

咸安元年[371]冬十一月己酉,即皇帝位……[桓温为所欲为,傀儡殆无办法:]辛亥,桓温遣弟秘逼新蔡王晃诣西堂,自列与太宰、武陵王晞等谋反。帝对之流涕,温皆收付廷尉。癸丑,杀东海[前废帝,初降封东海王]二子及其母。[然而,他的老资格仍对桓温有点儿威慑作用:]初,帝以冲虚简贵,历宰三世,温素所敬惮。及初即位,温乃撰辞欲自陈述,帝引见,对之悲泣,温惧不能言。至是,有司承其旨,奏诛武陵王晞,帝不许。温固执至于再三,帝手诏报曰:"若晋祚灵长,公便宜奉行前诏。如其大运去矣,请避贤路[避位让贤]。"温览之,流汗变色,不复敢言。乙卯,废晞及其三子,徙于新安……己未,赐温军三万人,人布一匹,米一斛……辛酉,温旋自白石,因镇姑孰[在今安徽当涂]。[桓温总是拥军遥控宫廷朝廷,身不离军队,信仰"枪杆子里面出政权"。]……十二月……庚寅,废东海王奕为海西公,食邑四千户……

[即位八个月后,"帝崩于东堂",遗诏仍履行傀儡职责。]

二年[372]……二月,符坚伐慕容桓于辽东,灭之。[氐族前秦灭鲜卑前燕,将成为东晋的首要致命威胁。]……夏四月,徙海西公于吴县西柴里……秋七月……己未,立会稽王昌明为皇太子……是日,帝崩于东堂,时年五十三。葬高平陵,庙号太宗。遗诏以桓温辅政,依诸葛亮、王导故事。

[写得很好的追述，写出了这位悲剧式准潇洒人物的全部基本秉性。]

帝少有风仪，善容止，留心典籍，不以居处为意，凝尘满席，湛如[安然貌]也。尝与桓温及武陵王晞同载游版桥[今南京板桥]，温遽令鸣鼓吹角，车驰卒奔，欲观其所为。晞大恐，求下车，而帝安然无惧色，温由此惮服。温既仗文武之任，屡建大功，加以废立，威振内外。帝虽处尊位，拱默守道而已，常惧废黜。先是，荧惑入太微，寻而海西废。及帝登阼，荧惑又入太微，帝甚恶焉。时中书郎郗超在直，帝乃引入，谓曰："命之修短，本所不计，故当无复近日事[废黜事]邪！"超曰："……非常之事，臣以百口保之。"……帝……咏庾阐[东晋名士文人，苏峻叛乱被平后官至零陵太守，后任给事中]诗云"志士痛朝危，忠臣哀主辱"，遂泣下沾襟。帝虽神识恬畅，而无济世大略，故谢安称为惠帝之流，清谈差胜耳。沙门支道林[东晋佛教学者、高僧]尝言"会稽有远体而无远神"。谢灵运迹其行事，亦以为叔献之辈云。

列传第四十四　桓彝传　摘录和评注

[桓彝亦如前面的王导和庾亮而被单篇立传，无非因为他是桓温的父亲，后者354年起尽掌东晋内外大权，371年又因征伐鲜卑前燕但惨败而废帝立威。]

[他参与了东晋初创的过程，官至廷臣。他作为明帝司马绍的高参之一，为平王敦之乱作了贡献。苏峻之乱时他大义凛然，守城经年而拒不投降，最后城陷被害。]

[自少性情开朗大气，且有人伦识鉴；参与司马睿初创东晋的过程，官至廷臣。]

桓彝，字茂伦，谯国龙亢[今安徽蚌埠市怀远县西北]人，汉五更荣[东汉初经典儒学大师，行为谦逊温和，大受汉光武帝赏识]之九世孙也。父颢，官至郎中。彝少孤贫，虽箪瓢，处之晏如。性通朗，早获盛名。有人伦识鉴，拔才取士，或出于无闻，或得之孩抱[幼年，幼小]……少与庾亮深交，雅为周颢所重。颢尝叹曰："茂伦嵚崎历落，固可笑人也。"起家州主簿。赴齐王同义，拜骑都尉。元帝为安东将军，版行逡道[县名,在今安徽合肥之南,西晋属淮南郡]令。寻辟丞相中兵属[中兵即帐内牙门亲兵,主官中兵参军,中兵属是中兵参军的属官],累迁中书郎、尚书吏部郎,名显朝廷。

[他作为明帝司马绍的高参之一,为平王敦之乱作了贡献。]

于时王敦擅权,嫌忌士望,彝以疾去职……

明帝将伐王敦,拜彝散骑常侍,引参密谋。及敦平,以功封万宁县男。丹杨尹温峤上言:"宣城阻带山川,频经变乱,宜得望实居之,窃谓桓彝可充其选。"帝手诏曰:"适得太真表如此。今大事新定,朝廷须才,不有君子,其能国乎!方今外务差轻,欲停此事。"彝上疏深自拽挹[谦退],内外之任并非所堪,但以坟柏在此郡,欲暂结名义,遂补彝宣城内史。在郡有惠政,为百姓所怀。[担任要地行政长官,"有惠政,为百姓所怀"。]

[苏峻之乱时他大义凛然,守城经年而拒不投降,最后城陷被害。]

苏峻之乱也,彝纠合义众,欲赴朝廷。其长史裨惠以郡兵寡弱,山人易扰,可案甲以须后举。彝厉色曰:"夫见无礼于其君者,若鹰鹯之逐鸟雀。今社稷危逼,义无晏安。"乃遣将军朱绰讨贼别帅于芜湖,破之……会朝廷遣将军司马流先据慈湖,为贼所破,遂长驱径进。彝以郡无坚城,遂退据广德[今安徽宣城市广德县]。寻王师败绩,彝闻而慷慨流涕,进屯泾县[今安徽宣城市泾县]。时州郡多遣使降峻,裨惠又劝彝伪与通和,以纾交至之祸。彝曰:"吾受国厚恩,义在致死,焉能忍垢蒙辱与丑逆通问!如其不济,此则命也。"遣将军俞纵守兰石。峻遣将韩晃攻之。纵……力战而死。晃因进军攻彝。彝固守经年,势孤力屈。贼曰:"彝若降者,当待以优礼。"将士多劝彝伪降,更思后举。彝不从,辞气壮烈,志节不挠。城陷,为晃所害,年五十三……贼平,追赠廷尉,谥曰简……

……有五子:温、云、豁、秘、冲。温别有传。

列传第五十三　袁乔传　摘录和评注

[长期担任桓温属官,助桓温发动并赢得击灭盘踞蜀地的政权成汉的战役,而

这场胜利加上桓温个人野心，促使354年起内外大权尽归桓温。]

乔字彦叔。初拜佐著作郎。辅国将军桓温……镇京口……引为司马，领广陵相……

[促使桓温发动战役去击灭盘踞蜀地的政权成汉，并助其赢得战役。]

迁安西咨议参军、长沙相，不拜。寻督沔中诸戍江夏随义阳三郡军事、建武将军、江夏相。时桓温谋伐蜀，众以为不可，乔劝温曰[他杰出的战略分析和论辩]："夫经略大事，故非常情所具，智者了于胸心，然后举无遗算耳。[胡强蜀弱，"将欲除之，先从易者"：]今天下之难，二寇而已。蜀虽险固，方胡为弱，将欲除之，先从易者。[成汉过度相信蜀地天险，以致怠于备战，因而轻军速进便能灭之：]今泝流万里，经历天险，彼或有备，不必可克。然蜀人自以斗绝一方，恃其完固，不修攻战之具，若以精卒一万，轻军速进，比彼闻之，我已入其险要，李势君臣不过自力一战，擒之必矣。[不必顾虑"大军既西，胡必窥觎"：]论者恐大军既西，胡必窥觎，此又似是而非。何者？胡闻万里征伐，以为内有重备，必不敢动。纵复越逸江渚，诸军足以守境，此无忧矣。[占领蜀地可以杜绝来自西南的寇盗威胁，增加东晋可得的军事资源：]蜀土富实，号称天府，昔诸葛武侯欲以抗衡中国。今诚不能为害，然势据上流，易为寇盗。若袭而取之者，有其人众，此国之大利也。"温从之，[作为主力将领，他对桓温赢得灭成汉战役贡献颇大：]使乔以江夏相领二千人为军锋。师次彭模，去贼已近，议者欲两道并进，以分贼势。乔曰："今深入万里，置之死地，士无反顾之心，所谓人自为战者也。今分为两军，军力不一，万一偏败，则大事去矣。不如全军而进，弃去釜甑，赍三日粮，胜可必矣。"温以为然，即一时俱进。去成都十里，与贼大战，前锋失利，乔军亦退，矢及马首，左右失色。乔因麾而进，声气愈厉，遂大破之，长驱至成都。李势既降，势将邓定、隗文以其属反，众各万余。温自击定，乔击文，破之。进号龙骧将军，封湘西伯。寻卒，年三十六，温甚悼惜之。追赠益州刺史，谥曰简。

乔博学有文才，注《论语》及《诗》，并诸文笔皆行于世。[他是文武全才！]

…… ……

列传第四十七　何充、蔡谟、殷浩传　摘录和评注

[本篇至关重要，因为何充、蔡谟、殷浩俱为辅政重臣，特别是何充和殷浩的政治表现在东晋史上有着重大意义。何充为削弱庾氏家族势力，力主由桓温代替庾氏家族镇守荆州，此乃桓氏勃然崛起的起点。殷浩被大贵族司马昱召去任重臣兼近畿外镇大将，以制衡桓温，为此率众北伐但兵败。这导致内外大权尽归桓温，为时约二十年之久，因而殷浩可谓东晋政治的一个转折点。]

[对1600多年后的我们来说，博学笃慎的蔡谟的主要价值，在于提供了战略保守主义的经典论辩之一，其根本为最终目的第一，其余皆可退让，皆可待时，倘若退让和等待乃一时必需。]

何充：

[王导339年去世后，辅政重臣必然多年呈走马灯状，直到桓温354年成为事实上的独裁者为止。何充便是其中第一个，非常"政治"的一个，掌康帝司马岳朝政三年（得利于另一位辅政重臣、惧怕手中权力的庾冰自愿出镇京外），掌穆帝司马聃朝政一年多，继而去世。他与庾氏家族两度在帝位继承问题上有重大分歧：他坚持父逝子继，而庾氏则名托立年长君主以抗衡北方少数民族，以便保持庾氏的外戚特权地位。结果，他在这斗争中先输（康帝立）后赢（穆帝立）。他在逝前不久，为进一步削弱庾氏家族势力，力主由"英略过人"的桓温代替庾氏家族镇守战略和经济要地荆州，此乃桓氏勃然崛起的起点。]

[作为朝政掌管者，他"虽无澄正改革之能，而强力有器局"，并且被房玄龄等认为"以社稷为己任"，"不以私恩树亲戚"。然而，他"性好释典，崇修佛寺，供给沙门以百数，糜费巨亿而不吝也"。]

[官僚世家出身，作为王敦主簿因正直敢言而得罪王敦，受王敦之乱牵累。]

何充，字次道，庐江灊[qián，在今安徽六安市霍山县]人，魏光禄大夫祯之曾孙也。祖恽，豫州刺史。父睿，安丰太守。充风韵淹雅，文义见称。初辟大将军王敦

掾，转主簿。敦兄含时为庐江郡，贪污狼藉，敦尝于座中称曰："家兄在郡定佳，庐江人士咸称之。"充正色曰："充即庐江人，所闻异于此。"敦默然。傍人皆为之不安，充晏然自若。由是忤敦，左迁东海王文学，寻属敦败，累迁中书侍郎。

[其姨父王导及明帝助力其仕途；治理会稽"甚有德政"；王导逝后与庾冰共掌朝政。]

[从与最高显贵们的裙带关系中得益：]充即王导妻之姊子，充妻，明穆皇后[明帝皇后庾文君]之妹也，故少与导善，早历显官。尝诣导，导以麈尾反指床呼充共坐，曰："此是君坐也。"……明帝亦友昵之。成帝即位，迁给事黄门侍郎。苏峻作乱……充东奔义军……贼平，封都乡侯，拜散骑常侍，出为东阳太守，仍除建威将军、会稽内史。在郡甚有德政，荐征士虞喜，拔郡人谢奉、魏颙等以为佐吏。后以墓被发去郡。诏征侍中，不拜。改葬毕，除建威将军、丹杨尹。[他在最高显贵们那里的口碑甚佳，后者预先推荐他为未来的辅政重臣：]王导、庾亮并言于帝曰："何充器局方概，有万夫之望，必能总录朝端，为老臣之副。臣死之日，愿引充内侍，则外誉唯缉，社稷无虞矣。"由是加吏部尚书，进号冠军将军，又领会稽王师。[王导逝后与庾冰共掌朝政：]及导薨，转护军将军，与中书监庾冰参录尚书事……寻迁尚书令，加左将军。充以内外统任，宜相纠正，若使事综一人，于课对为嫌，乃上疏固让。许之。徙中书令，加散骑常侍，领军如故……

[他与庾氏家族两度在帝位继承问题上有重大分歧：他坚持父逝子继，而庾氏则名托立年长君主以抗北方少数民族，以便保持庾氏的外戚地位。结果，他在这斗争中先输（康帝立）后赢（穆帝立）。]

[关于帝位继承问题的斗争（一）：他输，康帝立。]庾冰兄弟以舅氏辅王室，权侔人主，虑易世之后，戚属转疏，将为外物所攻，谋立康帝，即帝母弟也。每说帝以国有强敌，宜须长君，帝从之。充建议曰："父子相传，先王旧典，忽妄改易，惧非长计。故武王不授圣弟，即其义也。昔汉景亦欲传祚梁王，朝臣咸以为亏乱典制，据而弗听。今琅邪践阼，如孺子何！社稷宗庙，将其危乎！"冰等不从，既而康帝立，帝临轩，冰、充侍坐。帝曰："朕嗣鸿业，二君之力也。"[依然正直敢言：]充对曰："陛下龙飞，

臣冰之力也。若如臣议，不睹升平之世。"帝有惭色。

[因为与庾氏关系紧张，他一度出镇京师附近，"以避诸庾"；继而，庾冰"惧权盛，乃求外出"，出任外镇大将，这至少客观上大有利于他的权势。]建元[康帝年号，343—344]初，出为骠骑将军、都督徐州扬州之晋陵诸军事、假节，领徐州刺史，镇京口，以避诸庾。顷之，庾翼将北伐，庾冰出镇江州，充入朝，言于帝曰："臣冰舅氏之重，宜居宰相，不应远出。"朝议不从。于是征充入为都督扬豫徐州之琅邪诸军事、假节，领扬州刺史，将军如故。先是，翼悉发江、荆二州编户奴以充兵役，士庶嗷然。充复欲发扬州奴以均其谤[他人品不错，未对庾翼惹众怒一事幸灾乐祸]。后以中兴时已发三吴，今不宜复发而止。

[关于帝位继承问题的斗争(二)：他赢，穆帝立。]俄而帝疾笃，冰、翼意在简文帝，而充建议立皇太子，奏可。及帝崩，充奉遗旨，便立太子[时年二岁]，是为穆帝，冰、翼甚恨之。献后[康献皇后褚蒜子]临朝，诏曰："骠骑任重，可以甲杖百人入殿。"又加中书监、录尚书事。充自陈既录尚书，不宜复监中书，许之。复加侍中，羽林骑十人。[他权势鼎盛，"专辅幼主"，但如下所述短命。]

[他在权势鼎盛之际为进一步削弱庾氏势力，力主由桓温代替庾氏镇守要地荆州，此乃桓氏勃然崛起的起点。]

冰、翼等寻卒，充专辅幼主。翼临终，表以后任委息爰之[庾爰之，庾翼次子]。于时论者并以诸庾世在西藩，人情所归，宜依翼所请，以安物情。充曰："不然。荆楚国之西门，户口百万，北带强胡，西邻劲蜀，经略险阻，周旋万里。得贤则中原可定，势弱则社稷同忧，所谓陆抗存则吴存，抗亡则吴亡者，岂可以白面年少猥当此任哉！桓温英略过人，有文武识度，西夏之任，无出温者。"[他这个主张或许主要出于房玄龄等所说的"以社稷为己任"。]议者又曰："庾爰之肯避温乎？如令阻兵，耻惧不浅。"充曰："温足能制之，诸君勿忧。"乃使温西。爰之果不敢争。充以卫将军褚裒皇太后父，宜综朝政，上疏荐裒参录尚书。裒以地逼，固求外出。充每曰："桓温、褚裒为方伯，殷浩居门下，我可无劳矣。"

[他被认为品德优秀，然而"性好释典，崇修佛寺，供给沙门以百数，糜费巨亿而

不吝也";他既是非常政治又是非常宗教以致靡费无边的一个人。]

充居宰相,虽无澄正改革之能,而强力有器局,临朝正色,以社稷为己任,凡所选用,皆以功臣为先,不以私恩树亲戚,谈者以此重之。然所昵庸杂,信任不得其人[指桓温、褚裒、殷浩?],而性好释典,崇修佛寺,供给沙门以百数,靡费巨亿而不吝也。亲友至于贫乏,无所施遗,以此获讥于世。阮裕[官僚、哲学家]尝戏之曰:"卿志大宇宙,勇迈终古。"充问其故。裕曰:"我图数千户郡尚未能得,卿图作佛,不亦大乎!"于时郗愔及弟昙奉天师道,而充与弟崇准信释氏,谢万[谢安之弟,曾任豫州刺史]讥之云:"二郗谄于道,二何佞于佛。"……

永和二年[346]卒,时年五十五,赠司空,谥曰文穆。无子……

…… ……

蔡谟:

[南下世族之士,先后历任司马绍、司马睿和王敦的幕僚高参,苏峻之乱后以"东线"举义击叛之功成为高级廷臣,乃至三公。他本着"当敌强盛,屈而避之"的战略保守主义,雄辩地反对庾亮实为家族权势而要大举北伐的主张。穆帝即位后一年多,何充去世,他与会稽王司马昱共同辅政。① 也许出于对顶层政治险恶的忧惧,同时肯定明白司马昱意欲引入殷浩以制约权势开始大盛的桓温,他参与辅政一年多便坚决急流勇退,长时间反复固拒就职司徒位,以致险些被殷浩和司马昱以"悖慢傲上,罪同不臣"为由处决。结果,他的仕途以被废为庶人结束,余下他"杜门不出,教授子弟"的最后几年。]

[总之,他是那么多东晋重臣中罕见的不恋权位之士,而这肯定与传末所述他的博学、方雅、笃慎秉性密切相关,而且,他反复表现的战略保守主义大概也是如此。]

[南下世族之士,先后历任司马绍、司马睿和王敦的幕僚高参。]

---

① 《晋书·穆帝哀帝海西公纪》载:(永和)二年[346]春正月……己卯,使持节、侍中、都督扬州诸军事、扬州刺史、骠骑将军、录尚书事、都乡侯何充卒。二月癸丑,以左光禄大夫蔡谟领司徒,录尚书六条事、抚军大将军、会稽王昱及谟并辅政……

蔡谟,字道明,陈留考城[今河南商丘市民权县]人也。世为著姓。曾祖睦,魏尚书。祖德,乐平太守。父克,少好学,博涉书记,为邦族所敬。性公亮守正,行不合己,虽富贵不交也……克以朝政日弊,遂绝不仕……

谟弱冠察孝廉,州辟从事,举秀才,东海王越召为掾,皆不就。避乱渡江。时明帝为东中郎将,引为参军。元帝拜丞相,复辟为掾,转参军,后为中书侍郎,历义兴太守、大将军王敦从事中郎、司徒左长史,迁侍中。

[苏峻之乱后,以"东线"举义之功开始成为高级廷臣,乃至三公。]

苏峻构逆,吴国内史庾冰出奔会稽,乃以谟为吴国内史。谟既至,与张闿、顾众、顾飏等共起义兵,迎冰还郡。峻平,复为侍中,迁五兵尚书,领琅邪王师。谟上疏让曰[真诚的谦逊和淡泊①]:"……孔愉、诸葛恢并以清节令才,少著名望。昔愉为御史中丞,臣尚为司徒长史;恢为会稽太守,臣为尚书郎;恢尹丹杨,臣守小郡。名辈不同,阶级殊悬。今猥以轻鄙,超伦逾等,上乱圣朝贯鱼之序,下违群士准平之论。……中兴已来,上德之举所未尝有。臣何人斯,而猥当之! 是以叩心自忖,三省愚身,与其苟进以秽清涂,宁受违命狷固之罪。"疏奏,不许。转掌吏部。以平苏峻勋,赐爵济阳男,又让,不许。

……迁太常,领秘书监,以疾不堪亲职,上疏自解,不听。成帝临轩,遣使拜太傅、太尉、司空……[经典儒士,视佛教为"夷狄之俗",哪怕明帝曾手画佛像也如此:]彭城王纮上言,乐贤堂有先帝手画佛象,经历寇难,而此堂犹存,宜敕作颂。帝下其议。谟曰:"佛者,夷狄之俗,非经典之制。先帝量同天地,多才多艺,聊因临时而画此象,至于雅好佛道,所未承闻也……今欲发王命,敕史官,上称先帝好佛之志,下为夷狄作一象之颂,于义有疑焉。"于是遂寝。

[他本着战略保守主义,雄辩地反对庾亮实为家族权势而要大举北伐的论辩,

---

① 这不是他第一回如此。《晋书·顾众传》载:苏峻反,王师败绩,众还吴,潜图义举。时吴国内史庾冰奔于会稽,峻以蔡谟代之……谟乃檄众为本国督护,扬威将军仍旧,众从弟护军将军飏为咸远将军、前锋督护。吴中人士同时响应……峻平,论功,众以承檄备义,推功于谟,谟以众唱谋,非己之力,俱表相让,论者美之。

可被视为战略保守主义的经典论辩之一,根本要义为"当敌强盛,屈而避之"。]

时征西将军庾亮以石勒新死,欲移镇石城,为灭贼之渐。事下公卿。谟议曰:

[根本要义:]时有否泰,道有屈伸,暴逆之寇虽终灭亡,然当其强盛,皆屈而避之。是以高祖受黜于巴汉,忍辱于平城也。若争强于鸿门,则亡不终日。故萧何曰"百战百败,不死何待"也。①[最终目的第一,其余皆可退让,皆可"待时",倘若退让和等待实为一时必需:]原始要终,归于大济而已。岂与当亡之寇争迟速之间哉!夫惟鸿门之不争,故垓下莫能与之争。文王身圮于羑里,故道泰于牧野;句践见屈于会稽,故威申于强吴。今日之事,亦由此矣。贼假息之命垂尽,而豺狼之力尚强,宜抗威以待时。

或曰:"抗威待时,时已可矣。"[对现时真正的敌我力量对比做不易的准确判断至关紧要:]愚以为时之可否在贼之强弱,贼之强弱在季龙[羯胡后赵武帝石虎字]之能否。季龙之能否,可得而言矣。自勒初起,则季龙为爪牙,百战百胜,遂定中国,境土所据,同于魏世。及勒死之日,将相内外欲诛季龙。季龙独起于众异之中,杀嗣主,诛宠臣。内难既定,千里远出,一攻而拔金墉,再战而斩石生,禽彭彪,杀石聪,灭郭权,还据根本,内外并定,四方镇守,不失尺土。详察此事,岂能乎,将不能也?假令不能者为之,其将济乎,将不济也?[对敌方能力的战略判断不可"不信百战之效,而执一攻之验":]贼前襄阳而不能拔,诚有之矣。不信百战之效,而执一攻之验,弃多从少,于理安乎?譬若射者,百发而一不中,可谓之拙乎?且不拔襄阳者,非季龙身也。[对敌方能力的战略判断不可依据克劳塞维茨式"引力中心"以外的次要战役的胜负去定:]桓平北[刘务桓,匈奴族一部首领,晋成帝时向羯胡后赵朝贡,被封为平北将军],守边之将耳。贼前攻之,争疆场耳,得之为善,不得则止,非其所急也。今征西之往,则异于是。何者?重镇也,名贤也,中国之人所闻而归心也。今而西度,实有席卷河南之势,贼所大惧,岂与桓宣[东晋将领,曾领兵协助

---

① 《汉书·萧何传》载:初,诸侯相与约,先入关破秦者王其地。沛公既先定秦,项羽后至,欲攻沛公,沛公谢之得解。羽遂屠烧咸阳……立沛公为汉王,而三分关中地,王秦降将以距汉王。汉王怒,欲谋攻项羽。周勃、灌婴、樊哙皆劝之,何谏之曰:"虽王汉中之恶,不犹愈于死乎?"汉王曰:"何为乃死也?"何曰:"今众弗如,百战百败,不死何为?《周书》曰:'天予不取,反受其咎。'……夫能诎于一人之下,而信于万乘之上者,汤、武是也。臣愿大王王汉中,养其民以致贤人,收用巴、蜀,还定三秦,天下可图也。"汉王曰:"善。"乃遂就国,以何为丞相。

收复襄阳,并镇守和经营襄阳长达十多年]同哉! 季龙必率其精兵,身来距争。若欲与战,战何如石生[石勒从子,后赵宗室大臣,333 年讨伐石虎,兵败被杀]? 若欲城守,守何如金墉? 若欲阻沔,沔何如大江? 苏峻何如季龙? 凡此数者,宜详校之。

[他对现时敌我力量对比的细致、冷静、准确的战略判断,充分参照晚近的相关历史:]愚谓石生猛将,关中精兵,征西之虎不能胜也。金墉险固,刘曜十万所不能拔,今征西之守不能胜也。又是时兖州、洛阳、关中皆举兵击季龙。今此三处反为其用,方之于前,倍半之觉也。若石生不能敌其半,而征西欲当其倍,愚所疑也。苏峻之强,不及季龙,沔水之险,不及大江。大江不能御苏峻,而以沔水御季龙,又所疑也。昔祖士稚[祖逖字,东晋初期北伐名将]在谯,佃于城北,虑贼来攻,因以为资,故豫安军屯,以御其外。谷将熟,贼果至,丁夫战于外,老弱获于内,多持炬火,急则烧谷而走。如此数年,竟不得其利。是时贼唯据沔北,方之于今,四分之一耳。士稚不能捍其一,而征西欲御其四,又所疑也。或云:“贼若多来,则必无粮。”然致粮之难,莫过崤函。而季龙昔涉此险,深入敌国,平关中而后还。今至襄阳,路既无险,又行其国内,自相供给,方之于前,难易百倍。前已经至难,而谓今不能济其易,又所疑也。

[还需充分考虑(不对称的)战略性地理环境,其意义和效应在我攻敌守时大异于我守敌攻时;东晋必须坚持守势之大利,相反“弃江远进”必败。]故攻我守然此所论,但说征西既至之后耳,尚未论道路之虑也。自沔以西,水急岸高,鱼贯溯流,首尾百里。若贼无宋襄之义,及我未阵而击之,将如之何? 今王士与贼,水陆异势,便习不同。寇若送死,虽开江延敌,以一当千,犹吞之有余,宜诱而致之,以保万全。弃江远进,以我所短击彼所长,惧非庙胜之算。

[他的论辩代表众议,无可辩驳:]朝议同之,故亮不果移镇。

······ ······

[他的战略保守主义应用于另一较小的“请伐胡”场合。]

及太尉郗鉴疾笃,出谟为太尉军司,加侍中。鉴卒,即拜谟为征北将军、都督徐兖青三州扬州之晋陵豫州之沛郡诸军事、领徐州刺史、假节。时左卫将军陈光上疏请伐胡,诏令攻寿阳,谟上疏曰:

[他的战略判断又一次以细致周全见长:]今寿阳城小而固。自寿阳至琅邪,城

壁相望，其间远者裁百余里，一城见攻，众城必救。且王师在路五十余日，刘仕[原东晋陈留太守，投降氐族前秦姚襄，为其所用]一军早已入淮，又遣数部北取坚壁，大军未至，声息久闻。而贼之邮驿，一日千里，河北之骑足以来赴，非惟邻城相救而已。夫以白起、韩信、项籍之勇，犹发梁焚舟，背水而阵。今欲停船水渚，引兵造城，前对坚敌，顾临归路，此兵法之所诫也。若进攻未拔，胡骑卒至，惧桓子[春秋晋国重臣荀林父曾任中行之将，以官为氏，谥桓，故又称中行桓子]不知所为，而舟中之指可掬。[①][退一步说，至多只可"有征无战"，保全有生力量：]今征军五千，皆王都精锐之众，又光为左卫，远近闻之，名为殿中之军，宜令所向有征无战。而顿之坚城之下，胜之不武，不胜为笑。[战略是个成本效益估算问题：]今以国之上驷击寇之下邑，得之则利薄而不足损敌，失之则害重而足以益寇，惧非策之长者。臣愚以为闻寇而致讨，贼退而振旅，于事无失。不胜管见，谨冒陈闻。[此处未载的是，已决定了的陈光北伐被他谏止。]

[顺便说，他是个能在石虎的（次要或更次）攻袭面前守住边陲的能干的外镇大将：]季龙于青州造船数百，掠缘海诸县，所在杀戮，朝廷以为忧。谟遣龙骧将军徐玄等守中洲，并设募，若得贼大白船者，赏布千匹，小船百匹。是时谟所统七千余人，所戍东至土山，西至江乘，镇守八所，城垒凡十一处，烽火楼望三十余处，随宜防备，甚有算略……

[穆帝即位后一年多，何充去世，他与会稽王司马昱共同辅政。]

康帝[应为穆帝]即位，征拜左光禄大夫、开府仪同三司，领司徒[代理司徒]。代殷浩为扬州刺史[据《殷浩传》，此为永和三年（347）上半年即穆帝登基第三年事]。又录尚书事，领司徒如故。初，谟冲让不辟僚佐，诏屡敦逼之，始取掾属。

[他冷静求实的战略保守主义又一次显现，在石虎病死之际独特地显现；他从不轻浮：]石季龙死[349]，中国大乱。时朝野咸谓当太平复旧，谟独谓不然，语所亲

---

① 据《左传·宣公十二年》，前597年，执掌国政的荀林父率师与楚国进行邲[今河南荥阳东北]之战，惨遭大败。败前荀林父见楚军大举来攻，心中慌乱，"不知所为"，下令渡河撤退，并且"鼓于军中曰：'先济者有赏。'中军、下军争舟，舟中之指可掬"。[意为争舟时，先上船者挥刀乱砍攀附者，船中断指之多竟至可以捧起。]

曰："胡灭，诚大庆也，然将贻王室之忧。"或曰："何哉？"谟曰："夫能顺天而奉时，济六合于草昧，若非上哲，必由英豪。度德量力，非时贤所及。[告诫：战略大冒进的结果是国家大透支，民族大透支。]必将经营分表，疲人以逞志。才不副意，略不称心，财单力竭，智勇俱屈……"

[也许出于对顶层政治险恶的忧惧，同时肯定明白司马昱着意引入殷浩以制约桓温，他参与辅政一年多便坚决甚而顽固地急流勇退，以致险些因不断抗旨被殷浩和司马昱处决。]

迁侍中、司徒。上疏让曰："伏自惟省，昔阶谬恩，蒙忝非据，尸素累积而光宠更崇，谤讟[dú]弥兴而荣进复加……乞垂天鉴，回恩改谬，以允群望。"皇太后诏报不许。谟犹固让，谓所亲曰："我若为司徒，将为后代所哂[shěn，讥笑]，义不敢拜也。"皇太后遣使喻意，自（永和）四年冬至五年末，诏书屡下，谟固守所执。六年，复上疏，以疾病乞骸骨，上左光禄大夫、领司徒印绶。章表十余上。穆帝临轩[皇帝不坐正殿而御前殿。殿前堂陛之间近檐处两边有槛楯，如车之轩，故称]，遣侍中纪璩[qú]、黄门郎丁纂征谟。谟陈疾笃，使主簿谢攸对曰："臣谟不幸有公族穆子之疾①，天威不违颜咫尺，不敢奉诏，寝伏待罪。"自旦至申，使者十余反，而谟不至。时帝年八岁，甚倦，问左右曰："所召人何以至今不来？临轩何时当竟？"君臣俱疲弊。皇太后诏："必不来者，宜罢朝。"中军将军殷浩奏免吏部尚书江虨[bīn]官。简文时为会稽王[司马昱]，命曹曰："蔡公傲违上命，无人臣之礼。若人主卑屈于上，大义不行于下，亦不知复所以为政矣。"于是公卿奏曰："司徒谟顷以常疾，久逋王命，皇帝临轩，百僚齐立，俯偻之恭，有望于谟，若志存止退，自宜致辞阙庭，安有人君卑劳终日而人臣曾无一酬之礼！悖慢傲上，罪同不臣。臣等参议，宜明国宪，请送廷尉，以正刑书。"谟惧，率子弟素服诣阙稽颡，躬到廷尉待罪。皇太后诏曰："谟先帝师傅，服事累世……若遂致之于理，情所未忍。可依旧制免为庶人。"

---

① 《国语·晋语》载：韩献子老，（晋悼公）使公族穆子受事于朝。辞曰："……无功庸者，不敢居高位。今无忌，智不能匡君，使至于难[指厉公被杀]，仁不能救，勇不能死，敢辱君朝以乔韩宗[辱没韩氏宗族]，请退也。"固辞不立。

［他被废为庶人，"杜门不出，终日讲诵，教授子弟"，以此度过他最后几年。］

谟既被废，杜门不出，终日讲诵，教授子弟。数年，皇太后诏曰："前司徒谟以道素著称，轨行成名，故历事先朝，致位台辅，以往年之失，用致黜责。自尔已来，阖门思愆，诚合大臣罪己之义。以谟为光禄大夫、开府仪同三司。"于是遣谒者仆射孟洪就加册命。谟上疏陈谢曰："臣以顽薄，皆忝殊宠，尸素累纪，加违慢诏命，当肆市朝。幸蒙宽宥，不悟天施复加光饰，非臣陨越所能上报。臣寝疾未损，不任诣阙。不胜仰感圣恩，谨遣拜章。"遂以疾笃，不复朝见。诏赐几杖，门施行马。十二年［358］，卒，时年七十六。赗赠之礼，一依太尉陆玩故事。诏赠侍中、司空，谥曰文穆。

［他博学、方雅、笃慎，他罕见地不恋权位肯定与这些秉性密切相关，大概他的战略保守主义亦如此。］

谟博学，于礼仪宗庙制度多所议定。文笔论议，有集行于世。总应劭以来注班固《汉书》者，为之集解……谟性方雅。丞相王导作女伎，施设床席。谟先在坐，不悦而去，导亦不止之。性尤笃慎，每事必为过防。故时人云："蔡公过浮航，脱带腰舟。"［过桥乘船时都腰系大瓠以防落水。《鹖冠子·学问》："中河失船，一壶千金。"宋陆佃解："壶，瓠也，佩之可以济涉，南人谓之腰舟。"］……

殷浩：

［玄学名士，"识度清远"，鄙视权财，却骤然被大贵族司马昱召去任重臣兼近畿外镇大将，以制衡权势日盛的桓温。在一心从事最高层激烈内斗的他那里，与在桓温那里一样，军功意味着权盛，兵败意味着权败，于是他率众北伐，不料部将背叛，倒戈逆击，致使他兵败不止。他随即被废为庶人，东晋内外大权尽归桓温，经历四帝，为时约二十年之久。因而，殷浩可谓东晋政治上的一个转折点。］

［祸兮福兮？被迫离开政治舞台令他恢复自己——好得多的玄士："虽被黜放，口无怨言，夷神委命，谈咏不辍，虽家人不见其有流放之戚。"然而，新添悲怆无尽！］

［有一个潇洒脱俗的父亲，本人更潇洒脱俗，为玄学名士，鄙视权财。］

殷浩，字深源，陈郡长平［今河南周口市西华县］人也。父羡，字洪乔，为豫章太守,都下人士因其致书者百余函,行次石头,皆投之水中,曰:"沈者自沈,浮者自浮,殷洪乔不为致书邮。"其资性介立如此。终于光禄勋。

浩识度清远,弱冠有美名,尤善玄言,与叔父融[东晋清谈家,著有文集十卷传世]俱好老易。融与浩口谈则辞屈,著篇则融胜,浩由是为风流谈论者所宗。或问浩曰:"将莅官而梦棺,将得财而梦粪,何也?"浩曰[鄙视权财,认为权本臭腐,钱本粪土]:"官本臭腐,故将得官而梦尸,钱本粪土,故将得钱而梦秽。"时人以为名言。

三府辟,皆不就。征西将军庾亮引为记室参军,累迁司徒左长史。安西庾翼复请为司马。除侍中、安西军司,并称疾不起。[隐居墓所,几将十年,但被一些人(误)认为有经国救世大才]遂屏居墓所,几将十年,于时拟之管[管仲]、葛[诸葛亮]。王蒙[名士,曾得辅政重臣司马昱贵幸]、谢尚[谢安从弟,尚清谈,官至散骑常侍、卫将军]犹伺其出处,以卜江左兴亡,因相与省之,知浩有确然之志。既反,相谓曰:"深源不起,当如苍生何!"[有些(误)认为他有经国救世大才的显贵(儒士)对他"恨铁不成钢",禁不住抨击他的玄风空谈:]庾翼贻浩书曰:"当今江东社稷安危,内委何、褚诸君,外托庾、桓数族,恐不得百年无忧,亦朝夕而弊。足下少标令名,十余年间,位经内外,而欲潜居利贞,斯理难全……王夷甫[王衍,西晋大清谈家,玄学名士,官至太尉,被羯胡石勒杀死],先朝风流士也,然吾薄其立名非真,而始终莫取……正当抑扬名教,以静乱源。而乃高谈庄老,说空终日,虽云谈道,实长华竞……"浩固辞不起。

[他竟骤然被司马昱召去任重臣兼近畿外镇大将,以制衡桓温。]

建元[康帝司马岳年号,343—344]初,庾冰兄弟及何充等相继卒。简文帝时在藩[为会稽王司马昱],始综万几[346],卫将军褚裒荐浩,征为建武将军、扬州刺史。[司马昱召殷浩的原因之一大概是他也"清虚寡欲,尤善玄言""英秀玄虚,神栖事外"(《晋书·简文帝孝武帝纪》);说到底,他俩都是政治上的少能或无能之辈!]浩上疏陈让,并致笺于简文,具自申叙。简文答之曰:"属当厄运,危弊理尽……足下沈识淹长,思综通练,起而明之,足以经济。若复深存挹退,苟遂本怀,吾恐天下之事于此去矣……足下去就即是时之废兴……望必废本怀,率群情也。"浩频陈让,自三月至七月,乃受拜焉。[他即使能抵御权财诱惑,也挡不住辅政大贵族的极言奉承。]

[伴随他与桓温的最高层内斗激化,他决心依"军功意味着权盛"的政治逻辑(加上石虎病死、胡中大乱引起的错误判断),率师北伐,结果兵败,只能遭受权败的厄运。]

[他与桓温的最高层内斗激化:]时桓温既灭蜀,威势转振,朝廷惮之。简文以浩有盛名,朝野推伏,故引为心膂,以抗于温,于是与温颇相疑贰。会遭父忧,去职,时以蔡谟摄扬州,以俟浩,服阕,征为尚书仆射,不拜。复为建武将军、扬州刺史,遂参综朝权。颍川荀羡少有令闻,浩擢为义兴、吴郡,以为羽翼。王羲之[时或为江州刺史]密说浩、羡,令与桓温和同,不宜内构嫌隙,浩不从。[既上了权路和斗道,就要干到底,哪是王羲之劝得了的?]

[他依正确的政治逻辑和错误的形势判断,率师北伐:]及石季龙死[349],胡中大乱,朝廷欲遂荡平关河,于是以浩为中军将军、假节、都督扬豫徐兖青五州军事。浩既受命,以中原为己任,上疏北征许洛[许昌、洛阳]。将发,坠马,时咸恶之。既而以淮南太守陈逵、兖州刺史蔡裔为前锋,安西将军谢尚、北中郎将荀羡为督统,开江西疁田千余顷,以为军储。师次寿阳[352],潜诱苻健大臣梁安、雷弱儿等,使杀健,许以关右之任。[不料部将羌族姚襄部分地因他刺激而叛变,倒戈逆击;在此期间他再三误行误判:]初,降人魏脱卒,其弟憬代领部曲。姚襄杀憬,以并其众,浩大恶之,使龙骧将军刘启守谯,迁襄于梁。既而魏氏子弟往来寿阳,襄益猜惧。俄而襄部曲有欲归浩者,襄杀之,浩于是谋诛襄。会苻健杀其大臣,健兄子眉自洛阳西奔,浩以为梁安事捷,意苻健已死,请进屯洛阳,修复园陵,使襄为前驱,冠军将军刘洽镇鹿台,建武将军刘遁据仓垣,又求解扬州,专镇洛阳,诏不许。浩既至许昌,会张遇反,谢尚又败绩,浩还寿阳。后复进军,次山桑,而襄反,浩惧,弃辎重退保谯城,器械军储皆为襄所掠,士卒多亡叛。浩遣刘启、王彬之击襄于山桑,并为襄所杀。[他兵败。]

[他只能遭受权败的厄运,被废为庶人。]

桓温素忌浩,及闻其败,上疏罪浩曰[桓温乘机大反扑,不择手段地要将他置于死地或流放荒裔]:

案中军将军浩过蒙朝恩,叨窃非据,宠灵超卓,再司京辇,不能恭慎所任……虚生狡说,疑误朝听,狱之有司,将致大辟……受专征之重,无雪耻之志,坐自封植,妄生风尘,遂使寇仇稽诛,奸逆并起,华夏鼎沸,黎元殄悴。浩惧罪将及,不容于朝,外声进讨,内求苟免。出次寿阳,顿甲弥年,倾天府之资,竭五州之力,收合无赖,以自强卫,爵命无章,猜害罔顾……羌帅姚襄率众归化,遣其母弟入质京邑,浩不能抚而用之,阴图杀害,再遣刺客,为襄所觉。襄遂惶惧,用致逆命。生长乱阶,自浩始也。复不能以时扫灭,纵放小竖,鼓行毒害,身狼狈于山桑,军破碎于梁国,舟车焚烧,辎重覆没。三军积实,反以资寇,精甲利器,更为贼用。神怒人怨,众之所弃,倾危之忧,将及社稷……若圣上含弘,末忍诛殛,且宜退弃,摈之荒裔……

[被废为庶人,且被流放:]竟坐废为庶人,徙于东阳之信安县[治所在今浙江西部、钱塘江上游的衢州市]。

[甚至从少年时起他俩就相嫉相轻,此乃他俩权势恶斗的一个悠久的心理助因:]浩少与温齐名,而每心竞。温尝问浩:"君何如我?"浩曰:"我与君周旋久,宁作我也。"温既以雄豪自许,每轻浩,浩不之惮也。至是,温语人曰:"少时吾与浩共骑竹马,我弃去,浩辄取之,故当出我下也。"又谓郗超曰:"浩有德有言,向使作令仆[尚书令与仆射],足以仪刑百揆,朝廷用违其才耳。"[桓温最恨的就是殷浩竟任近畿外镇大将,更不用说"为中军将军、都督扬豫徐兖青五州军事",他根据切身经验,深知"枪杆子里面出政权"!]

[祸兮福兮?被迫离开政治舞台令他恢复自己——好得多的玄士,但添无尽悲怆。]

浩虽被黜放,口无怨言,夷神委命,谈咏不辍,虽家人不见其有流放之戚。但终日书空[对空书写],作"咄咄怪事"四字而已。浩甥韩伯,浩素赏爱之,随至徙所,经岁还都,浩送至渚侧,咏曹颜远诗云:"富贵他人合,贫贱亲戚离。"因而泣下。[他与桓温的最后感情牵连,他最后的顺俗脱俗内心矛盾;但玄风获胜,幻灭未改]后温将以浩为尚书令,遗书告之,浩欣然许焉。将答书,虑有谬误,开闭者数十,竟达空函,大忤温意,由是遂绝。永和十二年[356]卒。

…… ……

[房玄龄等中肯的评价当然侧重于殷浩,彼"银样镴枪头"的令人跌破眼镜的表现启示人"风流异贞固之才,谈论非奇正之要";一个政治军事复合版的再世赵括?]

史臣曰:……殷浩清徽雅量,众议攸归,高秩厚礼,不行而至,咸谓教义由其兴替,社稷俟以安危。及其入处国钧,未有嘉谋善政,出总戎律,唯闻蹙国丧师,是知风流异贞固之才,谈论非奇正之要。违方易任,以致播迁,悲夫!蔡谟度德而处,弘斯止足,置以刑书,斯为过矣。

列传第四十八　孔严传　摘录和评注

[他最重要的政治经历,是担任殷浩的幕僚;而殷浩之所以被"崇树"为重臣兼近畿外镇大将,是为"抗拟桓温",其关键途径则被确定为率师北伐,以求随军功而来的权盛。有鉴于此,他竟劝谏殷浩"不争""婉顺""相和"和不去"谋立功于阃外",仿佛全然昧于当时的政治,更何谈"浩深纳之"!]

[他最重要的政治经历:任殷浩幕僚,在两桩头等要事上劝谏之。]

严字彭祖。祖父奕,全椒令……在官有惠化,及卒,市人若丧慈亲焉。父伦,黄门郎。严少仕州郡,历司徒掾、尚书殿中郎。[他最重要的政治经历("最重要"是因为殷浩的历史重要性):]殷浩临扬州,请为别驾。迁尚书左丞。时朝廷崇树浩,以抗拟桓温,温深以不平。浩又引接荒人[鄙野边远之人],谋立功于阃外[朝廷之外,或指边关]。严言于浩曰[仿佛全然昧于当时的政治,他竟劝谏殷浩"不争""婉顺""相和"和不去"谋立功于阃外"]:"当今时事艰难,可谓百六之运[道家称地亏为百六,泛指厄运或灾年]……顷来天时人情,良可寒心……《老子》云'夫唯不争,则万物不难与之争'[《老子》第六十六章云:"以其不争,故天下莫能与之争"],此言不可不察也。愚意故谓朝廷宜更明授任之方,韩彭[韩信、彭越]可专征伐,萧曹[萧何、曹参]守管籥,内外之任,各有攸司。深思廉蔺[廉颇、蔺相如]屈申之道,平勃[陈平、周勃]相和之义,令婉然通顺,人无间言,然后乃可保大定功,平济天下也。又观顷日降附之徒,皆人面兽心,贪而无亲,难以义感。而聚著都邑,杂处人间,使君常疲圣体以接之,虚府库以拯之,足以疑惑视听耳。"浩深纳之。["浩深纳之"? 这与前面《殷浩传》所载的截然相反![①]]

[桓温专权治下的他:大善无可为,勉力行小善,尤其在地方行政官任内。]

及哀帝[成帝长子,穆帝(19 岁崩,无子嗣)之堂兄弟,桓温的傀儡]践阼[361],议所承统,时多异议。严与丹杨尹庾龢议曰:"顺本居正,亲亲不可夺,宜继成皇帝。"诸儒咸以严议为长,竟从之。

…… ……

时东海王奕求海盐、钱塘以水牛牵埭[dài]税[即牛埭税,对以牛挽船过坝征的税]取钱直,帝初从之,严谏乃止。初,帝或施私恩,以钱帛赐左右。严又启诸所别赐及给厨食,皆应减省。帝曰:"左右多困乏,故有所赐,今通断之。又厨膳宜有减撤,思详具闻。"严多所匡益。

太和[废帝司马奕年号,366—371]中,拜吴兴太守,加秩中二千石。善于宰牧,甚得人和。余杭妇人经年荒,卖其子以活夫之兄子。武康有兄弟二人,妻各有孕,弟远行未反,遇荒岁,不能两全,弃其子而活弟子。严并褒荐之。又甄赏才能之士,论者美焉。五年[370],以疾去职,卒于家。

…… ……

列传第五十　王羲之传　摘录和评注

[王羲之,千余年来公认的中国历史上最杰出的书法家,或曰"书圣",这在将书法当作文化艺术的一个重要组成部分的中国,实属非同小可。然而,我们着重关注

---

① 《殷浩传》载:时桓温既灭蜀,威势转振,朝廷惮之。简文以浩有盛名,朝野推伏,故引为心膂,以抗于温,于是与温颇相疑贰……为建武将军、扬州刺史,遂参综朝权。颍川荀羡少有令闻,浩擢为义兴、吴郡,以为羽翼。王羲之密说浩、羡,令与桓温和同,不宜内构嫌隙,浩不从。及石季龙死[349],胡中大乱,朝廷欲遂荡平关河,于是以浩为中军将军、假节、都督扬豫徐兖青五州军事。浩既受命,以中原为己任,上疏北征许洛[许昌、洛阳]。

作为东晋王氏豪门世族成员的他的政治行为,尤其是他强调政治内斗和战略冒险主义危害无穷。]

······ ······

[对殷浩与桓温之间的顶层激烈内斗,他的基本主张是"国家之安在于内外和",并且劝阻被他预料为必败的殷浩北伐;北伐失败丧地后,他认为须坚定地奉行战略保守主义,"还保长江","自长江以外,羁縻而已"。]

是时殷浩与桓温不协,羲之以国家之安在于内外和,因以与浩书以戒之,浩不从。[他预料到殷浩北伐必败,"以书止之"但无效:]及浩将北伐,羲之以为必败,以书止之,言甚切至。浩遂行,果为姚襄所败。复图再举,又遗浩书曰:

······往事岂复可追,顾思弘将来,令天下寄命有所,自隆中兴之业。政以道胜宽和为本[抽象地说,这句话当是多数情势下的至理名言!],力争武功,作非所当······

[政治内斗和战略冒险主义之莫大危害:]自寇乱以来,处内外之任者,未有深谋远虑,括囊至计,而疲竭根本,各从所志,竟无一功可论,一事可记,忠言嘉谋弃而莫用,遂令天下将有土崩之势,何能不痛心悲慨也。任其事者,岂得辞四海之责![记住晚近教训,"虚己求贤,不可令忠允之言常屈于当权"!]追咎往事,亦何所复及,宜更虚己求贤,当与有识共之,不可复令忠允之言常屈于当权。[兵败丢了谢安谢玄得来的北方华夏"光复区"后,须坚定地奉行资源和能力所限定的战略保守主义,"还保长江","自长江以外,羁縻而已"!]今军破于外,资竭于内,保淮之志非复所及,莫过还保长江,都督将各复旧镇,自长江以外,羁縻而已。[他当然不可能料到半个多世纪后北伐大胜的英雄刘裕!]任国钧者,引咎责躬,深自贬降以谢百姓。更与朝贤思布平政,除其烦苛,省其赋役,与百姓更始。庶可以允塞群望,救倒悬之急。

使君起于布衣,任天下之重······当董统之任而败丧至此,恐阖朝群贤未有与人分其谤者······若犹以前事为未工,故复求之于分外,宇宙虽广,自容何所!······[他说话不客气,"以骨鲠称",虽然殷浩北伐败后迅即失势。]

复被州符,增运千石,征役兼至,皆以军期,对之丧气,罔知所厝。[下面这句话无论是否有"文学夸大"性质,实属重要的披露和鞭笞!]自顷年割剥遗黎,刑徒竟路,殆同秦政,惟未加参夷之刑耳,恐胜广[陈胜、吴广]之忧,无复日矣。

又与会稽王[司马昱]笺陈浩不宜北伐,并论时事曰:

…… ……

夫庙算决胜,必宜审量彼我,万全而后动……[他战略保守主义的依据:资源非常拮据,能力非常有限,"以区区吴越经纬天下十分之九,不亡何待"！再次提到东晋中晚期的"秦政之弊":]未至于此今功未可期,而遗黎歼尽,万不余一。且千里馈粮,自古为难,况今转运供继,西输许洛,北入黄河。虽秦政之弊,未至于此,而十室之忧,便以交至。今运无还期,征求日重,以区区吴越经纬天下十分之九,不亡何待！而不度德量力,不弊不已,此封内所痛心叹悼而莫敢吐诚。

往者不可谏,来者犹可追,愿殿下更垂三思,解而更张,令殷浩、荀羡还据合肥、广陵,许昌、谯郡、梁、彭城诸军皆还保淮,[真正可得胜的北伐须待长久的未来,"根立势举,谋之未晚":]为不可胜之基,须根立势举,谋之未晚,此实当今策之上者。若不行此,社稷之忧可计日而待。安危之机,易于反掌,考之虚实,著于目前,愿运独断之明,定之于一朝也。

…… ……

殿下德冠宇内,以公室辅朝……而未允物望,受殊遇者所以寤寐长叹,实为殿下惜之。国家之虑深矣……常恐伍员之忧不独在昔,麋鹿之游将不止林薮而已。愿殿下暂废虚远之怀,以救倒悬之急,可谓以亡为存,转祸为福,则宗庙之庆,四海有赖矣。[他面对头号大贵族和头号重臣也说话不客气,"以骨鲠称"！]

…… ……

列传第六十八　桓温传　摘录和评注

[桓温,桓氏世族攀升的发动者,依凭他的优秀将才、勃勃野心和军功助长权势的"丛林法则"。他首先击灭盘踞蜀地的政权成汉,并且得益于朝廷与外镇这至关紧要的两分和东晋的另外几大基本性质(京师区域偏处江东、东晋有抵御北蛮的地缘战略需要和长江中游丰富资源对国家不可或缺),从354年起内外大权尽归于他。

继而他三度北伐，一平一胜之后意外惨败，上述"丛林法则"的逆态（兵败消减权势）逼迫他采取先发制人的急剧政治行动，那就是——他从不止于"半吊子措施"——废帝立威！然而不到两年，他在威权极盛之际突然病死，依凭这偶然性事件东晋王朝竟翻开一个中兴似的新篇章。]

[除去相关帝纪所载，从本传可知他决绝残忍，自负自傲，殆无政治策略，而且野心无限，执迷名声，以致其最衷心真言是"既不能流芳后世，不足复遗臭万载邪"！]

[青少年时便决绝残忍，强烈倾向于矫枉过正。因娶公主成皇亲显贵，经人推荐成重要外镇。]

桓温，字元子，宣城太守彝之子也……彝为韩晃[苏峻部将，327年攻杀宣城内史桓彝]所害，泾令江播豫焉。温时年十五，枕戈泣血，志在复仇。至年十八，会播已终，子彪兄弟三人居丧，置刃杖中，以为温备。温诡称吊宾，得进，刃彪于庐中，并追二弟杀之，时人称焉。

温豪爽有风概，姿貌甚伟，面有七星……[因娶公主成皇亲显贵：]选尚南康长公主[司马兴男，东晋明帝女]，拜驸马都尉，袭爵万宁男，除琅邪太守，累迁徐州刺史。

[经人推荐成重要外镇：]温与庾翼友善，恒相期以宁济之事。翼尝荐温于明帝曰："桓温少有雄略，愿陛下勿以常人遇之，常婿畜之，宜委以方召之任，托其弘济艰难之勋。"翼卒，以温为都督荆梁四州诸军事、安西将军、荆州刺史、领护南蛮校尉、假节。

[独揽大权，继而大举北伐。]

[经征战发动其盛大权势（1）：凭其优秀的将才击灭盘踞蜀地的巴氏政权成汉。]

时李势微弱，温志在立勋于蜀，永和[东晋穆帝年号]二年[346]，率众西伐。[他胆气过人，且熟知兵法：]时康献太后[褚蒜子]临朝，温将发，上疏而行。朝廷以蜀险远，而温兵寡少，深入敌场，甚以为忧。初，诸葛亮造八阵图于鱼复平沙之上，垒石为八行，行相去二丈。温见之，谓"此常山蛇势也"。文武皆莫能识之。[用兵凶猛灵活：]及军次彭模[在今四川眉山市下属彭山区东南、岷江东岸]，乃命参军周楚、孙盛守辎重,自将步卒直指成都。势使其叔父福及从兄权等攻彭模,楚等御之,福退走。温又击权等,三战三捷,贼众散,自间道归成都。势于是悉众与温战于笮桥,参军龚护战没,众惧欲退,而鼓吏误鸣进鼓,于是攻之,势众大溃。[还有战场上的偶然性事件相助,且用兵果断决绝。]温乘胜直进,焚其小城,势遂夜遁九十里,至晋寿葭萌城,其将邓嵩、昝坚劝势降,乃面缚舆榇[chèn,棺材]请命。[战末和战后对被征服者施行妥当的军政方略,结果蜀地"百姓咸悦":]温解缚焚榇,送于京师。温停蜀三旬,举贤旌善,伪尚书仆射王誓、中书监王瑜、镇东将军邓定、散骑常侍常璩等,皆蜀之良也,并以为参军,百姓咸悦。军未旋而王誓、邓定、隗文等反,温复讨平之。振旅还江陵,进位征西大将军、开府,封临贺郡公。

[经征战发动其盛大权势(2):欲大举北伐,但因大贵族重臣司马昱引入殷浩制衡他而暂时未遂。桓温(外镇)vs.司马昱＋殷浩(朝廷):东晋最高层一度的竞斗僵局。]

及石季龙死[349],温欲率众北征,先上疏求朝廷议水陆之宜,久不报。时知朝廷杖殷浩等以抗己,温甚忿之,然素知浩,弗之惮也。[最高层政治僵局:]以国无他衅,遂得相持弥年,虽有君臣之迹,亦相羁縻而已,八州士众资调,殆不为国家用。声言北伐,拜表便行,顺流而下,行达武昌,众四五万。殷浩虑为温所废,将谋避之,又欲以驺虞幡[绘有驺虞图形的旗帜,用以传旨解兵。清代赵翼《廿二史札记》卷八:"晋制最重驺虞幡,每至危险时,或用以传旨,或用以止兵,见之者辄慴伏而不敢动,亦一朝之令甲也。"]住温军,内外喧哗[语声喧哗,议论纷杂],人情震骇。简文帝[司马昱后为东晋简文帝]时为抚军,与温书明社稷大计,疑惑所由。温即回军还镇,上疏曰:

[他怒怼首要对手/首席重臣的劝诫和质疑,全无敬畏之态:]臣近亲率所统,欲北扫赵魏,军次武昌,获抚军大将军、会稽王昱书,说风尘纷纭,妄生疑惑,辞旨危急,忧及社稷。省之悒愕,不解所由,形影相顾,隙越[摔跤,跌倒]无地。臣以暗蔽,忝荷重任,虽才非其人,职在静乱。寇仇不灭,国耻未雪,幸因开泰之期,遇可乘之会,匹夫有志,犹怀愤慨,臣亦何心,坐观其弊! 故荷戈驱驰,不遑宁处,前后表陈,于今历年矣。丹诚坦然,公私所察,有何纤介,容此嫌忌?[痛骂殷浩,或许还有司马昱本人:]岂丑正[嫉害正直]之徒心怀怵惕,操弄虚说,以惑朝听?

昔乐毅竭诚,垂涕流奔,霍光尽忠,上官告变。谗说殄行,奸邪乱德,及历代之常患,存亡之所由也……臣世蒙殊恩,服事三朝,身非羁旅之宾,迹无韩彭之衅,而反间起于胸心,交乱过于四国,此古贤所以叹息于既往,而臣亦大惧于当年也。今横议妄生,成此贝锦[喻诬陷他人、罗织成罪的谗言],使垂灭之贼复获苏息,所以痛心绝气,悲慨弥深。臣虽所存者公,所务者国;然外难未弭,而内弊交兴,则臣本心陈力之志也。

[经征战发动其盛大权势(3):殷浩也懂军功与权盛的关系,但倒霉或无能,出师兵败,结果被他奏废,"自此内外大权一归温矣"。率师大举北伐,恶战氐族前秦。]

进位太尉,固让不拜。时殷浩至洛阳修复园陵,经涉数年,屡战屡败,器械都尽。[1] 温复进督司州,因朝野之怨,乃奏废浩,自此内外大权一归温矣。[在内政治竞斗全胜!对外军事竞斗在即:]温遂统步骑四万发江陵,水军自襄阳入均口。至南乡,步自淅川以征关中,命梁州刺史司马勋出子午道。别军攻上洛,获苻健荆州刺史郭敬,进击青泥,破之。健又遣子生、弟雄众数万屯峣柳、愁思堆以距温,遂大战,生亲自陷阵,杀温将应庭、刘泓,死伤千数。温军力战,生众乃散。雄又与将军桓冲战白鹿原,又为冲所破。雄遂驰袭司马勋,勋退次女娲堡。温进至霸上,健以五千人深沟自固,居人皆安堵[安定,安居]复业,持牛酒迎温于路者十八九,耆老感泣曰:"不图今日复见官军!"初,温恃麦熟,取以为军资。而健芟苗清野,军粮不属,收三千余口而还。帝使侍中黄门劳温于襄阳。[对前秦作战连胜,但非决定性的,继而转胜为败[2],或可说他对前秦的总战绩是打成平手。]

初,温自以雄姿风气是宣帝[司马懿]、刘琨[西晋最终名将,是西晋在华北抵御

---

[1] 《晋书·穆帝哀帝海西公纪》载:中军将军殷浩帅众北伐,次泗口,遣河南太守戴施据石门,荥阳太守刘遂戍仓垣……

九年[353]……冬十月,中军将军殷浩进次山桑,使平北将军姚襄为前锋,襄叛,反击浩,浩弃辎重,退保谯城[今安徽亳州市谯城区]……十一月,殷浩使部将刘启、王彬之讨姚襄,复为襄所败,襄遂进据芍陂[位于今安徽寿县南]……

十年[354]……二月己丑,太尉、征西将军桓温帅师伐关中。废扬州刺史殷浩为庶人……

[2] 《晋书·穆帝哀帝海西公纪》载:(永和)十年[354]……夏四月己亥,温及苻健子苌战于蓝田,大败之……[桓温在关中突然转胜为败:]六月,苻健将苻雄悉众及桓温战于白鹿原,王师败绩。秋九月辛酉,桓温粮尽,引还。

异族狂潮的最后砥柱]之俦,有以其比王敦者,意甚不平。及是征还,于北方得一巧作老婢,访之,乃琨伎女也,一见温,便潸然而泣。温问其故,答曰:"公甚似刘司空。"温大悦……[他满怀崇尚英雄和胜利统帅的强烈虚荣心。]

[他转向打击羌族姚襄,大破之,收复洛阳,遂与新的劲敌鲜卑前燕对抗和冲突。在此期间,他遭遇他最后的政治/战略制约者太后褚蒜子,后者针对他坚持驻外北伐而执意征他入朝(是战略保守主义 vs. 战略激进主义,还是各自另有政治奥妙?)①。]

母孔氏卒……温葬毕视事,欲修复园陵,移都洛阳,表疏十余上,不许。进温征讨大都督、督司冀二州诸军事,委以专征之任。

温遣督护高武据鲁阳,辅国将军戴施屯河上,勒舟师以逼许洛,以谯梁水道既通,请徐豫兵乘淮泗入河。温自江陵北伐……过淮泗,践北境,与诸僚属登平乘楼,眺瞩中原,慨然曰:"遂使神州陆沈,百年丘墟,王夷甫[王衍字,西晋著名玄学清谈家,西晋末重臣]诸人不得不任其责!"……[他在战场上确实骁勇善战:]师次伊水,姚襄屯水北,距水而战。温结阵而前,亲被甲督弟冲及诸将奋击,襄大败,自相杀死者数千人,越北芒而西走,追之不及,遂奔平阳。[收复之后修缮洛阳:]温屯故太极殿前,徙入金墉城,谒先帝诸陵,陵被侵毁者皆缮复之,兼置陵令。遂旋军,执降贼周成以归,迁降人三千余家于江汉之间……温还军之后,司、豫、青、兖复陷于贼。升平[穆帝最后年号,357—361]中,改封南郡公,降临贺为县公,以封其次子济。

隆和[东晋哀帝年号,362—363]初,寇逼河南,太守戴施出奔,冠军将军陈祐告急,温使竟陵太守邓遐率三千人助祐,并欲还都洛阳,上疏曰[提出很可能是无止境

---

① 《晋书·穆帝哀帝海西公纪》载:[鲜卑前燕攻逼下的洛阳保卫战(362,略):]……
兴宁元年[363]……五月,加征西大将军桓温侍中、大司马、都督中外诸军事、录尚书事、假黄钺……[桓温再度兴师北伐:]九月壬戌,大司马桓温帅众北伐……
[洛阳等地保卫战或拉锯战(364,略)]……[哀帝司马丕因食长生药而中毒,不能视事,太后褚蒜子复临朝摄政(略)]……[桓温坚持驻外北伐,太后则坚持征其入朝:]五月……壬申,遣使喻温入相,温不从。秋七月丁卯,复征温入朝。八月,温至赭圻[在今安徽芜湖市繁昌县荻港镇的赭圻村一带],遂城[筑城]而居之。符坚别帅侵河南,慕容暐寇洛阳。九月,冠军将军陈祐留长史、沈劲守洛阳,帅众奔新城。

的政治野心驱使下的战略(极端)激进主义]：

巴蜀既平，逆胡消灭，时来之会既至，休泰之庆显著。而人事乖违，屡丧王略，复使二贼双起，海内崩裂，河洛萧条，山陵危逼，所以退逊悲惶，痛心于既往者也。[功劳都是他的，错误全归朝廷。][还都洛阳，其余一切必定轻而易举：]伏惟陛下禀乾坤自然之姿，挺羲皇玄朗之德……远图庙算，大存经略，光复旧京，疆理华夏……则晋之余黎欣皇德之攸凭，群凶妖逆知灭亡之无日，骋思顺之心，鼓雷霆之势，则二竖之命不诛而自绝矣……若乃海运既徙，而鹏翼不举，永结根于南垂，废神州于龙漠，令五尺之童掩口而叹息。

……[他的倡议的根本道德理由和意识形态依据是——借用一千五百多年后伟大的孙中山先生的话——"驱逐鞑虏，恢复中华"：]夫先王经始……画为九州，制为九服，贵中区而内诸夏……自强胡陵暴，中华荡覆，狼狈失据，权幸扬越，蠖[huò]屈以待龙伸之会，潜蟠之俟风云之期……而丧乱缅邈，五十余载，先旧徂没，后来童幼，班荆辍音，积习成俗，遂望绝于本邦，宴安于所托。眷言悼之，不觉悲叹！臣……属当重任，愿竭筋骨，宣力先锋，翦除荆棘，驱诸豺狼。[他的战略(极端)激进主义不仅有其军事方面，还有其社会、人口民政和文化方面：]自永嘉之乱，播流江表者，请一切北徙，以实河南，资其旧业，反其土宇，劝农桑之务，尽三时之利，导之以义，齐之以礼，使文武兼宣，信顺交畅，井邑既修，纲维粗举。然后陛下……冕旒锡銮，朝服济江，则宇宙之内谁不幸甚！

["非常之事，众人所疑"，绝顶伟大的华夏光复事业只有授权"我"一个人才能实现：]夫人情昧安，难与图始；非常之事，众人所疑。伏愿陛下决玄照之明，断常均之外，责臣以兴复之效，委臣以终济之功。此事既就，此功既成，则陛下盛勋比隆前代，周宣之咏复兴当年……

[太后褚蒜子对他的提倡或相逼不得不虚与委蛇，但仍坚持召他入朝参政：]诏曰："……知欲躬率三军，荡涤氛秽，廓清中畿，光复旧京，非夫外身殉国，孰能若此者哉！诸所处分，委之高算。但河洛丘墟，所营者广，经始之勤，致劳怀也。"于是改授并、司、冀三州，以交广辽远，罢都督，温表辞不受。又加侍中、大司马、都督中外诸军事、假黄钺……复率舟军进合肥。加扬州牧、录尚书事，使侍中颜旄宣旨，召温入参朝政。温上疏曰：

……[他再度一口拒绝：]入参朝政，非所敢闻……顾以江汉艰难，不同曩日，而益梁新平，宁州始服，悬兵汉川，戍御弥广，加强蛮盘牙，势处上流，江湖悠远，当制命侯伯，自非望实重威，无以镇御遐外……愿奋臂投身造事中原者，实耻帝道皇居仄陋于东南[东晋只有我是英雄，其余皆是狗熊！]，痛神华桑梓遂埋于戎狄……臣据河洛，亲临二寇……远不五载，大事必定。[自傲和吹牛是他的一贯秉性。]

…… ……

[太后和他一样有意志力，遂成最大政治僵局：]诏不许，复征温。温至赭圻，诏又使尚书车灌止之，温遂城赭圻，固让内录，遥领扬州牧。属鲜卑攻洛阳，陈祐出奔，简文帝时辅政，会温于洌洲[在今安徽马鞍山市下属和县]，议征讨事，温移镇姑孰。会哀帝崩，事遂寝。

[雄武过人，野心无限，执迷名声，以致其最衷心的真言是"既不能流芳后世，不足复遗臭万载邪"！]温性俭，每宴惟下七奠(钉)[dìng，意为贮食]柈茶果而已。然以雄武专朝，窥觎非望，或卧对亲僚曰："为尔寂寂，将为文景所笑。"众莫敢对。既而抚枕起曰："既不能流芳后世，不足复遗臭万载邪！"尝行经王敦墓，望之曰："可人，可人！"其心迹若是……

[虽然他在与太后的战略斗争中赢了，从而得以大举北伐攻击鲜卑前燕，但不料惨败而终，于是废帝立威成了他维持权力的选择。]

太和[东晋废帝（海西公）年号]四年[369]，又上疏悉众北伐。平北将军郗愔以疾解职，又以温领平北将军、徐兖二州刺史，率弟南中郎冲、西中郎袁真步骑五万北伐。百官皆于南州祖道，都邑尽倾。军次湖陆，攻慕容㬙将慕容忠，获之，进次金乡。时亢旱，水道不通，乃凿钜野三百余里以通舟运，自清水入河。㬙将慕容垂、傅末波等率众八万距温，战于林渚[在今河南新郑市观音寺镇岳口村]。温击破之，遂至枋头。先使袁真伐谯梁，开石门以通运。真讨谯梁皆平之，而不能开石门，[先前对前燕大军的胜利被证明没有意义，因为他终于军粮竭尽，只得狼狈退兵：]军粮竭尽。温焚舟步退，自东燕出仓垣，经陈留，凿井而饮，行七百余里。[襄邑之战，他麾下死者三万，决定性的惨败：]垂以八千骑追之，战于襄邑[今河南商丘市下属睢县]，温军败绩，死者三万人。温甚耻之，归罪于真，表废为庶人。真怨温诬己，据寿阳以自固,潜通苻坚、慕容暐。

帝遣侍中罗含以牛酒犒温于山阳,使会稽王昱会温于涂中[涂中,今安徽滁州市区一带的古称。《晋书·穆帝哀帝海西公纪》述及此有"将谋后举"一句][他在军事惨败后与想当皇帝的司马昱密谋宫廷政变]······发州人筑广陵城,移镇之。时温行役既久,又兼疾疠,死者十四五,百姓嗟怨。

[他虽是败将,但仍骁勇善战,在东晋京师前沿先后击败前燕和前秦军队,并且消灭叛军,对东晋安全和他先前的惨败略作补偿:]袁真病死,其将朱辅立其子瑾以嗣事。慕容暐、苻坚并遣军授瑾,温使督护竺瑶、矫阳之等与水军击之。时暐军已至,瑶等与战于武丘,破之。温率二万人自广陵又至,瑾婴城固守,温筑长围守之。苻坚乃使其将王鉴、张蚝等率兵以救瑾,屯洛涧,先遣精骑五千次于肥水北。温遣桓伊及弟子石虔等逆击,大破之,瑾众遂溃,生擒之,并其宗族数十人及朱辅送于京都而斩之,所恃养乞活数百人悉坑之,以妻子为赏。[他照例残忍。]温以功,诏加班剑十人,犒军于路次,文武论功赏赐各有差。

[他自负自傲,野心勃勃,原本就有强烈的篡权动机,战败则使之成为政治必需。废帝立威:]温既负其才力,久怀异志,欲先立功河朔,还受九锡。既逢覆败,名实顿减,于是参军郗超进废立之计,温乃废帝而立简文帝。[所立简文帝司马昱只是他的傀儡:]诏温依诸葛亮故事,甲仗百人入殿,赐钱五千万,绢二万匹,布十万匹。温多所废徙,诛庾倩、殷涓、曹秀等。是时温威势翕赫,侍中谢安见而遥拜,温惊曰:"安石,卿何事乃尔!"安曰:"未有君拜于前,臣揖于后。"[意为没有君先行礼、臣后站起来的道理][未来的大国务家谢安不像他,深谙韬光养晦之道]时温有脚疾,诏乘舆入朝,既见,欲陈废立本意,帝便泣下数十行,温兢惧不得一言而出。

······ ······

[他深谙"枪杆子里面出政权",坚持当大外镇,坚持遥控京师一切:]温复还白石,上疏求归姑孰。诏曰:"······今进公丞相,其大司马本官皆如故,留公京都,以镇社稷。"温固辞,仍请还镇。遣侍中王坦之征温入相,增邑为万户,又辞······

[野心无限的他渴望当皇帝,不料简文帝司马昱临终既未禅让于他,也未任他为正式摄政,他遂"甚愤怨",气病而终。]

及帝不豫，诏温曰："吾遂委笃，足下便入，冀得相见。便来，便来！"于是一日一夜频有四诏。温上疏曰："……臣温位兼将相，加陛下垂布衣之顾，但朽迈疾病，惧不支久，无所复堪托以后事。"疏未及奏而帝崩，遗诏家国事一禀之于公，如诸葛武侯、王丞相[王导]故事。[意外，大失望、大愤怨：]温初望简文临终禅位于己，不尔便为周公居摄。事既不副所望，故甚愤怨，与弟冲书曰："遗诏使吾依武侯、王公故事耳。"王[王坦之]、谢[谢安]处大事之际，日愤愤少怀。

[孝武帝司马曜继位，与谢安等一起对他看似敬畏，实际上认为他是强弩之末，在等待他死，并且拖延不予加九锡：]及孝武即位，诏曰："先帝遗敕云：'事大司马如事吾。'令答表便可尽敬。"……复遣谢安征温入辅，加前部羽葆鼓吹，武贲六十人，温让不受。及温入朝，赴山陵，诏曰："公勋德尊重，师保朕躬，兼有风患，其无敬。"又敕尚书安等于新亭奉迎，百僚皆拜于道侧。当时豫有位望者咸战慑失色，或云因此杀王、谢，内外怀惧……凡停京师十有四日，归于姑孰，遂寝疾不起。讽朝廷加己九锡，累相催促。谢安、王坦之闻其病笃，密缓其事。锡文未及成而薨，时年六十二。[呜呼哀哉！他怀着无处发泄的怨愤和失望。]……

初，冲问温以谢安、王坦之所任，温曰："伊等不为汝所处分。"温知己存彼不敢异，害之无益于冲，更失时望，所以息谋。

温六子：熙、济、歆、祎、伟、玄……[留下一个比他更有野心、更会革命的幼子桓玄。他不敌大国务家谢安，桓玄不敌大立国者刘裕。]……玄嗣爵，别有传。

…… ……

[房玄龄等对桓温的终评有两处令人遗憾：未说穿他一开始征伐蜀地时就有的凭军功求莫大权势的野心；称什么"宝命不可以求得，神器不可以力征"，可谓漠视前此中国史上屡见不鲜的"神器出自力征"的史录。]

史臣曰：桓温挺雄豪之逸气，韫文武之奇才……逾越险阻，戡定岷峨，独克之功，有可称矣。及观兵洛汭，修复五陵，引旆秦郊，威怀三辅，虽未能枭除凶逆，亦足以宣畅王灵。既而总戎马之权，居形胜之地，自谓英猷不世，勋绩冠时。挟震主之威，蓄无君之志……睥睨汉廷，窥觎周鼎。复欲立奇功于赵魏，允归望于天人；然后步骤前王，宪章虞夏。逮乎石门路阻，襄邑兵摧，怼谋略之乖违，耻师徒之挠败，迁怒于朝廷，委罪于偏裨，废主以立威，杀人以逞欲，曾弗知宝命不可以求得，神器不可以力征。岂不悖哉！岂不悖哉！……

列传第四十六　王彪之传　摘录和评注

[他是一位政治家/国务家，在傀儡简文帝之下力主坚定地制约事实上的独裁者桓温，并在简文帝薨后力主不问桓温而径直让太子登基，是为孝武帝，从而可谓开启了东晋史的积极的转折。不仅如此，桓温死后，他还与谢安共掌朝政达四五年。]

[一位某种意义上潇洒脱俗的人物：]

彪之字叔武。年二十，须鬓皓白，时人谓之王白须。初除佐著作郎、东海王文学。从伯导谓曰："选官欲以汝为尚书郎，汝幸可作诸王佐邪！"彪之曰："位之多少既不足计，自当任之于时，至于超迁，是所不愿。"遂为郎。镇军将军、武陵王晞以为司马，累迁尚书左丞、司徒左长史、御史中丞、侍中、廷尉。

……　……

[在傀儡简文帝之下以政谋，力主坚定地制约桓温：]

太尉桓温欲北伐，屡诏不许。温辄下武昌，人情震惧。或劝殷浩[被简文帝引来制约桓温]引身告退，彪之言于简文曰："此非保社稷为殿下计，皆自为计耳。若殷浩去职，人情崩骇，天子独坐。既尔，当有任其责者，非殿下而谁！"又谓浩曰："彼抗表问罪，卿为其首。事任如此，猜衅已构，欲作匹夫，岂有全地邪？且当静以待之。令相王与手书，示以款诚，陈以成败，当必旋旆。若不顺命，即遣中诏。如复不奉，乃当以正义相裁。无故匆匆，先自猖蹶。"浩曰："决大事正自难……闻卿此谋，意始得了。"温亦奉帝旨，果不进。

……　……

复转尚书仆射。时豫州刺史谢奕卒，简文遽使彪之举可以代奕者……简文曰：

"人有举桓云者,君谓如何?"彪之曰:"云不必非才,然温居上流,割天下之半。其弟复处西藩,兵权尽出一门,亦非深根固蒂之宜也。人才非可豫量,但当令不与殿下作异者耳。"简文颔曰:"君言是也。"

[外镇会稽八年,政绩非凡,只是因为被桓温穿小鞋才去职。]

后以彪之为镇军将军、会稽内史,加散骑常侍。[开发会稽,成绩非凡:]居郡八年,豪右敛迹,亡户归者三万余口。桓温下镇姑孰,威势震主,四方修敬,皆遣上佐纲纪[公府或州郡主簿]。彪之独曰:"大司马诚为富贵,朝廷既有宰相,动静之宜自当咨禀。修敬若遣纲纪,致贡天子复何以过之!"竟不遣。[两度被桓温穿小鞋,受严惩:]温以山阴县折布米不时毕,郡不弹纠,上免彪之。彪之去郡,郡见罪谪未上州台者,皆原散之。温复以为罪,乃槛收下吏。会赦,免,左降谪为尚书。

[与不可一世的桓温周旋,继而在简文帝薨后力主不问桓温而径直让太子登基。]

顷之,复为仆射。是时温将废海西公[371 年底,即简文帝登基前一个月,桓温废帝(晋废帝司马奕)为东海王,此时更废其为海西公],百僚震栗,温亦色动,莫知所为。[他知道"政治是可能性的艺术",遂暂助桓温以待将来新的可能性:]彪之既知温不臣迹已著,理不可夺。乃谓温曰:"公阿衡皇家,便当倚傍先代耳。"命取《霍光传》。礼度仪制,定于须臾,曾无惧容。温叹曰:"作元凯[八元八凯(高辛氏高阳氏之下各有才士八人,分别称"元""凯")的省称,泛指贤臣才士]不当如是邪!"时废立之仪既绝于旷代,朝臣莫有识其故典者。彪之神彩毅然,朝服当阶,文武仪准莫不取定,朝廷以此服之……

[力主不问桓温而径直让太子登基:]及简文崩,群臣疑惑,未敢立嗣。或云,宜当须大司马[桓温]处分。彪之正色曰:"君崩,太子代立,大司马何容得异!若先面咨,必反为所责矣。"于是朝议乃定。[他(在这场合比褚蒜子明智和勇敢)阻止了桓温成为正式摄政:]及孝武帝即位,太皇太后令以帝冲幼,加在谅暗,令温依周公居摄故事。事已施行,彪之曰:"此异常大事,大司马必当固让,使万机停滞,稽废山陵,未敢奉令。谨具封还内,请停。"事遂不行。

［桓温病死（在他和谢安有谋略地延宕九锡之赐后），他和谢安共掌朝政四五年。］

温遇疾，讽朝廷求九锡，袁宏为文，以示彪之。彪之视讫，叹其文辞之美，谓宏曰："卿固大才，安可以此示人！"时谢安见其文，又频使宏改之，宏遂逡巡其事。既屡引日，乃谋于彪之。彪之曰："闻彼病日增，亦当不复支久，自可更小迟回。"宏从之，温亦寻薨[373]。

［他不赞成褚蒜子临朝摄政：］时桓冲及安夹辅朝政，安以新丧元辅，主上未能亲览万机，太皇太后宜临朝，彪之曰："先代前朝，主在襁抱，母子一体，故可临朝。太后亦不能决政事，终是顾问仆与君诸人耳。今上年出十岁，垂婚冠，反令从嫂临朝，示人君幼弱，岂是翼戴赞扬立德之谓乎！二君必行此事，岂仆所制，所惜者大体耳。"［他毕竟不如谢安聪明：］时安不欲委任桓冲，故使太后临朝决政，献替［指国事兴革］专在乎自己。彪之不达安旨，故以为言。安竟不从。

［与谢安共掌朝政，他俩彼此尊重，但不苟合：］寻迁尚书令，与安共掌朝政。安每曰："朝之大事，众不能决者，咨王公无不得判。"以年老，上疏乞骸骨，诏不许。转拜护军将军，加散骑常侍。安欲更营宫室，彪之曰："中兴初，即位东府，殊为俭陋，元明二帝亦不改制。苏峻之乱，成帝止兰台都坐，殆不蔽寒暑，是以更营修筑。方之汉魏，诚为俭狭，复不至陋，殆合丰约之中，今自可随宜增益修补而已。强寇未殄，正是休兵养士之时，何可大兴功力，劳扰百姓邪！"［他以国家俭朴、不扰百姓为务。］安曰："宫室不壮，后世谓人无能。"彪之曰："任天下事，当保国宁家，朝政惟允，岂以修屋宇为能邪！"安无以夺之。终彪之之世，不改营焉。

加光禄大夫、仪同三司，未拜。疾笃，帝遣黄门侍郎问所苦，赐钱三十万以营医药。太元二年［377］卒，年七十三。即以光禄为赠，谥曰简。……

列传第三十七　郗超传　摘录和评注

［郗鉴之孙，东晋中后期准独裁者桓温的头等甚或头号腹心幕僚。他的一套

"保守主义"战略提议意义重大,因为这一战略被拒导致桓温征伐鲜卑前燕但遭惨败,废帝立威遂成为桓温维持权力的选择。他始终机灵诡谲,深谙如何保有桓温的欢心,同时又贪欲不止,结果忿忿不平而死。]

[潇洒侠义之士,且"善谈论,义理精微",博得桓温高度信任,为其头等腹心幕僚。]

超字景兴,一字嘉宾。少卓荦不羁,有旷世之度,交游士林,每存胜拔,善谈论,义理精微。愔[yīn,超父]事天师道,而超奉佛。愔又好聚敛,积钱数千万,尝开库,任超所取。超性好施,一日中散与亲故都尽。其任心独诣,皆此类也。

桓温辟为征西大将军掾。温迁大司马,又转为参军。[博得桓温高度信任,为其头等腹心幕僚:]温英气高迈,罕有所推,与超言,常谓不能测,遂倾意礼待。超亦深自结纳。时王珣为温主簿,亦为温所重。府中语曰:"髯参军,短主簿,能令公喜,能令公怒。"超髯,珣短故也。寻除散骑侍郎。[他机灵诡谲,深谙如何保有桓温欢心,从占有北府兵到"立霸王之基":]时愔在北府,徐州人多劲悍,温恒云"京口酒可饮,兵可用",深不欲愔居之。而愔暗于事机,遣笺诣温,欲共奖王室,修复园陵。超取视,寸寸毁裂,乃更作笺,自陈老病,甚不堪人间,乞闲地自养。温得笺大喜,即转愔为会稽太守。温怀不轨,欲立霸王之基,超为之谋。谢安与王坦之尝诣温论事,温令超帐中卧听之,风动帐开,安笑曰:"郗生可谓入幕之宾矣。"

[他是个杰出的"保守主义"战略战术家,其议被拒意义重大,因为这导致桓温征伐鲜卑前燕但遭惨败,废帝立威遂成为桓温维持权力的选择,而他始谋此举,恰中下怀。]

太和[废帝司马奕年号,366—371]中,温将伐慕容氏于临漳,超谏以道远,汴水又浅,运道不通。温不从,遂引军自济入河,超又进策于温曰:"清水入河,无通运理。若寇不战,运道又难,因资无所,实为深虑也。今盛夏,悉力径造邺城,彼伏公威略,必望阵而走,退还幽朔矣。若能决战,呼吸可定。设欲城邺,难为功力。百姓布野,尽为官有。易水以南,必交臂请命。但恐此计轻决,公必务其持重耳。若此计不从,便当顿兵河济,控引粮运,令资储充备,足及来夏,虽如赊迟,终亦济克。若舍此二策而连军西进,进不速决,退必愆乏。贼因此势,日月相引,黾[mǐn]俛[努力,勤奋]秋冬,船道涩滞,且北土早寒,三军裘褐者少,恐不可以涉冬。此大限阂,非惟无食而已。"温不从，果有枋头之败，温深惭之。［他机灵诡谲，深谙如何保有桓温的欢心，在此场合就是废帝立威。］寻而有寿阳之捷，问超曰："此足以雪枋头之耻乎？"超曰："未厌有识之情也。"既而超就温宿，中夜谓温曰："明公都有虑不？"温曰："卿欲有所言邪？"超曰："明公既居重任，天下之责将归于公矣。若不能行废立大事、为伊霍之举者，不足镇压四海，震服宇内，岂可不深思哉！"温既素有此计，深纳其言，遂定废立，超始谋也。

［他贪欲不止，不满足于现有权力，更要高位遇，结果忿忿不平而死。］

迁中书侍郎。谢安尝与王文度共诣超，日旰未得前，文度便欲去，安曰："不能为性命忍俄顷邪！"其权重当时如此。转司徒左长史，母丧去职。常谓其父名公之子，位遇应在谢安右，而安入掌机权，愔优游而已，恒怀愤愤，发言慷慨，由是与谢氏不穆。安亦深恨之。服阕，除散骑常侍，不起。以为临海太守，加宣威将军，不拜。年四十二，先愔卒。

［他机灵诡谲，在此场合是为了与他截然不同的父亲的性命。］初，超虽实党桓氏，以愔忠于王室，不令知之。将亡，出一箱书，付门生曰："本欲焚之，恐公年尊，必以伤愍为弊。我亡后，若（其父）大损眠食，可呈此箱。不尔，便烧之。"愔后果哀悼成疾，门生依旨呈之，则悉与温往反密计。愔于是大怒曰："小子死恨晚矣！"更不复哭。……

…… ……

列传第四十一　高崧传　摘录和评注

［出生于江东的经典儒家行为主义者，得司马睿重用而历显位。他居然能历经东晋七帝，直到后来的简文帝司马昱，辅政时仍能依凭"国内外交"才能，一时对付了"擅威"的桓温。］

［出生于江东的经典儒家行为主义者，孝悌有加，且颇忠侠，得司马睿重用而历显位。］

高崧，字茂琰，广陵人也。父悝，少孤，事母以孝闻。年十三，值岁饥，悝菜蔬不餍，每致甘肥于母。抚幼弟以友爱称。寓居江州，刺史华轶辟为西曹书佐。及轶败，悝藏匿轶子经年，会赦乃出。元帝嘉而宥之，以为参军，遂历显位，至丹杨尹、光禄大夫，封建昌伯。

崧少好学，善史书。总角时，司空何充称其明惠。充为扬州，引崧为主簿，益相钦重。转骠骑主簿，举州秀才，除太学博士，父艰去职。初，悝以纳妾致讼被黜，及终，崧乃自系廷尉讼冤，遂停丧五年不葬，表疏数十上。帝哀之，乃下诏曰："悝备位大臣，违宪被黜，事已久判。其子崧求直无已。今特听传侯爵。"由是见称。拜中书郎、黄门侍郎。

[他居然能历经东晋七帝(元、明、成、康、穆、哀、海西公)，到后来的简文帝司马昱时他仍任高级参谋，其主要功用当然是对付"擅威"的桓温，依凭他的"国内外交"才能，竟一时奏效。]

简文帝辅政，引为抚军司马。时桓温擅威，率众北伐，军次武昌，简文患之。崧曰："宜致书喻以祸福，自当反旆。如其不尔，便六军整驾，逆顺于兹判矣。若有异计，请先衅鼓。"便于坐为简文书草曰[他的"国内外交"才能杰作，用动众怨、遭败北的风险说动飞扬跋扈的桓温]："寇难宜平，时会宜接，此实为国远图，经略大算。能弘斯会，非足下而谁！但以此兴师动众，要当以资实为本。运转之艰，古人之所难，不可易之于始而不熟虑，须所以深用惟疑，在乎此耳。然异常之举，众之所骇，游声噂沓[议论纷纷]，想足下亦少闻之。苟惠失之，无所不至。或能望风振扰，一时崩散。如其不然者，则望实并丧，社稷之事去矣。皆由吾暗弱，德信不著，不能镇静群庶，保固维城，所以内愧于心，外惭良友。吾与足下虽职有内外，安社稷，保家国，其致一也。天下安危，系之明德。先存宁国，而后图其外，使王基克隆，大义弘著，所望于足下。区区诚怀，岂可复顾嫌而不尽哉！"温得书，还镇。

[彰显他广义文才的一则逸事：]

崧累迁侍中。是时谢万为豫州都督，疲于亲宾相送，方卧在室。崧径造之，谓曰："卿令疆理西藩，何以为政？"万粗陈其意。崧便为叙刑政之要数百言。万遂起坐，呼崧小字曰："阿酃[líng]！故有才具邪!"……后以公事免，卒于家。……

东晋百年（中）：
从『上天乃眷』到『溺于酒色』

帝纪第九　孝武帝　摘录和评注

〔晋孝武帝司马曜，东晋历史在几重意义上的一个转折点：(1) 他即位第二年，准独裁者桓温病死，此乃他和东晋的大幸；(2) 他在位格外长久，达 24 年(372—396)，其中亲政约 21 年；(3) 383 年由宰相谢安主持和都督谢石指挥，经彪炳中国史册的淝水之战大败凶猛南侵的前秦苻坚大军；(4) 改革税收，不计田地多少而改为王公以下每人收米三斛，在役者免税，这据称促进了社会复兴。〕

〔然而，他在 385 年谢安去世后，立即将首席重臣地位授予同母弟司马道子，而且他一贯嗜酒如命，沉溺女色。前一行为导致"道子荒乎朝政，国宝汇以小人"，后一行为则令他最终暴死于宠妃张贵人手里。如此，东晋国运振兴不久便近乎急转直下，在他之后仅剩 24 年。唐太宗感叹西晋武帝司马炎的话也适用于这位东晋武帝："善始于初，而乖令终于末！"〕

〔他 11 岁在东晋内外交困之际即位，翌年他和东晋便得大幸，因为准独裁者桓温病死，而且大国务家谢安开始进入舞台中心。〕

孝武皇帝讳曜，字昌明，简文帝第三子也。兴宁三年[365]七月甲申，初封会稽王。咸安二年[372]秋七月己未，立为皇太子。是日，简文帝崩，太子即皇帝位。……是岁，三吴大旱，人多饿死……

宁康元年[373]……[桓温病死!]秋七月己亥，使持节、侍中、都督中外诸军事、丞相、录尚书、大司马、扬州牧、平北将军、徐兖二州刺史、南郡公桓温薨。庚戌，进右将军桓豁[桓温之弟]为征西将军。以江州刺史桓冲[桓温之弟]为中军将军、都督扬豫江三州诸军事、扬州刺史，镇姑孰。[以后的事实证明，桓温的这两位弟弟与其兄大为不同，皆审慎有器量，以东晋国家为重，愿牺牲某些宗族利益与陈郡谢氏协作。吸取其兄跋扈乱国的教训?]八月壬子，崇德太后临朝摄政。[大国务家谢安开始进入政治舞台中心:]九月……丙申，以尚书仆射王彪之[王导堂侄]为尚书令，吏部尚书谢安为尚书仆射……十一月，苻坚将杨安陷梓潼及梁、益二州，刺史周仲孙帅骑五千南遁。

二年[374]……夏四月壬戌，皇太后诏曰:"……三吴奥壤，股肱望郡，而水旱并臻，百姓失业，夙夜惟忧，不能忘怀，宜时拯恤，救其雕困。三吴义兴、晋陵及会稽遭水之县尤甚者，全除一年租布，其次听除半年，受振贷者即以赐之。"……

[他亲政，谢安作用愈增，税收制度大改，据称促进社会复兴。]

三年[375]……夏五月……甲寅，以……尚书仆射谢安领扬州刺史[出自桓冲的主动让予]。[谢安作用愈增。]秋八月癸巳，立皇后王氏[王法慧，骄奢悍妒，嗜酒，行为粗鲁]……

太元元年[376]春正月壬寅朔，帝加元服，见于太庙。皇太后归政。[他14岁亲政。]……丙午，帝始临朝。……加尚书仆射谢安中书监、录尚书事。[谢安作用愈增。]……[税收制度大改革:]秋七月……乙巳，除度田收租之制，公王以下口税米三斛，蠲在役之身。冬十月，移淮北流人于淮南。……十二月，苻坚使其将苻洛攻代，执代王涉翼犍[鲜卑拓跋部首领]。

二年[377]……八月……丁未，以尚书仆射谢安为司徒。[谢安地位提升至三公之一。]丙辰，使持节、都督荆梁宁益交广六州诸军事、荆州刺史、征西大将军桓豁卒。冬十月辛丑，以车骑将军桓冲都督荆江梁益宁交广七州诸军事、领护南蛮校尉、荆州刺史……征西司马谢玄［谢安之侄］为兖州刺史、广陵相、监江北诸军。［“善断军事”的谢玄获重要军权，谢安权势又增。］壬寅，散骑常侍、左光禄大夫、尚书令王彪之卒。十二月庚寅，以尚书王劭为尚书仆射。三年［378］……

［氐族前秦对东晋核心区域的威胁越来越近，越来越大，同时后者频遭天灾。］

四年［379］……二月戊午，符坚使其子丕攻陷襄阳［今湖北襄阳］，执南中郎将朱序。又陷顺阳［郡名，郡治在今河南南阳市淅川县滔河乡］……三月，大疫。壬戌，诏曰：“狡寇纵逸，籓守倾没，疆场之虞，事兼平日……又年谷不登，百姓多匮。其诏御所供，事从俭约，九亲供给，众官廪俸，权可减半。凡诸役费，自非军国事要，皆宜停省，以周时务。”……五月，符坚将句难、彭超陷盱眙［xū yí，今江苏淮安市盱眙县］，高密内史毛璪之为贼所执。六月，大旱。戊子，征虏将军谢玄及超、难战于君川［在盱眙北］，大破之。……

五年［380］……夏四月，大旱……五月，大水。以司徒谢安为卫将军、仪同三司。［谢安成为军政执行首脑。］……六月……甲子，以比岁荒俭，大赦，自太元三年［378］以前逋租宿债皆蠲除之，其鳏寡穷独孤老不能自存者，人赐米五斛。丁卯，以骠骑将军、琅邪王道子为司徒。［孝武帝大概为对谢安及其门阀世族的权势进行制衡，引入大贵族司马道子到政治舞台中心，尽管他——同样是嗜酒如命之徒——如本篇终评所称简直“昏惑”。］秋九月癸未，皇后王氏崩……

六年［381］春正月……丁酉，以尚书谢石［谢安六弟］为尚书仆射。……夏六月……扬、荆、江三州大水。己巳，改制度，减烦费，损吏士员七百人。秋七月……大饥……

七年［382］……九月……符坚将都贵焚烧沔北［以今河南南阳市宛城区一带为中心的地区］田谷，略襄阳百姓而去……

［符坚统帅前秦大军凶猛渡淮南攻，东晋在谢安主持下以谢玄为军事指挥进行有效抵抗，虽然兵力数量处于绝对劣势；晋军打赢彪炳中国史册的淝水之战，外部严重威胁就此终结。］

八年［383］……三月，始兴、南康、庐陵大水，平地五丈……八月，符坚帅众渡淮,遣征讨都督谢石、冠军将军谢玄、辅国将军谢琰、西中郎将桓伊等距之。九月,诏司徒、琅邪王道子录尚书六条事。[孝武帝外拒强敌,但不忘政治"内斗",司马道子由此可深入过问国家日常政务。]冬十月,苻坚弟融陷寿春。[东晋淝水大捷!"俘斩数万计",氐族前秦走向衰败灭亡(战后详情略),此后数十年间东晋再无严重的外族侵略。]乙亥,诸将及苻坚战于肥水,大破之,俘斩数万计,获坚舆辇及云母车。十一月庚申,诏卫将军谢安劳旋师于金城[东晋侨置琅琊郡,治所在今江苏句容县北]。……十二月……以中军将军谢石为尚书令。开酒禁。始增百姓税米,口五石。前句町王翟辽背苻坚,举兵于河南,慕容垂自邺与辽合,遂攻坚子晖于洛阳。仇池公杨世[氐族]奔还陇右,遣使称籓。

[东晋乘淝水大捷之势,频频战胜,将边界北推至黄河(详情略);谢安去世,司马道子立即被授予君主之下头号军政大权,东晋开始越过克劳塞维茨式"胜利的顶点"。]

九年[384]……二月辛巳,使持节、都督荆江梁宁益交广七州诸军事、车骑将军、荆州刺史桓冲卒……三月,以卫将军谢安为太保……六月癸丑朔,崇德皇太后褚氏崩。[她是中国史上优秀的和特别经久的女国务家之一,其特殊的优秀素质我们已一再提到。]……九月……甲午,加太保谢安大都督扬、江、荆、司、豫、徐、兖、青、冀、幽、并、梁、益、雍、凉十五州诸军事。[谢安的地位、权势和威望臻至顶峰,此时离他去世仅一年时间。]……

十年[385]……[东晋战胜不了即将正式建立后燕国的慕容垂:]三月……龙骧将军刘牢之及慕容垂战于黎阳,王师败绩。夏四月丙辰,刘牢之与沛郡太守周次及垂战于五桥泽,王师又败绩。壬戌,太保谢安帅众救苻坚。[！大战略家谢安懂得什么是能动可变的克劳塞维茨式"引力中心"。顺便说,尽管数月之后行将去世,他仍足够英勇亲自率师赴阵。]五月,大水。……秋七月……旱,饥……[对东晋的维持和胜利功勋巨大的国务家谢安去世:]八月……丁酉,使持节、侍中、中书监、大都督十五州诸军事、卫将军、太保谢安薨。庚子,以琅邪王道子为都督中外诸军事。[可悲！司马道子立即被授予头号军政大权！]是月,姚苌杀苻坚而僭即皇帝位。[羌族后秦国家正式建立。]……冬十月丁亥,论淮肥之功,追封谢安庐陵郡公,封谢石南康公,谢玄康乐公,谢琰望蔡公,桓伊永修公,自余封拜各有差。……

十一年[386]春正月辛未,慕容垂僭即皇帝位于中山。[鲜卑后燕国家正式建立。]……代王拓跋珪始改称魏。[鲜卑北魏国家——南北朝第一个北朝国家——正式建立。拓跋珪之孙拓跋焘将统一北方]……

十二年[387]春正月……戊午,慕容垂寇河东,济北太守温详奔彭城……秋八月辛巳,立皇子德宗为皇太子……

…… ……

[东晋的拉锯战,面对较弱的敌人捍卫它在黄河以北大致分散的领地:]十四年[389]……夏四月……翟辽[丁零族,翟魏政权建立者,为人凶暴,反复无常]寇荥阳,执太守张卓。……

十五年[390]春正月……龙骧将军刘牢之及翟辽、张愿战于太山,王师败绩。征虏将军朱序破慕容永于太行。……八月……龙骧将军朱序攻翟辽于滑台[今河南北部滑县东],大败之,张愿来降。……

十六年[391]……夏六月,慕容永寇河南,太守杨佺期击破之。……

十七年[392]……是岁,自秋不雨,至于冬。

十八年[393]……九月丙戌,龙骧将军杨佺期击氐帅杨佛嵩于潼谷[在关中地区],败之……

十九年[394]……秋七月,荆、徐二州大水,伤秋稼……冬十月,慕容垂遣其子恶奴寇廪丘[在今山东郓城县],东平太守韦简及垂将尹国战于平陆,简死之。……

二十年[395]……夏六月,荆、徐二州大水。十一月,魏王拓跋珪击慕容垂子宝于黍谷,败之。

[“溺于酒色”,“醒日既少”,他最终因酗酒失言暴死于宠妃张贵人手中;至于实际执政者,则“道子昏惑,元显专权”,东晋已近垂死。]

二十一年[396]……夏四月……慕容垂死,子宝嗣伪位……[氐族后凉国家建立:]六月,吕光[氐族后凉国创立者]僭即天王位。秋九月庚申,帝崩于清暑殿,时年三十五。葬隆平陵。

帝幼称聪悟……谢安尝叹以为精理不减先帝。既威权已出,雅有人主之量。

既而溺于酒色，殆为长夜之饮。末年长星见，帝心甚恶之，于华林园举酒祝之曰："长星，劝汝一杯酒，自古何有万岁天子邪！"……醒日既少，而傍无正人，竟不能改焉。时张贵人有宠，年几三十，帝戏之曰："汝以年当废矣。"贵人潜怒，向夕，帝醉，遂暴崩。[中国帝政史上极罕见的一种暴崩！]时道子昏惑，元显[司马道子之子，任中书令、尚书令，搜括不已，富过帝室]专权[中国帝政史上可谓常见的一种状况]……帝崩，晋祚自此倾矣。

[房玄龄等关于本篇的终评：急剧兴衰，只在一代人期间！]

史臣曰：前史称"不有废也，吾何以兴"……简皇以虚白之姿……政由桓氏……太宗[司马昱庙号]晏驾……奸臣自隙。[东晋随桓温死去而突然振兴，"名贤间出"，赢得淝水大捷]于时西逾剑岫而跨灵山，北振长河而临清洛；荆吴战旅，啸咤成云；名贤间出，旧德斯在。谢安可以镇雅俗，彪之足以正纪纲，桓冲之夙夜王家，谢玄之善断军事。于时上天乃眷，强氏自泯。……[向下的转折来得如此之快：]条纲弗垂，威思罕树，道子荒乎朝政，国宝汇以小人，……鬻刑之货，自走权门，毒赋年滋，愁民岁广……肆一醉于崇朝，飞千觞于长夜……金行颓弛，抑亦人事，语曰"大国之政未陵夷，小邦之乱已倾覆"也……

列传第四十九　谢玄传　摘录和评注

……　……

[作为淝水之战期间杰出和大有贡献的前锋都督，谢玄极辉煌地创造极有利的决战机会，并且近乎完美地彻底利用之。]

及苻坚自率兵次于项城[今河南省周口市项城市]，众号百万，而凉州之师始达咸阳，蜀汉顺流，幽并系至。先遣苻融、慕容暐、张蚝、苻方等至颍口，梁成、王显等屯洛涧。诏以玄为前锋、都督徐兖青三州扬州之晋陵幽州之燕国诸军事，与叔父征虏将军石、从弟辅国将军琰、西中郎将桓伊、龙骧将军檀玄、建威将军戴熙、扬武将军陶隐等距之，众凡八万。[在淝水之战的"广义战区"内，东晋兵力数量为绝对劣势，然而至少有辉煌的前锋将领谢玄等人，还有有远谋、能用人的在京师的统帅和大国务家谢安，也有如下所述杰出的部将刘牢之等。]玄先遣广陵相刘牢之五千人直指洛涧[今安徽淮南市东淮河支流洛河]，即斩梁成及成弟云，步骑崩溃，争赴淮水。牢之纵兵追之，生擒坚伪将梁他、王显、梁悌、慕容屈氏等，收其军实。[首战，刘牢之几乎全歼前秦的前沿一路军。]坚进屯寿阳[今安徽淮南市寿县西南，淝水西岸]，列阵临肥水，玄军不得渡。玄使谓苻融曰："君远涉吾境，而临水为阵，是不欲速战。诸君稍却，令将士得周旋，仆与诸君缓辔而观之，不亦乐乎！"[他似乎胆大包天但胸有成竹，诱使对方移阵少许以致暂时阵乱，给他提供闪电般突袭的可能性；当然，这实际上应是一场算过的关键的赌博，而非胸有成竹。]坚众皆曰："宜阻肥水，莫令得上。我众彼寡，势必万全。"[前秦统帅苻坚和主将苻融不听众议，本着兵力数量压倒性优势导致的过度自满而生昏庸，亦即完全未考虑被证明是天大的克劳塞维茨式"摩擦"——阵线少许后退导致的"乱不能止"：]坚曰："但却军，令得过，而我以铁骑数十万向水，逼而杀之。"融亦以为然，遂麾使却阵，众因乱不能止。于是玄与琰、伊等以精锐八千涉渡肥水。石军距张蚝，小退。玄、琰仍进，决战肥水南。["决战肥水南"，东晋大胜，前秦溃不成军，"死者十七八"：]坚中流矢，临阵斩融。坚众奔溃，自相蹈藉投水死者不可胜计，肥水为之不流。余众弃甲宵遁，闻风声鹤唳，皆以为王师已至，草行露宿，重以饥冻，死者十七八。获坚乘舆云母车，仪服、器械、军资、珍宝山积，牛马驴骡骆驼十万余。诏遣殿中将军慰劳。进号前将军、假节，固让不受。赐钱百万，彩千匹。

[紧随淝水大捷，按照谢安的北伐方针，他再度作为前锋都督乘胜北进，为夺取黄河以南几乎所有华夏地区再立大功，晋升为都督华北七州军事。]

既而安奏苻坚丧败，宜乘其衅会，以玄为前锋都督，率冠军将军桓石虔径造涡颍[涡水、颍水，黄河经此入淮再入海]，经略旧都。玄复率众次于彭城，[平兖州：]遣参军刘袭攻坚兖州刺史张崇于鄄城[今山东菏泽市鄄城县]，走之，使刘牢之守鄄城。兖州既平，玄患水道险涩，粮运艰难，用督护闻人奭谋，堰吕梁水，树栅，立七埭为派[水的支流]，拥二岸之流，以利运漕，自此公私利便。[降青州：]又进伐青州，故谓之青州派。遣淮陵太守高素以三千人向广固，降坚青州刺史苻朗。[伐冀州，平司州豫州：]又进伐冀州，遣龙骧将军刘牢之、济北太守丁匡据碻磝，济阳太守郭满据滑台，奋武将军颜雄渡河立营。坚子丕遣将桑据屯黎阳[今河南鹤壁市浚县]。玄命刘袭夜袭据，走之。丕惶遽欲降，玄许之。丕告饥，玄馈丕米二千斛。又遣晋陵太守滕恬之渡河守黎阳，三魏皆降。以兖、青、司、豫平，加玄都督徐、兖、青、司、冀、幽、并七州军事。玄上疏以方平河北，幽冀宜须总督，司州悬远，应统豫州。以勋封康乐县公。……复遣宁远将军吞[guī]演伐申凯于魏郡，破之。[他未实现的巩固和守卫北方"光复地区"的部署计划：]玄欲令豫州刺史朱序镇梁国[今河南周口市鹿邑县]，玄住彭城，北固河上，西援洛阳，内籓朝廷。[以司马道子为首的朝廷对巩固北伐成果多少有些冷淡，将他等镇藩将领调回江东：]朝议以征役既久，宜置戍而还，使玄还镇淮阴，序镇寿阳。……泰山太守张愿举郡叛，河北骚动，玄自以处分失所，上疏送节，尽求解所职。诏慰劳，令且还镇淮阴，以朱序代镇彭城。

…… ……

列传第四十四　桓冲传　摘录和评注

[桓彝之子，桓温之弟，桓温死后历任京师附近外镇大将和扬、豫、徐、荆、江五州刺史，为孝武帝司马曜时重臣。虽然桓氏世族与陈郡谢氏世族有抵牾，但他将桓温掌权时取得的扬州刺史职位让给大国务家谢安，自愿出镇外地，继而与谢氏东西两线协力防御氐族前秦进攻，为赢得淝水之战大捷做出一些间接贡献。]

[然而，桓谢矛盾殊难消除，即使在他和谢安那里！]

[渊博"有武干"，从桓温征伐屡有功勋，出任外镇将领和数郡行政长官等职。]

冲字幼子，温诸弟中最淹识[渊博，通晓]，有武干，温甚器之。弱冠，太宰、武陵王晞辟，不就。除鹰扬将军、镇蛮护军、西阳太守。从温征伐有功，迁督荆州之南阳襄阳新野义阳顺阳、雍州之京兆、扬州之义成七郡军事、宁朔将军、义成新野二郡太守，镇襄阳。又从温破姚襄。及虏周成，进号征虏将军，赐爵丰城公。寻迁振威将军、江州刺史、领镇蛮护军、西阳谯二郡太守。温之破姚襄也，获襄将张骏、杨凝等，徙于寻阳。冲在江陵,未及之职,而骏率其徒五百人杀江州督护赵毗,掠武昌府库,将妻子北叛。冲遣将讨获之,遽还所镇。

……冲为江州……顷之,进监江荆豫三州之六郡军事、南中郎将、假节,州郡如故。

[桓温死后他历任京师附近外镇大将和扬、豫、徐、荆、江五州刺史,为政为人审慎温和,与其兄大相径庭;不仅如此,虽然桓氏与谢氏有抵牾,但他将扬州刺史职位让给谢安,出镇外地。]

在江州凡十三年而温薨。孝武帝诏冲为中军将军、都督扬江豫三州军事、扬豫二州刺史、假节。……[他"尽忠王室",为政为人与其兄独裁者桓温大相径庭:]初,温执权,大辟之罪皆自己决。冲既莅事,上疏以为生杀之重,古今所慎,凡诸死罪,先上,须报。冲既代温居任,尽忠王室。或劝冲诛除时望,专执权衡,冲不从。

[他将扬州刺史职位让给谢安,自求出镇外地,为此不纳桓氏党羽苦谏。]

谢安以时望辅政,为群情所归,冲惧逼,宁康三年[375],乃解扬州,自求外出。桓氏党与以为非计,莫不扼腕苦谏,郗超亦深止之。冲皆不纳,处之澹然,不以为恨,忠言嘉谋,每尽心力。[可谓顾全大局,高风亮节。]于是改授都督徐兖豫青扬五州之六郡军事、车骑将军、徐州刺史,以北中郎府并中军,镇京口,假节。又诏冲及谢安并加侍中,以甲杖五十人入殿。时丹杨尹王蕴以后父之重昵于安,安意欲出蕴为方伯,乃复解冲徐州,直以车骑将军都督豫江二州之六郡军事,自京口迁镇姑熟。

[氐族前秦迅成东晋巨大威胁,在此形势下他与谢氏东西两线协力防御前秦进攻,为赢得淝水之战大捷做出(小)贡献。]

既而苻坚寇凉州,冲遣宣城内史朱序、豫州刺史桓伊率众向寿阳,淮南太守刘波泛舟淮泗,乘虚致讨,以救凉州,乃表曰:

……氐贼自并东胡,丑类实繁……屡为国患……

臣……请率所统,径进南郡……如其慑惮皇威,窥窬计屈,则观兵伺衅,更议进取……

诏答曰:"……备豫不虞,军之善政。辄询于群后,敬从高算。……"会张天锡

[汉族政权前凉君主，376年前秦苻坚以十三万步骑大举进攻，张天锡投降，前凉灭亡]陷没，于是罢兵。俄而……迁都督江荆梁益宁交广七州、扬州之义成、雍州之京兆、司州之河东军事、领护南蛮校尉、荆州刺史、持节，将军、侍中如故。又以其子嗣为江州刺史。冲将之镇，帝饯于西堂……谢安送至溧洲。

[他一度试图"保固封疆，自守而已"。]

冲既到江陵[今湖北荆州市江陵县]，时苻坚强盛，冲欲移阻江南，乃上疏曰[试图"保固封疆，自守而已"]："自中兴以来，荆州所镇，随宜回转。臣亡兄温以石季龙死，经略中原，因江陵路便，即而镇之。事与时迁，势无常定。且兵者诡道，示之以弱，今宜全重江南，轻成江北。南平屏陵县[今湖北荆州市公安县西南]界，地名上明，田土膏良，可以资业军人。在吴时乐乡城以上四十余里，北枕大江，西接三峡。若狂狡送死，则旧郢以北坚壁不战，接会济江，路不云远，乘其疲堕，扑剿为易。臣司存阃外，辄随宜处分。"①于是移镇上明，使冠军将军刘波守江陵，咨议参军杨亮守江夏。诏以荆州水旱饥荒，又冲新移草创，岁运米三十万斛以供军资，须年丰乃止。

[前秦攻打长江中游，他先遭挫败后得胜，然无大的战略意义：]坚遣其将苻融寇樊、邓，石越寇鲁阳，姚苌寇南乡，韦钟寇魏兴，所在陷没。冲遣江夏相刘奭、南中郎将朱序击之，而奭畏懦不进，序又为贼所擒。冲深自咎责，上疏送章节，请解职，不许。遣左卫将军张玄之诣冲咨谋军事。冲率前将军刘波及兄子振威将军石民、冠军将军石虔等伐苻坚，拔坚筑阳。攻武当，走坚兖州刺史张崇。坚遣慕容垂、毛当寇邓城，苻熙、石越寇新野。冲既惮坚众，又以疾疫，还镇上明。[桓谢矛盾成战时受挫之际短暂的克劳塞维茨式摩擦：]表以"夏口江沔卫要，密迩强寇，兄子石民堪居此任，辄版督荆江十郡军事、振武将军、襄城太守。寻阳北接强蛮，西连荆郢，亦一任之要。今府州既分，请以王荟补江州刺史。"诏从之。时荟始遭兄劲丧，将葬，辞不欲出。于是卫将军谢安更以中领军谢辅[yóu]代之。冲闻之而怒，上疏以为辅文武无堪，求自领江州，帝许之。[他转败为胜：]冲使石虔伐坚襄阳太守阎震，擒之，及大小帅二十九人，送于京都，诏归冲府。以平震功，封次子谦宜阳侯。坚使其将郝贵守襄阳，冲使扬威将军朱绰讨之，遂焚烧沔北田稻，拔六百余户而还。又

---

① 后云："冲之西镇，以贼寇方强，故移镇上明，谓江东力弱，正可保固封疆，自守而已。"

遣上庸太守郭宝伐坚魏兴太守桓垣、上庸太守段方，并降之。新城太守麴常遁走，三郡皆平。诏赐钱百万，袍表千端。

[他在已变得显明昭彰的"苻坚尽国内侵"的根本形势下改变战略态势，"遣精锐三千来赴京都"，不料谢安不用其兵力。]初，冲之西镇，以贼寇方强，故移镇上明，谓江东力弱，正可保固封疆，自守而已。又以将相异宜，自以德望不逮谢安，故委之内相，而四方镇捍，以为己任。又与朱序款密。俄而序没于贼，冲深用愧惋。既而苻坚尽国内侵，冲深以根本为虑，乃遣精锐三千来赴京都。[不料谢安不用其兵力。]谢安谓三千人不足以为损益，而欲外示闲暇，闻军在近，固不听。报云："朝廷处分已定，兵革无阙，西籓宜以为防。"时安已遣兄子玄及桓伊等诸军，冲谓不足以为废兴，召佐吏，对之叹曰："谢安乃有庙堂之量，不闲将略。今大敌垂至，方游谈不暇，虽遣诸不经事少年[桓氏对谢氏的偏见根深蒂固]，众又寡弱，天下事可知，吾其左衽[北方诸族崇尚左，襟左掩，是为左衽；汉族死者亦左衽]矣！"俄而闻坚破，大勋克举，又知朱序因以得还，冲本疾病，加以惭耻，发病而卒[呜呼！桓谢世族矛盾殊难消除，即使在他那里！]，时年五十七。赠太尉，本官如故，谥曰宣穆。赙钱五十万，布五百匹。

[无论如何，他品性高尚，而且深得属下百姓爱戴。]

冲性俭素，而谦虚爱士。尝浴后，其妻送以新衣，冲大怒，促令持去。其妻复送之，而谓曰："衣不经新，何缘得故！"冲笑而服之。命处士南阳刘骥之为长史，骥之不屈，亲往迎之，礼之甚厚。又辟处士长沙邓粲为别驾，备礼尽恭。粲感其好贤，乃起应命。初，郗鉴、庾亮、庾翼临终皆有表，树置亲戚，唯冲独与谢安书云："妙灵、灵宝尚小，亡兄[桓温]寄托不终，以此为恨！"言不及私，论者益嘉之。及丧下江陵，士女老幼皆临江瞻送，号哭尽哀。……

列传第三十四　简文三子列传司马道子传　摘录和评注

[司马道子，孝武帝之下的头号大贵族，典型的花花公子。谢安逝后他作为首席重臣不理朝政，"酣歌为务"，极端腐败和放肆，任由佞幸把持中央朝政和地方治理。与年少气盛的儿子司马元显在安帝朝对大将王恭等进行血腥内战，同时实际上丧权于子，内战胜后被后者剥夺权力。]

[君主之下的头号大贵族，谢安逝后权势无以复加。]

会稽文孝王道子，字道子。出后琅邪孝王，少以清澹为谢安所称。年十岁，封琅邪王，食邑一万七千六百五十一户，摄会稽国五万九千一百四十户。[谢安生前他就被引来制约谢氏：]太元[孝武帝年号，376—396]初，拜散骑常侍、中军将军，进骠骑将军。后公卿奏："道子亲贤莫二，宜正位司徒。"固让不拜。使录尚书六条事，寻加开府，领司徒。[谢安逝后他被邀执掌行政全权，然而……]及谢安薨，诏曰："新丧哲辅，华戎未一，自非明贤懋德，莫能绥御内外。司徒、琅邪王道子体道自然，神识颖远，实当旦奭之重，宜总二南之任，可领扬州刺史、录尚书、假节、都督中外诸军事。卫府文武，一以配骠骑府。"让不受。数年，领徐州刺史、太子太傅。公卿又奏："宜进位丞相、扬州牧、假黄钺，羽葆鼓吹。"并让不受。

[然而他是典型的花花公子，与严重腐败蜕化的孝武帝一起"酣歌为务"，中央朝政和地方治理皆任佞幸小人把持，且崇信佛教，"用度奢侈，下不堪命"；他极端腐败和放肆，孝武帝对他有所不满，但终究未加管束。]

于时孝武帝不亲万机，但与道子酣歌为务，姆姆[mánmǔ，乳媪，老年仆妇]尼僧，尤为亲昵，并窃弄其权。凡所幸接，皆出自小竖。郡守长吏，多为道子所树立。既为扬州总录，势倾天下，由是朝野奔凑。中书令王国宝性卑佞，特为道子所宠昵。官以贿迁，政刑谬乱。又崇信浮屠之学，用度奢侈，下不堪命。太元以后，为长夜之宴，蓬首昏目，政事多阙。[作为酒鬼，醉后胡说八道，胡作非为，大大得罪桓温之子、以后将消灭他的将领桓玄：]桓玄尝候道子，正遇其醉，宾客满坐，道子张目谓人曰："桓温晚途欲作贼，云何？"玄伏地流汗不得起。长史谢重举板答曰："故宣武公黜昏登圣，功超伊霍，纷纭之议，宜裁之听览。"道子颔曰："侬知侬知。"因举酒属玄，玄乃得起。由是玄益不自安，切齿于道子。

于时朝政既紊，左卫领营将军会稽许荣上疏曰[描绘他之下政治的极端混乱和卑污]："今台府局吏、直卫武官及仆隶婢儿取母之姓者，本臧获[对奴婢的贱称]之徒，无乡邑品第，皆得命议，用为郡守县令，并带职在内，委事于小吏手中；僧尼乳母，竞进亲党，又受货赂，辄临官领众。无卫霍之才，而比方古人，为患一也。臣闻佛者清远玄虚之神，以五诫为教，绝酒不淫。而今之奉者，秽慢阿尼，酒色是耽，其违二矣。夫致人于死，未必手刃害之。若政教不均，暴滥无罪，必夭天命，其违三矣。……今禁令不明，劫盗公行，其违四矣。……尼僧成群……流惑之徒，竞加敬事，又侵渔百姓，取财为惠，亦未合布施之道也。"……疏奏，并不省。……

[描绘他的极端腐败，还有他的佞幸的极端放肆：]嬖人赵牙出自优倡，茹千秋本钱塘捕贼吏，因赂谄进，道子以牙为魏郡太守，千秋骠骑咨议参军。牙为道子开东第，筑山穿池，列树竹木，功用巨万。道子使宫人为酒肆，沽卖于水侧，与亲昵乘船就之饮宴，以为笑乐。帝尝幸其宅，谓道子曰："府内有山，因得游瞩，甚善也。然修饰太过，非示天下以俭。"道子无以对，唯唯而已，左右侍臣莫敢有言。帝还宫，道

"溺于酒色"，"道子专权"，"奸邪制国命"   453

子谓牙曰："上若知山是板筑[以两板相夹，填土于其中，用杵捣实]所作，尔必死矣。"牙曰："公在，牙何敢死！"营造弥甚。千秋卖官贩爵，聚资货累亿。

又道子既为皇太妃所爱，亲遇同家人之礼，遂恃宠乘酒，时失礼敬。[孝武帝对他有所不满，但终究未加管束：]帝益不能平，然以太妃之故，加崇礼秩。博平令吴兴闻人奭上疏曰[描绘他之下政治的极端混乱和卑污]："骠骑咨议参军茹千秋协辅宰相，起自微贱，窃弄威权，衒卖天官。其子寿龄为乐安令，赃私狼藉，畏法奔逃，竟无罪罚，傲然还县。又尼妪属类，倾动乱时。谷贱人饥，流殚不绝，由百姓单贫，役调深刻。又振武将军庾恒鸣角[吹奏号角]京邑，主簿戴良夫苦谏被囚，殆至没命。而恒以醉酒见怒，良夫以执忠废弃。又权宠之臣，各开小府，施置吏佐，无益于官，有损于国。"疏奏，帝益不平，而逼于太妃，无所废黜，乃出王恭为兖州，殷仲堪为荆州，王珣为仆射，王雅为太子少傅，以张王室，而潜制道子也。道子复委任王绪，由是朋党竞扇，友爱道尽。太妃每和解之，而道子不能改。

[孝武帝完全"投降"，"复委任道子如初"：]中书郎徐邈以国之至亲，唯道子而已，宜在敦穆，从容言于帝曰："昔汉文明主，犹悔淮南；世祖聪达，负愧齐王。兄弟之际，实宜深慎。"帝纳之，复委任道子如初。[呜呼！亲亲之理胜过"国家理由"。]

······ ······

列传第四十五　王国宝传　摘录和评注

[王姓名门世族内的一个全无节操和羞耻心的显贵败类，东晋末期腐朽政治的作伥者之一。谢安去世后，他作为昏惑酒徒司马道子的佞幸骄蹇纵肆，贪婪聚敛，需要时又能谄媚于另一名酒徒孝武帝"而颇疏道子"。安帝即位他"复事道子"，从而再度"参管朝权，威震内外"。他和其主子司马道子的胡作非为终于激起外镇大将讨伐，结果他成为主子自保的牺牲品，被委罪赐死。]

[反映东晋末期政治腐败黑暗的一幅图画。]

[一个全无节操的显贵败类，开始经贵族裙带关系与司马道子结交，诋毁岳父

谢安。]

国宝少无士操，不修廉隅[棱角，比喻端方不苟的行为品性]。妇父谢安恶其倾侧，每抑而不用。除尚书郎。国宝以中兴膏腴之族，惟作吏部，不为余曹郎，甚怨望，固辞不拜。从妹为会稽王道子妃，由是与道子游处，遂间毁安焉。

[谢安去世后，他作为新辅政司马道子的佞幸，与主子一起"持威权，扇动内外"，且骄蹇纵肆，聚敛僭侈；他毫无节操和廉耻，需要时又能谄媚孝武帝"而颇疏道子"。]

及道子辅政[385]，以为秘书丞。俄迁琅邪内史，领堂邑太守，加辅国将军。入补侍中，迁中书令、中领军，与道子持威权，扇动内外。中书郎范宁，国宝舅也，儒雅方直，疾其阿谀，劝孝武帝黜之。国宝乃使陈郡袁悦之因尼支妙音[支妙音，尼姑，居处京华，博学内外善为文章，每与孝武帝及太傅中朝学士谈论属文]致书与太子母陈淑媛，说国宝忠谨，宜见亲信。帝知之，托以他罪杀悦之。国宝大惧，遂因道子谮毁宁，宁由是出为豫章太守。及弟忱卒，国宝自表求解职迎母，并奔忱丧。诏特赐假，而盘桓不时进发，为御史中丞褚粲所奏。国宝惧罪，衣女子衣，托为王家婢，诣道子告其事。道子言之于帝，故得原。后骠骑参军王徽请国宝同宴，国宝素骄贵使酒，怒尚书左丞祖台之，攘袂大呼，以盘盏乐器掷台之，台之不敢言，复为粲所弹。诏以国宝纵肆情性，甚不可长，台之懦弱，非监司体，并坐免官。顷之，复职，愈骄蹇不遵法度。起斋侔[可比，相等]清暑殿，帝恶其僭侈。国宝惧，遂谄媚于帝，而颇疏道子。[他"水性杨花"地对待主子，而主子如后所述亦将"水性杨花"地对待他。]道子大怒，尝于内省面责国宝，以剑掷之，旧好尽矣。

[他转为孝武帝佞幸：]是时王雅亦有宠，荐王珣于帝。帝夜与国宝及雅宴，帝微有酒，令召珣，将至，国宝自知才出珣下，恐至，倾其宠，因曰："王珣当今名流，不可以酒色见。"帝遂止，而以国宝为忠。将纳国宝女为琅邪王妃，未婚，而帝崩[396]。

[安帝即位他"复事道子"，从而再度"参管朝权，威震内外"；他和司马道子的胡作非为终于激起外镇讨伐，结果他被司马道子当作自保的牺牲品，命落黄泉。]

安帝即位，国宝复事道子，进从祖弟绪为琅邪内史，亦以佞邪见知。道子复惑之，倚为心腹，并为时之所疾。国宝遂参管朝权，威震内外。迁尚书左仆射，领选，加后将军、丹杨尹，道子悉以东宫兵配之。

时王恭[孝武定皇后王法慧之兄，官至前将军、青兖二州刺史]与殷仲堪并以才器，各居名籓。恭恶道子、国宝乱政，屡有忧国之言。道子等亦深忌惮之，将谋去其兵。[贯穿东晋王朝的一大结构性抵牾——朝廷 *vs.* 外镇——的当时形态。]未及行，而恭檄至，以讨国宝为名，国宝惶遽不知所为。绪说国宝，令矫道子命，召王珣[王导之孙，时任尚书令]、车胤[时任吴兴太守，加辅国将军]杀之，以除群望，因挟主相[挟持君主和丞相]以讨诸侯。国宝许之。[他只有小本事而无大方略，面对外镇讨伐而慌乱不堪，朝令夕改：]珣、胤既至，而不敢害，反问计于珣。珣劝国宝放兵权以迎恭，国宝信之。语在《珣传》。又问计于胤，胤曰："南北同举，而荆州未至，若朝廷遣军，恭必城守。昔桓公围寿阳，弥时乃克。若京城未拔，而上流奄至，君将何以待之？"国宝尤惧，遂上疏解职，诣阙待罪。既而悔之，诈称诏复其本官，欲收其兵距王恭。

[他曾"水性杨花"地对待主子，主子现在要"水性杨花"地对待他：]道子既不能距诸侯，欲委罪国宝，乃遣谯王尚之收国宝，付廷尉，赐死，并斩绪于市。以谢王恭。[追述他贪婪腐败透顶：]国宝贪纵聚敛，不知纪极，后房伎妾以百数，天下珍玩充满其室。及王恭伏法[398年王恭复起兵讨伐司马道子父子，因部将刘牢之叛变而兵败被诛]，诏追复国宝本官。元兴[安帝年号，402—404]初，桓玄得志，表徙其家属于交州。

…… ……

东晋百年（下）：垂死至灭及凤凰涅槃

帝纪第十　安帝、恭帝　摘录和评注

[东晋的垂死和灭亡历程。晋安帝司马德宗，在位约 22 年（397—419），生性愚笨，类似于百年前的西晋惠帝，差不多见证了东晋垂死和灭亡的全过程。中央大权彻底旁落，朝外将领多所自立，政权内斗上下频发。在下，叛乱频仍，几危京师，不管它们是出自藩臣藩将，还是出自教主海盗。在上，起初由司马道子和司马元显父子执政，其昏聩、腐败和专横激发或加剧大乱，最终促成其遭废杀；继而，出身桓氏大族的叛将桓玄操控朝政，以致在 403 年篡夺帝位和改变国号。]

[乱世出英雄？！杰出的军事统帅和政治家、出身低级士族的刘裕攻败桓玄，继而两度大规模北伐，先后击灭南燕和后秦，同时在南方华夏用兵，击灭若干割据者。412 年起刘裕开始独裁统治，六年后杀掉安帝，另立作为傀儡皇帝而极短命的恭帝司马德文。在一并摧毁帝室和世族的权势之后，420 年刘裕废除东晋，创立宋朝（刘宋）。与鲜卑族拓跋王朝国家北魏对峙，开启中国史上的南北朝时期。]

晋安帝司马德宗：

[如上所述，他在位时期有两大根本特征：(1)内部几番大乱导致独裁统治"大治"，继而华夏王朝变更；(2)内乱终告平息促成对外辉煌得胜，遂定华夷经久分立。至于他个人的命运，则可谓悲惨至极：两度被废，两度被俘，最后被杀。]

[司马道子专政，外镇叛乱随之而来，京师危殆；五斗米道教主孙恩造反，转战陆海，其势难挡。]

安皇帝讳德宗，字德宗，孝武帝长子也。太元十二年[387]八月辛巳，立为皇太子。二十一年[396]九月庚申，孝武帝崩。辛酉，太子即皇帝位……[14岁的愚笨少年，只能当傀儡，不幸的是当酒鬼和贪汉的傀儡：]癸亥，以司徒、会稽王道子为太傅，摄政……

隆安元年[397]春正月……太傅、会稽王道子稽首归政[当然是假的]。以尚书右仆射王珣为尚书令，领军将军王国宝为尚书左仆射。[鲜卑南凉国家建立：]二月，吕光将秃发乌孤自称大都督、大单于，国号南凉。击光将窦苟于金昌[今甘肃河西走廊东段金昌市]，大破之。……[安帝时期第一场外镇武装反叛，中央只得绥靖：]夏四月甲戌，兖州刺史王恭、豫州刺史庾楷举兵，以讨尚书左仆射王国宝、建威将军王绪为名。甲申，杀国宝及绪以悦于恭，恭乃罢兵。……[叛臣平定叛臣：]五月，前司徒长史王廞以吴郡反，王恭讨平之。慕容宝将慕容详僭即(后燕)皇帝位于中山[今河北定县]，宝奔黄龙。……九月，慕容宝将慕容麟斩慕容详于中山，因僭即皇帝位。冬十月，慕容麟为魏师所败。[北方照例一片混乱。]

二年[398]……[其时异族内斗，一贯残忍血腥：]夏五月，兰汗弑慕容宝而自称大将军、昌黎王。秋七月，慕容宝子盛斩兰汗，僭称长乐王，摄天子位。[外镇再度反叛，人数更多，规模更大，其中桓玄"脱颖而出"：]兖州刺史王恭、豫州刺史庾楷、荆州刺史殷仲堪、广州刺史桓玄、南蛮校尉杨佺期等举兵反。八月，江州刺史王愉奔于临川。丙子，宁朔将军邓启方及慕容德将慕容法战于管城[今河南郑州]，王师败绩……[桓玄等人威风凛凛，逼近京师：]桓玄大败王师于白石。九月辛卯，加太傅、会稽王道子黄钺。遣征虏将军会稽王世子元显、前将军王珣、右将军谢琰讨桓玄等。[京师好不容易渡过危机：]己亥，破庾楷于牛渚[在今安徽马鞍山市采石镇]。丙午,会稽王道子屯中堂,元显守石头。己酉,前将军王珣守北郊,右将军谢琰备宣阳门。辅国将军刘牢之次新亭,使子敬宣击败恭,恭奔曲阿[今江苏丹阳]长塘湖,湖尉收送京师,斩之。于是遣太常殷茂喻仲堪及玄,玄等走于寻阳[在今湖北黄梅西南]。冬十月……壬午,仲堪等盟于寻阳,推桓玄为盟主……[鲜卑北魏国家正式建立:]十二月己丑,魏王珪即尊位,年号天兴。[小叛乱几如雨后春笋:]己酉,前新安太守杜炯反于京口,会稽王世子元显讨斩之……

三年[399]……二月甲辰,河间王国镇薨。林邑范胡达陷日南、九真,遂寇交阯,太守杜瑗讨破之。……[司马元显执掌东晋最重要区域:]夏四月乙未……以会稽王世子元显为扬州刺史。……[羌族后秦攻破东晋在北方的最重要据点洛阳:]冬十月,姚兴陷洛阳,执河南太守辛恭靖。[五斗米道教主、大海寇孙恩发动造反,威胁巨大:]十一月甲寅,妖贼孙恩陷会稽,内史王凝之死之,吴国内史桓谦、临海太守新蔡王崇、义兴太守魏隐并委官而遁,吴兴太守谢邈、永嘉太守司马逸皆遇害。遣卫将军谢琰、辅国将军刘牢之逆击,走之。[桓玄叛乱同盟大内斗,桓玄胜出:]十二月,桓玄袭江陵,荆州刺史殷仲堪、南蛮校尉杨佺期并遇害。[氐族后凉国家建立:]吕光立其太子绍为天王,自号太上皇。是日,光死,吕纂弑绍而自立。是岁,荆州大水,平地三丈。

四年[400]……五月……己卯,会稽内史谢琰为孙恩所败,死之。恩转寇临海。六月……[刘裕初露头角,首破孙恩:]辅国司马刘裕破恩于南山。恩将卢循陷广陵,死者三千余人。……冬十一月,宁朔将军高雅之及孙恩战于余姚,王师败绩。[司马元显在东晋军事危机中执掌全国军事大权:]以扬州刺史元显为后将军、开府仪同三司、都督扬豫徐兖青幽冀并荆江司雍梁益交广十六州诸军事,前将军刘牢之为镇北将军……

五年[401]春二月丙子,孙恩复寇浃口[今浙江省甬江古名浃江,为海防要地]……夏五月,孙恩寇吴国[在今浙江北部及江苏南部],内史袁山松死之。[匈奴族北凉国家建立:]沮渠蒙逊杀段业,自号大都督、北凉州牧。[孙恩逼近京师,东晋又一次危殆:]六月甲戌,孙恩至丹徒。乙亥,内外戒严,百官入居于省。冠军将军高素、右卫将军张崇之守石头,辅国将军刘袭栅断淮口,丹杨尹司马恢之戍南岸,冠军将军桓谦、辅国将军司马允之、游击将军毛邃备白石,左卫将军王嘏、领军将军孔安国屯中皇堂。征豫州刺史、谯王尚之卫京师。宁朔将军高雅之击孙恩于广陵之郁洲，为贼所执……是岁，饥，禁酒。

[桓玄大败几乎不堪一击的朝廷大军，杀死司马元显，废逐司马道子，遂全权操控朝政，不久后更篡夺帝位和改变国号。]

元兴元年[402]春正月……[司马元显升任最高军职，率师讨伐桓玄，结果大败身死：]以后将军元显为骠骑大将军、征讨大都督，镇北将军刘牢之为元显前锋，前将军、谯王尚之为后部，以讨桓玄。二月丙午，帝戎服饯元显于西池。丁巳，遣兼侍中、齐王柔之以驺虞幡宣告荆、江二州。丁卯，桓玄败王师于姑孰，谯王尚之、齐王柔之并死之。……三月己巳，刘牢之叛降于桓玄[百战名将竟然叛降，至少因为朝廷威望已丧失殆尽]。辛未，王师败绩于新亭，骠骑大将军、会稽王世子元显，东海王彦璋，冠军将军毛泰，游击将军毛邃并遇害。壬申，桓玄自为侍中、丞相、录尚书事，以桓谦为尚书仆射，迁太傅、会稽王道子于安城[郡名，辖地为今江西新余以西的袁水流域和永新、安福等县]。玄俄又自称太尉、扬州牧，总百揆，以琅邪王德文为太宰。[孙恩终被东晋地方部队击灭：]临海太守辛景击孙恩，斩之。……[桓玄消灭已被流放的司马道子：]十二月庚申，会稽王道子为桓玄所害……

二年[403]春二月……乙卯，桓玄自称大将军。……秋八月，玄又自号相国、楚王。九月，南阳太守庾仄起义兵，为玄所败。[桓玄篡夺帝位和改变国号：]冬十一月壬午，玄迁帝于永安宫。癸未，移太庙神主于琅邪国。十二月壬辰，玄篡位，以帝为平固王。辛亥，帝蒙尘于寻阳。[404年阳历元旦，桓玄改国号为楚，史称桓楚。]

[刘裕“英略奋发”，骤然雄起，兴义师讨伐桓玄，后者迅速溃败，绑架司马德宗遁逃，途中战败毙命；唯司马德宗倒霉，遭桓玄故将再度绑架，不久后得救复位。]

三年[404]春二月，帝在寻阳……乙卯，建武将军刘裕帅沛国刘毅、东海何无忌等举义兵。丙辰，斩桓玄所署徐州刺史桓修于京口，青州刺史桓弘于广陵。丁巳，义师济江。三月戊午，刘裕斩玄将吴甫之于江乘，斩皇甫敷于罗落。己未，玄众溃而逃。[在刘裕面前，桓玄不堪一击！刘裕开始掌握东晋政权：]庚申，刘裕置留台，具百官。壬戌，桓玄司徒王谧推刘裕行镇军将军、徐州刺史、都督扬徐兖豫青冀幽并八州诸军事、假节。刘裕以谧领扬州刺史、录尚书事。……辛未，桓玄逼帝西上。[谁在愚笨的司马德宗身边？令在被绑架逃遁途中的他毫不愚笨地颁发如下密诏；或者，该密诏如一说所称，出自"马基雅维里主义者"刘裕之手。]丙戌，密诏以幽逼于玄，万机虚旷，令武陵王遵依旧典，承制总百官行事，加侍中，余如故。并大赦谋反大逆已下，惟桓玄一祖之后不宥。夏四月己丑，大将军、武陵王遵称制，总万机。[司马遵只是刘裕旨在增加合法性的傀儡。]庚寅，帝至江陵。庚戌，辅国将军何无忌、振武将军刘道规及桓玄将庾稚、何澹之战于溢口，大破之。[桓玄军在刘裕军面前再度不堪一击。]玄复逼帝东下。五月癸酉，冠军将军刘毅及桓玄战于峥嵘洲，又破之。己卯，帝复幸江陵。……[桓玄战败毙命：]壬午，督护冯迁斩桓玄于貊盘洲。……甲申，诏曰："奸凶篡逆，自古有之。朕不能式遏杜渐，以致播越。赖镇军将军裕英略奋发，忠勇绝世，冠军将军毅等诚心宿著，协助同嘉谋。义声既振，士庶效节，社稷载安，四海齐庆。……"……[司马德宗倒霉，遭桓玄故将再度绑架：]闰月己丑，桓玄故将扬武将军桓振陷江陵，刘毅、何无忌退守寻阳，帝复蒙尘于贼营。……[孙恩的继承者卢循渡海攻占广州，割据岭南：]冬十月，卢循寇广州，刺史吴隐之为循所败。……

义熙元年[405]春正月，帝在江陵。……己丑，刘毅次于马头。桓振以帝屯于江津。……振武将军刘道规击桓谦，走之。[司马德宗得救复位，大权仍在刘裕手中：]乘舆反正，帝与琅邪王幸道规舟。……二月丁巳，留台备乘舆法驾，迎帝于江陵。……三月，桓振复袭江陵……建威将军刘怀肃讨振，斩之。帝至自江陵。……戊戌……刘裕及何无忌等抗表逊位，不许。庚子，以琅邪王德文为大司马，武陵王遵为太保，加镇军将军刘裕为侍中、车骑将军、都督中外诸军事。[刘裕坚持设置数名顶级傀儡，政治谋略加上桓玄（甚至还有其父桓温）的教训。]……夏四月，刘裕旋镇京口[刘裕拥兵驻在京外，政治谋略加上桓温的故例，后者如前所述总是拥军遥控宫廷朝廷，身不离军队，信仰"枪杆子里面出政权"。]……

二年[406]……冬十月，论匡复之功，封车骑将军刘裕为豫章郡公，抚军将军刘毅南平郡公，右将军何无忌安成郡公，自余封赏各有差。……

三年[407]春二月己酉，车骑将军刘裕来朝。……[匈奴胡夏国在今内蒙古河套地区建立：]六月，姚兴将赫连勃勃僭称天王于朔方，国号夏。……

四年[408]春正月甲辰,以琅邪王德文领司徒,车骑将军刘裕为扬州刺史、录尚书事。庚申,侍中、太保、武陵王遵薨。……

[刘裕首度大规模北伐,经临朐决战击败鲜卑族南燕国,"齐地悉平";卢循之乱威逼京师,但大半年后终告败亡。]

五年[409]春正月……庚戌,以抚军将军刘毅为卫将军、开府仪同三司,加辅国将军何无忌镇南将军。……三月……车骑将军刘裕帅师伐慕容超。夏六月……刘裕大破慕容超于临朐[qú,今山东潍坊市临朐县]……

六年[410]春二月丁亥,刘裕攻慕容超,克之,齐地悉平。[东晋南端的卢循兵众被证明是个大祸患,其基本性质导致其两栖军事战略十分高效,乃至从广州迅速威逼京师:]是月,广州刺史卢循反,寇江州。三月……壬申,镇南将军、江州刺史何无忌及循战于豫章,王师败绩,无忌死之。……戊子,卫将军刘毅及卢循战于桑落洲,王师败绩。……乙丑,循至淮口[秦淮河入长江之口,今南京西北],内外戒严。大司马、琅邪王德文都督宫城诸军事,次中皇堂,太尉刘裕次石头,梁王珍之屯南掖门,冠军将军刘敬宣屯北郊,辅国将军孟怀玉屯南岸,建武将军王仲德屯越城,广武将军刘怀默屯建阳门,淮口筑栅浦、药园、廷尉三垒以距之。……[京师危机四个月后卢循遁走:]秋七月庚申,卢循遁走。甲子,使辅国将军王仲德、广川太守刘钟、河间内史蒯恩等帅众追之。是月,卢循寇荆州,刺史刘道规、雍州刺史鲁宗之等败之……十二月壬辰,刘裕破卢循于豫章。

七年[411]春二月壬午,右将军刘藩斩徐道覆[卢循姐夫,拥兵数万]于始兴,传首京师。[卢循败亡:]夏四月,卢循走交州,刺史杜慧度斩之。秋七月丁卯,以荆州刺史刘道规为征西大将军、开府仪同三司。……

[412年起刘裕经清洗异己而开始独裁统治,经再度大规模北伐击灭羌族后秦,收复洛阳和长安。]

八年[412]……九月……己卯,太尉刘裕害右将军兖州刺史刘藩、尚书左仆射谢混。庚辰,裕矫诏曰:"刘毅苞藏祸心,构逆南夏,藩、混助乱,志肆奸宄。赖宁辅玄鉴,抚机挫锐,凶党即戮,社稷乂安。……其大赦天下,唯刘毅不在其例。……"[刘裕无情消灭他崛起时最亲密的伙伴:]己丑,刘裕帅师讨毅。裕参军王镇恶陷江陵城,毅自杀。[匈奴族北凉国家建立:]冬十一月,沮渠蒙逊僭号河西王。……

九年[413]春三月丙寅,刘裕害前将军诸葛长民及其弟辅国大将军黎民、从弟宁朔将军秀之。戊寅,加刘裕镇西将军、豫州刺史。……夏四月壬戌,罢临沂、湖熟皇后脂泽田四十顷,以赐贫人,弛湖池之禁。[是独裁者刘裕收买人心,还是其优良的政治素质使然?或两者兼而有之。]……秋七月,朱龄石克成都,斩谯纵[历时四五年的西蜀割据政权的建立者],益州平。九月,封刘裕次子义真为桂阳公……

十年[414]……[在今甘肃青海部分地区的鲜卑族西秦击灭在今青海地区的鲜卑族南凉:]夏六月,乞伏炽盘帅师伐秃发傉檀,灭之。……

十一年[415][刘裕率师镇压边远外镇反叛:]春正月,荆州刺史司马休之、雍州刺史鲁宗之并举兵贰于刘裕,裕帅师讨之。……三月……壬午,刘裕及休之战于江津,休之败,奔襄阳。……五月……甲午,休之、宗之出奔于姚泓[羌族后秦国家末主]。论平蜀功,封刘裕子义隆彭城公,朱龄石丰城公。……

十二年[416]……二月,加刘裕中外大都督。……[刘裕率师击灭羌族后秦,继而收复洛阳:]秋八月,刘裕及琅邪王德文帅众伐姚泓。……冬十月丙寅,姚泓将姚光以洛阳降。……

十三年[417]……三月,龙骧将军王镇恶大破姚泓将姚绍于潼关。……五月,刘裕克潼关。……秋七月,刘裕克长安,执姚泓,收其彝器,归诸京师。……

[刘裕杀安帝——生性愚笨、"凡所动止,皆非己出"的可怜虫。]

十四年[418]……夏六月,刘裕为相国,进封宋公。……十一月,赫连勃勃大败王师于青泥北。[刘裕北伐功业辉煌,但面对北方少数民族绝非常胜不败!而且,他仍不能阻绝外镇反叛:]雍州刺史朱龄石焚长安宫殿,奔于潼关。寻又大溃,龄石死之。十二月戊寅,帝崩于东堂,时年三十七。葬休平陵。

帝不惠,自少及长,口不能言,虽寒暑之变,无以辩也。凡所动止,皆非己出。故桓玄之篡,因此获全。初谶云"昌明[昌明皇帝,即晋孝武帝司马曜]之后有二帝",刘裕将为禅代,故密使王韶之缢帝而立恭帝,以应二帝云。

［刘裕另立作为傀儡皇帝而极短命的恭帝司马德文；两年后他废除东晋，创立宋朝（刘宋）。］

恭帝讳德文，字德文，安帝母弟也。［他是个不无阅历、不无聪慧和不无勇气的大贵族：］初封琅邪王，历中军将军、散骑常侍、卫将军、开府仪同三司，加侍中，领司徒、录尚书六条事。元兴初，迁车骑大将军。桓玄执政，进位太宰，加衮冕之服，绿綟绶。玄篡位，以帝为石阳县公，与安帝俱居寻阳。及玄败，随至江陵。玄死，桓振奄至，跃马奋戈，直至阶下，瞋目谓安帝曰："臣门户何负国家，而屠灭若是？"帝乃下床谓振曰："此岂我兄弟意邪！"振乃下马致拜。振平，复为琅邪王，又领徐州刺史，寻拜大司马，领司徒，加殊礼。义熙五年［409］，置左右长史、司马、从事中郎四人，加羽葆鼓吹。十二年……始辟召掾属。……刘裕之北征也，帝上疏，请帅所莅，启行戎路，修敬山陵。朝廷从之，乃与裕俱发。……及姚泓灭，归于京都。［他被刘裕册立为皇帝：］十四年［418］十二月戊寅，安帝崩。刘裕矫称遗诏曰："……遘疾大渐，将遂弗兴。仰惟祖宗灵命。亲贤是荷。咨尔大司马、琅邪王、体自先皇，明德光懋……其君临晋邦，奉系宗祀……"是日，即帝位，大赦。

元熙元年［419］……秋八月，刘裕移镇寿阳［今安徽寿县］。以刘怀慎为前将军、北徐州刺史，镇彭城。九月，刘裕自解扬州。冬十月乙酉，裕以其子桂阳公义真为扬州刺史。……十二月辛卯，裕加殊礼。……

［刘裕废除东晋，创立宋朝（刘宋），而后杀掉废帝：］二年［420］夏六月壬戌，刘裕至于京师。傅亮承裕密旨，讽帝禅位，草诏，请帝书之。帝欣然谓左右曰："晋氏久已失之，今复何恨。"乃书赤纸为诏。［傀儡皇帝淡定看透，不怜惜东晋王朝。他只怜惜自身安全，但无济于事。］甲子，遂逊于琅邪第。刘裕以帝为零陵王，居于秣陵……帝自是之后，深虑祸机，褚后常在帝侧，饮食所资，皆出褚后，故宋人莫得伺其隙，宋永初二年［421］九月丁丑，裕使后兄叔度请后，有间，兵人逾垣而入，弑帝于内房。时年三十六。谥恭皇帝，葬冲平陵。

［可怜虫生平逸事，儒佛两道兼而有之：］帝幼时性颇忍急，及在藩国，曾令善射者射马为戏。既而有人云："马者国姓，而自杀之，不祥之甚。"帝亦悟，甚悔之。其后复深信浮屠道，铸货千万，造丈六金像，亲于瓦官寺迎之，步从十许里。安帝既不惠，帝每侍左右，消息温凉寝食之节，以恭谨闻，时人称焉。……

[房玄龄等对两位可怜虫的哀叹,或许还含泪称赞了其中一位对王朝湮灭的淡定的潇洒。]

史臣曰:安帝即位……道子、元显并倾朝政,主昏臣乱,未有如斯不亡者也……于是桓玄乘衅,势逾飙指,六师咸泯,只马徂迁[迁徙,流亡]……世遇颠覆,则恭皇斯甚……去皇屋而归来,洒丹书而不恨……理之自然。观其摇落,人有为之流涟者也。

列传第三十四　简文三子列传司马道子、司马元显传　摘录和评注

……　……

[司马道子以腐败、昏聩、专权和丧权参与了东晋的垂死过程:他和年少气盛的儿子司马元显在安帝朝与大将王恭等进行血腥内战,同时实际上丧权于子("道子日饮醇酒,而委事于元显"),内战胜后被后者剥夺权力。]

[司马元显的统治是最坏的统治,多树亲党,苛刻擅杀,害民甚深,骄侈日增,聚敛不已。]

……安帝践阼[396],有司奏:"道子宜进位太傅、扬州牧、中书监,假黄钺,备殊礼。"固辞不拜,又解徐州。诏内外众事,动静咨之。[他先被迫绥靖王恭:]帝既冠,道子稽首归政,王国宝[中书令,司马道子佞幸]始总国权,势倾朝廷。王恭[都督兖、青、冀、幽、并、徐及扬州之晋陵诸军事,前将军,兖、青二州刺史]乃举兵讨之。道子惧,收国宝付廷尉,并其徒弟琅邪内史绪悉斩之,以谢于恭,恭即罢兵。……

[司马元显"志气果锐",崭露头角,竭力敦促讨伐王恭:]道子世子元显,时年十六,为侍中,心恶恭,请道子讨之。乃拜元显为征虏将军,其先卫府及徐州文武悉配之。……

于时王恭威振内外,道子甚惧,复引谯王尚之以为腹心。尚之说道子曰:"藩伯强盛,宰相权轻,宜密树置,以自藩卫。"道子深以为然,乃以其司马王愉为江州刺史以备恭,与尚之等日夜谋议,以伺四方之隙。[王恭等先举兵发动内战,司马元显再

度敦促讨伐：]王恭知之，复举兵，以讨尚之为名。荆州刺史殷仲堪、豫州刺史庾楷、广州刺史桓玄并应之。……朝廷忧惧，于是内外戒严。元显攘袂慷慨谓道子曰："去年不讨王恭，致有今役。今若复从其欲，则太宰之祸至矣。"[司马元显挂帅讨伐，消灭王恭，与此同时司马道子醉酒放权：]道子日饮醇酒，而委事于元显。元显虽年少，而聪明多涉，志气果锐，以安危为己任。尚之为之羽翼。时相傅会者，皆谓元显有明帝神武之风。于是以为征讨都督、假节，统前将军王珣、左将军谢琰及将军桓之才、毛泰、高素等伐恭，灭之。

[王恭的同盟者们在京师城外退兵，司马元显执掌朝权：]既而杨佺期、桓玄、殷仲堪等复至石头，元显于竹里驰还京师，遣丹杨尹王恺、鄱阳太守桓放之、新蔡内史何嗣、颍川太守温详、新安太守孙泰等，发京邑士庶数万人，据石头以距之。……仲堪既知王恭败死，狼狈西走，与桓玄屯于寻阳[在今湖北黄冈市黄梅县西南]。朝廷严兵相距，内外骚然。诏元显甲杖百人入殿，寻加散骑常侍、中书令，又领中领军，持节、都督如故。

[他被儿子正式剥夺权力，酒醒方知，大怒但无可奈何：]会道子有疾，加以昏醉，元显知朝望去之，谋夺其权，讽天子解道子扬州、司徒，而道子不之觉。元显自以少年顿居权重，虑有讥议，于是以琅邪王[司马德文，后为恭帝]领司徒，元显自为扬州刺史。既而道子酒醒，方知去职，于是大怒，而无如之何。[司马元显的统治以多树亲党、苛刻擅杀、害民甚深为特征：]庐江太守会稽张法顺以刀笔之才，为元显谋主，交结朋援，多树亲党，自桓谦以下，诸贵游皆敛衽请交。元显性苛刻，生杀自己，法顺屡谏，不纳。又发东土诸郡免奴为客者，号曰"乐属"，移置京师，以充兵役，东土嚣然，人不堪命，天下苦之矣。既而孙恩[孙秀之后，399年起兵反晋，402年败死]乘衅作乱，加道子黄钺，元显为中军以讨之。又加元显录尚书事。然道子更为长夜之饮，政无大小，一委元显。时谓道子为东录，元显为西录。西府车骑填凑，东第门下可设雀罗矣。[加上骄侈日增，聚敛不已：]元显无良师友，正言弗闻，谄誉日至，或以为一时英杰，或谓为风流名士，由是自谓无敌天下，故骄侈日增。……于时军旅荐兴，国用虚竭，自司徒已下，日廪七升，而元显聚敛不已，富过帝室。及谢琰为孙恩所害，元显求领徐州刺史，加侍中、后将军、开府仪同三司、都督十六州诸军事……

［盘踞长江中游的桓温之子、大将桓玄成为司马道子父子的严重威胁，司马道子父子遂讨伐桓玄；然而，讨伐迅即流产，父子被擒被杀。］

会孙恩至京口，元显栅断石头，率兵距战，频不利。道子无他谋略，唯日祷蒋侯庙为厌胜之术。既而孙恩遁于北海，［桓玄成为他们父子的严重威胁：］桓玄复据上流，致笺于道子曰："……昔国宝卒后，王恭不乘此威入统朝政，足见其心非侮于明公也，而谓之非忠。今之贵要腹心，有时流清望者谁乎？……尔来一朝一夕，遂成今日之祸矣。阿衡之重，言何容易，求福则立至，干忤或致祸。在朝君子，岂不有怀，但惧害及身耳。玄忝任在远，是以披写事实。"元显览而大惧。张法顺谓之曰："桓玄承籍门资，素有豪气，既并殷、杨［殷仲堪、杨佺期，被桓玄击灭］，专有荆楚。……孙恩为乱，东土涂地，编户饥馑，公私不赡，玄必乘此纵其奸凶，窃用忧之。"［决定先发制人地讨伐桓玄：］元显曰："为之奈何？"法顺曰："……发兵诛之，使刘牢之为前锋，而第下［犹殿下、阁下］以大军继进，桓玄之首必悬于麾下矣。"元显以为然，遣法顺至京口，谋于牢之，而牢之有疑色。法顺还，说元显曰："观牢之颜色，必贰于我［一项准确的但未被其主子接受的预测］，未若召入杀之。不尔，败人大事。"元显不从。

……加元显侍中、骠骑大将军、开府、征讨大都督、十八州诸军事、仪同三司，加黄钺，班剑二十人，以伐桓玄，竟以牢之为前锋。法顺又言于元显曰："自举大事，未有威断，桓谦兄弟每为上流耳目，斩之，以孤荆楚之望。且事之济不，继在前军，而牢之反覆，万一有变，则祸败立至。可令牢之杀谦兄弟，以示不贰。若不受命，当逆为其所。"元显曰："非牢之无以当桓玄。且始事而诛大将，人情必动，二三不可。"［先发制人，然而是在己方资源最不赡的形势下；一个很糟糕但不得不做的战略决定？］于时扬土饥虚，运漕不继，玄断江路，商旅遂绝。于是公私匮乏，士卒唯给粰［谷皮］橡。

［然而还是桓玄先发制人地讨伐司马元显，后者出兵迟缓，以致征伐流产：］大军将发，玄从兄骠骑长史石生驰使告玄。玄进次寻阳，传檄京师，罪状元显。……帝戎服饯元显于西池，始登舟而玄至新亭［长江岸，建康西南要塞］。元显弃船退屯国子学堂。［刘牢之投降倒戈，司马元显随即军溃，父子被擒被杀：］明日，列阵于宣

阳门外,元显佐吏多散走。或言玄已至大桁,刘牢之遂降于玄。元显回入宣阳门,牢之参军张畅之率众逐之,众溃。元显奔入相府,唯张法顺随之。问计于道子,道子对之泣。玄遣太傅从事中郎毛泰收元显送于新亭,缚于舫前而数之。元显答曰:"为王诞、张法顺所误。"于是送付廷尉,并其六子皆害之。玄又奏:"道子酣纵不孝,当弃市。"诏徙安成郡,使御史杜竹林防卫,竟承玄旨杀之,时年三十九。帝三日哭于西堂。……

史臣曰:……道子地则亲贤,任惟元辅,耽荒曲蘖,信惑谗谀。遂使尼媪窃朝权,奸邪制国命,始则彝伦攸斁,终则宗社沦亡。元显以童丱之年,受栋梁之寄,专制朝廷,陵蔑君亲,奋庸琐之常材,抗奸凶之臣寇,丧师殄国,不亦宜乎!……

列传第五十四　王恭、庾楷、殷仲堪、杨佺期传　摘录和评注

[关于东晋王朝末期的一个重要篇章。安帝司马德宗在位初期,多半由于最大贵族司马道子及其佞幸在中央的腐败妄为,东晋王朝外镇 *vs.* 朝廷和外镇 *vs.* 外镇的基本结构性内斗激烈非凡且接连不断。本篇即记载外镇方面除桓玄外叛乱和彼此火并的主要人物,其中王恭先胜后灭,继而庾楷命落黄泉,最后殷仲堪和杨佺期双双被毁,桓玄则在历时约三年的腥风血雨中全盘胜出。]

王恭:

[高官之子兼皇后之兄,恃才自傲,一本正经,抱负非凡。有诸多资产,足以成为孝武帝司马曜的得幸权臣,位至近畿外镇大将,都督近七州军事。然而,安帝司马德宗继位后,司马道子及其佞幸王国宝掌权,令他愤恨不已,遂于397年与另一前朝得幸权臣殷仲堪举兵讨伐,在替罪羊王国宝被诛杀后得胜还镇。翌年,不息的宫廷 *vs.* 外镇权势争斗令他再度举兵,不料部将刘牢之叛变,导致他兵败身死。又一个望大过才的大人物,而自大高傲、性不宽宏和昧于时机被证明是他的致命的"报复女神"(nemeses)。]

[一类特别拙劣的、全无战略性的政治人物的例子。]

[高官之子兼皇后之兄,恃才自负,"清操简率",抱负非凡;到孝武帝中期,他终成高官。]

王恭[今山西太原人],字孝伯,光禄大夫蕴[官尚书左仆射、散骑常侍、会稽内史]子,定皇后[孝武帝司马曜皇后王法慧]之兄也。少有美誉,清操过人,自负才地高华,恒有宰辅之望。与王忱齐名友善,慕刘惔之为人。谢安常曰:"王恭人地可以为将来伯舅[指皇帝的舅子,皇后兄弟]。"尝从其父自会稽至都,忱访之,见恭所坐六尺簟[竹席],忱谓其有余,因求之。恭辄以送焉,遂坐荐[草席]上。忱闻而大惊,恭曰:"吾平生无长物。"其简率如此。

起家为佐著作郎,叹曰:"仕宦不为宰相,才志何足以骋!"因以疾辞。俄为秘书丞,转中书郎,未拜,遭父忧。服阕,除吏部郎,历建威将军。太元[孝武帝年号,376—396]中,代沈嘉为丹杨尹,迁中书令,领太子詹事。

[作为孝武帝的得幸权臣,不惮得罪同僚的他深深卷入顶层权势斗争,故被主子委任为近畿外镇大将,都督近七州军事,以为藩屏,钳制在中央的头号大贵族司马道子①及其佞幸。]

[作为孝武帝的得幸权臣,一本正经,不惮得罪同僚:]孝武帝以恭后兄,深相钦重。时陈郡袁悦之以倾巧事会稽王道子,恭言之于帝,遂诛之。道子尝集朝士,置酒于东府,尚书令谢石因醉为委巷[僻陋小巷]之歌,恭正色曰:"居端右之重,集藩王之第,而肆淫声,欲令群下何所取则!"石深衔之。淮陵内史虞珧子妻裴氏有服食之术,常衣黄衣,状如天师,道子甚悦之,令与宾客谈论,时人皆为降节。恭抗言曰:"未闻宰相之坐有失行妇人。"坐宾莫不反侧,道子甚愧之。[被孝武帝委任为近畿外镇大将,都督近七州军事,以为藩屏:]其后帝将擢时望以为藩屏,乃以恭为都督

① 《晋书·武十三王元四王简文三子列传》载:帝益不平,而逼于太妃,无所废黜,乃出王恭为兖州,殷仲堪为荆州,王珣为仆射,王雅为太子少傅,以张王室,而潜制道子也。……
中书郎徐邈以国之至亲,唯道子而已,宜在敦穆,从容言于帝曰:"昔汉文明主,犹悔淮南;世祖聪达,负愧齐王。兄弟之际,实宜深慎。"帝纳之,复委任道子如初。

兖青冀幽并徐州晋陵诸军事、平北将军、兖青二州刺史、假节，镇京口。初，都督以"北"为号者，累有不祥，故桓冲、王坦之、刁彝之徒不受镇北之号。恭表让军号，以超受为辞，而实恶其名，于是改号前将军。……

[旧主驾崩，权势转移：安帝司马德宗继位后，司马道子及其佞幸王国宝掌权，令他愤恨不已；他与殷仲堪举兵讨伐，在司马道子诛杀替罪羊王国宝后得胜还镇。]

及帝崩，会稽王道子执政，宠昵王国宝，委以机权。恭每正色直言，道子深惮而忿之。及赴山陵，罢朝，叹曰："榱栋[栋梁]虽新，便有《黍离》之叹矣。[《诗经·王风·黍离》第一章：彼黍离离（繁盛貌），彼稷之苗。行迈靡靡(mǐmǐ，行步迟缓貌)，中心摇摇。知我者，谓我心忧，不知我者，谓我何求。"(描绘对西周盛况的追缅和对目前荒废的慨叹。)]时国宝从弟绪说国宝，因恭入觐相王，伏兵杀之，国宝不许。而道子亦欲辑和内外，深布腹心于恭，冀除旧恶。恭多不顺，每言及时政，辄厉声色。[他一本正经，自以为是，无法被"绥靖"，于是血腥厮斗必不可免：]道子知恭不可和协，王绪之说遂行，于是国难始结。或劝恭因入朝以兵诛国宝，而庾楷党于国宝，士马甚盛，恭惮之，不敢发，遂还镇。[另一方面他至少还懂得力量对比，故心存胆怯。]临别，谓道子曰："主上谅暗，冢宰之任，伊周所难，愿大王亲万机，纳直言，远郑声，放佞人。"辞色甚厉，故国宝等愈惧。[策略意识与他无缘。]以恭为安北将军，不拜。及谋诛国宝，遣使与殷仲堪、桓玄相结，仲堪伪许之[别人懂得"兵不厌诈"]。[举兵行"次级清君侧"，如愿：]恭得书，大喜，乃抗表京师曰："后将军国宝得以姻戚频登显列，不能感恩效力，以报时施，而专宠肆威，将危社稷。先帝登遐，夜乃犯阁叩扉，欲矫遗诏。赖皇太后聪明，相王神武，故逆谋不果。又割东宫见兵以为己府，逸疾二昆甚于仇敌。与其从弟绪同党凶狡，共相扇动。此不忠不义之明白也。以臣忠诚，必亡身殉国，是以谮臣非一。赖先帝明鉴，浸润不行。昔赵鞅兴甲，诛君侧之恶，臣虽驽劣，敢忘斯义！"表至，内外戒严。国宝及绪惶惧不知所为，用王珣计，请解职。道子收国宝，赐死，斩绪于市，深谢愆失，恭乃还京口。[结构性问题不可能这么轻易地解决：国宝虽死，道子仍在。]

[翌年，不息的宫廷 *vs.* 外镇权势争斗令他再度举兵，不料未被他善待的部将刘

牢之叛变,导致他兵败身死。]

恭之初抗表也,虑事不捷,乃版前司徒左长史王廞为吴国内史,令起兵于东。会国宝死,令廞解军去职。[他对人不厚道。]廞怒,以兵伐恭。恭遣刘牢之击灭之[他对这位部将如下所述也不厚道],上疏自贬,诏不许。谯王尚之复说道子以藩伯强盛,宰相权弱,宜多树置以自卫。道子然之,乃以其司马王愉为江州刺史,割庾楷豫州四郡使愉督之。[他在中央的敌人开始懂得如何扭转宫廷 vs.外镇权势争斗的形势。]由是楷怒,遣子鸿说恭曰:"尚之兄弟专弄相权,欲假朝威贬削方镇,惩警前事,势转难测。及其议未成,宜早图之。"恭以为然,复以谋告殷仲堪、桓玄。玄等从之,推恭为盟主,克期同赴京师。[他似乎因结成四外镇讨伐联盟而稳操胜券,然而……]

[然而马上出大错,一是因为典型的克劳塞维茨式"摩擦"即偶然性事故,二是因为过去的经验导致的判断(也许误判):]时内外疑阻,津逻严急,仲堪之信因庾楷达之,以斜绢为书,内箭竿中,合镝漆之,楷送于恭。恭发书,绢文角戾[乖戾,扭曲],不复可识,谓楷为诈。又料仲堪去年已不赴盟,今无动理,乃先期举兵[然而,他全无战略变通意识,没有外镇联盟也一意孤行]。司马刘牢之谏曰:"将军今动以伯舅之重,执忠贞之节,相王以姬旦之尊,时望所系,昔年已戮宝、绪,送王廞书,是深伏将军也。顷所授用,虽非皆允,未为大失。割庾楷四郡以配王愉,于将军何损! 晋阳之师,其可再乎!"恭不从[他在上次廉价地得胜后,变得殆无政治分寸和战略时机意识],乃上表以封王愉、司马尚之兄弟为辞。朝廷使元显及王珣、谢琰等距之。

[然而,更严重的出错是未得他善待的①部将刘牢之突然叛变,他完蛋:]恭梦牢之坐其处,旦谓牢之曰:"事克,即以卿为北府。"遣牢之率帐下督颜延先据竹里。元显使说牢之,啖以重利,牢之乃斩颜延以降。是日,牢之遣其婿高雅之、子敬宣,因恭曜[炫耀]军,轻骑击恭。恭败,将还,雅之已闭城门,恭遂与弟履单骑奔曲阿。恭久不骑乘,髀[大腿]生疮,不复能去[他在有关的大事小事上皆为银样镴枪头!]。

---

① 《晋书·刘牢之传》载:朝廷戮国宝、王绪,(王恭)自谓威德已著,虽杖牢之为爪牙,但以行阵武将相遇,礼之甚薄。牢之负其才能,深怀耻恨。

曲阿人殷确，恭故参军也，以船载之，藏于苇席之下，将奔桓玄。至长塘湖，遇商人钱强。强宿憾于确，以告湖浦尉。尉收之，以送京师。道子闻其将至，欲出与语，面折之，而未之杀也。时桓玄等已至石头，惧其有变，即于建康之倪塘斩之。恭五男及弟爽、爽兄子秘书郎和及其党孟璞、张恪等皆杀之。

恭性抗直，深存节义，读《左传》至"奉王命讨不庭"，每辍卷而叹。[他的品性缺陷多样，其中"为性不弘，暗于机会"被认为是最致命的：]为性不弘，以暗于机会，自在北府，虽以简惠为政，然自矜贵，与下殊隔。不闲用兵，尤信佛道，调役百姓，修营佛寺，务在壮丽，士庶怨嗟。临刑，犹诵佛经，自理须鬓，神无惧容，谓监刑者曰："我暗于信人，所以致此，原其本心，岂不忠于社稷！但令百代之下知有王恭耳。"家无财帛，唯书籍而已，为识者所伤。

恭美姿仪，人多爱悦，或目之云"濯濯如春月柳"。尝被鹤氅裘，涉雪而行，孟昶窥见之，叹曰："此真神仙中人也！"……[传末补叙他春月柳、雪中鹤似的"美姿仪"，但读来只觉讽刺！]

庾楷：

[庾亮之孙，在安帝时期的内外权贵竞斗中最机会主义、最多变、最无节操。他先靠附司马道子/王国宝①，权益被司马道子损伤后与王恭"连谋举兵"但大败，遂投奔桓玄，继而密通司马元显许为灭桓内因。他接连投机，但无不投错，最后"谋泄，为玄所诛"。]

庾楷，征西将军亮之孙，会稽内史羲小子也。初拜侍中，代兄准为西中郎将、豫州刺史、假节，镇历阳[在今安徽马鞍山市和县]。隆安[安帝年号，397—402]初，进号左将军。时会稽王道子惮王恭、殷仲堪等擅兵，故出王愉为江州，督豫州四郡，以为形援。楷上疏以江州非险塞之地，而西府北带寇戎，不应使愉分督，诏不许。时楷怀恨，使子鸿说王恭，以谯王尚之兄弟复握机权，势过国宝。恭亦素忌尚之。遂

---

① 前面《王恭传》载：或劝恭因入朝以兵诛国宝，而庾楷党于国宝，士马甚盛，恭惮之，不敢发，遂还镇。

连谋举兵,事在恭传。诏使尚之讨楷。楷遣汝南太守段方逆尚之,战于慈湖,方大败,被杀,楷奔于桓玄。及玄等盟于柴桑,连名上疏自理,诏赦玄等而不赦恭、楷,楷遂依玄,玄用为武昌太守。楷后惧玄必败,密遣使结会稽世子元显:"若朝廷讨玄,当为内应。"及玄得志,楷以谋泄,为玄所诛。

······ ······

殷仲堪:

[文人名士,擅长玄学清谈,笃信天师道教,亦尊儒家伦理。在任谢玄的高级幕僚后,成孝武帝司马曜幸臣,并被委以"腹心之任",即旨在钳制司马道子的长江中游外镇大将兼荆州刺史。然而,他的能力和忠诚都被高估了,因为在安帝司马德宗在位初期接连不断的顶层复杂内斗中,他作为关键人物之一总是有如庾楷一样首尾两端,游移不定,赌错的多于赌对的,以至于最后在399年被桓玄毁灭。房玄龄等对他的战略素质的总评看来一针见血:"用计倚伏(依存隐伏)烦密,少于鉴略,以至于败。"]

[文人名士,擅长玄学清谈,笃信天师道教,[①]亦尊儒家伦理;任谢玄的高级幕僚。]

殷仲堪,陈郡[今河南周口市西华县]人也。祖融,太常、吏部尚书。父师,骠骑咨议参军、晋陵太守、沙阳男。仲堪能清言,善属文,每云三日不读《道德论》,便觉舌本间强。其谈理与韩康伯[玄学家、训诂学家,司马昱为藩镇时被引为谈客]齐名,士咸爱慕之。调补佐著作郎。冠军谢玄镇京口,请为参军。除尚书郎,不拜。玄以为长史,厚任遇之。······

······ ······

领晋陵太守,居郡禁产子不举,久丧不葬,录父母以质亡叛者,所下条教甚有义理。父病积年,仲堪衣不解带,躬学医术,究其精妙,执药挥泪,遂眇[瞎]一目。居丧

---

① 本传内后载:仲堪少奉天师道[即早先的五斗米教],又精心事神,不吝财贿······及玄来攻,犹勤请祷。

哀毁,以孝闻。

[成孝文帝幸臣,遂被委以"腹心之任",即长江中游外镇大将兼荆州刺史,旨在钳制司马道子权势。]

服阕,孝武帝召为太子中庶子,甚相亲爱。仲堪父尝患耳聪,闻床下蚁动,谓之牛斗。帝素闻之而不知其人。至是,从容问仲堪曰:"患此者为谁?"仲堪流涕而起曰:"臣进退惟谷。"帝有愧焉。复领黄门郎,宠任转隆。……帝以会稽王[司马道子,孝武帝同母弟]非社稷之臣,擢所亲幸以为藩捍,乃授仲堪都督荆益宁三州军事、振威将军、荆州刺史、假节,镇江陵。将之任,又诏曰:"卿去有日,使人酸然。常谓永为廊庙之宝,而忽为荆楚之珍,良以慨恨!"其恩狎如此。

[然而,他的能力和忠诚都被高估了:治理荆州"纲目不举",默然背弃与王恭桓玄共同讨伐的承诺,再度投机追随王恭举兵但意外大为受损。]

仲堪虽有英誉,议者未以分陕许之。既受腹心之任,居上流之重,朝野属想,谓有异政。及在州,纲目不举,而好行小惠,夷夏颇安附之。……

……　……

仲堪自在荆州,连年水旱,百姓饥馑,仲堪食常五碗,盘无余肴,饭粒落席间,辄拾以啖之,虽欲率物,亦缘其性真素也。每语子弟云:"人物见我受任方州,谓我豁平昔时意,今吾处之不易。贫者士之常,焉得登枝而捐其本?尔其存之!"[他全无狭义的腐败,而且回想起来本篇其余人物也是如此。为何?是否外镇vs.朝廷、外镇vs.外镇互相钳制的险恶环境使之不敢贪敛纵侈以致授人以柄?尽管就他而言"其性真素"大概也是原因。当然,在朝廷上,司马道子父子腐败奢侈至极。]后蜀水大出,漂浮江陵数千家。以堤防不严,复降为宁远将军。安帝即位,进号冠军将军,固让不受。

[他首次在国家重大内斗中首尾两端,随机游移,即"伪许恭,而实不欲下。闻恭已诛王国宝等,始抗表兴师";他赌输了:]初,桓玄将应王恭,乃说仲堪,推恭为盟主,共兴晋阳之举,立桓文之功,仲堪然之。仲堪以王恭在京口,去都不盈二百,自荆州道远连兵,势不相及,乃伪许恭,而实不欲下。闻恭已诛王国宝等,始抗表兴

师,遣龙骧将军杨佺期次巴陵。会稽王道子遣书止之,仲堪乃还。

初,桓玄弃官归国,仲堪惮其才地,深相交结。玄亦欲假其兵势,诱而悦之。[他与他最终的毁灭者桓玄之间开始一种彼此玩弄的马基雅维里主义的关系。]国宝之役,仲堪既纳玄之诱,乃外结雍州刺史郗恢,内要从兄南蛮校尉颛、南郡相江绩等。恢、颛、绩并不同之,乃以杨佺期代绩,颛自逊位。

[他二度在国家重大内斗中随机游移,发两万兵马追随王恭再次讨伐;他又赌输:]会王恭复与豫州刺史庾楷举兵讨江州刺史王愉及谯王尚之等,仲堪因集议,以为朝廷去年自戮国宝,王恭威名已震,今其重举,势无不克。而我去年缓师,已失信于彼,今可整棹晨征,参其霸功。于是使佺期舟师五千为前锋,桓玄次之。仲堪率兵二万,相继而下。佺期、玄至溢口,王愉奔于临川,玄遣偏军追获之。佺期等进至横江,庾楷败奔于玄,谯王尚之等退走,尚之弟恢之所领水军皆没。玄等至石头,仲堪至芜湖,忽闻王恭已死,刘牢之反恭,领北府兵在新亭,玄等三军失色,无复固志,乃回师屯于蔡洲。

[这回他输大了,因为在司马道子等人的算计下,他丧失部将杨佺期的靠附和暂丢荆州刺史之职,欲进军讨伐却不得桓玄支持,只得遑遽南归:]时朝廷新平恭、楷,且不测西方人心,仲堪等拥众数万,充斥郊畿,内外忧逼。玄从兄修告会稽王道子曰:"西军可说而解也。修知其情矣。若许佺期以重利,无不倒戈于仲堪者。"道子纳之,乃以玄为江州,佺期为雍州,黜仲堪为广州,以桓修为荆州,遣仲堪叔父太常茂宣诏回军。仲堪恚被贬退,以王恭虽败,己众亦足以立事,令玄等急进军。玄等喜于宠授,并欲顺朝命,犹豫未决。会仲堪弟㳂为佺期司马,夜奔仲堪,说佺期受朝命,纳桓修。仲堪遑遽,即于芜湖南归,使徇于玄等军曰:"若不各散而归,大军至江陵,当悉戮余口。"仲堪将刘系先领二千人隶于佺期,辄率众而归。玄等大惧,狼狈追仲堪,至寻阳,及之。[三个外镇马基雅维里主义式地宣誓结盟,但盟主由他换成了桓玄;中央与外镇的结构性对峙如故,他与司马道子集团依然为敌:]于是仲堪失职,倚玄为援,玄等又资仲堪之兵,虽互相疑阻,亦不得异。仲堪与佺期以子弟交质,遂于寻阳结盟,玄为盟主,临坛歃血,并不受诏,申理王恭,求诛刘牢之、谯王尚之等。[司马道子被迫妥协,他复任荆州刺史:]朝廷深惮之,于是诏仲堪曰:"间以将军凭寄失所,朝野怀忧。然既往之事,宜其两忘,用乃班师回斾,祗顺朝旨,所以

改授方任,盖随时之宜。将军大义,诚感朕心,今还复本位,即抚所镇,释甲休兵,则内外宁一,故遣太常茂具宣乃怀。"仲堪等并奉诏,各旋所镇。

[桓玄叛乱联盟大内斗,在他军事无能、诸将皆败和生死关头仍欺骗盟友①之后,他最终被桓玄毁灭;房玄龄等给他的终评一针见血,即"用计倚伏烦密,少于鉴略,以至于败"。]

顷之,桓玄将讨佺期,先告仲堪云:"今当入沔讨除佺期,已顿兵江口。若见与无贰,可杀杨广[杨佺期之兄];若其不然,便当率军入江。"仲堪乃执玄兄伟,遣从弟遹等水军七千至江西口。玄使郭铨、苻宏击之,遹等败走。玄顿巴陵,而馆其谷。玄又破杨广于夏口。仲堪既失巴陵之积,又诸将皆败,江陵震骇。城内大饥,以胡麻为廪。仲堪急召佺期。佺期率众赴之,直济江击玄,为玄所败,走还襄阳。仲堪出奔酂城,为玄追兵所获,逼令自杀,死于柞溪,弟子道护、参军罗企生等并被杀。仲堪少奉天师道[即早先的五斗米教],又精心事神,不吝财贿,而怠行仁义,啬于周急,及玄来攻,犹勤请祷。然善取人情,病者自为诊脉分药,而用计倚伏烦密,少于鉴略,以至于败。

子简之,载丧下都,葬于丹徒,遂居墓侧。义旗建,率私僮客随义军蹙桓玄。玄死,简之食其肉。……

杨佺期:

[出身高官世家的军事将才,先为殷仲堪部属,后因司马道子等的政治算计而成独立的外镇大将。他与桓玄的矛盾直接导致对抗朝廷的外镇联盟崩解,随后的火并令他和殷仲堪双双毁灭。]

[出身高官世家,自视门第甚高却遭流俗排抑,故出于流俗的复杂自卑情结(complex inferiority)"恒慷慨切齿,欲因事际以逞其志"。]

杨佺期,弘农华阴[今陕西渭南市下属华阴市东]人,汉太尉震之后也。曾祖

_____

① 见下《杨佺期传》最后一段。

准,太常。自震至准,七世有名德。祖林,少有才望,值乱没胡。父亮,少仕伪朝[羌族后秦],后归国,终于梁州刺史,以贞干知名。佺期沈勇果劲,而兄广及弟思平等皆强犷粗暴。自云门户承籍,江表莫比,有以其门地比王珣者,犹恚恨,而时人以其晚过江,婚宦失类,每排抑之,恒慷慨切齿,欲因事际以逞其志。

[军事将才,数败氐族前秦军众,被殷仲堪引为部属甚而主将;如前所述,出于司马道子等人针对殷仲堪的算计,他被委任为独立的外镇大将。]

佺期少仕军府。咸康[成帝年号,335—342]中,领众屯成固。苻坚将潘猛距守康回垒,佺期击走之,其众悉降,拜广威将军、河南太守,戍洛阳。苻坚将窦冲率众攻平阳太守张元熙于皇天坞,佺期击走之。佺期自湖城入潼关,累战皆捷,斩获千计,降九百余家,归于洛阳,进号龙骧将军。以病,改为新野太守,领建威司马。迁唐邑太守,督石头军事,以疾去职。荆州刺史殷仲堪引为司马,代江绩为南郡相。

仲堪与桓玄举众应王恭、庾楷,仲堪素无戎略,军旅之事一委佺期兄弟,以兵五千人为前锋,与桓玄相次而下。[如前所述,出于司马道子等针对殷仲堪的算计,他被委任为独立的外镇大将,不再侍奉他人;]至石头,恭死,楷败,朝廷未测玄军,乃以佺期代郗恢为都督梁雍秦三州诸军事、雍州刺史。[三外镇结盟对抗朝廷,如前所述盟主由殷仲堪换为桓玄;]仲堪、玄皆有迁换,于是俱还寻阳,结盟不奉诏。俄而朝廷复仲堪本职,乃各还镇。

[他实际上抢了桓玄看上的雍州地盘,遂成三外镇联盟崩解的导火线;399年桓玄举兵讨伐其余二外镇,他和殷仲堪俱告毁灭。]

初,玄未奉诏,欲自为雍州,以郗恢为广州。恢惧玄之来,问于众,咸曰:"佺期来者,谁不戮力!若桓玄来,恐难与为敌。"既知佺期代己,乃谋于南阳太守闾丘羡,称兵距守。佺期虑事不济,乃声言玄来入沔,而佺期为前驱。恢众信之,无复固志。恢军散请降,佺期入府斩闾丘羡,放恢还都,抚将士,恤百姓,缮修城池,简练甲卒,甚得人情。

佺期、仲堪与桓玄素不穆,佺期屡欲相攻,仲堪每抑止之。玄以是告执政[司马道子],求广其所统。朝廷亦欲成其衅隙,故以桓伟为南蛮校尉。[三外镇联盟势将崩解和火并,司马道子集团岂有不利用之理?]佺期内怀忿惧,勒兵建牙[出师前树立军旗],声云援洛,欲与仲堪袭玄。[殷仲堪的猜疑和首尾两端致使他"势不独举":]仲堪虽外结佺期,内疑其心,苦止之,又遣从弟遹屯北塞以驻之。佺期势不独举,乃解兵。

[外镇大火并,在被殷仲堪欺骗之后,发动者桓玄全胜:]隆安三年[399],桓玄遂举兵讨佺期,先攻仲堪。初,仲堪得玄书,急召佺期。佺期曰:"江陵无食,当何以待敌? 可来见就,共守襄阳。"仲堪自以保境全军,无缘弃城逆走,忧佺期不赴,乃绐[欺骗]之曰:"比来收集,已有储矣。"佺期信之,乃率众赴焉。步骑八千,精甲耀日。既至,仲堪唯以饭饷其军。佺期大怒曰:"今兹败矣!"乃不见仲堪。时玄在零口,佺期与兄广击玄。玄畏佺期之锐,乃渡军马头。明日,佺期率殷道护等精锐万人乘舰出战,玄距之,不得进。佺期乃率其麾下数十舰,直济江,径向玄船。俄而回击郭铨,殆获铨,会玄诸军至,佺期退走,余众尽没,单马奔襄阳。玄追军至,佺期与兄广俱死之,传首京都,枭于朱雀门。……

…… ……

列传第五十三　王雅传　摘录和评注

[东晋垂死时期的重臣,虽然"雅性好接下,敬慎奉公",但被孝武帝司马曜宠信到被人视为佞幸的地步;在安帝司马德宗之下他继续"贵幸,威权甚震",且被当作心腹高参。然而,生性愚笨的安帝拒绝他的关键劝谏,即切勿动员"藩屏"制衡司马道子父子的中央权势以致大乱。"慎默"和不"犯颜廷争"是这位洁身自好者在乱世中的处世方式,"凡所谋谟,唯唯而已"。]

[魏晋廷臣家族出身,有在才干、德行和待人接物方面的几乎所有好品性;历迁高官,被孝武帝宠信到被视为佞幸的地步。]

王雅,字茂达,东海郯[在今山东临沂市郯城县]人,[魏司徒王朗玄孙]魏卫将军肃之曾孙也。祖隆,后将军。父景,大鸿胪。雅少知名,州檄主簿,举秀才,除郎中，出补永兴令，以干理著称。累迁尚书左右丞，历廷尉、侍中、左卫将军、丹杨尹，领太子左卫率。雅性好接下，敬慎奉公，孝武帝深加礼遇，虽在外职，侍见甚数，朝廷大事多参谋议。帝每置酒宴集，雅未至，不先举觞，其见重如此。然任遇有过其才，时人被以佞幸之目。帝起清暑殿于后宫，开北上阁，出华林园，与美人张氏同游止，惟雅与焉。

[在安帝之下继续"贵幸，威权甚震"，但他的关键劝谏未被安帝采纳，即勿动员"藩屏"制衡司马道子父子以致大乱。]

会稽王道子领太子太傅[396，安帝司马德宗登基之年委任，摄政]，以雅为太子少傅。……雅既贵幸，威权甚震，门下车骑常数百，而善应接，倾心礼之。

[他的关键劝谏未被安帝采纳：]帝以道子无社稷器干，虑晏驾之后皇室倾危，乃选时望以为藩屏，将擢王恭、殷仲堪等，先以访雅。雅以恭等无当世之才，不可大任，从容曰："王恭风神简贵，志气方严，既居外戚之重，当亲贤之寄，然其禀性峻隘，无所苞容，执自是之操，无守节之志。仲堪虽谨于细行，以文义著称，亦无弘量，且干略不长。若委以连率之重，据形胜之地，今四海无事，足能守职，若道不常隆，必为乱阶矣。"帝以恭等为当时秀望，谓雅疾其胜己，故不从。二人皆被升用，其后竟败，有识之士称其知人。

[安帝薨，他失权，"慎默而已"，大致有如先前的他。]

迁领军、尚书、散骑常侍，方大崇进之，将参副相之重，而帝崩，仓卒不获顾命。雅素被优遇，一旦失权，又以朝廷方乱，内外携离，但慎默而已，无所辩正。虽在孝武世，亦不能犯颜廷争，凡所谋谟，唯唯而已。寻迁左仆射。隆安四年[400]卒，时年六十七。追赠光禄大夫、仪同三司。

…… ……

列传第六十九　桓玄、卞范之、殷仲文传　摘录和评注

[桓玄，桓温少子，东晋末期的外镇大军阀、大野心家、大篡夺者。被篡夺者乃生性愚笨的晋安帝司马德宗（397—419 年在位），在他名下起初由司马道子和司马

元显父子执政，而全国政治形势以中央大权彻底旁落、朝外将领多所自立、政权内斗上下频发为特征，必定催生“诈”“力”双双横行的极端丛林竞斗。五外镇叛乱随司马道子专政而来，然后叛乱同盟大内斗，桓玄胜出，继之以他大败几乎不堪一击的朝廷大军，杀死司马元显，废逐司马道子，遂全权操控朝政，不久(403—404)更篡夺帝位和改变国号。]

[不料，丛林竞斗没有完：出身低级士族的中级将领刘裕迅即“英略奋发”，兴义师讨伐桓玄；桓玄迅速溃败，途中战败毙命。他自己的恶劣品性是除刘裕之外他的又一个“报复女神”：一贯“豪纵”，“自篡盗之后，骄奢荒侈，游猎无度，以夜继昼”，搞得“神怒人怨”，继而“奔败之后……轻怒妄杀”，致使部下疏离更甚，“莫有斗志”。与他父亲相比，他的品性和下场更糟。]

[桓温爱子，甚有才貌且自负才貌，但受父亲“不臣之迹”牵累而郁郁不得志，心怀强烈愤怨。]

桓玄，字敬道，一名灵宝，大司马温之孽子[婢妾所生的孩子]也。其母马氏……温甚爱异之。临终[373]，命以为嗣，袭爵南郡公。……及长，形貌瑰奇，风神疏朗，博综艺术，善属文。[现实地位大不及其自负自欲，因而心怀强烈愤怨：]常负其才地，以雄豪自处，众咸惮之，朝廷亦疑而未用。年二十三，始拜太子洗马，时议谓温有不臣之迹，故折玄兄弟而为素官[无实权的清闲官职]。

太元[东晋孝武帝年号，376—396]末，出补义兴[治所在今江苏宜兴市]太守，郁郁不得志。尝登高望震泽，叹曰：“父为九州伯，儿为五湖长！”弃官归国。自以元勋之门而负谤于世，乃上疏曰：

……[先父桓温绝无罪过，却有大勋，“功高伊霍”：]先臣蒙国殊遇，姻娅皇极，常欲以身报德，投袂乘机，西平巴蜀，北清伊洛，使窃号之寇系颈北阙，园陵修复，大耻载雪，饮马灞浐，悬旌赵魏，勤王之师，功非一捷。太和[东晋废帝(海西公)年号，366—371]之末，皇基有潜移之惧，遂乃奉顺天人，翼登圣朝[指孝武帝登基]……向使此功不建，此事不成，宗庙之事岂可孰念！昔太甲虽迷，商祚无忧；昌邑虽昏，弊无三孽。因兹而言，晋室之机危于殷汉，先臣之功高于伊霍矣。……

[排挤和“迫害”桓氏大为不公，唯“追录旧勋”“垂恺悌覆盖之恩”才是正道：]自

顷权门日盛，丑政实繁，咸称述时旨，互相扇附，以臣之兄弟皆晋之罪人，臣等复何理可以苟存圣世？何颜可以尸飨封禄？若陛下忘先臣大造之功，信贝锦萋菲之说，臣等自当奉还三封，受戮市朝，然后下从先臣，归先帝于玄宫耳。若陛下述遵先旨，追录旧勋，窃望少垂恺悌覆盖之恩。

疏寝不报。[请求宫廷"拨乱反正"重用桓氏只是幻想！]

[他煽动和组织外镇叛乱同盟(1)：头番努力仅因司马道子佞幸/权臣王国宝死而中缀；他迁任广州刺史。]

玄在荆楚积年，优游无事，荆州刺史殷仲堪甚敬惮之。[秘密煽动和组织外镇叛乱同盟：]及中书令王国宝用事，谋削弱方镇，内外骚动，知王恭[孝武定皇后王法慧之兄、前将军、青兖两州刺史]有忧国之言，玄潜有意于功业，乃说仲堪曰："国宝与君诸人素已为对，唯患相弊之不速耳。今既执权要，与王绪[建威将军，倚仗司马道子]相为表里，其所回易[更改，变换]，罔不如志。孝伯[王恭字]居元舅之地，正情为朝野所重，必未便动之，唯当以君为事首。君为先帝所拔，超居方任，人情未以为允，咸谓君虽有思致，非方伯人。若发诏征君为中书令，用殷顗[殷仲堪堂兄，南蛮校尉]为荆州，君何以处之？"仲堪曰："忧之久矣，君谓计将安出？"玄曰："国宝奸凶，天下所知，孝伯疾恶之情每至而当，今日之会，以理推之，必当过人。君若密遣一人，信说王恭，宜兴晋阳之师，以内匡朝廷，己当悉荆楚之众顺流而下，推王为盟主，仆等亦皆投袂，当此无不响应。此事既行，桓文之举也。"仲堪持疑未决。俄而王恭信至，招仲堪及玄匡正朝廷。[中缀：]国宝既死，于是兵罢。玄乃求为广州，会稽王道子亦惮之，不欲使在荆楚，故顺其意。

[他煽动和组织外镇叛乱同盟(2)：五外镇举兵反，迫近京师，建立以他为盟主的外镇同盟，逼迫朝廷做重大让步。]

隆安[东晋安帝年号，397—402]初，诏以玄督交广二州、建威将军、平越中郎将、广州刺史、假节，玄受命不行。其年，王恭又与庾楷[西中郎将、豫州刺史]起兵讨江州刺史王愉及谯王尚之兄弟。玄、仲堪谓恭事必克捷，一时响应。仲堪给玄五千人，与杨佺期[龙骧将军、雍州刺史]俱为前锋。军至湓口[今江西九江市西]，王愉奔于临川，玄遣偏将军追获之。[乘外镇互斗互攻而迫近京师，建立几外镇同盟，他为盟主：]玄、佺期至石头，仲堪至芜湖。恭将刘牢之背恭归顺。恭既死，庾楷战败，奔于玄军。既而诏以玄为江州，仲堪等皆被换易，乃各回舟西还，屯于寻阳，共相结约，推玄为盟主。[逼迫朝廷就范：]玄始得志，乃连名上疏申理王恭，求诛尚之、牢之等。朝廷深惮之，乃免桓脩、复仲堪以相和解。

[外镇同盟内部非常复杂和能动的猜疑和竞斗，在他、殷仲堪和杨佺期之间，曲折不已，扑朔迷离，最终他消灭后两者。]

初，玄在荆州豪纵，士庶惮之，甚于州牧。仲堪亲党劝杀之，仲堪不听。及还寻阳，资其声地，故推为盟主，玄逾自矜重。佺期为人骄悍，常自谓承藉华胄，江表莫比，而玄每以寒士裁之，佺期甚憾，即欲于坛所袭玄，仲堪恶佺期兄弟虓勇，恐克玄之后复为己害，苦禁之。于是各奉诏还镇。玄亦知佺期有异谋，潜有吞并之计，于是屯于夏口[在今湖北武汉市]。

隆安中，诏加玄都督荆州四郡，以兄伟为辅国将军、南蛮校尉。仲堪虑玄跋扈，遂与佺期结婚为援。初，玄既与仲堪、佺期有隙，恒虑掩袭，求广其所统。朝廷亦欲成其衅隙，故分佺期所督四郡与玄，佺期甚忿惧。会姚兴侵洛阳，佺期乃建牙，声云援洛，密欲与仲堪共袭玄。仲堪虽外结佺期而疑其心，距而不许，犹虑弗能禁，复遣从弟遹屯于北境以遏佺期。佺期既不能独举，且不测仲堪本意，遂息甲。南蛮校尉杨广，佺期之兄也，欲距桓伟，仲堪不听，乃出广为宜都、建平二郡太守，加征虏将军。佺期弟孜敬先为江夏相，玄以兵袭而召之。既至，以为咨议参军。玄于是兴军西征，亦声云救洛，与仲堪书，说佺期受国恩而弃山陵，宜共罪之。今亲率戎旅，逐造金墉，使仲堪收杨广，如其不尔，无以相信。仲堪本计欲两全之，既得玄书，知不能禁，乃曰："君自沔而行，不得一人入江也。"玄乃止。

[他诡谲决断，最终消灭一贯犹豫不决的殷仲堪和一贯与之若即若离的杨佺期：]后荆州大水，仲堪振恤饥者，仓廪空竭。玄乘其虚而伐之，先遣军袭巴陵。梁州刺史郭铨当之所镇，路经夏口，玄声云朝廷遣铨为己前锋，乃授以江夏之众，使督诸军并进……

玄既至巴陵，仲堪遣众距之，为玄所败。玄进至杨口，又败仲堪弟子道护，乘胜至零口，去江陵二十里，仲堪遣军数道距之。佺期自襄阳来赴，与兄广共击玄，玄惧其锐,乃退军马头。佺期等方复追玄苦战,佺期败,走还襄阳,仲堪出奔酂城,玄遣将军冯该蹑佺期,获之。广为人所缚,送玄,并杀之。仲堪闻佺期死,乃将数百人奔姚兴,至冠军城,为该所得,玄令害之。

[他飙升为超级权势军阀,统领几乎所有主要外镇,并且遥遥控扼京师,"自谓三分有二,知势运所归";继而(402),司马元显显著加速了事态进程,即犹豫不决地攻伐他,反被他攻灭,东晋大权遂全归他手。]

[飙升为超级权势军阀:]于是遂平荆雍,乃表求领江、荆二州。诏以玄都督荆司雍秦梁益宁七州、后将军、荆州刺史、假节,以桓脩为江州刺史。玄上疏固争江州,于是进督八州及杨豫八郡,复领江州刺史。玄又辄以伟为冠军将军、雍州刺史。时寇贼未平,朝廷难违其意,许之。玄于是树用腹心,兵马日盛,屡上疏求讨孙恩,诏辄不许。其后恩逼京都,玄建牙聚众,外托勤王,实欲观衅而进,复上疏请讨之。会恩已走,玄又奉诏解严。以伟为江州,镇夏口;司马刁畅为辅国将军,督八郡,镇襄阳;遣桓振、皇甫敷、冯该等戍湓口。移沮漳蛮二千户于江南,立武宁郡;更招集流人,立绥安郡。又置诸郡丞。诏征广州刺史刁逵、豫章太守郭昶之,玄皆留不遣。自谓三分有二,知势运所归,屡上祯祥以为己瑞。

[犹豫不决地攻伐的司马元显征讨犹豫不决地反攻伐的桓玄,后者靠幕僚长卞范之劝说、司马元显胆怯和刘牢之倒戈才连进连胜:]初,庾楷既奔于玄……楷以玄方与朝廷构怨,恐事不克,祸及于己,乃密结于后将军元显,许为内应。元兴[402—404]初,元显称诏伐玄,玄从兄石生时为太傅长史,密书报玄。[两番表现出他远不似其父胆气过人:]玄本谓扬土饥馑,孙恩未灭,必未遑讨己,可得蓄力养众,观衅而动。既闻元显将伐之,甚惧,欲保江陵。长史卞范之说玄曰:"公英略威名振于天下,元显口尚乳臭,刘牢之大失物情,若兵临近畿,示以威赏,则土崩之势可翘足而待,何有延敌入境自取蹙弱者乎!"玄大悦,乃留其兄伟守江陵,抗表率众,下至寻阳,移檄京邑,罪状元显。檄至。元显大惧,下船而不克发。玄既失人情,而兴师犯顺,虑众不为用,恒有回旆之计。既过寻阳,不见王师,意甚悦,其将吏亦振。庾楷谋泄,收絷之。至姑孰,使其将冯该、苻宏、皇甫敷、索元等先攻谯王尚之。尚之败。刘牢之遣子敬宣诣玄降。

[司马元显溃灭,司马道子流放,东晋大权全归桓玄,继之以他的大清洗:]玄至新亭[今江苏南京市安德门菊花台],元显自溃。玄入京师,矫诏曰:"义旗云集,罪在元显。太傅[司马道子]已别有教,其解严息甲,以副义心。"又矫诏加己总百揆,侍中、都督中外诸军事、丞相、录尚书事、扬州牧,领徐州刺史,又加假黄钺、羽葆鼓吹、班剑二十人,置左右长史、司马、从事中郎四人,甲杖二百人上殿。玄表列太傅道子及元显之恶,徙道子于安成郡,害元显于市。于是玄入居太傅府,害太傅中郎毛泰、泰弟游击将军邃,太傅参军苟逊、前豫州刺史庾楷父子、吏部郎袁遵、谯王尚之等,流尚之弟丹杨尹恢之、广晋伯允之、骠骑长史王诞、太傅主簿毛遁等于交广诸郡,寻追害恢之、允之于道。以兄伟为安西将军、荆州刺史,领南蛮校尉,从兄谦为左仆射、加中军将军、领选,脩为右将军、徐兖二州刺史,石生为前将军、江州刺史,长史卞范之为建武将军、丹杨尹,王谧为中书令、领军将军。大赦,改元为大亨。玄让丞相,自署太尉、领平西将军、豫州刺史。又加衮冕之服,绿綟绶,增班剑为六十人,剑履上殿,入朝不趋,赞奏不名。

[外镇秉性不改,离京遥控朝廷("大政皆咨焉"):]玄将出居姑孰,访之于众,王谧对曰:"《公羊》有言,周公何以不之鲁?欲天下一乎周也。愿静根本,以公旦为心。"玄善其对而不能从。遂大筑城府,台馆山池莫不壮丽,乃出镇焉。既至姑孰,固辞录尚书事,诏许之,而大政皆咨焉,小事则决于桓谦、卞范之。

[他的统治特征是"陵侮朝廷,幽摈宰辅,豪奢纵欲,众务繁兴",加之继续暴烈清洗和贪得无厌,导致"朝野失望",民怨遍地。]

自祸难屡构,干戈不戢,百姓厌之,思归一统。及玄初至也,黜凡佞,擢俊贤,君子之道粗备,京师欣然。后乃陵侮朝廷,幽摈宰辅,豪奢纵欲,众务繁兴,于是朝野失望,人不安业。时会稽饥荒,玄令赈贷之。百姓散在江湖采稆[野生稻],内史王愉悉召之还。请米,米既不多,吏不时给,顿仆道路死者十八九焉。玄又害吴兴太守高素、辅国将军竺谦之、谦之从兄高平相朗之、辅国将军刘袭、袭弟彭城内史季武、冠军将军孙无终等,皆牢之之党,北府旧将也。袭兄冀州刺史轨及宁朔将军高雅之、牢之子敬宣并奔慕容德。玄讽朝廷以己平元显功,封豫章公,食安成郡地方二百二十五里,邑七千五百户;平仲堪、佺期功,封桂阳郡公,地方七十五里,邑二千五百户;本封南郡如故。玄以豫章改封息升,桂阳郡公赐兄子浚,降为西道县公。又发诏为桓温讳,有姓名同者一皆改之,赠其母马氏豫章公太夫人。[再度显出他远不似其父胆气过人:]元兴二年[403],玄诈表请平姚兴[羌族后秦皇帝],又讽朝廷作诏,不许。玄本无资力,而好为大言,既不克行,乃云奉诏故止。初欲饰装,无他处分,先使作轻舸,载服玩及书画等物。或谏之,玄曰:"书画服玩既宜恒在左右,且兵凶战危,脱有不意,当使轻而易运。"众咸笑之。

[“自知怨满天下,欲速定篡逆”,于403年篡夺帝位和改变国号。]

是岁,玄兄伟卒……伟服始以公除,玄便作乐。初奏,玄抚节恸哭,既而收泪尽欢,玄所亲仗唯伟,伟既死,玄乃孤危。而不臣之迹已著,自知怨满天下,欲速定篡逆,殷仲文、卞范之等又共催促之,于是先改授群司,解琅邪王司徒,迁太宰……又矫诏加其相国,总百揆,封南郡、南平、宜都、天门、零陵、营阳、桂阳、衡阳、义阳、建平十郡为楚王,扬州牧,领平西将军、豫州刺史如故,加九锡备物,楚国置丞相已下,一遵旧典。又讽天子御前殿而策授焉。玄屡伪让,诏遣百僚敦劝,又云:"当亲降銮舆乃受命。"矫诏赠父温为楚王,南康公主为楚王后。……凡众官合六十余人,为楚官属。……

玄……谓代谢之际宜有祯祥,乃密令所在上临平湖开除清朗,使众官集贺。……又诈云江州甘露降王成基家竹上。……[胡乱改制,胡乱革命,犹如王莽:]议复肉刑,断钱货,回复改异,造革纷纭,志无一定,条制森然,动害政理。[贪婪,暴烈,且"信悦谄誉,逆忤谠言":]性贪鄙,好奇异,尤爱宝物,珠玉不离于手。人士有法书好画及佳园宅者,悉欲归己,犹难逼夺之,皆蒲博[泛指赌博]而取。遣臣佐四出,掘果移竹,不远数千里,百姓佳果美竹无复遗余。信悦谄誉,逆忤谠言,或夺其所憎与其所爱。

十一月,玄矫制加其冕十有二旒,建天子旌旗,出警入跸,乘金根车,驾六马,备五时副车,置旄头云罕,乐舞八佾,设钟虡宫县,妃为王后,世子为太子,其女及孙爵命之号皆如旧制。玄乃多斥朝臣为太宰僚佐,又矫诏使王谧兼太保,领司徒,奉皇帝玺禅位于己。又讽帝以禅位告庙,出居永安宫,移晋神主于琅邪庙。

初,玄恐帝不肯为手诏,又虑玺不可得,逼临川王宝请帝自为手诏,因夺取玺。

比临轩,玺已久出,玄甚喜。百官到姑孰劝玄僭伪位,玄伪让,朝臣固请,玄乃于城南七里立郊,登坛篡位……于是大赦,改元永始,赐天下爵二级,孝悌力田人三级,鳏寡孤独不能自存者谷人五斛。其赏赐之制,徒设空文,无其实也。[一名很不像话的骗民伪帝!]……迁帝居寻阳,即陈留王处邺宫故事。……追尊其父温宣武皇帝,庙称太庙……封王谧为武昌公,班剑二十人,卞范之为临汝公,殷仲文为东兴公……

[他"自篡盗之后,骄奢荒侈,游猎无度,以夜继昼",搞得"怨怒思乱者十室八九焉",于是刘裕骤然雄起,"英略奋发",兴义师讨伐,迅速置他于死地。]

玄自篡盗之后,骄奢荒侈,游猎无度,以夜继昼。兄伟葬日,旦哭晚游,或一日之中屡出驰骋。性又急暴,呼召严速,直官咸系马省前,禁内谨杂,无复朝廷之体。于是百姓疲苦,朝野劳瘁,怨怒思乱者十室八九焉。于是刘裕、刘毅、何无忌等共谋兴复。裕等斩桓脩于京口,斩桓弘于广陵……

[刘裕军奋勇善战,桓玄军不堪一击,伪帝遁逃,"悲不自胜":]裕率义军至竹里,玄移还上宫……赦扬、豫、徐、兖、青、冀六州,加桓谦征讨都督、假节,以殷仲文代桓脩,遣顿丘太守吴甫之、右卫将军皇甫敷北距义军。裕等于江乘[在今江苏镇江市下属句容市北]与战,临阵斩甫之,进至罗落桥[在今江苏南京市东北长江南岸],与敷战,复枭其首。玄闻之大惧,乃召诸道术人推算数为厌胜之法,乃问众曰:"朕其败乎?"曹靖之对曰:"神怒人怨,臣实惧焉。"玄曰:"人或可怨,神何为怒?"对曰:"移晋宗庙,飘泊失所,大楚之祭,不及于祖,此其所以怒也。"玄曰:"卿何不谏?"对曰:"辇上诸君子皆以为尧舜之世,臣何敢言!"玄愈忿惧,使桓谦、何澹之屯东陵,卞范之屯覆舟山西,众合二万,以距义军。……于时东北风急,义军放火,烟尘张天,鼓噪之音震骇京邑。刘裕执钺麾而进,谦等诸军一时奔溃。玄率亲信数千人声言赴战,遂将其子升、兄子浚出南掖门,西至石头,使殷仲文具船,相与南奔。

初,玄在姑孰,将相星屡有变;篡位之夕,月及太白,又入羽林,玄甚恶之。及败走,腹心劝其战,玄不暇答,直以策指天。而经日不得食,左右进以粗饭,咽不能下。升时年数岁,抱玄胸而抚之,玄悲不自胜。

……　……

[逃遁途中他既意志消沉，又"轻怒妄杀"，"其众莫有斗志"，连退连败，结果他命送荆州城畔枚回洲(404)：]玄至寻阳，江州刺史郭昶之给其器用兵力。殷仲文自后至……玄于是逼乘舆西上。桓歆聚党向历阳[今安徽马鞍山市和县]，宣城内史诸葛长民击破之。玄于道作起居注，叙其距义军之事，自谓经略指授，算无遗策，诸将违节度，以致亏丧，非战之罪。于是不遑与群下谋议，唯耽思诵述，宣示远近。玄至江陵，石康纳之，张幔屋于城南，署置百官，以卞范之为尚书仆射，其余职多用轻资。于是大修舟师，曾未三旬，众且二万，楼船器械甚盛……

["轻怒妄杀，人多离怨"：]玄以奔败之后，惧法令不肃，遂轻怒妄杀，人多离怨。殷仲文谏曰："陛下少播英誉，远近所服，遂扫平荆雍，一匡京室，声被八荒矣。既据有极位，而遇此圮运，非为威不足也。百姓喁喁，想望皇泽，宜弘仁风，以收物情。"玄怒曰："汉高、魏武几遇败，但诸将失利耳！以天文恶，故还都旧楚，而群小愚惑，妄生是非，方当纠之以猛，未宜施之以恩也。"……

[桑落洲大败：]玄遣游击将军何澹之、武卫将军庾稚祖、江夏太守桓道恭就郭铨以数千人守湓口。又遣辅国将军桓振往义阳聚众，至弋阳[今江西上饶市弋阳县]，为龙骧将军胡哗所破，振单骑走还。何无忌、刘道规等破郭铨、何澹之、郭昶之于桑落洲[今安徽安庆市宿松县汇口镇程营村和归林村一带]，进师寻阳。……

[峥嵘洲大败：]……(刘)毅率道规及下邳太守孟怀玉与玄战于峥嵘洲[今湖北鄂州市鄂城区]。于时义军数千，玄兵甚盛，而玄惧有败衄，常漾轻舸于舫侧，故其众莫有斗心。义军乘风纵火，尽锐争先，玄众大溃，烧辎重夜遁，郭铨归降。……殷仲文时在玄舰，求出别船收集散军，因叛玄，奉二后奔于夏口。玄入江陵城，冯该劝使更下战，玄不从，欲出汉川，投梁州刺史桓希，而人情乖阻，制令不行。玄乘马出城，至门，左右于暗中斫之，不中，前后相杀交横，玄仅得至船。……

[命丧枚回洲：]时益州刺史毛璩使其从孙祐之、参军费恬送弟璪丧葬江陵，有众二百，璩弟子脩之为玄屯骑校尉，诱玄以入蜀，玄从之。达枚回洲[枚回洲为古沙洲名，即今湖北荆州市城西大片土地]，恬与祐之迎击玄，矢下如雨。……玄被箭，其子升辄拔去之。益州督护冯迁抽刀而前，玄拔头上玉导与之，仍曰："是何人邪？敢杀天子！"迁曰："欲杀天子之贼耳。"遂斩之，时年三十六。……

……自篡盗至败，时凡八旬矣。其时有童谣云："长干巷，巷长干，今年杀郎君，后年斩诸桓。"其凶兆符会如此。郎君,谓元显也。

是月……毅等传送玄首,枭于大桁,百姓观者莫不欣幸。

…… ……

义熙元年[405]正月……安帝反正。大赦天下,唯逆党就戮……

三年[407]……桓谦走入蜀,蜀贼谯纵以谦为荆州刺史,使率兵而下,荆楚之众多应之。谦至枝江,荆州刺史刘道规斩之,梁州刺史傅歆又斩桓石绥,桓氏遂灭。

卞范之:

[《桓玄传》已经显示,"识悟聪敏"的他是这位大军阀、大野心家和"革命家"的腹心军师或幕僚长,用本传的话说即近乎一开始就"委以心膂之任,潜谋密计,莫不决之",特别是在其主子犹豫和胆怯之际成功地劝说进击司马元显大军,可谓为其夺取东晋全权立下头号大功。然而,他的品性与其主子一样坏,在克劳塞维茨式"胜利顶点"上"盛营馆第","以富贵骄人",结果被刘裕为首的义师施以暴死。]

卞范之字敬祖,济阴宛句[今山东菏泽市丹阳办事处卞庄]人也,识悟聪敏,见美于当世。太元[东晋孝武帝年号,376—396]中,自丹杨丞为始安太守。桓玄少与之游,及玄为江州,引为长史,委以心膂之任,潜谋密计,莫不决之。后玄将为篡乱,以范之为丹杨尹。范之与殷仲文阴撰策命,进范之为征虏将军、散骑常侍。玄僭位,以范之为侍中,班剑二十人,进号后将军,封临汝县公。其禅诏,即范之文也。

玄既奢侈无度,范之亦盛营馆第。自以佐命元勋,深怀矜伐,以富贵骄人,子弟傲慢,众咸畏嫉之。义军起,范之屯兵于覆舟山西,为刘毅所败,随玄西走,玄又以范之为尚书仆射。玄为刘毅等所败,左右分散,唯范之在侧。玄平,斩于江陵。

殷仲文:

[他与卞范之相同,为桓玄要属和宠臣,但又与卞范之不同,系"天然"的社会/政治显贵,善于谄媚权要和变节自保的机会主义者。]

[“天然”的社会/政治显贵（高官之弟、桓温女婿），“有才藻，美容貌”，侍司马道子父子，继而归依夺了全权的桓玄，得其超级宠遇。]

殷仲文，南蛮校尉觊之弟也。少有才藻，美容貌。从兄仲堪荐之于会稽王道子，即引为骠骑参军，甚相赏待。俄转咨议参军，后为元显征虏长史。会桓玄与朝廷有隙，玄之姊，仲文之妻，疑而间之，左迁新安太守。仲文于玄虽为姻亲，而素不交密，及闻玄平京师，便弃郡投焉。玄甚悦之，以为咨议参军。时王谧见礼而不亲，卞范之被亲而少礼，而宠遇隆重，兼于王、卞矣。[超级宠遇多半归因于桓玄的“阶级势利”和虚荣。]玄将为乱，使总领诏命，以为侍中，领左卫将军。玄九锡，仲文之辞也。

[善于谄媚，其他秉性与桓玄大致相同，即穷极奢淫，贪财无厌；桓玄败死他变节，居然成刘裕政权高官。]

初，玄篡位入宫，其床忽陷，群下失色，仲文曰：“将由圣德深厚，地不能载。”玄大悦。以佐命亲贵，厚自封崇，舆马器服，穷极绮丽，后房伎妾数十，丝竹不绝音。性贪吝，多纳货贿，家累千金，常若不足。玄为刘裕所败，随玄西走，其珍宝玩好悉藏地中，皆变为土。[变节，竟成刘裕政权高官：]至巴陵，因奉二后投义军[上面《桓玄传》载：峥嵘洲大败后，“殷仲文时在玄舰，求出别船收集散军，因叛玄，奉二后奔于夏口”]，而为镇军长史，转尚书[多半出自刘裕政权的另一种形态的“阶级势利”和虚荣]。

帝初反正，抗表自解曰[投靠桓玄可谅，“胡颜之厚”有理]：“……势弱则受制于巨力，质微则无以自保。……昔桓玄之代，诚复驱逼者众。至如微臣，罪实深矣，进不能见危授命，亡身殉国；退不能辞粟首阳，拂衣高谢。……今宸极反正，唯新告始……臣亦胡颜之厚，可以显居荣次！乞解所职，待罪私门。……”诏不许。

[变节保命且据高官位后他居然还想“当朝政”，就此失意便“怏怏不得志”，结果无意中得罪大重臣，导致以谋反罪被诛。]

仲文因月朔与众至大司马府，府中有老槐树，顾之良久而叹曰：“此树婆娑，无复生意！”仲文素有名望，自谓必当朝政，又谢混之徒畴昔所轻者，并皆比肩，常怏怏不得志。忽迁为东阳太守，意弥不平。……何无忌甚慕之。东阳，无忌所统，仲文许当便道修谒，无忌……以俟其至。仲文失志恍惚，遂不过府。无忌疑其薄己，大怒，思中伤之。时属慕容超南侵，无忌言于刘裕曰："桓胤、殷仲文并乃腹心之疾，北虏不足为忧。"义熙三年[407]，又以仲文与骆球等谋反，及其弟南蛮校尉叔文并伏诛。……

仲文善属文，为世所重，谢灵运尝云："若殷仲文读书半袁豹，则文才不减班固。"言其文多而见书少也。

[房玄龄等对桓玄的谴责绝无任何保留，因为他是"违天虐人"的短命的大篡夺者！]

史臣曰：桓玄纂凶，父之余基。挟奸回之本性，含怒于失职；苞藏其豕心，抗表以称冤。登高以发愤，观衅而动，窃图非望。始则假宠于仲堪，俄而戮殷以逞欲，遂得据全楚之地，驱劲勇之兵，因晋政之陵迟，乘会稽之酗酳[yòng，酗酒]，纵其狙诈之计，扇其陵暴之心，敢率犬羊，称兵内侮。天长丧乱，凶力实繁，逾年之间，奄倾晋祚，自谓法尧禅舜，改物君临，鼎业方隆，卜年惟永。俄而义旗电发，忠勇雷奔，半辰而都邑廓清，逾月而凶渠即戮，更延坠历，复振颓纲。是知神器不可以暗干，天禄不可以妄处者也。……干纪乱常，倾宗绝嗣，肇金行之祸难，成宋氏之驱除者乎！

赞曰：灵宝隐贼，世载凶德。信顺未孚，奸回是则。肆逆迁鼎，凭威纵慝。违天虐人，覆宗殄国。

列传第五十五　刘毅、诸葛长民、何无忌传　摘录和评注

　　[除其统帅(而且是其中两人的最终摧毁者)刘裕外，这是东晋末联手毁灭篡夺帝位者桓玄及其余党的三位大军阀，被房玄龄等赞为"建大功若转圜，翦群凶如拉朽"。然而，第一位"骄纵滋甚"，"陵傲而速祸"，第二位更是骄淫恶劣无比，遂"自取夷灭"。只有第三位才道德品性高尚，虽然脾气有问题，且因"轻脱"(胜骄至轻浮)而殒命沙场。]

　　[在此，可用我们评论刘牢之和庾楷的话：他们与同时的不少显要总合起来，反映了一个从根本上说政治险恶多变、精神堕落混乱的时代。]

　　刘毅：

　　[北府兵将领，晋末群雄或大军阀之一，与此类同侪刘裕、何无忌等共起义兵，击灭篡夺帝位、改换王朝的桓玄。然而，作为一个无法与上述同侪较久共处的气短傲慢之人，他先与素质大概差不多的何无忌闹腾，而后为与刘裕争功争气，匆匆率军南下征伐卢循——五斗米道孙恩死后统帅其巨量"盗众"的岭南割据者，结果惨

败，"仅而获免"。接着，尽管被刘裕宽宥，成为可控制整个长江中上游及岭南地区的超级大外镇，但他的恶性一以贯之，很快导致刘裕亲率大军击灭之。]

[他的根本性情为"专肆很愎"，"骄纵滋甚"，"陵傲不逊"，即使在自身营垒内也近乎孤家寡人。"与刘裕协成大业，而功居其次，深自矜伐，不相推伏"，此乃他的致命伤。唯一值得赞许的是他不仅"刚猛沈断"，而且在征伐期间曾"号令严整，所经墟邑，百姓安悦"。]

[官宦家族出身，"少有大志"，与刘裕、何无忌等共起义兵击灭桓玄，战功异常卓著。]

刘毅，字希乐，彭城沛[今江苏徐州市沛县境内]人也。曾祖距，广陵相。叔父镇，左光禄大夫。毅少有大志，不修家人产业，仕为州从事，桓弘以为中兵参军属。桓玄篡位，毅与刘裕、何无忌、魏咏之等起义兵，密谋讨玄，毅讨徐州刺史桓修于京口、青州刺史桓弘于广陵。[他在江乘、罗落桥之战中：]裕率毅等至竹里，玄使其将皇甫敷、吴甫之北距义军，遇之于江乘，临阵斩甫之，进至罗落桥，又斩敷首。[他在覆舟山之战中：]玄大惧，使桓谦、何澹之屯覆舟山。毅等军至蒋山，裕使羸弱登山，多张旗帜，玄不之测，益以危惧。谦等士卒多北府人，素慑伏裕，莫敢出斗。裕与毅等分为数队，进突谦阵，皆殊死战，无不一当百。时东北风急，义军放火，烟尘张天，鼓噪之音震骇京邑，谦等诸军一时奔散。[他追击桓玄，在峥嵘洲大败之：]玄既西走，裕以毅为冠军将军、青州刺史，与何无忌、刘道规蹑玄。玄逼帝及琅邪王西上，毅与道规及下邳太守孟怀玉等追及玄，战于峥嵘洲。毅乘风纵火。尽锐争先，玄众大溃，烧辎重夜走。玄将郭铨、刘雅等袭陷寻阳，毅遣武威将军刘怀肃讨平之。

[他在灵溪受挫：]及玄死，桓振、桓谦复聚众距毅于灵溪[今湖北荆州市江陵县西]。玄将冯该以兵会振，毅进击，为振所败[此役桓振劫得晋安帝]，退次寻阳，坐免官，寻原之。[气短傲慢，无法与同侪较久共处，他与素质大概差不多的何无忌闹腾：]刘裕命何无忌受毅节度，无忌以督摄为烦，辄便解统。毅疾无忌专擅，免其琅邪内史，以辅国将军摄军事，无忌遂与毅不平。毅唯自引咎，时论韪之[是之]。毅复与道规发寻阳。桓亮自号江州刺史，遣刘敬宣击走之。毅军次夏口。[在进击桓

玄余党时败后大胜：]时振党冯该戍大岸，孟山图据鲁城，桓山客守偃月垒，众合万人，连舰二岸，水陆相援。毅督众军进讨，未至复口，遇风飘没千余人。毅与刘怀肃、索邈等攻鲁城，道规攻偃月垒，何无忌与檀祇列舰于中流，以防越逸。毅躬贯甲胄，陵城半日而二垒俱溃，生擒山客，而冯该遁走。[他在进军途中"号令严整，所经墟邑，百姓安悦"：]毅进平巴陵。以毅为使持节、兖州刺史，将军如故。毅号令严整，所经墟邑，百姓安悦。……[经一系列进击、阵战和扫荡，他为消灭桓玄余党屡立大功：]振拥乘舆[被劫的安帝的乘舆]，出营江津。……毅因率无忌、道规等诸军破冯该于豫章口，推锋而进，遂入江陵。振闻城陷，与谦北走，乘舆反正。毅执玄党卞范之、羊僧寿、夏侯崇之、桓道恭等，皆斩之。桓振复与苻宏自郧城袭陷江陵，与刘怀肃相持。毅遣部将击振，杀之，并斩伪辅将军桓珍。毅又攻拔迁陵，斩玄太守刘叔祖于临嶂。其余拥众假号以十数，皆讨平之。二州既平，以毅为抚军将军。时刁预等作乱，屯于湘中，毅遣将分讨，皆灭之。

[他大功卓著，因而被授予硕大军权和至高爵位。然而，只要刘裕在他之上，他就永远耿耿于怀：为与之争功争气，他匆匆率军南征卢循，结果惨败，"仅而获免"。]

初，毅丁忧在家，及义旗初兴，遂墨绖[在家居丧着白色丧服，如遇战争或其他重大事故不能守丧，则以黑色麻衣代丧服]从事。至是，军役渐宁，上表乞还京口，以终丧礼……不许。诏以毅为都督豫州扬州之淮南历阳庐江安丰堂邑五郡诸军事、豫州刺史，持节、将军、常侍如故，本府文武悉令西属。以匡复功，封南平郡开国公，兼都督宣城军事，给鼓吹一部。……俄进拜卫将军、开府仪同三司。

[是他还是刘裕征伐军势盛大的卢循？他绝不能容忍是刘裕。]及何无忌为卢循所败，贼军乘胜而进，朝廷震骇。毅具舟船讨之，将发，而疾笃，内外失色。朝议欲奉乘舆北就中军刘裕，会毅疾瘳，将率军南征，裕与毅书曰："吾往与妖贼战，晓其变态。今修船垂毕，将居前扑之。克平之日，上流之任皆以相委。"又遣毅从弟籓往止。毅大怒，谓籓曰："我以一时之功相推耳，汝便谓我不及刘裕也！"投书于地。遂以舟师二万发姑孰。徐道覆闻毅将至建邺，报卢循曰："刘毅兵重，成败系此一战，宜并力距之。"循乃引兵发巴陵，与道覆连旗而下。[他惨败于卢循，大军近乎全灭，自己"仅而获免"：]毅次于桑落洲，与贼战，败绩，弃船，以数百人步走，余众皆为

贼所虏,辎重盈积,皆弃之。毅走,经涉蛮晋,饥困死亡,至得十二三。参军羊邃竭力营护之,仅而获免。刘裕深慰勉之,复其本职。毅乃以邃为咨议参军。

[尽管被刘裕宽宥,成为可控制整个长江中上游及岭南地区的超级大外镇,但他嫉恨如旧,野心不改,很快导致刘裕亲率大军击灭之。]

及裕讨循,诏毅知内外留事。毅以丧师,乞解任,降为后将军。寻转卫将军、开府仪同三司、江州[治所在今江西九江市]都督。毅上表曰[江州在战略上大致无虞无用,要求移镇豫章]:

……　……

江州在腹心之内,凭接扬豫,籓屏所倚,实为重复。昔胡寇纵逸。朔马临江,抗御之宜,盖权尔耳。今江左区区,户不盈数十万,地不逾数千里,而统旅鳞次,未获减息,大而言之,足为国耻。况乃地在无虞,而犹置军府文武将佐,资费非要,岂所谓经国大情,扬汤去火者哉!……愚谓宜解军府,移镇豫章[郡名,在今江西南昌市一带],处十郡之中,厉简惠之政,比及数年,可有生气。……

于是解悦,毅移镇豫章,遣其亲将赵恢领千兵守寻阳。俄进毅为都督荆宁秦雍四州之河东河南广平扬州之义成四郡诸军事、卫将军、开府仪同三司、荆州刺史,持节、公如故。毅表荆州编户不盈十万,器械索然。广州虽凋残,犹出丹漆之用,请依先准。于是加督交、广二州。[不久前惨败的他竟成为可控制整个长江中上游及岭南地区的超级大外镇! 他的嫉恨和狂野是否因此宽宥而改变? 否。]

毅至江陵[今湖北荆州市江陵县,荆州刺史治所],乃辄取江州兵及豫州西府文武万余,留而不遣,又告疾困,请籓[刘毅从弟刘籓,时任兖州刺史]为副。[他的狂野不驯导致刘裕决定消灭他,以下述严厉谴责为前奏:]刘裕以毅贰于己,乃奏之。安帝下诏曰:"刘毅傲很凶戾,履霜日久,中间覆败,宜即显戮。晋法含弘,复蒙宠授。曾不思愆内讼,怨望滋甚。赖宰辅藏疾,特加遵养,遂复推毅陕西,宠荣隆泰,庶能洗心感遇,革音改意,而长恶不悛,志为奸宄,陵上虐下,纵逸无度。既解督任,江州非复所统,而辄徙兵众,略取军资,驱斥旧戍,厚树亲党。西府二局,文武盈万,悉皆割留,曾无片言。肆心恣欲,罔顾天朝。又与从弟籓远相影响,招聚剽狡,缮甲阻兵,外托省疾,实规伺隙,同恶想济,图会荆郢。尚书左仆射谢混凭藉世资,超蒙殊遇,而轻佻躁脱,职为乱阶,扇动内外,连谋万里。是而可忍,孰不可怀!"乃诛藩、混。

[“众知裕至,莫有斗心”,他被刘裕轻而易举地消灭:]刘裕自率众讨毅,命王弘、王镇恶、蒯恩等率军至豫章口,于江津燔舟而进。……镇恶等攻陷外城,毅守内城,精锐尚数千人,战至日昃,镇恶以裕书示城内,毅怒,不发书而焚之。毅冀有外救,督士卒力战。众知裕至,莫有斗心。既暮,镇恶焚诸门,齐力攻之,毅众乃散,毅自北门单骑而走,去江陵二十里而缢。经宿,居人以告,乃斩[尸体被斩首]于市,子侄皆伏诛。毅兄模奔于襄阳,鲁宗之斩送之。

[关于他的性情和致命伤的集中描述:“专肆很愎”,“骄纵滋甚”,“陵傲不逊”;“与刘裕协成大业,而功居其次,深自矜伐,不相推伏”。]

毅刚猛沈断,而专肆很愎,与刘裕协成大业,而功居其次,深自矜伐[恃才夸功、夸耀],不相推伏[同“推服”,推许佩服]。及居方岳,常怏怏不得志,裕每柔而顺之。毅骄纵滋甚,每览史籍,至蔺相如降屈于廉颇,辄绝叹以为不可能也。尝云:“恨不遇刘项,与之争中原。”又谓郗僧施[爵南昌公,刘毅镇江陵,请为南蛮校尉、假节]曰:“昔刘备之有孔明,犹鱼之有水。今吾与足下虽才非古贤,而事同斯言。”众咸恶其陵傲不逊。及败于桑落[桑落洲,刘毅惨败于卢循之处],知物情去己,弥复愤激。初,裕征卢循,凯归,帝大宴于西池,有诏赋诗。毅诗云:“六国多雄士,正始出风流。”自知武功不竞,故示文雅有余也。后于东府聚樗蒲大掷,一判应至数百万,余人并黑犊[博戏,用木制骰子五枚,每枚一面涂黑,一面涂白,掷之五子皆黑者为卢,胜采;二雉三黑为雉,次胜采;二犊三白为犊,又次,黑犊即指此]以还,唯刘裕及毅在后。毅次掷得雉,大喜,褰[撩起]衣绕床,叫谓同坐曰:“非不能卢,不事此耳。”裕恶之,因接五木久之,曰:“老兄试为卿答。”既而四子俱黑,其一子转跃未定,裕厉声喝之,即成卢焉。毅意殊不快,然素黑,其面如铁色焉,而乃[然后]和言曰:“亦知公不能以此见借!”既出西藩,虽上流分陕,而顿失内权,又颇自嫌事计,故欲擅其威强,伺隙图裕,以至于败。

……………

诸葛长民：

[刘裕属下"有文武干用"的高级部将，一向品性非常恶劣、行为非常不检。他跟着刘裕屡立军功，包括参与征讨桓玄及其余党、参与击退鲜卑南燕入侵和参与抵御卢循军众进击。然而，他不可能有真正的忠诚，却有一点特殊的远见：刘毅被击灭后，他深感作恶多端，难被刘裕长久容忍（"昔年醢[hǎi，剁成肉酱]彭越，前年杀韩信，祸其至矣！"），因而图谋叛乱。结果，他经刘裕诱骗被残忍地击杀。]

["有文武干用，然不持行检"，曾"以贪刻免"；参与刘裕密谋并征讨桓玄，其后又立功于击灭桓玄余党、击退南燕和抵御卢循进击建邺，从而获封公爵和担任显要外镇。]

诸葛长民，琅邪阳都[今山东临沂市沂南县]人也。有文武干用，[他的劣根性：]然不持行检，无乡曲之誉。桓玄引为参军平西军事，寻以贪刻免。[军功一：]及刘裕建义，与之定谋，为扬武将军。从裕讨桓玄，以功拜辅国将军、宣城内史。[军功二：]于时桓歆聚众向历阳，长民击走之，又与刘敬宣破歆于芍陂，封新淦县公，食邑二千五百户，以本官督淮北诸军事，镇山阳。[军功三：]义熙[安帝年号，405—418]初，慕容超[南燕皇帝]寇下邳，长民遣部将徐琰击走之，进位使持节、督青扬二州诸军事、青州刺史，领晋陵太守，镇丹徒，本号及公如故。

[军功四：]及何无忌为徐道覆[卢循的姐夫和主要部将]所害，贼乘胜逼京师，朝廷震骇，长民率众入卫京都……及卢循之败刘毅也，循与道覆连旗而下，京都危惧，长民劝刘裕权移天子过江。裕不听，令长民与刘毅屯于北陵，以备石头。事平，转督豫州扬州之六郡诸军事、豫州刺史，领淮南太守。

[刘裕出征任他留守京师，于是他乘机狂野，几乎无恶不作。刘毅被灭后，他深感作恶多端，难被刘裕长久容忍，遂图谋叛乱。结果，他经刘裕诱骗被残忍地击杀。]

及裕讨毅，以长民监太尉留府事，诏以甲杖五十人入殿。[乘机狂野，贪残无比：]长民骄纵贪侈，不恤政事，多聚珍宝美色，营建第宅，不知纪极，所在残虐，为百姓所苦。自以多行无礼，恒惧国宪。[自测末日将近，图谋叛乱，虽然其间不无犹豫：]及刘毅被诛，长民谓所亲曰："昔年醢彭越，前年杀韩信，祸其至矣！"谋欲为乱，问刘穆之曰:"人间论者谓太尉[刘裕]与我不平,其故何也?"穆之:"相公西征,老母弱弟委之将军,何谓不平!"长民弟黎民轻狡好利,固劝之曰:"黥彭[黥布、彭越]异体而势不偏全,刘毅之诛,亦诸葛氏之惧,可因裕未还以图之。"长民犹豫未发,既而叹曰:"贫贱常思富贵,富贵必履机危。今日欲为丹徒布衣,岂可得也!"[刘裕大有心机,而且到时候决绝残忍。]裕深疑之,骆驿继遣辎重兼行而下[不断命辎重与他一同回去],前克[前约]至日,百司于道候之,辄差其期。既而轻舟径进,潜入东府。明旦,长民闻之,惊而至门,裕伏壮士丁旿于幕中,引长民进语,素所未尽皆说焉。长民悦,旿自后拉而杀之,舆尸付廷尉。使收黎民,黎民骁勇绝人,与捕者苦战而死。小弟幼民为大司马参军,逃于山中,追擒戮之。[刘裕斩草除根,却得民心。]诸葛氏之诛也,士庶咸恨正刑之晚,若释桎梏焉。

…… ……

何无忌:

[直率任性有侠气,且对东晋王朝忠诚不渝。在推倒桓玄的密谋中,他是串联谋义的第一人,并在进击桓玄及其余党的战争中连连功勋卓著。呜呼!不久后他骄兵"轻脱"转败,败于卢循水师,且"亡身殉国"。]

[他大概是东晋末期诸大军阀中唯一道德品性高尚的。小德满满,而真正的(马基雅维里式)大德非他所及,那以刘裕般的历史性和辩证性的大才大勋为内涵。]

[直率任性有侠气,且对东晋王朝忠诚不渝,是大野心家桓玄的"天敌"。]

何无忌,东海[郡名,东晋时期置于今江苏常熟]郯人也。少有大志,忠亮任气,人有不称其心者,辄形于言色。州辟从事,转太学博士。镇北将军刘牢之,即其舅也,时镇京口,每有大事,常与参议之。[他的侠义和对王朝忠诚的三番较早体现:][其一:]会稽世子元显子彦章封东海王,以无忌为国中尉,加广武将军。及桓玄害彦章于市,无忌入市恸哭而出,时人义焉。[其二:]随牢之南征桓玄,牢之将降于玄也[402年,拥有重兵的刘牢之背叛司马元显,归依奉命讨伐的对象桓玄,致使司马元显势力被桓玄消灭],无忌屡谏,辞旨甚切,牢之不从。[其三:]及玄篡位,无忌与玄吏部郎曹靖之有旧,请莅小县。靖之白玄,玄不许,无忌乃还京口。

[与刘裕及刘毅共谋举兵推倒桓玄,并在实际征伐中功勋卓著,被授公爵和大外镇军权。]

[举义兵共倒桓玄的主谋之一:]初,刘裕尝为刘牢之参军,与无忌素相亲结。至是,因密共图玄。刘毅家在京口,与无忌素善,言及兴复之事,无忌曰:"桓氏强盛,其可图乎?"毅曰:"天下自有强弱,虽强易弱,正患事主难得耳!"无忌曰:"天下草泽之中非无英雄也。"毅曰:"所见唯有刘下邳。"无忌笑而不答,还以告裕,因共要毅,与相推结,遂共举义兵,袭京口。无忌伪著传诏服,称敕使,城中无敢动者。

初,桓玄闻裕等及无忌之起兵也,甚惧。其党曰:"刘裕乌合之众,势必无成,愿不以为虑。"玄曰:"刘裕勇冠三军,当今无敌。刘毅家无儋石之储,樗蒱一掷百万。何无忌,刘牢之之甥,酷似其舅。共举大事,何谓无成!"其见惮如此。及玄败走,武陵王遵承制以无忌为辅国将军、琅邪内史,以会稽王道子所部精兵悉配之,南追桓玄,与振武将军刘道规俱受冠军将军刘毅节度。玄留其龙骧将军何澹之、前将军郭铨、江州刺史郭昶之守溢口。[他的作战和战术才能卓越显现,他懂得某些战术胜利的心理连锁效应和战略功用:]无忌等次桑落洲,澹之等率军来战。澹之常所乘舫旌旗甚盛,无忌曰:"贼帅必不居此,欲诈我耳,宜亟攻之。"众咸曰:"澹之不在其中,其徒得之无益。"无忌谓道规曰:"今众寡不敌,战无全胜。澹之虽不居此舫,取则易获,因纵兵腾之,可以一鼓而败也。"道规从之,遂获贼舫,因传呼曰:"已得何澹之矣!"贼中惊扰,无忌之众亦谓为然。道规乘胜径进,无忌又鼓噪赴之,澹之遂溃。进据寻阳,遣使奉送宗庙主祏[shí,宗庙里藏神主的石匣]及武康公主、琅邪王妃还京都。又与毅、道规破走玄于峥嵘洲。[进击和扫荡桓玄余党:]无忌进据巴陵[今**湖南岳阳市境内**]。玄从兄谦、从子振乘间陷江陵,无忌、道规进攻谦于马头,攻桓蔚于龙泉,皆破之。既而为桓振所败,退还寻阳。无忌与毅、道规复进讨振,克夏口三城,遂平巴陵,进次马头。桓谦请割荆、江二州,奉送天子,无忌不许。进军破江陵,谦等败走。无忌侍卫安帝还京师,[因功被授予公爵和大外镇军权:]以无忌督豫州扬州淮南庐江安丰历阳堂邑五郡军事、右将军、豫州刺史、加节,甲仗五十人入殿,未之职。迁会稽内史、督江东五郡军事,持节、将军如故,给鼓吹一部。义熙二年[406]，迁都督江荆二州江夏随义阳绥安豫州西阳新蔡汝南颍川八郡军事、江州刺史，将军、持节如故。以兴复之功，封安成郡开国公，食邑三千户，增督司州之弘农扬州之松滋，加散骑侍郎，进镇南将军。

[他在心理上过了克劳塞维茨式"胜利顶点"，骄兵"轻脱"转败，败于卢循水师，而且"亡身殉国"。]

卢循遣别帅徐道覆顺流而下，舟舰皆重楼。无忌将率众距之，长史邓潜之谏曰："……国家之计在此一举。闻其舟舰大盛。势居上流。……宜决破南塘，守二城以待之，其必不敢舍我远下。蓄力俟其疲老，然后击之。若弃万全之长策，而决成败于一战，如其失利，悔无及矣。"无忌不从，遂以舟师距之。既及，贼令强弩数百登西岸小山以邀射之，而薄于山侧。[克劳塞维茨式"摩擦"参与作用，导致他惨败身死，而身死之际他的侠气和忠诚如故，且更甚：]俄而西风暴急，无忌所乘小舰被飘东岸，贼乘风以大舰逼之，众遂奔败，无忌尚厉声曰："取我苏武节来！"节至，乃躬执以督战。贼众云集，登舰者数十人。无忌辞色无挠，遂握节死之。诏曰："无忌秉哲履正，忠亮明允，亡身殉国，则契协英谟……事出虑外，临危弥厉，握节陨难，诚贯古贤……其赠侍中、司空，本官如故，谥曰忠肃。"子邕嗣。

[补叙：在推倒桓玄的密谋中，他是串联谋义的第一人。]初，桓玄克京邑，刘裕东征，无忌密至裕军所，潜谋举义，劝裕于山阴起兵。裕以玄大逆未彰，恐在远举事，克济为难。若玄遂窃天位，然后于京口图之，事未晚也。无忌乃还。及义师之举，参赞大勋，皆以算略攻取为效，而此举败于轻脱，朝野痛之。

…… ……

[就其主要功业，即与刘裕一起消灭篡夺帝位者桓玄而言，房玄龄等盛赞刘毅、诸葛长民和何无忌俱为"雄杰"，"丈夫之盛也"。然而，无保留的赞誉很正统地只留给了何无忌，而且盛颂他鹤立鸡群！]

史臣曰：臣观自古承平之化，必杖正人；非常之业，莫先奇士。当衰晋陵夷之际，逆玄僭擅之秋，外乏桓文，内无平勃，不有雄杰，安能济之哉！此数子者，气足以冠时，才足以经世，属大亨数穷之运，乘义熙天启之资，建大功若转圜，翦群凶如拉朽,势倾百辟,禄极万钟,斯亦丈夫之盛也。然希乐[刘毅字]陵傲而速祸,诸葛骄淫以成衅,造宋而乖同德,复晋而异纯臣,谋之不臧[不善,不良],自取夷灭。无忌挟功名之大志,挺文武之良才,追旧而恸感时人,率义而响震劲[qíng,强也]敌,因机效捷,处死不懦,比乎向时之辈,岂同日而言欤!

列传第七十　孙恩传　摘录和评注

［孙恩，可谓顶级的大海盗和两栖征战者。东晋末期，他由妹夫卢循协从，在两三年(399—402)内攻占三吴八郡，一度威胁京师，其后果为"干戈扫地，灾渗滔天，虽……李郭之祸延宫阙，方凶比暴，弗是加也"。］

［"世奉五斗米道"，他的叔父孙泰以道"诳诱百姓"，甚至势及宫廷，被司马道子诛杀，而后他"逃于海"，"志欲复仇"。他乘三吴社会动荡之机发动造反，大得响应，部众增至数十万，同时施行凶暴，大规模屠戮异己士庶。经与朝廷大军鏖战三度失利，他三度逃回海岛，后于401年第四次登陆威胁京师，但再次兵败入海。翌年桓玄灭司马元显，他借机再度登陆进攻，但惨败于临海郡（辖境相当今浙江象山港以南，天台、缙云、丽水、龙泉等市县以东），兵众阵亡殆尽后投海自尽。他的克星是刘牢之、刘裕和一位名不见经传的郡官——临海太守辛景。］

［宗教动员、机会主义、两栖交替、坚韧不拔和凶暴残忍大概是他的政治、战略和个人特征。无论如何他罪孽深重，因他而死的民众和"流离被传卖者"多达数十万。］

［"世奉五斗米道"，其叔父孙泰以道"诳诱百姓，愚者敬之如神，皆竭财产，进子女"，甚至势卷宫廷，意图颠覆，终被司马道子诛杀；孙恩"逃于海"，"志欲复仇"。］

孙恩，字灵秀，琅邪人，孙秀之族也。世奉五斗米道。［他在宗教和政治两方面都神通广大的叔父孙泰：］恩叔父泰，字敬远，师事钱唐杜子恭。而子恭有秘术……子恭死，泰传其术。然浮狡有小才，诳诱百姓，愚者敬之如神，皆竭财产，进子女，以祈福庆。［孙泰曾被流放于今两广（或许奠定日后卢循造反割据岭南的部分民意基础），因道术盛名而被召回做官：］南越王珣言于会稽王道子，流之于广州。广州刺史王怀之以泰行郁林太守，南越亦归之。太子少傅王雅先与泰善，言于孝武帝，以泰知养性之方，因召还。道子以为徐州主簿，犹以道术眩惑士庶。稍迁辅国将军、新安太守。王恭之役，泰私合义兵，得数千人，为国讨恭。［孙泰势及宫廷，意图颠覆，终被司马道子诛杀：］黄门郎孔道、鄱阳太守桓放之、骠骑咨议周勰等皆敬事之，会稽世子元显亦数诣泰求其秘术。泰见天下兵起，以为晋祚将终，乃扇动百姓，私集徒众，三吴士庶多从之。于时朝士皆惧泰为乱，以其与元显交厚，咸莫敢言。会稽内史谢辅发其谋，道子诛之。［孙恩"逃于海"，"志欲复仇"：］恩逃于海［或为今舟山群岛］。众闻泰死，惑之，皆谓蝉蜕登仙，故就海中资给。恩聚合亡命得百余人，志欲复仇。

［他乘三吴（大致为吴郡、吴兴、会稽）社会动荡之机发动造反，大得响应，部众增至数十万，盘踞三吴，同时大规模屠戮异己士庶；然而，他不敌朝廷镇压大军，在烧杀掳掠和"虏男女二十余万口"后"逃入海"。］

及元显纵暴吴会，百姓不安，恩因其骚动，自海攻上虞，杀县令，因袭会稽，害内史王凝之，有众数万。于是会稽谢铖、吴郡陆瓌、吴兴丘尪、义兴许允之、临海周胄、永嘉张永及东阳、新安等凡八郡，一时俱起，杀长史以应之，旬日之中，众数十万。于是吴兴太守谢邈，永嘉太守谢逸，嘉兴公顾胤，南康公谢明慧，黄门郎谢冲、张琨，中书郎孔道，太子洗马孔福，乌程令夏侯愔等皆遇害。吴国内史桓谦，义兴太守魏儶，临海太守、新蔡王崇等并出奔。［他盘踞三吴，哄抬随众，同时狂屠异己士庶：］于是恩据会稽，自号征东将军，号其党曰"长生人"，宣语令诛杀异己，有不同者戮及

504　　　　　　　　　　　　　　　　古代军政行为方略图景：《晋书》解读

婴孩,由是死者十七八。畿内诸县处处蜂起,朝廷震惧,内外戒严。[朝廷遣大军镇压,孙恩不敌,其各地属下退聚之前烧杀掳掠:]遣卫将军谢琰、镇北将军刘牢之讨之,并转斗而前。吴会承平日久,人不习战,又无器械,故所在多被破亡。诸贼皆烧仓廪,焚邑屋,刊木堙井,虏掠财货,相率聚于会稽。其妇女有婴累不能去者,囊篋盛婴儿投于水,而告之曰:"贺汝先登仙堂,我寻后就汝。"

初,恩闻八郡响应,告其属曰:"天下无复事矣,当与诸君朝服而至建康。"既闻牢之临江,复曰:"我割浙江,不失作句践也。"寻知牢之已济江,乃曰:"孤不羞走矣。"[他是个透顶的机会主义者,无政治远见,但富战略机动。]乃虏男女二十余万口,一时逃入海。惧官军之蹑,乃缘道多弃宝物子女。时东土殷实,莫不粲丽盈目,牢之等遽于收敛,故恩复得逃海。朝廷以谢琰为会稽,率徐州文武戍海浦。

[继而,他率众三度登陆,经与朝廷大军鏖战皆失利,遂三度逃回海岛,后于401年第四次登陆威胁京师,但再次兵败入海;他的主要克星是刘牢之和刘裕,特别是刘裕对他的两场战斗(郁洲和扈渎之战),构成他由盛转衰的转折点。]

隆安[东晋安帝年号]四年[400],恩复入余姚,破上虞,进至刑浦。琰遣参军刘宣之距破之,恩退缩。少日,复寇刑浦,害谢琰。朝廷大震,遣冠军将军桓不才、辅国将军孙无终、宁朔将军高雅之击之,恩复还于海。[登陆和海逃。]于是复遣牢之东屯会稽,吴国内史袁山松筑扈[hù]渎垒[扈即今上海地区,渎即海塘],缘海备恩。明年,恩复入浃口,雅之败绩。牢之进击,恩复还于海。[再度登陆和海逃。]转寇扈渎,害袁山松,仍浮海向京口。牢之率众西击,未达,而恩已至,刘裕乃总兵缘海距之。及战,恩众大败,狼狈赴船。[三度登陆和海逃。][第四次登陆威胁京师,旋又浮海北上,鏖战于郁洲大败,战于扈渎复大败,"遂远迸海中":]寻又集众,欲向京都,朝廷骇惧,陈兵以待之。恩至新州,不敢进而退,北寇广陵,陷之,乃浮海而北。[刘裕的两场大捷构成他由盛转衰的转折点:]刘裕与刘敬宣并军蹑之于郁洲[在今江苏连云港市东云台山一带],累战,恩复大败,由是渐衰弱,复沿海还南。裕亦寻海要截,复大破恩于扈渎,恩遂远迸海中。

[402年桓玄大政变,他借机再度登陆进攻,但惨败于临海郡守辛景,兵众阵亡

殆尽后他投海自尽。总结:他罪孽深重,因他而死的民众和"流离被传卖者"多达数十万。]

及桓玄用事,恩复寇临海,临海太守辛景讨破之。恩穷戚,乃赴海自沈,妖党及妓妾谓之水仙,投水从死者百数。余众复推恩妹夫卢循为主。自恩初入海,所虏男女之口,其后战死及自溺并流离被传卖者,至恩死时裁数千人存,而恩攻没谢琰、袁山松,陷广陵,前后数十战,亦杀百姓数万人。

列传第七十　卢循传　摘录和评注

[卢循,孙恩妹夫,与其共同造反作恶,而在孙恩死后率其残部继续反叛,攻城略地。被刘裕击败后,他渡海南逃,攻占广州地区,且在东晋王朝刚诛灭桓氏而无暇他顾之际被朝廷封为该地区合法首脑和"亚帝国"南端军事长官。]

[410年,乘刘裕北伐鲜卑族南燕,他在头号幕僚、姐夫徐道覆的劝说怂恿下亦行北伐,分别击灭和击溃刘裕麾下大将何无忌和刘毅,直达东晋京师近郊,但鏖战不得进,而后向南撤退,经与刘裕军屡战屡败而退回广州。在军势殆尽之际,他先毒杀妻儿和不愿从死的众妓妾,而后投水自尽。"同党尽获,传首京师。"]

[作为独立的造反统帅,他长程进退,转战南北,肇事规模实属巨大,但历史后果如房玄龄等所评"孙卢同类相求,嗣成妖逆。至乃干戈扫地,灾渗滔天"。作为战略家,他不大敢冒大险,屡屡犹豫不决,畏惧"对阵激战",而他的头号幕僚、自信无限的徐道覆恰恰相反,留下"我终为卢公所误,事必无成"的莫大个人遗憾。]

[孙恩妹夫,与其共同造反作恶,但性情不如其残忍;孙恩死后率其残部继续反叛,攻城略地,被刘裕击败后渡海南逃,攻占广州地区;"自摄州事","遣使贡献",朝廷则在"新诛桓氏,中外多虞"之际封他为该地区合法首脑和"亚帝国"南端军事长官。]

卢循,字于先,小名元龙,司空从事中郎谌之曾孙也。双眸冏彻,瞳子四转,善草隶弈棋之艺。……循娶孙恩妹。及恩作乱,与循通谋。恩性酷忍,循每谏止之,人士多赖以济免。恩亡,余众推循为主。元兴[东晋安帝年号]二年[403]正月,寇东阳[郡名,今浙江金华衢州一带],八月,攻永嘉[郡名,今浙江温州、丽水两市大部分地区]。刘裕讨循至晋安[郡名,辖境相当于今福建省东部及南部],循窘急,泛海到番禺,寇广州,逐刺史吴隐之,自摄州事,号平南将军,遣使献贡。时朝廷新诛桓氏,中外多虞,乃权假循征虏将军、广州刺史、平越中郎将。[东晋政权与造反者之间的权宜性安排,而如下所述,在他那里权宜成分大概小些。]

[“激进”军师、他的姐夫徐道覆出台,以几乎无法辩驳的逻辑,竭力劝说好不情愿的他在刘裕北伐南燕之际“乘虚而出”,发动先发制人的北上进攻。]

义熙[东晋安帝年号,405—418]中,刘裕伐慕容超,循所署始兴[今广东韶关市南]太守徐道覆,循之姊夫也,使人劝循乘虚而出,循不从。道覆乃至番禺,说循曰[“朝廷恒以君为腹心之疾”,必须乘机北上进攻,以求经久生存或更多]:“朝廷恒以君为腹心之疾,刘公未有旋日,不乘此机而保一日之安,若平齐之后,刘公自率众至豫章,遣锐师过岭,虽复君之神武,必不能当也。今日之机,万不可失。既克都邑,刘裕虽还,无能为也。君若不同,便当率始兴之众直指寻阳。”循甚不乐此举,无以夺其计,乃从之。

[卢循武装分别击灭和击溃刘裕麾下大将何无忌和刘毅,直达东晋京师近郊。]

[大才徐道覆,甚有早早准备的北上进攻战略和后勤规划:]初,道覆密欲装舟舰,乃使人伐船材于南康山,伪云将下都货之。后称力少不能得致,即于郡贱卖之,价减数倍,居人贪贱,卖衣物而市之。赣石水急,出船甚难,皆储之。如是者数四,故船版大积,而百姓弗之疑。及道覆举兵,案卖券而取之,无得隐匿者,乃并力装之,旬日而办。[410年发动北攻,连战连捷,甚至击灭何无忌军:]遂举众寇南康、庐陵、豫章诸郡,守相皆委任奔走。镇南将军何无忌率众距之,兵败被害。

[按照徐道覆的打击“引力中心”战略,他集中兵力直攻京师,其间击溃刘毅军,直达东晋京师近郊:]循遣道覆寇江陵,未至,为官军所败,驰走告循曰:“请并力攻京都,若克之,江陵非所忧也。”乃连旗而下,戎卒十万,舳舻千计,败卫将军刘毅于桑落洲,迳至江宁。

[转折点：他够快，但仍太晚，因为"刘裕已还"！徐道覆立即全力决战、冒险以求侥幸的主张被他拒绝，因为他优柔寡断，"欲以万全之计"；他鏖战不得进，而后向南撤退，经与刘裕军屡战屡败而率残余退回广州。]

道覆素有胆决，知刘裕已还，欲乾没[冒险侥幸]一战，请于新亭至白石，焚舟而上，数道攻之。循多谋少决，欲以万全之计，固不听。道覆以循无断，乃叹曰[自信无限的战略家哀叹，留下莫大的个人遗憾]："我终为卢公所误，事必无成。使我得为英雄驱驰，天下不足定也！"[他鏖战不得进，而后寇掠无所得：]裕惧其侵轶，乃栅石头，断桓浦[垒名，在淮口，即秦淮河入长江之口，今南京西北]，以距之。循攻栅不利，船舰为暴风所倾，人有死者。列阵南岸，战又败绩。乃进攻京口，寇掠诸县，无所得。循谓道覆曰[表现他军势莫振，意志消沉]："师老矣！弗能复振。可据寻阳，并力取荆州，徐更与都下争衡，犹可以济。"[他南退，连战连败，"收散卒得千余人，还保广州"：]因自蔡洲南走，复据寻阳。裕先遣群率追讨，自统大众继进，又败循于雷池。循欲遁还豫章，乃悉力栅断左里。裕命众攻栅，循众虽死战，犹不能抗。裕乘胜击之，循单舸而走，收散卒得千余人，还保广州。裕先遣孙处从海道据番禺城，循攻之不下。道覆保始兴，因险自固。循乃袭合浦，克之，进攻交州。至龙编，刺史杜慧度谲而败之。

[军势殆尽之际，他先毒杀妻子十余人和所有不愿从死的妓妾，而后投水自尽；"同党尽获，传首京师"。]

循势屈，知不免，先鸩妻子十余人，又召妓妾问曰："我今将自杀，谁能同者？"多云："雀鼠贪生，就死实人情所难。"有云："官尚当死，某岂愿生！"于是悉鸩诸辞死者，因自投于水。慧度取其尸斩之，及其父嘏；同党尽获，传首京都。

列传第七十　谯纵传　摘录和评注

[谯纵，巴蜀世家大族出身的西蜀国君主。大不情愿地被部属逼迫领头反叛，

占据成都等地称王。由羌族后秦封赏称蜀王之后,决定时刻终于到来:刘裕发大军征伐,打赢平模之战,东晋收复成都,而他以自杀告终。]

[巴蜀世家大族出身,和蔼谨慎有众望,但也恰恰因此被部属逼迫领头造反,继而占据成都自称成都王,为战略权宜向羌族后秦称臣。]

谯纵,巴西南充[今四川南充市南部县]人也。祖献之,有重名于西土。纵少而谨慎,蜀人爱之。为安西府参军。义熙元年[405],刺史遣纵及侯晖等领诸县氐进兵东下。晖有贰志,因梁州人不乐东也,将图益州刺史毛璩[qú],与巴西阳昧结谋于五城水口,共逼纵为主。纵惧而不当,走投于水,晖引出而请之,至于再三,遂以兵逼纵于舆上。[他从此走上不归路,经一败二胜占据成都等地]攻璩弟西夷校尉瑾于涪城[今重庆涪陵区],城陷,瑾死之,纵乃自号梁、秦二州刺史。璩闻纵反,自略城步还成都,遣参军王琼率三千人讨纵,又遣弟瑗领四千兵继琼后进。纵遣弟明子及晖距琼于广汉,琼击破晖等,追至绵竹。明子设二伏以待之,大败琼众,死者十八九。益州营户李腾开城以纳纵。

[自称成都王:]毛璩既死,纵以从弟洪为益州刺史,明子为镇东将军、巴州刺史,率其众五千人屯白帝,自称成都王。[向羌族后秦称臣,为求其兵力襄助确保生存和"顺流东寇":]明年,遣使称籓于姚兴,将顺流东寇,以讨车骑将军刘裕为名,乞师于姚兴,且请桓谦为助,兴遣之。

[在本传未述的、与东晋军队几年大损巴蜀军力的鏖战和由后秦封赏称蜀王之后,决定时刻终于到来:刘裕发大军征伐,打赢平模之战,随即"纵之城守者相次瓦解",东晋收复成都。]

九年[413],刘裕以西阳太守朱龄石为益州刺史,宁朔将军臧喜、下邳太守刘钟、兰陵太守蒯恩等率众二万,自江陵讨纵。……龄石资名素浅,裕违众拔之,授以麾下之半。臧喜,裕妻弟也,位出其右,又隶焉。龄石次于白帝,纵遣谯道福重兵守涪。龄石师次平模[今四川眉山市彭山区江口镇],去成都二百里,纵遣其大将军侯晖、尚书仆射谯诜屯平模,夹岸连城,层楼重栅,众未能攻。[刘裕征伐军主帅放弃

为避险而缓兵相持的初衷,改而采取"我专敌分"、全力猛攻"引力中心"的战法①:]

龄石谓刘钟曰:"天方暑热,贼今固险,攻之难拔,只困我师。吾欲蓄锐息兵,伺隙而进,卿以为何如?"钟曰:"不然。前扬声言大将由内水,故道福不敢舍涪,今重军逼之,出其不意,侯晖之徒已破胆矣。正可因其凶而攻之,势当必克。克平模之后,自可鼓行而前,成都必不能守。若缓兵相持,虚实相见,涪军复来,难为敌也。进不能战,退无所资,二万余人因为蜀子虏耳。"从之。翌日,进攻皆克,斩侯晖等,于是遂进。[西蜀国彻底瓦解:]纵之城守者相次瓦解,纵乃出奔。其尚书令马耽封仓库以待王师。及龄石入成都,诛纵同祖之亲,余皆安堵,使复其业。

[他的末日:连他的女儿和部将都要他一死以避成为俘虏或降虏,他只得自杀。]

纵之走也,先如其墓,纵女谓纵曰:"走必不免,只取辱焉。等死,死于先人之墓可也。"纵不从,投道福于涪。道福怒谓纵曰:"大丈夫居如斯功业,安可弃哉!今欲为降虏,岂可而得!人谁不死,何惧之甚!"因投纵以剑,中其马鞍。纵去之,乃自缢。[手下全无英雄的孤身英雄谯道福:]道福谓其徒曰:"吾养尔等,正为今日。蜀之存亡,实系在我,不在谯王。我尚在,犹足一战。"士咸许诺。乃散金帛以赐其众,众受之而走。道福独奔广汉,广汉人杜瑾执之。["封仓库以待王师"的西蜀尚书令也被消灭,例解华夏内战(特别是华夏野蛮化期间的华夏内战)屡见的极端残忍血腥:]朱龄石徙马耽于越巂,追杀之。耽之徒也,谓其徒曰:"朱侯不送我京师,灭众口也,吾必不免。"乃盥洗而卧,引绳而死。须臾,龄石师至,遂戮尸焉。

---

① 《孙子兵法·虚实篇》云:"我专而敌分,我专为一,敌分为十,是以十攻其一也,则我众而敌寡;能以众击寡者,则吾之所与战者约[兵力很有限]矣。"《资治通鉴》第116卷载:龄石至平模,去成都二百里。纵遣泰州刺史侯晖、尚书仆射谯诜帅众万余屯平模,夹岸筑城以拒之。……诸将以水北城地险兵多,欲先攻其南城,龄石曰:"今屠南城,不足以破北,若尽锐以拔北城,则南城不慑自散矣。"秋,七月,龄石帅诸军急攻北城,克之,斩侯晖、谯诜;引兵而回趣南城,南城自溃。龄石舍船步进,谯纵大将谯抚之屯牛脾,谯小苟塞打鼻。臧熹击抚,斩之,小苟闻之,亦溃。于是纵诸营屯望风相次奔溃。

五胡乱华在中原（上）：匈奴前赵

载记第一　刘元海及刘和、刘宣　摘录和评注

[《晋书·载记》三十篇记录两晋十六国时代众多五胡（即匈奴、鲜卑、羯、羌、氐以及巴氐）国家君主和显贵，无疑非常重要。五胡与两晋的冲突是族裔间厮杀和文明间冲突，也是物质资源争斗和政治/战略权势竞夺，而差不多同样激烈和血腥的五胡诸国互相间的拼搏相对更多以后者为本质[1]，那是马基雅维里往后现代特别流俗的国际政治理论思想集中关注的。]

[非我族类，其俗必异；非我族类，其心必异：这至少在现代以前（或曰在主张凡人则本质同一的16世纪西班牙人维多利亚和苏亚雷斯以前）可谓最普遍、最恒久的人类理念。西方纂史之父希罗多德在其《历史》一开头，就依据记忆比希腊人久远得多的波斯人，说一项习俗的差异和由此而来的军事冲突导致"波斯人一直将希腊人视作他们的敌人。他们认为亚洲和生活在那里的非希腊诸族与他们同类，却将

---

① 就此而言，鲜卑后燕诸君主载记之末的"赞曰"开头数句殊为精彩和深切："戎狄凭陵，山川沸腾。天未悔祸，人非与能。疾走而捷，先鸣则兴。"

欧洲和希腊人当作与他们自己隔开"。① 比他略早数十年的孔子"内诸夏而外夷狄","贱夷狄而贵华夏",这到18世纪初期著名文字狱主角之一曾静那里,发展到"华夷之分,大于君臣之伦,华之与夷,乃人与物之分界"的极端地步。② 然而,两晋十六国时代,尽管华夏王朝从文明甚至种族角度鄙视异族如故,异族却由曾有的对华夏的文明(和权势)敬畏,转为总的来说必有的鄙视,因为——用华夏智识精英、《晋纪总论》作者干宝的话说——华夏已变得"朝寡纯德之人,乡乏不贰之老,风俗淫僻,耻尚失所……行身者以放浊为通而狭节信,进仕者以苟得为贵而鄙居正,当官者以望空为高而笑勤恪……礼法刑政于此大坏,如水斯积而决其堤防"。这必然大为加剧夷狄大举征服和暴虐华夏的凶猛动能。]

[司马迁在其伟大史诗《史记·匈奴列传》中早已展示,作为东北亚不同蛮族部落的结合,广义匈奴与华夏民族诸侯国和帝国进行了长达七个世纪的以暴力摩擦和大规模冲突为首要特征的争斗,然而从未真正决胜。在这七个世纪的文明冲突和政治争斗历程中,游牧民族对农耕华夏民族大体上占有战略优势,农耕华夏民族仅有过寥寥几次但可称辉煌的战略性反攻。这种优势的根本来源是广义的文化或生活方式意义上的,见于司马迁在其《匈奴列传》开头作的绝佳的"民族志"概括,特

---

① "普利阿姆之子亚历山大……决定为自己从希腊偷妻。他绝对确信他将侥幸成功而不引发任何惩罚,因为早先的偷(妻)一向不受惩罚,而这就是他如何诱拐海伦的。"希腊人不依不饶就此发动征伐后,波斯人认为要为这首次"希波战争"负责的不是他们自己而是希腊人,因为"他们在亚洲这一边不将诱拐女人算作一回要事,希腊人却因一个来自拉栖第梦的女人而大举发兵,然后入侵亚洲,摧毁普利阿姆和他的兵力。"Herodotus, *The Histories*, translated by Robin Waterfield with an Introduction and Notes by Carolyn Dewald (Oxford: Oxford University Press, 1998), pp. 3 - 4.

② 雍正皇帝胤禛:《大义觉迷录·奉旨讯问曾静口供廿三条》。该书见《大义觉迷录》, http://www.shicimingju.com/book/dayijuemilu/2.html。
传统华夏意识形态的这个组成部分(种族/文明优劣论)的另一个例子,是房玄龄等在给匈奴前赵诸君主写的终评(在《刘曜传》末)中的下述几句:"彼戎狄者,人面兽心,见利则弃君亲,临财则忘仁义者也。投之遐远,犹惧外侵,而处以封畿,窥我中衅。昔者幽后[周幽王后褒姒]不纲,胡尘暗于戏水[源出骊山,北流经古戏亭东,又北入渭。《国语·鲁语》"幽(周幽王)灭于戏"];襄王失御,戎马生于关洛。[周襄王(前619年逝,在位33年)时,秦晋两国已擅自将陆浑戎迁居到周王畿内的伊川(今洛阳市南伊河)一带,占据该地。]至于算强弱,妙兵权,体兴衰,知利害,于我中华未可量也。"

别在于他们的游牧生活方式的主要战略含意,即他们是"天生"勇战善战的武士,非常精于袭击和射击,机动灵活,强烈地倾向于(尤其在匮乏时候)劫掠,惯于灵活的运动战略。不仅如此,他们的游牧国家可以是也往往确实是真正的"军国主义"国家,在其内部每个组织都兼为社会/政治/军事性的,因而自然拥有巨大规模的军队,尤其是骑兵大军。战场杀戮和战场外掳掠带给武士个人劫掠所得和奴隶,这对他们的战力和暴烈性格是很大的刺激。所有这些在两晋十六国时代,招致了巨大规模的族裔屠戮和物质毁灭,构成中国史上最野蛮、最血腥和最黑暗的一章。]

[至于农耕华夏的战略回应,则是在总的劣势抵御历程中逐渐形成庶可克敌制胜的几项"法宝",那主要是"马政"、防御工事体系、军事人力意义上的"以夷制夷"(伴有其常有的"被夷所制"后患)和间或的大规模战略性反攻,加上一种掺有族裔偏见的民族自为意识形态激励。那用汉武帝麾下匈奴帝国的主要摧垮者之一霍去病的豪言壮语说,是"匈奴未灭,无以家为",用李白赞颂东晋对氐族前秦淝水大捷的缔造者谢安的诗句,是"三川北虏乱如麻,四海南奔似永嘉。但用东山谢安石,为君谈笑静胡沙"。]

[再回过头来讲华夏与蛮夷的文明和文化。在对立甚或冲突的同时,总是有互渗互仿互学,虽然它们屡屡在武力对抗和血腥冲突的环境下进行,也虽然它们总的来说颇不对称,即蛮夷的局部"华夏化"远比华夏的局部"蛮夷化"广泛和深入。物质文明上大致先进(或曰有更大生产力)的族裔一般对外有更大的吸引力,因而就有后者对前者在物质文明方面的羡慕、仿效、学习和延用。而且,大抵因为"触类旁通"或"见物思源",这些会延及种种制度、文化、思想观念和人才,虽然历史也往往表明精致、繁缛甚至腐败亦在学习之列。更何况,局部"华夏化"还有利于统治起先沦于异族铁蹄下的华夏人。在相关的众多范例中间,可以提及《载记》第一记述的匈奴族前赵君主刘渊(刘元海),这位冒顿单于的后代本姓挛鞮(dī)的立国者304年设坛自称汉王时,竟将刘邦宣告为他的太祖,刘秀为世祖,蜀汉刘备亦被指为他的先人,而从他的称王诏令中说出的西汉初至西晋末的华夏政治史梗概与《史记》《汉书》《后汉书》《三国志》以及后来的《晋书》一模一样!还可以提及羯胡后赵的皇帝石虎。这位极端残忍、暴虐和淫侈的古希腊词义上的双重暴君(僭君行暴政)居然看似仰慕汉学,推崇儒教,设置中央级的国子博士、助教和郡国级的五经博士,还令

国子祭酒注《穀梁春秋》作学校读本。总的来说，经五胡十六国，蛮夷的局部"华夏化"愈益广泛和深入，随着时代终了和鲜卑拓跋部北魏首创中国史上的北朝，终于有国家推行的大规模汉化改制运动(冯太后孝文帝改革)，以农业经济为主体，靠租税徭调得岁入，经官僚体制搞行政，以至于禁胡服、禁胡语、改汉姓，历史意义巨大。①]

刘元海(刘渊)：

[五胡十六国最早一国——匈奴族前赵——立国君主，就此而言是中国真正的历史性人物之一。出身南匈奴大贵族，在孕育他崛起的宏大历史演化背景下，他凭出身便利和文武才能成为钦定南匈奴头号首领，而后乘西晋"八王之乱"立国号为汉。在并州盘桓四五年后，他才攻掠早经"八王之乱"已羸弱残破的洛阳。不料，他的洛阳战役即使兵力盛大，却依然两度败北，令他带着大遗憾命落黄泉。]

[他立己国易，灭他国难。他称王称帝还算激进，但军事战略显然保守(大概缘于战略心理保守而非真正的实力不济)，同时麾下大军就作战能力而言显然颇为有限，而这是否反映他不是一位军事帅才？无论如何，在至关紧要的帝位继承安排问题上，他肯定不是一位政治帅才。]

---

① 冯太后孝文帝汉化改制大有利于形成中华民族和中华重新统一，但大概大不利于北魏本国和拓跋本族。北魏在孝文帝死后仅30余年便分崩离析。因此，对这持否定态度的也不乏其人。从宋元到明清，叶适、马端临、王夫之、赵翼等大学者斥责迁都洛阳、推行汉化是"好名慕古而不实见国家大计"，强调"国势之衰，实始于此"。当代，侧重否定这汉化改革的论著明显增多。陈汉玉《也谈北魏孝文帝的改革》(《中国史研究》1982年第4期)、郝松枝《全盘汉化与北魏王朝的速亡——北魏孝文帝改革的经验与教训》(《陕西师范大学学报》2003年第1期)、赵向群等《孝文帝的汉化政策与拓跋民族精神的丧失》(《许昌学院学报》2003年第6期)等就是其中的代表。其主要观点是：改革的思想和内容是恢复礼乐，"迂腐的儒化"，"消极的汉化"，学来的主要是汉文化的糟粕，汉人的繁缛腐朽；改革加速北魏国家和拓跋族的衰亡，因为丢掉了拓跋族的长处即勇武质朴，削弱了北魏的军事力量；改革大定族姓，移植门阀世族制度，使尚无文化积淀的鲜卑拓跋贵族迅速腐化，严重消蚀了北魏统治者的锐气与活力，激化了社会矛盾与冲突。汉化改革不适合北魏国家的国情和族情，北方的革命性完全被南方的虚腐性取代。"孝文帝改革"，https://baike.sogou.com/v2040081.htm? fromTitle＝％E5％AD％9D％E6％96％87％E5％B8％9D％E6％94％B9％E9％9D％A9。

[孕育他作为立国者崛起的宏大历史演化背景：从光武帝到晋武帝，南匈奴先入居华夏北疆内缘，后集中其人力于华夏核心地区中原之北外缘，皆出自华夏帝国或"亚帝国"君主的安排。]

刘元海，新兴[今山西忻州市北]匈奴人，冒顿之后也。名犯高祖[唐高祖李渊]庙讳，故称其字焉。初，汉高祖以宗女为公主，以妻冒顿，约为兄弟，故其子孙遂冒姓刘氏[本姓挛鞮]。[他的崛起可溯源于史家范晔在"五胡乱华"之后本着溢于言表的沉痛和愤恨而说的、几乎无可预料其后果的最先决定性事态，即光武帝纳南匈奴入华夏北疆内缘，因为此后"经纶失方，畛服不一，其为疢（chèn，热病，泛指病）毒，胡可单言！降及后世，玩为常俗，终于吞噬神乡，丘墟帝宅。呜呼！千里之差，兴自毫端"建武初[实为建武二十四年，即公元48年]，乌珠留若鞮单于子右奥鞬日逐王比自立为南单于[呼韩邪单于]，入居西河美稷[今内蒙古鄂尔多斯市准格尔旗纳林镇北]，今离石左国城[今山西吕梁市方山县境内南村]即单于所徙庭也。[经东汉末黄巾起义和董卓之乱，终于到了他的父亲——南匈奴左贤王，其间南匈奴利用东汉朝廷"引夷制华"而壮大势力，南下掠占：]中平[东汉灵帝年号，184—189]中，单于羌渠使子於扶罗将兵助汉，讨平黄巾。会羌渠为国人所杀，於扶罗以其众留汉，自立为单于。属董卓之乱，寇掠太原、河东，屯于河内。於扶罗死，弟呼厨泉立，以於扶罗子豹为左贤王，即元海之父也。[魏武帝曹操分南匈奴为五部（晋武帝司马炎予以体制性确认），皆居于今山西中部汾河两岸，这就实现了南匈奴在华夏核心地区中原北外缘的人力集中：]魏武分其众为五部，以豹为左部帅，其余部帅皆以刘氏为之。太康[西晋武帝年号，280—289]中，改置都尉，左部居太原兹氏，右部居祁，南部居蒲子，北部居新兴，中部居大陵。刘氏虽分居五部，然皆居于晋阳汾涧之滨。

[他传奇的神迹般出生，而后"龆龀英慧"，"幼好学"（学华夏各家经典），"无不综览"，更"学武事，妙绝于众"。]

豹妻呼延氏，魏嘉平[曹魏齐王曹芳年号，249—254]中祈子于龙门，俄而有一大鱼，顶有二角，轩鬐跃鳞而至祭所，久之乃去。巫觋皆异之，曰："此嘉祥也。"其夜梦旦所见鱼变为人，左手把一物，大如半鸡子，光景非常，授呼延氏，曰："此是日精，服之生贵子。"寤而告豹，豹曰："吉征也。吾昔从邯郸张冏母司徒氏相，云吾当有贵子孙，三世必大昌，仿像相符矣。"自是十三月而生元海，左手文有其名，遂以名焉。龆龀英慧，七岁遭母忧，擗踊号叫，哀感旁邻，宗族部落咸共叹赏。时司空太原王昶闻而嘉之，并遣吊赗。[学华夏各家经典，渊博非常：]幼好学，师事上党崔游，习《毛诗》、《京氏易》、《马氏尚书》，尤好《春秋左氏传》、《孙吴兵法》，略皆诵之，《史》、《汉》、诸子，无不综览。[有感而学武，武事"妙绝于众"：]尝谓同门生朱纪、范隆曰："吾每观书传，常鄙随陆[刘邦文臣随何、陆贾]无武，绛灌[绛侯周勃、灌婴]无文。道由人弘，一物之不知者，固君子之所耻也。二生遇高皇而不能建封侯之业，两公属太宗而不能开庠序之美，惜哉！"于是遂学武事，妙绝于众，猿臂善射，膂力过人。姿仪魁伟，身长八尺四寸，须长三尺余，当心有赤毫毛三根，长三尺六寸。有屯留崔懿之、襄陵公师彧等，皆善相人，及见元海，惊而相谓曰："此人形貌非常，吾所未见也。"[他以文武、容貌、风度，甚至可谓名士：]于是深相崇敬，推分结恩。太原王浑虚襟友之，命子济拜焉。

["非我族类，其心必异"，晋武帝司马炎两度要重用他担任帝国头号军事大臣（平吴和平秦凉之变）的意愿均被部分臣属的劝谏打住，后者准确地预料"蛟龙得云雨，非复池中物也"。]

咸熙[曹魏常道乡公年号，264—265]中，为任子[属恩荫制度，因上辈有功而给予下辈入学任官的待遇]在洛阳，文帝[司马昭]深待之。泰始[西晋武帝年号，265—274]之后，浑又屡言之于武帝。帝召与语，大悦之，谓王济曰："刘元海容仪机鉴，虽由余、日䃅无以加也。"济对曰："元海仪容机鉴，实如圣旨，然其文武才干贤于二子远矣。陛下若任之以东南之事，吴会不足平也。"帝称善。[谏言：他不可被委以军事重任，因为"非我族类，其心必异"（"平吴之后，恐其不复北渡也"）。]孔恂、杨珧进曰："臣观元海之才，当今惧无其比，陛下若轻其众，不足以成事；若假之威权，平吴之后，恐其不复北渡也。非我族类，其心必异。任之以本部，臣窃为陛下寒心。若举天阻之固以资之，无乃不可乎！"帝默然。

后秦凉覆没，帝畴咨将帅，上党李憙曰："陛下诚能发匈奴五部之众，假元海一将军之号，鼓行而西，可指期而定。"孔恂曰："李公之言，未尽殄患之理也。"憙勃然曰："以匈奴之劲悍，元海之晓兵，奉宣圣威，何不尽之有！"[谏言：他不可被委以军

　　　　　　　　　　　　　古代军政行为方略图景：《晋书》解读

事重任,因为以夷制夷将反被夷制,"蛟龙得云雨,非复池中物也"。]恂曰:"元海若能平凉州,斩树机能,恐凉州方有难耳。蛟龙得云雨,非复池中物也。"帝乃止。……[国务家齐王司马攸的谏言更直截了当和切中要害:"不除刘元海,并州不得久宁。"]齐王攸时在九曲,比闻而驰遣视之,见元海在焉,言于帝曰:"陛下不除刘元海,臣恐并州不得久宁。"王浑进曰:"元海长者,浑为君王保明之。且大晋方表信殊俗,怀远以德,如之何以无萌之疑杀人侍子,以示晋德不弘。"帝曰:"浑言是也。"

[他虽未得帝国军事重任,但仍被抬升为钦定南匈奴头号首领,一位治理大为有方、颇得华夷人心的首领:]会豹卒,以元海代为左部帅。太康[280—289]末,拜北部都尉。明刑法,禁奸邪,轻财好施,推诚接物,五部俊杰无不至者。幽冀名儒,后门秀士,不远千里,亦皆游焉。杨骏辅政,以元海为建威将军、五部大都督,封汉光乡侯。元康[291—299]末,坐部人叛出塞免官。成都王颖镇邺,表元海行宁朔将军、监五部军事。

[“八王之乱”成为他反叛立国的机遇,"兴邦复业,此其时矣";利用成都王司马颖发动南匈奴全部兵力,建立他的雏形国家,随后正式立国前赵。]

惠帝失驭,寇盗蜂起,[刘宣主密谋,刘元海接受,并诡谲行之:]元海从祖[堂祖父]故北部都尉、左贤王刘宣等窃议曰:"昔我先人与汉约为兄弟,忧泰同之。自汉亡以来,魏晋代兴,我单于虽有虚号,无复尺土之业,自诸王侯,降同编户。今司马氏骨肉相残,四海鼎沸,兴邦复业,此其时矣。左贤王元海姿器绝人,干宇超世。天若不恢崇单于,终不虚生此人也。"于是密共推元海为大单于。乃使其党呼延攸诣邺,以谋告之。元海请归会葬,颖弗许。乃令攸先归,告宣等招集五部,引会宜阳[大概泛指今甘肃河西走廊和青海湟水流域]诸胡,声言应颖,实背之也。

[司马颖是他利用的工具,虽然后者反将他幻认作工具:]颖为皇太弟,以元海为太弟屯骑校尉。惠帝伐颖,次于荡阴,颖假元海辅国将军、督北城守事。及六军败绩[304],颖以元海为冠军将军,封卢奴伯。并州刺史东嬴公腾、安北将军王浚,起兵伐颖,[他成功地劝说司马颖同意他动员南匈奴全部兵力(佯曰为之参与华夏内战),从而得到这么做的一点儿“合法性”:]元海说颖曰:"今二镇跋扈,众余十万,恐非宿卫及近都士庶所能御之,请为殿下还说五部,以赴国难。"颖曰:"五部之众可保

发已不？纵能发之，鲜卑、乌丸劲速如风云，何易可当邪？吾欲奉乘舆还洛阳，避其锋锐，徐传檄天下，以逆顺制之。君意何如？"元海曰："殿下武皇帝之子，有殊勋于王室，威恩光洽，四海钦风，孰不思为殿下没命投躯者哉，何难发之有乎！王浚竖子，东嬴疏属，岂能与殿下争衡邪！殿下一发邺宫，示弱于人，洛阳可复至乎？纵达洛阳，威权不复在殿下也。纸檄尺书，谁为人奉之！且东胡之悍不逾五部，愿殿下勉抚士众，靖以镇之，当为殿下以二部摧东嬴，三部枭王浚，二竖之首可指日而悬矣。"颖悦，拜元海为北单于、参丞相军事。[他动员南匈奴兵力，建立他的雏形国家：]元海至左国城，刘宣等上大单于之号，二旬之间，众已五万，都于离石。

[经刘宣等劝说和敦促，他决定反叛西晋，凭武力立国汉赵：]王浚使将军祁弘率鲜卑攻邺，颖败，挟天子南奔洛阳。元海曰："颖不用吾言，逆自奔溃，真奴才也。然吾与其有言矣，不可不救。"于是命右於陆王刘景、左独鹿王刘延年等率步骑二万，将讨鲜卑。刘宣等固谏曰："晋为无道，奴隶御我，是以右贤王猛不胜其忿[271年，南匈奴右贤王刘猛反叛出塞，继而突然攻打并州，被并州刺史刘钦击败]。属晋纲未驰，大事不遂，右贤涂地，单于之耻也。司马氏父子兄弟自相鱼肉，此天厌晋德，授之于我。单于积德在躬，为晋人所服，方当兴我邦族，复呼韩邪之业，鲜卑、乌丸可以为援，奈何距之而拯仇敌！今天假手于我，不可违也。违天不祥，逆众不济；天与不取，反受其咎。愿单于勿疑。"元海曰[旋即接受劝说和敦促，断言"帝王岂有常哉"，决定立国汉赵]："善。当为崇冈峻阜，何能为培塿乎！夫帝王岂有常哉，大禹出于西戎，文王生于东夷，顾惟德所授耳。今见众十余万，皆一当晋十，鼓行而摧乱晋，犹拉枯耳。上可成汉高之业，下不失为魏氏。虽然，晋人未必同我。汉有天下世长，恩德结于人心，是以昭烈崎岖于一州之地，而能抗衡于天下。吾又汉氏之甥，约为兄弟，兄亡弟绍，不亦可乎？且可称汉，追尊后主，以怀人望。"乃迁于左国城[今山西吕梁市方山县境内南村]，远人归附者数万。

[如本篇首注所言，他设坛自称汉王时，竟将刘邦宣告为他的太祖，刘秀为世祖，蜀汉刘备亦被指为他的祖先，而从他的称王诏令中说出的西汉初至西晋末的华夏政治史梗概与经典前四史及后来的《晋书》一模一样！在文化和政治功用意义上他的局部华夏化：]永兴元年[304]，元海乃为坛于南郊，僭即汉王位，下令曰："昔我太祖高皇帝以神武应期，廓开大业。太宗孝文皇帝重以明德，升平汉道。世宗孝武

皇帝拓土攘夷，地过唐日［唐尧之时］。中宗孝宣皇帝搜扬俊乂，多士盈朝。是我祖宗道迈三王，功高五帝，故卜年倍于夏商，卜世过于姬氏。而元成多僻，哀平短祚，贼臣王莽，滔天篡逆。我世祖光武皇帝诞资圣武，恢复鸿基，祀汉配天，不失旧物，俾三光晦而复明，神器幽而复显。显宗孝明皇帝、肃宗孝章皇帝累叶重晖，炎光再阐。自和安［东汉和帝安帝］已后，皇纲渐颓，天步艰难，国统频绝。黄巾海沸于九州，群阉毒流于四海，董卓因之肆其猖勃，曹操父子凶逆相寻。故孝愍［东汉献帝，刘备建立蜀汉后，追谥其为孝愍皇帝］委弃万国，昭烈播越岷蜀，冀否终有泰，旋轸旧京。何图天未悔祸，后帝窘辱。自社稷沦丧，宗庙之不血食四十年于兹矣。今天诱其衷，悔祸皇汉，使司马氏父子兄弟迭相残灭。黎庶涂炭，靡所控告。孤今猥为群公所推，绍修三祖之业。……以大耻未雪，社稷无主，衔胆栖冰，勉从群议。"乃赦其境内，年号元熙，追尊刘禅为孝怀皇帝，立汉高祖以下三祖五宗神主而祭之。立其妻呼延氏为王后。置百官，以刘宣为丞相，崔游为御史大夫，刘宏为太尉，其余拜授各有差。[1]

［如前所述政治激进但战略保守的他连败晋军，占有并州多地，等到被刘琨击败后由"颛守偏方"改为"进据河东"（即今山西西南部），继而称帝，令刘聪王弥进寇早已羸弱残破的洛阳；然而，两攻两败，令他带着大遗憾命落黄泉。］

东嬴公腾使将军聂玄讨之，战于大陵［今山西吕梁市交城县］，玄师败绩，腾惧，率并州二万余户下山东，遂所在为寇。元海遣其建武将军刘曜寇太原、泫氏、屯留、长子、中都，皆陷之。二年，腾又遣司马瑜、周良、石鲜等讨之，次于离石汾城。元海遣其武牙将军刘钦等六军距瑜等，四战，瑜皆败，钦振旅而归。是岁，离石大饥，迁于黎亭［今山西长治市南］，以就邸阁谷，留其太尉刘宏、护军马景守离石，使大司农卜豫运粮以给之。以其前将军刘景为使持节、征讨大都督、大将军，要击并州刺史刘琨于版桥，为琨所败，琨遂据晋阳。［他的战略转折点在败于刘琨和不得晋阳之

---

[1] 这里要为他的称王称帝激进性打一个不小的折扣。明代王夫之说得对："刘渊虽挟桀敖不逞之材，然其始志亦岂遽尔哉？观其讥随、陆之无武，绛、灌之无文，则亦自期于随、陆、绛、灌之中而已矣。其既归五部，闻司马颖之败，尚欲为之击鲜卑、乌桓，则犹未必遽背晋而思灭之也。司马颖延而挑之，刘宣等推而唉之，始以流毒天下"。王夫之：《读通鉴论·卷十二·惠帝》。

后从"颛守偏方"到进据河东和进寇洛阳：]其侍中刘殷、王育进谏元海曰："殿下自起兵以来，渐已一周，而颛守偏方，王威未震。诚能命将四出，决机一掷，枭刘琨，定河东[今山西运城、临汾一带]，建帝号，鼓行而南，克长安而都之，以关中之众席卷洛阳，如指掌耳。此高皇帝之所以创启鸿基，克殄强楚者也。"元海悦曰："此孤心也。"遂进据河东，攻寇蒲坂、平阳，皆陷之。元海遂入都蒲子[今山西临汾市隰县]，河东、平阳属县垒壁尽降。时汲桑起兵赵魏，上郡四部鲜卑陆逐延、氐酋大单于征、东莱王弥及石勒等并相次降之，元海悉署其官爵。

[称帝：]永嘉二年[308]，元海僭即皇帝位，大赦境内，改元永凤。以其大将军刘和为大司马，封梁王，尚书令刘欢乐为大司徒，封陈留王，御史大夫呼延翼为大司空，封雁州郡公，宗室以亲疏为等，悉封郡县王，异姓以勋谋为差，皆封郡县公侯。太史令宣于修之言于元海曰："陛下虽龙兴凤翔。奄受大命，然遗晋未殄，皇居仄陋，紫宫之变，犹钟晋氏，不出三年，必克洛阳。薄子崎岖，非可久安。平阳势有紫气，兼陶唐旧都，愿陛下上迎乾象，下协坤祥。"[南向迁都平阳：]于是迁都平阳[在今山西临汾市]。汾水中得玉玺，文曰"有新保之"，盖王莽时玺也。得者因增"泉海光"三字，元海以为己瑞，大赦境内，改年河瑞。封子裕为齐王，隆为鲁王。

[进寇洛阳，两胜之后突然大败：]于是命其子聪与王弥进寇洛阳[308]，刘曜与赵固等为之后继。东海王越遣平北将军曹武、将军宋抽、彭默等距之，王师败绩。聪等长驱至宜阳，平昌公模遣将军淳于定、吕毅等自长安讨之，战于宜阳，定等败绩。聪恃连胜，不设备，弘农太守垣延诈降。夜袭，聪军大败而还，元海素服迎师。

[再度进寇洛阳，而且规模巨大，但依然先胜后败，无奈还师：]是冬，复大发卒，遣聪、弥与刘曜、刘景等率精骑五万寇洛阳，使呼延翼率步卒继之，败王师于河南。聪进屯于西明门，护军贾胤夜薄之，战于大夏门，斩聪将呼延颢，其众遂溃。聪回军而南。壁于洛水，寻进屯宣阳门，曜屯上东门，弥屯广阳门，景攻大夏门，聪亲祈嵩岳，令其将刘厉、呼延朗等督留军。东海王越命参军孙询、将军丘光、楼裒等率帐下劲卒三千，自宣阳门击朗，斩之。聪闻而驰还。厉惧聪之罪己也，赴水而死。王弥谓聪曰："今既失利，洛阳犹固，殿下不如还师，徐为后举。下官当于兖豫之间收兵积谷，伏听严期。"宣于修之又言于元海曰："岁在辛未，当得洛阳。今晋气犹盛，大军不归，必败。"元海驰遣黄门郎傅询召聪等还师。王弥出自轘辕，越遣薄盛等追击

弥,战于新汲,弥师败绩。于是摄薄阪之戍,还于平阳。

以刘欢乐为太傅,刘聪为大司徒,刘延年为大司空,刘洋为大司马,赦其境内。立其妻单氏为皇后,子和为皇太子,封子乂为北海王。

[攻陷洛阳不是他在世能干得了的:]元海寝疾,将为顾托之计,以欢乐为太宰,洋为太傅,延年为太保,聪为大司马、大单于,并录尚书事,置单于台于平阳西,以其子裕为大司徒。元海疾笃,召欢乐及洋等人禁中受遗诏辅政[他与第四子刘聪必定互疑互防,因而后者虽是军队执行统帅,但似乎不在"辅政"之列]。以永嘉四年[310]死,在位六年,伪谥光文皇帝,庙号高祖,墓号永光陵。子和立。[如下所述,他的长子、继位皇帝将被篡位者刘聪杀死;原因也如下所述,是他立嗣传位和军力分配"不惟轻重之计"。]①

刘和:

[刘渊长子,前赵继位皇帝,被篡位者刘聪杀死。他的压倒性根本难题一上来就很清楚,即"大司马(刘聪)握十万劲卒居于近郊"。他决定发动一场先发制人的灭弟政变,但实力不济,且内乱如麻,结果迅即丢了自己的脑袋。]

和字玄泰。身长八尺,雄毅美姿仪,好学凤成,习《毛诗》、《左氏春秋》、《郑氏易》。及为储贰,内多猜忌,驭下无恩。[他的政治和个人素质大成问题。]元海死,和嗣伪位。其卫尉西昌王刘锐、宗正呼延攸恨不参顾命也,说和曰:"先帝不惟轻重之计,而使三王[刘渊三子齐王刘裕、鲁王刘隆、北海王刘乂]总强兵于内,大司马握十万劲卒居于近郊,陛下今便为寄坐耳。此之祸难,未可测也,顾陛下早为之所。"[决定发动先发制人的灭弟武装政变,消灭所有亲王:]和即攸之甥也,深然之,召其领军刘盛及刘钦、马景等告之。盛曰:"先帝尚在殡宫,四王未有逆节,今忽一旦自相鱼肉,臣恐人不食陛下之余。四海未定,大业甫尔,愿陛下以上成先帝鸿基为志,且塞耳勿听此狂瞽之言也。《诗》云:'岂无他人,不如我同父。'陛下既不信诸弟,复谁

---

① 应当提到,据《载记第二刘聪》所载一位谏臣的话,刘渊鉴于西晋腐败的教训,坚持朴素节省的宫廷生活:"晋氏暗虐,视百姓如草芥,故上天剿绝其祚。乃眷皇汉,苍生引领息肩,怀更苏之望有日矣。我高祖光文皇帝靖言惟兹,痛心疾首,故身衣大布,居不重茵;先皇后嫔服无绮彩。"

可信哉!"锐、攸怒曰:"今日之议,理无有二。"于是命左右刃之。景惧曰:"惟陛下诏,臣等以死奉之,蔑不济矣。"乃相与盟于东堂,使锐、景攻聪[克劳塞维茨式引力中心,如下所述旋即丢失],攸率刘安国攻裕,使侍中刘乘、武卫刘钦攻鲁王隆,尚书田密、武卫刘璿攻北海王乂。[一场不仅实力远不济,而且自身乱成麻的武装政变:]密、璿等使人斩关奔于聪,聪命贯甲以待之。锐知聪之有备也,驰还,与攸、乘等会攻隆、裕。攸、乘惧安国、钦之有异志也,斩之。是日,斩裕及隆。聪攻西明门,克之。锐等奔入南宫,前锋随之,斩乂于光极西室。锐、攸枭首通衢。

刘宣:

[刘渊堂祖父,才智和抱负俱非同寻常。主持密谋策动刘渊乘西晋"八王之乱"建设和扩展"分离主义"权势,继而劝说和敦促刘渊反叛西晋,建立前赵。总之,"元海即王位,宣之谋也",故勋高无二,"军国内外靡不专之"。然而,他的传记至此戛然而止,大概他在刘渊称王后不久便年迈逝去,没遇到随后刘渊遇到的所有军政难题。]

刘宣,字士则。朴钝少言,好学修洁。师事乐安孙炎,沈精积思,不舍昼夜,好《毛诗》《左氏传》。炎每叹之曰:"宣若遇汉武,当逾于金日磾也。"学成而返,不出门闾盖数年。[早就有成为帝王杰出辅臣的大抱负,虽然起初不一定很认真:]每读《汉书》,至《萧何》《邓禹传》,未曾不反复咏之,曰:"大丈夫若遭二祖,终不令二公独擅美于前矣。"[才智和风貌曾大得晋武帝司马炎赞誉:]并州刺史王广言之于武帝,帝召见,嘉其占对,因曰:"吾未见宣,谓广言虚耳。今见其进止风仪,真所谓如圭如璋,观其性质,足能抚集本部。"乃以宣为右部都督,特给赤幢曲盖。莅官清恪,所部怀之。元海即王位,宣之谋也,故特荷尊重,勋戚莫二,军国内外靡不专之。

载记第二　刘聪　摘录和评注

[刘渊第四子,西晋的剪灭者,经暴烈屠戮造永嘉之乱。如果说他的父亲政治

上不甚激进、战略上显然保守，那么他截然不同：杀死兄长篡夺皇位，遣军猛攻洛阳，陷城后狂暴屠戮劫掠，俘虏和杀害晋怀帝，五年后经多次败北又最终攻陷长安，俘虏和杀害晋愍帝。不仅如此，他攻毁洛阳后很快变得骄昏无比，沉溺荒淫，竟封上、左、右三位皇后，"奢僭贪残"的宦官佞幸控制朝政，"军旅无岁不兴，而将士无钱帛之赏"。政治上，他大致只有一点与他父亲相同：留下的继位者既无实力，亦无才能，遂迅速亡于政变。蛮夷或半蛮夷国家多见大贵族血腥灭亲和无序继承，中国史上一个大概率的状况。]

[（传说中尤其多的）传奇神迹般出生，"聪悟好学"，渊博非常，特别是"膂力骁捷，冠绝一时"，而且如后所述"弱冠游于京师，名士莫不交结"。就这些而言，与他父亲非常像。]

刘聪，字玄明，一名载，元海第四子也。母曰张夫人。初，聪之在孕也，张氏梦日入怀，寤而以告，元海曰："此吉征也，慎勿言。"十五月而生聪焉，夜有白光之异。形体非常，左耳有一白毫，长二尺余，甚光泽。幼而聪悟好学，博士朱纪大奇之。年十四，究通经史，兼综百家之言，《孙吴兵法》靡不诵之。工草隶，善属文，著述怀诗百余篇、赋颂五十余篇。十五习击刺，猿臂善射，弯弓三百斤，膂力骁捷，冠绝一时。太原王浑见而悦之，谓元海曰："此儿吾所不能测也。"

[助其父亲建国，继而杀兄篡位，旋即遣主力军"长驱入洛川……陷垒壁百余"。]

弱冠游于京师，名士莫不交结，乐广、张华尤异之也。新兴太守郭颐辟为主簿，举良将，入为骁骑别部司马，累迁右部都尉，[助其父亲建国，主要是自我奉献为司马颖的人质，以掩护父亲；]善于抚接，五部豪右无不归之。河间王颙表为赤沙中郎将。聪以元海在邺，惧为成都王颖所害，乃亡奔成都王，拜右积弩将军，参前锋战事。元海为北单于，立为右贤王，随还右部。及即大单于位，更拜鹿蠡王。[杀兄篡位，经过一点儿"假客气"：]既杀其兄和，群臣劝即尊位。聪初让其弟北海王乂，乂与公卿泣涕固请，聪久而许之，曰："乂及群公正以四海未定，祸难尚殷，贪孤年长故耳。此国家之事，孤敢不祗从。今便欲远遵鲁隐，待乂年长，复子明辟。"于是以永嘉四年[310]僭即皇帝位，大赦境内，改元光兴。尊元海妻单氏曰皇太后，其母张氏为帝太后,乂为皇太弟,领大单于、大司徒,立其妻呼延氏为皇后,封其子粲为河内王,署使持节、抚军大将军、都督中外诸军事……[他马不停蹄,急欲攻占中原,灭亡西晋:]遣粲及其征东王弥、龙骧刘曜[刘渊族子]等率众四万,长驱入洛川,遂出辕辕[关名,在今河南巩义、登封、偃师交界一带辕辕山],周旋梁、陈、汝、颖之间,陷垒壁百余。以其司空刘景为大司马,左光禄刘殷为大司徒,右光禄王育为大司空。[同时他在宫廷乱伦,致皇太后身死,皇太弟兼首席重臣被疏远:]伪太后单氏姿色绝丽,聪蒸[又作烝,即以下淫上,儿子辈与长辈妇女乱伦]焉。单即乂之母也,乂屡以为言,单氏惭恚而死,聪悲悼无已。后知其故,乂之宠因此渐衰,然犹追念单氏,未便黜废。又尊母为皇太后。

[前赵大军攻陷洛阳,大肆屠掠,俘虏怀帝,西晋王公以下百官士民近二十万人惨遭杀害。①]

[一攻洛阳,"王师前后十二败,死者三万余人","掠王公以下子女二百余人而去":]署其卫尉呼延晏为使持节、前锋大都督、前军大将军。配禁兵二万七千,自宜阳入洛川,命王弥、刘曜及镇军石勒进师会之。晏比及河南,王师前后十二败,死者三万余人。弥等未至,晏留辎重于张方故垒,遂寇洛阳,攻陷平昌门,焚东阳、宣阳诸门及诸府寺。怀帝遣河南尹刘默距之,王师败于社门。晏以外继不至,出自东阳

---

① 关于被害者死亡数,见本段和以下史录:《晋书·孝怀帝孝愍帝纪》载:
　　[石勒全歼十余万西晋官兵士庶:]四月戊子,石勒追东海王越丧,及于东郡,将军钱端战死,军溃,太尉王衍、吏部尚书刘望、廷尉诸葛铨、尚书郑豫、武陵王澹等皆遇害,王公已下死者十余万人。东海世子毗及宗室四十八王寻又没于石勒。……[在帝都"人相食"、宫廷和朝廷极端羸弱和残破的情况下,怀帝开始流亡,但未遂:]大将军苟晞表迁都仓垣[今河南开封市陈留县西],帝将从之,诸大臣畏滔,不敢奉诏,且宫中及黄门恋资财,不欲出。至是饥甚,人相食,百官流亡者十八九。帝召群臣会议,将行而警卫不备。帝抚手叹曰:"如何会无车舆!"乃使司徒傅祗出诣河阴,修舟楫,为水行之备。朝士数人导从。帝步出西掖门。至铜驼街,为盗所掠,不得进而还。[再度压倒性大灾! 前赵大军大破洛阳,无所不用其极,并且俘虏试图逃往长安的怀帝:]六月癸未,刘曜、王弥、石勒同寇洛川,王师频为贼所败,死者甚众。……丁酉,刘曜、王弥入京师。帝开华林园门,出河阴藕池,欲幸长安,为曜等所追及。曜等遂焚烧宫庙,逼辱妃后,吴王晏、竟陵王楙、尚书左仆射和郁、右仆射曹馥、尚书闾丘冲、袁粲、王绲、河南尹刘默等皆遇害,百官士庶死者三万余人。帝蒙尘于平阳[今山西临汾]……

门,掠王公已下子女二百余人而去。时帝将济河东遁,具船于洛水,晏尽焚之,还于张方故垒。[二攻洛阳,洛阳城陷,纵兵大肆屠掠,俘虏怀帝,"害诸王公及百官以下三万余人":]王弥、刘曜至,复与晏会围洛阳。时城内饥甚,人皆相食,百官分散,莫有固志。宣阳门陷,弥、晏入于南宫,升太极前殿,纵兵大掠,悉收宫人、珍宝。曜于是害诸王公及百官已下三万余人,于洛水北筑为京观。迁帝及惠帝羊后、传国六玺于平阳。聪大赦,改年嘉平,以帝为特进、左光禄大夫、平阿公。

[一攻长安,城陷,晋南阳王司马模被杀:]遣其平西赵染、安西刘雅率骑二万攻南阳王模于长安,粲、曜率大众继之。染败王师于潼关,将军吕毅死之。军至于下邽,模乃降染。染送模于粲,粲害模及其子范阳王黎,送卫将军梁芬、模长史鲁繇、兼散骑常侍杜鳌、辛谧及北宫纯等于平阳。……

[未来篡位者刘曜更见坐大:]署刘曜为车骑大将军、开府仪同三司、雍州牧,改封中山王,镇长安,王弥为大将军,封齐公。[羯胡石勒难制,反叛之势初现:]寻而石勒等杀弥于己吾而并其众,表弥叛状。聪大怒,遣使让勒专害公辅,有无上之心,又恐勒之有二志也,以弥部众配之。[西晋余臣率师十余万连败刘曜于长安地区,"关中戎晋莫不响应":]刘曜既据长安,安定太守贾疋及诸氐羌皆送质任,唯雍州刺史麹特、新平太守竺恢固守不降。护军麹允、频阳令梁肃自京兆南山将奔安定,遇疋任子于阴密,拥还临泾,推疋为平南将军,率众五万,攻曜于长安,扶风太守梁综及麹特、竺恢等亦率众十万会之。曜遣刘雅、赵染来距,败绩而还。曜又尽长安锐卒与诸军战于黄丘,曜众大败,中流矢,退保甘渠。杜人王秃、纪特等攻刘粲于新丰,粲还平阳。曜攻陷池阳,掠万余人归于长安。时阎鼎[县令,时行豫州刺史事]等奉秦王[后为晋愍帝]为皇太子,入于雍城,关中戎晋莫不响应。

[他攻毁洛阳后很快变得骄昏无比,沉溺荒淫,大纳嫔妃,还破天荒地封上、左、右三皇后,"奢僭贪残"的宦官佞幸控制朝政,"军旅无岁不兴,而将士无钱帛之赏"。]

["六刘之宠倾于后宫,聪稀复出外",宦官嫔妃主政:]聪后呼延氏死,将纳其太保刘殷女,其弟乂固谏。聪更访之于太宰刘延年、大傅刘景,景等皆曰:"臣常闻太保自云周刘康公之后,与圣氏本源既殊,纳之为允。"聪大悦,使其兼大鸿胪李弘拜殷二女为左右贵嫔,位在昭仪上。又纳殷女孙四人为贵人,位次贵嫔。……于是六

刘之宠倾于后宫，聪稀复出外，事皆中黄门纳奏，左贵嫔决之。

　　……　……

　　[游猎无度，差一点儿斩杀谏臣。]聪游猎无度，常晨出暮归，观渔于汾水，以烛继昼。中军王彰谏曰："今大难未夷，余晋假息，陛下不惧白龙鱼服之祸，而昏夜忘归。陛下当思先帝创业之艰难，嗣承之不易，鸿业已尔，四海属情，何可坠之于垂成，臛之于将就！……且愚人系汉之心未专，而思晋之怀犹盛，刘琨去此咫尺之间，狂狷刺客息顷而至。帝王轻出，一夫敌耳。愿陛下改往修来，则亿兆幸甚。"聪大怒，命斩之。上夫人王氏叩头乞哀，乃囚之诏狱。聪母以聪刑怒过差，三日不食，弟乂、子粲并与切谏。聪怒曰："吾岂桀、纣、幽、厉乎，而汝等生来哭人！"其太宰刘延年及诸公卿列侯百有余人，皆免冠涕泣固谏……聪乃赦彰。

　　[旁述他几乎无暇关心的关中战事：占据长安的刘曜连战败绩，"驱掠士女八万余口退还平阳"。]麹特等围长安，刘曜连战败绩，乃驱掠士女八万余口退还平阳，因攻司徒傅祗于三渚，使其右将军刘参攻郭默于怀城。祗病卒，城陷，迁祗孙纯、粹并其二万余户于平阳县。……

　　[旁述他不能不关心的并州战事：刘粲等攻陷刘琨长久固守的晋阳，但大败于刘琨失守后引来的鲜卑拓跋部大军。]聪遣刘粲、刘曜等攻刘琨于晋阳，琨使张乔距之，战于武灌，乔败绩，死之，晋阳危惧。太原太守高乔、琨别驾郝聿以晋阳降粲。琨与左右数十骑，携其妻子奔于赵郡之亭头，遂如常山。粲、曜入于晋阳。先是，琨与代王猗卢[拓跋部首领]结为兄弟，乃告败于猗卢，且乞师。猗卢遣子日利孙、宾六须及将军卫雄、姬澹等率众数万攻晋阳，琨收散卒千余为之向导，猗卢率众六万至于狼猛。曜及宾六须战于汾东，曜坠马，中流矢，身被七创。……曜入晋阳，夜与刘粲等掠百姓，逾蒙山遁归。猗卢率骑追之，战于蓝谷，粲败绩……琨收合离散，保于阳曲[今山西太原市阳曲县]，猗卢戍之而还。

　　[回到正题：杀害被俘的晋怀帝(313)后，继续奢靡无度，再次差一点儿斩杀谏臣。]正旦，聪宴于光极前殿，逼帝行酒，光禄大夫庾珉、王俊等起而大哭，聪恶之。会有告珉等谋以平阳应刘琨者，聪遂鸩帝而诛珉、俊，复以赐帝刘夫人为贵人，大赦境内殊死已下。立左贵嫔刘氏为皇后。聪将为刘氏起鸳仪殿于后庭，廷尉陈元达谏曰："……晋氏暗虐，视百姓如草芥，故上天剿绝其祚。乃眷皇汉，苍生引领息肩，怀

更苏之望有日矣。我高祖光文皇帝靖言惟兹，痛心疾首，故身衣大布，居不重茵；先皇后嫔服无绮彩。……陛下龙兴已来，外殄二京不世之寇，内兴殿观四十余所，重之以饥馑疾疫，死亡相属，兵疲于外，人怨于内，为之父母固若是乎！伏闻诏旨，将营鸳仪……窃以大难未夷，宫宇粗给，今之所营，尤实非宜。……"聪大怒曰："吾为万机主，将营一殿，岂问汝鼠子乎！不杀此奴，沮乱朕心，朕殿何当得成邪！将出斩之，并其妻子同枭东市，使群鼠共穴。"时在逍遥园李中堂，元达抱堂下树叫曰："臣所言者，社稷之计也，而陛下杀臣。若死者有知，臣要当上诉陛下于天，下诉陛下于先帝。……"元达先锁腰而入，及至，即以锁绕树，左右曳之不能动。聪怒甚。刘氏时在后堂，闻之，密遣中常侍私敕左右停刑，于是手疏切谏，聪乃解，引元达而谢之，易逍遥园为纳贤园，李中堂为愧贤堂。

[二攻长安，攻陷但退出，因为刘曜再度兵败而归平阳]时愍帝即位于长安，聪遣刘曜及司隶乔智明、武牙李景年等寇长安，命赵染率众赴之。时大都督麹允据黄白城，累为曜、染所败。染谓曜曰："麹允率大众在外，长安可袭而取之。得长安，黄白城自服。愿大王以重众守此，染请轻骑袭之。"曜乃承制加染前锋大都督、安南大将军，以精骑五千配之而进。王师败于渭阳，将军王广死之。染夜入长安外城，帝奔射雁楼，染焚烧龙尾及诸军营，杀掠千余人，旦退屯逍遥园。麹允率众袭曜，连战败之。曜入粟邑，遂归平阳。

["后庭有三后"！"后宫乱宠，进御无序"]时流星起……落于平阳北十里。视之，则有肉长三十步，广二十七步，臭闻于平阳，肉旁常有哭声，昼夜不止。聪甚恶之，延公卿已下问曰："朕之不德，致有斯异，其各极言，勿有所讳。"陈元达及博士张师等进对曰："……后庭有三后之事，亡国丧家，靡不由此，愿陛下慎之。"聪曰："此阴阳之理，何关人事！"……俄而刘氏死，……自是后宫乱宠，进御无序矣。

[确定其子刘粲为首席重臣和事实上的皇储，未来的篡位者刘曜为军队执行主帅]聪……于是大定百官……以其子粲为丞相、领大将军、录尚书事，进封晋王，食五都。刘延年录尚书六条事，刘景为太师，王育为太傅，任颉为太保，马景为大司徒，朱纪为大司空，刘曜为大司马。

…… ……

[皇太弟北海王刘乂继位无望，同时又不肯政变以自振自保]聪以粲为相国，

总百揆,省丞相以并相国。……雨血于其东宫延明殿,彻瓦在地者深五寸。刘乂恶之,以访其太师卢志、太傅崔玮、太保许遐。志等曰:"主上往以殿下为太弟者,盖以安众望也,志在晋王久矣,王公已下莫不希旨归之。……殿下不得立明也。然非止不得立而已,不测之危厄在于旦夕,宜早为之所。四卫精兵不减五千,余营诸王皆年齿尚幼,可夺而取之。相国轻佻,正可烦一刺客耳。大将军无日不出,其营可袭而得也。殿下但当有意,二万精兵立便可得……大司马不虑为异也。"乂弗从,乃止。

[得靳准——刘粲未来的索命人——"国色"二女为后妃:]聪如中护军靳准第,纳其二女为左右贵嫔,大曰月光,小曰月华,皆国色也。数月,立月光为皇后。

[皇太弟刘乂遭软禁,危在旦夕:]东宫舍人荀裕告卢志等劝乂谋反,乂不从之状。聪于是收志、玮、遐于诏狱,假以他事杀之。使冠威卜抽监守东宫,禁乂朝贺。乂忧惧不知所为,乃上表自陈,乞为黔首,并免诸子之封,褒美晋王粲宜登储副,抽又抑而弗通。

…… ……

[破天荒地立三位皇后,哪怕群臣大不满:]时聪以其皇后靳氏为上皇后,立贵妃刘氏为左皇后,右贵嫔靳氏为右皇后。左司隶陈元达以三后之立也,极谏,聪不纳,乃以元达为右光禄大夫,外示优贤,内实夺其权也。于是太尉范隆、大司马刘丹、大司空呼延晏、尚书令王鉴等皆抗表逊位,以让元达。聪乃以元达为御史大夫、仪同三司。

[三攻长安,"频为王师所败":]刘曜寇长安,频为王师所败。曜曰:"彼犹强盛,弗可图矣。"引师而归。

[首席皇后淫乱,被废而自杀;然而废之乃大不情愿之举,故"追念其姿色"。]……上皇后靳氏有淫秽之行,陈元达奏之。聪废靳,靳惭恚自杀。靳有殊宠,聪迫于元达之势,故废之。既而追念其姿色,深仇元达。

…… ……

[记载他昏政恶政的最重要一段,显示宦官佞幸"奢僭贪残",控制朝政,"军旅无岁不兴,而将士无钱帛之赏",同时"后宫之家赐赏……动至数千万:]……时聪中常侍王沈、宣怀、俞容,中宫仆射郭猗,中黄门陵修等皆宠幸用事。聪游宴后宫,或百日不出,群臣皆因沈等言事,多不呈聪,率以其意爱憎而决之,故或有勋旧功臣而

弗见叙录，奸佞小人数日而便至二千石者。军旅无岁不兴，而将士无钱帛之赏，后宫之家赐赉及于僮仆，动至数千万。沈等车服宅宇皆逾于诸王，子弟、中表布衣为内史令长者三十余人，皆奢僭贪残，贼害良善。靳准合宗内外谄以事之。

[在他的昏政恶政之中，酝酿着争夺皇位继承权及军队兵权的大贵族血腥内斗。]

[宦官郭猗密谋于刘粲，双双意图剪灭皇太弟刘乂等：]郭猗有憾于刘乂，谓刘粲曰："太弟于主上之世犹怀不逞之志，此则殿下父子之深仇，四海苍生之重怨也。而主上过垂宽仁，犹不替二尊之位，一旦有风尘之变，臣窃为殿下寒心。……臣昨闻太弟与大将军相见，极有言矣，若事成，许以主上为太上皇，大将军[刘敷，刘聪子，渤海王，拜大将军]为皇太子。乂又许卫将军[刘翼，刘聪子，彭城王，拜卫将军]为大单于，二王已许之矣。二王居不疑之地，并握重兵，以此举事，事何不成！……事成之后，主上岂有全卫将军理！……臣屡启主上，主上性敦友于，谓臣言不实。刑臣刀锯之余，而蒙主上、殿下成造之恩，故不虑逆鳞之诛，每所闻必言，冀垂采纳。……若不信臣言，可呼大将军从事中郎王皮、卫军司马刘惇，假之恩顾，通其归善之路以问之，必可知也。"粲深然之。[鬼蜮阴谋化为首项阴谋行动，即胁迫对方僚属诬陷主子：]猗密谓皮、惇曰："二王逆状，主、相已具知之矣，卿同之乎？"二人惊曰："无之。"猗曰："此事必无疑，吾怜卿亲旧并见族耳。"于是歔欷流涕。皮、惇大惧，叩头求哀。猗曰："吾为卿作计，卿能用不？"二人皆曰："谨奉大人之教。"猗曰："相国必问卿，卿但云有之。若责卿何不先启，卿即答云：'臣诚负死罪，然仰惟主上圣性宽慈，殿下笃于骨肉，恐言成诖伪故也。'"皮、惇许诺。粲俄而召问二人，至不同时，而辞若画一，粲以为信然。

[国丈靳准密谋于刘粲，双方亦欲除皇太弟刘乂等：]初，靳准从妹为乂孺子[贵妾]，淫于侍人，乂怒杀之，而屡以嘲准。准深惭恚，说粲曰："东宫万机之副，殿下宜自居之，以领相国，使天下知早有所系望也。"至是，准又说粲曰："昔孝成距子政[刘向字]之言，使王氏卒成篡逆，可乎？"粲曰："何可之有！"准曰："然，诚如圣旨。下官亟欲有所言矣……"粲曰："君但言之。"准曰："闻风尘之言，谓大将军、卫将军及左右辅皆谋奉太弟，克季春构变，殿下宜为之备。不然，恐有商臣之祸[楚成王在位时

立商臣为太子，前626年商臣得知成王想改立王子职为太子，于是带兵逼迫，成王上吊而死，自立为楚穆王]。"粲曰："为之奈何？"准曰："主上爱信于太弟，恐卒闻未必信也。如下官愚意，宜缓东宫之禁固，勿绝太弟宾客，使轻薄之徒得与交游。太弟既素好待士，必不思防此嫌，轻薄小人不能无逆意以劝太弟之心。……然后下官为殿下露表其罪，殿下与太宰拘太弟所与交通者考问之，穷其事原，主上必以无将[心存谋逆]之罪罪之。不然，今朝望多归太弟，主上一旦晏驾，恐殿下不得立矣。"于是粲命卜抽引兵去东宫。

[他的荒淫昏乱臻于极致，诛杀"群阉所忌"多人，坚拒群臣劝谏：]聪自去冬至是，遂不复受朝贺，军国之事一决于粲，唯发中旨杀生除授，王沈、郭猗等意所欲皆从之。又立市于后庭，与宫人宴戏，或三日不醒。聪临上秋阁，诛其特进綦毋达，太中大夫公师彧，尚书王琰、田歆，少府陈休，左卫卜崇，大司农朱诞等，皆群阉所忌也。侍中卜幹泣谏聪曰："……陛下如何忽信左右爱憎之言，欲一日尸七卿！诏尚在臣间，犹未宣露，乞垂昊天之泽，回雷霆之威。且陛下直欲诛之耳，不露其罪名，何以示四海！此岂是帝王三讯之法邪！"因叩头流血。王沈叱幹曰："卜侍中欲距诏乎？"聪拂衣而入，免幹为庶人。

太宰刘易及大将军刘敷、御史大夫陈元达、金紫光禄大夫王延等诣阙谏曰[必须消灭主政宦官！]："……自古明王之世，未尝有宦者与政……今王沈等乃处常伯之位，握生死与夺于中，势倾海内，爱憎任之，矫弄诏旨，欺诬日月，内谄陛下，外佞相国，威权之重，侔于人主矣。王公见之骇目，卿宰望尘下车……政以贿成，多树奸徒，残毒忠善。知王琰等忠臣，必尽节于陛下，惧其奸萌发露，陷之极刑。陛下不垂三察，猥加诛戮，怨感穹苍，痛入九泉，四海悲惋，贤愚伤惧。沈等皆刀锯之余，背恩忘义之类，岂能如士人君子感恩展效，以答乾泽也。陛下何故亲近之？何故贵任之？……请免沈等官，付有司定罪。"[消灭主政宦官乃是痴心妄想：]聪以表示沈等，笑曰："是儿等为元达所引，遂成痴也。"寝之。……更以访粲，粲盛称沈等忠清，乃心王室。聪大悦，封沈为列侯。太宰刘易诣阙，又上疏固谏。聪大怒，手坏其表，易遂忿恚而死，元达哭之悲恸，曰："人之云亡，邦国殄瘁。吾既不复能言，安用此默默生乎！"归而自杀。

北地饥甚，人相食啖……平阳大饥，流叛死亡十有五六。石勒遣石越率骑二

　　　　　　　　　　古代军政行为方略图景：《晋书》解读

万,屯于并州,以怀抚叛者……[哀鸿遍野,石勒在旁,灭国之时渐近。]

[他的荒淫昏乱臻于极致,暴虐拒谏一如既往:]聪立上皇后樊氏,即张氏之侍婢也。时四后之外,佩皇后玺绶者七人,朝廷内外无复纲纪,阿谀日进,货贿公行,军旅在外,饥疫相仍,后宫赏赐动至千万。刘敷屡泣言之,聪不纳,怒曰:"尔欲得使汝公死乎? 朝朝夕夕生来哭人!"敷忧忿发病而死。

河东大蝗……平阳饥甚,司隶部人奔于冀州二十万户,石越招之故也。犬与豕交于相国府门,又交于官门,又交司隶、御史门。……而聪昏虐愈甚,无诫惧之心。……[哀鸿遍野,石勒在旁,灭国之时渐近,而他"昏虐愈甚"。]

[刘曜最终攻陷长安,晋愍帝被俘至平阳,西晋灭亡:]刘曜陷长安外城,愍帝使侍中宋敞送笺于曜,帝肉袒牵羊,舆榇衔璧出降。及至平阳,聪以帝为光禄大夫、怀安侯……

…… ……

[鬼蜮阴谋化为决定性阴谋行动,刘粲靳准和宦官设套诬陷和消灭刘乂,"坑士众万五千余人,平阳街巷为之空":]刘粲使王平谓刘乂曰:"适奉中诏,云京师将有变,敕襄甲以备之。"乂以为信然,令命宫臣襄甲以居。粲驰遣告靳准、王沈等曰:"向也王平告云东宫阴备非常,将若之何?"准白之,聪大惊曰:"岂有此乎!"王沈等同声曰:"臣等久闻,但恐言之陛下弗信。"于是使粲围东宫。粲遣沈、准收氐羌酋长十余人,穷问之,皆悬首高格,烧铁灼目,乃自诬与乂同造逆谋。聪谓沈等言曰:"而今而后,吾知卿等忠于朕也。当念为知无不言,勿恨往日言不用也。"于是诛乂素所亲厚大臣及东宫官属数十人,皆靳准及阉竖所怨也。废乂为北部王,粲使准贼杀之。坑士众万五千余人,平阳街巷为之空。氐羌叛者十余万落,以靳准行车骑大将军以讨之。时聪境内大蝗,平阳、冀、雍尤甚。靳准讨之,震其二子而死。河汾大溢,漂没千余家。东宫灾异,门阁宫殿荡然。立粲为皇太子,大赦殊死已下。以粲领相国、大单于,总摄朝政如前。

[晋愍帝被杀:]聪校猎上林……粲言于聪曰:"今司马氏跨据江东,赵固、李矩同逆相济,兴兵聚众者皆以子邺[即晋愍帝司马邺]为名,不如除之,以绝其望。"聪然之。

…… ……

署其骠骑大将军、济南王刘骥为大将军、都督中外诸军事、录尚书,卫大将军、齐王刘劢为大司徒。

[他将宦官首领的养女立为皇后,且诛杀谏臣]中常侍王沈养女年十四,有妙色,聪立为左皇后。尚书令王鉴、中书监崔懿之、中书令曹恂等谏曰:"……孝成[西汉成帝]任心纵欲,以婢为后,使皇统亡绝,社稷沦倾。……乱淫于色,纵沈之弟女,刑余小丑犹不可尘琼寝,污清庙,况其家婢邪!……"聪览之大怒,使宣怀谓粲曰:"鉴等小子,慢侮国家,狂言自口,无复君臣上下之礼,其速考竟。"于是收鉴等送市。……鉴等临刑,王沈以杖叩之曰:"庸奴,复能为恶乎?乃公何与汝事!"鉴瞋目叱之曰:"竖子!使皇汉灭者,坐汝鼠辈与靳准耳,要当诉汝于先帝,取汝等于地下。"懿之曰:"靳准枭声镜形,必为国患。汝既食人,人亦当食汝。"皆斩之。聪又立其中常侍宣怀养女为中皇后。

[他终于命归黄泉,但最高层血斗还在继续,靳准杀刘粲而篡位,但这不过是(前赵最后君主)刘曜剪除靳准集团而登基的前奏。]

鬼哭于光极殿,又哭于建始殿。雨血平阳,广袤十里。……

太兴元年[318],聪死,在位九年,伪谥曰昭武皇帝,庙号烈宗。

粲字士光。少而俊杰,才兼文武。[刘粲的极恶劣品性]自为宰相,威福任情,疏远忠贤,昵近奸佞,任性严刻无恩惠,距谏饰非。好兴造宫室,相国之府仿像紫宫,在位无几,作兼昼夜,饥困穷叛,死亡相继,粲弗之恤也。既嗣伪位,尊聪后靳氏为皇太后,樊氏号弘道皇后,宣氏号弘德皇后,王氏号弘孝皇后。靳等年皆未满二十,并国色也,粲晨夜蒸淫于内,志不在哀。立其妻靳氏为皇后,子元公为太子……

[靳准作乱,诱刘粲诛杀众大臣,"军国之事一决于准":]靳准将有异谋,私于粲曰:"如闻诸公将欲行伊尹、霍光之事,谋先诛太保[呼延晏]及臣,以大司马[刘曜]统万机。陛下若不先之,臣恐祸之来也不晨则夕。"粲弗纳。准惧其言之不从,谓聪二靳氏曰:"今诸公侯欲废帝,立济南王[刘骥],恐吾家无复种矣。盍言之于帝。"二靳承间言之。粲诛其太宰、上洛王刘景,太师、昌国公刘颢,大司马、济南王刘骥,大司徒、齐王刘劢等。太傅朱纪、太尉范隆出奔长安。又诛其车骑大将军、吴王刘逞,

骥母弟也。粲大阅上林,谋讨石勒。以靳准为大将军、录尚书事。粲荒耽酒色,游宴后庭,军国之事一决于准。准矫粲命,以从弟明为车骑将军,康为卫将军。

[靳准作乱,杀死刘粲,彻底清洗刘氏男女老少,变更王朝,"遣使称籓于(东)晋":]准将作乱,以金紫光禄大夫王延耆德时望,谋之于延。延弗从,驰将告之,遇靳康,劫延以归。准勒兵入宫,升其光极前殿,下使甲士执粲,数而杀之。刘氏男女无少长皆斩于东市。发掘元海、聪嵩墓,焚烧其宗庙。鬼大哭,声闻百里。

准自号大将军、汉天王,置百官,遣使称籓于晋。左光禄刘雅出奔西平。尚书北宫纯、胡崧等招集晋人,保于东宫,靳康攻灭之。准将以王延为左光禄,延骂曰:"屠各[即休屠,匈奴部落名]逆奴,何不速杀我,以吾左目置西阳门,观相国之入也,右目置建春门,观大将军之入也。"准怒,杀之。

载记第三 刘曜 摘录和评注

[刘渊族子,匈奴前赵最后君主,被脱离前赵另立后赵的羯胡石勒消灭。房玄龄等在篇末谬评他"用兵则王翦之伦",其实关于刘聪的载记已经显示,他在早已羸弱残破的长安地区多次战败,屡还平阳。不过,篇末的另一句评语"好杀亦董公之亚"讲得很对,特别是311年他和王弥攻陷洛阳后狂野屠掠,害诸王公及百官以下三万余人。]

[318年,他在靳准政变之余从长安兵回平阳,途中篡夺虚位,自行称帝,因而激怒了早已拥兵据地、意欲另立的石勒。然而,面对严峻的地缘战略两难局面,他迁都长安,将关中/陇右/河西视作"引力中心",结果对巴氐的屠戮导致数族大叛,关中剧乱,而关中和陇右经着实费劲平定后,他又大举兴师征战河西前凉,然数年未能如愿。]

[326年,他对七年前已立后赵的石勒的战争终于开始,经一大败和一大胜,终于在他和石勒分别亲率大军的决定性战役中溃败被俘,而后被杀,他麾下的前赵军队则被斩首五万余级。后一事态与311年石勒在洛阳附近屠戮西晋十余万人一起,尤其表明约六个世纪后,战国后期白起式的首要"战法"被重新招回东亚战争

舞台。]

[自少年时期起有非同寻常的性情、容貌、智识和文才，特别是"雄武过人"，抱负过人。]

刘曜，字永明，元海之族子也。少孤，见养于元海。幼而聪慧，有奇度。年八岁，从元海猎于西山，遇雨，止树下，迅雷震树，旁人莫不颠仆，曜神色自若。元海异之曰："此吾家千里驹也，从兄为不亡矣！"身长九尺三寸，垂手过膝，生而眉白，目有赤光，须髯不过百余根，而皆长五尺。性拓落高亮，与众不群。读书志于广览，不精思章句，善属文，工草隶。雄武过人，铁厚一寸，射而洞之，于时号为神射。尤好兵书，略皆暗诵。常轻侮吴、邓[吴汉、邓禹？]，而自比乐毅、萧、曹，时人莫之许也，惟聪每曰："永明，世祖[东汉光武帝庙号]、魏武之流，何数公足道哉！"

弱冠游于洛阳，坐事当诛，亡匿朝鲜，①遇赦而归。自以形质异众，恐不容于世，隐迹管涔山[在今山西忻州市宁武县]，以琴书为事。……

[在前赵刘渊刘聪之下任显要臣属，靳准政变之余从长安兵回平阳，途中篡夺虚位，自行称帝，布兵"与石勒为掎角之势"。]

元海世频历显职，后拜相国，都督中外诸军事，镇长安。靳准之难，自长安赴之。至于相邀赤壁[今山西运城市下属河津市西北的赤石川]，太保呼延晏等自平阳奔之，与太傅朱纪、太尉范隆等上尊号。曜以太兴元年[318]僭即皇帝位，大赦境内，惟准一门不在赦例，改元光初。以朱纪领司徒，呼延晏领司空，范隆以下悉复本位。使征北刘雅、镇北刘策次于汾阴[今山西运城市万荣县西]，与石勒为掎角之势。

---

① 后面被我们删去的一段内追述了他这一落难经历：初，曜之亡，与曹恂[后任中书令]奔于刘绥[太子洗马]，绥匿之于旧匮，载送于忠[晋阳太守王忠]，忠送之朝鲜。岁余，饥窘，变姓名，客为县卒。岳[后任大司徒、烈愍公崔岳]为朝鲜令，见而异之，推问所由。曜叩头自首，流涕求哀。岳曰："……今诏捕卿甚峻，百姓不可保也。此县幽僻，势能相济，纵有大急，不过解印绶与卿俱去耳。吾既门衰，无兄弟之累，身又薄祜，未有儿子，卿犹吾子弟也，勿为过忧。大丈夫处身立世，鸟兽投人，要欲济之，而况君子乎！"给以衣服，资供书传。曜遂从岳，质通疑滞，恩顾甚厚。岳从容谓曜曰："刘生姿宇神调，命世之才也！四海脱有微风摇之者，英雄之魁，卿其人矣。"

[激怒石勒,同时以马基雅维里主义式的翻云覆雨手段消灭靳氏集团,"靳氏男女无少长皆杀之";迁都长安:]……寻而乔泰、王腾、靳康、马忠等杀准,推尚书令靳明为盟主,遣卜泰奉传国六玺降于曜。曜大悦,谓泰曰:"使朕获此神玺而成帝王者,子也。"石勒闻之,怒甚,增兵攻之。明战累败,遣使求救于曜,曜使刘雅、刘策等迎之。明率平阳士女万五千归于曜,曜命诛明,靳氏男女无少长皆杀之。……徙都长安,起光世殿于前,紫光殿于后。立其妻羊氏为皇后,子熙为皇太子……冒顿配天,元海配上帝……

[尽管石勒威胁渐次严重,但他将关中/陇右/河西视作"引力中心"(一):对巴氏的屠戮导致数族大叛,关中剧乱,遂艰难平定。]

黄石屠各[匈奴屠各部]路松多起兵于新平、扶风,聚众数千,附于南阳王保。保以其将杨曼为雍州刺史,王连为扶风太守,据陈仓;张颐为新平太守,周庸为安定太守,据阴密。松多下草壁[一说在今甘肃平凉市灵台县西],秦陇氐羌多归之。曜遣其军骑刘雅、平西刘厚攻杨曼于陈仓,二旬不克。曜率中外精锐以赴之,行次雍城……

…… ……

三年,曜发雍,攻陈仓,曼、连……尽众背城而阵,为曜所败,王连死之,杨曼奔于南氐。曜进攻草壁,又陷之,松多奔陇城,进陷安定。保惧,迁于桑城。氐羌悉从之。曜振旅归于长安,署刘雅为大司徒。

[石勒权势膨胀,获取洛阳,他则对之采取绥靖拖延政策:]……曜左中郎将宋始、振威宋恕降于石勒。署其大将军,广平王岳为征东大将军,镇洛阳。会三军疫甚,岳遂屯渑池。石勒遣石生驰应宋始等,军势甚盛。曜将尹安、赵慎等以洛阳降生,岳乃班师,镇于陕城。

…… ……

[他对巴氏的大规模屠戮导致羌、氐、巴、羯几十万人大叛,关中剧乱:]长水校尉尹车谋反,潜结巴酋徐库彭,曜乃诛车,囚库彭等五十余人[一说为五千余人]于阿房,将杀之。光禄大夫游子远固谏,曜不从。子远叩头流血,曜大怒,幽子远而尽杀库彭等,尸诸街巷之中十日,乃投之于水。于是巴氏尽叛,推巴归善王句渠知为主,四山羌、氐、巴、羯应之者三十余万,关中大乱,城门昼闭。子远又从狱表谏,曜

怒甚，毁其表曰："大荔[今陕西渭南市大荔县]奴不忧命在须臾，犹敢如此，嫌死晚邪？"叱左右速杀之。刘雅、朱纪、呼延晏等谏……曜意解，乃赦之。于是敕内外戒严，将亲讨渠知。子远进曰："陛下诚能纳愚臣之计者，不劳大驾亲动，一月之中可使清定。"[惹出关中大灾后被迫改用英才游子远的政治怀柔方略，见效：]曜曰："卿试言之。"子远曰："彼匪有大志，希窃非望也，但逼于陛下峻纲耳。今死者不可追，莫若赦诸逆人之家老弱没奚官者，使迭相抚育，听其复业，大赦与之更始。彼生路既开，不降何待！……不尔者，今贼党既众，弥川被谷，虽以天威临之，恐非年岁可除。"曜大悦，以子远为车骑大将军、开府仪同三司、都督雍秦征讨诸军事。大赦境内。子远次于雍城，降者十余万，进军安定，氐羌悉下，惟句氏宗党五千余家保存于阴密，进攻平之，遂振旅循陇右，陈安郊迎。

[政治怀柔方略配之以亦是游子远的出敌不意的军事奇袭，亦见效：]先是，上郡氐羌十余万落保嶮不降，酋大虚除权渠自号秦王。子远进师至其壁下，权渠率众来距，五战败之。权渠恐，将降，其子伊余大言于众曰："往刘曜自来，犹无若我何，况此偏师而欲降之！"率劲卒五万，晨压垒门。左右劝战，子远曰："吾闻伊余之勇，当今无敌，士马之强，复非其匹；又其父新败，怒气甚盛；且西戎剽劲，锋锐不可拟也。不如缓之，使气竭而击之。"乃坚壁不战。伊余有骄色。子远候其无备，夜，誓众蓐食，晨，大风雾，子远曰："天赞我也！"躬先士卒，扫壁而出，迟明覆之，生擒伊余，悉俘其众。权渠大惧，被发割面而降。子远启曜以权渠为征西将军、西戎公，分徙伊余兄弟及其部落二十余万口于长安。西戎之中，权渠部最强，皆禀其命而为寇暴，权渠既降，莫不归附。

……　……

[某种意义上可视为旁述的他一度对国家的治理，兴学教儒，纳谏节省，抑制社会奢费，大抵为房玄龄等在篇末多少勉强地肯定的"承基丑类，或有可称"。]

曜立太学于长乐宫东，小学于未央宫西，简百姓年二十五已下十三已上，神志可教者千五百人，选朝贤宿儒明经笃学以教之。以中书监刘均领国子祭酒。置崇文祭酒，秩次国子。散骑侍郎董景道以明经擢为崇文祭酒。以游子远为大司徒。

曜命起酆明观，立西宫，建陵霄台于滈池，又将于霸陵西南营寿陵。侍中乔豫、和苞上疏谏曰："……奉诏书将营酆明观,市道乌茗咸以非之,曰一观之功可以平凉州矣。又奉敕旨复欲拟阿房而建西宫,模琼台而起陵霄,此则费万酆明,功亿前役也。以此功费,亦可以吞吴蜀,翦齐魏矣。陛下何为于中兴之日而踪亡国之事!……陛下此役,实为过举。……又伏闻敕旨将营建寿陵,周回四里,下深二十五丈,以铜为棺郭,黄金饰之,恐此功费非国内所能办也……自古无有不亡之国,不掘之墓,故圣王知厚葬之招害也,故不为之。……兴亡奢俭,同然于前,惟陛下览之。"曜大悦,下书曰:"二侍中恳恳有古人之风烈矣,可谓社稷之臣也。非二君,朕安闻此言乎!……今敕悉停寿陵制度,一遵霸陵之法。《诗》不云乎:'无言不酬,无德不报。'其封豫安昌子,苞平舆子,并领谏议大夫。可敷告天下,使知区区之朝思闻过也。自今政法有不便于时,不利社稷者,其诣阙极言,勿有所讳。"省酆水围以与贫户。

…… ……

[尽管石勒威胁渐次严重,但他将关中/陇右/河西视作"引力中心"(二):平定仇池氐羌,击灭叛将陈安,后者"西州氐羌悉从","士马雄盛,众十余万"。]

[再度以政治怀柔为主,平定仇池氐羌:]曜亲征氐羌,仇池[介于今陇南、陕西南、川北之间]杨难敌率众来距,前锋击败之,难敌退保仇池,仇池诸氐羌多降于曜。曜后复西讨杨韬于南安,韬惧,与陇西太守梁勋等降于曜,皆封列侯。使侍中乔豫率甲士五千,迁韬等及陇右万余户于长安。曜又进攻仇池。时曜寝疾,兼疠疫甚,议欲班师,恐难敌蹑其后,乃以其尚书郎王犷为光国中郎将,使于仇池,以说难敌,难敌于是遣使称藩。曜大悦,署难敌为使持节、侍中、假黄钺、都督益宁南秦凉梁巴六州陇上西域诸军事、上大将军、益宁南秦三州牧、领护南氐校尉、宁羌中郎将、武都王,子弟为公侯列将二千石者十五人。①

----

① 后面被我们删去的非连续的三段记载:
杨难敌以陈安既平,内怀危惧,奔于汉中。镇西刘厚追击之,获其辎重千余两,士女六千余人,还之仇池。曜以大鸿胪田崧为镇南大将军、益州刺史,镇仇池……
杨难敌自汉中还袭仇池,克之,执田崧,立之于前。难敌左右叱崧令拜,崧瞋目叱之曰:"氐狗!安有天子牧伯而向贼拜乎!"……顾排一人,取其剑,前刺难敌,不中,为难敌所杀。
曜遣其武卫刘朗率骑三万袭杨难敌于仇池,弗克,掠三千余户而归。

[陈安反叛，"西州氐羌悉从"，"士马雄盛，众十余万"：]陈安[反叛将领，割据势力，陇上氐羌部落归附之，拥兵十余万]请朝，曜以疾笃不许。安怒，且以曜为死也，遂大掠而归。曜疾甚笃，马舆而还，使其将呼延实监辎重于后。陈安率精骑要之于道。实奔战无路，与长史鲁凭俱没于安。……遣其弟集及将军张明等率骑二万追曜，曜卫军呼延瑜逆战，击斩之，悉俘其众。安惧，驰还上邽。曜至自南安。陈安使其将刘烈、赵罕袭冴城，拔之，西州氐羌悉从安。安士马雄盛，众十余万，自称使持节、大都督、假黄钺、大将军、雍凉秦梁四州牧、凉王……

休屠王石武以桑城[在今甘肃定西市临洮县]降，曜大悦，署武为使持节、都督秦州陇上杂夷诸军事、平西大将军、秦州刺史，封酒泉王。

曜后羊氏死，伪谥献文皇后。羊氏内有特宠，外参朝政，生曜三子熙、袭、阐。

[某种意义上可视为旁述的他一度对国家的治理，兴学教儒，纳谏节省，抑制社会奢费，大抵为房玄龄等在篇末多少勉强地肯定的"承基丑类，或有可称"。（续）]

曜始禁无官者不听乘马，禄八百石已上妇女乃得衣锦绣，自季秋农功毕，乃听饮酒，非宗庙社稷之祭不得杀牛，犯者皆死。曜临太学，引试学生之上第者拜郎中。

…… ……

[然而他纳谏节省坚持不了多久，腐败强劲有力，可克服之：]曜将葬其父及妻，亲如粟邑以规度之。负土为坟，其下周回二里，作者继以脂烛，怨呼之声盈于道路。游子远谏曰："臣闻圣主明王、忠臣孝子之于终葬也，棺足周身，椁足周棺，藏足周椁而已，不封不树……伏惟陛下圣慈幽被，神鉴洞远，每以清俭恤下为先。社稷资储为本。今二陵之费至以亿计，计六万夫百日作，所用六百万功。二陵皆下锢三泉，上崇百尺，积石为山，增土为阜，发掘古冢以千百数，役夫呼嗟，气塞天地，暴骸原野，哭声盈衢，臣窃谓无益于先皇先后，而徒丧国之储力。……"曜不纳，乃使其将刘岳等帅骑一万，迎父及弟晖丧于太原。疫气大行，死者十三四。……曜葬其父，墓号永垣陵，葬妻羊氏，墓号显平陵。……

[尽管石勒威胁渐次严重，但他将关中/陇右/河西视作"引力中心"（二）：平定仇池氐羌，击灭叛将陈安，后者"西州氐羌悉从"，"士马雄盛，众十余万"。（续）]

[智勇双全的前赵将领刘贡大败陈安，使之成孤城困兽：]太宁[东晋明帝年号]元年[323]，陈安攻曜征西刘贡于南安，休屠王石武自桑城将攻上邽，以解南安之围。安闻之惧，驰归上邽，遇于瓜田。武以众寡不敌，奔保张春故垒。安引军追武曰："叛逆胡奴！要当生缚此奴，然后斩刘贡。"武闭垒距之。贡败安后军，俘斩万余。安驰还赴救，贡逆击败之。俄而武骑大至，安众大溃，收骑八千，奔于陇城。贡乃留武督后众，躬先士卒，战辄败之，遂围安于陇城[今甘肃天水市张家川回族自治县]。

······ ······

[他亲征陈安，后者连败后突围，与追军恶战，最后在逃匿中被斩杀：]曜亲征陈安，围安于陇城。安频出挑战，累击败之，斩获八千余级。右军刘干攻平襄，克之，陇上诸县悉降。曲赦陇右殊死已下，惟陈安、赵募不在其例。安留杨伯支、姜冲儿等守陇城，帅骑数百突围而出，欲引上邽、平襄之众还解陇城之围。安既出，知上邽被围，平襄已败，乃南走陕中。曜使其将军平先、丘中伯率劲骑追安，频战败之，俘斩四百余级。安与壮士十余骑于陕中格战，安左手奋七尺大刀，右手执丈八蛇矛，近交则刀矛俱发，辄害五六；远则双带鞬服，左右驰射而走。平先亦壮健绝人，勇捷如飞，与安搏战，三交，夺其蛇矛而退。会日暮，雨甚，安弃马，与左右五六人步逾山岭，匿于溪涧。翌日寻之，遂不知所在。会连雨始霁，辅威呼延清寻其径迹，斩安于涧曲。曜大悦。

安善于抚接，吉凶夷险与众同之，及其死，陇上歌之曰："陇上壮士有陈安，驱干虽小腹中宽，爱养将士同心肝。聂骢父马铁瑕鞍，七尺大刀奋如湍，丈八蛇矛左右盘，十荡十决无当前。战始三交失蛇矛，弃我聂骢窜严幽，为我外援而悬头。西流之水东流河，一去不还奈子何！"······

杨伯支斩姜冲儿，以陇城降。宋亭斩赵募，以上邽降。徙秦州大姓杨、姜诸族二千余户于长安。氐羌悉下，并送质任。

[尽管石勒威胁渐次严重，但他将关中/陇右/河西视作"引力中心"（三）：关中和陇右经着实费劲平定后，他又兴师征战河西前凉，但数年未能如愿。]

[率军近三十万压向前凉，前凉君主张茂看似心惊胆战，俯首称臣，但实际上

（据《晋书·张茂传》）遣将击退他的进攻：①]时刘岳与凉州刺史张茂相持于河上，曜自陇长驱至西河，戎卒二十八万五千，临河列营，百余里中，钟鼓之声沸河动地，自古军旅之盛未有斯比。茂临河诸戍皆望风奔退。扬声欲百道俱渡，直至姑臧，凉州大怖，人无固志。诸将咸欲速济，曜曰："吾军旅虽盛，不逾魏武之东也。畏威而来者，三有二焉。中军宿卫已皆疲老，不可用也。张氏以吾新平陈安，师徒殷盛，以形声言之，非彼五郡之众所能抗也，必怖而归命，受制称籓，吾复何求！卿等试之，不出中旬，张茂之表不至者，吾为负卿矣。"茂惧，果遣使称籓，献马一千五百匹，牛三千头，羊十万口，黄金三百八十斤，银七百斤，女妓二十人，及诸珍宝珠玉、方域美货不可胜纪。曜大悦，使其大鸿胪田崧署茂使持节、假黄钺、侍中、都督凉南北秦梁益巴汉陇右西域杂夷匈奴诸军事、太师、领大司马、凉州牧、领西域大都护、护氐羌校尉、凉王。……

　　……曜立后刘氏。

　　…… ……

　　[326年，他对七年前已建立后赵的石勒的战争终于开始，经一大败和一大胜，终于在他和石勒各自亲率大军的决定性战役中溃败被俘，而后被杀，他麾下的前赵军队则被斩首五万余级，前赵灭亡。]

---

① 明年[321]，刘曜遣其将刘咸攻韩璞于冀城[今甘肃天水市甘谷县]，呼延寔攻宁羌护军阴鉴于桑壁[今甘肃定西市临洮县南]。临洮人翟楷、石琮等逐令长，以县应曜，河西大震。参军马岌劝茂亲征，长史氾祎怒曰："亡国之人复欲干乱大事，宜斩岌以安百姓。"岌曰："氾公书生槽粕，刺举近才[只会检举和抨击人的短视之才]，不惟国家大计。……事势不可以不出。且宜立信勇之验，以副秦陇之望。"茂曰："马生之言得之矣。"乃出次石头。[张茂委派一位部将任战役指挥，后者当时更能做正确的战略形势分析和战略判断，且能率兵众克敌制胜：]茂谓参军陈珍曰："刘曜以乘胜之声握三秦之锐，缮兵积年，士卒习战，若以精骑奄克南安，席卷河外，长驱而至者，计将何出？"珍曰："曜虽乘威怖众，恩德未结于下，又其关东离贰，内患未除，精卒寡少，多是氐羌乌合之众，终不能近舍关东之难，增陇上之戍，旷日持久与我争衡也。若二旬[20天]不退者，珍请为明公率弊卒数千以擒之。"茂大悦，以珍为平虏护军，率卒骑一千八百救韩璞。曜阴欲引归，声言要先取陇西，然后回灭桑壁。珍募发氐羌之众，击曜走之，克复南安。

曜遣刘岳攻石生于洛阳,①配以近郡甲士五千,宿卫精卒一万,济自盟津。镇东呼延谟率荆司之众自崤渑而东。[他一小胜:]岳攻石勒盟津、石梁二戍,克之,斩获五千余级,进围石生于金墉。[继而他一大败,甚或惨败:]石季龙率步骑四万入自成皋关,岳陈兵以待之。战于洛西,岳师败绩,岳中流矢,退保石梁。季龙遂堑栅列围,遏绝内外。岳众饥甚,杀马食之。季龙又败呼延谟,斩之。[他亲自率军对决,不料"夜无故大惊",军溃千里:]曜亲率军援岳,季龙率骑三万来距。曜前军刘黑大败季龙将石聪于八特坂。曜次于金谷[今河南洛阳市西北],夜无故大惊,军中溃散,乃退如渑池。夜中又惊,士卒奔溃,遂归长安。季龙执刘岳及其将王腾等八十余人,并氐羌三千余人,送于襄国[今河北邢台,后赵都城],坑士卒一万六千[屠戮"战法"!]。曜至自渑池,素服郊哭,七日乃入城。

……　……

曜妻刘氏疾甚,曜亲省临之,问其所欲言。刘泣曰:"……妾叔鲑女芳有德色,愿备后宫。"曜许之。言终而死,伪谥献烈皇后。……立刘鲑女芳为皇后,追念刘氏之言也。……召公卿已下子弟有勇干者为亲御郎,被甲乘铠马,动止自随,以充折冲之任。尚书郝述、都水使者支当等固谏,曜大怒,鸩而杀之。

……　……

……[他遣军大败前凉,且大屠戮,但未摧垮该国家:]张骏闻曜军为石氏所败,乃去曜官号,复称晋大将军、凉州牧,遣金城太守张阆及枹罕护军辛晏、将军韩璞等率众数万人,自大夏攻掠秦州诸郡。曜遣刘胤率步骑四万击之,夹洮相持七十余日。冠军呼延那鸡率亲御郎二千骑,绝其运路。胤济师逼之,璞军大溃,奔还凉州。胤追之,及于令居,斩级二万[屠戮"战法"!]。张阆、辛晏率众数万降于曜,皆拜将军,封列侯。

[虽大胜石虎,但终于在他和石勒各自亲率大军的决战中溃败被俘,而后被杀,他麾下的前赵军队遭大屠戮②:]石勒遣石季龙率众四万,自轵关西入伐曜,河东应

---

① 前一年,后赵石生进攻前赵河南太守尹平于新安[今河南洛阳市新安县],尹平战败被斩,石生掠前赵五千人而还。

② 《晋书·载记第五石勒下》载:"曜军大溃,石堪执曜,送之以徇于军,斩首五万余级,枕尸于金谷。"

之者五十余县，进攻蒲坂。曜将东救蒲坂，惧张骏、杨难敌承虚袭长安，遣其河间王述发氐羌之众屯于秦州。[他起初大胜，甚而狂胜：]曜尽中外精锐水陆赴之，自卫关北济。季龙惧，引师而退。追之，及于高候[今山西运城市闻喜县北]，大战，败之，斩其将军石瞻，枕尸二百余里，收其资仗亿计。季龙奔于朝歌。曜遂济自大阳，攻石生于金墉，决千金堨以灌之。[然而他作为统帅的政治和个人素质发生大恶变：]曜不抚士众，专与嬖臣饮博，左右或谏，曜怒，以为妖言，斩之。大风拔树，昏雾四塞。闻季龙进据石门，续知勒自率大众已济……俄而洛水候者与勒前锋交战，擒羯，送之。曜问曰："大胡自来邪？其众大小复如何？"羯曰："大胡自来，军盛不可当也。"[石勒亲征，军盛无比，他惊恐万状：]曜色变，使摄[撤去]金墉之围，陈于洛西，南北十余里。曜少而淫酒，末年尤甚。[军众大溃，他昏醉奔逃，坠马被俘：]勒至，曜将战，饮酒数斗，常乘赤马无故局顿，乃乘小马。比出，复饮酒斗余。至于西阳门，捴[统领]阵就平，勒将石堪因而乘之，师遂大溃。曜昏醉奔退，马陷石渠，坠于冰上，被疮十余，通中者三，为堪所执，送于勒所。曜曰："石王！忆重门之盟不？"勒使徐光谓曜曰："今日之事，天使其然，复云何邪！"幽曜于河南丞廧，使金疮医李永疗之，归于襄国[今河北邢台，后赵都城]。

[被俘后初得石勒厚待，但因拒绝投降，终被杀：]曜疮甚，勒载以马舆……北苑市三老孙机上礼求见曜，勒许之。机进酒于曜曰："仆谷王，关右称帝皇。当持重，保土疆。轻用兵，败洛阳。祚运穷，天所亡。开大分，持一觞。"曜曰："何以健邪！当为翁饮。"勒闻之，凄然改容曰："亡国之人，足令老叟数之。"舍曜于襄国永丰小城，给其妓妾，严兵围守。……勒谕曜与其太子熙书，令速降之，曜但敕熙："与诸大臣匡维社稷，勿以吾易意也。"[此刻他像近1500年后的普鲁士弗雷德里克大王！①]勒览而恶之，后为勒所杀。

---

① 七年战争期间，弗雷德里克大王"在灾难压来情况下，于1757年1月10日写给他的大臣康特·芬肯施泰因的著名指令：'如果我的命运是被俘虏，那么我禁止任何人丝毫关切我个人，或者丝毫注意我可能从我的被囚地写的任何东西。如果这一种不幸降临到我头上，那么我将为了国家牺牲我自己，而每个人此后必须服从我的兄弟；我要责成他以及我的所有大臣和将军，以他们的头颅担保不得为了我被释放而割让任何一省，或者交纳任何一笔赎金，而是要继续战争和夺取每项好处，就像我从未在世上存在过似的。'"弗里德里希·迈内克：《马基雅维里主义》（时殷弘译），商务印书馆2009年版，第405—406页。

[前赵残余经义渠、上邦两战战败,被石虎屠掠尽净,前赵亡:]熙及刘胤、刘咸等议西保秦州……遂率百官奔于上邦……关中扰乱,将军蒋英、辛恕拥众数十万,据长安,遣使招勒,勒遣石生率洛阳之众以赴之。胤及刘遵率众数万,自上邦将攻石生于长安……胤次于仲桥,石生固守长安。勒使石季龙率骑二万距胤,战于义渠[今甘肃庆阳市],为季龙所败,死者五千余人。胤奔上邦[今甘肃天水市清水县],季龙乘胜追战,枕尸千里,上邦溃。季龙执其伪太子熙、南阳王刘胤并将相诸王等及其诸卿校公侯已下三千余人,皆杀之。徙其台省文武、关东流人、秦雍大族九千余人于襄国,又坑其王公等及五郡屠各五千余人于洛阳。曜在位十年而败。始,元海以怀帝永嘉四年[310]僭位,至曜三世,凡二十有七载,以成帝咸和四年[329]灭。

[在五胡十六国之第一国——匈奴族前赵——的这最后君主的传末,房玄龄等写的头几句评论一定意义上可视为他们对五胡十六国的总评,毫不掩饰地道出传统华夏意识形态的一个重大组成部分,即种族/文明优劣论,而且是在其几乎极端的形态上。虽然考虑到在中国史上最黑暗、最血腥一章里他们给华夏造成的莫大苦难,如此的粗鲁和激愤庶可理解,但这改变不了它的根本偏颇和谬误性质。]

[接下来,房玄龄等对前赵三代君主的评论写得不错。最强烈的谴责理所当然地落在刘聪头上,特别是因为他制造极为血腥残暴的"永嘉之乱","遣豺狼之将,逐鹰犬之师,悬旌俯渭,分麾陷洛……粉忠贞于戎手,聚搢绅于京观……旧都宫室,咸成茂草……胡寇不仁,有同豺豕"。]

史臣曰:彼戎狄者,人面兽心,见利则弃君亲,临财则忘仁义者也。投之遐远,犹惧外侵,而处以封畿,窥我中衅。昔者幽后[周幽王后褒姒]不纲,胡尘暗于戏水[在今陕西临潼县东,源出骊山,北流经古戏亭东,又北入渭。《国语·鲁语》"幽(周幽王)灭于戏"];襄王失御,戎马生于关洛。[周襄王(前619年逝,在位33年)时,秦晋两国已擅自将陆浑戎迁居到周王畿内的伊川(今洛阳市南伊河)一带,占据该地。]至于算强弱,妙兵权,体兴衰,知利害,于我中华未可量也。[评刘渊:]况元海人杰,必致青云之上;许以殊才,不居庸劣之下。是以策马鸿骞[升迁腾达],乘机豹变,五部高啸,一旦推雄,皇枝相害[指西晋"八王之乱"],未有与之争衡者矣。……
[异族华夏化和儒家化未能逾越的限度(尤其在一个华夏野蛮化和"老庄化"的时

代！）：]若乃习以华风，温乎雅度；兼其旧俗，则罕规模。……终为夷狄之邦，未辩君臣之位。至于不远儒风，虚襟正直，则昔贤所谓并仁义而盗之者焉①。

[评刘聪：]伪主斯亡，玄明篡嗣，树恩戎旅，既总威权……然则信不由中，自乖弘远，貌之为美，处事难终。纵武穷兵，残忠害睿，佞人方辔[并辔，并驾]，并后载驰，阉竖类于回天，凝科[指酷法严刑]逾于炮烙。遣豺狼之将，逐鹰犬之师，悬旌俯渭，分麾陷洛……粉[粉碎]忠贞于戎手，聚搢绅于京观[为炫耀武功，聚集敌尸、封土而成的高冢]。……旧都宫室，咸成茂草。坠露沾衣，行人洒泪。……胡寇不仁，有同豺豕，役天子以行觞，驱乘舆以执盖，庾珉之泪既尽，辛宾加之以血②。……自古篡夺，于斯为甚。是以……贼臣苞乱，政荒民散，可以危亡……

[评刘曜：]曜则天资虓勇，运偶时艰，用兵则王霸之伦[我们已在本载记首注里称之为谬评]，好杀亦董公之亚。而承基丑类，或有可称。[如前所述，"或有可称"指他一度对国家的治理，兴学教儒，纳谏节省，抑制社会奢费；这也指他有时听言纳谏，换方改错。]子远[游子远]纳忠，高旌暂偃；和苞献直，鄙明罢观。[然而，他和前赵依然败亡：]而师之所处，荆棘生焉，自绝强籓，祸成劲敌[此八字为谬评，因为就宏观大势而言，前赵与后赵战争源自扩张主义大屠夫石勒]。天之所厌，人事以之，[他的末期素质低劣难比：]骇战士而宵奔，酌戎杯而不醒，有若假手，同乎拾芥[比喻取之极易]。岂石氏之兴欤，何不支之甚也！

列传第七十　王弥传　摘录和评注

[王弥，"家世二千石"，有才干，多权略，作"群贼"领袖，罕败多胜，到 308 年进逼

---

① 此处套用《庄子·胠箧》：圣人不死，大盗不止。虽重圣人而治天下，则是重利盗跖也。为之斗斛以量之，则并与斗斛而窃之；为之权衡以称之，则并与权衡而窃之；为之符玺而信之，则并与符玺而窃之；为之仁义以矫之，则并与仁义而窃之。

② 指先后杀害晋怀帝和晋愍帝。《载记第二刘聪》载：聪宴于光极前殿，逼帝行酒，光禄大夫庾珉、王俊等起而大哭，聪恶之。会有告珉等谋以平阳应刘琨者，聪遂鸩帝而诛珉、俊。《孝怀帝孝愍帝纪》载：聪使帝行酒洗爵，反而更衣，又使帝执盖，晋臣在坐者多失声而泣，尚书郎辛宾抱帝恸哭，为聪所害。十二月戊戌，帝遇弑，崩于平阳。

洛阳才大败于晋军。这是他的一个根本转折点,因为从此他归依前赵君主刘渊,为其最高级将领,311年即华夏惨剧"永嘉之祸"时与前赵刘聪、羯胡石勒一起歼灭西晋主力,攻陷京师洛阳,肆行烧杀掳掠,如房玄龄等痛叹:"使生灵涂炭,神器流离……何丑虏之猖狂而乱离之斯瘼(疾苦,痛苦)者也!"然而差不多转眼间,他与前赵刘曜和羯胡石勒的彼此猜忌和怨恨迅速激化,结果被石勒袭杀。]

["家世二千石",有才干,多权略,先跟从农民/流民造反首领刘伯根,后者战败身死后他成"群贼"领袖,罕败多胜,在今山东河南多所陷没,"朝廷不能制"。]

王弥,东莱[今山东烟台市下属莱州市]人也。家世二千石。祖[祖父]颀,魏玄菟太守,武帝时,至汝南太守。弥有才干,博涉书记。少游侠京都,隐者董仲道见而谓之曰:"君豺声豹视,好乱乐祸,若天下骚扰,不作士大夫矣。"惠帝末[306],妖贼刘柏根[刘伯根以宗教方式动员造反]起于东莱之慇县,弥率家僮从之,柏根以为长史。柏根死,聚徒海渚,为苟纯所败,亡入长广山[今山东莱阳市东]为群贼。弥多权略,凡有所掠,必豫图成败,举无遗策,弓马迅捷,膂力过人,青土号为"飞豹"。后引兵入寇青徐,兖州刺史苟晞逆击,大破之。弥退集亡散,众复大振,晞与之连战,不能克。弥进兵寇泰山、鲁国、谯、梁、陈、汝南、颍川、襄城诸郡,入许昌,开府库,取器杖,所在陷没,多杀守令,有众数万,朝廷不能制。

[308年他进逼洛阳,但大败于晋军,决定归依刘渊,得其厚待重用,官至最高级将领,于是大肆攻袭西晋,残害华夏,特别是311年与刘曜一起攻陷洛阳,大肆掳掠烧杀,且俘虏西晋怀帝,是为"永嘉之乱"终局。]

会天下大乱,进逼洛阳,京邑大震,宫城门昼闭。司徒王衍等率百官距守,弥屯七里涧,王师进击,大破之。弥谓其党刘灵曰:"晋兵尚强,归无所厝。刘元海昔为质子,我与之周旋京师,深有分契,今称汉王,将归之,可乎?"灵然之。[他的一个根本转折点,从此服侍匈奴,残害华夏。]乃渡河归元海。元海闻而大悦,遣其侍中兼御史大夫郊迎,致书于弥曰:"以将军有不世之功,超时之德,故有此迎耳。迟望将军之至,孤今亲行将军之馆,辄拂席洗爵,敬待将军。"及弥见元海,劝称尊号,元海谓弥曰:"孤本谓将军如窦周公[东汉初大臣窦融,字周公]耳,今真吾孔明、仲华[东汉初大臣邓禹,字仲华]也。烈祖[昭烈帝刘备]有云:'吾之有将军,如鱼之有水。'"于是署弥司隶校尉,加侍中、特进,弥固辞。使随刘曜寇河内,又与石勒攻临漳。

[服侍匈奴,残害华夏,与前赵君主和主将一起连攻连陷今陕西河南诸多城池要地:]永嘉[307—313]初,寇上党,围壶关,东海王越遣淮南内史王旷、安丰太守卫乾等讨之,及弥战于高都、长平间,大败之,死者十六七。元海进弥征东大将军,封东莱公。与刘曜、石勒等攻魏郡、汲郡、顿丘,陷五十余壁,皆调为军士。又与勒攻邺,安北将军和郁弃城而走。怀帝遣北中郎将裴宪次白马讨弥,车骑将军王堪次东燕讨勒,平北将军曹武次大阳讨元海。武部将军彭默为刘聪所败,见害,众军皆退。聪渡黄河,帝遣司隶校尉刘暾、将军宋抽等距之,皆不能抗。弥、聪以万骑至京城,焚二学。东海王越距战于西明门,弥等败走。弥复以二千骑寇襄城诸县,河东、平阳、弘农、上党诸流人之在颍川、襄城、汝南、南阳、河南者数万家,为旧居人所不礼,皆焚烧城邑,杀二千石长吏以应弥。弥又以二万人会石勒寇陈郡、颍川,屯阳翟,遣弟璋与石勒共寇徐兖,因破越军。

[特别是在 311 年与刘曜攻陷洛阳,纵兵大掠大烧大杀,"百官及男女遇害者三万余人",且俘虏西晋怀帝:]弥后与曜寇襄城,遂逼京师。时京邑大饥,人相食,百姓流亡,公卿奔河阴。曜、弥等遂陷宫城,至太极前殿,纵兵大掠。幽帝于端门,逼辱羊皇后,杀皇太子诠,发掘陵墓,焚烧宫庙,城府荡尽,百官及男女遇害者三万余人,遂迁帝于平阳。①

弥之掠也,曜禁之,弥不从。曜斩其牙门王延以徇,弥怒,与曜阻兵相攻,死者千余人。弥长史张嵩谏曰:"明公与国家共兴大事,事业甫尔,便相攻讨,何面见主上乎!平洛之功诚在将军,然刘曜皇族,宜小下之。晋二王平吴之鉴,其则不远,愿明将军以为虑。纵将军阻兵不还,其若子弟宗族何!"弥曰:"善,微子,吾不闻此过也。"于是诣曜谢,结分如初。弥曰:"下官闻过,乃是张长史之功。"曜谓嵩曰:"君为朱建矣,岂况范生乎!"各赐嵩金百斤。弥谓曜曰:"洛阳天下之中,山河四险之固,

---

① 《晋书·孝怀帝孝愍帝纪》载:(永嘉五年[311])六月癸未,刘曜、王弥、石勒同寇洛川,王师频为贼所败,死者甚众。……丁酉,刘曜、王弥入京师。帝开华林园门,出河阴藕池,欲幸长安,为曜等所追及。曜等遂焚烧宫庙,逼辱妃后,吴王晏、竟陵王楙、尚书左仆射和郁、右仆射曹馥、尚书闾丘冲、袁粲、王绲、河南尹刘默等皆遇害,百官士庶死者三万余人。帝蒙尘于平阳……

城池宫室无假营造,可徙平阳都之。"曜不从,焚烧而去。弥怒曰:"屠各子,岂有帝王之意乎! 汝奈天下何!"遂引众东屯项关。

[继而,刘曜和石勒对他的猜忌和怨恨迅速激化,结果他被石勒袭杀。]

初,曜以弥先入洛,不待己,怨之,至是嫌隙遂构。刘暾说弥还据青州,弥然之[说到底他仍是个机会主义者!],乃以左长史曹嶷为镇东将军,给兵五千,多赍宝物还乡里,招诱亡命,且迎其室。弥将徐邈、高梁辄率部曲数千人随嶷去,弥益衰弱。

[他不仅得罪了刘曜,还与初衷相反地得罪了更恶毒和残忍的石勒,后者在内斗中先发制人,"伏兵袭弥,杀之":]初,石勒恶弥骁勇,常密为之备。弥之破洛阳也,多遗勒美女宝货以结之。时勒擒苟晞,以为左司马,弥谓勒曰:"公获苟晞而用之,何其神妙! 使晞为公左,弥为公右,天下不足定也!"勒愈忌弥,阴图之。刘暾又劝弥征曹嶷,藉其众以诛勒。于是弥使暾诣青州,令曹嶷引兵会己,而诈要勒共向青州。暾至东阿,为勒游骑所获。勒见弥与嶷书,大怒,乃杀暾。弥未之知,勒伏兵袭弥,杀之,并其众。

时殷弘 著

古代军政行为方略图景

《晋书》解读

下

南京大学出版社

目 录

政治大灾变的助因：普遍的文化/政治文化蜕变

两晋文史及其政治蕴意：凋敝乱世，"文雅斯盛"

统一与战乱期间的国家经济财政方略与法律和司法状况

殆无华夏帝国的时代：两晋与"四夷"的复杂关系

五胡乱华在中原（下）：

羯胡后赵及华夏冉魏

载记第四　石勒上　摘录和评注

［本篇止于 319 年石勒称赵王前夕。］

［石勒：当过奴隶的乱世皇帝，暴肆华夏的超级屠夫。乱世中从奴隶到皇帝的历程，或严格地说到华北大国后赵君主的历程，必然充满颠沛流离、殊死冒险、四处寻机和凶猛善战。他出身于羯胡部落小头目家庭，饥荒之中被掠为奴，投靠马贩汲桑为盗，继而卷入"八王之乱"攻城略地扩军。他几乎是个天然的权势无限扩张的追求者，而且为此从不拒斥马基雅维里主义式的随机应变：随汲桑军众惨败后投奔前汉刘渊，成为其主将之一，攻掠司冀兖徐等州，南下力捣江汉，歼灭洛阳地区晋军主力，杀死同侪王弥并兼并其军，继而设计消灭王浚，统治冀幽；他在河北猛扩势力以致尾大不掉，野心愈增以致觊觎前赵，终于在约六年后趁刘聪死去、靳准作乱的时机亲率大军作大规模干涉，随后正式建立后赵国家。］

［暴肆华夏：他简直是嗜血成性、残暴无比的恶兽，从事的大屠戮就频度和规模而言在两晋十六国时代简直首屈一指，仅次于华夏冉魏君主冉闵，后者颁布《杀胡令》，以巨大规模的民族仇杀报复异族屠戮。他最令人发指的屠杀构成"永嘉之乱"

的一大部分,即311年在洛阳附近平城"数十万众,勒以骑围而射之,相践如山,王公士庶死者十余万。王弥弟璋焚其余众,并食之"。(《晋书·八王传》)"粉(粉碎)忠贞于戎手,聚搢绅于京观(为炫耀武功,聚集敌尸、封土而成的高冢)!"(《载记第三刘曜》篇末评论)不仅如此,我们还禁不住要重复《载记第三刘曜》首注末的一句话:这与326年石勒将前赵军队斩首五万余级一起,表明约六个世纪后,战国后期白起式的首要"战法"被重新招回东亚战争舞台。]

[出身于羯胡部落小头目家庭,(据后来的神话化)出生时有传奇神迹;"长而壮健有胆力,雄武好骑射",潜在地向往军旅杀戮。]

石勒字世龙,初名匋,上党武乡[今山西晋中市榆社县北]羯人也。其先匈奴别部羌渠之胄。① 祖耶奕于,父周曷朱,一名乞翼加,并为部落小率。勒生时赤光满室,白气自天属于中庭,见者咸异之。年十四,随邑人行贩洛阳,倚啸上东门,王衍见而异之,顾谓左右曰:"向者胡雏,吾观其声视有奇志,恐将为天下之患。"驰遣收之,会勒已去。长而壮健有胆力,雄武好骑射。曷朱性凶粗,不为群胡所附,每使勒代己督摄,部胡爱信之。……父老及相者皆曰:"此胡状貌奇异,志度非常,其终不可量也。"劝邑人厚遇之。时多嗤笑,唯邬人郭敬、阳曲宁驱以为信然,并加资赡。勒亦感其恩,为之力耕。[潜在地向往军旅杀戮:]每闻鞞铎之音[刀剑军铃之声],归以告其母,母曰:"作劳耳鸣,非不祥也。"

[流离饥寒生歹意,意欲掠卖诸胡饥民,不料自己反被掠卖作奴;投靠马贩汲桑为盗。]

太安[西晋惠帝年号,302—303]中,并州饥乱,勒与诸小胡亡散,乃自雁门还依

---

① 羯族存在于中国历史的时间不长。羯人入塞之前,隶属于匈奴,即"匈奴别落"。其族裔来源一向众说纷纭,有月氏人说(陈寅恪)、西域胡说(唐长孺)、石国(粟特族之一)人说[《隋书》有石国,都柘折城,即今塔什干](王仲荦)和隶属于中亚康居人的南部务农的索格底亚那人说(谭其骧)。1978年,童超发表《关于五胡内迁的几个考证》(载于《山西大学学报》1978年第4期,经过多方考证认为羯人是中亚(羌渠)游牧人,两汉时期康居羁属匈奴,因而可能有一部分人随匈奴东来,转战于蒙古草原,其后又随之南迁,逐渐内徙于上党武乡一带。因为他们既是康居人,又是匈奴的附庸,故称:"匈奴别部,羌渠之胄。"这个论证与文献记载更贴近,较可信。

宵驱。北泽都尉刘监欲缚卖之,驱匿之,获免。勒于是潜诣纳降都尉李川,路逢郭敬,泣拜言饥寒……勒谓敬曰:"今者大饿,不可守穷。诸胡饥甚,宜诱将冀州就谷,因执卖之,可以两济。"敬深然之。会建威将军阎粹说并州刺史、东嬴公腾执诸胡于山东卖充军实,腾使将军郭阳、张隆虏群胡将诣冀州,两胡一枷。勒时年二十余,亦在其中,数为隆所驱辱。……既而卖与茌[chí]平[今山东聊城市茌平县]人师欢为奴。……[依然向往军旅杀戮,但如下所述已不是潜在地:]每耕作于野,常闻鼓角之声。勒以告诸奴,诸奴亦闻之,因曰:"吾幼来在家恒闻如是。"诸奴归以告欢,欢亦奇其状貌而免之。

[投靠马贩汲桑为盗:]欢家邻于马牧,与牧率魏郡汲桑往来,勒以能相马自托于桑。……招集王阳、夔安、支雄、冀保、吴豫、刘膺、桃豹、逯明等八骑为群盗。后郭敖、刘征、刘宝、张㖇仆、呼延莫、郭黑略、张越、孔豚、赵鹿、支屈六等又赴之,号为十八骑。复东如赤龙、骡骥诸苑中,乘苑马远掠缯宝,以赂汲桑。

[“八王之乱”打开潘多拉魔盒,他随汲桑“称为成都王颖诛东海王越、东嬴公腾为名”攻城略地扩军;他的屠戮“战法”显露端倪,继而经历他的初始大战恶战。]

及成都王颖败乘舆于荡阴[304],逼帝如邺宫……挟惠帝南奔洛阳。帝复为张方所逼,迁于长安。关东所在兵起,皆以诛颖为名。……[他随汲桑投人门下,倒霉:]颖故将阳平人公师籓等自称将军,起兵赵魏,众至数万。勒与汲桑帅牧人乘苑马数百骑以赴之。桑始命勒以石为姓,勒为名焉。籓拜勒为前队督,从攻平昌公模于邺[在今河北邯郸市临漳县和河南安阳市安阳县]。模使将军冯嵩逆战,败之。籓济自白马而南,濮阳太守苟晞讨籓斩之。[他随汲桑自立“义军”,得意:]勒与桑亡潜苑中,桑以勒为伏夜牙门,帅牧人劫掠郡县系囚,又招山泽亡命,多附勒,勒率以应之。桑乃自号大将军,称为成都王颖诛东海王越、东嬴公腾为名。桑以勒为前驱,屡有战功,署为扫虏将军、忠明亭侯。桑进军攻邺,以勒为前锋都督,大败腾将冯嵩,因长驱入邺,遂害腾,杀万余人,掠妇女珍宝而去。[他的屠戮“战法”显露端倪。]济自延津,南击兖州,越大惧,使苟晞、王赞等讨之。

[他的初始大战恶战,互有胜负但终败,汲桑战亡:]桑、勒攻幽州刺史石尠于乐陵,鲜死之。乞活田禋帅众五万救鲜,勒逆战,败禋,与晞等相持于平原、阳平间数

月,大小三十余战,互有胜负。越惧,次于官渡,为晞声援。桑、勒为晞所败,死者万余人,乃收余众,将奔刘元海。冀州刺史丁绍要之于赤桥,又大败之。桑奔马牧,勒奔乐平。王师斩桑于平原。

[汲桑死,他说动上党胡人部首率众随他投奔前赵君主刘渊(307),得到重用,是为他的军政腾达起点;在并冀两州大攻略大扩军,且得其此后的杰出谋主张宾。]

时胡部大[一部之首]张訇督、冯莫突等拥众数千,壁于上党,勒往从之,深为所昵,因说訇督曰:"刘单于[刘渊,时已称汉王]举兵诛晋,部大距而不从,岂能独立乎?"曰:"不能。"勒曰:"如其不能者,兵马当有所属。今部落皆已被单于赏募,往往聚议欲叛部大而归单于矣,宜早为之计。"訇督等素无智略,惧部众之贰己也,乃潜随勒单骑归元海。元海署訇督亲汉王,莫突为都督部大,以勒为辅汉将军、平晋王以统之。勒于是命訇督为兄,赐姓石氏,名之曰会,言其遇已也。

[他为刘渊立的首次大功,即靠马基雅维里主义式的伪装、背信和突袭,获乌丸兵众归依前赵:]乌丸张伏利度亦有众二千,壁于乐平[大致在今山西晋中市昔阳县],元海屡招而不能致。勒伪获罪于元海,因奔伏利度。伏利度大悦,结为兄弟,使勒率诸胡寇掠,所向无前,诸胡畏服。勒知众心之附已也,乃因会执伏利度,告诸胡曰:"今起大事,我与伏利度孰堪为主?"诸胡咸以推勒。勒于是释伏利度,率其部众归元海。元海加勒督山东征讨诸军事,以伏利度众配之。

[他的仗越打越大,将位越来越高,且因他骁勇凶猛,几乎总是为大军前锋:]元海使刘聪攻壶关[在今山西长治市壶关县],命勒率所统七千为前锋都督。刘琨遣护军黄秀等救壶关,勒败秀于白田,秀死之,勒遂陷壶关。元海命勒与刘零、阎黑等七将率众三万寇魏郡、顿丘诸垒壁,多陷之,假垒主将军、都尉,简强壮五万为军士,老弱安堵如故,军无私掠,百姓怀之。[他间或也有不屠戮、不私掠的政治战略表现。]

[作为刘渊麾下主将之一,在冀州大攻略大扩军,得非常杰出的政治/战略军师张宾,如虎添翼:]及元海僭号[正式称帝,308],遣使授勒持节、平东大将军,校尉、都督、王如故。勒并军寇邺,邺溃,和郁奔于卫国。执魏郡太守王粹于三台[在邺城]。进攻赵郡,害冀州西部都尉冯冲。攻乞活赦亭、田禋于中丘[今河北邢台市内丘

县],皆杀之。元海授勒安东大将军、开府,置左右长史、司马、从事中郎。进军攻钜鹿、常山,害二郡守将。陷冀州郡县堡壁百余,众至十余万,其衣冠人物集为君子营。乃引张宾为谋主,始署军功曹,以刁膺、张敬为股肱,夔安、孔苌为爪牙,支雄、呼延莫、王阳、桃豹、逯明、吴豫等为将率。使其将张斯率骑诣并州山北诸郡县,说诸胡羯,晓以安危。诸胡惧勒威名,多有附者。进军常山,分遣诸将攻中山、博陵、高阳诸县,降之者数万人。

[在常山大败于占压倒性优势的鲜卑骑兵大军后,他复猛攻冀州兖州西晋军队及其他,连战连克:]王浚使其将祁弘帅鲜卑段务尘等十余万骑讨勒,大败勒于飞龙山[在今河北石家庄市正定县],死者万余。勒退屯黎阳[今河南鹤壁市浚(xùn)县,临近河北邯郸],分命诸将攻诸未下及叛者,降三十余壁,置守宰以抚之。[如前面"简强壮五万为军士"和"集为君子营",其间或也有不屠掠的政治战略表现,为获军事人力。]进寇信都[今河北衡水市冀州区],害冀州刺史王斌。于是车骑将军王堪、北中郎将裴宪自洛阳率众讨勒,勒烧营并粮,回军距之,次于黄牛垒。魏郡太守刘矩以郡附于勒,勒使矩统其垒众为中军左翼。勒至黎阳,裴宪弃其军奔于淮南,王堪退堡仓垣。元海授勒镇东大将军,封汲郡公,持节、都督、王如故。勒固让公不受。与阎罴攻腯圈、苑市二垒,陷之,罴中流矢死,勒并统其众,潜自石桥济河,攻陷白马,坑男女三千余口[又有体现他的特征的大屠戮]。东袭鄄城,害兖州刺史袁孚。因攻仓垣,陷之,遂害堪。渡河攻广宗、清河、平原、阳平诸县,降勒者九万余口。复南济河,荥阳太守裴纯奔于建业。

时刘聪攻河内,勒率骑会之,攻冠军将军梁巨于武德[郡名,属怀州,在今河南焦作市温县附近],怀帝遣兵救之。勒留诸将守武德,与王桑逆巨于长陵。巨请降,勒弗许,巨逾城而遁,军人执之。勒驰如武德,坑降卒万余[他的武德大屠戮,"坑降卒万余"],数梁巨罪而害之。王师退还,[大屠戮的一种战略效应:]河北诸堡壁大震,皆请降送任于勒。

[他南下力捣江汉,其间先与流民大军首领"结为兄弟",而后灭之;他的割据野心初露,"欲有雄据江汉之志也"。]

及元海死,刘聪授勒征东大将军、并州刺史、汲郡公,持节、开府、都督、校尉、王如故。勒固辞将军,乃止。

....

先是,雍州流人王如、侯脱、严嶷等起兵江淮间,闻勒之来也,惧,遣众一万屯襄城以距,勒击败之,尽俘其众。勒至南阳,屯于宛北山。如惧勒之攻襄也,使送珍宝车马牺师,结为兄弟,勒纳之。如与侯脱不平,说勒攻脱。勒夜令三军鸡鸣而驾,晨压宛门,攻之,旬有二日而克。严嶷率众救脱,至则无及,遂降于勒。勒斩脱,囚嶷送于平阳,尽并其众,军势弥盛。

勒南寇襄阳,攻陷江西垒壁三十余所,留习膺守襄阳,躬帅精骑三万还攻王如。惮如之盛,遂趣襄城。如知之,遣弟璃率骑二万五千,诈言犒军,实欲袭勒。勒逆击,灭之,复屯江西,盖欲有雄据江汉之志也。[拒纳军师劝谏,一心割据江汉:]张宾以为不可,劝勒北还,弗从,以宾为参军都尉,领记室,位次司马,专居中总事。

[东晋的大举讨伐和他"军粮不接,死疫太半"的危境才使他放弃江汉北撤:]元帝虑勒南寇,使王导率众讨勒。勒军粮不接,死疫太半,纳张宾之策,乃焚辎重,裹粮卷甲,渡沔,寇江夏,太守杨岠弃郡而走。北寇新蔡,害新蔡王确于南顿,朗陵公何袭、广陵公陈眕、上党太守羊综、广平太守邵肇等率众降于勒。勒进陷许昌,害平东将军王康。

[北撤后他的历史性大举,即311年在洛阳附近平城将十余万西晋大军屠杀尽净,随之又进行两场屠杀。]

先是,东海王越率洛阳之众二十余万讨勒,越薨于军,众推太尉王衍为主,率众东下,勒轻骑追及之。衍遣将军钱端与勒战,为勒所败,端死之,衍军大溃,勒分骑围而射之,相登如山,无一免者。[大屠之后是小屠:尽杀被俘的西晋王公卿士]于是执衍及襄阳王范、任城王济、西河王喜、梁王禧、齐王超、吏部尚书刘望、豫州刺名刘乔、太傅长史庾顗等,坐之于幕下,问以晋故。衍、济等惧死,多自陈说,惟范神色俨然,意气自若,顾呵之曰:"今日之事,何复纷纭!"勒甚奇之。勒于是引诸王公卿士于外害之,死者甚众。勒重衍清辨,奇范神气,不能加之兵刃,夜使人排墙填杀之。[加之兵刃与排墙填杀有何"人道"差异?!]左卫何伦、右卫李恽闻越薨,奉越妃裴氏及越世子毗出自洛阳。勒逆毗于洧仓,军复大溃,[屠杀甚众接屠杀甚众:]执毗及诸王公卿士,皆害之,死者甚众。因率精骑三万,入自成皋关。会刘曜、王弥寇洛阳,洛阳既陷,勒归功弥、曜,遂出辕辕,屯于许昌。刘聪署勒征东大将军,勒固辞不受。

……袭破大将军苟晞于蒙城[在今河南商丘市梁园区],执晞,署为左司马……

[他愈益尾大不掉,从事前赵第一场大内斗:麻痹对手王弥,"诱而灭之",且兼并其军。]

……王弥纳刘暾之说,将先诛勒,东王青州,使暾征其将曹嶷[今山东大部的实际控制者]于齐。勒游骑获暾,得弥所与嶷书,勒杀之,密有图弥之计矣。会弥将徐邈辄引部兵去弥,弥渐削弱。及勒之获苟晞也,弥恶之,伪卑辞使谓勒曰:"公获苟晞而赦之,何其神也!使晞为公左,弥为公右,天下不足定。"勒谓张宾曰:"王弥位重言卑,恐其遂成前狗意也。"宾曰:"……王公迟回未发者,惧明公蹑其后,已有规明公之志,但未获便尔。今不图之,恐曹嶷复至,共为羽翼,后虽欲悔,何所及邪!徐邈既去,军势稍弱,观其控御之怀犹盛,可诱而灭之。"[诡谲诱王弥:]勒以为然。勒时与陈午相攻于蓬关,王弥亦与刘瑞相持甚急。弥请救于勒,勒未之许。张宾进曰:"明公常恐不得王公之便,今天以其便授我矣。陈午小竖,何能为寇?王弥人杰,将为我害。"勒因回军击瑞,斩之。弥大悦,谓勒深心推奉,无复疑也。……[再诱而灭之,且并其军众:]诡请王弥宴于己吾[在今河南商丘市宁陵县],弥长史张嵩谏弥勿就,恐有专诸、孙峻之祸,弥不从。既入,酒酣,勒手斩弥而并其众,[尾大不掉,先斩后奏,君主无可奈何:]启聪称弥叛逆之状。聪署勒镇东大将军、督并幽二州军事、领并州刺史,持节、征讨都督、校尉、开府、幽州牧、公如故。

苟晞、王赞谋叛勒,勒害之。以将军左伏肃为前锋都尉,攻掠豫州诸郡,临江而还,屯于葛陂[今河南东南部新蔡县北],降诸夷楚,署将军二千石以下,税其义谷,以供军士。

…… ……

[他南下攻占割据的抱负复起,然而再度"军中饥疫死者太半",结果经张宾劝

谏,决定回兵北上据邺城、定河朔,成为华北最强军阀以图王业:他真正的大战略转折点(312),其地缘战略理由有如下述。]

勒于葛陂缮室宇,课农造舟,将寇建邺。会霖雨历三月不止,元帝使诸将率江南之众大集寿春,勒军中饥疫死者太半。檄书朝夕继至,勒会诸将计之。右长史习膺谏勒先送款于帝,求扫平河朔,待军退之后徐更计之。勒怃然长啸。中坚夔安劝勒就高避水,勒曰:"将军何其怯乎!"孔苌、支雄等三十余将进曰:"及吴军未集,苌等请各将三百步卒,乘船三十道,夜登其城,斩吴将头,得其城,食其仓米。今年要当破丹阳,定江南,尽生缚取司马家儿辈。"勒笑曰:"是勇将之计也。"各赐铠马一匹。顾问张宾曰:"于君计何如?"宾曰:"将军攻陷帝都,囚执天子,杀害王侯,妻略妃主,擢将军之发不足以数将军之罪,奈何复还相臣奉乎!去年诛王弥之后,不宜于此营建。天降霖雨方数百里中,示将军不应留也。邺有三台之固,西接平阳,四塞山河,有喉衿之势,宜北徙据之。伐叛怀服,河朔既定,莫有处将军之右者。晋之保寿春,惧将军之往击尔,今卒闻回军,必欣于敌去,未遑奇兵掎击也。辎重径从北道,大军向寿春,辎重既过,大军徐回,何惧进退无地乎!"勒攘袂鼓髯曰:"宾之计是也。"……擢宾为右长史,加中垒将军,号曰"右侯"。

发自葛陂,遣石季龙率骑二千距寿春。[未来后赵暴虐无比的亡国君主登场,此乃他接受的首项作战使命。]会江南运船至,获米布数十艘,将士争之,不设备。晋伏兵大发,败季龙于巨灵口,赴水死者五百余人,奔退百里,及于勒军。军中震扰,谓王师大至,勒阵以待之。晋惧有伏兵,退还寿春。[回兵北上途中有似拿破仑大军兵溃俄国。]勒所过路次,皆坚壁清野,采掠无所获,军中大饥,士众相食。行达东燕,闻汲郡向冰有众数千,壁于枋头,勒将于棘津北渡,惧冰邀之,会诸将问计。张宾进曰:"如闻冰船尽在渎中,未上枋内,可简壮勇者千人,诡道潜渡,袭取其船,以济大军。大军既济,冰必可擒也。"勒从之,使支雄、孔苌等从文石津缚筏潜渡……令主簿鲜于丰挑战,设三伏以待之。冰怒,乃出军,将战,而三伏齐发,夹击攻之,又因其资,军遂丰振。长驱寇邺,攻北中郎将刘演于三台。演部将临深、牟穆等率众数万降于勒。

[舍邺城而进据襄国,以此为战略根据地中心:]时诸将佐议欲攻取三台以据之,张宾进曰:"刘演众犹数千,三台险固,攻守未可卒下,舍之则能自溃。王彭祖

[王浚字]、刘越石[刘琨字]大敌也,宜及其未有备,密规进据罕城,广运粮储,西禀平阳,扫定并蓟,桓文之业可以济也。[定河朔以图王业的地缘战略理由:]且今天下鼎沸,战争方始,游行羁旅,人无定志,难以保万全、制天下也。夫得地者昌,失地者亡。邯郸、襄国,赵之旧都,依山凭险,形胜之国,可择此二邑而都之,然后命将四出,授以奇略,推亡固存,兼弱攻昧,则群凶可除,王业可图矣。”勒曰:“右侯之计是也。”于是进据襄国。宾又言于勒曰:“今我都此,越石、彭祖深所忌也,恐及吾城池未固,资储未广,送死于我。闻广平诸县秋稼大成,可分遣诸将收掠野谷。遣使平阳,陈宜镇此之意。”勒又然之。[以襄国为中心“攻冀州郡县垒壁”,效果良好:]于是上表于刘聪,分命诸将攻冀州郡县垒壁,率多降附,运粮以输勒。刘聪署勒使持节、散骑常侍、都督冀幽并营四州杂夷、征讨诸军事、冀州牧,进封本国上党郡公,邑五万户,开府、幽州牧、东夷校尉如故。[刘聪无可奈何,承认他对冀州幽州的全权。]

[根本削弱原司马越部将、幽冀大军阀王浚的势力,继而消灭之。关键先是出敌不意地战胜王浚引来的辽西鲜卑优势大军,后是实施战略欺骗,“先为之卑”,“奉表推崇浚为天子”,然后突然实施杀害。]

……浚遣督护王昌及鲜卑段就六眷、末杯、匹磾等部众五万余以讨勒。时城隍未修,乃于襄国筑隔城重栅,设郭以待之。就六眷屯于渚阳,勒分遣诸将连出挑战,频为就六眷所败,又闻其大造攻具,勒顾谓其将佐曰:“今寇来转逼,彼众我寡,恐攻围不解,外救不至,内粮罄绝,纵孙吴重生,亦不能固也。吾将简练将士,大阵于野以决之,何如?”诸将皆曰:“宜固守以疲寇,彼师老自退,追而击之,蔑不克矣。”勒顾谓张宾、孔苌曰:“君以为何如?”[张宾等出计奇袭鲜卑大军主力,辉煌成功:]宾、苌俱曰:“闻就六眷克来月上旬送死北城,其大众远来,战守连日,以我军势寡弱,谓不敢出战,意必懈怠。今段氏种众之悍,末杯尤最,其卒之精勇,悉在末杯所,可勿复出战,示之以弱。速凿北垒为突门二十余道,候贼列守未定,出其不意,直冲末杯帐,敌必震惶,计不及设,所谓迅雷不及掩耳。末杯之众既奔,余自摧散。擒末杯之后,彭祖可指辰而定。”勒笑而纳之,即以苌为攻战都督,造突门于北城。鲜卑入屯北垒,勒候其阵未定,躬率将士鼓噪于城上。会孔苌督诸突门伏兵俱出击之,生擒末杯,就六眷等众遂奔散。苌乘胜追击,枕尸三十余里,获铠马五千匹。[奇胜大胜后继之以消弭潜在劲敌的政治处理：]就六眷收其遗众，屯于渚阳，遣使求和，送铠马金银，并以末杯三弟为质而请末杯。诸将并劝勒杀末杯以挫之，勒曰："辽西鲜卑，健国也，与我素无怨仇，为王浚所使耳。今杀一人，结怨一国，非计也。放之必悦，不复为王浚用矣。"于是纳其质，遣石季龙盟就六眷于渚阳，结为兄弟，就六眷等引还。使参军阎综献捷于刘聪。于是游纶、张豺请降称藩，勒将袭幽州，务养将士，权宜许之，皆就署将军。于是遣众寇信都，害冀州刺史王象。王浚复以邵举行冀州刺史，保于信都。

[攻占邺城；鲜卑段部完全脱离王浚而"专心归附"石勒，"王浚威势渐衰"：]建兴[西晋愍帝年号]元年[313]，石季龙攻邺三台，邺溃，刘演奔于廪丘，将军谢胥、田青、郎牧等率三台流人降于勒，勒以桃豹为魏郡太守以抚之。命段末杯为子，署为使持节、安北将军、北平公，遣还辽西。末杯感勒厚恩，在途日南面而拜者三，段氏遂专心归附，自是王浚威势渐衰。

…… ……

乌丸审广、渐裳、郝袭背王浚，密遣使降于勒，勒厚加抚纳。[他的治国方略的初始呈现，显现华夏儒家政治和文化理念对入主华夏的异族的"感召力"和重大效用，如果后者欲长治久安的话：]司冀渐宁，人始租赋。立太学，简明经善书吏署为文学掾，选将佐子弟三百人教之。……

[以石虎领镇邺城，"季龙篡夺之萌兆于此矣"：]勒谓张宾曰："邺，魏之旧都，吾将营建。既风俗殷杂，须贤望以绥之，谁可任也？"宾曰："晋故东莱太守南阳赵彭忠亮笃敏，有佐时良干，将军若任之，必能允副神规。"勒于是征彭，署为魏郡太守。彭至，入泣而辞曰："臣往策名晋室，食其禄矣。犬马恋主，切不敢忘。……受人之荣，复事二姓，臣志所不为……"勒默然。张宾进曰："自将军神旗所经，衣冠之士靡不变节[这句话就反映一项重要现实来说，远比赵彭保持气节、"大义进退"重要！]，未有能以大义进退者。至如此贤，以将军为高祖，自拟为四公，所谓君臣相知，此亦足成将军不世之高，何必吏之。"勒大悦，曰："右侯之言得孤心矣。"于是赐安车驷马，养以卿禄，辟其子明为参军。勒以石季龙为魏郡太守，镇邺三台，季龙篡夺之萌兆于此矣。

[从张宾计实施战略欺骗，"先为之卑"，"奉表推崇浚为天子"，效果极好；他是

个从不拒斥随机应变的马基雅维里主义者。〕

时王浚署置百官，奢纵淫虐，勒有吞并之意，欲先遣使以观察之。议者佥曰："宜如羊祜与陆抗书相闻〔晋将羊祜与吴将陆抗长久率军对峙，却互尊互信，君子相待〕。"时张宾有疾，勒就而谋之。宾曰："王浚假三部之力，称制南面，虽曰晋籓，实怀僭逆之志，必思协英雄，图济事业。……夫立大事者必先为之卑，当称籓推奉，尚恐未信，羊、陆之事，臣未见其可。"勒曰："右侯之计是也。"乃遣其舍人王子春、董肇等多赍珍宝，奉表推崇浚为天子曰："勒本小胡，出于戎裔，值晋纲弛御，海内饥乱，流离屯厄，窜命冀州，共相帅合，以救性命。今晋祚沦夷，远播吴会，中原无主，苍生无系。伏惟明公殿下，州乡贵望，四海所宗，为帝王者，非公复谁？……伏愿殿下应天顺时，践登皇祚。勒奉戴明公，如天地父母，明公当察勒微心，慈眄如子也。"……浚谓子春等曰："石公一时英武，据赵旧都，成鼎峙之势，何为称籓于孤，其可信乎？"子春对曰〔诱使王浚基于华夏族裔/文明偏见而犯巨大判断错误〕："……自古诚胡人而为名臣者实有之，帝王则未之有也。石将军非所以恶帝王而让明公也，顾取之不为天人之所许耳。愿公勿疑。"浚大悦……〔战略欺骗再三：〕浚司马游统时镇范阳，阴叛浚，驰使降于勒。勒斩其使，送于浚，以表诚实。浚虽不罪统，弥信勒之忠诚，无复疑矣。

〔战略欺骗不断：〕子春等与王浚使至，勒命匿劲卒精甲，虚府赢师以示之，北面拜使而受浚书。浚遗勒麈尾，勒伪不敢执，悬之于壁，朝夕拜之，云："我不得见王公，见王公所赐如见公也。"复遣董肇奉表于浚，期亲诣幽州奉上尊号……

〔他审时度势，突然起兵剪灭王浚。〕

勒将图浚，引子春问之。子春曰〔对敌方政治/战略形势的准确判断〕："幽州自去岁大水，人不粒食，浚积粟百万，不能赡恤，刑政苛酷，赋役殷烦，贼宪贤良，诛斥谏士，下不堪命，流叛略尽。鲜卑、乌丸离贰于外，枣嵩、田峤贪暴于内，人情沮扰，甲士赢弊。而浚犹置立台阁，布列百官，自言汉高、魏武不足并也。又幽州谣怪特甚，闻者莫不为之寒心，浚意气自若，曾无惧容，此亡期之至也。"勒抚几笑曰："王彭祖真可擒也。"……

勒篡兵戒期，将袭浚，而惧刘琨及鲜卑、乌丸为其后患，沈吟未发。张宾进曰："夫袭敌国，当出其不意。军严经日不行，岂顾有三方之虑乎？"勒曰："然，为之奈何?"宾曰[对敌方政治/战略/"外交"形势的准确判断]:"彭祖之据幽州,唯仗三部,今皆离叛,还为寇仇,此则外无声援以抗我也。幽州饥俭,人皆蔬食,众叛亲离,甲旅寡弱,此则内无强兵以御我也。若大军在郊,必土崩瓦解。今三方未靖,将军便能悬军千里以征幽州也。轻军往返,不出二旬。就使三方有动,势足旋趾。宜应机电发,勿后时也。且刘琨、王浚虽同名晋籓,其实仇敌。若修笺于琨,送质请和,琨必欣于得我,喜于浚灭,终不救浚而袭我也。"勒曰:"吾所不了,右侯已了,复何疑哉!"

于是轻骑袭幽州,以火宵行。至柏人,杀主簿游纶,以其兄统在范阳,惧声军计故也。遣张虑奉笺于刘琨,陈己过沉重,求讨浚以自效。琨既素疾浚,乃檄诸州郡,说勒知命思愆,收累年之咎,求拔幽都,效善将来,今听所请,受任通和。军达易水,浚督护孙纬驰遣白浚,将引军距勒,游统禁之。浚将佐咸请出击勒,浚怒曰:"石公来,正欲奉戴我也,敢言击者斩!"[他的敌人已经完全中计昏头!]乃命设缯以待之。勒晨至蓟,叱门者开门。疑有伏兵,[他的战术妙策:]先驱牛羊数千头,声言上礼,实欲填诸街巷,使兵不得发。[敌人束手被擒被杀:]浚乃惧,或坐或起。勒升其厅事,命甲士执浚……使其将王洛生驿送浚襄国市斩之。于是分遣流人各还桑梓……焚烧浚宫殿。以晋尚书刘翰为宁朔将军、行幽州刺史,戍蓟,置守宰而还。……封王浚首,献捷于刘聪。

…… ……

勒以幽冀渐平,始下州郡阅实人户,户赀二匹,租二斛。

…… ……

刘聪遣其使人范隆持节策命勒,赐以弓矢,加崇为陕东伯,得专征伐……

…… ……

[以决绝果敢的勇猛和出敌不意的伏击击溃刘琨大军,夺得并州;刘琨逃遁,而后完蛋。]

……刘琨遣将军姬澹率众十余万讨勒[316],琨次广牧,为澹声援。勒将距之,或谏之曰:"澹兵马精盛,其锋不可发,宜深沟高垒以挫其锐,攻守势异,必获万全。"勒曰:"澹大众远来,体疲力竭,犬羊乌合,号令不齐,可一战而擒之,何强之有!寇已垂至,胡可舍去,大军一动,岂易中还! 若澹乘我之退,顾乃无暇,焉得深沟高垒乎! 此为不战而自灭亡之道。"立斩谏者。以孔苌为前锋都督,令三军后出者斩。设疑兵于山上,分为二伏。勒轻骑与澹战,伪收众而北。澹纵兵追之,勒前后伏发,夹击,澹军大败,获铠马万匹,澹奔代郡,据奔刘琨。琨长史李弘以并州降于勒,琨遂奔于段匹磾[鲜卑族,幽州刺史,318 年杀害刘琨]。勒迁阳曲、乐平户于襄国,置守宰而退。

……　……

勒姊夫广威张越与诸将蒲博,勒亲临观之。越戏言忤勒,勒大怒,叱力士折其胫而杀之。[他的无端暴怒、极端残忍和血腥杀亲。]

……[纳张宾建议,以柔性政治方式有效地解决辽西流民骚乱难题:]时司、冀、并、兖州流人数万户在于辽西,迭相招引,人不安业。孙苌等攻马严、冯睹,久而不克。勒问计于张宾,宾对曰:"冯睹等本非明公之深仇,辽西流人悉有恋本之思。今宜班师息甲,差选良守,任之以龚遂之事,不拘常制,奉宣仁泽,奋扬威武,幽冀之寇可翘足而静,辽西流人可指时而至。"勒曰:"右侯之计是也。"召苌等归,署武遂令李回为易北都护、振武将军、高阳太守。马严士众多李潜军人,回先为潜府长史,素服回威德,多叛严归之。严以部众离贰,惧,奔于幽州,溺水而死。冯睹率众降于勒。回移居易京,流人降者岁常数千,勒甚嘉之,封回弋阳子,邑三百户。加宾封一千户,进宾位前将军,固辞不受。

……　……

[以"分而治之"的方式,并得对方血腥内斗之助,有效遏制鲜卑段部的威胁:]……刘琨与段匹磾、涉复辰、疾六眷、段末杯等会于固安,将谋讨勒,勒使参军王续赍金宝遗末杯以间之。末杯既思有以报勒恩,又忻于厚赂,乃说辰眷等引还,琨、匹磾亦退如蓟城。

……　……

段末杯杀鲜卑单于截附真,立忽跋邻为单于。段匹磾自幽州攻末杯,末杯逆击败之,匹磾奔还幽州,因害太尉刘琨,琨将佐相继降勒。末杯遣弟骑督击匹磾于幽州,匹磾率其部众数千,将奔邵续,勒将石越要之于盐山,大败之,匹磾退保幽州。

……　……

［"政治决战"时刻：他在冀幽等州羽翼丰满、势力强大，遂趁刘聪死去、靳准作乱的时机亲率大军作大规模干涉，随后正式建立后赵国家。］

［刘聪垂死之际，他坚决拒绝其受遗诏辅政邀请，大概肯定因为他欲早日另立国家：］刘聪疾甚，驿召勒为大将军、录尚书事，受遗诏辅政，勒固辞乃止。聪又遣其使人持节署勒大将军、持节钺，都督、侍中、校尉、二州牧、公如故，增封十郡，勒不受。［刘聪死去，靳准作乱，他遂亲率大军作大规模干涉：］聪死[318]，其子粲袭伪位，其大将军靳准杀粲于平阳，勒命张敬率骑五千为前锋以讨准，勒统精锐五万继之，据襄陵北原，羌羯降者四万余落。准数挑战，勒坚壁以挫之。刘曜自长安屯于蒲阪，曜复僭号，署勒大司马、大将军，加九锡，增封十郡，并前十三郡，进爵赵公。勒攻准于平阳小城，平阳大尹周置等率杂户六千降于勒。巴帅及诸羌羯降者十余万落，徙之司州诸县。［大规模干涉中的关键问题：前赵政权归他还是归刘曜？他与刘曜的明争暗斗：］准使卜泰送乘舆服御请和，勒与刘曜竞有招怀之计，乃送泰于曜，使知城内无归曜之意，以挫其军势。［他算错了，因为靳准势力杀了靳准后，拥戴刘曜继承前赵皇位；他大怒，一举消灭靳准军队大部，"枕尸二里"］曜潜与泰结盟，使还平阳宣慰诸屠各。勒疑泰与曜有谋，欲斩泰以速降之，诸将皆曰："今斩卜泰，准必不复降，就令泰宣汉要盟于城中，使相率诛靳准，准必惧而速降矣。"勒久乃从诸将议遣之。泰入平阳，与准将乔泰、马忠等起兵攻准，杀之，推靳明为盟主，遣泰及卜玄奉传国六玺送于刘曜。勒大怒，遣令史羊升使平阳，责明杀准之状。明怒，斩升。勒怒甚，进军攻明，明出战，勒击败之，枕尸二里。明筑城门坚守，不复出战。勒遣其左长史王修献捷于刘曜。……［他不得前赵政权，但仍攻下其都城平阳，焚平阳宫室泄愤：］石季龙率幽、冀州兵会勒攻平阳。刘曜遣征东刘畅救明。勒命舍师于蒲上。靳明率平阳之众奔于刘曜，曜西奔粟邑。勒焚平阳宫室，使裴宪、石会修复元海、聪二墓，收刘粲已下百余尸葬之，徙浑仪、乐器于襄国。

［他与刘曜彼此成仇敌，他决心迅即另立后赵——"赵王、赵帝，孤自取之！"］刘曜又遣其使人郭汜等持节署勒太宰，领大将军，进爵赵王，增封七郡，并前二十郡，出入警跸，冕十有二旒，乘金根车，驾六马，如曹公辅汉故事，夫人为王后，世子为王

太子。勒舍人曹平乐因使留仕于曜，言于曜曰："大司马遣王修等来，外表至虔，内觇大驾强弱，谋待修之返，将轻袭乘舆。"时曜势实残弊，惧修宣之。曜大怒，追氾等还，斩修于粟邑，停太宰之授。刘茂逃归，言王修死故，勒大怒，诛平乐三族，赠修太常。又知停殊礼之授，怒甚，下令曰："孤兄弟之奉刘家，人臣之道过矣，若微孤兄弟，岂能南面称朕哉！根基既立，便欲相图。天不助恶，使假手靳准。孤惟事君之体当资舜求瞽瞍之义[舜为瞽瞍（瞎眼的算命人）之子，其父和继母及异母弟数次欲害死他，但他毫不嫉恨，仍孝顺父亲，慈爱弟弟]，故复推崇令主，齐好如初，何图长恶不悛，杀奉诚之使。帝王之起，复何常邪！赵王、赵帝，孤自取之，名号大小，岂其所节邪！"

······ ······

河西鲜卑日六延叛于勒，石季龙讨之，败延于朔方，斩首二万级[屠戮的对象绝不限于华夏人]，俘三万余人，获牛马十余万。孔苌讨平幽州诸郡。时段匹磾部众饥散，弃其妻子，匹磾奔邵续······

[正式建立后赵国家：]

石季龙与张敬、张宾及诸将佐百余人劝勒称尊号，勒下书曰："孤······岂可假尊窃号，取讥四方！······其亟止斯议，勿复纷纭。自今敢言，刑兹无赦！"乃止。

······ ······

石季龙及张敬、张宾、左右司马张屈六、程遐文武等一百二十九人上疏曰："······伏惟殿下天纵圣哲，诞应符运，鞭挞宇宙，弼成皇业，普天率土，莫不来苏，嘉瑞征祥，日月相继，物望去刘氏、威怀于明公者十分而九矣。今山川夷静，星辰不孛，夏海重译，天人系仰，诚应升御中坛，即皇帝位，使攀附之徒蒙寸尺之润。请依刘备在蜀、魏王在邺故事，以······二十四郡、户二十九万为赵国。······以大单于镇抚百蛮。······伏愿钦若昊天，垂副群望也。"勒西面而让者五，南面而让者四，百僚皆叩头固请，勒乃许之。

载记第五　石勒下　摘录和评注

[本篇从 319 年石勒称赵王、正式建立后赵国家开始,经他 329 年灭前赵和 330 年称帝,到 333 年他死去为止。这十四年有三个主题:他继续从事时常伴以屠戮的大规模武力扩张和征服,那几乎是他和羯胡集团的本性;治理后赵国家,其事多依儒家政治哲学、“易衣冠华族”精英人士和传统华夏治国措施;册立儿子石弘为皇储,同时不真正提防甚而及时铲除堂侄石虎,结果他死后年少低能的前者迅速被有野心和残忍的后者消灭,后赵落到古希腊双重意义的 tyrant(僭君暴君)手中。]

[就第一个主题而言,他首先与东晋名将、豫州刺史祖逖隔江对峙,实为僵持,然后在祖逖逝后攻取豫州大片地区。继而,他的大斩获是从东晋守将手中夺得徐兖两州大部,旋又攻占私下称臣于东晋的曹嶷控制的青州大部,残杀军败投降的曹嶷与其兵众约三万人。最后,他在对前赵的决定性战役中俘虏刘曜,并且“斩首五万余级,枕尸于金谷”。就第二个主题而言,他注重农业,劝课农桑;减租缓刑,立法执法较严;约束胡人,笼络“易衣冠华族”;仿华夏“天子礼乐”,办儒学央地教育;频纳汉臣谏言,且经推荐和考试等制度“广招贤之路”。房玄龄等说他“褫毡裘,袭冠带,释介胄,开庠序”,而很大程度在这个意义上,他们评他“虽曰凶残,亦一时杰也”(《载记石季龙下》篇末)。至于第三个主题,房玄龄等也已有定评:“托授非所,贻厥无谋,身陨嗣灭,业归携养,斯乃知人之暗焉。”]

[石勒称赵王,正式建立后赵国家。在他的首批治国措施中间,特别引人注目的是:设立经学、律学、史学三祭酒;“典胡人出内,重其禁法,不得侮易衣冠华族”,虽然有“号胡人为国人”的种族优越规定;劝课农桑;“朝会常以天子礼乐飨其群下,威仪冠冕从容可观”;经推荐和考试等制度“广招贤之路”。]

[其间,他从前赵降将手中获得洛阳,并以武力击碎东晋在今河北山东的地方军队,消灭鲜卑段部势力,“于是冀、并、幽州、辽西巴西诸屯结皆陷于勒”。]

太兴二年[319],勒伪称赵王,赦殊死已下,均百姓田租之半,赐孝悌力田死义之孤帛各有差,孤老鳏寡谷人三石,大酺七日。依春秋列国、汉初侯王每世称元,改称赵王元年。始建社稷,立宗庙,营东西宫。署从事中郎裴宪、参军傅畅、杜嘏并领经学祭酒,参军续咸、庾景为律学祭酒,任播、崔濬为史学祭酒。中垒支雄、游击王阳并领门臣祭酒,专明胡人辞讼,以张离、张良、刘群、刘谟等为门生主书,司典胡人出内,重其禁法,不得侮易衣冠华族。号胡为国人。遣使循行州郡,劝课农桑。加张宾大执法,专总朝政,位冠僚首。署石季龙为单于元辅、都督禁卫诸军事,署前将军李寒领司兵勋,教国子击刺战射之法。命记室佐明楷、程机撰《上党国记》,中大夫傅彪、贾蒲、江轨撰《大将军起居注》,参军石泰、石同、石谦、孔隆撰《大单于志》。自是朝会常以天子礼乐飨其群下,威仪冠冕从容可观矣。……又下书禁国人不听报嫂[弟娶寡嫂][少数民族过继婚习俗受到局部禁抑]及在丧婚娶……

孔苌攻邵续[东晋冀州刺史]别营十一,皆下之。续寻为石季龙所获,送于襄国。刘曜将尹安、宋始据洛阳,降于勒。

…… ……

勒始制轩悬之乐,八佾之舞,为金根大辂,黄屋左纛,天子车旗,礼乐备矣。

使石季龙率步骑四万讨徐龛[东晋泰安太守],龛遣长史刘霄诣勒乞降,送妻子为质,纳之。① ……

徙朝臣掾属已上士族者三百户于襄国崇仁里,置公族大夫以领之。……制法令甚严,讳胡尤峻。[他的一桩有趣的逸事:]有醉胡乘马突入止车门,勒大怒,谓宫门小执法冯翥曰:"夫人君为令,尚望威行天下,况宫阙之间乎!向驰马入门为是何人,而不弹白邪?"翥惶惧忘讳,对曰:"向有醉胡乘马驰入,甚呵御之,而不可与语。"勒笑曰:"胡人正自难与言。"恕而不罪。

…… ……

勒清定五品,以张宾领选。复续定九品。署张班为左执法郎,孟卓为右执法郎,典定士族,副选举之任。今群僚及州郡岁各举秀才、至孝、廉清、贤良、直言、武勇之士各一人。……

…… ……

---

① [据下,不久后他遣石虎以围城战击败徐龛,并且用极为残忍野蛮的方式杀灭后者及其降卒:]遣季龙统中外精卒四万讨徐龛,龛坚守不战,于是筑室返耕,列长围以守之。……石季龙攻陷徐龛,送之襄国,勒囊盛于百尺楼自上暴杀之,令步都等妻子剐而食之,坑龛降卒三千。

石季龙攻段匹磾于厌次[今山东滨州市阳信县]。孔苌讨匹磾部内诸城,陷之。匹磾势穷,乃率其臣下舆榇出降。季龙送之襄国,勒署匹磾为冠军将军,以其弟文鸯、亚将卫麟为左右中郎将,皆金章紫绶。散诸流人三万余户,复其本业,置守宰以抚之,于是冀、并、幽州、辽西巴西诸屯结皆陷于勒。

[他与东晋祖逖隔江对峙,实为僵持,然后在祖逖逝后攻取豫州大片地区。]

时晋征北将军祖逖据谯[在今河南商丘市夏邑县北三十一里],将平中原。[他面对得军心民心的祖逖而畏惧,遂"识相地"采取实为僵持的"修结和好"方针,得到祖逖呼应。]逖善于抚纳,自河以南多背勒归顺。勒惮之,不敢为寇,乃下书曰:"祖逖屡为边患。逖,北州士望也,傥有首丘之思。其下幽州,修祖氏坟墓,为置守冢二家。冀逖如赵他感恩,辍其寇暴。"逖闻之甚悦,遣参军王愉使于勒,赠以方物,修结和好。勒厚宾其使,遣左常侍董树报聘,以马百匹、金五十斤答之。自是兖豫乂安,人得休息矣。

…… ……

[在"典度堙灭"的乱世统一衡式:]建德校尉王和掘得员石,铭曰:"律权石,重四钧,同律度量衡,有新氏造。"……参军续咸曰:"王莽时物也。"其时兵乱之后,典度堙灭,遂命下礼官为准程定式。……[他失败了的货币改革:]令公私行钱,而人情不乐,乃出公绢市钱,限中绢匹一千二百,下绢八百。然百姓私买中绢四千,下绢二千,巧利者贱买私钱,贵卖于官,坐死者十数人,而钱终不行。……

[仍是他与祖逖的"修结和好",得益于"互信建设":]祖逖牙门童建害新蔡内史周密,遣使降于勒。勒斩之,送首于祖逖,曰:"天下之恶一也。叛臣逃吏,吾之深仇,将军之恶,犹吾恶也。"逖遣使报谢。自是兖豫间垒壁叛者,逖皆不纳,二州之人率多两属矣。

……勒以百姓始复业,资储未丰,于是重制禁酿,郊祀宗庙皆以醴酒[用"蘖"(niè,生芽的谷物)而非曲酿的酒,酒精度低,在4%左右],行之数年,无复酿者。

…… ……

先是,勒世子兴死,至是,立子弘为世子,领中领军。[立年少且"其所亲昵莫非儒素"的储君,同时石虎愈益功高势盛。他难道不知其中的致命悖论?是"知人之暗"还是缺乏足够悠久牢固的嫡长子继承制使然?]

······ ······

[主谋汉臣间的权势转移,从张宾到程遐,起作用的有裙带关系、嫉妒心理、谮言诋毁、敏感君心、血腥震慑和势利众情:]清河张披为程遐长史,遐甚委昵之,张宾举为别驾,引参政事。遐疾披去己,又恶宾之权盛。勒世子弘,即遐之甥也,自以有援,欲收威重于朝,乃使弘之母谮之曰:"张披与张宾为游侠,门客日百余乘,物望皆归之,非社稷之利也,宜除披以便国家。"勒然之。至是,披取急召不时至,因此遂杀之。宾知遐之间己,遂弗敢请。无几,以遐为右长史,总执朝政,自是朝臣莫不震惧,赴于程氏矣。

["祖逖卒,勒始侵寇边戍","兵难日寻,梁郑之间骚然矣":]时祖逖卒[321],勒始侵寇边戍。勒征虏石他败王师于酂西,执将军卫荣而归。征北将军祖约惧,退如寿春。······遣其将王阳屯于豫州,有窥窬之志,于是兵难日寻,梁郑之间骚然矣。

[攻占曹嶷控制的青州大部,残杀军败投降的曹嶷与其兵众约三万人:]

又遣季龙统中外步骑四万讨曹嶷。先是,嶷议欲徙海中,保根余山[根余山即今昆嵛山,在今山东烟台市牟平区],会疾疫甚,计未及就。季龙进兵围广固[今山东潍坊市下属青州市西北四公里尧王山附近],东莱太守刘巴、长广太守吕披皆以郡降。以石他为征东将军,击羌胡[曹嶷属下一部队]于河西。左军石挺济师于广固,曹嶷降,送于襄国。勒害之,坑其众三万。季龙将尽杀嶷众,其青州刺史刘征曰:"今留征,使牧人也;无人焉牧,征将归矣。"季龙乃留男女七百口配征,镇广固。青州诸郡县垒壁尽陷。

······ ······

[旁述,他的又一桩有趣的逸事:]勒以参军樊坦清贫,擢授章武内史。既而入辞,勒见坦衣冠弊坏,大惊曰:"樊参军何贫之甚也!"坦性诚朴,率然而对曰:"顷遭羯贼无道,资财荡尽。"勒笑曰:"羯贼乃尔暴掠邪!今当相偿耳。"坦大惧,叩头泣谢。勒曰:"孤律自防俗士,不关卿辈老书生也。"赐车马衣服装钱三百万,以励贪俗。

······ ······

[以下旁述涉及我们说的他的第二主题:亲考学生经义,常听华夏史书,学习华

夏经验]勒亲临大小学,考诸学生经义,尤高者赏帛有差。勒雅好文学,虽在军旅,常令儒生读史书而听之,每以其意论古帝王善恶,朝贤儒士听者莫不归美焉。尝使人读《汉书》,闻郦食其劝立六国后,大惊曰:"此法当失,何得遂成天下!"至留侯谏,乃曰:"赖有此耳。"其天资英达如此。

······ ······

[第一主题重大事态,即325年起"刘、石祸结,兵戈日交",旁及第二主题事态。]
石生攻刘曜河内太守尹平于新安[325],斩之,克垒壁十余,降掠五千余户而归。自是刘、石祸结,兵戈日交,河东、弘农间百姓无聊矣。

[派员循行州郡,劝课农桑:]以右常侍霍皓为劝课大夫,与典农使者朱表、典劝都尉陆充等循行州郡,核定户籍,劝课农桑。农桑最修者赐五大夫。

······ ······

[纳谏纠错,效果为"忠言竞进":]勒将狩于近郊,主簿程琅谏曰:"刘、马刺客,离布如林,变起仓卒,帝王亦一夫之敌耳。孙策之祸可不虑乎!且枯木朽株尽能为害,驰骋之弊,今古戒之。"勒勃然曰:"吾干力自可,足能裁量。但知卿文书事,不须白此辈也。"是日逐兽,马触木而死,勒亦几殆,乃曰:"不用忠臣言,吾之过也。"乃赐琅朝服锦绢,爵关内侯。于是朝臣谒见,忠言竞进矣。

[不仅他经招降纳叛得到东晋司州并州辖地和"徐豫滨淮诸郡县",而且最重要的是石虎攻刘曜将于石梁彻底大胜。最大的事态发展:]晋都尉鲁潜叛,以许昌降于勒。石瞻攻陷晋兖州刺史檀斌于邹山,斌死之。勒西夷中郎将王胜袭杀并州刺史崔琨、上党内史王韬,以并州叛于勒。先是,石季龙攻刘曜将刘岳于石梁[今河南洛阳市东],至是,石梁溃,执岳送襄国。季龙又攻王胜于并州,杀之。李矩以刘岳之败也,惧,自荥阳遁归。矩长史崔宣率矩众二千降于勒。于是尽有司之地,徐豫滨淮诸郡县皆降之。

······ ······

[石虎与石弘、程遐的内斗激烈化和野蛮化,焦点现为邺城归属,后者因石勒偏爱而暂时得逞:]勒既将营邺宫,又欲以其世子弘为镇,密与程遐谋之。石季龙自以勋效之重,仗邺为基,雅无去意。及修构三台,迁其家室,季龙深恨遐,[内斗在石虎

那里野蛮化:]遣左右数十人夜入遐宅,奸其妻女,掠衣物而去。勒以弘镇邺,配禁兵万人,车骑所统五十四营悉配之,以骁骑领门臣祭酒王阳专统六夷以辅之。

…… ……

龙骧将军王国叛,以南郡降于勒。晋彭城内史刘续复据兰陵、石城,石瞻攻陷之。

[颁布一文明化敕令,且"始立秀、孝试经之制":]勒令州郡,有坟发掘不掩覆者推劾之,骸骨暴露者县为备棺衾之具。以牙门将王波为记室参军,典定九流,始立秀、孝试经之制。

…… ……

[对东晋江东地区的蚕食有大进展,特别是他的军队夺得重镇寿春:]石堪攻晋豫州刺史祖约于寿春,屯师淮上。晋龙骧将军王国以南郡叛降于堪。南阳都尉董幼叛,率襄阳之众又降于堪。祖约诸将佐皆阴遣使附于勒。石聪与堪济淮,陷寿春,祖约奔历阳,寿春百姓陷于聪者二万余户。

[326年,他与前赵的大规模拼杀终于开始,先一大败,后一全胜,刘曜被擒,前赵灭亡。]

[他先一大败,"襄国大震":]刘曜败季龙于高候,遂围洛阳。勒荥阳太守尹矩、野王太守张进等皆降之,襄国大震。[是奋起冒险援救洛阳和被围大军,还是畏敌不救、放弃洛阳以致刘曜挥军冀州甚而"席卷南向"?他怒拒程遐等人倡议,果敢决定施行前策:]勒将亲救洛阳,左右长史、司马郭敖、程遐等固谏曰:"刘曜乘胜雄盛,难与争锋,金墉粮丰,攻之未可卒拔。曜悬军千里,势不支久。不可亲动,动无万全,大业去矣。"勒大怒,按剑叱遐等出。于是赦徐光,召而谓之曰:"刘曜乘高候之势,围守洛阳,庸人之情皆谓其锋不可当也。然曜带甲十万,攻一城而百日不克,师老卒殆,以我初锐击之,可一战而擒。若洛阳不守,曜必送死冀州,自河已北,席卷南向,吾事去矣。程遐等不欲吾亲行,卿以为何如?"光对曰:"刘曜乘高候之势而不能进临襄国,更守金墉,此其无能为也。悬军三时,亡攻战之利,若鸾旗亲驾,必望旌奔败。定天下之计,在今一举。今此机会,所谓天授,授而弗应,祸之攸集。"勒笑曰:"光之言是也。"佛图澄亦谓勒曰:"大军若出,必擒刘曜。"勒尤悦,使内外戒严,有

谏者斩。[他亲率步骑四万挺进洛阳,会同其余两方面军大举夹击,结果前赵军溃,刘曜被擒,"斩首五万余级,枕尸于金谷":]命石堪、石聪及豫州刺史桃豹等各统见众会荥阳,使石季龙进据石门,以左卫石邃都督中军事,勒统步骑四万赴金墉,济自大碣。先是,流澌风猛,军至,冰泮清和,济毕,流澌大至,勒以为神灵之助也,命曰灵昌津。勒顾谓徐光曰:"曜盛兵成皋关,上计也;阻洛水,其次也;坐守洛阳者成擒也。"诸军集于成皋,步卒六万,骑二万七千。勒见曜无守军,大悦,举手指天,又自指额曰:"天也!"乃卷甲衔枚而诡道兼路,出于巩、訾之间。知曜陈其军十余万于城西,弥悦,谓左右曰:"可以贺我矣!"勒统步骑四万人自宣阳门,升故太极前殿。季龙步卒三万,自城北而西,攻其中军,石堪、石聪等各以精骑八千,城西而北,击其前锋,大战于西阳门。勒躬贯甲胄,出自阊阖,夹击之。曜军大溃,石堪执曜,送之以徇于军,斩首五万余级,枕尸于金谷[在今洛阳老城东北]。勒下令曰:"所欲擒者一人耳,今已获之,其敕将士抑锋止锐,纵其归命之路。"……

…… ……

刘曜子熙等去长安,奔于上邽,遣季龙讨之。

…… ……

季龙克上邽,遣主簿赵封送传国玉玺、金玺、太子玉玺各一于勒。[顺便用兵河西,秦陇悉平,前凉称藩,"徙氐羌十五万落于司、冀州":]季龙进攻集木且羌于河西,克之,俘获数万,秦、陇悉平。凉州牧张骏大惧,遣使称藩,贡方物于勒,徙氐羌十五万落于司、冀州。

[他的权势如日中天,于330年称帝。]

勒群臣议以勒功业既隆,祥符并萃,宜时革徽号以答乾坤之望,于是石季龙等奉皇帝玺绶,上尊号于勒,勒弗许。群臣固请,勒乃以咸和五年[330]僭号赵天王,行皇帝事。……立其妻刘氏为王后,世子弘为太子。署其子宏持节、散骑常侍、都督中外诸军事、骠骑大将军、大单于,封秦王;……中山公季龙为太尉、守尚书令、中山王;石生河东王;石堪彭城王;以季龙子邃为冀州刺史,封齐王,加散骑常侍、武卫将军;宣左将军;挺侍中、梁王。……右长史程遐为右仆射、领吏部尚书……署参军事徐光为中书令、领秘书监。……

群臣固请勒宜即尊号，勒乃僭即皇帝位……自襄国都临漳。……立其妻刘氏为皇后……

…………

……时高句丽、肃慎致其楛矢，宇文屋孤[鲜卑宇文部（原居辽东）首领]并献名马于勒。凉州牧张骏遣长史马诜奉图送高昌、于阗、鄯善、大宛使，献其方物。[他的后赵国可谓据华夏地域的非华夏亚帝国。]……遣使封张骏武威郡公，食凉州诸郡。……

[他的一桩改错纳谏逸事：]勒将营邺宫，廷尉续咸上书切谏。勒大怒，曰："不斩此老臣，朕宫不得成也！"敕御史收之。中书令徐光进曰："陛下天资聪睿，超迈唐虞，而更不欲闻忠臣之言，岂夏癸、商辛之君邪？其言可用用之，不可用故当容之，奈何一旦以直言而斩列卿乎！"勒叹曰："为人君不得自专如是！岂不识此言之忠乎？向戏之尔。人家有百匹资，尚欲市别宅，况有天下之富，万乘之尊乎！终当缮之耳。且敕停作，成吾直臣之气也。"因赐咸绢百匹，稻百斛。[又是经推荐和考试等制度"广招贤之路"：]又下书令公卿百僚岁荐贤良、方正、直言、秀异、至孝、廉清各一人，答策上第者拜议郎，中第中郎，下第郎中。其举人得递相荐引，广招贤之路。[国家最高级典礼、教育和天象观测的局部儒家化：]起明堂、辟雍、灵台于襄国城西。[仍然念念不忘追求他"有天下之富，万乘之尊"的派头：]时大雨霖，中山西北暴水，流漂巨木百余万根，集于堂阳。勒大悦，谓公卿曰："诸卿知不？此非为灾也，天意欲吾营邺都耳。"于是令少府任汪、都水使者张渐等监营邺宫，勒亲授规模。

…………

[有迁都洛阳之意（蕴含他有统一中国之愿？），乃命洛阳为南都：]勒以成周土中，汉晋旧京，复欲有移都之意，乃命洛阳为南都，置行台治书侍御史于洛阳。

勒因飨高句丽、宇文屋孤使，酒酣，谓徐光曰："朕方自古开基何等主也？"对曰："陛下神武筹略迈于高皇，雄艺卓荦超绝魏祖，自三王已来无可比也，其轩辕之亚乎！"勒笑曰："人岂不自知，卿言亦以太过。朕若逢高皇，当北面而事之，与韩彭竞鞭而争先耳。脱遇光武，当并驱于中原，未知鹿死谁手。[此句蕴含他有统一中国之愿？]……朕当在二刘之间耳，轩辕岂所拟乎！"其群臣皆顿首称万岁。

…………

[石虎与太子石弘的内斗和石虎的血腥篡夺准备愈益成为后赵政治的头号主题。]

　　[他可谓设立了一个平行的"太子朝廷","季龙之门可设雀罗,季龙愈怏怏不悦":]勒令其太子省可尚书奏事,使中常侍严震参综可否,征伐刑断大事乃呈之。自是震威权之盛过于主相矣。季龙之门可设雀罗,季龙愈怏怏不悦。

　　……　……

　　[然而同时,他安抚石虎如初;他昏头昏脑地助长致命的"双头格局":]勒如邺,临石季龙第,谓之曰:"功力不可并兴,待宫殿成后,当为王起第,勿以卑小悒悒也。"季龙免冠拜谢,勒曰:"与王共有天下,何所谢也!"……

　　[办地方儒学教育和央地"学而优则仕"制度:]命郡国立学官,每郡置博士祭酒二人,弟子百五十人,三考修成,显升台府。于是擢拜太学生五人为佐著作郎,录述时事。……

　　[他病甚之际,石虎开始矫诏排斥太子石弘与其主要协从,并且可能出于一网打尽的动机诈召石勒次子和养子进京:]矫诏勒如其沣水宫,因疾甚而还。召石季龙与其太子弘、中常侍严震等待疾禁中。季龙矫命绝弘、震及内外群臣亲戚,勒疾之增损莫有知者。诈召石宏、石堪还襄国。勒疾小瘳,见宏,惊曰:"秦王何故来邪?使王籓镇,正备今日。有呼者邪?自来也?有呼者诛之!"季龙大惧曰:"秦王思慕暂还耳,今谨遣之。"数日复问之,季龙曰:"奉诏即遣,今已半路矣。"更谕宏在外,遂不遣之。

　　[石虎密遣其子率骑兵在都城襄国附近游弋,准备武力解决:]广阿[今河北邢台市隆尧县东]蝗。季龙密遣其子邃率骑三千游于蝗所。……

　　[他垂死之际仍抱未来最高层和谐敦睦的幻想,甚至请求石虎莫有异心;他在后继问题上从来就是当断不断,不理还乱:]勒疾甚,遗令:"三日而葬,内外百僚既葬除服,无禁婚娶、祭祀、饮酒、食肉,征镇牧守不得辄离所司以奔丧,敛以时服,载以常车,无藏金宝,无内器玩。大雅[石弘字]冲幼,恐非能构荷朕志。中山[中山王石虎]已下其各司所典,无违朕命。大雅与斌[石斌,石虎之子]宜善相维持,司马氏汝等之殷鉴,其务于敦穆也。中山王深可三思周霍,勿为将来口实。"以咸和七年

[332]死,时年六十,在位十五年。……

石弘:

[石勒世子,皇储,然而"恭谦自守","好为文咏","其所亲昵,莫非儒素",完全不是在乱世之中和猛兽之旁掌管政权的一块料。他继位后,石虎发动血腥政变,迅速扑灭各支反抗势力,废帝杀帝。]

弘字大雅,勒之第二子也。幼有孝行,以恭谦自守,受经于杜嘏,诵律于续咸。勒曰:"今世非承平,不可专以文业教也。"于是使刘征、任播授以兵书,王阳教之击刺。立为世子,领中领军,寻署卫将军,使领开府辟召,后镇邺。

勒僭位,立为太子。虚襟爱士,好为文咏,其所亲昵,莫非儒素。勒谓徐光曰:"大雅愔愔[安静和悦],殊不似将家子。"光曰:"汉祖以马上取天下,孝文以玄默守之,圣人之后,必世胜残[过制残暴者,使之不能作恶],天之道也。"勒大悦。[石勒心存幻想,昏惑不已,拒纳徐光程遐再三谏言,后者要他决绝果断,除掉必定篡位的石虎:]光因曰:"皇太子仁孝温恭,中山王雄暴多诈,陛下一旦不讳,臣恐社稷必危,宜渐夺中山威权,使太子早参朝政。"勒纳之。程退又言于勒曰:"中山王勇武权智,群臣莫有及者。观其志也,自陛下之外,视之蔑如。兼荷专征岁久,威振外内,性又不仁,残忍无赖。其诸子并长,皆预兵权。陛下在,自当无他,恐其怏怏不可辅少主也。宜早除之,以便大计。"勒曰:"今天下未平,兵难未已,大雅冲幼,宜任强辅。中山佐命功臣,亲同鲁卫,方委以伊霍之任,何至如卿言也。卿当恐辅幼主之日,不得独擅帝舅之权故耳。吾亦当参卿于顾命,勿为过惧也。"退泣曰:"……中山虽为皇太后所养,非陛下天属,不可以亲义期也。杖陛下神规,微建鹰犬之效,陛下酬其父子以恩荣,亦以足矣。魏任司马懿父子,终于鼎祚沦移,以此而观,中山岂将来有益者乎!臣因缘多幸,托瓜葛于东宫,臣而不竭言于陛下,而谁言之!陛下若不除中山,臣已见社稷不复血食矣。"勒不听。退退告徐光曰:"主上向言如此,太子必危,将若之何?"光曰:"中山常切齿于吾二人,恐非但国危,亦为家祸,当为安国宁家之计,不可坐而受祸也。"光复承间言于勒曰:"陛下廓平八州,帝有海内,而神色不悦者何也?"勒曰[他确有统一中国之愿]:"吴、蜀未平,书轨不一,司马家犹不绝于丹阳,恐后之人将以吾为不应符录,每一思之,不觉见于神色。"光曰:"臣以陛下为忧腹心之患,而何暇更忧四支乎!……陛下既苞括二都,为中国帝王,彼司马家儿复何异玄德,李氏亦犹孙权。符策不在陛下,竟欲安归?此四支之轻患耳。中山王藉陛下指授神略,天下皆言其英武亚于陛下,兼其残暴多奸,见利忘义,无伊霍之忠。父子爵位之重,势倾王室。观其耿耿,常有不满之心。近于东宫曲宴,有轻皇太子之色。陛下隐忍容之,臣恐陛下万年之后,宗庙必生荆棘,此心腹之重疾也,惟陛下图之。"勒默然,而竟不从。

[石勒死,他立即成为石虎掌控的傀儡皇帝,虽渴望禅让于后者,但后者残忍如兽,要的是废黜和处决。]

及勒死,季龙执弘使临轩,命收程遐、徐光下廷尉,召其子邃率兵入宿卫,文武靡不奔散。弘大惧,让位于季龙。季龙曰:"君薨而世子立,臣安敢乱之!"弘泣而固让,季龙怒曰:"若其不堪,天下自当有大议,何足预论!"遂以咸和七年逼立之,改年曰延熙,文武百僚进位一等。诛程遐、徐光。弘策拜季龙为丞相、魏王、大单于,加九锡,以魏郡等十三郡为邑,总摄百揆。季龙伪固让,久而受命……立季龙妻郑氏为魏王后,子邃为魏太子,加使持节、侍中、大都督中外诸军事、大将军、录尚书事;宣为使持节、车骑大将军、冀州刺史,封河间王;韬为前锋将军、司隶校尉,封乐安王;遵齐王,鉴代王,苞乐平王;徙太原王斌为章武王。勒文武旧臣皆补左右丞相闲任,季龙府僚旧昵悉署台省禁要。……

[皇太后和石堪的抵抗尝试失败,俱被石虎轻易消灭。]刘氏谓石堪曰:"皇祚之灭不复久矣,王将何以图之?"堪曰:"先帝旧臣皆已斥外,众旅不复由人,宫殿之内无所措筹,臣请出奔兖州,据廪丘,挟南阳王为盟主,宣太后诏于诸牧守征镇,令各率义兵同讨桀逆,蔑不济也。"刘氏曰:"事急矣,便可速发,恐事淹变生。"堪许诺,微服轻骑袭兖州,失期,不克,遂南奔谯城。季龙遣其将郭太等追击之,获堪于城父,送襄国,炙而杀之。征石恢还于襄国。刘氏谋泄,季龙杀之。尊弘母程氏为皇太后。

[石朗的武力反抗亦被轻易剪灭,但石生曾在潼关大败石虎军,后者"枕尸三百余里",只因属下鲜卑部队的背叛而兵溃城陷身亡。]时石生镇关中,石朗镇洛阳,皆起兵于二镇。季龙留子邃守襄国,统步骑七万攻朗于金墉。金墉溃,获朗,刖而斩之。进师攻长安,以石挺为前锋大都督。生遣将军郭权率鲜卑涉璝部众二万为前锋

距之,生统大军继发,次于蒲坂。前锋及挺大战潼关,败绩,挺及丞相左长史刘隗皆战死,季龙退奔渑池,枕三百余尸里。鲜卑密通于季龙,背生而击之。生时停蒲坂,不知挺之死也,惧,单马奔长安。郭权乃复收众三千,与越骑校尉石广相持于渭汭。生遂去长安,潜于鸡头山。将军蒋英固守长安。季龙闻生之奔也,进师入关,进攻长安,旬余拔之,斩蒋英等。……徙雍、秦州华戎十余万户于关东。生部下斩生于鸡头山。……

[石虎军与反派武装及其羌族盟友的一系列混战,前者有胜亦有大败:]郭权以生败,据上邽以归顺[归顺东晋],诏以权为镇西将军、秦州刺史,于是京兆、新平、扶风、冯翊、北地皆应之。镇西石广与权战,败绩。季龙遣郭敖及其子斌等率步骑四万讨之,次于华阴。上邽豪族害权以降。……长安陈良夫奔于黑羌,招诱北羌四角王薄句大等扰北地、冯翊,与石斌相持。石韬等率骑掎句大之后,与斌夹击,败之,句大奔于马兰山。郭敖等悬军追北,为羌所败,死者十七八。斌等收军还于三城。季龙闻而大怒,遣使杀郭敖。石宏有怨言,季龙幽之。

[他被废被杀:]弘赍玺绶亲诣季龙,谕禅位意。季龙曰:"天下人自当有议,何为自论此也!"弘还宫,对其母流涕曰:"先帝真无复遗矣!"俄而季龙遣丞相郭殷持节入,废弘为海阳王。[他罹难之际犹保持优雅(grace):]弘安步就车,容色自若,谓群臣曰:"不堪篡承大统,顾惭群后,此亦天命去矣,又何言!"百官莫不流涕,宫人恸哭。咸康元年[335],幽弘及程氏并宏,恢于崇训宫,寻杀之[《晋书·成帝康帝纪》载石虎杀石弘比这早,为334年年末],在位二年,时年二十二。

列传第七十　王如传　摘录和评注

[王如,武吏出身的流民造反领袖,麾下一时声势浩大,且与羯胡石勒结成对后者攻掠有利的伙伴关系。但是他的区域控制摇摇欲坠,于是投靠朝廷军阀王敦,助其血腥内斗,事成后竟被诛杀灭口。是个最终被意外厄运吞噬的机会主义者。]

[发动流民造反,一时声势浩大,且与石勒勾结,助后者攻掠。]

王如,京兆新丰[今陕西渭南市西南]人也。初为州武吏,遇乱流移至宛。时诸流人有诏并遣还乡里,如以关中荒残,不愿归。征南将军山简、南中郎将杜蕤各遣兵送之,而促期令发。如遂潜结诸无赖少年,夜袭二军,破之。杜蕤悉众击如,战于涅阳,蕤军大败。山简不能御,移屯夏口,如又破襄城。于是南安庞实、冯翊严嶷、长安侯脱等各帅其党攻诸城镇,多杀令长以应之。未几,众至四五万,自号大将军,领司、雍二州牧。

[与石勒勾结,助其攻掠:]如惧石勒之攻己也,乃厚赂于勒,结为兄弟,勒亦假其强而纳之。时侯脱据宛,与如不协,如说勒曰:"侯脱虽名汉臣,其实汉贼。如常恐其来袭,兄宜备之。"勒素怒脱贰己,惮如唇齿,故不攻之。及闻如言,甚悦,遂夜令三军蓐食待命,鸡鸣而驾,后出者斩,晨压宛门攻之,旬有二日而克之,勒遂斩脱。如于是大掠沔汉,进逼襄阳。征南山简使将赵同帅师击之,经年不能克,智力并屈,遂婴城自守。王澄帅军赴京都,如邀击破之。

[他的区域控制摇摇欲坠,因为军中大饥,互相攻劫,还相率投降进讨官军,于是他投靠王敦,助其血腥内斗,事成后竟被诛杀。]

如连年种谷皆化为莠,军中大饥,其党互相攻劫,官军进讨,各相率来降。如计无所出,归于王敦[时为青州刺史或扬州刺史]。敦从弟棱爱如骁武,请敦配己麾下。敦曰:"此辈虓险难蓄,汝性忌急,不能容养,更成祸端。"棱固请,与之。棱置诸左右,甚加宠遇。如数与敦诸将角射,屡斗争为过失,棱果不容而杖之,如甚以为耻。初,敦有不臣之迹,棱每谏之,敦常怒其异己。及敦闻如为棱所辱,密使人激怒之,劝令杀棱。如诣棱,因闲宴,请剑舞为欢,棱从之。如于是舞刀为戏,渐渐来前。棱恶而呵之不止,叱左右使牵去,如直前害棱。敦闻而阳惊,亦捕如诛之。

载记第六 石季龙上 摘录和评注

[石虎,古希腊双重意义的 tyrant(僭君暴君),独裁 16 年(333—349),其野心、残忍和荒淫皆无人可比,是为中国史上最恶的国君之一,是后赵的直接葬送者和华

北又一轮大乱的开启者。他的根本资产就是能打仗，能杀戮，加上石勒在皇位继承和国家未来问题上始终自相矛盾不除大患（"托授非所，贻厥无谋，身陨嗣灭，业归携养"），致使他能在石勒死后几乎立即大权独揽，为所欲为。]

[恶变如此急剧，华夏帝国君主史上唯一可与其类比的是从秦始皇到胡亥，而异族国家君主史上可类比的至少有从刘渊到刘聪。他的统治极其糟糕，朝廷如同虚设，君主穷极淫侈，可谓军旅不息，社会凋敝惨苦；他的统治又极为可怖，因为放纵恶子成患，终于酿成父子兽斗，以致子欲杀父而终被父杀。不仅如此，这样的父子相杀竟上演了两次！后赵不亡，难以想象。]

[在他唯一里程碑式事件的载记上里，最显要的主题为二：（1）他废帝篡位和杀死意欲杀死他的储君，即他在后赵国家内从事最高层血腥内斗；（2）他施行极坏的统治，其特征是愈演愈烈乃至极端的荒淫奢费、国政混乱和社会苦难。]

[石勒之父养子，"故或称勒弟"，青少年时就"性残忍"，"游荡无度"，"军中以为毒患"，因此险些被石勒杀掉。作为恶魔，他的资本是"勇冠当时"，"指授攻讨，所向无前"。]

石季龙，勒之从子也，名犯太祖[李虎，西魏大臣，唐高祖李渊祖父]庙讳，故称字焉。祖曰㔙邪，父曰寇觅。勒父朱幼而子季龙，故或称勒弟焉。年六七岁，有善相者曰："此儿貌奇有壮骨，贵不可言。"永兴[西晋惠帝年号，304—306]中，与勒相失。后刘琨送勒母王及季龙于葛陂，时年十七矣。性残忍，好驰猎，游荡无度，尤善弹，数弹人，军中以为毒患。勒白王将杀之，王曰："快牛为犊子时，多能破车，汝当小忍之。"年十八，稍折节。身长七尺五寸，趫捷便弓马，勇冠当时，将佐亲戚莫不敬惮，勒深嘉之，拜征虏将军。为娉将军郭荣妹为妻。[他的酷虐无度延及身边女人和军中同侪，"前后所杀甚众"：]季龙宠惑优僮郑樱桃而杀郭氏，更纳清河崔氏女，樱桃又谮而杀之。所为酷虐。军中有勇干策略与己侔者，辄方便害之，前后所杀甚众。[作为战场屠夫，他甚至超过石勒：]至于降城陷垒，不复断别善恶，坑斩士女，鲜有遗类。勒虽屡加责诱，而行意自若。然御众严而不烦，莫敢犯者，指授攻讨，所向无前，故勒宠之，信任弥隆，仗以专征之任。[石勒麾下石虎：手段颠覆目的的范例！]

[他在石勒之下地位超高，军权无二，但不料储君为石弘，因而"深恨之"，决心在石勒死后废帝篡位；果然如此，号天王，继为大赵天王。]

勒之居襄国，署为魏郡太守，镇邺三台，后封繁阳侯。勒即大单于、赵王位，署为单于元辅、都督禁卫诸军事，迁侍中、开府，进封中山公。及勒僭号，授太尉、守尚书令，进封为王，邑万户。季龙自以勋高一时，谓勒即位之后，大单于必在己，而更以授其子弘。季龙深恨之，私谓其子邃曰："主上自都襄国以来，端拱指授，而以吾躬当矢石。二十余年，南擒刘岳[前赵刘曜部将，石虎攻其于石梁，彻底大胜]，北走索头[鲜卑人被发左衽，被呼为索头；大概指石虎攻鲜卑段匹磾于厌次，后者出降]，东平齐、鲁，西定秦、雍，克殄十有三州。成大赵之业者，我也。大单于之望实在于我，而授黄吻婢儿，每一忆此，令人不复能寝食。待主上晏驾之后，不足复留种也。"

咸康元年[335]，季龙废勒子弘[据《晋书·成帝康帝纪》比这早，为334年]，群臣已下劝其称尊号。季龙下书曰："……且可称居摄赵天王，以副天人之望。"于是……以夔安为侍中、太尉、守尚书令，郭殷为司空，韩晞为尚书左仆射……立其子邃为太子。……

…… ……

[他极坏的统治："荒游废政，多所营缮"，穷极奢侈荒淫；甚至比他还荒淫凶残的他儿子石邃掌国家行政权，其保姆权倾朝廷，裙带关系大行；"众役烦兴，军旅不息，加以久旱谷贵"，社会凋敝惨苦。]

季龙荒游废政，多所营缮，使邃省可尚书奏事，选牧守，祀郊庙；惟征伐刑断乃亲览之。观雀台崩，杀典匠少府任汪。复使修之，倍于常度。

[攻伐东晋而不果：]季龙自率众南寇历阳，临江而旋，京师大震。遣其征虏石遇寇中庐，遂围平北将军桓宣于襄阳。辅国将军毛宝、南中郎将王国、征西司马王愆期等率荆州之众救之，屯于章山。遇攻守二旬，军中饥疫而还。

…… ……

石邃保母刘芝初以巫术进，既养邃，遂有深宠，通贿赂，豫言论，权倾朝廷，亲贵多出其门，遂封芝为宜城君。

…… ……

[迁都于邺：]季龙将迁于邺……及入邺宫，澍雨周洽，季龙大悦……

时羌薄句大犹保险未宾，遣其子章武王斌帅精骑二万，并秦、雍二州兵以讨之。

…… ……

[营建装潢新都，耗费巨大：]咸康二年[336]，使牙门将张弥徙洛阳钟虡、九龙、翁仲、铜驼、飞廉于邺。钟一没于河，募浮没三百人入河，系以竹絙，牛百头，鹿卢引之乃出。造万斛舟以渡之，以四轮缠辋车，辙广四尺，深二尺，运至邺。季龙大悦……

…… ……

[社会因为他和天灾而凋敝惨苦：]时众役烦兴，军旅不息，加以久旱谷贵，金一斤直米二斗，百姓嗷然无生赖矣。[营建装潢新都，耗费巨大：]又纳解飞之说，于邺正南投石于河，以起飞桥，功费数千亿万，桥竟不成，役夫饥甚，乃止。[他的济贫措施因权豪奸吏胡作非为而如同虚设：]使令长率丁壮随山津采橡捕鱼以济老弱，而复为权豪所夺，人无所得焉。又料殷富之家，配饥人以食之，公卿已下出谷以助振给，奸吏因之侵割无已，虽有贷赡之名而无其实。

改直荡为龙腾，冠以绛帻[荒诞之至，不惜耗费]。

[旧都新都俱造巨型宫殿，穷极奢侈荒淫：]于襄国起太武殿，于邺造东西宫，至是皆就。太武殿基高二丈八尺，以文石碎之，下穿伏室，置卫士五百人于其中。东西七十五步，南北六十五步。皆漆瓦、金铛、银楹、金柱、珠帘、玉璧，穷极技巧。又起灵风台九殿于显阳殿后，选士庶之女以充之。后庭服绮縠、玩珍奇者万余人，内置女官十有八等，教宫人星占及马步射。……又置女鼓吹羽仪，杂伎工巧，皆与外[外面男人]侔。……

[巨型荒诞庭燎，恶果累累：]左校令成公段造庭燎于崇杠之末，高十余丈，上盘置燎，下盘置人，缲缴[大绳索盘绕牵引]上下。季龙试而悦之。其太保夔安等文武五百九人劝季龙称尊号，安等方入而庭燎油灌下盘，死者七人。季龙恶之，大怒，斩成公段于阊阖门。

[称大赵天王，如同称帝：]于是依殷周之制，以咸康三年[337]僭称大赵天王，即位于南郊……追尊祖匐邪为武皇帝，父寇觅为太宗孝皇帝。立其郑氏为天王皇后，

以子邃为天王皇太子。亲王皆贬封郡公,藩王为县侯……

……　……

[血亲大拼搏:父子间的兽斗激化到储君欲杀君主,君主实杀储君! 后赵大乱
的前兆。]

[储君石邃甚至比他还荒淫凶残,极为可怖的病态恶兽!]邃自总百揆之后,荒
酒淫色,骄恣无道,或盘游于田,悬管[指持钥匙]而入,或夜出于宫臣家,淫其妻妾。
妆饰宫人美淑者,斩首洗血,置于盘上,传共视之。[!]又内诸比丘尼有姿色者,与
其交亵而杀之,合牛羊肉煮而食之,[!]亦赐左右,欲以识其味也。河间公宣、乐安
公韬有宠于季龙,邃疾之如仇。[父子间的兽斗开始:]季龙荒耽内游,威刑失度,邃
以事为可呈呈之,季龙恚曰:"此小事,何足呈也。"时有所不闻,复怒曰:"何以不呈?"
诮责杖捶,月至再三。邃甚恨,私谓常从无穷、长生、中庶子李颜等曰:"官家难称,
吾欲效冒顿之事,卿从我乎?"[石邃生杀父之意!]颜等伏不敢对。邃称疾不省事,
率宫臣文武五百余骑宴于李颜别舍,谓颜等曰:"我欲至冀州杀石宣[石虎次子],有
不从者斩!"行数里,骑皆逃散,李颜叩头固谏,邃亦昏醉而归。邃母郑氏闻之,私遣
中人责邃。邃怒,杀其使。季龙闻邃有疾,遣所亲任女尚书察之。邃呼前与语,抽
剑击之。[他废子杀子,胜过伊凡雷帝!]季龙大怒,收李颜等诘问,颜具言始末,诛
颜等三十余人。幽邃于东宫,既而赦之,引见太武东堂。邃朝而不谢,俄而便出。
季龙遣使谓邃曰:"太子应入朝中宫,何以便去?"邃迳出不顾。季龙大怒,废邃为庶
人。其夜,杀邃及妻张氏并男女二十六人,同埋于一棺之中。诛其宫臣支党二百余
人。废郑氏为东海太妃。[改换储君,但后来证明,父子兽斗、父杀其子的故事将重
演一遍:]立其子宣为天王皇太子,宣母杜昭仪为天王皇后。

……　……

[辽西战争(一):未经挑衅的战争,先胜后败。他以约二十万两栖兵力的压倒
性兵力数量优势,征伐辽西段部鲜卑,大获全胜,"入辽宫";继而,他还气焰万丈地
要击毁鲜卑慕容前燕,不料对方坚守国都,且摆出夸张兵力的迷魂阵,结果他"弃甲
而遁"。]

［不仅如此，他接着又上了段部鲜卑的圈套，遭其狠狠的军事报复。］

［先胜，大胜鲜卑段部：］季龙将伐辽西鲜卑段辽［鲜卑段部首领］，募有勇力者三万人，皆拜龙腾中郎。辽遣从弟屈云袭幽州，刺史李孟退奔易京。季龙以桃豹为横海将军，王华为渡辽将军，统舟师十万出漂渝津，支雄为龙骧大将军，姚弋仲为冠军将军，统步骑十万为前锋，以伐段辽。季龙众次金台，支雄长驱入蓟……攻安次［今河北廊坊市安次区］，斩其部大夫那楼奇。辽惧，弃令支［主要在今河北东北部迁安市］，奔于密云山［在今北京市密云区南］。……季龙遣将军郭太、麻秋等轻骑二万追辽，及之，战于密云，获其母妻，斩级三千。辽单马窜险，遣子乞特真送表及名马，季龙纳之。乃迁其户二万余于雍、司、兖、豫四州之地……先是，北单于乙回为鲜卑敦那所逐，既平辽西，遣其将李穆击那破之，复立乙回而还。季龙入辽宫，论功封赏各有差。

［后败，败于鲜卑慕容前燕：］初，慕容皝与段辽有隙，遣使称籓于季龙，陈辽宜伐，请尽众来会。及军至令支，皝师不出，季龙将伐之。天竺佛图澄进曰："燕福德之国，未可加兵。"季龙作色曰："以此攻城，何城不克？以此众战，谁能御之？区区小竖，何所逃也？"太史令赵揽固谏曰："燕城岁星所守，行师无功，必受其祸。"季龙怒，鞭之，黜为肥如长。进师攻棘城［在今辽宁锦州市义县西北河南，前燕首个都城］，旬余不克。皝遣子恪帅胡骑二千，晨出挑战，诸门皆若有师出者，四面如云，季龙大惊，弃甲而遁。于是召赵揽复为太史令。季龙旋自令支，过易京［在今河北保定市雄县县城西北，东汉末公孙瓒在此筑楼数十重］，恶其固而毁之……

［耗费巨大却罕有成果的"渤海征伐"，屠戮四万令人发指的"朔方之战"。］

季龙谋伐昌黎，遣渡辽曹伏将青州之众渡海，戍蹋顿城［今河北唐山市乐亭县独幽城村］，无水而还，因戍于海岛，运谷三百万斛以给之。又以船三百艘运谷三十万斛诣高句丽，使典农中郎将王典率众万余屯田于海滨。又令青州造船千艘。使石宣率步骑二万击朔方鲜卑斛摩头破之，斩首四万余级。

……　……

［段部鲜卑设诈降圈套，借鲜卑前燕之手成功实施狠狠的军事报复：］段辽于密云山遣使诈降，季龙信之，使征东麻秋百里郊迎，敕秋曰："受降如待敌，将军慎之。"

辽又遣使降于慕容皝曰："胡贪而无谋,吾今请降求迎,彼终不疑也。若伏重军以要之,可以得志。"皝遣子恪伏兵于密云。麻秋统众三万迎辽,为恪所袭,死者十六七,秋步遁而归。季龙闻之惊怒,方食吐哺,乃削秋官爵。

…… ……

[对东晋的大举侵掠得逞,屡败王师,陷城纳降,"掠七万户而还"。]

以夔安为征讨大都督,统五将步骑七万寇荆扬北鄙。石闵败王师于沔阴[沔阴戍,在今湖北随州市随县西南百里],将军蔡怀死之。宣将朱保又败王师于白石[白石垒,在今江苏南京市北郊],将军郑豹、谈玄、郝庄、随相、蔡熊皆遇害。季龙将张贺度攻陷邾城[在今湖北武汉市新洲区],败晋将毛宝于邾西,死者万余人。夔安进据胡亭,晋将军黄冲、历阳太守郑进皆降之。安于是掠七万户而还。

[他较罕见的正面治国事迹之一:]时豪戚侵恣,贿托公行,季龙患之,擢殿中御史李矩为御史中丞,特亲任之。自此百僚震慑,州郡肃然。季龙曰:"朕闻良臣如猛兽,高步通衢而豺狼避路,信矣哉!"

…… ……

[他较罕见的正面治国事迹之二:]于时大旱,白虹经天,季龙下书曰:"朕在位六载,不能上和乾象,下济黎元,以致星虹之变。其令百僚各上封事,解西山之禁,蒲苇鱼盐除岁供之外,皆无所固。公侯卿牧不得规占山泽,夺百姓之利。"又下书曰:"前以丰国、滇池二冶初建,徙刑徒配之,权救时务。而主者循为恒法,致起怨声。自今罪犯流徙,皆当申奏,不得辄配也。京狱见囚,非手杀人,一皆原遣。"其日澍雨。

[辽西战争(二):他要大大地报复先前伏击后赵军的鲜卑前燕,故集聚大军五十万和"具船万艘"以运巨量军粮,且大兴屯田;然而,这大战许久未打起来,因为他又有别的武事和荒淫事牵扯,由此必致资源的巨大浪费。]

[与此同时,他的荒淫奢费、国政的病态混乱和社会的苦难进至极端地步。]

[规模空前的军力资源集结:]季龙将讨慕容皝,令司、冀、青、徐、幽、并、雍兼复之家五丁取三,四丁取二,合邺城旧军满五十万,具船万艘,自河通海,运谷豆千一百万斛于安乐城,以备征军之调。徙辽西、北平、渔阳万户于兖、豫、雍、洛四州之地。

....

季龙如宛阳[在今河北邯郸市临漳县西],大阅于曜武场。

慕容皝袭幽、冀,略三万余家而去。幽州刺史石光坐懦弱征还。

....

......自幽州东至白狼[县名,治所在今辽宁朝阳市喀左县平房子镇黄道营子村],大兴屯田。

....

[他不仅"志在穷兵",而且于其他方面有巨量耗费,特别是穷奢极侈,社会由此凋敝无比,惨苦无比:]季龙志在穷兵,以其国内少马,乃禁畜私马,匿者腰斩,收百姓马四万余匹以入于公。兼盛兴宫室于邺,起台观四十余所,营长安、洛阳二宫,作者四十余万人。又敕河南四州具南师之备,并、朔、秦、雍严四讨之资,青、冀、幽州三五发卒,诸州造甲者五十万人。兼公侯牧宰竞兴私利,百姓失业,十室而七。船夫十七万人为水所没、猛兽所害,三分而一。贝丘人李弘因众心之怨,自言姓名应谶,遂连结奸党,署置百僚。事发,诛之,连坐者数千家。

季龙畋猎无度,晨出夜归,又多微行,躬察作役之所。侍中韦謏谏曰:"臣闻千金之子坐不垂堂,万乘之主行不履危。......又自古圣王之营建宫室,未始不于三农之隙,所以不夺农时也。今或盛功于耕艺之辰,或烦役于收获之月,顿毙属途,怨声塞路,诚非圣君仁后所忍为也。......"季龙省而善之,赐以谷帛,而兴缮滋繁,游察自若。["省而善之"仅一时兴致,"兴缮滋繁,游察自若"才是一贯秉性。]

[石宣 *vs.* 石韬等:新一轮最高层兄弟父子血腥内斗的因子正在酝酿]右仆射张离领五兵尚书,专总兵要,而欲求媚于石宣,因说之曰:"今诸公侯吏兵过限,宜渐削弱,以盛储威。"宣素疾石韬之宠,甚说其言,乃使离奏夺诸公府吏,秦、燕、义阳、乐平四公听置吏一百九十七人,帐下兵二百人,自此以下,三分置一,余兵五万,悉配东宫。于是诸公咸怨,为大衅之渐矣。

....

[他想同时开辟至少两条大战线,即辽西战争和江表战争,全无目标与能力、志愿与资源之间平衡的战略观念!]制:"征士五人车一乘,牛二头,米各十五斛,绢十

四,调不办者以斩论。"将以图江表。[巨大的社会恶果:]于是百姓穷窘,鬻子以充军制,犹不能赴,自经于道路死者相望,而求发无已。……季龙大悦曰:"……天意将使朕平荡江南……天命不可违,其敕诸州兵明年悉集。朕当亲董六军……"群臣皆贺,上《皇德颂》者一百七人。……

……使石宣讨鲜卑斛谷提,大破之,斩首三万级。[又是对鲜卑一部的巨量屠戮!]

[国家政治极端病态,君主及主要皇子皆拒不管事,令一佞幸权倾内外,任人唯亲:]中谒者令申扁有宠于季龙,而宣亦昵之。扁聪辩明断,专综机密之任。季龙既不省奏案,宣荒酒内游,石韬沈湎好猎,生杀除拜皆扁所决。于是权倾内外,刺史二千石多出其门,九卿已下望尘而拜,唯侍中郑系、王谟、常侍卢谌、崔约等十余人与之抗礼。

…… ……

[他开辟第三条大战线,即"击凉州",结果兵败。]

季龙以平西张伏都为使持节、都督征讨诸军事,帅步骑三万击凉州。既济河,与张骏将谢艾大战于河西,伏都败绩。

季龙虽昏虐无道,而颇慕经学[病态纠结,病态虚荣,有如华夏双料 tyrant 王莽],遣国子博士诣洛阳写石经,校中经于秘书。国子祭酒聂熊注《穀梁春秋》,列于学官。

…… ……

[集百万兵将讨三方,却突然"解严":他的军事浪费无穷无尽!]建元[东晋康帝年号,343—344]初,季龙飨群臣于太武前殿,有白雁百余集于马道南。季龙命射之,无所获。既将讨三方,诸州兵至者百余万。太史令赵揽私于季龙曰:"白雁集殿庭,宫室将空,不宜行也。"季龙纳之,临宣武观大阅而解严。

…… ……

[石宣淫虐日盛,后赵成为几头"巨兽"蹂躏盘剥的国家:]时石宣淫虐日甚,而莫敢以告。领军王朗言之于季龙曰:"今隆冬雪寒,而皇太子使人斫伐宫材,引于漳水,功役数万,士众吁嗟。陛下宜因游观而罢之也。"季龙如其言。……

［折腾巨万准备的辽西战争至此只打了一场小仗，败仗：］平北尹农攻慕容皝凡城［在今辽宁朝阳市喀左县］，不克而还。黜农为庶人。

…… ……

［他的大权大多自愿旁落，落到比他更荒淫残忍的儿子手里：］命石宣、石韬，生杀拜除皆迭日省决，不复启也。司徒申钟谏曰："庆赏刑威，后皇攸执，名器至重，不可以假人，皆以防奸杜渐，以示轨仪。……庶人邃往以闻政致败，殷鉴不远，宜革而弗遵。且二政分权，鲜不及祸。……宠之不道，所以乱国害亲，惟陛下览之。"季龙不从。太子詹事孙珍问侍中崔约曰："吾患目疾，何方疗之?"约素狎珍，戏之曰："溺中则愈。"珍曰："目何可溺?"约曰："卿目琬琬，正耐溺中。"珍恨之，以白宣。宣诸子中最胡状，目深，闻之大怒，诛约父子。珍有宠于宣，颇预朝政，自诛约之后，公卿已下惮之侧目。

…… ……

［他的荒淫和耗费恶化到非常病态和匪夷所思的地步，社会大受其苦：］季龙性既好猎，其后体重，不能跨鞍，乃造猎车千乘，辕长三丈，高一丈八尺，置高一丈七尺，格兽车四十乘，立三级行楼二层于其上，克期将校猎。自灵昌津南至荥阳，东极阳都，使御史监察，其中禽兽有犯者罪至大辟。御史因之擅作威福，百姓有美女好牛马者，求之不得，便诬以犯兽论，死者百余家，海岱、河济间人无宁志矣。

又发诸州二十六万人修洛阳宫。发百姓牛二万余头配朔州牧官。

［他穷极荒淫，直接间接受他戕害的妇女遍及全国，不计其数：］奴女受害增置女官二十四等，东宫十有二等，诸公侯七十余国皆为置女官九等。先是，大发百姓女二十已下十三已上三万余人，为三等之第以分配之。郡县要媚其旨，务于美淑，夺人妇者九千余人。百姓妻有美色，豪势因而胁之，率多自杀。石宣及诸公又私令采发者，亦垂一万。总会邺宫。季龙临轩简第诸女，大悦，封使者十二人皆为列侯。自初发至邺，诸杀其夫及夺而遣之缢死者三千余人。……金紫光禄大夫逯明因侍切谏，季龙大怒，遣龙腾拉而杀之。自是朝臣杜口，相招为禄仕而已。季龙常以女骑一千为卤簿［皇帝出行时的仪从和警卫］，皆著紫纶巾、熟锦裤、金银镂带、五文织成靴，游于戏马观。观上安诏书五色纸，在木凤之口，鹿卢回转，状若飞翔焉。

［小战频仍，俱无决定性：］遣凉州刺史麻秋等伐张重华。

［政治愈益黑暗，愈益僵滞，"威刑日滥"，公卿以下皆杜口：］尚书朱轨与中黄门严生不协，会大雨霖，道路陷滞不通，生因而谮轨不修道，又讪谤朝政，季龙遂杀之。于是立私论之条，偶语之律，听吏告其君，奴告其主，威刑日滥，公卿已下，朝会以目，吉凶之问，自此而绝。轨之囚也，冠军苻洪谏曰［大致被婉拒的几近全面的谏言］："……臣闻……亡君之驭海内也，倾宫琼树，象箸玉杯，截胫剖心，脯贤刳孕，故其亡也忽焉。今襄国、邺宫足康帝宇，长安、洛阳何为者哉？盘于游田，耽于女德，三代之亡恒必由此。而忽为猎车千乘，养兽万里，夺人妻女，十万盈宫。尚书朱轨，纳言大臣，以道路不修，将加酷法，此自陛下政之失和，阴阳灾沴，暴降霖雨七旬，霁方二日，纵有鬼兵百万，尚未及修之，而况人乎！刑政如此，其如史笔何！其如四海何！特愿止作徒，休宫女，赦朱轨，允众望。"季龙省之不悦，惮其强，但寝而不纳，弗之罪也。乃停二京作役焉。

载记第七　石季龙下及冉闵传　摘录和评注

［石季龙载记上已经充分显示，石虎及其子在后赵国家内一再肆行顶层血腥内斗，同时他的荒淫奢费愈演愈烈乃至极端，由此国政混乱和社会苦难愈益深重。其载记下依然有这两大主题，另外再加上两个：石虎死，后赵大乱，两三年后经冉闵政变而灭亡；同时冉闵颁《杀胡令》巨量屠戮胡人——胡人屠汉的超级血腥"报复女神"终于到来！］

［前凉战役：遣大军攻伐华夏前凉，两度惨败，哀叹"彼有人焉，未可图也"；与此同时，奢华靡费荒诞到疯狂地步，"苍生凋敝"，死者万计。］

永和［东晋穆帝年号］三年［347］……

以中书监石宁为征西将军，率并、司州兵二万余人为麻秋等后继。张重华将宋秦等率户二万来降。河湟间氐羌十余万落与张璩相首尾，麻秋惮之，不进。……季龙又以孙伏都为征西将军，与麻秋率步骑三万长驱济河，且城长最[今甘肃武威市东南部天祝藏族自治县]。重华大惧，遣将谢艾逆击，败之，秋退归金城。①

[他及其父源于贪婪和野蛮的一项劣行：]勒及季龙并贪而无礼，既王有十州之地，金帛珠玉及外国珍奇异货不可胜纪，而犹以为不足，襄代帝王及先贤陵墓靡不发掘，而取其宝货焉。邯郸城西石子冈上有赵简子墓，至是季龙令发之，初得炭深丈余，次得木板厚一尺，积板厚八尺，乃及泉，其水清冷非常，作绞车以牛皮囊汲之，月余而水不尽，不可发而止。又使掘秦始皇冢，取铜柱铸以为器。

---

① 《晋书·前凉诸张列传》载：[前凉君主张重华果断起用并非宿旧名将但"明识兵略"的主簿谢艾，从而大破敌军：]

季龙使王擢、麻秋、孙伏都等侵寇不辍。金城太守张冲降于秋。于是凉州振动。……牧府相司马张耽言于重华曰："……今之所要，在于军师。然议者举将多推宿旧，未必妙尽精才也。……主簿谢艾，兼资文武，明识兵略，若授以斧钺，委以专征，必能折冲御侮，歼殄凶类。"重华召艾……

…… ……

[经枹罕（今甘肃临夏回族自治州临夏县）守军英勇挫败后赵十万大军的围城战，得到他重用的谢艾又两度智勇双全大败强敌：]

俄而麻秋进攻枹罕，时晋阳太守郎坦以城大难守，宜弃外城。武城太守张悛曰："弃外城则大事去矣，不可以动众心。"宁戎校尉张璩从之，固守大城。[非常激烈和英勇的枹罕反围城战：]秋率众八万，围堑数重，云梯䡾车，地突百道，皆通于内。城中亦应之，杀伤秋众已数万。季龙复遣其将刘浑等率步骑二万会之。郎坦恨言之不从，教军士李嘉潜与秋通，引贼千余人上城西北隅。璩使宋修、张弘、辛挹、郭普距之，短兵接战，斩二百余人，贼乃退。璩戮李嘉以徇，烧其攻具。秋退保大夏[前凉郡名，在今甘肃东南部]……季龙闻而叹曰："吾以偏师定九州，今以九州之力困于枹罕，真所谓彼有人焉，未可图也。"

[再度"彼有人，未可图"：谢艾智勇双全，对阵激战，加以截击敌背和乘胜追击，几乎彻底歼灭敌军]重华以谢艾为使持节、军师将军，率步骑三万，进军临河。秋以三万众距之。艾乘轺车，冠白帢，鸣鼓而行。秋望而怒曰："艾年少书生，冠服如此，轻我也。"命黑矟龙骧[骑士手执长矟(shuò，长矛)，背负强弓，标配二十支特制羽箭，号"黑矟龙骧"，是方阵的主要突击力量]三千人驰击之。艾左右大扰。左战帅李伟劝艾乘马，艾不从，乃下车踞胡床，指麾处分。贼以为伏兵发也，惧不敢进。张瑁从左南缘河而截其后，秋军乃退。艾乘胜奔击，遂大败之，斩秋将杜勋、汲鱼，俘斩一万三级，秋匹马奔大夏。……

[后赵再度大举侵寇，前凉京都大震，然而谢艾以兵力绝对劣势（不知怎的）又胜：]麻秋又据枹罕，有众十二万，进屯河内，遣王擢略地晋兴、广武，越洪池岭，至于曲柳，姑臧大震。重华……以艾为使持节、都督征讨诸军事、行卫将军……率步骑二万距之。……军次神鸟，王擢与前锋战，败，遁还河南。还讨叛虏斯骨真万余落，破之，斩首千余级，俘擒二千八百，获牛羊十余万头。

[奴役汉人十数万,在其都城大筑园林和长墙,"苍生凋敝",死者万计:]时沙门吴进言于季龙曰:"胡运将衰,晋当复兴,宜若役晋人以厌其气。"季龙于是使尚书张群发近郡男女十六万,车十万乘,运土筑华林苑及长墙于邺北,广长数十里。赵揽、申钟、石璞等上疏陈天文错乱、苍生凋弊,及因引见,又面谏,辞旨甚切。季龙大怒曰:"墙朝成夕没,吾无恨矣。"乃促张群以烛夜作。起三观、四门,三门通漳水,皆为铁扉。暴风大雨,死者数万人。……

[奢华、靡费、荒诞到疯狂地步的纵子大游猎,且发昏狂大言,远甚于"我死之后哪管洪水滔天"的路易十五:]命石宣祈于山川,因而游猎,乘大辂,羽葆、华盖,建天子旌旗,十有六军,戎卒十八万,出自金明门。季龙从其后宫升陵霄观望之,笑曰:"我家父子如是,自非天崩地陷,当复何愁,但抱子弄孙日为乐耳!"宣既驰逐无厌,所在陈列行宫,四面各以百里为度,驱围禽兽,皆幕集其所。文武跪立,围守重行,烽炬星罗,光烛如昼,命劲骑百余驰射其中。宣与嬖姬显德美人乘辇观之,嬉娱忘反,兽殚乃止。其有禽兽奔逸,当之者坐,有爵者夺马步驱一日,无爵者鞭之一百。峻制严刑,文武战栗,士卒饥冻而死者万有余人。宣弓马衣食皆号为御,有乱其间者,以冒禁罪罪之。所过三州十五郡,资储靡有孑遗。季龙复命石韬亦如之,出自并州,游于秦晋。[疯狂作乐之中的兄弟毒嫉,"相图之计起矣":]宣素恶韬宠,是行也,嫉之弥甚。宦者赵生得幸于宣而无宠于韬,微劝宣除之,于是相图之计起矣。

[败后复攻,重获对前凉的优势:]麻秋又袭张重华将张瑁于河、陕,败之,斩首三千余级。枹罕护军李逮率众七千降于季龙。自河已南,氐、羌皆降。

[大惊变! 储君石宣暗杀石韬,且有意弑父;他审得事实,以野蛮得令人难以想象的方式处死石宣,斩草除根。]

石韬起堂于太尉府,号曰宣光殿,梁长九丈。宣视而大怒,斩匠,截梁而去。韬怒,增之十丈。宣闻之,恚甚,谓所幸杨杯、牟成曰:"韬凶竖勃逆,敢违我如是! 汝能杀之者,吾入西宫,当尽以韬之国邑分封汝等。韬既死,主上必亲临丧,因行大事,蔑不济矣。"杯等许诺。……韬宴其僚属于东明观,乐奏,酒酣,怆然长叹曰:"人居世无常,别易会难。各付一杯,开意为吾饮,令必醉。知后会复何期而不饮乎!"因泫然流涕,左右莫不歔欷,因宿于佛精舍。宣使杨杯、牟皮、牟成、赵生等缘猕猴梯

　古代军政行为方略图景:《晋书》解读

而入，杀韬，置其刀箭而去。旦，宣奏之。[他戒备石宣可能弑父：]季龙哀惊气绝，久之方苏。将出临之，其司空李农谏曰："害秦公者恐在萧墙之内，虑生非常，不可以出。"季龙乃止。严兵发哀于太武殿。宣乘素车，从千人，临韬丧，不哭，直言呵呵，使举衾看尸，大笑而去。收大将军记室参军郑靖、尹武等，将委之以罪。

季龙疑宣之害韬也，谋召之，惧其不入，乃伪言其母哀过危惙。宣不虞己之见疑也，入朝中宫，因而止之。[经人告发，他审得石宣暗杀石韬的事实：]建兴人史科告称："韬死夜，宿东宫长上杨杯家，杯夜与五人从外来，相与语曰：'大事已定，但愿大家老寿，吾等何患不富贵。'语讫便入。科寝暗中，杯不见也。科寻出逃匿。俄而杯与二人出求科不得，杯曰：'宿客闻人向语，当杀之断口舌。今而得去，作大事矣。'科逾墙获免。"季龙驰使收之，获杨杯、牟皮、赵生等。杯、皮寻皆亡去，执赵生而诘之，生具首服。[他囚禁石宣，"以铁环穿其颔而锁之"，"以猪狗法食之"，然后断肢斫眼溃腹（同态复仇法）和火焚，并杀其妻子和部属数百人，野蛮得令人难以想象！]季龙悲怒弥甚，幽宣于席库，以铁环穿其颔而锁之，作数斗木槽，和羹饭，以猪狗法食之。取害韬刀箭舐其血，哀号震动宫殿。积柴邺北，树标于其上，标末置鹿卢，穿之以绳，倚梯柴积，送宣于标所，使韬所亲宦者郝稚、刘霸拔其发，抽其舌，牵之登梯，上于柴积。郝稚双绳贯其颔，鹿卢绞上，刘霸断其手足，斫眼溃腹，如韬之伤。四面纵火，烟炎际天。季龙从昭仪已下数千登中台以观之。火灭，取灰分置诸门交道中。杀其妻子九人。宣小子年数岁，季龙甚爱之，抱之而泣。儿曰："非儿罪。"季龙欲赦之，其大臣不听，遂于抱中取而戮之，儿犹挽季龙衣而大叫，时人莫不为之流涕，季龙因此发病。又诛其四率已下三百人，宦者五十人，皆车裂节解，弃之漳水。洿其东宫，养猪牛。东宫卫士十余万人皆谪戍凉州。[斩草除根，清洗尽净！]先是，散骑常侍赵揽言于季龙曰："中宫将有变，宜防之。"及宣之杀韬也，季龙疑其知而不告，亦诛之。废宣母杜氏为庶人。贵嫔柳氏，尚书耆之女也，以才色特幸，坐其二兄有宠于宣，亦杀之。季龙追其姿色，复纳耆少女于华林园[他在大屠戮之中仍不忘荒淫！]。

[纳别有用心者言，弃长择少。立末子石世为（第三任）储君：]季龙议立太子，其太尉张举进曰："燕公斌、彭城公遵并有武艺文德。陛下神齿已衰，四海未一，请择二公而树之。"初，戎昭张豺之破上邽也，获刘曜幼女，年十二，有殊色，季龙得而

婴之，生子世，封齐公。至是，豺以季龙年长多疾，规立世为嗣，刘当为太后，已得辅政，说季龙曰："陛下再立储宫，皆出自倡贱，是以祸乱相寻。今宜择母贵子孝者立之。"季龙曰："卿且勿言，吾知太子处矣。"又议于东堂，季龙曰："吾欲以纯灰三斛洗吾腹，腹秽恶，故生凶子，儿年二十余便欲杀公。今世方十岁，比其二十，吾已老矣。"于是与张举、李农定议，敕公卿上书请立世。……遂立世为皇太子……

[他 349 年正式称帝，随即便遇大内战：被流放凉州戍边的石宣旧部造反，"攻战若神，所向崩溃"，叛部攻克长安，进军洛阳，直到荥阳才被粉碎。]

季龙时疾瘳，以永和五年[349]僭即皇帝位于南郊……

故东宫谪卒高力等万余人当戍凉州，行达雍城，既不在赦例，又敕雍州刺史张茂送之。茂皆夺其马，令步推鹿车，致粮戍所。高力督定阳梁犊等因众心之怨，谋起兵东还……梁犊乃自称晋征东大将军，率众攻陷下辩，逼张茂为大都督、大司马，载以轺车。安西刘宁自安定击之，大败而还。秦雍间城戍无不摧陷，斩二千石长史，长驱而东。高力等皆多力善射，一当十余人，虽无兵甲，所在掠百姓大斧，施一丈柯，攻战若神，所向崩溃，戍卒皆随之，比至长安，众已十万。其乐平王石苞时镇长安，尽锐距之，一战而败。犊遂东出潼关，进如洛川。季龙以李农为大都督，行大将军事，统卫军张贺度、征西张良、征虏石闵等，率步骑十万讨之。战于新安，农师不利。又战于洛阳，农师又败，乃退壁成皋。犊东掠荥阳、陈留诸郡，季龙大惧，以燕王石斌为大都督中外诸军事，率精骑一万，统姚弋仲、苻洪等击犊于荥阳东，大败之，斩犊首而还，讨其余党，尽灭之。

……　……

[他在女人主使的复杂狷獗的宫廷阴谋中死去，这之前燕王石斌被矫诏杀灭。]

……未几，季龙疾甚，以石遵为大将军，镇关右，石斌为丞相、录尚书事，张豺为镇卫大将军、领军将军、吏部尚书，并受遗辅政。刘氏惧斌之辅政也害世，与张豺谋诛之。斌时在襄国，乃遣使诈斌曰："主上患已渐损，王须猎者，可小停也。"斌性好酒耽猎，遂游畋纵饮。刘氏矫命称斌无忠孝之心，免斌官，以王归第，使张豺弟雄率龙腾五百人守之。石遵自幽州至邺，敕朝堂受拜，配禁兵三万遣之，遵恸泣而去。

是日季龙疾小瘳,问曰:"遵至未?"左右答言久已去矣。季龙曰:"恨不见之。"季龙临于西阁,龙腾将军、中郎二百余人列拜于前。季龙曰:"何所求也?"皆言圣躬不和,宜令燕王入宿卫,典兵马,或言乞为皇太子。季龙不知斌之废也,责曰:"燕王不在内邪?呼来!"左右言王酒病,不能入。季龙曰:"促持辇迎之,当付其玺绶。"亦竟无行者。寻昏眩而入。张豺使弟雄等矫季龙命杀斌,刘氏又矫命以豺为太保、都督中外诸军、录尚书事,加千兵百骑,一依霍光辅汉故事。侍中徐统叹曰:"祸将作矣,吾无为豫之。"乃仰药而死。俄而季龙亦死。季龙始以咸康元年僭立,至此永和六年[350年,石虎实死于349年],凡在位十五岁。

[石虎死后的后赵大内战(一):已杀其兄石斌的石世在太后刘氏卵翼下继位,旋遭另一兄长石遵在"清君侧"名义下汇集大军进行讨伐;刘氏及石世众叛亲离,迅即被废被杀。]

于是世即伪位,尊刘氏为皇太后,临朝,进张豺为丞相。豺请石遵、石鉴为左右丞相,以慰其心,刘氏从之。豺与张举谋诛李农,而举与农素善,以豺谋告之。农惧,率骑百余奔广宗,率乞活数万家保于上白。刘氏使张举等统宿卫精卒围之。豺以张离为镇军大将军、监中外诸军事、司隶校尉,为己之副。邺中群盗大起,迭相劫掠。

[石遵汇集大军讨伐,刘氏/石世政权众叛亲离:]石遵闻季龙之死,屯于河内。姚弋仲、苻洪、石闵、刘宁及武卫王鸾、宁西王午、石荣、王铁、立义将军段勤等既平秦、洛,班师而归,遇遵于李城,说遵曰:"殿下长而且贤,先帝亦有意于殿下矣。但以末年惛惑,为张豺所误。今上白相持未下,京师宿卫空虚,若声张豺之罪,鼓行而讨之,孰不倒戈开门而迎殿下者邪!"遵从之。洛州刺史刘国等亦率洛阳之众至于李城。遵檄至邺,张豺大惧,驰召上白之军。遵次于荡阴,戎卒九万,石闵为前锋。豺将出距之,耆旧羯士皆曰:"天子儿来奔丧,吾当出迎之,不能为张豺城戍也。"逾城而出,豺斩之不能止。张离率龙腾二千斩关迎遵。[邺城换主,石遵篡位,刘氏、石世被废被杀:]刘氏惧,引张豺入,对之悲哭曰:"先帝梓宫未殡,而祸难繁兴。今皇嗣冲幼,托之于将军,将军何以匡济邪?加遵重官,可以弭不?"豺惶怖失守,无复筹计,但言唯唯。刘氏令以遵为丞相、领大司马、大都督中外诸军、录尚书事,加黄

钺、九锡,增封十郡,委以阿衡之任。遵至安阳亭,张豺惧而出迎,遵命执之。于是贯甲曜兵,入自凤阳门,升于太武前殿,擗踊尽哀,退如东阁。斩张豺于平乐市,夷其三族。假刘氏令曰:"嗣子幼冲,先帝私恩所授,皇业至重,非所克堪。其以遵嗣位。"遵伪让至于再三,群臣敦劝,乃受之,僭即尊位于太武前殿,大赦殊死已下,罢上白围。封世为谯王,邑万户,待以不臣之礼,废刘氏为太妃,寻皆杀之。世凡立三十三日。

于是李农归请罪,遵复其位,待之如初。尊其母郑氏为皇太后,其妻张氏为皇后,以石斌子衍为皇太子,石鉴为侍中,石冲为太保,石苞为大司马,石琨为大将军,石闵为中外诸军事、辅国大将军、录尚书事,辅政。暴风拔树,震雷,雨雹大如盂升。太武、晖华殿灾,诸门观阁荡然,其乘舆服御烧者太半,光焰照天,金石皆尽,火月余乃灭。……

[石虎死后的后赵大内战(二):石冲派遣幽州大军讨伐石遵,经平棘大战被粉碎,身死,其士卒被坑三万余人;石苞谋发关中大军讨伐石遵,结果被名义上抵御东晋蚕食的石遵部队捉拿。]

[讨伐兄弟的幽州大军被粉碎:]石冲时镇于蓟,闻遵杀世而自立,乃谓其僚佐曰:"世受先帝之命,遵辄废杀,罪逆莫大,其敕内外戒严,孤将亲讨之。"于是留宁北沭坚戍幽州,帅众五万,自蓟讨遵,传檄燕赵,所在云集,比及常山,众十余万。次于苑乡,遇遵赦书,谓左右曰:"吾弟一也,死者不可复追,何为复相残乎! 吾将归矣。"其将陈暹进曰:"彭城篡弑自尊,为罪大矣。王虽北旆,臣将南辕,平京师,擒彭城,然后奉迎大驾。"冲从之。遵驰遣王擢以书喻冲,冲弗听。遵假石闵黄钺、金钲,与李农等率精卒十万讨之。战于平棘[在今河北石家庄市赵县],冲师大败,获冲于元氏,赐死,坑其士卒三万余人。[野蛮遗传,继承自石勒、石虎的屠戮兽性!]

始葬季龙,号其墓为显原陵,伪谥武皇帝,庙号太祖。

…… ……

[计划讨伐兄弟的关中大军转而抵御东晋,其主被石遵部队捉拿:]石苞时镇长安,谋帅关中之众攻邺,左长史石光、司马曹曜等固谏。苞怒,诛光等百余人。[野蛮遗传!]苞性贪而无谋,雍州豪右知其无成,并遣使告晋梁州刺史司马勋。勋于是

率众赴之,壁于悬钩[在今陕西西安市周至县],去长安二百余里,使治中刘焕攻京兆太守刘秀离,斩之。三辅豪右多杀其令长,拥三十余壁,有众五万以应勋。苞辍攻邺之谋,使麻秋、姚国等率骑距勋。遵遣车骑王朗率精骑二万,以外讨勋为名,因劫苞,送之于邺。勋又为朗所距,释悬钩,拔宛城,杀遵南阳太守袁景而还。

[后赵在混乱中灭亡:石闵(冉闵)政变,杀石遵而立傀儡石鉴即位,而后与石鉴互图性命,更发《杀胡令》大量屠戮胡人——胡人屠汉的超级血腥"报复女神"终于到来。]

[石闵(冉闵)怀恨密谋政变:]初,遵之发李城也,谓石闵[即冉魏创立者冉闵,石虎养孙]曰:"努力!事成,以尔为储贰。"既而立衍,闵甚失望,自以勋高一时,规专朝政,遵忌而不能任。闵既为都督,总内外兵权,乃怀抚殿中将士及故东宫高力万余人,皆奏为殿中员外将军,爵关外侯,赐以宫女,树己之恩。遵弗之猜也,而更题名善恶以挫抑之,众咸怨矣。而又纳中书令孟准、左卫将军王鸾之计,颇疑惮于闵,稍夺兵权。闵益有恨色,准等咸劝诛之。遵召石鉴[石虎第三子]等入,议于其太后郑氏之前,皆请诛之。郑氏曰:李城回师,无棘奴[石闵(冉闵)小字]岂有今日!小骄纵之,不可便杀也。"[石闵(冉闵)先发制人发动政变,杀石遵,立傀儡石鉴:]鉴出,遣宦者杨环驰以告闵,闵遂劫李农及右卫王基,密谋废遵。使将军苏亥、周成率甲士三十执遵于如意观。遵时方与妇人弹棋,问成等曰:"反者谁也?"成曰:"义阳王鉴当立。"遵曰:"我尚如是,汝等立鉴,复能几时!"乃杀之于琨华殿,诛郑氏及其太子衍、上光禄张斐、中书令孟准、左卫王鸾等。遵凡在位一百八十三日。

鉴乃僭位,大赦殊死已下。以石闵为大将军,封武德王,李农为大司马,并录尚书事……

[政治混乱臻至极端,都城内外血腥攻伐错综复杂,人头接连落地,进至冉闵发动汉人大屠胡人,"高鼻多须至有滥死者半"。]

[石鉴使人发动政变,未果而杀同谋:]鉴使石苞及中书令李松、殿中将军张才等夜诛闵、农于琨华殿,不克,禁中扰乱。鉴恐闵为变,伪若不知者,夜斩松、才于西中华门,并诛石苞。

[石闵(冉闵)遣大军抵御讨伐者,同时杀密谋诛己者:]时石祇在襄国,与姚弋

仲、符洪等通和,连兵檄诛闵、农。鉴遣石琨为大都督,与张举及侍中呼延盛率步骑七万分讨祗等。中领军石成、侍中石启、前河东太守石晖谋诛闵、农,闵、农杀之。

[石鉴再度使人发动政变,亦再度背叛同谋]龙骧孙伏都、刘铢等结羯士三千伏于胡天,亦欲诛闵等。时鉴在中台,伏都率三十余人将升台挟鉴以攻之。临见伏都毁阁道,鉴问其故。伏都曰:"李农等反,已在东掖门,臣严率卫士,谨先启知。"鉴曰:"卿是功臣,好为官陈力。朕从台观卿,勿虑无报也。"于是伏都及铢率众攻闵、农,不克,屯于凤阳门。闵、农率众数千毁金明门而入。鉴惧闵之诛己也,驰招闵、农,开门内之,谓曰:"孙伏都反,卿宜速讨之。"[再闵开始大屠胡人!"率赵人诛诸胡羯,无贵贱男女少长皆斩之,死者二十余万":]闵、农攻斩伏都等,自凤阳至琨华,横尸相枕,流血成渠。宣令内外六夷敢称兵杖者斩之。胡人或斩关,或逾城而出者,不可胜数。使尚书王简、少府王郁帅众数千,守鉴于御龙观,悬食给之。令城内曰:"与官同心者住,不同心者各任所之。"敕城门不复相禁。于是赵人百里内悉入城,胡羯去者填门。闵知胡之不为己用也,班令[《杀胡令》]内外:赵人斩一胡首送凤阳门者,文官进位三等,武职悉拜牙门。一日之中,斩首数万。闵躬率赵人诛诸胡羯,无贵贱男女少长皆斩之,死者二十余万,尸诸城外,悉为野犬豺狼所食。屯据四方者,所在承闵书诛之,于时高鼻多须至有滥死者半。

[后赵分崩离析,再闵继续胜出,"废鉴杀之",且"诛季龙孙三十八人,尽殪石氏"。]

太宰赵鹿、太尉张举、中军张春、光禄石岳、抚军石宁、武卫张季及诸公侯、卿、校、龙腾等万余人出奔襄国。石琨奔据冀州,抚军张沈屯滏口,张贺度据石渎,建义段勤据黎阳,宁南杨群屯桑壁,刘国据阳城,段龛据陈留,姚弋仲据混桥,符洪据枋头,众各数万。王朗、麻秋自长安奔于洛阳。秋承闵书,诛朗部胡千余。朗奔于襄国。麻秋率众奔于符洪。

石琨及张举、王朗率众七万伐邺,石闵率骑千余,距之城北。闵执两刃矛,驰骑击之,皆应锋摧溃,斩级三千。琨等大败,遂归于冀州。

闵与李农率骑三万讨张贺度于石渎,鉴密遣宦者赍书召张沈等,使承虚袭邺。宦者以告闵、农,闵、农驰还,废鉴杀之,诛季龙孙三十八人,尽殪[yì,杀死]石氏。鉴在位一百三日。

……季龙十三子,五人为冉闵所杀,八人自相残害……

冉闵:

[后汉的灭亡者和冉魏的创立者,颁《杀胡令》,大规模屠戮华北胡人,作为以野蛮对野蛮、以屠杀对屠杀的大报复,其结果之一是华北极端残破凋敝,"无复农者"。他建国后在军事上总是拒绝审时度势的"费边战略",致使他毁于鲜卑慕容部灵巧强劲的铁骑战阵,冉魏灭亡。]

[中原汉人,其父为石虎养子,"骁猛多力,攻战无前";他本人作为石虎养孙智勇双全,以杰出的作战表现令"胡夏宿将莫不惮之"。]

闵字永曾,小字棘奴,季龙之养孙也。父瞻,字弘武,本姓冉,名良,魏郡内黄[今河南安阳市内黄县]人也。其先汉黎阳骑都督,累世牙门。勒破陈午,获瞻,时年十二,命季龙子之。骁猛多力,攻战无前。历位左积射将军、西华侯。闵幼而果锐,季龙抚之如孙。及长,身长八尺,善谋策,勇力绝人。拜建节将军,徙封修成侯,历位北中郎将、游击将军。季龙之败于昌黎,闵军独全,由此功名大显。及败梁犊之后,威声弥振,胡夏宿将莫不惮之。

[杀石鉴和如前所述狂杀胡人,自立为大魏皇帝,接着经邯郸和仓亭两次大战击败后赵残余石祗和其他胡酋;在光复华夏失土的同时光复华夏文化。]

永和六年[350],杀石鉴,其司徒申钟、司空郎闾等四十八人上尊号于闵,闵固让李农,农以死固请,于是僭即皇帝位于南郊,大赦,改元曰永兴,国号大魏,复姓冉氏。追尊其祖隆元皇帝,考瞻烈祖高皇帝,尊母王氏为皇太后,立妻董氏为皇后,子智为皇太子。以李农为太宰、领太尉、录尚书事,封齐王,农诸子皆封为县公。封其子胤、明、裕皆为王。……遣使者持节赦诸屯结,皆不从。

石祗[石虎之子]闻鉴死,僭称尊号于襄国,诸六夷据州郡拥兵者皆应之。闵遣使临江告晋曰:"胡逆乱中原,今已诛之。若能共讨者,可遣军来也。"朝廷不答。[不管出于什么动机,东晋明智地未参与他狂屠华北胡人的行动。]闵诛李农及其三子[他为何(而且那么快)杀死这位多年的首要协作者及其儿子们?],并尚书令王谟、侍中王衍、中常侍严震、赵昇等。……

[经邯郸和仓亭两次大战打败石祇军和张贺度军等,军力军威"虽石氏之盛无以过之":]石祇遣其相国石琨率众十万伐邺,进据邯郸。祇镇南刘国自繁阳会琨。闵大败琨于邯郸,死者万余。刘国还屯繁阳。符健自枋头入关。张贺度、段勤与刘国、靳豚会于昌城,将攻邺。闵遣尚书左仆射刘群为行台都督,使其将王泰、崔通、周成等帅步骑十二万次于黄城,闵躬统精卒八万继之,战于苍亭[在今河南濮阳市南乐县西三十五里]。贺度等大败,死者二万八千,追斩勒豚于阴安乡,尽俘其众,振旅而归。戎卒三十余万,旌旗钟鼓绵亘百余里,虽石氏之盛无以过之。[光复华夏文化,时在华北被认为百年来未有:]闵至自苍亭,行饮至之礼,清定九流,准才授任,儒学后门多蒙显进,于时翕然,方之为魏晋之初。

[然而,在亲率大军对石祇进行似乎将成功的围城战之后,他骤然面对羯羌鲜卑三路十余万敌军而贸然出战,结果大败,险些灭亡。]

闵率步骑十万攻石祇于襄国,署其子太原王胤为大单于、骠骑大将军,以降胡一千配为麾下。光禄大夫韦谀启谏甚切,闵览之大怒,诛谀及其子孙。[他对华夏谏者也不算不残忍。]闵攻襄国百余日,为土山地道,筑室反耕[建筑房舍,分兵归田,表示作长期屯兵之计]。祇大惧,去皇帝之号,称赵王,遣使诣慕容俊、姚弋仲以乞师。[形势突变,他骤然面对石祇等羯羌鲜卑三路十余万大军:]会石琨自冀州援祇,弋仲复遣其子襄率骑三万八千至自滠头,俊遣将军悦绾率甲卒三万自龙城,三方劲卒合十余万。闵遣车骑胡睦距襄于长芦,将军孙威候琨于黄丘,皆为敌所败,士卒略尽,睦、威单骑而还。琨等军且至,闵将出击之,卫将军王泰谏曰:"穷寇固迷,希望外援。今强救云集,欲吾出战,腹背击我。宜固垒勿出,观势而动,以挫其谋。今陛下亲戎,如失万全,大事去矣。请慎无出,臣请率诸将为陛下灭之。"闵将从之,道士法饶进曰:"太白经昴,当杀胡王,一战百克,不可失也。"[他拒绝审时度势的"费边战略"劝谏,却接受一名道士的星象附会胡言。他贸然出战,结果大败,险些灭亡:]闵攘袂大言曰:"吾战决矣,敢谏者斩!"于是尽众出战。姚襄、悦绾、石琨等三面攻之,祇冲其后,闵师大败。闵潜于襄国行宫,与十余骑奔邺。降胡栗特康等执冉胤及左仆射刘琦等送于祇,尽杀之。司空石璞、尚书令徐机、车骑胡睦、侍中李琳、中书监卢谌、少府王郁、尚书刘钦、刘休等诸将士死者十余万人，于是人物歼矣。

［很大程度上由于他狂屠胡人，华北极端残破凋敝，"诸夏纷乱，无复农者"；孤注一掷尽众而战，大败石祇大军，"焚祇首于通衢"。］

贼盗蜂起，司、冀大饥，人相食。自季龙末年而闵尽散仓库以树私恩。与羌胡相攻，无月不战。青、雍、幽、荆州徙户及诸氐、羌、胡、蛮数百余万，各还本土，道路交错，互相杀掠，且饥疫死亡，其能达者十有二三。诸夏纷乱，无复农者。闵悔之，诛法饶父子，支解之［他对华夏人也不算不残忍］，赠韦谀大司徒。

石祇使刘显帅众七万攻邺。时闵潜还，莫有知者，内外凶凶，皆谓闵已没矣。射声校尉张艾劝闵亲郊，以安众心，闵从之，讹言乃止。刘显次于明光宫，去邺二十三里，闵惧，召卫将军王泰议之。泰恚其谋之不从，辞以疮甚。闵亲临问之，固称疾笃。闵怒，还宫，顾谓左右曰："巴奴，乃公岂假汝为命邪！要将先灭群胡，却斩王泰。"于是尽众而战，大败显军，追奔及于阳平，斩首三万余级。显惧，密使请降，求杀祇为效，闵振旅而归。会有告王泰招集秦人，将奔关中，闵怒，诛泰，夷其三族。［再度对华夏人残忍。］刘显果杀祇及其太宰赵鹿等十余人，传首于邺，送质请命。……闵命焚祇首于通衢。

……　……

［消灭石祇残部：］刘显率众伐常山，太守苏亥告难于闵。闵留其大将军蒋干等辅其太子智守邺，亲率骑八千救之。……击显，败之，追奔及于襄国。显大将曹伏驹开门为应，遂入襄国，诛显及其公卿已下百余人，焚襄国宫室，迁其百姓于邺。……

［鲜卑慕容部是他的克星，其灵巧强劲的铁骑战阵战而胜之擒之；邺城失陷，冉魏灭亡，冉闵被杀。］

时慕容俊已克幽、蓟，略地至于冀州。闵帅骑距之，与慕容恪相遇于魏昌城。闵大将军董闰、车骑张温言于闵曰："鲜卑乘胜气劲，不可当也，请避之以溢其气，然后济师以击之，可以捷也。"闵怒曰："吾成师以出，将平幽州，斩慕容俊。今遇恪而避之，人将侮我矣。"［他前述的"善谋策"似乎只在搞政变上有所表现。他总是拒绝"费边战略"而失败。］乃与恪遇，十战皆败之。［鲜卑慕容部的铁骑战阵战而胜之，擒之：］恪乃以铁锁连马，简善射鲜卑勇而无刚者五千，方阵而前。闵所乘赤马曰朱龙，日行千里，左杖双刃矛，右执钩戟，顺风击之，斩鲜卑三百余级。俄而燕骑大至，围之数周。闵众寡不敌，跃马溃围东走，行二十余里，马无故而死，为恪所擒，及董闰、张温等送之于蓟。俊立闵而问之曰："汝奴仆下才，何自妄称天子？"闵曰："天下大乱，尔曹夷狄，人面兽心，尚欲篡逆。我一时英雄，何为不可作帝王邪！"俊怒，鞭之三百，送于龙城，告庙，魓庙。

［邺城失陷，冉魏灭亡，冉闵被杀：］遣慕容评率众围邺。……邺中饥，人相食，季龙时宫人被食略尽。冉智尚幼，蒋干遣侍中缪嵩、詹事刘猗奉表归顺，且乞师于晋。……长水校尉马愿、龙骧田香开门降评。……评送闵妻董氏、太子智、太尉申钟、司空条攸、中书监聂熊、司隶校尉籍罴、中书令李垣及诸王公卿士于蓟。尚书令王简、左仆射张乾、右仆射郎肃自杀。

俊送闵既至龙城，斩于遏陉山［在今辽宁朝阳市朝阳县］。……俊遣使者祀之，谥曰武悼天王……是岁永和八年［352］也。

［房玄龄等在本着传统的种族/文化偏见而发一通"蠢兹杂种，自古为虞"的议论后，令人信服地终评石勒石虎：石勒"虽曰凶残，亦一时杰也"，但"托授非所，贻厥无谋，身陨嗣灭，业归携养"。石虎万恶不赦，因为"穷骄极侈，劳役繁兴"，"干戈不息，刑政严酷"，"戎狄残犷，斯为甚乎"！不仅如此，石虎还"父子猜嫌，兄弟仇隙，自相屠脍"。］

［关于冉闵屠胡，房玄龄等只强调此乃石勒屠汉的报应。］

史臣曰：夫拯溺救焚，帝王之师也；穷凶骋暴，戎狄之举也。蠢兹杂种，自古为虞，限以塞垣，犹惧侵轶，况乃入居中壤，窥我王政，乘弛紊之机，睹危亡之隙，而莫不啸群鸣镝，汩乱天常者乎！

石勒出自羌渠，见奇丑类。……及惠皇失统，宇内崩离，遂乃招聚蚁徒，乘间煽祸，虏刘［毁坏］我都邑，翦害我黎元。朝市沦胥，若沈航于鲸浪；王公颠仆，譬游魂于龙漠。岂天厌晋德而假兹妖孽者欤！观其对敌临危，运筹贾勇［指有剩余，超过足够的程度]，奇谟间发，猛气横飞。远嗤魏武，则风情慷慨；近答刘琨，则音词俱恍。焚元超[司马越字]于苦县，陈其乱政之愆；戮彭祖[王浚字]于襄国，数以无君之罪。于是跨蹑燕赵，并吞韩魏，杖奇材而窃徽号，拥旧都而抗王室，裋毡裘，袭冠带，释介胄，开庠序，邻敌惧威而献款，绝域承风而纳贡，则古之为国，曷以加诸！虽曰凶残，亦一时杰也。而托授非所，贻厥无谋，身陨嗣灭，业归携养，斯乃知人之暗焉。

季龙心昧德义……始怀怨怼，终行篡夺。于是穷骄极侈，劳役繁兴，畚锸[泛指挖运泥土的用具，亦借指土建之事]相寻，干戈不息，刑政严酷，动见诛夷，懔懔遗黎，求哀无地，戎狄残犷，斯为甚乎！既而父子猜嫌，兄弟仇隙，自相屠脍，取笑天下。坟土未燥，祸乱荐臻，衅起于张豺，族倾于冉闵，积恶致灭，有天道哉！……世龙之殄晋人，既穷其酷；永曾[冉闵字]之诛羯士，亦歼其类。无德不报，斯之谓乎！

列传第六十五　艺术列传佛图澄传　摘录和评注

[从政治和文化双重视野看，这位高僧令人很感兴趣。他从西域到洛阳，大肆吹嘘，大显怪迹，而后投靠羯胡石勒武装，为之效劳，包括近乎决定性地鼓励其击灭兵势盛大的匈奴族前赵。他成了石勒非常宠信的头号谋臣，其后在石虎之下更是如此，且两度预言和深刻卷入宫廷顶层阴谋血斗。]

[他在羯胡后赵朝廷乃至全国的莫大尊荣和影响，连同佛教由此在国中广泛传播，终于激起意义重大的朝廷广泛主张，即后赵民众一概不得信佛和出家，因为佛是"外国之神"。就此，石虎作出意义重大的决定，即至少后赵境内的少数民族可自由信佛，因为佛是"戎神"。]

[一位"妙通玄术""役使鬼神"的西域佛教僧侣，到洛阳大肆吹嘘，大显怪迹。]

佛图澄，天竺人[实为西域龟兹国人]也。本姓帛氏。[除了反映所有宗教在前现代都包含的神秘奇异成分外，"妙通玄术""役使鬼神"是华夏人的一种便捷途径，依据自己的文化信念理解初来乍到的异域宗教，更何况其僧侣刻意地借此扩展其华夏市场：]少学道，妙通玄术。永嘉四年[310]，来适洛阳，自云百有余岁，常服气自养，能积日不食。善诵神咒，能役使鬼神。[其"玄术"被宣扬或被传到了荒诞不经的地步，满是异域情调（exotic flavor）：]腹旁有一孔，常以絮塞之，每夜读书，则拔絮，孔中出光，照于一室。又尝斋时，平旦至流水侧，从腹旁孔中引出五藏六府洗之，讫，还内腹中。又能听铃音以言吉凶，莫不悬验。

[投靠羯胡石勒武装，为之效劳，包括近乎决定性地鼓励石勒击灭兵势盛大的匈奴族前赵，并且宣扬石勒将征服全部华夏。]

及洛中寇乱，乃潜草野以观变。石勒屯兵葛陂，专行杀戮，沙门遇害者其众。澄投勒大将军郭黑略家，黑略每从勒征伐，辄豫克胜负，勒疑而问曰："孤不觉卿有出众智谋，而每知军行吉凶何也？"黑略曰："将军天挺神武，幽灵所助，有一沙门智术非常，云将军当略有区夏[华夏]，已应为师。臣前后所白，皆其言也。"勒召澄，试以道术。澄即取钵盛水，烧香咒之，须臾钵中生青莲花，光色曜日，勒由此信之。

勒自葛陂还河北，过枋头，枋头人夜欲斫营，澄谓黑略曰："须臾贼至，可令公知。"果如其言，有备，故不败。勒欲试澄，夜冠胄衣甲，执刀而坐，遣人告澄云："夜来不知大将军何所在。"使人始至，未及有言，澄逆问曰："平居无寇，何故夜严？"勒益信之。[他凭先知之妙，成了一度对他翻脸的石勒的心头宝贝：]勒后因忿，欲害诸道士，并欲苦澄。澄乃潜避至黑略舍，语弟子曰："若将军信至，问吾所在者，报云不知所之。"既而勒使至，觅澄不得。使还报勒，勒惊曰："吾有恶意向澄，澄舍我去矣。"通夜不寝，思欲见澄。澄知勒意悔，明旦造勒。勒曰："昨夜何行？"澄曰："公有怒心，昨故权避公。今改意，是以敢来。"勒大笑曰："道人谬矣。"

[求来神迹，为石勒立下一关键功绩：]襄国[石勒都城，今河北邢台]城堑水源在城西北五里，其水源暴竭，勒问澄何以致水。澄曰："今当敕龙取水。"乃与弟子法首等数人至故泉源上，坐绳床，烧安息香，咒愿数百言。如此三日，水泫然微流，有一小龙长五六寸许，随水而来，诸道士竞往观之。有顷，水大至，隍堑皆满。

[预言石勒以寡克众，战胜鲜卑强敌：]鲜卑段末波攻勒，众甚盛。勒惧，问澄。澄曰："昨日寺铃鸣云，明旦食时，当擒段末波。"勒登城[即都城襄国]望末波军，不见前后，失色曰："末波如此，岂可获乎！"更遣夔安问澄。澄曰："已获末波矣。"时城

北伏兵出，遇末波，执之。澄劝勒宥末波，遣还本国，勒从之，卒获其用。

…… ……

[近乎决定性地鼓励石勒出军抵御并击杀刘曜，前赵由此而亡:]及曜自攻洛阳，勒将救之，其群下咸谏以为不可。勒以访澄，澄曰:"相轮铃音云:'秀支替戾冈，仆谷劬秃当。'此羯语也，秀支，军也。替戾冈，出也。仆谷，刘曜胡位也。劬秃当，捉也。此言军出捉得曜也。"又令一童子洁斋七日，取麻油合胭脂，躬自研于掌中，举手示童子，粲然有辉。童子惊曰:"有军马甚众，见一人长大白皙，以朱丝缚其肘。"澄曰:"此即曜也。"勒其悦，遂赴洛距曜，生擒之。

[石勒称天王，"行皇帝事"，将他当作头号谋臣，"事必咨而后行"。]

勒僭称赵天王[330]，行皇帝事，敬澄弥笃。时石葱将叛，澄诫勒曰:"今年葱中有虫，食必害人，可令百姓无食葱也。"勒班告境内，慎无食葱。俄而石葱果走。勒益重之，事必咨而后行，号曰大和尚。

勒爱子斌暴病死，将殡，勒叹曰:"朕闻虢太子死，扁鹊能生之，今可得效乎?"乃令告澄。澄取杨枝沾水，洒而咒之。就执斌手曰:"可起矣!"因此遂苏，有顷，平复。自是勒诸子多在澄寺中养之。勒死之年，天静无风，而塔上一铃独鸣，澄谓众曰:"铃音云，国有大丧，不出今年矣。"既而勒果死。

[石勒死后篡位而为后赵君主的石虎"倾心事澄，有重于勒"，因而"大和尚"在朝廷尊荣无比，简直不可一世;然而这激起逆反:他除了遭到东晋佛教高僧强烈抨击外，还在后赵朝廷内面临严厉限制佛教传播的广泛主张。]

及季龙僭位[334]，迁都于邺[今河北邯郸市临漳县城西南邺城遗址]，倾心事澄，有重于勒。下书衣澄以绫锦，乘以雕辇，朝会之日，引之升殿，常侍以下悉助举舆，太子诸公扶翼而上，主者唱大和尚，众坐皆起，以彰其尊。又使司空李农旦夕亲问，其太子诸公五日一朝，尊敬莫与为比。支道林[东晋佛教高僧，华夏族，好玄学玄理清谈]在京师，闻澄与诸石游，乃曰:"澄公其以季龙为海鸥鸟也。"百姓因澄故多奉佛，皆营造寺庙，相竞出家，真伪混淆，多生愆过。季龙下书料简，其著作郎王度奏曰[意义重大地主张后赵民众一概不得信佛，不得出家，因为佛是"外国之神"]:"佛，外国之神，非诸华所应祠奉。汉代初传其道，惟听西域人得立寺都邑，以奉其神，汉人皆不出家。魏承汉制，亦循前轨。今可断赵人悉不听诣寺烧香礼拜，以遵典礼，其百辟卿士下逮众隶，例皆禁之，其有犯者，与淫祀同罪。其赵人为沙门者，还服百姓。"朝士多同度所奏。季龙以澄故，下书曰[意义重大地否决严厉限佛，因为"佛是戎神"，至少后赵境内少数民族可自由信奉]："朕出自边戎，忝君诸夏，至于飨祀，应从本俗。佛是戎神，所应兼奉，其夷赵百姓有乐事佛者，特听之。"

澄时止邺城寺中，弟子遍于郡国。尝遣弟子法常北至襄国，弟子法佐从襄国还，相遇于梁基城下，对车夜谈，言及和尚，比旦各去。佐始入，澄逆笑曰："昨夜尔与法常交车共说汝师邪？"佐愕然愧忏。于是国人每相语："莫起恶心，和尚知汝。"及澄之所在，无敢向其方面涕唾者。[他在后赵简直不可一世。]

[两度预言和深度卷入羯胡后赵的宫廷顶层阴谋血斗。]
[与图谋杀父篡位的太子石邃彼此提防，剧烈暗斗（因事极端敏感而"欲言难言"）：季龙太子邃[石虎长子，立为后赵皇太子，为人荒淫残忍，欲杀父篡位，后被石虎诛杀]……将图为逆，谓内竖曰："和尚神通，傥发吾谋。明日来者，当先除之。"澄月望[望月，满月，通常在月半，故亦用以指农历每月十五日]将入觐季龙，谓弟子僧慧曰："昨夜天神呼我曰：'明日若入，还勿过人。'我傥有所过，汝当止我。"澄常入，必过邃。邃知澄入，要侯甚苦。澄将上南台，僧慧引衣，澄曰："事不得止。"坐未安便起，邃固留不住，所谋遂差。还寺，叹曰："太子作乱，其形将成，欲言难言，欲忍难忍。"乃因事从容箴季龙，季龙终不能解。俄而事发，方悟澄言。

…… ……

[再度预言和深度卷入羯胡后赵的宫廷顶层阴谋血斗（同样因事极端敏感而"欲言难言"）：]石宣[石虎次子，石邃被诛后被立为皇太子]将杀石韬[石宣弟，受石虎宠爱]，宣先到寺与澄同坐，浮屠一铃独鸣，澄谓曰："解铃音乎？铃云胡子洛度。"宣变色曰："是何言软？"澄谬曰："老胡为道，不能山居无言，重茵美服，岂非洛度乎！"石韬后至，澄孰视良久。韬惧而问澄，澄曰："怪公血臭，故相视耳。"季龙梦龙飞西南，自天而落，旦而问澄，澄曰："祸将作矣，宜父子慈和，深以慎之。"季龙引澄入东阁，与其后杜氏问讯之。澄曰："胁下有贼，不出十日，自浮图以西，此殿以东，当有血流，慎勿东也。"杜后曰："和尚耄邪！何处有贼？"澄即易语云："六情所受，皆悉是

贼。老自应毙,但使少者不昏即好耳。"遂便寓言,不复彰的。后二日,宣果遣人害韬于佛寺中,欲因季龙临丧杀之。季龙以澄先诫,故获免。……

[预言后赵灭亡和自身先死:]

季龙造太武殿初成,图画自古贤圣、忠臣、孝子、烈士、贞女,皆变为胡状,旬余,头悉缩入肩中……季龙大恶之,秘而不言也。澄对之流涕,乃自启茔墓于邺西紫陌,还寺,独语曰:"得三年乎?"自答:"不得。"又曰:"得二年、一年、百日、一月乎?"自答:"不得。"遂无复言。谓弟子法祚曰:"戊申岁祸乱渐萌,己酉石氏当灭。吾及其未乱,先从化矣。"卒于邺宫寺。后有沙门从雍州来,称见澄西入关,季龙掘而视之,惟有一石无尸。季龙恶之曰:"石者,朕也,葬我而去,吾将死矣。"因而遇疾。明年,季龙死,遂大乱。

…… ……

五胡乱华在冀幽（上）：

鲜卑前燕和羌族后秦

前燕：『宰割黎元，纵其鲸吞之势』

载记第八　慕容廆　摘录和评注

[《晋书》从现在起，连续四篇载记(第八至第十一)记述鲜卑慕容部首领，因为他们先后促进该部的壮大和历经了前燕的兴亡，而前燕盛时统治区域大致包括幽冀兖青并豫徐等六州，与主要在关中的氐族前秦并分华北。]

[慕容廆，慕容部初代酋长的曾孙，成为慕容部首领后较早地审时度势，确定并施行有远见、颇恰当的大战略：长期坚持"搭正统车，享正统名"，以便于本地域坐大；吸引华夏流亡士庶，重用众多华夏贤才，优化行政和促进儒化教育；先凭借政治谋算的分而治之，后据出敌不意的侧翼奇袭，挫败鲜卑宇文部等的联合灭廆战役。他近五十年的统治大有利于慕容鲜卑。]

[东胡简史，慕容部由来，自其父率部从辽西迁至辽东北，"渐慕诸夏之风矣"。]

慕容廆，字弈洛瑰，昌黎棘城[今辽宁锦州市义县西南砖城子]鲜卑人也。其先有熊氏之苗裔，世居北夷，邑于紫蒙之野[辽河西源西辽河上源老哈河上游地区]，号曰东胡。其后与匈奴并盛，控弦之士二十余万，风俗官号与匈奴略同。秦汉之际为匈奴所败，分保鲜卑山，因以为号。曾祖莫护跋，魏初率其诸部入居辽西，从宣帝伐公孙氏有功，拜率义王，始建国于棘城之北。时燕代多冠步摇冠［步摇冠：冠名。《汉书·江充传》："充……冠禅纚步摇冠，飞翮之缨。"］，莫护跋见而好之，乃敛发袭冠，诸部因呼之为步摇，其后音讹，遂为慕容焉。……祖木延，左贤王。父涉归，以全柳城之功，进拜鲜卑单于，迁邑于辽东北，于是渐慕诸夏之风矣。

［他自幼"雄杰有大度"，其父死，他经一番波折而成为慕容部首领，频繁入寇辽西，征伐夫余，继而降于西晋，拜为鲜卑单于，并且更加促进慕容部的文化和体制华夏化。］

廆幼而魁岸，美姿貌，身长八尺，雄杰有大度。……［父死后，部人杀掉篡位者，拥立他为首领：］涉归死，其弟耐篡位，将谋杀廆，廆亡潜以避祸。后国人杀耐，迎廆立之。

［西晋初，他频繁入寇辽西，并且征伐夫余：］初，涉归有憾于宇文鲜卑，廆将修先君之怨，表请讨之。武帝弗许。廆怒，入寇辽西，杀略甚众。帝遣幽州诸军讨廆，战于肥如，廆众大败。自后复掠昌黎，每岁不绝。又率众东伐扶余，扶余王依虑自杀，廆夷其国城，驱万余人而归。东夷校尉何龛遣督护贾沈将迎立依虑之子为王，廆遣其将孙丁率骑邀之。沈力战斩丁，遂复扶余之国。［他转而投降西晋，拜为鲜卑单于（以便自身坐大于鲜卑诸部？）］廆谋于其众曰："吾先公以来世奉中国，且华裔理殊，强弱固别，岂能与晋竞乎？何为不和以害吾百姓邪！"乃遣使来降。帝嘉之，拜为鲜卑都督。……

太康十年［289］，廆又迁于徒河之青山［今辽宁锦州市义县、朝阳市下属北票市及阜新市一带山区］。廆以大棘城即帝颛顼之墟也，元康四年［294］乃移居之。教以农桑，法制同于上国。［更加促进慕容部的文化和体制华夏化。］……

［在打败兵力占压倒性优势的鲜卑宇文部围攻后，他乘西晋大内乱和辽东小内乱之机，饶有战略地自称鲜卑大单于和粉碎附塞鲜卑作乱，后一行动旨在"忠义彰于本朝，私利归于我国"。西晋亡、东晋建后，这种"搭正统车，享正统名"以便本地得利的方针继续推行下去。］

太安[西晋惠帝年号，302—303]初，宇文莫圭遣弟屈云寇边城，云别帅大素延攻掠诸部，廆亲击败之。素延怒，率众十万围棘城，众咸惧，人无距志。廆曰："素延虽犬羊蚁聚，然军无法制，已在吾计中矣。诸君但为力战，无所忧也。"乃躬贯甲胄，驰出击之，素延大败，追奔百里，俘斩万余人。

永嘉[307—313]初，廆自称鲜卑大单于。辽东太守庞本以私憾杀东夷校尉李臻，附塞鲜卑素连、木津等托为臻报仇，实欲因而为乱，遂攻陷诸县，杀掠士庶。……连岁寇掠，百姓失业，流亡归附者日月相继。[粉碎附塞鲜卑作乱，旨在"忠义彰于本朝，私利归于我国"：]廆子翰言于廆曰："求诸侯莫如勤王，自古有为之君靡不杖此以成事业者也。今连、津跋扈，王师覆败，苍生屠脍，岂甚此乎！竖子外以庞本为名，内实幸而为寇。……辽东倾没，垂已二周，中原兵乱，州师屡败，勤王杖义，今其时也。单于宜明九伐之威，救倒悬之命，数连、津之罪，合义兵以诛之。上则兴复辽邦，下则并吞二部，忠义彰于本朝，私利归于我国，此则吾鸿渐之始也，终可以得志于诸侯。"廆从之。是日，率骑讨连、津，大败斩之，二部悉降，徙之棘城，立辽东郡而归。

……建兴[313—317]中，愍帝遣使拜廆镇军将军、昌黎、辽东二国公。[接受东晋册封，以便"敷宣帝命，以伐有罪，谁敢不从"！]建武[317—318]初，元帝承制拜廆假节、散骑常侍、都督辽左杂夷流人诸军事、龙骧将军、大单于、昌黎公，廆让而不受。征虏将军鲁昌说廆曰："今两京倾没，天子蒙尘，琅邪承制江东，实人命所系。明公雄据海朔，跨总一方，而诸部犹怙众称兵，未遵道化者，盖以官非王命，又自以为强。今宜通使琅邪，劝承大统，然后敷宣帝命，以伐有罪，谁敢不从！"廆善之，乃遣其长史王济浮海劝进。及帝即尊位，遣谒者陶辽重申前命，授廆将军、单于，廆固辞公封。

[刑政修明，吸引华夏流亡士庶，重用众多华夏贤才，促进儒学教育和礼让之风。]

时二京倾覆，幽、冀沦陷，廆刑政修明，虚怀引纳，流亡士庶多襁负归之。廆乃立郡以统流人，冀州人为冀阳郡，豫州人为成周郡，青州人为营丘郡，并州人为唐国郡。于是推举贤才，委以庶政，以河东裴嶷、代郡鲁昌、北平阳耽为谋主，北海逄羡、

广平游邃、北平西方虔、渤海封抽、西河宋奭、河东裴开为股肱,渤海封弈、平原宋
该、安定皇甫岌、兰陵缪恺以文章才俊任居枢要,会稽朱左车、太山胡毋翼、鲁国孔
纂以旧德清重引为宾友,平原刘赞儒学该通,引为东庠祭酒,其世子皝率国胄束脩受
业焉。廆览政之暇,亲临听之,于是路有颂声,礼让兴矣。①

[先凭借政治谋算的精当的"闭门不战"军事战略,后据出敌不意的侧翼奇袭,
挫败高句丽、鲜卑宇文部和段部的联合灭廆战役。]

时平州[约相当于今辽宁]刺史、东夷校尉崔毖自以为南州士望,意存怀集,而
流亡者莫有赴之。毖意廆拘留,乃阴结高句丽及宇文、段国等,谋灭廆以分其地。
[基于政治谋算的"闭门不战""分而治之"战略生效:]太兴[318—321]初,三国伐廆,
廆曰:"彼信崔毖虚说,邀一时之利,乌合而来耳。既无统一,莫相归伏,吾今破之必
矣。然彼军初合,其锋甚锐,幸我速战。若逆击之,落其计矣。靖以待之,必怀疑贰,
迭相猜防。一则疑吾与毖谲而覆之,二则自疑三国之中与吾有韩魏之谋者,待其人
情沮惑,然后取之必矣。"于是三国攻棘城,廆闭门不战,遣使送牛酒以犒宇文,大言
于众曰:"崔毖昨有使至。"于是二国果疑宇文同于廆也,引兵而归。[出敌不意的侧
翼奇袭,大败余敌:]宇文悉独官[宇文部首领,名悉独官]曰:"二国虽归,吾当独兼
其国,何用人为!"尽众逼城,连营三十里。廆简锐士配皝,推锋于前;翰领精骑为奇
兵,从旁出,直冲其营;廆方阵而进。悉独官自恃其众,不设备,见廆军之至,方率兵
距。前锋始交,翰已入其营,纵火焚之,其众皆震扰,不知所为,遂大败,悉独官仅
以身免,尽俘其众。于是营候获皇帝玉玺三纽,遣长史裴嶷送于建邺。崔毖惧廆之
仇己也,使兄子焘伪贺廆。会三国使亦至请和,曰:"非我本意也,崔平州教我耳。"
廆将焘示以攻围之处,临之以兵,曰:"汝叔父教三国灭我,何以诈来贺我乎?"焘惧,
首服。廆乃遣焘归说毖曰:"降者上策,走者下策也。"以兵随之。毖与数十骑弃家
室奔于高句丽,廆悉降其众,徙焘及高瞻等于棘城,待以宾礼。[击败来寇的高句

---

① 本篇后载:廆尝从容言曰:"狱者,人命之所悬也,不可以不慎。贤人君子,国家之基也,不可
以不敬。稼穑者,国之本也,不可以不急。酒色便佞,乱德之甚也,不可以不戒。"乃著《家令》数千
言以申其旨。[他深深懂得经典儒家政治哲学和治国方略的根本:慎刑,用贤,重农,节欲,
戒佞。]

丽：]明年，高句丽寇辽东，廆遣众击败之。

裴嶷至自建邺，帝遣使者拜廆监平州诸军事、安北将军、平州刺史，增邑二千户。寻加使持节、都督幽州东夷诸军事、车骑将军、平州牧，进封辽东郡公，邑一万户，常侍、单于并如故；丹书铁券，承制海东，命备官司，置平州守宰。

…… ……

[大败石勒所遣鲜卑宇文部攻袭，"乘胜拔其国城"，所得甚丰：]石勒遣使通和，廆距之，送其使于建邺。勒怒，遣宇文乞得龟击廆，廆遣皝距之。以裴嶷为右部都督，率索头为右翼，命其少子仁自平郭趣柏林为左翼，攻乞得龟，克之，悉虏其众。乘胜拔其国城，收其资用亿计，徙其人数万户以归。

成帝即位，加廆侍中，位特进。

…… ……

[他长期效忠于东晋，当然有"私利归于我国"的盘算，终于派员致书陶侃，建议封他为燕王，但"朝议未决"而他去世。]

廆使者[携慕容廆致太尉陶侃书]遭风没海。其后廆更写前笺，并赍其东夷校尉封抽、行辽东相韩矫等三十余人疏上侃府曰：

…… ……

……廆虽率义众，诛讨大逆，然管仲相齐，犹曰宠不足以御下，况廆辅翼王室，有匡霸之功，而位卑爵轻，九命未加，非所以宠异藩翰，敦奖殊勋者也。

……将佐等以为宜……进封廆为燕王，行大将军事，上以总统诸部，下以割损贼境。使冀州之人望风向化。廆得祗承诏命，率合诸国，奉辞夷逆，以成桓文之功，苟利社稷，专之可也。……

侃报抽等书，其略曰："车骑将军忧国忘身，贡篚载路，羯贼求和，执使送之，西讨段国，北伐塞外，远绥索头，荒服以献。惟北部未宾，屡遣征伐。又知东方官号，高下齐班，进无统摄之权，退无等差之降，欲进车骑为燕王，一二具之。……"朝议未定。(咸和)八年[333]，廆卒，乃止。时年六十五，在位四十九年。帝遣使者策赠大将军、开府仪同三司，谥曰襄。及俊僭号，伪谥武宣皇帝。

裴嶷：

[慕容廆头号谋主，"清方有干略"，西晋中级官员，依附慕容廆，得到重用。他对主公做出了特别重要的贡献，包括作为头号榜样帮助吸引华夏流寓之士效劳慕容廆，还有出奇袭计大败宇文悉独官。]

裴嶷，字文冀，河东闻喜[今山西运城市闻喜县]人也。父昶，司隶校尉。嶷清方有干略，累迁至中书侍郎，转给事黄门郎、荥阳太守。属天下乱，嶷兄武先为玄菟太守，嶷遂求为昌黎太守。至郡，久之，武卒，嶷被征，乃将武子开送丧俱南。既达辽西，道路梗塞，乃与开投廆。时诸流寓之士见廆草创，并怀去就。嶷首定名分，为群士启行。廆甚悦，以嶷为长史，委以军国之谋。

及悉独官寇逼城下，外内骚动，廆问策于嶷，嶷曰："悉独官虽拥大众，军无号令，众无部阵，若简精兵，乘其无备，则成擒耳。"廆从之，遂陷寇营。廆威德于此甚振，将遣使献捷于建邺，妙简行人，令嶷将命。

[他对他的旧主和新主都忠心耿耿：]初，朝廷以廆僻在荒远，犹以边裔之豪处之。嶷既使至，盛言廆威略，又知四海英贤并为其用，举朝改观焉。嶷将还，帝试留嶷以观之，嶷辞曰："臣世荷朝恩，濯缨华省，因事远寄，投迹荒遐。今遭开泰，得睹朝廷，复赐恩诏，即留京辇，于臣之私，诚为厚幸。……今若留臣，（慕容廆）必谓国家遗其僻陋，孤其丹心，使怀义懈怠。是以微臣区区忘身为国，贪还反命耳。"帝曰："卿言是也。"乃遣嶷还。廆后谓群僚曰："裴长史名重中朝，而降屈于此，岂非天以授孤也。"……

…… ……

载记第九　慕容皝　摘录和评注

["雄毅多权略"，慕容廆去世后四年，他经在内血斗和对外攻伐，正式建立鲜卑前燕，再过四年得到东晋正式承认。他执掌前燕期间，文治大体有如其父，注重农桑，轻徭薄赋，促进儒化教育，武功则更为辉煌，包括击灭鲜卑段辽氏，大败后赵石

虎军,出师征服高句丽,击毁鲜卑宇文部。他实现了对鲜卑各部的铁腕控制,并且意欲入主中原,统一华北。]

[然而,他有他阴暗和残忍的一面,即受权力欲和嫉妒感驱使而视兄弟为仇雠,嫉妒战功卓著或得父宠爱的庶兄慕容翰、同母弟慕容仁和慕容昭,后者事实上被他逼得或出奔,或反叛,以致被擒被杀。]

[慕容廆第三子,"雄毅多权略",被立为世子,"率众征讨累有功";嗣慕容廆位。]

慕容皝,字元真,廆第三子也。龙颜版齿,身长七尺八寸。雄毅多权略,尚经学,善天文。廆为辽东公,立为世子。建武[东晋元帝年号,317—318]初,拜为冠军将军、左贤王,封望平侯,率众征讨,累有功。太宁[东晋明帝年号,323—326]末,拜平北将军,进封朝鲜公。廆卒,嗣位,以平北将军行平州刺史,督摄部内。……

[他嫉妒战功卓著或得父宠爱的庶兄慕容翰、同母弟慕容仁和慕容昭,他们在父死后"并惧不自容",因而事实上被他逼得或出奔,或反叛;慕容昭迅即被杀,慕容仁遭到讨伐,但击败讨伐军,"尽有辽左之地"。]

初,皝庶兄建威翰骁武有雄才,素为皝所忌,母弟征虏仁、广武昭并有宠于廆,皝亦不平之。及廆卒,并惧不自容。至此,翰出奔段辽,①仁劝昭举兵废皝。皝杀昭,遣使按检仁之虚实,遇仁于险渎。仁知事发,杀皝使,东归平郭[今辽宁营口市熊岳镇]。皝遣其弟建武幼、司马佟寿等讨之。仁尽众距战,幼等大败,皆没于仁。襄平令王冰、将军孙机以辽东叛于皝,东夷校尉封抽、护军乙逸、辽东相韩矫、玄菟太守高诩等弃城奔还。仁于是尽有辽左[即辽东]之地,自称车骑将军、平州刺史、辽东公。宇文归、段辽及鲜卑诸部并为之援。

[击灭鲜卑酋长木堤和乌桓酋长悉罗侯,几度击败鲜卑段部和鲜卑宇文部及别

---

① 后载慕容翰在前燕正式建立后回归:初,段辽之败也,建威翰奔于宇文归,自以威名夙振,终不保全,乃阳狂恣酒,被发歌呼。归信而不禁,故得周游自任,至于山川形便,攻城要路,莫不练之。皝遣商人王车阴使察翰,翰见车无言,抚膺[抚胸,表示悲恨]而已。车还以白,皝曰:"翰欲来也。"乃遣车遗翰弓矢,翰乃窃归骏马,携其二子而还。

部,收复慕容仁控制下的辽东部分地区,继而毅然冒险,蹈海薄冰("践凌")奇袭慕容仁,擒之杀之。]

咸和[东晋成帝年号]九年[334],皝遣其司马封弈攻鲜卑木堤于白狼,扬威淑虞攻乌丸悉罗侯于平冈,皆斩之。材官刘佩攻乙连[似在今辽宁葫芦岛市建昌县附近],不克。段辽[鲜卑段部首领]遂寇徒河,皝将张萌逆击,败之。辽弟兰与翰寇柳城[今辽宁朝阳市西南],都尉石琮击败之。[事实证明,击败段部的柳城之战极其艰难,因为战场主将违背他的战略告诫:]旬余,兰、翰复围柳城,皝遣宁远慕容汗及封弈等救之。皝戒汗曰:"贼众气锐,难与争锋,宜顾万全,慎勿轻进,必须兵集阵整,然后击之。"汗性骁锐,遣千余骑为前锋而进,封弈止之,汗不从,为兰所败,死者大半。兰复攻柳城,为飞梯、地道,围守二旬,石琮躬勒将士出击,败之,斩首千五百级,兰乃遁归。

是岁,成帝遣谒者徐孟、闾丘幸等持节拜皝镇军大将军、平州刺史、大单于、辽东公,持节、都督、承制封拜,一如廆故事。

皝自征辽东,克襄平。仁所署居就令刘程以城降,新昌人张衡执县宰以降。于是斩仁所置守宰,分徙辽东大姓于棘城,置和阳、武次、西乐三县而归。

咸康[东晋成帝年号,335—342]初,遣封弈袭宇文别部[主部落的同盟部落]涉奕于,大获而还。涉奕于率骑追战于浑水,又败之。[他否决众议,毅然冒险"践凌"袭击慕容仁,全胜:]皝将乘海讨仁,群下咸谏,以海道危阻,宜从陆路。皝曰:"旧海水无凌,自仁反已来,冻合者三矣。昔汉光武因滹沱之冰以济大业,①天其或者欲吾乘此而无之乎!吾计决矣,有沮谋者斩!"乃率三军从昌黎践凌而进。仁不虞皝之至也,军去平郭七里,候骑乃告,仁狼狈出战,为皝所擒,杀仁而还。

…… ……

[一个战役,其间接连不断地屡败(小败和大败)段部和宇文部,后者几无还手之力:]段辽遣将李咏夜袭武兴,遇雨,引还,都尉张萌追击,擒咏。段兰拥众数万屯

① 《后汉书·光武帝纪上》载:(更始)二年[24]正月,光武以王郎新盛,乃北徇[攻打]蓟。王郎移檄[发布檄文]购[悬赏捉拿]光武十万户,而故广阳王子刘接起兵蓟中以应郎…于是光武趣驾南辕,晨夜不敢入城邑,舍[止,休息]食道傍。至饶阳,官属皆乏食……晨夜兼行,蒙犯霜雪,天时寒,面皆破裂。至呼沱河[在今河北衡水市饶阳县北]无船,适遇冰合,得过,未毕数车而陷。

于曲水亭,将攻柳城,宇文归入寇安晋,为兰声援。皝以步骑五万击之,师次柳城,兰、归皆遁。遣封弈率轻骑追击,败之,收其军实,馆谷二旬而还。谓诸将曰[他军事才能堪称卓越]:"二虏耻无功而归,必复重至,宜于柳城左右设伏以待之。"遣封弈率骑潜于马兜山诸道。俄而辽骑果至,弈夹击,大败之,斩其将荣保。遣兼长史刘斌、郎中令阳景送徐孟等归于京师。使其世子俊伐段辽诸城,封弈攻宇文别部,皆大捷而归。

立纳谏之木,以开谠言之路。[如果忘掉他对兄弟们的嫉妒和残忍,我们或可称他为马背上的绅士。]

[又一次证明段部在他攻击下几无还手之力]后徙昌黎郡,筑好城于乙连东,使将军兰勃戍之,以逼乙连。又城曲水,以为勃援。乙连饥甚,段辽输之粟,兰勃要击获之。辽遣将屈云攻兴国,与皝将慕容遵大战于五官水上,云败,斩之,尽俘其众。

[337年他自称燕王,正式建立鲜卑前燕。]

封弈等以皝任重位轻,宜称燕王,皝于是以咸康三年[337]僭即王位,赦其境内。[重用以他父亲时已得重用的渤海郡人封弈为首的华夏贤才:]以封弈为国相,韩寿为司马,裴开、阳骛、王寓、李洪、杜群、宋该、刘瞻、石琮、皇甫真、阳协、宋晃、平熙、张泓等并为列卿将帅。起文昌殿,乘金根车,驾六马,出入称警跸。以其妻段氏为王后,世子俊为太子……

[武功辉煌:面对压倒性兵力优势,出敌不意袭击而后乘胜追击,大败机会主义盟友、反目为仇的羯胡后赵石虎大军,"斩获三万余级";继之以对后赵的另两场胜利。]

皝以段辽屡为边患,遣将军宋回称籓于石季龙,请师讨辽。季龙于是总众而至。[他敢于"引虎入室",或许政治/战略估算上对如何应付胸有成竹。]皝率诸军攻辽令支[在今河北唐山市下属迁安市西,段部都城]以北诸城,辽遣其将段兰来距,大战,败之,斩级数千,掠五千余户而归。季龙至徐无,辽奔密云山。季龙进入令支,怒皝之不会师也,进军击之,至于棘城[在今辽宁锦州市义县西北],戎卒数十万,四面进攻,郡县诸部叛应季龙者三十六城。相持旬余,左右劝皝降。皝曰[他作为总司令的无与伦比的勇气和自信]:"孤方取天下,何乃降人乎!"遣子恪等率骑二千,晨出击之。季龙诸军惊扰,弃甲而遁。恪乘胜追之,斩获三万余级[异族间的族裔战争一样极端残忍!],筑戍凡城而还。段辽遣使诈降于季龙,请兵应接。[他胜而又胜:再度大败后赵军,且擒得段辽]季龙遣其将麻秋率众迎辽,恪伏精骑七千于密云山,大败之,获其司马阳裕、将军鲜于亮,拥段辽及其部众以归。

帝又遣使进皝为征北大将军、幽州牧,领平州刺史,加散骑常侍,增邑万户,持节、都督、单于、公如故。

[他第三次击败后赵军,段辽谋叛被诛:]皝前军帅慕容评败季龙将石成等于辽西,斩其将呼延晃、张支,掠千余户以归。段辽谋叛,皝诛之。

[他一向称藩或表忠心于东晋,现在要求东晋承认他自加的燕王名分,亦即承认他自立的前燕国家;东晋掌权者"甚惧,以其绝远,非所能制",不得已照办。]

……皝虽称燕王,未有朝命,乃遣其长史刘祥献捷京师,兼言权假之意,并请大举讨平中原。[他像他父亲一样,坚持"搭正统车,享正统名",以便自身坐大。]又闻庾亮薨,弟冰、翼继为将相,乃表曰:

[大讲外戚执政之害的远近往昔,意在饶有政治谋略地吓唬庾冰及庾翼,即外戚庾亮的两个弟弟,庾亮死后他们分别作为朝廷重臣和外镇大将:]臣究观前代昏明之主,若能亲贤并建,则功致升平;若亲党后族,必有倾辱之祸。……降及秦昭,足为令主,委信二舅,几至乱国。逮于汉武,推重田蚡,万机之要,无不决之。及蚡死后,切齿追恨。成帝暗弱,不能自立,内惑艳妻,外浼五舅,卒令王莽坐取帝位。每览斯事,孰不痛惋!设使舅氏贤若穰侯、王凤,则但闻有二臣,不闻有二主。若其不才,则有窦宪、梁冀之祸。凡此成败,亦既然矣。苟能易轨,可无覆坠。

陛下命世天挺,当隆晋道,而遭国多难,殷忧备婴,追述往事,至今楚灼。迹其所由,实因故司空亮居元舅之尊,势业之重,执政裁下,轻侮边将,故令苏峻、祖约不胜其忿,遂致败国。……前事不忘,后事之表,而中书监、左将军冰等内执枢机,外拥上将,昆弟并列,人臣莫畴。……往者惟亮一人,宿有名望,尚致世变,况今居之者素无闻焉!且人情易惑,难以户告,纵今陛下无私于彼,天下之人谁谓不私乎![暗指庾冰为自己家族利益主使成帝之弟而非其子登基,是为康帝。]

……上为陛下，退为冰计，疾苟容之臣，坐鉴得失。颠而不扶，焉用彼相！昔徐福陈霍氏之戒，宣帝不从，[1]至令忠臣更为逆族，良由察之不审，防之无渐。臣今所陈，可谓防渐矣。但恐陛下不明臣之忠，不用臣之计，事过之日，更处焦烂之后耳。……

又与冰书曰[更直接吓唬庾冰，且炫耀自己的雄心和实力]：

君以椒房之亲，舅氏之昵，总据枢机，出内王命，兼拥列将州司之位，昆弟网罗，显布畿甸。自秦汉以来，隆赫之极，岂有若此者乎！以吾观之，若功就事举，必享申伯[周宣王之元舅，西周著名政治家、军事家，对"宣王中兴"贡献甚大]之名；如或不立，将不免梁窦之迹矣。

每睹史传，未尝不宠恣母族，使执权乱朝，先有殊世之荣，寻有负乘[即"负乘致寇"，谓才德不称其位而导致盗寇入侵]之累，所谓爱之适足以为害。吾常忿历代之主，不尽防萌终宠之术……

方今四海有倒悬之急，中夏遘僭逆之寇，家有滩血之怨，人有复仇之憾，宁得安枕逍遥，雅谈卒岁邪！吾……以数郡之人，尚欲并吞强虏，是以自顷迄今，交锋接刃，一时务农，三时用武，而犹师徒不顿，仓有余粟，敌人日长，我境日广，况乃王者之威，堂堂之势，岂可同年而语哉！

[政治谋略和客观情势一起发挥作用，他成功示威于外戚：]冰见表及书甚惧，以其绝远，非所能制，遂与何充等奏听皝称燕王。[2]

[他出师征伐高句丽，得益于高句丽王的战略误判，大胜，几乎灭其国。]

其年[341]皝伐高句丽，王钊乞盟而还。明年，钊遣其世子朝于皝。

……　……

[征伐高句丽之前再度打击后赵，用焚烧劫掠的"谢尔曼式战略"，"掠徙幽冀、

---

[1]　《汉书·霍光传》载：初，霍氏奢侈，茂陵徐生曰："霍氏必亡。夫奢则不逊，不逊必侮上。侮上者，逆道也。在人之右，众必害[嫉恨]之。霍氏秉权日久，害之者多矣。天下害之，而又行以逆道，不亡何待！"乃上疏言："霍氏泰盛，陛下即爱厚之，宜以时抑制，无使至亡。"书三上，辄报闻[言回复所报之事已知，实际上是不予采纳]。

[2]　下载341年"成帝使兼大鸿胪郭希持节拜皝侍中、大都督河北诸军事、大将军、燕王，其余官皆如故。封诸功臣百余人"。

三万余户":]皝将图石氏,从容谓诸将曰:"石季龙自以安乐诸城守防严重,城之南北必不设备,今若诡路出其不意,冀之北土尽可破也。"于是率骑二万出蠮螉[yēwēn]塞[居庸关的别名,在今北京昌平区西北],长驱至于蓟城[在今北京房山区],进渡武遂津,入于高阳[今河北保定市高阳县],所过焚烧积聚,掠徙幽冀三万余户。

[迁都龙城,发两路大军伐高句丽,①得益于高句丽王的战略误判而大胜,继而再用"谢尔曼式战略"近乎灭其国:]使阳裕、唐柱等筑龙城[在今辽宁朝阳市],构宫庙,改柳城为龙城县。……

咸康七年[341],皝迁都龙城。率劲卒四万,入自南陕,以伐宇文、高句丽,又使翰及子垂为前锋,遣长史王寓等勒众万五千,从北置而进。高句丽王钊谓皝军之从北路也,乃遣其弟武统精锐五万距北置,躬率弱卒以防南陕。翰与钊战于木底,大败之,乘胜遂入丸都[今吉林通化市下属集安市,高句丽都城],钊单马而遁。皝掘钊父利墓,载其尸并其母妻珍宝,掠男女五万余口,焚其宫室,毁丸都而归。明年,钊遣使称臣于皝,贡其方物,乃归其父尸。

[续之以决定性的击毁宇文部,"开地千余里",先得益于他的示弱性战略欺骗和出敌不意,而后得益于前锋将领未服从他的同样的方针:]宇文归遣其国相莫浅浑伐皝,诸将请战,皝不许。浑以皝为惮之,荒酒纵猎,不复设备。皝曰:"浑奢忌已甚,今则可一战矣。"遣翰率骑击之,浑大败,仅以身免,尽俘其众。

皝躬巡郡县,劝课农桑,起龙城宫阙。寻又率骑二万亲伐宇文归,以翰及垂为前锋。归使其骑将涉奕于尽众距翰,皝驰遣谓翰曰:"奕于雄悍,宜小避之,待虏势骄,然后取也。"翰曰:"归之精锐,尽在于此,今若克之,则归可不劳兵而灭。奕于徒有虚名,其实易与耳,不宜纵敌挫吾兵气。"于是前战,斩奕于,尽俘其众,归远遁漠北。[好战略的根本是按照具体形势而灵活转变。]皝开地千余里,徙其部人五万余落于昌黎,改涉奕于城为威德城……

---

① 《资治通鉴·晋纪》如此判断他征伐高句丽的战略动机:"既取高句丽,还取宇文,如返手耳。二国既平,利尽东海,国富兵强,无返顾之忧,然后中原可图。"

[他的可谓经典儒家治国方略:前已述他"躬巡郡县,劝课农桑",下面是他虚心纳谏,轻徭薄赋,"善藏者藏于百姓,若斯而已矣",还有儒化教育大臣子弟。]

以牧牛给贫家,田于苑中,公收其八,二分入私。有牛而无地者,亦田苑中,公收其七,三分入私。皝记室参军封裕谏曰:

臣闻圣王之宰国也,薄赋而藏于百姓,分之以三等之田,十一而税之;寒者衣之,饥者食之,使家给人足。虽水旱而不为灾者……度岁入多少……供百僚之外,藏之太仓,三年之耕,余一年之粟。以斯而积,公用于何不足?水旱其如百姓何!……

自永嘉丧乱,百姓流亡,中原萧条,千里无烟,饥寒流陨,相继沟壑。先王以神武圣略,保全一方,威以殄奸,德以怀远,故九州之人,塞表殊类,襁负万里,若赤子之归慈父,流人之多旧土十倍有余,人殷地狭,故无田者十有四焉。殿下以英圣之资,克广先业,南摧强赵,东灭句丽,开境三千,户增十万……宜省罢诸苑,以业流人。人至而无资者,赐之以牧牛。人既殿下之人,牛岂失乎!善藏者藏于百姓,若斯而已矣。……魏、晋虽道消之世,犹削百姓不至于七八,持官牛田者官得六分,百姓得四分,私牛而官田者官中分,百姓安之,人皆悦乐。臣犹曰非明王之道,而况增乎!……

句丽、百济及宇文、段部之人,皆兵势所徙,非如中国慕义而至,咸有思归之心。今户垂十万,狭凑都城,恐方将为国家深害,宜分其兄弟宗属,徙于西境诸城,抚之以恩,检之以法……

……　……

皝乃令曰[他虚心纳谏,轻徭薄赋]:"览封记室之谏,孤实惧焉。……苑囿悉可罢之,以给百姓无田业者。贫者全无资产,不能自存,各赐牧牛一头。若私有余力,乐取官牛垦官田者,其依魏晋旧法。……百工商贾数,四佐与列将速定大员,余者还农。……封生蹇蹇,深得王臣之体。《诗》不云乎:'无言不酬。'其赐钱五万,明宣内外,有欲陈孤过者,不拘贵贱,勿有所讳。"

……　……

[儒化教育贵戚大臣子弟,亲自讲授,且撰教本。]赐其大臣子弟为官学生者号高门生,立东庠于旧宫,以行乡射之礼,每月临观,考试优劣。皝雅好文籍,勤于讲授,学徒甚盛,至千余人。亲造《太上章》以代《急就》,又著《典诫》十五篇,以教胄子。

······ ······

皝亲临东庠考试学生,其经通秀异者,擢充近侍。以久旱,丐百姓田租。······

[一代英豪与世长辞:]

······以永和[东晋穆帝年号]四年[348]死,在位十五年,时年五十二。俊僭号,追谥文明皇帝。

慕容翰:

[他的故事有两个主题:(1)虽蒙弟嫉,被迫出奔,但"处仇国,因事立忠";(2)尽管如此,也尽管他军功卓越,但弟嫉难消,最终仍要了他的性命! 慕容皝的阴暗残忍面再度凸显。]

慕容翰,字元邕,廆之庶长子也。性雄豪,多权略,猿臂工射,膂力过人。廆甚奇之,委以折冲之任。行师征伐,所在有功,威声大振,为远近所惮。作镇辽东,高句丽不敢为寇。善抚接,爱儒学,自士大夫至于卒伍,莫不乐而从之。

及奔段辽,深为辽所敬爱。柳城之败,段兰欲乘胜深入,翰虑成本国之害,诡说于兰,兰遂不进。后石季龙征辽,皝亲将三军略令支以北,辽议欲追之,翰知皝躬自总戎,战必克胜,乃谓辽曰:"今石氏向至,方对大故,不宜复以小小为事。燕王自来,士马精锐。兵者凶器,战有危虑,若其失利,何以南御乎!"兰怒曰:"吾前听卿诳说,致成今患,不复入卿计中矣。"乃率众追皝,兰果大败。翰虽处仇国,因事立忠,皆此类也。

及辽奔走,翰又北投宇文归。既而逃······

既至,皝甚加恩礼。建元[东晋穆帝年号]二年[344],从皝讨宇文归,临阵为流矢所中,卧病积时。后疾渐愈,于其家中骑马自试,或有人告翰私习骑,疑为非常。[弟嫉难消,最终要了他的性命!]皝素忌之,遂赐死焉。翰临死谓使者曰:"······但逆胡跨据神州,中原未靖,翰常克心自誓,志吞丑虏,上成先王遗旨,下谢山海之责。不图此心不遂,没有余恨,命也奈何!"仰药而死。

······ ······

　　　　　　　　古代军政行为方略图景:《晋书》解读

载记第十　慕容俊　摘录和评注

[鲜卑前燕第二代君主,但与其父名义上称藩于东晋王朝不同,他在352年正式称帝独立。此前稍早,他消灭了大规模屠戮胡人以施民族报复的华北华夏国家冉魏,擒获并斩杀其君主冉闵,称帝后又乘石虎死、后赵亡的中原碎片化的时机大事扩张,且都城大幅度南移,形成与南方东晋、关中前秦的三足鼎立格局。去世前不久,他力图集聚一百五十万兵众南征东晋,"兼欲经略关西"即消灭或重创前秦,而因这显然超出前燕能力范围而只得作罢。]

[除他去世后五年(365)前燕大败东晋桓温大军外,他将鲜卑慕容部的权势臻至巅峰。这不仅归因于他接受和利用的国力基础和战略机遇,也归因于他的雄心、魄力和勤奋严整,用本载记的话说是"性严重,慎威仪……虽闲居宴处亦无懈怠之色"。]

[慕容皝次子,"博观图书,有文武干略",继位后确定并迅速着手实施他的头号基本目标——乘石虎死而中原碎片化的时机"图兼并之计"。]

慕容俊,字宣英,皝之第二子也。初,廆常言:"吾积福累仁,子孙当有中原。"既而生俊,廆曰:"此儿骨相不恒,吾家得之矣。"及长,身长八尺二寸,姿貌魁伟,博观图书,有文武干略。皝为燕王,拜俊假节、安北将军、东夷校尉、左贤王、燕王世子。皝死,永和五年[349],僭即燕王位……是时石季龙死[349],赵、魏大乱,俊将图兼并之计,以慕容恪为辅国将军,慕容评为辅弼将军,阳骛为辅义将军,慕容垂为前锋都督、建锋将军,简精卒二十余万以待期。……

明年,俊率三军南伐,出自卢龙[今河北秦皇岛市卢龙县],次于无终[今天津蓟州区]。石季龙幽州刺史王午弃城走,留其将王他守蓟。俊攻陷其城,斩他,因而都之[前燕都城南移近千里,从龙城到蓟城]。……

[他正式称帝前后主要从事对冉魏的战争,消灭该国。]

[我们摘录下面这段,唯一的用意是注意冉闵使者宣告的屠胡理由和称帝理由,后者有如"王侯将相宁有种乎",而两者的共同依据是杀伐合法与否取决于成功与否("用兵杀伐,哲王盛典"——"合法政权出自武力征服论"):]及冉闵杀石祗[石虎之子][351],僭称大号,遣其使人常炜聘于俊。俊引之观下,使其记室封裕诘之曰:"冉闵养息[养子,养孙;冉闵为石虎养孙]常才,负恩篡逆,有何祥应而僭称大号?"炜曰:"……用兵杀伐,哲王盛典,汤、武亲行诛放,而仲尼美之。魏武养于宦官,莫知所出,众不盈[不超过]旅,遂能终成大功。暴胡酷乱,苍生屠脍,寡君奋剑而诛除之,黎元获济,可谓功格皇天,勋侔高祖。恭承乾命,有何不可?"……

[从冉魏夺城略地:]遣慕容恪略地中山[郡名,治所在今河北定州市区],慕容评攻王午于鲁口。恪次唐城,冉闵将白同、中山太守侯龛固守不下。恪留其将慕容彪攻之,进讨常山。评次南安,王午遣其将郑生距评。评逆击,斩之,侯龛逾城出降。恪进克中山,斩白同。[他的军队纪律严明:]俊军令严明,诸将无所犯。闵章武太守贾坚率郡兵邀评战于高城[在今河北沧州市盐山县],擒坚于阵,斩首三千余级。

是岁丁零翟鼠及冉闵将刘准等率其所部降于俊,封鼠归义王,拜准左司马。

[与冉闵军决战于泒水,依凭主将慕容恪的勇气、正确判断和两翼夹击而大胜,擒获冉闵并斩杀之:]时鲜卑段勤初附于俊,其后复叛。俊遣慕容恪及相国封弈讨冉闵于安喜[今河北定州市区东],慕容垂讨段勤于绎幕,俊如中山,为二军声势。闵惧,奔于常山,恪追及于泒[gū]水[今河北中部大沙河]。闵威名素振,众咸惮之。恪谓诸将曰:"闵师老卒疲,实为难用;加其勇而无谋,一夫之敌耳。虽有甲兵,不足击也。吾今分军为三部,掎角以待之。闵性轻锐,又知吾军势非其敌,必出万死冲吾中军。吾今贯甲厚阵以俟其至,诸君但厉卒,从旁须其战合,夹而击之,蔑不克也。"及战,败之,斩首七千余级,擒闵,送之,斩于龙城。[攻克邺城,消灭冉魏残余军力:]恪屯军呼沱。闵将苏亥遣其将金光率骑数千袭恪,恪逆击,斩之,亥大惧,奔于并州。恪进据常山,段勤惧而请降,遂进攻邺[在今河北邯郸市临漳县和河南安阳市安阳县]。闵将蒋干闭城距守。俊又遣慕容评等率骑一万会攻邺。……蒋干率锐卒五千出城挑战,慕容评等击败之,斩首四千余级,干单骑还邺。……慕容恪、封弈讨王午于鲁口,降之。寻而慕容评攻克邺城,送冉闵妻子僚属及其文物于中山。

[他于352年称帝,正式结束鲜卑慕容部对晋王朝的至少七十年的名义附属关系。]

……以永和八年[352]僭即皇帝位……署置百官。以封弈[从慕容廆起的三朝重臣]为太尉,慕容恪为侍中,阳骛为尚书令,皇甫真为尚书左仆射,张希为尚书右仆射,宋活为中书监,韩恒为中书令,其余封授各有差。追尊廆为高祖武宣皇帝,皝为太祖文明皇帝。时朝廷遣使诣俊,俊谓使者曰:"汝还白汝天子,我承人之乏,为中国所推,已为帝矣。"[他一副已入主中原的架势!]……孤河之师,守邺之军,下及战士,赐各有差。……立其妻可足浑氏为皇后,世子晔为皇太子。

[他称帝后同样乘石虎死后中原碎片化的时机大事扩张,且迁都邺城,形成与南方东晋、关中前秦的三足鼎立格局。]

晋宁朔将军荣胡以彭城、鲁郡叛降于俊。

…… ……

姚襄以梁国降于俊。以慕容评为都督秦、雍、益、梁、江、扬、荆、徐、兖、豫十州河南诸军事,权镇于洛水;慕容彊为前锋都督、都督荆、徐二州缘淮诸军事,进据河南。

…… ……

[主要收获之一:得河内、黎阳、兰陵、济北、建兴五郡]苻生[氐族前秦君主]河内太守王会、黎阳太守韩高以郡归俊。晋兰陵太守孙黑、济北太守高柱、建兴太守高瓮各以郡叛归于俊。初,俊车骑大将军、范阳公刘宁屯据茌城,降于苻氏,至此,率户二千诣蓟归罪,拜后将军。

…… ……

[主要收获之二:得鲜卑段部占据的今山东一部]初,段兰之子龛因冉闵之乱,拥众东屯广固[今山东潍坊市下属益都市西北],自号齐王,称籓于建邺,遣书抗中表之仪,非俊正位。俊遣慕容恪、慕容尘讨之。恪既济河……龛……率众三万来距恪。恪遇龛于济水之南,与战,大败之,遂斩其弟钦,尽俘其众。[讲究以尽可能小的代价取得必定的胜利的一个范例,出自杰出的、大有政治头脑的将领慕容恪:]恪进围广固,诸将劝恪宜急攻之,恪曰:"军势有宜缓以克敌,有宜急而取之。若彼我

势均,且有强援,虑腹背之患者,须急攻之,以速大利。如其我强彼弱,外无寇援,力足制之者,当羁縻守之,以待其毙。兵法十围五攻,此之谓也。龛恩结贼党,众未离心,济南之战,非不锐也,但其用之无术,以致败耳。今凭固天险,上下同心,攻守势倍,军之常法。若其促攻,不过数旬,克之必矣,但恐伤吾士众。自有事已来,卒不获宁,吾每思之,不觉忘寝,亦何宜轻残人命乎!当持久以取耳。"诸将皆曰:"非所及也。"乃筑室反耕,严固围垒。龛所署徐州刺史王腾、索头单于薛云降于恪。段龛之被围也,遣使诣建邺请救。穆帝遣北中郎将荀羡赴之,惮虏强迁延不敢进。……恪遂克广固,以龛为伏顺将军,徙鲜卑胡羯三千余户于蓟……

俊太子晔死,伪谥献怀。升平元年,复立次子暐为皇太子……

[发大军大破长城以北据称频繁侵扰中原①的敕勒人(丁零人),对其狂屠狂掠:]遣其抚军慕容垂、中军慕容虔与护军平熙等率步骑八万讨丁零敕勒于塞北,大破之,俘斩十余万级[异族间的族裔大屠杀!],获马十三万匹,牛羊亿余万。

…… ……

匈奴单于贺赖头率部落[一说该部落(贺赖部落)实为东汉时迁入匈奴故地的鲜卑支脉]三万五千降于俊,拜宁西将军、云中郡公,处之于代郡平舒城[今山西大同市广灵县]。

晋太山太守诸葛攸伐其东郡。俊遣慕容恪距战,王师败绩。北中郎将谢万[谢安之弟]先据梁、宋,惧而遁归。恪进兵入寇河南,汝、颍、谯、沛皆陷,置守宰而还。

[迁都邺城:]俊自蓟城迁于邺,赦其境内,缮修宫殿,复铜雀台。

…… ……

苻坚平州[治所在今辽宁锦州市义县]刺史刘特率户五千降于俊。

…… ……

[主要收获之三:变羁縻为攻伐,从后赵余将手中夺得并州]初,冉闵之僭号也,石季龙将李历、张平、高昌等并率其所部称籓于俊,遣子入侍。既而投款建邺,结援苻坚,并受爵位,羁縻自固,虽贡使不绝,而诚节未尽。吕护之走野王也,遣弟奉表

---

① 见"慕容垂",https://baike.sogou.com/v1551053.htm? fromTitle＝％E6％85％95％E5％AE％B9％E5％9E％82.

谢罪于俊,拜宁南将军、河内太守。又上党冯鸯自称太守,附于张平,平屡言之,俊以平故,赦其罪,以为京兆太守。护、鸯亦阴通京师。张平跨有新兴、雁门、西河、太原、上党、上郡之地,垒壁三百余,胡晋十余万户,遂拜置征、镇,为鼎峙之势。俊遣其司徒慕容评讨平,领军慕舆根讨鸯,司空阳骛讨昌,抚军慕容臧攻历。并州垒壁降者百余所,以尚书右仆射悦绾为安西将军、领护匈奴中郎将、并州刺史以抚之。平所署征西诸葛骧、镇北苏象、宁东乔庶、镇南石贤等率垒壁百三十八降于俊,俊大悦,皆复其官爵。既而平率众三千奔于平阳,鸯奔于野王,历走荥阳,昌奔邵陵,悉降其众。

[去世前不久,他力图集聚一百五十万兵众南征东晋,"兼欲经略关西",即消灭或重创前秦,而这显然力所不逮,只得作罢。]

俊于是复图入寇,兼欲经略关西,[为集聚空前巨大的兵力,欲对本国竭泽而渔。]乃令州郡校阅见丁,精覆隐漏,率户留一丁,余悉发之,欲使步卒满一百五十万,期明年大集,将进临洛阳,为三方节度。[刘贵极谏,告诫"恐人不堪命,有土崩之祸",见效:]武邑刘贵上书极谏,陈百姓凋弊,召兵非法,恐人不堪命,有土崩之祸,并陈时政不便于时者十有三事。俊览而悦之,付公卿博议,事多纳用,乃改为三五占兵[五人中三人服兵役],宽戎备一周,悉令明年季冬赴集邺都。

······ ······

俊立小学于显贤里以教胄子。······

俊夜梦石季龙啮其臂,寤而恶之,命发其墓,剖棺出尸,蹋而骂之曰:"死胡安敢梦生天子!"遣其御史中尉阳约数其残酷之罪,鞭之,弃于漳水。

[击败东晋大军征讨(359):]诸葛攸又率水陆三万讨俊,入自石门,屯于河渚。······俊遣慕容评、傅颜等统步骑五万,战于东阿[今山东聊城市阳谷县东],王师败绩。

······ ······

俄而俊寝疾,谓慕容恪曰:"吾所疾惙然,当恐不济。修短命也,复何所恨!但二寇未除,景茂冲幼,虑其未堪多难。吾欲远追宋宣,以社稷属汝。"[在皇位继承问题上,慕容恪高风亮节,颇有国务家素质:]恪曰:"太子虽幼,天纵聪圣,必能胜残刑措,不可以乱正统也。"俊怒曰:"兄弟之间岂虚饰也!"恪曰:"陛下若以臣堪荷天下之任者,宁不能辅少主乎!"俊曰:"若汝行周公之事,吾复何忧! 李绩清方忠亮,堪任大事,汝善遇之。"

[内部形势亦非大举南征西征以求中国统一所宜:]是时兵集邺城,盗贼互起,每夜攻劫,晨昏断行。于是宽常赋,设奇禁,贼盗有相告者赐奉车都尉,捕诛贼首木谷和等百余人,乃止。

[他逝去,前燕将因最高层内斗而衰败以至灭亡,这首先归咎于他的皇后可足浑氏以太后身份乱政,排斥异己:]升平四年[360],俊死,时年四十二,在位十一年。伪谥景昭皇帝……

[我们在本篇首注内已经提到他勤奋严整,此乃他杰出成就的基本原因之一:]俊雅好文籍,自初即位至末年,讲论不倦,览政之暇,唯与侍臣错综义理,凡所著述四十余篇。性严重,慎威仪,未曾以慢服临朝,虽闲居宴处亦无懈怠之色云。

…… ……

载记第十一　慕容暐、慕容恪等　摘录和评注

[本篇乃鲜卑前燕由衰至亡的挽歌,其中根本的衰亡动能为最高层内斗。内斗的主要肇始者和加剧者有三人:大将慕舆根,"自恃勋旧",嫉妒首臣,图谋作乱篡位;太后可足浑氏,"虐媪乱朝",听信谮言,排斥国家栋梁;皇叔爷慕容评,勾结太后,猜忌能臣,辅政驽劣腐败。370 年,虽有兵力上的绝对优势,但因为主帅慕容评畏战、贪鄙和丧失军心,结果惨败于前秦而国亡。]

[367 年主政辅臣慕容恪病逝以前,前燕尽管内外忧患,但依然并非难以救药。他是杰出的军事家和堪称伟大的国务家,战无不胜,治国有方,品德优越,可被称为所有时代的标准。他临终力荐与他大致同类的人物皇叔吴王慕容垂主政,但因太后和慕容评嫉恨之而未如愿。"志士绝忠贞之路,谗人袭交乱之风",前燕不亡何待!]

慕容暐：

[慕容俊第三子、"庸弱"的慕容暐继承皇位，慕容恪主政；然而，慕舆根"忌恪之总朝权"，近乎在太后同意下欲作乱篡位，结果被慕容暐诛杀。]

慕容暐，字景茂，俊第三子也。初封中山王，寻立为太子。及俊死，群臣欲立慕容恪，恪辞曰："国有储君，非吾节也。"[这对品德优越的慕容恪来说根本不可想象，何况（据上篇载记）他已对先帝作了"周公辅成王"的保证。]于是立暐。升平四年[360]，僭即皇帝位，大赦境内，改元曰建熙，立其母可足浑氏为皇太后。以慕容恪为太宰、录尚书，行周公事；慕容评为太傅，副赞朝政；慕舆根为太师；慕容垂为河南大都督、征南将军、兖州牧、荆州刺史，领护南蛮校尉，镇梁国……

暐既庸弱，国事缘委之于恪。慕舆根自恃勋旧，骄傲有无上之心，忌恪之总朝权，将伺隙为乱，乃言于恪曰："今主上幼冲，母后干政，殿下宜虑杨骏、诸葛元逊[诸葛恪字，同为托孤大臣的孙峻暗中联合吴主孙亮，诱杀诸葛恪]之变，思有以自全。且定天下者，殿下之功也，兄亡弟及，先王之成制，过山陵之后，可废主上为一国王，殿下践尊位，以建大燕无穷之庆。"[这对品德优秀的慕容恪来说根本不可想象。]恪曰："公醉乎？何言之勃也！……今储君嗣统，四海无虞，宰辅受遗，奈何便有私议！公忘先帝之言乎？"根大惧，陈谢而退。恪以告慕容垂，垂劝恪诛之。恪曰："今新遭大凶，二虏伺隙，山陵未建，而宰辅自相诛灭，恐乖远近之望，且可容忍之。"根与左卫慕舆干潜谋诛恪及评，因而篡位。入白可足浑氏及暐曰："太宰、太傅将谋为乱，臣请率禁兵诛之，以安社稷。"可足浑氏将从之，暐曰："二公国之亲穆，先帝所托，终应无此，未必非太师将为乱也。"于是使其侍中皇甫真、护军傅颜收根等，于禁中斩之……

[慕容恪主政下前燕军势仍盛，继续攻城略地。]

[野王之围，击灭事实上独立的叛将吕护之军：]初，俊所署宁南将军吕护据野王[郡名，治所在今河南焦作市下属沁阳市]，阴通京师，穆帝以护为前将军、冀州刺史。俊死，谋引王师袭邺，事觉，暐使慕容恪等率众五万讨之。傅颜言于恪曰："护穷寇假合，王师既临，则上下丧气……殿下前以广固天险，守易攻难，故为长久之策。今贼形便不与往同，宜急攻之，以省千金之费。"[在慕容俊之下围克广固后，慕容恪

再度讲究以尽可能小的代价取得必定的胜利:]恪曰:"护老贼,经变多矣。观其为备之道,未易卒平。今圈之穷城,樵采路绝,内无蓄积,外无强援,不过十旬,其毙必矣,何必遽残士卒之命而趣一时之利哉!吾严浚围垒,休养将卒,以重官美货间而离之。事淹势穷,其衅易动;我则未劳,而寇已毙。此为兵不血刃,坐以制胜也。"遂列长围守之。护遣其将张兴率劲卒七千出战,傅颜击斩之。自三月至八月而野王溃,护南奔于晋,悉降其众。寻复叛归于暐,待之如初。因遣傅颜与护率众据河阴。颜北袭敕勒,大获而还。护攻洛阳,中流矢而死。……

[攻陷今河南多城多地:]遣其宁东慕容忠攻陷荥阳。时晋冠军将军陈祐戍洛阳,遣使请救,帝遣桓温援之。

兴宁[东晋哀帝年号,363—365]初,暐复使慕容评寇许昌、悬瓠[今河南驻马店市汝南县]、陈城[今河南周口市淮阳县],并陷之,遂略汝南诸郡,徙万余户于幽、冀。

[从东晋手中夺得洛阳:]豫州刺史孙兴上疏,请步卒五千先图洛阳。暐纳之,遣其太宰司马悦希军于盟津,孙兴分戍成皋,以为之声援。寻而陈祐率众奔陆浑[在今河南洛阳市嵩县],河南诸垒悉陷于希。慕容恪攻陷金墉,害扬威将军沈劲。以其左中郎将慕容筑为假节、征虏将军、洛州刺史,镇金墉,慕容垂为都督荆、扬、洛、徐、兖、豫、雍、益、梁、秦等十州诸军事、征南大将军、荆州牧,配兵一万,镇鲁阳[今河南平顶山市鲁山县尧山镇一带]。

…… ……

["悉陷兖州诸郡":]太和[东晋废帝海西公年号]元年[366],暐遣抚军慕容厉攻晋太山太守诸葛攸。攸奔于淮南,厉悉陷兖州诸郡,置守宰而还。

[慕容恪临终力荐慕容垂主政,但因太后和慕容评嫉恨之而未如愿;后者"谋杀垂","垂惧,奔于苻坚"。]

[慕容恪临终谆谆嘱咐死后要慕容垂主政,且告诫慕容评等"不可昧利忘忧":]慕容恪有疾,深虑暐政不在己,慕容评性多猜忌,大司马之位不能允授人望,乃召暐兄乐安王臧谓之曰:"今劲秦跋扈,强吴未宾,二寇并怀进取,但患事之无由耳。夫安危在得人,国兴在贤辅,若能推才任忠,和同宗盟,则四海不足图,二虏岂能为难

哉！吾以常才，受先帝顾托之重，每欲扫平关陇，荡一瓯吴，庶嗣成先帝遗志，谢忧责于当年。而疾固弥留，恐此志不遂，所以没有余恨也。吴王天资英杰，经略超时，司马职统兵权，不可以失人，吾终之后，必以授之。……汝等虽才识明敏，然未堪多难，国家安危，实在于此，不可昧利忘忧，以致大悔也。”又以告评。月余而死[367]，其国中皆痛惜之。

…… ……

[**慕容评“素无经略，又受苻坚间货”，坚执前秦“未易可图”，据信坐失战略良机：**]苻坚将苻廋据陕，降于時。……坚恐暐乘衅入关，大惧，乃尽精锐以备华阴。暐群下议欲遣兵救廋，因图关右。慕容评素无经略，又受苻坚间货，沮议曰：“秦虽有难，未易可图。朝廷虽明，岂如先帝，吾等经略，又非太宰之匹，终不能平秦也。但可闭关息旅，保宁疆埸足矣。”暐魏尹慕容德上疏曰：“……逆氐僭据关、陇，号同王者，恶积祸盈，自相疑戮，衅起萧墙[**367年前秦爆发前君苻生诸弟五人（淮南公苻幼、晋公苻柳、赵公苻双、魏公苻廋、燕公苻武）率师反叛，即“五公之乱”**]，势分四国，投城请援，旬日相寻，岂非凶运将终，数归有道。兼弱攻昧，取乱侮亡，机之上也。今秦土四分，可谓弱矣。时来运集，天赞我也。天与不取，反受其殃。吴、越之鉴，我之师也。……愿陛下独断圣虑，无访仁人。”暐览表大悦，将从之。评固执不许，乃止。苻廋知评、暐之无远略，恐救师弗至，乃笺于慕容垂、皇甫真曰：“苻坚、王猛皆人杰也，谋为燕患，为日久矣。今若乘机不赴，恐燕之君臣将有甬东之悔。”[**甬东：春秋越地，即今浙江舟山群岛。《左传》哀公二十二年（前473）：“越灭吴，请使吴王居甬东。”**]垂得书，私于真曰：“方为人患者必在于秦，主上富于春秋，未能留心政事，观太傅度略，岂能抗苻坚、王猛乎？”真曰：“然，绕朝有云，谋之不从可如何！”

…… ……

[**慕容垂几乎全歼先前连胜的东晋桓温攻伐大军，“威德弥振”：**]晋大司马桓温、江州刺史桓冲、豫州刺史袁真率众五万伐暐，前兖州刺史孙元起兵应之。温部将檀玄攻胡陆，执暐宁东慕容忠。暐遣其将慕容厉与温战于黄墟，厉师大败，单马奔还。高平太守徐翻以郡归顺。温前锋朱序又破暐将傅颜于林渚，温军大振，次于枋头。暐惧，谋奔和龙[**今辽宁朝阳市**]。慕容垂曰：“不然。臣请击之，若战不捷，走未晚也。”乃以垂为使持节、南讨大都督，慕容德为征南将军，率众五万距温，使其散骑

侍郎乐嵩乞师于苻坚。坚遣将军苟池率众二万，出自洛阳，师于颍川，外为赴援，内实观隙，有兼并之志矣。慕容德屯于石门，绝温粮漕。豫州刺史李邦率州兵五千断温馈运。温频战不利，粮运复绝，及闻坚师之至，乃焚舟弃甲而退。德率劲骑四千，先温至襄邑东，伏于涧中，与垂前后夹击，王师大败，死者三万余人。苟池闻温班师，邀击于谯，温众又败，死者万计。

［"威德弥振"只是加剧了太后和慕容评的嫉恨，遂"谋杀垂"，后者被迫投奔前秦。］

垂既有大功，威德弥振，慕容评素不平之。垂又言其将孙盖等摧锋陷锐，宜论功超授，评寝而不录。垂数以为言，颇与评廷争。可足浑氏素恶垂，毁其战功，遂与评谋杀垂。垂惧，奔于苻坚。

［前燕主要显贵们昏庸惰怠无比，完全不明白前秦苻坚构成的巨大致命威胁，结果遭遇前秦猛攻，连败不止。］

先是，㬂使其黄门侍郎梁琛聘于坚。琛还，言于评曰："秦扬兵讲武，运粟陕东，以琛观之，无久和之理。兼吴王西奔，必有观衅之计，深宜备之。"评曰："不然。秦岂可受吾叛臣而不怀和好哉！"琛曰："邻国相并，有自来矣。况今并称大号，理无俱存。［对强国间政治的传统现实主义透视！然在前燕近乎孤掌难鸣。］苻坚机明好断，纳善如流。王猛有王佐之才，锐于进取。观其君臣相得，自谓千载一时。桓温不足为虑，终为人患者，其唯王猛乎？"㬂、评不以为虞。皇甫真［侍中］①又陈其事曰："苻坚虽聘使相寻，托辅车［比喻关系密切、相互依存的双方］为谕，然抗均邻敌，势同战国，明其甘于取利，无慕善之心，终不能守信存和，以崇久要也。……又吴王外奔，为之谋主，伍员之祸，不可不虑。洛阳、并州、壶关诸城，并宜增兵益守，以防未兆。"㬂召评而谋之。评曰［昏庸无比，惰怠无比，何况如前所述还"受苻坚间货"］："秦国小力弱，杖我为援，且苻坚庶几善道，终不纳叛臣之言。不宜轻自扰惧，以动寇心也。"㬂从之。

---

① 本篇最后皇甫真传载：慕容恪逝后，"苻坚密谋兼并，欲观审衅陈，乃遣其西戎主簿郭辩潜结匈奴左贤王曹毂，令毂遣使诣邺，辩因从之。……辩既至邺，历造公卿……辩还谓坚曰：'燕朝无纲纪，实可图之。鉴机识变，唯皇甫真耳。'"

［符坚遣王猛率军猛攻前燕，后者连败不止：］俄而坚遣其将王猛率众伐晞，攻慕容筑于金墉。晞遣慕容臧率众救之。臧次荥阳，猛部将梁成、洛州刺史邓羌与臧战于石门，臧师败绩，死者万余，遂相持于石门。筑以救兵不至，以金墉降于猛。梁成又败慕容臧，斩首三千余级，获其将军杨璩，臧遂城新乐而还。

……　……

［前燕内政走到极糟境地；在王猛帅军猛烈攻伐面前，占压倒性兵力优势的慕容评居然不战相持，幻想"以持久制之"，同时在军中聚敛不已，继而惨败于潞川之战。］

［内政极糟：］

时外则王师及符坚交侵，兵革不息；内则晞母乱政，评等贪冒，政以贿成，官非才举，群下切齿焉。其尚书左承申绍上疏曰：

臣闻汉宣有言："与朕共治天下者，其唯良二千石乎！"……今者守宰或擢自匹夫兵将之间，或因宠戚，藉缘时会，非但无闻于州间，亦不经于朝廷。又无考绩，黜陟幽明。贪惰为恶，无刑戮之惧；清勤奉法，无爵赏之勤。百姓穷弊，侵赇无已，兵士逋逃，乃相招为贼盗。风颓化替，莫相纠摄。且吏多则政烦，由来常患。今之见户，不过汉之一大郡，而备置百官，加之新立军号，兼重有过往时。虚假名位，废弃农业，公私驱扰，人无聊生。……

秦吴狡猾，地居形胜，非唯守境而已，乃有吞噬之心。中州丰实，户兼二寇，弓马之劲，秦晋所惮，云骑风驰，国之常也，而比赴敌后机，兵不速济者何也？皆由赋法靡恒，役之非道。郡县守宰每于差调之际，无不舍越殷强，首先贫弱，行留俱窘，资赡无所，人怀嗟怨，遂致奔亡，进阙供国之饶，退离蚕农之要。……

节俭约费，先王格谟；去华敦仆，哲后恒宪。……谨案后宫四千有余，僮侍厮养通兼十倍，日费之重，价盈万金，绮縠罗纨，岁增常调，戎器弗营，奢玩是务。今帑藏虚竭，军士无襜褕之赏，宰相侯王迭以侈丽相尚，风靡之化，积习成俗，卧新之谕，未足甚焉。

……　……

晞不纳。

［御外极谬，而且——令人难以想象——"评性贪鄙，郫固山泉，卖樵鬻水，积钱绢如丘陵"，故"三军莫有斗志"，遂惨败于潞川之战，死者五万余人。］

符坚又使王猛、杨安率众伐晡，猛攻壶关，安攻晋阳。晡使慕容评等率中外精卒四十余万距之。猛、安进师潞川。州郡盗贼大起，邺中多怪异，晡忧惧不知所为，乃召其使而问曰："秦众何如？今大师既出，猛等能战不？"或对曰："秦国小兵弱，岂王师之敌，景略［王猛字］常才，又非太傅之匹，不足忧也。"黄门侍郎梁琛、中书侍郎乐嵩进曰："不然。兵书之义，计敌能斗，当以算取之。若冀敌不斗，非万全之道也。庆郑有云：'秦众虽少，战士倍我。'众之多少，非可问也。且秦行师千里，固战是求，何不战之有乎！"晡不悦。

猛与评等相持。评以猛悬军远入，利在速战，议以持久制之。猛乃遣其将郭庆率骑五千，夜从间道起火高山，烧评辎重，火见邺中。评性贪鄙，郫固山泉，卖樵鬻水，积钱绢如丘陵，三军莫有斗志。晡遣其侍中兰伊让［责难］评曰："王，高祖之子也，宜以宗庙社稷为忧，奈何不务抚养勋劳，专以聚敛为心乎！……若寇军冒进，王持钱帛安所置也！皮之不存，毛将安傅！……"评惧而与猛战于潞川［浊漳河，在今山西长治市］，评师大败，死者五万余人，评等单骑遁还。猛遂长驱至邺，坚复率众十万会猛攻晡。

［总清算：符坚王猛合军猛进，夺得前燕都城，奔逃中的慕容晡被擒，前燕亡。］

先是，慕容桓以众万余屯于沙亭，为评等后继。闻评败，引屯内黄。坚遣将邓羌攻信都，桓率鲜卑五千退保和龙。散骑侍郎徐蔚等率扶余、高句丽及上党质子五百余人，夜开城门以纳坚军。晡与评等数十骑奔于昌黎。坚遣郭庆追晡于高阳，坚将巨武执晡，将缚之，晡曰："汝何小人而缚天子！"武曰："我梁山巨武，受诏缚贼，何谓天子邪！"遂送晡于坚。坚诘其奔状，晡曰："狐死首丘，欲归死于先人坟墓耳！"坚哀而释之，令还宫率文武出降。郭庆遂追评、桓子和龙。①……

坚徙晡及其王公已下并鲜卑四万余户于长安，封晡新兴侯，署为尚书。坚征寿春，以晡为平南将军、别部都督。淮南之败，随坚还长安。既而慕容垂攻符丕于邺，

---

① 慕容评逃到高句丽，被高句丽送还前秦，符坚任其为给事中。

慕容冲起兵关中，晊谋杀坚以应之，事发，为坚所诛，时年三十五。……

始廆以武帝太康六年[285]称公，至晊四世。晊在位一十一年，以海西公太和五年[370]灭，通廆、皝凡八十五年。

慕容恪：

[本篇至此以及先前的有关载记已经显示，他作为将帅有何等杰出的战争才能，作为国务家又有何等卓越的政治素质，并在这两方面表现出优秀品德。本传的价值是集中展示这些，展示他何以可被称为所有时代的标准。]

[他自幼"谨厚，沈深有大度"，及长"每所言及，辄经纶世务"，担任将领后"多奇策"，"所向即溃"。]

慕容恪，字玄恭，皝之第四子也。幼而谨厚，沈深有大度。母高氏无宠，皝未之奇也。年十五，身长八尺七寸，容貌魁杰，雄毅严重，每所言及，辄经纶世务，皝始异焉，乃授之以兵。数从皝征伐，临机多奇策。使镇辽东，甚有威惠。高句丽惮之，不敢为寇。[他还曾是很能干的边疆军政长官。]皝使恪与俊俱伐夫余，俊居中指授而已，恪身当矢石，推锋而进，所向辄溃。

[深得前燕两代君主信任和重用，并且受托为第三代君主"总揽朝权"。]

皝将终，谓俊曰："今中原未一，方建大事，恪智勇俱济，汝其委之。"及俊嗣位，弥加亲任。累战有大功，封太原王，拜侍中、假节、大都督、录尚书。俊寝疾，引恪与慕容评属以后事。及晊之世，总摄朝权。初，建邺闻俊死，曰："中原可图矣。"桓温曰："慕容恪尚存，所忧方为大耳。"

[他作为前燕军政领导的优秀素质和表现，在某种意义上可被称为所有时代的标准。]

慕舆根之就诛也，内外危惧。恪容止如常，神色自若，出入往还，一人步从。或有谏之者，恪曰："人情怀惧，且当自安以靖之。吾复不安，则众何瞻仰哉！"于是人心稍定。[他确实"沈深有大度"，而且具备大国务家的多项必要素质以及更多：]恪虚襟待物，咨询善道，量才处任，使人不逾位。朝廷谨肃，进止有常度，虽执权政，每事必咨之于评。罢朝归第,则尽心色养,手不释卷。其百僚有过,未尝显之,自是庶僚化德,稀有犯者。

恪之图洛阳也,秦中大震,苻坚亲将以备潼关,军回乃定。[他那种杰出的统军将帅,尤其是"专以恩信御物,务于大略,不以小令劳众":]恪为将不尚威严,专以恩信御物,务于大略,不以小令劳众。军士有犯法,密纵舍之,捕斩贼首以令军。营内不整似可犯,而防御甚严,终无丧败。

[他最重要的、完全未被采纳的主张,即临终推荐慕容垂主政。]

临终,昑亲临问以后事,恪曰:"臣闻报恩莫大荐士,板筑[指地位低微者或隐逸之士]犹可,而况国之懿藩!吴王文武兼才,管萧之亚,陛下若任之以政,国其少安。不然,臣恐二寇必有窥窬之计。"言终而死。[他为何不早早安排此事,乘他尚有精力和权力那么做的时候?"可足浑氏素恶垂"这障碍极难克服?]

…… ……

[房玄龄等对四代前燕的终评甚为精彩:前三代施行"相时而动"的不同形态的优秀大战略,成就辉煌,末一代在慕容恪逝后"虐媪"和"黩货"之臣当道,政治军事急转直下,以致兵溃亡国。"吉凶惟人,良所谓也":根本结论虽然俗常无奇,却是至理名言。]

史臣曰:……[慕容廆杰出的大战略:"忠义彰于本朝,私利归于我国";"相时而动";"临下以惠,劝农桑,任贤士,创累叶之基"]慕容廆英姿伟量,是曰边豪,衅迹奸图,实惟乱首……二帝遘平阳之酷,按兵窥运;五铎[大铃,五铎出土于晋陵(今江苏常州),被认为苍天吉兆,启东晋]启金陵之祚,率礼称藩。勤王之诚,当君危而未立[即上"按兵窥运"之意];匡主之节,俟国泰而将徇。适所谓相时而动,岂素蓄之款哉!然其制敌多权,临下以惠,劝农桑,敦地利,任贤士,该时杰,故能恢一方之业,创累叶之基焉。

[慕容皝"沈毅自处,颇怀奇略",集中精力武装搞定周边诸族,然后正式称王立国:]元真[慕容皝字]……沈毅自处,颇怀奇略。于时群雄角立,争夺在辰,显宗[东晋成帝庙号]主祭于冲年,庾亮窃政于元舅,朝纲不振,天步孔艰,遂得据已成之资,

乘土崩之会。扬兵南骛,则乌丸卷甲;建旆东征,则宇文摧阵。乃负险自固,恃胜而骄,端拱称王,不待朝命……

[慕容俊"文武兼优,加之以机断",灭冉魏,并乘石虎死、后赵亡的中原碎片化时机大事扩张,"其锋何以若斯"!他临终的问题是急欲一统中国而未遂:]宣英[慕容俊字]文武兼优,加之以机断,因石氏之衅,首图中原,燕士协其筹,冀马为其用,一战而平巨寇,再举而拔坚城,气耆傍邻,威加边服。便谓深功被物,天数在躬……犹将席卷京洛,肆其蚁聚之徒;宰割黎元,纵其鲸吞之势。……非夫天厌素灵而启异类,不然者,其锋何以若斯!

[慕容暐在位时先是"贤辅攸赖,逆臣挫谋",武功辉煌,而后随慕容恪去世政治急剧恶化,军事沦为儿戏,结果兵溃亡国:]景茂[慕容暐字]庸材,不亲厥务,贤辅攸赖,逆臣挫谋,于是陷金墉而款河南,包铜城[今山东聊城市东阿县。大概指前述366年"抚军慕容厉攻晋太山太守诸葛攸。攸奔于淮南,厉悉陷兖州诸郡,置守宰而还"]而临漠北,西秦劲卒顿函关而不进,东夏遗黎企郏宫而授首[即前述"吕护据野王,阴通京师,……俊死,谋引王师袭邺,事觉,暐使慕容恪等率众五万讨之"]。当此之时也,凶威转炽。及玄恭[慕容恪字]即世,虐媪乱朝。垂以勋德不容,评以黩货干政,志士绝忠贞之路,谗人袭交乱之风。轻邻反速其咎,御敌罕修其备,以携离之众,抗敢死之师。锋镝未交,白沟沦境;冲轴[冲车和楼车,亦泛指战车]暂拟,紫陌成墟。……吉凶惟人,良所谓也。

载记第十六 姚弋仲、姚襄、姚苌 摘录和评注

　　[《晋书》从载记第十六到第十九共四篇，记述羌族后秦准备、发动、兴起、衰落和灭亡的过程。在匈奴前赵、羯胡后赵、氐族前秦和东晋为中国南北头等强国的根本情势下，这准备经历了两代首领，即姚弋仲和姚襄。因而，他们的生存和奋斗的历史几乎必然是一部机会主义地改换门庭的历史。姚弋仲先后投奔前赵和后赵，所率羌众则两度东徙，至今陕西再至今河北，最后在临终前不久本着"自古以来未有戎狄作天子"的信念而投降东晋。姚襄遵从父嘱率众南下归顺，但成为权臣殷浩的眼中钉，继而激烈内斗导致他在战场上背叛，北归占据许昌自立，最终在被桓温击败后死于前秦之手。]

　　[作为几乎彻头彻尾的马基雅维里主义者（"在兹奸略，实冠凶徒"），第三代首领姚苌创立后秦国家，而这创立过程始于他投降前秦后为苻坚立下的累累军功，继之以前秦因苻坚淝水大败而分崩离析时他的根本决定，即逃奔渭北、大纳羌胡、立国后秦。其后，他缢杀国破土裂而走投无路的苻坚，并与前秦残余恶战多年。他的长子姚兴不仅最终击灭前秦，而且被誉为"十六国帝王中少有的仁德之君"，注重农

桑,治国安民,弘扬佛儒,同时以东晋为军事打击中心,几乎控制整个黄河、淮河及汉水流域。然而,急剧盛衰只在一代人之间! 他如史上多见的英君/昏主复合型人物一样,晚年既搞不好国事,也搞不好家事,留下"博学善谈论"的庸懦储君姚泓,结果其登基仅一年左右就被已掌握东晋全权的刘裕捉拿斩杀。]

[上述五人中间,其载记长达上下两篇的姚兴自然是最富戏剧性的。他在前期可谓辉煌,以致房玄龄等不禁赞叹"虽楚庄、秦穆何以加焉",然而在后期"逞志矜功,弗虞后患","拒谏招祸,萧墙屡发,战无宁岁,人有危心"。不仅如此,他还免不了腐败的通病,"丽衣腆食,殆将万数,析实谈空,靡然成俗",结果是狭义和广义上的透支和破产,即"储用殚竭,山林有税,政荒威挫"。后秦国家寿命仅32年,"非天丧也"。]

姚弋仲:

[羌族后秦的初始准备者,在匈奴前赵、羯胡后赵和东晋为南北头等强国的格局中,再三机会主义地改换门庭:先后率麾下羌众投奔前赵和后赵,临终前不久本着"自古以来未有戎狄作天子"的信念而投降东晋。这最后的决定令房玄龄等赞曰"鸣哀之义,有足称焉"。]

[一时枭雄烧当羌的后裔,"少英毅",永嘉之乱后率众东徙,自称区域最高长官。]

姚弋仲,南安赤亭[今甘肃定西市陇西县西梁家营村红崖]羌人也。……烧当雄于洮罕之间,七世孙填虞,汉中元末寇扰西州,为杨虚侯马武所败,徙出塞。① 虞九世孙迁那率种人内附,汉朝嘉之,假冠军将军、西羌校尉、归顺王,处之于南安之赤亭。那玄孙柯回为魏镇西将军、绥戎校尉、西羌都督。回生弋仲,少英毅,不营产

---

① 《后汉书·马武传》载:显宗[东汉明帝庙号]初,西羌寇陇右,覆军杀将,朝廷患之,复拜武捕虏将军,以中郎将王丰副,与监军使者窦固、右辅都尉陈䜣,将乌桓、黎阳营、三辅募士、凉州诸郡羌胡兵及弛刑,合四万人击之。到金城浩亹[mén,县名,属金城郡,在今甘肃永登县西南大通河东岸],与羌战,斩首六百级。又战于洛都谷[山谷名,系羌语,其义不详,在青海湖以东,今青海海东市乐都区]为羌所败,死者千余人。羌乃率众引出塞,武复追击到东、西邯[在今青海化隆回族自治县南],大破之,斩首四千六百级,获生口千六百人,余皆降散。

业,唯以收恤为务,众皆畏而亲之。[胡始乱华,西晋垂死,他发展羌部的大机会:]永嘉之乱,东徙榆眉[今陕西宝鸡市千阳县],戎夏襁负随之者数万,自称护西羌校尉、雍州刺史、扶风公。

[先后投靠匈奴前赵和羯胡后赵,成功地建议石虎将他和麾下羌众更东迁至今河北;然而,他是个有原则的机会主义者,在极端凶暴的石虎面前"刚直不回","屡献谠言",反得后者敬重。]

刘曜之平陈安[原西晋南阳王司马模属下将领,拥兵割据,自称大都督、大将军,雍凉秦梁四州州牧、凉王,323年被前赵军击败并斩首]也,以弋仲为平西将军,封平襄公,邑之于陇上。及石季龙克上邦,弋仲说之曰:"明公握兵十万,功高一时,正是行权立策之日。陇上多豪,秦风猛劲,道隆后服,道洿先叛,宜徙陇上豪强,虚其心腹,以实畿甸。"季龙纳之,启勒以弋仲行安西将军、六夷左都督。……

勒既死,季龙执权,思弋仲之言,遂徙秦雍豪杰于关东。[他率羌众竟入居华北核心地区:]弋仲率部众数万迁于清河[清河湲头,今河北衡水市枣强县],拜奋武将军、西羌大都督,封襄平县公。[他是个有原则的机会主义者:]及季龙废石弘自立,弋仲称疾不贺。季龙累召之,乃赴,正色谓季龙曰:"奈何把臂受托而反夺之乎!"季龙惮其强正而不之责。迁持节、十郡六夷大都督、冠军大将军。性清俭鲠直,不修威仪,屡献谠言,无所回避,季龙甚重之。朝之大议,靡不参决,公卿亦惮而推下之。武城左尉,季龙宠姬之弟也,曾扰其部,弋仲执尉,数以迫胁之状,命左右斩之。尉叩头流血,左右谏,乃止。其刚直不回,皆此类也。

[他对后赵的最大功劳:作为前锋击灭后赵的造反巨患梁犊大军。]

季龙末,梁犊[349年石虎杀太子石宣,其东宫卫士万余人被谪戍凉州,途中受虐,梁犊遂率戍卒造反,到达长安众已十万,随后东出潼关,击败李农等所率步骑十万]败李农于荥阳,季龙大惧,驰召弋仲。弋仲率其部众八千余人屯于南郊,轻骑至邺。时季龙病,不时见弋仲,引入领军省,赐其所食之食。弋仲怒不食,曰:"召我击贼,岂来觅食邪!我不知上存亡,若一见,虽死无恨。"左右言之,乃引见。弋仲数季龙曰:"儿死来愁邪?乃至于疾!儿小时不能使好人辅相,至令相杀。儿自有过,责其下人太甚,故反耳。汝病久,所立儿小,若不差,天下必乱。当宜忧此,不烦忧贼也。犊等因思归之心,共为奸盗,所行残贼,此成擒耳。老羌请效死前锋,使一举而了。"弋仲性狷直,俗无尊卑皆汝之,季龙恕而不责,于坐授使持节、侍中、征西大将军,赐以铠马。弋仲曰:"汝看老羌堪破贼以不?"于是贯铠跨马于庭中,策马南驰,不辞而出,遂灭梁犊。以功加剑履上殿,入朝不趋,进封西平郡公。

[作为后赵最高廷臣,遣子姚襄大败冉闵:]冉闵之乱,弋仲率众讨闵,次于混桥。石祇僭号于襄国,以弋仲为右丞相,待以殊礼。祇与闵相攻,弋仲遣其子襄救祇,戒襄曰:"汝才十倍于闵,若不枭擒,不须复见我也。"襄击闵于常卢泽[在后赵旧都襄国城,今河北邢台市邢台县境内],大破之而归。弋仲怒襄之不擒闵也,杖之一百。

······ ······

[鉴于"中原无主",临终前决定投降东晋,因为相信"自古以来未有戎狄作天子者"。]

弋仲有子四十二人,常戒诸子曰:"吾本以晋室大乱,石氏待吾厚,故欲讨其贼臣以报其德。今石氏已灭,中原无主,自古以来未有戎狄作天子者。我死,汝便归晋,当竭尽臣节,无为不义之事。"乃遣使请降。永和七年[351],拜弋仲使持节、六夷大都督、都督江淮诸军事、车骑大将军、仪同三司、大单于,封高陵郡公。八年,卒,时年七十三。

······ ······

姚襄:

[遵从父嘱率众南下归顺,但成权臣殷浩眼中钉。激烈内斗导致他在战场上背叛,继而北归占据许昌自立,最终死于氐族前秦之手。"践迷途,良可悲矣!"]

[姚弋仲第五子,"雄武多才艺,明察善抚纳",大得羌众人心;父死后,遵父嘱率众南渡归顺。]

襄字景国,弋仲之第五子也。年十七,身长八尺五寸,臂垂过膝,雄武多才艺,明察善抚纳,士众爱敬之,咸请为嗣。弋仲弗许,百姓固请者日有千数,乃授之以兵。石祇僭号,以襄为使持节、骠骑将军、护乌丸校尉、豫州刺史、新昌公。晋遣使拜襄持节、平北将军、并州刺史、即丘县公。

后秦:"天未厌乱,凶旅实繁","逞志矜功,弗虞后患"

弋仲死，襄秘不发丧，率户六万南攻阳平、元城、发干，皆破之，杀掠三千余家，屯于碻磝津[在今山东聊城市茌平县高垣墙村]。……南至荥阳，始发丧行服。与高昌、李历战于麻田，马中流矢死，赖其弟苌以免。晋处襄于谯城[今安徽亳州市谯城区]，遣五弟为任[人质]，单骑度淮，见豫州刺史谢尚于寿春。尚命去仗卫，幅巾以待之，一面交款，便若平生。

[他一入东晋便因"威名"而成殷浩眼中钉，殷浩欲灭之而后快；他忍无可忍，遂战场倒戈，大败殷浩，然后北归占据许昌自立。]

襄少有高名，雄武冠世，好学博通，雅善谈论，英济之称著于南夏。[殷浩"频遣刺客杀襄"：]中军将军、扬州刺史殷浩惮其威名，乃因襄诸弟，频遣刺客杀襄，刺客皆推诚告实，襄待之若旧。[殷浩遣军袭襄：]浩潜遣将军魏憬率五千余人袭襄，襄乃斩憬而并其众。浩愈恶之，乃使将军刘启守谯，迁襄于梁国蠡台，表授梁国内史。襄遣权翼诣浩，浩曰："姚平北每举动自由，岂所望也。"翼曰："将军轻纳奸言，自生疑贰，愚谓猜嫌之由，不在于彼。"浩曰："姚君纵放小人，盗窃吾马，王臣之体固若是乎？"翼曰："将军谓姚平北以威武自强，终为难保，校兵练众，将惩不恪[不敬]，取马者欲以自卫耳。"浩曰："何至是也。"[再度遣军袭襄：]浩遣谢万讨襄，襄逆击破之。[战场倒戈，大败殷浩：]①浩甚怒，会闻关中有变，浩率众北伐，襄乃要击浩于山桑，

① 《晋书·殷浩传》载：及石季龙死[349]，胡中大乱，朝廷欲遂荡平关河，于是以浩为中军将军、假节、都督扬豫徐兖青五州军事。浩既受命，以中原为己任，上疏北征许洛[许昌、洛阳]。……师次寿阳[352]，潜诱苻健大臣梁安、雷弱儿等，使杀健，许以关右之任。[不料部将姚襄经他刺激而叛变，倒戈逆击：]初，降人魏脱卒，其弟憬代领部曲。姚襄杀憬，以并其众，浩大恶之，使龙骧将军刘启守谯，迁襄于梁。既而魏氏子弟往来寿阳，襄益猜惧。俄而襄部曲有欲归浩者，襄杀之，浩于是谋诛襄。会苻健杀其大臣，健兄子眉自洛阳西奔，浩……请进屯洛阳，修复园陵，使襄为前驱……浩既至许昌，会张遇反，谢尚又败绩，浩还寿阳。后复进军，次山桑，而襄反，浩惧，弃辎重退保谯城，器械军储皆为襄所掠，士卒多亡叛。浩遣刘启、王彬之击襄于山桑，并为襄所杀。
桓温素忌浩，及闻其败，上疏罪浩曰[桓温乘机大反扑，要将他置于死地或流放荒裔]：
案……羌帅姚襄率众归化，遣其母弟入质京邑，浩不能抚而用之，阴图杀害，再遣刺客，为襄所觉。襄遂惶惧，用致逆命。生长乱阶，自浩始也。复不能以时扫灭，纵放小竖，鼓行毒害，身狼狈于山桑，军破碎于梁国，舟车焚烧，辎重覆没。三军积实，反以资寇，精甲利器，更为贼用。……若圣上含弘，未忍诛殛，且宜遐弃，摈之荒裔。……

大败之，斩获万计，收其资仗。使兄益守山桑垒，复如淮南。浩遣刘启、王彬之伐山桑，襄自淮南击灭之，[他背叛后仍行"君子"般的"两条腿"方针：]鼓行济淮，屯于盱眙，招掠流人，众至七万，分置守宰，劝课农桑，遣使建邺，罪状殷浩，并自陈谢。

[北归占据许昌自立，但旨在"图关右"（攻略氐族前秦）的洛阳之战不果，且大败于东晋桓温：]流人郭敞[dù]等千余人执晋堂邑内史刘仕降于襄，朝廷大震，以吏部尚书周闵为中军将军，缘江备守。襄将佐部众皆北人，咸劝襄北还。襄方轨北引，自称大将军、大单于，进攻外黄，为晋边将所败。襄收散卒而勤抚恤之，于是复振。乃据许昌，将如河东以图关右，自许遂攻洛阳，逾月不克。……襄曰："洛阳虽小，山河四塞之固，亦是用武之地。吾欲先据洛阳，然后开建大业。"……

晋征西大将军桓温自江陵伐襄，战于伊水北，为温所败，率麾下数千骑奔于北山。[他的一大缘于品性的资产：深得戎夏部众爱戴]其夜，百姓弃妻子随襄者五千余人，屯据阳乡[在今河南焦作市下属沁阳市西南]，赴者又四千余户。襄前后败丧数矣，众知襄所在，辄扶老携幼奔驰而赴之。时或传襄创重不济，温军所得士女莫不北望挥涕。其得物情如此。先是，弘农杨亮归襄，襄待以客礼。后奔桓温，温问襄于亮，亮曰："神明器宇，孙策之俦，而雄武过之。"其见重如是。

[将图关中"，但显然力所不及，兵败身死于前秦之手：]

襄寻徙北屈[在今山西临汾市吉县东北]，将图关中，进屯杏城，遣其从兄辅国姚兰略地鄜城，使其兄益及将军王钦卢招集北地戎夏，归附者五万余户。苻生遣其将苻飞距战，兰败，为飞所执。襄率众西引，生又遣苻坚、邓羌等要之。襄将战，沙门智通固谏襄，宜厉兵收众，更思后举。襄曰："二雄不俱立，冀天不弃德以济黎元，吾计决矣。"会羌师来逼，襄怒，遂长驱而进，战于三原。襄败，为坚所杀，时年二十七，是岁晋升平元年[357]也。……

姚苌：

[后秦创立者，几乎彻头彻尾地奉行马基雅维里主义。他投降杀兄仇敌氐族前秦，为苻坚立下累累军功，而苻坚淝水大败后，他迅速投入分崩乱潮，逃赴渭北，大纳羌胡，立国后秦。不仅如此，他还缢杀走投无路的苻坚，并与前秦残余恶战经年。]

［他立国后，坚持实行由姚襄初定的大战略方向即图关中，且本着少付多得的成本效益观步步实现之。是成功的大战略家，且频频以杰出的战略战术贯彻之。］

［姚弋仲第二十四子，"少聪哲，多权略"，"每参大谋"；投降杀兄仇敌前秦，步步高升，"累有大功"，尤其在战场上。］

苌字景茂，弋仲第二十四子也。少聪哲，多权略，廓落任率，不修行业，诸兄皆奇之。随襄征伐，每参大谋。……

及襄死，苌率诸弟降于苻生。苻坚以苌为扬武将军。历左卫将军，陇东、汲郡、河东、武都、武威、巴西、扶风太守，宁、幽、兖三州刺史，复为扬武将军，步兵校尉，封益都侯。为坚将，累有大功。

……及苻坚寇晋，以苌为龙骧将军、督益梁州诸军事，谓苌曰："朕本以龙骧建业［苻坚载记开首就述："健之入关也……拜坚为龙骧将军……健泣谓坚曰：'汝祖昔受此号（苻洪从石虎得龙骧将军号），今汝复为神明所命，可不勉之！'"］，龙骧之号未曾假人，今特以相授，山南之事一以委卿。"……

［随苻坚淝水大败，他迅速投入分崩乱潮（即使多少是被逼的），逃赴渭北，大纳羌胡（即使是在听取劝谏之后），立国后秦。］

坚既败于淮南，归长安，慕容泓起兵叛坚。坚遣子叡讨之，以苌为司马。为泓所败，叡死之。苌遣龙骧长史赵都诣坚谢罪，坚怒，杀之。苌惧，奔于渭北，遂如马牧。西州豪族尹详、赵曜、王钦卢、牛双、狄广、张乾等率五万余家，咸推苌为盟主。苌将距之，天水尹纬说苌曰："今百六之数既臻，秦亡之兆已见，以将军威灵命世，必能匡济时艰，故豪杰驱驰，咸同推仰。明公宜降心从议，以副群望，不可坐观沈溺而不拯救之。"苌乃从纬谋，以太元九年［384］自称大将军、大单于、万年秦王……以天水尹详、南安庞演为左右长史，南安姚晃、尹纬为左右司马，天水狄伯支、焦虔、梁希、庞魏、任谦为从事中郎……王钦卢、姚方成、王破虏、杨难、尹嵩、裴骑、赵曜、狄广、党刪等为帅。

［他不蛮干，借助外交避险，注重实力积累，"以观时变"（即下云"秦弊燕回"）：］

时慕容冲与苻坚相攻，众甚盛。苌将西上，恐冲遏之，乃遣使通和，以子崇为质于冲,进屯北地,厉兵积粟,以观时变。苻坚先徙晋人李详等数千户于敷陆,至是,降于苌,北地、新平、安定羌胡降者十余万户。坚率诸将攻之,不能克。

[他不蛮干,战略讲究少付多得,甚而争取(极而言之)"兵不血刃,坐定天下":]

苌闻慕容冲攻长安,议进趋之计,群下咸曰:"宜先据咸阳以制天下。"苌曰:"燕因怀旧之士而起兵,若功成事捷,咸有东归之思,安能久固秦川!吾欲移兵岭北,广收资实,须秦弊燕回,然后垂拱取之。兵不血刃,坐定天下,此卞庄得二[春秋时代勇士卞庄子;《幼学琼林·卷四·鸟兽类》:"卞庄勇能擒两虎"]之义也。"坚宁朔将军宋方率骑三千从云中将赴长安,苌自貳县要破之,方单马奔免,其司马田晃率众降苌。苌遣诸将攻新平,克之,因略地至安定,岭北诸城尽降之。

[他的战略估算除"坐定天下"外大抵实现:擒得走投无路的苻坚,大破鲜卑慕容冲大军,收拾关中诸支小寇,继而获取长安称帝。]

时苻坚为慕容冲所逼,走入五将山。冲入长安。……苌遣骁骑将军吴忠率骑围坚,苌如新平。俄而忠执坚,送之。①

慕容冲遣其车骑大将军高盖率众五万来伐,战于新平南,大破之,盖率麾下数千人来降,拜散骑常侍。

冲既率众东下,长安空虚。卢水郝奴称帝于长安,渭北尽应之。扶风王骢[lín]有众数千,保据马嵬。奴遣弟多攻骢。苌伐骢,破之,骢走汉中。执多而进攻奴,降之。

以太元十一年[386]苌僭即皇帝位于长安,大赦,改元曰建初,国号大秦,改长安曰常安。立妻虵氏为皇后,子兴为皇太子,置百官。……以弟征虏绪为司隶校

① 《载记苻坚下》载:[姚苌擒苻坚于五将山,不久缢杀之:]坚至五将山,姚苌遣将军吴忠围之。坚众奔散,独侍御十数人而已。神色自若,坐而待之,召宰人进食。俄而忠至,执坚以归新平,幽之于别室。苌求传国玺于坚曰:"苌次膺符历,可以为惠。"坚瞋目叱之曰:"小羌乃敢干逼天子,岂以传国玺授汝羌也,图纬符命,何所依据?五胡次序,无汝羌名。违天不祥,其能久乎!玺已送晋,不可得也。"苌又遣尹纬说坚,求为尧、舜禅代之事。坚责纬曰:"禅代者,圣贤之事。姚苌叛贼,奈何拟之古人!"坚既不许苌以禅代,骂而求死,苌乃缢坚于新平佛寺中,时年四十八。中山公诜及张夫人并自杀。是岁太元十年[385]也。

尉，镇长安。

[继续成功地在关陇略地纳众，而且"修德政，布惠化"，用人才：]苌如安定，击平凉胡金熙、鲜卑没奕于，大破之。遂如秦州，与苻坚秦州刺史王统相持，天水屠各、略阳[今陕西汉中市略阳县]羌胡应苌者二万余户，统惧，乃降。因飨将士于上邽，南安人古成诜进曰："臣州人殷地险，俊杰如林，用武之国也。王秦州不能收拔贤才，三分鼎足，而坐玩珠玉，以至于此。陛下宜散秦州金帛以施六军，旌贤表善以副鄙州之望。"苌善之，擢为尚书郎。拜弟硕德都督陇右诸军事、征西将军、秦州刺史，领护东羌校尉，镇上邽。

苌还安定，修德政，布惠化，省非急之费，以救时弊，间阎之士有豪介之善者，皆显异之。

[频频与前秦苻登恶战，"语在《登传》"，互有胜负，终致两番大捷，并且粉碎关中二等劲敌，这依凭他杰出的战略决断。]

苌复如秦州，为苻登所败，语在《登传》。以其太子兴镇长安，而与登相距。[渥源大捷，依凭正确的战略决断：]登冯翊太守兰犊与苻师奴离贰，慕容永攻之，犊遣使请救。苌将赴救，尚书令姚旻、左仆射尹纬等言于苌曰："苻登近在瓦亭，陛下未宜轻举。"苌曰："登迟重少决，每失时机，闻吾自行，正当广集兵资，必不能轻军深入。两月之间，足可克此三竖，吾事必矣。"遂师次于渥源[泥源，今甘肃庆阳市宁县东南五十里泥阳里]。师奴率众来距，大战，败之，尽俘其众。又擒兰犊，收其士马。苌乃掘苻坚尸，鞭挞无数，裸剥衣裳，荐之以棘，坎土而埋之。[他的鄙俗野蛮显露无遗。房玄龄等就此鞭笞说："荐棘而陵旧主，何其不仁！"]慕容永征西将军王宣率众降苌。

[他在逆境中饶有大帅品格：]初，关西雄杰以苻氏既终，苌雄略命世，天下之事可一旦而定。苌既与苻登相持积年，数为登所败，远近咸怀去就之计……时天大雪，苌下书深自责罚，散后宫文绮珍宝以供戎事，身食一味，妻不重彩。将帅死王事者，加秩二等，士卒战没，皆有褒赠。立太学，礼先贤之后。

……　……

[大界大捷，同样依凭正确的战略决断：]登进逼安定，诸将劝苌决战，苌曰："与

穷寇竞胜,兵家之下。吾将以计取之。"于是留其尚书令姚旻守安定,夜袭登辎重于大界,克之。诸将或欲因登骇乱击之,苌曰:"登众虽乱,怒气犹盛,未可轻也。"遂止。苌以安定地狭,且逼符登,使姚硕德镇安定,徙安定千余家于阴密,遣弟征南靖镇之。

立社稷于长安。百姓年七十有德行者,拜为中大夫,岁赐牛酒。

······ ······

[粉碎关中二等劲敌,依凭他接连不断的杰出的战略战术("智力摧屈"):]雷恶地率众降苌,拜为镇东将军。魏褐飞自称大将军、冲天王,率氐胡数万人攻安北姚当城于杏城,雷恶地应之,攻镇东姚汉得于李润。苌议将讨之,群臣咸曰:"陛下不忧六十里符登,乃忧六百里褐飞?"苌曰:"登非可卒殄,吾城亦非登所能卒图。恶地多智,非常人也。南引褐飞,东结董成,甘言美说以成奸谋,若得杏城、李润,恶地据之,控制远近,相为羽翼,长安东北非复吾有。"于是潜军赴之。苌时众不满二千,褐飞、恶地众至数万,氐胡赴之者首尾不绝。苌每见一军至,辄有喜色。群下怪而问之,苌曰:"今同恶相济,皆来会集,吾得乘胜席卷,一举而覆其巢穴,东北无复余也。"褐飞等以苌兵少,尽众来攻。苌固垒不战,示之以弱,潜遣子崇率骑数百,出其不意,以乘其后。褐飞兵扰乱,苌遣镇远王超、平远谭亮率步骑击之,褐飞众大溃,斩褐飞及首级万余。恶地请降,苌待之如初。恶地每谓人曰:"吾自言智勇所施,足为一时之杰。校数诸雄,如吾之徒,皆应跨据一方,兽啸千里。遇姚公智力摧屈,是吾分也。"恶地猛毅清肃,不可干以非义,岭北诸豪皆敬惮之。

······ ······

[他包罗俊异,但骂辱群下,犹如刘邦:]苌性简率,群下有过,或面加骂辱。太常权翼言于苌曰:"陛下弘达自任,不修小节,驾驭群雄,苞罗俊异,弃嫌录善,有高祖之量。然轻慢之风,所宜除也。"苌曰:"吾之性也。吾于舜之美,未有片焉;汉祖之短,已收其一。若不闻谠言,安知过也!"

······ ······

苌下书令留台诸镇各置学官,勿有所废,考试优劣,随才擢叙。······

[他有大帅品格:]苌寝疾,遣姚硕德镇李润,尹纬守长安,召其太子兴诣行营。征南姚方成言于兴曰:"今寇贼未灭,上复寝疾,王统、符胤等皆有部曲,终为人害,宜尽除之。"兴于是诛符胤、王统、王广、徐成、毛盛,乃赴召。兴至,苌怒曰:"王统兄

弟是吾州里,无他远志,徐成等昔在秦朝,并为名将。天下小定,吾方任之,奈何辄便诛害,令人丧气!"

苌下书,兵吏从征伐,户在大营者,世世复其家,无所豫。

…… ……

[他病死,给储君留下可谓儒家经典治国之道的临终遗言。]

苌如长安,至于新支堡,疾笃,舆疾而进。……至长安,召太尉姚旻、尚书左仆射尹纬、右仆射姚晃、尚书狄伯支等入,受遗辅政。苌谓兴曰:"有毁此诸人者,慎勿受之。汝抚骨肉以仁,接大臣以礼,待物以信,遇黔首以恩,四者既备,吾无忧矣。"以太元十八年[393]死,时年六十四,在位八年。……

载记第十七　姚兴上　摘录和评注

[我们在关于后秦的载记首注里已经说过,姚兴不仅最终击灭前秦,而且施行仁德,注重农桑,治国安民,弘扬佛儒,同时兴兵征伐,大扩疆土,"虽楚庄、秦穆何以加焉"! 然而,急剧盛衰只在一代人之间! 他晚年既搞不好国事,也搞不好家事,留下庸懦储君姚泓,登基仅一年左右就被东晋刘裕捉拿斩杀。]

[本篇(即他的载记上)主要记述他的辉煌,但继之以他蜕变下行的始端,既在"文化习性"也在战略上,大兴崇佛佞佛之风,轻易向刘裕割送中原十二郡,盲信鲜卑的取悦以致丧失姑臧,乃至渐失河西。然而,本篇记载的他下行的始端还有另一方面,那是"结构性的",与他的蜕变无关,即他在柴壁战役中丧师四万余,不敌鲜卑北魏开国皇帝拓跋珪,后者同样实力强劲,同样励精图治。北魏与东晋一样,乃是后秦无法逾越的极限。]

[姚苌长子,被立为储君,时常留镇长安,"甚有威惠"。]

姚兴,字子略,苌之长子也。符坚时为太子舍人。苌之在马牧[姚苌在符坚淝水大败国土分崩后"奔于渭北,遂如马牧"],兴自长安冒难奔苌,苌立为皇太子。苌出征讨,常留统后事。及镇长安,甚有威惠。与其中舍人梁喜、洗马范勖等讲论经籍,不以兵难废业,时人咸化之。

[姚苌死,率众伐苻登,赢得废桥战役后正式登基,之后斩杀苻登,消灭前秦。]

[慎密处理君主交替,仔细维持政权稳定:]苌死,兴秘不发丧,以其叔父绪镇安定,硕德镇阴密,弟崇守长安。硕德将佐言于硕德曰:"公威名宿重,部曲最强,今丧代之际,朝廷必相猜忌,非永安之道也。宜奔秦州,观望事势。"硕德曰:"太子志度宽明,必无疑阻。今苻登未灭而自寻干戈,所谓追二袁之踪,授首与人。吾死而已,终不若斯。"及至,兴优礼而遣之。

[率众伐苻登,在战略上弃"持重"初衷,改纳奋力速战主张,赢得决定性的废桥战役:]兴自称大将军,以尹纬为长史,狄伯支为司马,率众伐苻登。咸阳太守刘忌奴据避世堡以叛,兴袭忌奴,擒之。苻登自六陌向废桥,始平太守姚详据马嵬堡以距登。登众甚盛,兴虑详不能遏,乃自将精骑以迫登,遣尹纬领步卒赴详。纬用详计,据废桥以抗登。登因急攻纬,纬将出战,兴驰遣狄伯支谓纬曰:"兵法不战而制人者,盖为此也。苻登穷寇,宜持重,不可轻战。"纬曰:"先帝登遐,人情扰惧,今不因思奋之力,枭殄逆竖,大事去矣。纬敢以死争。"遂与登战,大破之,登众渴死者十二三,其夜大溃,登奔雍。[正式登基:]兴乃发丧行服。太元十九年[394],僭即帝位于槐里,大赦境内,改元曰皇初,遂如安定。

[斩杀奔逃入山的苻登,前秦灭亡:]先是,苻登使弟广守雍,子崇屯胡空堡,闻登败,各弃守走。登无所投据,遂奔平凉,率其余众入马毛山。兴自安定如泾阳,与登战于山南,斩登。散其部众,归复农业。

…… ……

[随即而来的近距离靖安:荡平或纳降关陇及其邻近的鲜卑和氏族较大规模地方异己集团。]

鲜卑薛勃于贰城[今陕西铜川市西]为魏军[鲜卑拓跋部北魏]所伐,遣使请救,使姚崇赴救。魏师既还,薛勃复叛,崇伐而执之,大收其士马而还。

…… ……

鲜卑越质诘归率户二万叛乞伏乾归,降于兴,兴处之于成纪[在今甘肃平凉市静宁县],拜使持节、镇西将军、平襄公。

……强熙[氐族豪强]及略阳豪族权干城率众三万围上邽[今甘肃天水市清水县],硕德击破之。熙南奔仇池,遂假道归晋。硕德西讨干城,干城降。

…… ……

慕容永既为慕容垂所灭,河东太守柳恭[鲜卑西燕大将]等各阻兵自守,兴遣姚绪讨之。恭等依河距守,绪不得济。镇东薛强先据杨氏壁,引绪从龙门济河,遂入蒲坂[今山西运城市下属永济市]。恭势屈,请降。徙新平、安定新户六千于蒲坂。

…… ……

[其中对鲜卑薛勃的第二场战役打得艰苦,一度因后秦地方豪强"督运稽留"而"三军大饥":]鲜卑薛勃叛奔岭北,上郡、贰川杂胡皆应之,遂围安远将军姚详于金城[今甘肃兰州]。遣姚崇、尹纬讨之。勃自三交趣金城,崇列营拒之,而租运不继,三军大饥。纬言于崇曰:"辅国弥姐高地、建节杜成等皆诸部之豪[皆羌族部豪],位班三品,督运稽留,令三军乏绝,宜明置刑书,以惩不肃。"遂斩之。诸部大震,租入者五十余万。兴率步骑二万亲讨之,勃惧,弃其众奔于高平公没奕于,于执而送之。

…… ……

兴下书禁百姓造锦绣及淫祀。

[还有对东晋华北"飞地"的"机会主义攻袭",攻洛阳遭坚拒而止①。]

兴率众寇湖城,晋弘农太守陶仲山、华山太守董迈皆降于兴。遂如陕城,进寇上洛[今陕西商洛市商州区],陷之。遣姚崇寇洛阳,晋河南太守夏侯宗之固守金墉,崇攻之不克,乃陷柏谷,徙流人西河严彦、河东裴岐、韩袭等二万余户而还。

兴下书,令士卒战亡者守宰所在埋藏之,求其近亲为之立后。

…… ……

---

① 下载,不久后"兴遣将镇东杨佛嵩攻陷洛阳";"洛阳既陷,自淮、汉已北诸城,多请降送任[人质]"。[这是他攻伐蚕食东晋北边的重大进展,东晋桓玄专权、政治恶劣给他提供了机会:]"京兆韦华、谯郡夏侯轨、始平庞眺等率襄阳流人一万叛晋,奔于兴。兴引见东堂,谓华曰:'晋自南迁,承平已久,今政化风俗如何?'华曰:'晋主虽有南面之尊,无总御之实,宰辅执政,政出多门,权去公家,遂成习俗,刑网峻急,风俗奢宕。自桓温、谢安已后,未见宽猛之中。'兴大悦,拜华中书令。"
下又载:"晋顺阳太守彭泉以郡降兴,兴遣杨佛嵩率骑五千,与其荆州刺史赵曜迎之,遂寇陷南乡,擒建威将军刘嵩,略地至于梁国而归。"

［他治国表现杰出："留心政事,苞容广纳";弘扬儒学,"儒风盛焉";惠民恤民,整肃贪官;改进行政,优化司法。］

兴留心政事,苞容广纳,一言之善,咸见礼异。京兆杜瑾、冯翊吉默、始平周宝等上陈时事,皆擢处美官。天水姜龛、东平淳于岐、冯翊郭高等皆耆儒硕德,经明行修,各门徒数百,教授长安,诸生自远而至者万数千人。兴每于听政之暇,引龛等于东堂,讲论道艺,错综名理。凉州胡辩,苻坚之末,东徙洛阳,讲授弟子千有余人,关中后进多赴之请业。兴敕关尉曰:"诸生咨访道艺,修己厉身,往来出入,勿拘常限。"于是学者咸劝,儒风盛焉。给事黄门侍郎古成诜、中书侍郎王尚、尚书郎马岱等,以文章雅正,参管机密。诜风韵秀举,确然不群,每以天下是非为己任。

……　……

班命郡国,百姓因荒自卖为奴婢者,悉免为良人。兴以日月薄蚀,灾眚屡见,降号称王,下书令群公卿士将牧守宰各降一等。于是其太尉赵公旻等五十三人上疏谏曰:"伏惟陛下勋格皇天,功济四海,威灵振于殊域,声教暨于遐方,虽成汤之隆殷基,武王之崇周业,未足比喻……岂宜过垂冲损,违皇天之眷命乎!"兴曰:"殷汤、夏禹德冠百王,然犹顺守谦冲,未居崇极,况朕寡昧,安可以处之哉!"乃遣旻告于社稷宗庙,大赦,改元弘始。赐孤独鳏寡粟帛有差,年七十已上加衣杖。始平太守周班、槐里令李彰皆以黩货诛,于是郡国肃然矣。……

兴下书听祖父母昆弟得相容隐……

……　……

……命百僚举殊才异行之士,刑政有不便于时者,皆除之。兵部郎金城边熙上陈军令烦苛,宜遵简约。兴览而善之,乃依孙吴誓众之法［东吴军事刑律,已失传］以损益之。兴立律学于长安,召郡县散吏以授之。其通明者还之郡县,论决刑狱。若州郡县所不能决者,谳之廷尉。兴常临咨议堂听断疑狱,于时号无冤滞。

［注意防止功勋累累的大贵族大权臣们腐败撒野:］姚绪、姚硕德固让王爵,许之。绪、硕德威权日盛,兴恐奸佞小人沮惑之,乃简清正君子为之辅佐。

……　……①

————————

① 下载,"兴性俭约,车马无金玉之饰,自下化之,莫不敢尚清素。然好游田,颇损农要"。

[400 年攻伐鲜卑西秦大捷,战利惊人,西秦初亡①。]

使硕德率陇右诸军伐乞伏乾归,兴潜军赴之,乾归败走,降其部众三万六千,收铠马六万匹。军无私掠,百姓怀之。兴进如枹罕,班赐王公以下,遍于卒伍。

[他下行的始端,既有结构性原因,也归咎于他在文化习性和战略眼光上的蜕变:前者指他不敌同样实力强劲和励精图治的鲜卑北魏拓跋珪,后者指他大肆崇佛佞佛、轻易割送中原和轻信鲜卑的取悦。]

[他与拓跋鲜卑北魏的激烈碰撞无法避免,而后者被证明是他和后秦无法逾越的极限;碰撞酝酿而后形成,他在柴壁战役中丧师四万余,从此无望获取中原。]

兴之西也,没奕于[鲜卑多兰部首领,392 年投降后秦]密欲乘虚袭安定,长史皇甫序切谏乃止。于自恨失言,阴欲杀序。

乞伏乾归以穷蹙来降,拜镇远将军、河州刺史、归义侯,复以其部众配之。

……　……

[北魏逼近,长安大震,他轻敌自信,排斥众议,决定伐魏:]魏人袭没奕于,于弃其部众,率数千骑与赫连勃勃[匈奴铁弗部首领,创胡夏国]奔于秦州。魏军进次瓦亭,长安大震,诸城闭门固守。魏平阳太守贰尘入侵河东。兴于是练兵讲武,大阅于城西,干勇壮异者召入殿中。引见群臣于东堂,大议伐魏。群臣咸谏以为不可,兴不从。司隶姚显进曰:"陛下天下之镇,不宜亲行,可使诸将分讨,授以庙胜之策。"兴曰:"王者正以廓土靖乱为务,吾焉得而辞之!"

兴立其子泓为皇太子……

[遣姚平大军伐魏,得多路兵援:]遣姚平、狄伯支等率步骑四万伐魏,姚硕德、姚穆率步骑六万伐吕隆[后凉君主]。平等军次河东,兴遣其光远党娥、立节雷星、建忠王多等率杏城及岭北突骑自和宁赴援,越骑校尉唐小方、积弩姚良国率关中劲卒为平后继,姚绪统河东见兵为前军节度,姚绍率洛东之兵,姚详率朔方见骑,并集平望,以会于兴。使没奕于权镇上邽,中军、广陵公敛权镇洛阳,姚显及尚书令姚晃

---

① 409 年,乞伏乾归乘后秦内忧外患之际重新称秦王复国,其后继者攻灭南凉,在陇右臻于鼎盛。迟至 431 年,西秦才最终灭于匈奴族胡夏国赫连定。

辅其太子泓,入直西宫。

[攻伐后凉大胜(然而面对"引力中心"北魏如何?):]硕德至姑臧,大败吕隆之众,俘斩一万。隆将吕他等率众二万五千,以东苑来降。先是,秃发利鹿孤据西平,沮渠蒙逊据张掖,李玄盛据敦煌,与吕隆相持。至是,皆遣使降。①

[多路兵援中最大的一支,是他亲率的近五万大军,然而他"惮而不进",不敢渡汾水救援被围被攻的姚平大军:]兴率戎卒四万七千,自长安赴姚平。平攻魏乾城,陷之,逐据柴壁[今山西临汾市襄汾县西南汾河东岸柴庄]。魏军大至,攻平,截汾水以守之。兴至蒲坂,惮而不进。

……　……

[姚平与其麾下四万余覆灭:]姚平粮竭矢尽,将麾下三十骑赴汾水而死,狄伯支等十将四万余人,皆为魏所擒。……魏军乘胜进攻蒲坂,姚绪固守不战,魏乃引还[拓跋珪撤兵的首要真实原因是阴山以北的柔然汗国突然南下侵扰北魏]。

……　……

[他确有颇为强烈的过度伸展倾向,不知东晋其实也是他和后秦无法逾越的极限;当然,这情有可原,因为他无论如何不可能预知在品性恶劣的桓玄之外,东晋还有"英略奋发"的刘裕。]

晋辅国将军袁虔之、宁朔将军刘寿、冠军将军高长庆、龙骧将军郭恭等贰于桓玄,惧而奔兴。兴临东堂引见,谓虔之等曰:"桓玄虽名晋臣,其实晋贼,其才度定何如父也?能办成大事以不?"虔之曰:"玄藉世资,雄据荆、楚,属晋朝失政,遂偷窃宰衡。安忍无亲,多忌好杀,位不才授,爵以爱加,无公平之度,不如其父远矣。今既握朝权,必行篡夺,既非命世之才,正可为他人驱除耳。此天以机便授之陛下,愿速加经略,廓清吴楚。"兴大悦,以虔之为大司农,余皆有拜授。虔之固让,请疆场自效,改授假节、宁南将军、广州刺史。

[他对河西的控制一度颇有章法,恩威并行,驾驭鲜卑、匈奴、华夏各"地方附

---

① 下载,"时硕德攻吕隆,抚纳夷夏,分置守宰,节粮积粟,为持久之计。隆惧,遂降。硕德军令齐整,秋毫无犯,祭先贤,礼儒哲,西土悦之"。

庸"似乎得心应手。]

兴立其昭仪张氏为皇后[402]……拜秃发傉檀车骑将军、广武公,沮渠蒙逊镇西将军、沙州刺史、西海侯,李玄盛[西凉立国者,唐朝李氏称之为先祖]安西将军、高昌侯。

兴遣镇远赵曜率众二万西屯金城,建节王松忩率骑助吕隆[华夏后凉君主,投降后秦,国亡]等守姑臧。松忩至魏安,为傉檀弟文真所围,众溃,执松忩,送于傉檀。傉檀大怒,送松忩还长安,归罪文真,深自陈谢。

…… ……

……又遣其兼散骑常侍席确诣凉州,征吕隆弟超入侍,隆遣之。吕隆[华夏后凉君主]惧秃发傉檀之逼,表请内徙。兴遣齐难及镇西姚诘、镇远乞伏乾归、镇远赵曜等步骑四万,迎隆于河西。难至姑臧,以其司马王尚行凉州刺史,配兵三千镇姑臧,以将军阎松为仓松太守,郭将为番禾太守,分成二城,徙隆及其宗室僚属于长安。沮渠蒙逊遣弟如子贡其方物。王尚绥抚遗黎,导以信义,百姓怀其惠化,翕然归之。北部鲜卑并遣使贡款。

…… ……

[遣师攻伐氐族后仇池国得胜,该国请降:]兴遣其将姚硕德、姚敛成、姚寿都等率众三万,伐杨盛于仇池。寿都等入自宕昌,敛成从下辩而进。盛遣其弟寿距成,从子斌距都。都逆击擒之,尽俘其众。杨寿等惧,率众请降。硕德还师。①

…… ……

[他崇佛佞佛,大译佛经,广建浮屠,以致佛教僧侣大量流入,国中"事佛者十室而九矣"。]

兴如逍遥园,引诸沙门于澄玄堂听鸠摩罗什演说佛经。[他与鸠摩罗什倾心合作,大译佛经,在语言和由此而来的普及意义上可谓肇始"汉传佛教":]罗什通辩夏言,寻览旧经,多有乖谬,不与胡本相应。兴与罗什及沙门僧略、僧迁、道树、僧睿、道坦、僧肇、昙顺等八百余人,更出大品,罗什持胡本,兴执旧经,以相考校,其新文

---

① 下载,"姚硕德等频败杨盛,盛惧,请降,遣子难当及僚佐子弟数十人为质,硕德等引还。署盛为使持节、散骑常侍、都督益宁州诸军事、征南大将军、开府、益州牧、武都侯"。

异旧者皆会于理义。续出诸经并诸论三百余卷。今之新经皆罗什所译。① [君主执迷,国人附焉:]兴既托意于佛道,公卿已下莫不钦附,沙门自远而至者五千余人。起浮图于永贵里,立波若台于中宫,沙门坐禅者恒有千数。州郡化之,事佛者十室而九矣。

…… ……

[刘裕剪灭桓玄,他遂打消南下灭东晋的初衷,而且拒绝"群臣咸谏"而轻易向刘裕割送中原十二郡。]

时刘裕诛桓玄,迎复安帝,玄卫将军、新安王桓谦,临原王桓怡,雍州刺史桓蔚,左卫将军桓谧,中书令桓胤,将军何澹之等奔于兴。刘裕遣大参军衡凯之诣姚显,请通和,显遣吉默报之,自是聘使不绝。晋求南乡诸郡,兴许之。群臣咸谏以为不可,兴曰:"天下之善一也,刘裕拔萃起微,匡辅晋室,吾何惜数郡而不成其美乎!"遂割南乡、顺阳、新野、舞阴等十二郡归于晋。

…… ……

[他居然接二连三出大错,现在又盲信鲜卑的取悦,以致"以华土资狄"即丧失姑臧,乃至渐失河西。]

---

① 《晋书·鸠摩罗什传》载:罗什之在凉州积年,吕光父子既不弘道,故蕴其深解,无所宣化。姚兴遣姚硕德西伐,破吕隆,乃迎罗什,待以国师之礼,仍使入西明阁及逍遥园,译出众经。罗什多所暗诵,无不究其义旨,既览旧经多有纰缪,于是兴使沙门僧睿、僧肇等八百余人传受其旨,更出经论,凡三百余卷。……罗什雅好大乘,志在敷演,常叹曰:"吾若著笔作大乘阿毗昙[梵文 Abhidharma,佛教三藏中属于论藏的典籍,指以非常精细而系统化方式阐释佛陀教法的典籍],非迦旃子[即迦旃延,梵文 Kātyāyana,又译为迦多衍那、迦底耶夜那,释迦牟尼十弟子之一,以"论议第一"为人尊崇]比也。今深识者既寡,将何所论!"惟为姚兴著《实相论》二卷,兴奉之若神。

[他"不拘小检",在对他无比着迷的姚兴帮助下任意释放性欲,乃至妻妾成群:]尝讲经于草堂寺,兴及朝臣、大德沙门千有余人肃容观听,罗什忽下高坐,谓兴曰:"有二小儿登吾肩,欲鄣[要解除欲障之意]须妇人。"兴乃召宫女进之,一交而生二子焉。兴尝谓罗什曰:"大师聪明超悟,天下莫二,何可使法种少嗣?"遂以伎女十人,逼令受之。尔后不住僧坊,别立解舍。诸僧多效之。[但他不准其余僧侣仿效!]罗什乃聚针盈钵,引诸僧谓之曰:"若能见效食此者,乃可畜室耳。"因举匕进针,与常食不别,诸僧愧服乃止。

秃发傉檀献兴马三千匹，羊三万头。兴以为忠于己，乃署傉檀为凉州刺史，征凉州刺史王尚还长安。凉州人申屠英等二百余人，遣主簿胡威诣兴，请留尚，兴弗许。引威见之，威流涕谓兴曰："……忽违天人之心，以华土资狄。……窃闻乃以臣等贸马三千匹，羊三万口，如所传实者，是为弃人贵畜。苟以马供军国，直烦尚书一符，三千余家户输一匹，朝下夕办，何故以一方委此奸胡！昔汉武倾天下之资，开建河西，隔绝诸戎，断匈奴右臂，所以终能屠大宛王毋寡。今陛下方布政玉门，流化西域，奈何以五郡之地资之猃狁，忠诚华族弃之虐虏！……"兴乃遣西平人车普驰止王尚，又遣使喻傉檀。会傉檀已至姑臧，普以状先告之。傉檀惧，胁遣王尚，遂入姑臧。

……　……

载记第十八　姚兴下　摘录和评注

［急剧盛衰只在一代人之间！姚兴是一时英主，但其载记下的主题是外患严重和内斗激烈，而他既无力亦无计抵御前者即匈奴铁弗部赫连勃勃的反复攻袭，也未及时阻断后者即皇子姚弼夺取太子姚泓之位的政变图谋。］

［赫连勃勃几乎遭鲜卑拓跋北魏打击而毁灭，获他收容和误宠才起死回生并实力大增，在407年叛秦自立，国号大夏。随之而来的是后秦频频遭其南下侵掠，后秦附庸鲜卑南凉则遭其大肆屠戮。接着爆发秦夏两大军间的决定性战争，后秦连败，资源日丧，到刘裕发动灭秦战争时已赢弱不堪。］

［对姚弼图谋变乱，他虽渐有认识但偏爱不绝，连连纵容姑息，迟至临终前夕武装政变爆发时，他才宣布处死姚弼。内乱不已导致皇室自相残害，留下庸懦储君姚泓，登基仅一年就被刘裕捉拿斩杀。］

［对氐族仇池王杨盛先前的征伐大胜被证明是个浪费了的胜利，因为杨盛请降后被他仁慈地保留下来，然后发难。］

晋义熙［东晋安帝年号］二年［406］，平北将军、梁州督护符宣入汉中，兴梁州别驾吕营、汉中徐逸、席难起兵应宣，求救于杨盛。盛遣军临沔口［在今陕西汉中市勉县西]，南梁州刺史王敏退守武兴[今陕西汉中市略阳县]。杨盛复通于晋。

兴以太子泓录尚书事。[他崇儒佞佛，因而虽是一时英主但始终搞不清怎样的统治者秉性才符合持久的良好国务治理需要。无论对姚泓抑或对姚弼，他都如此。]

······ ······

[赫连勃勃反叛，巨大威胁骤起，那是他收容和误宠的恶果；他再三显示出他的战略大有弊端，而对手却是"非歼灭运动战"的能手。]

赫连勃勃杀高平公没奕于[鲜卑多兰部首领，赫连勃勃岳父，391年投降后秦]，收其众以叛。

······ ······

[先前似被搞定的河西鲜卑附庸秃发傉檀复叛：]时秃发傉檀、沮渠蒙逊迭相攻击，傉檀遂东招河州刺史西羌彭奚念，奚念阻河以叛。

······ ······

[战略再度出错，因为将较弱的秃发傉檀误当作"引力中心"，而且拒绝羌族版的"以夷制夷"智略：]使中军姚弼、后军敛成、镇远乞伏乾归等率步骑三万伐傉檀，左仆射齐难等率骑二万讨勃勃。吏部尚书尹昭谏曰："傉檀恃远，轻敢违逆，宜诏蒙逊及李玄盛，使自相攻击。待其毙也，然后取之，此卞庄之举也。"兴不从。[在伐秃发傉檀的战场主帅姚弼那里，战术也出错，结果兵败，只能追加更大的兵力：]勃勃退保河曲。弼济自金城，弼部将姜纪言于弼曰："今王师声讨勃勃，傉檀犹豫，未为严防，请给轻骑五千，掩其城门，则山泽之人皆为吾有，孤城独立，坐可克也。"弼不从，进拔昌松，长驱至姑臧。傉檀婴城固守，出其兵击弼，弼败，退据西苑。兴又遣卫大将军姚显率骑二万，为诸军节度。至高平，闻弼败绩，兼道赴之，抚慰河外，率众而还。傉檀遣使人徐宿诣兴谢罪。

[同样兵败于赫连勃勃，而且援军主帅竟然"欲回师袭长安"：]齐难为勃勃所擒。兴遣平北姚冲[姚兴弟]、征虏狄伯支、辅国敛曼嵬、镇东杨佛嵩率骑四万讨勃勃。冲次于岭北，欲回师袭长安，伯支不从，乃止，惧其谋泄，遂鸩杀伯支。

[遣大军援救从事战略冒险的西蜀，大概再度证明他很不懂集中优势兵力对付"引力中心"的道理：]时王师伐谯纵[西蜀国君主，其时由后秦借道攻伐东晋]，大败

之，纵遣使乞师于兴。兴遣平西姚赏、南梁州刺史王敏率众二万救之，王师引还。纵遣使拜师，仍贡其方物。兴遣其兼司徒韦华持节策拜纵为大都督、相国、蜀王，加九锡，备物典策一如魏晋故事，承制封拜悉如王者之仪。

[他竟然想宽恕图谋篡逆并杀死大将以灭口的弟弟（他日后对姚弼的纵容也可想而知）：]兴自平凉如朝那，闻冲谋逆，以其弟中最少，雄武绝人，犹欲隐忍容之。敛成泣谓兴曰："冲凶险不仁，每侍左右，臣常寝不安席，愿早为之所。"兴曰："冲何能为也！但轻害名将，吾欲明其罪于四海。"乃下书赐冲死，葬以庶人之礼。

······ ······

[贰城之战，险些因他在力谏下收回的错误决策而遭灭顶之灾：]兴如贰城，将讨赫连勃勃，遣安远姚详及敛曼嵬、镇军彭白狼分督租运。诸军未集而勃勃骑大至，兴欲留步军，轻如嵬营。众咸惶惧，群臣固以为不可，兴弗纳。尚书郎韦宗希旨劝兴行。兰台侍御史姜楞越次而进曰："韦宗倾险不忠，沮败国计，宜先腰斩以谢天下。脱车驾动辂，六军骇惧，人无守志，取危之道也。宜遣单使以征详等。"兴默然。右仆射韦华等谏曰："若车骑轻动，必不战自溃，嵬营亦未必可至，惟陛下图之。"兴乃遣左将军姚文宗率禁兵距战，中垒齐莫统氐兵以继之。文宗与莫皆勇果兼人，以死力战，勃勃乃退。留禁兵五千配姚详守贰城，兴还长安。

[他居然在赫连勃勃威胁巨大的时候偕同西蜀"大举以寇江东"，结果纯属徒劳：]谯纵遣其侍中谯良、太常杨轨朝于兴，请大举以寇江东。遣其荆州刺史桓谦、梁州刺史谯道福率众二万东寇江陵。兴乃遣前将军苟林率骑会之。谦屯枝江，林屯江津。谦，江左贵族，部曲遍于荆楚，晋之将士皆有叛心。荆州刺史刘道规大惧，婴城固守。雍州刺史鲁宗之率襄阳之众救之，道规乃留宗之守江陵，率军逆战。谦等舟师大盛，兼列步骑以待之。大战枝江，谦败绩，乘轻舸奔就苟林，晋人获而斩之。苟林惧而引归。

[他当然会碰上"国用不足"必须敛财以补，从而得罪臣民的大战略窘境：]兴以国用不足，增关津之税，盐竹山木皆有赋焉。群臣咸谏，以为天殖品物以养群生，王者子育万邦，不宜节约以夺其利。兴曰："能逾关梁通利于山水者，皆豪富之家。吾损有余以裨不足，有何不可！"乃遂行之。

······ ······

[他又多了个劲敌:陇西鲜卑降而后叛]乞伏乾归以众叛,攻陷金城,执太守任兰。……

[赫连勃勃频频攻袭,除一路大败外,余皆告捷,且进退几近自如:]赫连勃勃遣其将胡金纂将万余骑攻平凉。兴如贰城,因救平凉,纂众大溃,生擒纂。勃勃遣兄子提攻陷定阳[今陕西延安市宜川县],执北中郎将姚广都。兴将曹炽、曹云、王肆佛等各将数千户避勃勃内徙,兴处佛于湟山泽,炽、云于陈仓。勃勃寇陇右,攻白崖堡,破之,遂趣清水[今甘肃天水市清水县]。略阳太守姚寿都委守奔秦州,勃勃又收其众而归。兴自安定追之,至寿渠川,不及而还。

[外患严重,内忧潜起,姚弼开始利用姚兴的宠信在宫廷"树党左右","遂有夺嫡之谋";在他重病期间,皇室内斗发展到濒临全国大内战的地步,但他痊愈后对姚弼显著的政变准备姑息无度。]

初,天水人姜纪,吕氏之叛臣,阿谀奸诈,好间人之亲戚。兴子弼有宠于兴,纪遂倾心附之。弼时为雍州刺史,镇安定,与密谋还朝,令倾心事常山公显[姚兴弟],树党左右。至是,兴以弼为尚书令、侍中、大将军。既居将相,虚襟引纳,收结朝士,势倾东宫,遂有夺嫡之谋矣。

[他做对了一次:以政治方略"绥诱"陇西鲜卑叛而复降]兴以勃勃、乾归作乱西北,傉檀、蒙逊擅兵河右,畴咨将帅之臣,欲镇抚二方。……以其太常索棱为太尉,领陇西内史,绥诱乾归。政绩既美,乾归感而归之。……乞伏乾归遣使送所掠守宰,谢罪请降。兴以勃勃之难,权宜许之……

[赫连勃勃的蚕食性攻袭继续有效:]姚详时镇杏城[在今陕西延安市黄陵县侯庄乡],为赫连勃勃所逼,粮尽委守,南奔大苏。勃勃要之,众散,为勃勃所执。时遣卫大将军显迎详,详败,遂屯杏城,因令显都督安定岭北二镇事。

[他战略头脑可谓低劣的范例:他对东晋刘裕总做极端低估的战略谬判,或许基于他顽固的种族偏见?]颍川太守姚平都自许昌来朝,言于兴曰:"刘裕敢怀奸计,屯聚芍陂,有扰边之志,宜遣烧之,以散其众谋。"兴曰:"裕之轻弱,安敢窥吾疆场!苟有奸心,其在子孙乎!"召其尚书杨佛嵩谓之曰:"吴儿不自知,乃有非分之意。待至孟冬,当遣卿率精骑三万焚其积聚。"嵩曰:"陛下若任臣以此役者,当从肥口济

淮，直趣寿春，举大众以屯城，纵轻骑以掠野，使淮南萧条，兵粟俱了，足令吴儿俯仰回惶……"兴大悦。

…… ……

[再度做徒然的战略旁击（strategic digression），出五路军攻伐据有地利的仇池王杨盛，其中一路大败，遂致全役泡汤：]仇池公杨盛叛，侵扰祁山。遣建威赵琨率骑五千为前锋，立节杨伯寿统步卒继之，前将军姚恢、左将军姚文宗入自鹫陕，镇西、秦州刺史姚嵩入羊头陕，右卫胡翼度从阴密出自沔城，讨盛。兴将轻骑五千，自雍赴之，与诸将军会于陇口。天水太守王松忩言于嵩曰："先皇神略无方，威武冠世，冠军徐洛生猛毅兼人，佐命英辅，再入仇池，无功而还。非杨盛智勇能全，直是地势然也。今以赵琨之众，使君之威，准之先朝，实未见成功。使君具悉形便，何不表闻？"嵩不从。盛率众与琨相持，伯寿畏懦弗进，琨众寡不敌，为盛所败，兴斩伯寿而还。嵩乃具陈松忩之言，兴善之。

[陇西鲜卑内斗换主，他（将自招后悔地）继续怀柔而非趁乱取之：]乾归为其下人所杀，子炽磐新立，群下咸劝兴取之。兴曰："乾归先已返善，吾方当怀抚，因丧伐之，非朕本志也。"

[战略谬算伊于胡底？讨伐赫连勃勃，却刻意发兵甚少，甚而极少，结果手下大将被擒而死：]以杨佛嵩都督岭北讨虏诸军事、安远将军、雍州刺史，率领北见兵以讨赫连勃勃。嵩发数日，兴谓群臣曰："佛嵩骁勇果锐，每临敌对寇，不可制抑，吾常节之，配兵不过五千。今众旅既多，遇贼必败。今去已远，追之无及，吾深忧之。"其下咸以为不然。佛嵩果为勃勃所执，绝亢[扭断脖子]而死。

兴立昭仪齐氏为皇后[412]……

[姚弼以诬陷清除太子亲信将臣，"是后群臣累足，莫敢言弼之短"：]姚文宗有宠于姚泓，姚弼深疾之，诬文宗有怨言，以侍御史廉桃生为证。兴怒，赐文宗死。是后群臣累足，莫敢言弼之短。

…… ……

[姚弼"宠爱方隆"，以致姚兴"左右机要，皆其党人"：]弼宠爱方隆，所欲施行，无不信纳。乃以嬖人尹冲为给事黄门侍郎，唐盛为治书侍御史，左右机要，皆其党人，渐欲广树爪牙，弥缝其阙。[他不听从谏臣关于姚弼"有陵夺之志"的直白告诫，仅

默然而已,即踯躅不决:]右仆射梁喜、侍中任谦、京兆尹尹昭承间言于兴曰:"……广平公弼奸凶无状,潜有陵夺之志,陛下宠之不道,假其威权,倾险无赖之徒,莫不鳞凑其侧。市巷讽议,皆言陛下欲有废立之志。诚如此者,臣等有死而已,不敢奉诏。"兴曰:"安有此乎!"昭等曰:"若无废立之事,陛下爱弼,适所以祸之,愿去其左右,减其威权。非但弼有太山之安,宗庙社稷亦有磐石之固矣。"兴默然。

....

[在他重病期间,皇室内斗发展到濒临大内战的地步:]兴疾笃,其太子泓屯兵于东华门,侍疾于咨议堂。姚弼潜谋为乱,招集数千人,被甲伏于其第。抚军姚绍及侍中任谦、右仆射梁喜、冠军姚赞、京兆尹尹昭、辅国敛曼嵬并典禁兵,宿卫于内。姚裕[皇子之一]遣使告姚懿[姚裕兄]于蒲坂,并密信诸藩,论弼逆状。懿流涕以告将士曰:"上今寝疾,臣子所宜冠履不整。而广平公弼拥兵私第,不以忠于储官,正是孤徇义亡身之日。诸君皆忠烈之士,亦当同孤徇斯举也。"将士无不奋怒攘袂曰:"惟殿下所为,死生不敢贰。"于是尽赦囚徒,散布帛数万匹以赐其将士,建牙誓众,将赴长安。镇东、豫州牧姚洸[姚裕兄]起兵洛阳,平西姚谌[姚裕兄]起兵于雍,将以赴泓之难。[他痊愈后,对姚弼显著的政变准备姑息无度:]兴疾瘳,朝其群臣,征虏刘羌泣谓兴曰:"陛下寝疾数旬,奈何忽有斯事!"兴曰:"朕过庭无训,使诸子不穆,愧于四海。卿等各陈所怀,以安社稷。"尹昭曰:"广平公弼恃宠不虔,阻兵怀贰,自宜置之刑书,以明典宪。陛下若含忍未便加法者,且可削夺威权,使散居藩国,以纾窥窬之祸,全天性之恩。"兴谓梁喜曰:"卿以为何如?"喜曰:"臣之愚见,如昭所陈。"兴以弼才兼文武,未忍致法,免其尚书令,以将军、公就第。懿等闻兴疾瘳,各罢兵还镇。懿、恢及弟谌等皆抗表罪弼,请致之刑法,兴弗许。

....

[他再度拒绝众皇子及谏臣们清除姚弼的恳求,继续默然,踯躅不决:]时姚懿、姚洸、姚宣[姚裕兄]、姚谌来朝,使姚裕言于兴曰:"懿等今悉在外,欲有所陈。"兴曰:"汝等正欲道弼事耳,吾已知之。"裕曰:"弼苟有可论,陛下所宜垂听。若懿等言违大义,便当肆之刑辟,奈何距之!"于是引见咨议堂。宣流涕曰:"先帝以大圣起基,陛下以神武定业,方隆七百之祚,为万世之美,安可使弼谋倾社稷。宜委之有司,肃明刑宪。臣等敢以死请。"兴曰:"吾自处之,非汝等所忧。"先是,大司农窦温、司徒左长史王弼皆有密表,劝兴废立。兴虽不从,亦不以为责。抚军东曹属姜虬上疏曰:

"广平公弼怀奸积年,谋祸有岁,倾谄群竖为之画足,衅成逆著,取嗤戎裔。……圣朝之乱,起自爱子。今虽欲含忍其瑕,掩蔽其罪,而逆党犹繁,扇惑不已,弼之乱心其可革耶! 宜斥散凶徒,以绝祸始。"兴以虬表示梁喜曰:"天下之人莫不以吾儿为口实,将何以处之?"喜曰:"信如虬言,陛下宜早裁决。"兴默然。

　　太子詹事王周亦虚襟引士,树党东宫,弼恶之,每规陷害周。周抗志确然,不为之屈。兴嘉其守正,以周为中书监。

　　……　……

　　[他听信姚弼及其党羽诬陷,监禁皇子、大藩姚宣,并授姚弼更大军权:]弼恨姚宣之毁己,遂谮宣于兴。会宣司马权丕至长安,兴责丕以无匡辅之益,将戮之。丕性倾巧,因诬宣罪状。兴大怒,遂收宣于杏城[在今陕西延安市黄陵县侯庄乡],下狱,而使弼将三万人镇秦州。尹昭言于兴曰:"广平公与皇太子不平,握强兵于外,陛下一旦不讳,恐社稷必危。小不忍以致大乱者,陛下之谓也。"兴弗纳。

　　……　……

　　[姚弼新获一资产,即在龙尾堡大破赫连勃勃部将,因而促使赫连勃勃弃围退兵:]勃勃遣其将赫连建率众寇贰县,数千骑入平凉。姚恢与建战于五井,平凉太守姚兴都为建所获,遂入新平。姚弼讨之,战于龙尾堡,大破之,擒建,送于长安。初,勃勃攻彭双方于石堡,方力战距守,积年不能克。至是,闻建败,引归。

　　……　……

　　[最高层内斗形势剧变:他终于明了姚弼的政变篡位威胁,经最后一次宽恕后,在临终前夕处死姚弼,其党羽崩溃。]

　　时白虹贯日,有术人言于兴曰:"将有不祥之事,终当自消。"[姚弼故伎重演,乘他患病时聚兵宅邸准备政变,这令他终于明了其巨大危险,遂(经数日犹豫)逮捕姚弼,然而随后予以宽恕:]时兴药动,姚弼称疾不朝,集兵于第。兴闻之怒甚,收其党殿中侍御史唐盛、孙玄等杀之。……召姚赞、梁喜、尹昭、敛曼嵬于咨议堂,密谋收弼。时姚绍屯兵雍城,驰遣告之,数日不决。弼党凶惧。兴虑其为变,乃收弼,囚之中曹,穷责党与,将杀之。泓流涕固请之,乃止。兴谓梁喜曰:"泓天心平和,性少猜忌,必能容养群贤,保全吾子。"于是皆赦弼党。

　　……　……

[他病重,最高层两大派彼此极端防范,几乎剑拔弩张,京城气氛极为紧张:]兴如华阴,以泓监国,入居西宫。因疾笃,还长安。泓欲出迎,其官臣曰:"今主上疾笃,奸臣在侧,广平公每希颜非常,变故难测。今殿下若出,进则不得见主上,退则有弼等之祸,安所归乎!自宜深抑情礼,以宁宗社。"泓从之,乃拜迎于黄龙门樀下。弼党见兴升舆,咸怀危惧。尹冲等先谋欲因泓出迎害之,尚书姚沙弥曰:"若太子有备,不来迎侍,当奉乘舆直趣公第。宿卫者闻上在此,自当来奔,谁与太子守乎!吾等以广平公之故,陷身逆节。今以乘舆南幸,自当是杖义之理,匪但救广平之祸,足可以申雪前愆。"冲等不从,欲随兴入殿中作乱,复未知兴之存亡,疑而不发。兴命泓录尚书事,使姚绍、胡翼度典兵禁中,防制内外,遣敛曼嵬收弼第中甲杖,内之武库。

[姚弼一派如惊弓之鸟,情急出错,以部分兵力发动武装政变:]兴疾转笃,兴妹伪南安长公主问疾,不应。兴少子耕儿出告其兄愔曰:"上已崩矣,宜速决计。"于是愔与其属率甲士攻端门,殿中上将军敛曼嵬勒兵距战,右卫胡翼度率禁兵闭四门。愔等遣壮士登门,缘屋而入,及于马道。泓时侍疾于咨议堂,遣敛曼嵬率殿中兵登武库距战,太子右卫率姚和都率东宫兵入屯马道南。愔等既不得进,遂烧端门。[他在战火中"力疾临前殿,赐弼死",政变崩溃:]兴力疾临前殿,赐弼死。禁兵见兴,喜跃,贯甲赴贼,贼众骇扰。和都勒东宫兵自后击之,愔等奔溃,逃于骊山,愔党吕隆奔雍,尹冲等奔于京师。兴引绍及赞、梁喜、尹昭、敛曼嵬入内寝,受遗辅政。[他紧随他的上述最后政治行动而逝:]义熙十二年[416],兴死,时年五十一,在位二十二年。

…… ……

载记第十九　姚泓　摘录和评注

[姚泓,姚兴长子,有着几乎最不适于当政治领导的个人秉性,即庸懦好儒,"无经世之用",却被完全了解他这秉性的姚兴坚持立为储君,尽管姚兴不无忧疑。他怎能敌得过雄才大略和拥有东晋全权的刘裕!更何况后秦到他登基时,业经连年外战、内斗及靡费已大为衰耗。"内难方殷,外御斯辍",仅一年左右,他就兵败出

降,国灭身亡。]

［他"孝友宽和",博学好儒,"而无经世之用";他的父亲尽管有忧疑,但仍立他为储君。]

姚泓,字元子,兴之长子也。孝友宽和,而无经世之用,又多疾病,兴将以为嗣而疑焉。久之,乃立为太子。兴每征伐巡游,常留总后事。博学善谈论,尤好诗咏。尚书王尚、黄门郎段章、尚书郎富允文以儒术侍讲,胡义周、夏侯稚以文章游集。时尚书王敏、右丞郭播以刑政过宽,议欲峻制,泓曰:"人情挫辱,则壮厉之心生;政教烦苛,则苟免之行立。上之化下,如风靡草。君等参赞朝化,弘昭政轨,不务仁恕之道,惟欲严法酷刑,岂是安上驭下之理乎!"［犹如登基前的西汉元帝,但已无严厉训子如宣帝般的父亲。①]敏等遂止。泓受经于博士淳于岐。岐病,泓亲诣省疾,拜于床下。自是公侯见师傅皆拜焉。

［他与姚弼:后者图谋篡位,但他"恩抚如初,未尝见于色";然而尽管性情"宽裕","结构性力量"仍驱使他在姚弼和姚兴死后接连诛杀谋乱的皇弟和宗室等,或曰继续高层内斗。]

……其弟弼有夺嫡之谋,泓恩抚如初,未尝见于色。姚绍每为弼羽翼,泓亦推心宗事,弗以为嫌。及僭立,任绍以兵权,绍亦感而归诚,卒守其忠烈。其明识宽裕,皆此类也。

兴既死,秘不发丧。南阳公姚愔［姚泓弟］及大将军尹元等谋为乱,泓皆诛之。命其齐公姚恢［姚泓从兄］杀安定太守吕超,恢久乃诛之。泓疑恢有阴谋,恢自是怀贰,阴聚兵甲焉。泓发丧,义熙十二年［416］僭即帝位……

……北地太守毛雍据赵氏坞以叛于泓,姚绍讨擒之。姚宣［姚泓弟］时镇李闰

---

① 《汉书·元帝纪》载:元帝太子时柔仁好儒,见宣帝所用多文法吏,以刑名绳下,大臣杨恽、盖宽饶等坐刺讥辞语为罪而诛,尝侍燕从容言:"陛下持刑太深,宜用儒生。"宣帝作色曰:"汉家自有制度,本以霸王道杂之,奈何纯任德教,用周政乎!且俗儒不达时宜,好是古非今,使人眩于名实,不知所守,何足委任?"乃叹曰:"乱我家者,太子也!"由是疏太子而爱淮阳王［宣帝次子刘钦］,曰:"淮阳王明察好法,宜为吾子。"而王母张婕妤尤幸。上有意欲用淮阳王代太子,然以少依许氏［小吏许广汉,宣帝微时发妻、元帝生母许平君之父］,俱从微起,故终不背焉。

[在今陕西渭南市大荔县东北]，未知雍败，遣部将姚佛生等来卫长安。众既发，宣参军韦宗奸谄好乱，说宣曰："主上初立，威化未著，勃勃强盛，侵害必深，本朝之难未可弭也。殿下居维城[连城以卫国，借指皇子或皇室宗族]之任，宜深虑之。邢望地形险固，总三方之要，若能据之，虚心抚御，非但克固维城，亦霸王之业也。"宣乃率户三万八千，弃李闰，南保邢望。宣既南移，诸羌据李闰以叛，绍进讨破之。宣诣绍归罪，绍怒杀之。初，宣在邢望，泓遣姚佛生谕宣，佛生遂赞成宣计。绍数其罪，又戮之。

[他在遭东晋刘裕大举攻伐以前面对的一次次严重"边难"：陕晋匈奴族大叛乱，仇池国杨盛凌厉进军，赫连勃勃攻陷关陇数地。]

……并州、定阳、贰城胡数万落叛泓，入于平阳，攻立义姚成都于匈奴堡，推匈奴曹弘为大单于，所在残掠。征东姚懿自蒲坂讨弘，战于平阳，大破之，执弘，送于长安，徙其豪右万五千落于雍州。

仇池公杨盛攻陷祁山，执建节王总，遂逼秦州。泓遣后将军姚平救之，盛引退。姚嵩与平追盛及于竹岭，姚赞率陇西太守姚秦都、略阳太守王焕以禁兵赴之。赞至清水，嵩为盛所败，嵩及秦都、王焕皆战死。赞至秦州，盛退还仇池。……

赫连勃勃攻陷阴密[今甘肃平凉市灵台县西]，执秦州刺史姚军都，坑将士五千余人。军都瞋目厉声数勃勃残忍之罪，不为之屈，勃勃怒而杀之。勃勃既克阴密，进兵侵雍，岭北杂户悉奔五将山。征北姚恢弃安定，率户五千奔新平，安定人胡俨、华韬等率众距恢，恢单骑归长安。立节弥姐成、建武裴岐为俨所杀，镇西姚谌委镇东走。勃勃遂据雍，抄掠郿城[在今陕西宝鸡市眉县]。姚绍及征虏尹昭、镇军姚洽等率步骑五万讨勃勃，姚恢以精骑一万继之。军次横水，勃勃退保安定，胡俨闭门距之，杀鲜卑数千人，据安定以降。绍进兵蹑勃勃，战于马鞍坂，败之，追至朝那，不及而还。

…… ……

[末日到来！217年"晋太尉刘裕总大军伐泓"，势如破竹；他兵败出降，国灭身亡。]

［“晋太尉刘裕总大军伐泓”，檀道济、王镇恶为主力军主将，势如破竹：］寻而晋太尉刘裕总大军伐泓，次于彭城，遣冠军将军檀道济、龙骧将军王镇恶入自淮、肥，攻漆丘［在今河南商丘市北］、项城［今河南周口市沈丘县］，将军沈林子自汴入河，攻仓垣［今河南开封市北］。泓将王苟生以漆丘降镇恶，徐州刺史姚掌以项城降道济，王师遂入颍口［今安徽阜阳市颍上县］，所至多降服。惟新蔡［治所在今河南驻马店市新蔡县］太守董遵固守不降，道济攻破之，缚遵而致诸军门。遵厉色曰：“古之王者伐国，待士以礼。君奈何以不义行师，待国士以非礼乎。”道济怒杀之。［大难之际祸上加祸，因为他几乎必然会在战略上出错，拒绝集中后秦兵力固守关中长安一途：］姚绍闻王师之至，还长安，言于泓曰：“晋师已过许昌，豫州、安定孤远，卒难救卫，宜迁诸镇户内实京畿，可得精兵十万，足以横行天下。假使二寇交侵，无深害也。如其不尔，晋侵豫州，勃勃寇安定者，将若之何！事机已至，宜在速决。”其左仆射梁喜曰：“齐公恢雄勇有威名，为岭北所惮，镇人已与勃勃深仇，理应守死无贰，勃勃终不能弃安定远寇京畿。若无安定，虏马必及于郿、雍。今关中兵马足距晋师［！］，岂可未有忧危先自削损也。”泓从之。吏部郎懿横密言于泓曰：“齐公恢于广平之难有忠勋于陛下，自陛下龙飞绍统，未有殊赏以答其意。今外则致之死地，内则不豫朝权，安定人自以孤危逼寇，欲思南迁者十室而九，若拥精兵四万，鼓行而向京师，得不为社稷之累乎！宜征还朝廷，以慰其心。”泓曰：“恢若怀不逞之心，征之适所以速祸耳。”又不从。

［部分由于内奸通敌，加上主将轻率出战，后秦丧失洛阳：］王师至成皋［在今河南郑州市下属荥阳市］，征南姚洸时镇洛阳，驰使请救。泓遣越骑校尉阎生率骑三千以赴之，武卫姚益男将步卒一万助守洛阳，又遣征东、并州牧姚懿南屯陕津为之声援。洸部将赵玄说洸曰：“今寇逼已深，百姓骇惧，众寡势殊，难以应敌。宜摄诸戍兵士，固守金墉，以待京师之援，不可出战。如脱不捷，大事去矣。金墉既固，师无损败，吴寇终不敢越金墉而西。困之于坚城之下，可以坐制其弊。”时洸司马姚禹潜通于道济，主簿阎恢、杨虔等皆禹之党，嫉玄忠诚，咸共毁之，固劝洸出战。洸从之，乃遣玄率精兵千余南守柏谷坞，广武石无讳东戍巩城，以距王师。……会阳城及成皋、荥阳、武牢诸城悉降，道济等长驱而至。无讳至石关，奔还。玄与晋将毛德祖战于柏谷，以众寡而败，被疮十余，据地大呼……死于阵。姚禹逾城奔于王

师。道济进至洛阳，洸惧，遂降。时阎生至新安，益男至湖城，会洛阳已没，遂留屯不进。

[祸不单行，内斗不息，皇弟/大藩姚懿趁乱举兵反叛，志在篡位：]姚懿[姚兴第二子]崄[xiǎn]薄，惑于信受，其司马孙畅奸巧倾佞，好乱乐祸，劝懿袭长安，诛姚绍，废泓自立。懿纳之，乃引兵至陕津，散谷以赐河北夷夏，欲虚损国储，招引和戎诸羌，树己私惠。懿左常侍张敞、侍郎左雅固谏懿曰："殿下以母弟之亲，居分陕之重，安危休戚，与国共之。汉有七国之难，实赖梁王。今吴寇内侵，四州倾没，西虏扰边，秦凉覆败，朝廷之危有同累卵，正是诸侯勤王之日。谷者，国之本也，而今散之。若朝廷问殿下者，将何辞以报？"懿怒，笞而杀之。……懿遂举兵僭号，传檄州郡，欲运匈奴堡谷以给镇人。宁东姚成都距之……遗让懿曰："明公以母弟之亲……包藏奸宄，谋危宗庙，三祖之灵岂安公乎！此镇之粮，一方所寄，镇人何功，而欲给之！"乃宣告诸城，勉以忠义，厉兵秣马，征发义租。河东之兵无诣懿者，懿深患之。临晋数千户叛应懿。姚绍济自薄津，击临晋叛户，大破之，懿等震惧。镇人安定郭纯、王奴等率众围懿。绍入于蒲坂，执懿囚之，诛孙畅等。

[以"清君侧"名义，宗室/大藩姚恢举兵叛乱；"内外离叛，王师渐逼"，他唯有在宫中"凄然流涕"：]泓以内外离叛，王师渐逼，岁旦朝群臣于其前殿，凄然流涕，群臣皆泣。时征北姚恢率安定镇户三万八千，焚烧室宇，以车为方阵，自北雍州趣长安，自称大都督、建义大将军，移檄州郡，欲除君侧之恶。扬威姜纪率众奔之。建节彭完都闻恢将至，弃阴密，奔还长安。恢至新支，姜纪说恢曰："国家重将在东，京师空虚，公可轻兵径袭，事必克矣。"恢不从，乃南攻郿城。镇西姚谌为恢所败，恢军势弥盛，长安大震。……姚绍率轻骑先赴难，使姚洽、司马国璠将步卒三万赴长安。恢从曲牢进屯杜成，绍与恢相持于灵台[今甘肃平凉市灵台县]。姚赞闻恢渐逼，留宁朔尹雅为弘农太守，守潼关，率诸军还长安。……曰："臣与大将军不灭此贼，终不持面复见陛下！"泓于是班赐军士而遣之。恢众见诸军悉集，咸惧而思善，其将齐黄等弃恢而降。恢进军逼绍，赞自后要击，大破之，杀恢及其三弟。……

[刘裕大军兵临关中，姚绍帅后秦大军拒之于潼关；潼关战役一度成拉锯状，但终究姚绍策败，呕血而死：]至是，王镇恶至宜阳[今河南洛阳市东白马寺东]。……

檀道济……攻蒲坂，使将军苟卓攻匈奴堡，为泓宁东姚成都所败。泓遣姚驴救蒲坂，胡翼度据潼关。泓进绍太宰、大将军、大都督、都督中外诸军事、假黄钺，改封鲁公，侍中、司隶、宗正、节录并如故，朝之大政皆往决焉。绍固辞，弗许。于是遣绍率武卫姚鸾等步骑五万，距王师于潼关。姚驴与并州刺史尹昭为表里之势，夹攻道济。道济深壁不战，沈林子说道济曰："今蒲坂城坚池浚，非可卒克，攻之伤众，守之引日，不如弃之，先事潼关。潼关天限，形胜之地，镇恶孤军，势危力寡，若使姚绍据之，则难图矣。如克潼关，绍可不战而服。"道济从之，乃弃蒲坂，南向潼关。[长安被刘裕大军主将定为明确无疑的"引力中心"，为之集中绝对优势兵力。]……姚绍方阵而前，以距道济。道济固垒不战，绍乃攻其西营，不克，遂以大众逼之。道济率王敬、沈林子等逆冲绍军，将士惊散，引还定城。绍留姚鸾守险，绝道济粮道。

…… ……

[姚绍策败，呕血而死：]绍遣左长史姚洽及姚墨蠡等率骑三千屯于河北之九原，欲绝道济诸县租输。洽辞曰："……今兵众单弱，而远在河外，虽明公神武，然鞭短势殊，恐无所及。"绍不听。沈林子率众八千，要洽于河上，洽战死，众皆没。绍闻洽等败，忿恚发病，托姚赞以后事，使姚难屯关西，绍呕血而死。

…… ……

[刘裕大军兵临长安外围，后秦不敌，"关中郡县多潜通于王师"：]刘裕次于陕城，遣沈林子率精兵万余，越山开道，会沈田子等于青泥[今陕西西安市蓝田县]，将攻尧柳。泓使姚裕率步骑八千距之，泓躬将大众继发。裕为田子所败，泓退次于灞上，关中郡县多潜通于王师。……[刘裕分兵攻蒲坂，导致后秦赢得抗战中几乎唯一的一次胜利(但无大意义)：]刘裕至潼关，遣将军朱超石、徐猗之会薛帛于河北，以攻蒲坂。……镇东姚璞及姚和都击败猗之等于蒲坂，猗之遇害，超石弃其众奔于潼关。……

[王镇恶攻入长安，长安城守军不堪一击，援军则皆惊散：]刘裕进据郑城[今陕西渭南市华县]。泓使姚裕、尚书庞统屯兵宫中，姚洸屯于沣西，尚书姚白瓜徙四军杂户入长安，姚丕守渭桥，胡翼度屯石积，姚赞屯霸东，泓军于逍遥园。镇恶夹渭进兵，破姚丕于渭桥。泓自逍遥园赴之，逼水地狭，因丕之败，遂相践而退。……泓单马还宫。镇恶入自平朔门，泓与姚裕等数百骑出奔于石桥。赞闻泓之败也，召将士告之，众皆以刀击地，攘袂大泣。胡翼度先与刘裕阴通，是日弃众奔裕。赞夜率诸

军,将会泓于石桥,王师已固诸门,赞军不得入,众皆惊散。

[他走投无路而出降,刘裕先处决后秦宗室百余人,继而将他押至建康斩首示众:]泓计无所出,谋欲降于裕。其子佛念,年十一,谓泓曰:"晋人将逞其欲,终必不全,愿自裁决。"泓怃然不答。佛念遂登宫墙自投而死。泓将妻子诣垒门而降。赞率宗室子弟百余人亦降于裕,裕尽杀之,余宗迁于江南。送泓于建康市斩之,时年三十,在位二年。……

姚苌以孝武太元九年[384]僭立,至泓三世,以安帝义熙十三年[417]而灭,凡三十二年。

[房玄龄等对羌族后秦五代首领的终评,可谓抓住和彰显了全部要点。其中特别重要的——再强调一遍——姚兴政治、战略和文化意义上的严重蜕化,即"逞志矜功,弗虞后患","距谏招祸,萧墙屡发","翻崇诡说,加殊礼于桑门","丽衣腴食,殆将万数,析实谈空,靡然成俗","储用殚竭,山林有税,政荒威挫"。]

史臣曰:……天未厌乱,凶旅实繁。弋仲越自金方,言归石氏,抗直词于暴主,阐忠训于危朝,贻厥之谋,在乎归顺,鸣哀之义,有足称焉。景国[姚襄字]弱岁英奇,见方孙策,[1]详其干识,无忝[不玷辱]斯言,遂践迷途,良可悲矣!

景茂[姚苌字]因仲襄之绪,蹑苻亡之会,啸命群豪,恢弘霸业,假容冲[慕容冲]之锐,俯定函秦;挫雷恶[雷恶地]之锋,载宁东北。在兹奸略,实冠凶徒。……荐棘而陵旧主,何其不仁!安枕而终,斯为幸也。

子略[姚兴字]克摧勍敌,荷成先构,虚襟访道,侧席求贤,敦友弟以睦其亲,明赏罚以临其下,英髦尽节,爪牙毕命。取汾绛,陷许洛,款僭燕而藩伪蜀,夷陇右而静河西,俗阜年丰,远安迩辑,虽楚庄、秦穆何以加焉!既而逞志矜功,弗虞后患。委凉都于秃发,授朔方于赫连,专己生灾,边城继陷,距谏招祸,萧墙屡发,战无宁岁,人有危心。……翻崇诡说,加殊礼于桑门["沙门"的异译]!当有为之时,肆无为之业,丽衣腴食,殆将万数,析实谈空,靡然成俗。夫以汉朝殷广,犹鄙鸿都之费;况

---

① 《载记姚襄》载:弘农杨亮归襄,襄待以客礼。后奔桓温,温问襄于亮,亮曰:"神明器宇,孙策之俦,而雄武过之。"其见重如是。

乎伪境日侵，宁堪永贵之役！储用殚竭，山林有税，政荒威挫，职是之由，坐致沦胥，非天丧也。

　　元子[**姚泓字**]以庸懦之质，属倾扰之余，内难方殷，外御斯辍。王师杖顺，弭节而下长安；凶嗣失图，系组而降轵道。物极则反，抑斯之谓欤！

五胡乱华在冀幽（下）：
鲜卑后燕及鲜卑北燕

载记第二十三　慕容垂　摘录和评注

[鲜卑后燕创立者。他"天资英杰，威震本朝"，极受卓越的军事家和国务家、367年以前鲜卑前燕的主政辅臣慕容恪看重，慕容恪临终谆谆嘱咐自己死后要他主政，但量狭、昏庸和贪鄙的前燕主要显贵——太后可足浑氏和皇叔爷慕容评——嫉恨他，甚至要谋杀他，因此他被迫西投氐族前秦，而一年后(370)前燕即被前秦所灭。]

[他在前秦得苻坚重用，"所在征伐，皆在大功"，但他是个大有政治心机和抱负的流亡者，在群臣中非常例外地煽动苻坚倾力伐晋，而"坚之败于淮南也，垂军独全"。苻坚淝水惨败、国破土裂后，他迅即起兵反秦，称王立国。]

[不过，紧接着他在战略上出大错，用约两年时间对前秦残余苻丕作极为残酷但大抵徒劳无功的邺城围困拉锯战，而后才挥师幽州，击灭叛将余岩，大败高句丽。接着，他在"战略正轨"上"掎拔而倾山岳，腾啸而御风云"，先后攻灭在今河南的丁零族翟魏(392)和主要在今山西的规模更大的鲜卑西燕(394)，他的后燕"南至琅琊，东迄辽海，西届河汾，北暨燕代"。然而，这是克劳塞维茨式"胜利顶点"，他迅即遣大军攻伐先前的盟友、正在勃然崛起的鲜卑拓跋部北魏(395)，结果在今内蒙古中

部参合陂被战略战术奇才拓跋珪近乎全歼。他承受不起这样的沉重打击,吐血病笃身亡。]

[《晋书》大致未述他的国家治理方式,只显示他家强人济济,各自叱咤一方,严重内斗即发。毛泽东评论成吉思汗的诗句大概也适用于他:一代天骄,只识弯弓射大雕。]

[“少岐嶷有器度”,最得鲜卑前燕立国者、其父慕容皝宠惠;早早武功显赫,也早早被储君慕容俊嫌恶。]

慕容垂,字道明,皝之第五子也。少岐嶷有器度,身长七尺七寸,手垂过膝。皝甚宠之,常目而谓诸弟曰:“此儿阔达好奇,终能破人家,或能成人家。”故名霸,字道业,恩遇逾于世子俊,故俊不能平之。以灭宇文之功,封都乡侯。石季龙来伐,既还,犹有兼并之志,遣将邓恒率众数万屯于乐安,营攻取之备。垂戍徒河,与恒相持,恒惮而不敢侵。垂少好畋游,因猎坠马折齿,慕容俊僭即王位,改名缺,外以慕谰缺为名,内实恶而改之。寻以谶记之文,乃去“夬”,以“垂”为名焉。

[他既受慕容俊嫌恶,也受继位君主慕容暐之下主要显贵——太后可足浑氏和皇叔爷慕容评——嫉恨,遂在很可能丧命的危境中被迫西投氐族前秦。]

石季龙之死也,赵魏乱,垂谓俊曰:“时来易失,赴机在速,兼弱攻昧,今其时矣。”俊以新遭大丧,不许。慕舆根言于俊曰:“王子之言,千载一时,不可失也。”俊乃从之,以垂为前锋都督。……及俊僭称尊号,封垂吴王,徙镇信都,以侍中、右禁将军录留台事,大收东北之利。又为征南将军、荆兖二州牧,有声于梁楚之南。再为司隶,伪王公已下莫不累迹[犹累足,因畏惧而不敢正立;或指足踵相接,形容人群拥挤]。时慕容暐嗣伪位,慕容恪为太宰。恪甚重垂,常谓暐曰:“吴王将相之才十倍于臣,先帝以长幼之次,以臣先之,臣死之后,愿陛下委政吴王,可谓亲贤兼举。”①及败桓温

①《慕容暐载记》载:慕容恪有疾,深虑暐政不在己,慕容评性多猜忌,大司马之位不能允授人望,乃召暐兄乐安王臧谓之曰:“今劲秦跋扈,强吴未宾,二寇并怀进取,但患事之无由耳。夫安危在得人,国兴在贤辅,若能推才任忠,和同宗盟,则四海不足图,二房岂能为难哉! 吾以常才,受先帝(接下页)

于枋头,威名大振。慕容评深忌恶之,乃谋诛垂。垂惧祸及己,与世子全奔于苻坚。①

[他大得苻坚重用和信任,亦为苻坚效劳和立勋("永固受之而以礼,道明事之而毕力"),力助新主前秦灭故国前燕。]

自恪卒后,坚密有图晞之谋,惮垂威名而未发。及闻其至,坚大悦,郊迎执手,礼之甚重。坚相王猛恶垂雄略,劝坚杀之。坚不从,以为冠军将军,封宾都侯,食华阴之五百户。王猛伐洛,引全为参军。猛乃令人诡传垂语于全曰:"吾已东还,汝可为计也。"全信之,乃奔晞。猛表全叛状,垂惧而东奔,及蓝田,为追骑所获。坚引见东堂,慰勉之曰:"卿家国失和,委身投朕。贤子志不忘本,犹怀首丘。《书》不云乎:"父父子子,无相及也。"卿何为过惧而狼狈若斯也!"于是复垂爵位,恩待如初。

[效力前秦对他来说大概只是"鸿渐之始,龙变之初",他潜怀莫大抱负,当下韬光养晦:]及坚擒晞,垂随坚入邺,收集诸子,对之悲恸,见其故吏,有不悦之色[想起当年在前燕的窘迫而有不悦之色]。前郎中令高弼私于垂曰:"大王以命世之姿,遭无妄之运,迤遭[难行貌]栖伏,艰亦至矣。天启嘉会,灵命暂迁,此乃鸿渐之始,龙变之初,深愿仁慈有以慰之。且夫高世之略必怀遗俗之规,方当网漏吞舟,以弘苞养之义;收纳旧臣之胄,以成为山之功,奈何以一怒捐之?窃为大王不取。"垂深纳之。垂在坚朝,历位京兆尹,进封泉州侯,所在征伐,皆有大功。

[时机到来,而且是他参与促成的②:苻坚惨败淝水,前秦国破土裂,他遂起兵反

顾托之重,每欲扫平关陇,荡一瓯吴,庶嗣成先帝遗志,谢忧责于当年。而疾固弥留,恐此志不遂,所以没有余恨也。吴王天资英杰,经略超时,司马职统兵权,不可以失人,吾终之后,必以授之。……汝等虽才识明敏,然未堪多难,国家安危,实在于此,不可昧利忘忧,以致大悔也。"又以告评。月余而死[367],其国中皆痛惜之。

① 《慕容晞载记》载:"垂既有大功,威德弥振,慕容评素不平之。垂又言其将孙盖等摧锋陷锐,宜论功超授,评襄而不录。垂数以为言,颇与评廷争。可足浑氏素恶垂,毁其战功,遂与评谋杀垂。垂惧,奔于苻坚。"
② 《苻坚载记下》载:冠军慕容垂言于坚曰:"……司马昌明[东晋孝武帝司马曜字]因余烬之资,敢距王命,是而不诛,法将安措!孙氏跨僭江东,终并于晋,其势然也。臣闻小不敌大,弱不御强,况大秦之应符,陛下之圣武,强兵百万,韩、白[韩信、白起]盈朝,而令其偷魂假号,以贼房遗子孙哉!……陛下内断神谋足矣,不烦广访朝臣以乱圣虑。……"坚大悦,曰:"与吾定天下者,其惟卿耳。"赐帛五百匹。

秦,称王立国(383)。]

坚之败于淮南也,垂军独全,坚以千余骑奔垂。[他不愿对恩遇他的苻坚当面无情翻脸,但战略方向清清楚楚,即"关西之地,会非吾有,吾可端拱而定关东":]垂世子宝言于垂曰:"家国倾丧,皇纲废弛,至尊明命著之图箓,当隆中兴之业,建少康[姒少康,其伯祖夏王姒太康因后羿叛乱下失国,长大后逃至有虞氏任庖正,积极争取夏后氏遗民,最后攻灭寒浞,恢复夏王朝统治,史称少康中兴]之功。但时来之运未至,故韬光俟奋耳。今天厌乱德,凶众土崩,可谓乾启神机,授之于我。千载一时,今其会也,宜恭承皇天之意,因而取之。且夫立大功者不顾小节,行大仁者不念小惠。[但他不是个十足的马基雅维里主义者。]……愿不以意气微恩而忘社稷之重。……"垂曰:"汝言是也。然彼以赤心投命,若何害之!苟天所弃,图之多便。且纵令北还,更待其衅,既不负宿心,可以义取天下。"垂弟德进曰:"夫邻国相吞,有自来矣。秦强而并燕,秦弱而图之,此为报仇雪辱,岂所谓负宿心也!昔邓祁侯不纳三甥之言[《左传·庄公六年》:"楚文王伐申过邓。邓祁侯曰:'吾甥也。'止而享之。骓甥、聃甥、养甥请杀楚子,邓侯弗许曰:'人将不食吾余(别人会鄙视我)'"],终为楚所灭;吴王夫差违子胥之谏,取祸句践。前事之不忘,后事之师表也。愿……乘彼土崩,恭行天罚,斩逆氏,复宗祀,建中兴,继洪烈,天下大机,弗宜失也。……语曰:'当断不断,反受其乱。'愿兄无疑。"垂曰:"吾昔为太傅所不容,投身于秦主,又为王猛所谮,复见昭亮,国士之礼每深,报德之分未一。如使秦运必穷,历数归我者,授首之便,何虑无之。关西之地,会非吾有,自当有扰之者,吾可端拱而定关东。君子不怙乱,不为祸先,且可观之。"乃以兵属坚。……

[他请命至邺,举兵反秦,声明"吾本外假秦声,内规兴复"。]

坚至渑池,垂请至邺展拜陵墓,因张国威刑,以安戎狄。坚许之……遣其将李蛮、闵亮、尹国率众三千送垂……

时坚子丕先在邺,及垂至,丕馆之于邺西,垂具说淮南败状。会坚将苻晖告丁零翟斌[丁零部落首领之一]聚众谋逼洛阳,丕谓垂曰:"惟斌兄弟因王师小失,敢肆凶勃,子母之军,殆难为敌,非冠军英略,莫可以灭也。欲相烦一行可乎?"垂曰:"下官殿下之鹰犬,敢不惟命是听。"于是大赐金帛,一无所受,惟请旧田园。丕许之,配垂兵二千,遣其将苻飞龙率氐骑一千为垂之副。……

垂至河内,杀飞龙,悉诛氐兵,召募远近,众至三万,济河焚桥,令曰:"吾本外假秦声,内规兴复。乱法者军有常刑,奉命者赏不逾日,天下既定,封爵有差,不相负也。"

[他称王立国,紧接着他在战略上出大错,用约两年时间对苻丕作极为残酷但大抵徒劳的邺城围困拉锯战。]

……垂进欲袭据洛阳……垂至洛阳,(苻)晖闭门距守,不与垂通。……谋于众曰:"洛阳四面受敌,北阻大河,至于控驭燕赵,非形胜之便,不如北取邺都,据之而制天下。"众咸以为然。乃引师而东……

初,垂之发邺中,子农及兄子楷、绍,弟子宙,为苻丕所留。及诛飞龙,遣田生密告农等,使起兵赵、魏以相应。于是农、宙奔列人,楷、绍奔辟阳,众咸应之。农西招库辱官伟于上党,东引乞特归于东阿,各率众数万赴之,众至十余万。丕遣石越讨农,为农所败,斩越于陈。

[称王立国:]垂引兵至荥阳,以太元八年[383]自称大将军、大都督、燕王,承制行事,建元曰燕元。令称统府,府置四佐,王公已下称臣……众至二十余万,济自石门,长驱攻邺。农、楷、绍、宙等率众会垂。立子宝为燕王太子……

[发动对邺围攻战:]苻丕乃遣侍郎姜让谓垂曰:"往岁大驾失据,君保卫銮舆,勤王诚义,迈踪前烈。宜述修前规,终忠贞之节,奈何弃崇山之功,为此过举!过贵能改,先贤之嘉事也。深宜详思,悟犹未晚。"垂谓让曰:"孤受主上不世之恩,故欲安全长乐公[苻丕],使尽众赴京师,然后修复家国之业,与秦永为邻好。何故暗于机运,不以邺见归也?大义灭亲,况于意气之顾!公若迷而不返者,孤亦欲窃兵势耳。"

…… ……

垂攻拔邺郭,丕固守中城,垂堑而围之,分遣老弱于魏郡、肥乡,筑新兴城以置辎重,拥漳水以灌之。

[诛杀谋叛通敌的丁零翟斌:]翟斌潜讽丁零及西人,请斌为尚书令。垂访之群僚,其安东将军封衡厉色曰:"[异族之间也有严重的种族歧视:]马能千里,不免羁鞯,明畜生不可以人御也。斌戎狄小人,遭时际会,兄弟封王,自驩兜已来,未有此

福。忽履盈忘止，复有斯求，魂爽错乱，必死不出年也。"垂犹隐忍容之，令曰："翟王之功宜居上辅，但台既未建，此官不可便置。待六合廓清，更当议之。"斌怒，密应苻丕，潜使丁零决防溃水。事泄，垂诛之。斌兄子真率其部众北走邯郸，引兵向邺，欲与丕为内外之势，垂令其太子宝、冠军慕容隆击破之。真自邯郸北走，又使慕容楷率骑追之，战于下邑，为真所败，真遂屯于承营。垂谓诸将曰："苻丕穷寇，必守死不降。丁零叛扰，乃我腹心之患。吾欲迁师新城，开其逸路，进以谢秦主畴昔之恩，退以严击真之备。"[他在战略上的犹疑不定，引师去邺，复又攻邺:]于是引师去邺，北屯新城。慕容农进攻翟嵩于黄泥，破之。垂谓其范阳王德曰："苻丕吾纵之不能去，方引晋师规固邺都，不可置也。"进师又攻邺，开其西奔之路。

垂将有北都中山之意，农率众数万迎之。群僚闻慕容暐为苻坚所杀，劝垂僭位。垂以慕容冲称号关中，不许。

[他走上战略正轨，"撤邺围"，继而挥师幽州，击灭叛将余岩，大败高句丽；接着，先后攻灭丁零族翟魏(392)和规模更大的鲜卑西燕(394)。]

[败于东晋刘牢之救援军，"遂撤邺围":]晋龙骧将军刘牢之率众救苻丕，至邺，垂逆战，败绩，遂撤邺围，退屯新城。垂自新城北走，牢之追垂，连战皆败。又战于五桥泽[在今河北邢台市广宗县北]，王师败绩，德及隆引兵要之于五丈桥，牢之驰马跳五丈涧，会苻丕救至而免。

[翟斌侄孙、丁零翟辽奔黎阳立翟魏国:]翟真去承营，徙屯行唐，真司马鲜于乞杀真，尽诛翟氏，自立为赵王。营人攻杀乞，迎立真从弟成为主，真子辽奔黎阳[在今河南鹤壁市浚县东]。

[高句丽寇辽东，大有斩获:]高句丽寇辽东，垂平北慕容佐遣司马郝景率众救之，为高句丽所败，辽东、玄菟遂没。

[余岩叛，大有斩获:]建节将军余岩叛于武邑，驱掠四千余人，北走幽州。垂驰救其将平规曰："但固守勿战，比破丁零，吾当自讨之。"规违命距战，为岩所败。岩乘胜入蓟，掠千余户而去，所过寇暴，遂据令支[在今河北唐山市下属迁安市西]。

翟成[翟真堂弟]长史鲜于得斩成而降，垂入行唐，悉坑其众[丁零之众]。[他对异族和败敌残暴，而且以后还将一再表现。]

符丕弃邺城,奔于并州。

[击灭余岩,大败高句丽:]慕容农攻克令支,斩余岩兄弟。进伐高句骊,复辽东、玄菟二郡,还屯龙城。

[定都中山,自立为帝:]垂定都中山,群僚劝即尊号,具典仪,修郊燎之礼。垂从之,以太元十一年[386]僭即位。……立宝为太子。以其左长史库辱官伟、右长史段崇,龙骧张崇,中山尹封衡为吏部尚书,慕容德为侍中、都督中外诸军事、领司隶校尉,抚军慕容麟为卫大将军……

遣其征西慕容楷、卫军慕容麟、镇南慕容绍、征虏慕容宙等攻苻坚冀州牧苻定、镇东苻绍、幽州牧苻谟、镇北苻亮。楷与定等书,喻以祸福,定等悉降。

[灭翟魏:]垂留其太子宝守中山,率诸将南攻翟辽,以楷为前锋都督。辽之部众皆燕赵人也,咸曰:"太原王[慕容恪]之子,吾之父母。"相率归附。辽惧,遣使请降。垂至黎阳,辽肉袒谢罪,垂厚抚之。

为其太子宝起承华观,以宝录尚书政事,巨细皆委之,重总大纲而已。立其夫人段氏为皇后。又以宝领侍中、大单于、骠骑大将军、幽州牧。[操行不佳、柔而不断的皇储慕容宝权势剧增,他的事业衰败的潜在前兆!]……

清河太守贺耕聚众定陵以叛,南应翟辽,慕容农讨斩之,毁定陵城。进师入邺,以邺城广难固,筑凤阳门大道之东为隔城。[终于得到了一座已被苻丕放弃的邺城。]

…… ……

[击灭翟魏残余:]翟辽死,子钊代立,攻逼邺城,慕容农击走之。垂引师伐钊于滑台,次于黎阳津,钊于南岸距守,诸将恶其兵精,咸谏不宜济河。垂笑曰:"竖子何能为,吾今为卿等杀之。"遂徙营就西津,为牛皮船百余艘,载疑兵列杖,溯流而上。钊先以大众备黎阳,见垂向西津,乃弃营西距。垂潜遣其桂林王慕容镇、骠骑慕容国于黎阳津夜济,壁于河南。钊闻而奔还,士众疲渴,走归滑台,钊携妻子率数百骑北趣白鹿山。农追击,尽擒其众,钊单骑奔长子[今山西长治市长子县,西燕都城]。钊所统七郡户三万八千皆安堵如故。徙徐州流人七千余户于黎阳。

[发七万大军攻灭西燕:]于是议征长子。诸将咸谏,以慕容永未有衅,连岁征

役,士卒疲怠,请俟他年。垂将从之,及闻慕容德之策,笑曰:"吾计决矣。且吾投老[到老],扣囊底智[囊底智:口袋底下的智谋,指智谋很多],足以克之,不复留逆贼以累子孙也。"[他是军事大才,战略上分处置兵以疑敌,使之不知真正的"引力中心",战术上诱敌深入,落进四面围歼陷阱:]遣其丹阳王慕容瓒、龙骧张崇攻永弟支于晋阳。永遣其将刁云、慕容钟率众五万屯潞川。垂遣慕容楷出自滏口,慕容农入自壶关,垂顿于邺之西南,月余不进。永谓垂诡道伐之,乃摄诸军还杜太行轵关。垂进师入自天井关,至于壶壁[在今山西长治市壶关县]。永率精卒五万来距,阻河曲以自固,驰使请战。垂列阵于壶壁之南,农、楷分为二翼,慕容国伏千兵于深涧,与永大战。垂引军伪退,永追奔数里,国发伏兵驰断其后,楷、农夹击之,永师大败,斩首八千余级[!],永奔还长子。慕容瓒攻克晋阳。垂进围长子,永将贾韬潜为内应。垂进军入城,永奔北门,为前驱所获,于是数而戮之,并其所署公卿刁云等三十余人。[将西燕君主及公卿大臣一并屠灭!]永所统新旧八郡户七万六千八百及乘舆、服御、伎乐、珍宝悉获之,于是品物具矣。

[乘势略地今河南和山东,大有斩获:]使慕容农略地河南,攻廪丘、阳城,皆克之,太山、琅邪诸郡皆委城奔溃,农进师临海,置守宰而还。垂告捷于龙城之庙。

[呜呼!他到了克劳塞维茨式"胜利顶点",灭西燕后迅即遣大军攻伐正在勃然崛起的鲜卑拓跋部北魏,结果在参合陂近乎被全歼。]

遣其太子宝及农与慕容麟等率众八万伐魏,慕容德、慕容绍以步骑一万八千为宝后继。魏闻宝将至,徙往河西。[他倒霉,用无能的太子为大军统帅,用"纵骑游猎"玩忽职守的皇子为主将之一:]宝进师临河,惧不敢济。还次参合[今内蒙古乌兰察布市凉城东北岱海],忽有大风黑气,状若堤防,或高或下,临覆军上。沙门支昙猛言于宝曰:"风气暴迅,魏军将至之候,宜遣兵御之。"宝笑而不纳。昙猛固以为言,乃遣麟率骑三万为后殿,以御非常。麟以昙猛言为虚,纵骑游猎。俄而黄雾四塞,日月晦冥,是夜魏师大至,三军奔溃,宝与德等数千骑奔免,士众还者十一二,绍死之。……

[参合陂惨败后暴烈的情感——复仇心和惭愤感——支配他的一切,由此得一

小胜,继而赔上自己的性命。]

宝恨参合之败,屡言魏有可乘之机。慕容德亦曰:"魏人狃于参合之役,有陵太子之心,宜及圣略,摧其锐志。"垂从之,留德守中山,自率大众出参合,凿山开道,次于猎岭。遣宝与农出天门,征北慕容隆、征西慕容盛逾青山,袭魏陈留公泥于平城[今山西大同市东北],陷之,收其众三万余人而还。

垂至参合,见往年战处积骸如山,设吊祭之礼,死者父兄一时号哭,军中皆恸。垂惭愤欧血,因而寝疾,乘马舆而进。过平城北三十里,疾笃,筑燕昌城而还。宝等至云中,闻垂疾,皆引归。……垂至上谷之沮阳[今河北张家口市怀来县东南],以太元二十一年[396]死,时年七十一,凡在位十三年。遗令曰:"方今祸难尚殷,丧礼一从简易,朝终夕殡,事讫成服,三日之后,释服从政。强寇伺隙,秘勿发丧,至京然后举哀行服。"宝等遵行之。……

列传第六十六　列女列传段元妃传　摘录和评注

[鲜卑后燕皇后,人生观势利("不作凡人妻"),但政治观深远,且以国家公益为先,反对立一位"柔而不断"的皇子为皇储。结果,她得罪了皇帝、皇储和大贵族慕容麟,最终被逼自杀。然而,她基于犀利政治观察的政治预言之后完全应验。《晋书·列女传》内的一位例外人物,杰出的政治判断者和干预者,所载其事与儒家"女德"无关。]

慕容垂妻段氏,字元妃,伪右光禄大夫仪之女也。少而婉慧,有志操,常谓妹季妃曰[她的志操是势利的"不作凡人妻"]:"我终不作凡人妻。"委妃亦曰:"妹亦不为庸夫妇。"邻人闻而笑之。垂之称燕王,纳元妃为继室,遂有殊宠。伪范阳王德亦娉季妃焉。姊妹俱为垂、德之妻,卒如其志。垂既僭位,拜为皇后。

[然而她的政治观深远,且以国家公益为先,反对立先皇后子为皇储:]垂立其子宝[慕容垂发妻段皇后(成昭皇后)之子]为太子也,元妃谓垂曰:"太子姿质雍容,柔而不断,承平则为仁明之主,处难则非济世之雄,陛下托之以大业,妾未见克昌之

后燕:"扫燕夷魏,钊屠永灭";"萧墙内愤,勍敌外陵"　　　　　　683

美。辽西、高阳二王,陛下儿之贤者,宜择一以树之。赵王麟奸诈负气,常有轻太子之心,陛下一旦不讳,必有难作。此陛下之家事,宜深图之。"[她由此得罪了皇帝、太子和赵王麟:]垂不纳。宝及麟闻之,深以为恨。其后元妃又言之,垂曰:"汝欲使我为晋献公乎?"[晋献公宠信骊姬,疏远太子申生和重耳、夷吾等他姬所生贤子,死后国乱。]元妃泣而退,告季妃曰:"太子不令,群下所知,而主上比吾为骊戎之女,何其苦哉![她愤然发出的关于国运的政治预言:]主上百年之后,太子必亡社稷。范阳王有非常器度,若燕祚未终,其在王乎!"

[她被逼自杀:]垂死,宝嗣伪位,遣麟逼元妃曰:"后常谓主上不能嗣守大统,今竟何如?宜早自裁,以全段氏。"元妃怒曰:"汝兄弟尚逼杀母,安能保守社稷!吾岂惜死,念国灭不久耳。"遂自杀。宝议以元妃谋废嫡统,无母后之道,不宜成丧,群下咸以为然。伪中书令眭邃大言于朝曰:"子无废母之义……"宝从之。[但她基于犀利政治观察的政治预言完全应验:]其后麟果作乱,宝亦被杀,德后僭称尊号[400年正式成鲜卑南燕开国皇帝],终如元妃之言。

载记第二十四　慕容宝、慕容盛、慕容熙、慕容云　摘录和评注

[本篇记述鲜卑后燕第二至第四代(末代)君主慕容宝、慕容盛、慕容熙,连同高句丽支庶、慕容宝养子、北燕首代君主慕容云。作为慕容垂的子孙,政治素质和个人品性意义上的严重变异与复杂激烈不息的宫廷内斗构成他们之间的主题。"萧墙内愤,勍敌外陵",后燕灭亡遂成必然。]

[其中,唯有"韬光而夷仇贼"(即平岳父兰汗之乱)的慕容盛被房玄龄等赞为"翩翩然浊世之佳房矣"。最糟的是慕容熙,淫暴无比,恶迹累累,"孽贻身咎,灾无以逭(huàn,逃避)"。]

慕容宝:

[慕容垂错立的储君,因为他善佞人"以求美誉"。登基后,他不仅"法峻政严,上下离德,百姓思乱者十室而九",还将排斥他自己的庶长子、有勇有谋的慕容盛作

为始终不渝的主题。贸然举全国兵力迎战北魏拓跋珪大军,结果几乎被全歼。其间和其后,主要是皇家兄弟和父子间的内斗复杂激烈,反复不断。398年,侍卫官段速骨在前线掀起兵变,大外戚兰汗继而在都城发动政变,统军在外的他奔逃,最后落入兰汗的诱捕圈套而掉了脑袋。]

[简言之,他是无能的坏蛋,"虽毒不被物而恶足自剿"。]

[即使"砥砺自修"也无志操,好人佞己,亦善佞人,以致他父皇错将他立为储君。]

慕容宝,字道祐,垂之第四子也。少轻果无志操,好人佞己。符坚时为太子洗马、万年令。坚淮肥之役,以宝为陵江将军。及为太子,砥砺自修,敦崇儒学,工谈论,善属文,曲事垂左右小臣,以求美誉。垂之朝士翕然称之,垂亦以为克保家业,甚贤之。

[登基后,"法峻政严,上下离德,百姓思乱者十室而九焉"。他的宫廷发生首场内斗,即他在立嗣问题上,撇开慕容垂隔代指定的"多材艺,有雄略"的庶子慕容会,立"蠢弱不慧"的少子慕容策为储君。]

垂死,其年宝嗣伪位……以其太尉库辱官伟为太师、左光禄大夫,段崇为太保,其余拜授各有差。遵垂遗令,校阅户口,罢诸军营分属郡县,定士族旧籍,明其官仪,而法峻政严,上下离德,百姓思乱者十室而九焉。

[他宫廷内的首场内斗,主斗者是他本人,而首要协作者是后来被他一贯排斥的慕容盛:]初,垂以宝冢嗣未建,每忧之。宝庶子清河公会多材艺,有雄略,垂深奇之。及宝之北伐,使会代摄宫事,总录、礼遇一同太子,所以见定旨也。垂之伐魏,以龙城旧都,宗庙所在,复使会镇幽州,委以东北之重,高选僚属以崇威望。临死顾命,以会为宝嗣,而宝宠爱少子濮阳公策,意不在会。宝庶长子长乐公盛自以同生年长,耻会先之,乃盛称策宜为储贰,而非毁会焉。宝大悦,乃访其赵王麟、高阳王隆,麟等咸希旨赞成之。宝遂与麟等定计,立策母段氏为皇后,策为皇太子,盛、会进爵为王。策字道符,年十一,美姿貌,而蠢弱不慧。

［他贸然举全国兵力迎战北魏拓跋珪大军，结果几乎被全歼。］

魏伐并州，骠骑农逆战，败绩，还于晋阳，司马慕舆嵩闭门距之。农率骑数千奔归中山［慕容垂所立后燕都城，今河北保定市下属定州市王京镇］，行及潞川，为魏追军所及，余骑尽没，单马遁还。［面对北魏大举进攻，群臣议论虽纷纭不一，但都主张以弱拒强的审慎保守的"费边式"战略：］宝引群臣于东堂议之。中山尹苻谟曰："魏军强盛，千里转斗，乘胜而来，勇气兼倍，若逸骑平原，形势弥盛，殆难为敌，宜度险距之。"中书令眭邃曰："魏军多骑，师行剽锐，马上赍粮，不过旬日。宜令郡县聚千家为一堡，深沟高垒，清野待之。至无所掠，资食无出，不过六旬，自然穷退。"尚书封懿曰："今魏师十万，天下之勍敌［强敌］也。百姓虽欲营聚，不足自固，是则聚粮集兵以资强寇，且动众心，示之以弱，阻关距战，计之上也。"慕容麟曰："魏今乘胜气锐，其锋不可当，宜自完守设备，待其弊而乘之。"于是修城积粟，为持久之备。

魏攻中山不克，进据博陵鲁口［在今河北衡水市饶阳县西南］，诸将望风奔退，郡县悉降于魏，［他贸然举全国兵力迎战北魏大军，几乎被全歼：］宝闻魏有内难，乃尽众出距，步卒十二万，骑三万七千，次于曲阳柏肆［坞壁，在今河北保定市曲阳县］。魏军进至新梁。宝惮魏师之锐，乃遣征北隆夜袭魏军，败绩而还。魏军方轨而至，对营相持，上下凶惧，三军夺气。农、麟劝宝还中山，乃引归。魏军追击之，宝、农等弃大军，率骑二万奔还。时大风雪，冻死者相枕于道。宝恐为魏军所及，命去袍杖戎器，寸刃无返。

［此次战争期间和其后，皇家兄弟和父子间内斗复杂激烈，反复不断。］

［慕容皓取其性命和立其弟为帝的接连两番阴谋未遂：］魏军进攻中山，屯于芳林园。其夜尚书慕容皓谋杀宝，立慕容麟［慕容宝之弟］。皓妻兄苏泥告之，宝使慕容隆收皓，皓与同谋数十人斩关奔魏。麟惧不自安，以兵劫左卫将军、北地王精，谋率禁旅弑宝。精以义距之，麟怒，杀精，出奔丁零。

［他要剥夺已被他排斥而不得为皇储的庶子慕容会的大藩镇权力：］初，宝闻魏之来伐也，使慕容会率幽、并之众赴中山，麟既叛，宝恐其逆夺会军，将遣兵迎之。……宝与其太子策及农、隆等万余骑迎会于蓟，以开封公慕容详守中山。会……步骑二万，列阵而进，迎宝蓟南。宝分其兵给农、隆……会以策为太子，有恨

色。宝以告农、隆，俱曰："会一年少，专任方事，习骄所致，岂有他也。臣当以礼责之。"幽平之士皆怀会威德，不乐去之，咸请曰："清河王天资神武，权略过人，臣等与之誓同生死，感王恩泽，皆勇气自倍。愿陛下与皇太子、诸王止驾蓟宫，使王统臣等进解京师之围，然后奉迎车驾。"宝左右皆害其勇略，谮而不许，众咸有怨言。[他差点儿杀害慕容会：]左右劝宝杀会……宝谓农、隆曰："观会为变，事当必然，宜早杀之。不尔，恐成大祸。"农曰："寇贼内侮，中州纷乱，会镇抚旧都，安众宁境，及京师有难，万里星赴，威名之重，可以振服戎狄。又逆迹未彰，宜且隐忍。今社稷之危若缀旒然，复内相诛戮，有损威望。"宝曰："会逆心已成，而王等仁慈，不欲去之，恐一旦衅发，必先害诸父，然后及吾。事败之后，当思朕言。"农等固谏，乃止。[慕容会在恐惧之中发动叛乱，他逃奔旧都龙城，继而突袭围城的慕容会，击溃之：]会闻之弥惧，奔于广都黄榆谷。会遣仇尼归等率壮士二千余人分袭农、隆，隆是夜见杀，农中重创。既而会归于宝，宝意在诛会，诱而安之，潜使左卫慕舆腾斩会，不能伤。会复奔其众，于是勒兵攻宝。宝率数百骑驰如龙城[今辽宁朝阳市]，会率众追之，遣使请诛左右佞臣，并求太子，宝弗许。会围龙城，侍御郎高云夜率敢死士百余人袭会，败之，众悉逃散，单马奔还中山，乃逾围而入，为慕容详所杀。

[宗室公爵慕容详在都城自立为帝，杀戮无度，被原先欲弑君篡位未遂而逃奔丁零的慕容麟攻杀：]详僭称尊号，置百官，改年号。荒酒奢淫，杀戮无度，诛其王公以下五百余人，内外震局，莫敢忤视。城中大饥，公卿饿死者数十人。麟率丁零之众入中山，斩详及其亲党三百余人，[慕容麟自立为帝，败于北魏，后者占据后燕都城：]复僭称尊号。中山饥甚，麟出据新市[今河北石家庄市正定县新城铺]，与魏师战于义台，麟军败绩。魏师遂入中山，麟乃奔邺。

[末日：他不顾慕容盛切谏，率大军从龙城南伐，不料侍卫官段速骨等率众兵变，大军崩溃；外戚兰汗继而在龙城发动政变，奔逃的他落入兰汗的诱捕圈套而掉了脑袋。]

慕容德遣侍郎李延劝宝南伐，宝大悦，慕容盛切谏，以为兵疲师老，魏新平中原，宜养兵观衅，更俟他年。宝将从之。抚军慕舆腾进曰："今众旅已集，宜乘新定之机以成进取之功。人可使由之，而难与图始，惟当独决圣虑，不足广采异同，以沮乱军议也。"宝曰："吾计决矣，敢谏者斩！"宝发龙城，以慕舆腾为前军大司马，慕容农为中军，宝为后军，步骑三万，次于乙连。[段速骨等兵变，大军崩溃：]长上[后燕官职名，为皇帝及诸王的侍卫]段速骨、宋赤眉因众军之惮役也，杀司空、乐浪王宙，逼立高阳王崇。宝单骑奔农，仍引军讨速骨。众咸惮征幸乱，投杖奔之。腾众亦溃，宝、农驰还龙城。[兰汗政变：]兰汗潜与速骨通谋，速骨进师攻城，农为兰汗所谲，潜出赴贼，为速骨所杀。众皆奔散，宝与慕容盛、慕舆腾等南奔。[他被兰汗诱捕，丧命：]兰汗奉太子策承制，遣使迎宝，及于蓟城。宝欲还北，盛等咸以汗之忠款虚实未明，今单马而还，汗有贰志者，悔之无及。宝从之，乃自蓟而南。至黎阳，闻慕容德称制，惧而退。遣慕舆腾招集散兵于钜鹿，慕容盛结豪桀于冀州，段仪、段温收部曲于内黄，众皆响会，克期将集。会兰汗遣左将军苏超迎宝，宝以汗垂之季舅，盛又汗之婿也，必谓忠款无贰，乃还至龙城。汗引宝入于外邸，弑之，时年四十四，在位三年，即隆安三年[399]也。汗又杀其太子策及王公卿士百余人。汗自称大都督、大将军、大单于、昌黎王。盛僭位[凭借他岳父兰汗彻底的先期清洗，一贯被他排斥但忠诚不贰的慕容盛终于登上皇位。]……

…… ……

慕容盛：

["翩翩然浊世之佳虏矣"。鲜卑后燕第三代君主，先前作为智勇双全的庶长子一贯遭其父慕容宝排斥，凭借其岳父兰汗的政变、弑君和清洗，他才占有皇位，而且还是在兰汗篡位之后。他的政治谋略和内斗本领在剪灭兰汗兄弟一事上表现得淋漓尽致：韬光养晦，分而治之，暗发讨伐，骤然扑杀。]

[398 年称帝后，他在远东北方向的征掠上颇有斩获，即伐高句丽，克二城，讨鲜卑库莫奚，"大虏获而还"。然而，他的根本政治和个性弊端最终暴露出来："骄暴少亲，多所猜忌"，刑罚残忍，结果很快引发军中大乱(401)，而他平乱时重伤身亡。]

[慕容宝庶长子，"少沈敏，多谋略"，且"骁勇刚毅"，经大乱中颠沛流离投奔慕容垂，大得其喜爱。]

盛字道运，宝之庶长子也。少沈敏，多谋略。符坚诛慕容氏，盛潜奔于冲[后成鲜卑西燕第二代君主]。及冲称尊号,有自得之志,赏罚不均,政令不明。盛年十二,谓叔父柔曰:"今中山王智不先众,才不出下,恩未施人,先自骄大,以盛观之,鲜不覆败。"俄而冲为段木延所杀,盛随慕容永[后成西燕君主]东如长子,谓柔曰:"今崎岖于锋刃之间,在疑忌之际,愚则为人所猜,智则危甚巢幕,当如鸿鹄高飞,一举万里,不可坐待罟[gǔ,渔网]网也。"于是与柔及弟会间行东归于慕容垂。……岁余,永诛俊、垂之子孙,男女无遗。盛既至,垂问以西事,画地成图。垂笑曰:"昔魏武抚明帝之首,遂乃侯之,祖之爱孙,有自来矣。"于是封长乐公。骁勇刚毅,有伯父全之风烈。

[在慕容宝之下忠诚不贰,"屡进奇策于宝",但都徒劳。慕容宝被弑后,即下剪灭岳父兰汗集团决心;接着,他的政治谋略和内斗本领表现得淋漓尽致。]

宝即伪位,进爵为王。宝自龙城南伐,盛留统后事,及段速骨作乱,驰出迎卫。宝几为速骨所获,赖盛以免。盛屡进奇策于宝,宝不能从,是以屡败。宝既如龙城,盛留在后。宝为兰汗所杀,盛驰进赴哀,将军张真固谏以为不可,盛曰:"我今投命,告以哀穷。汗性愚近,必顾念婚姻,不忍害我。旬月之间,足展吾志。"遂人赴丧。汗妻乙氏泣涕请盛,汗亦哀之,遣其子穆迎盛,舍之宫内,亲敬如旧。汗兄提、弟难劝汗杀盛,汗不从。慕容奇,汗之外孙也,汗亦宥之。奇入见盛,遂相与谋。[暗发讨伐:]盛遣奇起兵于外,众至数千。汗遣兰提讨奇。提骄很淫荒,事汗无礼,[分而治之:]盛因间之于汗曰:"奇,小儿也,未能办此,必内有应之者。提素骄,不可委以大众。"汗因发怒,收提诛之,遣其抚军仇尼慕率众讨奇。汗兄弟见提之诛,莫不危惧,皆阻兵背汗,袭败慕军。汗大惧,遣其子穆率众讨之。[韬光养晦,旨在战略欺骗:]穆谓汗曰:"慕容盛,我之仇也。奇今起逆,盛必应之。兼内有萧墙之难,不宜养心腹之疾。"汗将诛盛,引见察之。盛妻以告,于是伪称疾笃,不复出入,汗乃止。[秘密组织政变力量:]有李旱、卫双、刘志、张豪、张真者,皆盛之旧昵,兰穆引为腹心。旱等屡入见盛,潜结大谋。[骤然扑杀:]会穆讨兰难等斩之,大飨将士,汗、穆皆醉。盛夜因如厕,袒而逾墙,入于东宫,与李旱等诛穆,众皆踊呼,进攻汗,斩之。汗二子鲁公和、陈公杨分屯令支、白狼,遣李旱、张真袭诛之。[他成为后燕君主,大得人心:]于是内外怗然[服帖,安宁],士女咸悦,盛谦挹自卑,不称尊号。其年,以长乐王称制……诸王降爵为公,文武各复旧位。

[称帝前后两番击灭反叛者,其中包括前军政盟友:]初,慕容奇聚众于建安,将讨兰汗,百姓翕然从之。汗遣兄子全讨奇,奇击灭之,进屯乙连。盛既诛汗,命奇罢兵,奇遂与丁零严生、乌丸王龙之阻兵叛盛,引军至横沟,去龙城十里。盛出兵击败之,执奇而还,斩龙、生等百余人。盛于是僭即尊位……盛幽州刺史慕容豪、尚书左仆射张通、昌黎尹张顺谋叛,盛皆诛之。……有犯罪者,十日一自决之,无挝捶之罚,而狱情多实。[此时,他还不像他后来那样"骄暴少亲",刑罚残忍。]

…… ……

[大有战略计谋地击灭有威望而后通敌反叛的辽西太守:]

辽西太守李朗在郡十年,威制境内,盛疑之,累征不赴。以母在龙城,未敢显叛,乃阴引魏军,将为自安之计,因表请发兵以距寇。盛曰:"此必诈也。"召其使而诘之,果验,尽灭其族,遣辅国将军李旱率骑讨之。师次建安,召旱旋师。朗闻其家被诛也,拥三千余户以自固。及闻旱中路而还,谓有内变,不复为备,留其子养守令支[在今河北唐山市下属迁安市],躬迎魏师于北平。旱候知之,袭克令支,遣广威孟广平率骑追朗,及于无终[今天津市蓟州区],斩之。初,盛之追旱还也,群臣莫知其故。旱既斩朗,盛谓群臣曰:"前以追旱还者,正为此耳。朗新为叛逆,必忌官威,一则鸠合同类,劫掠良善,二则亡窜山泽,未可卒平,故非意而还,以盈怠其志,卒然掩之,必克之理也。"群臣皆曰:"非所及也。"

李旱自辽西还,闻盛杀其将卫双,惧,弃军奔走。既而归罪,复其爵位。盛谓侍中孙勍曰:"旱总三军之任,荷专征之重,不能杖节死绥,无故逃亡,考之军正,不赦之罪也。然当先帝之避难,众情离贰,骨肉忘其亲,股肱失忠节,旱以刑余之体,效力尽命,忠款之至,精贯白日。朕故录其忘身之功,免其丘山之罪耳。"[这时,他还不像他后来那样"骄暴少亲",刑罚残忍。]

[他在远东北方向的征掠上颇有斩获,即伐高句丽,克二城,讨鲜卑库莫奚,"大虏获而还";然而,他的根本政治和个性弊端最终暴露出来,即"骄暴少亲,多所猜忌",刑罚残忍,结果引发军中大乱,而他平乱时重伤身亡。]

盛去皇帝之号,称庶人大王。

…… ……

盛率众三万伐高句丽,袭其新城[在今辽宁抚顺市顺城区]、南苏[今辽宁铁岭市铁岭县东南催阵堡山城],皆克之,散其积聚,徙其五千余户于辽西。

盛引见百辽于东堂……立其子辽西公定为太子……宴其群臣于新昌殿,盛曰:"诸卿各言其志,朕将览之。"七兵尚书丁信年十五,盛之舅子也,进曰:"在上不骄,高而不危,臣之愿也。"盛笑曰:"丁尚书年少,安得长者之言乎!"盛以威严驭下,骄暴少亲,多所猜忌,故信言及之。

盛讨库莫奚[鲜卑语音译,为今蒙古语"沙粒""沙漠"之意,该族当因其境内多沙漠而得名,有人认为今鄂温克族、鄂伦春族与其有渊源],大虏获而还。[先发制人杜绝禁军叛乱,但为此诛杀太多,导致军心大乱,再生叛乱,令他命归黄泉:]左将军慕容国与殿中将军秦舆、段赞等谋率禁兵袭盛,事觉,诛之,死者五百余人。前将军、思悔侯段玑、舆子兴、赞子泰等,因众心动摇,夜于禁中鼓躁大呼。盛闻变,率左右出战,众皆披溃。俄而有一贼从暗中击伤盛,遂辇升前殿,申约禁卫,召叔父河间公熙属以后事。熙未至而盛死,时年二十九,在位三年。……

[房玄龄等在篇末终评之外禁不住要在此精彩地评论他一番,特别是洞察他为何"峻机威刑",过分地防祸于未兆(误读历史教训):]盛幼而羁贱流漂,长则遭家多难,夷险安危,备尝之矣。惩宝暗而不断,遂峻机威刑,纤芥之嫌,莫不裁之于未萌,防之于未兆。于是上下振局,人不自安,虽忠诚亲戚亦皆离贰,旧臣靡不夷灭,安忍无亲,所以卒于不免。是岁隆安五年[401]也。[此乃《晋书》内特别好的作者评论之一。]

慕容熙:

[后燕末代君主,他表明政治素质和个人品性上的代际变异可以达到何等剧烈的程度。他淫暴无比,恶迹累累,甚于禽兽,最后逼得禁军将领在407年结盟造反,而他败逃被擒被弑,后燕遂灭。]

[顺便说,他登基前作战"勇冠诸将",其后七年仅有一项武功,即"北袭契丹,大破之"。]

［慕容垂少子，慕容盛叔父，逃过段速骨/兰汗变乱，在慕容盛治下任首席将领，"勇冠诸将"。］

熙字道文，垂之少子也。初封河间王。段速骨之难，诸王多被其害，熙素为高阳王崇所亲爱，故得免焉。兰汗之篡也，以熙为辽东公，备宗祀之义。盛初即位，降爵为公，拜都督中外诸军事、骠骑大将军、尚书左仆射，领中领军。从征高句丽、契丹，皆勇冠诸将。盛曰："叔父雄果英壮，有世祖［慕容垂］之风，但弘略不如耳。"

［中国史上最怪异的皇位继承之一：慕容盛逝后，太后丁氏极端偏心于他——丁氏的小叔子和私通情人，遂排除众望所归的慕容元，废黜太子慕容定，迎他登上皇位，而后立即残忍消灭慕容元等人。］

及盛死，其太后丁氏以国多难，宜立长君。群望皆在平原公元，而丁氏意在于熙，遂废太子定，迎熙入宫。群臣劝进，熙以让元，元固以让熙，熙遂僭即尊位。诛其大臣段玑、秦兴等，并夷三族。元以嫌疑赐死。元字道光，宝之第四子也。……

［转而宠爱苻氏姊妹，逼令大为吃醋和图谋废帝的丁氏自杀；为苻氏也为自己奢淫无所不用其极，民众士卒惨苦不堪，死亡无数。］

初，熙烝于丁氏，故为所立。及宠幸苻贵人［苻娀娥、苻训英］，丁氏怨恚呪诅，与兄子七兵尚书信谋废熙。熙闻之，大怒，逼丁氏令自杀，葬以后礼，诛丁信。

熙狩于北原，石城令高和杀司隶校尉张显，闭门距熙。熙率骑驰返，和众皆投杖，熙入诛之。……

大筑龙腾苑，广袤十余里，役徒二万人。起景云山于苑内，基广五百步，峰高十七丈。又起逍遥宫、甘露殿，连房数百，观阁相交。凿天河渠，引水入宫。又为其昭仪苻氏凿曲光海、清凉池。季夏盛暑，士卒不得休息，暍［yē，中暑］死者太半。……

立其贵嫔苻氏［苻训英］为皇后……

熙北袭契丹，大破之。

昭仪苻氏［苻娀娥］死……［犹如妲己商纣，后妃无度，君主必从，至于极端，兵民罹难：］二苻并美而艳，好微行游宴，熙弗之禁也。请谒必从，刑赏大政无不由之。

初，昭仪有疾，龙城人王温称能疗之，未几而卒，熙忿其妄也，立于公车门支解温而焚之[残暴甚于恶兽]。其后好游田，熙从之，北登白鹿山，东过青岭，南临沧海，百姓苦之，士卒为豺狼所害及冻死者五千余人矣。会高句丽寇燕郡，杀略百余人。熙伐高句丽，以苻氏从，为冲车地道以攻辽东。熙曰："待刬[chàn，削，平]平寇城，朕当与后乘辇而入，不听将士先登。"于是城内严备，攻之不能下。会大雨雪，士卒多死，乃引归。

拟邺之凤阳门，作弘光门，累级三层。

[后妃无度，君主必从，至于极端，兵民罹难：]熙与苻氏袭契丹，惮其众盛，将还，苻氏弗听，遂弃辎重，轻袭高句丽，周行三千余里，士马疲冻，死者属路。攻木底城[在今辽宁抚顺市新宾满族自治县西40里苏子河北岸木奇镇；有说在吉林四平市伊通县，或说在朝鲜平安南道价川郡]，不克而还。

尽杀宝诸子[残暴甚于恶兽]……

[为苻氏奢淫无所不用其极，无所不至其暴：]为苻氏起承华殿，高承光一倍，负土于北门，土与谷同价。典军杜静载棺诣阙，上书极谏。熙大怒，斩之。苻氏尝季夏思冻鱼脍，仲冬须生地黄[多年生直立草本，喜温和气候及阳光充足之地，有养血滋阴作用]，皆下有司切责，不得，加以大辟，其虐也如此。苻氏死，熙悲号躃踊，若丧考妣，拥其尸而抚之曰："体已就冷，命遂断矣！"于是僵仆气绝，久而乃苏。大敛既讫，复启其棺而与交接[病态无比，嗜淫无比！]。服斩缞，食粥。制百僚于宫内哭临，令沙门素服。使有司案检哭者，有泪以为忠孝，无则罪之，于是群臣震惧，莫不含辛以为泪焉。慕容隆妻张氏，熙之嫂也，美姿容，有巧思。熙将以为苻氏之殉，欲以罪杀之，乃毁其襚[祭祀名]鞾，中有弊毡，遂赐死。[残暴甚于恶兽。]三女叩头求哀，熙不许。制公卿已下至于百姓，率户营墓，费殚府藏。下锢三泉，周输数里，内则图画尚书八坐之象。熙曰："善为之，朕将随后入此陵。"……号苻氏墓曰征平陵。熙被发徒跣，步从苻氏丧。……

[暴君末日：以其政虐，他逼得禁军将领结盟造反，而他败逃被擒被弑，后燕遂灭。]

中卫将军冯跋、左卫将军张兴，先皆坐事亡奔，以熙政之虐也，与跋从兄万泥等二十二人结盟,推慕容云为主,发尚方徒五千余人闭门距守。中黄门赵洛生奔告之,熙曰:"此鼠盗耳,朕还当诛之。"乃收发贯甲,驰还赴难。夜至龙城,攻北门不克,遂败,走入龙腾宛,微服隐于林中,为人所执,云得而弑之,及其诸子同殡城北。时年二十三,在位六年。……

垂以孝武帝太元八年[383]僭立,至熙四世,凡二十四年,以安帝义熙三年[407]灭。……

慕容云:

[消灭慕容熙的禁军造反的盟主,北燕国家首代君主。然而,他登上政变舞台出自造反中心人物冯跋的推逼,在位约两年后便因可能是冯跋策动的禁军政变而丧命。我们不由地想起塔西佗笔下主宰帝国的罗马禁军。]

[出自高句丽支庶,慕容宝养子,小智若愚,得冯跋赏识。]

慕容云,字子雨,宝之养子也。祖父和,高句丽之支庶,自云高阳氏之苗裔,故以高为氏焉。云沈深有局量,厚重希言,时人咸以为愚,唯冯跋奇其志度而友之。宝之为太子,云以武艺给事侍东宫,拜侍御郎,袭败慕容会军。[前载慕容会叛乱围攻龙城时,"侍御郎高云夜率敢死士百余人袭会,败之,众悉逃散"。]宝子之[将其作为养子],赐姓慕容氏,封夕阳公。

[被主谋剪灭慕容熙的冯跋推逼登台,成为北燕的傀儡君主,如后所述"常内怀惧"。]

熙之葬苻氏也,冯跋诣云,告之以谋。云惧曰:"吾婴疾历年,卿等所知,愿更图之。"跋逼曰:"慕容氏世衰,河间虐暴,惑妖淫之女而逆乱天常,百姓不堪其害,思乱者十室九焉,此天亡之时也。公自高氏名家,何能为他养子!机运难邀,千岁一时,公焉得辞也!"扶之而出。云曰:"吾疾苦日久,废绝世务。卿今兴建大事,谬见推逼。所以徘徊,非为身也,实惟否德不足以济元元故耳。"跋等强之,云遂即天王位,复姓高氏……国号大燕。署冯跋侍中、都督中外诸军事、征北大将军、开府仪同三司、录尚书事、武邑公……立妻李氏为天王后,子彭为太子。越骑校尉慕舆良谋叛,云诛之。

［连做傀儡也被觉得碍事，结果他因可能是冯跋策动的禁军政变而丧命：］

云临东堂，幸臣离班、桃仁怀剑执纸而入，称有所启，拔剑击云，云以几距班，桃仁进而弑之。冯跋迁云尸于东宫……云自以无功德而为豪桀所推，常内怀惧，故宠养壮士以为腹心。离班、桃仁等并专典禁卫，委之以爪牙之任，赏赐月至数千万，衣食卧起皆与之同，终以此致败云。

［房玄龄等对后燕四代君主的终评，其中一切我们都已经深为领略；在此只需再度强调，"萧墙内愤，勍敌外陵"八字适用于慕容垂之后各代。］

史臣曰：……慕容垂天资英杰，威震本朝，以雄略见猜而庇身宽政，永固［符坚字］受之而以礼，道明事之而毕力。然而隼质难羁，狼心自野。淮南失律，三甥之谋［《左传·庄公六年》："楚文王伐申过邓。邓祁侯曰：'吾甥也。'止而享之。骓甥、聃甥、养甥请杀楚子"］已构……斩飞龙而遄举，逾石门而长迈，遂使翟氏景从［指前载慕容垂击灭翟魏残余翟钊］，邺师宵逸，收罗赵魏，驱驾英雄。叩囊余奇［前载慕容垂发大军以灭西燕前夕，"诸将咸谏"，慕容垂却"笑曰：'吾计决矣。且吾投老（到老），扣囊底智，足以克之，不复留逆贼以累子孙也。'"］，摧五万于河曲；浮船秘策，招七郡于黎阳。返辽阴之旧物，创中山之新社［定新都中山，称帝］，类帝禋宗，僭拟斯备。……掎拔而倾山岳，腾啸而御风云！……

宝以浮誉获升，峻文御俗，萧墙内愤，勍敌外陵，虽毒不被物而恶足自剿。盛则孝友冥符，文武不坠，韬光而夷仇贼，罪己而逊高危，翩翩然浊世之佳虏矣。熙……举因淫德。骊戎之态，取悦于匡床［安稳舒适的床］；玄妻之姿，见奇于鬒发［稠密的黑发］。荡轻舟于曲光之海［前载"为其昭仪符氏凿曲光海、清凉池"］，望朝涉于景云之山［前载"大筑龙腾苑……起景云山于苑内"］，饰土木于骄心，穷怨嗟于蕞壤，宗祀夷灭，为冯氏之驱除焉。

赞曰：戎狄凭陵，山川沸腾。天未悔祸，人非与能。疾走而捷，先鸣则兴。道明烈烈，鞭笞豪杰。扫燕夷魏，钊屠永灭。大盗潜移，鸿名遂窃。宝心生乱，盛清家难。熙极骄淫，人怀愤惋。孽贻身咎，灾无以逭。

载记第二十五 冯跋、冯素弗 摘录和评注

冯跋：

[汉人，或至多部分鲜卑化的汉人，北燕国家的创始者和第二代君主。他简直是个典型的经典儒家统治者，与差不多所有"五胡"国家君主截然有别：为严格有限的政治目标——乱世之中北燕偏安——经久审慎操劳，在内劝课农桑，省徭薄赋，整顿朝政，肃清吏治，设立太学，重视教育，对外忌用兵戈，努力与柔然、契丹及东晋交好。他的成就非同小可："抚育黎萌，保守疆宇，发号施令，二十余年。"]

[然而，他的关键缺陷大致是"信惑妖祀，斥黜谏臣"，导致他病危时因立储问题而祸起萧墙，小弟冯弘遂发动政变篡位。据北魏崔鸿《十六国春秋》等其他史籍记述，这位古希腊意义上的tyrant（僭君兼暴君）尽杀太子冯翼及其诸弟百余人，搞得众叛亲离，北燕国力剧衰，最终在436年灭于北魏拓跋焘。]

[性情"恭慎"，"懿重少言，宽仁有大度"，任后燕禁军将领，在被极恶暴君慕容熙诛杀的恐惧和"赋役繁数，人不堪命"的形势下发动禁军造反，杀慕容熙，立傀儡

高云(慕容云),创立北燕。]

冯跋,字文起,长乐信都[在今河北衡水市冀州区]人也,小字乞直伐……永嘉之乱,跋祖父和避地上党。父安,雄武有器量,慕容永时为将军。永灭,跋东徙和龙[即龙城,鲜卑后燕都城,在今辽宁朝阳市],家于长谷。幼而懿重少言,宽仁有大度,饮酒一石不乱。三弟皆任侠,不修行业,惟跋恭慎,勤于家产,父母器之。……及慕容宝僭号,署中卫将军。

初,跋弟素弗与从兄万泥[冯跋从弟]及诸少年游于水滨,有一金龙浮水而下,素弗谓万泥曰:"颇有见否?"万泥等皆曰:"无所见也。"乃取龙而示之,咸以为非常之瑞。慕容熙闻而求焉,素弗秘之,熙怒。及即伪位,密欲诛跋兄弟。其后跋又犯熙禁,惧祸,乃与其诸弟逃于山泽。……时赋役繁数,人不堪命,跋兄弟谋曰:"熙今昏虐,兼忌吾兄弟,既还首无路,不可坐受诛灭。当及时而起,立公侯之业。事若不成,死其晚乎!"遂与万泥等二十二人结谋。跋与二弟乘车,使妇人御,潜入龙城,匿于北部司马孙护之室。遂杀熙,立高云为主。云署跋为使持节、侍中、都督中外诸军事、征北大将军、开府仪同三司、录尚书事、武邑公。

[他觉得傀儡碍事,因而可能出于他的策动在立国初年傀儡皇帝死于禁军再次政变;他迅即剪除弑君者,自立为天王。]

跋宴群僚,忽有血流其左臂,跋恶之。从事中郎王垂因说符命之应,跋戒其勿言。云为其幸臣离班、桃仁所杀,跋升洪光门以观变。帐下督张泰、李桑谓跋曰:"此竖势何所至!请为公斩之。"于是奋剑而下,桑斩班于西门,泰杀仁于庭中。众推跋为主,跋曰:"范阳公素弗才略不恒,志于靖乱,扫清凶桀,皆公勋也。"素弗辞曰:"臣闻父兄之有天下,传之于子弟,未闻子弟藉父兄之业而先之。今……业系大兄。愿上顺皇天之命,下副元元之心。"群臣固请,乃许之,于是以太元二十年[应为义熙五年,409]乃僭称天王于昌黎,而不徙旧号,即国曰燕……立妻孙氏为王后,子永为太子。署弟素弗为侍中、车骑大将军、录尚书事,弘为侍中、征东大将军、尚书右仆射、汲郡公,从兄万泥为骠骑大将军、幽平二州牧……

…… ……

北燕:"抚育黎萌,保守疆宇,发号施令,二十余年"

[武力整顿朝政,即击灭宗室、开国功臣和大外藩冯万泥冯乳陈叛乱。]

初,跋之立也,万泥、乳陈[冯跋从兄子]自以亲而有大功,谓当入为公辅,跋以二藩任重,因而弗征,并有憾焉。乳陈性粗犷,勇气过人,密遣告万泥曰:"乳陈有至谋,顾与叔父围之。"万泥遂奔白狼[白狼城,在今辽宁葫芦岛市建昌县],阻兵以叛。跋遣冯弘与将军张兴将步骑二万讨之。……万泥欲降,乳陈按剑怒曰:"大丈夫死生有命,决之于今,何谓降也。"遂克期出战。兴谓弘曰:"贼明日出战,今夜必来惊我营,宜命三军以备不虞。"弘乃密严人课草十束,畜火伏兵以待之。是夜,乳陈果遣壮士千余人来斫营。众火俱起,伏兵邀击,俘斩无遗。乳陈等惧而出降,弘皆斩之。

署素弗为大司马,改封辽西公,冯弘为骠骑大将军,改封中山公。

[他优良的经典儒家治国方式:省徭薄赋,劝课农桑;打击贪贿,肃清吏治;设立太学,重视教育;怀柔外族,以保疆宁。]

[省徭薄赋,打击贪贿,肃清吏治:]跋下书曰:"自顷多故,事难相寻,赋役系苦,百姓困穷。宜加宽宥,务从简易,前朝苛政,皆悉除之。守宰当垂仁惠,无得侵害百姓,兰台都官明加澄察。"初,慕容熙之败也,工人李训窃宝而逃,赀至巨万,行货于冯弗勤[辽西公],弗勤以训为方略令。既而失志之士书之于阙下碑,冯素弗言之于跋,请免弗勤官,仍推罪之。跋曰:"大臣无忠清之节,货财公行于朝,虽由吾不明所致,弗勤宜肆诸市朝,以正刑宪。但大业草创,彝伦未叙,弗勤拔自寒微,未有君子之志,其特原之。李训小人,污辱朝士,可东市考竟。"于是上下肃然,请赇路绝。

[怀柔外族,以保疆宁:]蠕蠕[即柔然,原属拓跋鲜卑部落联盟]勇斛律遣使求跋女伪乐浪公主,献马三千匹,跋命其群下议之。素弗等议曰:"前代旧事,皆以宗女妻六夷,宜许以妃嫔之女,乐浪公主不宜下降非类。"跋曰:"女生从夫,千里岂远!朕方崇信殊俗,奈何欺之!"乃许焉。遣其游击秦都率骑二千,送其女妇于蠕蠕。库莫奚虞出库真率三千余落请交市,献马千匹,许之,处之营丘。

[照顾孤贫,奖励贤民,劝课农桑,省徭薄赋:]分遣使者巡行郡国,孤老久疾不能自存者,振谷帛有差,孝悌力田闺门和顺者,皆褒显之。昌黎郝越、营丘张买成、周刁、温建德、何纂以贤良皆擢叙之。……跋励意农桑,勤心政事,乃下书省徭薄

赋,堕农者戮之,力田者褒赏,命尚书纪达为之条制。[精选地方行政长官:]每遣守宰,必亲见东堂,问为政事之要,令极言无隐,以观其志,于是朝野竞劝焉。

······ ······

[怀柔外族,以保疆宁:]契丹库莫奚降,署其大人为归善王。

[课劝农桑,禁抑厚葬:]跋又下书曰:"今疆宇无虞,百姓宁业,而田亩荒秽,有司不随时督察,欲今家给人足,不亦难乎! 桑柘之益,有生之本。此土少桑,人未见其利,可令百姓人殖桑一百根,柘[落叶灌木或乔木,叶卵形,可以喂蚕]二十根。"又下书曰:"圣人制礼,送终有度。重其衣衾,厚其棺椁,将何用乎? 人之亡也,精魂上归于天,骨肉下归于地,朝终夕坏,无寒暖之期,衣以锦绣,服以罗纨,宁有知哉! 厚于送终,贵而改葬,皆无益亡者,有损于生。······申下境内,自今皆令奉之。"

······ ······

[并非旁述的旁述:他的脾气大了,因臣属发牢骚和怏怏不悦而诛之鸩之]昌黎尹孙伯仁、护[尚书令孙护]弟叱支、叱支弟乙拔等俱有才力,以骁勇闻。跋之立也,并冀开府,而跋未之许,由是有怨言。每于朝飨之际,常拔剑击柱曰:"兴建大业,有功力焉,而滞于散将,岂是汉祖河山之义乎!"跋怒,诛之。进护左光禄大夫、开府仪同三司、录尚书事以慰之。护自三弟诛后,常怏怏有不悦之色,跋怒,酖之。······

[设立太学,重视儒家教育:]跋下书曰:"武以平乱,文以经务,宁国济俗,实所凭焉。自顷丧难,礼崩乐坏,间阎绝讽诵之音,后行无庠序之教,子衿之叹复兴于今,岂所以穆章风化,崇阐斯文! 可营建太学,以长乐刘轩、营丘张炽、成周翟崇为博士郎中,简二千石已下子弟年十五已上教之。"

······ ······

[怀柔外族,以保疆宁:]蠕蠕斛律为其弟大但所逐,尽室奔跋,乃馆之于辽东郡,待之以客礼。跋纳其女为昭仪。时三月不雨,至于夏五月。斛律上书请还塞北,跋曰:"弃国万里,又无内应。若以强兵相送,粮运难继;少也,势不能固。且千里袭国,古人为难,况数千里乎!"斛律固请曰:"不烦大众,愿给骑三百足矣。得达敕勒国,人必欣而来迎。"乃许之,遣单于前辅万陵率骑三百送之。陵惮远役,至黑山,杀斛律而还。

[交好东晋:]晋青州刺史申永遣使浮海来聘,跋乃使其中书郎李扶报之。蠕蠕大但遣使献马三千匹,羊万口。

[怀柔外交有其限度:南邻强魏志在统一华北,与之无法"修和结盟"。]

有赤气四塞,太史令张穆言于跋曰:"兵气也。今大魏威制六合,而聘使断绝。自古未有邻接境,不通和好。违义怒邻,取亡之道。宜还前使,修和结盟。"跋曰:"吾当思之。"寻而魏军大至,遣单于右辅古泥率骑候之。去城十五里,遇军奔还。又遣其将姚昭、皇甫轨等距战,轨中流矢死。魏以有备,引还。

…… ……

[病笃之际,因宫内政变"惊惧而薨",冯弘篡位,是一位暴君,①约六年后亡国于北魏。]

跋……后事入于宋。至元嘉[南朝宋文帝年号]七年[430]死。弟弘杀跋子翼[原太子冯永426年病死,冯跋立次子冯翼为太子]自立,后为魏所伐,东奔高句丽。居二年,高句丽杀之。

始,跋以孝武太元二十年[应为义熙五年,409]僭号,至弘二世,凡二十有八载。

冯素弗:

[冯跋长弟,北燕初期头号重臣,其功勋犹如夷陵之战以前诸葛亮之于刘玄德。不仅如此,他品性潇洒、侠义、谦虚、节俭、宽厚、敬下,可谓道德英杰,罕见非常。]

---

① 据北魏崔鸿《十六国春秋》:二十二年八月,跋寝疾,召中书监申秀、侍中杨哲于内寝,谓之曰:"吾患当不济,卿等善相吾子,参决万几。"九月,跋疾甚,辇而临轩,命太子翼勒兵听政,以备非常。[他病笃之际,皇后宋夫人为令亲生儿子继位,实际上发动一种特殊的宫廷政变:]宋夫人欲立其子爱居,恶翼听政,谓之曰:"上疾将瘳,奈何便欲代父临天下乎?"翼性仁弱,遂还东宫,一日三省疾。宋夫人矫绝内外,遣阉寺传问而已。翼及大臣皆不得见。[冯弘遂发动传统形态的宫廷政变,他"惊惧而薨":]跋弟弘于是与壮士数十人,裹甲入禁中宿卫,皆不战而散。宋夫人命闭东阁,弘家僮库斗头劲捷有勇力,逾阁而入,至于皇堂,射杀御女一人。跋惊惧而薨。[冯弘宣告继位,同时铲除一切异己:]弘遂修檄告曰:"天降凶祸。大行崩背,太子不侍疾,群公不奔丧,疑有逆谋,图危社稷。吾备太弟之亲,遂摄大位,以宁国家。"百官叩门入者,进阶二等。太子翼率东宫兵出战,败退,兵皆奔散。弘遂使赐死。

　　　　　　　　　　　　　　　古代军政行为方略图景:《晋书》解读

[“慷慨有大志”，且“任侠放荡”，以致“当世侠士莫不归之”。]

冯素弗，跋之长弟也。慷慨有大志，姿貌魁伟，雄杰不群，任侠放荡，不修小节，故时人未之奇，惟王齐异焉，曰：“拨乱才也。”惟交结时豪为务，不以产业经怀。弱冠，自诣慕容熙尚书左丞韩业请婚，业怒而距之。复求尚书郎高邵女，邵亦弗许。南宫令成藻，豪俊有高名，素弗造焉，藻命门者勿纳。素弗迳入，与藻对坐，旁若无人。谈饮连日，藻始奇之，曰：“吾远求骐骥，不知近在东邻，何识子之晚也！”当世侠士莫不归之。及熙僭号，为侍御郎、小帐下督。

[“跋之业，素弗所建也”，然而他一旦丰功在册、大权在握，立即表现出他品性的另一面，即谦虚恭慎、宽厚待下、节俭修己，深得官民敬爱。]

跋之伪业，素弗所建也。及为宰辅，谦虚恭慎，非礼不动，虽厮养之贱，皆与之抗礼。车服屋宇，务于俭约，修己率下，百僚惮之。初为京尹。及镇营丘，百姓歌之。尝谓韩业曰：“君前既不顾，今将自取，何如？”业拜而陈谢。素弗曰：“既往之事，岂复与君计之！”然待业弥厚。好存亡继绝，申拔旧门，问侍中阳哲曰：“秦、赵勋臣子弟今何在乎？”哲曰：“皆在中州，惟桃豹孙鲜在焉。”素弗召为左常侍，论者归其有宰衡之度。

跋之七年[415]死，跋哭之哀恸。比葬，七临之。[也深得君主衷心感爱。]

[房玄龄等对冯跋的终评：强调他“出自中州，有殊丑类”，虽然“终罕成德”，但“能抚育黎萌，保守疆宇，发号施令，二十余年”。]

史臣曰：自五胡纵慝，九域沦胥，帝里神州，遂混之于荒裔，鸿名宝位，咸假之于杂种。……冯跋出自中州，有殊丑类，因鲜卑之昏虐，亦盗名于海隅。然其迁徙之余，少非雄杰，幸以宽厚为众所推。初虽砥砺，终罕成德，旧史称其信惑妖祀，斥黜谏臣，无开驭之才，异经决之士，信矣。速祸致寇，良谓在兹。犹能抚育黎萌，保守疆宇，发号施令，二十余年，岂天意乎，非人事也！

赞曰：国仁骁武，乾归勇悍。矫矫[形容英勇威武或超凡脱俗，不同凡响]炽磐，临机能断。孰谓獯虏，亦怀沈算。文起[冯跋字]常才[实际上，北燕乱世之中经久偏安，正是依凭他宝贵的常才！]，凭时叛换。……

五胡乱华在关陇（上）：氐族前秦

载记第十二　符洪、符健、符生　摘录和评注

〔本篇起连续四篇载记叙述氐族前秦，前后六主共 44 年（350—394），曾短暂地统一华北。它先盘踞关中，在羯胡后赵亡后与鲜卑前燕和华夏东晋成三足鼎立之势。到第四代君主，可谓据"国家理由"而弑君篡位者符坚统治之时，它大得益于"以宏材纬军国"的华夏族将帅、国务家王猛襄助，国势大盛，370 年灭前燕，续灭控制今陇南、陕西南、川北之间的仇池氐杨氏和统治今甘肃、宁夏西部等地的华夏前凉。〕

〔仅因 383 年东晋大国务家谢安主持的淝水大捷，符坚才未能在统一华北后哪怕同样短暂地统一中国。淝水之战后，华北因前秦损伤严重而再度分裂甚而碎片化，鲜卑慕容垂和慕容泓分别建立后燕和西燕，羌族姚苌建立后秦，鲜卑乞伏国仁建立西秦。394 年，符坚死后仅有残余的前秦因末代皇帝被斩杀而完全灭亡。〕

〔符坚当然是前秦君主中最引人瞩目的人物。他在淝水之战以前可谓雄才大略，治国优良，"阐先圣之儒风，抚育黎元，忧勤庶政"，重用贤才，以致前秦能接连大举扩土，"虽五胡之盛，莫之比也"。然而，这被证明是他克劳塞维茨式"胜利的顶

点",接着他重复了历史上许多成功者的过度伸展、急剧下行轨迹,"倾率土之师,起滔天之寇","曾弗知……神理害盈",以致兵败身亡国破。]

[本篇所记的苻洪、苻健分别为前秦的开国者和称帝者。苻洪先搭匈奴前赵和羯胡后赵之车,甚至还一度名义上称臣于东晋,同时总不忘根本战略即壮大自身和独立开国。苻健率众决定性地从今河南北部西进,大得关中氐人相应,定都长安,盘踞关陇,且行善政。同样为本篇所记的苻生乃暴君,"荒耽淫虐,杀戮无道",登基约两年便被苻健之弟苻坚杀害,前秦由此再得生机和壮大。]

苻洪:
[前秦首代君主,搭车期间非常高效地壮大自身和独立开国,临终规定进据关中。]

[西北氐人,"好施,多权略,骁武善骑射",还有政治抱负或野心,故具大小政治领袖人物素质。永嘉之乱后被激发政治野心,先后搭车又换车,得自身安全壮大。]

苻洪,字广世,略阳临渭[今甘肃天水市东北]氐人也。其先……世为西戎酋长。始其家池中蒲生,长五丈,五节如竹形,时咸谓之蒲家,因以为氏焉。父怀归,部落小帅。……好施,多权略,骁武善骑射。属永嘉之乱,乃散千金,召英杰之士访安危变通之术。[有政治抱负或野心,并被永嘉之乱激发起。]宗人蒲光、蒲突遂推洪为盟主。[搭匈奴前赵之车:]刘曜僭号长安,光等逼洪归曜,拜率义侯。[换搭羯胡后赵之车:]曜败,洪西保陇山。石季龙将攻上邽,洪又请降。季龙大悦,拜冠军将军,委以西方之事。[在石虎信任①和重用下获安全壮大。]季龙灭石生,洪说季龙宜徙关中豪杰及羌戎内实京师。季龙从之,以洪为龙骧将军、流人都督,处于枋头。累有战功,封西平郡公,其部下赐爵关内侯者二千余人,以洪为关内领侯将。冉闵言于季龙曰:"苻洪雄果,其诸子并非常才,宜密除之。"季龙待之愈厚。及石遵即

---

① 这信任有重要保留,因为下云:"季龙虽外礼苻氏,心实忌之,乃阴杀其[苻健]诸兄,而不害健也。"

位,闵又以为言,遵乃去洪都督,余如前。[甚至还一度名义上称臣于东晋:]洪怨之,乃遣使降晋。后石鉴杀遵,所在兵起,洪有众十余万。

[350年他称王立国,自信满满要统一华北,不料遭后赵降将毒杀;临终时给继位者留下(据毒杀者进言)延迟统一、进踞关中的遗言。]

永和六年[350],帝[东晋穆帝]以洪为征北大将军、都督河北诸军事、冀州刺史、广川郡公。时有说洪称尊号者,洪亦以谶文有"草付应王",又其孙坚背有"草付"字,遂改姓苻氏,自称大将军、大单于、三秦王。洪谓博士胡文曰:"孤率众十万,居形胜之地,冉闵、慕容俊可指辰而殄,姚襄父子[羌族]克之在吾数中,孤取天下,有易于汉祖。"初,季龙以麻秋镇枹罕,冉闵之乱,秋归邺,洪使子雄击而获之,以秋为军师将军。秋说洪西都长安,洪深然之。既而秋因宴鸩洪,将并其众,世子健收而斩之。洪将死,谓健曰[他的临终遗言,规定他国家的战略方向]:"所以未入关者,言中州可指时而定。今见困竖子,中原非汝兄弟所能办。关中形胜,吾亡后便可鼓行而西。"言终而死,年六十六。健僭位,伪谥惠武帝。

苻健:

[苻洪第三子和继位者,遵父遗嘱率众西进,大得关中氐人响应,定都长安,盘踞关陇,且行善政,图善治。]

[有近似于他父亲的政治领袖人物素质,早就"密图关中",其父死后对东晋降低姿态,以利进据长安;继而"尽众西行",夺得关中,随后称帝。]

苻健,字建业,洪第三子也。初,母姜氏梦大罴[棕熊]而孕之,及长,勇果便弓马,好施,善事人,甚为石季龙父子所亲爱。季龙虽外礼苻氏,心实忌之,乃阴杀其诸兄,而不害健也。及洪死,健嗣位,去秦王之号,称晋爵,遣使告丧于京师,且听王命。[继位后立即对东晋降低姿态,以利下述战略大目的。]

[早就"密图关中",继位后果敢决绝,"尽众西行":]时京兆杜洪窃据长安,自称晋征北将军、雍州刺史,戎夏多归之。健密图关中,惧洪知之,乃伪受石祗官,缮宫室于枋头,课所部种麦,示无西意,有知而不种者,健杀之以徇。既而自称晋征西大

将军、都督关中诸军事、雍州刺史,尽众西行,起浮桥于盟津以济。遣其弟雄率步骑五千入潼关,兄子菁自轵关[关隘,位于河南济源城西22公里处的封门口村东,关当轵道之险]入河东。健执菁手曰:"事若不捷,汝死河北,我死河南,不及黄泉,无相见也。"既济,焚桥,自统大众继雄而进。[击溃盘踞关中和长安的自命的东晋军阀杜洪,尽陷诸城,入都长安:]杜洪遣其将张先要健于潼关,健逆击破之。健虽战胜,犹修笺于洪,并送名马珍宝,请至长安上尊号。洪曰:"币重言甘,诱我也。"乃尽召关中之众来距。……健遂进军,次赤水,遣雄略地渭北,又败张先于阴槃,擒之,诸城尽陷,菁所至无不降者,三辅略定。健引兵至长安,洪奔司竹。健入而都之,遣使献捷京师,并修好于桓温。[稳住东晋中央,防其迅即讨伐。]

[351—352年称帝:]健军师将军贾玄硕等表健为侍中、大都督关中诸军事、大单于、秦王,健怒曰:"我官位轻重,非若等所知。"既而潜使讽玄硕等使上尊号。永和七年[351],僭称天王、大单于,赦境内死罪,建元皇始,缮宗庙社稷,置百官于长安。立妻强氏为天王皇后,子苌为天王皇太子,弟雄为丞相、都督中外诸军事、车骑大将军、领雍州刺史,自余封授各有差。

[击败前来讨伐的东晋"地方大军":]初,杜洪之奔也,招晋梁州刺史司马勋。至是,勋率步骑三万入秦川,健败之于五丈原[今陕西宝鸡市岐山县]。

八年[352],健僭即皇帝位于太极前殿,诸公进为王,以大单于授其子苌。

[对杜洪残余、东晋王师、羯胡后赵和华夏前凉,他连战连胜,巩固和扩大地盘。]

杜洪屯宜秋,为其将张琚所杀,琚自立为秦王,置百官。健率步骑二万攻琚,斩其首。健至自宜秋,遣雄、菁率众掠关东,并援石季龙豫州刺史张遇于许昌,与晋镇西将军谢尚战于颍水之上,王师败绩。雄乘胜逐北,至于垒门,杀伤太半,遂虏遇及其众归于长安,拜遇司空、豫州刺史,镇许昌。雄攻王擢于陇上,擢奔凉州,雄屯陇东。张重华拜擢征东大将军,使与其将张弘、宋修连兵伐雄。雄与菁率众击败之,获弘、修送长安。

[破东晋桓温大军来伐,由此渡过他最大的危机。]

初,张遇自许昌来降,健纳遇后母韩氏为昭仪[他在此场合尽丧风度品德和政治头脑,引发如后所述的严重后果],每于众中谓遇曰:"卿,吾子也。"遇惭恨,引关中诸将欲以雍州归顺,乃与健中黄门刘晃谋夜袭健,事觉,遇害。于是孔特起池阳,刘珍、夏侯显起鄠,乔景起雍,胡阳赤起司竹,呼延毒起霸城,众数万人,并遣使诣征西桓温、中军殷浩请救。

雄遣菁掠上洛郡,于丰阳县[今陕西商洛市山阳县东南]立荆州,以引南金奇货、弓竿漆蜡,通关市,来远商,于是国用充足,而异贿盈积矣。

[桓温大军来伐,前秦形势危急,经白鹿原之战和坚壁清野,桓温大败退兵:]十年[354],温率众四万趋长安,遣别将入淅川,攻上洛,执健荆州刺史郭敬,而遣司马勋掠西鄙。健遣其子苌率雄、菁等众五万,距温于尧柳城、愁思堆。温转战而前,次于灞上,苌等退营城南。健以羸兵六千固守长安小城,遣精锐三万为游军以距温。三辅郡县多降于温。健别使雄领骑七千,与桓冲战于白鹿原[今陕西西安市境内黄土台原],王师败绩,又破司马勋于子午谷。初,健闻温之来也,收麦清野以待之,故温众大饥。至是,徙关中三千余户而归。及至潼关,又为苌等所败,司马勋奔还汉中。

[他大致依据经典儒家政治哲学和华夏治国经验,行善政,图善治。]

其年,西虏乞没军邪遣子入侍,健于是置来宾馆于平朔门以怀远人。……与百姓约法三章,薄赋卑宫,垂心政事,优礼耆老,修尚儒学,而关右称来苏[本指商汤征伐,因其来而使百姓解脱困苦获苏息。语出《书经》]焉。

……蝗虫大起,自华泽至陇山,食百草无遗。牛马相啖毛,猛兽及狼食人,行路断绝。健自蠲百姓租税,减膳撤悬,素服避正殿。

[太子符苌战死,立符生继之,事后证明此乃他和前秦的大不幸。]

初,桓温之入关也,其太子苌与温战,为流矢所中死。至是,立其子生为太子。[后载"健以谶言三羊五眼应符(符生生来"无一目"),故立为太子"。]健寝疾,菁勒兵入东宫,将杀符生自立。时生侍健疾,菁以健为死,回攻东掖门。健闻变,升端门陈兵,众皆舍杖逃散,执菁杀之。数日,健死,时年三十九,在位四年。伪谥明皇帝……

符生：

[极恶的疯狂暴君，"荒耽淫虐，杀戮无道"，登基大约两年便被苻坚所杀。]

[“幼而无赖”，“狂勃”，及长“雄勇好杀。]

生字长生，健第三子也。幼而无赖，祖洪甚恶之。生无一目，为儿童时，洪戏之，问侍者曰："吾闻瞎儿一泪，信乎？"侍者曰："然。"生怒，引佩刀自刺出血，曰："此亦一泪也。"洪大惊，鞭之。生曰："性耐刀矟，不堪鞭捶。"洪曰："汝为尔不已，吾将以汝为奴。"生曰："可不如石勒也。"洪惧，跣[足亲地]而掩其口，谓健曰："此儿狂勃，宜早除之，不然，长大必破人家。"健将杀之，雄止之曰："儿长成自当修改，何至便可如此！"健乃止。及长，力举千钧，雄勇好杀，手格猛兽，走及奔马，击刺骑射，冠绝一时。桓温之来伐也，生单马入阵，搴旗斩将者前后十数。

[356 年即前秦帝位，在宫内朝内胡乱狂杀，且“荒耽淫虐”。]

苌既死，健以谶言三羊五眼应符，故立为太子。健卒，僭即皇帝位……时永和十二年[356]也。尊其母强氏为皇太后，立妻梁氏为皇后。以吕婆楼为侍中、左大将军，符安领太尉，符柳为征东大将军、并州牧，镇蒲坂，符谀为镇东大将军、豫州牧，镇陕城，自余封授有差。

[胡乱狂杀，被杀者包括皇后、辅政大臣和丞相等，导致朝政黑暗，"诸羌悉叛"。]初，生将强怀与桓温战没，其子延未及封而健死。会生出游，怀妻樊氏于道上书，论怀忠烈，请封其子。生怒，射而杀之。伪中书监胡文、中书令王鱼言于生曰："比频有客星孛于大角，荧惑入于东井。……于占，不出三年，国有大丧，大臣戮死。……"生曰："皇后与朕对临天下，亦足发塞大丧之变。毛太傅、梁车骑、梁仆射受遗辅政，可谓大臣也。"于是杀其妻梁氏及太傅毛贵，车骑、尚书令梁楞，左仆射梁安。未几，又诛侍中、丞相雷弱儿及其九子、二十七孙。诸羌悉叛。弱儿，南安羌酋也，刚鲠好直言，见生嬖臣赵韶、董荣乱政，每大言于朝，故荣等谮而诛之。

[“荒耽淫虐，杀戮无道”：]生虽在谅闇[居丧时所住的房子]，游饮自若，荒耽淫虐，杀戮无道，常弯弓露刃以见朝臣，锤钳锯凿备置左右[！]。又纳董荣之言，诛其司空王堕以应日蚀之灾。飨群臣于太极前殿，饮酣乐奏，生亲歌以和之。命其尚书

辛牢典劝,既而怒曰:"何不强酒? 犹有坐者!"引弓射牢而杀之。于是百僚大惧,无不引满昏醉,污服失冠,蓬头僵仆,生以为乐。

[前秦在他治下的对外境况:前凉称藩,东晋前燕攻伐失败,唯羌族姚襄难克难制。与此同时,他的极端暴虐统治持续不休。]

生闻张祚[前凉君位篡夺者]见杀,玄靓[前凉少主,张重华之子,被篡位者张天锡杀害]幼冲,命其征东符柳参军阎负、梁殊使凉州,以书喻之。负、殊至姑臧[前凉都城,今甘肃武威],玄靓年幼,不见殊等。其凉州牧张瓘……新辅政,河西所在兵起,惧秦师之至,乃言于玄靓,遣使称藩,生因其所称而授之。

慕容俊遣将慕舆长卿等率众七千入自轵关,攻幽州刺史张哲于裴氏堡。晋将军刘度等率众四千,攻青州刺史袁朗于卢氏。生遣其前将军符飞距晋,建节邓羌距燕。飞未至而度退。羌及长卿战于堡南,大败之,获长卿及甲首二千七百余级。

姚襄率众万余,攻其平阳太守符产于匈奴堡[在今山西临汾市,匈奴种落相率保聚之地],符柳救之,为襄所败,引还蒲坂。襄遂攻堡,克之,杀符产,尽坑其众[!],遣使从生假道,将还陇西。生将许之,符坚谏曰:"姚襄,人杰也,今还陇西,必为深害,不如诱以厚利,伺隙而击之。"生乃止。遣使拜襄官爵,襄不受,斩其使者,焚所送章策,寇掠河东。生怒,命其大将军张平讨之。襄乃卑辞厚币与平结为兄弟,平更与襄通和。

生发三辅人营渭桥,金紫光禄大夫程肱以妨农害时,上疏极谏。生怒,杀之。[勇谏者必惨死!]

长安大风,发屋拔树,行人颠顿,宫中奔扰,或称贼至,宫门昼闭,五日乃止。生推告贼者,杀之,剖而出其心。左光禄大夫强平谏曰:"元正盛旦,日有蚀之,正阳神朔,昏风大起,兼水旱不时,兽灾未息,此皆由陛下不勉强于政事,乖和气所致也。……"生怒,以为妖言,凿其顶而杀之。[勇谏者必惨死!]

平之囚也,伪卫将军符黄眉、前将军符飞、建节邓羌侍宴禁中,叩头固谏,以太后为言。平即生母强氏之弟也。生既弗许,强氏忧恨而死。[孽子杀舅,皇太后忧恨而死。]

["方当峻刑极罚,复如朕何!"兽灾猖獗,"遂废农桑":]生下书曰:"朕受皇天之

命,承祖宗之业,君临万邦,子育百姓,嗣统已来,有何不善,而谤讟[dú,痛怨]之音扇满天下。杀不过千,而谓刑虐。行者比肩,未足为稀。方当峻刑极罚,复如朕何!"时猛兽及狼大暴,昼则断道,夜则发屋,惟害人而不食六畜。自生立一年,兽杀七百余人,百姓苦之,皆聚而邑居。为害滋甚,遂废农桑,内外凶惧。群臣奏请禳灾,生曰:"野兽饥则食人,饱当自止,终不能累年为患也。天岂不子爱群生,而年年降罚,正以百姓犯罪不已,将助朕专杀而施刑教故耳。但勿犯罪,何为怨天而尤人哉!"

[他反复表现得像极端病态、极端暴虐的"恶兽":]生如阿房,遇兄与妹俱行者,逼令为非礼,不从,生怒杀之。又宴群臣于咸阳故城,有后至者,皆斩之。尝使太医令程延合安胎药,问人参好恶并药分多少,延曰:"虽小小不具,自可堪用。"生以为讥其目,凿延目出,然后斩之。

······ ······

[终于设计经三原之战击灭姚襄,尽俘其众:]姚襄遣姚兰、王钦卢等招动鄜城、定阳、北地、芹川诸羌胡,皆应之,有众二万七千,进据黄落[今甘肃庆阳市西南]。生遣苻黄眉、苻坚、邓羌率步骑万五千讨之。襄深沟高垒,固守不战。邓羌说黄眉曰:"伤弓之鸟,落于虚发。襄频为桓温、张平所败,锐气丧矣。今谋固垒不战,是穷寇也。襄性刚很,易以刚动,若长驱鼓行,直压其垒,襄必忿而出师,可一战擒也。"黄眉从之,遣羌率骑三千军于垒门。襄怒,尽锐出战。羌伪不胜,引骑而退,襄追之于三原,羌回骑距襄。俄而黄眉与坚至,大战,斩之,尽俘其众,黄眉等振旅而归。黄眉虽有大功,生不加旌赏,每于众中辱之。黄眉怒,谋杀生自立,事发,伏诛,其王公亲戚多有死者。

[极端疯狂的他的末日:]

初,生梦大鱼食蒲,又长安谣曰:"东海大鱼化为龙,男便为王女为公。问在何所洛门东。"东海,苻坚封也,时为龙骧将军,第在洛门之东。生不知是坚,以谣梦之故,诛其侍中、太师、录尚书事鱼遵及其七子、十孙。时又谣曰:"百里望空城,郁郁何青青。瞎儿不知法,仰不见天星。"于是悉坏诸空城以禳之。······

初,生少凶暴嗜酒,健临死,恐其不能保全家业,诫之曰:"酋师、大臣若不从汝命,可渐除之。"及即伪位,残虐滋甚,耽湎于酒,无复昼夜。群臣朔望朝谒,罕有见者,或至暮方出,临朝辄怒,惟行杀戮。动连月昏醉,文奏因之遂寝。纳奸佞之言,赏罚失中。左右或言陛下圣明宰世,天下惟歌太平。生曰:"媚于我也。"引而斩之。或言陛下刑罚微过。曰:"汝谤我也。"亦斩之。所幸妻妾小有忤旨,便杀之,流其尸于渭水。又遣宫人与男子裸交于殿前。生剥牛羊驴马,活爓[在热汤里将用于祭祀的肉煮至半熟]鸡豚鹅,三五十为群,放之殿中。或剥死囚面皮,令其歌舞,引群臣观之,以为嬉乐。宗室、勋旧、亲戚、忠良杀害略尽,王公在位者悉以疾告归,人情危骇,道路以目。既自有目疾,其所讳者不足、不具、少、无、缺、伤、残、毁、偏、只之言皆不得道,左右忤旨而死者不可胜纪,至于截胫、刳胎、拉胁、锯颈者动有千数。

……　……

[符坚等政变成功,废而杀之:]生夜对侍婢曰:"阿法兄弟亦不可信,明当除之。"是夜清河王符法梦神告之曰:"旦将祸集汝门,惟先觉者可以免之。"寤而心悸。会侍婢来告,乃与特进梁平老、强汪等率壮士数百人潜入云龙门,符坚与吕婆楼率麾下三百余人鼓噪继进,宿卫将士皆舍杖归坚。生犹昏寐未寤。坚众既至,引生置于别室,废之为越王,俄而杀之。生临死犹饮酒数斗,昏醉无所知矣。时年二十三,在位二年,伪谥厉王。

……　……

载记第十三　符坚上　摘录和评注

[符坚,前秦第四代君主,弑暴君符生而登基,施其雄才大略,推行良政善治,在非常杰出的华夏族将帅、国务家王猛襄助下国力大盛。他先后挥师灭前燕,灭仇池氏杨氏和华夏前凉,一度统一华北,且夺得蜀地。用房玄龄等的赞叹说,"跨三分之二,居九州之七","虽五胡之盛,莫之比也"。]

[然而,此乃克劳塞维茨式"胜利的顶点",接着他过度伸展,"倾率土之师",试图一举击破东晋而不知"神理害盈"。383 年在大国务家谢安主持下,东晋出乎意料地赢得淝水大战,他的统一抱负成一枕黄粱,军力崩塌而无可复振,国土分崩而成地狱。不久后,他被擒被缢杀,"贻戒将来"。]

[本载记几乎是他不断成功的篇章，继之以叙述他达到"胜利的顶点"后急剧下行的下篇载记。在众所周知的转折点即大举伐晋后面，是他不纳他的卓越军师王猛的临终大战略遗言，即与"正朔相承"的东晋"亲仁善邻"，先行渐除鲜卑和羌族势力这近旁仇患。①]

[前秦开国君主苻洪之孙，名将和丞相苻雄之子，自幼聪敏乖巧，求索华夏学问，及长"有经济大志，要结英豪（首先是王猛），以图纬世之宜"。]

苻坚，字永固，一名文玉，雄之子也。祖洪，从石季龙徙邺，家于永贵里。其母苟氏……十二月而生坚焉。……臂垂过膝，目有紫光。洪奇而爱之，名曰坚头。[自幼聪敏乖巧，求索华夏学问：]年七岁，聪敏好施，举止不逾规矩。每侍洪侧，辄量洪举措，取与不失机候。洪每曰："此儿姿貌瑰伟，质性过人，非常相也。"……八岁，请师就家学。洪曰："汝戎狄异类，世知饮酒，今乃求学邪！"欣而许之。

健之入关也……拜坚为龙骧将军……健泣谓坚曰："汝祖昔受此号，今汝复为神明所命，可不勉之！"坚挥剑捶马，志气感厉，士卒莫不惮服焉。性至孝，博学多才艺，有经济大志，要结英豪，以图纬世之宜。王猛、吕婆楼、强汪、梁平老等并有王佐之才，为其羽翼。太原薛赞、略阳权翼见而惊曰："非常人也！"

[他358年发动政变，消灭极恶暴君苻生，登基为帝，前秦由此重获生存壮大之机；他按照儒家政治哲学和华夏传统经验治理国家。]

及苻生嗣伪位，赞、翼说坚曰[以"国家理由"（"神器业重"）要求政变换君]："今主上昏虐，天下离心。有德者昌，无德受殃，天之道也。神器业重，不可令他人取之，愿君王行汤、武之事，以顺天人之心。"坚深然之，纳为谋主。[弑暴君，登皇位：]生既残虐无度，梁平老等亟以为言，坚遂弑生，以伪位让其兄法。法自以庶孽，不敢当。坚及母苟氏并虑众心未服，难居大位，群僚固请，乃从之。以升平元年僭称大秦天

---

① 载记第十四所附王猛传载：……猛疾甚，因上疏谢恩，并言时政，多所弘益。坚览之流涕，悲恸左右。及疾笃，坚亲临省病，问以后事。猛曰："晋虽僻陋吴、越，乃正朔相承。亲仁善邻，国之宝也。臣没之后，愿不以晋为图。鲜卑、羌虏，我之仇也，终为人患，宜渐除之，以便社稷。"言终而死，时年五十一。

王,诛生幸臣董龙、赵韶等二十余人……尊母苟氏为皇太后,妻苟氏为皇后,子宏为皇太子。兄法为使持节、侍中、都督中外诸军事、丞相、录尚书……子丕长乐公……梁平老为右仆射;强汪为领军将军……吕婆楼为司隶校尉;[王猛等为"掌机密"的心腹幕僚:]王猛、薛赞为中书侍郎;权翼为给事黄门侍郎,与猛、赞并掌机密。……[最高层政治少不了残忍,无论这残忍出自太后,还是出自他自己:]初,坚母以法长而贤,又得众心,惧终为变,至此,遣杀之。坚性仁友,与法决于东堂,恸哭呕血……[迅即开始按照儒家政治哲学和华夏传统经验治理国家:]于是修废职,继绝世,礼神祇,课农桑,立学校,鳏寡孤独高年不自存者,赐谷帛有差,其殊才异行、孝友忠义、德业可称者,令在所以闻。

[武力平定并州叛乱:]其将张平以并州叛[357年冀州牧张平遣使降晋,被拜为并州刺史],坚率众讨之,以其建节将军邓羌为前锋,率骑五千据汾上。坚至铜壁[今山西忻州市西],平尽众拒战,为羌所败,获其养子蚝,送之,平惧,乃降于坚。坚赦其罪,署为右将军,蚝武贲中郎将,加广武将军,徙其所部三千余户于长安。

[按照儒家政治哲学和华夏传统经验治理国家:]坚自临晋登龙门[今陕西渭南市下属韩城市],顾谓其群臣曰:"美哉山河之固!娄敬有言,'关中四塞之国',真不虚也。"权翼、薛赞对曰:"臣闻夏、殷之都非不险也,周、秦之众非不多也,终于身窜南巢,首悬白旗,躯残于犬戎,国分于项籍昔何也?德之不修故耳。吴起有言:'在德不在险。'深愿陛下追踪唐、虞,怀远以德,山河之固不足恃也。"坚大悦,乃还长安。赐为父后者[嫡长子]爵一级,鳏寡高年谷帛有差,丐所过田租之半。是秋,大旱,坚减膳撤悬,金玉绮绣皆散之戎士,后宫悉去罗纨,衣不曳地。开山泽之利,公私共之,偃甲息兵,与境内休息。

["王猛亲宠愈密,朝政莫不由之","老氏"们对此的不满和愤懑被他无情弹压下去:]王猛亲宠愈密,朝政莫不由之。特进樊世,氐豪也,有大勋于苻氏,负气倨傲,众辱猛曰:"吾辈与先帝共兴事业,而不预时权;君无汗马之劳,何敢专管大任?是为我耕稼而君食之乎!"猛曰:"方当使君为宰夫[厨子],安直[何止]耕稼而已。"世大怒曰:"要当悬汝头于长安城门,不尔者,终不处于世。"猛言之于坚,坚怒曰:"必须杀此老氏,然后百僚可整。"俄而世入言事,坚谓猛曰:"吾欲以杨璧尚主,璧何如人也?"世勃然曰:"杨璧,臣之婿也,婚已久定,陛下安得令之尚主乎!"猛让世曰:

"陛下帝有海内，而君敢竞婚，是为二天子，安有上下！"世怒起，将击猛，左右止之。世遂丑言大骂，坚由此发怒，命斩之于西厩。诸氏纷纭，竞陈猛短，坚恚甚，慢骂，或有鞭挞于殿庭者。权翼进曰："陛下宏达大度，善驭英豪，神武卓荦，录功舍过，有汉祖之风。然慢易之言，所宜除之。"坚笑曰："朕之过也。"自是公卿以下无不惮猛焉。

······ ······

以王猛为侍中、中书令、京兆尹。

[王猛等铁腕规制氏族贵戚豪强，于是"豪右屏气，风化大行"：]其特进强德，健妻之弟也，昏酒豪横，为百姓之患。猛捕而杀之，陈尸于市。其中丞邓羌，性鲠直不挠，与猛协规齐志，数旬之间，贵戚强豪诛死者二十有余人。于是百僚震肃，豪右屏气，路不拾遗，风化大行。坚叹曰："吾今始知天下之有法也，天子之为尊也！"["遣使巡察四方"，推行善治：]于是遣使巡察四方及戎夷种落，州郡有高年孤寡，不能自存，长史刑罚失中、为百姓所苦，清修疾恶、劝课农桑、有便于俗，笃学至孝、义烈力田者，皆令具条以闻。

[参照华夏传统经验，有分寸地施行对匈奴、乌桓和鲜卑的和戎方针：]时匈奴左贤王卫辰遣使降于坚，遂请田内地，坚许之。云中护军贾雍遣其司马徐斌率骑袭之，因纵兵掠夺。坚怒曰："朕方修魏绛[春秋时晋国卿，说服晋悼公推行和戎之策，大有利于晋国安宁]和戎之术，不可以小利忘大信。……怨不在大，事不在小，扰边动众，非国之利也。所获资产，其悉以归之。"免雍官，以白衣领护军，遣使修和，示之信义。辰于是入居塞内，贡献相寻。乌丸独孤、鲜卑没奕于率众数万又降于坚。[和戎方针有分寸，旨在长远战略预防：]坚初欲处之塞内，苻融以"匈奴为患，其兴自古。比虏马不敢南首者，畏威故也。今处之于内地，见其弱矣，方当窥兵郡县，为北边之害。不如徙之塞外，以存荒服之义。"坚从之。

……[着重叙述他广泛推行官方儒学教育，表彰行为儒化者，改善文化风气，以致"田畴修辟，帑藏充盈，典章法物靡不悉备"：]坚广修学官，召郡国学生通一经以上充之，公卿已下子孙并遣受业。其有学为通儒、才堪干事、清修廉直、孝悌力田者，皆旌表之。于是人思劝励，号称多士，盗贼止息，请托路绝，田畴修辟，帑藏充盈，典章法物靡不悉备。坚亲临太学，考学生经义优劣，品而第之。问难五经，博士多不能对。坚谓博士王寔曰："朕一月三临太学，黜陟幽明，躬亲奖励，罔敢倦违，庶几周孔微言不由朕而坠,汉之二武[武帝、光武帝]其可追乎!"实对曰:"自刘石扰覆华畿,二都鞠为茂草,儒生罕有或存,坟籍灭而莫纪,经沦学废,奄若秦皇。陛下神武拨乱,道隆虞夏,开庠序之美,弘儒教之风,化盛隆周,垂馨千祀,汉之二武焉足论哉!"坚自是每月一临太学,诸生竞劝焉。

[讨平匈奴一部落造反寇掠:]屠各[即休屠,匈奴部落名]张罔聚众数千,自称大单于,寇掠郡县。坚以其尚书邓羌为建节将军,率众七千讨平之。

[又一标准的儒家政策,即严厉压制前秦贵族王公羡慕和取悦的大商贾,同时殃及小工商者:]时商人赵掇、丁妃、邹瓮等皆家累千金,车服之盛,拟则王侯,坚之诸公竞引之为国二卿。黄门侍郎程宪言于坚曰:"赵掇等皆商贩丑竖,市郭小人,车马衣服僭同王者,官齐君子,为藩国列卿,伤风败俗,有尘圣化,宜肃明典法,使清浊显分。"坚于是推检引掇等为国卿者,降其爵。乃下制:"非命士已上,不得乘车马于都城百里之内。金银锦绣,工商、皂隶、妇女不得服之,犯者弃市。"

[在着重国内治理以致国富国力殷实的基础上,他开始一个大征战大扩张时期。]

[前燕攻拔洛阳,威胁关中:]兴宁三年[365]……慕容𬀩遣其太宰慕容恪攻拔洛阳,略地至于崤、渑。坚惧其入关,亲屯陕城以备之。

[亲率精锐兵力镇压匈奴左右贤王部大规模反叛:]匈奴右贤王曹毂、左贤王卫辰举兵叛,率众二万攻其杏城[在今陕西延安市黄陵县西南]已南郡县,屯于马兰山。索虏[胡三省曰:"索虏者,以北人辫发,谓之索头也。"]乌延等亦叛坚而通于辰、毂。坚率中外精锐以讨之,以其前将军杨安、镇军毛盛等为前锋都督。毂遣弟活距战于同官川[今陕西中部铜川市],安大败之,斩活并四千余级,毂惧而降。坚徙其酋豪六千余户于长安。进击乌延,斩之。邓羌讨卫辰,擒之于木根山[在今内蒙古鄂托克前旗西]。[战后对匈奴左右贤王部的制度性处置:]坚自骢马城如朔方,巡抚夷狄,以卫辰为夏阳公以统其众。毂寻死,分其部落,贰城[今陕西铜川市西]已西二万余落封其长子玺为骆川侯,贰城已东二万余落封其小子寅为力川侯,故号东西曹。

······ ······

[遣王猛等率师彻底镇压羌族一部反叛,并在与前凉作战不利之后智擒前凉一叛将:]使王猛、杨安等率众二万寇荆州北鄙诸郡,掠汉阳万余户而还。羌敛岐叛坚,自称益州刺史,率部落四千余家西依张天锡叛将李俨。坚遣王猛与陇西太守姜衡、南安太守邵羌讨敛岐于略阳[今陕西汉中市略阳县]。张天锡率步骑三万击李俨,攻其大夏、武始二郡,克之。天锡将掌据又败俨诸军于葵谷,俨惧,遣兄子纯谢罪于坚,仍请救。寻而猛攻破略阳,敛岐奔白马。坚遣杨安与建威王抚率众会猛以救俨。猛遣邵羌追敛岐……猛与杨安救枹罕,及天锡将杨通战于枹罕东,猛不利。邵羌擒敛岐于白马,送之长安。天锡遂引师而归。俨犹凭城未出,猛乃服白乘舆,从数十人,请与相见。俨开门延之,未及设备,而将士续入,遂虏俨而还。坚以其将军彭越为平西将军、凉州刺史,镇枹罕。以俨为光禄勋、归安侯。

[突然插进苻生诸弟"四公之叛",王猛等几路军讨伐,四公先后人头落地:]是岁[367],苻双据上邽、苻柳据蒲坂叛于坚,苻庾据陕城、苻武据安定并应之,将共伐长安。坚遣使谕之,各啮梨以为信,皆不受坚命,阻兵自守。坚遣后禁将军杨成世、左将军毛嵩等讨双、武,王猛、邓羌攻蒲坂,杨安、张蚝攻陕城。成世、毛嵩为双、武所败,坚又遣其武卫王鉴、宁朔吕光等率中外精锐以讨之,左卫苻雅、左禁窦冲率羽林骑七千继发。双、武乘胜至于榆眉,鉴等击败之,斩获万五千人。武弃安定,随双奔上邽,鉴等攻之。苻柳出挑战,猛闭垒不应。柳以猛为惮己,留其世子良守蒲坂,率众二万,将攻长安。长安去蒲坂百余里,邓羌率劲骑七千夜袭败之,柳引军还,猛又尽众邀击,悉俘其卒,柳与数百骑入于蒲坂。鉴等攻上邽,克之,斩双、武。猛又寻破蒲坂,斩柳及其妻子,传首长安。猛屯蒲坂,遣邓羌与王鉴等攻陷陕城,克之,送庾于长安,杀之。

[援助前燕抵御桓温北伐,后者惨败,继而因慕容暐废割地酬报之约而围城打援,大破前燕精卒十万,并且夺得洛阳:]太和[东晋废帝(海西公)年号]四年[369],晋大司马桓温伐慕容暐,次于枋头。暐众屡败,遣使乞师于坚,请割武牢[今河南郑州市下属荥阳市西北氾水镇]以西之地。坚亦欲与暐连横,乃遣其将苟池等率步骑

二万救晞。王师寻败①,引归,池乃还。

…… ……

王师既旋,慕容晞悔割武牢之地,遣使谓坚曰:"顷者割地,行人失辞。有国有家,分灾救患,理之常也。"坚大怒,遣王猛与建威梁成、邓羌率步骑三万,署慕容垂为冠军将军,以为乡导,攻晞洛州刺史慕容筑于洛阳。晞遣其将慕容臧率精卒十万,将解筑围。猛使梁成等以精锐万人卷甲赴之,大破臧于荥阳。筑惧而请降,猛陈师以受之,留邓羌镇金墉,猛振旅而归。

[370年,遣王猛率军伐晞,势如破竹,剪灭前燕:]

太和五年[370],又遣猛率杨安、张蚝、邓羌等十将率步骑六万伐晞。坚亲送猛于霸东,谓曰:"今授卿精兵,委以重任,便可从壶关、上党出潞川,此捷济之机,所谓捷雷不及掩耳。吾当躬自率众以继卿后,于邺相见。已敕运漕相继,但忧贼,不烦后虑也。"……于是进师。[灭前燕战役第一阶段:夺得壶关、晋阳。]杨安攻晋阳。猛攻壶关,执晞上党太守慕容越,所经郡县皆降于猛,猛留屯骑校尉苟苌戍壶关。会杨安攻晋阳,为地道,遣张蚝率壮士数百人入其城中,大呼斩关,猛、安遂入晋阳,执晞并州刺史慕容庄。[第二阶段:与畏战的慕容评所率的前燕四十万军队相持,奇袭其辎重。]晞遣其太傅慕容评率众四十余万以救二城,评惮猛不敢进,屯于潞川。猛留将军毛当戍晋阳,进师与评相持。遣游击郭庆以锐卒五千,夜从间道出评营后,傍山起火,烧其辎重,火见邺中。[第三阶段:慕容评"卖水鬻薪",王猛邓羌伺机猛击,肆行战场超级屠戮。]晞惧,遣使让评,催之速战。猛知评卖水鬻薪,有可乘之会,

---

① 《晋书·王敦桓温列传》载:太和四年,又上疏悉众北伐。平北将军郗愔以疾解职,又以温领平北将军、徐兖二州刺史,率弟南中郎冲、西中郎袁真步骑五万北伐。……都邑尽倾。军次湖陆,攻慕容晞将慕容忠,获之,进次金乡。时亢旱,水道不通,乃凿钜野三百余里以通舟运,自清水入河。晞将慕容垂、傅末波等率众八万距温,战于林渚[在今河南新郑市观音寺镇岳口村]。温击破之,遂至枋头。先使袁真伐谯梁,开石门[在今河南郑州市下属荥阳市]以通运。真讨谯梁皆平之,而不能开石门。[先前对前燕大军的胜利证明没有意义,因为桓温终于军粮竭尽,只得狼狈退兵:]军粮竭尽。温焚舟步退,自东燕出仓垣,经陈留,凿井而饮,行七百余里。[襄邑之战,他麾下死者三万,决定性惨败:]垂以八千骑追之,战于襄邑[今河南商丘市下属睢县],温军败绩,死者三万人。温甚耻之,归罪于真,表废为庶人。

"倾率土之师,起滔天之寇";"贻戒将来,取笑天下"　　　　　719

评又求战，乃阵于渭原而誓众曰："王景略受国厚恩，任兼内外，今与诸君深入贼地，宜各勉进，不可退也。愿戮力行间，以报恩顾，受爵明君之朝，庆觞父母之室，不亦美乎!"众皆勇奋，破釜弃粮，大呼竞进。[战争中的私人政治：主将迫主帅接受其交易，作为奉命杀敌的先决条件。]猛望评师之众也，恶之，谓邓羌曰："今日之事，非将军莫可以捷。成败之机，在斯一举。将军其勉之!"羌曰："若以司隶见与者，公无以为忧。"猛曰："此非吾之所及也。必以安定太守、万户侯相处。"羌不悦而退。俄而兵交，猛召之，羌寝而弗应。猛驰就许之，羌于是大饮帐中，与张蚝、徐成等跨马运矛，驰入评军，出入数四，旁若无人，搴旗斩将，杀伤甚众。及日中，评众大败，俘斩五万有余[!]，乘胜追击，又降斩十万[!]。[第四阶段：君主亲率精锐十万，攻陷前燕都城，前燕亡。]于是进师围邺。坚闻之，留李威辅其太子宏守长安，以苻融镇洛阳，躬率精锐十万向邺。七日而至于安阳，过旧闾，引诸耆老语及祖父之事，泫然流涕，乃停信宿。猛潜至安阳迎坚……坚遂攻邺，陷之。慕容暐出奔高阳，坚将郭庆执而送之。坚入邺宫，阅其名籍，凡郡百五十七，县一千五百七十九，户二百四十五万八千九百六十九，口九百九十八万七千九百三十五。诸州郡牧守及六夷渠帅尽降于坚。郭庆穷追余烬，慕容评奔于高句丽，庆追至辽海，句丽缚评送之。……

坚……徙关东豪杰及诸杂夷十万户于关中，处乌丸杂类于冯翊、北地，丁零翟斌于新安，徙陈留、东阿万户以实青州。诸因乱流移，避仇远徙，欲还旧业者，悉听之。

…… ……

[剪灭仇池氏杨氏政权，兼并其地。]

[仇池氏杨氏背叛前秦，称籓于东晋：]初，仇池氏杨世以地降于坚，坚署为平南将军、秦州刺史、仇池公。既而归顺于晋。世死，子纂代立，遂受天子爵命而绝于坚。[利用杨氏叔侄大内斗之机遣大军先败其侄，后攻仇池并纳降叔侄两人：]世弟统骁武得众，起兵武都，与纂分争。坚遣其将苻雅、杨安与益州刺史王统率步骑七万，先取仇池，进图宁益。雅等次于鹫陕，纂率众五万距雅。晋梁州刺史杨亮遣督护郭宝率骑千余救之，战于陕中，为雅等所败，纂收众奔还。雅进攻仇池，杨统帅武都之众降于雅。纂将杨他遣子硕密降于雅，请为内应。纂惧，面缚出降。雅释其

缚,送之长安。以杨统为平远将军、南秦州刺史,加杨安都督,镇仇池。

[剪灭华夏前凉:]

先是,王猛获张天锡将敦煌阴据及甲士五千,坚既东平六州,西擒杨纂,欲以德怀远,且跨威河右,至是悉送所获还凉州。天锡惧而遣使谢罪称藩,坚大悦,即署天锡为使持节、散骑常侍、都督河右诸军事、骠骑大将军、开府仪同三司、凉州刺史、西域都护、西平公。①

…… ……

[在他过度伸展、"倾率土之师"攻伐东晋以前,尚有六七年时间,其间他仍主要致力于按照儒家政治哲学和华夏传统经验进行国内善治,外加攻占蜀地和击破鲜卑拓跋部。]

[重农桑,行节俭,扬儒学,化风俗,以致"关陇清晏,百姓丰乐":]坚以境内旱,课百姓区种[区种法,中国耕种田园化的开端,尤其有助抗旱丰产,为西汉晚期汜胜之首创]。惧岁不登,省节谷帛之费,太官、后宫减常度二等,百僚之秩以次降之。复魏晋士籍,使役有常,闻诸非正道,典学一皆禁之。坚临太学,考学生经义,上第擢叙者八十三人。自永嘉之乱,庠序无闻,及坚之僭,颇留心儒学,王猛整齐风俗,政理称举,学校渐兴。关陇清晏,百姓丰乐,自长安至于诸州,皆夹路树槐柳,二十里一亭,四十里一驿,旅行者取给于途,工商贸贩于道。百姓歌之曰:"长安大街,夹树杨槐。下走朱轮,上有鸾栖。英彦云集,诲我萌黎。"

…… ……

[贯彻"先取仇池,进图宁益"的既定规划,遣两路军以东晋为代价"寇汉川","陷益州",占成都,于是"西南夷邛、莋、夜郎等皆归之"。]

---

① 《晋书·张天锡传》载:[面对前秦攻袭,战略殊为轻率和两番不堪一击导致前凉灭亡:]
时符坚强盛,每攻之,兵无宁岁。……
太元[东晋孝武帝年号]元年[376],符坚遣其将苟苌、毛当、梁熙、姚苌来寇,渡石城津。天锡集议,中录事席仂曰:"先公既有故事,徐思后变,此孙仲谋屈伸之略也。"众以仂为老怯,咸曰:"龙骧将军马达,精兵万人距之,必不敢进。"[群臣和他本人战略轻浮,依凭战场上被证明为银样镴枪头的将军和作鸟兽散的兵众:]……马达万人逆芟等,因请降,兵人散走。……[张天锡"出城自战,城内又反",遂无奈之中拱手投降,前凉灭亡:]天锡惧,出城自战,城内又反。天锡窘迫,降于芟等。……国亡。即位凡十三年。自轨为凉州,至天锡,凡九世,七十六年矣。……

晋梁州刺史杨亮遣子广袭仇池，与坚将杨安战，广败绩，晋沮水[发源于秦岭山脉南麓陕西留坝县与凤县交界处，最后注入汉水，今全长130公里]诸戍皆委城奔溃，亮惧而退守磬险[在今陕西汉中市洋县西]，安遂进寇汉川。坚遣王统、朱彤率卒二万为前锋寇蜀，前禁将军毛当、鹰扬将军徐成率步骑三万入自剑阁。杨亮率巴獠[巴蜀之地戎夷]万余拒之，战于青谷，王师不利，亮奔固西城。彤乘胜陷汉中，徐成又攻二剑，克之，杨安进据梓潼[今四川绵阳市梓潼县]。晋奋威将军、西蛮校尉周虓降于彤。扬武将军、益州刺史周仲孙勒兵距彤等于绵竹，闻坚将毛当将至成都，仲孙率骑五千奔于南中[今云南、贵州和四川西南部]。安、当进兵，遂陷益州。于是西南夷邛、筰、夜郎等皆归之。坚以安为右大将军、益州牧，镇成都；毛当为镇西将军、梁州刺史，镇汉中；姚苌为宁州刺史、领西蛮校尉；王统为南秦州刺史，镇仇池。

[镇压和屠戮大规模反叛和进围成都的益州华戎:]蜀人张育、杨光等起兵，与巴獠相应，以叛于坚。晋益州刺史竺瑶、威远将军桓石虔率众三万据垫江[今重庆市垫江县]。育乃自号蜀王，遣使归顺，与巴獠酋帅张重、尹万等五万余人进围成都。寻而育与万争权，举兵相持，坚遣邓羌与杨安等击败之，育、光退屯绵竹。安又败张重、尹万于成都南，重死之，及首级二万三千。邓羌复击张育、杨光于绵竹，皆害之。桓石虔败姚苌于垫江，苌退据五城，石虔与竺瑶移屯巴东。

……[照例是儒家治国方式，在学问和教育方面彻底"禁《老》、《庄》、图谶之学"，还搞宫内妇女及宦官儒学教育:]遣使巡行四方，观风俗，问政道，明黜陟，恤孤独不能自存者。以安车蒲轮征隐士乐陵王欢为国子祭酒。及王猛卒，坚置听讼观于未央之南。禁《老》、《庄》、图谶之学。中外四禁、二卫、四军长上将士，皆令修学。课后宫，置典学，立内司，以授于掖庭，选阉人及女隶有聪识者署博士以授经。

[发骑兵十三万镇压已亡国留守凉州的张天锡的反叛，经赤岸决战大胜，剥夺张氏凉州领地:]遣其武卫苟苌、左将军毛盛、中书令梁熙、步兵校尉姚苌等率骑十三万伐张天锡于姑臧。遣尚书朗阎负、梁殊衔命军前，下书征天锡。……阎负等到凉州，天锡自以晋之列籓，志在保境，命斩之，遣将军马建出距苌等。俄而梁熙、王统等自清石津攻其将梁粲于河会城，陷之。苟苌济自石城津，与梁熙等会攻缠缩城，又陷之。马建惧，自杨非退还清塞。天锡又遣将军掌据率众三万，与马建阵于

洪池。……天锡乃率中军三万次金昌。苌、熙闻天锡来逼,急攻据、建,建降于苌,遂攻据,害之……天锡又遣司兵赵充哲为前锋,率劲勇五万,与苌等战于赤岸[今甘肃临夏回族自治州临夏县黄河边],哲大败。天锡惧而奔还,至笺请降。苌至姑臧,天锡乘素车白马,面缚舆榇,降于军门。苌释缚焚榇,送之于长安,诸郡县悉降。坚以梁熙为持节、西中郎将、凉州刺史,领护西羌校尉,镇姑臧。徙豪右七千余户于关中……坚封天锡重光县之东宁乡二百户,号归义侯。……

[遣幽州兵十万和中央军二十万击碎鲜卑拓跋部涉翼犍:]坚既平凉州,又遣其安北将军、幽州刺史苻洛为北讨大都督,率幽州兵十万讨代王涉翼犍。又遣后将军俱难与邓羌等率步骑二十万东出和龙,西出上郡,与洛会于涉翼犍庭。翼犍战败,遁于弱水。苻洛逐之,势穷迫,退还阴山。其子翼圭缚父请降,洛等振旅而还,封赏有差。坚以翼犍荒俗,未参仁义,令入太学习礼。以翼圭执父不孝,迁之于蜀。散其部落于汉鄣边故地,立尉、监行事,官僚领押,课之治业营生,三五取丁,优复三年无税租。其渠帅岁终令朝献,出入行来为之制限。……

[在关中大修水利,在凉州宽徭励民:]坚以关中水旱不时,议依郑白故事,发其王侯已下及豪望富室僮隶三万人,开泾水[渭河支流,在今陕西中部]上源,凿山起堤,通渠引渎,以溉冈卤之田。及春而成,百姓赖其利。以凉州新附,复租赋一年。为父后者赐爵一级,孝悌力田爵二级,孤寡高年谷帛有差,女子百户牛酒,大酺三日。

[过度伸展的前奏,即379年遣几路大军进攻东晋长江中游和徐淮地区,相持而后有所进展,但最终战败退兵。]

遣其尚书令苻丕率司马慕容暐、苟苌等步骑七万寇襄阳。使杨安将樊邓之众为前锋,屯骑校尉石越率精骑一万出鲁阳关[在今河南平顶山市鲁山县西南],慕容垂与姚苌出自南乡[郡名,治所在今河南南阳市淅川县滔河乡一带],苟池等与强弩王显将劲卒四万从武当[今湖北丹江口市均州县]继进,大会汉阳。师次沔北,晋南中郎将朱序以丕军无舟楫,不以为虞,石越遂游马以渡。序大惧,固守中城[襄阳中城]。越攻陷外郭,获船百余艘以济军。丕率诸将进攻中城,遣苟池、石越、毛当以众五万屯于江陵。晋车骑将军桓冲拥众七万为序声援,惮池等不进,保据上明[在今湖北荆州市]。兖州刺史彭超遣使上言于坚曰:"晋沛郡太守戴逯以卒数千戍彭城,臣请率精锐五万攻之,愿更遣重将讨淮南诸城。"坚于是又遣其后将军俱难率右将军毛当、后禁毛盛、陵江邵保等步骑七万寇淮阴、盱眙。扬武彭超寇彭城。……晋将军毛武生率众五万距之,与俱难等相持于淮南。

[统一了华北的政权总是拥有个亚帝国,曹魏如此,灭吴前的西晋如此,现在前秦亦然:]先是,梁熙遣使西域,称扬坚之威德,并以缯彩赐诸国王,于是朝献者十有余国。大宛献天马千里驹,皆汗血、朱鬣、五色、凤膺、麟身,及诸珍异五百余种。坚曰:"吾思汉文之返千里马,咨嗟美咏。今所献马,其悉反之,庶克念前王,仿佛古人矣。"乃命群臣作《止马诗》而遣之,示无欲也。……①

[过度伸展,"费广无成",却不反思反悔:]是时苻丕久围襄阳,御史中丞李柔劾丕以师老无功,请征下廷尉。坚曰:"丕等费广无成,实宜贬戮。但师已淹时,不可虚然中返,其特原之,令以功成赎罪。"因遣其黄门郎韦华持节切让[责难]丕等,仍赐以剑,曰:"来春不捷者,汝可自裁,不足复持面见吾也。"……众咸疑惧,莫知所为。……

[从东晋夺得襄阳、彭城、淮阴和盱眙,继续进军,"京都大震",但到头来兵退淮北,因为……]太元四年[379],晋兖州刺史谢玄率众数万次于泗泇,将救彭城。苻丕陷襄阳,执南中郎将朱序,送于长安[桓冲麾下七万军队足以令前秦此役在长江中游地区无他战果。]……彭超围彭城也,置辎重于留城。至是,晋将谢玄遣将军何谦之、高衡率众万余,声趣留城,超引军赴之。戴逯率彭城之众奔于谢玄,超留其治中徐褒守彭城而复寇盱眙。俱难既陷淮阴,留邵保成之,与超会师而南。……毛当与王显自襄阳而东,会攻淮南。彭超陷盱眙,获晋建威将军、高密内史毛璪之,遂攻晋幽州刺史田洛于三阿[今江苏淮安市金湖县马塘],去广陵[今江苏扬州市广陵区]百里,京都大震,临江列戍。……[因为杰出的军事家谢玄率著名的北府兵在徐淮地区接连四败前秦军:]玄率众三万次于白马塘[在今江苏扬州市高邮市西南],俱难遣其将都颜率骑逆玄,战于塘西,玄大败之,斩颜。玄进兵至三阿,与难、超战,超等又败,退保盱眙。玄进次石梁,与田洛攻盱眙,难、超出战,复败,退屯淮阴。玄遣将军何谦之、督护诸葛侃率舟师乘潮而上,焚淮桥,又与难等合战,谦之斩其将邵

①　本篇稍后载:鄯善王、车师前部王来朝,大宛献汗血马,肃慎贡楛矢,天竺献火浣布,康居、于阗及海东诸国,凡六十有二王,皆遣使贡其方物。

保，难、超退师淮北。……坚闻之，大怒，槛车征超下狱，超自杀，难免为庶人。①

　　[过度伸展伊始的一大"象征性警告"，真正巩固现状之不易：堂弟苻洛拥幽州之师大造反，经发动大军和大战中山才镇压下去。]……[深忌之中调动，引发苻洛造反：]以苻洛为散骑常侍、持节、都督益宁西南夷诸军事、征南大将军、益州牧，领护西夷校尉，镇成都……洛，健之兄子也。雄勇多力，而猛气绝人，坚深忌之，故常为边牧。洛有征伐之功而未赏，及是迁也，恚怒，谋于众曰："孤于帝室，至亲也，主上不能以将相任孤，常摈孤于外，既投之西裔，复不听过京师，此必有伏计……为宜束手就命，为……匡社稷邪？诸君意如何？"其治中平颜妄陈祥瑞，劝洛举兵。洛因攘袂大言曰："孤计决矣，沮谋者斩！"于是自称大将军、大都督、秦王，署置官司，以平颜辅国将军、幽州刺史，为其谋主。分遣使者征兵于鲜卑、乌丸、高句丽、百济及薛罗、休忍等诸国，并不从。洛惧而欲止，平颜曰："且宜声言受诏，尽幽、并之兵出自中山、常山，阳平公[苻融]必郊迎于路，因而执之，进据冀州，总关东之众以图秦、雍，可使百姓不觉易主而大业定矣。"洛从之，乃率众七万发和龙，将图长安。于是关中骚动，盗贼并起。坚遣使数之曰："天下未一家，兄弟匪他，何为而反？可还和龙，当以幽州永为世封。"洛谓使者曰："汝还白东海王[苻坚即帝位前为东海王]，幽州褊厄，不足容万乘，须还王咸阳，以承高祖之业。若能候驾潼关者，位为上公，爵归本国。"[苻坚发几路大军镇压：]坚大怒，遣其左将军窦冲及吕光率步骑四万讨之，右将军都贵驰传诣邺，率冀州兵三万为前锋，以苻融为大都督，授之节度。使石越率骑一万，自东莱出石径，袭和龙，海行四百余里。苻重[苻洛之兄，镇北大将军]亦尽蓟城之众会洛，次于中山，有众十万。[中山之战，苻洛被擒，而后其势力被消灭：]冲等与洛战于中山[今河北保定市下属定州市]，大败之，执洛及其将兰殊，送于长安。吕光追斩苻重于幽州，石越克和龙，斩平颜及其党与百余人。坚赦兰殊，

---

① 本篇篇末载：荆州刺史都贵遣其司马阎振、中兵参军吴仲等率众二万寇竟陵[今湖北天门市]，留辎重于管城[今湖北荆门市下述钟祥市北]，水陆轻进。桓冲遣南平太守桓石虔、竟陵太守郭铨等水陆二万距之，相持月余，战于激水[在钟祥市西北]。振等大败，退保管城。石虔乘胜攻破之，斩振及仲，俘斩万七千。[过度伸展，死伤严重，却不反思反悔。]

"倾率土之师，起滔天之寇"；"贻戚将来，取笑天下"　　　　　　　725

署为将军,徙洛于凉州[380],征苻融为车骑大将军、领宗正、录尚书事。

[为图关东长治久安,从关陇分出氐人十五万户徙居关东各要镇:]洛既平,坚以关东地广人殷,思所以镇静之,引其群臣于东堂议曰:"凡我族类,支胤弥繁,今欲分三原、九嵕[zōng,今陕西咸阳市乾县东北]、武都[今甘肃陇南市成县西]、汧[qiān,今陕西宝鸡市凤翔县南]、雍[今陕西宝鸡市凤翔县南]十五万户于诸方要镇,不忘旧德,为磐石之宗,于诸君之意如何?"皆曰:"此有周所以祚隆八百,社稷之利也。"于是……诸戎子弟离其父兄者,皆悲号哀恸,酸感行人,识者以为丧乱流离之象。……①

…… ……

[因太后丑闻而起的一则"文字狱":]初,坚母少寡,将军李威有辟阳之宠[西汉初辟阳侯审食其为吕后所爱幸,为吕后之男宠],史官载之。至是,坚收起居注及著作所录而观之,见其事,惭怒,乃焚其书,大检史官,将加其罪。著作郎赵泉、车敬等已死,乃止。

…… ……

载记第十四　苻坚下及王猛、苻融　摘录和评注

[本篇的根本内涵是苻坚高居于胜利的顶点而过度自信,从而决定性地过度伸展,结果出乎意料地输掉大部分国力赌注,输在他得意之余并未当作真正赌博的倾

---

① 此举被认为分散了氐族的民族力量,影响其对各地的军事影响力。
更广泛地说,苻坚被认为对前秦这个多民族国家没有作出民族融合措施。在陇西鲜卑首领乞伏司繁投降后,只迁他到长安,其部众仍留在陇西;前燕鲜卑族人除了慕容氏皇族及部分关东豪族被迁至关中外,大部分留在前燕故地;消灭鲜卑拓跋部涉翼犍代国后,虽由北方匈奴族人代领代国遗众,但后者大多仍居北方。移居关中的各民族更成前秦心腹大患。
"苻坚",https://baike.sogou.com/v575494.htm? fromTitle＝%E8%8B%BB%E5%9D%9A.
然而,我们在下篇载记的一则评注中说:"作为一个以少数族统治众多他族的国家君主,他能有什么可持久的好办法?这些他族有些单论人口就远多过他的民族,何况他们的人口总和更是多得与之有天壤之别。"

力南征上。]

[他太轻看东晋仍有的巨大潜能,懵然不知桓温死后掌权的大国务家谢安何等厉害,也不了解军事家谢玄及其组建和训练的北府兵何等善战。如前所述,他的统一抱负成一枕黄粱,军力崩塌而无可复振,国土分崩而几成地狱。就他,我们禁不住要套用唐太宗李世民的一席话,那是评论灭吴前后判若两人的晋武帝司马炎的:"天人之功成矣,霸王之业大矣……骄泰之心,因斯而起。……不知广以思狭,则广可长广;居治而忘危,则治无常治。"于是,他演出了史上常有的一类悲剧,那就是急盛与急衰发生在仅一代人身上。亦如李世民所言的司马炎,他"善始于初,而乖令终于末,所以殷勤史册,不能无慷慨焉"。]

[从多方面准备一举全力征伐东晋,其几乎一意孤行的"正式"决策。]

太元七年[382,淝水之战前一年]……

……将以融为司徒,融固辞。坚锐意荆、扬,将谋入寇,乃改授融征南大将军、开府仪同三司。

…… ……

……以谏议大夫裴元略为陵江将军、西夷校尉、巴西梓潼二郡太守,密授规模,令与王抚[益州刺史]备舟师于蜀,将以入寇。

[他确实对过度伸展全无慎心,仅西域邦国旨在为互斗而做的一点"忽悠",便足以让他下令出兵七万"讨定西域",且在准备全力征服东晋之际!]车师前部王弥寞[tián,同"阗"]、鄯善王休密馱朝于坚,坚赐以朝服,引见西堂。寞等观其宫宇壮丽,仪卫严肃,甚惧,因请年年贡献。坚以西域路遥,不许,令三年一贡,九年一朝,以为永制。寞等请曰:"大宛诸国虽通贡献,然诚节未纯,请乞依汉置都护故事。若王师出关,请为向导。"坚于是以骁骑吕光为持节、都督西讨诸军事,与陵江将军姜飞、轻骑将军彭晃等配兵七万,以讨定西域。[依据华夏千年传统经验的劝谏对他全然无效,部分地因为华夏传统复杂,还有其他经验可供误读。]符融以虚耗中国,投兵万里之外,得其人不可役,得其地不可耕,固谏以为不可。坚曰:"二汉力不能制匈奴,犹出师西域。今匈奴既平,易若摧枯,虽劳师远役,可传檄而定,化被昆山,

垂芳千载,不亦美哉!"朝臣又屡谏,皆不纳。①

[关于倾全力剪灭东晋的"正式"决策过程,就一桩国家对外大举的决策过程得到的叙述之详密而言,在中国史纂可谓罕见。]

[他急欲发兵百万,消灭东晋而一统天下,而朝廷里不乏逢迎君意、煽风助火的佞臣或蠢臣:]晋将军朱绰焚践沔北屯田,掠六百余户而还。坚引群臣会议,曰:"吾统承大业垂二十载,芟[shān]夷[割草,比喻剪灭乱贼]逋秽,四方略定,惟东南一隅未宾王化。吾每思天下不一,未尝不临食辍餔,今欲起天下兵以讨之。略计兵杖精卒,可有九十七万,吾将躬先启行,薄伐南裔,于诸卿意何如?"秘书监朱肜曰:"陛下应天顺时,恭行天罚,啸咤则五岳摧覆,呼吸则江海绝流,若一举百万,必有征无战。晋主自当衔璧舆榇,启颡军门,若迷而弗悟,必逃死江海,猛将追之,即可赐命南巢。中州之人,还之桑梓。然后回驾岱宗,告成封禅……终古一时,书契未有。"坚大悦曰:"吾之志也。"左仆射权翼进曰[清醒的、着重于根本政治状况而非表面军力对比的劝谏在他耳里远非悦言]:"臣以为晋未可伐。夫以纣之无道,天下离心,八百诸侯不谋而至,武王犹曰彼有人焉,回师止旆。三仁诛放,然后奋戈牧野。今晋道虽微,未闻丧德,君臣和睦,上下同心。谢安、桓冲,江表伟才,可谓晋有人焉。臣闻师克在和,今晋和矣,未可图也。"坚默然久之,曰:"诸君各言其志。"太子左卫率石越对曰[清醒的、着重于根本政治状况和地缘战略条件的劝谏在他耳里亦然]:"吴人恃险偏隅,不宾王命,陛下亲御六师,问罪衡、越,诚合人神四海之望。但……晋中宗[元帝司马睿庙号],藩王耳,夷夏之情,咸共推之,遗爱犹在于人。昌明[孝武帝司马曜字],其孙也,国有长江之险,朝无昏贰之衅。臣愚以为利用修德,未宜动师。孔子曰:'远人不服,修文德以来之。'愿保境养兵,伺其虚隙。"坚曰[他对劝谏的反驳基本文不对题,避谈东晋现况,所依据的仅是他认为的压倒性的兵力优势]:"……昔夫差威陵上国,而为句践所灭。仲谋泽洽全吴,孙皓因三代之业,龙骧一呼,君臣面缚,虽有长江,其能固乎! 以吾之众旅,投鞭于江,足断其流。"……群臣各有异同,庭议者久之。坚曰[他准备不顾并非少数廷臣的反对意见而独断专行]:

---

① 本篇稍后载:明年[383],吕光发长安[一说吕光征西域在 382 年,淝水之战前夕],坚送于建章宫,谓光曰:"西戎荒俗,非礼义之邦。羁縻之道,服而赦之,示以中国之威,导以王化之法,勿极武穷兵,过深残掠。"加鄯善王休密驮使持节、散骑常侍、都督西域诸军事、宁西将军,车师前部王弥寘使持节、平西将军、西域都护,率其国兵为光向导。

"所谓筑室于道,沮计万端,吾当内断于心矣。"群臣出后,独留苻融议之。坚曰:"自古大事,定策者一两人而已,群议纷纭,徒乱人意,吾当与汝决之。"融曰:"岁镇在斗牛,吴、越之福,不可以伐一也。晋主休明,朝臣用命,不可以伐二也。我数战,兵疲将倦,有惮敌之意,不可以伐三也。诸言不可者,策之上也,愿陛下纳之。"坚作色曰[他果然决定独断专行,甚至拒绝头号重臣苻融非常明确的反对;他的根本依据是两条,即"有众百万"和东晋乃"垂亡之寇",而前者表面,后者虚妄]:"汝复如此,天下之事,吾当谁与言之!今有众百万,资仗如山,吾虽未称令主,亦不为暗劣。以累捷之威,击垂亡之寇,何不克之有乎!吾终不以贼遗子孙,为宗庙社稷之忧也。"融泣曰:"吴之不可伐昭然,虚劳大举,必无功而反。臣之所忧,非此而已。[苻融还徒然说出他深刻的根本忧患,即遍布前秦内部的其余异族构成潜在的心腹大患,"如有风尘之变者,其如宗庙何"!]陛下宠育鲜卑、羌、羯,布诸畿甸,旧人族类,斥徙遐方。今倾国而去,如有风尘之变者,其如宗庙何!监国以弱卒数万留守京师,鲜卑、羌、羯攒聚如林,此皆国之贼也,我之仇也。⋯⋯臣智识愚浅,诚不足采;王景略[王猛字]一时奇士,陛下每拟之孔明,其临终之言不可忘也。①"坚不纳。[与他亲近的佛教大学者道安的劝谏亦属徒然:]游于东苑,命沙门道安[汉人]同辇⋯⋯坚⋯⋯顾谓安曰:"朕将与公南游吴、越⋯⋯泛长江,临沧海,不亦乐乎!"安曰:"⋯⋯东南区区,地下气疠,虞舜游而不返,大禹适而弗归,何足以上劳神驾,下困苍生。《诗》云:'惠此中国,以绥四方。'苟文德足以怀远,可不烦寸兵而坐宾百越。"坚曰:"非为地不广、人不足也,但思混一六合,以济苍生。天生蒸庶,树之君者,所以除烦去乱,安得惮劳!⋯⋯且朕此行也,以义举耳,使流度衣冠之胄,还其墟坟,复其桑梓,止为济难铨[选录]才,不欲穷兵极武。"⋯⋯先是,群臣以坚信重道安,谓安曰:"主上欲有事于东南,公何不为苍生致一言也!"故安因此而谏。苻融及尚书原绍、石越等上书面谏,前后数十,坚终不从。[他更不愿理会他小儿子的劝谏:"孺子言焉,将为戮也"]坚少子中山公诜有宠于坚,又谏曰:"臣闻季梁在随,楚人惮之;宫奇在虞,晋不窥兵。国有人焉故也。及谋之不用,而亡不淹岁。前车之覆轨,后车之明鉴。阳平公[苻融],国之谋主,而陛下违之;晋有谢安、桓冲,而陛下伐之。是行也,臣窃惑

① 本篇所附王猛传载其临终之言:"晋虽僻陋吴、越,乃正朔相承。亲仁善邻,国之宝也。臣没之后,愿不以晋为图。鲜卑、羌虏,我之仇也,终为人患,宜渐除之,以便社稷。"

焉。"坚曰："国有元龟[大龟,用于占卜,借指谋士或可资借鉴的往事],可以决大谋;朝有公卿,可以定进否。孺子言焉,将为戮也。"

…… ……

坚南游灞上,从容谓群臣曰[他使命意识强烈("江东不可不灭"),实力自信满满("有劲卒百万"),以致尽管"朝廷内外皆言不可",仍能从容宣告他将一意孤行]:"……今天下垂平,惟东南未殄。朕忝荷大业,巨责攸归,岂敢优游卒岁,不建大同之业!每思桓温之寇也,江东不可不灭。今有劲卒百万,文武如林,鼓行而摧遗晋,若商风之陨秋箨[tuò,竹笋上一片一片的皮]。朝廷内外,皆言不可,吾实未解所由。晋武若信朝士之言而不征吴者,天下何由一轨!吾计决矣,不复与诸卿议也。"[太子谏言一无用处;再说,至此为止所有劝谏者只模糊地感到东晋富有潜能及前燕是个隐患,因而他们的论据都太笼统、含糊和不定,除长江天险外拿不出可以和他"有众百万"匹敌的具体的资讯,从而缺乏战略说服力,或如他所说"皆言不可,吾实未解所由"。]子宏进曰:"……晋主无罪,人为之用;谢安、桓冲兄弟皆一方之俊才,君臣戮力,阻险长江,未可图也。但可厉兵积粟,以待暴主,一举而灭之。今若动而无功,则威名损于外,资财竭于内。……彼若凭长江以固守,徙江北百姓于江南,增城清野,杜门不战,我已疲矣,彼未引弓。上下气疠,不可久留,陛下将若之何?"坚曰:"……昔始皇之灭六国,其王岂皆暴乎?且吾内断于心久矣,举必克之,何为无功!吾命蛮夷以攻其内,精甲劲兵以攻其外,内外如此,安有不克!"……[鲜卑流亡者慕容垂非但不佞不蠢,而且"天资英杰,经略超时"(慕容恪临终语),说下面的逢迎煽情话大概别有用心,因而王猛苻融所言鲜卑羌羯"我之仇"是矣。]冠军慕容垂言于坚曰:"……司马昌明[东晋孝武帝司马曜字]因余烬之资,敢距王命,是而不诛,法将安措!孙氏跨僭江东,终并于晋,其势然也。臣闻小不敌大,弱不御强,况大秦之应符,陛下之圣武,强兵百万,韩、白[韩信、白起]盈朝,而令其偷魂假号,以贼虏遗子孙哉!……陛下内断神谋足矣,不烦广访朝臣以乱圣虑。……"坚大悦,曰:"与吾定天下者,其惟卿耳。"赐帛五百匹。[他在一段时间里虽然还较充分地让群臣各抒己见,以致议论纷纷,因而好于许多其他刚愎自用的君主,但王猛逝后已经没有他深为钦佩、真正虚心接纳的谋臣,甚至被称为"谋主"的苻融也被训斥说"天下之事,吾当谁与言之"!即使苻融拿出王猛临终之言,他也不纳。军力上"强兵百万",智能上孤家寡人。]

…… ……

[东晋发兵两路至少十余万,欲夺回襄阳和蜀地,前秦遣大军抵御,令其无果而还。]晋车骑将军桓冲率众十万伐坚,遂攻襄阳。遣前将军刘波、冠军桓石虔、振威桓石民攻沔北诸城;辅国杨亮伐蜀,攻拔伍城[县治,在今四川绵阳市三台县潼川镇],进攻涪城,龙骧胡彬攻下蔡;鹰扬郭铨攻武当;冲别将攻万岁城[在今湖北十堰市房县],拔之。坚大怒,遣其子征南睿及冠军慕容垂、左卫毛当率步骑五万救襄阳,扬武张崇救武当,后将军张蚝、步兵校尉姚苌救涪城。……王师败张崇于武当[今湖北丹江口市西北关门岩北],掠二千余户而归。睿遣垂及骁骑石越为前锋,次于沔水。垂、越夜命三军人持十炬火,系炬于树枝,光照十数里中。冲惧,退还上明。张蚝出斜谷[其北口在今陕西宝鸡市眉县西南],杨亮亦引兵退归。[部分地显示了东晋军事实力的这番战事本应是警告,告诫他未来的征伐殊非"若商风之陨秋箨";然而,这大概只坚定了大怒的他发动征伐的决心。]

[经空前规模的大动员,他发动对东晋的大征伐,步骑及两栖总兵力果然至少百万,且"运漕万艘"。虽有一系列斩获,但俱无决定性胜利,且全输洛涧之战,而这意外骤然改变了他的心态,以致一下子变为"有惧色",甚而疑草木皆兵。]

坚下书悉发诸州公私马,人十丁遣一兵。门在[名列]灼然[举试科目名,为九品中正的第二品]者,为崇文义从[自愿从军者]。良家子年二十已下,武艺骁勇,富室材雄者,皆拜羽林郎。……良家子至者三万余骑。其秦州主簿金城赵盛之为建威将军、少年都统。遣征南苻融、骠骑张蚝、抚军苻方、卫军梁成、平南慕容暐、冠军慕容垂率步骑二十五万为前锋。坚发长安,戎卒六十余万,骑二十七万,前后千里,旗鼓相望。坚至项城,凉州之兵始达咸阳,蜀汉之军顺流而下,幽冀之众至于彭城,东西万里,水陆齐进。运漕万艘,自河入石门[在今陕西渭南市韩城市],达于汝、颍。

[征伐伊始,得一系列斩获,从而加剧他对东晋不堪一击的误判和冒进冲动:]融等攻陷寿春[今安徽淮南市寿县],执晋平虏将军徐元喜、安丰太守王先。垂攻陷郧城[今湖北孝感市下属安陆市],害晋将军王太丘。梁成[前秦将领,荆州刺史,镇襄阳]与其扬州刺史王显、弋阳太守王咏等率众五万,屯于洛涧[即今安徽淮南市东淮河支流洛河],栅淮以遏东军。成频败王师。晋遣都督谢石[大致为名义上的战区统帅。《晋书·谢石传》云:"坚之败也,虽功始牢之,而成于玄、琰,然石时实为都

督焉。"〕、徐州刺史谢玄、豫州刺史桓伊、辅国谢琰等水陆七万，相继距融，去洛涧二十五里，惮成不进。龙骧将军胡彬先保硖石，为融所逼，粮尽……融军人获而送之。融乃驰使白坚曰："贼少易俘，但惧其越逸，宜速进众军，掎禽贼帅。"坚大悦，恐石等遁也，舍大军于项城，以轻骑八千兼道赴之，令军人曰："敢言吾至寿春者拔舌。"故石等弗知。〔突然，东晋名将刘牢之全赢洛涧之战，由此令他从狂妄自信一下子变为"有惧色"，以致草木皆兵，而东晋军心大振，"水陆继进"。〕晋龙骧将军刘牢之率劲卒五千，夜袭梁成垒，克之，斩成及王显、王咏等十将，士卒死者万五千。谢石等以既败梁成，水陆继进。坚与符融登城而望王师，见部阵齐整，将士精锐，又北望八公山〔位于今安徽淮南市与寿县古城交界处〕上草木，皆类人形，顾谓融曰："此亦劲敌也，何谓少乎！"怃然有惧色。……

〔前秦主力至淝水与东晋主力对峙，先贸然受骗，后毁于一大克劳塞维茨式"摩擦"或偶然性，"军遂奔退，制之不可止"，主将被杀，统帅中箭，"诸君悉溃"，他后悔莫及。〕

〔东晋军改变战略，决定争取速战：〕坚遣其尚书朱序说石等以众盛，欲胁而降之。序诡谓石曰："若秦百万之众皆至，则莫可敌也。及其众军未集，宜在速战。若挫其前锋，可以得志。"石闻坚在寿春也，惧，谋不战以疲之。谢琰劝从序言，遣使请战，许之。〔前秦主力至淝水与东晋主力对峙，受骗让东晋军济水：〕时张蚝败谢石于肥南，谢玄、谢琰勒卒数万，阵以待之。蚝乃退，列阵逼肥水〔今安徽淮南市寿县城东南的瓦埠湖一段〕。王师不得渡，遣使谓融曰："君悬军深入，置阵逼水，此持久之计，岂欲战者乎？若小退师，令将士周旋，仆与君公缓辔而观之，不亦美乎！"融于是麾军却阵，欲因其济水，覆而取之。〔毁于一大克劳塞维茨式"摩擦"，军奔退不止，遂大败：〕军遂奔退，制之不可止。融驰骑略阵，马倒被杀，军遂大败。王师乘胜追击，至于青冈〔今安徽淮南市毛集实验区〕，死者相枕。坚为流矢所中，单骑遁还于淮北，饥甚，人有进壶飧豚髀者，坚食之，大悦，曰："昔公孙豆粥何以加也！"[1]……
〔他后悔莫及，惭愧无比，且吓破了胆：〕坚大惭，顾谓其夫人张氏曰："朕若用朝臣之

---

[1] 《后汉书·冯异传》载：及王郎起，光武自蓟东南驰，晨夜草舍，至饶阳无蒌亭。时天寒烈，众皆饥疲，异上豆粥。明旦，光武谓诸将曰："昨得公孙〔冯异字〕豆粥，饥寒俱解。"

言,岂见今日之事邪! 当何面目复临天下乎?"潸然流涕而去。闻风声鹤唳,皆谓晋师之至。……

[祸不单行,苻融生前告诫终于成真,前秦分崩离析(上):鲜卑慕容垂叛变,起兵立后燕;鲜卑慕容泓叛变,起兵立西燕;羌族姚苌叛变,起兵立后秦。兵祸遍野,饿殍遍野。]

诸军悉溃,惟慕容垂一军独全,坚以千余骑赴之。垂子宝劝垂杀坚,垂不从,乃以兵属坚。……坚收离集散,比至洛阳,众十余万,百官威仪军容粗备。[慕容垂叛变:]未及关而垂有贰志,说坚请巡抚燕、岱,并求拜墓,坚许之。权翼固谏以为不可,坚不从。寻惧垂为变,悔之,遣骁骑石越率卒三千戍邺,骠骑张蚝率羽林五千戍并州,留兵四千配镇军毛当戍洛阳。坚至自淮南,次于长安东之行宫,哭苻融而后入,告罪于其太庙……厉兵课农,存恤孤老,诸士卒不返者皆复其家终世。赠融大司马,谥曰哀公。

[慕容垂"引丁零、乌丸之众二十余万"围攻邺城:]卫军从事中郎丁零、翟斌反于河南,长乐公苻丕遣慕容垂及苻飞龙讨之。垂南结丁零,杀飞龙,尽坑其众[何等残忍!]。豫州牧、平原公苻晖遣毛当击翟斌,为斌所败,当死之。垂子农亡奔列人,招集群盗,众至万数千。丕遣石越击之,为农所败,越死之。垂引丁零、乌丸之众二十余万,为飞梯地道以攻邺城。①

[鲜卑慕容泓叛变,起兵反,立西燕:]慕容晔弟燕故济北王泓先为北地长史,闻垂攻邺,亡命奔关东,收诸马牧鲜卑,众至数千,还屯华阴。慕容晔乃潜使诸弟及宗人起兵于外。坚遣将军强永率骑击之,为泓所败,泓众遂盛,自称使持节、大都督陕西诸军事、大将军、雍州牧、济北王,推叔父垂为丞相、都督陕东诸军事、领大司马、冀州牧、吴王。

[征讨关西鲜卑大败,羌族大将姚苌叛变:]坚谓权翼曰:"吾不从卿言,鲜卑至是。关东之地,吾不复与之争[他现在与先前判若两人,失败主义情绪严重,连华北统一都不想维持或恢复],将若泓何?"翼曰:"寇不可长。慕容垂正可据山东为乱,不暇近逼。今晔及宗族种类尽在京师,鲜卑之众布于畿甸,实社稷之元忧,宜遣重将

---

① 后载"苻丕在邺粮竭,马无草,削松木而食之。会丁零叛慕容垂,垂引师去邺"。

讨之。"坚乃以广平公苻熙为使持节、都督雍州杂戎诸军事、镇东大将军、雍州刺史,镇蒲坂。征苻睿为都督中外诸军事、卫大将军、司隶校尉、录尚书事,配兵五万以左将军窦冲为长史,龙骧姚苌为司马,讨泓于华泽[今陕西渭南市下属华阴市]。平阳太守慕容冲起兵河东,有众二万……苻睿勇果轻敌,不恤士众。泓闻其至也,惧,率众将奔关东,睿驰兵要之。姚苌谏曰:"鲜卑有思归之心,宜驱令出关,不可遏也。"睿弗从,战于华泽,睿败绩,被杀。[姚苌惧诛而叛变:]坚大怒。苌惧诛,遂叛。……泓众至十余万,遣使谓坚曰:"秦为无道,灭我社稷。今天诱其衷,使秦师倾败,将欲兴复大燕。吴王已定关东,可速资备大驾,奉送家兄皇帝并宗室功臣之家。泓当率关中燕人,翼卫皇帝,还返邺都,与秦以武牢为界,分王天下,永为邻好,不复为秦之患也。……"坚大怒……

[亲征姚苌,功败垂成:]坚率步骑二万讨姚苌于北地,次于赵氏坞,使护军杨璧游骑三千,断其奔路,右军徐成、左军窦冲、镇军毛盛等屡战败之,仍断其运水之路……苌军渴甚,遣其弟镇北尹买率劲卒二万决堰。窦冲率众败其军于鹳雀渠,斩尹买及首级万三千。苌众危惧,人有渴死者。俄而降雨于苌营,营中水三尺,周营百步之外,寸余而已,于是苌军大振。坚方食,去案怒曰:"天其无心,何故降泽贼营!"苌又东引慕容泓为援。

[慕容冲取代死于政变的慕容泓:]泓谋臣高盖、宿勤崇等以泓德望后冲[不如慕容冲],且持法苛峻,乃杀泓,立冲为皇太弟,承制行事,自相署置。

[姚苌大举进攻,大败前秦军:]姚苌留其弟征虏绪守杨渠川大营,率众七万来攻坚。坚遣杨璧等击之,为苌所败,获杨璧、毛盛、徐成及前军齐午等数十人,皆礼而遣之。

[慕容冲接连大败前秦大军,入居阿房城:]苻晖率洛阳、陕城之众七万归于长安。益州刺史王广遣将军王蚝率蜀汉之众来赴难。坚闻慕容冲去长安二百余里,引师而归,使抚军苻方戍骊山,拜苻晖使持节、散骑常侍、都督中外诸军事、车骑大将军、司隶校尉、录尚书,配兵五万距冲,河间公苻琳为中军大将军,为晖后继。冲乃令妇人乘牛马为众,揭竿为旗,扬土为尘,督厉其众,晨攻晖营于郑西。晖出距战,冲扬尘鼓噪,晖师败绩。坚又以尚书姜宇为前将军,与苻琳率众三万,击冲于灞上,为冲所败,宇死之,琳中流矢,冲遂据阿房城。[慕容冲与苻坚:浪漫往昔,宫廷变态]初,坚之灭燕,冲姊为清河公主,年十四,有殊色,坚纳之,宠冠后庭。冲年十

二,亦有龙阳[男同性之爱]之姿,坚又幸之。姊弟专宠,宫人莫进。长安歌之曰:"一雌复一雄,双飞入紫宫。"咸惧为乱。王猛切谏,坚乃出冲。……

[淝水之战的另一后续:东晋收复徐淮,进逼洛阳,夺得兖州。]晋西中郎将桓石虔进据鲁阳[在今河南平顶山市鲁山县],遣河南太守高茂北戍洛阳。晋冠军谢玄次于下邳,徐州刺史赵迁弃彭城奔还。玄前锋张愿追迁及于磝山,转战而免。玄进据彭城。

…… ……

刘牢之伐兖州,坚刺史张崇弃鄄城[今山东菏泽市鄄城县]奔于慕容垂。牢之遣将军刘袭追崇,战于河南,斩其东平太守杨光而退。牢之遂据鄄城。

[慕容冲进逼长安,扬言"厌奴苦",要取而代之:]慕容冲进逼长安,坚登城观之,叹曰:"此虏何从出也?其强若斯!"大言责冲曰:"尔辈群奴正可牧牛羊,何为送死!"冲曰:"奴则奴矣,既厌奴苦,复欲取尔见代。"坚遣使送锦袍一领遗冲,称诏曰:"古人兵交,使在其间。卿远来草创,得无劳乎?今送一袍,以明本怀。朕于卿恩分如何,而于一朝忽为此变!"冲命詹事答之,亦称"皇太弟有令:孤今心在天下,岂顾一袍小惠。苟能知命,便可君臣束手,早送皇帝,自当宽贷符氏,以酬曩好……"坚大怒曰:"吾不用王景略[王猛字]、阳平公[符融]之言,使白虏[秦人呼鲜卑为白虏]敢至于此。"

…… ……

[慕容晖图谋在长安聚城内鲜卑人叛乱杀符坚而未遂,结果后者将其统统杀光:]……慕容晖入见东堂,稽首谢曰:"弟冲不识义方,孤背国恩,臣罪应万死。陛下垂天地之容,臣蒙更生之惠。臣二子昨婚,明当三日,愚欲暂屈銮驾,幸臣私第。"坚许之。……时鲜卑在城者犹有千余人,晖乃密结鲜卑之众,谋伏兵请坚,因而杀之。……北部人突贤与其妹别,妹为左将军窦冲小妻,闻以告冲,请留其兄。冲驰入白坚,坚大惊……坚乃诛晖父子及其宗族,城内鲜卑无少长及妇女皆杀之。

…… ……

时长安大饥,人相食,诸将归而吐肉以饴妻子[人间地狱!]。

[慕容冲与他反复大战于长安,他几乎被消灭:]慕容冲僭称尊号于阿房,改年更始。坚与冲战,各有胜负。尝为冲军所围,殿中上将军邓迈、左中郎将邓绥、尚书郎邓琼……与毛长乐等蒙兽皮,奋矛而击冲军。冲军溃,坚获免……冲又遣其尚书

令高盖率众夜袭长安，攻陷南门，入于南城。左将军窦冲、前禁将军李辩等击败之，斩首千八百级，分其尸而食之[人间超级地狱！]。坚寻败冲于城西，追奔至于阿房城。诸将请乘胜入城，坚惧为冲所获，乃击金以止军。

…… ……

苻晖屡为冲所败，坚让之曰："汝，吾之子也，拥大众，屡为白虏小儿所摧，何用生为！"晖愤恚自杀。关中堡壁三千余所，推平远将军冯翊、赵敖为统主，相率结盟，遣兵粮助坚。左将军苟池、右将军俱石子率骑五千，与冲争麦，战于骊山，为冲所败，池死之，石子奔邺。坚大怒，复遣领军杨定率左右精骑二千五百击冲，大败之，俘掠鲜卑万余而还。坚怒，悉坑之[种族战争残忍至极]。定果勇善战，冲深惮之，遂穿马埳[kǎn，陷马的土坑]以自固。

[极为残酷的邺城之围，慕容垂所部食人无数：]刘牢之至邺，①慕容垂[前云"慕容垂复围邺城"]北如新城。邺中饥甚，丕率邺城之众就晋谷于枋头[今河南省鹤壁市浚县]。牢之入屯邺城。慕容垂军人饥甚，多奔中山，幽、冀人相食。初，关东谣曰："幽州鈌，生当灭。若不灭，百姓绝。"鈌，垂之本名。与丕相持经年，百姓死几绝。

[姚苌极为残忍的新平围城战：]先是，姚苌攻新平，新平太守苟辅……凭城固守。苌为土山地道，辅亦为之。或战山峰，苌众死者万有余人。辅乃诈降，苌将入，觉之，引众而退。辅驰出击之，斩获万计。至是，粮竭矢尽，外救不至，苌遣吏谓辅曰："吾方以义取天下，岂仇忠臣乎？卿但率见众男女还长娄，吾须此城置镇。"辅以为然，率男女万五千口出城，苌围而坑之，男女无遗。[种族战争残忍至极，无任何

---

① 本篇前载：……丕进退路穷，乃谋于群僚。司马杨膺唱归顺之计，丕犹未从。会晋遣济北太守丁匡据碻磝，济阳太守郭满据滑台，将军颜肱、刘袭次于河北，丕遣将军桑据距之，为王师所败。袭等进攻黎阳，克之。丕惧，乃遣从弟就与参军焦逵请救于谢玄。丕书称假途求粮，还赴国难，须军援既接，以邺与之，若西路不通，长安陷没，请率所领保守邺城。乃羁縻一方，文降而已。逵与参军姜让密谓杨膺曰："今祸难如此，京师阻隔，吉凶莫审，密迩寇仇，三军罄竭，倾危之甚，朝不及夕。观公豪气不除，非救世之主，既不能竭尽诚款，速致粮援，方设两端，必无成也。今日之殆，疾于转机，不容虚设，徒成反覆。宜正书为表，以结殷勤。若王师之至，必当致身。如其不从，可逼缚与之。……"膺素轻丕，自以力能逼之，乃改书而遣逵等，并遣济南毛蜀、毛鲜等分房为任于晋。

又载：慕容垂复围邺城。焦逵既至，朝廷果欲征丕任子，然后出师。逵固陈丕款诚无贰，并宣杨膺之意，乃遣刘牢之等率众二万，水陆运漕救邺。

道德可言。]……

[祸不单行,苻融生前告诫终于成真,前秦分崩离析(下):385 年,"毒暴关中"致"千里无烟"的慕容冲攻占前秦都城长安;同年稍后,姚苌围苻坚避难的五将山,擒得几乎孤身的他,不久缢杀之。]

……冲率众登城,坚身贯甲胄,督战距之,飞矢满身,血流被体。时虽兵寇危逼,冯翊诸堡壁犹有负粮冒难而至者,多为贼所杀。……冲毒暴关中,人皆流散,道路断绝,千里无烟。……

……遣卫将军杨定击冲于城西,为冲所擒。坚弥惧,付(太子)宏以后事,将中山公诜、张夫人率骑数百出如五将[五将山,在今陕西宝鸡市岐山县东北]宣告州郡,期以孟冬救长安。宏寻将母妻宗室男女数千骑出奔,百僚逃散。[慕容冲入据长安,毒暴黎民如前:]慕容冲入据长安,从兵大掠,死者不可胜计。

初……坚之分氐户于诸镇也,赵整[秘书侍郎、秘书监]因侍,援琴而歌曰:"阿得脂[一说疑为临洮方言"阿得"(似意为"不知道")的原形,而"脂"之音或为原来所有,或为歌者所加],阿得脂……远徙种人留鲜卑,一旦缓急语阿谁!"坚笑而不纳。至是,整言验矣。[他的载记多次着重提到他这项被认为是潜在致命因素的国策。然而,作为一个以少数族统治众多他族的国家的君主,他能有什么可持久的好办法? 这些他族有些单论人口就远多过他的民族,何况他们的人口总和更是多得与之有天壤之别。]

[姚苌擒他于五将山,不久缢杀之:]坚至五将山,姚苌遣将军吴忠围之。坚众奔散,独侍御十数人而已。神色自若,坐而待之,召宰人进食。俄而忠至,执坚以归新平,幽之于别室。苌求传国玺于坚曰:"苌次膺符历,可以为惠。"坚瞋目叱之曰[种族歧视无处不在]:"小羌乃敢干逼天子,岂以传国玺授汝羌也,图纬符命,何所依据? 五胡次序,无汝羌名。违天不祥,其能久乎! 玺已送晋,不可得也。"苌又遣尹纬说坚,求为尧、舜禅代之事。坚责纬曰:"禅代者,圣贤之事。姚苌叛贼,奈何拟之古人!"坚既不许苌以禅代,骂而求死,苌乃缢坚于新平佛寺中,时年四十八。中山公诜及张夫人并自杀。是岁太元十年[385]也。

[他的太子曲折投奔东晋:]

宏之奔也，归其南秦州刺史杨璧于下辩，璧距之，乃奔武都氐豪强熙，假道归顺，朝廷处宏于江州。宏历位辅国将军。桓玄篡位，以宏为梁州刺史。义熙[东晋安帝年号，405—418]初，以谋叛被诛。

……坚在位二十七年，因寿春之败，其国大乱，后二年，竟死于新平佛寺……[前秦终亡还须待九年时间：]丕僭号，伪追谥坚曰世祖宣昭皇帝。

王猛：

[我们已经在苻坚载记内多处领略到他作为将帅和作为国务家的伟大英才。他看来未犯过任何重大的战略/政治错误，因而高于反复徒劳北伐而耗尽国力的诸葛亮。他几乎总是与他的主公心心相印，因而其效劳经历远不像到头来殊死拒随曹操正式篡汉的荀彧那么复杂。他的幸运在于苻坚大举倾力南征东晋以前就已逝世，因而无涉于这军溃国败土裂的巨型灾祸，然而他的不幸恰也在此，否则必定可留下一番精彩的劝谏和说不定还可以的善后提议。无论如何，我们在他的专传内可以较全面地得知他的个人品格和性情，连同卓越的治国表现。]

[一上来虽贫，却"气度雄远"，一览众山小；有似小号姜子牙，"怀佐世之志，希龙颜之主，敛翼待时，候风云而后动"——智识天才类机会主义者。]

王猛，字景略，北海剧[今山东潍坊市昌乐县]人也，家于魏郡。少贫贱，以鬻畚为业。……

猛瑰姿俊伟，博学好兵书，谨重严毅，气度雄远，细事不干其虑，自不参其神契，略不与交通，是以浮华之士咸轻而笑之。猛悠然自得，不以屑怀。少游于邺都，时人罕能识也。惟徐统见而奇之，召为功曹。遁而不应，遂隐于华阴山。怀佐世之志，希龙颜之主，敛翼待时，候风云而后动。[他一时不耐，险些找错了主：]桓温入关，猛被褐而诣之，一面谈当世之事，扪虱而言，旁若无人。温察而异之，问曰："吾奉天子之命，率锐师十万，杖义讨逆，为百姓除残贼，而三秦豪杰未有至者何也？"猛曰："公不远数千里，深入寇境，长安咫尺而不渡灞水，百姓未见公心故也，所以不至。"温默然无以酬之。温之将还，赐猛车马，拜高官督护，请与俱南。猛还山咨师，师曰："卿与桓温岂并世哉！在此自可富贵，何为远乎！"猛乃止。

[遇苻坚,一见彼此钟情,"若玄德之遇孔明也";经一初试,迅速成为苻坚头号幕僚,"权倾内外"。]

苻坚将有大志,闻猛名,遣吕婆楼招之,一见便若平生。语及废兴大事,异符同契,若玄德之遇孔明也。及坚僭位,以猛为中书侍郎。[他经历初试,证明自己异常能干,能对氐族强豪行"酷政":]时始平[治所在今陕西咸阳市西北十八里]多枋头西归之人,豪右纵横,劫盗充斥,乃转猛为始平令。猛下车,明法峻刑,澄察善恶,禁勒强豪。鞭杀一吏,百姓上书讼之,有司劾奏,槛车征下廷尉诏狱。坚亲问之,曰:"为政之体,德化为先,莅任未几而杀戮无数,何其酷也!"猛曰:"臣闻宰宁国以礼,治乱邦以法。陛下不以臣不才,任臣以剧邑,谨为明君翦除凶猾。始杀一奸,余尚万数,若以臣不能穷残尽暴,肃清轨法者,敢不甘心鼎镬,以谢孤负。酷政之刑,臣实未敢受之。"坚谓群臣曰:"王景略固是夷吾、子产之俦也。"于是赦之。

["岁中五迁,权倾内外",且凭苻坚宠信,"上下咸服,莫有敢言":]迁尚书左丞、咸阳内史、京兆尹。未几,除吏部尚书、太子詹事,又迁尚书左仆射、辅国将军、司隶校尉,加骑都尉,居中宿卫。时猛年三十六,岁中五迁,权倾内外,宗戚旧臣皆害其宠。尚书仇腾、丞相长史席宝数谮毁之,坚大怒,黜腾为甘松护军,宝白衣领长史。尔后上下咸服,莫有敢言。顷之,迁尚书令、太子太傅,加散骑常侍。[他未昏头,未失审慎:]猛频表累让,坚竟不许。又转司徒、录尚书事,余如故。猛辞以无功,不拜。

[作为伐灭鲜卑前燕的领军主帅,他不仅战功卓越,而且(在五胡十六国中罕见)"军禁严明,师无私犯";权力巨大,无以复加,但坚持审慎,这不仅是道德必需,也是政治必需。]

后率诸军讨慕容暐,军禁严明,师无私犯。猛之未至邺也,劫盗公行,及猛之至,远近帖然,燕人安之。军还,以功进封清河郡侯,赐以美妾五人,上女妓十二人,中妓三十八人[蛮夷风尚? 居然赐妾妓多达55名],马百匹,车十乘。猛上疏固辞不受。[他未昏头,未失审慎和士人应有的品格。]

［他权力巨大，但坚持审慎，大概深知萧何故事①，虽然他的主公对下属的气度远超刘邦。］时既留镇冀州，坚遣猛于六州之内听以便宜从事，简召英俊，以补关东守宰，授讫，言台除正。居数月，上疏曰："臣前所以朝闻夕拜，不顾艰虞者，正以方难未夷，军机权速，庶竭命戎行……今圣德格于皇天，威灵被于八表，弘化已熙……岂应孤任愚臣，以速倾败！东夏之事，非臣区区所能康理……若以臣有鹰犬微勤，未忍捐弃者，乞待罪一州，效尽力命。……"坚不许，遣其侍中梁谠诣邺喻旨，猛乃视事如前。

［他权力巨大到无以复加，但坚持审慎如故。］俄入为丞相、中书监、尚书令、太子太傅、司隶校尉，持节、常侍、将军、侯如故。稍加都督中外诸军事。猛表让久之。坚曰："……朕且欲从容于上，望卿劳心于下，弘济之务，非卿而谁！"遂不许。其后数年，复授司徒。猛复上疏曰："……臣何庸狷，而应斯举！不但取嗤邻远，实令为虏轻秦。……"坚竟不从。猛乃受命。军国内外万机之务，事无巨细，莫不归之。

［他作为伟大国务家的多方杰出治国表现；"兵强国富，垂及升平，猛之力也"；他的品性（小）缺陷。］

---

① 《史记·萧相国世家》载：汉三年［前204］，汉王与项羽相距京索之间，上数使使劳苦丞相。鲍生谓丞相曰："王暴衣露盖，数使使劳苦君者，有疑君心也。为君计，莫若遣君子孙昆弟能胜兵者悉诣军所，上必益信君。"于是何从其计，汉王大说。［如此彬彬有礼的试探，如此毫无保留的证实。他俩都是仔细的乡下人。］又载：［战争结束和帝国变换之后他与高祖潜在的复杂和敏感的关系，那出自后者经久不休的权势猜疑：］汉十一年［前196］，陈豨反，高祖自将，至邯郸。未罢，淮阴侯谋反关中，吕后用萧何计，诛淮阴侯，语在淮阴事中。上已闻淮阴侯诛，使使拜丞相何为相国，益封五千户，令卒五百人一都尉为相国卫。诸君皆贺，召平独吊。……召平谓相国曰："祸自此始矣。上暴露于外而君守于中，非被矢石之事而益君封置卫者，以今者淮阴侯新反于中，疑君心矣。夫置卫卫君，非以宠君也。原君让封勿受，悉以家私财佐军，则上心说。"相国从其计，高帝乃大喜。［权力令人更多猜疑。现在，彬彬有礼的试探和毫无保留的证实再度登场！他俩依然是仔细的乡下人。］再载：汉十二年［前195］秋，黥布反，上自将击之，数使使问相国何为。相国为上在军，乃拊循勉力百姓，悉以所有佐军，如陈豨时。客有说相国曰："君灭族不久矣。夫君位为相国，功第一，可复加哉？然君初入关中，得百姓心，十余年矣，皆附君，常复孳孳得民和。上所为数问君者，畏君倾动关中。今君胡不多买田地，贱贳贷（◇正义：贳音世。赊也）。以自汙？上心乃安。"［故意使自己显得平庸甚而卑俗，毫无权势抱负，以求安全。因为，伟大者不喜欢别人伟大，为了他的安全甚至虚荣而青睐平庸者。］于是相国从其计，上乃大说。

猛宰政公平，流放尸素，拔幽滞，显贤才，外修兵革，内综儒学，劝课农桑，教以廉耻，无罪而不刑，无才而不任……于是兵强国富，垂及升平，猛之力也。坚尝从容谓猛曰："卿夙夜匪懈，忧勤万机，若文王得太公，吾将优游以卒岁。"猛曰："不图陛下知臣之过，臣何足以拟古人！"坚曰："以吾观之，太公岂能过也。"常敕其太子宏、长乐公丕等曰："汝事王公，如事我也。"其见重如此。

……令行禁整，事无留滞……［他气量有限，潇洒不及，对贫时往昔记得过深：］性刚明清肃，于善恶尤分。微时一餐之惠，睚眦之忿，靡不报焉，时论颇以此少之。

［他的主公对下属的气量远超过刘邦：］其年寝疾，坚亲祈南北郊、宗庙、社稷，分遣侍臣祷河岳诸祀，靡不周备。猛疾未瘳，乃大赦其境内殊死已下。猛疾甚，因上疏谢恩，并言时政，多所弘益。坚览之流涕，悲恸左右。及疾笃，坚亲临省病，问以后事。猛曰［他深刻、有远见但徒然的临终大告诫］："晋虽僻陋吴、越，乃正朔相承。亲仁善邻，国之宝也。臣没之后，愿不以晋为图。鲜卑、羌虏，我之仇也，终为人患，宜渐除之，以便社稷。"①言终而死，时年五十一。坚哭之恸。比敛，三临，谓太子宏曰："天不欲使吾平一六合邪？何夺吾景略之速也！"赠侍中，丞相余如故。给东园温明秘器，帛三千匹，谷万石。谒者仆射监护丧事，葬礼一依汉大将军故事。谥曰武侯。朝野巷哭三日。

苻融：

［王猛逝后苻坚的"谋主"，首席将领，其厄运是在苻坚决定性地过度伸展从而输掉大部分国力赌注的时期担任这一角色。］

［神童之类的人物，"长而令誉弥高，为朝野所属"，文武政三才卓越，"故为坚所委任"，是极为杰出的朝廷司法主官。］

苻融，字博休，坚之季弟也。少而岐嶷凤成，魁伟美姿度。……苻生爱其器貌，常侍左右，未弱冠便有台辅之望。长而令誉弥高，为朝野所属。［得暴君苻生宠爱，

---

① 我们禁不住还是要重复我们先前的一项评注：作为一个以少数族统治众多他族的国家的君主，苻坚能有什么可持久的好办法？这些他族有些单论人口就远多过他的民族，何况他们的人口总和更是多得与之有天壤之别。

这在杀苻生而篡位的苻坚那里可能是个对他不利的因素,虽然苻坚气量较宽宏。]

坚僭号,拜侍中,寻除中军将军。[文武政三才卓越:]融聪辩明慧,下笔成章,至于谈玄论道,虽道安无以出之。耳闻则诵,过目不忘,时人拟之王粲。尝著《浮图赋》,壮丽清赡,世咸珍之。……旅力雄勇,骑射击刺,百夫之敌也。铨综内外,刑政修理,进才理滞,王景略之流也。尤善断狱,奸无所容,故为坚所委任。

[极为杰出的朝廷司法主官:]后为司隶校尉。……发奸摘伏……所在盗贼止息,路不拾遗。坚及朝臣雅皆叹服,州郡疑狱莫不折之于融。融观色察形,无不尽其情状。虽镇关东,朝之大事靡不驰驿与融议之。

[成为朝廷首席大臣和卓越的军队主将,"善谋略,好施爱士,专方征伐,必有殊功"。]

性至孝,初届冀州,遣使参问其母动止,或日有再三。坚以为烦,月听一使。后上疏请还侍养,坚遣使慰喻不许。久之,征拜侍中、中书监、都督中外诸军事、车骑大将军、司隶校尉、太子太傅、领宗正、录尚书事。俄转司徒,融苦让不受。融为将善谋略,好施爱士,专方征伐,必有殊功。

[基于明智的哲理和政见①,坚持劝谏苻坚切勿大伐东晋,但被斥为"沮坏大谋"。]

坚既有意荆、扬,时慕容垂、姚苌等常说坚以平吴封禅之事,坚谓江东可平,寝不暇旦。融每谏曰[明智的哲理]:"知足不辱,知止不殆,穷兵极武,未有不亡。且国家,戎族也,正朔[(华夏)国家正统地位]会不归人。江东虽不绝如缕[覆盖在帽子上的一种装饰物,亦指延续],然天之所相,终不可灭。"坚曰[苻坚在哲理上说的也不错,但就异族统治华夏而言到底还是错,尽管有后来蒙古人和女真人统治华夏达数个世纪的史例,而且就当时的情势而言也错]:"帝王历数岂有常哉,惟德之所授耳!汝所以不如吾者,正病此不达变通大运。刘禅可非汉之遗祚,然终为中国之所并。

---

① 政见指前载苻融所谏"陛下宠育鲜卑、羌、羯,布诸畿甸,旧人族类,斥徙遐方。今倾国而去,如有风尘之变者,其如宗庙何!监国以弱卒数万留守京师,鲜卑、羌、羯攒聚如林,此皆国之贼也,我之仇也。……王景略一时奇士,陛下每拟之孔明,其临终之言不可忘也"。

吾将任汝以天下之事,奈何事事折吾,沮坏大谋!汝尚如此,况于众乎!"坚之将入寇也,融又切切谏曰:"陛下听信鲜卑、羌虏谄谀之言,采纳良家少年利口之说[大概当时有不少"希关军旅"的富足少年子弟轻浮慷慨,欢呼南征,好战异常],臣恐非但无成,亦大事去矣。[他的下述告诫更是具体、紧迫和一针见血:]垂、苌皆我之仇敌,思闻风尘之变,冀因之以逞其凶德。少年等皆富足子弟,希关军旅,苟说佞谄之言,以会陛下之意,不足采也。"坚弗纳。及淮南之败,垂、苌之叛,坚悼恨弥深。

······ ······

列传第六十六　列女列传宋氏、张氏传　摘录和评注

宋氏:

[中国历史上第一位朝廷博士,是在氏族前秦而非华夏朝廷。塑造这奇迹的首先是她的儒学世家父亲,因为他决定"吾今无男可传,汝可受之",其次是她本人,在"天下丧乱"之中艰难研学不缀。经前秦朝廷一男博士推荐,她在80岁竟成朝廷女博士!]

韦逞[氏族前秦太常]母宋氏,不知何郡人也,家世以儒学称。宋氏幼丧母,其父躬自养之。及长,授以《周官》[述周代官制的儒家经典,传为周公所作,实际上定型于战国时代]音义,谓之曰:"吾家世学《周官》,传业相继,此又周以所制,经纪典诰,百官品物,备于此矣。吾今无男可传,汝可受之,勿令经世。"[在"天下丧乱"之中她克尽艰难地研学不缀,教儿不辍:]属天下丧乱,宋氏讽诵不辍。其后为石季龙徙之于山东,宋氏与夫在徙中,推鹿车,背负父所授书,到冀州,依胶东富人程安寿,寿养护之。逞时年小,宋氏昼则樵采,夜则教逞,然纺绩无废。寿每叹曰:"学家多士大夫,得无是乎!"逞遂学成名立,仕苻坚为太常。[需要和推荐:]坚尝幸其太学,问博士经典,乃悯礼乐遗阙。时博士卢壸对曰:"废学既久,书传零落,此年缀撰,正经粗集,唯周官礼注未有其师。窥见太常韦逞母宋氏世学家女,传其父业,得《周官》音义,今年八十,视听无阙,自非此母无可以传授后生。"于是就宋氏家立讲堂,置生

员百二十人,隔绛纱幔而受业,号宋氏为宣文君,赐侍婢十人。[她在80岁上竟成朝廷女博士!就此,古往今来许多人庶可津津乐道虽异族征服华夏,但华夏同化异族。]《周官》学复行于世,时称韦氏宋母焉。

张氏:

[氐族前秦苻坚之妾,"明辩有才识",主要以哲理方式杰出地阐述战略保守主义,劝谏其夫君切勿进行最终导致淝水之败的大规模南征。]

苻坚妾张氏,不知何许人,明辩有才识。坚将入寇江左,群臣切谏不从。张氏进曰[以哲理方式阐述战略保守主义,那往往将国内大致的共识当作政治和战略的一项极重要条件]:"妾闻天地之生万物,圣王之驭天下,莫不顺其性而畅之,故黄帝服牛乘马,因其性也,禹凿龙门,决洪河,因水之势也;后稷之播殖百谷,因地之气也;汤武之灭夏商,因人之欲也。是以有因成,无因败。今朝臣上下皆言不可,陛下复何所因也?书曰:'天聪明自我民聪明。'天犹若此,况于人主乎!妾闻人君有伐国之志者,必上观乾象,下采众祥。天道崇远,非妾所知。以人事言之,未见其可。[辅之以神秘方式:]谚言:'鸡夜鸣者不利行师,犬群噪者宫室必空,兵动马惊,军败不归。'秋冬已来,每夜群犬大噪,众鸡夜鸣,伏闻厩马惊逸,武库兵器有声,吉凶之理,诚非微妾所论,愿陛下详而思之。"坚曰:"军旅之事非妇人所豫也。"[千年俗见或蠢见强化昏庸的战略决定!]遂兴兵。张氏请从。坚是大败于寿春,张氏乃自杀。
······ ······

载记第十五　苻丕、苻登　摘录和评注

[连同苻丕之子、只做了两三个月名义上皇帝的苻崇,他们是前秦在394年灭亡前的最后君主。在苻坚伐晋兵败千里而国破土裂后,前秦在他俩之下无非苟延残喘:苻丕与鲜卑西燕拼斗,兵败奔逃途中被晋将击灭,苻登则与羌族后秦连年恶战,终败被擒被杀。他俩总的境遇相仿,但房玄龄等对其评价有所不同:苻丕"寻及倾

败，斯可谓天之所废，人不能支"，苻登却"虽众寡不敌，难以立功，而义烈慷慨，有足称矣"。可以说有无望的英雄主义（desperate heroism）。]

苻丕：

[苻坚之子，在其载记内我们已见到淝水之战败后他的极端残酷和艰危处境，在鲜卑后燕大军反复围困和城内饥馑至极的情况下久守邺城。继而他弃邺入据晋阳，"始知坚死"，乃自立为帝。鲜卑仍是他的致命大敌，经与西燕襄陵一战军败奔逃，途中被晋将击杀。他当自命的皇帝仅二年左右。]

[苻坚长庶子，"文武才干亚于苻融，为将善收士卒情"；弃邺入据晋阳，"始知坚死"，乃自立为帝。]

苻丕，字永叔，坚之长庶子也。少而聪彗好学，博综经史。坚与言将略，嘉之，命邓羌教以兵法。文武才干亚于苻融，为将善收士卒情，出镇于邺，东夏［华北东部］安之。坚败归长安，丕为慕容垂所逼，自邺奔枋头。［苻坚死时，前燕在关内破碎的同时已失关东大部：］坚之死也，丕复入邺城，将收兵赵、魏，西赴长安。会幽州刺史王永、平州刺史苻冲频为垂将平规等所败，乃遣昌黎太守宋敞焚烧和龙、蓟城宫室，率众三万进屯壶关［今山西长治市壶关县］，遣使招丕。［他弃邺入据晋阳，"始知坚死"，乃自立为帝，即房玄龄等所谓"承乱僭窃"：］乃去邺，率男女六万余口进如潞川。骠骑张蚝、并州刺史王腾迎之，入据晋阳［在今山西太原市晋源区］，始知坚死问，举哀于晋阳，三军缟素。王永留苻冲守壶关，率骑一万会丕，劝称尊号，丕从之，乃以太元十年［385］僭即皇帝位于晋阳南。……置百官，以张蚝为侍中、司空，封上党郡公；王永为使持节、侍中、都督中外诸军事、车骑大将军、尚书令，进封清河公；王腾为散骑常侍、中军大将军、司隶校尉、阳平郡公；苻冲为左光禄大夫、尚书左仆射、西平王；俱石子为卫将军、濮阳公……

［前秦进一步破碎：吕光自西域还师途中攻入凉州，闻苻坚死开始自立为河西统治者，后于389年称王立后凉。］

是时安西吕光自西域还师，至于宜禾［在今甘肃酒泉市瓜州县］，坚凉州刺史梁熙谋闭境距之。……美水令犍为张统说熙曰："主上倾国南讨，覆败而还。慕容垂擅兵河北，泓、冲寇逼京师，丁零杂虏，跋扈关、洛，州郡奸豪，所在风扇，王纲弛绝，人怀利己。今吕光回师，将军何以抗也？"熙曰："诚深忧之，未知计之所出。"统曰："光雄果勇毅，明略绝人，今以荡西域之威，拥归师之锐，锋若猛火之盛于原，弗可敌也。……行唐公洛，上之从弟，勇冠一时。为将军计者，莫若奉为盟主，以摄众望，推忠义以总率群豪，则光无异心也。资其精锐，东兼毛兴，连王统、杨璧，集四州之众，扫凶逆于诸夏，宁帝室于关中，此桓文之举也。"熙又不从。杀洛于西海[**郡名，治所在今青海西宁市**]，以子胤为鹰扬将军，率众五万距光于酒泉。敦煌太守姚静、晋昌太守李纯以郡降光。胤及光战于安弥[**在今酒泉东**]，为光所败。武威太守彭济执熙迎光，光杀之。建威、西郡太守索泮，奋威、督洪池已南诸军事、酒泉太守宋皓等，并为光所杀。

[无论是因为帝号、血统，还是因为往昔战功和其他声誉，他对作"猢狲散"的前秦显要们有相当的吸引力。]

坚尚书令、魏昌公符纂自关中来奔，拜太尉，进封东海王。以中山太守王兖为平东将军、平州刺史、阜城侯，符定为征东将军、冀州牧、高城侯，符绍为镇东将军、督冀州诸军事、重合侯，符谟为征西将军、幽州牧、高邑侯，符亮为镇北大将军、督幽并二州诸军事，并进爵郡公。……王兖固守博陵[**治所在今河北衡水市安平县**]，与垂相持。左将军窦冲、秦州刺史王统、益州刺史王广、南秦州刺史杨璧、卫将军杨定，并据陇右，遣使招丕，请讨姚苌。丕大悦，以定为骠骑大将军、雍州牧，冲为征西大将军、梁州牧，统镇西大将军，兴车骑大将军，璧征南大将军，并开府仪同三司，加散骑常侍，广安西将军，皆进位州牧。

于是王永宣檄州郡曰："……征东大将军，长乐公，先帝元子，圣武自天……奉公绍承大统，衔哀即事，栖谷总戎，枕戈待旦，志雪大耻。慕容垂为封豕于关东，泓、冲继凶于京邑……羌贼姚苌，我之牧士，乘衅滔天……诸牧伯公侯或宛沛宗臣，或四七勋旧，岂忍舍破国之丑竖，纵杀君之逆贼乎！……"

[然而，他几乎完全不敌鲜卑后燕，而且自弃一个可使鲜卑西燕暂不为敌的机会，结果反惨败于西燕之手，逃遁途中被晋将冯该击杀。]

先是,慕容骓攻王兖于博陵,至是粮竭矢尽,郡功曹张猗逾城聚众应骓。……既而城陷,兖及固安侯苻鉴,并为骓所杀。

…… ……

初,王广还自成都也,奔其兄秦州刺史统……为陇西鲜卑匹兰所执,送诣姚苌。……

……征东苻定、镇东苻绍、征北苻谟、镇北苻亮皆降于慕容垂。

丕又进王永为左丞相,苻纂为大司马,张蚝为太尉……

…… ……

丕留王腾守晋阳,杨辅戍壶关,率众四万进据平阳。王统以秦州降姚苌。[自弃可使胆怯的西燕暂不为敌的机会,结果自招败亡。]慕容永[西燕君主]以丕至平阳,恐不自固,乃遣使求假道还东,丕弗许。遣王永及苻纂攻之,以俱石子为前锋都督,与慕容永战于襄陵。王永大败,永及石子皆死之。

初,苻纂之奔丕也,部下壮士三千余人,丕猜而忌之。及永之败,惧为纂所杀,率骑数千南奔东垣。晋扬威将军冯该自陕[陕城,今河南三门峡市西]要击,败之,斩丕首,执其太子宁、长乐王寿,送于京师……苻纂及弟师奴率丕余众数万,奔据杏城[今陕西延安市黄陵县西南]。苻登称尊号,伪谥丕为哀平皇帝。丕之臣佐皆没慕容永,永乃进据上党之长子[今山西长治市长子县],僭称大号……丕在位二年而败。

苻登:

[在位约九年的徒有其表的前秦皇帝,只拥有一个龟缩于关陇部分地区的残余国家。但是,他毕竟还与羌族后秦奋战了九年,恶战不迭,尽管最终被擒被杀。种族战争的无望的斗士,"虽众寡不敌,难以立功,而义烈慷慨,有足称矣"。]

[苻坚族孙,"少而雄勇,粗险不修细行",长而颇改脾性;前秦分崩关中大乱后审慎但聪敏地效劳于河州氏族豪强,得敬惮和喜爱,付之以恶战羌族后秦的遗业。]

登字文高,坚之族孙也。父敞,健之世为太尉司马、陇东太守、建节将军,后为苻生所杀。……[及长颇改脾性:]登少而雄勇,有壮气,粗险不修细行,故坚弗之奇也。长而折节谨厚，颇览书传。拜殿上将军，稍迁羽林监、扬武将军、长安令，坐事黜为狄道长。及关中乱，去县归毛兴[河州（今甘肃临夏回族自治州）刺史]。[审慎效力：]同成[苻敞兄，苻敞死后收苻登为嗣子]言于兴，请以登为司马，常在营部。登度量不群，好为奇略，同成常谓之曰："汝闻不在其位，不谋其政，无数干时，将为博识者不许。吾非疾汝，恐或不喜人妄豫耳，自是可止。……"……登乃屏迹不妄交游。兴有事则召之，戏谓之曰："小司马可坐评事。"[聪敏，"出言辄析理中"，得敬惮和喜爱，付之以恶战羌族后秦的遗业：]登出言辄析理中，兴内服焉，然敬惮而不能委任。姚苌作乱，遣其弟硕德率众伐毛兴，相持久之。兴将死，告同成曰："与卿累年共击逆羌，事终不克，何恨之深！可以后事付卿小弟司马，珍硕德者，必此人也。卿可换摄司马事。"

登既代卫平，遂专统征伐。是时岁旱众饥，道殣相望，[关陇极端残破凋敝之中极端恐怖的超级"自然状态"：]登每战杀贼，名为熟食，谓军人曰："汝等朝战，暮便饱肉，何忧于饥！"士众从之，啖死人肉，辄饱健能斗。姚苌闻之，急召硕德曰："汝不来，必为苻登所食尽。"硕德于是下陇奔苌。

[苻丕死，他自称为前秦皇帝，誓死从事对羌战争：]

及丕败，丕尚书寇遗奉丕子渤海王懿、济北王昶自杏城奔登。登乃具丕死问，于是为丕发丧行服，三军缟素。登请立懿为主，众咸曰："渤海王虽先帝之子，然年在幼冲，未堪多难。国乱而立长君，《春秋》之义也。三虏跨僭，寇旅殷强，豺狼枭镜，举目而是……宜龙骧武奋，拯拔旧京，以社稷宗庙为先……"登于是以太元十一年[386]僭即皇帝位……

[他和麾下军众誓死从事对羌战争：]立坚神主于军中，载以辒辌，羽葆青盖，车建黄旗，武贲之士三百人以卫之，将战必告，凡欲所为，启主而后行。缮甲纂兵，将引师而东，乃告坚神主曰："……今合义旅，众余五万……直造贼庭，奋不顾命……庶上报皇帝酷冤，下雪臣子大耻……"因歔欷流涕。将士莫不悲恸，皆刻锋锴为"死休"字，示以战死为志。每战以长槊钩刃为方圆大阵，知有厚薄，从中分配，故人自为战，所向无前。

[得符纂等归依拥戴,军力大振,频频恶战后秦,互有胜败,但他终究大不利:]

初,长安之将败也,坚中垒将军徐嵩、屯骑校尉胡空各聚众五千,据险筑堡以自固,而受姚苌官爵。及苌之害坚,嵩等以王礼葬坚于二堡之间。至是,各率众降登。拜嵩镇军将军、雍州刺史,空辅国将军、京兆尹。……[得符纂归依拥戴,其考虑为"贼虏未平,不可宗室之中自为仇敌":]遣使拜符纂为使持节、侍中、都督中外诸军事、太师,领大司马,进封鲁王,纂弟师奴为抚军大将军、并州牧、朔方公。纂怒谓使者曰:"渤海王[符丕子符懿]世祖之孙,先帝之子,南安王[符登,符丕封]何由不立而自尊乎?"纂长史王旅谏曰:"南安已立,理无中改。贼虏未平,不可宗室之中自为仇敌,愿大王远踪光武推圣公之义,枭二虏之后,徐更图之。"纂乃受命。于是贰县虏帅彭沛谷、屠各董成、张龙世、新平羌雷恶地等尽应之,有众十余万。纂遣师奴攻上郡羌酋金大黑、金洛生,大黑等逆战,大败之,斩首五千八百。

登以窦冲为车骑大将军、南秦州牧,杨定为大将军、益州牧,杨璧为司空、梁州牧。

[恶战后秦,互有胜败:]符纂败姚硕德于泾阳[今陕西咸阳市泾阳县],姚苌自阴密距纂,纂退屯敷陆。窦冲攻苌汧、雍二城,克之,斩其将军姚元平、张略等。又与苌战于汧东,为苌所败。登次于瓦亭。苌攻彭沛谷堡[在今陕西延安市黄陵县城西北30里的隆坊镇],陷之,沛谷奔杏城,苌迁阴密。登征虏、冯翊太守兰犊率众二万自频阳入于和宁,与符纂首尾,将图长安。师奴劝其兄纂称尊号,纂不从,乃杀纂,自立为秦公。兰犊绝之,皆为姚苌所败。

[朝那/新平 *vs.* 武都/安定,符登 *vs.* 姚苌,"累战互有胜负",前者暂时稍占优势:]登进所胡空堡[在今陕西咸阳市彬州市西南],戎夏归之者十有余万。姚苌遣其将军姚方成攻陷徐嵩[前秦雍州刺史]堡,嵩被杀,悉坑戎士。[种族战争很残酷!]登率众下陇入朝那[zhūnuó,在今甘肃平凉市灵台县],姚苌据武都[今甘肃陇南市武都区]相持,累战互有胜负。登军中大饥,收葚[桑葚]以供兵士。……姚苌退还安定[今甘肃平凉市泾川县北]。登就食新平,留其大军于胡空堡,率骑万余围苌营,四面大哭,哀声动人。苌恶之,乃命三军哭以应登,登乃引退。[极为古怪的围城战和守城战法!]

苌以登频战辄胜,谓坚有神验,亦于军中立坚神主……登进师攻苌,既而升楼谓苌曰："自古及今，安有杀君而反立神象请福，望有益乎！"大呼曰："杀君贼姚苌出来，吾与汝决之，何为枉害无辜！"苌惮而不应。苌自立坚神象，战未有利，军中每夜惊恐，乃严鼓斩象首以送登。

[他的安丘大捷和大界大败：]登将军窦洛、窦于等谋反发觉，出奔于苌。登进讨彭池不克，攻弥姐[罕见姓氏，据郑樵《通志·关西复姓》："弥姐氏，后秦冠军大将军弥姐婆触、辽东侯弥姐要地、立节将军弥姐威"]营及繁川诸堡，皆克之。苌连战屡败，乃遣其中军姚崇袭大界，登引师要之，大败崇于安丘，俘斩二万五千，进攻苌将吴忠、唐匡于平凉，克之……登进据苟头原[在平凉东]以逼安定。苌率骑三万夜袭大界营，陷之，杀登妻毛氏及其子弁、尚，擒名将数十人，驱掠男女五万余口而去。

[最后两番大赌：他在苟头原大败后居然发几路军图占长安，连败未遂，且大将背叛；然后闻姚苌死，"尽众而东"，大败于废桥，继而被姚苌长子姚兴击杀。]

[图占长安，连败未遂：]登收合余兵，退据胡空堡，遣使赍书加窦冲大司马、骠骑将军、前锋大都督、都督陇东诸军事，杨定左丞相、上大将军、都督中外诸军事……遣冲率见众为先驱，自繁川趣长安。登率众从新平迳据新丰[今陕西西安市临潼区]之千户固。使定率陇上诸军为其后继……又命其并州刺史杨政、冀州刺史杨楷率所统大会长安。……登攻张龙世于鹙泉堡，姚苌救之，登引退。……登将军路柴、强武等并以众降于苌。登攻苌将张业生于陇东，苌救之，不克而退。登将军魏褐飞攻姚当成于杏城，为苌所杀。

…… ……

……登去曲牢[今陕西西安市南]繁川，次于马头原[在今陕西西安市雁塔区]。苌率骑来距，大战败之，斩其尚书吴忠，进攻新平。苌率众救之，登引退，复攻安定，为苌所败，据路承堡。

是时苌疾病，见符坚为祟。登闻之，秣马万兵……与苌将姚崇争麦于清水，累为崇所败。进逼安定，去城九十余里。苌疾小瘳，率众距登，登去营逆苌，苌遣其将姚熙隆别攻登营，登惧，退还。苌夜引军过登营三十余里以蹑登后。旦而候人告曰："贼诸营已空，不知所向。"登惊曰："此为何人，去令我不知，来令我不觉，谓其将死，忽然复来，朕与此羌同世，何其厄哉！"遂罢师还雍。

[大将窦冲背叛:]以窦冲为右丞相。寻而冲叛,自称秦王,建年号。登攻之于野人堡,冲请救于姚苌,苌遣其太子兴攻胡空堡以救之。登引兵还赴胡空堡,冲遂与苌连和。

[闻姚苌死,"尽众而东",在废桥大败:]至是苌死,登闻之喜曰:"姚兴小儿,吾将折杖以笞之。"于是大赦,尽众而东,攻屠各姚奴、帛蒲二堡,克之,自甘泉向关中。兴追登不及数十里,登从六陌趣废桥,兴将尹纬据桥以待之。登争水不得,众渴死者十二三。与纬大战,为纬所败,其夜众溃,登单马奔雍。

[无所归,奔平凉,继而在马毛山被姚兴击败身亡:]初,登之东也,留其弟司徒广守雍,太子崇守胡空堡。广、崇闻登败,出奔,众散。登至,无所归,遂奔平凉,收集遗众入马毛山。兴率众攻之,登遣子汝阴王宗质于陇西鲜卑乞伏乾归,结婚请援,乾归遣骑二万救登。登引军出迎,与兴战于山南,为兴所败,登被杀。在位九年,时年五十二。崇奔于湟中,僭称尊号……崇为乾归所逐,崇、定皆死。

始,健以穆帝永和七年[351]僭立,至登五世,凡四十有四岁,以孝武帝太元十九年[394]灭。

…… ……

[房玄龄等对氐族前秦历代君主的评价,可谓切中他们各自的特征和关键,而其中关于苻坚的当然最重要。]

[在"九土分崩""干戈日用"的绝顶大乱之中,苻洪"桀黠"搭车而"志图关右";苻健率众西进,定都长安,盘踞关陇,"有可言矣";苻生"惨虐""肆毒"而"无心于戒惧",故招乱速祸。]

史臣曰:自两京珍覆,九土分崩,赤县成蛇豕之墟,紫宸迁蛙黾之穴,干戈日用,战争方兴,犹逐鹿之并驱,若瞻乌之靡定。苻洪擅蛮陬之桀黠,乘羯虏之危亡,乃附款江东而志图关右,祸生蛊毒,未逞狼心。健既承家,克隆凶绪,率思归之众,投山西之隙,据亿丈之岩险,总三秦之果锐,敢窥大宝,遂窃鸿名,校数奸雄,有可言矣。长生惨虐,裒自率由。……肆毒于刑残,曾无心于戒惧。招乱速祸,不亦宜乎!

[苻坚可谓几近于前无古人、后无来者的英主,因而攀上辉煌胜利的顶点,但其

后旋即变得"愎谏违谋,轻敌怒邻","肆其吞噬之能",结果国破身亡,"贻戒将来"。]

永固雅量瑰姿……克翦奸回,纂承伪历,遵明王之德教,阐先圣之儒风,抚育黎元,忧勤庶政。王猛以宏材纬军国,符融以懿戚[皇亲国戚]赞经纶……俊贤效足,杞梓[杞木和梓木,皆良材,比喻优秀人才]呈才,文武兼施,德刑具举。乃平燕定蜀,擒代吞凉,跨三分之二,居九州之七……虽五胡之盛,莫之比也。

既而足己夸世,愎谏违谋,轻敌怒邻,穷兵黩武。怼三正之未叶,耻五运之犹乖,倾率土之师,起滔天之寇,负其犬羊之力,肆其吞噬之能。自谓战必胜,攻必取……曾弗知人道助顺,神理害盈,虽狁涿野之强,终致昆阳之败。遂使凶渠候隙,狡寇伺间,步摇[指鲜卑]启其祸先,烧当[指羌]乘其乱极,宗社迁于他族,身首馨于贼臣,贻戒将来,取笑天下,岂不哀哉!岂不谬哉!

[符丕"寻及倾败",符登"虽众寡不敌,难以立功,而义烈慷慨"。]

符丕承乱僭窃,寻及倾败,斯可谓天之所废,人不能支。符登集离散之兵,厉死休之志,虽众寡不敌,难以立功,而义烈慷慨,有足称矣。

五胡乱华在关陇（中）：华夏前凉、华夏西凉、氐族后凉和鲜卑西秦

列传第五十六　张轨、张寔、张茂、张骏、张重华、
张祚、张天锡传　摘录和评注

[五胡十六国并非纯为"五胡"，其中在仅有两三年寿命(350—352)的冉魏之外，有个汉人创始和掌权的国家——地处河套以西、从今甘肃西部直至西域西端的前凉，而本篇即是该国的历史。在短暂的西晋华夏帝国已亡和西晋王朝濒灭之际，该国有其华夏区域自保和开发的历史意义，何况它的君主们始终不忘晋室，不以帝王自称，希望最终击灭侵占华北的少数民族国家，实现华夏统一。]

[前凉历时七十六年，兴难亡易。虽然五位先主总的来说非常成功，但张祚三年胡乱暴政，张天锡"荒于声色，不恤政事"，足以导致国家不足二十年即告灭亡。]

张轨：

[前凉实质上的创建者。西晋"八王之乱"初始，他就图谋凭任护羌校尉、凉州刺史之便割据河西之地。经平定鲜卑叛乱、教化河西、收容中州流民和不时效劳西晋朝廷以获取信任的"综合战略"，实际奠定了前凉国家基础，同时反复地坚决不应

邀请去京师担任最高级廷臣。西晋灭亡前两年他去世,实际上留下河西给他的儿子和家族。]

[河西,河西!"长河外区,流沙作纪,玉关悬险,金城负固","虽非久安之地,足为苟全之所乎"!在此,在西晋王朝濒亡之际,他多少像马基雅维里最赞颂的人物——(伟大)国家的创建者。]

[有遥远的汉初异姓大贵族祖先,"家世孝廉,以儒学显";西晋初少年家袭入仕,凭才华亦凭庇荫升迁甚速。]

张轨,字士彦,安定[今甘肃东部平凉市崆峒区]乌氏人,汉常山景王耳十七代孙也。家世孝廉,以儒学显。父温,为太官令。轨少明敏好学,有器望,姿仪典则,与同郡皇甫谧善,隐于宜阳女几山[又名花果山,距今洛阳市宜阳县城50公里,距洛阳90公里]。泰始[265—274]初,受叔父锡官五品。中书监张华与轨论经义及政事损益,甚器之,谓安定中正为蔽善抑才,乃美为之谈,以为二品之精。卫将军杨珧辟为掾,除太子舍人,累迁散骑常侍、征西军司。

["八王之乱"初始,他就"阴图据河西",为此求得护羌校尉、凉州刺史职位;在任上平定鲜卑叛乱,教化河西,不时效劳西晋朝廷以获取信任;"张氏遂霸河西"。]

轨以时方多难,阴图据河西,筮之,遇《泰》之《观》,乃投笑喜曰:"霸者兆也。"于是求为凉州。公卿亦举轨才堪御远。永宁[301—302]初,出为护羌校尉、凉州刺史。于时鲜卑反叛,寇盗从横,轨到官,即讨破之,斩首万余级[!],遂威著西州,化行河右。以宋配、阴充、氾瑗、阴澹为股肱谋主,征九郡胄子五百人,立学校,始置崇文祭酒,位视别驾,春秋行乡射之礼。[他真是能武能文,能杀戮能教化!又见下"斩拔能,俘十余万口"。]秘书监缪世征、少府挚虞夜观星象,相与言曰:"天下方乱,避难之国唯凉土耳。张凉州德量不恒,殆其人乎!"[效劳西晋朝廷以获取信任:]及河间、成都二王之难,遣兵三千,东赴京师。……永兴[304—306]中,鲜卑若罗拔能皆为寇,轨遣司马宋配击之,斩拔能,俘十余万口[!],威名大震。惠帝遣加安西将军,封安乐乡侯,邑千户。于是大城姑臧[今甘肃武威,后为前凉首都]。其城本匈奴所筑也,南北七里,东西三里,地有龙形,故名卧龙城。……至是,张氏遂霸河西。

[效劳西晋朝廷以获取信任,连同域外威望:]永嘉[怀帝司马炽年号,307—313]初,会东羌校尉韩稚杀秦州刺史张辅,轨少府司马杨胤言于轨曰:"今稚逆命,擅杀张辅,明公杖钺一方,宜惩不恪,此亦《春秋》之义。诸侯相灭亡,桓公不能救,则桓公耻之。"轨从焉,遣中督护氾瑗率众二万讨之。先遗稚书曰:"……吾董任一方,义在伐叛,武旅三万,骆驿继发……卿若单马军门者,当与卿共平世难也。"稚得书而降。遣主簿令狐亚聘南阳王模,模甚悦,遗轨以帝所赐剑,谓轨曰:"自陇以西,征伐断割悉以相委,如此剑矣。"[效劳西晋朝廷以获取信任,连同全国性威望——"凉州大马,横行天下":]俄而王弥寇洛阳,轨遣北宫纯、张纂、马鲂、阴浚等率州军击破之,又败刘聪于河东,京师歌之曰:"凉州大马,横行天下。凉州鸲苕[威猛的鸲鸟],寇贼消;鸲苕翩翩,怖杀人。"帝嘉其忠,进封西平郡公,不受。……[效劳西晋朝廷以获取信任:]于时天下既乱,所在使命莫有至者,轨遣使贡献,岁时不替。朝廷嘉之,屡降玺书慰劳。

[他年迈疾笃时,数有欲取而代之、易手凉州的外人图谋,他自己也曾因身体羸弱而想急流勇退;然而,保住张氏凉州是生死祸福所系,因而其家族和下属逆转其意。结果,区域内对抗武装被无情消灭,凉州依然是他家的。]

轨后患风,口不能言,使子茂摄州事。[外人图谋一:]酒泉太守张镇潜引秦州刺史贾龛以代轨,密使诣京师……轨别驾麹晁欲专威福,又遣使诣长安,告南阳王模,称轨废疾,以请贾龛,而龛将受之。其兄让龛曰:"张凉州一时名士,威著西州,汝何德以代之!"龛乃止。[外人图谋二:]更以侍中爱瑜为凉州刺史。治中杨澹驰诣长安,割耳盘上,诉轨之被诬,模乃表停之。

[外人图谋三:]晋昌张越,凉州大族,谶言张氏霸凉,自以才力应之。从陇西内史迁梁州刺史。越志在凉州,遂托病归河西,阴图代轨,乃遣兄镇及曹祛、麹佩移檄废轨,以军司杜耽摄州事,使耽表越为刺史。[他自己曾因身体羸弱而欲急流勇退:]轨令曰:"吾在州八年,不能绥靖区域,又值中州兵乱,秦陇倒悬,加以寝患委笃,实思敛迹避贤,但负荷任重,未便辄遂。不图诸人横兴此变,是不明吾心也。吾视去贵州如脱屣耳!"欲遣主簿尉髦奉表诣阙,便速脂辖[辖为车轴两头之键,涂之以脂,谓准备驾车远行],将归老宜阳。[然而,整个家族和众多下属知道保住张氏

凉州是生死祸福问题！]长史王融、参军孟畅躇折镇檄,排阁[推开门扇]谏曰:"晋室多故,人神涂炭,实赖明公抚宁西夏。张镇兄弟敢肆凶逆,宜声其罪而戮之,不可成其志也。"轨嘿然。副等出而戒严。武威太守张琠遣子坦驰诣京,表曰:"……刺史之莅臣州,若慈母之于赤子,百姓之爱臣轨,若旱苗之得膏雨。伏闻信惑流言,当有迁代,民情嗷嗷,如失父母。今戎夷猾夏,不宜搔动一方。"寻以子寔为中督护,率兵讨镇。遣镇外甥太府主簿令狐亚前喻镇曰:"舅何不审安危,明成败？主公西河著德,兵马如云……今数万之军已临近境,今唯全老亲,存门户,输诚归官,必保万全之福。"镇流涕曰:"人误我也！"乃委罪功曹鲁连而斩之,诣寔归罪。南讨曹祛,走之。张坦至自京师,帝优诏劳轨,依模所表,命诛曹祛。[在朝廷认可其而鼓励下,消灭本区域内对抗武装:]轨大悦,赦州内殊死已下。命寔率尹员、宋配步骑三万讨祛,别遣从事田迥、王丰率骑八百自姑臧西南出石驴,据长宁。祛遣麹晁距战于黄阪。寔诡道出浩亹[wěi],战于破羌。轨斩祛及牙门田嚣。

[朝廷对他感恩,但他反复坚决不应邀请去京师担任最高级廷臣;他不傻,割据主旨坚定。]

[他总是效力于朝廷,深知合法性给实际割据提供的极大便利:]遣治中张阆送义兵五千及郡国秀孝贡计、器甲方物归于京师……光禄傅祇、太常挚虞遗轨书,告京师饥匮,轨即遣参军杜勋献马五百匹、毯布三万匹。帝遣使者进拜镇西将军、都督陇右诸军事,封霸城侯,进车骑将军、开府辟召、仪同三司。策未至,而王弥遂逼洛阳,轨遣将军张斐、北宫纯、郭敷等率精骑五千来卫京都。及京都陷,斐等皆没于贼。[收容中州流民:]中州避难来者日月相继,分武威置武兴郡以居之。[他一度尝试猛攻氐族前秦,解救被俘的怀帝,继而大出兵马扶持愍帝继位:]太府主簿马鲂言于轨曰:"四海倾覆,乘舆未反,明公以全州之力径造平阳[今山西临汾,前秦要镇,晋怀帝被俘后被囚于该地],必当万里风披,有征无战。未审何惮不为此举？"轨曰:"是孤心也。"又闻秦王[司马邺,不久后为晋愍帝]入关,乃驰檄关中曰:"……秦王……宜简令奉登皇位。今遣前锋督护宋配步骑二万,径至长安,翼卫乘舆,折冲左右。西中郎寔中军三万,武威太守张琠胡骑二万,骆驿继发,仲秋中旬会于临晋。"

[他遣军击灭或击溃几股西晋叛乱武装:]俄而秦王为皇太子,遣使拜轨为骠骑大将军、仪同三司,固辞。秦州刺史裴苞、东羌校尉贯与据险断使,命宋配讨之。西平王叔与曹祛余党麹儒等劫前福禄令麹恪为主,执太守赵彝,东应裴苞。寔回师讨之,斩儒等,左督护阴预与苞战狭西,大败之,苞奔桑凶坞。是岁,北宫纯[张轨部将]降刘聪。皇太子遣使重申前授,固辞。左司马窦涛言于轨曰:"曲阜周旦弗辞,营丘齐望承命,所以明国宪,厉殊勋。天下崩乱,皇舆迁幸,州虽僻远,不忘匡卫,故朝廷倾怀,嘉命屡集。宜从朝旨,以副群心。"轨不从。[他反复坚决谢绝去京师担任最高级廷臣的邀请。]

······ ······

愍帝即位,进位司空,固让。[三度谢绝。]太府参军索辅言于轨曰:"古以金贝皮币为货,息谷帛量度之。二汉制五铢钱,通易不滞。[在河西恢复钱币,"钱遂大行,人赖其利":荒废之地重要的复兴措施。]泰始中,河西荒废,遂不用钱。裂匹以为段数[割布分段]。缣布既坏,市易又难,徒坏女工,不任衣用,弊之甚也。今中州虽乱,此方主安全,宜复五铢以济通变之会。"轨纳之,立制准布用钱,钱遂大行,人赖其利。是时刘曜寇北地,轨又遣参军麹陶领三千人卫长安。帝遣大鸿胪辛攀拜轨侍中、太尉、凉州牧、西平公,轨又固辞。[四度谢绝。]

[在州十三年,奠定前凉后去世,临终将其政权留给长子张寔。]

在州十三年,寝疾,遗令曰:"吾无德于人,今疾病弥留,殆将命也。文武将佐咸当弘尽忠规,务安百姓,上思报国,下以宁家。素棺薄葬,无藏金玉。[他大概从不奢侈腐败!]善相安逊,以听朝旨。"表立子寔为世子。卒年六十。谥曰武公。

张寔:

[张轨的直接继承者,在316年底西晋灭亡后,他即半正式地建立前凉国家。在位六年,其间几度为保卫晋宗室而起兵对抗匈奴前赵。呜呼!他最终死于非命:被沉迷于邪教政治信条的部将杀死。]

["学尚明察,敬贤爱士",与父同心而固辞中央军职还凉州;父卒后,"州人推寔

摄父位",为政贤明；拯救愍帝不及或不可行,他(也许半心半意地)致力于拯救西晋宗室司马保。]

寔字安逊,学尚明察,敬贤爱士,以秀才为郎中。永嘉[307—313]初,固辞骁骑将军,请还凉州,许之,改授议郎。及至姑臧,以讨曹祛功,封建武亭侯。寻迁西中郎将,进爵福禄县侯。建兴[愍帝司马炽年号,313—317]初,除西中郎将,领护羌校尉。[他成为事实上的独立王国的掌权者:]轨卒,州人推寔摄父位。愍帝因下策书曰:"……维尔隽劲英毅,宜世表西海。今授持节、都督凉州诸军事、西中郎将、凉州刺史、领护羌校尉、西平公。往钦哉！其阐弘先绪,俾屏王室。"

[他一上来就是个鼓励进言、褒扬异见的贤明主公:]……寔……下令国中曰:"……比年饥旱,殆由庶事有缺……自今有面刺孤罪者,酬以束帛；翰墨陈孤过者,答以筐篚[厚赐的物品]；谤言于市者,报以羊米。"贼曹佐高昌隗瑾进言曰:"……今事无巨细,尽决圣虑,兴军布令,朝中不知,若有谬阙,则下无分谤。窃谓宜偃聪塞智,开纳群言,政刑大小,与众共之。若恒内断圣心,则群僚畏威而面从矣。善恶专归于上,虽赏千金,终无言也。"寔纳之,增位三等,赐帛四十四。[他和他父亲一样,重视效力于朝廷:]遣督护王该送诸郡贡计,献名马方珍、经史图籍于京师。

会刘曜逼长安,寔遣将军王该率众以援京城。帝嘉之,拜都督陕西诸军事。[在即将万般无奈只得投降前赵之际,晋愍帝请求他"挟赞"正在江东创立东晋的司马睿,但作为割据主义者的他予以拒绝:]及帝将降于刘曜,下诏于寔曰:"天步厄运,祸降晋室……君世笃忠亮,勋隆西夏,四海具瞻,朕所凭赖。今进君大都督、凉州牧、侍中、司空,承制行事。琅邪王宗室亲贤,远在江表。今朝廷播越,社稷倒悬,朕以诏王,时摄大位。君其挟赞琅邪,共济难运。……明便出降,故夜见公卿,属以后事,密遣黄门郎史淑、侍御史王冲赍诏假授。临出寄命,公其勉之！"寔以天子蒙尘,冲让不拜。

建威将军、西海太守张肃,寔叔父也,以京师危逼,请为先锋击刘曜。寔以肃年老,弗许。……乃止。既而闻京师陷没,肃悲愤而卒。

[当然,如同其父,出于合法性权宜和忠晋情感,他不能不有所行动,但救帝已成泡影:]寔知刘曜逼迁天子,大临三日。遣太府司马韩璞、灭寇将军田齐、抚戎将军张阆、前锋督护阴预步骑一万,东赴国难。命讨虏将军陈安、故太守贾骞、陇西太

守吴绍各统郡兵为璞等前驱。……复遗南阳王保书曰："……会闻朝廷倾覆,为忠不达于主,遣兵不及于难,痛慨之深,死有余责。今更遣韩璞等,唯公命是从。"及璞次南安,诸羌断军路,相持百余日,粮竭矢尽。璞杀驾牛飨军,泣谓众曰:"汝曹念父母乎?"曰:"念。""念妻子乎? 曰:"念。""欲生还乎?"曰:"欲。""从我令乎?"曰:"诺。"乃鼓噪进战。会张阆率金城军继至,夹击,大败之,斩级数千。

[西晋亡,东晋正式宣告建立,但他不用其年号,仍用西晋愍帝年号,这可认为是半正式地建立前凉国①。]

[被讥为"倚柱观"的他出兵拯救西晋宗室司马保:]时焦崧、陈安寇陇石,东与刘曜相持,雍秦之人死者十八九。初,永嘉中,长安谣曰:"秦川中,血没腕,惟有凉州倚柱观。"至是,谣言验矣。焦崧、陈安逼上邽,南阳王保遣使告急。以金城太守窦涛为轻车将军。率威远将军宋毅及和苞、张阆、宋辑、辛韬、张选、董广步骑二万赴之。军次新阳,会愍帝崩问至,素服举哀,大临三日。

[他勉强推崇江东的司马睿为天子,但仍用已死的愍帝的年号:]时南阳王保谋称尊号,破羌都尉张诜言于寔曰:"南阳王忘莫大之耻,而欲自尊,天不受其图箓,德不足以应运,终非济时救难者也。晋王明德昵藩,先帝凭属,宜表称圣德,劝即尊号……"从之。于是驰檄天下,推崇晋王为天子,遣牙门蔡忠奉表江南,劝即尊位。是岁,元帝即位于建邺,改年太兴,寔犹称建兴六年,不从中兴之所改也。

[再三拯救司马保,但当然有其限度:不能让他败奔河西,否则"以其宗室之望,若至河右,必动物情"——一项他用武力去贯彻的考虑。]保闻愍帝崩,自称晋王,建元,署置百官,遣使拜寔征西大将军、仪同三司,增邑三千户。俄而保为陈安所叛,氐羌皆应之。保窘迫,遂去上邽,迁祁山,寔遣将韩璞步骑五千赴难。陈安退保绵诸,保归上邽。未几,保复为安所败,使诣寔乞师。寔遣宋毅赴之,而安退。会保为刘曜所逼,迁于桑城,将谋奔寔。寔以其宗室之望,若至河右,必动物情,遣其将阴监逆保,声言翼卫,实御之也。会保薨,其众散奔凉州者万余人。寔自恃险远,颇自

① 参见"张寔",https://baike.sogou.com/v5220536.htm? fromTitle＝％ E5％ BC％ A0％ E5％ AF％94.

骄恣。［他大得意，不再贤明？］

［他最终死于非命：被沉迷于邪教政治信条的部将杀死。］

……京兆人刘弘者，挟左道，客居天梯第五山［今甘肃武威市凉州区金山乡大口子第五山，有南北朝时期开凿的石佛崖］，然灯悬镜于山穴中为光明，以惑百姓，受道者千余人，寔左右皆事之。帐下阎沙、牙门赵仰皆弘乡人，弘谓之曰："天与我神玺，应王凉州。"沙、仰信之，密与寔左右十余人谋杀寔，奉弘为主。寔潜知其谋，收弘杀之。沙等不之知，以其夜害寔。在位六年。私谥曰昭公，元帝赐谥曰元。子骏，年幼，弟茂摄事。

张茂：

［张寔同母弟，320年继位为前凉君主。他有相当高尚的品格和较不同于流俗的秉性，而且心系华夏最终统一和民众安宁生存。依凭可赞的才干，尤其"能断大事"，他诱杀"势倾西土"的域内豪强，遣将南下攻取陇西南安（主要为今甘肃东南部定西市陇西县）而设置秦州，并且击退匈奴前赵刘曜的进攻。"西控诸戎，东攘巨猾"，房玄龄等如此赞誉他和他的两位后继前凉君主的历史功绩。］

［本传内唯一对他不利的记载，是他在都城姑臧大筑用于奢侈享受而非军事的灵钧台，以致劳民伤财。］

［他一开始就有相当高尚的品格、不同于流俗的秉性，"不以世利婴心"；张寔被害身亡后，因其子张骏年少，不情愿的他被张寔僚属推举为前凉主公。］

茂字成逊，虚靖好学，不以世利婴心。建兴［晋愍帝年号，313—317］初，南阳王保辟从事中郎，又荐为散骑侍郎、中垒将军，皆不就。二年，征为侍中，以父老固辞。寻拜平西将军、秦州刺史。太兴三年［320］，寔既遇害，州人推茂为大都督、太尉、凉州牧，茂不从，但受使持节、平西将军、凉州牧。乃诛阎沙及党与数百人，赦其境内。复以兄子骏为抚军将军、武威太守、西平公。

［在都城大筑奢侈的灵钧台可谓他的不息"心魔"，虽曾经人劝谏而被压下，但

如后所述终究未得抑制。]

　　岁余，茂筑灵钧台，周轮八十余堵[围墙]，基高九仞[一仞为周尺八或七尺，而一周尺约合 23 厘米；据此，九仞约合 16 米]。武陵人阎曾夜叩门呼曰："武公[张轨谥号]遣我来，曰：何故劳百姓而筑台乎？"姑臧令辛岩以曾妖妄，请杀之。茂曰："吾信劳人[确实劳累了百姓]。曾称先君之令，何谓妖乎！"太府主簿马鲂谏曰："今世难未夷，唯当弘尚道素，不宜劳役崇饰台榭。且比年已来，转觉众务日奢于往，每所经营[修造经营]，轻违雅度，实非士女所望于明公。"茂曰："吾过也，吾过也！"命止作役。

　　[他作为前凉君主的主要功绩：击退匈奴前赵刘曜的进攻，诱杀"势倾西土"的域内豪强，南下攻取陇西南安而设置秦州；然而，他"心魔"不息，终筑灵钧台。]

　　[在敌里应外合、"河西大震"的危险形势下，遣将击退刘曜进攻：]明年，刘曜遣其将刘咸攻韩璞于冀城，呼延寔攻宁羌护军阴鉴于桑壁[今甘肃定西市临洮县南]。临洮人翟楷、石琮等逐令长，以县应曜，河西大震。参军马岌劝茂亲征，长史氾祎怒曰："亡国之人复欲干乱大事，宜斩岌以安百姓。"岌曰："氾公书生糟粕，刺举近才[只会检举和抨击人的近视之才]，不惟国家大计。且朝廷旰食[指事务繁忙不能按时进餐]有年矣，今大贼自至，不烦远师，退尔之情，实系此州，事势不可以不出。且宜立信勇之验，以副秦陇之望。"茂曰："马生之言得之矣。"乃出次石头。[他委派一位部将作战役指挥，后者比他当时更能做正确的战略形势分析和战略判断，且能亲率兵众克敌制胜：]茂谓参军陈珍曰："刘曜以乘胜之声握三秦之锐，缮兵积年，士卒习战，若以精骑奄克南安，席卷河外，长驱而至者，计将何出？"珍曰："曜虽乘威怙众，恩德未结于下，又其关东离贰，内患未除，精卒寡少，多是氐羌乌合之众，终不能近舍关东之难，增陇上之戍，旷日持久与我争衡也。若二旬不退者，珍请为明公率弊卒数千以擒之。"茂大悦，以珍为平虏护军，率卒骑一千八百救韩璞。曜阴欲引归，声言要先取陇西，然后回灭桑壁。珍募发氐羌之众，击曜走之，克复南安。茂深嘉之，拜折冲将军。

　　[复大筑灵钧台，且以大致杜撰的军事必需堵住劝谏者的嘴：]未几，茂复大城姑臧，修灵钧台，别驾吴绍谏曰："伏惟修城筑台，盖是惩既往之事。愚以为恩德未

治于近侍,虽处层楼,适所以疑诸下,徒见不安之意而失士民系托之本心,示怯弱之形,乖匡霸之势。遐方异境窥我之龌龊[拘谨局狭]也,必有乘人之规。尝愿止役省劳,与下休息。而更兴功动众,百姓岂所望于明君哉!"茂曰:"亡兄怛然失身于物。王公设险,武夫重闭,亦达人之至戒也。且忠臣义士岂不欲尽节义于亡兄哉?直以危机密发,虽有贲育之勇,无所复施。今事未靖,不可以拘系常言,以太平之理责人于迍邅[zhūn zhān,困顿艰险]之世。"绍无以对。

茂雅有志节,能断大事。[诱杀"势倾西土"的域内豪强,以致"豪右屏迹,威行凉域":]凉州大姓贾摹,寔之妻弟也,势倾西土。先是,谣曰:"手莫头,图凉州。"茂以为信,诱而杀之,于是豪右屏迹,威行凉域。[攻取陇西南安,设置秦州:]永昌[东晋元帝年号,322—323]初,茂使将军韩璞率众取陇西南安之地,以置秦州。

[他的临终之言表明他心系华夏最终统一和民众安宁生存,且因根本的自知之明而审慎自敛。]

太宁三年[324]卒,临终,执骏手泣曰:"昔吾先人以孝友见称。自汉初以来,世执忠顺。今虽华夏大乱,皇舆播迁,汝当谨守人臣之节,无或失坠。吾遭扰攘之运,承先人余德,假摄此州,以全性命,上欲不负晋室,下欲保完百姓。然官非王命,位由私议,苟以集事,岂荣之哉! 气绝之日,白帢入棺,无以朝服,以彰吾志焉。"年四十八。在位五年。私谥曰成。茂无子,骏嗣位。

张骏:

[张寔之子,继张茂而立的前凉君主,在位长达22年(324—346)。他的最大业绩在于"西控诸戎,东攘巨猾",依凭武力等手段大大扩展了前凉统治范围,使之囊括凉州黄河以南和全部陇西,而那是地方军阀被迫归降和匈奴前赵兵败地失的结果。不仅如此,他还颇有统治才能,"勤修庶政,总御文武,咸得其用,远近嘉咏"。]

[他像其叔父和先王张茂一样,"心系本朝",希望击灭少数民族国家,实现华夏统一。]

[他少时"卓越不羁",十足的花花公子,成年后即有前凉最大贵族和最高廷臣

称号,实为君主;他的一大成就——"收河南之地"。]

骏字公庭,幼而奇伟。建兴[西晋愍帝年号]四年[316],封霸城侯。十岁能属文,卓越不羁,而淫纵过度,常夜微行于邑里,国中化之[国人仿效成俗],及统任[就任时],年十八[325,张茂逝年]。先是,愍帝使人黄门侍郎史淑在姑臧,左长史氾祎、右长史马谟等讽淑,令拜骏使持节、大都督、大将军、凉州牧、领护羌校尉西平公。赦其境内,置左右前后四率官,缮南宫。刘曜又使人拜骏凉州牧、凉王。

[图谋南下攻灭控制枹罕的地方军阀,但经劝谏而延后(如后所提及,后者最终归降):]时辛晏兵于枹罕[今甘肃西南部临夏回族自治州临夏县],骏宴群僚于闲豫堂。命窦涛等进讨辛晏。从事刘庆谏曰:"霸王不以喜怒兴师,不以乾没[冒险侥幸]取胜,必须天时人事,然后起也。辛晏父子安忍凶狂,其亡可待,奈何以饥年大举,猛寒攻城! 昔周武回戈以须亡殷之期,曹公缓袁氏使自毙,何独殿下以旋兵为耻乎!"骏纳之。

······ ······

[如其前任张茂临终嘱咐的,他"不负晋室",心系华夏统一,但方式有其复杂性:]太宁[东晋明帝年号]元年[323],骏犹称建兴十二年,骏亲耕藉田。寻承元帝崩问,骏大临三日。······右长史氾祎言于骏曰:"案建兴之年,是少帝始起之号。帝以凶终,理应改易。朝廷越在江南,音问隔绝,宜因龙改号,以章休征。"不从。······[收凉州黄河以南之地,前凉统治范围的大扩展(如何做到的? 我们不得而知):]至是而复收河南之地。

[他的大挫折:前凉军队大败于匈奴前赵,死伤惨重,并且如后所述"遂失河南之地","河西大震"。]

咸和[东晋成帝年号,326—334]初,骏遣武威太守窦涛、金城太守张阆、武兴太守辛岩、扬烈将军宋辑等率众东会韩璞,攻讨秦州诸郡。曜遣其将刘胤来距,屯于狄道城。韩璞进度沃干岭[今甘肃兰州市七里河区阿干镇]。辛岩曰:"我握众数万,藉氐羌之锐,宜速战以灭之,不可以久,久则变生。"璞曰:"自夏末以来,太白犯月,辰星逆行,白虹贯日,皆变之大者,不可以轻动。轻动而不捷,为祸更深。吾将久而毙之。且曜与石勒相攻,胤亦不能久也。"[韩璞 *vs.* 辛岩:在前凉前线将领们的战略判断和作战方式辩论中,劣见胜过卓见。]积七十余日,军粮竭,遣辛岩督运于金城。[前赵战场指挥将领刘胤善于即时捕捉大好战机,且坚决一举决战和充分动员兵众,遂大败前凉军:]胤闻之,大悦,谓其将士曰:"韩璞之众十倍于吾,羌胡皆叛,不为之用。吾粮廪将悬,难以持久。今虏分兵运粮,可谓天授吾也。若败辛岩,璞等自溃。彼众我寡,宜以死战。战而不捷,当无匹马得还,宜厉尔戈矛,竭汝智力。"众咸奋。于是率骑三千,袭岩于沃干岭,败之,璞军遂溃,死者二万余人。面缚归罪,骏曰:"孤之罪也,将军何辱!"皆赦之。胤乘胜追奔,济河,攻陷令居[今甘肃兰州市永登县西北],入据振武,河西大震。骏遣皇甫该御之,赦其境内。

…… ……

[他颇有统治才能,"勤修庶政",治下"刑清国富","境内渐平";部分地因为欲"不负晋室"而在政治上谦虚审慎;经劝谏而立其子张重华为储君。]

[他颇有统治才能,治下"刑清国富":]……骏……下令境中曰:"……法律犯死罪,期亲[即期功之亲;期功为丧服,期功之亲指要为之服丧的直系亲属]不得在朝。今尽听之,唯不宜内参宿卫耳。"于是刑清国富,[在政治上谦虚审慎:]群僚劝骏称凉王,领秦、凉二州牧,置公卿百官,如魏武、晋文故事。骏曰:"此非人臣所宜言也。敢有言此者,罪在不赦。"然境内皆称之为王。[经劝谏而立其子为储君:]群僚又请骏立世子,骏不从。中坚将军宋辑言于骏曰:"礼急储君者,盖重宗庙之故。周成、汉昭立于襁褓,诚以国嗣不可旷,储宫当素定也。昔武王[张轨,谥号武]始有国,元王[张寔,谥号元]作储君。建兴之初,先王[张茂]在位,殿下正名统,况今社稷弥崇,圣躬介立,大业遂殷,继贰阙然哉!臣窃以为国有累卵之危,而殿下以为安逾泰山,非所谓也。"骏纳之,遂立子重华为世子。

[力图借道巴族成汉国家而联系东晋京师,其间他的使臣(代表他)充分表现了心系"扫氛燕赵"、华夏统一:]先是,骏遣傅颖假道于蜀,通表京师。李雄[巴族成汉开国皇帝]弗许。骏又遣治中从事张淳称籓于蜀,托以假道焉。雄大悦。……淳因说曰:"……宜……二国并势,席卷三秦,东清许洛,扫氛燕赵,拯二帝梓宫于平阳,反皇舆于洛邑,此英霸之举,千载一时。寡君所以遣下臣冒险通诚,不远万里者,以陛下义声远播,必能愍寡君勤王之志。天下之善一也,惟陛下图之。"雄怒,伪许之,

将覆淳于东峡。蜀人桥赞密以告淳。淳言于雄曰:"……若欲杀臣者,当显于都市,宣示众目,云凉州不忘旧义,通使琅邪,为表忠诚,假途于我,主圣臣明,发觉杀之。当令义声远著,天下畏威。今盗杀江中,威刑不显,何足以扬休烈,示天下也!"雄大惊曰:"安有此邪! 当相放还河右耳。"……厚礼遣之。谓淳曰:"贵主英名盖世,土险兵盛,何不称帝,自娱一方?"淳曰:"寡君以乃祖乃父世济忠良,未能雪天人之大耻,解众庶之倒悬,日昃忘食,枕戈待旦。以琅邪中兴江东,故万里翼戴,将成桓文之事,何言自娱邪!"雄有惭色……淳还至龙鹤,募兵通表,后皆达京师,朝廷嘉之。

[他颇有统治才能,且善纳谏言,从而坚持司法宽容齐一:]骏议欲严刑峻制,众咸以为宜。参军黄斌进曰:"臣未见其可。"骏问其故。斌曰:"夫法制所以经纶邦国,笃俗齐物,既立民行,不可窪隆[高下不平]也。若尊者犯令,则法不行矣。"骏屏机改容曰:"夫法唯上行,制无高下。且微[若无]黄君,吾不闻过矣。黄君可谓忠之至也。"于坐擢为敦煌太守。[他颇有统治才能,"勤修庶政,总御文武,咸得其用,远近嘉咏":]骏有计略,于是厉操改节,勤修庶政,总御文武,咸得其用,远近嘉咏,号曰积贤君。[在他治下,前凉国家实现了一种大有利民众的深切转换:]自轨据凉州,属天下之乱,所在征伐,军无宁岁。至骏,境内渐平。[他(庶几代表华夏)的"帝国"功业:令西域并降。]又使其将杨宣率众越流沙,伐龟兹、鄯善,于是西域并降。鄯善王元孟献女,号曰美人,立宾遐观以处之。焉耆前部、于阗王并遣使贡方物。得玉玺于河,其文曰"执万国,建无极"。

["尽有陇西之地",虽然如他"收河南之地"那样,我们不知他如何具体成就之;前凉强盛,囊括四州:]时骏尽有陇西之地,士马强盛,虽称臣于晋,而不行中兴正朔。舞六佾,建豹尾,所置官僚府寺拟于王者,而微异其名。又分州西界三郡置沙州,东界六郡置河州。二府官僚莫不称臣。[似乎有如他叔父张茂,有在都城大兴土木供己使用的情结;行奢侈?]又于姑臧城南筑城,起谦光殿,画以五色,饰以金玉,穷尽珍巧。殿之四面各起一殿,东曰宜阳青殿,以春三月居之,章服器物皆依方色[东(南西北)方之色];南曰朱阳赤殿,夏三月居之;西曰政刑白殿,秋三月居之;北曰玄武黑殿,冬三月居之。其傍皆有直省内官寺署,一同方色。及末年,任所游处,不复依四时而居。

[他颇优良的统治才能延及他灵活的对外战略;他抓住后赵石勒攻杀前赵刘曜的机会"复收河南地"。]

咸和[东晋成帝年号,326—334]初,惧为刘曜所逼,使将军宋辑、魏纂将徙陇西南安人二千余家于姑臧,使聘于李雄,修邻好。[灵活的对外战略。]及曜攻枹罕,护军辛晏告急,骏使韩璞、辛岩率步骑二万击之,战于临洮,大为曜军所败,璞等退走,追至令居,骏遂失河南之地。……["复收河南地":]及石勒杀刘曜[329],骏因长安[刘曜长久驻镇长安]乱,复收河南地,至于狄道,置武卫、石门、候和、涸川、甘松五屯护军,与勒分境。勒遣使拜骏官爵,骏不受,留其使。后惧勒强,遣使称臣于勒,兼贡方物,遣其使归。[灵活的对外战略。]

……　……

[333年东晋朝廷使者和诏书首次抵达前凉,他上疏称臣,但不奉正朔;自是"每岁使命不绝",他"心系本朝",希望击灭少数民族国家,实现华夏统一,甚而责怪东晋皇帝"雍容江表,坐观祸败,怀目前之安"!]

……至是,(东晋朝廷)始……拜骏镇西大将军,校尉、刺史、公如故,选西方人陇西贾陵等十二人配之。……到长安,不敢进,以咸和八年[333]始达凉州。骏受诏,遣部曲督王丰等报谢,并遣陵归,上疏称臣,而不奉正朔,犹称建兴二十一年。九年,复使……赍印板进骏大将军。自是每岁使命不绝。后骏遣参军麹护上疏曰:

东西隔塞,逾历年载,凤承圣德,心系本朝。……奉诏之日,悲喜交并,天恩光被,褒崇辉渥,即以臣为大将军、都督陕西雍秦凉州诸军事。休宠振赫,万里怀戴……臣专命一方,职在斧钺,退域僻陋,势极秦陇。……而陛下雍容江表,坐观祸败,怀目前之安,替四祖之业,驰檄布告,徒设空文,臣所以宵吟荒漠,痛心长路者也。……愿陛下敷弘臣虑,永念先绩,敕司空鉴[郗鉴]、征西亮[庾亮]等泛舟江沔,使首尾俱至也。

自后骏遣使多为季龙[后赵皇帝石虎]所获,不达。后骏又遣护羌参军陈宇、从事徐虓[xiāo]、华驭等至京师……永和[东晋穆帝年号]元年[345],以世子重华为五官中郎将、凉州刺史。……骏在位二十二年卒,时年四十,私谥曰文公,穆帝追谥曰忠成公。

张重华:

[张骏次了,346 年继其父为前凉君主,在位八年而卒。面对羯胡后赵的不断侵寇和金城降敌,他果断起用并非宿旧名将但"明识兵略"的主簿谢艾,从而大破敌军;随后,经枹罕守军英勇挫败后赵大军的围城战,谢艾又两度大败强敌。]

[这位君主到了克劳塞维茨式"胜利顶点"! 他很快变得得意扬扬,荒怠政事,沉溺娱乐,谬用降将,并且欲破前凉至此不破的传统去逼东晋封他为凉王。中道变质:就此而言,他与前凉的四位先主截然相反!]

[优良少年,继承前凉河山,施行良善的社会政策。]

重华字泰临,骏之第二子也。宽和懿重,沈毅少言。父卒,时年十六。以永和二年[346]自称持节、大都督、太尉、护羌校尉、凉州牧、西平公、假凉王[张骏出于权宜,大概曾接受过匈奴前赵刘曜给的凉王称号,其后又坚决拒绝群僚要他称凉王的劝谏,说"敢有言此者,罪在不赦"。然而,他的后继者却一上来就自称"假凉王",可谓持有一种至死不泯的"心魔"],赦其境内。尊其母严氏为太王太后,居永训宫;所生母马氏为王太后,居永寿宫。轻赋敛,除关税,省园囿,以恤贫穷。

[羯胡后赵不断侵寇,而且金城(今甘肃兰州)降敌,"凉州振动";在此危急关头,他果断起用并非宿旧名将但"明识兵略"的主簿谢艾,从而大破敌军。]

遣使奉章于石季龙。季龙使王擢、麻秋、孙伏都等侵寇不辍。金城太守张冲降于秋。于是凉州振动。重华扫境内[尽倾境内兵员],使其征南将军裴恒御之。恒壁于广武[郡名,辖令居、枝阳、永登三县],欲以持久弊之。牧府相司马张耽言于重华曰:"臣闻国以兵为强,以将为主。主将者,存亡之机,吉凶所系。……今之所要,在于军师。然议者举将多推宿旧,未必妙尽精才也。[推荐谢艾者的至理名言:唯才是举,一切以能否有望克敌制胜为转移。]且韩信之举,非旧名将也;穰苴之信,非旧将也;吕蒙之进,非旧勋也;魏延之用,非旧德也。盖明王之举,举无常人,才之所能,则授以大事。今强寇在郊,诸将不进,人情骚动,危机稍逼。[谢艾被确信具有指挥将领的素质:]主簿谢艾,兼资文武,明识兵略,若授以斧钺,委以专征,必能折冲御侮,歼殄凶类。"重华召艾,问以讨寇方略。艾曰:"昔耿弇不欲以贼遗君父,黄权愿以万人当寇。乞假臣兵七千,为殿下吞王擢、麻秋等。"重华大悦,以艾为中坚将军,配步骑五千击秋。[谢艾采取与"费边战略"全然相反的猛攻猛击方式,大破敌军。]引师出振武,夜有二枭鸣于牙中[主将住处内],艾曰:"枭,邀也,六博得枭者胜。今枭鸣牙中,克敌之兆。"于是进战,大破之,斩首五千级。重华封艾为福禄伯,善待之。诸宠贵恶其贤,共毁谮之[嫉妒无处不在,内斗无处不在!],乃出为酒泉太守。

······ ······

[经枹罕守军英勇挫败后赵十万大军的围城战,得到他重用的谢艾又两度智勇双全大败强敌。]

　　俄而麻秋进攻枹罕,时晋阳太守郎坦以城大难守,宜弃外城。武城太守张悛曰:"弃外城则大事去矣,不可以动众心。"宁戎校尉张璩从之,固守大城。[非常激烈和英勇的枹罕反围城战:]秋率众八万,围堑数重,云梯霓车,地突百道,皆通于内。城中亦应之,杀伤秋众已数万。季龙复遣其将刘浑等率步骑二万会之。郎坦恨言之不从,教军士李嘉潜与秋通,引贼千余人上城西北隅。璩使宋修、张弘、辛挹、郭普距之,短兵接战,斩二百余人,贼乃退。璩戮李嘉以徇,烧其攻具。秋退保大夏[前凉郡名,在今甘肃东南部]谓诸将曰:"我用兵于五都之间,攻城略地,往无不捷。及登秦陇,谓有征无战。岂悟南袭仇池[或许指在今陇南、陕西南、川北之间的氐族仇池国],破军杀将;筑城长最,匹马不归;及攻此城,伤兵挫锐。殆天所赞,非人力也。"季龙闻而叹曰:"吾以偏师定九州,今以九州之力困于枹罕,真所谓彼有人焉,未可图也。"[枹罕围城战大败,因为"彼有人,未可图":后赵君主在此场合比其部将正确得多。]

　　[再度"彼有人,未可图":谢艾智勇双全,对阵激战,加截击敌背和乘胜追击,几乎彻底歼灭敌军。]重华以谢艾为使持节、军师将军,率步骑三万,进军临河。秋以三万众距之。艾乘轺车,冠白帢,鸣鼓而行。秋望而怒曰:"艾年少书生,冠服如此,轻我也。"命黑槊龙骧[骑士手执长槊(shuò,长矛),背负强弓,标配二十支特制羽箭,号"黑槊龙骧",是方阵的主要突击力量]三千人驰击之。艾左右大扰。左战帅

李伟劝艾乘马，艾不从，乃下车踞胡床，指麾处分。贼以为伏兵发也，惧不敢进。张瑁从左南缘河而截其后，秋军乃退。艾乘胜奔击，遂大败之，斩秋将杜勋、汲鱼，俘斩一万三级，秋匹马奔大夏。重华论功，以谢艾为太府左长史，进封福禄县伯，邑五千户，帛八千匹。

[后赵再度大举侵寇，前凉京都"大震"，然而得他重用的谢艾以兵力绝对劣势（不知怎的）又胜。]麻秋又据枹罕，有众十二万，进屯河内，遣王擢略地晋兴、广武，越洪池岭，至于曲柳，姑臧大震。重华议欲亲出距之，谢艾固谏以为不可。……重华纳之，于是以艾为使持节、都督征讨诸军事、行卫将军……率步骑二万距之。……军次神鸟，王擢与前锋战，败，遁还河南。还讨叛虏斯骨真万余落，破之，斩首千余级，俘擒二千八百，获牛羊十余万头。

[前凉连败强敌，他攀至克劳塞维茨式"胜利顶点"。他很快变得荒怠政事，沉溺娱乐，谬用降将，并且在前凉史上前所未有地欲逼东晋封他为凉王。]

[荒怠政事，沉溺娱乐：]重华自以连破勍[qíng，强有力的]敌，颇怠政事，希接宾客。司直索遐谏曰："殿下……宜躬亲万机，开延英义，夙夜乾乾，勉于庶政。……国老朝贤，当虚己引纳，询访政事，比多经旬积朔[谓年长日久]，不留意接之。文奏入内，历月不省，废替见务，注情于棋弈之间，缱绻左右小臣之娱，不存将相远大之谋。至使亲臣不言，朝吏杜口，愚臣所以回惶忘寝与食也。今王室如毁，百姓倒悬，正是殿下衔胆茹辛厉心之日。深愿垂心朝政，延纳直言……修政听朝，使下观而化。"重华览之大悦，优文答谢，然不之改也。

诏遣侍御史俞归拜重华护羌校尉、凉州刺史、假节。[谬用降将，招致大祸：]是时石季龙西中郎将王擢屯结陇上，为苻雄[氐族前秦皇帝苻健之弟]所破，奔重华。重华厚宠之，以为征虏将军、秦州刺史、假节，使张弘、宗悠率步骑万五千配擢，伐苻健。健遣苻硕[苻健之子]御之，战于龙黎。擢等大败，单骑而还，弘、悠皆没。重华痛之，素服为战亡吏士举哀号恸，各遣吊问其家。复授擢兵，使攻秦州，克之。[欲逼东晋封他为凉王，预先摆出准备为之作巨大的军事贡献的姿态：]遣使上疏曰："季龙自毙，遗烬游魂，取乱侮亡，睹机则发。臣今遣前都锋督裴恒步骑七万，遥出陇上，以俟圣朝赫然之威。……"于是康献皇后[褚蒜子]诏报，遣使进重华为凉州牧。

[欲逼东晋封他为凉王,故不肯受诏,怨怒"不如鲜卑":]是时御史俞归至凉州,重华方谋为凉王,不肯受诏,使亲信人沈猛谓归曰:"我家主公奕世忠于晋室,而不如鲜卑矣。台加慕容皝燕王,今甫授州主大将军,何以加劝有功忠义之臣乎!明台今宜移河右,共劝州主为凉王。大夫出使,苟利社稷,专之可也。"[东晋使节的一顿依据历史和经典的反驳令他打消了初衷。]归对曰:"王者之制,异姓不得称王;九州之内,重爵不得过公。汉高一时王异姓,寻皆诛灭,盖权时之宜,非旧体也。故王陵曰:'非刘氏而王,天下共伐之。'至于戎狄,不从此例。春秋时吴楚称王,而诸侯不以为非者,盖蛮夷畜之也。假令齐鲁称王,诸侯岂不伐之!故圣上以贵公忠贤,是以爵以上公,位以方伯,鲜卑北狄,岂足以比哉!子失问也。且吾又闻之,有殊勋绝世者亦有不世之赏,若今便以贵公为王者,设贵公以河右之众南平巴蜀,东扫赵魏,修复旧都,以迎天子,天子复以何爵何位可以加赏?幸三思之。"猛具宣归言,重华遂止。

[插叙,再度提到他荒怠政事,沉溺娱乐,滥于赏赐:]重华好与群小游戏,屡出钱帛以赐左右。征事索振谏曰:"……今遗烬尚广,仓帑虚竭,金帛之费,所宜慎之。……今章奉停滞,动经时月,下情不得上达,哀穷困于图圄,盖非明主之事,臣窃未安。"……

将受诏,未及而卒,时年二十七。在位十一年。私谥曰昭公,后改曰桓公,穆帝赐谥曰敬烈。子耀灵嗣。

张祚:

[张骏庶长子,阴诈淫恶,篡得前凉君位,并于 354 年称帝("行革命之事")。他"淫暴"至极,"凶虐"无比,实在是古希腊双重意义上的暴君!他很快便成为孤家寡人,横遭暴死,前凉也随之气息奄奄。]

["性倾巧",先矫先主遗令,篡夺军权和辅政地位,后以淫恶伎俩废黜且杀害幼年嗣君,篡夺前凉君主宝座。]

耀灵字元舒。年十岁嗣事,称大司马、校尉、刺史、西平公。伯父长宁侯祚性倾巧,善承内外,初与重华宠臣赵长、尉缉等结异姓兄弟。长等矫称重华遗令,以祚为持节、督中外诸军、抚军将军,辅政。长等议以耀灵冲幼,时难未夷,宜立长君。祚先烝重华母马氏,马氏遂从缉议,命废耀灵为凉宁侯而立祚。祚寻使杨秋胡害耀灵于东苑,埋之于沙坑,私谥曰哀公。

[他虽或许"博学雄武,有政事之才",但"淫暴"至极;354年称帝,宣告自己为"华裔之主",且"凶虐愈甚"。]

祚字太伯,博学雄武,有政事之才。既立,自称大都督、大将军、凉州牧、凉公。淫暴不道,又通重华妻裴氏,自阁内媵妾及骏、重华未嫁子女,无不暴乱,国人相目,咸赋《墙茨》之诗①。

永和十年[354],祚纳尉缉、赵长等议,僭称帝位,立宗庙,舞八佾,置百官,下书曰:"……今中原丧乱,华裔无主,群后佥以九州之望无所依归,神祇岳渎罔所凭系,逼孤摄行大统,以一四海之心。辞不获已,勉从群议。……"改建兴四十二年为和平元年……祚凶虐愈甚。其尚书马岌以切谏免官。郎中丁琪又谏曰[说得好!因而非死不可]:"……华夷所以归系大凉、义兵所以千里响赴者,以陛下为本朝之故。今既自尊……一隅之地何以当中国之师!……"祚大怒,斩之于阙下。遣其将和昊率众伐丽轩戎于南山,大败而还。["雄武"何在?"政事之才"何在?]

[他的危机、末日、暴死和暴尸。]

[危机:外有桓温大军威胁,内有对王擢的血腥内斗。]太尉桓温入关,王擢时镇陇西,驰使于祚,言温善用兵,势在难测。祚既震惧,又虑擢反噬,即召马岌复位而与之谋。密遣亲人刺擢,事觉,不克。祚益惧,大聚众,声言东征,实欲西保敦煌。会温还而止。更遣其平东将军秦州刺史牛霸、司兵张芳率三千人击擢,破之。擢奔于苻健。其国中五月霜降,杀苗稼果实。

---

① 《诗经·墉风·墙有茨》:"墙有茨不可埽也。中冓之言不可道也。所可道也言之丑也。"《毛传》:"墙所以防非常;茨蒺藜也。欲埽去之反伤墙也。"郑玄笺:"国君以礼防制一国,今其宫内有淫昏之行者,犹墙之生蒺藜。"据《诗序》并《毛传》,卫宣公卒,惠公庶兄公子顽与公夫人宣姜私通,国人疾之而不可明言,因作此诗以讥刺之。后遂以"墙茨"指宫廷淫乱。

[与张瓘的血腥内斗导致他的军队兵败被歼,他的阵营分崩离析,他本人则随即暴死,继之以暴尸。]祚宗人张瓘[guàn]时镇枹罕,祚恶其强,遣其将易揣、张玲率步骑万三千以袭之。时张掖人王鸾颇知神道,言于祚曰:"军出不复还,凉国将有不利矣。"祚大怒,以鸾妖言沮众,斩之以徇,三军乃发。……祚又遣张掖太守索孚代瓘镇枹罕,为瓘所杀。玲等济河未毕,又为瓘兵所破。揣单骑奔走,瓘军蹑之,祚众震惧。敦煌人宋混与弟澄等聚众以应瓘。赵长、张琚等惧罪,入阁呼重华母马氏出殿,拜耀灵庶弟玄靓为主。揣等率众入殿伐长,杀之。瓘弟琚及子嵩募数百市人,扬声言:"张祚无道,我兄大军已到城东,敢有举手者诛三族。"祚众披散。琚、嵩率众入城,祚按剑殿上,大呼,令左右死战。祚既失众心,莫有斗志,于是被杀。枭其首,宣示内外,暴尸道左,国内咸称万岁。祚篡立三年而亡。

张天锡:

[历时七十余年的前凉兴难亡易,在张祚三年的胡乱暴政之后,张重华和张祚的这位弟弟主持了前凉的崩塌。经政权内部三轮血腥夷灭,他361年独占大权,两年后又弑君篡位。此后他"荒于声色,不恤政事",在氐族前秦攻袭下战略轻浮更加不堪一击,导致前凉灭亡。]

[张祚死后,以张重华之子张玄靓为少年君主的前凉政权内部爆发两轮大血拼,形成张瓘和张天锡双头辅政的局面;然后两辅政火并,遂成政权独占寡头。]

玄靓字元安。既立,自号大都督、大将军、校尉、凉州牧、西平公,赦其国内,废和平之号,复称建兴四十三年。诛祚二子,以张瓘为卫将军,领兵万人,行大将军事,改易僚属。

…… ……

[宋澄兄弟夷灭张瓘兄弟,政权易手:]瓘兄弟强盛,负其勋力,有篡立之谋。辅国宋混与弟澄共讨瓘,尽夷其属,玄靓以混为都督中外诸军事、车骑大将军、假节,辅政。混卒,又以澄代之。[张邕夷灭宋澄,政权再易手:]玄靓右司马张邕恶澄专擅,杀之。遂灭宋氏,玄靓乃以邕为中护军,叔父天锡为中领军,共辅政。

[两辅政火并,张天锡夷灭张邕:]邕自以功大,骄矜淫纵,又通马氏,树党专权。

国人患之。天锡腹心郭增、刘肃二人，并年十八九，因寝，谓天锡曰："天下事欲未静。"天锡曰："何谓也?"二人曰："今护军出入，有似长宁[张祚初为长宁侯]。"天锡大惊曰："我早疑之，未敢出口。计当云何?"肃曰："政当速除之耳。"天锡曰："安得其人?"肃曰："肃即是也。"天锡曰："汝年少，更求可与谋者。"肃曰："赵白驹及肃二人足以办之矣。"于是天锡从兵四百人，与邕俱入朝，肃与白驹剔刀鞘出刃，从天锡入。值邕于门下，肃斫之不中，白驹继之，又不克，二人与天锡俱入禁中。邕得逸走，因率甲士三百余人反攻禁门。天锡上屋大呼，谓将士曰："张邕凶逆，所行无道，诸宋何罪，尽诛灭之? 倾覆国家，肆乱社稷。我不惜死，实惧先人废祀，事不获已故耳。我家门户事，而将士岂可以干戈见向! 今之所取，邕身而已。天地有灵，吾不食言。"邕众闻之，悉散走，邕以剑自刎而死。于是悉诛邕党。[为求自保及壮大而决绝、残忍，且有紧急智谋!]

[363年他粉碎郭氏/张钦政变图谋，杀害少主张玄靓，篡夺前凉君位。]

玄靓年既幼冲，性又仁弱，天锡既克邕，专掌朝政，改建兴四十九年[361]，奉升平之号。兴宁[东晋哀帝年号]元年[363]，骏妻马氏卒，玄靓以其庶母郭氏为太妃。郭氏以天锡专政，与大臣张钦等谋讨之。事泄，钦等伏法。是岁，天锡率众入禁门，潜害玄靓，宣言暴薨，时年十四。在位九年。私谥曰冲公，孝武帝赐谥曰敬悼公。

天锡字纯嘏，骏少子也，小名独活。初字公纯嘏，入朝，人笑其三字，因自改焉。玄靓死，国人立之，自号大将军、校尉、凉州牧、西平公。遣司马纶骞奉章请命，并送御史俞归还京都。太和[东晋废帝海西公年号，366—371]初，诏以天锡为大将军、大都督、督陇右关中诸军事、护羌校尉、凉州刺史、西平公。

[他似乎品性剧变，在君位上"荒于声色，不恤政事"，且作战大败，天灾频仍。]

天锡数宴园池，政事颇废。荡难将军、校书祭酒索商上疏极谏，天锡答曰[他对臣下"极谏"的极其荒诞、虚假和油滑的辩词]："吾非好行，行有得也。观朝荣，则敬才秀之士；玩芝兰，则爱德行之臣；睹松竹，则思贞操之贤；临清流，则贵廉洁之行；览蔓草，则贱贪秽之吏；逢飚风，则恶凶狡之徒。若引而申之，触类而长之，庶无遗漏矣。"

［作战大败:］羌廉岐自称益州刺史,率略阳四千家背符坚就李俨[陇西人,先仕前凉,后降前秦]。天锡自往讨之,以别驾杨遹为监前锋军事、前将军,趣金城。晋兴相常据为使持节、征东将军,向左南,游击将军张统出白土,天锡自率三万人次仓松,伐俨。俨大败,入城固守,遣子纯求救于符坚。坚使其将王猛救之。天锡败绩,死者十二三,天锡乃还。立子大怀为世子。

［天灾频仍:］自天锡之嗣事也,连年地震山崩,水泉涌出,柳化为松,火生泥中。而天锡荒于声色,不恤政事。⋯⋯

［面对氐族前秦攻袭,战略殊为轻浮,两番不堪一击导致前凉灭亡。］

时符坚强盛,每攻之,兵无宁岁。⋯⋯

太元[东晋孝武帝年号]元年[376],符坚遣其将苟苌、毛当、梁熙、姚苌来寇,渡石城津。天锡集议,中录事席仂曰:"先公既有故事,徐思后变,此孙仲谋屈伸之略也。"众以仂为老怯,咸曰:"龙骧将军马达,精兵万人距之,必不敢进。"[群臣和他本人战略轻浮,依凭战场上被证明为银样镴枪头的将军和作鸟兽散的兵众]广武太守辛章保城固守。章与晋兴相彭知正、西平相赵疑谋曰:"马达出于行阵,必不为用,则秦军深入。吾相与率三郡精卒,断其粮运,决一朝命矣。"征东常据亦欲先击姚苌,须天锡命。天锡率万人顿金昌城。马达万人逆苌等,因请降,兵人散走。常据、席仂皆战死。司兵赵充哲与苌苦战,又死。中卫将军史景亦没于阵。[在兵败连连之后,他"出城自战,城内又反",遂无奈之中投降,前凉灭亡:]天锡大惧,出城自战,城内又反。天锡窘逼,降于苌等。⋯⋯国亡。即位凡十三年。自轨为凉州,至天锡,凡九世,七十六年矣。符坚先为天锡起宅,至,以为尚书,封归义侯。

［他个人声誉和命运的一点儿补偿:前秦淝水大败时,他投诚于东晋,被赦前罪,授予官爵。］坚大败于淮肥时,天锡为符融征南司马,于阵归国。诏曰:"⋯⋯岂以一眚而废才用！其以天锡为散骑常侍、左员外。"又诏曰:"故太尉、西平公张轨著德遐域,世袭前劳。强兵纵害,遂至失守。散骑常侍天锡⋯⋯先祀沦替⋯⋯可复天锡西平郡公爵。"俄拜金紫光禄大夫。

⋯⋯桓玄时,欲招怀四远,乃用天锡为护羌校尉、凉州刺史。寻卒,年六十一。追赠金紫光禄大夫。

［房玄龄等道出了华夏西北边疆地区由地缘特征决定的一大政治特征,即"虽非久安之地,足为苟全之所"。前凉历代君主得到他们的赞誉,唯受最严厉谴责的张祚和"微弱竟亡其众"的张天锡除外。］

史臣曰:长河外区,流沙作纪,玉关悬险,金城负固……世逢多难,婴五郡以谁何;时遇兵凶,阻三边而高视。虽非久安之地,足为苟全之所乎!周公保之而立功,士彦[张轨字]拥之而延世。……茂、骏、重华资忠踵武,崎岖僻陋,无忘本朝,故能西控诸戎,东攘巨猾,……祚以卑孽,阴倾冢嗣,播有茨于彤管[红色的小花朵],拟宸居[帝王居住之所,亦指帝位]于黑山,丁琪以切谏遇诛夷,王鸾以谀言婴显戮,境内云据,仇其窃名,卒致枭悬,自然之理也。纯嘏[张天锡字]微弱,竟亡其众。奉身魏阙,齿迹朝流,再袭银黄,祖德之延庆矣。

列传第五十七　凉武昭王李暠、凉后主李歆传　摘录和评注

［西凉,东晋十六国时代华夏西北边疆的又一个华夏独立政权,先后以敦煌和酒泉为都,甚为短命(历时仅21年,即400—421年),李暠便是其创始者和大部分时间里的主公("凉公")。李暠生性聪敏,待人宽和,且通涉经史,在位时接受华夏正统,奉表东晋称臣,发展当地农业,以致"年谷频登,百姓乐业",还弘扬华夏文化,以致西凉地区学风颇盛,文人儒士聚集。然而,如房玄龄等在前一列传篇末所云,西北边疆虽然足为苟全之所,但非久安之地,匈奴族北凉君主沮渠蒙逊在他卒后不久便连番打击,击灭西凉。］

［唐朝皇室李氏和诗人李白、李商隐尊他为先祖,因而尽管他的国家短命,但他仍格外地英名永存。］

李暠:

［短命的华夏西凉国家的杰出创始者和大部分时间里的伟大主公("凉公"),奉表东晋称臣,发展当地农业,弘扬华夏文化,但军事上总的来说不敌北凉,他卒后其

国家在北凉连番打击下很快灭亡。]

[西北边疆豪门官宦出身，"少而好学，性沈敏宽和"，"通涉经史"，且"颇习武艺"；凉州混乱之际被地方势力推举为敦煌太守，并同样乘混乱之际壮大势力。]

武昭王讳暠，字玄盛，小字长生，陇西成纪人，姓李氏，汉前将军广之十六世孙也。……世为西州右姓。……曾祖柔，仕晋并历位郡守。祖弇，仕张轨为武卫将军、安世亭侯。父昶，幼有令名，早卒，遗腹生玄盛。少而好学，性沈敏宽和，美器度，通涉经史，尤善文义[文辞的义理、含义]。及长，颇习武艺，诵孙吴兵法。……

[凉州混乱之际被地方势力推举为敦煌太守：]吕光[氐人，后凉国创立者，先为氐族前秦苻坚部将，淝水之战苻坚大败后攻入凉州割据，396年称国号大凉，内政不修，各族叛离，不久后国亡]末，京兆段业自称凉州牧，以敦煌太守赵郡孟敏为沙州刺史，署玄盛效谷令。敏寻卒，敦煌护军冯翊郭谦、沙州治中敦煌索仙等以玄盛温毅有惠政，推为宁朔将军、敦煌太守。……寻进号冠军，称籓于业。业以玄盛为安西将军、敦煌太守，领护西胡校尉。

[同样乘混乱之际壮大势力：]及业僭称凉王，其右卫将军索嗣构玄盛于业，乃以嗣为敦煌太守，率骑五百而西，未至二十里，移玄盛使迫己。玄盛惊疑，将出迎之，效谷令经遨及宋繇止之曰："吕氏政衰，段业暗弱，正是英豪有为之日，将军处一国成资，奈何束手于人！索嗣自以本邦，谓人情附己，不虞将军卒能距之，可一战而擒矣。"……因遣繇觇嗣。繇见嗣，啖以甘言，还谓玄盛曰："嗣志骄兵弱，易擒耳。"于是遣其二子士业、让与遨、繇及以司马尹建兴等逆战，破之，嗣奔还张掖。玄盛……乃罪状嗣于段业……业乃杀嗣，遣使谢玄盛，分敦煌之凉兴、乌泽、晋昌之宜禾三县为凉兴郡，进玄盛持节、都督凉兴已西诸军事、镇西将军，领护西夷校尉。……

[400年，他终于实力和胆量大到自立为凉公，统率九郡，"击玉门以西诸城，皆下之"，成为西凉国主，其国家自此始焉。]

隆安[东晋安帝年号]四年[400]，晋昌太守唐瑶移檄六郡，推玄盛为大都督、大将军、凉公、领秦凉二州牧、护羌校尉。玄盛乃赦其境内，建年为庚子，追尊祖弇曰凉景公，父昶凉简公。……令狐迁为武卫将军、晋兴太守，氾德瑜为宁远将军、西郡太守,张靖为折冲将军、河湟太守,索训为威远将军、西平太守,赵开为骖马护军、大夏太守,索慈为广武太守,阴亮为西安太守,令狐赫为武威太守,索术为武兴太守,以招怀东夏。又遣宋繇东伐凉兴,并击玉门已西诸城,皆下之,遂屯玉门、阳关,广田积谷,为东伐之资。

…… ……

[西凉接受华夏正统,奉表东晋称臣;从敦煌迁都酒泉,以"渐逼寇穴"。]

义熙[东晋安帝年号]元年[405],玄盛改元为建初,遣舍人黄始、梁兴间行奉表诣阙曰:

昔汉运将终,三国鼎峙,钧天之历,数钟皇晋。……而惠皇失驭,权臣乱纪,怀愍屯遭[处境险恶],蒙尘于外……伏惟中宗元皇帝基天绍命,迁幸江表,荆扬蒙弘覆之矜,五都为荒榛之薮。[虽属割据但奉东晋为正统的前凉被他奉为榜样:]故太尉、西平武公轨当元康之初,属扰攘之际,受命典方,出抚此州,威略所振,声盖海内。……晋德之远扬,繄此州是赖。大都督、大将军天锡……承七世之业……以一方之师抗七州之众,兵孤力屈,社稷以丧。

[他向东晋表示凉州"世笃忠义",宣告其经典信条"昔在春秋,诸侯宗周"。]……自戎狄陵华,已涉百龄,五胡僭袭,期运将杪[miǎo,树梢,末尾]……至如此州,世笃忠义……安臣无庸,辄依窦融故事,迫臣以义,上臣大都督、大将军、凉公、领秦凉二州牧、护羌校尉。……昔在春秋,诸侯宗周,国皆称元,以布时令。今天台邈远,正朔未加,发号施令,无以纪数。辄年冠建初,以崇国宪。……

[从敦煌迁都酒泉,以"渐逼寇穴"(沮渠蒙逊都城张掖):]玄盛谓群僚曰:"……今惟(沮渠)蒙逊鸱峙一城[张掖]。自张掖已东,晋之遗黎虽为戎虏所制,至于向义思风,过于殷人之望西伯。大业须定,不可安寝,吾将迁都酒泉,渐逼寇穴,诸君以为何如?"张邈赞成其议,玄盛大悦曰:"二人同心,其利断金。张长史与孤同矣,夫复何疑!"乃以张体顺为宁远将军、建康太守,镇乐涫,征宋繇为右将军,领敦煌护军,与其子敦煌太守让镇敦煌,遂迁居于酒泉。手令诫其诸子曰:

…… ……

[他的大部分政策:《诫诸子令》反映他经典的儒家伦理/政治信念,在"宗周"之外是为其"意识形态纲领";大败侵地掠民的沮渠蒙逊;发展农业,以致"年谷频登,百姓乐业"。]

[经典的儒家伦理/政治信念:]节酒慎言,喜怒必思,爱而知恶,憎而知善,动念宽恕,审而后举。众之所恶,勿轻承信,详审人,核真伪,远佞谀,近忠正。躢刑狱,忍烦扰,存高年,恤丧病,勤省案,听讼诉。刑法所应,和颜任理,慎勿以情轻加声色。……耳目人间,知外患苦。禁御左右,无作威福。……广加咨询,无自专用,从善如顺流,去恶如探汤[用手试于热水之中,比喻心存戒惧]。富贵而不骄者至难也,念此贯心,勿忘须臾。……古今成败,不可不知,退朝之暇,念观典籍……

……　……

[试图以结好鲜卑南凉"以夷制夷",大败侵地掠民的沮渠蒙逊:]初,玄盛之西也,留女敬爱养于外祖尹文。文既东迁,玄盛从姑梁褒之母养之。其后秃发傉檀[鲜卑族南凉国君主,都今青海海东市乐都区]假道于北山。鲜卑遣褒送敬爱于酒泉,并通和好。玄盛遣使报聘,赠以方物。玄盛亲率骑二万,略地至于建东,鄯善前部王遣使贡其方物,且渠蒙逊来侵,至于建康,掠三千余户而归。玄盛大怒,率骑追之,及于弥安,大败之,尽收所掠之户。

[迁徙两万多户主要为汉人的流民于酒泉周围:]初,苻坚建元之末,徙江汉之人万余户于敦煌,中州之人有田畴不辟者,亦徙七千余户。郭黁之寇武威,武威、张掖已东人西奔敦煌、晋昌者数千户。及玄盛东迁,皆徙之于酒泉,分南人五千户置会稽郡,中州人五千户置广夏郡,余万三千户分置武威、武兴、张掖三郡,筑城于敦煌南子亭,以威南虏,又以前表未报,复遣沙门法泉间行奉表[再度向东晋呈报他作为臣属的作为],曰:

……　……

臣以其岁[405]进师酒泉……窃以诸事草创,仓帑未盈,故息兵按甲,务农养士。时移节迈,荏苒三年……今资储已足,器械已充,西招城郭之兵,北引丁零之众,冀凭国威席卷河陇,扬旌秦川,承望诏旨,尽节竭诚……

又臣州界迥远,勍寇未除……辄假臣世子士业监前锋诸军事、抚军将军、护羌校尉,督摄前军,为臣先驱。又敦煌郡大众殷,制御西域,管辖万里,为军国之本,辄以次子让为宁朔将军、西夷校尉、敦煌太守,统摄昆裔,辑宁殊方。自余诸子,皆在戎间,率先士伍,臣总督大纲,毕在输力,临机制命,动靖续闻。

[“敦劝稼穑”,以致“年谷频登,百姓乐业”:]玄盛既迁酒泉,乃敦劝稼穑。郡僚以年谷频登,百姓乐业,请勒铭酒泉,玄盛许之。……[沮渠蒙逊“每年侵寇不止”,对之采取绥靖与回击相兼的方略:]既而蒙逊每年侵寇不止,玄盛志在以德抚其境内,但与通和立盟,弗之校也。……寻而蒙逊背盟来侵,玄盛遣世子士业要击败之,获其将且渠百年。

……[加筑敦煌防御工事,以防匈奴北凉和鲜卑南凉:]玄盛乃修敦煌旧塞东西二围,以防北虏之患,筑敦煌旧塞西南二围,以威南虏。

[凉州虽为苟全之所,但非久安之地,国防困境虽经全力对付,但仍有所加剧;他去世,留下他的继位者应付不了的军事祸患。]

……既而秃发傉檀入据姑臧,且渠蒙逊基宇稍广……

……　……

玄盛寝疾,顾命宋繇曰:“……死者大理,吾不悲之,所恨志不申耳。居元首之位者,宜深诫危殆之机。吾终之后,世子犹卿子也,善相辅导,述吾平生,勿令居人之上,专骄自任。军国之宜,委之于卿,无使筹略乖衷,失成败之要。”十三年,薨,时年六十七。国人上谥曰武昭王……

……世子谭早卒,第二子士业嗣。

李歆:

[李暠之子,西凉后主,政治素质远不如其父。“用刑颇严,缮筑不止”,而且战略上轻浮和冒进,在位四年西凉即被沮渠蒙逊消灭。]

[他继位为西凉后主,几乎一上来就大败沮渠蒙逊大军,“俘斩七千余级”,然而后者威胁未消。]

凉后主讳歆,字士业。玄盛薨时,府僚奉为大都督、大将军、凉公、领凉州牧、护羌校尉,大赦境内,改年为嘉兴。尊母尹氏为太后,以宋繇为武卫将军、广夏太守、军咨祭酒、录三府事,索仙为征虏将军、张掖太守。

[大败沮渠蒙逊大军,但后者威胁未消:]且渠蒙逊遣其张掖太守且渠广宗诈降诱士业,士业遣武卫温宜等赴之,亲勒大军为之后继。蒙逊率众三万,设伏于蓼泉。士业闻,引兵还,为逊所逼。士业亲贯甲先登,大败之,追奔百余里,俘斩七千余级。明年,蒙逊又伐士业,士业将出距之,左长史张体顺固谏,乃止。蒙逊大芟秋稼而还。[得东晋朝廷册封为凉州七郡之主:]是岁,朝廷以士业为持节、都督七郡诸军事、镇西大将军、护羌校尉、酒泉公。

[他的政治素质远不如其父,"繁刑峻法,宫室是务",以致"人力凋残,百姓愁悴"。]

士业用刑颇严,又缮筑不止,从事中郎张显上疏谏曰:"入岁已来,阴阳失序,屡有贼风暴雨,犯伤和气。今区域三分,势不久并,[被他拒绝的正确的大战略劝谏:]并兼之本,实在农战,怀远之略,事归宽简。而更繁刑峻法,宫室是务,人力凋残,百姓愁悴。致灾之咎,实此之由。"主簿氾称又上疏谏曰:

臣闻天之子爱人后,殷勤至矣。故政之不修,则垂灾谴以戒之。改者虽危必昌……其不改者,虽安必亡……

……[上面和这里的省略处是列举的一系列反常天象地象,可据天人感应论预言人世大凶。]天意若曰胡夷将震动中国,中国若不修德,将有宋襄之祸。

……[被他拒绝的正确的大战略劝谏:]愿殿下亲仁善邻,养威观衅,罢宫室之务,止游畋之娱。后宫嫔妃、诸夷子女,躬受分田,身劝蚕绩,以清俭素德为荣,息兹奢靡之费……待国有数年之积,庭盈文武之士,然后命韩白[韩信、白起]为前驱,纳子房之妙算,一鼓而姑臧可平,长驱可以饮马泾渭……岂蒙逊之足忧! 不然,臣恐宗庙之危必不出纪。

士业并不纳。

[他在战略上轻浮和冒进,结果"见师之出,不见师之还也",西凉被沮渠蒙逊击灭。]

士业立四年而宋[刘裕所建宋朝,即南朝宋]受禅,士业将谋东伐,张体顺切谏,乃止。士业闻蒙逊南伐秃发傉檀，命中外戒严，将攻张掖，尹氏[李暠妻，尹太后]固谏，不听，宋繇又固谏，士业并不从。繇退而叹曰："大事去矣，吾见师之出，不见师之还也！"士业遂率步骑三万东伐，次于都渎涧。蒙逊自浩亹来，距战于怀城，为蒙逊所败。左右劝士业还酒泉，士业曰[最后一言，激情完胜理性！]："吾违太后明诲，远取败辱，不杀此胡，复何面目以见母也！"勒众复战，败于蓼泉，为蒙逊所害。士业诸弟酒泉太守翻、新城太守预、领羽林右监密、左将军眺、右将军亮等西奔敦煌，蒙逊遂入于酒泉。

······ ······

[房玄龄等在篇末评论中对李暠无比称颂，而对他不成器的继位儿子却一字未提。]

史臣曰：······凉武昭王英姿杰出，运阴阳而纬武，应变之道如神；吞日月以经天，成物之功若岁。故能怀荒弭暴，开国化家，宅五郡以称藩，屈三分而奉顺。······

列传第六十六　列女传尹氏传　摘录和评注

[尹氏，西凉开国君主之继室，有"女德"，懂政治，在创建西凉国家方面"谟谋经略多所毗赞"，继而又作为太后力谏要搞"深慎兵战""蓄力以观之"的战略保守主义。不仅如此，她在劝谏不果而国亡后大义凛然，可谓义烈。]

[她在《晋书·列女传》内也许是最杰出的例外，因为给人的印象是饶有见识的大战略家和国务家，绝非寻常德女才女！]

凉武昭王李玄盛后尹氏，天水冀[今甘肃天水市甘谷县]人也。幼好学，清辩有志节。[有"女德"，懂政治，干政治：]初适扶风马元正，元正卒，为玄盛继室。以再醮之故，三年不言。抚前妻子逾于己生。玄盛之创业也，谟谋经略多所毗赞，故西州谚曰："李、尹王敦煌。"

及玄盛薨，子士业嗣位，尊为太后。[她主张"知己知彼"、量力而行、蓄力以待的战略保守主义;她可被称为没有决定权的大战略家,在少望甚或无望的基本情势中主张尽可能干得较好的国务家。]士业将攻沮渠蒙逊,尹氏谓士业曰:"汝新造之国,地狭人稀,靖以守之犹惧其失,云何轻举,窥冀非望! 蒙逊骁武,善用兵,汝非其敌。吾观其数年已来有并兼之志,且天时人事似欲归之。今国虽小,足以为政。知足不辱,道家明诫也。且先王临薨,遗令殷勤,志令汝曹深慎兵战,俟时而动。言犹在耳,奈何忘之! 不如勉修德政,蓄力以观之。彼若淫暴,人将归汝;汝苟德之不建,事之无日矣。汝此行也,非唯师败,国亦将亡。"士业不从,果为蒙逊所灭。

[她在国亡后的表现超乎流俗,大义凛然,可谓义烈:]尹氏至姑臧,蒙逊引见劳之,对曰:"李氏为胡所灭,知复何言!"或谏之曰:"母子命悬人手,奈何倨傲! 且国败子孙屠灭,何独无悲?"尹氏曰:"兴灭死生,理之大分,何为同凡人之事,起儿女之悲! 吾一妇人,不能死亡,岂惮斧钺之祸,求为臣妾乎! 若杀我者,吾之愿矣。"蒙逊嘉之,不诛,为子茂虔娉其女为妻。及魏氏[鲜卑拓跋氏北魏]以武威公主妻茂虔,尹氏及女迁居酒泉。既而女卒,抚之不哭,曰:"汝死晚矣!"[多少令人遗憾的是,她与少数民族似势不两立,坚持民族偏执,坚称后者为"胡"(见前)、"丑虏"、"毡裘鬼",远不如少数民族给她的尊重和宽容。]沮渠无讳时镇酒泉,每谓尹氏曰:"后诸孙在伊吾[今新疆哈密境内],后能去不?"尹氏未测其言,答曰:"子孙流漂,托身丑虏,老年余命,当死于此,不能作毡裘鬼也。"俄而潜奔伊吾,无讳遣骑追及之。尹氏谓使者曰:沮渠酒泉许我归北,何故来追? 汝可斩吾首归,终不回矣。"使者不敢逼而还。年七十五,卒于伊吾。

······ ······

载记第二十二　吕光、吕纂、吕隆　摘录和评注

[本篇记述命短不及二十年的氐族后凉国家，记述它在三代首领之下的崛起、病变和湮灭。第一代吕光足够引人瞩目，因为他多少有如《后汉书》所载伟大的班超，后者作为"战区司令"，主要在东汉章帝治下就恢复华夏帝国对西域的宗主权表现突出，使西域重新成为中国的西域，而他相形见绌，主要只在中国大乱和分裂时期使西域短暂地成为氐族前秦的西域。①前秦淝水大败、国破土裂之后，他几乎唯一的选择是回师攻入凉州割据，在386年建立他自己的国家后凉，"控黄河以设险，负玄漠而为固"。]

[然而，他到头来重复了那么多英雄君主晚年的可怜故事，即房玄龄等所云"耄及政昏，亲离众叛，瞑目甫尔，衅发萧墙"。犹如李雄之后巴氏成汉"篡杀移国，昏狂继轨"，399年底吕光庶子吕纂灭君篡位，继而诛灭同谋的亲弟，肆行荒淫腐败，约一

---

① 　另外，班超直接可用的军事人力因为距离遥远而非常有限，反之吕光却"总兵七万"。前者依靠旨在"以夷狄攻夷狄"的外交、武力的威吓作用、灵巧的战术欺诈、频仍的出敌不意、战斗中的冷酷无情以及经常在西域城邦国家搞的政权变更。就成本效益而言，班超远胜于吕光。

年后被表兄弟政变刺杀。末代吕隆搭政变之车登基,在位三年间大屠豪族立威,同时兵甲频败于外,饥馑盛行于内,终于在 404 年彻底投降羌族后秦,后凉国灭。古希腊的内斗概念(stasis[στασις])与政治永相伴随!]

吕光:

[上面就他说了那么多,以致在此只需抄录篇末房玄龄等对他的全面终评:(1)"委质伪朝,位居上将。"(2)"爱以心膂,受脤(王侯祭社稷用的肉)遐征。……蕞尔夷陬,承风雾卷,宏图壮节,亦足称焉。"(3)"属永固(苻坚字)运销,群雄竞起,班师右地,便有觊觎。于是要结六戎,潜窥雁鼎;并吞五郡,遂假鸿名。控黄河以设险,负玄漠而为固。"(4)"寻而耄及政昏,亲离众叛,瞑目甫尔,衅发萧墙。"]

[氐族酋豪家族出身,"不乐读书,唯好鹰马","沈毅凝重,宽简有大量",似有武夫政治家潜能;得前秦苻坚重用,战功累累,"位居上将"。]

吕光,字世明,略阳氐人也。其先吕文和,汉文帝初,自沛避难徙焉,[一说吕文和系吕后一族,据此吕光有些华夏血统]世为酋豪。父婆楼,佐命苻坚,官至太尉。光生于枋头……不乐读书,唯好鹰马。及长,身长八尺四寸……沈毅凝重,宽简有大量,喜怒不形于色。时人莫之识也,惟王猛异之,曰:"此非常人。"言之苻坚,举贤良,除美阳令,夷夏爱服。迁鹰扬将军。从坚征张平[苻坚部将,苻坚即位次年(358)在并州叛乱],战于铜壁[在今山西忻州市西],刺平养子蚝,中之,自是威名大著。

苻双[苻生弟,367 年与其三兄弟同时反叛,是为"四公之叛"]反于秦州,坚将杨成世为双将苟兴所败,[他表现出颇杰出的战略战术才能:]光与王鉴讨之。鉴欲速战,光曰:"兴初破成世,奸气渐张,宜持重以待其弊。兴乘胜轻来,粮竭必退,退而击之,可以破也。"二旬而兴退,诸将不知所为,光曰:"揆其奸计,必攻榆眉。若得榆眉,据城断路,资储复赡,非国之利也,宜速进师。若兴攻城,尤须赴救。如其奔也,彼粮既尽,可以灭之。"鉴从焉,果败兴军。从王猛灭慕容晞[370],封都亭侯。

苻重[苻坚堂弟,幽州刺史苻洛之兄、镇北大将军,参与 380 年苻洛大叛乱]之镇洛阳,以光为长史。及重谋反,苻坚闻之,曰[苻坚对他的忠诚确信无疑]:"吕光忠孝方正,必不同也。"驰使命光槛重送之。寻入为太子右率,甚见敬重。

蜀人李焉聚众二万,攻逼益州。坚以光为破虏将军,率兵讨灭之,迁步兵校尉。苻洛反,光又击平之,拜骁骑将军。

[受苻坚委任,在 383 年总兵七万远征西域①;纳降焉耆,以寡克众赢得决定性的龟兹大捷,"王侯降者三十余国",而后"抚宁西域,威恩甚著"。]

坚既平山东,士马强盛,遂有图西域之志,乃授光使持节、都督西讨诸军事,率将军姜飞、彭晃、杜进、康盛等总兵七万,铁骑五千,以讨西域,以陇西董方、冯翊郭抱、武威贾虔、弘农杨颖为四府佐将。……行至高昌[源自西汉宣元两帝遣员屯田的华夏族城邦国家,在今新疆吐鲁番市高昌区东南之哈喇和卓],闻坚寇晋[即将进行淝水之战时]……进及流沙,三百余里无水,将士失色。……俄而大雨,平地三尺。[纳降焉耆:]进兵至焉耆[今新疆巴音郭楞蒙古自治州焉耆回族自治县],其王泥流率其旁国请降。[围龟兹,深沟高垒,广设疑兵:]龟兹[在今新疆阿克苏地区库车县、拜城县东部、新和县、沙雅县一带]王帛纯距光,光军其城南,五里为一营,深沟高垒,广设疑兵,以木为人,被之以甲,罗之垒上。帛纯驱徙城外人入于城中,附庸侯王各婴城自守。

……　……

[猛攻龟兹城,但遇占压倒性兵力优势和有游牧骑射优越战法的诸族援军:]又

---

① 我们在《晋书·载记苻坚下》评注道:在其权势巅峰上的前秦苻坚"确实对过度伸展全无慎心,仅西域邦国旨在为互斗而做的一点'忽悠',便足以让他下令出兵七万'讨定西域',且在准备全力征服东晋之际"!
其处载:车师前部王弥寘[tián,同"阗"]、鄯善王休密驮朝于坚,坚赐以朝服,引见西堂。寘等观其宫宇壮丽,仪卫严肃,甚惧,因请年年贡献。坚以西域路遥,不许,令三年一贡,九年一朝,以为永制。寘等请曰:"大宛诸国虽通贡献,然诚节未纯,请乞依汉置都护故事。若王师出关,请为向导。"坚于是以骁骑吕光为持节、都督西讨诸军事,与陵江将军姜飞、轻骑将军彭晃等配兵七万,以讨定西域。[依据华夏千年传统经验的劝谏对苻坚全然无效,部分地因为华夏传统复杂,还有其他经验可供误读:]苻融以虚耗中国,投兵万里之外,得其人不可役,得其地不可耕,固谏以为不可。坚曰:"二汉力不能制匈奴,犹出师西域。今匈奴既平,易若摧朽,虽劳师远役,可传檄而定,化被昆山,垂芳千载,不亦美哉!"朝臣又屡谏,皆不纳。
《晋书·艺术列传·鸠摩罗什传》云:西域诸国咸伏罗什神俊,每至讲说,诸王皆长跪坐侧,令罗什践而登焉。苻坚闻之,密有迎罗什之意。会太史奏云:"有星见外国分野,当有大智入辅中国。"坚曰:"朕闻西域有鸠摩罗什,将非此邪?"乃遣骁骑将军吕光等率兵七万,西伐龟兹……

进攻龟兹城……光攻城既急,帛纯乃倾国财宝请救狯胡[该族大约游牧于今吉尔吉斯斯坦境内伊塞克湖周围]。狯胡弟呐龙、侯将馗率骑二十余万,并引温宿、尉头等国王,合七十余万以救之。胡便弓马,善矛矟,铠如连锁,射不可入,以革索为羂[juàn,绳套],策马掷人,多有中者。众甚惮之。[他因时制宜改变作战方式,收缩营阵,机动精骑"弥缝其阙",继而集中兵力战于一隅,大败并屠戮敌手,攻占龟兹,"王侯降者三十余国":]诸将咸欲每营结阵,案兵以距之。光曰:"彼众我寡,营又相远,势分力散,非良策也。"于是迁营相接阵,为勾锁之法,精骑为游军,弥缝其阙。战于城西,大败之,斩万余级[!]。帛纯收其珍宝而走,王侯降者三十余国。光入其城,大飨将士,赋诗言志。见其宫室壮丽,命参军京兆段业著《龟兹宫赋》以讥之。胡人奢侈,厚于养生,家有蒲桃酒[葡萄酒],或至千斛,经十年不败,士卒沦没酒藏者相继矣。[武力克伐之后,继以政治怀柔,以致"胡王昔所未宾者,不远万里皆来归附":]诸国惮光威名,贡款属路,乃立帛纯弟震为王以安之。光抚宁西域,威恩甚著,桀黠胡王昔所未宾者,不远万里皆来归附,上汉所赐节传,光皆表而易之。

[放弃留在西域称霸称王的初衷,回师关内;得知苻坚淝水大败,国破土裂,遂攻入凉州,入主姑臧,开始割据,继而正式建立后凉国家。]

坚闻光平西域,以为使持节、散骑常侍、都督玉门已西诸军事,安西将军、西域校尉,道绝不通。光既平龟兹,有留焉之志。时始获鸠摩罗什,罗什劝之东还,语在《西夷传》。① 光于是大飨文武,博议进止。众咸请还,光从之,以驼二万余头致外国珍宝及奇伎异戏、殊禽怪兽千有余品,骏马万余匹。而苻坚高昌太守杨翰说其凉州刺史梁熙距守高桐、伊吾二关,熙不从。[385年,在苻坚淝水大败、前秦分崩离析的情势下,经战胜凉州刺史梁熙军,入姑臧,自立为凉州刺史,开始割据:]光至高昌,翰以郡迎降。初,光闻翰之说,恶之,又闻苻坚丧败,长安危逼,谋欲停师。杜进谏曰:"梁熙文雅有余,机鉴不足,终不能纳善从说也,愿不足忧之。闻其上下未同,宜在速进,进而不捷,请受过言之诛。"光从之。及至玉门,梁熙传檄责光擅命还师,遣

---

① 《晋书·艺术列传·鸠摩罗什传》载:[鸠摩罗什的志向是在东土传教,与意欲"留王西国"的机会主义野心家吕光截然不同]光欲留王西国,罗什谓光曰:"此凶亡之地,不宜淹留,中路自有福地可居。"光还至凉州,闻苻坚已为姚苌所害,于是窃号河右。

子胤与振威姚皓、别驾卫翰率众五万，距光于酒泉。光报檄凉州，责熙无赴难之诚，数其遏归师之罪。遣彭晃、杜进、姜飞等为前锋，击胤，大败之。胤轻将麾下数百骑东奔，杜进追擒之。于是四山胡夷皆来款附。武威太守彭济执熙请降。光入姑臧，自领凉州刺史、护羌校尉，表杜进为辅国将军、武威太守，封武始侯，自余封拜各有差。

…… ……

[大败并大肆屠戮进逼姑臧的前凉残余和陇西鲜卑军，巩固割据：]初，苻坚之败，张天锡[前凉末代君主]南奔，其世子大豫为长水校尉王穆所匿。及坚还长安，穆将大豫奔秃发思复鞬，思复鞬送之魏安。是月，魏安人焦松、齐肃、张济等起兵数千，迎大豫于揟次，陷昌松郡[今甘肃武威市东南]。光遣其将杜进讨之，为大豫所败。大豫遂进逼姑臧，求决胜负，王穆谏曰："吕光粮丰城固，甲兵精锐，逼之非利。不如席卷岭西，厉兵积粟，东向而争，不及期年，可以平也。"大豫不从，乃遣穆求救于岭西诸郡，建康太守李隰、祁连都尉严纯及阎袭起兵应之。大豫进屯城西，王穆率众三万及思复鞬子奚于等阵于城南。光出击，破之，斩奚于等二万余级[!]。……大豫自西郡诣临洮，驱略百姓五千余户，保据俱城[在今甘肃定西市岷县境内]。光将彭晃、徐炅攻破之，大豫奔广武，穆奔建康。广武人执大豫，送之，斩于姑臧市。

[苻坚死，遂正式建立后凉国家：]光至是始闻苻坚为姚苌所害，奋怒哀号，三军缟素，大临[聚哭告哀]于城南……长吏百石已上服斩缞三月，庶人哭泣三日。光于是……建元曰太安，自称使持节、侍中、中外大都督、督陇右河西诸军事、大将军、领护匈奴中郎将、凉州牧、酒泉公。[然而国始艰难，因为极端饥馑，劲敌在侧：]王穆袭据酒泉，自称大将军、凉州牧。时谷价踊贵，斗直五百，人相食，死者太半。光西平[今青海西宁市]太守康宁自称匈奴王，阻兵以叛，光屡遣讨之，不捷。

[他的国务治理：诛杀头号权臣；从"刑法峻重"改为"宽简之政"；先后攻取张掖和酒泉，解决旁侧大患；大胜南羌首领，但不敌鲜卑西秦；复大举伐西秦，夺得金城(兰州)等地。(我们不禁要发问，以资源颇为有限之凉州，如此频繁兴师作战，其中有些虽属必要，但国力何以持续?)]

[诛杀头号权臣:]初,光之定河西也,杜进有力焉,以为辅国将军、武威太守。既居都尹,权高一时,出入羽仪,与光相亚。光甥石聪至自关中,光曰:"中州人言吾政化何如?"聪曰:"止知有杜进耳,实不闻有舅。"光默然,因此诛进。[从"刑法峻重"改为"宽简之政":]光后宴群僚,酒酣,语及政事。时刑法峻重,参军段业进曰:"严刑重宪,非明王之义也。"光曰:"商鞅之法至峻,而兼诸侯;吴起之术无亲,而荆蛮以霸,何也?"业曰:"明公受天眷命,方君临四海,景行尧、舜,犹惧有弊,奈何欲以商、申之末法临道义之神州,岂此州士女所望于明公哉!"光改容谢之,于是下令责躬,及崇宽简之政。

[拒绝众议,决绝攻取张掖:]其将徐炅与张掖太守彭晃谋叛,光遣师讨炅,炅奔晃。晃东结康宁,西通王穆,光议将讨之,诸将咸曰:"今康宁在南,阻兵伺隙,若大驾西行,宁必乘虚出于岭左。晃、穆未平,康宁复至,进退狼狈,势必大危。"光曰:"事势实如卿言。今而不往,寻坐待其来。晃、穆共相脣齿,宁又同恶相救,东西交至,城外非吾之有,若是,大事去矣。今晃叛逆始尔,宁、穆与之情契未密,及其仓卒,取之为易。且隆替命也,卿勿复言。"光于是自率步骑三万,倍道兼行。既至,攻之二旬,晃将寇颇斩关纳光,于是诛彭晃。[拒绝众议,决绝攻取酒泉:]王穆以其党索嘏为敦煌太守,既而忌其威名,率众攻嘏。光闻之,谓诸将曰:"二房相攻,此成擒也。"光将攻之,众咸以为不可。光曰:"取乱侮亡,武之善经,不可以累征之劳而失永逸之举。"率步骑二万攻酒泉,克之,进次凉兴。穆引师东还,路中众散,穆单骑奔骓马[今甘肃酒泉市下属玉门市东北],骓马令郭文斩首送之。

……[389年称王:]以孝武太元十四年[389]僭即三河王位,置百官自丞郎已下……光妻石氏、子绍、弟德世至自仇池,光迎于城东,大飨群臣。[大破北虏匹勤:]遣其子左将军他、武贲中郎将纂讨北虏匹勤于三岩山,大破之。立妻石氏为王妃,子绍为世子。

…… ……

[经大败而改行"间接路线",遂大胜南羌首领彭奚念,但不敌鲜卑西秦乞伏乾归。]南羌彭奚念入攻白土[今青海海东市化隆回族自治县西南],都尉孙峙退奔兴城。光遣其南中郎将吕方及其弟右将军吕宝、振威杨范、强弩窦苟讨乞伏乾归于金城。方屯河北,宝进师济河,为乾归所败,宝死之。武贲吕纂、强弩窦苟率步骑五千

南讨彭奚念,战于盘夷[约在今青海海东市乐都区以西之安夷城],大败而归。光亲讨乾归、奚念,遣纂及扬武杨轨、建忠沮渠罗仇、建武梁恭军于左南。奚念大惧,于白土津累石为堤,以水自固,遣精兵一万距守河津。光遣将军王宝潜趣上津,夜渡湟河。光济自石堤,攻克枹罕,奚念单骑奔甘松[今甘肃甘南藏族自治州腊子口],光振旅而旋。

…… ……

[396年称天王:]光于是以太元二十一年[396]僭即天王位……立世子绍为太子,诸子弟为公侯者二十人。中书令王详为尚书左仆射,段业等五人为尚书。

[大举攻伐鲜卑西秦乞伏乾归,夺取金城(兰州)等地,但功亏一篑:]……光下书曰:"乾归狼子野心,前后反覆。朕……岂令竖子鸱峙洮南!且其兄弟内相离间,可乘之机,勿过今也。其敕中外戒严,朕当亲讨。"光于是次于长最,使吕纂率杨轨、窦苟等步骑三万攻金城。乾归率众二万救之。光遣其将王宝、徐炅率骑五千邀之,乾归惧而不进。光又遣其将梁恭、金石生以甲卒万余出阳武下峡,与秦州刺史没奕于攻其东,光弟天水公延以枹罕之众攻临洮、武始、河关,皆克之。吕纂克金城,擒乾归金城太守卫鞬……[功亏一篑,因而未成决定性的胜利:]乾归因大震,泣叹曰:"死中求生,正在今日也。"乃纵反间,称乾归众溃,东奔成纪。吕延信之,引师轻进……与乾归相遇,战败,死之。耿稚及将军姜显收集散卒,屯于枹罕。光还于姑臧。

[他到了"耄及政昏"的时候,"刑罚失中,人不堪役","叛者连城",逼反匈奴族沮渠蒙逊等,后者创建北凉,大败他的军队;此外,还有廷臣叛乱,几乎倾覆京都,大将叛乱,一度兵临城下。]

光荒耄信谗,[逼反沮渠蒙逊等:]杀尚书沮渠罗仇、三河太守沮渠麹粥[397]。罗仇弟子蒙逊叛光,杀中田护军马邃,攻陷临松郡,屯兵金山,大为百姓之患。蒙逊从兄男成先为将军,守晋昌,闻蒙逊起兵,逃奔赀虏,扇动诸夷,众至数千,进攻福禄、建安。宁戎护军赵策击败之,男成退屯乐涫。吕纂败蒙逊于忽谷。酒泉太守垒澄率将军赵策、赵陵步骑万余讨男成于乐涫,战败,澄、策死之。[北凉创立:]男成进攻建康,说太守段业曰:"吕氏政衰,权臣擅命,刑罚失中,人不堪役,一州之地,叛者连城,瓦解之势,昭然在目,百姓嗷然,无所宗附。府君岂可以盖世之才,而立忠于垂亡之世！男成等既唱大义，欲屈府君抚临鄙州，使涂炭之余蒙来苏之惠。"业不从。相持二旬而外救不至，郡人高逵、史惠等言于业曰："今孤城独立，台无救援，府君……宜思高算，转祸为福。"业先与光侍中房晷、仆射王详不平，虑不自容，乃许之。男成等推业为大都督、龙骧大将军、凉州牧、建康公。[北凉军大败后凉军：]光命吕纂讨业，沮渠蒙逊进屯临洮，为业声势。战于合离，纂师大败。

[廷臣叛乱，几乎倾覆京城，且曾大败后凉军：]光散骑常侍、太常郭黁[nún]……谓王详曰："……主上老病，太子冲暗，纂等凶武，一旦不讳，必有难作。以吾二人久居内要，常有不善之言，恐祸及人，深宜虑之。田胡[胡三省："田胡，胡之一种也"]王气乞机部众最强，二苑之人多其故众。吾今与公唱义，推机为主，则二苑之众尽我有也。克城之后，徐更图之。"详以为然。夜烧光洪范门，二苑之众皆附之，详为内应。事发，光诛之。黁遂据东苑以叛。光驰使召纂……纂司马杨统……奔郭黁。黁遣军邀纂于白石，纂大败。光西安太守石元良率步骑五千赴难，与纂共击黁军，破之，遂入于姑臧。[君臣内斗，残忍至极：]黁之叛也，得光孙八人于东苑。及军败，恚甚，悉投之于锋刃之上，枝分节解，饮血盟众，众皆掩目，不忍视之，黁悠然自若。

[大将叛乱，一度兵临城下：]黁推后将军杨轨为盟主，轨自称大将军、凉州牧、西平公。吕纂击黁将王斐于城西，大破之，自是黁势渐衰。……轨……率步骑二万北赴郭黁。至姑臧，垒于城北。轨以士马之盛，议欲大决成败，黁每以天文裁之。吕弘为段业所逼，光遣吕纂迎之。轨谋于众曰："吕弘精兵一万，若与光合，则敌强我弱。养兽不讨，将为后患。"遂率兵邀纂，纂击败之。郭黁闻轨败，东走魏安，遂奔于乞伏乾归。杨轨闻黁走，南奔廉川。

[他重病，临终托储君于其二兄弟，后者假言以答，"衅起萧墙"的告诫将证明实属废话。]

光疾甚，立其太子[嫡长子]绍为天王，自号太上皇帝。以吕纂为太尉，吕弘为司徒。谓绍曰："吾疾病唯增，恐将不济。三寇窥窬，迭伺国隙。吾终以后，使纂统六军，弘管朝政，汝恭己无为，委重二兄，庶可以济。若内相猜贰，衅起萧墙，则晋、赵之变旦夕至矣。"又谓纂、弘曰："永业[吕绍字]才非拨乱，直以正嫡有常，猥居元首。

今外有强寇,人心未宁,汝兄弟缉穆,则贻厥万世。若内自相图,则祸不旋踵。"纂、弘泣曰:"不敢有二心。"光以安帝隆安三年[399]死,时年六十三,在位十年。……

吕纂:

[杀弟纂位,继而诛灭同谋的亲弟,肆行荒淫腐败,约一年后被表兄弟政变刺杀。他在位期间的唯一"武功"是伐鲜卑南凉而败。]

[吕光庶长子,纨绔子弟,后来"统戎积年,威震内外";吕光死,王储吕绍虽"惧为纂所害",但执意不肯先发制人清除之。]

纂字永绪,光之庶长子也。少便弓马,好鹰犬。符坚时入太学,不好读书,唯以交结公侯声乐为务。及坚乱,西奔上邽,转至姑臧,拜武贲中郎将,封太原公。

光死,吕绍秘不发丧,纂排阁入哭,尽哀而出。绍惧为纂所害,以位让之,曰:"兄功高年长,宜承大统,愿兄勿疑。"纂曰:"臣虽年长,陛下国家之冢嫡,不可以私爱而乱大伦。"绍固以让纂,纂不许之。[在吕绍那里,没有"国家理由"甚或自保律令,只有伦理戒条。]及绍嗣伪位,吕超[吕光之侄]言于绍曰:"纂统戎积年,威震内外,临丧不哀,步高视远,观其举止乱常,恐成大变,宜早除之,以安社稷。"绍曰:"先帝顾命,音犹在耳,兄弟至亲,岂有此乎!……纵其图我,我视死如归,终不忍有此意也,卿惧勿过言。"超曰:"纂威名素盛,安忍无亲,今不图之,后必噬脐[指因遭极大损失而后悔不及]矣。"绍曰:"吾每念袁尚兄弟,未曾不痛心忘寝食,宁坐而死,岂忍行之。"超曰:"圣人称知机其神,陛下临机不断,臣见大事去矣。"既而纂见绍于湛露堂,超执刀侍绍,目纂请收之,绍弗许。

[经庶弟吕弘首谋和协作,他发动武装政变,灭君纂位,继而击溃和诛杀起兵反叛的吕弘。]

[庶弟吕弘首谋:]初,光欲立弘为世子,会闻绍在仇池,乃止,弘由是有憾于绍。遣尚书姜纪密告纂曰:"先帝登退,主上暗弱,兄总摄内外,威恩被于遐迩,辄欲远追废昌邑之义,以兄为中宗何如?"[他在吕弘协作下发动武装政变:]纂于是夜率壮士数百,逾北城,攻广夏门,弘率东苑之众斫洪范门。左卫齐从守融明观,逆问之曰:

"谁也?"众曰:"太原公。"从曰:"国有大故,主上新立,太原公行不由道,夜入禁城,将为乱邪?"因抽剑直前,斫纂中额。纂左右擒之,纂曰:"义士也,勿杀。"绍遣武贲中郎将吕开率其禁兵距战于端门,骁骑吕超率卒二千赴之。众素惮纂,悉皆溃散。

纂入自青角门,升于谦光殿。绍登紫阁自杀,吕超出奔广武。纂惮弘兵强,劝弘即位。弘曰:"自以绍弟也而承大统,众心不顺,是以违先帝遗敕,惭负黄泉。今复越兄而立,何面目以视息世间!大兄长且贤,威名振于二贼,宜速即大位,以安国家。"[他篡位登基:]纂以隆安四年[400]遂僭即天王位……以弘为使持节、侍中、大都督、都督中外诸军事、大司马、车骑大将军、司隶校尉、录尚书事,改封番禾郡公……

……纂遣使谓征东吕方曰:"超实忠臣,义勇可嘉,但不识经国大体,权变之宜。方赖其忠节,诞济世难,可以此意谕之。"超上疏陈谢,纂复其爵位。[他预料不到他现在宽恕的是未来要他命的"报复女神"!]

[他与吕弘激烈内斗,后者起兵反叛,兵溃被擒被杀:]吕弘自以功名崇重,恐不为纂所容,纂亦深忌之。弘遂起兵东苑,劫尹文、杨桓以为谋主……乃率兵攻纂。纂遣其将焦辨击弘,弘众溃,出奔广武。[他兽性发作:]纂纵兵大掠,以东苑妇女赏军,弘之妻子亦为士卒所辱。纂笑谓群臣曰:"今日之战何如?"其侍中房晷对曰:"……纵兵大掠,幽辱士女。衅自由弘,百姓何罪!且弘妻,陛下之弟妇也;弘女,陛下之侄女也。奈何使无赖小人辱为婢妾。天地神明,岂忍见此!"遂歔欷悲泣。纂改容谢之,召弘妻及男女于东宫,厚抚之。吕方执弘系狱,驰使告纂,[他兽性发作:]纂遣力士康龙拉杀之。是月,立其妻杨氏为皇后……

[在"公私罄竭"的情势下攻伐鲜卑南凉,一败再败。]

纂将伐秃发利鹿孤,中书令杨颖谏曰:"夫起师动众,必参之天人,苟非其时,圣贤所不为。秃发利鹿孤上下用命,国未有衅,不可以伐。宜缮甲养锐,劝课农殖,待可乘之机,然后一举荡灭。比年多事,公私罄竭,不深根固本,恐为患将来,愿抑赫斯之怒,思万全之算。"纂不从。度浩亹河[一般认为即大通河,湟水支流,位于今青海东北部,流经今海北藏族自治州],为鹿孤弟傉檀所败,遂西袭张掖。姜纪谏曰:"方今盛夏,百姓废农,所利既少,所丧者多,若师至岭西,虏必乘虚寇抄都下,宜且回师以为后图。"纂曰："虏无大志,闻朕西征,正可自固耳。今速袭之,可以得志。"遂围张掖,略地建康。闻俘檀寇姑臧,乃还。[在王位上的他并非战略家,两度拒绝正确的战略谏言。]

……　……

[在王位上的变本加厉的花花公子,"游田无度,荒耽酒色",到头来被他宽恕过的表兄弟吕超政变刺杀。]

纂游田无度,荒耽酒色,其太常杨颖谏曰："……饮酒过度,出入无恒,宴安游盘之乐,沈湎樽酒之间,不以寇仇为虑,窃为陛下危之。……"纂曰："朕之罪也。不有贞亮之士,谁匡邪僻之君!"然昏虐自任,终不能改……

[吕超在杀身恐惧下,伙同其兄吕隆行刺,结果他身首分离:]纂番禾[今甘肃金昌市永昌县]太守吕超擅伐鲜卑思盘,思盘遣弟乞珍诉超于纂,纂召超将盘入朝。超至姑臧,大惧,自结于殿中监杜尚,纂见超,怒曰："卿恃兄弟桓桓,欲欺吾也,要当斩卿,然后天下可定。"超顿首不敢。纂因引超及其诸臣宴于内殿。吕隆屡劝纂酒,已至昏醉,乘步辇车将超等游于内。至琨华堂东阁,车不得过,纂亲将窦川、骆腾倚剑于壁,推车过阁。超取剑击纂,纂下车擒超,超刺纂洞胸,奔于宣德堂。川、腾与超格战,超杀之。纂妻杨氏命禁兵讨超,杜尚约兵舍仗。将军魏益多入,斩纂首以徇曰："纂违先帝之命,杀害太子,荒耽酒猎,昵近小人,轻害忠良,以百姓为草芥。番禾太守超以骨肉之亲,惧社稷颠覆,已除之矣。上以安宗庙,下为太子报仇。凡我士庶,同兹休庆。"

[吕超铲除可能发动政变的大贵族吕纬,靠的是马基雅维里主义与吕纬的幻想和愚蠢。]伪巴西公吕他、陇西公吕纬时在北城,或说纬曰："超陵天逆上,士众不附。明公以懿弟之亲,投戈而起,姜纪、焦辨在南城,杨桓、田诚在东苑,皆我之党也,何虑不济!"纬乃严兵谓他曰："隆、超弑逆,所宜击之。……今萧墙有难,而可坐观乎!"他将从之,他妻梁氏止之……超闻……超弟邈有宠于纬,说纬曰："纂残国破家,诛戮兄弟,隆、超此举应天人之心,正欲尊立明公耳。先帝之子,明公为长……愿公勿疑。"纬信之,与隆、超结盟,单马入城,超执而杀之。

初,纂尝与鸠摩罗什棋,杀罗什子,曰："斫胡奴头。"罗什曰："不斫胡奴头,胡奴斫人头。"超小字胡奴,竟以杀纂。纂在位三年,以元兴元年[402]死。……

吕隆:

[吕光之侄,搭吕超政变之车登基,在位期间大屠豪族立威,同时兵甲败于外,饥馑行于内,终于在404年彻底投降羌族后秦,后凉国灭。]

["超既杀纂,让位于隆"。]

隆字永基,光弟宝之子也,美姿貌,善骑射。光末拜北部护军,稍历显位,有声称。超既杀纂,让位于隆,隆有难色。超曰:"今犹乘龙上天,岂可中下!"隆以安帝元兴元年[402]遂僭即天王位。……以弟超有佐命之勋,拜使持节、侍中、都督中外诸军事、辅国大将军、司隶校尉、录尚书事,封安定公。

["隆多杀豪望,以立威名",且后凉自吕光末期以来已"残暴是先,饥馑流亡,死者太半"。羌族后秦遂乘虚发兵攻伐,大胜,困他于姑臧城内;他走投无路,只得降而再降,后凉国灭。]

[内乱积弱而招引外敌攻伐的典型形势:]隆多杀豪望,以立威名,内外嚣然,人不自固。魏安人焦朗遣使说姚兴将姚硕德曰:"吕氏因秦之乱,制命此州。自武皇弃世,诸子竟寻干戈,德刑不恤,残暴是先,饥馑流亡,死者太半,唯泣诉昊天,而精诚无感。伏惟明公……兼弱攻昧,经略此方,救生灵之沈溺,布徽政于玉门。篡夺之际,为功不难。"遣妻子为质。硕德遂率众至姑臧。其部将姚国方言于硕德曰:"今悬师三千,后无继援,师之难也。宜曜劲锋,示其威武。彼以我远来,必决死距战,可一举而平。"硕德从之。吕超出战,大败,遁还。隆收集离散,婴城固守。

时荧惑犯帝坐,有群雀斗于太庙,死者数万。[大概死于城内饥馑。不仅如此,城内发大叛乱阴谋:]东人多谋外叛,将军魏益多又唱动群心,乃谋杀隆、超,事发,诛之,死者三百余家。[经吕超及群臣反复劝谏(劝谏逻辑为抵抗无望,遂须不惜一切以自保,以苟延残喘,寄望于未知的未来),他投降:]于是群臣表求与姚兴通好,隆弗许。吕超谏曰:"通塞有时,艰泰相袭,孙权屈身于魏,谯周劝主迎降,岂非大丈夫哉? 势屈故也。天锡承七世之资,树恩百载,武旅十万,谋臣盈朝,秦师临境,识者导以见机，而愎谏自专，社稷为墟。前鉴不远，我之元龟也。何惜尺书单使，不以危易安！且令卑辞以退敌，然后内修德政，废兴由人，未损大略。"隆曰："吾虽常人，属当家国之重，不能嗣守成基，保安社稷，以太祖之业委之于人，何面目见先帝于地下！"超曰："应龙以屈伸为灵，大人以知机为美。今连兵积岁，资储内尽，强寇外逼，百姓嗷然无糊口之寄，假使张、陈、韩、白[张良、陈平、韩信、白起]，亦无如之何！陛下宜思权变大纲，割区区常虑。苟卜世有期，不在和好，若天命去矣，宗族可全。"隆从之，乃请降。硕德表隆为使持节、镇西大将军、凉州刺史、建康公。于是遣母弟爱子文武旧臣慕容筑、杨颖、史难、阎松等五十余家质于长安，硕德乃还。[纳降后，后秦谋臣们皆主张"宜将剩勇灭穷寇"，不给未来留任何风险。]姚兴谋臣皆曰："隆藉伯父余资，制命河外。今虽饥窘，尚能自支。若将来丰赡，终非国有。凉州险绝，世难先违，道清后顺，不如因其饥弊而取之。"兴乃遣使来观虚实。

[姑臧因饥馑和他的残忍而成人间地狱，"人相食，饥死者十余万口"，且他尽坑"百姓请出城乞为夷虏奴婢者"；在鲜卑南凉和匈奴北凉频频攻伐下，他放弃对未知的未来的任何希望，彻底投降后秦。]

沮渠蒙逊又伐隆，隆击败之，蒙逊请和结盟，留谷万余斛以振饥人。姑臧谷价踊贵，斗直钱五千文，人相食，饥死者十余万口。城门尽闭，樵采路绝，百姓请出城乞为夷虏奴婢者日有数百。隆惧沮动人情，尽坑之，于是积尸盈于衢路。

秃发傉檀及蒙逊频来伐之，隆以二寇之逼也，遣超率骑二百，多赍珍宝，请迎于姚兴。兴乃遣其将齐难等步骑四万迎之。难至姑臧，隆素车白马迎于道旁。使胤告光庙曰："……枝嗣不臧，迭相篡弑。二虏交逼，将归东京，谨与陛下奉诀于此。"歔欷恸泣，酸感兴军。隆率户一万，随难东迁，至长安，兴以隆为散骑常侍，公如故；超为安定太守……其后隆坐与子弼谋反，为兴所诛。

吕光以孝武太元十二年[387]定凉州，十五年[390]僭立，至隆凡十有三载，以安帝元兴三年[404]灭。

[房玄龄等的终评大体得当，但最后居然喋喋不休地说倘若吕光归顺东晋，后凉乃至陇西的一切就会尽善尽美！这是不顾历史真实情势的华夏正统主义胡言乱语。]

史臣曰：自晋室不纲，中原荡析，苻氏乘衅，窃号神州。世明[吕光字]委质伪朝，位居上将，爰以心膂，受脤[王侯祭社稷用的肉]遐征。……蕞尔夷陬，承风雾卷，宏图壮节，亦足称焉。属永固[苻坚字]运销，群雄竞起，班师右地，便有觊觎。于是要结六戎，潜窥雁鼎；并吞五郡，遂假鸿名。控黄河以设险，负玄漠而为固，自谓克昌霸业，贻厥孙谋。寻而耄及政昏，亲离众叛，瞑目甫尔，衅发萧墙。绍、纂凡才，负乘致寇；弘、超凶狡，职为乱阶；永基[吕隆字]庸庸，面缚姚氏。[华夏正统主义胡言乱语：]昔窦融归顺，荣焕累叶；隗嚣干纪，靡终身世。而光弃兹胜躅，遵彼覆车，十数年间，终致残灭。向使矫邪归正，革伪为忠，鸣檄而蕃晋朝，仗义而诛丑虏，则燕、秦之地可定，桓、文之功可立，郭黁、段业岂得肆其奸，蒙逊、乌孤[秃发乌孤，鲜卑南凉创立者]无所窥其隙矣。而猥窃非据，何其谬哉！……

载记第二十五　乞伏国仁、乞伏乾归、乞伏炽磐　摘录和评注

　　[本篇记述头三代君主，陇西鲜卑西秦(385—400,409—431)草创、建立、灭亡和复国的历史。他们分别"骁武""勇悍""临机能断"，令华夏种族/文明歧视观念强烈的初唐史臣们也不禁赞曰"孰谓獯虏，亦怀沈算"。至于目睹西秦复亡的第四代即末代君主(暴君)乞伏暮末，则被本篇一笔带过。]

　　乞伏国仁：
　　["骁武"，有雄心有决断的机会主义者，在前秦苻坚淝水惨败后发动反叛，自立为陇西之主，由此草创西秦国家，继而依凭他的将才增其国势。]

　　[陇西鲜卑乞伏部首领世家出身，其父不敌氏族前秦，遂投降苻坚，为其南单于；父死继位，苻坚淝水惨败后发动反叛，继而自立为陇西之主，由此草创西秦国家。]

　　乞伏国仁，陇西鲜卑人也。……[乞伏部"部落志"，自西晋初至他父亲，历经七

代首领,几乎不断与其他陇西鲜卑部落争斗冲突,迁徙连连:]祐邻者,即国仁五世祖也。泰始[265—274]初,率户五千迁于夏缘[今宁夏北部],部众稍盛。鲜卑鹿结七万余落,屯于高平川[今宁夏清水河(宁夏境内黄河最长支流)流域],与祐邻迭相攻击。鹿结败,南奔略阳,祐邻尽并其众,固居高平川。祐邻死,子结权立,徙于牵屯[山名,在今甘肃平凉市崆峒山西]。结权死,子利那立,击鲜卑吐赖于乌树山,讨尉迟渴权于大非川,收众三万余落。利那死,弟祁埴立。祁埴死,利那子述延立。讨鲜卑莫侯于苑川,大破之,降其众二万余落,固居苑川[今甘肃兰州市榆中县大营川]。……述延死,子傉大寒立。会石勒灭刘曜,惧而迁于麦田无孤山[一说在今甘肃白银市平川区]。大寒死,子司繁立,始迁于度坚山[在今甘肃白银市靖远县西]。[氐族前秦征战势盛,他父亲兵败众叛,不得不"为呼韩邪之计",投降苻坚,被封为前秦南单于:]寻为苻坚将王统所袭,部众叛降于统。司繁叹谓左右曰:"智不距敌,德不抚众,剑骑未交而本根已败,见众分散,势亦难全。若奔诸部,必不我容,吾将为呼韩邪之计矣。"乃诣统降于坚。坚大悦,署为南单于,留之长安。以司繁叔父吐雷为勇士护军,抚其部众。俄而鲜卑勃寒侵斥陇右,坚以司繁为使持节、都督讨西胡诸军事、镇西将军以讨之。勃寒惧而请降,司繁遂镇勇士川[即苑川,今甘肃兰州市榆中县大营川;以在汉勇士县境内,故名],甚有威惠。

[父死,继南单于位,苻坚淝水之战期间谋叛,淝水惨败后行叛,兵势浩大。]

司繁卒,国仁代镇,[依据"物极则亏、祸盈而覆"的哲理意识、"骚动苍生,疲弊中国"的形势判断和"成一方之业"的战略目标,在淝水之战期间谋叛:]及坚兴寿春之役,征为前将军,领先锋骑。会国仁叔父步颓叛于陇西,坚遣国仁还讨之。步颓闻而大悦,迎国仁于路。国仁置酒高会,攘袂大言曰:"苻氏往因赵石[后赵石虎]之乱,遂妄窃名号,穷兵极武,跨僭八州。疆宇既宁,宜绥以德,方虚广威声,勤心远略,骚动苍生,疲弊中国,违天怒人,将何以济!且物极则亏、祸盈而覆者,天之道也。以吾量之,是役也,难以免矣。当与诸君成一方之业。"[苻坚淝水惨败后行叛,"众至十余万":]及坚败归,乃招集诸部,有不附者,讨而并之,众至十余万。[苻坚被杀后自立为陇西之主,自诩"见机而作,英豪之举":]及坚为姚苌所杀,国仁谓其豪帅曰:"苻氏以高世之姿而困于乌合之众,可谓天也。夫守常迷运,先达耻之;见机而作,英豪之举。吾虽薄德,藉累世之资,岂可睹时来之运而不作乎!"以孝武太元十年[385]自称大都督、大将军、大单于、领秦、河二州牧,建元曰建义……置武城、武阳、安固、武始、汉阳、天水、略阳、涌川、甘松、匡朋、白马、苑川十二郡,筑勇士城以居之。

[纳降,征战,平叛:依凭他杰出的军事才能增其国势。]

鲜卑匹兰率众五千降。明年,南安[郡名,治所在今甘肃定西市陇西县]秘宜及诸羌虏来击国仁,四面而至。国仁谓诸将曰:"先人有夺人之心,不可坐待其至。宜抑威饵敌,赢师以张之,军法所谓怒我而急寇也。"于是勒众五千,袭其不意,大败之。秘宜奔还南安,寻与其弟莫侯悌率众三万余户降于国仁,各拜将军、刺史。

符登遣使者署国仁使持节、大都督、都督杂夷诸军事、大将军、大单于、苑川王。国仁率骑三万袭鲜卑大人密贵、裕苟、提伦等三部于六泉。高平鲜卑没奕于、东胡金熙连兵来袭,相遇于渴浑川[今甘肃张掖市临泽县东南],大战败之,斩级三千,获马五千匹。没奕于及熙奔还,三部震惧,率众迎降。署密贵建义将军、六泉侯,裕苟建忠将军、兰泉侯,提伦建节将军、鸣泉侯。

国仁建威将军叱卢乌孤跋拥众叛,保牵屯山[一说在今宁夏固原市西]。国仁率骑七千讨之,斩其部将叱罗侯,降者千余户。跋大惧,遂降,复其官位。因讨鲜卑越质叱黎于平襄[在今甘肃定西市通渭县西北],大破之,获其子诘归、弟子复半及部落五千余人而还。

太元十三年[388],国仁死,在位四年……

乞伏乾归:

[以乞伏国仁之弟而继承其位,受封于前秦为王、随后击灭仇池前秦联军,尽有陇西巴西之地。接着是他丧国而又复国的急剧变更史:400年大败于羌族后秦,无奈投奔鲜卑秃发部南凉而国灭;409年乘后秦连连兵败而国力大衰之机,逃回陇西再称秦王而复国。不料,乞伏公府——原初因年幼而不能继位的乞伏国仁之子——突然发动政变,令他及"诸子十余人"人头落地。]

[房玄龄等云"乾归智不及远而以力诈自矜",此评何其错谬!]

[“雄武英杰，沉雅有度量”，以乞伏国仁之弟而继承其位，受封于前秦为王，加上纳降、征讨和威招，“声振边服”。]

乾归，国仁弟也。雄武英杰，沉雅有度量。国仁之死也，其群臣咸以国仁子公府冲幼，宜立长君，乃推乾归为大都督、大将军、大单于、河南王……立其妻边氏为王后……遂迁于金城。

[受封于前秦为王，加上纳降、征讨和威招，“声振边服”：]太元十四年[389]，符登遣使署乾归大将军、大单于、金城王。南羌独如率众七千降之。休官[陇西杂夷部落名，居今甘肃清水、秦安及天水一带]阿敦、侯年二部各拥五千余落，据牵屯山，为其边害。乾归讨破之，悉降其众，于是声振边服。吐谷浑大人视连遣使贡方物。鲜卑豆留鞬、叱豆浑及南丘鹿结并休官曷呼奴、卢水尉地跋并率众降于乾归，皆署其官爵。陇西太守越质诘归以平襄叛，自称建国将军、右贤王。乾归击败之，诘归东奔陇山。既而拥众来降，乾归妻以宗女，署立义将军。

符登将没奕于遣使结好，以二子为质，请讨鲜卑大兜国。乾归乃与没奕于攻大兜于安阳城[今甘肃省天水市秦安县北]，大兜退固鸣蝉堡，乾归攻陷之，遂还金城。[他与氏族后凉的一番先败后胜的恶战：]为吕光弟宝所攻，败于鸣雀峡[今甘肃兰州市西固区新城乡黄河八盘峡南岸]，退屯青岸。宝进追乾归，乾归使其将彭奚念断其归路，躬贯甲胄，连战败之，宝及将士投河死者万余人[!]。

[他与面临灭顶之灾的前秦之间的利益交换，结果他未付代价：]符登遣使署乾归假黄钺、大都督陇右河西诸军事、左丞相、大将军、河南王，领秦、梁、益、凉、沙五州牧，加九锡之礼。时登为姚兴所逼，遣使请兵，进封乾归梁王，命置官司，纳其妹东平长公主为梁王后。乾归遣其前将军乞伏益州、冠军翟瑥率骑二万救之。会登为兴所杀，乃还师。

[他击灭仇池前秦联军[1]，尽有陇西巴西之地。]

氐王杨定率步骑四万伐之。乾归谓诸将曰：“杨定以勇虐聚众，穷兵逞欲。兵

---

[1] 《符丕符登载记》载：(姚)兴率众攻之[符登]，登遣子汝阴王宗质于陇西鲜卑乞伏乾归，结婚请援，乾归遣骑二万救登。登引军出迎，与兴战于山南，为兴所败，登被杀……崇[前秦太子]奔于湟中，僭称尊号……崇为乾归所逐，崇、定皆死。

犹火也,不戢,将自焚。定之此役,殆天以之资我也。"[他有形势和战略判断上的远见。]于是遣其凉州牧乞伏轲殚、秦州牧乞伏益州、立义将军诘归距之。定败益州于平川[似为今甘肃白银市平川区],轲殚、诘归引众而退。翟瑶奋剑谏曰:"吾王以神武之姿,开基陇右,东征西讨,靡不席卷,威震秦、梁,声光巴、汉。将军以维城之重,受阃外之寄,宜宣力致命,辅宁家国。秦州虽败,二军犹全,奈何不思直救,便逆奔败,何面目以见王乎!……"轲殚曰:"向所以未赴秦州者,未知众心何如耳。败不相救,军罚所先,敢自宁乎!"乃率骑赴之。益州、诘归亦勒众而进,大败定,斩定及首虏万七千级[!]。于是尽有陇西、巴西之地。

…… ……

索虏[胡三省云:"索虏者,以北人辫发,谓之索头也"]秃发如苟[在今甘肃河西走廊和青海湟水、大通河流域]率户二万降之,乾归妻以宗女。

[他盛极而衰而败,在400年大败于羌族后秦,无奈投奔南凉而国灭。]

[衰败的前兆:他因胆怯而称籓于氐族后凉,虽然"既而悔之"。]吕光率众十万将伐乾归,左辅密贵周、左卫莫者羖羝言于乾归曰:"光旦夕将至。陛下……不忍小下屈,与奸竖竞于一时,若机事不捷,非国家利也。宜遣爱子以退之。"乾归乃称籓于光,遣子敕勃为质。既而悔之,遂诛周等。

[他以余勇余智击败占巨大兵力优势的后凉军:]乞伏轲殚与乞伏益州不平,奔于吕光。光又伐之,咸劝其东奔成纪,乾归不从,谓诸将曰:"昔曹孟德败袁本初于官渡,陆伯言摧刘玄德于白帝,皆以权略取之,岂在众乎!光虽举全州之军,而无经远之算,不足惮也。且其精卒尽在吕延,延虽勇而愚,易以奇策制之。延军若败,光亦遁还,乘胜追奔,可以得志。"众咸曰:"非所及也。"隆安元年[397],光遣其子纂伐乾归,使吕延为前锋。乾归泣谓众曰:"今事势穷蹙,逃命无所,死中求生,正在今日。凉军虽四面而至,然相去辽远,山河既阻,力不周接,败其一军而众军自退。"[他的智谋:集中兵力击敌"引力中心"]乃纵反间,称秦王乾归众溃,东奔成纪。[他的智谋:施行战略欺骗。]延信之,引师轻进,果为乾归所败,遂斩之。

……[他的余勇余威仍有三度斩获:]使乞伏益州攻克支阳、鹯武、允吾三城,俘获万余人而还。又遣益州与武卫慕容允、冠军翟瑶率骑二万伐吐谷浑视罴,至于度周川[在今甘肃定西市岷县西南]，大破之。视罴遁保白兰山，遣使谢罪，贡其方物，以子宕岂为质。鲜卑叠掘河内率户五千，自魏降乾归。

[大败于羌族后秦，投奔南凉而国灭。]

乾归所居南景门崩，恶之，遂迁于苑川[今甘肃兰州市榆中县大营川]。[大难降临：后秦发全国之师来伐]姚兴将姚硕德率众五万伐之，入自南安峡。乾归次于陇西以距硕德。兴潜师继发。[他确定看似正确的战略，但突发克劳塞维茨式"摩擦"——"大风昏雾"，遂全败。]乾归闻兴将到，谓诸将曰："吾自开建以来，屡摧勍敌，乘机藉算，举无遗策。今姚兴尽中国之师，军势甚盛。山川阻狭，无从骑之地，宜引师平川，伺其怠而击之。存亡之机，在斯一举，卿等戮力勉之。若枭翦姚兴，关中之地尽吾有也。"于是遣其卫军慕容允率中军二万迁于柏阳，镇军罗敦将外军四万迁于侯辰谷，乾归自率轻骑数千候兴军势。俄而大风昏雾，遂与中军相失，为兴追骑所逼，入于外军。旦而交战，为兴所败。[他哀鸣"自古无不亡之国"，"吾将寄食以终余年"：]乾归遁还苑川，遂走金城，谓诸豪帅曰："吾才非命世，谬为诸君所推……叨窃名器，年逾一纪[十二年]，负乘致寇[《后汉书·灵帝纪》李贤注："《易》曰：'负且乘，致寇至。'言帝以小人而乘君子之器。"]，倾丧若斯！今人众已散，势不得安……卿等宜安土降秦，保全妻子。"……乾归曰："自古无不亡之国，废兴命也。……公等自爱，吾将寄食以终余年。"于是大哭而别，[投奔南凉，国灭：]乃率骑数百驰至允吾[今甘肃兰州市皋兰县西北]，秃发利鹿孤遣弟傉檀迎乾归，处之于晋兴[在今甘肃临夏回族自治州临夏市]。

[他从丧国到复国间的八九年经历：谋叛南凉未遂而逃奔后秦，为之效劳甚力；被对他留有戒心的姚兴召回长安任职，但他的儿子、后于他逃奔后秦的乞伏炽磐被允留在"老根据地"。]

[谋叛南凉，谋泄，惧而逃奔后秦，得姚兴厚遇和宽纵：]南羌梁戈等遣使招之。乾归将叛，谋泄，利鹿孤遣弟吐雷屯于扣天岭。乾归惧为利鹿孤所害，谓其子炽磐曰："吾不能负荷大业，致兹颠覆。以利鹿孤义兼姻好，冀存唇齿之援，方乃忘义背亲，谋人父子，忌吾威名，势不全立。姚兴方盛，吾将归之。若其俱去，必为追骑所及。今送汝兄弟及汝母为质，彼必不疑。吾既在秦，终不害汝。"于是送炽磐兄弟于

西平[在今青海西宁市西,南凉都城],乾归遂奔长安。姚兴见而大悦,署乾归持节、都督河南诸军事、镇远将军、河州刺史、归义侯,遣乾归还镇苑川,尽以部众配之。……

元兴元年[402],炽磐自西平奔长安,姚兴以为振忠将军、兴晋太守。寻遣使者加乾归散骑常侍、左贤王。[他为后秦效力颇勤,功劳颇大:]遣随兴将齐难迎吕隆于河西,讨叛羌党龙头于滋川,攻杨盛将苻帛于皮氏堡,并克之。又破吐谷浑将大孩,俘获万余人而还。寻复率众攻杨盛将杨玉于西阳堡,克之。……[被留有戒心的姚兴召回长安任职:]姚兴虑乾归终为西州之患,因其朝也,兴留为主客尚书,以炽磐为建武将军、行西夷校尉,监抚其众。

[复国! 他乘后秦连连兵败而国力大衰之机逃回陇西,"收众三万",自称秦王。]

炽磐以长安兵乱将始,乃招结诸部二万七千,筑城于嵯琅山[即今甘肃临夏回族自治州广河县南山,即城内堡子山]以据之。炽磐攻克枹罕,遣使告之,乾归奔还苑川。鲜卑悦大坚有众五千,自龙马苑降乾归。乾归遂如枹罕,留炽磐镇之。乾归收众三万,迁于度坚山[在今甘肃白银市靖远县西]。群下劝乾归称王,乾归以寡弱弗许。固请曰:"夫道应符历,虽废必兴……姚数将终,否极斯泰,乘机抚运,实系圣人。今见众三万,足以疆理秦、陇,清荡洮河。……愿时即大位,允副群心。"乾归从之。[与其兄乞伏国仁原先的哲理意识("物极则亏、祸盈而覆")、形势判断("骚动苍生,疲弊中国")和战略目标("成一方之业")可谓殆无二致!]义熙三年,僭称秦王,赦其境内,改元更始,置百官,公卿已下皆复本位。

[复国后他再行壮大之路,连连纳降、征伐、攻克,加上为"图河右"而施"称籓于兴"的权宜之计。]

遣炽磐讨谕薄地延,师次烦于,地延率众出降,署为尚书,徙其部落于苑川。又遣陇西羌昌何攻克姚兴金城郡,以其骁骑乞伏务和为东金城太守。乾归复都苑川,又攻克兴略阳、南安、陇西诸郡,徙二万五千户于苑川、枹罕。姚兴力未能西讨,恐更为边害,遣使署乾归使持节、散骑常侍、都督陇西岭北匈奴杂胡诸军事、征西大将军、河州牧、大单于、河南王。乾归方图河右,权宜受之,遂称籓于兴。

遣炽磐与其次子中军审虔率步骑一万伐秃发傉檀,师济河,败傉檀太子武台于岭南，获牛马十余万而还。又攻克兴别将姚龙于伯阳堡，王憬于永洛城，徙四千余户于苑川，三千余户于谭郊。乾归率步骑三万征西羌彭利发于枹罕，师次于奴葵谷，利发弃其部众南奔。乾归遣其将公府追及于清水，斩之。乾归入枹罕，收羌户一万三千。因率骑二万讨吐谷浑支统阿若干于赤水，大破降之。

[不料，"贻巨衅于萧墙，终成凶祸"，他被兄子乞伏公府政变袭杀。]

……(义熙)六年[410]，为兄子公府所弑，并其诸子十余人[残忍野蛮]。公府奔固大夏，炽磐与乾归弟广武智达、扬武木奕于讨之。公府走，达等追擒于嶂琅南山，并其四子，辗之[车裂]于谭郊[反报复更加残忍野蛮!]。……在位二十四年。

乞伏炽磐：

[乞伏乾归长子，袭杀弑君者而继位。此前，他是"牢笼俊杰"，即为西秦复国而当河西鲜卑南凉人质，继而又逃脱南凉终与其父会合；此后，他"决胜多奇"，大破吐谷浑，剪灭南凉国，唯与匈奴北凉争战呈经久拉锯状。在种族/文明歧视的界限内，房玄龄等不禁对他赞誉有加："览其遗迹，盗亦有道乎!"]

["性勇果英毅，临机能断，权略过人"；为复国而当南凉人质，继而逃脱终与其父会合。]

炽磐，乾归长子也。性勇果英毅，临机能断，权略过人。初，乾归为姚兴所败，炽磐质于秃发利鹿孤。后自西平逃而降兴，兴以为振忠将军、兴晋太守，又拜建武将军、行西夷校尉，留其众镇苑川。及乾归返政，复立炽磐为太子，领冠军大将军、都督中外诸军、录尚书事。后乾归称藩于姚兴，兴遣使署炽磐假节、镇西将军、左贤王、平昌公，寻进号抚军大将军。

[袭杀弑君者而继位，随后数度大破吐谷浑及陇右休官，继而在414年剪灭南凉，"遂隆伪业"。]

乾归死，义熙六年[410]，炽磐袭伪位……

[数度大破吐谷浑及陇右休官:]义熙九年[413]，遣其龙骧乞伏智达、平东王松寿讨吐谷浑[原为鲜卑慕容部一支，西晋初徙至今内蒙古，再徙至西北]树洛干于浇

河[在今青海海南藏族自治州贵德县]，大破之，获其将呼那乌提，虏三千余户而还。又遣其镇东昙达与松寿率骑一万，东讨破休官[陇西杂夷部落名，居今甘肃清水、秦安及天水一带]权小郎、吕破胡于白石川[在今甘肃天水市清水县]，虏其男女万余口，进据白石城，休官降者万余人。后显亲休官权小成、吕奴迦等叛保白坑，昙达谓将士曰："……今小成等逆命白坑，宜在除灭。王者之师，有征无战，粤尔奥人，戮力勉之！"众咸拔剑大呼，于是进攻白坑，斩小成、奴迦及首级四千七百，陇右休官悉降。遣安北乌地延、冠军翟绍讨吐谷浑别统句旁于泣勤川，大破之，俘获甚众。炽磐率诸将讨吐谷浑别统支旁于长柳川，掘达于渴浑川，皆破之，前后俘获男女二万八千。

[剪灭南凉:]僭立十年，有云五色，起于南山，炽磐以为己瑞，大悦，谓群臣曰："吾今年应有所定，王业成矣！"于是缮甲整兵，以待四方之隙。闻秃发傉檀[南凉君主]西征乙弗[鲜卑乙弗勿敌国]，投剑而起曰："可以行矣！"率步骑二万袭乐都[今青海海东市乐都区，南凉都城]。秃发武台凭城距守，炽磐攻之，一旬而克。遂入乐都，①论功行赏各有差。遣平远犍虔率骑五千追傉檀，徙武台与其文武及百姓万余户于枹罕。傉檀遂降，署为骠骑大将军、左南公。……炽磐既兼傉檀，兵强地广，置百官，立其妻秃发氏为王后。

[他征战不息，似过度伸展，与北凉拉锯经久不决，难由其他多项斩获弥补。]

十一年[415]，炽磐攻克沮渠蒙逊河湟太守沮渠汉平，以其左卫匹达为河湟太守，因讨降乙弗窟乾而还。遣其将昙达、王松寿等讨南羌弥姐康薄于赤水，降之。

炽磐攻漒川[今甘肃甘南藏族自治州碌曲县漒川城，吐谷浑建]，师次沓中，沮渠蒙逊率众攻石泉以救之。炽磐闻而引还，遣昙达与其将出连虔率骑五千赴之。蒙逊闻昙达至，引归，遣使聘于炽磐，遂结和亲。又遣昙达、王松寿等率骑一万伐姚艾[羌族后秦将军，秦州刺史]于上邽。昙达进据蒲水，艾距战，大败之，艾奔上邽。昙达进屯大利，破黄石、大羌二戍，徙五千余户于枹罕。

令其安东木奕于率骑七千讨吐谷浑树洛干于塞上，破其弟阿柴于尧扞川，俘获五千余口而还，洛干奔保白兰山而死。……遣昙达、元基东讨姚艾，降之。

---

① 据《秃发傉檀载记》，他攻陷乐都后大行残暴之行，"男夫尽杀，妇女赏军"。

至是，乙弗鲜卑乌地延率户二万降于炽磐，署为建义将军。地延寻死，弟他子立，以子轲兰质于西平。

…… ……

使征西孔子讨吐谷浑觅地于弱水南，大破之。觅地率众六千降于炽磐，署为弱水护军。遣其左卫匹逵，建威梯君等讨彭利和于漒川，大破之，利和单骑奔仇池，获其妻子。徙羌豪三千户于枹罕，漒川羌三万余户皆安堵如故。

［他去世，继位者乞伏暮末似不值一叙，而他的国家不久便被匈奴铁弗部胡夏国消灭。］

元熙元年［419］，立其第二子暮末为太子，领抚军大将军、都督中外诸军事，大赦境内…… 炽磐在位七年而宋氏受禅，以宋元嘉四年［427］死［应为 428 年死］。子暮末嗣伪位，在位四年，为赫连定所杀。［据《魏书·卷九十九·列传第八十七》，乞伏暮末"政刑酷滥，内外崩离，部民多叛，人思乱矣"。急剧变异！］

始国仁以孝武太元十年［385］僭位，至暮末四世，凡四十有六载而灭。

［房玄龄等对鲜卑西秦头三代君主的终评，出于强烈的华夏种族/文明歧视，对乞伏国仁和乞伏乾归大为不公。］

史臣曰：…… 自晋室遘孽，胡兵肆祸，封域无纪，干戈是务。国仁阴山遗噍［jiào，犹遗类］，难以义服，伺我阽危，长其陵暴。向使偶钦明之运，遭雄略之主，已当褫魂沙漠，请命薰街［西汉时京师街名，喻京师］，岂暇窃据近郊，经纶王业者也。

乾归智不及远而以力诈自矜。陷吕延［前述氐族后凉将领］之师，奸谋潜断；俘视罴［前述吐谷浑头目］之众，威策遄举。便欲誓汧陇之余卒，窥崤函之奥区，秣疲马而宵征，鞠勍敌［指羌族后秦］而朝食。既而控弦鸣镝，厥志未遑，沮岸崩山，其功已丧。履重氛于外难，幸以计全；贻巨衅于萧墙，终成凶祸，宜哉！

炽磐叱咤风云，见机而动，牢笼俊杰，决胜多奇，故能命将掩浇河之酋［指大破吐谷浑］，临戎袭乐都之地［指剪灭河西鲜卑南凉］，不盈数载，遂隆伪业。览其遗迹，盗亦有道乎！

五胡乱华在关陇（下）：

鲜卑南凉、匈奴北凉和匈奴胡夏

载记第二十六　秃发乌孤、秃发利鹿孤、秃发傉檀　摘录和评注

[短命的河西鲜卑南凉国家(397—414)的三代君主。"秃发"即"拓跋"之异译，早先自塞北迁至河西，经对西晋西疆暴政造反鏖战的秃发树机能，到其玄孙秃发乌孤，采取内修实力、对外韬晦的大战略，继之以一鸣惊人，摆脱氐族后凉控制而自立国家。不久秃发乌孤坠马伤亡后，继承者其弟秃发利鹿孤在位仅约三年，先后遣军两度大败后凉军，同时几无代价地在名义上迎合羌族后秦，但是轻率地接纳不仅图谋复国，而且十年后其子将灭掉南凉的乞伏乾归。末代君主秃发傉檀在位十余年，始终搞错"引力中心"，与羌族后秦、匈奴北凉、匈奴胡夏等连年争战，却不料西秦乞伏炽磐"乘虚来袭"，结果他在都城"男夫尽杀，妇女赏军"的惨境中投降丧国。]

[三代君主的战略优劣显著昭彰。"昔宋殇好战，致灾于华督；楚灵黩武，取杀于乾溪。异代同亡，其于傉檀见之矣。"]

秃发乌孤：

[河西鲜卑及他的由来。在他的祖辈中，秃发树机能特别令华夏正统王朝注

目,因为此人在西晋初对西疆暴政造反鏖战,"尽有凉州之地"。他继位为秃发部首领后,内修实力、对外韬晦。]

[河西鲜卑及他的由来,他的大战略:]

秃发乌孤,河西鲜卑人也。其先与后魏[鲜卑拓跋北魏]同出。八世祖匹孤率其部自塞北迁于河西,其地东至麦田、牵屯,西至湿罗,南至浇河,北接大漠。匹孤卒,子寿阗立。初,寿阗之在孕,母胡掖氏因寝而产于被中,鲜卑谓被为"秃发",因而氏焉。[秃发树机能:]寿阗卒,孙树机能立,壮果多谋略。泰始中,杀秦州刺史胡烈于万斛堆,败凉州刺史苏愉于金山,尽有凉州之地,武帝为之旰食[晚食,指事务繁忙不能按时吃饭]。后为马隆所败,部下杀之以降。① 从弟务丸立。死,孙推斤立。死,子思复鞬立,部众稍盛。乌孤即思复鞬之子也。[他的大战略,特别是经内部辩论才确立的对外韬晦战略,即在名义上臣属于氐族后凉:]及嗣位,务农桑,修

---

① 《晋书·武帝纪》载:(泰始)六年[270]……六月戊午,秦州刺史胡烈击叛虏于万斛堆,力战,死之。["秦凉之变"! 在河西陇西连年大旱和饥馑背景下,胡烈暴政引发鲜卑族民大规模造反,由河西鲜卑秃发树机能率领,此后连连击败晋军,直至279年才被镇压下去。]诏遣尚书石鉴行安西将军、都督秦州诸军事,与奋威护军田章讨之。……

七年[271]……夏四月……[秃发树机能联合氐、羌、匈奴等部落共同反晋,其中尤以北地郡匈奴人("北地胡")最强悍:]北地胡寇金城,凉州刺史牵弘讨之。群虏内叛,围弘于青山,弘军败,死之。五月……雍、凉、秦三州饥,赦其境内殊死以下。……秋七月癸酉,以车骑将军贾充为都督秦、凉二州诸军事。……

九年[273]……秋七月……鲜卑寇广宁[今山西临汾市大宁县],杀略五千人。[大难征兆,北方异族全线南下终将在三四十年后成为不可抵挡的趋势!]……

十年[274]……八月,凉州虏寇金城诸郡,镇西将军、汝阴王骏讨之,斩其帅乞文泥等。……咸宁元年[275]……叛虏树机能送质请降。[秃发树机能本人请降,但事实上将有更大的波澜和曲折。]……

三年[277]……三月,平虏护军文淑[即文鸯]讨叛虏树机能等,破之。[此役西晋大胜,胡人部落有二十万人归降。"秦凉之变"战争幡然改观,但事实上将仍有重大曲折。]……

四年[278]……六月……凉州刺史杨欣与虏若罗拔能[秃发树机能部将]等战于武威,败绩,死之。……

五年[279]春正月,虏帅树机能攻陷凉州。[北疆战争高度能动,部分地出于游牧文化特性而"能缩能伸"的鲜卑攻掠武力再度雄起!]乙丑,使讨虏护军武威太守马隆击之……[九年战争之后击灭秃发树机能,"凉州平":]十二月,马隆击叛虏树机能,大破,斩之,凉州平。……

邻好。吕光遣使署为假节、冠军大将军、河西鲜卑大都统、广武县侯。乌孤谓诸将曰:"吕氏远来假授,当可受不?"众咸曰:"吾士众不少,何故属人!"乌孤将从之,其将石真若留曰:"今本根未固,理宜随时。光德刑修明,境内无虞,若致死于我者,大小不敌,后虽悔之,无所及也。不如受而遵养之,又待其衅耳。"乌孤乃受之。

[他在河西大事武力扩张,直至摆脱一度使他享有战略便利的氐族后凉控制而自立南凉。]

乌孤讨乙弗、折掘二部[鲜卑两部落],大破之,遣其将石亦干筑廉川堡[在今青海海东市民和回族土族自治县西北]以都之。乌孤登廉川大山,泣而不言。石亦干进曰:"臣闻主忧臣辱,主辱臣死,大王所为不乐者,将非吕光乎! 光年已衰老,师徒屡败。今我以士马之盛,保据大川,乃可以一击百,光何足惧也。"乌孤曰:"光之衰老,亦吾所知。但我祖宗以德怀远,殊俗惮威,卢陵、契汗[鲜卑两部落]万里委顺。及吾承业,诸部背叛,迩既乖违,远何以附,所以泣耳。"其将符浑曰:"大王何不振旅誓众,以讨其罪。"乌孤从之,大破诸部。吕光封乌孤广武郡公。又讨意云鲜卑,大破之。

光又遣使署乌孤征南大将军、益州牧、左贤王。乌孤谓使者曰:"吕王昔以专征之威,遂有此州,不能以德柔远,惠安黎庶。诸子贪淫,三甥肆暴,郡县土崩,下无生赖。吾安可违天下之心,受不义之爵! 帝王之起,岂有常哉![与六个世纪前陈涉的豪言壮语"帝王将相宁有种乎"如出一辙!]无道则灭,有德则昌,吾将顺天人之望,为天下主。"留其鼓吹羽仪,谢其使而遣之。

[立国南凉,随后战胜后凉大军,掠地纳降:]隆安元年[397],自称大都督、大将军、大单于、西平王,赦其境内,年号太初。曜兵广武,攻克金城。光遣将军窦苟来伐,战于街亭,大败之。降光乐都、湟河、浇河三郡,岭南羌胡数万落皆附之。光将杨轨、王乞基率户数千来奔。乌孤更称武威王。后三岁,徙于乐都[今青海海东市乐都区],署弟利鹿孤为骠骑大将军、西平公,镇安夷,傉檀为车骑大将军、广武公,镇西平。……

[他立国后的战略方向选择:三者中间定其一为"引力中心","阴有吞并(后凉)

之志";然而,他随后因酒坠马重伤而死。]

乌孤从容谓其群下曰:"陇右区区数郡地耳!因其兵乱,分裂遂至十余。乾归擅命河南,段业[匈奴北凉创始者]阻兵张掖,虐氏假息,偷据姑臧。吾藉父兄遗烈。思廓清西夏,兼弱攻昧,三者何先?"杨统进曰:"乾归本我所部,终必归服。[南凉对陇西鲜卑乞伏乾归父子的掉以轻心始终如一!]段业儒生,才非经世,权臣擅命,制不由己,千里伐人,粮运悬绝,且与我邻好,许以分灾共患,乘其危弊,非义举也。吕光衰老,嗣绍冲暗,二子纂、弘,虽颇有文武,而内相猜忌。若天威临之,必应锋瓦解。宜遣车骑镇浩亹,镇北据廉川,乘虚迭出,多方以误之,救右则击其左,救左则击其右,使纂疲于奔命,人不得安其农业。兼弱攻昧,于是乎在,不出二年,可以坐定姑臧。姑臧既拔,二寇不待兵戈,自然服矣。"乌孤然之,遂阴有吞并之志。

段业为吕纂所侵,遣利鹿孤救之。纂惧,烧氏池、张掖谷麦而还。以利鹿孤为凉州牧,镇西平,追傉檀入录府国事。

是岁,乌孤因酒坠马伤胁,笑曰:"几使吕光父子大喜。"俄而患甚,顾谓群下曰:"方难未静,宜立长君。"言终而死,在王位三年……弟利鹿孤立。

秃发利鹿孤:

[秃发乌孤之弟,因兄子秃发羌奴年幼而继位。他在位仅约三年,先后遣军两度大败后凉军,同时几无代价地在名义上迎合后秦,但是轻率地接纳十年后其子将灭掉南凉的乞伏乾归。]

[继位,遣军两度大败后凉军:]

利鹿孤以隆安三年[399]即伪位……又徙居于西平[在今青海西宁市]。……利鹿孤闻吕光死,遣其将金树、苏翘率骑五千屯于昌松漠口。

…… ……

吕纂来伐,使傉檀距之。纂士卒精锐,进度三堆[在今青海东北部湟水支流大通河南],三军扰惧。傉檀下马据胡床而坐,士众心乃始安。与纂战,败之,斩二千余级。纂西击段业,傉檀率骑一万,乘虚袭姑臧。纂弟纬守南北城以自固。傉檀置酒于朱明门上,鸣钟鼓以飨将士,耀兵于青阳门,虏八千余户而归。

[轻率地接纳和宽纵乞伏乾归,误以为此乃"弘信义以收天下之心"。]

乞伏乾归为姚兴所败,率骑数百来奔,处之晋兴[郡名,治所在今青海海东市民和回族土族自治县上川口],待以上宾之礼。乾归遣子谦等质于西平。镇北将军俱延言于利鹿孤曰:"乾归本我之属国,妄自尊立,理穷归命,非有款诚;若奔东秦,必引师西侵,非我利也。宜徙于乙弗之间,防其越逸之路。"利鹿孤曰:"吾方弘信义以收天下之心,乾归投诚而徙之,四海将谓我不可以诚信托也。"俄而乾归果奔于姚兴。利鹿孤谓延曰:"不用卿言,乾归果叛,卿为吾行也。"延追乾归至河,不及而还。

[再度大败后凉军;他的治国方式二三事;他去世;]

利鹿孤立二年……以隆安五年[401]僭称河西王。其将输勿仑进曰[一番实质上主张弘扬秃发乌孤内修国家实力、对外伺机灵变的大战略的进言;秃发利鹿孤虽"然其言",但看来仅局部地依此行事]:"昔我先君肇自幽、朔,被发左衽,无冠冕之义,迁徙不常,无城邑之制,用能中分天下,威振殊境。今建大号,诚顺天心。然宁居乐士,非贻厥[留传,传位]之规;仓府粟帛,生敌人之志。且首兵始号,事必无成,陈胜、项籍,前鉴不远。宜置晋人于诸城,劝课农桑,以供军国之用,我则习战法以诛未宾。若东西有变,长算以縻之;如其敌强于我,徙而以避其锋,不亦善乎!"利鹿孤然其言。

于是率师伐吕隆,大败之,获其右仆射杨桓。……

[他虽"思弘道化",但仍"不以绥宁为先,惟以徙户为务",而且"取士拔才,必先弓马,文章学艺为无用之条"。]利鹿孤谓其群下曰:"吾……虽夙夜惟寅[语出《尚书·舜典》,寅即敬,指日夜恭敬谨慎地对待职事],思弘道化,而刑政未能允中,风俗尚多凋弊;戎车屡驾,无辟境之功;务进贤彦,而下犹蓄滞。岂所任非才,将吾不明所致也?二三君子其极言无讳,吾将览焉。"祠部郎中史嵩对曰:"古之王者,行师以全军为上,破国次之,拯溺救焚,东征西怨。今不以绥宁为先,惟以徙户为务,安土重迁,故有离叛,所以斩将克城,土不加广。今取士拔才,必先弓马,文章学艺为无用之条,非所以来远人,垂不朽也。孔子曰:'不学礼,无以立。'宜建学校,开庠序,选耆德硕儒以训胄子。"利鹿孤善之,于是以田玄冲、赵诞为博士祭酒,以教胄子。

［几无代价地迎合羌族后秦：］时利鹿孤虽僭位，尚臣姚兴……

遣傉檀又攻吕隆昌松太守孟祎于显美［在今甘肃金昌市永昌县］，克之。……徙显美、丽靬［qián，今甘肃金昌市永昌县焦家庄乡］二千余户而归。……

［陇西河西诸少数民族国家间的权势争斗关系及其谋算可以说颇为复杂，因而他愿援救业已凋敝残破的经年大敌以阻"第三者"：］吕隆为沮渠蒙逊所伐，遣使乞师，利鹿孤引群下议之。尚书左丞婆衍仑曰："今姑臧饥荒残弊，谷石万钱，野无青草，资食无取。蒙逊千里行师，粮运不属，使二寇相残，以乘其衅。若蒙逊拔姑臧，亦不能守，适可为吾取之，不宜救也。"傉檀曰："仑知其一，未知其二。姑臧今虽虚弊，地居形胜，河西一都之会，不可使蒙逊据之，宜在速救。"利鹿孤曰："车骑之言，吾之心也。"遂遣傉檀率骑一万救之。至昌松而蒙逊已退，傉檀徙凉泽、段冢五百余家而归。

［他去世，传位于其弟秃发傉檀：］利鹿孤寝疾，令曰："内外多虞，国机务广，其令车骑嗣业，以成先王之志。"在位三年而死，葬于西平之东南……弟傉檀嗣。

秃发傉檀：

［南凉末代君主，在位十余年，始终搞错"引力中心"，与羌族后秦、匈奴北凉、匈奴胡夏等连年争战，却不料西秦乞伏炽磐"乘虚来袭"，最后他投降丧国。］

［其兄在位时，他就军功累累，大权在握，但决定性地助长了对乞伏乾归父子的宽纵，致留灭国之患。］

傉檀少机警，有才略。其父奇之，谓诸子曰："傉檀明识干艺，非汝等辈也。"是以诸兄不以授子，欲传之于傉檀。及利鹿孤即位，垂拱而已，军国大事皆以委之。以元兴元年［402］僭号凉王，迁于乐都［今青海海东市乐都区］……

初，乞伏乾归之在晋兴也，以世子炽磐为质。后炽磐逃归，为追骑所执，利鹿孤命杀之。傉檀曰："臣子逃归君父，振古通义，……炽磐虽逃叛，孝心可嘉，宜垂全宥，以弘海岳之量。"乃赦之。至是，炽磐又奔允街［在今甘肃兰州市永登县红城镇河西］，傉檀归其妻子。

［他对羌族后秦为伸而屈，"密图姑臧"；先行大破南羌、西虏，攻伐匈奴北凉，以致后秦许他领凉州，"镇姑臧"。］

姚兴遣使拜傉檀车骑将军、广武公。傉檀大城乐都。

……　……

［为伸而屈，"密图姑臧"：］傉檀以姚兴之盛，又密图姑臧，乃去其年号，罢尚书丞郎官，遣参军关尚聘于兴。兴谓尚曰："车骑投诚献款，为国藩屏，擅兴兵众，辄造大城，为臣之道固若是乎？"尚曰："王侯设险以自固，先王之制也，所以安人卫众，预备不虞。车骑僻在遐藩，密迩勍寇，南则逆羌未宾，西则蒙逊跋扈，盖为国家重门之防，不图陛下忽以为嫌。"兴笑曰："卿言是也。"

［先行大破南羌、西虏，攻伐匈奴北凉：］傉檀遣其将文支讨南羌、西虏，大破之。上表姚兴，求凉州，不许，加傉檀散骑常侍，增邑二千户。傉檀于是率师伐沮渠蒙逊，次于氐池。蒙逊婴城固守，艾其禾苗，至于赤泉而还。献兴马三千匹，羊三万头。［后秦许他任凉州刺史，"镇姑臧"：］兴乃署傉檀为使持节、都督河右诸军事、车骑大将军、领护匈奴中郎将、凉州刺史，常侍、公如故，镇姑臧。……

［由准旁观者说出的前秦方面授其凉州的盘算：自身鞭长莫及，宜以"虚名假人"。］遣西曹从事史暠聘于姚兴。兴谓暠曰："车骑坐定凉州，衣锦本国，其德我乎？"暠曰："车骑积德河西，少播英问，王威未接，投诚万里，陛下官方任才，量功授职，彝伦之常，何德之有！"兴曰："朕不以州授车骑者，车骑何从得之。"暠曰："使河西云扰、吕氏颠狈者，实由车骑兄弟倾其根本。陛下虽鸿罗退被，凉州犹在天网之外。……陛下不连兵十年，殚竭中国，凉州未易取也。今以虚名假人，内收大利……"兴悦其言，拜骑都尉。

……傉檀虽受制于姚兴，然车服礼章一如王者。……

［他好战黩武，丧师不逊（1）：袭徙诸羌，攻伐北凉，接战胡夏，结果连败，"国中骇怨"，致生内乱。］

傉檀伪游浇河，袭徙西平、湟河诸羌三万余户于武兴、番禾、武威、昌松四郡。征集戎夏之兵五万余人，大阅于方亭，遂伐沮渠蒙逊，入西陕。蒙逊率众来距，战于均石［今甘肃张掖市东］，为蒙逊所败。傉檀率骑二万，运谷四万石以给西郡［辖境约当今甘肃金昌市永昌县西部及张掖市山丹县一带]。蒙逊攻西郡,陷之。其后傉檀又与赫连勃勃战于阳武[在今甘肃白银市靖远县],为勃勃所败,将佐死者十余人,傉檀与数骑奔南山,几为追骑所得。傉檀惧东西寇至,徙三百里内百姓入于姑臧,国中骇怨。屠各成七儿因百姓之扰也,率其属三百人,叛傉檀于北城。……一夜众至数千。殿中都尉张猛大言于众曰:"主上阳武之败,盖恃众故也。责躬悔过,明君之义,诸君何故从此小人作不义之事!殿内武旅正尔相寻,目前之危,悔将无及。"众闻之,咸散。七儿奔晏然,殿中骑将白路等追斩之。军咨祭酒梁裒、辅国司马边宪等七人谋反,傉檀悉诛之。

[然而事态难得直线式演进,他大败攻伐他的后秦大军:]姚兴以傉檀外有阳武之败,内有边、梁之乱,遣其尚书郎韦宗来观衅。傉檀与宗论六国从横之规,三家战争之略,远言天命废兴,近陈人事成败,机变无穷,辞致清辩。宗出而叹曰:"命世大才、经纶名教者,不必华宗夏士;……五经之外,冠冕之表,复自有人。车骑神机秀发,信一代之伟人,由余、日磾岂足为多也!"……兴……遣其将姚弼及敛成等率步骑三万来伐,又使其将姚显为弼等后继,遗傉檀书云"遣尚书左仆射齐难讨勃勃,惧其西逸,故令弼等于河西邀之。"傉檀以为然,遂不设备。弼众至漠口,昌松太守苏霸婴城固守,……城陷,斩霸。弼至姑臧,屯于西苑。州人王钟、宋钟、王娥等密为内应,候人执其使送之。傉檀欲诛其元首,前军伊力延侯曰:"今强敌在外,内有奸竖,兵交势踧,祸难不轻,宜悉坑之以安内外。"[他在此役充分表现了残忍和野蛮的特性,令其"经纶名教"形象不揭自毁:]傉檀从之,杀五千余人,以妇女为军赏。命诸郡县悉驱牛羊于野,敛成纵兵虏掠。傉檀遣其镇北俱延、镇军敬归等十将率骑分击,大败之,斩首七千余级。姚弼固垒不出,傉檀攻之未克,乃断水上流,欲以持久毙之。会雨甚,堰坏,弼军乃振。姚显闻弼败,兼道赴之,军势甚盛。遣射将孟钦等五人挑战于凉风门,弦未及发,材官将军宋益等驰击斩之。显乃委罪敛成。遣使谢傉檀,引师而归。

[他正式放弃对前秦名义上的臣属:]傉檀于是僭即凉王位……立夫人折掘氏为后,世子武台为太子……

[他好战黩武,丧师不选(2):反复攻伐北凉,反复遭遇惨败,以致丧失姑臧,危

殆乐都。]

[再伐:]遣其左将军枯木、驸马都尉胡康伐沮渠蒙逊,掠临松人千余户而还。蒙逊大怒,率骑五千至于显美方亭,破车盖鲜卑而还。[三伐,大败而归:]俱延又伐蒙逊,大败而归。[四伐,惨败,"单马奔还";伐前,他显出暴君拒谏的模样:]傉檀将亲率众伐蒙逊,赵晁及太史令景保谏曰:"今太白未出,岁星在西,宜以自守,难以伐人。比年天文错乱,风雾不时,唯修德责躬可以宁吉。"傉檀曰:"蒙逊往年无状,入我封畿,掠我边疆,残我禾稼。吾蓄力待时,将报东门之耻,今大军已集,卿欲沮众邪?"保曰:"……天文显然,动必无利。"傉檀曰:"吾以轻骑五万伐之,蒙逊若以骑兵距我,则众寡不敌;兼步而来,则舒疾不同;救右则击其左,赴前则攻其后,终不与之交兵接战,卿何惧乎?"保曰:"天文不虚,必将有变。"傉檀怒,锁保而行,曰:"有功当杀汝以徇,无功封汝百户侯。"既而蒙逊率众来距,战于穷泉,傉檀大败,单马奔还。……

[惨败后遣使请和,且退出姑臧,迁于乐都:]蒙逊进图姑臧,百姓惩东苑之戮,悉皆惊散。叠掘、麦田、车盖诸部尽降于蒙逊。傉檀遣使请和,蒙逊许之,乃遣司隶校尉敬归及子他为质,归至胡坑,逃还,他为追兵所执。蒙逊徙其众八千余户而归。右卫折掘奇镇据石驴山以叛。傉檀惧为蒙逊所灭,又虑奇镇克岭南,乃迁于乐都,留大司农成公绪守姑臧。[姑臧随即开始内部叛乱,献城于北凉:]傉檀始出城,焦谌、王侯等闭门作难,收合三千余家,保据南城。谌推焦朗为大都督、龙骧大将军,谌为凉州刺史,降于蒙逊。镇军敬归讨奇镇于石驴山,战败,死之。

[面对得胜势盛、围攻乐都的北凉,他只得送子为质求其退兵:]蒙逊因克姑臧之威来伐,傉檀遣其安北段苟、左将军云连乘虚出番禾[今甘肃金昌市永昌县]以袭其后,徙三千余家于西平。蒙逊围乐都,三旬不克,遣使谓傉檀曰:"若以宠子为质,我当还师。"傉檀曰:"去否任卿兵势。卿违盟无信,何质以供!"蒙逊怒,筑室返耕,为持久之计。群臣固请,乃以子安周为质,蒙逊引归。

吐谷浑树洛干率众来伐,傉檀遣其太子武台距之,为洛干所败。[他弱得甚至打不过吐谷浑部。]

[他居然在力量和气势对比极为不利的情况下再伐北凉;他全无战略意识,只有投机欲望:]傉檀又将伐蒙逊,邯川护军孟恺谏曰:"蒙逊初并姑臧,凶势甚盛,宜

固守伺隙，不可妄动。"不从。五道俱进，至番禾、苕藿，掠五千余户。其将屈右进曰：
"陛下转战千里，前元完阵，徙户资财，盈溢衢路，宜倍道旋师，早度峻险。蒙逊善于
用兵，士众习战，若轻军卒至，出吾虑表，大敌外逼，徙户内攻，危之道也。"卫尉伊力
延曰："我军势方盛，将士勇气自倍，彼徒我骑，势不相及，若倍道旋师，必捐弃资财，
示人以弱，非计也。"屈右出而告其诸弟曰："吾言不用，天命也。此吾兄弟死地。"[再
度大败，再度送子为质求退兵。]俄而昏雾风雨，蒙逊军大至，傉檀败绩而还。蒙逊
进围乐都，傉檀婴城固守，以子染干为质，蒙逊乃归。

……　……

[北凉接连来伐，他只得送太尉为质求其退兵。]蒙逊又攻乐都，二旬不克而还。
镇南文支以湟河降蒙逊，徙五千余户于姑臧。蒙逊又来伐，傉檀以太尉俱延为质，
蒙逊乃引还。

[他穷兵黩武，同时看轻西秦，结果被乞伏炽磐乘虚攻袭，终致国灭。]

[他拒斥基于经典经验的战略保守主义谏言而攻伐鲜卑乙弗部，以求因国内凋
敝而不得的食物资源。]傉檀议欲西征乙弗，孟恺谏曰："连年不收，上下饥弊，南逼
炽磐，北迫蒙逊，百姓骚动，下不安业。今远征虽克，后患必深，不如结盟炽磐，通籴
济难，慰喻杂部，以广军资，畜力缮兵，相时而动。《易》曰：'其亡其亡，系于苞桑[桑
树之本，比喻牢固的根基]。'惟陛下图之。"傉檀曰："孤将略地，卿无沮众。"谓其太子
武台曰："今不种多年，内外俱窘，事宜西行，以拯此弊。蒙逊近去，不能卒来，旦夕
所虑，唯在炽盘。彼名微众寡，易以讨御，吾不过一月，自足周旋。汝谨守乐都，无
使失坠。"傉檀乃率骑七千袭乙弗，大破之，获牛马羊四十余万。

["炽磐乘虚来袭"！守城的太子气量狭小，战略错误，以致"一旬而城溃"。]炽磐
乘虚来袭，抚军从事中郎尉肃言于武台曰："今外城广大，难以固守，宜聚国人于内
城，肃等率诸晋人距战于外，如或不捷，犹有万全。"武台曰："小贼蕞尔，旦夕当走，
卿何虑之过也。"武台惧晋人有二心也，乃召豪望有勇谋者闭之于内。孟恺泣曰：
"炽磐不道，人神同愤，恺等进则荷恩重迁，退顾妻子之累，岂有二乎！今事已急矣，
人思自效，有何猜邪？"武台曰："吾岂不知子忠，实惧余人脱生虑表，以君等安之
耳。"一旬而城溃。

［在都城“男夫尽杀，妇女赏军”和残余部队“将士皆散”的惨境中，他投降丧国。］安西樊尼自西平奔告傉檀，傉檀谓众曰：“今乐都为炽磐所陷，男夫尽杀，妇女赏军，虽欲归还，无所赴也。卿等能与吾藉乙弗之资，取契汗［鲜卑一部落］以赎妻子者，是所望也。不尔，归炽磐便为奴仆矣，岂忍见妻子在他人怀抱中！”遂引师而西，众多逃返，遣镇北段苟追之，苟亦不还。于是将士皆散，惟中军纥勃、后军洛肱、安西樊尼、散骑侍郎阴利鹿在焉。傉檀曰：“蒙逊、炽磐昔皆委质于吾，今而归之，不亦鄙哉！四海之广，匹夫无所容其身，何其痛也！蒙逊与吾名齐年比，炽磐姻好少年，俱其所忌，势皆不济。与其聚而同死，不如分而或全。……吾年老矣，所适不容，宁见妻子而死！”遂归炽磐，唯阴利鹿随之。……傉檀至西平，炽磐遣使郊迎，待以上宾之礼。

…… ……

［约一年后，他被乞伏炽磐毒杀：］炽磐以傉檀为骠骑大将军，封左南公。岁余，为炽磐所鸩。左右劝傉檀解药，傉檀曰：“吾病岂宜疗邪！”遂死，时年五十一，在位十三年……武台后亦为炽磐所杀。……

乌孤以安帝隆安元年［397］僭立，至傉檀三世，凡十九年［应为十八年］，以安帝义熙十年［414］灭。

［在房玄龄等对鲜卑南凉的由来与其三代君主的终评内，最引人注目的已被我们援引，即秃发傉檀继位后穷兵黩武，连遭惨败，以至于丧国：“昔宋殇好战，致灾于华督；楚灵黩武，取杀于乾溪。异代同亡，其于傉檀见之矣。”］

史臣曰：秃发累叶酋豪，擅强边服，控弦玉塞，跃马金山，候满月而窥兵，乘折胶［《汉书·晁错传》：欲立威者，始于折胶。颜师古注引苏林曰：秋气至，胶可折，弓弩可用，匈奴以为候而出军。］而纵镝，礼容弗被，声教斯阻。乌孤纳苻浑之策，治兵以讨不宾［前载苻浑曰：“大王何不振旅誓众，以讨其罪。”乌孤从之，大破（鲜卑）诸部］；鹿孤从史暠之言，建学而延胄子。［前载史暠谏言：“今取士拔才，必先弓马，文章学艺为无用之条……宜建学校，开庠序，选耆德硕儒以训胄子”］。遂能开疆河右，抗衡强国。道由人弘，抑此之谓！

傉檀承累捷之锐，藉二昆之资，摧吕氏算无遗策，取姑臧兵不血刃，武略雄图，比踪前烈。既而叨窃重位，盈满易期，穷兵以逞其心，纵慝自贻其弊，地夺于蒙逊，势蹙于赫连，覆国丧身，犹为幸也。昔宋殇好战，致灾于华督；楚灵黩武，取杀于乾溪。异代同亡，其于偾檀见之矣。

载记第二十九　沮渠蒙逊　摘录和评注

[河西匈奴族北凉国家的创立者，亦为该国差不多唯一的君主，因为他在那个时代颇罕见地据位长达三十三年之后，他的儿子沮渠牧犍（茂虔）继位六年就被拓跋氏北魏灭国。]

[他"雄杰有英略，滑稽善权变"，几乎不可能久居人下，因而先举兵反叛氐族后凉吕光，后发动政变杀死凉王段业，自立为北凉之主（401）。[①]　其后，处在群雄林立、错综复杂的河西陇西地缘政治环境内，他纵横不休，征战不迭，与氐族后凉、鲜卑南凉、华夏西凉、鲜卑西秦等连年竞斗厮杀。粗略而言，这番历史的第一大阶段以他与南凉主秃发傉檀的拉锯式战争为主题，两位枭雄各有胜负，但他终究在 411 年攻克姑臧，迁都该城。第二大阶段伴以他分别与秃发傉檀和西秦乞伏炽磐的互有胜

---

① 因而，也可以认为原吕光部将记室段业为北凉的创始者，虽然这位"儒素长者，无他权略"的华夏书生纯粹是被举兵反叛吕光的沮渠蒙逊与其堂兄沮渠男成当作傀儡立为凉王的。397 年，段业称大都督、龙骧大将军、凉州牧、建康公，建元神玺，建都骆驼城（今甘肃张掖市高台县南 22 公里处）；399 年，段业改称凉王，迁都骆驼城（今甘肃张掖市西北 15 公里处），改元天玺。

负的血斗,但重头戏是他与西凉的拉锯式战争,最终他于 421 年攻克敦煌,剪灭西凉。第三大阶段里他得匈奴族胡夏国主赫连昌的战略援助,集中力量与西秦打拉锯式战争,历经乞伏炽磐及其继位者乞伏暮末,到他 433 年病死时,西秦已灭于他的战略盟友胡夏。]

[在资源相当有限的贫瘠地河西,除了对外掠夺和将国内民生紧绷到最大限度,他如何支撑几十年大战鏖战?本篇仅零星地述及他对内治国之道,他看似并非"只识弯弓射大雕"。]

["雄杰有英略,滑稽善权变",因两伯父作为吕光部将遭其杀害而率部反叛复仇,并与堂兄沮渠男成一起拥立段业为准傀儡君主。]

沮渠蒙逊,临松卢水[今甘肃张掖市]胡人也。其先世为匈奴左沮渠,遂以官为氏焉。蒙逊博涉群史,颇晓天文,雄杰有英略,滑稽善权变,梁熙[前秦凉州刺史]、吕光皆奇而惮之,故常游饮自晦。会伯父罗仇、麹粥从吕光征河南,光前军大败,麹粥言于兄罗仇曰:"主上荒耄骄纵,诸子朋党相倾,谗人侧目。今军败将死,正是智勇见猜之日,可不惧乎!吾兄弟素为所惮,与其经死沟渎,岂若勒众向西平[今青海西宁市],出苕藋[在今甘肃张掖市东,又一说在今甘肃金昌市永昌县西],奋臂大呼,凉州不足定也。"罗仇曰:"理如汝言,但吾家累世忠孝,为一方所归,宁人负我,无我负人。"俄而皆为光所杀。[率部反叛复仇,并与堂兄沮渠男成一起拥立段业为准傀儡君主;北凉问世]宗姻诸部会葬者万余人,蒙逊哭谓众曰:"昔汉祚中微,吾之乃祖翼奖[辅助]窦融,保宁河右。吕王昏耄,荒虐无道,岂可不上继先祖安时之志,使二父有恨黄泉!"众咸称万岁。遂斩光中田护军马邃、临松令井祥以盟,一旬之间,众至万余。屯据金山,与从兄男成推光建康太守段业为使持节、大都督、龙骧大将军、凉州牧、建康公,改吕光龙飞二年为神玺元年。业以蒙逊为张掖太守,男成为辅国将军,委以军国之任。

[发动政变杀死段业,自立为北凉之主。]

[作为重臣谋略多多,且屡试不爽,但"惧业不能容己,每匿智以避之"(可疑,谁怕谁?)]业将使蒙逊攻西郡[今甘肃金昌市永昌县西北],众咸疑之。蒙逊曰:"此郡

据岭之要，不可不取。"业曰："卿言是也。"遂遣之。蒙逊引水灌城，城溃，执太守吕纯以归。于是王德以晋昌[今甘肃酒泉市瓜州县东南]，孟敏以敦煌降业。业封蒙逊临池侯。吕弘去张掖，将东走，业议欲击之。蒙逊谏曰："归师勿遏，穷寇弗追，此兵家之戒也。不如纵之，以为后图。"业曰："一日纵敌，悔将无及。"遂率众追之，为弘所败。业赖蒙逊而免，叹曰："孤不能用子房之言，以至于此！"业筑西安城，以其将臧莫孩为太守。蒙逊曰："莫孩勇而无谋，知进忘退，所谓为之筑冢，非筑城也。"业不从。俄而为吕篡所败。蒙逊惧业不能容己，每匿智以避之。

业僭称凉王，以蒙逊为尚书左丞，梁中庸为右丞。

······ ······

[内忌内斗加剧，开始意欲消灭段业：]业惮蒙逊雄武，微欲远之，乃以蒙逊从权益生为酒泉太守，蒙逊为临池[今甘肃张掖市临泽县]太守。业门下侍郎马权隽爽有逸气，武略过人。业以权代蒙逊为张掖太守，甚见亲重，每轻陵蒙逊。蒙逊亦惮而怨之，乃谮之于业曰："天下不足虑，惟当忧马权耳。"业遂杀之。蒙逊谓男成曰："段业愚暗，非济乱之才，信谗爱佞，无鉴断之明。所惮惟索嗣、马权，今皆死矣，蒙逊欲除业以奉兄何如？"男成曰："业羁旅孤飘，我所建立，有吾兄弟，犹鱼之有水，人既亲我，背之不祥。"乃止。蒙逊既为业所惮，内不自安，请为西安太守。业亦以蒙逊有大志，惧为朝夕之变，乃许焉。

[阴毒残忍，借段业之手杀死大有权势但不赞成政变的堂兄沮渠男成，这被房玄龄等在篇末谴责为"见利忘义，苞祸灭亲"。]蒙逊期与男成同祭兰门山，密遣司马许咸告业曰："男成欲谋叛，许以取假日作逆。若求祭兰门山，臣言验矣。"至期日，果然。业收男成，令自杀。男成曰："蒙逊欲谋叛，先已告臣，臣以兄弟之故，隐忍不言。以臣今在，恐部人不从，与臣克期祭山，返相诬告。臣若朝死，蒙逊必夕发。乞诈言臣死，说臣罪恶，蒙逊必作逆，臣投袂讨之，事无不捷。"业不从。[再度率部众复仇反叛，但这回复仇是假的，因其动员效应是他的真战略的核心部分。]蒙逊闻男成死，泣告众曰："男成忠于段公，枉见屠害，诸君能为报仇乎？且州土兵乱，似非业所能济。吾所以初奉之者，以之为陈、吴耳，而信谗多忌，枉害忠良，岂可安枕卧观，使百姓离于涂炭。"男成素有恩信，众皆愤泣而从之。比至氏池，众逾一万。镇军臧莫孩率部众附之，羌胡多起兵响应。蒙逊壁于侯坞。

[杀死"儒素长者，无他权略"的段业：]业先疑其右将军田昂，幽之于内，至是，谢而赦之，使与武卫梁中庸等攻蒙逊。业将王丰孙言于业曰："西平诸田，世有反者，昂貌恭而心很，志大而情险，不可信也。"业曰："吾疑之久矣，但非昂无可以讨蒙逊。"丰孙言既不从，昂至候坞，率骑五百归于蒙逊。蒙逊至张掖，昂兄子承爱斩关内之，业左右皆散。蒙逊大呼曰："镇西何在？"军人曰："在此。"业曰："孤单飘一己，为贵门所推，可见匄余命，投身岭南，庶得东还，与妻子相见。"蒙逊遂斩之。

业，京兆人也。博涉史传，有尺牍之才，为杜进[吕光部将]记室，从征塞表。儒素长者，无他权略，威禁不行，群下擅命，尤信卜筮、谶记、巫觋[xí]、征祥，故为奸佞所误。

[他自立为北凉君主，"擢任贤才，文武咸悦"，"蠲省百徭，专功南亩"，害民伯父，无情剪灭。]

隆安五年[401]，梁中庸、房晷、田昂等推蒙逊为使持节、大都督、大将军、凉州牧、张掖公，赦其境内，改元永安。署从兄伏奴为镇军将军、张掖太守、和平侯，弟挐为建忠将军、都谷侯，田昂为镇南将军、西郡太守，臧莫孩为辅国将军……擢任贤才，文武咸悦。

[他可以很灵活地对外邻强邦名义上恭顺，以利本邦生存和扩张：]时姚兴遣将姚硕德攻吕隆于姑臧，蒙逊遣从事中郎李典聘于兴，以通和好。蒙逊以吕隆既降于兴，酒泉、凉宁二郡叛降李玄盛，乃遣建忠挐、牧府长史张潜见硕德于姑臧，请军迎接，率郡人东迁。硕德大悦……蒙逊……下书曰："孤以虚薄，猥忝时运。……戎车屡动，干戈未戢，农失三时之业，百姓户不粒食。可蠲省百徭，专功南亩[谓农田，南坡向阳，利于农作物生长，故称]，明设科条，务尽地利。"

时梁中庸为西郡太守，西奔李玄盛[华夏西凉君主]。蒙逊闻之，笑曰："吾与中庸义深一体，而不信我，但自负耳，孤岂怪之！"乃尽归其妻孥。

蒙逊下令曰："……内外群僚，其各搜扬贤隽，广进刍荛[割草打柴的人，指向普通民众了解情况]，以匡孤不逮。"

遣辅国臧莫孩袭山北虏，大破之。姚兴遣将齐难率众四万迎吕隆，隆劝难伐蒙逊，难从之。莫孩败其前军，难乃结盟而还。

蒙逊伯父中田护军（沮渠）亲信、临松太守（沮渠）孔笃并骄奢侵害，百姓苦之。蒙逊曰："乱吾国者，二伯父也，何以纲纪百姓乎！"皆令自杀。

蒙逊袭狄洛磐于番禾，不克，迁其五百余户而还。

[他可以很灵活地对外邻强邦名义上恭顺，甚至名义上称臣，以利本邦生存和扩张：]姚兴遣使人梁斐、张构等拜蒙逊镇西大将军、沙州刺史、西海侯。时兴亦拜秃发傉檀为车骑将军，封广武公。蒙逊闻之，不悦，谓斐等曰："傉檀上公之位，而身为侯者何也！"构对曰："傉檀轻狡不仁，款诚未著，圣朝所以加其重爵者，襃其归善即叙之义耳。将军忠贯白日，勋高一时，当入谐鼎味，匡赞帝室，安可以不信待也。……窦融殷勤固让，不欲居旧臣之右，未解将军忽有此问！"蒙逊曰："朝廷何不即以张掖见封，乃更远封西海邪？"构曰："张掖，规画之内，将军已自有之。所以远授西海者，盖欲广大将军之国耳。"蒙逊大悦，乃受拜。

……[小规模蚕食，低代价扩张：]攻秃发西郡太守杨统于日勒[今甘肃张掖市山丹县绣花庙古长城内侧]。统降，拜为右长史，宠逾功旧。

…… ……

[小规模蚕食，低代价扩张：]蒙逊率骑二万东征，次于丹岭[山名，在今甘肃张掖市肃南裕固族自治县]，北虏大人思盘率部落三千降之。

…… ……

[他与南凉主秃发傉檀的拉锯式战争，各有胜负，但他终究在411年攻克姑臧，迁都该城。]

蒙逊率步骑三万伐秃发傉檀，次于西郡。大风从西北来，气有五色，俄而昼昏。至显美[在今甘肃省金昌市永昌县东]，徙数千户而还。傉檀追及蒙逊于穷泉，蒙逊将击之。诸将皆曰："贼已安营，弗可犯也。"蒙逊曰："傉檀谓吾远来疲弊，必轻而无备，及其垒壁未成，可以一鼓而灭。"进击，败之，乘胜至于姑臧，夷夏降者万数千户。傉檀惧，请和，许之而归。及傉檀南奔乐都，魏安人焦朗据姑臧自立，蒙逊率步骑三万攻朗，克而宥之。飨文武将士于谦光殿，班赐金马有差。以敦煌张穆博通经史，才藻清赡，擢拜中书侍郎，委以机密之任。以其弟挐为护羌校尉、秦州刺史，封安平侯，镇姑臧。旬余而挐死，又以从祖益子为镇京将军、护羌校尉、秦州刺史，镇姑臧。

俄而蒙逊迁于姑臧,以义熙八年[412]僭即河西王位……缮宫殿,起城门诸观。立其子政德为世子,加镇卫大将军、录尚书事。

[与秃发傉檀的拉锯战争继续下去,他又有斩获:]傉檀来伐,蒙逊败之于若厚坞。傉檀湟河太守文支据湟川,(北凉)护军成宜侯率众降之。署文支镇东大将军、广武太守、振武侯,成宜侯为振威将军、湟川太守,以殿中将军王建为湟河太守。蒙逊下书曰:"……傉檀弟文支追项伯归汉之义,据彼重藩,请为臣妾。自西平已南,连城继顺。惟傉檀穷兽,守死乐都。四支既落,命岂久全!……"

[拉锯间歇中的旁支蚕食和扩张:]蒙逊西如苕藿,遣冠军伏恩率骑一万袭卑和、乌啼二房,大破之,俘二千余落而还。

…… ……

[分别与秃发傉檀和西秦乞伏炽磐血斗,互有胜负,但他的"引力中心"是华夏西凉,经拉锯式战争,最终于421年攻克敦煌,剪灭该国。]

[接连两度大胜西秦军:]蒙逊遣其将运粮于湟河[黄河上游重要支流,发源于今青海海北州海晏县境内,流经青海大通—达坂山与拉脊山之间的纵谷],自率众攻克乞伏炽磐广武郡。以运粮不继,自广武如湟河,度浩亹[mén,今名大通河,源出祁连山脉东段,东南流经甘肃、青海边境,在青海海东市民和回族土族自治县入湟水]。炽磐遣将乞伏魋尼寅距蒙逊,蒙逊击斩之。炽磐又遣将王衡、折斐、麹景等率骑一万据勒姐岭[在今青海西宁市东],蒙逊且战且前,大破之,擒折斐等七百余人,麹景奔还。蒙逊以弟汉平为折冲将军、湟河太守,乃引还。

…… ……

[西秦利用北凉内奸,扳回一役:]炽磐率众三万袭湟河,汉平力战固守,遣司马隗仁夜出击炽磐,斩级数百。炽磐将引退,先遣老弱。汉平长史焦昶、将军段景密信招炽磐,炽磐复进攻汉平。汉平纳昶、景之说,而缚出降。仁勒壮士百余据南门楼上,三日不下,众寡不敌,为炽磐所擒。……

[在大邦战争之余,袭击弱敌:]蒙逊西祀金山,遣沮渠广宗率骑一万袭乌啼房,大捷而还。蒙逊西至苕藿,遣前将军沮渠成都将骑五千袭卑和房,蒙逊率中军三万继之,卑和房率众迎降。遂循海而西,至盐池,祀西王母寺。

······ ······

　　蒙逊闻刘裕灭姚泓[羌族后秦末代君主]，怒甚。门下校郎刘祥言事于蒙逊，蒙逊曰："汝闻刘裕入关，敢研研然[段玉裁《说文解字注》：诤语诉诉（诉：易怒而好与人争论）]也！"遂杀之。其峻暴如是。······

　　[大败于西凉：①]蒙逊为李士业[西凉后主李歆字]败于解支涧[在今甘肃酒泉市东]②，复收散卒欲战。前将军成都谏曰："臣闻高祖有彭城之败，终成大汉，宜旋师以为后图。"蒙逊从之，城建康而归。

　　[内政：振肃官场纪纲]其群下上书曰："······自皇纲初震，戎马生郊，公私草创，未遑旧式。而朝士多违宪制，不遵典章；或公文御案，在家卧署；或事无可否，望空而过。······清浊共流，能否相杂，人无劝竞之心，苟为度日之事。岂忧公忘私，奉上之道也！······宜肃振纲维，申修旧则。"蒙逊纳之，命征南姚艾、尚书左丞房晷撰朝堂制。行之旬日，百僚振肃。

　　······[战略战术频频出敌不意，大败西凉，进克酒泉：]蒙逊乃遣其世子政德屯兵若厚坞。······遂攻浩亹，而蛇盘于帐前。蒙逊笑曰："前一为腾蛇，今盘在吾帐，天意欲吾回师先定酒泉。"烧攻具而还，次于川岩。闻李士业征兵欲攻张掖，蒙逊曰："入吾计矣。但恐闻吾回军，不敢前也。兵事尚权。"乃露布西境，称得浩亹，将

_____

① 前此，据《晋书·李暠李歆列传》：[试图以结好鲜卑南凉"以夷制夷"，大败侵地掠民的沮渠蒙逊：]初，玄盛[李暠字]之西也，留女敬爱养于外祖尹文。文既东迁，玄盛从姑梁褒之母养之。其后秃发傉檀假道于北山。鲜卑道褒送敬爱于酒泉，并通和好。玄盛遣使报聘，赠以方物。······且渠蒙逊来侵，至于建康，掠三千余户而归。玄盛大怒，率骑追之，及于弥安，大败之，尽收所掠之户。
　　······玄盛既迁酒泉······[沮渠蒙逊"每年侵寇不止"，对之采取绥靖与回击相兼的方略：]既而蒙逊每年侵寇不止，玄盛志在以德抚其境内，但与通和立盟，弗之校也。······寻而蒙逊背盟来侵，玄盛遣世子士业要击败之，获其将且渠百年。······[加筑敦煌防御工事，以防北凉和南凉：]玄盛乃修敦煌旧塞东西二围，以防北虏之患，筑敦煌旧塞西南二围，以威南虏。
② 《晋书·李暠李歆列传》载：且渠蒙逊遣其张掖太守且渠广宗诈降诱士业，士业遣武卫温宜等赴之，亲勒大军为之后继。蒙逊率众三万，设伏于蓼泉。士业闻，引兵还，为逊所逼。士业亲贯甲先登，大败之，追奔百余里，停斩七千余级。明年，蒙逊又伐士业，士业将出距之，左长史张体顺固谏，乃止。蒙逊大芟秋稼而还。

进军黄谷。士业闻而大悦，进入都渎涧。蒙逊潜军逆之，败士业于坏城，遂进克酒泉。[1] 百姓安堵如故，军无私焉。以子茂虔为酒泉太守，士业旧臣皆随才擢叙。

[他去世：[2]]

蒙逊以安帝隆安五年[401]自称州牧，义熙八年[412]僭立，后八年而宋氏受禅，以元嘉十年[433]死，时年六十六，在伪位三十三年。子茂虔立，六年，为魏所擒，合

---

[1] 《晋书·李暠李歆列传》载：士业立四年而宋[刘裕所建宋朝，即南朝宋]受禅，士业将谋东伐，张体顺切谏，乃止。士业闻蒙逊南伐秃发傉檀，命中外戒严，将攻张掖，尹氏[李暠妻，尹太后]固谏，不听，宋繇又固谏，士业并不从。繇退而叹曰："大事去矣，吾见师之出，不见师之还也！"士业遂率步骑三万东伐，镎于都渎涧。蒙逊自浩亹来，距战于怀城，为蒙逊所败。左右劝士业还酒泉，士业曰[最后一言，激情完胜理性！]："吾违太后明诲，远取败辱，不杀此胡，复何面目以见母也！"勒众复战，败于蓼泉，为蒙逊所害。士业诸弟酒泉太守翻、新城太守预、领羽林右监密、左将军眺、右将军亮等西奔敦煌，蒙逊遂入于酒泉。……

[2] 关于我们在本篇首注中说的他立国后的征战史的第三大阶段，《晋书》出于刘裕420年王朝变更后以南朝宋为正统的篡史观而完全不述，现据《乞伏氏载记》予以补充：
[乞伏炽磐征战不息，似过度伸展，与北凉拉锯经久不决，难由其他多项斩获弥补。]
十一年[415]，炽磐攻克沮渠蒙逊河湟太守沮渠汉平，以其左卫匹逵为河湟太守，因讨降乙弗窟乾而还。遣其将昙达、王松寿等讨南羌弥姐康薄于赤水，降之。
炽磐攻浇川，师次沓中，沮渠蒙逊率众攻石泉以救之。炽磐闻而引还，遣昙达与其将出连虔率骑五千赴之。蒙逊闻昙达至，引归，遣使聘于炽磐，遂结和亲。又遣昙达、王松寿等率骑一万伐姚艾[羌族后秦将军，秦州刺史]于上邽。昙达进据蒲水，艾距战，大败之，艾奔上邽。昙达进屯大利，破黄石、大羌二戍，徙五千余户于枹罕。
令其安东木奕干率骑七千讨吐谷浑树洛干于塞上，破其弟阿柴于尧扞川，俘获五千余口而还，洛干奔保白兰山而死。……遣昙达、元基东讨姚艾，降之。
至是，乙弗鲜卑乌地延率户二万降于炽磐，署为建义将军。地延寻死，弟他子立，以子轲兰质于西平。
…… ……
使征西孔子讨吐谷浑觅地于弱水南，大破之。觅地率众六千降于炽磐，署为弱水护军。遣其左卫匹逵，建威梯君等讨彭利和于浇川，大破之，利和单骑奔仇池，获其妻子。徙羌豪三千户于枹罕，浇川羌三万余户皆安堵如故。
[乞伏炽磐去世，继位者乞伏暮末似不值一叙，而他的国家不久便被匈奴铁弗部胡夏国消灭。]
元熙元年[419]，立其第二子暮末为太子，领抚军大将军、都督中外诸军事，大赦境内……炽磐在位七年而宋氏受禅，以宋元嘉四年[427]死[应为428年死]。子暮末嗣伪位，在位四年，为赫连定所杀。[据《魏书·卷九十九·列传第八十七》，乞伏暮末"政刑酷滥，内外崩离，部民多叛，人思乱矣"。急剧变异！]

三十九载而灭。

[他最人的成就,在于灭了被唐朝皇室李氏尊为先祖的李暠创建的华夏西凉,而这在房玄龄等人的终评内当然不能提,反而过分地强调他"见利忘义,苞祸灭亲"。]

史臣曰:蒙逊出自夷陬,擅雄边塞。属吕光之悖德,深怀仇粥之冤;推段业以济时,假以陈、吴之事。称兵白涧,南凉请和;出师丹岭,北寇宾服。然而见利忘义,苞祸灭亲,虽能制命一隅,抑亦备诸凶德者矣。

载记第三十　赫连勃勃　摘录和评注

[《晋书》最后一篇载记，也是《晋书》最后一个篇章，记述匈奴族铁弗部胡夏国家的创立者、"雄略过人"但"凶残未革"的赫连勃勃。某种意义上，他是那个大黑暗时代众多少数民族首领的极端式典型：一方面"备中国之礼容"，"器识高爽，风骨魁奇"，连东晋刘裕都"览其文而奇之"，另一方面"凶暴好杀"，其程度绝令人发指。]

[在立国称王以前，他是个冷酷无情但有魅力的机会主义者，深得他的落难投奔对象、羌族后秦鲜卑大贵族没奕于和君主姚兴的信任甚至钟爱，然而一旦成为兵众济济的后秦大外籓，他便袭杀岳父没奕于"而并其众"，继之以 407 年立国胡夏。除了大败鲜卑南凉秃发傉檀大军外，他几乎始终不渝的"引力中心"便是后秦，多年里有步骤地不断侵犯、掳掠和打击之，同时辅之以征战胜利助益的招降纳叛，还有与匈奴卢水胡北凉君主沮渠蒙逊的战略联盟。417 年，东晋刘裕灭后秦，入其都城长安，已控制全部岭北的他待刘裕一走，迅即发几路大军猛攻刘裕之子刘义真镇守的关中，夺得长安，继而称帝。]

[此乃他的克劳塞维茨式"胜利顶点"，以后直至死去，七八年里他的主题便是

极端暴政加皇子血斗：他更换太子的意图激起大内战，太子发兵攻杀拟议中的替换者，继而另一皇子赫连昌发兵袭杀太子，成为新皇储。[①] 此时离他命归黄泉仅一载，国家状况已是"夷夏嚣然，人无生赖"，苟延残喘六年便彻底灭亡。]

[匈奴铁弗部首领，到氐族前秦分崩"遂有朔方之地"，但被鲜卑拓跋氏北魏击败。他侥幸免死，落难投奔羌族后秦鲜卑大贵族没弈于，为其女婿，且深得后秦君主姚兴信任甚至钟爱；然而，他是个冷酷无情的机会主义者，一旦成为兵众济济的大外藩，便袭杀岳父没弈于"而并其众"，继之以407年立国胡夏。]

赫连勃勃，字屈孑，[②]匈奴右贤王去卑之后，刘元海之族也。曾祖武，刘聪世以宗室封楼烦公，拜安北将军、监鲜卑诸军事、丁零中郎将，雄据肆卢川。为代王猗卢所败，遂出塞表。祖豹子招集种落，复为诸部之雄，石季龙遣使就拜平北将军、左贤王、丁零单于。父卫辰入居塞内，苻坚以为西单于，督摄河西诸虏，屯于代来城[一说在今陕西榆林市榆阳区巴拉素乡，另一说在今内蒙古鄂尔多斯市东胜区柴登镇]。及坚国乱，遂有朔方之地，控弦之士三万八千。[铁弗部被北魏击败，他侥幸免死，被救命者送至没弈干处，成其女婿：]后魏师伐之，辰令其子力俟提距战，为魏所败。魏人乘胜济河，克代来，执辰杀之。勃勃乃奔于叱干部。叱干[鲜卑叱干部]他斗伏送勃勃于魏。他斗伏兄子阿利先戍大洛川。闻将送勃勃，驰谏曰："鸟雀投人，尚宜济免，况勃勃国破家亡，归命于我？纵不能容，犹宜任其所奔。今执而送之，深非仁者之举。"他斗伏惧为魏所责，弗从。阿利潜遣劲勇篡勃勃于路，送于姚兴高平公没弈于，弈于以女妻之。

["性辩慧，美风仪"，得后秦君主姚兴钟爱，"常参军国大议"，继而被任为兵众济济的大外藩：]勃勃身长八尺五寸，腰带十围，性辩慧，美风仪。兴见而奇之，深加礼敬，拜骁骑将军，加奉车都尉，常参军国大议，宠遇逾于勋旧。兴弟邕言于兴曰："勃勃天性不仁，难以亲近。陛下宠遇太甚，臣窃惑之。"兴曰："勃勃有济世之才，吾方收其艺用，与之共平天下，有何不可！"乃以勃勃为安远将军，封阳川侯，使助没弈

---

① 其情本篇未述。《魏书·列传八十三》载：议废其长子璝，璝自长安起兵攻屈孑，屈孑中子太原公昌破璝，杀之。屈孑以昌为太子。……屈孑死，昌僭立。

② 北魏皇帝拓跋嗣给赫连勃勃取个侮辱性名字"屈孑"，为卑下之意，《晋书》误作其表字。

于镇高平[今宁夏固原市]，以三城[今陕西延安市]、朔方杂夷及卫辰部众三万配之，使为伐魏侦候。姚邕固谏以为不可。兴曰："卿何以知其性气？"邕曰："勃勃奉上慢，御众残，贪暴无亲，轻为去就，宠之逾分，终为边害。"兴乃止。[成为镇朔方的大外藩，迅即袭杀岳父没弈干"而并其众"，于407年立国胡夏。]顷之，以勃勃为持节、安北将军、五原公，配以三交五部鲜卑及杂虏二万余落，镇朔方。时河西鲜卑杜崘献马八千匹于姚兴，济河，至大城[即夏都统万城，在今陕西榆林市靖边县北]，勃勃留之，召其众三万余人伪猎高平川，袭杀没弈干而并其众，众至数万。

义熙三年[407]，僭称天王、大单于……自以匈奴夏后氏之苗裔也，国称大夏。以其长兄右地代为丞相、代公，次兄力俟提为大将军、魏公，叱干阿利为御史大夫、梁公，弟阿利罗引为征南将军、司隶校尉，若门为尚书令……

[他是个大战略家，立国后几乎始终不渝的"引力中心"是后秦，依据"游食自若"的不断侵犯、掳掠和打击，逐步夺取后秦岭北地区，以利最后"徐取"关中和长安。]

其年，讨鲜卑薛干等三部，破之，降众万数千。进讨姚兴三城已北诸戍，斩其将杨丕、姚石生等。诸将谏固险，不从，又复言于勃勃曰："陛下将欲经营宇内，南取长安，宜先固根本，使人心有所凭系，然后大业可成。高平险固，山川沃饶，可以都也。"勃勃曰："卿徒知其一，未知其二。吾大业草创，众旅未多，姚兴亦一时之雄，关中未可图也。且其诸镇用命，我若专固一城，彼必并力于我，众非其敌，亡可立待。吾以云骑风驰，出其不意，救前则击其后，救后则击其前，使彼疲于奔命，我则游食自若，不及十年，岭北、河东尽我有也。待姚兴死后，徐取长安。姚泓凡弱小儿，擒之方略，已在吾计中矣。昔轩辕氏亦迁居无常二十余年，岂独我乎！"于是侵掠岭北，岭北诸城门不昼启。兴叹曰："吾不用黄儿之言，以至于此！"黄儿，姚邕小字也。

[战略"旁骛"：大败南凉秃发傉檀大军，掳掠巨万。]勃勃初僭号，求婚于秃发傉檀，傉檀弗许。勃勃怒，率骑二万伐之，自杨非至于支阳三百余里，杀伤万余人，驱掠二万七千口、牛马羊数十万而还。傉檀率众追之，其将焦朗谓傉檀曰："勃勃天姿雄骜，御军齐肃，未可轻也。今因抄掠之资，率思归之士，人自为战，难与争锋。不如从温围北渡，趣万斛堆，阻水结营，制其咽喉，百战百胜之术也。"傉檀将贺连怒

曰："勃勃以死亡之余，率乌合之众，犯顺结祸，幸有大功。今牛羊塞路，财宝若山，窘弊之余，人怀贪竞，不能督厉士众以抗我也。我以大军临之，必土崩鱼溃。今引军避之，示敌以弱。我众气锐，宜在速追。"傉檀曰："吾追计决矣，敢谏者斩!"[他是个战术家，而他的敌人不是：]勃勃闻而大喜，乃于阳武下峡[在今甘肃白银市靖远县]凿凌埋车以塞路。傉檀遣善射者射之，中勃勃左臂。勃勃乃勒众逆击，大败之，追奔八十余里，杀伤万计，斩其大将十余人，以为京观，号"髑髅台"[他是个残忍的屠夫，而且后面表明不仅在战场上是这样]，还于岭北。

[回返"引力中心"，连连歼灭后秦大军，"岭北夷夏降附者数万计"：]勃勃与姚兴将张佛生战于青石原[今甘肃甘南藏族自治州临潭县青石山]，又败之，俘斩五千七百人。[他是个战术家，而他的敌人不是：]兴遣将齐难率众二万来伐，勃勃退如河曲。难以去勃勃既远，纵兵掠野，勃勃潜军覆之，俘获七千余人，收其戎马兵杖。难引军而退，勃勃复追击于木城[今陕西榆林市榆阳区]，拔之，擒难，俘其将士万有三千，戎马万匹。岭北夷夏降附者数万计，勃勃于是拜置守宰以抚之。勃勃又率骑二万入高冈，及于五井，掠平凉杂胡七千余户以配后军，进屯依力川。

[连续歼灭后秦几支征伐军：]姚兴来伐，至三城，[他是个战术家，而他的敌人不是：]勃勃候兴诸军未集，率骑击之。兴大惧，遣其将姚文宗距战，勃勃伪退，设伏以待之。兴遣其将姚榆生等追之，伏兵夹击，皆擒之。兴将王奚聚羌胡三千余户于敕奇堡，勃勃进攻。奚骁悍有膂力，短兵接战，勃勃之众多为所伤。于是堰断其水，堡人窘迫，执奚出降。勃勃谓奚曰："卿忠臣也! 朕方与卿共平天下。"奚曰："若蒙大恩，速死为惠。"乃与所亲数十人自刭而死。勃勃又攻兴将金洛生于黄石固，弥姐豪地于我罗城，皆拔之，徙七千余家于大城，以其丞相右地代领幽州牧以镇之。

[与后秦军再战，一败三胜，胜后残暴野蛮：]遣其尚书金纂率骑一万攻平凉，姚兴来救，纂为兴所败，死之。勃勃兄子左将军罗提率步骑一万攻兴将姚广都于定阳，克之，坑将士四千余人，以女弱为军赏。[他的军队残暴野蛮!]拜广都为太常。勃勃又攻兴将姚寿都于清水城，寿都奔上邽，徙其人万六千家于大城。是岁，齐难、姚广都谋叛，皆诛之。

姚兴将姚详弃三城，南奔大苏[在今陕西延安市黄陵县南]。勃勃遣其将平东鹿奕于要击之，执详，尽俘其众。详至，勃勃数而斩之。

[他在青石北原打赢当时对后秦的最大战役：]其年，勃勃率骑三万攻安定[今甘肃庆阳市镇原县南]，与姚兴将杨佛嵩战于青石北原，败之，降其众四万五千，获戎马二万匹。进攻姚兴将党智隆于东乡，降之，署智隆光禄勋，徙其三千余户于贰城。[他是大战略家，野心勃勃，但懂得"蓄力待时，详而后举"：]姚兴镇北参军王买德来奔。勃勃谓买德曰："朕大禹之后，世居幽、朔。……今将应运而兴，复大禹之业，卿以为何如？"买德曰："自皇晋失统，神器南移，群雄岳峙，人怀问鼎……今秦政虽衰，藩镇犹固，深愿蓄力待时，详而后举。"勃勃善之，拜军师中郎将。

[他还未到他的克劳塞维茨式"胜利顶点"就显露极端暴政的端倪：修筑统万城之"残忍刻暴"令人发指。]

乃赦其境内，改元为凤翔[413]，以叱干阿利领将作大匠，发岭北夷夏十万人，于朔方水北、黑水之南营起都城。勃勃自言："朕方统一天下，君临万邦，可以统万为名。"阿利性尤工巧，然残忍刻暴，乃蒸土筑城，锥入一寸，即杀作者而并筑之。勃勃以为忠，故委以营缮之任。又造五兵之器，精锐尤甚。既成呈之，工匠必有死者：射甲不入，即斩弓人；如其入也，便斩铠匠。又造百炼刚刀，为龙雀大环，号曰"大夏龙雀"……世甚珍之。复铸铜为大鼓，飞廉、翁仲、铜驼、龙兽之属，皆以黄金饰之，列于宫殿之前。凡杀工匠数千，以是器物莫不精丽。①

…… ……

[改姓赫连，以"备中国之礼容"：]其年，下书曰："朕之皇祖，自北迁幽、朔，姓改姒氏，音殊中国，故从母氏为刘。子而从母之姓，非礼也。古人氏族无常，或以因生为氏，或以王父之名。朕将以义易之。帝王者，系天为子，是为徽赫实与天连，今改姓曰赫连氏，庶协皇天之意，永享无疆大庆。……"立其妻梁氏为王后，子璝为太子，封子延阳平公，昌太原公，伦酒泉公，定平原公，满河南公，安中山公。

[再度攻伐和歼灭后秦军：]又攻姚兴将姚逵于杏城，二旬，克之，执逵及其将姚大用、姚安和、姚利仆、尹敌等，坑战士二万人。[大规模屠戮，残忍野蛮！]

---

① 《魏书·列传八十三》载：初，屈孑性奢，好治宫室。城高十仞，其厚三十步，上广十步，宫墙五仞，其坚可以砺刀斧。台榭高大，飞阁相连，皆雕镂图画，被以绮绣，饰以丹青，穷极文采。世祖[北魏拓跋焘]顾谓左右曰："蕞尔小国，而用民如此，虽欲不亡，其可得乎？"

[与北凉沮渠蒙逊结成战略联盟；猛烈攻伐后秦，"尽有岭北之地"；作坐待秦灭，而后轻取长安的大势预测和战略决定。]

遣其御史中丞乌洛孤盟于沮渠蒙逊曰："自金晋数终，祸缠九服……上天悔祸，运属二家，封疆密迩，道会义亲，宜敦和好，弘康世难。……今我二家，契殊曩日，言未发而有笃爱之心，音一交而怀倾盖之顾……戮力一心，共济六合。……"蒙逊遣其将沮渠汉平来盟。

勃勃闻姚泓将姚嵩与氐王杨盛相持，率骑四万袭上邽，未至而嵩为盛所杀。勃勃攻上邽，二旬克之，杀泓秦州刺史姚平都及将士五千人，毁城而去。进攻阴密[在今甘肃平凉市灵台县]，又杀兴将姚良子及将士万余人。以其子昌为使持节、前将军、雍州刺史，镇阴密。泓将姚恢弃安定，奔于长安，安定人胡俨、华韬率户五万据安定，降于勃勃。以俨为侍中，韬为尚书，留镇东羊苟儿镇之，配以鲜卑五千。进攻泓将姚谌于雍城[在今陕西宝鸡市凤翔县]，谌奔长安。勃勃进师次郿城，泓遣其将姚绍来距，勃勃退如安定。胡俨等袭杀苟儿，以城降泓。[作坐待刘裕灭秦，继而轻取长安"若拾芥"的大势预测和战略决定。]勃勃引归杏城[今陕西延安市黄陵县西南]，笑谓群臣曰："刘裕伐秦，水陆兼进，且裕有高世之略，姚泓岂能自固！吾验以天时人事，必当克之。又其兄弟内叛，安可以距人！裕既克长安，利在速返，正可留子弟及诸将守关中。待裕发轸，吾取之若拾芥耳，不足复劳吾士马。"于是秣马厉兵，休养士卒。寻进据安定，姚泓岭北镇戍郡县悉降，勃勃于是尽有岭北之地。

[形势恰如他预测的那样，助其以军政兼济的方针轻取关中和长安。]

俄而刘裕灭泓，入于长安，遣使遗勃勃书，请通和好，约为兄弟。[他聪明得能忽悠刘裕，令其自叹不如。]勃勃命其中书侍郎皇甫徽为文而阴诵之，召裕使前，口授舍人为书，封以答裕。裕览其文而奇之，使者又言勃勃容仪瑰伟，英武绝人。裕叹曰："吾所不如也！"既而勃勃还统万，裕留子义真镇长安而还。[预测成真，确定轻取长安的军事/政治方针。]勃勃闻之，大悦，谓王买德曰："朕将进图长安，卿试言取之方略。"买德曰："刘裕灭秦，所谓以乱平乱，未有德政以济苍生。关中形胜之地，而以弱才小儿守之，非经远之规也。狼狈而返者，欲速成篡事耳，无暇有意于中原。陛下以順伐逆，义贯幽显，百姓以君命望陛下义旗之至，以日为岁矣。青泥、上洛，南师之冲要，宜置游兵断其去来之路。然后杜潼关，塞崤、陕，绝其水陆之道。陛下声檄长安，申布恩泽，三辅父老皆壶浆以迎王师矣。义真独坐空城，逃窜无所，一旬之间必面缚麾下，所谓兵不血刃，不战而自定也。"勃勃善之，以子璝都督前锋诸军事，领抚军大将军，率骑二万南伐长安，前将军赫连昌屯兵潼关，以买德为抚军右长史，南断青泥，勃勃率大军继发。[上述方针完全实现：]璝至渭阳，降者属路。义真遣龙骧将军沈田子率众逆战，不利而退，屯刘回堡。田子与义真司马王镇恶不平，因镇恶出城，遂杀之。义真又杀田子。于是悉召外军入于城中，闭门距守。关中郡县悉降。璝夜袭长安，不克。勃勃进据咸阳，长安樵采路绝。刘裕闻之，大惧，乃召义真东镇洛阳，以朱龄石为雍州刺史，守长安。义真大掠而东，至于灞上，百姓遂逐龄石，而迎勃勃入于长安。璝率众三万追击义真，王师败绩，义真单马而遁。买德获晋宁朔将军傅弘之、辅国将军蒯恩、义真司马毛脩之于青泥，积人头以为京观。[尽管有其争取关中民心的政治方针，他的军队对敌军依然残忍野蛮。]于是勃勃大飨将士于长安，举觞谓王买德曰："卿往日之言，一周而果效，可谓算无遗策矣。虽宗庙社稷之灵，亦卿谋献之力也。此觞所集，非卿而谁！"于是拜买德都官尚书，加冠军将军，封河阳侯。

[称帝，且攻取并州：]赫连昌攻龄石及龙骧将军王敬于潼关之曹公故垒，克之，执龄石及敬送于长安。群臣乃劝进……许之。于是为坛于灞上，僭即皇帝位……遣其将叱奴侯提率步骑二万攻晋并州刺史毛德祖于蒲坂，德祖奔于洛阳。以侯提为并州刺史，镇蒲坂。

[他到达克劳塞维茨式"胜利顶点"，以后直至死去，他的主题便是极端暴政加皇子血斗。]

[暴政逸事：]勃勃归于长安，征隐士京兆韦祖思。既至而恭惧过礼，勃勃怒曰："吾以国士征汝，奈何以非类处吾！汝昔不拜姚兴，何独拜我？我今未死，汝犹不以我为帝王，吾死之后，汝辈弄笔，当置吾何地！"遂杀之。

[拒不都长安，证明他还未为虚荣昏了头：]群臣劝都长安，勃勃曰："朕岂不知长安累帝旧都，有山河四塞之固！但荆、吴僻远，势不能为人之患。东魏与我同壤

境,去北京[统万城]裁数百余里,若都长安,北京恐有不守之忧。朕在统万,彼终不敢济河,诸卿适未见此耳!"其下咸曰:"非所及也。"乃于长安置南台,以璝领大将军、雍州牧、录南台尚书事。

[然而,他毕竟有他的虚荣,遂刻石颂德,颂匈奴和他自己:]勃勃还统万,以宫殿大成,于是……刻石都南,颂其功德,曰:

夫庸大德盛者,必建不刊之业;道积庆隆者,必享无穷之祚。昔在陶唐,数钟厄运,我皇祖大禹……疏三江而决九河,夷一元之穷灾,拯六合之沈溺……光启有夏。……王桀不纲,网漏殷氏,用使金晖绝于中天……然纯曜未渝,庆绵万祀,龙飞漠南,凤峙朔北。长辔远驭,则西罩昆山之外;密网遐张,则东亘沧海之表。爰始逮今,二千余载……控弦之众百有余万,跃马长驱,鼓行秦、赵,使中原疲于奔命,诸夏不得高枕,为日久矣。……

……我皇诞命世之期,应天纵之运,仰协时来,俯顺时望。……运筹命将,举无遗策。亲御六戎,则有征无战。故伪秦以三世之资,丧魂于关、陇……文教与武功并宣,俎豆与干戈俱运……营起都城,开建京邑。……远迈于咸阳,超美于周洛……

……乃树铭都邑,敷赞硕美……其辞曰:

…… ……

其秘书监胡义周之辞也。……

[他"凶暴好杀",其程度令人发指:]勃勃性凶暴好杀,无顺守之规。常居城上,置弓剑于侧,有所嫌忿,便手自杀之,群臣忤视者毁其目,笑者决其唇,谏者谓之诽谤,先截其舌而后斩之。夷夏嚣然,人无生赖。在位十三年而宋受禅,以宋元嘉二年[425]死。子昌嗣伪位,寻为魏所擒。弟定僭号于平凉,遂为魏所灭。自勃勃至定,凡二十有六载而亡。①

_____

① 关于胡夏国灭的历程,《魏书·列传八十三》载:
　昌,字还国,一名折,屈孑之第三子也。既僭位,改年永光。世祖[北魏拓跋焘]闻屈孑死,诸子相攻,关中大乱,于是西伐。乃以轻骑一万八千济河袭昌。时冬至之日,昌方宴飨,王师奄到,上下惊扰。四驾次于黑水,去城三十余里,昌乃出战。世祖驰往击之,昌退走入城,未及闭门,军士乘胜入其西宫,焚其西门……(接下页)

[房玄龄等在篇末概论了我们就他已知的一切,其中唯一有"新意"的是他们就其魅力感叹:"岂阴山之韫异气,不然何以致斯乎!"这罕见地超越了他们极频繁地表达的华夏种族/文明歧视。]

史臣曰:赫连勃勃獯丑种类,入居边宇,属中壤分崩,缘间肆慝,控弦鸣镝,据有朔方。遂乃……窃先王之徽号,备中国之礼容,驱驾英贤,窥觎天下。然其器识高爽,风骨魁奇,姚兴睹之而醉心,宋祖闻之而动色。岂阴山之韫异气,不然何以致斯乎!虽雄略过人,而凶残未革,饰非距谏,酷害朝臣,部内嚣然,忠良卷舌。灭亡之祸,宜在厥身,犹及其嗣,非不幸也。

后昌遣弟定与司空奚斤相持于长安,世祖乘虚西伐,济君子津,轻骑三万,倍道兼行。群臣咸谏曰:"统万城坚,非十日可拔,今轻军讨之,进不可克,退无所资,不若步军攻具,一时俱往。"世祖曰:"夫用兵之术,攻城最下,不得已而用之。如其攻具一时俱往,贼必惧而坚守,若攻不时拔,则食乏兵疲,外无所掠,非上策也。朕以轻骑至其城下,彼先闻有步军而徒见骑至,必当心闲,朕且羸师以诱之,若得一战,擒之必矣。所以然者,军士去家二千里,复有黄河之难,所谓置之死地而后生也。以是决战则有余,攻城则不足。"遂行。次于黑水,分军伏于深谷,而以少众至其城下。

……世祖……退军城北,示昌以弱。……会军士负罪,亡入昌城,言官军粮尽,士卒食菜,辎重在后,步兵未至,击之为便。昌信其言,引众出城,步骑三万。……收军伪北,引而疲之。昌以为退,鼓噪而前……昌军大溃,不及入城,奔于上邽,遂克其城。

后侍御史安颉擒昌,世祖使侍中古弼迎昌至京师,舍之西宫门内,给以乘舆之副,又诏昌尚始平公主,假常忠将军、会稽公,封为秦王。坐谋反,伏诛。

昌弟定,小字直獖。屈孑之第五子,凶暴无赖。昌败,定于平凉,自称尊号……与刘义隆[刘裕第三子,宋文帝]连和,遥分河北,自恒山[在今山西大同市浑源县城南]以东属义隆,恒山以西属定。遣其将寇麟城,始平公隗归讨破之。定又将数万人东击归。世祖亲率轻骑袭平凉,定救平凉,方陈自固。世祖四面围之,断其水草。定不得水,引众下原。诏武卫将军丘眷击之,众溃。定被创,单骑遁走,收其余众,乃西保上邽。神鹰[jiā]四年[431],为吐谷浑慕璝所袭,擒定,送京师,伏诛。

五胡乱华在巴蜀青州：

巴氐成汉和鲜卑南燕

载记第二十　李特、李流　摘录和评注

［《晋书》载记第二十和二十一记述巴氏成汉国家的崛起、确立、持续和败亡。该国正式存在近半个世纪，大抵控扼以成都为军政中心的蜀地，得益于有助割据的地缘经济和地缘战略条件，同时也见绌于它与主要敌人东晋相比的规模和资源劣势。］

［成汉崛起于西晋"八王之乱"初期，其时李特率关中南下流民武装造反，但兵败身陨于成都城下，统领余众继续作战的其弟李流亦在不久后病亡。304 年，李特之子李雄终于攻占成都，正式立国，续之以他在位三十年总的来说轻赋富民、宽刑简政的良好治理。然而李雄逝后，其子迅即血腥内斗，继君被杀，李期即位，继而高层清洗和杀戮连续不断。338 年，有被诛危险的李期叔父李寿武装反叛，攻入成都废帝自立，尽诛李雄所余诸子；不仅如此，他还奢侈无度，重赋多役，且五年后留下与他一样以血立威、侈淫苛虐的儿子李势继位。346 年，野心勃勃、"志在立勋于蜀"

的东晋大外镇桓温发动灭成汉战役,李势投降,蜀地"百姓咸悦"。[1]

[在"克隆霸业""实孙权之亚"的李雄和"篡杀移国,昏狂继轨"的后继三君主之前,本载记写两位成汉先驱,他们无论如何是苦难大众的造反领袖,因而也是这个意义上的英雄。]

李特:

[除《四夷列传》外,这是在《晋书》内唯一先述"民族志"(ethnology)的,大概因为先前所有中国史纂都未有关于巴氏的此类记述。李特,巴氏一部首领之孙,东羌猎将之子。]

李特,字玄休,巴西宕渠[在今四川达州市渠县东北]人,其先廪君[相传夏初巴人始祖]之苗裔也。……其后种类遂繁。秦并天下,以为黔中郡,薄赋敛之,口岁出钱四十。巴人呼赋为賨[cóng],因谓之賨人焉。及汉高祖为汉王,募賨人平定三秦。既而求还乡里,高祖以其功,复同丰沛,不供赋税,更名其地为巴郡。土有盐铁丹漆之饶,俗性剽勇[这可谓巴氏人最重要的特质],又善歌舞。高祖爱其舞,诏乐府习之,今《巴渝舞》是也。汉末,张鲁居汉中,以鬼道教百姓,賨人敬信巫觋,多往奉之。值天下大乱,自巴西之宕渠迁于汉中杨车坂,抄掠行旅,百姓患之,号为杨车巴。魏武帝克汉中,特祖将五百余家归之,魏武帝拜为将军,迁于略阳,北土复号之为巴氏。特父慕,为东羌[两汉时西羌族内徙之众。《后汉书·段颎传》载段颎上书云:"昔先零作寇,赵充国徙令居内(宣帝时,赵充国击西羌,徙之于金城郡),煎当乱边,马援迁之三辅(迁置天水、陇西、扶风),始服终叛,至今为鲠"]猎将。

[他不仅"雄武",而且"沈毅有大度";随乱时饥馑流民入汉中,又入蜀地;造反,但不是他发动的,他是跟从的。]

特少仕州郡,见异当时,身长八尺,雄武善骑射,沈毅有大度。[随乱时饥馑流民入汉中,稍生朦胧的造反之意:]元康[西晋惠帝年号,291—299]中,氐齐万年反,

---

① 引语俱见《晋书·王敦桓温列传》。

关西扰乱,①频岁大饥,百姓乃流移就谷,相与入汉川者数万家。特随流人将入于蜀,至剑阁,箕踞太息,顾眄险阻曰:"刘禅有如此之地而面缚于人,岂非庸才邪!"同移者阎式、赵肃、李远、任回等咸叹异之。

初,流人既至汉中,上书求寄食巴蜀,朝议不许,遣侍御史李苾持节慰劳,且监察之,不令入剑阁。[随流民大规模入蜀,京官受贿之效:]苾至汉中,受流人货赂,反为表曰:"流人十万余口,非汉中一郡所能振赡,东下荆州,水湍迅险,又无舟船。蜀有仓储,人复丰稔,宜令就食。"朝廷从之,由是散在益梁,不可禁止。

[益州刺史赵廞利用和发动流民造反以图割据,他搭上其造反之车:]永康元年[300],诏征益州刺史赵廞为大长秋,以成都内史耿滕代廞。廞遂谋叛,潜有刘氏割据之志,乃倾仓廪,振施流人,以收众心。特之党类皆巴西人,与廞同郡,率多勇壮,廞厚遇之,以为爪牙,故特等聚众,专为寇盗,蜀人患之。滕密上表,以为流人刚剽而蜀人懦弱,客主不能相制,必为乱阶,宜使移还其本。若致之险地,将恐秦雍之祸萃于梁益,必贻圣朝西顾之忧。廞闻而恶之。时益州文武千余人已往迎滕,滕率众入州,廞遣众逆滕,战于西门,滕败,死之。

[造反集团内部在权势和族裔意义上大血斗,赵廞杀他的弟弟李庠及其子侄宗族三十余人,他便带领部分流民兵众脱离赵廞,继而歼灭近万余赵军,进攻成都。]廞自称大都督、大将军、益州牧。特弟庠与兄弟及妹夫李含、任回、上官惇、扶风李攀、始平费佗、氐苻成、隗伯等以四千骑归廞。廞以庠为威寇将军,使断北道。庠素东羌良将,晓军法,不用麾帜,举矛为行伍,斩部下不用命者三人,部阵肃然。[赵廞嫉权妒能,且信"非我族类,其心必异",悍然杀害李庠等多人:]廞恶其齐整,欲杀之而未言。长史杜淑、司马张粲言于廞曰:"……将军起兵始尔,便遣李庠握强兵于外,愚窃

---

① 《晋书·惠帝纪》载:(元康)六年[296]……秋八月……秦雍氐、羌悉叛,推氐帅齐万年僭号称帝,围泾阳。……十一月丙子,遣安西将军夏侯骏、建威将军周处等讨万年,梁王肜屯好畤。关中饥,大疫。

七年[297]春正月癸丑,周处与齐万年战于六陌[今陕西咸阳市乾县东],王师败绩,处死之。……秋七月,雍、梁州疫。大旱,陨霜,杀秋稼。关中饥,米斛万钱。诏骨肉相卖者不禁。……

九年[299]春正月,左积弩将军孟观伐氐,战于中亭[今陕西咸阳市武功县西],大破之,获齐万年。

惑焉。且非我族类，其心必异，倒戈授人，窃以为不可，愿将军图之。"庠敛容曰："卿言正当吾意……"会庠在门，请见庠，庠大悦，引庠见之。庠欲观庠意旨，再拜进曰："今中国大乱，无复纲维，晋室当不可复兴也。明公道格天地，德被区宇，汤、武之事，实在于今。宜应天时，顺人心，拯百姓于涂炭，使物情知所归，则天下可定，非但庸蜀而已。"庠怒曰："此岂人臣所宜言！"令淑等议之。于是淑等上庠大逆不道，庠乃杀之，及其子侄宗族三十余人。庠虑特等为难，遣人喻之曰："庠非所宜言，罪应至死，不及兄弟。"以庠尸还特，复以特兄弟为督将，以安其众。[大血斗还有在腹心爪牙互相间私恶意义上的：]牙门将许弇[yǎn]求为巴东监军，杜淑、张粲固执不许。弇怒，于庠阁下手刃杀淑、粲，淑、粲左右又杀弇，皆庠腹心也。

[他愤而率众独立，在歼灭近万余赵军后进攻成都报仇：]特兄弟既以怨庠，引兵归绵竹。庠恐朝廷讨己，遣长史费远、犍为太守李苾、督护常俊督万余人断北道，次绵竹之石亭。特密收合得七千余人，夜袭远军，远大溃，因放火烧之，死者十八九。进攻成都。[赵庠丧命：]庠闻兵至，惊惧不知所为。李苾、张征等夜斩关走出，文武尽散。庠独与妻子乘小船走至广都，为下人朱竺所杀。[他攻入成都，纵兵大掠，而且还自命为西晋臣民，示意朝廷仅欲报仇：]特至成都，纵兵大掠，害西夷护军姜发，杀庠长史袁治及庠所置守长，遣其牙门王角、李基诣洛阳陈庠之罪状。

[西晋朝廷遣军入蜀，先对他采取容纳方针：]先是，惠帝以梁州刺史罗尚为平西将军、领护西夷校尉、益州刺史，督牙门将王敦、上庸都尉义歆、蜀郡太守徐俭、广汉太守辛冉等凡七千余人入蜀。特等闻尚来，甚惧，使其弟骧于道奉迎，并贡宝物。尚甚悦，以骧为骑督。特及弟流复以牛酒劳尚于绵竹。王敦、辛冉并说尚曰："特等流人，专为盗贼，急宜枭除，可因会斩之。"尚不纳。冉先与特有旧，因谓特曰："故人相逢，不吉当凶矣。"特深自猜惧。

[他自己发动造反，对西晋造反，因为朝廷不顾流民困苦死活逼其返回关中，亦因为地方贪暴恶官"欲杀流人首领，取其资货"。]

[朝廷不顾流民困苦死活逼其返回关中，但"中国方乱，不足复还"，他"乃有雄据巴蜀之意"：]寻有符下秦、雍州，凡流人入汉川者，皆下所在召还。特兄辅素留乡里，托言迎家，既至蜀，谓特曰："中国方乱，不足复还。"特以为然，乃有雄据巴蜀之

意。朝廷以讨赵厣功,拜特宣威将军,封长乐乡侯,流为奋威将军、武阳侯。……罗尚遣从事催遣流人,限七月上道,[被逼造反的又一动因:地方贪暴恶官"欲杀流人首领,取其资货"]辛冉性贪暴,欲杀流人首领,取其资货,乃移檄发遣。又令梓潼太守张演于诸要施关,搜索宝货。特等固请,求至秋收。[实际上已被饥馑威胁动员起来的流民只需他的吸引和组织:]流人布在梁益,为人佣力,及闻州郡逼遣,人人愁怨,不知所为。又知特兄弟频请求停,皆感而恃之。且水雨将降,年谷未登,流人无以为行资,遂相与诣特。特乃结大营于绵竹,以处流人,移冉求自宽。冉大怒,遣人分榜通逵,购募特兄弟,许以重赏。特见,大惧,悉取以归,与骧改其购云:"能送六郡之豪李、任、阎、赵、杨、上官及氏、叟侯王一首,赏百匹。"流人既不乐移,咸往归特,骋马属鞬,同声云集,旬月间众过二万。流亦聚众数千。物乃分为二营,特居北营,流居东营。

[逼人造反的动能远比怀柔宽限的强劲,终于两个"强硬派"太守遣"步骑三万袭特营",造反由此爆发,且获重大初胜。]特遣阎式诣罗尚,求申期。式既至,见冉营栅冲要,谋掩流人,叹曰:"无寇而城,仇必保焉。今而速之,乱将作矣!"又知冉及李苾意不可回,乃辞尚还绵竹。尚谓式曰:"子且以吾意告诸流人,今听宽矣。"……式至绵竹,言于特曰:"尚虽云尔,然未可必信也。何者?尚威刑不立,冉等各拥强兵,一旦为变,亦非尚所能制,深宜为备。"特纳之。冉、苾相与谋曰:"罗侯贪而无断,日复一日,流人得展奸计。李特兄弟并有雄才,吾属将为竖子虏矣。宜为决计,不足复问之。乃遣广汉都尉曾元、牙门张显、刘并等潜率步骑三万袭特营。罗尚闻之,亦遣督护田佐助元。特素知之,乃缮甲厉兵,戒严以待之。元等至,特安卧不动,待其众半入,发伏击之,杀伤者甚众,害田佐、曾元、张显,传首以示尚、冉。尚谓将佐曰:"此虏成去矣,而广汉[广汉太守辛冉]不用吾言,以张贼势,今将若之何!"

[基于绵竹,攻占广汉,进兵成都;自立为大都督、大将军,初建国家机器;与蜀人约法三章,军政肃然,大得民心;他是造反家中间相当杰出的政治/战略家。]
于是六郡流人推特为主。特命六郡人部曲督李含、上邽令任臧、始昌令阎式、谏议大夫李攀、陈仓令李武、阴平令李远、将兵都尉杨褒等上书,请依梁统奉窦融故事,推特行镇北大将军,承制封拜,其弟流行镇东将军,以相镇统。于是进兵攻冉于

广汉。冉众出战,特每破之。尚遣李苾及费远率众救冉,惮特不敢进。冉智力既窘,出奔江阳。特入据广汉,以李超为太守,进兵攻尚于成都。阎式遗尚书,责其信用谗构,欲讨流人,又陈特兄弟立功王室,以宁益土。尚览书,知特等将有大志,婴城固守,求救于梁、宁二州。[初建国家机器:]于是特自称使持节、大都督、镇北大将军,承制封拜一依窦融在河西故事。兄辅为骠骑将军,弟骧为骁骑将军,长子始为武威将军,次子荡为镇军将军,少子雄为前将军,李含为西夷校尉,含子国离、任回、李恭、上官晶、李攀、费佗等为将帅,任臧、上官惇、杨褒、杨珪、王达、麹歆等为爪牙,李远、李博、夕斌、严柽、上官琦、李涛、王怀等为僚属,阎式为谋主,何世、赵肃为腹心。[施舍赈贷,军政肃然,大得民心:]时罗尚贪残,为百姓患,而特与蜀人约法三章,施舍振贷,礼贤拔滞,军政肃然。百姓为之谣曰:"李特尚可,罗尚杀我。"[他在军事上对敌占显著优势:]尚频为特所败,乃阻长围,缘水作营,自都安至犍为七百里,与特相距。

[他的部队在成都地区外围的战斗频频告捷:]河间王颙遣督护衙博、广汉太守张征讨特,南夷校尉李毅又遣兵五千助尚,尚遣督护张龟军繁城,三道攻特。特命荡、雄袭博。特躬击张龟,龟众大败。荡又与博接战连日,博亦败绩,死者太半。荡追博至汉德,博走葭萌[在今四川广元市西]。荡进寇巴西,巴西郡[治所在今四川南充市下属阆中市]丞毛植、五官襄珍以郡降荡。荡抚恤初附,百姓安之。荡进攻葭萌,博又远遁,其众尽降于荡。

[自设年号,可认为是巴氏成汉国家"准正式"肇始:]太安元年[302],特自称益州牧、都督梁益二州诸军事、大将军、大都督,改年建初,赦其境内。于是进攻张徵。[经暂时挫败和危境,继续获大捷,靠的是他英勇无比的次子李荡:]徵依高据险,与特相持连日。时特与荡分为二营,徵候特营空虚,遣步兵循山攻之,特逆战不利,山险窘逼,众不知所为。罗准、任道皆劝引退,特量荡必来,故不许。徵众至稍多,山道至狭,唯可一二人行,荡军不得前,谓其司马王辛曰:"父在深寇之中,是我死日也。"乃衣重铠,持长矛,大呼直前,推锋必死,杀十余人。徵众来相救,荡军皆殊死战,徵军遂溃。特议欲释徵还涪,荡与王辛进曰:"徵军连战,士卒伤残,智勇俱竭,宜因其弊遂擒之。若舍而宽之,征养病收亡,余众更合,图之未易也。"特从之,复进攻徵,徵溃围走。荡水陆追之,遂害徵,生擒徵子存,以徵丧还之。

以骞硕为德阳太守,硕略地至巴郡之垫江[今重庆市垫江县]。

[攻夺成都之战:一时似乎势不可挡,但终究败北身亡。]
特之攻张徵也,使李骧与李攀、任回、李恭屯军毗桥,以备罗尚。[四破西晋益州刺史罗尚军,"遂寇成都",一时似乎势不可挡:]尚遣军挑战,骧等破之。尚又遣数千人出战,骧又陷破之,大获器甲,攻烧其门。流进次成都之北。尚遣将张兴伪降于骧,以观虚实。时骧军不过二千人,兴夜归白尚,尚遣精勇万人衔枚随兴夜袭骧营。李攀逆战死,骧及将士奔于流栅,与流并力回攻尚军。尚军乱,败还者十一二。晋梁州刺史许雄遣军攻特,特陷破之,进击,破尚水上军,遂寇成都。蜀郡太守徐俭以小城降,特以李瑾为蜀郡太守以抚之。罗尚据大城自守。……

[困在成都的罗尚阴结诸村堡,准备"内外击之":]是时蜀人危惧,并结村堡,请命于特,特遣人安抚之。益州从事任明说尚曰:"特……分人散众,在诸村堡,骄怠无备,是天亡之也。可告诸村,密克期日,内外击之,破之必矣。"尚从之。明先伪降特,特问城中虚实,明曰:"米谷已欲尽,但有货帛耳。"因求省家,特许之。明潜说诸村,诸村悉听命。还报尚,尚许如期出军,诸村亦许一时赴会。

[在朝廷遣军援救罗尚时,他在必须分兵击援的情势下,遭遇罗尚突袭,"众少不敌,特军大败":]二年[303],惠帝遣荆州刺史宋岱、建平太守孙阜救尚。阜已次德阳[今四川成都平原东北部德阳市],特遣荡督李璜助任臧距阜。尚遣大众奄袭特营,连战二日,众少不敌,特军大败,收合余卒,引趣新繁[今四川成都市新都区新繁镇]。[再度与罗尚军大战,兵败身亡:]尚军引还,特复追之,转战三十余里,尚出大军逆战,特军败绩,斩特及李辅、李远,皆焚尸,传首洛阳。在位二年。……

李流:
[李特四弟,其兄死后统领余众继续作战,病患临终前做了关于后续领袖的最佳选择。]

["有贲育之勇",跟随其兄造反多有功勋,攻成都时常"督锐众,与罗尚相持"。]
李流,字玄通,特第四弟也。少好学,便弓马,东羌校尉何攀称流有贲育之勇,

举为东羌督。及避地益州,刺史赵廞器异之。廞之使庠合部众也,流亦招乡里子弟得数千人。庠为廞所杀,流从特安慰流人,破常俊于绵竹,平赵廞于成都。朝廷论功,拜奋威将军,封武阳侯。

特之承制也,以流为镇东将军,居东营,号为东督护。特常使流督锐众,与罗尚相持。特之陷成都小城,使六郡流人分口入城,壮勇督领村堡。[他在其兄的最后阶段作未被采纳的正确的战略谏言:]流言于特曰:"殿下神武,已克小城,然山薮未集,粮仗不多,宜录州郡大姓子弟以为质任,送付广汉,縶之二营,收集猛锐,严为防卫。"又书与特司马上官惇,深陈纳降若待敌之义。特不纳。

[其兄死后他统领余众继续作战,一度再攻成都,继而经曲折"流军复振"。]

特既死,蜀人多叛,流人大惧。流与兄子荡、雄收遗众,还赤祖[在今四川德阳市下属绵竹市东],流保东营,荡、雄保北营。流自称大将军、大都督、益州牧。

时宋岱水军三万,次于垫江,前锋孙阜破德阳,获特所置守将骞硕,太守任臧等退屯涪陵县。[击溃罗尚军进攻,反攻成都未遂:]罗尚遣督护常深军毗桥,牙门左氾、黄訇、何冲三道攻北营。流身率荡、雄攻深栅,克之,深士众星散。追至成都,尚闭门自守,荡驰马追击,触倚矛被伤死。[准备投降西晋,但被李特少子李雄等事实上阻止:]流以特、荡并死,而岱、阜又至,甚惧。太守李含[李特妹夫]又劝流降,流将从之。雄与李骧迭谏,不纳,流遣子世及含子胡质于阜军。胡兄含子离闻父欲降,自梓潼驰还,欲谏不及,退与雄谋袭阜军,曰:"若功成事济,约与君三年迭为主。"雄曰:"今计可定,二翁不从,将若之何?"离曰:"今当制之,若不可制,便行大事。翁虽是君叔,势不得已,老父在君,夫复何言!"雄大喜,乃攻尚军。尚保大城。[一项良性克劳塞维茨式"摩擦"解决军粮问题,"流军复振":]雄渡江害汶山太守陈图,遂入郫城[在今四川成都市郫都区],流移营据之。三蜀百姓并保险结坞,城邑皆空,流野无所略,士众饥困。涪陵人范长生率千余家依青城山,尚参军涪陵徐舉[yú]求为汶山太守,欲要结长生等,与尚掎角讨流。尚不许,舉怨之,求使江西,遂降于流,说长生等使资给流军粮。长生从之,故流军复振。

[他对成汉事业的另一项最重要贡献:患病临终前确定德才俱佳的李雄为后继

领袖。]

流素重雄有长者之德，每云："兴吾家者，必此人也。"敕诸子尊奉之。流疾笃，谓诸将曰："骁骑［李特弟李骧］高明仁爱，识断多奇，固足以济大事，然前军英武，殆天所相，可共受事于前军，以为成都王。"遂死，时年五十六。诸将共立雄为主。雄僭号……

……　……

载记第二十一　李雄、李班、李期、李寿、李势　摘录和评注

［本载记是巴氏成汉巅峰史，也是它的衰败和灭亡史，而后一番历史以魏征在篇末所云的"篡杀移国，昏狂继轨"为首要特征。］

［304 年，李雄攻占成都，正式立国，续之以三十年总的来说良好的治理。李雄逝后，李期经兄弟残杀篡位，随后清洗和杀戮不断。338 年李期表兄弟李寿被逼反叛，攻入成都废帝自立，尽诛李雄所余诸子；他还奢侈无度，重赋多役，且留下与他一样以血立威、侈淫苛虐的李势继位。346 年，东晋桓温发动征伐，李势投降，成汉灭亡。］

李雄：

［轻易实现其父其叔浴血未竟之事，即攻占成都，继而正式建立成汉国家且称帝；实施轻赋富民、宽刑简政的良好政策，同时广为拓展成汉控制范围；然"蹈匹夫之小节，传大统于犹子（侄子）"，种下他死后其子立即血腥内斗的大祸根。］

［"美容貌，少以烈气闻"；李流临终时确定他为后继领袖，随后他很快击败罗尚，攻占成都。］

李雄，字仲俊，特第三子也。母罗氏……生荡。后……生雄。……雄身长八尺三寸，美容貌。少以烈气闻，每周旋乡里，识达之士皆器重之。……

特起兵于蜀，承制，以雄为前将军。流死，雄自称大都督、大将军、益州牧，都于

郫城。[很快击败罗尚,攻占成都:]罗尚遣将攻雄,雄击走之。李骧攻犍为,断尚运道,尚军大馁,攻之又急,遂留牙门罗特固守,尚委城夜遁。特开门内雄,遂克成都。于时雄军饥甚,乃率众就谷于郪[在今四川绵阳市三台县郪口],掘野芋而食之。蜀人流散,东下江阳,南入七郡。……雄乃深自挹损,不敢称制,事无巨细,皆决于李国、李离兄弟。国等事雄弥谨。

[正式建立成汉国家且称帝;攻取汉中,"尽徙汉中人于蜀";实施轻赋富民、宽刑简政的良好政策(如房玄龄等赞曰"薄赋而绥弊俗,约法而悦新邦")。]

[正式建立成汉国家:]诸将固请雄即尊位,以永兴元年[304]僭称成都王……除晋法,约法七章。[宽刑简政。]以其叔父骧为太傅,兄始为太保,折冲李离为太尉,建威李云为司徒,翊军李璜为司空,材官李国为太宰,其余拜授各有差。……母罗氏曰王太后。[称帝:]范长生自西山乘素舆诣成都,雄迎之于门,执版延坐,拜丞相,尊曰范贤。长生劝雄称尊号,雄于是僭即帝位……

[攻取汉中,"尽徙汉中人于蜀":]遣李国、李云等率众二万寇汉中,梁州刺史张殷奔于长安。国等陷南郑[今陕西汉中市南郑区],尽徙汉中人于蜀。

[南下攻伐今云南东北部,肆行其残忍暴行:]先是,南土频岁饥疫,死者十万计。南夷校尉李毅固守不降,雄诱建宁[郡名,治所在今云南曲靖市西北十五里三岔]夷使讨之。毅病卒,城陷[即建宁郡治所],杀壮士三千余人,送妇女千口于成都。

[对成都平原北缘的控制失而复得:]时李离据梓潼[今四川绵阳市梓潼县],其部将罗羕、张金苟等杀离及阎式,以梓潼归于罗尚。尚遣其将向奋屯安汉之宜福以逼雄,雄率众攻奋,不克。时李国镇巴西[治所在今四川南充市下属阆中市],其帐下文硕又杀国,以巴西降尚。雄乃引还,遣其将张宝袭梓潼,陷之。会罗尚卒,巴郡乱,李骧攻涪,又陷之,执梓潼太守谯登,遂乘胜进军讨文硕,害之。

……………

[施行良好治理,"益州遂定":]是时南得汉嘉、涪陵,远人继至,雄于是下宽大之令,降附者皆假复除。虚己爱人,授用皆得其才,益州遂定。伪立其妻任氏为皇后。……

[再度南下攻伐,先胜而后大败:]遣李骧征越巂[郡名,治所在邛都,即今四川

凉山彝族自治州西昌市东南]，太守李钊降。骧进军由小会攻宁州刺史王逊，逊使其将姚岳悉众距战。骧军不利，又遇霖雨，骧引军还，争济泸水，士众多死。

…… ……

["乱自此始矣！""蹈匹夫之小节"，种下他死后顶层内乱的大祸根。]

其后将立荡子班为太子。雄有子十余人，群臣咸欲立雄所生。雄曰："起兵之初，举手捍头，本不希帝王之业也。值天下丧乱，晋氏播荡，群情义举，志济涂炭，而诸君遂见推逼，处王公之上。本之基业，功由先帝。吾兄嫡统，丕祚所归，恢懿明睿，殆天报命，大事垂克，薨于戎战。班姿性仁孝，好学夙成，必为名器。"李骧与司徒王达谏曰："先王树冢嫡者，所以防篡夺之萌，不可不慎。……犹子之言，岂若子也？深愿陛下思之。"雄不从，竟立班，骧退而流涕曰："乱自此始矣！"

…… ……

[他最后的重大扩张成就，即夺得巴东和广大"南中"地区的颇大部分。]时李骧死，以其子寿为大将军、西夷校尉，督征南费黑、征东任矶攻陷巴东，太守杨谦退保建平[郡名，治所在今重庆市巫山县南长江南岸南陵乡]。寿别遣费黑寇建平，晋巴东监军毋丘奥退保宜都。雄遣李寿攻朱提，以费黑、印攀为前锋，又遣镇南任回征木落，分宁州之援。宁州刺史尹奉降，遂有南中之地[史上西南夷地区]。雄于是赦其境内，使班讨平宁州夷，以班为抚军。

[他急病死去：]咸和八年[333]，雄生痈于头，六日死，时年六十一，在位三十年。……

[进一步追述他的良好治理及良好性情，兼及一大问题。]

["性宽厚，简刑约法：]雄性宽厚，简刑约法，甚有名称。氐苻成、隗文既降复叛，手伤雄母，及其来也，咸释其罪，厚加待纳。由是夷夏安之，威震四土。时海内大乱，而蜀独无事，故归之者相寻。["兴学校"：]雄乃兴学校，置史官，[暇时手不释卷：]听览之暇，手不释卷。[轻徭薄赋，"百姓富贵"：]其赋男丁岁谷三斛，女丁半之，户调绢不过数丈，绵数两。事少役稀，百姓富贵，闾门不闭，无相侵盗。然雄意在招致远方，国用不足，故诸将每进金银珍宝，多有以得官者。丞相杨褒谏曰："陛下为

天下主,当网罗四海,何有以官买金邪!"雄逊辞谢之。……[他的一大问题:军政甚少规制,从上到下巴氏农牧民习性大致不改]雄为国无威仪,官无禄秩,班序不别,君子小人服章不殊;行军无号令,用兵无部队,战胜不相让,败不相救,攻城破邑动以虏获为先。此其所以失也。

李班:

[其父为李特次子、在成都城下战死的英勇无比的李荡,被"蹈匹夫之小节"的叔父李雄立为储君,结果招来李雄之子的血斗,由此开成汉"篡杀移国,昏狂继轨"的致命传统。]

[“谦虚博纳”“为性泛爱”,这反倒是他在未来政治恶斗中的负资产,而另一项负资产是其继位合法性仅李雄一人确信。]

班字世文。初署平南将军,后立为太子。班谦虚博纳,敬爱儒贤,自何点、李钊,班皆师之,又引名士王嘏及陇西董融、天水文夔等以为宾友。……为性汎爱,动修轨度。时诸李子弟皆尚奢靡[李雄教子无方!],而班常戒厉之。每朝有大议,雄辄令豫之。班以古者垦田均平,贫富获所,今贵者广占荒田,贫者种殖无地,富者以己所余而卖之,此岂王者大均之义乎!雄纳之。及雄寝疾,班昼夜侍侧。雄少数攻战,多被伤夷,至是疾甚,痕皆脓溃,雄子越等恶而远之[李雄教子无方!]。班为吮脓,殊无难色,每尝药流涕,不脱衣冠,其孝诚如此。

[李雄诸子对他继位大不服气,发动政变弑君,李雄子李期嗣位。]

雄死,嗣伪位,以李寿录尚书事辅政。班居中执丧礼,政事皆委寿及司徒何点、尚书令王瑰等。越时镇江阳,以班非雄所生,意甚不平。至此,奔丧,与其弟期密计图之。李许劝班遣越还江阳,以期为梁州刺史,镇葭萌。班以未葬,不忍遣,推诚居厚,心无纤芥。……咸和九年,班因夜哭,越杀班于殡宫,时年四十七,在位一年,遂立雄之子期嗣位焉。

李期：

[李班被杀后他即位，连续不断地施行高层清洗和杀戮，结果身陷被诛危险的李期叔父李寿武装反叛攻入成都，废他自立。]

[权力和权势斗争可以腐败人：他曾"轻财好施，虚心招纳"，但即位后判若两人，嗜血如兽；谋袭手握重兵的大将、叔父李寿，遂招致灭顶之灾并连累李雄所余诸子。]

期字世运，雄第四子也。聪慧好学，弱冠能属文，轻财好施，虚心招纳。初为建威将军，雄令诸子及宗室子弟以恩信合众，多者不至数百，而期独致千余人。其所表荐，雄多纳之，故长史列署颇出其门。

[继位后分别诛杀和攻伐李班两弟，囚死一宗室公爵，很可能鸩杀他的两名亲兄弟和一名养叔父：]既杀班，欲立越为主，越以期雄妻任氏所养，又多才艺，乃让位于期。于是僭即皇帝位……诛班弟都。使李寿伐都弟玝于涪，玝弃城降晋。……封兄越建宁王，拜相国、大将军、录尚书事……[撇开朝廷，专用佞幸，"纲维紊矣"：]期自以谋大事既果，轻诸旧臣，外则信任尚书令景骞、尚书姚华、田褒。褒无他才艺，雄时劝立期，故宠待甚厚。内则信宦竖许涪等。国之刑政，希复关之卿相，庆赏威刑，皆决数人而已，于是纲维紊矣。乃诬其尚书仆射、武陵公李载谋反，下狱死。

……　……

雄子霸、保并不病而死，皆云期鸩杀之，于是大臣怀惧，人不自安。……期多所诛夷，籍没妇女资财以实后庭[多所诛夷不仅为敛权防变，也为敛财敛女人]，内外凶凶，道路以目，谏者获罪，人怀苟免。期又鸩杀其安北李玝。玝，寿之养弟也。[谋袭李寿：]于是与越及景骞、田褒、姚华谋袭寿等，欲因烧市桥而发兵。期又累遣中常侍许涪至寿所，伺其动静。[李寿被逼武装反叛，攻入成都，逼他杀尽己党，然后废帝自立：]及杀玝，寿大惧，又疑许涪往来之数也，乃率步骑一万，自涪向成都，表称景骞、田褒乱政，兴晋阳之甲[地方官因不满朝廷而举兵。《公羊传·定公十三年》：晋赵鞅兴晋阳之甲，以清君侧为名，逐荀寅、士吉射]，以除君侧之恶。以李奕为先登。寿到成都，期、越不虞其至，素不备设，寿遂取其城，屯兵至门。期遣侍中劳寿，寿奏相国、建宁王越，尚书令、河南公景骞，尚书田褒、姚华，中常侍许涪，征西将军李遐及将军李西等，皆怀奸乱政，谋倾社稷，大逆不道，罪合夷灭。期从之，于是杀越、骞等。寿矫任氏令，废期为邛都县公，幽之别宫。[他被废后自杀：]期叹曰："天下主乃当为小县公，不如死也！"咸康三年，自缢而死，时年二十五，在位三年。……[李雄之子被全盘夷灭：]雄之子皆为寿所杀。

李寿：

[李雄侄子，靠非常血腥的政变杀亲而登基执政。继而嗜杀以立威，增役以奢淫，且留下与他一样的儿子李势继位。]

[才能卓著，功勋可观，为手握重兵的大外籓。]

寿字武考，骧之子也。敏而好学，雅量豁然，少尚礼容，异于李氏诸子。雄奇其才，以为足荷重任，拜前将军、督巴西军事，迁征东将军。时年十九，聘处士谯秀以为宾客，尽其谠言，在巴西威惠甚著。骧死，迁大将军、大都督、侍中，封扶风公，录尚书事。征宁州，攻围百余日，悉平诸郡，雄大悦，封建宁王。雄死，受遗辅政。期立，改封汉王，食梁州五郡，领梁州刺史。

[权力和权势斗争可以腐败人：他曾"雅量豁然"，但发动武装反叛后判若两人，嗜血如兽，多所残害。]

寿威名远振，深为李越、景骞等所惮，寿深忧之。代李玝屯涪，每应期朝觐，常自陈边疆寇警，不可旷镇，故得不朝。寿又见期、越兄弟十余人年方壮大，而并有强兵，惧不自全……阴与长史略阳罗恒、巴西解思明共谋据成都，称籓归顺。乃誓文武，得数千人，袭成都，克之，纵兵虏掠，至乃奸略雄女及李氏诸妇[！]，多所残害，数日乃定。

["一日尚为足，而况数年乎！"犹如赌一把算一把的赌徒，自立为帝：]恒与思明及李奕、王利等劝寿称镇西将军、益州牧、成都王，称籓于晋，而任调与司马蔡兴、侍中李艳及张烈等劝寿自立。寿命筮之，占者曰："可数年天子。"调喜曰："一日尚为足，而况数年乎！"思明曰："数年天子，孰与百世诸侯！"寿曰："朝闻道，夕死可矣。任侯之言，策之上也。"遂以咸康四年[338]僭即伪位……以董皎为相国，罗恒、马当为

股肱,李奕、任调、李闳为爪牙,解思明为谋主。……立妻阎氏为皇后,世子势为太子。

……　……

[曾听命于羯胡后赵石虎,准备大发舟师攻伐东晋,群臣叩头泣谏乃止:]遣其散骑常侍王嘏、中常侍王广聘于石季龙。先是,季龙遗寿书,欲连横入寇,约分天下。寿大悦,乃大修船舰,严兵缮甲,吏卒皆备糇粮。以其尚书令马当为六军都督,假节钺,营东场大阅,军士七万余人,舟师沂江而上。过成都,鼓噪盈江,寿登城观之。其群臣咸曰:"我国小众寡,吴会险远,图之未易。"解思明又切谏恳至,寿于是命群臣陈其利害。龚壮谏曰:"陛下与胡通,孰如与晋通?胡,豺狼国也。晋既灭,不得不北面事之。若与之争天下,则强弱势异。……愿陛下熟虑之。"群臣以壮之言为然,叩头泣谏,寿乃止,士众咸称万岁。

……　……

[他对成汉的统治:仿效石虎嗜杀以立威,同时大增徭役,务于奢侈,致使民众疲困,"思乱者十室而九矣"。]

寿承雄宽俭,新行篡夺,因循雄政,未逞其志欲。会李闳、王嘏从邺还,盛称季龙威强,宫观美丽,邺中殷实。寿又闻季龙虐用刑法,王逊[西晋末南夷校尉、宁州刺史,出镇宁州,收聚离散,打击豪强,征伐诸夷,威名流传]亦以杀罚御下,并能控制邦域,寿心欣慕,人有小过,辄杀以立威。又以郊甸未实,都邑空虚,工匠器械,事未充盈,乃徙旁郡户三丁已上以实成都,兴尚方御府,发州郡工巧以充之,广修宫室,引水入城,务于奢侈。又广太学,起宴殿。百姓疲于使役,呼嗟满道,思乱者十室而九矣。其左仆射蔡兴切谏,寿以为诽谤,诛之。右仆射李嶷数以直言忤旨,寿积怨非一,托以他罪,下狱杀之。

寿疾笃……八年[342],寿死,时年四十四,在位五年。……

[再述就他而言环境剧变后人的剧变:]寿初为王,好学爱士,庶几善道,每览良将贤相建功立事者,未尝不反覆诵之,故能征伐四克,辟国千里。雄既垂心于上,寿亦尽诚于下,号为贤相。及即伪位之后,改立宗庙,以父骧为汉始祖庙,特、雄为大成庙,又下书言与期、越别族,凡诸制度,皆有改易。公卿以下,率用己之僚佐,雄时

旧臣及六郡士人，皆见废黜。寿初病，思明等复议奉王室，寿不从。李演自越巂上书，劝寿归正返本，释帝称王，寿怒杀之……动慕汉武、魏明之所为，耻闻父兄时事[卑贱者发达后的显贵势利心！没有独立的族裔、阶级和家族自信，部分缘于他杀亲极多]，上书者不得言先世政化，自以已胜之也。

李势：

[如同其父，以血立威，侈淫苛虐，到头来在东晋桓温攻伐面前叩头乞降。他作为俘虏受到优遇，令房玄龄等不禁愤言："宜其悬首国门，以明大戮，遂得礼同刘禅，不亦优乎！"]

[嗣位后攻袭亲弟，令其自杀，斩前朝重臣两人，夷其三族，且攻杀一名反叛的宗室大将。]

势字子仁，寿之长子也。初，寿妻阎氏无子，骧杀李凤，为寿纳凤女，生势。期爱势姿貌，拜翊军将军、汉王世子。……寿死，势嗣伪位……尊母阎氏为太后，妻李氏为皇后。

…… ……

势弟大将军、汉王广以势无子，求为太弟，势弗许。马当、解思明以势兄弟不多，若有所废，则益孤危，固劝许之。势疑当等与广有谋，遣其太保李奕袭广于涪城，命董皎收马当、思明斩之，夷其三族。贬广为临邛侯，广自杀。思明有计谋，强谏诤，马当甚得人心。自此之后，无复纪纲及谏诤者。

李奕自晋寿[在汉中地区]举兵反之，蜀人多有从奕者，众至数万。势登城距战。奕单骑突门，门者射而杀之，众乃溃散。……

[他的统治的另一维度：荒淫苛虐，"刑狱滥加"，滥用群小，后者"因行威福"。]

[成汉南下拓地的一个必然但令人始料未及的添乱效应：]初，蜀土无獠[即僚，泛指南蛮]，至此，始从山而出，北至犍为、梓潼，布在山谷，十余万落，不可禁制，大为百姓之患。[他的极端恶劣统治：]势既骄吝，而性爱财色，常杀人而取其妻[！]，荒

淫不恤国事。夷獠叛乱，军守离缺，境宇日蹙。加之荒俭，性多忌害，诛残大臣，刑狱滥加，人怀危惧。斥外父祖臣佐，亲任左右小人，群小因行威福。又常居内，少见公卿。……

[桓温大举伐蜀，他和成汉的末日降临：]

大司马桓温率水军伐势。温次青衣[今四川雅安市名山区北]，势大发军距守，又遣李福与昝[zǎn]坚等数千人从山阳趣合水[在今四川眉山市彭山区东北府河注入岷江处]距温。[至少在协调部署上出大错，加速灭亡进程：]谓温从步道而上，诸将皆欲设伏于江南以待王师，昝坚不从，率诸军从江北鸳鸯碕渡向犍为[今四川乐山市犍为县]，而温从山阳出江南，昝坚到犍为，方知与温异道，乃回从沙头津北渡。及坚至，温已造成都之十里陌，昝坚众自溃。[桓温兵临成都城下，他出逃并乞降：]温至城下，纵火烧其大城诸门。势众惶惧，无复固志，其中书监王嘏、散骑常侍常璩等劝势降。势以问侍中冯孚，孚言："昔吴汉征蜀，尽诛公孙氏。今晋下书，不赦诸李，虽降，恐无全理。"势乃夜出东门，与昝坚走至晋寿，然后送降文于温曰："伪嘉宁二年[347]三月十七日，略阳李势叩头死罪。伏惟大将军节下，先人播流，恃险因衅，窃自汶、蜀。势以暗弱，复统未绪，偷安荏苒，未能改图。……将士狂愚，干犯天威。仰惭俯愧，精魂飞散，甘受斧锧，以衅军鼓。……"势寻舆榇面缚军门，温解其缚，焚其榇。[他作为俘虏受到优遇，又苟活了十五年，令房玄龄等不禁愤愤：]迁势及弟福、从兄权亲族十余人于健康，封势归义侯。升平五年[361]，死于建康。在位五年而败。

始，李特以惠帝太安元年[302]起兵，至此六世，凡四十六年，以穆帝永和三年灭。

[房玄龄等对成汉的终评。一提到戎狄乱华，他们必定表现华夏种族/文化偏见。其余除我们已经援引或议论的以外，大致只有一句在此需要泛谈："班以宽爱罹灾，期以暴戾速祸，殊涂并失，异术同亡"，如何在这不难规避的两极端之间寻找一个平衡？]

史臣曰：……戎狄乱华，衅深自古，况乎巴濮[族名，商汤时分布于江汉一带，春秋战国时楚西南(今滇、黔、川以至江汉流域以西)许多分散的部落总称"百濮"]杂种，厥类实繁，资剽窃以全生，习犷悍而成俗。李特世传凶狡，早擅枭雄，太息剑门，志吞井络[左思《蜀都赋》："岷山之精，上为井络。"专指岷山，泛指蜀地]。属晋纲之落纽，乘罗侯[罗尚]之无断，骋马属鞬，同声云集，歼殄蜀、汉，荐食巴、梁，沃野无半菽之资，华阳[华山之阳，今陕西秦岭以南、四川和云南、贵州一带]有析骸[劈解尸骨]之衅。盖上失其道，覆败之至于斯！

仲俊[李雄字]天挺英姿，见称奇伟，摧锋累载，克隆霸业。蹈玄德之前基，掩子阳[公孙述字]之故地，薄赋而绥弊俗，约法而悦新邦，拟于其伦，实孙权之亚也。若夫立子以嫡，往哲通训，继体承基，前修茂范。而雄暗经国之远图，蹈匹夫之小节，传大统于犹子。托强兵于厥胤[指李寿]。遗骸莫敛，寻戈之衅已深；星纪未周，倾巢之衅便及。虽云天道，抑亦人谋。

班以宽爱罹灾，期以暴戾速祸，殊涂并失，异术同亡。武考[李寿字]凭藉世资，穷兵窃位，罪百周带，毒甚楚围，获保归全，何其幸也！子仁[李势字]承绪，继传昏虐，驱率余烬，敢距大邦。授甲晨征，则理均于困兽；斩关宵遁，则义殊于前禽[在前逃逸的禽兽，以不逐前禽喻怀柔政策]。宜其悬首国门，以明大戮，遂得礼同刘禅，不亦优乎！

赞曰：……李特窥衅，盗我巴庸。世历五朝，年将四纪。篡杀移国，昏狂继轨。德之不修，险亦难恃。

南燕：『跨有全齐，窃弄神器』

载记第二十七 慕容德 摘录和评注

[慕容德，在为"只识弯弓射大雕"的后燕创立者慕容垂及其继位者"无能的坏蛋"慕容宝立下累累功勋之后，他创建鲜卑南燕国。398 年，他在大外藩、邺城镇守者任上，因拓跋氏北魏大败后燕、慕容宝弃都出奔和邺城势必危殆，率众南迁滑台，在那里建立南燕国家，并于 400 年称帝。作为君主，他的主要作为是遣师大败东晋军队，东向纳降兖青诸县，移都于青州广固，平定两场内部叛乱。然而，正当他即将乘篡位者桓玄被刘裕剪除而大伐东晋时，他疾笃去世（405），留下将被刘裕消灭的二代（末代）君主慕容超。]

[像那个时代那么多显要者一样，他是个无情的机会主义者，"朝危未闻其节，君存遽践其位"。但另一方面，他的文治武功令房玄龄等赞曰"观其为国，有足称焉"。]

[前燕立国者慕容皝之子，后燕立国者慕容垂之弟，任前燕重臣和大将，犹得慕容垂赏识，且军功卓著；受慕容垂出奔牵连而丢官，前燕亡后则改为前秦效劳。]

慕容德，字玄明，皝之少子也……年未弱冠，身长八尺二寸，姿貌雄伟，额有日角偃月重文。博观群书，性清慎，多才艺。慕容俊之僭立也，封为梁公，历幽州刺史、左卫将军。及暐嗣位，改范阳王，稍迁魏尹，加散骑常侍。俄而苻坚将苻双据陕以叛，坚将苻柳起兵蒲罕，将应之。[苻双苻柳皆为行"四公之叛"的苻坚之弟。]德劝暐乘衅讨坚，辞旨慷慨，识者言其有远略，暐竟不能用。德兄垂甚壮之，因共论军国大谋，言必切至。垂谓之曰："汝器识长进，非复吴下阿蒙也。"枋头之役[369年桓温惨败于前燕之役]，德以征南将军与垂击败晋师。及垂奔苻坚，德坐免职。后遇暐败，徙于长安，苻坚以为张掖太守，数岁免归。

[他似乎志在随慕容垂复立燕国，特别在苻坚淝水惨败后；后燕立，他任慕容垂重臣兼大将，为灭鲜卑西燕提供决定性助力；慕容垂去世后，他随即被任为大外藩、邺城镇守者。]

及坚以兵临江，拜德为奋威将军。坚之败也，……德……言于暐曰："昔句践栖于会稽，终获吴国。圣人相时而动，百举百全。天将悔祸，故使秦师丧败，宜乘其弊以复社稷。"暐不纳。乃从垂如邺。

及垂称燕王，以德为车骑大将军，复封范阳王，居中镇卫，参断政事。久之，迁司徒。[为灭鲜卑西燕提供决定性助力：]于时慕容永据长子，有众十万，垂议讨之。群臣咸以为疑，德进曰："……燕、赵之士乐为燕臣也。今永既建伪号，扇动华戎，致令群竖从横，逐鹿不息，宜先除之，以一众听。昔光武驰苏茂[更始政权将领，公元25年投降刘秀，翌年率兵叛变，投靠割据者刘永]之难，不顾百官之疲，夫岂不仁？机急故也。兵法有不得已而用之，陛下容得已乎！"垂笑谓其党曰："司徒议与吾同。二人同心，其利断金，吾计决矣。"遂从之。[成为大外藩、邺城镇守者：]垂临终，敕其子宝以邺城委德。宝既嗣位，以德为使持节、都督冀、兖、青、徐、荆、豫六州诸军事、特进、车骑大将军、冀州牧，领南蛮校尉，镇邺，罢留台，以都督专总南夏。

[艰难但成功地抵挡住拓跋氏北魏对邺城的进攻，"人心始固"：]魏将拓跋章攻邺，德遣南安王慕容青等夜击，败之。魏师退次新城，青等请击之。别驾韩𫘤进曰："古人先决胜庙堂，然后攻战。今魏不可击者四，燕不宜动者三。魏悬军远入，利在野战，一不可击也。深入近畿，顿兵死地，二不可击也。前锋既败，后阵方固，三不

可击也。彼众我寡，四不可击也。官军自战其地，一不宜动。动而不胜，众心难固，二不宜动。城郭未修，敌来无备，三不宜动。此皆兵家所忌，不如深沟高垒，以逸待劳。彼千里馈粮，野无所掠，久则三军靡资，攻则众旅多毙，师老衅生，详而图之，可以捷矣。"德曰："韩别驾之言，良、平之策也。"于是召青还师。魏又遣辽西公贺赖卢率骑与章围邺，德遣其参军刘藻请救于姚兴，……而兴师不至，众大惧。德于是亲飨战士，厚加抚接，人感其恩，皆乐为致死。会章、卢内相乖争，各引军潜遁。章司马丁建率众来降，言章师老，可以败之。德遣将追破章军，人心始固。

[因北魏大败后燕、慕容宝弃都出奔和邺城势必危殆，率众南迁滑台，建立南燕国家，是为"朝危未闻其节，君存遽践其位"。]

时魏师入中山[今河北定州市定县，后燕国都]，慕容宝出奔于蓟，慕容详[曾为后燕开封公，一度称燕帝]又僭号。会刘藻自姚兴而至，兴太史令高鲁遣其甥王景晖随藻送玉玺一纽，并图谶秘文，曰："有德者昌，无德者亡。德受天命，柔而复刚。"……于是德之群臣议以慕容详僭号中山，魏师盛于冀州，未审宝之存亡，因劝德即尊号。[当然，即使方向已定，事情也往往要经过一番周折：]德不从。会慕容达自龙城奔邺，称宝犹存，群议乃止。寻而宝以德为丞相，领冀州牧，承制南夏。

[他的侄子慕容麟的关键进言被接受，他率众弃邺南迁：]德兄子麟自义台奔邺，因说德曰："中山既没，魏必乘胜攻邺，虽粮储素积，而城大难固，且人情沮动，不可以战。及魏军未至，拥众南渡，就鲁阳王和，据滑台[今河南安阳市滑县]而聚兵积谷，伺隙而动，计之上也。魏虽拔中山，势不久留，不过驱掠而返。人不乐徙，理自生变，然后振威以援之，魏则内外受敌，使恋旧之士有所依凭，广开恩信，招集遗黎，可一举而取之。"先是，慕容和亦劝德南徙，于是许之。隆安二年[398]，乃率户四万、车二万七千乘，自邺将徙于滑台。遇风，船没，魏军垂至，众惧，议欲退保黎阳。其夕流澌冻合，是夜济师，旦，魏师至而冰泮，若有神焉。遂改黎阳津为天桥津。[至滑台，建立南燕国家：]及至滑台，景星见于尾箕。漳水得白玉，状若玺。于是德依燕元故事，称元年……以慕容麟为司空、领尚书令，慕容法为中军将军……①初，

---

① 下云："时德始都滑台，介于晋、魏之间，地无十城，众不过数万。"

河间有麟见，慕容麟以为己瑞。及此，潜谋为乱，事觉，赐死。……

[他似乎要将政权还给后燕流亡君主慕容宝，是真的还是装的？]至是，慕容宝自龙城南奔至黎阳，遣其中黄门令赵思召慕容钟来迎。钟本首议劝德称尊号，闻而恶之，执思付狱，驰使白状。德谓其下曰："卿等前以社稷大计，劝吾摄政。吾亦以嗣帝奔亡，人神旷主，故权顺群议，以系众望。今天方悔祸，嗣帝得还，吾将具驾奉迎，谢罪行阙，然后角巾私第[穿常服而居私宅]，卿等以为何如？"其黄门侍郎张华进曰："夫争夺之世，非雄才不振；从横之时，岂懦夫能济！陛下若蹈匹妇之仁，舍天授之业，威权一去，则身首不保，何退让之有乎！"德曰："吾以古人逆取顺守，其道未足，所以中路徘徊，怅然未决耳。"慕舆护请驰问宝虚实，德流涕而遣之。乃率壮士数百，随思而北，因谋杀宝。[慕容宝惧而北奔，省却了他的麻烦；]初，宝遣思之后，知德摄位，惧而北奔。护至无所见，执思而还。……思怒曰："周室衰微，晋郑夹辅；汉有七国之难，实赖梁王。殿下亲则叔父，位则上台，不能率先群后以匡王室，而幸根本之倾为赵伦[西晋赵王司马伦]之事。……"德怒，斩之。

[作为君主，他的主要作为是遣师大败东晋军队，纳降兖青诸县，移都至广固，平定内部叛乱。]

[遣师大败东晋军队：]晋南阳太守闾丘羡、宁朔将军邓启方率众二万来伐，师次管城[今河南郑州市下属荥阳市南]。德遣其中军慕容法、抚军慕容和等距之，王师败绩。德怒法不穷追晋师，斩其抚军司马靳瑰。

[扑灭前秦残余苻广，其人投降而后反叛，构成巨大危险：]初，苻登既为姚兴所灭，登弟广率部落降于德，拜冠军将军，处之乞活堡。会荧惑守东井，或言秦当复兴者，广乃自称秦王，败德将慕容钟。时德始都滑台，介于晋、魏之间，地无十城，众不过数万。及钟丧师，反侧之徒多归于广。德乃留慕容和守滑台，亲率众讨广，斩之。

[滑台因内叛而被北魏占据，朝臣遂辩论南燕国都应在何地：]初，宝之至黎阳也，和[抚军将军慕容和]长史李辩劝和纳之，和不从。辩惧谋泄，乃引晋军至管城，冀德亲率师，于后作乱。会德不出，愈不自安。及德此行也，辩又劝和反，和不从。辩怒，杀和，以滑台降于魏。时将士家悉在城内，德将攻之，韩范言于德曰："魏师已

入城，据国成资，客主之势，翻然复异，人情既危，不可以战。宜先据一方，为关中之基，然后畜力而图之，计之上也。"德乃止。德右卫将军慕容云斩李辩，率将士家累二万余人而出，三军庆悦。德谋于众曰："苻广虽平，而抚军失据，进有强敌，退无所托，计将安出？"张华进曰[主张以彭城为都]："彭城阻带山川，楚之旧都，地险人殷，可攻而据之，以为基本。"慕容钟、慕舆护、封逞、韩诨等固劝攻滑台[主张夺回滑台，仍以之为都]，潘聪曰[前两个选择皆有大弊，应东向进取有地缘战略和地缘经济之利的青州广固]："滑台四通八达，非帝王之居。且北通大魏，西接强秦，此二国者，未可以高枕而待之。彭城土旷人稀，地平无险，晋之归镇，必距王师。又密迩江淮，水路通浚，秋夏霖潦，千里为湖。且水战国之所短，吴之所长，今虽克之，非久安之计也。青齐沃壤，号曰'东秦'，土方二千，户余十万，四塞之固，负海之饶，可谓用武之国。三齐英杰，蓄志以待，孰不思得明主以立尺寸之功！广固[今山东潍坊市益都县西北]者，曹嶷之所营，山川阻峻，足为帝王之都。……既据之后，闭关养锐，伺隙而动，此亦二汉之有关中、河内也。"德犹豫未决。沙门朗公素知占候，德因访其所适。朗曰："敬览三策，潘尚书之议可谓兴邦之术矣。……宜先定旧鲁，巡抚琅邪，待秋风戒节，然后北围临齐，天之道也。"[他结束犹豫，率军东向广固，途中纳降兖州青州诸县：]德大悦，引师而南，兖州北鄙诸县悉降，置守宰以抚之。存问高年，军无私掠，百姓安之，牛酒属路。

[他在兖青徐三州大得人心，攻灭东晋齐郡太守辟闾浑德，入据广固。]遣使喻齐郡太守辟闾浑，浑不从，遣慕容钟率步骑二万击之。德进据琅邪，徐、兖之士附者十余万，自琅邪而北，迎者四万余人。德进寇莒[jǔ]城[今山东日照市莒县]，守将任安委城而遁，以潘聪镇莒城。……浑闻德军将至，从八千余家入广固。诸郡皆承檄降于德。浑惧，将妻子奔于魏。德遣射声校尉刘纲追斩于莒城。……德遂入广固。

[他在广固及其周围的可褒可赞的经营。]

[在广固称帝：](隆安)四年[400]，僭即皇帝位于南郊……进慕容钟为司徒，慕舆拔为司空，封孚为左仆射，慕舆护为右仆射。……以其妻段氏为皇后。建立学官，简公卿已下子弟及二品士门二百人为太学生。[兴儒，办太学：他的部分文治。]

后因宴其群臣，酒酣，笑而言曰："朕虽寡薄，恭己南面而朝诸侯，在上不骄，夕惕于位，可方自古何等主也？"其青州刺史鞠仲曰："陛下中兴之圣后，少康、光武之俦也。"德顾命左右赐仲帛千匹。仲以赐多为让，德曰："卿知调朕，朕不知调卿乎！卿饰对非实，故亦以虚言相赏，赏不谬加，何足谢也！"韩范进曰："臣闻天子无戏言，忠臣无妄对。今日之论，上下相欺，可谓君臣俱失。"德大悦，赐范绢五十匹。自是昌言竞进，朝多直士矣。["昌言竞进，朝多直士"：他的部分文治。]

…… ……

明年……立冶于商山，置盐官于乌常泽，以广军国之用。[开发盐铁资源，"以广军国之用"。]

[扑灭慕容达京师叛乱：]德故吏赵融自长安来，始具母兄凶问，德号恸吐血，因而寝疾。其司隶校尉慕容达因此谋反，遣牙门皇璆率众攻端门，殿中师侯赤眉开门应之。中黄门逊进扶德逾城，隐于进舍。段宏等闻宫中有变，勒兵屯四门。德入宫，诛赤眉等，达惧而奔魏。慕容法及魏师战于济北[济水（发源于今河南，流经今山东，入渤海）北边]之摽榆谷，魏师败绩。

……遣其车骑将军慕容镇率骑三千，缘边严防，备百姓逃窜。以（韩）谆为使持节、散骑常侍、行台尚书，巡郡县隐实，得荫户五万八千。谆公廉正直，所在野次，人不扰焉。[旨在增加国家岁入但未扰民的措施。]

…… ……

[出自激情和肯定错的政治/战略判断，他决心乘篡位者桓玄被刘裕剪除之机而大伐东晋，然而疾笃去世。]

时桓玄将行篡逆，诛不附己者。冀州刺史刘轨、襄城太守司马休之、征虏将军刘敬宣、广陵相高雅之、江都长张诞并内不自安，皆奔于德。于是德中书侍郎韩范上疏曰："……自晋国内难，七载于兹。桓玄逆篡，虐逾董卓，神怒人怨，其殃积矣。可乘之机，莫过此也。以陛下之神武，经而纬之，驱乐奋之卒，接厌乱之机，譬犹声发响应，形动影随，未足比其易也。且江淮南北户口未几，公私戎马不过数百，守备之事盖亦微矣。若以步骑一万，建雷霆之举，卷甲长驱，指临江会，必望旗草偃，壶浆属路。跨地数千，众逾十万，可以西并强秦，北抗大魏。夫欲拓境开疆，保宁社稷，无过今也。如使后机失会，豪杰复起，枭除桓玄，布惟新之化，退迩既宁，物无异望,非但建邺难屠,江北亦不可冀。机过患生,忧必至矣。天与不取,悔将及焉。惟陛下览之。"德曰:"……朕据三齐之地,藉五州之众,教之以军旅,训之以礼让,上下知义,人思自奋,缮甲待衅,为日久矣。但欲先定中原,扫除逋孽,然后宣布淳风,经理九服,饮马长江,悬旌陇坂。此志未遂,且韬戈耳。今者之事,王公其详议之。"咸以桓玄新得志,未可图,乃止。于是讲武于城西,步兵三十七万,车一万七千乘,铁骑五万三千,周亘山泽,旌旗弥漫,钲鼓之声,振动天地。……俄闻桓玄败,德以慕容镇为前锋,慕容钟为大都督,配以步卒二万,骑五千,克期将发,而德寝疾,于是罢兵。

初,德迎其兄子超于长安,及是而至。……乃下书以超为皇太子……其月死,即义熙元年[405]也,时年七十。乃夜为十余棺,分出四门,潜葬山谷,竟不知其尸之所在。在位五年……

载记第二十八　慕容超　摘录和评注

[慕容德之侄,鲜卑南燕二代亦是末代君主,中国史上几乎无数庸主昏君中间的一个典型。他"政刑莫恤,畋游是好,杜忠良而谗佞进,暗听受而勋戚离"。他继位的合法性有点问题,导致他与宗室贵族的尖锐矛盾贯穿于他在位始终。到头来,战略轻浮促使他侵掠东晋边地,得失大不相称地引来刘裕率师讨伐,而他自诩"据五州之强,带山河之固,战车万乘,铁马万群",连拒辅臣战略谏言,结果被围孤城,继而被擒斩首。]

[房玄龄等对他的惨终毫不同情,说"迹其人谋,非不幸也"。]

[因鲜卑后燕创始者慕容垂反叛氐族前秦,他在娘肚子里就伴随灾难,少年时颠沛流离,历经苦痛终于归属慕容德,被立为储君。]

慕容超字祖明,德兄北海王纳之子。符坚破邺,以纳为广武太守,数岁去官,家于张掖。德之南征[被符坚拜为奋威将军,随其大举南征东晋],留金刀而去。[他在娘肚子里就伴随苦难:]及垂起兵山东,符昌收纳及德诸子,皆诛之。纳母公孙氏以亳获免,纳妻段氏方娠,未决,囚之于郡狱。狱掾呼延平,德之故吏也,尝有死罪,德免之。至是,将公孙及段氏逃于羌中,而生超焉。[为投奔其叔慕容德而颠沛流离,以至于"阳狂行乞",遭大鄙视:]年十岁而公孙氏卒,临终授超以金刀,曰:"若天下太平,汝得东归,可以此刀还汝叔也。"平又将超母子奔于吕光。及吕隆降于姚兴,超又随凉州人徙于长安。超母谓超曰:"吾母子全济,呼延氏之力。平今虽死,吾欲为汝纳其女以答厚惠。"于是娶之。超自以诸父在东,恐为姚氏所录,乃阳狂行乞。秦人贱之,惟姚绍见而异焉,劝兴拘以爵位。召见与语,超深自晦匿,兴大鄙之,谓绍曰:"谚云'妍皮不裹痴骨'[美好的皮不包痴呆的骨头,比喻外表美好必内心聪明],妄语耳。"由是得去来无禁。德遣使迎之,超不告母妻乃归[他一开始就有他的冷酷]。及至广固,呈以金刀,具宣祖母临终之言,德抚之号恸。

超身长八尺,腰带九围,精彩秀发,容止可观。德甚加礼遇,始名之曰超,封北海王,拜侍中、骠骑大将军、司隶校尉,开府,置佐吏。[他在成为储君以后与他以前的表现判若两人! 政治机会主义者:]德无子,欲以超为嗣,故为超起第于万春门内,朝夕观之。超亦深达德旨,入则尽欢承奉,出则倾身下士,于是内外称美焉。顷之,立为太子。

[他继位登基,排斥宗室大贵族及外戚,重用佞臣公孙五楼,激起前者谋反,继之以他迅速得胜告终的内战。]

及德死,以义熙元年[405]僭嗣伪位……尊德妻段氏为皇太后。以慕容钟都督中外诸军、录尚书事,慕容法为征南、都督徐兖扬南兖四州诸军事……后又以钟为青州牧,段宏为徐州刺史,公孙五楼为武卫将军、领屯骑校尉,内参政事。["慕容钟+段宏"vs."他+公孙五楼"]封孚言于超曰:"臣闻五大不在边,五细不在庭。钟,国之宗臣,社稷所赖;宏,外戚懿望,亲贤具瞻。正应参翼百揆,不宜远镇方外。今钟等出藩,五楼内辅,臣窃未安。"超新即位,害钟等权逼,以问五楼。五楼欲专断朝政,不欲钟等在内,屡有间言,孚说竟不行。钟、宏俱有不平之色,相谓曰:"黄犬之皮恐当终补狐裘也。"五楼闻之,嫌隙渐遘。

[慕容法 vs. 他]初,超自长安行至梁父,慕容法时为兖州,镇南长史悦寿还谓法曰:"向见北海王子,天资弘雅,神爽高迈,始知天族多奇,玉林皆宝。"法曰:"昔成方

遂诈称卫太子,人莫辩之,此复天族乎?"超闻而恚恨,形于言色。法亦怒,处之外馆,由是结憾。及德死,法又不奔丧,超遣使让焉。[宗室大贵族及外戚因愤懑和恐惧而谋反,他毫不留情地镇压。]法常惧祸至,因此遂与慕容钟、段宏等谋反。超知而征之,钟称疾不赴,于是收其党侍中慕容统、右卫慕容根、散骑常侍段封诛之,车裂仆射封嵩于东门之外。西中郎将封融奔于魏。

[内战,他迅速得胜:]超寻遣慕容镇等攻青州,慕容昱等攻徐州,慕容凝、韩范攻梁父[今山东泰安市高新区徂徕山南]。昱等攻莒城,拔之,徐州刺史段宏奔于魏。封融又集群盗袭石塞城,杀镇西大将军余郁,青土振恐,人怀异议。慕容凝谋杀韩范,将袭广固。范知而攻之,凝奔梁父。范并其众,攻梁父克之,凝奔姚兴,慕容法出奔于魏。慕容镇克青州,钟杀其妻子,为地道而出,单马奔姚兴。

[他在平定内乱后的统治:"不恤政事,畋游是好";"赋敛繁多,事役殷苦";"信用奸臣","专总朝政";战略轻浮,侵掠晋边。]

于时超不恤政事,畋游是好,百姓苦之。其仆射韩𬸚切谏,不纳。[他欲行超级残暴之行,只因群臣反对才止:]超议复肉刑、九等之选,乃下书于境内曰:

……既不能导之以德,必须齐之以刑。……至如不忠不孝若封嵩之辈,枭斩不足以痛之,宜致烹辗[烹,用鼎镬煮;辗,用车分裂人体]之法,亦可附之律条,纳以大辟之科。……辗裂之刑,烹煮之戮,虽不在五品之例,然亦行之自古。……

群下议多不同,乃止。

[施权变,以名义上称藩于羌族后秦要回母妻:]超母妻既先在长安,为姚兴所拘,责超称藩,求太乐诸伎,若不可,使送吴口千人。超下书遣群臣详议。……尚书张华曰:"若侵掠吴边,必成邻怨。此既能往,彼亦能来,兵连祸结,非国之福也。……陛下慈德在秦,方寸崩乱,宜暂降大号,以申至孝之情。权变之道,典谟所许。……"超大悦曰:"张尚书得吾心矣。"使(韩)范聘于兴。……姚兴大悦,赐范千金,许以超母妻还之。……于是还超母妻。

义熙三年[407]……祀南郊……须臾大风暴起,天地昼昏,其行宫羽仪皆振裂。超惧,密问其太史令成公绥,对曰:"陛下信用奸臣,诛戮贤良,赋敛繁多,事役殷苦所致也。"超惧而大赦,谴责公孙五楼等。俄而复之。……

[战略轻浮，为(用于腐败的)蝇头小利而侵掠东晋边地：]超正旦朝群臣于东阳殿，闻乐作，叹音佾不备，悔送伎于姚兴，遂议入寇。其领军韩𧫬谏曰："先帝以旧京倾没，辑翼三齐，苟时运未可，上智辍谋。今陛下嗣守成规，宜闭关养士，以待赋衅，不可结怨南邻，广树仇隙。"超曰："我计已定，不与卿言。"于是遣其将斛谷提、公孙归等率骑寇宿豫[今江苏宿迁市宿豫区]，陷之，执阳平太守刘千载、济阴太守徐阮，大掠而去。简男女二千五百，付太乐教之。

[公孙五楼专总朝政，其宗亲"夹辅左右"：]时公孙五楼为侍中、尚书，领左卫将军，专总朝政，兄归为冠军、常山公，叔父頠为武卫、兴乐公。五楼宗亲皆夹辅左右，王公内外无不惮之。

……百僚杜口，莫敢开言。

尚书都令史王俨诣事五楼，迁尚书郎，出为济南太守，入为尚书左丞，时人为之语曰："欲得侯，事五楼。"

[再度侵掠晋边终于引来刘裕率师讨伐，而他自诩"战车万乘，铁马万群"，连拒辅臣战略谏言。]

又遣公孙归等率骑三千入寇济南，执太守赵元，略男女千余人而去。刘裕率师将讨之，超引见群臣于节阳殿，议距王师。公孙五楼曰："吴兵轻果，所利在战，初锋勇锐，不可争也。宜据大岘[山名，齐地天险，在今山东潍坊市临朐县东南]，使不得入，旷日延时，沮其锐气。可徐简精骑二千，循海而南。绝其粮运，别敕段晖率兖州之军，缘山东下。腹背击之，上策也。各命守宰，依险自固，校其资储之外，余悉焚荡，芟除粟苗，使敌无所资。坚壁清野，以待其衅，中策也。纵贼入岘，出城逆战，下策也。"超曰："京都殷盛，户口众多，非可一时入守。青苗布野，非可卒芟。设使芟苗城守，以全性命，朕所不能。今据五州之强，带山河之固，战车万乘，铁马万群，纵令过岘，至于平地，徐以精骑践之，此成擒也。"贺赖卢苦谏，不从，退谓五楼曰："上不用吾计，亡无日矣。"慕容镇曰："若如圣旨，必须平原用马为便，宜出岘逆战，战而不胜，犹可退守。不宜纵敌入岘，自贻窘逼。……臣以为天时不如地利，阻守大岘，策之上也。"超不从。镇出，谓韩𧫬曰："主上既不能芟苗守险，又不肯徙人逃寇，酷似刘璋矣。今年国灭，吾必死之，卿等中华之士，复为文身矣。"超闻而大怒，收镇下狱。

乃摄莒、梁父二戍,修城隍,简士马,畜锐以待之。

[他大军连败,只得固守被四面包围的广固孤城,继之以被擒斩首;南燕二世而亡。]

其夏,王师次东莞,超遣其左军段晖、辅国贺赖卢等六将步骑五万,进据临朐。俄而王师度岘,超惧,率卒四万就晖等于临朐,谓公孙五楼曰:"宜进据川源,晋军至而失水,亦不能战矣。"五楼驰骑据之。刘裕前驱将军孟龙符已至川源,五楼战败而返。裕遣咨议参军檀韶率锐卒攻破临朐,超大惧,单骑奔段晖于城南。晖众又战败,裕军人斩晖。[只得固守被四面包围的广固孤城:]超又奔还广固,徙郭内人入保小城,使其尚书郎张纲乞师于姚兴。敕慕容镇,进录尚书、都督中外诸军事。……

未几,裕师围城,四面皆合。[臣下连叛,他成为孤家寡人:]人有窃告裕军曰:"若得张纲为攻具者,城乃可得耳。"是月,纲自长安归,遂奔于裕。裕令纲周城大呼曰:"勃勃大破秦军,无兵相救。"超怒,伏弩射之,乃退。右仆射张华、中丞封恺并为裕军所获。裕令华、恺与超书,劝令早降。超乃遗裕书,请为藩臣,以大岘为界,并献马千匹,以通和好,裕弗许。江南继兵相寻而至。尚书张俊自长安还,又降于裕,说裕曰:"今燕人所以固守者,外杖韩范,冀得秦援。范既时望,又与姚兴旧昵,若勃勃败后,秦必救燕,宜密信诱范,啖以重利,范来则燕人绝望,自然降矣。"裕从之,表范为散骑常侍,遗范书以招之。时姚兴乃遣其将姚强率步骑一万,随范就其将姚绍于洛阳,并兵来援。会赫连勃勃大破秦军,兴追强还长安。范叹曰:"天其灭燕乎!"会得裕书,遂降于裕。……翌日,裕将范循城,由是人情离骇,无复固志……

[刘裕围城战之决战,攻城器械大显威:]明年朔旦,超登天门,朝群臣于城上,杀马以飨将士,文武皆有迁授。超幸姬魏夫人从超登城,见王师之盛,握超手而相对泣……其尚书令董锐劝超出降,超大怒,系之于狱。于是贺赖卢、公孙五楼为地道出战王师,不利。……至是,城中男女患脚弱病者太半。超辇而升城……超叹曰:"废兴,命也。吾宁奋剑决死,不能衔璧求生。"于是张纲为裕造冲车,覆以版屋,蒙之以皮,并设诸奇巧,城上火石弓矢无所施用;又为飞楼、悬梯、木幔之属,遥临城上。超大怒,悬其母而支解之[无用的残忍!]。城中出降者相继。裕四面进攻,杀伤其众,悦寿[镇南长史]遂开门以纳王师。[城陷,被擒,斩首:]超与左右数十骑出亡,

为裕军所执。裕数之以不降之状，超神色自若，一无所言，惟以母托刘敬宣而已。送建康市斩之，时年二十六。在位六年。

德以安帝隆安四年[400]僭位，至超二世，凡十一年，以义熙六年[410]灭。

······ ······

[终评：慕容德才德俱为复杂，慕容超恶行殊为简单。]

史臣曰：慕容德以季父之亲，居邺中之重，朝危未闻其节，君存遽践其位，岂人理哉！然裹俶傥之雄姿，韫从横之远略，属分崩之运，成角逐之资，跨有全齐，窃弄神器，抚剑而争衡秦、魏，练甲而志静荆、吴，崇儒术以弘风，延谠言而励己，观其为国，有足称焉。

超继已成之基，居霸者之业，政刑莫恤，畋游是好，杜忠良而谗佞进，暗听受而勋戚离，先绪俄赜，家声莫振……君臣就虏，宗庙为墟。迹其人谋，非不幸也。

国家最佳资产：
杰出的大战略家

帝纪第一　宣帝　摘录和评注

…… ……

[曹爽占优势乃至独裁，但十年后事实将证明司马懿完全能渡过危机并战而胜之，因为他的政治和战略素质——军事帅才、政治耐力和遇事时的决绝果断——优越无比。]

正始元年[240]……初，魏明帝好修宫室，制度靡丽，百姓苦之。帝自辽东还，役者犹万余人，雕玩之物动以千计。至是皆奏罢之，节用务农，天下欣赖焉。[此举既符合他的儒者秉性，又符合他争取人心、增长威望的政治需要。]

[他不可或缺的军事帅才从根本上保证他的政治生存：]二年夏五月，吴将全琮寇芍陂，朱然、孙伦围樊城，诸葛瑾、步骘掠柤中，帝请自讨之。议者咸言，贼远来围樊，不可卒拔。挫于坚城之下，有自破之势，宜长策以御之。帝曰："边城受敌而安坐庙堂，疆场骚动，众心疑惑，是社稷之大忧也。"六月，乃督诸军南征，车驾送出津阳门。帝以南方暑湿，不宜持久，使轻骑挑之，然不敢动。于是休战士，简精锐，募先登，申号令，示必攻之势。吴军夜遁走，追至三州口，斩获万余人，收其舟船军资

而还。天子遣侍中常侍劳军于宛。秋七月，增封食郾、临颍，并前四县，邑万户，子弟十一人皆为列侯。[他的儒者秉性，同时又符合他政治生存和壮大的需要；韬光养晦以待未来的道德前提条件：]帝勋德日盛，而谦恭愈甚。以太常常林乡邑旧齿，见之每拜。恒戒子弟曰："盛满者道家之所忌，四时犹有推移，吾何德以堪之。损之又损之，庶可以免乎？"

[他的军事帅才和后勤保障能力再度辉煌显现：]三年[242]……三月，奏穿广漕渠，引河入汴，溉东南诸陂，始大佃于淮北。先是，吴遣将诸葛恪屯皖，边鄙苦之，帝欲自击恪。议者多以贼据坚城，积谷，欲引致官兵，今悬军远攻，其救必至，进退不易，未见其便。帝曰："贼之所长者水也，今攻其城，以观其变。若用其所长，弃城奔走，此为庙胜也。若敢固守，湖水冬浅，船不得行，势必弃水相救，由其所短，亦吾利也。"四年秋九月，帝督诸军击诸葛恪，车驾送出津阳门。军次于舒，恪焚烧积聚，弃城而遁。[他深谙大战略的一大要义，且能成功贯彻实行；他是全才]帝以灭贼之要，在于积谷，乃大兴屯守，广开淮阳、百尺二渠，又修诸陂于颍之南北，万余顷。自是淮北仓庾相望，寿阳至于京师，农官屯兵连属焉。

[他国内对手的庸劣和战败大大便利了他隐忍不发的事业：]五年[244]……尚书邓飏、李胜等欲令曹爽建立功名，劝使伐蜀。帝止之，不可，爽果无功而还。① 六年秋八月，曹爽毁中垒中坚营，以兵属其弟中领军羲，帝以先帝旧制禁之不可。冬十二月，天子诏帝朝会乘舆升殿。

七年[246]春正月，吴寇柤中，夷夏万余家避寇北渡沔。帝以沔南近贼，若百姓奔还，必复致寇，宜权留之。曹爽曰："今不能修守沔南而留百姓，非长策也。"帝曰：

---

① 《三国志·魏书·诸夏侯曹传》载：南阳何晏、邓飏、李胜、沛国丁谧、东平毕轨咸有声名，进趣于时，明帝以其浮华，皆抑黜之；及爽秉政，乃复进叙，任为腹心。飏等欲令爽立威名于天下，劝使伐蜀，爽从其言，宣王止之不能禁。正始五年，爽乃西至长安，大发卒六七万人，从骆谷入。是时，关中及氐、羌转输不能供，牛马骡驴多死，民夷号泣道路。入谷行数百里，贼因山为固，兵不得进。爽参军杨伟为爽陈形势，宜急还，不然将败。飏与伟争于爽前，伟曰："飏、胜将败国家事，可斩也。"爽不悦，乃引军还。汉晋春秋曰：司马宣王谓夏侯玄曰："春秋责大德重，昔武皇帝再入汉中，几至大败，君所知也。今兴平路势至险，蜀已先据；若进不获战，退见徼绝，覆军必矣。将何以任其责！"玄惧，言于爽，引军退。费祎进兵据三岭以截爽，爽争岭苦战，仅乃得过。所发牛马运转者，死失略尽，羌胡怨叹，而关右悉虚耗矣。

"不然。凡物致之[抵达]安地则安,危地则危。故兵书曰'成败,形也;安危,势也'。形势,御众之要,不可以不审。设令贼以二万人断沔水,三万人与沔南诸军相持,万人陆梁[嚣张,猖獗]粗中,将何以救之?"爽不从,卒令还南。贼果袭破粗中,所失万计。

[曹爽独裁臻至极致,他因此被迫退出,以待大反扑时机。]八年[247]夏四月,夫人张氏薨。曹爽用何晏、邓飏、丁谧之谋,迁太后于永宁宫,专擅朝政,兄弟并典禁兵,多树亲党,屡改制度。帝不能禁,于是与爽有隙。五月,帝称疾不与政事。时人为之谣曰:"何、邓、丁,乱京城。"

[突然,他在老迈濒死之年发动血腥政变,消灭曹爽集团,变曹爽独裁为司马氏独裁。]

九年[248]春三月,黄门张当私出掖庭才人石英等十一人,与曹爽为伎人。爽、晏谓帝疾笃,遂有无君之心,与当密谋,图危社稷,期有日矣。[他一如既往,是战略欺骗和出敌不意的能手,特别在他的敌人严重看轻他和过分高估形势之有利的时候。]帝亦潜为之备,爽之徒属亦颇疑帝。会河南尹李胜将莅荆州,来候帝。帝诈疾笃,使两婢侍,持衣衣落,指口言渴,婢进粥,帝不持杯饮,粥皆流出沾胸。胜曰:"众情谓明公旧风发动,何意尊体乃尔!"帝使声气才属[仅能连续,形容声气微弱乏力],说"年老枕疾,死在旦夕。君当屈并州,并州近胡,善为之备。恐不复相见,以子师、昭兄弟为托"。胜曰:"当还忝本州,非并州。"帝乃错乱其辞曰:"君方到并州。"胜复曰:"当忝荆州。"帝曰:"年老意荒,不解君言。今还为本州,盛德壮烈,好建功勋!"胜退告爽曰:"司马公尸居余气,形神已离,不足虑矣。"他日,又言曰:"太傅不可复济,令人怆然。"故爽等不复设备。[他的战略欺骗或超级韬光养晦完全解除了对手的武装! 在最佳时机发动政变,在其他条件之外大得益于他一向累积的威望和人缘。]嘉平元年[249]春正月甲午,天子谒高平陵,爽兄弟皆从。是日,太白袭月。帝于是奏永宁太后,废爽兄弟。时景帝为中护军,将兵屯司马门。帝列阵阙下,经爽门。爽帐下督严世上楼,引弩将射帝,孙谦止之曰:"事未可知。"三注三止,皆引其肘不得发。大司农桓范出赴爽,蒋济言于帝曰:"智囊往矣。"帝曰:"爽与范内疏而智不及,驽马恋栈豆,必不能用也。"于是假司徒高柔节,行大将军事,领爽营,谓柔曰："君为周勃矣。"命太仆王观行中领军，摄羲营。帝亲帅太尉蒋济等勒兵出迎天子，屯于洛水浮桥，上奏曰[他宣告灭爽政变的一系列"正当理由"]："先帝诏陛下、秦王及臣升于御床，握臣臂曰'深以后事为念'。今大将军爽背弃顾命，败乱国典，内则僭拟，外专威权。群官要职，皆置所亲；宿卫旧人，并见斥黜。根据桀互，纵恣日甚。又以黄门张当为都监，专共交关，伺候神器。天下汹汹，人怀危惧。陛下便为寄坐，岂得久安？此非先帝诏陛下及臣升御床之本意也。臣虽朽迈，敢忘前言。昔赵高极意，秦是以亡；吕霍早断，汉祚永延。此乃陛下之殷鉴，臣授命之秋也。公卿群臣皆以爽有无君之心，兄弟不宜典兵宿卫；奏皇太后，皇太后敕如奏施行。臣辄敕主者及黄门令罢爽、羲，训吏兵，各以本官侯就第，若稽留车驾，以军法从事。臣辄力疾将兵诣洛水浮桥，伺察非常。"爽不通奏，留车驾宿伊水南，伐树为鹿角，发屯兵数千人以守。桓范果劝爽奉天子幸许昌，移檄征天下兵。爽不能用，而夜遣侍中许允、尚书陈泰诣帝，观望风旨。帝数其过失，事止免官。泰还以报爽，劝之通奏。[他为彻底消灭曹爽本人和减小政变代价而对曹爽搞的最后一次战略欺骗：]帝又遣爽所信殿中校尉尹大目谕爽，指洛水为誓，爽意信之。桓范等援引古今，谏说万端，终不能从，乃曰："司马公正当欲夺吾权耳。吾得以侯还第，不失为富家翁。"[他的敌人庸劣非常，连纸老虎都算不上！]范拊膺[捶胸]曰："坐卿，灭吾族矣！"遂通帝奏。既而有司劾黄门张当，并发爽与何晏等反事，乃收爽兄弟及其党与何晏、丁谧、邓飏、毕轨、李胜、桓范等诛之。……二月，天子以帝为丞相，增封颍川之繁昌、鄢陵、新汲、父城，并前八县，邑二万户，奏事不名。固让丞相。冬十二月，加九锡之礼，朝会不拜。固让九锡。

…… ……

[他的政治和战略天才毋庸置疑。然而，作为实现政权变更和奠基王朝基础的篡夺者，他不可能受到意欲江山永固的初唐君主太宗及其廷臣房玄龄等人的道德乃至政治赞誉。相反，他的卓越才智和复杂性情必定被描述为篡夺者的隐忍、狡黠和"奸回"。]

帝内忌而外宽，猜忌多权变。魏武察帝有雄豪志，闻有狼顾相，欲验之。乃召使前行，令反顾，面正向后而身不动。又尝梦三马同食一槽，甚恶焉。因谓太子丕曰："司马懿非人臣也，必预汝家事。"太子素与帝善，每相全佑，故免。帝于是勤于吏职，夜以忘寝，至于刍牧之间，悉皆临履，由是魏武意遂安。[他的战略耐心和战略欺骗无人可及，韬光养晦简直是他的本能！]及平公孙文懿[辽东太守公孙度之孙，公孙康之子]，大行杀戮[魏遣司马懿伐之，及城破，斩相国以下首级以千数，传文懿首洛阳]。诛曹爽之际，支党皆夷及三族，男女无少长，姑姊妹女子之适人者皆杀之，既而竟迁魏鼎云。明帝时，王导侍坐。帝问前世所以得天下，导乃陈帝创业之始，用文帝末高贵乡公事[指司马昭杀高贵乡公，另立常道乡公]。明帝以面覆床曰："若如公言，晋祚复安得长远！"[在那个大动乱时代，政变甚而弑君可以成为常态或政治传统！]迹其猜忍，盖有符于狼顾也。

[唐太宗李世民对《晋书》篇章做的一则极罕见的评论：]

制曰：夫天地之大，黎元为本。邦国之贵，元首为先。治乱无常，兴亡有运。[至少西周倾覆往后约一千五百年的中国政治史足以令中国人有此根本的历史观！]是故五帝之上，居万乘以为忧；三王已来，处其忧而为乐。竞智力，争利害，大小相吞，强弱相袭。逮乎魏室，三方鼎峙，干戈不息，氛雾交飞。[丛林政治史！那可以产生"性宽绰而能容"的大政治家和"戢鳞潜翼，思属风云"的隐忍式大政治战略家：]宣皇以天挺之姿，应期佐命，文以缵治，武以棱威。用人如在己，求贤若不及；情深阻而莫测，性宽绰而能容。和光同尘，与时舒卷，戢鳞潜翼，思属风云。饰忠于已诈之心，延安于将危之命。观其雄略内断，英猷外决，殄公孙于百日，擒孟达于盈旬，自以兵动若神，谋无再计矣。既而拥众西举，与诸葛相持。抑其甲兵，本无斗志，遗其巾帼，方发愤心。杖节当门，雄图顿屈，请战千里，诈欲示威。且秦蜀之人，勇懦非敌，夷险之路，劳逸不同，以此争功，其利可见。而返闭军固垒，莫敢争锋，生怯实而未前，死疑虚而犹遁，良将之道，失在斯乎！[考虑到司马懿对诸葛亮的几乎全胜，这样的评价是不公平的，何况"亮部将杨仪、魏延争权，仪斩延，并其众。帝欲乘隙而进，有诏不许"。]文帝之世，辅翼权重，许昌同萧何之委，崇华甚霍光之寄。当谓竭诚尽节，伊傅可齐。及明帝将终，栋梁是属，受遗二主，佐命三朝，既承忍死之托，曾无殉生之报。天子在外,内起甲兵,陵土未干,遽相诛戮,贞臣之体,宁若此乎！尽善之方,以斯为惑。夫征讨之策,岂东智而西愚？辅佐之心,何前忠而后乱？[考虑到曹爽的庸劣腐败独裁,这样的评价是不公平的。][下面的评论几近于酸儒,尤其是考虑到唐太宗自己的君权篡夺即玄武门之变 ①：]故晋明掩面,耻欺伪以成功；石勒肆言,笑奸回以定业。② ……故知贪于近者则遗远,溺于利者则伤名；若不损己以益人,则当祸人而福己。……况以未成之晋基,逼有余之魏祚？……

列传第一　后妃列传上张春华传　摘录和评注

[以杀无辜婢女这"一善"保住了丈夫司马懿的政治生命或政治潜能。]

宣穆张皇后,讳春华,河内平皋人也。父汪,魏粟邑令。母河内山氏,司徒(山)涛之从祖姑也。[她的丰厚资产,足以抵消其丈夫得新欢后的薄情,虽然不可能借以保住他可能有过的挚爱。]后少有德行,智识过人,生景帝、文帝、平原王干、南阳公主。[她以杀无辜婢女这一马基雅维里主义之"善"保住了丈夫的政治生命或政治潜能：]宣帝初辞魏武之命,托以风痹,尝暴[曝晒]书,遇暴雨,不觉自起[!]收之。家惟有一婢见之,后乃恐事泄致祸,遂手杀之以灭口,而亲自执爨[cuàn,烧火做饭]。帝由是重之。[他非常薄情和伤人,但她有她的资产,即生有爱戴她的儿子：]其后柏夫人[赵王司马伦之母]有宠,后罕得进见。帝尝卧疾,后往省病。帝曰："老物可憎,何烦出也！"后惭恚不食,将自杀,诸子亦不食。帝惊而致谢,后乃止。帝退

---

① 司马光对玄武门之变的看法是高度同情但不无遗憾：《资治通鉴·卷第一百九十一·唐纪七·高祖神尧大圣光孝皇帝武德九年》曰："立嫡以长,礼之正也。然高祖所以有天下,皆太宗之功；隐太子[太子李建成]以庸劣居其右,地嫌势逼,必不相容。使高祖有文王之明,隐太子有太伯之贤,太宗有子臧之节,则乱何自而生矣！既不能然,太宗始欲俟其先发,然后应之,如此,则事非获已,犹为愈也[出于不得已,尚且算是做得较好的]。既而为群下所迫,遂至喋血禁门,推刃同气,贻讥千古,惜哉！夫创业垂统之君,子孙之所仪刑[仿效典范]也,彼中、明、肃、代之传继,得非有所指拟以为口实乎！"

② 332年,后赵皇帝石勒,在招待高句丽和宇文鲜卑部使臣的宴会上称"大丈夫行事当磊磊落落,如日月皎然,终不能如曹操、司马懿父子,欺孤儿寡妇,狐媚以取天下也"。

而谓人曰："老物不足惜，虑困我好儿耳！"魏正始八年[247]崩[她若多活两年，就能见到她伟大的丈夫消灭曹爽，成为独裁者]，时年五十九，葬洛阳高原陵，追赠广平县君。咸熙元年[264]，追号宣穆妃。及武帝受禅[265]，追尊为皇后。

帝纪第二　文帝　摘录和评注

…… ……

[他独裁期间的最重大事件和首要成就：经一场巨大规模的战役即寿春之战粉碎一大将领诸葛诞的大规模造反，其间他辉煌的政治和战略才能表现得淋漓尽致。]

二年[257]夏五月辛未，镇东大将军诸葛诞杀扬州刺史乐綝，以淮南作乱，遣子靓为质于吴以请救。议者请速伐之，帝曰[他知道这是司马懿专政以来的头号大事，立志全胜]："诞以毌丘俭轻疾倾覆，今必外连吴寇，此为变大而迟。吾当与四方同力，以全胜制之。"乃表曰："昔黥布叛逆，汉祖亲征；隗嚣违戾，光武西伐；烈祖明皇帝乘舆仍出：皆所以奋扬赫斯，震耀威武也。陛下宜暂临戎，使将士得凭天威。今诸军可五十万[他拥有并使用压倒性兵力优势！]，以众击寡，蔑不克矣。"秋七月，[他令这次平叛具有头号实质性和头号象征性意义：]奉天子及皇太后东征，征兵青、徐、荆、豫，分取关中游军，皆会淮北。师次于项，假廷尉何桢节，使淮南，宣慰将士，申明逆顺，示以诛赏。甲戌，帝进军丘头。吴使文钦、唐咨、全端、全怿等三万余人来救诞,诸将逆击,不能御。将军李广临敌不进,泰山太守常时称疾不出,并斩之以徇。[慑众立威,为全胜不容任何懈怠!攻势之决绝和凶猛随即显现:]八月,吴将朱异帅兵万余人,留辎重于都陆,轻兵至黎浆。监军石苞、兖州刺史州泰御之,异退。泰山太守胡烈以奇兵袭都陆,焚其粮运。苞、泰复进击异,大破之。异之余卒馁甚,食葛叶而遁,吴人杀异。帝曰[他的战略判断天才辉煌凸显]:"异不得至寿春,非其罪也,而吴人杀之,适以谢寿春而坚诞意,使其犹望救耳。若其不尔,彼当突围,决一旦之命。或谓大军不能久,省食减口,冀有他变。料贼之情,不出此三者。今当多方以乱之,备其越逸,此胜计也。"[他的战略欺骗和出敌不意天才也是如此:]因命合围,分遣羸疾就谷淮北,稟军士大豆,人三升。钦闻之,果喜。帝愈羸形以示之,多纵反间,扬言吴救方至。诞等益宽恣食,俄而城中乏粮。石苞、王基并请攻之,帝曰[他坚执全胜目标,因而决定"以长策縻之",令"三叛相聚于孤城之中","将使同戮"]:"诞之逆谋,非一朝一夕也,聚粮完守,外结吴人,自谓足据淮南。钦既同恶相济,必不便走。今若急攻之,损游军之力。外寇卒至,表里受敌,此危道也。今三叛[即诸葛诞、文钦、唐咨]相聚于孤城之中,天其或者将使同戮。吾当以长策縻之,但坚守三面。若贼陆道而来,军粮必少,吾以游兵轻骑绝其转输,可不战而破外贼。外贼破,钦等必成擒矣。"[敌方内部的斗争、分裂和倒戈显著地便利了他的事业:]全怿母,孙权女也[孙权长女孙鲁班,与堂侄孙峻通奸,且为非作歹以揽权,后败露,被孙綝赐死],得罪于吴,全端兄子祎及仪奉其母来奔。仪兄静时在寿春,用钟会计,作祎、仪书以谲静。静兄弟五人帅其众来降,城中大骇。

[历时约大半年的诸葛诞大叛乱崩溃,他大获全胜,包括经过最后的有限残忍。]三年[258]春正月壬寅,诞、钦等出攻长围,诸军逆击,走之。初,诞、钦内不相协,及至穷蹙,转相疑贰。会钦计事与诞忤,诞手刃杀钦。钦子鸯攻诞,不克,逾城降。以为将军,封侯,使鸯巡城而呼。帝见城上持弓者不发,谓诸将曰:"可攻矣!"二

月乙酉,攻而拔之,斩诞,夷三族。[他的政治意识和政治远见再度辉煌显现:①]吴将唐咨、孙曼、孙弥、徐韶等帅其属皆降,表加爵位,裹其馁疾。或言吴兵必不为用,请坑之。帝曰:"就令亡还,适见中国之弘耳。"于是徙之三河。夏四月,归于京师,魏帝命改丘头曰武丘,以旌武功。

---

① [《三国志·魏书·王毌丘诸葛邓钟传》专门用以下两段着重彰显司马昭战略和政治上的辉煌表现:]初围寿春,议者多欲急攻之,大将军以为[司马昭证明其在战略意识和将才上远胜过诸葛诞]:"城固而众多,攻之必力屈,若有外寇,表里受敌,此危道也。今三叛相聚于孤城之中,天其或者将使同就戮,吾当以全策縻之,可坐而制也。"诞以二年五月反,三年二月破灭。六军按甲,深沟高垒,而诞自困,竟不烦攻而克。[而且,一项克劳塞维茨式大"摩擦"也帮助了他的敌人,甚至是关键性的帮助:]干宝晋纪曰:初,寿春每岁雨潦,淮水溢,常淹城邑。故文王之筑围也,诞笑之曰:"是固不攻而自败也。"及大军之攻,亢旱逾年。城既陷,是日大雨,围垒皆毁。及破寿春,议者又以为淮南仍为叛逆,吴兵室家在江南,不可纵,宜悉坑之。大将军以为古之用兵,全国为上,戮其元恶而已。吴兵就得亡还,适可以示中国之弘耳。一无所杀,分布三河近郡以安处之。[司马昭在整个战役期间确实始终表现得辉煌,政治、战略和远见上皆如此!此外,他规避了一次华夏野蛮化行动。]
唐咨本利城人。黄初中,利城郡反,杀太守徐箕,推咨为主。文帝遣诸军讨破之,咨走入海,遂亡至吴,官至左将军,封侯、持节。诞、钦屠戮,咨亦生禽,三叛皆获,天下快焉。[司马昭的辉煌,政治上赢得的远比一次大规模战役多:]拜咨安远将军,其余禅将咸假号位,吴众悦服。江东感之,皆不诛其家。其淮南将吏士民诸为诞所胁略者,惟诛其首逆,余皆赦之。听鸯、虎收敛钦丧,给其车牛,致葬旧墓。习凿齿曰:自是天下畏威怀德矣。[在其政治和道德影响方面,寿春之战的赢法和终局对中国统一起了关键作用!]君子谓司马大将军于是役也,可谓能以德攻矣。[在"穷武"与"存义"这两极端之间,他找到了一个平衡:]夫建业者异矣,各有所尚,而不能兼并也。故穷武之雄毙于不仁,存义之国丧于懦退,今一征而禽三叛,大房吴众,席卷淮浦,俘馘十万,可谓壮矣。而未及安坐,丧王基之功,种惠吴人,结异类之情……不咎诞众,使扬士怀愧,功高而人乐其成,业广而敌怀其德,武昭既敷,文算又洽,推此道也,天下其孰能当之哉?

帝纪第三　武帝　摘录和评注

…… ……

[在武帝司马炎的具体的最高指挥下，灭吴战争各路大军战无不胜，齐头奋进：]太康元年[280]春正月……癸丑，王浑克吴寻阳赖乡诸城，获吴武威将军周兴。二月戊午，王濬、唐彬等克丹阳城。庚申，又克西陵，杀西陵都督、镇军将军留宪，征南将军成璩，西陵监郑广。壬戌，濬又克夷道乐乡城，杀夷道监陆晏、水军都督陆景。甲戌，杜预克江陵，斩吴江陵督王延；平南将军胡奋克江安。于是诸军并进，乐乡、荆门诸戍相次来降。乙亥，以濬为都督益、梁二州诸军事，复下诏曰[他既全面又具体的作战指令]："濬、彬东下，扫除巴丘，与胡奋、王戎共平夏口、武昌，顺流长鹜，直造秣陵，与奋、戎审量其宜。杜预当镇静零、桂，怀辑衡阳。大兵既过，荆州南境固当传檄而定，预当分万人给濬，七千给彬。夏口既平，奋宜以七千人给濬。武昌既了，戎当以六千人增彬。太尉充移屯项，总督诸方。"濬进破夏口、武昌，遂泛舟东下，所至皆平。王浑、周浚与吴丞相张悌战于版桥，大败之，斩悌及其将孙震、沈莹，传首洛阳。孙皓穷蹙请降，送玺绶于琅邪王伷。三月壬申，王濬以舟师至于建

邺之石头,孙皓大惧,面缚舆榇,降于军门。[投降是昏聩暴君孙皓在全线崩溃中为活命能做的唯一选择。]浚杖节解缚焚榇,送于京都。收其图籍,得州四,郡四十三,县三百一十三,户五十二万三千,吏三万三千,兵二十三万,男女口二百三十万。其牧守已下皆因吴所置,除其苛政,示之简易,吴人大悦。[王濬如此,必定出自司马炎的指示,令人想起伐至朝歌的武王和进入咸阳的刘邦!懂得政治的得胜者。①]……五月辛亥,封孙皓为归命侯,拜其太子为中郎,诸子为郎中。[《三国志》作者陈寿罕见地谴责司马炎,因为他让那魔鬼般的暴君活命,甚至予以"归命之宠"。②]吴之旧望,随才擢叙。孙氏大将战亡之家徙于寿阳,将吏渡江复十年,百姓及百工复二十年。丙寅,帝临轩大会,引皓升殿,群臣咸称万岁。……庚午,诏诸士卒年六十以上罢归于家。……

列传第四　羊祜、杜预传　摘录和评注

[西晋初两位特别杰出的战略家、政治家和军事家,他们共同的最大历史性贡献是就伐灭孙吴、统一全国做出的。与此同时,他们还以经典儒家品行著称于世,羊祜更是可谓光耀千秋。]

[他俩相较,杜预就才能和建树的全面程度而言遥遥领先,但就德行而言显然有所逊色。]

羊祜:

[曹魏末西晋初大概除司马昭之外最杰出的战略家、政治家和军事家。他简直集一生于一事,即作为对吴战略前沿区域的经久的军政长官进行优秀的经营,为他

---

① 《史记·周本纪》载:武王至商国,◇正义谓至朝歌。商国百姓咸待于郊。于是武王使群臣告语商百姓曰:"上天降休![休:休战,或美善,吉庆]"商人皆再拜稽首,武王亦答拜。[一位对被征服了的民众颇为仁慈的征服者,使人想起另一位伟大的华夏革命家刘邦的"约法三章"。]

② 《三国志·吴书·三嗣主传》:"评曰:……皓凶顽,肆行残暴,忠谏者诛,谗谀者进,虐用其民,穷淫极侈,宜腰首分离,以谢百姓。既蒙不死之诏,复加归命之宠,岂非旷荡之恩,过厚之泽也哉!"

届时主张发动但未能如愿的灭吴战争奠定军事和后勤基础。然而,在一个华夏野蛮化开启已久的时代,①他的最卓越处在于他最优秀的经典儒家品性和行为,以致被人真挚地赞扬"独务德信"。]

…… ……

[西晋建立后,他随即继续升迁,但不忘谦逊谨慎。他一生中异常集中的政治/战略作为:担任旨在灭吴的战略前沿区域军政长官,在任十年,表现优异,成效卓著,尽管不无内外重要遗憾。]

武帝受禅,以佐命之勋,进号中军将军,加散骑常侍,改封郡公,邑三千户。固让封不受,乃进本爵为侯,置郎中令,备九官之职,加夫人印绶。泰始初,诏曰:"……祜执德清劭,忠亮纯茂,经纬文武,謇謇正直,虽处腹心之任,而不总枢机之重,非垂拱无为委任责成之意也。其以祜为尚书右仆射、卫将军,给本营兵。"时王佑、贾充、裴秀皆前朝名望,祜每让,不处其右。

帝将有灭吴之志,以祜为都督荆州诸军事、假节,散骑常侍、卫将军如故。[他的历史性任命,证明是司马炎最好的任命,因为他军政结合,文武相济,大得敌我人心,且注重农垦,"大获其利"。]祜率营兵出镇南夏,开设庠序,绥怀远近,甚得江汉之心。与吴人开布大信,降者欲去皆听之。……吴石城守去襄阳七百余里,每为边害,祜患之,竟以诡计令吴罢守。于是戍逻减半,分以垦田八百余顷,大获其利。祜之始至也,军无百日之粮,及至季年,有十年之积。[成效优异!]诏罢江北都督,置南中郎将,以所统诸军在汉东江夏者皆以益祜。……

后加车骑将军,开府如三司之仪。祜上表固让……不听。

[外部重要遗憾,表明在战场上,孙吴末期卓越将领陆抗可以成为他的克星。]及还镇,吴西陵督步阐举城来降。吴将陆抗攻之甚急,诏祜迎阐。祜率兵五万出江陵,遣荆州刺史杨肇攻抗,不克,阐竟为抗所擒。有司奏:"祜所统八万余人,贼众不过三万。祜顿兵江陵,使贼备得设。乃遣杨肇偏军入险,兵少粮悬,军人挫衄。背违诏命,无大臣节。可免官,以侯就第。"竟坐贬为平南将军,而免杨肇为庶人。

---

① 元代大学问家郝经赞誉羊祜说:"魏晋以来,专尚诈力以相倾轧。羊祜独务德信,开示公道,不为掩袭,使吴人心服,一举而奄有江淮,混一区夏;孔明之后,一人而已。……晋氏之圣臣也。"

[继续谈论他的前沿战略方针：进据险要，施行战略性蚕食政策，同时"增修德信"，以至于舍弃战术欺骗政策和厚待敌方军民，目的在于逐渐腐蚀敌方心理。]

祜……乃进据险要，开建五城，收膏腴之地，夺吴人之资，石城以西，尽为晋有。自是前后降者不绝，乃增修德信，以怀柔初附，慨然有吞并之心。每与吴人交兵，克日方战，不为掩袭之计。将帅有欲进谲诈之策者，辄饮以醇酒，使不得言。人有略吴二儿为俘者，祜遣送还其家。后吴将夏详、邵颉等来降，二儿之父亦率其属与俱。吴将陈尚、潘景来寇，祜追斩之，美其死节而厚加殡敛。景、尚子弟迎丧，祜以礼遣还。吴将邓香掠夏口，祜募生缚香，既至，宥之。香感其恩甚，率部曲而降。祜出军行吴境，刈谷为粮，皆计所侵，送绢偿之。每会众江沔游猎，常止晋地。若禽兽先为吴人所伤而为晋兵所得者，皆封还之。["心理战"细致周到，对他来说，事无大小皆重要！]于是吴人翕然悦服，称为羊公，不之名也。

["增修德信"延至敌方战区统帅；羊祜与陆抗：两位"马背上的绅士"。]祜与陆抗相对，使命交通，抗称祜之德量，虽乐毅、诸葛孔明不能过也。抗尝病，祜馈之药，抗服之无疑心。人多谏抗，抗曰："羊祜岂酖人者！"时谈以为华元、子反复见于今日。① 抗每告其戍曰："彼专为德，我专为暴，是不战而自服也。各保分界而已，无求细利。"孙皓闻二境交和，以诘抗。抗曰："一邑一乡，不可以无信义，况大国乎！臣不

---

① 春秋楚宋交战，双方使臣子反与华元临机自主相约停战。见《春秋·公羊传·宣公十五年》："宋人及楚人平。"外平不书[指《春秋》未记载鲁宣公十二年楚庄王攻破郑国，郑伯求降，庄王与之讲和]，此何以书？大其平乎己也。何大其平乎己？庄王围宋，军有七日之粮尔！尽此不胜，将去而归尔。于是使司马子反乘堙[登上小土山]而窥宋城。宋华元亦乘堙而出见之。司马子反曰："子之国何如？"华元曰："惫矣！"曰："何如？"曰："易子而食之，析骸而炊之。"司马子反曰："嘻！甚矣惫！虽然，吾闻之也，围者[被围的军队]，柑马[给马嘴衔木棍]而秣之，使肥者应客。是何子之情也[你为何这么吐露真情]？"华元曰："吾闻之，君子见人之厄则矜之，小人见人之厄则幸之。吾见子之君子也，是以告情于子也。"司马子反曰："诺，勉之矣！吾军亦有七日之粮尔！尽此不胜，将去而归尔。"揖而去之。

反于庄王。庄王曰："何如？"司马子反曰："惫矣！"曰："何如？"曰："易子而食之，析骸而炊之。"庄王曰："嘻！甚矣惫！虽然，吾今取此，然后而归尔。"司马子反曰："不可。臣已告之矣，军有七日之粮尔。"庄王怒曰："吾使子往视之，子曷为告之？"司马子反曰："以区区之宋，犹有不欺人之臣，可以楚而无乎？是以告之也。"庄王曰："诺，舍而止。虽然，吾犹取此，然后归尔。"司马子反曰："然则君请处于此，臣请归尔。"庄王曰："子去我而归，吾孰与处于此？吾亦从子而归尔。"引师而去之。故君子大其平乎己也。此皆大夫也。其称"人"何？贬。曷为贬？平者在下也。

如此，正是彰其德，于祜无伤也。"

[内部重要遗憾：敌方战区统帅是绅士，己方同僚不是；"内斗"（*stasis*）无处不有！]

祜贞悫无私，疾恶邪佞，荀勖、冯统之徒甚忌之。从甥王衍尝诣祜陈事，辞甚俊辩，祜不然之，衍拂衣而起。祜顾谓宾客曰："王夷甫方以盛名处大位，然败俗伤化，必此人也。"步阐之役，祜以军法将斩王戎，故戎、衍并憾之，每言论多毁祜。时人为之语曰："二王当国，羊公无德。"

[274 年陆抗卒，他在战场上已无可能的克星，同时已差不多万事齐备，因而他正式提议发动灭吴大战役，然而未果，归因于他未料到的大干扰事变——"秦凉之变"（庶可谓"智者千虑，必有一失"）。]

咸宁[275—280]初，除征南大将军、开府仪同三司，得专辟召。……祜缮甲训卒，广为戎备。至是上疏曰："先帝顺天应时，西平巴蜀，南和吴会，海内得以休息，兆庶有乐安之心。而吴复背信，使边事更兴。夫期运虽天所授，而功业必由人而成，不一大举扫灭，则众役无时得安。……[根本形势和力量对比分析：]凡以险阻得存者，谓所敌者同，力足自固。苟其轻重不齐，强弱异势，则智士不能谋，而险阻不可保也。蜀之为国，非不险也……及进兵之日，曾无藩篱之限，斩将搴旗，伏尸数万，乘胜席卷，径至成都，汉中诸城，皆鸟栖而不敢出。非皆无战心，诚力不足相抗……今江淮之难，不过剑阁；山川之险，不过岷汉；孙皓之暴，侈于刘禅；吴人之困，甚于巴蜀。而大晋兵众，多于前世；资储器械，盛于往时。今不于此平吴，而更阻兵相守，征夫苦役，日寻干戈，经历盛衰，不可长久，宜当时定，以一四海。[战役计划提议和战役过程展望，伴同更具体的敌方形势分析：]今若引梁益之兵水陆俱下，荆楚之众进临江陵，平南、豫州，直指夏口，徐、扬、青、兖并向秣陵，鼓旆以疑之，多方以误之，以一隅之吴，当天下之众，势分形散，所备皆急，巴汉奇兵出其空虚，一处倾坏，则上下震荡。吴缘江为国，无有内外，东西数千里，以藩篱自持，所敌者大，无有宁息。孙皓恣情任意，与下多忌，名臣重将不复自信……将疑于朝，士困于野，无有保世之计，一定之心。……其俗急速，不能持久，弓弩戟盾不如中国，唯有水战是其所便。一入其境，则长江非复所固，还保城池，则去长入短……如此，军不逾时,克可必矣。"帝深纳之。

[他未料到的大干扰事变——"秦凉之变"！导致"议者多不同"，而他的驳论没有什么说服力。]会秦凉屡败①，祜复表曰："吴平则胡自定[?]，但当速济大功耳。"而议者多不同，祜叹曰："天下不如意，恒十居七八，故有当断不断。天与不取，岂非更事者恨于后时哉!"[这叹息同样没有什么说服力。][他一贯真诚地谦逊审慎:]其后，诏以泰山之南武阳、牟、南城、梁父、平阳五县为南城郡，封祜为南城侯，置相，与郡公同。祜让曰："……臣受钜平于先帝，敢辱重爵，以速官谤!"固执不拜，帝许之。祜每被登进，常守冲退，至心素著，故特见申于分列之外。是以名德远播，朝野具瞻，搢绅佥议，当居台辅。帝方有兼并之志，仗祜以东南之任，故寝之。祜历职二朝，任典枢要，政事损益，皆咨访焉，势利之求，无所关与。[他谦逊和审慎的程度无人可及!]其嘉谋谠议，皆焚其草，故世莫闻。凡所进达，人皆不知其由。或谓祜慎密太过者，祜曰："是何言欤! 夫入则造膝，出则诡辞，君臣不密之诚，吾惟惧其不及。[他的正直和是非感无人可比。]……且拜爵公朝，谢恩私门，吾所不取。"

[他的高尚品质，特别在晚年，那基于经典儒道和一种更宽阔的人类观；他最后的政治行动——推荐卓越的战略家和政治家杜预作为他的后继者。]

祜女夫尝劝祜："有所营置，令有归戴者，可不美乎?"祜默然不应，退告诸子曰："此可谓知其一不知其二。人臣树私则背公，是大惑也。[经典儒道。]汝宜识吾此意。"尝与从弟琇书曰："既定边事，当角巾东路，归故里，为容棺之墟。以白士而居重位，何能不以盛满受责乎! 疏广是吾师也。"[疏广:西汉宣帝时名臣，官至太子太傅，在位五年，遂言"知足不辱，知止不殆"，"功遂身退，天之道"，坚决请求告老还乡，宣帝以其笃老，许之。]

祜乐山水，每风景，必造岘山，置酒言咏，终日不倦。尝慨然叹息，顾谓从事中郎邹湛等曰[一种更广阔的人类观，虽然未达到道家高度]:"自有宇宙，便有此山。

---

① "秦凉之变":在河西陇西连年大旱和饥馑的背景下，秦州刺史胡烈暴政引发鲜卑族民大规模造反，由河西鲜卑秃发部首领秃发树机能率领，此后连连击败晋军，直至 279 年才被镇压下去。详见《晋书·武帝纪》。

由来贤达胜士,登此远望,如我与卿者多矣! 皆湮灭无闻,使人悲伤。如百岁后有知,魂魄犹应登此也。"

······ ······

祜寝疾,求入朝。既至洛阳······中诏申谕,扶疾引见,命乘辇入殿,无下拜,甚见优礼。及侍坐,面陈伐吴之计。帝以其病,不宜常入,遣中书令张华问其筹策。祜曰[他念念不忘他的根本使命和据信可逝的"历史机遇"]:"今主上有禅代之美,而功德未著。吴人虐政已甚,可不战而克。混一六合,以兴文教,则主齐尧舜,臣同稷契,为百代之盛轨。如舍之,若孙皓不幸而没,吴人更立令主,虽百万之众,长江未可而越也,将为后患乎!"华深赞成其计。祜谓华曰:"成吾志者,子也。"帝欲使祜卧护诸将,祜曰:"取吴不必须臣自行,但既平之后,当劳圣虑耳。功名之际,臣所不敢居。若事了,当有所付授,愿审择其人。"

[他最后的政治行动——推荐卓越的杜预作为他的后继者:]疾渐笃,乃举杜预自代。寻卒,时年五十八。[他差不多感服了所有人的心灵:]帝素服哭之,甚哀。是日大寒,帝涕泪沾须鬓,皆为冰焉。南州人征市[犹赶集]日闻祜丧,莫不号恸,罢市,巷哭者声相接。吴守边将士亦为之泣。其仁德所感如此······

[他立身清俭,家无余财,且彻底谦逊:]祜立身清俭,被服率素,禄俸所资,皆以赡给九族,赏赐军士,家无余财。遗令不得以南城侯印入柩。从弟琇等述祜素志,求葬于先人墓次。帝不许,赐去城十里外近陵葬地一顷,谥曰成。祜丧既引,帝于大司马门南临送。祜甥齐王攸表祜妻不以侯敛之意,帝乃诏曰:"祜固让历年,志不可夺。身没让存,遗操益厉,此夷叔所以称贤,季子所以全节也。今听复本封[钜平子],以彰高美。"

······ ······

祜所著文章及为《老子传》并行于世。襄阳百姓于岘山祜平生游憩之所建碑立庙,岁时飨祭焉。望其碑者莫不流涕,杜预因名为堕泪碑。荆州人为祜讳名,屋室皆以门为称,改户曹为辞曹焉。······

[灭吴战役终于发动和速胜,已经去世的他被公认为它的缔造者:]祜卒二岁而吴平,群臣上寿,帝执爵流涕曰:"此羊太傅之功也。"因以克定之功,策告祜庙,仍依萧何故事,封其夫人······

杜预：

[这位由羊祜临终时推荐为对吴战略前沿总指挥的人物与羊祜颇为相似：非常杰出的战略家、政治家和军事家，且具有优良的经典儒家品性和行为。当然，对我们来说，最重要的是他在这些儒家习性的渗透和武装下的政治/军事作为，尤其是力主及时发动灭吴战争，并在其中功高勋著。因而，与羊祜集一生于一事不同，他几乎是个全才，成就了军事、政治、经济和学问等诸多领域的功业。①]

…… ……

["博学多通，明于兴废之道(政治史哲理抑或大战略道理?)"，同时(或因此?)不给自己树立至高的道德目标；他的初期任职生涯，以实际主编《晋律》为主要建树。]

杜预，字元凯，京兆杜陵人也。祖畿，魏仆射。父恕，幽州刺史。预博学多通，明于兴废之道，常言[不给自己树立至高的道德目标(有自知之明的或在自我道德规范上自容变通的儒士?)]："德不可以企及，立功立言可庶几也。"初，其父与宣帝不相能，遂以幽死，故预久不得调。文帝嗣立，预尚[娶]帝妹高陆公主，起家拜尚书郎，袭祖爵丰乐亭侯。在职四年，[担任司马昭的重要幕僚；作为钟会的参谋长参加灭蜀战役，但大概无缘于钟会的叛乱阴谋]转参相府军事。钟会伐蜀[263]，以预为镇西长史[钟会时为镇西将军、假节都督关中军事]。及会反，僚佐并遇害，唯预以智获免，[何智？房玄龄等不述是因为不知，还是因为规避敏感之事?]增邑千一百五十户。

与车骑将军贾充等定律令，②既成，预为之注解，乃奏之曰[他编撰《晋律》的创新性指导观念："刑之本在于简直"，"例直易见，禁简难犯"]："法者，盖绳墨之断例，

---

① 我们援引过元代大学问家郝经对羊祜的盛赞，现在可以援引他对杜预的评价："杜预学识远到，志力刚明，有古儒将之风，而德度弗逮祜也。"确实几乎无人能与羊祜的"德度"相比！

② 名义上主持修律的是贾充，实际上杜预担负着最繁重的劳作。晋律以前的汉律刑罚苛碎、条目繁密，计七百七十余万字，二万六千余条，为官吏提供了从中舞弊的机会。曹魏政府虽对此作过改革，但变动有限。晋律依据杜预的主张，对汉魏旧律大刀阔斧地进行剪裁，只有二千九百余条，十二万六千余字。"杜预"，http://baike.sogou.com/v35971.htm? fromTitle＝％E6％9D％9C％E9％A2％84。

非穷理尽性之书也。故文约而例直,听省而禁简。例直易见,禁简难犯。易见则人知所避,难犯则几于刑厝。刑之本在于简直,故必审名分。审名分者,必忍小理。古之刑书,铭之钟鼎,铸之金石,所以远塞异端,使无淫巧也。今所注皆纲罗法意,格之以名分。使用之者执名例以审趣舍,伸绳墨之直,去析薪之理也。"诏班于天下[268]。

[担任西晋最核心区域的行政长官,提议设立官员考核制度,但未被采纳:]泰始中,守河南尹。预以京师王化之始,自近及远,凡所施论,务崇大体。受诏为黜陟之课,其略曰:……[末世行政督察之恶:"简书愈繁,官方愈伪,法令滋章,巧饰弥多"]及至末世,不能纪远而求于密微,疑诸心而信耳目,疑耳目而信简书。简书愈繁,官方愈伪,法令滋章,巧饰弥多。……魏氏考课……其文可谓至密。然由于累细以违其体,故历代不能通也。……[他提议的制度性办法:]今科举优劣,莫若委任达官,各考所统。在官一年以后,每岁言优者一人为上第,劣者一人为下第,因计偕以名闻。如此六载,主者总集采案,其六岁处优举者超用之,六岁处劣举者奏免之,其优多劣少者叙用之,劣多优少者左迁之。……今每岁一考,则积优以成陟,累劣以取黜……"

[在经过先后两段官场内斗招致的倒霉经历后,他被起任和复任为朝廷财政主管,建树甚多。]

[源于"宿憾"的官场内斗招致的头一段倒霉经历:]司隶校尉石鉴以宿憾奏预,免职。时虏寇陇石,以预为安西军司,给兵三百人,骑百匹。到长安,更除秦州刺史,领东羌校尉、轻车将军、假节。属虏兵强盛,石鉴时为安西将军,使预出兵击之。预以虏乘胜马肥,而官军悬乏,宜并力大运,须春进讨,陈五不可、四不须。鉴大怒,复奏预擅饰城门官舍,稽乏军兴,遣御史槛车征诣廷尉。以预尚主,在八议,以侯赎论,其后陇右之事卒如预策。

是时朝廷皆以预明于筹略,会匈奴帅刘猛举兵反,自并州西及河东、平阳,诏预以散侯定计省闼,俄拜度支尚书。[他在朝廷财政主管职位上建树甚多:]预乃奏立藉田,建安边,论处军国之要。又作人排新器,兴常平仓,定谷价,较盐运,制课调,内以利国外以救边者五十余条,皆纳焉。[内斗激化为私仇,招致他的第二段倒霉经历:]石鉴自军还,论功不实,为预所纠,遂相仇恨,言论喧哗,并坐免官,以侯兼本职。[复任为朝廷财政主管,建树亦多:]数年,复拜度支尚书。……

预以时历差舛[chuǎn],不应暑度,奏上《二元乾度历》,行于世。预又以孟津渡险,有覆没之患,请建河桥于富平津。议者以为殷周所都,历圣贤而不作者,必不可立故也。预曰:"'造舟为梁',则河桥之谓也。"及桥成,帝从百僚临会,举觞属预曰:"非君,此桥不立也。"对曰:"非陛下之明,臣亦不得施其微巧。"周庙欹[qī]器[一种计时器,类似沙漏,设计奇特,其上放置匀速滴水,则周期性自动滴入水、倾倒水、空瓶立正,循环往复],至汉东京犹在御坐。汉末丧乱,不复存,形制遂绝。预创意造成,奏上之,帝甚嘉叹焉。咸宁四年[278]秋,大霖雨,蝗虫起。预上疏多陈农要,事在《食货志》。① 预在内七年,损益万机,不可胜数,朝野称美,号曰"杜武库",言其无所不有也。[他是有"十八般武艺"的全才,颇有建树,简直要啥有啥!]

　　……　……

---

① 《晋书·食货志》载:[西晋大片地区严重水灾引发以下长篇录载的、被司马炎采纳了的杜预救灾上疏,其切实、细致、标本兼治、专业程度和全无浮言令人印象深刻:]三年[277],又诏曰:"今年霖雨过差,又有虫灾。颍川、襄城自春以来,略不下种,深以为虑。主者何以为百姓计,促处当之。"杜预上疏曰:

……　……

臣愚谓……今者宜大坏兖、豫州东界诸陂,随其所归而宣导之。[他的核心主张。]……

臣前启,典牧[掌管牧事的官署]种牛不供耕驾,至于老不穿鼻者,无益于用,而徒有吏士谷草之费,岁送任驾者甚少,尚复不调习,宜大出卖,以易谷及为赏直。

诏曰:"孳育之物,不宜减散。"事遂停寝。问主者,今典虞右典牧种产牛,大小相通,有四万五千余头。苟不益世用,头数虽多,其费日广。……东南以水田为业,人无牛犊。今既坏陂,可分种牛三万五千头,以付二州将吏士庶,使及春耕。[他的准核心主张。]……

预又言:

……　……

臣又案,豫州界二度支所领佃者,州郡大军杂士,凡用水田七千五百余顷耳,计三年之储,不过二万余顷。以常理言之,无为多报无用之水,况于今者水涝溢溢,大为灾害。臣以为与其失当,宁泻之不滀。[他的核心主张。]宜发明诏,敕刺史二千石,其汉氏旧陂旧堨及山谷私家小陂,皆当修缮以积水。[他的准核心主张。]其诸魏氏以来所造立,及诸因雨决溢蒲苇马肠陂之类,皆决沥之。[他的核心主张。]……

朝廷从之。

［随着被临终的羊祜推荐为后继者，他——战略辩论中的少数派——力主及时发动灭吴战役，经几番论辩后得到司马炎采纳。］

时帝密有灭吴之计，而朝议多违，唯预、羊祜、张华［中书令、散骑常侍］与帝意合。祜病，举预自代，因以本官假节行平东将军，领征南军司。及祜卒，拜镇南大将军、都督荆州诸军事，给追锋车［一种轻便的驿车，因车行迅疾，故名］，第二驸马［副车］。预既至镇，缮甲兵，耀威武，乃简精锐，袭吴西陵督张政，大破之，以功增封三百六十五户。……

［提议在孙吴无力守卫沿江全线的情势下迅即发动灭吴战役，对司马炎的犹豫和延宕表示不满，告诫很可能由此丧失最佳时机；可是，他未向司马炎保证战役必胜，同时又未说出为何只有现在时机才最佳，因而他未作出够好的战略说服。］预处分既定，乃启请伐吴之期。帝报待明年方欲大举，预表陈至计曰："自闰月以来，贼但敕严，下无兵上。以理势推之，贼之穷计，力不两完，必先护上流，勤保夏口以东，以延视息，无缘多兵西上，空其国都。而陛下过听，便用委弃大计，纵敌患生。……若或有成，则开太平之基；不成，不过费损日月之间，何惜而不一试之！若当须后年，天时人事不得如常，臣恐其更难也……"［他改换论辩策略，再度提议发兵灭吴，其核心在于抨击朝廷多数派舆论的自私意图，直指战略异议的国内政治要害；同时，他补充说明了为何只有现在时机才最佳］预旬月之中又上表曰："羊祜与朝臣多不同，不先博画而密与陛下共施此计，故益令多异。凡事当以利害相较，今此举十有八九利，其一二止于无功耳。其［指朝廷多数派］言破败之形亦不可得，直是计不出已，功不在身，各耻其前言，故守之也。……自顷朝廷事无大小，异意锋起，虽人心不同，亦由恃恩不虑后难［后患］……自秋已来，讨贼之形颇露。若今中止，孙皓怖而生计，或徙都武昌，更完修江南诸城，远其居人，城不可攻，野无所掠，积大船于夏口，则明年之计或无所及。"时帝与中书令张华围棋，而预表适至。华推枰［píng，棋盘］敛手曰："陛下圣明神武，朝野清晏，国富兵强，号令如一，吴主荒淫骄虐，诛杀贤能，当今讨之，可不劳而定。"帝乃许之。

［作为灭吴战役一大方面军的指挥将领，他功高勋著，表现出了"以计代战一当万"的军事才能、经营征服地区的政治禀赋和"宜将剩勇追穷寇"的决断。］

预以太康元年［280］正月，陈兵于江陵，遣参军樊显、尹林、邓圭、襄阳太守周奇等率众循江西上，授以节度，旬日之间，累克城邑，皆如预策焉。［"以计代战一当万"：］又遣牙门管定、周旨、伍巢等率奇兵八百，泛舟夜渡，以袭乐乡［今湖北松滋东北，长江南岸］，多张旗帜，起火巴山，出于要害之地，以夺贼心。吴都督孙歆震恐，与伍延书曰："北来诸军，乃飞渡江也。"吴之男女降者万余口，旨、巢等伏兵乐乡城外。歆遣军出距王濬，大败而还。旨等发伏兵，随歆军而入，歆不觉，直至帐下，虏歆而还。故军中为之谣曰："以计代战一当万。"于是进逼江陵［在今湖北荆州市］。吴督将伍延伪请降而列兵登陴［城上女墙，上有孔穴，可以窥外］，预攻克之。既平上流，于是沅湘以南，至于交广，吴之州郡皆望风归命，奉送印绶，［扫荡后的绥抚，军事继之以政治：］预仗节称诏而绥抚之。凡所斩及生获吴都督、监军十四，牙门、郡守百二十余人。［经营征服地区的政治禀赋：］又因兵威，徙将士屯戍之家以实江北，南郡故地各树之长吏，荆土肃然，吴人赴者如归矣。

王濬先列上得孙歆头，预后生送歆，洛中以为大笑。［"宜将剩勇追穷寇"的决断：］时众军会议，或曰："百年之寇，未可尽克。今向暑，水潦方降，疾疫将起，宜俟来冬，更为大举。"预曰："昔乐毅藉济西一战以并强齐，今兵威已振，譬如破竹，数节之后，皆迎刃而解，无复著手处也。"遂指授群帅，径造秣陵［南京旧称］。所过城邑，莫不束手。议者乃以书谢之。

孙皓既平，振旅凯入，以功进爵当阳县侯，增邑并前九千六百户，封子耽为亭侯，千户，赐绢八千匹。初，攻江陵，吴人知预病瘿［大脖子病］，惮其智计，以瓠系狗颈示之，每大树似瘿，辄斫使白，题曰："杜预颈。"及城平，尽捕杀之。

［大功告成之后，他仍多有建树的余生。他的某些重要的禀赋和性情。］

………………

［"好为后世名"：］令我们想起克劳塞维茨对荣誉和名望的渴望，特别是在司令

官那里的巨大积极作用的论说①]预好为后世名,常言"高岸为谷,深谷为陵",刻石为二碑,纪其勋绩,一沉万山之下,一立岘山之上,曰:"焉知此后不为陵谷乎!"

预身不跨马,射不穿札,而每任大事,辄居将率之列。[全无狭义武功的文人也可以是最佳的军事统帅,例如杜预、林肯!]结交接物,恭而有礼,问无所隐,诲人不倦,敏于事而慎于言。[他的经典儒家品性和行为,他精深的经典儒家学问:]既立功之后,从容无事,乃耽思经籍,为《春秋左氏经传集解》。又参考众家谱第,谓之《释例》。又作《盟会图》《春秋长历》,备成一家之学,比老乃成。又撰《女记赞》。当时论者谓预文义质直,世人未之重,唯秘书监挚虞赏之,曰:"左丘明本为《春秋》作传,而《左传》遂自孤行,《释例》本为《传》设,而所发明何但《左传》,故亦孤行。"时王济解相马,又甚爱之,而和峤颇聚敛,预常称"济有马癖,峤有钱癖"。武帝闻之,谓预曰:"卿有何癖?"对曰:"臣有《左传》癖。"

[他曾贿赂京师显贵,但目的不在个人权势:]预在镇,数饷遗洛中贵要。或问其故,预曰:"吾但恐为害,不求益也。"

……其后征为司隶校尉,加位特进,行次邓县而卒,时年六十三。帝甚嗟悼,追赠征南大将军、开府仪同三司,谥曰成。[他立遗嘱俭葬]……

史臣曰:……羊公……垂大信于南服,倾吴人于汉渚……成功弗居,幅巾穷巷,落落焉其有风飏者也。杜预……振长策而攻取,兼儒风而转战……孔门称四[《论语·述而》载曰:"子以四教:文、行、忠、信。"更多的后世学者将德行、政事、文学、言语视为"孔门四科"],则仰止其三[他以经典儒家至高标准衡量,有所欠缺的是什

———————————

① 克劳塞维茨《战争论》第一篇第3章《论军事天才》有云:"在战斗中鼓舞人的激情中间,我们必须承认没有哪一种像渴望荣誉和名望那样强劲有力,那样持续不断。……对这些高尚抱负的滥用无疑使人类历来遭受了种种最令人厌憎的暴行;尽管如此,它们的来源使之有资格跻身于人性中最崇高的成分之列。在战争中,它们作为激励惰性大众的根本生命气息起作用。其他激情可能更为普遍,更受尊崇……但它们取代不了对名望和荣誉的渴求。它们确实可使大众奋起行动和鼓舞之,但不可能赋予司令官力争俯瞰其余的勃勃雄心,就像他要使自己卓越超群就必须的那样。它们无法像雄心能够做到的那样,赋予司令官一种在战斗的每个方面的个人利益,差不多专有财产似的利害关切,因而他利用每个机会争取最大神益:大力开耕,仔细播种,渴望丰收。主要是所有层次上的司令官们的这种奋力精神,这种创造力、干劲和竞争热忱,赋予一支军队蓬勃生气,并且使之得胜。……"

么？用前面援引的郝经的评价(与羊祜相比的评价)，是德行，因为他(1)与石鉴结私仇而激烈互斗，(2)"好为后世名"，立碑自记勋绩，(3)行贿京师显贵]；《春秋》有五[《汉志》称"《春秋》分为五"，是五家说春秋。颜师古引韦昭曰："谓左氏、公羊、穀梁、邹氏、夹氏也。"后二书已亡佚]，而独擅其一，不其优欤！……徇[曲从]以苟合，不求其正，以当代之元良，为诸侯之庶子，檀弓习于变礼[变通丧礼]者也，杜预其有焉。

列传第三十五　王导传　摘录和评注

　　［历时近一个世纪的东晋是个只据半壁江山的华夏王朝，与占据和在大部分时间里空前蹂躏另半壁江山以及更多地域的五胡众多其他王朝"分庭抗礼"，从而大有助于华夏文明的继承、保存甚而优化。对此，大国务家王导功勋卓著：从一开始，他就作为首席幕僚协助司马睿渡江至建邺镇守，植下未来东晋国家的胚胎；他在主持政治大局期间，饶有战略和策略地使本地江南世族（"吴姓"）和南迁北方世族（"侨姓"）拥戴共主，携手维持这君主制国家，这确实是一项了不起的政治成就。我们还可以赞赏其看似并非英雄主义的两条：他和司马睿奉行战略集中，专注于东晋的构建和维护，无心从事必定损耗资源却徒然不果的北伐；他反复表明他深谙"政治是可能性的艺术"，在国内政治中决不莽撞冒进，决不惮退畏等。①］

　　［然而，他远非完美的国务家：他与堂兄王敦分享东晋执政权，而后者实质上野

---

①　就此而言，他与太后褚蒜子甚为相似。褚蒜子先后四度临朝、扶立五帝，特征为气度宽宏，耐心灵活，只做合法和力所能及之事，从不搞政变，一向顺势待善。她在东晋内外交困之中尽力而为，伸缩有度，帮助王朝度过漫长的桓温桓玄专权甚而篡夺时期。见《晋书·后妃列传下》。

心无边;他的权势过于盛大,终令元帝择心腹图谋变局。这两项情势交互作用,导致王敦以清君侧为名发动叛乱,攻破建邺,元帝忧愤病逝。不过,其后在王敦发动武力篡逆时,他辅助重用他的英君明帝摧毁之,从而恢复了东晋的政治稳定。作为国务首辅他堪称长久:幼儿成帝即位后,外戚庾亮权盛专横,但苏峻之乱被平定后他的权势恢复如初。339年他病逝,东晋无人及其门阀世族能持久地填补他留下的权势真空,直到近四十年后谢安登上政治舞台中心。不过,关于本段的大多数事态,我们满足于先前有关部分摘录和评注过的,在此不再赘述。]

["少有风鉴,识量清远":事后证明,他确实眼光远大和气度宽宏——大国务家的必要素质,且为世族子弟——当时成为国务家大抵必备的一个条件。]

王导[琅琊临沂(今山东临沂)人],字茂弘,光禄大夫览之孙也。父裁,镇军司马。导少有风鉴,识量清远。年十四,陈留高士张公见而奇之,谓其从兄敦曰:"此儿容貌志气,将相之器也。"初袭祖爵即丘子。司空刘寔寻引为东阁祭酒,迁秘书郎、太子舍人、尚书郎,并不行。后参东海王越军事。

[创设东晋的大战略(一):他与同乡琅琊王司马睿"素相亲善",而且"倾心推奉,潜有兴复之志";随其南下渡江镇守建邺,肇始对江南世族至关紧要的"统一战线",于是"吴会风靡,百姓归心焉"。]

时元帝为琅邪王,与导素相亲善。导知天下已乱,遂倾心推奉,潜有兴复之志。帝亦雅相器重,契同友执。帝之在洛阳也,导每劝令之国。会帝出镇下邳,请导为安东司马,军谋密策,知无不为。[随司马睿走了徙镇建康这创设东晋的关键的第一步,继之以令江南世族开始敬畏和拥戴其主公这第二步。肇始必不可少的"统一战线":]及徙镇建康,吴人不附,居月余,士庶莫有至者,导患之。会敦来朝,导谓之曰:"琅邪王仁德虽厚,而名论犹轻。兄威风已振,宜有以匡济者。"会三月上巳,帝亲观禊[禊(xì):春秋两季在水边举行的清除不祥的祭祀],乘肩舆,具威仪,敦、导及诸名胜皆骑从。吴人纪瞻、顾荣,皆江南之望,窃窥之,见其如此,咸惊惧,乃相率拜于道左。导因进计曰:"古之王者,莫不宾礼故老,存问风俗,虚己倾心,以招俊乂。况天下丧乱,九州分裂,大业草创,急于得人者乎!顾荣、贺循,此土之望,未若引之以结人心。二子既至，则无不来矣。"帝乃使导躬造循、荣，二人皆应命而至，由是吴会风靡，百姓归心焉。自此之后，渐相崇奉，君臣之礼始定。

［创设东晋的大战略（二）：大战略的其他方面，容纳华北南下避难人众，引其精英参政；"为政务在清静"，奉行审慎节俭；从事政治教育，旨在提振众心；为熏陶和改善社会／政治文化而兴办学校，有助于稳定和发展。］

俄而洛京倾覆，中州士女避乱江左者十六七，导劝帝收其贤人君子，与之图事。时荆扬晏安，户口殷实，导为政务在清静，每劝帝克己励节，匡主宁邦。［他在司马睿那里和在朝野的政治威望和魅力无以复加：］于是尤见委杖，情好日隆，朝野倾心，号为"仲父"。帝尝从容谓导曰："卿，吾之萧何也。"对曰［从暴秦以来得出的一大政治史哲理，即暴政暴乱时代之后须有德政仁政，最初由陆贾对汉高祖揭示］："昔秦为无道，百姓厌乱，巨猾陵暴，人怀汉德，革命反正，易以为功。自魏氏以来，迄于太康之际，公卿世族，豪侈相高，政教陵迟，不遵法度，群公卿士，皆餍于安息，遂使奸人乘衅，有亏至道。然否终斯泰［坏运到尽头，好运就来了］，天道之常。大王方立命世之勋，一匡九合，管仲、乐毅，于是乎在，岂区区国臣所可拟议！愿深弘神虑，广择良能。顾荣、贺循、纪瞻、周玘皆南土之秀，愿尽优礼，则天下安矣。"帝纳焉。

⋯⋯ ⋯⋯

晋国既建［317］，以导为丞相军咨祭酒。［从事政治教育，旨在提振众心：］桓彝初过江，见朝廷微弱，谓周颛曰："我以中州多故，来此欲求全活，而寡弱如此，将何以济！"忧惧不乐。往见导，极谈世事，还，谓颛曰："向见管夷吾［管仲］，无复忧矣。"过江人士，每至暇日，相要出新亭饮宴。周颛中坐而叹曰："风景不殊，举目有江河之异。"皆相视流涕。惟导愀然变色曰："当共戮力王室，克复神州，何至作楚囚相对泣邪！"众收泪而谢之。［他及王敦在名义和实际两方面皆近乎全权执政：］俄拜右将军、扬州刺史、监江南诸军事，迁骠骑将军，加散骑常侍、都督中外诸军、领中书监、录尚书事、假节，刺史如故。导以敦统六州［位为大将军］，固辞中外都督。后坐事除节。

于时军旅不息，学校未修，导上书曰［为熏陶和改善社会／政治文化而兴办学校，以便有助于稳定；经典儒家教义］：

夫风化之本在于正人伦，人伦之正存乎设庠序。庠序设，五教明，德礼洽通，彝伦攸叙[常伦所序]，而有耻且格，父子兄弟夫妇长幼之序顺，而君臣之义固矣。《易》所谓"正家而天下定"者也。故圣王蒙以养正，少而教之，使化沾肌骨，习以成性，迁善远罪而不自知，行成德立，然后裁之以位。虽王之世子，犹与国子齿[并列]，使知道而后贵。其取才用士，咸先本之于学。……

自顷皇纲失统，颂声不兴，于今将二纪[一纪为十二年；在此二纪系约数]矣。《传》曰："三年不为礼，礼必坏；三年不为乐，乐必崩。"而况如此之久乎！先进忘揖让之容，后生惟金鼓是闻，干戈日寻，俎豆不设，先王之道弥远，华伪之俗遂滋，非所以端本靖末之谓也。殿下……诚宜经纶稽古，建明学业，以训后生，渐之教义，使文武之道坠而复兴，俎豆之仪幽而更彰。……

帝甚纳之。

[骤变！鉴于他和王敦权势太甚，且扶植纵容世族门阀太过，司马睿称帝后迅即择心腹图谋变局，于是他"渐见疏远"，类同靠边站；然而他非凡地安分守己，淡泊处之。]

及帝登尊号[318]，百官陪列，命导升御床共坐，导固辞，至于三四，曰："若太阳下同万物，苍生何由仰照！"帝乃止。[他在拥有盛势盛誉的同时，仍保有政治大局必需的谦逊。]进骠骑大将军、仪同三司。……进位侍中、司空、假节、录尚书，领中书监。会太山太守徐龛反，帝访可以镇抚河南者，导举太子左卫率羊鉴。既而鉴败，抵罪。导上疏曰[他仍保有政治大局必需的谦逊和自责]："徐龛叛戾，久稽天诛，臣创议征讨，调举羊鉴。鉴暗懦覆师，有司极法。圣恩降天地之施，全其首领。然臣受重任，总录机衡，使三军挫衄，臣之责也。乞自贬黜，以穆朝伦。"诏不许。寻代贺循领太子太傅。……[元帝择心腹图谋变局，于是他"渐见疏远"：]及刘隗[丞相司直，元帝心腹，着力打击恣意妄为、腐败不法的世族显贵]用事，导渐见疏远，[然而他淡泊处之，安分守己，实属非凡！他杰出的政治气度、眼光甚而优雅人格——他能历经曲折而长久执政的一项"秘诀"：]任真推分[守分自安]，澹如也。有识咸称导善处兴废焉。

…… ……

[苏峻之乱被荡平后，他的权势恢复如初，甚至盛而又盛，但他仍保持审慎谦逊、"简素寡欲"和气度宽宏的品格。]

及贼平[329]，宗庙宫室并为灰烬，温峤议迁都豫章，三吴之豪请都会稽，二论纷纭，未有所适。导曰："建康，古之金陵，旧为帝里，又孙仲谋、刘玄德俱言王者之宅。古之帝王不必以丰俭移都……且北寇游魂，伺我之隙，一旦示弱，窜于蛮越，求之望实[欲求威望和实力（而不得）]，惧非良计。今特宜镇之以静，群情自安。"由是峤等谋并不行。

…… ……

[他权势盛而又盛，但审慎谦逊，"简素寡欲"：]时大旱，导上疏逊位。诏曰："……公体道明哲，弘犹深远，勋格四海，翼亮三世……博综万机，不可一日有旷。公宜遗履谦之近节，遵经国之远略。门下速遣侍中以下敦喻。"导固让。诏累逼之，然后视事。导简素寡欲，仓无储谷，衣不重帛。帝知之，给布万匹，以供私费。导有羸疾，不堪朝会，帝幸其府，纵酒作乐，后令舆车入殿，其见敬如此。

石季龙掠骑至历阳，导请出讨之。加大司马、假黄钺、中外诸军事，置左右长史、司马，给布万匹。俄而贼退，解大司马，复转中外大都督，进位太傅，又拜丞相，依汉制罢司徒官以并之。

…… ……

[他气度宽宏，可谓不计前嫌、团结"异己"的模范（大国务家的一项可贵甚或必需的素质）：]于时庾亮以望重地逼[名望高而所辖地盘狭窄]，出镇于外。① 南蛮校尉陶称间说亮当举兵内向，或劝导密为之防。导曰："吾与元规[庾亮字]休戚是同，悠悠之谈，宜绝智者之口。则如君言，元规若来，吾便角巾还第，复何惧哉！"又与称书，以为庾公帝之元舅，宜善事之。于是谗间遂息。时亮虽居外镇，而执朝廷之权，既据上流，拥强兵，趣向者多归之。导内不能平，常遇西风尘起，举扇自蔽，徐曰："元规尘污人。"②

…… ……

---

① 苏峻之乱被荡平，庾亮权势随即衰减，《晋书·成帝康帝纪》载，其时"以护军将军庾亮为平西将军、都督扬州之宣城江西诸军事、假节，领豫州刺史，镇芜湖"。

② 《晋书·成帝康帝纪》载：(咸康)六年[340，王导去世一年]春正月庚子，使持节、都督江豫益梁雍交广七州诸军事、司空、都亭侯庾亮薨。[庾亮专横施政和对几乎毁了东晋王朝的苏峻之乱爆发负有重责，但之后十多年始终担任军政要职，体现了王导和晋成帝的温和团结精神。]

[房玄龄等对他的大国务家功勋和素质几乎赞不绝口:]

史臣曰:飞龙御天,故资云雨之势;帝王兴运,必俟股肱之力。……中原荡覆,江左嗣兴……时无思晋之士,异文叔[光武帝刘秀字]之兴刘;辅佐中宗,艰哉甚矣!茂弘……负其才智,恃彼江湖,思建克复之功,用成翌宣[即翼宣,辅佐宣扬]之道。于是王敦内侮,凭天邑[在此指荆州]而狼顾;苏峻连兵,指宸居[帝王居住之所]而隼击。实赖元宰,固怀匪石[指非石头,比喻贞洁自守、心志坚定]之心;潜运忠谟,竟翦吞沙之寇。……观其开设学校,存乎沸鼎之中,爰立章程,在乎栉风[栉(zhì)风沐雨,不顾风雨,辛苦奔波]之际;虽则世道多故,而规模弘远矣。……提挈三世[元帝明帝成帝三代],终始一心,称为"仲父",盖其宜矣。……

　　　　　　　　　　　　　古代军政行为方略图景:《晋书》解读

列传第四十九　谢安传　摘录和评注

　　[就整个东晋史上的所有重臣而言，谢安是在王导和刘裕之外的头号杰出的大国务家。简文帝司马昱逝后，他在王坦之协助下挫败桓温篡位意图；桓温死后，他的作用和权势愈增，到 377 年升至三公。随后便是彪炳史册的淝水大捷，他的声望和地位达到顶点，遂以都督十五州军事这空前的权力率师北伐，整个黄河以南广大地区归属东晋。385 年，在权重功高遭忌（"会稽王道子专权，而奸谄颇相扇构"）的形势下他避险交权，随即病逝。东晋历史进入先后由司马道子父子和桓玄专权的垂死和灭亡历程。]

　　[他作为大国务家的杰出处尤其在于：团结众臣，"不存小察，弘以大纲"；以有远谋、有耐心的长策应对外部大威胁，直至"摊牌"时分；在胜负不定的决战时刻胸有大谋但从容如常，有如万人所赖的顶梁柱；对国内多少异己的政治大势力采取既团结又防范的方针，并且为此做出"经远无竞"的精心安排。]

　　[世族名士，"神识沈敏，风宇条畅"，少有重名；长时间屡辞辟命，逍遥隐居。]

…… ……

[他终于因家族利益而入官场，为桓温属下，受其高度敬重，以后迅速飙升为宫廷要员。]

征西大将军桓温请为司马……既到，温甚喜，言生平，欢笑竟日。既出，温问左右："颇尝见我有如此客不？"温后诣安，值其理发。安性迟缓，久而方毕，使取帻。温见，留之曰："令司马著帽进。"其见重如此。温当北征，会万病卒，安投笺求归。寻除吴兴太守。在官无当时誉，去后为人所思。[淡泊迟缓的未来国务家任"无当时誉"的地方行政官，留下淡淡和隐然的后发魅力！]顷之征拜侍中，迁吏部尚书、中护军。

["多年不鸣，一鸣惊人"：他的历史性时刻，也是东晋的历史性时刻，其时他非凡地镇静从容，挫败了桓温篡夺帝位甚或王朝变更的意图，保证了后来大有积极作为的司马曜继位为孝武帝，并且熬过桓温淫威直至其一年后病死。]

简文帝疾笃，温上疏荐安宜受顾命。及帝崩，温入赴山陵，止新亭，大陈兵卫，将移晋室，呼安及王坦之，欲于坐(伏兵)害之。坦之甚惧，问计于安。安神色不变，曰："晋祚存亡，在此一行。"既见温，坦之流汗沾衣，倒执手版。安从容就席，坐定，谓温曰："安闻诸侯有道，守在四邻，明公何须壁后置人邪？"温笑曰："正自[只是]不能不尔耳。"遂笑语移日。坦之与安初齐名，至是方知坦之之劣。温尝以安所作简文帝谥议以示坐宾，曰："此谢安石碎金也。"

["尽忠匡翼"孝武帝，使之能熬过桓温淫威直至其病死。]

时孝武帝富于春秋，政不自己，温威振内外，人情噂沓[议论纷纷]，互生同异。安与坦之尽忠匡翼，终能辑穆[和睦]。及温病笃，讽朝廷加九锡，使袁宏具草。安见，辄改之，由是历旬不就。会温薨，锡命遂寝。

[他成为东晋朝廷名实相符的单一首领，团结众臣，"不存小察，弘以大纲"，且以有远谋、有耐心的长策应对江北氐族前秦威胁，是——并被时人公认为——胜过王导一筹的真正的大国务家。]

寻为尚书仆射，领吏部，加后将军。及中书令王坦之出为徐州刺史，诏安总关中书事。安义存辅导,虽会稽王道子亦赖弼谐[辅佐协调]之益。时强敌寇境,边书续至,梁益不守,樊邓陷没,安每镇以和靖,御以长算。德政既行,文武用命,不存小察,弘以大纲,威怀外著,人皆比之王导,谓文雅过之。[伟大的国务家往往是那些能够"悠然遐想,有高世之志"的宏观思想家或杰出"务虚者",如这里的谢安或1500年后的富兰克林·罗斯福:]尝与王羲之登冶城,悠然遐想,有高世之志。羲之谓曰:"夏禹勤王,手足胼胝;文王旰食,日不暇给。今四郊多垒,宜思自效,而虚谈废务,浮文妨要,恐非当今所宜。"安曰:"秦任商鞅,二世而亡,岂清言致患邪?"

　　是时宫室毁坏,安欲缮之。尚书令王彪之等以外寇为谏,安不从,竟独决之。宫室用成,皆仰模玄象,合体辰极,而役无劳怨。["役无劳怨"是关键,他是那种能以低成本办大事甚而漂亮事的国务大才!]又领扬州刺史,诏以甲仗百人入殿。[他终于名实俱备,为东晋"一人之下、万人之上"——能团结众人、不施淫威的头号大权者:]时帝始亲万机,进安中书监、骠骑将军、录尚书事,固让军号。……顷之,加司徒,后军文武尽配大府,又让不拜。复加侍中、都督扬豫徐兖青五州幽州之燕国诸军事、假节。

　　[他的最佳时刻:作为事实上胸有大谋但从容如常的最高领导,在杰出将领、侄子谢玄的协力和战场指挥下,对氐族前秦赢得历史性的淝水之战。]

　　时符坚强盛,疆场多虞,诸将败退相继。安遣弟石及兄子玄等应机征讨,所在克捷。拜卫将军、开府仪同三司,封建昌县公。坚后率众,号百万,次于淮肥,京师震恐。加安征讨大都督。玄入问计,安夷然无惧色,答曰:"已别有旨。"既而寂然。玄不敢复言,乃令张玄重请。安遂命驾出山墅,亲朋毕集,方与玄[张玄]围棋赌别墅。安常棋劣于于玄,是日惧,便为敌手而又不胜。安顾谓其甥羊昙曰:"以墅乞汝。"安遂游涉,至夜乃还,指授将帅,各当其任。[他作为统帅在胜负不定的决战前夕大从容,大镇静,很大程度上是有意为之,以安定全政府、全军甚而全国,以最大可能地据此赢得胜利。][以后千年脍炙人口的故事,一则表现统帅和英雄真貌的、内心忐忑外表从容的动人故事:]玄等既破坚,有驿书至,安方对客围棋,看书既竟,便摄放床上,了无喜色,棋如故。客问之,徐答云:"小儿辈遂已破贼。"既罢,还内,过户限,心喜甚,不觉屐齿之折,其矫情镇物[在决定性时分,从容以安众人心!]如此。以总统功,进拜太保。

［淝水之战大捷后他意欲大举北伐,为此都督全国几乎所有各州军事,即总揽军权;他对桓温死后桓氏世族的团结与警戒两相结合的优良方针,连同"经远无竞"的地缘政治安排。］

安方欲混一[统一]文轨,上疏求自北征,乃进都督扬、江、荆、司、豫、徐、兖、青、冀、幽、并、宁、益、雍、梁十五州军事,加黄钺,其本官如故,置从事中郎二人。安上疏让太保及爵,不许。[为团结桓氏,主动放弃谢氏坐镇荆州的机会,造就"荆扬相衡"的他安自安格局:]是时桓冲[都督荆江梁宁益交广七州诸军事、车骑将军、荆州刺史]既卒[384],荆、江二州并缺,物论以玄勋望,宜以授之。安以父子皆著大勋,恐为朝廷所疑,又惧桓氏失职,桓石虔[东晋将领,征西将军桓豁庶长子]复有沔阳之功,虑其骁猛,在形胜之地,终或难制,乃以桓石民[东晋将领,桓石虔之弟]为荆州,改桓伊于中流,石虔为豫州。既以三桓据三州,彼此无恐,各得所任。其经远无竞,类皆如此。①

［对他的性情和才智的一些补充说明:多才多艺,潇洒好奢,知人识人。］

性好音乐,自弟万丧,十年不听音乐。及登台辅,期丧不废乐。王坦之书喻之,不从,衣冠效之,遂以成俗。又于土山营墅,楼馆林竹甚盛,每携中外子侄往来游集,肴馔亦屡费百金,世颇以此讥焉,而安殊不以屑意。常疑刘牢之既不可独任,又知王味之不宜专城。牢之既以乱终,而味之亦以贪败,由是识者服其知人。

［随着孝武帝对他的疑忌防范和大贵族司马道子的权势日增②,他交出朝廷权

---

① 他的团结精神和团结苦心甚至延及中低级军官。下面其弟《谢万传》(删)载:"万[豫州刺史、领淮南太守、监司豫冀并四州军事]既受任北征,矜豪傲物,尝以啸咏自高,未尝抚众。兄安深忧之,自队主将帅已下,安无不慰勉。谓万曰:'汝为元帅,诸将宜数接对,以悦其心,岂有傲诞若斯而能济事也!'"

② 《晋书·简文帝孝武帝纪》载:(太元)八年[383]⋯⋯八月,苻坚帅众渡淮,遣征讨都督谢石、冠军将军谢玄、辅国将军谢琰、西中郎将桓伊等距之。九月,诏司徒、琅邪王道子录尚书六条事。[孝武帝外拒强敌,但不忘政治"内斗",司马道子由此可深入过问国家日常政务。]

《晋书·武十三王元四王简文三子列传》载:太元初,拜散骑常侍、中军将军,进骠骑将军。后公卿奏:"道子亲贤莫二,宜正位司徒。"固让不拜。使隶尚书六条事,寻加开府,领司徒。

力,离京避之,专心北伐,不久逝世;他有他的淡泊和潇洒,"虽受朝寄,然东山之志始末不渝"。]

时会稽王道子专权,而奸谄颇相扇构,安出镇广陵之步丘,筑垒曰新城以避之。……帝出祖于西池,献觞赋诗焉。安虽受朝寄,然东山之志[隐居不仕之志]始末不渝,每形于言色。及镇新城,尽室而行,造泛海之装,欲须经略[指北伐]粗定,自江道还东。雅志未就,遂遇疾笃。上疏请量宜旋旆,并召子征虏将军琰解甲息徒,[疾笃垂危之际,他还勉力做了巩固北伐成果的安排:]命龙骧将军朱序进据洛阳,前锋都督玄抗威彭沛,委以董督。若二贼假延,来年水生,东西齐举。诏遣侍中慰劳,遂还都。闻当舆入西州门,自以本志不遂,深自慨失……乃上疏逊位……寻薨,时年六十六。帝三日临于朝堂……及葬,加殊礼,依大司马桓温故事。又以平符坚勋,更封庐陵郡公。

…… ……

[房玄龄等给予谢安至高赞誉,但从典型儒家卫道士的角度,对他好乐好奢做了过分的、不适时的抨击。]

史臣曰:建元[康帝年号,343—344]之后[亦为王导339年逝后],时政多虞,巨猾陆梁[跳跃奔走貌,喻嚣张,跋扈],权臣横恣。其有兼将相于中外,系存亡于社稷,负扆资之以端拱,凿井赖之以晏安者,其惟谢氏乎!……符坚百万之众已瞰吴江,桓温九五之心将移晋鼎……从容而杜奸谋,宴衍[kàn,快乐]而清群寇……①然激繁会于期服之辰,敦一欢于百金之费,废礼于偷薄之俗,崇侈于耕战之秋……不知颓风已扇,雅道日沦,国之仪刑,岂期若是!……

---

① 毛泽东大概在20世纪70年代初说,谢安文韬武略,机智又沉着,淝水之战立了大功,拖住桓温也立了大功,两次大功是对维护统一的贡献。

载记第八　慕容廆　摘录和评注

[慕容廆，慕容部初代酋长的曾孙，成慕容部首领后较早地审时度势，确定并施行有远见颇恰当的大战略：长期坚持"搭正统车，享正统名"，以便坐大于本地域；吸引华夏流亡士庶，重用众多华夏贤才，优化行政和促进儒化教育；先凭基于政治谋算的分而治之，后据出敌不意的侧翼奇袭，挫败鲜卑宇文部等三夷的联合灭廆战役。他近五十年的统治大有利于慕容鲜卑。]

…… ……

[他自幼"雄杰有大度"，其父死，他经一波折而成为慕容部首领；频繁入寇辽西，征伐夫余，继而降于西晋，拜为鲜卑单于，并且促进慕容部的文化和体制华夏化。]

廆幼而魁岸，美姿貌，身长八尺，雄杰有大度。……[父死后，部人杀掉篡位者，拥立他为首领：]涉归死，其弟耐篡位，将谋杀廆，廆亡潜以避祸。后国人杀耐，迎廆立之。

[西晋初，他频繁入寇辽西，并且征伐夫余：]初，涉归有憾于宇文鲜卑，廆将修先君之怨，表请讨之。武帝弗许。廆怒，入寇辽西，杀略甚众。帝遣幽州诸军讨廆，战于肥如，廆众大败。自后复掠昌黎，每岁不绝。又率众东伐扶余，扶余王依虑自杀，廆夷其国城，驱万余人而归。东夷校尉何龛遣督护贾沈将迎立依虑之子为王，廆遣其将孙丁率骑邀[截击]之。沈力战斩丁，遂复扶余之国。[他转而投降西晋，拜为鲜卑单于(以利于坐大于鲜卑诸部?)：]廆谋于其众曰："吾先公以来世奉中国，且华裔理殊，强弱固别，岂能与晋竞乎？何为不和以害吾百姓邪！"乃遣使来降。帝嘉之，拜为鲜卑都督。……

太康十年[289]，廆又迁于徒河之青山。廆以大棘城即帝颛顼之墟也，元康四年[294]乃移居之。教以农桑，法制同于上国。[更加促进慕容部的文化和体制华夏化。]……

[在大败兵力占压倒性优势的鲜卑宇文部围攻后，他乘西晋大内乱和辽东小内乱之机，饶有战略地自称鲜卑大单于和粉碎附塞鲜卑作乱，后一行动旨在"忠义彰于本朝，私利归于我国"；西晋亡、东晋建后，这种"搭正统车，享正统名"以便得利本地的方针继续下去。]

太安[西晋惠帝年号，302—303]初，宇文莫圭遣弟屈云寇边城，云别帅大素延攻掠诸部，廆亲击败之。素延怒，率众十万围棘城，众咸惧，人无距志。廆曰："素延虽犬羊蚁聚，然军无法制，已在吾计中矣。诸君但为力战，无所忧也。"乃躬贯甲胄，驰出击之，素延大败，追奔百里，俘斩万余人。

永嘉[307—313]初，廆自称鲜卑大单于。辽东太守庞本以私憾杀东夷校尉李臻，附塞鲜卑素连、木津等托为臻报仇，实欲因而为乱，遂攻陷诸县，杀掠士庶。……连岁寇掠，百姓失业，流亡归附者日月相继。[粉碎附塞鲜卑作乱，旨在"忠义彰于本朝，私利归于我国"：]廆子翰言于廆曰："求诸侯莫如勤王，自古有为之君靡不杖此以成事业者也。今连、津跋扈，王师覆败，苍生屠脍，岂甚此乎！竖子外以庞本为名，内实幸而为寇。……辽东倾没，垂已二周，中原兵乱，州师屡败，勤王杖义，今其时也。单于宜明九伐之威，救倒悬之命，数连、津之罪，合义兵以诛之。上则兴复辽邦，下则并吞二部，忠义彰于本朝，私利归于我国，此则吾鸿渐之始也，终可以得志于诸侯。"廆从之。是日，率骑讨连、津，大败斩之，二部悉降，徙之棘城，立辽东郡而归。

……建兴[313—317]中，愍帝遣使拜廆镇军将军、昌黎、辽东二国公。[接受东晋册封，以便"敷宣帝命，以伐有罪，谁敢不从"！]建武[317—318]初，元帝承制拜廆假节、散骑常侍、都督辽左杂夷流人诸军事、龙骧将军、大单于、昌黎公，廆让而不受。征虏将军鲁昌说廆曰："今两京倾没，天子蒙尘，琅邪承制江东，实人命所系。明公雄据海朔，跨总一方，而诸部犹怙众称兵，未遵道化者，盖以官非王命，又自以为强。今宜通使琅邪，劝承大统，然后敷宣帝命，以伐有罪，谁敢不从！"廆善之，乃遣其长史王济浮海劝进。及帝即尊位，遣谒者陶辽重申前命，授廆将军、单于，廆固辞公封。

[刑政修明，吸引华夏流亡士庶，重用众多华夏贤才，促进儒学教育和礼让之风。]

时二京倾覆，幽、冀沦陷，廆刑政修明，虚怀引纳，流亡士庶多襁负归之。廆乃立郡以统流人，冀州人为冀阳郡，豫州人为成周郡，青州人为营丘郡，并州人为唐国郡。于是推举贤才，委以庶政，以河东裴嶷、代郡鲁昌、北平阳耽为谋主，北海逄羡、广平游邃、北平西方虔、渤海封抽、西河宋奭、河东裴开为股肱，渤海封弈、平原宋该、安定皇甫岌、兰陵缪恺以文章才俊任居枢要，会稽朱左车、太山胡毋翼、鲁国孔纂以旧德清重引为宾友，平原刘赞儒学该通，引为东庠祭酒，其世子皝率国胄束脩受业焉。廆览政之暇，亲临听之，于是路有颂声，礼让兴矣。

[先凭基于政治谋算精当的"闭门不战"军事战略，后据出敌不意的侧翼奇袭，挫败高句丽、鲜卑宇文部和段部的联合灭廆战役。]

时平州刺史、东夷校尉崔毖自以为南州士望，意存怀集，而流亡者莫有赴之。毖意廆拘留，乃阴结高句丽及宇文、段国等，谋灭廆以分其地。[基于政治谋算的"闭门不战""分而治之"战略，辉煌生效；]太兴[318—321]初，三国伐廆，廆曰："彼信崔毖虚说，邀一时之利，乌合而来耳。既无统一，莫相归伏，吾今破之必矣。然彼军初合，其锋甚锐，幸我速战。若逆击之，落其计矣。靖以待之，必怀疑贰，迭相猜防。

一则疑吾与崼谲而覆之，二则自疑三国之中与吾有韩魏之谋者，待其人情沮惑，然后取之必矣。"于是三国攻棘城，廆闭门不战，遣使送牛酒以犒宇文，大言于众曰："崔崼昨有使至。"于是二国果疑宇文同于廆也，引兵而归。[出敌不意的侧翼奇袭，大败余敌。]宇文悉独官曰："二国虽归，吾当独兼其国，何用人为！"尽众逼城，连营三十里。廆简锐士配皝，推锋于前；翰领精骑为奇兵，从旁出，直冲其营；廆方阵而进。悉独官自恃其众，不设备，见廆军之至，方率兵距之。前锋始交，翰已入其营，纵火焚之，其众皆震扰，不知所为，遂大败，悉独官仅以身免，尽俘其众。于是营候获皇帝玉玺三纽，遣长史裴嶷送于建邺。崔崼惧廆之仇已也，使兄子焘伪贺廆。会三国使亦至请和，曰："非我本意也，崔平州教我耳。"廆将焘示以攻围之处，临之以兵，曰："汝叔父教三国灭我，何以诈来贺我乎？"焘惧，首服。廆乃遣焘归说崼曰："降者上策，走者下策也。"以兵随之。崼与数十骑弃家室奔于高句丽，廆悉降其众，徙焘及高瞻等于棘城，待以宾礼。[击败来寇的高句丽：]明年，高句丽寇辽东，廆遣众击败之。

裴嶷至自建邺，帝遣使者拜廆监平州诸军事、安北将军、平州刺史，增邑二千户。寻加使持节、都督幽州东夷诸军事、车骑将军、平州牧，进封辽东郡公，邑一万户，常侍、单于并如故；丹书铁券，承制海东，命备官司，置平州守宰。

······ ······

[大败石勒所遣鲜卑宇文部攻袭，"乘胜拔其国城"，所得甚丰：]石勒遣使通和，廆距之，送其使于建邺。勒怒，遣宇文乞得龟击廆，廆遣皝距之。以裴嶷为右部都督，率索头为右翼，命其少子仁自平郭趣柏林为左翼，攻乞得龟，克之，悉虏其众。乘胜拔其国城，收其资用亿计，徙其人数万户以归。

成帝即位，加廆侍中，位特进。

······ ······

[他长期效忠于东晋，当然有"私利归于我国"的盘算，终于派员致书陶侃，建议封他为燕王，但"朝议未决"而去世。]

廆使者[携慕容廆致太尉陶侃书]遭风没海。其后廆更写前笺，并赍其东夷校尉封抽、行辽东相韩矫等三十余人疏上侃府曰：

…………

……厬虽率义众,诛讨大逆,然管仲相齐,犹曰宠不足以御下,况厬辅翼王室,有匡霸之功,而位卑爵轻,九命未加,非所以宠异藩翰,敦奖殊勋者也。

……将佐等以为宜……进封厬为燕王,行大将军事,上以总统诸部,下以割损贼境。使冀州之人望风向化。厬得祗承诏命,率合诸国,奉辞夷逆,以成桓文之功,苟利社稷,专之可也。……

侃报抽等书,其略曰:"车骑将军忧国忘身,贡篚载路,羯贼求和,执使送之,西讨段国,北伐塞外,远绥索头,荒服以献。惟北部未宾,屡遣征伐。又知东方官号,高下齐班,进无统摄之权,退无等差之降,欲进车骑为燕王,一二具之。……"朝议未定。(成和)八年[333],厬卒,乃止。时年六十五,在位四十九年。帝遣使者策赠大将军、开府仪同三司,谥曰襄。及俊僭号,伪谥武宣皇帝。

载记第十　慕容俊　摘录和评注

［慕容恪，鲜卑前燕主政辅臣。他病逝以前，前燕尽管面临内外忧患，但远非难以救药。他是杰出的军事家和堪称伟大的国务家，战无不胜，治国有方，品德优越，可被称为所有时代的一个标准。他临终力荐与他大致同类的人物、皇叔吴王慕容垂主政，但因太后和慕容评嫉恨之而未如愿。"志士绝忠贞之路，谗人袭交乱之风"，前燕不亡何待！］

…… ……

［作为君主慕容俊之下的击灭冉魏的主将：］

［从冉魏夺城略地：］遣慕容恪略地中山［郡名，治所在今河北定州市区］，慕容评攻王午于鲁口。恪次唐城，冉闵将白同、中山太守侯龛固守不下。恪留其将慕容彪攻之，进讨常山。评次南安，王午遣其将郑生距评。评逆击，斩之，侯龛逾城出降。恪进克中山，斩白同。

…… ……

[与冉闵军决战于沘水,依凭勇气、正确判断和两翼夹击而大胜,擒获冉闵并斩杀之:]时鲜卑段勤初附于俊,其后复叛。俊遣慕容恪及相国封弈讨冉闵于安喜[今河北定州市区东],慕容垂讨段勤于绎幕,俊如中山,为二军声势。闵惧,奔于常山,恪追及于沘[gū]水[今河北中部大沙河]。闵威名素振,众咸惮之。恪谓诸将曰:"闵师老卒疲,实为难用;加其勇而无谋,一夫之敌耳。虽有甲兵,不足击也。吾今分军为三部,犄角以待之。闵性轻锐,又知吾军势非其敌,必出万死冲吾中军。吾今贯甲厚阵以俟其至,诸君但厉卒,从旁须其战合,夹而击之,蔑不克也。"及战,败之,斩首七千余级,擒闵,送之,斩于龙城。[攻克邺城,消灭冉魏残余军力:]恪屯军呼沱。闵将苏亥遣其将金光率骑数千袭恪,恪逆击,斩之,亥大惧,奔于并州。恪进据常山,段勤惧而请降,遂进攻邺[在今河北邯郸市临漳县和河南安阳市安阳县]。闵将蒋干闭城距守。俊又遣慕容评等率骑一万会攻邺。……蒋干率锐卒五千出城挑战,慕容评等击败之,斩首四千余级,干单骑还邺。……慕容恪、封弈讨王午于鲁口,降之。寻而慕容评攻克邺城,送冉闵妻子僚属及其文物于中山。

……　……

[攻得鲜卑段部占据的今山东一部:]初,段兰之子龛因冉闵之乱,拥众东屯广固,自号齐王,称籓于建邺,遣书抗中表之仪,非俊正位。俊遣慕容恪、慕容尘讨之。恪既济河……龛……率众三万来距恪。恪遇龛于济水之南,与战,大败之,遂斩其弟钦,尽俘其众。[大有政治头脑、讲究以尽可能小的代价取得必定的胜利:]恪进围广固,诸将劝恪宜急攻之,恪曰:"军势有宜缓以克敌,有宜急而取之。若彼我势均,且有强援,虑腹背之患者,须急攻之,以速大利。如其我强彼弱,外无寇援,力足制之者,当羁縻守之,以待其毙。兵法十围五攻,此之谓也。龛恩结贼党,众未离心,济南之战,非不锐也,但其用之无术,以致败耳。今凭固天险,上下同心,攻守势倍,军之常法。若其促攻,不过数旬,克之必矣,但恐伤吾士众。自有事已来,卒不获宁,吾每思之,不觉忘寝,亦何宜轻残人命乎!当持久以取耳。"诸将皆曰:"非所及也。"乃筑室反耕,严固围垒。龛所署徐州刺史王腾、索头单于薛云降于恪。段龛之被围也,遣使诣建邺请救。穆帝遣北中郎将荀羡赴之,惮虏强迁延不敢进。……恪遂克广固,以龛为伏顺将军,徙鲜卑胡羯三千余户于蓟……

‥‥‥‥ ‥‥‥‥

[在皇位继承问题上,他高风亮节,颇有国务家素质。]

俄而俊寝疾,谓慕容恪曰:"吾所疾惙然,当恐不济。修短命也,复何所恨! 但二寇未除,景茂[慕容暐字]冲幼,虑其未堪多难。吾欲远追宋宣,以社稷属汝。"[在皇位继承问题上,慕容恪高风亮节,颇有国务家素质;]恪曰:"太子虽幼,天纵聪圣,必能胜残刑措,不可以乱正统也。"俊怒曰:"兄弟之间岂虚饰也!"恪曰:"陛下若以臣堪荷天下之任者,宁不能辅少主乎!"俊曰:"若汝行周公之事,吾复何忧! ‥‥‥"

载记第十一　慕容暐、慕容恪等　摘录和评注

[慕容俊第三子、"庸弱"的慕容暐继承皇位,慕容恪主政;然而,慕舆根"忌恪之总朝权",近乎在太后同意下欲作乱篡位,结果被慕容暐诛杀。]

慕容暐,字景茂,俊第三子也。初封中山王,寻立为太子。及俊死,群臣欲立慕容恪,恪辞曰:"国有储君,非吾节也。"[这对品德优越的慕容恪来说根本不可想象,何况(据上篇载记)他已对先帝作了"周公辅成王"的保证。]于是立暐。升平四年[360],僭即皇帝位,大赦境内,改元曰建熙,立其母可足浑氏为皇太后。以慕容恪为太宰、录尚书,行周公事;慕容评为太傅,副赞朝政;慕舆根为太师;慕容垂为河南大都督、征南将军、兖州牧、荆州刺史,领护南蛮校尉,镇梁国‥‥‥

既庸弱,国事缘委之于恪。慕舆根自恃勋旧,骄傲有无上之心,忌恪之总朝权,将伺隙为乱,乃言于恪曰:"今主上幼冲,母后干政,殿下宜虑杨骏、诸葛元逊之变,思有以自全。且定天下者,殿下之功也,兄亡弟及,先王之成制,过山陵之后,可废主上为一国王,殿下践尊位,以建大燕无穷之庆。"[这对品德优越的慕容恪来说根本不可想象。]恪曰:"公醉乎? 何言之勃也! ‥‥‥今储君嗣统,四海无虞,宰辅受遗,奈何便有私议! 公忘先帝之言乎?"根大惧,陈谢而退。恪以告慕容垂,垂劝恪诛之。恪曰:"今新遭大凶,二虏伺隙,山陵未建,而宰辅自相诛灭,恐乖远近之望,且可容忍之。"根与左卫慕舆干潜谋诛恪及评,因而篡位。入白可足浑氏及暐曰:"太

宰、太傅将谋为乱，臣请率禁兵诛之，以安社稷。"可足浑氏将从之，晔曰："二公国之亲穆，先帝所托，终应无此，未必非太师将为乱也。"于是使其侍中皇甫真、护军傅颜收根等，于禁中斩之……

[慕容恪主政下前燕军势仍盛，继续攻城略地。]

[野王之围，击灭事实上独立的叛将吕护之军：]初，俊所署宁南将军吕护据野王，阴通京师，穆帝以护为前将军、冀州刺史。俊死，谋引王师袭邺，事觉，晔使慕容恪等率众五万讨之。傅颜言于恪曰："护穷寇假合，王师既临，则上下丧气……殿下前以广固天险，守易攻难，故为长久之策。今贼形便不与往同，宜急攻之，以省千金之费。"[在慕容俊之下围克广固后，慕容恪再度讲究以尽可能小的代价取得必定的胜利：]恪曰："护老贼，经变多矣。观其为备之道，未易卒平。今圈之穷城，樵采路绝，内无蓄积，外无强援，不过十旬，其毙必矣，何必遽残士卒之命而趣一时之利哉！吾严浚围垒，休养将卒，以重官美货间而离之。事淹势穷，其衅易动；我则未劳，而寇已毙。此为兵不血刃，坐以制胜也。"遂列长围守之。护遣其将张兴率劲卒七千出战，傅颜击斩之。自三月至八月而野王溃，护南奔于晋，悉降其众。寻复叛归于晔，待之如初。因遣傅颜与护率众据河阴。颜北袭敕勒，大获而还。护攻洛阳，中流矢而死。……

[攻陷今河南多城多地：]遣其宁东慕容忠攻陷荥阳。时晋冠军将军陈祐戍洛阳，遣使请救，帝遣桓温援之。

兴宁[东晋哀帝年号，363—365]初，晔复使慕容评寇许昌、悬瓠、陈城，并陷之，遂略汝南诸郡，徙万余户于幽、冀。

[从东晋手中夺得洛阳：]豫州刺史孙兴上疏，请步卒五千先图洛阳。晔纳之，遣其太宰司马悦希军于盟津，孙兴分戍成皋，以为之声援。寻而陈祐率众奔陆浑，河南诸垒悉陷于希。慕容恪攻陷金墉，害扬威将军沈劲。以其左中郎将慕容筑为假节、征虏将军、洛州刺史，镇金墉，慕容垂为都督荆、扬、洛、徐、兖、豫、雍、益、梁、秦等十州诸军事、征南大将军、荆州牧，配兵一万，镇鲁阳。

…… ……

["悉陷兖州诸郡"：]太和[东晋废帝(海西公)年号]元年[366]，晔遣抚军慕容厉

攻晋太山太守诸葛攸。攸奔于淮南，厉悉陷兖州诸郡，置守宰而还。

［慕容恪临终力荐慕容垂主政，但因太后和慕容评嫉恨之而未如愿；后者“谋杀垂”，“垂惧，奔于苻坚”。］

［慕容恪临终谆谆嘱咐死后要慕容垂主政，且告诫慕容评等“不可昧利忘忧”：］慕容恪有疾，深虑暐政不在己，慕容评性多猜忌，大司马之位不能允授人望，乃召暐兄乐安王臧谓之曰：“今劲秦跋扈，强吴未宾，二寇并怀进取，但患事之无由耳。夫安危在得人，国兴在贤辅，若能推才任忠，和同宗盟，则四海不足图，二虏岂能为难哉！吾以常才，受先帝顾托之重，每欲扫平关陇，荡一瓯吴，庶嗣成先帝遗志，谢忧责于当年。而疾固弥留，恐此志不遂，所以没有余恨也。吴王天资英杰，经略超时，司马职统兵权，不可以失人，吾终之后，必以授之。……汝等虽才识明敏，然未堪多难，国家安危，实在于此，不可昧利忘忧，以致大悔也。”又以告评。月余而死［367］，其国中皆痛惜之。

…… ……

慕容恪：

［本篇至此以及先前的有关载记已经显示，他作为将才和帅才有何等杰出的战争才能，作为国务家又有何等卓越的政治素质，连同在这两方面表现的优秀品德。本专传的价值是集中展示这些，展示他何以被称为所有时代的标准。］

［他自幼“谨厚，沈深有大度”，及长“每所言及，辄经纶世务”，担任将领后“多奇策”，“所向即溃”。］

慕容恪，字玄恭，皝之第四子也。幼而谨厚，沈深有大度。母高氏无宠，皝未之奇也。年十五，身长八尺七寸，容貌魁杰，雄毅严重，每所言及，辄经纶世务，皝始异焉，乃授之以兵。数从皝征伐，临机多奇策。使镇辽东，甚有威惠。高句丽惮之，不敢为寇。［他还曾是很能干的边疆军政长官。］皝使恪与俊俱伐夫余，俊居中指授而已，恪身当矢石，推锋而进，所向辄溃。

［深得前燕两代君主信任和重用，并且受托为第三代君主“总揽朝权”。］

皝将终,谓俊曰:"今中原未一,方建大事,恪智勇俱济,汝其委之。"及俊嗣位,弥加亲任。累战有大功,封太原王,拜侍中、假节、大都督、录尚书。俊寝疾,引恪与慕容评属以后事。及暐之世,总摄朝权。初,建邺闻俊死,曰:"中原可图矣。"桓温曰:"慕容恪尚存,所忧方为大耳。"

[他作为前燕军政领导的优秀素质和表现,在某种意义上可称所有时代的一个标准。]

慕舆根之就诛也,内外危惧。恪容止如常,神色自若,出入往还,一人步从。或有谏之者,恪曰:"人情怀惧,且当自安以靖之。吾复不安,则众何瞻仰哉!"于是人心稍定。[他确实"沈深有大度",而且具备大国务家的其他多项必要素质:]恪虚襟待物,咨询善道,量才处任,使人不逾位。朝廷谨肃,进止有常度,虽执权政,每事必咨之于评。罢朝归第,则尽心色养,手不释卷。其百僚有过,未尝显之,自是庶僚化德,稀有犯者。

恪之图洛阳也,秦中大震,苻坚亲将以备潼关,军回乃定。[他是杰出的统军将帅,尤其"专以恩信御物,务于大略,不以小令劳众":]恪为将不尚威严,专以恩信御物,务于大略,不以小令劳众。军士有犯法,密纵舍之,捕斩贼首以令军。营内不整似可犯,而防御甚严,终无丧败。

[他几乎最重要的、完全未被采纳的主张,即临终推荐慕容垂主政。]

临终,暐亲临问以后事,恪曰:"臣闻报恩莫大荐士,板筑[指地位低微者或隐逸之士]犹可,而况国之懿籓!吴王文武兼才,管萧之亚,陛下若任之以政,国其少安。不然,臣恐二寇必有窥窬之计。"言终而死。[他为何不早早安排此事,趁他尚有精力和权力那么做的时候?"可足浑氏素恶垂"这障碍极难克服?]

…… ……

王猛及苻融：『王猛以宏材纬军国，苻融以懿戚赞经纶』

载记第十三　苻坚上　摘录和评注

[苻坚358年发动政变，消灭极恶暴君苻生，登基为帝，王猛为"掌机密"的心腹幕僚；按照儒家政治哲学和华夏传统经验治理国家。]

……生既残虐无度，梁平老等亟以为言，坚遂弑生……以升平元年僭称大秦天王，诛生幸臣董龙、赵韶等二十余人……[王猛等为"掌机密"的心腹幕僚：]王猛、薛赞为中书侍郎；权翼为给事黄门侍郎，与猛、赞并掌机密。……[迅即开始按照儒家政治哲学和华夏传统经验治理国家：]于是修废职，继绝世，礼神祇，课农桑，立学校，鳏寡孤独高年不自存者，赐谷帛有差，其殊才异行、孝友忠义、德业可称者，令在所以闻。

…………

["王猛亲宠愈密，朝政莫不由之"，"老氏"们对此的不满和愤懑被苻坚无情弹压下去：]王猛亲宠愈密，朝政莫不由之。特进樊世，氐豪也，有大勋于苻氏，负气倨傲，众辱猛曰："吾辈与先帝共兴事业，而不预时权；君无汗马之劳，何敢专管大任？是为我耕稼而君食之乎！"猛曰："方当使君为宰夫[厨子]，安直[何止]耕稼而已。"世

大怒曰："要当悬汝头于长安城门,不尔者,终不处于世也。"猛言之于坚,坚怒曰:
"必须杀此老氐,然后百僚可整。"俄而世入言事,坚谓猛曰:"吾欲以杨璧尚主,璧何
如人也?"世勃然曰:"杨璧,臣之婿也,婚已久定,陛下安得令之尚主乎!"猛让世曰:
"陛下帝有海内,而君敢竞婚,是为二天子,安有上下!"世怒起,将击猛,左右止之。
世遂丑言大骂,坚由此发怒,命斩之于西厩。诸氐纷纭,竞陈猛短,坚患甚,慢骂,或
有鞭挞于殿庭者。权翼进曰:"陛下宏达大度,善驭英豪,神武卓荦,录功舍过,有汉
祖之风。然慢易之言,所宜除之。"坚笑曰:"朕之过也。"自是公卿以下无不惮猛焉。

…… ……

……以王猛为侍中、中书令、京兆尹。

[王猛等铁腕规制氐族贵戚豪强,于是"豪右屏气,风化大行":]其特进强德,健
妻之弟也,昏酒豪横,为百姓之患。猛捕而杀之,陈尸于市。其中丞邓羌,性鲠直不
挠,与猛协规齐志,数旬之间,贵戚强豪诛死者二十有余人。于是百僚震肃,豪右屏
气,路不拾遗,风化大行。坚叹曰:"吾今始知天下之有法也,天子之为尊也!"["遣使
巡察四方",推行善治:]于是遣使巡察四方及戎夷种落,州郡有高年孤寡,不能自
存,长吏刑罚失中、为百姓所苦,清修疾恶、劝课农桑、有便于俗,笃学至孝、义烈力
田者,皆令具条以闻。

…… ……

[在着重国内治理以致国力殷实的基础上,苻坚开始一个大征战大扩张时期;
370 年,遣王猛率军势如破竹,剪灭前燕。]

[前燕攻拔洛阳,威胁关中:]兴宁三年[365]……慕容暐遣其太宰慕容恪攻拔洛
阳,略地至于崤、渑。坚惧其入关,亲屯陕城以备之。

…… ……

[突然插进苻生诸弟"四公之叛",王猛等几路军讨伐,四公先后人头落地:]是
岁[367],苻双据上邽,苻柳据蒲坂叛于坚,苻庾据陕城、苻武据安定并应之,将共伐
长安。坚遣使谕之,各啮梨以为信,皆不受坚命,阻兵自守。坚遣后禁将军杨成世、
左将军毛嵩等讨双、武,王猛、邓羌攻蒲坂,杨安、张蚝攻陕城。成世、毛嵩为双、武
所败,坚又遣其武卫王鉴、宁朔吕光等率中外精锐以讨之,左卫苻雅、左禁窦冲率羽

林骑七千继发。双、武乘胜至于榆眉,鉴等击败之,斩获万五千人。武弃安定,随双奔上邽,鉴等攻之。苻柳出挑战,猛闭垒不应。柳以猛为惮己,留其世子良守蒲坂,率众二万,将攻长安。长安去蒲坂百余里,邓羌率劲骑七千夜袭败之,柳引军还,猛又尽众邀击,悉俘其卒,柳与数百骑入于蒲坂。鉴等攻上邽,克之,斩双、武。猛又寻破蒲坂,斩柳及其妻子,传首长安。猛屯蒲坂,遣邓羌与王鉴等攻陷陕城,克之,送庾于长安,杀之。

[苻坚援助前燕抵御桓温北伐,后者惨败,继而因慕容晖废割地酬报之约而遣王猛率军围城打援,大破前燕精卒十万,并且夺得洛阳:]太和[东晋废帝(海西公)年号]四年[369],晋大司马桓温伐慕容晖,次于枋头。晖众屡败,遣使乞师于坚,请割武牢以西之地。坚亦欲与晖连横,乃遣其将苟池等率步骑二万救晖。王师寻败[1],引归,池乃还。

……………

王师既旋,慕容晖悔割武牢之地,遣使谓坚曰:"顷者割地,行人失辞。有国有家,分灾救患,理之常也。"坚大怒,遣王猛与建威梁成、邓羌率步骑三万,署慕容垂为冠军将军,以为乡导,攻晖洛州刺史慕容筑于洛阳。晖遣其将慕容臧率精卒十万,将解筑围。猛使梁成等以精锐万人卷甲赴之,大破臧于荥阳。筑惧而请降,猛陈师以受之,留邓羌镇金墉,猛振旅而归。

[370年,遣王猛率军势如破竹,剪灭前燕:]

太和五年[370],又遣猛率杨安、张蚝、邓羌等十将率步骑六万伐晖。坚亲送猛于霸东,谓曰:"今授卿精兵,委以重任,便可从壶关、上党出潞川,此捷济之机,所谓捷雷不及掩耳。吾当躬自率众以继卿后,于邺相见。已敕运漕相继,但忧贼,不烦

---

① 《晋书·王敦桓温列传》载:太和四年,又上疏悉众北伐。平北将军都愔以疾解职,又以温领平北将军、徐兖二州刺史,率弟南中郎冲、西中郎袁真步骑五万北伐。……都邑尽倾。军次湖陆,攻慕容晖将慕容忠,获之,进次金乡。时亢旱,水道不通,乃凿钜野三百余里以通舟运,自清水入河。晖将慕容垂、傅末波等率众八万距温,战于林渚[在今河南新郑市观音寺镇岳口村]。温击破之,遂至枋头。先使袁真伐谯梁,开石门以通运。真讨谯梁皆平之,而不能开石门,[先前对前燕大军的胜利证明没有意义,因为桓温终于军粮竭尽,只得狼狈退兵:]军粮竭尽。温焚舟步退,自东燕出仓垣,经陈留,凿井而饮,行七百余里。[襄邑之战,他麾下死者三万,决定性惨败:]垂以八千骑追之,战于襄邑,温军败绩,死者三万人。温甚耻之,归罪于真,表废为庶人。

后虑也。"……于是进师。[灭前燕战役第一阶段:夺得壶关、晋阳]杨安攻晋阳。猛攻壶关,执昕上党太守慕容越,所经郡县皆降于猛,猛留屯骑校尉苟苌戍壶关。会杨安攻晋阳,为地道,遣张蚝率壮士数百人入其城中,大呼斩关,猛、安遂入晋阳,执昕并州刺史慕容庄。[第二阶段:与畏战的慕容评所率的前燕四十万军队相持,奇袭其辎重]昕遣其太傅慕容评率众四十余万以救二城,评惮猛不敢进,屯于潞川。猛留将军毛当戍晋阳,进师与评相持。遣游击郭庆以锐卒五千,夜从间道出评营后,傍山起火,烧其辎重,火见邺中。[第三阶段:慕容评"卖水鬻薪",王猛邓羌伺机猛击,肆行战场超级屠戮]昕惧,遣使让评,催之速战。猛知评卖水鬻薪,有可乘之会,评又求战,乃阵于渭原而誓众曰:"王景略受国厚恩,任兼内外,今与诸君深入贼地,宜各勉进,不可退也。愿戮力行间,以报恩顾,受爵明君之朝,庆觞父母之室,不亦美乎!"众皆勇奋,破釜弃粮,大呼竞进。[战争中的私人政治:主将迫主帅接受其交易,作为奉命杀敌的先决条件]猛望评师之众也,恶之,谓邓羌曰:"今日之事,非将军莫可以捷。成败之机,在斯一举。将军其勉之!"羌曰:"若以司隶见与者,公无以为忧。"猛曰:"此非吾之所及也。必以安定太守、万户侯相处。"羌不悦而退。俄而兵交,猛召之,羌寝而弗应。猛驰就许之,羌于是大饮帐中,与张蚝、徐成等跨马运矛,驰入评军,出入数四,旁若无人,搴旗斩将,杀伤甚众。及日中,评众大败,俘斩五万有余[!],乘胜追击,又降斩十万[!]。[第四阶段:君主亲率精锐十万,攻陷前燕都城,前燕亡]于是进师围邺。坚闻之,留李威辅其太子宏守长安,以符融镇洛阳,躬率精锐十万向邺。七日而至于安阳,过旧闾,引诸耆老语及祖父之事,泫然流涕,乃停信宿。猛潜至安阳迎坚……坚遂攻邺,陷之。慕容昕出奔高阳,坚将郭庆执而送之。坚入邺宫,阅其名籍,几郡百五十七,县一千五百七十九,户二百四十五万八千九百六十九,口九百九十八万七千九百三十五。诸州郡牧守及六夷渠帅尽降于坚。郭庆穷追余烬,慕容评奔于高句丽,庆追至辽海,句丽缚评送之。……

坚……徙关东豪杰及诸杂夷十万户于关中,处乌丸杂类于冯翊、北地,丁零翟斌于新安,徙陈留、东阿万户以实青州。诸因乱流移,避仇远徙,欲还旧业者,悉听之。

…… ……

[在苻坚过度伸展、"倾率土之师"攻伐东晋以前,尚有六七年时间,其间仍主要在王猛协助下致力于按照儒家政治哲学和华夏传统经验的国内善治。]

[重农桑,行节俭,扬儒学,化风俗,以致"关陇清晏,百姓丰乐":]坚以境内旱,课百姓区种[区种法,中国耕种田园化的开端,尤其有助于抗旱丰产,为西汉晚期氾胜之首创]。惧岁不登,省节谷帛之费,太官、后官减常度二等,百僚之秩以次降之。复魏、晋士籍,使役有常闻,诸非正道,典学一皆禁之。坚临太学,考学生经义,上第擢叙者八十三人。自永嘉之乱,庠序无闻,及坚之僭,颇留心儒学,王猛整齐风俗,政理称举,学校渐兴。关、陇清晏,百姓丰乐,自长安至于诸州,皆夹路树槐柳,二十里一亭,四十里一驿,旅行者取给于途,工商贸贩于道。百姓歌之曰:"长安大街,夹树杨槐。下走朱轮,上有鸾栖。英彦云集,海我萌黎。"

载记第十四　王猛、苻融　摘录和评注

王猛:

[我们已经在苻坚载记内多处领略到他作为将帅和作为国务家的伟大英才。他看来未犯过任何重大的战略／政治错误,因而高于反复徒劳北伐而耗尽国力的诸葛亮。他几乎总是与他的主公心心相印,因而其效劳经历远不像到头来殊死拒随曹操正式篡汉的荀彧那么复杂。他的幸运在于苻坚倾力南征东晋以前就已逝世,因而无涉于这军溃国败土裂的巨型灾祸。无论如何,我们在他的专传内可以较全面地得知他的个人品格和性情,连同卓越的治国表现。]

[一上来虽贫,却"气度雄远",一览众山小;有似小号姜子牙,"怀佐世之志,希龙颜之主,敛翼待时,候风云而后动"——智识天才类机会主义者。]

王猛,字景略,北海剧[今山东潍坊市昌乐县]人也,家于魏郡。少贫贱,以鬻畚为业。……

猛瑰姿俊伟,博学好兵书,谨重严毅,气度雄远,细事不干其虑,自不参其神契,略不与交通,是以浮华之士咸轻而笑之。猛悠然自得,不以屑怀。少游于邺都,时

人罕能识也。惟徐统见而奇之，召为功曹。遁而不应，遂隐于华阴山。怀佐世之志，希龙颜之主，敛翼待时，候风云而后动。[他一时不耐，险些找错了主:]桓温入关，猛被褐而诣之，一面谈当世之事，扪虱而言，旁若无人。温察而异之，问曰:"吾奉天子之命，率锐师十万，杖义讨逆，为百姓除残贼，而三秦豪杰未有至者何也?"猛曰:"公不远数千里，深入寇境，长安咫尺而不渡灞水，百姓未见公心故也，所以不至。"温默然无以酬之。温之将还，赐猛车马，拜高官督护，请与俱南。猛还山咨师，师曰:"卿与桓温岂并世哉! 在此自可富贵，何为远乎!"猛乃止。

[遇苻坚，一见彼此钟情，"若玄德之遇孔明也";经一初试，迅速成为苻坚头号幕僚，"权倾内外"。]

符坚将有大志，闻猛名，遣吕婆楼招之，一见便若平生。语及废兴大事，异符同契，若玄德之遇孔明也。及坚僭位，以猛为中书侍郎。[他经历初试，证明异常能干，能对氏族强豪行"酷政":]时始平[治所在今陕西咸阳市西北十八里]多枋头西归之人，豪右纵横，劫盗充斥，乃转猛为始平令。猛下车，明法峻刑，澄察善恶，禁勒强豪。鞭杀一吏，百姓上书讼之，有司劾奏，槛车征下廷尉诏狱。坚亲问之，曰:"为政之体，德化为先，莅任未几而杀戮无数，何其酷也!"猛曰:"臣闻宰宁国以礼，治乱邦以法。陛下不以臣不才，任臣以剧邑，谨为明君翦除凶猾。始杀一奸，余尚万数，若以臣不能穷残尽暴，肃清轨法者，敢不甘心鼎镬，以谢孤负。酷政之刑，臣实未敢受之。"坚谓群臣曰:"王景略固是夷吾、子产之俦也。"于是赦之。

["岁中五迁，权倾内外"，且凭苻坚宠信，"上下咸服，莫有敢言":]迁尚书左丞、咸阳内史、京兆尹。未几，除吏部尚书、太子詹事，又迁尚书左仆射、辅国将军、司隶校尉，加骑都尉，居中宿卫。时猛年三十六，岁中五迁，权倾内外，宗戚旧臣皆害其宠。尚书仇腾、丞相长史席宝数谮毁之，坚大怒，黜腾为甘松护军，宝白衣领长史。尔后上下咸服，莫有敢言。顷之，迁尚书令、太子太傅，加散骑常侍。[他未昏头，未失审慎:]猛频表累让，坚竟不许。又转司徒、录尚书事，余如故。猛辞以无功，不拜。

[作为伐灭鲜卑前燕的领军主帅，他不仅战功卓越，而且(在五胡十六国中间罕见)"军禁严明，师无私犯";权力巨大，无以复加，但坚持审慎，这不仅是道德必需，

也是政治必需。]

后率诸军讨慕容晞,军禁严明,师无私犯。猛之未至邺也,劫盗公行,及猛之至,远近帖然,燕人安之。军还,以功进封清河郡侯,赐以美妾五人,上女妓十二人,中妓三十八人[蛮夷风尚?居然赐妾妓多达 55 名],马百匹,车十乘。猛上疏固辞不受。[他未昏头,未失审慎和士人应有品格。]

[他权力巨大,但坚持审慎,大概深知萧何故事,虽然他的主公对下属的气度远超刘邦:]时既留镇冀州,坚遣猛于六州之内听以便宜从事,简召英俊,以补关东守宰,授讫,言台除正。居数月,上疏曰:"臣前所以朝闻夕拜,不顾艰虞者,正以方难未夷,军机权速,庶竭命戎行……今圣德格于皇天,威灵被于八表,弘化已熙……岂应孤任愚臣,以速倾败!东夏之事,非臣区区所能康理……若以臣有鹰犬微勤,未忍捐弃者,乞待罪一州,效尽力命。……"坚不许,遣其侍中梁谠诣邺喻旨,猛乃视事如前。

[他权力巨大到无以复加,但坚持审慎如故:]俄入为丞相、中书监、尚书令、太子太傅、司隶校尉,持节、常侍、将军、侯如故。稍加都督中外诸军事。猛表让久之。坚曰:"……朕且欲从容于上,望卿劳心于下,弘济之务,非卿而谁!"遂不许。其后数年,复授司徒。猛复上疏曰:"……臣何庸狷,而应斯举!不但取嗤邻远,实令为虏轻秦。……"坚竟不从。猛乃受命。军国内外万机之务,事无巨细,莫不归之。

[他作为伟大国务家的多方杰出治国表现:"兵强国富,垂及升平,猛之力也";他的品性(小)缺陷:]

猛宰政公平,流放尸素,拔幽滞,显贤才,外修兵革,内综儒学,劝课农桑,教以廉耻,无罪而不刑,无才而不任……于是兵强国富,垂及升平,猛之力也。坚尝从容谓猛曰:"卿夙夜匪懈,忧勤万机,若文王得太公,吾将优游以卒岁。"猛曰:"不图陛下知臣之过,臣何足以拟古人!"坚曰:"以吾观之,太公岂能过也。"常敕其太子宏、长乐公丕等曰:"汝事王公,如事我也。"其见重如此。

……令行禁整,事无留滞……[他气量有限,潇洒不及,对贫时往昔记得过深:]性刚明清肃,于善恶尤分。微时一餐之惠,睚眦之忿,靡不报焉,时论颇以此少之。

[他的主公对下属的气量远超过刘邦:]其年寝疾,坚亲祈南北郊、宗庙、社稷,

分遣侍臣祷河岳诸祀,靡不周备。猛疾未瘳,乃大赦其境内殊死已下。猛疾甚,因上疏谢恩,并言时政,多所弘益。坚览之流涕,悲恸左右。及疾笃,坚亲临省病,问以后事。猛曰[他深刻、有远见但徒然的临终大告诫]:"晋虽僻陋吴、越,乃正朔相承。亲仁善邻,国之宝也。臣没之后,愿不以晋为图。鲜卑、羌虏,我之仇也,终为人患,宜渐除之,以便社稷。"①言终而死,时年五十一。坚哭之恸。比敛,三临,谓太子宏曰:"天不欲使吾平一六合邪?何夺吾景略之速也!"赠侍中,丞相余如故。给东园温明秘器,帛三千匹,谷万石。谒者仆射监护丧事,葬礼一依汉大将军故事。谥曰武侯。朝野巷哭三日。

符融:

[王猛逝后符坚的"谋主",首席将领,其厄运是在符坚决定性地过度伸展从而输掉大部分国力赌注的时期担任这一角色。基于明智的哲理和锐利的政见,坚持劝谏切勿大伐东晋,虽然归于徒劳。]

[神童之类的人物,"长而令誉弥高,为朝野所属",文武政三才卓越,"故为坚所委任",是极为杰出的朝廷司法主官。]

符融,字博休,坚之季弟也。少而岐嶷凤成,魁伟美姿度。……符生爱其器貌,常侍左右,未弱冠便有台辅之望。长而令誉弥高,为朝野所属。[得暴君符生宠爱,这在杀符生而篡位的符坚那里可能是个对他不利的因素,虽然符坚气量较宽宏。]坚僭号,拜侍中,寻除中军将军。[文武政三才卓越:]融聪辩明慧,下笔成章,至于谈玄论道,虽道安无以出之。耳闻则诵,过目不忘,时人拟之王粲。尝著《浮图赋》,壮丽清赡,世咸珍之。……旅力雄勇,骑射击刺,百夫之敌也。铨综内外,刑政修理,进才理滞,王景略之流也。尤善断狱,奸无所容,故为坚所委任。

[极为杰出的朝廷司法主官:]后为司隶校尉。……发奸摘伏……所在盗贼止息,路不拾遗。坚及朝臣雅皆叹服,州郡疑狱莫不折之于融。融观色察形,无不尽

---

① 我们还是禁不住要重复我们先前的一项评注:作为一个以少数族统治众多他族的国家的君主,符坚能有什么可持久的好办法?这些他族有些单论人口就远多过他的民族,何况他们的人口总和更是多得与之有天壤之别。

其情状。虽镇关东,朝之大事靡不驰驿与融议之。

[成为朝廷首席大臣和军队主将,卓越的主将,"善谋略,好施爱士,专方征伐,必有殊功"。]

性至孝,初届冀州,遣使参问其母动止,或日有再三。坚以为烦,月听一使。后上疏请还侍养,坚遣使慰喻不许。久之,征拜侍中、中书监、都督中外诸军事、车骑大将军、司隶校尉、太子太傅、领宗正、录尚书事。俄转司徒,融苦让不受。融为将善谋略,好施爱士,专方征伐,必有殊功。

[基于明智的哲理和锐利的政见①,坚持劝谏苻坚切勿大伐东晋,但被斥为"沮坏大谋"。]

坚既有意荆、扬,时慕容垂、姚苌等常说坚以平吴封禅之事,坚谓江东可平,寝不暇旦。融每谏曰[明智的哲理]:"知足不辱,知止不殆,穷兵极武,未有不亡。且国家,戎族也,正朔[(华夏)国家正统地位]会不归人。江东虽不绝如缀[覆盖在帽子上的一种装饰物,亦指延续],然天之所相,终不可灭。"坚曰[苻坚在哲理上说的也不错,但就异族统治华夏而言到底还是错,尽管有后来蒙古人和女真人统治华夏达数个世纪的史例,而且就当时的情势而言也错]:"帝王历数岂有常哉,惟德之所授耳!汝所以不如吾者,正病此不达变通大运。刘禅可非汉之遗祚,然终为中国之所并。吾将任汝以天下之事,奈何事事折吾,沮坏大谋!汝尚如此,况于众乎!"坚之将入寇也,融又切切谏曰:"陛下听信鲜卑、羌虏诡谀之言,采纳良家少年利口之说[大概当时有不少"希关军旅"的富足少年子弟轻浮慷慨,欢呼南征,好战异常],臣恐非但无成,亦大事去矣。[他的下述告诫更具体、紧迫和一针见血:]垂、苌皆我之仇敌,思闻风尘之变,冀因之以逞其凶德。少年等皆富足子弟,希关军旅,苟说佞谄之言,以会陛下之意,不足采也。"坚弗纳。及淮南之败,垂、苌之叛,坚悼恨弥深。

……　……

———————————

① 政见指前载苻融所谏"陛下宠育鲜卑、羌、羯,布诸畿甸,旧人族类,斥徙遐方。今倾国而去,如有风尘之变者,其如宗庙何!监国以弱卒数万留守京师,鲜卑、羌、羯攒聚如林,此皆国之贼也,我之仇也。……王景略一时奇士,陛下每拟之孔明,其临终之言不可忘也"。

华夷将才的复杂图景：
军事与政治、政治与道德

列传第十二　王浑、王濬、唐彬传　摘录和评注

[三位"职业的"西晋武士。他们的最大武功，当然是成就于灭吴战争。作为其中两支方面军的统帅，"浑既献捷横江，濬亦克清建邺。于时讨吴之役，将帅虽多，定吴之功，此焉为最"。可是，这两位杰出将才彼此间首先由于王濬贪功违令而激烈内斗，构成一则丑陋的政治插曲，且此恨绵绵，延至战后许久。相反，儒士唐彬作为王濬的一大伐吴勋绩卓著的部将，规避争功，不拔头筹，"退让之风，贤于浑濬远矣"。]

[平吴之后，二王除彼此私斗外，表现截然有别：王濬"以勋高位重，不复素业自居，乃玉食锦服，纵奢侈以自逸"；但他的私敌王浑部分地因为去世晚，继续有作为名臣的正直的政治表现，即(1)谏言反对排挤众望所归的齐王司马攸，(2)规避经血腥政变专权的贾南风及楚王司马玮的诱惑和利用，(3)拒绝协助这两名乱首杀害汝南王司马亮。]

[从羊祜经杜预到二王，将才可谓类同，道德却逐渐低下。① "浑既害善，濬亦

---

① 杜预与羊祜相比，有如元代大学问家郝经所云："杜预学识远到，志力刚明，有古儒将之风，而德度弗逮祜也。"

矜功"。]

王浑:

[西晋初羊祜杜预之外的头号杰出将才,在灭吴战役中立下头等功勋,但也有与王濬激烈私斗的不良表现。战后他继续有作为名臣的正直的政治表现,谏言反对排挤齐王司马攸,规避贾南风及楚王司马玮的诱惑和利用,拒绝协助杀害汝南王司马亮。他"及居台辅,声望日减",这可理解为出自他的明智和正直,即面对大乱初始,他消极规避,力图不入污泥。]

[曾经因为身任低级参谋效劳腐败无能的独裁者曹爽而"随例免",然后在司马昭和司马炎麾下步步晋升。作为方镇大将"数陈损益,多见纳用",且在"与吴接境"的战略前沿有杰出的军政表现。]

王浑,字玄冲,太原晋阳[今山西太原]人也。父昶,魏司空。浑沈雅有器量。袭父爵京陵侯,辟大将军曹爽掾。爽诛,随例免。起为怀令,参文帝安东军事,累迁散骑黄门侍郎、散骑常侍。咸熙[陈留王曹奂年号,264—265]中为越骑校尉。武帝受禅,加扬烈将军,迁徐州刺史。时年荒岁饥,浑开仓振赡,百姓赖之。泰始初,增封邑千八百户。[出任方镇大将:]久之,迁东中郎将,监淮北诸军事,镇许昌。数陈损益,多见纳用。

[再任方镇大将:]转征虏将军、监豫州诸军事、假节,领豫州刺史。浑与吴接境,宣布威信,前后降附甚多。[在战略前沿的政治方针有效;作战才能辉煌:]吴将薛莹、鲁淑众号十万,淑向弋阳,莹向新息。时州兵并放休息,众裁一旅,浮淮潜济,出其不意,莹等不虞晋师之至。浑击破之,以功封次子尚为关内侯。[三任方镇大将,军功显著:]迁安东将军、都督扬州诸军事,镇寿春。吴人大佃皖城,图为边害。浑遣扬州刺史应绰督淮南诸军攻破之,并破诸别屯,焚其积谷百八十余万斛、稻苗四千余顷、船六百余艘。浑遂陈兵东疆,视其地形险易,历观敌城,察攻取之势。

[在灭吴战争中立下头等功勋,同时因嫉妒不平而与同样立下头等功勋的王濬激烈私斗。]

及大举伐吴,浑率师出横江[今安徽南部河流,新安江支流,流经今黄山市屯溪区],遣参军陈慎、都尉张乔攻寻阳濑乡,又击吴牙门将孔忠,皆破之,获吴将周兴等五人。又遣珍吴护军李纯据高望城,讨吴将俞恭,破之,多所斩获。吴历武将军陈代、平虏将军朱明惧而来降。吴丞相张悌、大将军孙震等率众数万指城阳,浑遣司马孙畴、扬州刺史周浚击破之,临阵斩二将,及首虏七千八百级,吴人大震。

[因嫉妒不平而与同样立下头等功勋的王濬激烈私斗:]孙皓司徒何植、建威将军孙晏送印节诣浑降。既而王濬破石头,降孙皓,威名益振。明日,浑济江,登建邺宫,酾酒高会。自以先据江上,破皓中军,案甲[屯兵不动]不进,致在王濬之后。意甚愧恨,有不平之色,频奏濬罪状,时人讥之。帝下诏曰[最高统帅公允明断!]:"使持节、都督扬州诸军事、安东将军、京陵侯王浑,督率所统,遂逼秣陵,令贼孙皓救死自卫,不得分兵上赴,以成西军之功,又摧大敌,获张悌,使皓途穷势尽,面缚乞降。遂平定秣陵,功勋茂著。其增封八千户,进爵为公,封子澄为亭侯、弟湛为关内侯,赐绢八千匹。"转征东大将军,复镇寿阳。[他既是战场上的作战良将,又是平绥已征服区的政治能手:]浑不尚刑名,处断明允。时吴人新附,颇怀畏惧。浑抚循羁旅,虚怀绥纳,座无空席,门不停宾。于是江东之士莫不悦附。

[战后他继续有作为名臣的正直的政治表现。]

征拜尚书左仆射,加散骑常侍。[谏言反对排挤众望所归的齐王司马攸,盼其辅政甚或摄政的愿望溢于言表:]会朝臣立议齐王攸当之籓,浑上书谏曰:"……昔周氏建国,大封诸姬,以籓帝室,永世作宪。至于公旦,武王之弟,左右王事,辅济大业,不使归籓。明至亲义著,不可远朝故也。是故周公得以圣德光弼幼主,忠诚著于《金縢》,光述文武仁圣之德。攸于大晋,姬旦之亲也。宜赞皇朝,与闻政事,实为陛下腹心不贰之臣。且攸为人,修洁义信,加以懿亲,志存忠贞。今陛下出攸之国,假以都督虚号,而无典戎干方之实,去离天朝,不预王政。伤母弟至亲之体,亏友于款笃之义,惧非陛下追述先帝、文明太后[司马昭妻王元姬]待攸之宿意也。……[他关于西晋未来政治的告诫明确无疑:]若以妃后外亲,任以朝政,则有王氏倾汉之权,吕产专朝之祸。若以同姓至亲,则有吴楚七国逆乱之殃。……若以智计猜物,虽亲见疑,至于疏远者亦何能自保乎!人怀危惧,非为安之理。此最有国有家者之深忌也。[他的具体的三辅政建议(其中没有杨骏,而有比杨骏明智得多的、"知权宠不可居"的杨珧):]愚以为太子太保缺,宜留攸居之,与太尉汝南王亮、卫将军杨珧共为保傅,干理朝事。三人齐位,足相持正,进有辅纳广义之益,退无偏重相倾之势。……"帝不纳。

[他规避贾南风及楚王司马玮的诱惑和利用:]太熙[武帝最后年号,290]初,迁司徒。惠帝即位,加侍中……及诛杨骏,崇重旧臣,乃加浑兵。浑以司徒文官,主史不持兵,持兵乃吏属绛衣。自以偶因时宠,权得持兵,非是旧典,皆令皂服。论者美其谦而识体。

[他拒绝协助杀害汝南王司马亮,连给这充当装饰也不行:]楚王玮将害汝南王亮等也。公孙宏说玮曰:"昔宣帝废曹爽,引太尉蒋济参乘,以增威重。大王今举非常事,宜得宿望,镇厌众心。司徒王浑宿有威名,为三军所信服,可请同乘,使物情有凭也。"玮从之。浑辞疾归第,以家兵千余人闭门距玮。玮不敢逼。俄而玮以矫诏伏诛,浑乃率兵赴官。帝尝访浑元会[皇帝于元旦朝会群臣]问郡国计吏方俗之宜,浑奏曰[关于国家治理,他信仰的是经典儒家治国信条]:"……可令中书指宣明诏,问方土异同,贤才秀异,风俗好尚,农桑本务,刑狱得无冤滥,守长得无侵虐。其勤心政化兴利除害者,授以纸笔,尽意陈闻。……且察其答对文义,以观计吏人才之实……"帝然之。又诏浑录尚书事。

浑所历之职,前后著称,及居台辅[三公宰辅之位],声望日减。[这可理解为面对大乱初始他消极规避,力图不入污泥。]元康七年[297]薨,时年七十五,谥曰元。长子尚早亡,次子济嗣。

王济:

[与王浑一样为灭吴立下头等功勋,但也因此与之激烈私斗,共同谱写一则丑陋的政治插曲。而且,此恨绵绵,延至久久。可是,他最应该被谴责的是战后"以勋高位重,不复素业自居,乃玉食锦服,纵奢侈以自逸"。]

［"博涉坟典，美姿貌"，野心勃勃于军功，得羊祜赏识，识为"有大才"。］

王濬，字士治，弘农湖［今河南灵宝西］人也。家世二千石。濬博涉坟典，美姿貌，不修名行，不为乡曲所称。晚乃变节，疏通亮达，恢廓有大志。［事实将证明，他"变节"有限，从未充分"疏通亮达"和"恢廓"。然而确"有大志"，甚至野心勃勃于军功。］尝起宅，开门前路广数十步。人或谓之何太过，濬曰："吾欲使容长戟幡旗。"众咸笑之，濬曰："陈胜有言，燕雀安知鸿鹄之志。"州郡辟河东从事。守令有不廉洁者，皆望风自引而去。刺史燕国徐邈有女才淑，择夫未嫁。邈乃大会佐吏，令女于内观之。女指濬告母，邈遂妻之。［"美姿貌"（或许还有"博涉坟典"而来的文才言才）赢得"才淑"女芳心。中国文人的浪漫故事，对中国文人（包括《晋书》作者）有永久的魅力！］［得羊祜赏识，识为"有大才"，尽管其侄子作了完全准确的预测。］后参征南军事，羊祜深知待之。祜兄子暨白祜："濬为人志太，奢侈不节，不可专任，宜有以裁之。"祜曰："濬有大才，将欲济其所欲，必可用也。"转车骑从事中郎，识者谓祜可谓能举善焉。

［他确有大才，在西南战略前沿治理成就斐然，而且奉旨建造伐吴大战舰，"舟楫之盛，自古未有"；异于朝廷多数派，他力倡迅速大举灭吴，"无失事机"。］

［在西南战略前沿治理成就斐然。］除巴郡太守。郡边吴境，兵士苦役，生男多不养。濬乃严其科条，宽其徭课，其产育者皆与休复，所全活者数千人。转广汉太守，垂惠布政，百姓赖之。……及贼张弘杀益州刺史皇甫晏，果迁濬为益州刺史。濬设方略，悉诛弘等，以勋封关内侯。怀辑殊俗，待以威信，蛮夷徼外，多来归降。征拜右卫将军，除大司农。车骑将军羊祜雅知濬有奇略，乃密表留濬，于是重拜益州刺史。

［奉旨建造伐吴大战舰，"舟楫之盛，自古未有"。］武帝谋伐吴，诏濬修舟舰。濬乃作大船连舫，方百二十步，受二千余人。以木为城，起楼橹，开四出门，其上皆得驰马来往。又画鹢首怪兽于船首，以惧江神。舟楫之盛，自古未有。濬造船于蜀，其木柿［削下的木片］蔽江而下。吴建平太守吾彦取流柿以呈孙皓曰："晋必有攻吴之计，宜增建平兵。建平不下，终不敢渡。"皓不从。寻以谣言拜濬为龙骧将军、监

梁益诸军事。语在《羊祜传》。①

[他与张华、杜预一样，力倡迅速大举灭吴，"无失事机"，"帝深纳焉"：]时朝议咸谏伐吴，濬乃上疏曰："臣数参访吴楚同异，孙皓荒淫凶逆，荆扬贤愚无不嗟怨。且观时运，宜速征伐。若今不伐，天变难预。令皓卒死，更立贤主，文武各得其所，则强敌也。臣作船七年，日有朽败，又臣年已七十，死亡无日。三者一乖，则难图也，诚愿陛下无失事机。"帝深纳焉。贾充、荀勖陈谏以为不可，唯张华固劝。又杜预表请，帝乃发诏，分命诸方节度。濬于是统兵。先在巴郡之所全育者，皆堪徭役供军，其父母戒之曰："王府君生尔，尔必勉之，无爱死也！"

[他率两栖方面大军，从巴蜀挥军而下，突破江防，攻无不克，直入建邺，孙吴终告灭亡。]

太康元年[280]正月，濬发自成都，率巴东监军、广武将军唐彬攻吴丹杨，克之，擒其丹杨监盛纪。[大筏巨炬突破铁锁铁锥江防：]吴人于江险碛要害之处，并以铁锁横截之，又作铁锥长丈余，暗置江中，以逆距船。先是，羊祜获吴间谍，具知情状。濬乃作大筏数十，亦方百余步，缚草为人，被甲持杖，令善水者以筏先行，筏遇铁锥，锥辄著筏去。又作火炬，长十余丈，大数十围，灌以麻油，在船前，遇锁，然炬烧之，须臾，融液断绝，于是船无所碍。[攻无不克，势如破竹：]二月庚申，克吴西陵，获其镇南将军留宪、征南将军成据、宜都太守虞忠。壬戌，克荆门、夷道二城，获监军陆晏。乙丑，克乐乡，获水军督陆景。平西将军施洪等来降。乙亥，诏进濬为平东将军、假节、都督益梁诸军事。

[吴军不堪一击，孙皓胆破求降，孙吴终告灭亡：]濬自发蜀，兵不血刃，攻无坚城，夏口、武昌，无相支抗。于是顺流鼓棹，径造三山。皓遣游击将军张象率舟军万人御濬，象军望旗而降。皓闻濬军旌旗器甲，属天满江，威势甚盛，莫不破胆。用光

---

① 《晋书·羊祜杜预列传》载：咸宁初[275—280]，除征南大将军、开府仪同三司，得专辟召。初，祜以伐吴必藉上流之势。又时吴有童谣曰："阿童复阿童，衔刀浮渡江。不畏岸上兽，但畏水中龙。"祜闻之曰："此必水军有功，但当思应其名者耳。"会益州刺史王濬征为大司农，祜知其可任，濬又小字阿童，因表留濬监益州诸军事，加龙骧将军，密令修舟楫，为顺流之计。[在羊祜的灭吴战略规划中，他被秘密地委以大任。]

禄薛莹、中书令胡冲计,送降文于濬曰:"吴郡孙皓叩头死罪……谨遣私署太常张夔等奉所佩玺绶,委质请命。"壬寅,濬入于石头。皓乃备亡国之礼,素车白马,肉袒面缚,衔璧[《左传·僖公六年》:"许男面缚衔璧……"杜预注:"缚手于后,唯见其面,以璧为贽,手缚故衔之"]牵羊,大夫衰服,士舆榇,率其伪太子瑾、瑾弟鲁王虔等二十一人,造于垒门。濬躬解其缚,受璧焚榇,送于京师。收其图籍,封其府库,军无私焉。帝遣使者犒濬军。

[与同样为灭吴立有头等功勋的王浑爆发激烈私斗,首先因为他贪功违命("违制昧利"),"此恨绵绵无绝期"。]

初,诏书使濬下建平,受杜预节度,至秣陵,受王浑节度。[这场激烈私斗的爆发亦有杜预的责任,因为杜预实际上违背君命,加剧了他的贪功之心:]预至江陵,谓诸将帅曰:"若濬得下建平,则顺流长驱,威名已著,不宜令受制于我。若不能克,则无缘得施节度。"濬至西陵,预与之书曰:"足下既摧其西藩,便当径取秣陵,讨累世之逋寇,释吴人于涂炭。自江入淮,逾于泗汴,溯河而上,振旅还都,亦旷世一事也。"濬大悦,表呈预书。及濬将至秣陵,王浑遣信要令暂过论事,濬举帆直指,报曰:"风利,不得泊也。"[恶性反应:王浑妒火中烧,且耻且忿,要置他于死地]王浑久破皓中军,斩张悌等,顿兵不敢进。而濬乘胜纳降,浑耻而且忿,乃表濬违诏不受节度,诬罪状之。有司遂按濬槛车征,[君主对他的合理宽宥和严厉谴责:]帝弗许,诏让濬曰:"伐国事重,宜令有一。前诏使将军受安车将军浑节度,浑思谋深重,案甲以待将军。云何径前,不从浑命,违制昧利,甚失大义。将军功勋,简在朕心,当率由诏书,崇成王法,而于事终恃功肆意,朕将何以令天下?"濬上书自理曰[他令人难以置信的自辩]:

臣前被庚戌诏书曰:"军人乘胜,猛气益壮,便当顺流长鹜,直造秣陵。"臣被诏之日,即便东下。又前被诏书云"太尉贾充总统诸方,自镇东大将军伷及浑、濬、彬等皆受充节度",无令臣别受浑节度之文[!]。臣……前至三山,见浑军在北岸,遣书与臣,可暂来过,共有所议,亦不语臣当受节度之意。臣水军风发,乘势造贼城……行有次第,无缘得于长流之中回船过浑,令首尾断绝。须臾之间,皓遣使归命。臣即报浑书,并写皓笺,具以示浑,使速来,当于石头相待。军以日中至秣陵,暮乃被浑所下当受节度之符……中诏谓臣忽弃明制，专擅自由。……臣承指授，效鹰犬之用耳，有何勋劳而恃功肆意，宁敢昧利而违圣诏。……臣所统八万余人，乘胜席卷。皓以众叛亲离，无复羽翼，匹夫独立，不能庇其妻子，雀鼠贪生，苟乞一活耳。[他的矛头依然对准私敌王浑：]而江北诸军不知其虚实，不早缚取，自为小误。臣至便得，更见怨恚，并云守贼百日，而令他人得之，言语噂沓[攻讦诋毁]，不可听闻。

[用竭死尽忠和"将在外，君命有所不受"的传统信条解释自己的违命违制之举：]案《春秋》之义，大夫出疆，由有专辄。臣虽愚蠢，以为事君之道，唯当竭节尽忠，奋不顾身，量力受任，临事制宜，苟利社稷，死生以之。……

浑又腾[传送]周浚书，云濬军得吴宝物。濬复表曰[他所受和反驳的指控，连同他用的无限狠毒的措辞，皆表明二王间私斗极其激烈，至于"濬军得吴宝物"是否属实，相比之下可谓并不重要]：被壬戌诏书，下安东将[安东将军王浑]所上扬州刺史周浚书，谓臣诸军得孙皓宝物，又谓牙门将李高放火烧皓伪宫。……恶直丑正，实繁有徒，欲构南箕[星宿名，共四星，二星为踵，二星为舌，踵窄舌宽，夏秋之间见于南方，故称。传统上以此附会人事，认为箕星主口舌，多以比喻谗佞]，成此贝锦[喻诬陷他人、罗织成罪的谗言]，公于圣世，反白为黑。

[将私敌描绘成为非作歹的兽般豪贵，将自己描述成孤苦脆弱的可怜小民；他大概有了"受迫害强迫症"（persecution paranioa）：]夫佞邪误国，自古而然。……臣孤根独立，朝无党援，久弃退外，人道断绝，而结恨强宗，取怨豪族。以累卵之身，处雷霆之冲；茧栗之质，当豺狼之路，其见吞噬，岂抗唇齿！

夫犯上干主，其罪可救，乖忤贵臣，则祸在不测。……望之、周堪违忤石显，虽阖朝嗟叹，而死不旋踵。此臣之所大怖也。今浑之支党姻族内外，皆根据磐牙[交相连结]，并处世位。闻遣人在洛中，专共交构，盗言孔甘[语出《诗·小雅·巧言》，意为谗言]，疑惑观听……夫猛兽当途，麒麟恐惧，况臣脆弱，敢不悚栗！

…… ……

濬至京都，有司奏，濬表既不列前后所被七诏月日，又赦后违诏不受浑节度，大不敬，付廷尉科罪。诏曰[最高统帅公允明断！]："濬前受诏径造秣陵，后乃下受浑节度。诏书稽留，所下不至，便令与不受诏同责，未为经通。濬不即表上被浑宣诏，此可责也。濬有征伐之劳，不足以一眚掩之。"有司又奏，濬赦后烧贼船百三十五艘，辄敕付廷尉禁推[推究]。诏曰"勿推"。拜濬辅国大将军，领步兵校尉。……封为襄阳县侯，邑万户。……

[对他来说，"此恨绵绵无绝期"，他无法战胜之，自觉只能成为其奴隶:]濬自以功大，而为浑父子及豪强所抑，屡为有司所奏，每进见，陈其攻伐之劳，及见枉之状，或不胜忿愤，径出不辞。帝每容恕之。益州护军范通，濬之外亲也。谓濬曰:"卿功则美矣，然恨所以居美者，未尽善也。"濬曰:"何谓也?"通曰:"卿旋旆之日，角巾私第，口不言平吴之事。若有问者，辄曰:'圣主之德，群帅之力，老夫何力之有焉!'如斯……蔺生所以屈廉颇，王浑能无愧乎!"濬曰:"吾始惧邓艾之事，畏祸及，不得无言，亦不能遣诸胸中，是吾偏也。"["是吾偏也":自觉只能成为私恨的奴隶!]时人咸以濬功重报轻，博士秦秀、太子洗马孟康、前温令李密等并表讼濬之屈。帝乃迁濬镇军大将军，加散骑常侍，领后军将军。王浑诣濬，濬严设备卫，然后见之，其相猜防如此。

[然而，他最应该被我们谴责的是战后"以勋高位重，不复素业自居，乃玉食锦服，纵奢侈以自逸"。]

濬平吴之后，以勋高位重，不复素业自居，乃玉食锦服，纵奢侈以自逸。其有辟引，多是蜀人，示不遗故旧也。后又转濬抚军大将军、开府仪同三司，加特进，散骑常侍、后军将军如故。太康六年[285]卒，时年八十，谥曰武。……
…………

唐彬:
[经典儒家学者，同时颇懂现实的政治和战略(有"廊庙才")。作为王濬的部将参与灭吴战役，既展现了他的将才，也彰显了他与王浑王濬相反的大度和谦让品格。不仅如此，他在晚年担任东北边疆地区军政长官，实行一系列优秀大战略，以致"边境获安，无犬吠之警，自汉魏征镇莫之比焉"。]

[经典儒家学者，同时颇懂现实的政治和战略;作为司马昭的参谋，他有"忠肃

公亮"、厚道隐忍的风格。]

唐彬,字儒宗,鲁国邹[今山东邹县]人也。父台,太山太守。彬有经国大度,而不拘行检。少便弓马,好游猎,身长八尺,走及奔鹿,强力兼人。晚乃敦悦经史,尤明《易经》,随师受业,还家教授,恒数百人。初为郡门下掾,转主簿。刺史王沈集诸参佐,盛论距吴之策,以问九郡吏。彬与谯郡主张恽俱陈吴有可兼之势,沈善其对。又使彬难言吴未可伐者,而辞理皆屈。还迁功曹,举孝廉,州辟主簿,累迁别驾。

[他作为参谋"忠肃公亮",厚道隐忍,力求"无口过""无怨恶":]彬忠肃公亮,尽规匡救,不显谏以自彰,又奉使诣相府计事,于时僚佐皆当世英彦,见彬莫不钦悦,称之于文帝,荐为掾属。帝以问其参军孔颢,颢忌其能,良久不答。陈骞在坐,敛板而称曰:"彬之为人,胜骞甚远。"帝笑曰:"但能如卿,固未易得,何论于胜。"因辟彬为铠曹属。帝问曰:"卿何以致辟?"对曰:"修业陋巷,观古人之遗迹,言满天下无口过,行满天下无怨恶。"帝顾四坐曰:"名不虚行。"他日,谓孔颢曰:"近见唐彬,卿受蔽贤之责矣。"

初,邓艾之诛也,文帝以艾久在陇右,素得士心,一旦夷灭,恐边情搔动,使彬密察之。彬还,白帝曰[关于邓艾灭蜀后的一则就地观察,描绘个性与他相反的一个人物]:"邓艾忌克诡狭,矜能负才,顺从者谓为见事,直言者谓之触迕。虽长史司马,参佐牙门,答对失指,辄见骂辱。处身无礼,大失人心。又好施行事役,数劳众力。陇右甚患苦之,喜闻其祸,不肯为用。今诸军已至,足以镇压内外,愿无以为虑。"

俄除尚书水部郎。泰始初,赐爵关内侯。出补邺令,彬道德齐礼,期月化成。迁弋阳太守,明设禁防,百姓安之。以母丧去官。益州东接吴寇,监军位缺,朝议用武陵太守杨宗及彬。武帝以问散骑常侍文立,立曰:"宗、彬俱不可失。然彬多财欲,而宗好酒,惟陛下裁之。"[史家终于借他人之口披露了他的一项让我们不无惊奇的秉性——"多财欲"。人类的复杂性!]帝曰:"财欲可足,酒者难改。"遂用彬。寻又诏彬监巴东诸军事,加广武将军。上征吴之策,甚合帝意。

[在王濬麾下参与灭吴战役,不仅展现了他的将才,而且彰显了他与王浑王濬

相反的大度和谦让品格,既不争功,亦不争物。]

　　后与王濬共伐吴,彬屯据冲要,为众军前驱。每设疑兵,应机制胜,陷西陵、乐乡,多所擒获。自巴陵、沔口以东,诸贼所聚,莫不震惧,倒戈肉袒。彬知贼寇已殄,孙皓将降,未至建邺二百里,称疾迟留,以示不竞。果有先到者争物,后到者争功,于时有识莫不高彬此举。吴平……征拜翊军校尉,改封上庸县侯,食邑六千户,赐绢六千匹。朝有疑议,每参预焉。

　　[他担任东北边疆地区军政长官,辉煌地施行开发、仁惠、"震威"、抚绥在内的一系列大战略,"边境获安,无犬吠之警,自汉魏征镇莫之比焉"。]

　　北虏侵掠北平,以彬为使持节、监幽州诸军事、领护乌丸校尉、右将军。彬既至镇,训卒利兵,广农重稼,震威耀武,宣喻国命,示以恩信。于是鲜卑二部大莫庼、摘何等并遣侍子入贡。兼修学校,诲诱无倦,仁惠广被。遂开拓旧境,却地千里。复秦长城塞,自温城泊[jì,到,及]于碣石,绵亘山谷且三千里,分军屯守,烽堠相望。由是边境获安,无犬吠之警,自汉魏征镇莫之比焉。鲜卑诸种畏惧,遂杀大莫庼。彬欲讨之,恐列上俟报,虏必逃散,乃发幽冀车牛。参军许祗密奏之。诏遣御史槛车征彬付廷尉,以事直见释。百姓追慕彬功德,生为立碑作颂。

　　[回到开头的主题:他是经典儒士,品性风格皆如是]彬初受学于东海阖德,门徒甚多,独目彬有廊庙才。及彬官成,而德已卒,乃为之立碑。元康[惠帝年号,291—299]初,拜使持节、前将军、领西戎校尉、雍州刺史。下教曰:"此州名都,士人林薮。处士皇甫申叔、严舒龙、姜茂时、梁子远等,并志节清妙,履行高洁。践境望风,虚心饥渴,思加延致,待以不臣之典。幅巾相见,论道而已,岂以吏职,屈染高规。郡国备礼发遣,以副于邑之望。"于是四人皆到,彬敬而待之。元康四年[294]卒官,时年六十,谥曰襄,赐绢二百匹,钱二十万。……

　　[道德反差,个人行为的后果反差:]

　　史臣曰:……二王属当戎旅,受律遄征,浑既献捷横江,濬亦克清建邺。于时讨吴之役,将帅虽多,定吴之功,此焉为最。向使……上禀庙堂,下凭将士。岂非茂勋茂德,善始善终者欤！此而不存,彼焉是务。或矜功负气,或恃势骄陵,竞构南箕,成兹贝锦。……既为戒于功臣,亦致讥于清论,岂不惜哉!……唐彬畏避交争,属疾迟留,退让之风,贤于浑澹远矣。……

赞曰:……浑既害善,澹亦矜功。……儒宗知退,避名全节。

列传第三十六　陶侃传　摘录和评注

　　[东晋中期的顶梁柱，苏峻之乱的荡平者。历经早年孤贫微贱且"俗异诸华"，终于得刘弘衷心重用而步入阳关大道。击灭张昌叛军主力，归依东晋初创英主，曲折荡平杜弢武装，以数年荆州刺史大任到达他军政生涯的首轮高峰。此后，明帝司马绍采取的、旨在"覆车不践"的平乱后全系列复杂制衡国策①大有利于他的腾升：他被指定为都督荆雍益梁四州军事，领荆州刺史等职。]

　　[与他的恩主刘弘一样，他依凭杰出的、经典儒家式的治理振兴荆州，"勤于吏职，恭而近礼，爱好人伦"，致使"百姓勤于农殖，家给人足"。就此，王夫之言"江东立国，以荆、湘为根本，西晋之乱，刘弘、陶侃勤敏慎密，生聚之者数十年，民安、食足、兵精"。]

---

① 王敦之乱平定后，晋明帝司马绍为免重蹈覆辙，一方面重用庾亮、郗鉴等制约王导的权力，同时拔擢江东士族，在侨、吴士族间搞平衡；另一方面改授荆、湘等四州职务，使方镇互相牵制。于是，任命陶侃为都督荆湘雍梁四州军事、征西大将军、荆州刺史、领护南蛮校尉。"陶侃"，https://baike.sogou.com/v215675.htm？fromTitle＝％E9％99％B6％E4％BE％83.

[328年,他成就了他一生的最大军功:作为首要主力,荡平苏峻之乱。两年后,他还击灭了叛将郭默。从此,江南保持七十余年的安定局面,直到安帝司马德宗在位时海寇孙恩和权臣桓玄分别大肆作乱为止。终其一生,作为军事家而言,他的特征是"雄毅有权,明悟善决断","纤密好问,颇类赵广汉"。作为政治家而言,除杰出治理江汉外,他最引人注意又最为含糊不清的是平苏峻之乱后与王导暗斗,甚至很可能一度考虑举兵废黜王导。外镇冲击朝廷这一东晋的潜在癌变在他那里隐约欲发。作为个人,他令人意外地"媵妾数十,家僮千余,珍奇宝货富于天府"。]

[早年孤贫微贱,只能做小吏小官,经常被世族大官瞧不起,即使不乏认为他前程远大的有识之士。]

…… ……

[终于遇到他的伯乐或恩主刘弘,得其倾心重用,击灭张昌反叛军主力,击败陈敏犯武昌之举。]

会刘弘为荆州刺史,将之官,辟侃为南蛮长史,遣先向襄阳讨贼张昌,破之。弘既至,谓侃曰[刘弘对他绝对看重]:"吾昔为羊公参军,谓吾其后当居身处。今相观察,必继老夫矣。"后以军功封东乡侯,邑千户。

陈敏之乱,弘以侃为江夏太守,加鹰扬将军。侃备威仪,迎母官舍,乡里荣之。敏遣其弟恢来寇武昌,侃出兵御之。[刘弘对他绝对信任:]随郡内史扈瑰间侃于弘曰:"侃与敏有乡里之旧,居大郡,统强兵,脱有异志,则荆州无东门矣。"弘曰:"侃之忠能,吾得之已久,岂有是乎!"侃潜闻之,遽遣子洪及兄子臻诣弘以自固。弘引为参军,资而遣之。又加侃为督护,使与诸军并力距恢。侃乃以运船为战舰,或言不可,侃曰:"用官物讨官贼[官府的叛贼],但须列上有本末耳[有何不可之意]。"于是击恢,所向必破。[他作为将领的优秀的统军素质和个人品德:]侃戎政齐肃,凡有虏获,皆分士卒,身无私焉。后以母忧去职。……

[随兄子归依正在初创东晋的司马睿,杰出地靖平和恢复武昌地区,曲折地荡平杜弢武装。]

古代军政行为方略图景:《晋书》解读

服阕，参东海王越军事。江州刺史华轶表侃为扬武将军，使屯夏口，又以臻为参军。轶与元帝素不平，臻惧难作，托疾而归，白侃曰："华彦夏有忧天下之志，而才不足，且与琅邪不平，难将作矣。"侃怒，遣臻还轶。臻遂东归于帝。帝见之，大悦，命臻为参军，加侃奋威将军，假赤幢曲盖轺车、鼓吹。侃乃与华轶告绝。

顷之，迁龙骧将军、武昌太守。[杰出地靖平和恢复武昌地区：]时天下饥荒，山夷多断江劫掠。侃令诸将诈作商船以诱之。劫果至，生获数人，是西阳王羕之左右。侃即遣兵逼羕，令出向贼，侃整阵于钓台为后继。羕缚送帐下二十人，侃斩之。自是水陆肃清，流亡者归之盈路，侃竭资振给焉。又立夷市于郡东，大收其利。[受命进击杜弢，先获大胜，被任命为荆州刺史：]而帝使侃击杜弢，令振威将军周访、广武将军赵诱受侃节度。侃令二将为前锋，兄子舆为左甄[左翼军]，击贼，破之。时周颚为荆州刺史，先镇浔水城，贼掠其良口。侃使部将朱伺救之，贼退保泠口。侃谓诸将曰："此贼必更步向武昌，吾宜还城，昼夜三日行可至。卿等认能忍饥斗邪？"部将吴寄曰："要欲十日忍饥，昼当击贼，夜分捕鱼，足以相济。"侃曰："卿健将也。"贼果增兵来攻，侃使朱伺等逆击，大破之，获其辎重，杀伤甚众。遣参军王贡告捷于王敦，敦曰："若无陶侯，便失荆州矣。伯仁方入境，便为贼所破，不知那得刺史？"贡对曰："鄙州方有事难，非陶龙骧莫可。"敦然之，即表拜侃为使持节、宁远将军、南蛮校尉、荆州刺史，领西阳、江夏、武昌，镇于沌口，又移入沔江。遣朱伺等讨江夏贼，杀之。[部将杜曾王贡等反叛，他在军事应对上犯了难得的大错，结果被叛军击溃，受到免官但暂不免职的惩罚。]……

[再击杜弢，大破之，遂恢复荆州刺史等官衔：]侃复率周访等进军入湘，使都尉杨举为先驱，击杜弢，大破之，屯兵于城西。……敦于是奏复侃官。

[再度大破杜弢武装，叛将王贡大败后投降，随后进克长沙：]弢将王贡精卒三千，出武陵江，诱五溪夷，以舟师断官运，径向武昌。侃使郑攀及伏波将军陶延夜趣巴陵，潜师掩其不备，大破之，斩千余级，降万余口。贡遁还湘城。贼中离阻[分离，阻隔]，杜弢遂疑张奕而杀之，众情益惧，降者滋多。王贡复挑战，侃遥谓之曰："杜弢为益州吏，盗用库钱，父死不奔丧。卿本佳人，何为随之也？天下宁有白头贼乎！"贡初横脚马上，侃言讫，贡敛容下脚，辞色甚顺。侃知其可动，复令谕之，截发为信，贡遂来降。而弢败走。进克长沙，获其将毛宝、高宝、梁堪而还。

[专横跋扈的野心权臣王敦"深忌侃功",在打消斩杀他的初衷之后,将他从荆州贬至交州。]

[遭王敦贬抑,甚而险些被其杀死;他在命悬一线时的超级镇定和勇敢:]王敦深忌侃功。将还江陵,欲诣敦别,皇甫方回及朱伺等谏,以为不可。侃不从。敦果留侃不遣,左转广州刺史、平越中郎将,以王廙[yì,王敦、王导从弟]为荆州。侃之佐吏将士诣敦请留侃。敦怒,不许。侃将郑攀、苏温、马俊等不欲南行,遂西迎杜曾以距廙。敦意攀承侃风旨,被甲持矛,将杀侃,出而复回者数四。侃正色曰:"使君之雄断,当裁天下,何此不决乎!"因起如厕。咨议参军梅陶、长史陈颁言于敦曰:"周访[振威将军]与侃亲姻,如左右手,安有断人左手而右手不应者乎!"敦意遂解,于是设盛馔以饯之。侃便夜发。敦引其子瞻参军。侃既达豫章,见周访,流涕曰:"非卿外援,我殆不免!"侃因进至始兴。

…… ……

侃在州无事,辄朝运百甓于斋外,暮运于斋内。人问其故,答曰:"吾方致力中原,过尔优逸,恐不堪事。"其励志勤力,皆此类也。

[王敦之乱平定后,明帝司马绍将他抬到都督荆雍益梁四州军事、领荆州刺史之职;他依凭经典儒家式的治理振兴荆州,使"百姓勤于农殖,家给人足"。]

太兴[318—321]初,进号平南将军,寻加都督交州军事。及王敦举兵反,诏侃以本官领江州刺史,寻转都督、湘州刺史。敦得志,上侃复本职,加散骑常侍。时交州刺史王谅为贼梁硕所陷,侃遣将高宝进击平之。以侃领交州刺史。……及王敦平,迁都督荆、雍、益、梁州诸军事,领护南蛮校尉、征西大将军、荆州刺史,余如故。楚郢士女莫不相庆。

[治理荆州:"综理微密","勤于吏职,恭而近礼,爱好人伦"]侃性聪敏,勤于吏职,恭而近礼,爱好人伦。终日敛膝危坐,阃外多事,千绪万端,罔有遗漏。远近书疏,莫不手答,笔翰如流,未尝壅滞。引接疏远,门无停客。常语人曰:"大禹圣者,乃惜寸阴,至于众人,当惜分阴,岂可逸游荒醉,生无益于时,死无闻于后,是自弃也。"诸参佐或以谈戏废事者,乃命取其酒器、蒱博之具,悉投之于江,吏将则加鞭扑,曰:

"樗蒲者,牧猪奴戏耳![在老庄之道大行的魏晋时代,他信奉儒家文化:]《老》《庄》浮华,非先王之法言,不可行也。君子当正其衣冠,摄其威仪,何有乱头养望自谓宏达邪!"有奉馈者,皆问其所由。[他是诚实踏实之士,鼓励"力作所致",惩戒"非理得之"。]若力作所致,虽微必喜,慰赐参倍;若非理得之,则切厉诃辱,还其所馈。尝出游,见人持一把未熟稻,侃问:"用此何为?"人云:"行道所见,聊取之耳。"侃大怒曰:"汝既不田,而戏贼人稻!"执而鞭之。[他的治理及文化熏陶的优良社会效应:]是以百姓勤于农殖,家给人足。时造船,木屑及竹头悉令举掌之,咸不解所以。后正会,积雪始晴,听事前余雪犹湿,于是以屑布地。及桓温伐蜀,又以侃所贮竹头作丁装船。其综理微密,皆此类也。

[328年,他作为首要主力,荡平苏峻之乱,从而成就了他一生的最大军功;两年后,他还击灭了叛将郭默。]

暨苏峻作逆,京都不守,侃子瞻为贼所害,平南将军温峤要侃同赴朝廷。初,明帝崩,侃不在顾命之列①,深以为恨,答峤曰:"吾疆埸外将,不敢越局。"[他远不那么潇洒淡泊,很在乎功绩与地位的交换,但这或许也反映了他对王导和世族的盛大权势的愤恨。然而即使如此,他对让他都督四州军事和领荆州刺史的明帝未免不够感恩!]峤固请之,因推为盟主。侃乃遣督护龚登率众赴峤,而又追回。峤以峻杀其子,重遣书以激怒之。侃妻龚氏亦固劝自行。于是便戎服登舟[在一度拒绝和一度反悔之后,这很不容易!],星言[星焉,谓披着星星]兼迈,瞻丧至不临。五月,与温峤、庾亮等俱会石头。[他力主决定"以岁月智计擒之"的根本战略,并且以善纳部属建议、放弃本人初衷而决定了关键的战术,从而体现了统帅的优秀素质。]诸军即欲决战,侃以贼盛,不可争锋,当以岁月智计擒之。累战无功,诸将请于查浦筑垒。监军部将李根建议,请立白石垒。侃不从,曰:"若垒不成,卿当坐之。"根曰:"查浦地下,又在水南,唯白石峻极险固,可容数千人,贼来攻不便,灭贼之术也。"侃笑曰:"卿良将也。"乃从根谋,夜修晓讫。贼见垒大惊。贼攻大业垒,侃将救之,长史殷羡

----

① 《晋书·元帝明帝纪》载:(太宁)三年[325]……闰月……壬午,帝不豫,召太宰、西阳王羕,司徒王导,尚书令卞壸,车骑将军郗鉴,护军将军庾亮,领军将军陆晔,丹阳尹温峤并受遗诏,辅太子。

曰："若遣救大业，步战不如峻，则大事去矣。但当急攻石头，峻必救之，而大业自解。"侃又从羡言。峻果弃大业而救石头。诸军与峻战陈陵东，侃督护竟陵太守李阳部将彭世斩峻于阵，贼众大溃。峻弟逸复聚众。侃与诸军斩逸于石头。

初，庾亮少有高名，以明穆皇后之兄受顾命之重，苏峻之祸，职亮是由。及石头平，惧侃致讨，亮用温峤谋，诣侃拜谢。侃遽止之，曰："庾元规乃拜陶士行邪！"王导入石头城，令取故节，侃笑曰："苏武节似不如是！"导有惭色，使人屏之。侃旋江陵，寻以为侍中、太尉，加羽葆鼓吹，改封长沙郡公，邑三千户，赐绢八千匹，加都督交、广、宁七州军事。[平苏峻之乱令他气势超群，近乎位极人臣。]以江陵偏远，移镇巴陵。遣咨议参军张诞讨五溪夷，降之。

[他反对王导的绥靖政策，力主讨伐矫诏霸占江州的郭默：]属后将军郭默矫诏袭杀平南将军刘胤，辄领江州。侃闻之曰："此必诈也。"遣将军宋夏、陈修率兵据溢口，侃以大军继进。默遣使送妓婢绢百匹，写中诏呈侃。参佐多谏曰："默不被诏，岂敢为此事。若进军，宜待诏报。"侃厉色曰："国家年小，不出胸怀。[意为天子年幼，诏令并非出于己意。]且刘胤为朝廷所礼，虽方任非才，何缘猥加极刑！郭默虓勇，所在暴掠，以大难新除，威网宽简，欲因隙会骋其从横耳。"发使上表讨默。与王导书曰："郭默杀方州[一州刺史]，即用为方州；害宰相，便为宰相乎？"导答曰："默居上流之势，加有船舰成资，故苞含隐忍，使其有地。一月潜严[谓密敕严阵以待]，足下军到，是以得风发相赴，岂非遵养时晦以定大事者邪！"侃省书笑曰："是乃遵养时贼[屈从此贼]也。[王导在他军到之时放弃绥靖，他"兵不血刃"击灭郭默：]侃既至，默将宗侯缚默父子五人及默将张丑诣侃降，侃斩默等。默在中原，数与石勒等战，贼畏其勇，闻侃讨之，兵不血刃而擒也，益畏侃。苏峻将冯铁杀侃子，奔于石勒，勒以为戍将。侃告勒以故，勒召而杀之。[他的威名甚至得到横行华北的羯胡石勒尊重。]诏侃都督江州，领刺史……[他终于都督八州，权势极盛。]

…… ……

[终其一生，作为军事家而言，他的特征是"雄毅有权，明悟善决断"，"纤密好问，颇类赵广汉"；作为政治家而言，他引人注意又含糊不清的是"据上流，握强兵，潜有窥窬之志"；作为个人，他"媵妾数十，家僮千余，珍奇宝货富于天府"。人性

复杂！]

[作为军事家：]侃在军四十一载，雄毅有权，明悟善决断。自南陵迄于白帝数千里中，路不拾遗。……侃性纤密好问，颇类赵广汉。尝课诸营种柳，都尉夏施盗官柳植之于己门。侃后见，驻车问曰："此是武昌西门前柳，何因盗来此种？"施惶怖谢罪。……议者以武昌北岸有邾城，宜分兵镇之。侃每不答，而言者不已，侃乃渡水猎，引将佐语之曰："我所以设险而御寇，正以长江耳。邾城在江北，内无所倚，外接群夷。夷中利深，晋人贪利，夷不堪命，必引寇虏，乃致祸之由，非御寇也。且吴时此城乃三万兵守，今纵有兵守之，亦无益于江南。若羯虏有可乘之会，此又非所资也。"后庾亮戍之，果大败。季年怀止足之分，不与朝权。未亡一年，欲逊位归国，佐吏等苦留之。及疾笃，将归长沙，军资器仗牛马舟船皆有定簿，封印仓库，自加管钥以付王愆期，然后登舟，朝野以为美谈……谢安每言"陶公虽用法，而恒得法外意"。其为世所重如此。[作为个人：]然媵妾数十，家僮千余，珍奇宝货富于天府。……[作为政治家：]又梦生八翼，飞而上天，见天门九重，已登其八，唯一门不得入。阍者以杖击之，因隧地，折其左翼。及寤，左腋犹痛。……及都督八州，据上流，握强兵，潜有窥窬之志，每思折翼之祥，自抑而止。

…… ……

史臣曰：……士行[陶侃字]望非世族，俗异诸华，拔萃陬[zōu]落[穷乡僻壤]之间，比肩髦俊之列，超居外相，宏总上流。布泽怀边，则严城静柝[柝(tuò，打更用的梆子)声寂静，喻边疆无战事]；释位匡主，则沦鼎再宁。元规[庾亮字]以戚里之崇，挹其膺而下拜；茂弘[王导]以保衡之贵，服其言而动色。望隆分陕，理则宜然。至于时属云屯[如云之聚集，形容盛多]，富逾天府，潜有包藏之志，顾思折翼之祥，悖矣！……

列传第六十六　列女传湛氏传　摘录和评注

[她简短的传记有助于我们理解一点，即陶侃——东晋中期的顶梁柱、苏峻之

乱的荡平者——为何有其作为区域行政长官和大军事家/国务家的杰出素质。]

　　陶侃母湛氏,豫章新淦[今江西吉安市下属新干县]人也。初,侃父丹娉为妾,生侃,而陶氏贫贱,湛氏每纺绩资给之,使交结胜己。侃少为寻阳县吏,尝监鱼梁,以一坩鲊遗母。湛氏封鲊及书,责侃曰:"尔为吏,以官物遗我,非惟不能益吾,乃以增吾忧矣。"鄱阳孝廉范逵寓宿于侃,时大雪,湛氏乃彻[撤去]所卧亲荐,自锉[挫伤]给其马[将睡觉用的草垫一割为二,作为范逵的马匹的粮草],又密截发[剪下自己的头发]卖与邻人,供肴馔。逵闻之,叹息曰:"非此母不生此子!"侃竟以功名显。

列传第四十九　谢玄传　摘录和评注

[谢安之侄，杰出的军事家，在谢安领导下为东晋成功地抵御氐族前秦大举进攻而后夺得黄河以南华夏地区做出重大贡献。这辉煌武功依凭（本传内未叙）他招募北来民众中的骁勇之士而组建和训练的精锐部队——"北府兵"①，依凭他作为淝水之战前锋都督和随后北伐前锋将领的杰出将才。谢安逝后三年，他在"同生七人，凋落相继，惟臣一己，孑然独存"的哀痛中久病不愈，逝于会稽内史任上。]

[如本篇末赞曰："伟哉献武（谢玄谥号），功宣授斧。克翦凶渠，几清中宇。"]

[少时颖悟，得谢安器重，及长"有经国才略"，入仕后经谢安"举贤不避亲"担任抵御前秦苻坚的一外镇将领。]

---

① 司马光《资治通鉴·孝武帝太元二年》载："玄募骁勇之士，得彭城刘牢之等数人，以牢之为参军，常领精锐为前锋，战无不捷。时号北府兵。"《晋书·刘牢之传》载："太元初，谢玄北镇广陵，时苻坚方盛，玄多募劲勇，牢之与东海何谦、琅琊诸葛侃、平安高衡、东平刘轨、西河田洛及晋陵孙无终等以骁勇应选。选以牢之为参军，领精锐为前锋，百战百胜，号为北府兵，敌人畏之。"

玄字幼度。少颖悟,与从兄朗俱为叔父安所器重。安尝戒约子侄,因曰:"子弟亦何豫人事,而正欲使其佳?"[意为吾家子侄不需参与政事,为何还要有才能?]诸人莫有言者。玄答曰:"譬如芝兰玉树,欲使其生于庭阶耳。"安悦。……

及长,有经国才略,屡辟不起。后与王珣俱被桓温辟为掾,并礼重之。转征西将军桓豁司马、领南郡相、监北征诸军事。[经谢安"举贤不避亲",担任抵御前秦苻坚的一外镇将领。]于时苻坚强盛,边境数被侵寇,朝廷求文武良将可以镇御北方者,安乃以玄应举。中书郎郗超虽素与玄不善,闻而叹之,曰:"安违众举亲,明也。玄必不负举,才也。"时咸以为不然。超曰:"吾尝与玄共在桓公府,见其使才,虽履屐间[指细小事务]亦得其任,所以知之。"于是征还,拜建武将军、兖州刺史、领广陵相、监江北诸军事。

[他的杰出将才首次显现,亲自或经部将反复击败和逐退苻坚麾下将领,成功地救援被围城池和收复失地。]

时苻坚遣军围襄阳,车骑将军桓冲御之。……襄阳既没,坚将彭超攻龙骧将军戴遂于彭城。玄率东莞太守高衡、后军将军何谦次于泗口……时彭超置辎重于留城,玄乃扬声遣谦等向留城。超闻之,还保辎重。谦驰进,解彭城围。超复进军南侵,坚将句难、毛当自襄阳来会。超围幽州刺史[虚衔]田洛于三阿[在今江苏淮安市金湖县],有众六万。……既而盱眙城陷,高密内史毛藻没,安之[右卫将军毛安之]等军人相惊,遂各散退,朝廷震动。玄于是自广陵西讨难等。何谦解田洛围,进据白马,与贼大战,破之,斩其伪将都颜。因复进击,又破之。斩其伪将邵保。超、难引退。玄率何谦、戴遂、田洛追之,战于君川[今江苏淮安市盱眙县北],复大破之。玄参军刘牢之攻破浮航[浮桥]及白船,督护诸葛侃、单父令李都又破其运舰。难等相率北走,仅以身免。于是罢彭城、下邳二戍。诏遣殿中将军慰劳,进号冠军,加领徐州刺史,还于广陵,以功封东兴县侯。

[作为淝水之战期间杰出和大有贡献的前锋都督,极辉煌地创造极有利的决战机会,并且近乎完美地彻底利用之。]

及苻坚自率兵次于项城[今河南省周口市项城市],众号百万,而凉州之师始达咸阳,蜀汉顺流,幽并系至。先遣符融、慕容暐、张蚝、符方等至颍口,梁成、王显等屯洛涧。诏以玄为前锋、都督徐兖青三州扬州之晋陵幽州之燕国诸军事,与叔父征虏将军石、从弟辅国将军琰、西中郎将桓伊、龙骧将军檀玄、建威将军戴熙、扬武将军陶隐等距之,众凡八万。[在淝水之战的"广义战区"内,东晋兵力数量处绝对劣势,然而至少有辉煌的前锋将领谢玄等人,还有有远谋、能用人的在京师的统帅和大国务家谢安,也有如下所述杰出的部将刘牢之等。]玄先遣广陵相刘牢之五千人直指洛涧[今安徽淮南市东淮河支流洛河],即斩梁成及成弟云,步骑崩溃,争赴淮水。牢之纵兵追之,生擒坚伪将梁他、王显、梁悌、慕容屈氏等,收其军实。[首战,刘牢之几乎全歼前秦的前沿一路军。]坚进屯寿阳,列阵临肥水,玄军不得渡。玄使谓符融曰:"君远涉吾境,而临水为阵,是不欲速战。诸君稍却,令将士得周旋,仆与诸君缓辔而观之,不亦乐乎!"[他似乎胆大包天但胸有成竹,诱使对方移阵少许以致暂时阵乱,给他提供闪电般突袭的可能性;当然,这实际上应是一场算过的关键的赌博,而非胸有成竹。]坚众皆曰:"宜阻肥水,莫令得上。我众彼寡,势必万全。"[前秦统帅符坚和主将符融不听众议,本着兵力数量压倒性优势导致的极度自满而生昏庸,亦即完全未考虑被证明是天大的克劳塞维茨式"摩擦"——阵线少许后退导致的"乱不能止":]坚曰:"但却军,令得过,而我以铁骑数十万向水,逼而杀之。"融亦以为然,遂麾使却阵,众因乱不能止。于是玄与琰、伊等以精锐八千涉渡肥水。石军距张蚝,小退。玄、琰仍进,决战肥水南。["决战肥水南",东晋大胜,前秦溃不成军,"死者十七八":]坚中流矢,临阵斩融。坚众奔溃,自相蹈藉投水死者不可胜计,肥水为之不流。余众弃甲宵遁,闻风声鹤唳,皆以为王师已至,草行露宿,重以饥冻,死者十七八。获坚乘舆云母车,仪服、器械、军资、珍宝山积,牛马驴骡骆驼十万余。诏遣殿中将军慰劳。进号前将军、假节,固让不受。赐钱百万,采千匹。

[紧随淝水大捷,按照谢安的北伐方针,他再度作为前锋都督乘胜北进,为夺取黄河以南几乎所有华夏地区再立大功,晋升为都督华北七州军事。]

既而安奏符坚丧败,宜乘其衅会,以玄为前锋都督,率冠军将军桓石虔径造涡颍,经略旧都。玄复率众次于彭城,[平兖州:]遣参军刘袭攻坚兖州刺史张崇于鄄城,走之,使刘牢之守鄄城。兖州既平,玄患水道险涩,粮运艰难,用督护闻人奭谋,堰吕梁水，树栅，立七埭为派，拥二岸之流，以利运漕，自此公私利便。[降青州：]又进伐青州，故谓之青州派。遣淮陵太守高素以三千人向广固，降坚青州刺史苻朗。[伐冀州，平司州豫州：]又进伐冀州，遣龙骧将军刘牢之、济北太守丁匡据碻磝，济阳太守郭满据滑台，奋武将军颜雄渡河立营。坚子丕遣将桑据屯黎阳。玄命刘袭夜袭据，走之。丕惶遽欲降，玄许之。丕告饥，玄馈丕米二千斛。又遣晋陵太守滕恬之渡河守黎阳，三魏皆降。以兖、青、司、豫平，加玄都督徐、兖、青、司、冀、幽、并七州军事。玄上疏以方平河北，幽冀宜须总督，司州悬远，应统豫州。以勋封康乐县公。……复遣宁远将军吞演伐申凯于魏郡，破之。[他未实现的巩固和守卫北方"光复地区"的部署计划：]玄欲令豫州刺史朱序镇梁国，玄住彭城，北固河上，西援洛阳，内籓朝廷。[以司马道子为首的朝廷对巩固北伐成果多少有些冷淡，将他等镇籓将领调回江东：]朝议以征役既久，宜置戍而还，使玄还镇淮阴，序镇寿阳。……泰山太守张愿举郡叛，河北骚动，玄自以处分失所，上疏送节，尽求解所职。诏慰劳，令且还镇淮阴，以朱序代镇彭城。

[他病情转重，多番恳请去职，最后在"同生七人，凋落相继，惟臣一已，孑然独存"的哀痛中逝于会稽内史任上。]

玄既还，遇疾，上疏解职，诏书不许。玄又自陈，既不堪摄职，虑有旷废，诏又使移镇东阳城。玄即路，于道疾笃，上疏曰：

[坦陈他的"甘死若生"军事生涯，连同光复华夏后"从亡叔臣安退身东山，以道养寿"的衷心愿望：]臣……从戎政。驱驰十载，不辞鸣镝之险，每有征事，辄请为军锋，由恩厚忘躯，甘死若生也。……天祚大晋，王威屡举，实由陛下神武英断，无思不服。亡叔臣安协赞雍熙，以成天工。而雰雾尚翳，六合未朗，遗黎涂炭，巢窟宜除，复命臣荷戈前驱，董司戎首。冀仰凭皇威，宇宙宁一，陛下致太平之化，庸臣以尘露报恩，然后从亡叔臣安退身东山，以道养寿。……[亲人接连去世，他内心悲恸不尽：]亡叔臣安、亡兄臣靖，数月之间，相系殂背，下逮稚子，寻复夭昏。哀毒兼缠，痛百常情。臣不胜祸酷暴集，每一恸殆弊。……

[体病心哀，坚决恳求告退：]去冬奉司徒道子告括囊远图，逮问臣进止之宜。臣进不达事机[指患病求告退]……是以奉送章节，待罪有司，执徇常仪，实有愧心。

而圣恩赦过,黩法垂宥……陛下体臣疢重,使还籓淮则……而所患沈顿,有增无损。今者惙惙,救命朝夕。……宁可卧居重任,以招患虑。

追寻前事,可为寒心。……谨遣兼长史刘济重奉送节盖章传。伏愿陛下垂天地之仁,拯将绝之气,时遣军司镇慰荒杂,听臣所乞,尽医药消息……伏枕悲慨,不觉流涕。

[病重心更哀,再度恳求告退,但"表寝不报。前后表疏十余上",直到他去世前不久为止:]诏遣高手医一人,令自消息,又使还京口疗疾。玄奉诏便还,病久不差,又上疏曰:"臣同生七人,凋落相继,惟臣一己,孑然独存。在生茶酷,无如臣比。……伏愿陛下矜其所诉,霈然垂恕,不令微臣衔恨泉壤。"表寝不报。前后表疏十余上,久之。乃转授散骑常侍、左将军、会稽内史。……玄既舆疾之郡,(太元)十三年[388],卒于官,时年四十六。追赠车骑将军、开府仪同三司,谥曰献武。

……　……

列传第五十四　刘牢之传　摘录和评注

[军事俊才，政治/道德小人。先前为北府兵主将，对东晋打赢淝水之战功勋甚大。安帝朝内乱期间，他先作为王恭部将突然叛变，后作为司马元显前锋故事重演，导致这两位主子骤然兵败，随即被诛。最后，他又图谋背叛新主子桓玄，最终众叛亲离，自缢身死。虽然他的三度背叛都不无理由，但毕竟"一人而三反，岂得立也"。]

[他反映了一个从根本上说政治险恶多变、精神堕落混乱的时代。]

[出身"世以壮勇称"的边疆将领世家，他本人实属军事俊才，作为北府兵主将对东晋打赢淝水之战功勋甚大。]

刘牢之，字道坚，彭城[今江苏徐州]人也。曾祖羲，以善射事武帝，历北地、雁门太守。父建，有武干，为征虏将军。世以壮勇称。牢之面紫赤色，须目惊人，而沈毅多计画[顺便说，到他后来"一人而三反"的时候，有何"沈毅"可言？]。太元[孝武帝年号，376—396]初，谢玄北镇广陵，时苻坚方盛，玄多募劲勇，牢之与东海何谦、琅邪诸葛侃、乐安高衡、东平刘轨、西河田洛及晋陵孙无终等以骁猛应选。玄以牢之为参军，领精锐为前锋，百战百胜，号为"北府兵"，敌人畏之。[军事俊才，仅有所夸大地说"百战百胜"!]……

……淮肥之役，苻坚遣其弟融及骁将张蚝攻陷寿阳，谢玄使彬[宣城内史胡彬]与牢之距之。师次硖石，不敢进。坚将梁成又以二万人屯洛涧，玄遣牢之以精卒五千距之。去贼十里，成阻涧列阵。牢之率参军刘袭、诸葛求等直进渡水，临阵斩成及其弟云，又分兵断其归津。贼步骑崩溃，争赴淮水，杀获万余人，尽收其器械。[他的最佳时刻!]坚寻亦大败[东晋的最佳时刻!]，归长安，余党所在屯结。……

[他大败于鲜卑后燕慕容垂，继而大胜丁零族翟魏大将翟钊:]

时苻坚子丕据邺，为慕容垂所逼，请降，牢之引兵救之。垂闻军至，出新城北走。牢之与沛郡太守田次之追之，行二百里，至五桥泽中，争趣辎重，稍乱，为垂所击，牢之败绩，士卒歼焉。牢之策马跳五丈涧，得脱。会丕救至，因入临漳，集亡散，兵复少振。牢之以军败征还。……苻坚将张遇遣兵击破金乡。围太山太守羊迈，牢之遣参军向钦之击走之。会慕容垂叛将翟钊救遇，牢之引还。钊还，牢之进平太山，追钊于鄄城，钊走河北，因获张遇以归之彭城。……慕容氏掠廪丘，高平太守徐含远告急，牢之不能救，坐畏懦免。

[他的叛变故事开始:未受王恭善待，"负其才能，深怀耻恨"，且受司马道子父子利诱，遂"背恭归朝廷"。]

及王恭将讨王国宝，引牢之为府司马，领南彭城内史，加辅国将军。恭使牢之讨破王廞，以牢之领晋陵太守。恭本以才地陵物，及檄至京师，朝廷戮国宝、王绪，自谓威德已著，虽杖牢之为爪牙，但以行阵武将相遇，礼之甚薄。牢之负其才能，深怀耻恨。及恭之后举，元显遣庐江太守高素说牢之使叛恭，事成，当即其位号，牢之许焉。恭参军何澹之以其谋告恭。牢之与澹之有隙，故恭疑而不纳[他这位主子的盲目和蠢笨无以复加]。乃置酒请牢之于众中，拜牢之为兄，精兵利器悉以配之，使为前锋。行至竹里，牢之背恭归朝廷。恭既死，遂代恭为都督兖、青、冀、幽、并、徐、扬州、晋陵军事。[背叛的(暂时)巨大报偿，大概令他开始相信背叛可得巨利。]牢之本自小将，一朝据恭位，众情不悦，乃树用腹心徐谦之等以自强。时杨佺期、桓玄将兵上表理王恭，求诛牢之。牢之率北府之众驰赴京师，次于新亭。玄等受诏退兵，牢之还镇京口。

[他的次佳时刻：屡败五斗米道大海盗、严重危害江东的孙恩。]

及孙恩攻陷会稽，牢之遣将桓宝率师救三吴，复遣子敬宣为宝后继。比至曲阿，吴郡内史桓谦已弃郡走，牢之乃率众东讨，拜表辄行。至吴，与卫将军谢琰击贼，屡胜，杀伤甚众，径临浙江。进拜前将军、都督吴郡诸军事。时谢琰屯乌程，遣司马高素助牢之。牢之率众军济浙江，恩惧，逃于海。牢之还镇，恩复入会稽，害谢琰。牢之进号镇北将军、都督会稽五郡，率众东征，屯上虞，分军戍诸县。恩复攻破吴国，杀内史袁山松。牢之使参军刘裕[作为他的部将，伟大的刘裕开始以辉煌的军功崭露头角]讨之，恩复入海。顷之。恩浮海奄至京口，战士十万，楼船千余。牢之在山阴[今浙江绍兴]，使刘裕自海盐[今浙江嘉定市海盐县]赴难，牢之率大众而还。裕兵不满千人，与贼战，破之。恩闻牢之已还京口，乃走郁洲，又为敬宣、刘裕等所破。及恩死，牢之威名转振。

[他二度叛变，即作为讨伐前锋背叛司马元显，倒戈归依桓玄，致使司马道子父子毁灭。]

元兴[安帝年号，402—404]初，朝廷将讨桓玄，以牢之为前锋都督、征西将军，领江州事。元显遣使以讨玄事咨牢之。[背叛之前是精细的得失谋算和疑虑，即"战败则倾宗，战胜亦覆族"；一位不得已的讨伐前锋：]牢之以玄少有雄名，杖全楚之众，惧不能制，又虑平玄之后功盖天下，必不为元显所容，深怀疑贰，不得已率北府文武屯洌洲。[桓玄知道如何敲动他的心弦，如何动员他背叛：]桓玄遣何穆说牢之曰："自古乱世君臣相信者有燕昭乐毅、玄德孔明，然皆勋业未卒而二主早世，设使功成事遂，未保二臣之祸也。鄙语有之：'高鸟尽，良弓藏；狡兔殚，猎犬烹。'故文种诛于句践，韩白戮于秦汉。彼皆英雄霸王之主，犹不敢信其功臣，况凶愚凡庸之流乎！自开辟以来，戴震主之威，挟不赏之功，以见容于暗世者而谁？……今君战败则倾宗，战胜亦覆族，欲以安归乎？孰若翻然改图，保其富贵，则身与金石等固，名与天壤无穷,孰与头足异处,身名俱灭,为天下笑哉!惟君图之。"［他知道,他对己方和彼方的价值,只在于"握强兵";背叛者往往是马基雅维里主义者!］牢之自谓握强兵,才能算略足以经纶江表,［发动背叛:］时谯王尚之已败,人情转沮,乃颇纳穆说,遣使与玄交通。其甥何无忌与刘裕固谏之,并不从。俄令敬宣降玄。玄［另一位马基雅维里主义者］大喜,与敬宣［刘牢之之子］置酒宴集,阴谋诛之,陈法书画图与敬宣共观,以安悦其志。敬宣不之觉,玄佐吏莫不相视而笑。

［他图谋背叛新主子桓玄,因为后者也是他可以预计到的马基雅维里主义者;"一人而三反,岂得立也",果然!］

元显既败,玄以牢之为征东将军、会稽太守,牢之乃叹曰:"始尔,便夺我兵,祸将至矣!"时玄屯相府,敬宣劝牢之袭玄,犹豫不决,移屯班渎,将北奔广陵相高雅之,欲据江北以距玄,集众大议。参军刘袭曰:"事不可者莫大于反,而将军往年反王兖州,近日反司马郎君,今复欲反桓公。一人而三反,岂得立也。"语毕,趋出,佐吏多散走。而敬宣先还京口拔其家,失期不到。［连他的儿子都可能在算计他!从林世界。］牢之谓其为刘袭所杀,乃自缢而死。俄而敬宣至,不遑哭,奔于高雅之。将吏共殡敛牢之,丧归丹徒。桓玄令斫棺斩首,暴尸于市,及刘裕建义,追理牢之,乃复本官。

……　……

载记第四　石勒上　摘录和评注

　　[石勒：当过奴隶的乱世皇帝，暴肆华夏的超级屠夫。乱世中从奴隶到皇帝的历程必然充满殊死冒险、四处寻机和凶猛作战。他是个几乎天然的权势无限扩张的追求者，而且为此从不拒斥马基雅维里主义式的随机应变。在他的武功中间最重要的是：(1) 作为前赵刘渊的主将之一，攻掠司冀兖徐等州，南下力捣江汉，歼灭洛阳地区晋军主力；(2) 杀死同侪王弥兼并其军，继而设计消灭王浚，统治冀幽；(3) 他乘刘聪死去、靳准作乱的时机亲率大军作大规模干涉，随后正式建立后赵国家。]

　　[大规模屠戮是他的战法的要素之一，而他最令人发指的屠杀构成"永嘉之乱"的一大部分，"粉忠贞于戎手，聚搢绅于京观"（《载记第三刘曜》篇末评论）！这与15年后他将前赵军队斩首五万余级一起，表明战国后期白起式的"战法"被重新招回东亚战争舞台。]

　　…… ……

［"八王之乱"打开潘多拉魔盒,他随马贩兼盗首汲桑"称为成都王颖诛东海王越、东嬴公腾为名"攻城略地扩军;他的屠戮"战法"显露端倪,继而经历他的初始大战恶战。］

及成都王颖败乘舆于荡阴[304],逼帝如邺宫……挟惠帝南奔洛阳。帝复为张方所逼,迁于长安。关东所在兵起,皆以诛颖为名。……［他随汲桑投人门下,倒霉。］颖故将阳平人公师籓等自称将军,起兵赵魏,众至数万。勒与汲桑帅牧人乘苑马数百骑以赴之。桑始命勒以石为姓,勒为名焉。籓拜勒为前队督,从攻平昌公模于邺［在今河北邯郸市临漳县和河南安阳市安阳县］。模使将军冯嵩逆战,败之。籓济自白马而南,濮阳太守苟晞讨籓斩之。［他随汲桑自立"义军",得意。］勒与桑亡潜苑中,桑以勒为伏夜牙门,帅牧人劫掠郡县系囚,又招山泽亡命,多附勒,勒率以应。桑乃自号大将军,称为成都王颖诛东海王越、东嬴公腾为名。桑以勒为前驱,屡有战功,署为扫虏将军、忠明亭侯。桑进军攻邺,以勒为前锋都督,大败腾将冯嵩,因长驱入邺,遂害腾,杀万余人,掠妇女珍宝而去。［他的屠戮"战法"显露端倪。］济自延津,南击兖州,越大惧,使苟晞、王赞等讨之。

［他的初始大战恶战,互有胜负但终败,汲桑战亡。］桑、勒攻幽州刺史石尟于乐陵,尟死之。乞活田禋帅众五万救鲜,勒逆战,败禋,与晞等相持于平原、阳平间数月,大小三十余战,互有胜负。越惧,次于官渡,为晞声援。桑、勒为晞所败,死者万余人,乃收余众,将奔刘元海。冀州刺史丁绍要之于赤桥,又大败之。桑奔马牧,勒奔乐平。王师斩桑于平原。

［汲桑死,他说动上党胡人部首率众随他投奔前赵君主刘渊(307),得到重用,是为他军政腾达的起点;在并冀两州的大攻略大扩军。］

时胡部大［一部之首］张㔨督、冯莫突等拥众数千,壁于上党,勒往从之,深为所昵,因说㔨督曰:"刘单于［刘渊,时已称汉王］举兵诛晋,部大距而不从,岂能独立乎?"曰:"不能。"勒曰:"如其不能者,兵马当有所属。今部落皆已被单于赏募,往往聚议欲叛部大而归单于矣,宜早为之计。"㔨督等素无智略,惧部众之贰己也,乃潜随勒单骑归元海。元海署㔨督亲汉王,莫突为都督部大,以勒为辅汉将军、平晋王以统之。勒于是命㔨督为兄,赐姓石氏,名之曰会,言其遇己也。

[他为刘渊立的首次大功，即靠马基雅维里主义式的伪装、背信和突袭，获乌丸兵众归依前赵：]乌丸张伏利度亦有众二千，壁于乐平[大致在今山西晋中市昔阳县]，元海屡招而不能致。勒伪获罪于元海，因奔伏利度。伏利度大悦，结为兄弟，使勒率诸胡寇掠，所向无前，诸胡畏服。勒知众心之附己也，乃因会执伏利度，告诸胡曰："今起大事，我与伏利度孰堪为主？"诸胡咸以推勒。勒于是释伏利度，率其部众归元海。元海加勒督山东征讨诸军事，以伏利度众配之。

[他的仗越打越大，将位越来越高，且因他骁勇凶猛，几乎总是为大军前锋：]元海使刘聪攻壶关，命勒率所统七千为前锋都督。刘琨遣护军黄秀等救壶关，勒败秀于白田，秀死之，勒遂陷壶关。元海命勒与刘零、阎黑等七将率众三万寇魏郡、顿丘诸垒壁，多陷之，假垒主将军、都尉，简强壮五万为军士，老弱安堵如故，军无私掠，百姓怀之。[他间或也有不屠戮、不私掠的政治战略表现。]

[作为刘渊麾下主将之一，在冀州大攻略大扩军：]及元海僭号[正式称帝，308]，遣使授勒持节、平东大将军，校尉、都督、王如故。勒并军寇邺，邺溃，和郁奔于卫国。执魏郡太守王粹于三台[在邺城]。进攻赵郡，害冀州西部都尉冯冲。攻乞活赦亭、田禋于中丘[今河北邢台市内丘县]，皆杀之。元海授勒安东大将军、开府，置左右长史、司马、从事中郎。进军攻钜鹿、常山，害二郡守将。陷冀州郡县堡壁百余，众至十余万……使其将张斯率骑诣并州山北诸郡县，说诸胡羯，晓以安危。诸胡惧勒威名，多有附者。进军常山，分遣诸将攻中山、博陵、高阳诸县，降之者数万人。

[在常山大败于占压倒性优势的鲜卑骑兵大军后，他复猛攻冀州兖州西晋军队及其他军队，连战连克：]王浚使其将祁弘帅鲜卑段务尘等十余万骑讨勒，大败勒于飞龙山[在今河北石家庄市正定县]，死者万余。勒退屯黎阳，分命诸将攻诸未下及叛者，降三十余壁，置守宰以抚之。[如前面"简强壮五万为军士"和"集为君子营"，为获军事人力，他间或也有不屠掠的政治战略表现。]进寇信都，害冀州刺史王斌。于是车骑将军王堪、北中郎将裴宪自洛阳率众讨勒，勒烧营并粮，回军距之，次于黄牛垒。魏郡太守刘矩以郡附于勒，勒使矩统其垒众为中军左翼。勒至黎阳，裴宪弃其军奔于淮南，王堪退堡仓垣。元海授勒镇东大将军，封汲郡公，持节、都督、王如故。勒固让公不受。与阎黑攻赭圈、苑市二垒，陷之，黑中流矢死，勒并统其众，潜自

石桥济河,攻陷白马,坑男女三千余口[又有作为他的特征的大屠戮]。东袭鄄城,害兖州刺史袁孚。因攻仓垣,陷之,遂害堪。渡河攻广宗、清河、平原、阳平诸县,降勒者九万余口。复南济河,荥阳太守裴纯奔于建业。

时刘聪攻河内,勒率骑会之,攻冠军将军梁巨于武德[郡名,属怀州,在今河南焦作市温县附近],怀帝遣兵救之。勒留诸将守武德,与王桑逆巨于长陵。巨请降,勒弗许,巨逾城而遁,军人执之。勒驰如武德,坑降卒万余[他的武德大屠戮,"坑降卒万余"],数梁巨罪而害之。王师退还,[大屠戮的一种战略效应:]河北诸堡壁大震,皆请降送任于勒。

[他南下力捣江汉,其间先与流民大军首领"结为兄弟",而后灭之。]

及元海死,刘聪授勒征东大将军、并州刺史、汲郡公,持节、开府、都督、校尉、王如故。勒固辞将军,乃止。

······ ······

先是,雍州流人王如、侯脱、严嶷等起兵江淮间,闻勒之来也,惧,遣众一万屯襄城以距,勒击败之,尽俘其众。勒至南阳,屯于宛北山。如惧勒之攻襄也,使送珍宝车马犒师,结为兄弟,勒纳之。如与侯脱不平,说勒攻脱。勒夜令三军鸡鸣而驾,晨压宛门,攻之,旬有二日而克。严嶷率众救脱,至则无及,遂降于勒。勒斩脱,囚嶷送于平阳,尽并其众,军势弥盛。

勒南寇襄阳,攻陷江西垒壁三十余所,留刁膺守襄阳,躬帅精骑三万还攻王如。惮如之盛,遂趣襄城。如知之,遣弟璃率骑二万五千,诈言犒军,实欲袭勒。勒逆击,灭之,复屯江西,盖欲有雄据江汉之志也。······

[东晋的大举讨伐和他"军粮不接,死疫太半"的危境才使他放弃江汉北撤:]元帝虑勒南寇,使王导率众讨勒。勒军粮不接,死疫太半,纳张宾之策,乃焚辎重,裹粮卷甲,渡沔,寇江夏,太守杨岠弃郡而走。北寇新蔡,害新蔡王确于南顿,朗陵公何袭、广陵公陈眕、上党太守羊综、广平太守邵肇等率众降于勒。勒进陷许昌,害平东将军王康。

[北撤后他的历史性大举,即311年在洛阳附近平城将十余万西晋大军屠杀尽

净,接着又进行两场屠杀。]

先是,东海王越率洛阳之众二十余万讨勒,越薨于军,众推太尉王衍为主,率众东下,勒轻骑追及之。衍遣将军钱端与勒战,为勒所败,端死之,衍军大溃,勒分骑围而射之,相登如山,无一免者。[大屠之后是小屠:尽杀被俘的西晋王公卿士]于是执衍及襄阳王范、任城王济、西河王喜、梁王禧、齐王超、吏部尚书刘望、豫州刺史刘乔、太傅长史庾颙等,坐之于幕下,问以晋故。衍、济等惧死,多自陈说,惟范神色俨然,意气自若,顾呵之曰:"今日之事,何复纷纭!"勒甚奇之。勒于是引诸王公卿士于外害之,死者甚众。勒重衍清辨,奇范神气,不能加之兵刃,夜使人排墙填杀之。[加之兵刃与排墙填杀有何"人道"差异?!]左卫何伦、右卫李恽闻越薨,奉越妃裴氏及越世子毗出自洛阳。勒逆毗于洧仓,军复大溃,[屠杀甚众接屠杀甚众:]执毗及诸王公卿士,皆害之,死者甚众。因率精骑三万,入自成皋关。会刘曜、王弥寇洛阳,洛阳既陷,勒归功弥、曜,遂出轘辕,屯于许昌。刘聪署勒征东大将军,勒固辞不受。

……袭破大将军苟晞于蒙城,执晞,署为左司马……

[他愈益尾大不掉,从事前赵第一场大内斗:麻痹对手王弥,"诱而灭之",且兼并其军。]

……王弥纳刘暾之说,将先诛勒,东王青州,使暾征其将曹嶷[今山东大部的实际控制者]于齐。勒游骑获暾,得弥所与嶷书,勒杀之,密有图弥之计矣。会弥将徐邈辄引部兵去弥,弥渐削弱。及勒之获苟晞也,弥恶之,伪卑辞使谓勒曰:"公获苟晞而赦之,何其神也!使晞为公左,弥为公右,天下不足定。"勒谓张宾曰:"王弥位重言卑,恐其遂成前狗意也。"宾曰:"……王公迟回未发者,惧明公蹑其后,已有规明公之志,但未获便尔。今不图之,恐曹嶷复至,共为羽翼,后虽欲悔,何所及邪!徐邈既去,军势稍弱,观其控御之怀犹盛,可诱而灭。"[诡谲诱王弥:]勒以为然。勒时与陈午相攻于蓬关,王弥亦与刘瑞相持甚急。弥请救于勒,勒未之许。张宾进曰:"明公常恐不得王公之便,今天以其便授我矣。陈午小竖,何能为寇? 王弥人杰,将为我害。"勒因回军击瑞,斩之。弥大悦,谓勒深心推奉,无复疑也。……[再诱而灭之,且并其军众:]诡请王弥宴于己吾[在今河南商丘市宁陵县],弥长史张嵩谏弥勿就,恐有专诸、孙峻之祸,弥不从。既入,酒酣,勒手斩弥而并其众,[尾大不掉,先斩后奏,君主无可奈何:]启聪称弥叛逆之状。聪署勒镇东大将军、督并幽二州军事、领并州刺史,持节、征讨都督、校尉、开府、幽州牧、公如故。

苟晞、王赞谋叛勒,勒害之。以将军左伏肃为前锋都尉,攻掠豫州诸郡,临江而还,屯于葛陂[今河南东南部新蔡县北],降诸夷楚,署将军二千石以下,税其义谷,以供军士。

…… ……

[他定河朔,成为华北最强军阀以图王业:他真正的大战略转折点(312),其地缘战略理由有如下述。]

…… ……

[舍邺城而进据襄国,以此为战略根据地中心:]时诸将佐议欲攻取三台以据之,张宾进曰:"刘演众犹数千,三台险固,攻守未可卒下,舍之则能自溃。王彭祖[王浚字]、刘越石[刘琨字]大敌也,宜及其未有备,密规进据郓城,广运粮储,西禀平阳,扫定并蓟,桓文之业可以济也。[定河朔以图王业的地缘战略理由:]且今天下鼎沸,战争方始,游行羁旅,人无定志,难以保万全、制天下也。夫得地者昌,失地者亡。邯郸、襄国,赵之旧都,依山凭险,形胜之国,可择此二邑而都之,然后命将四出,授以奇略,推亡固存,兼弱攻昧,则群凶可除,王业可图矣。"勒曰:"右侯之计是也。"于是进据襄国。宾又言于勒曰:"今我都此,越石、彭祖深所忌也,恐及吾城池未固,资储未广,送死于我。闻广平诸县秋稼大成,可分遣诸将收掠野谷。遣使平阳,陈宜镇此之意。"勒又然之。[以襄国为中心"攻冀州郡县垒壁",效果良好:]于是上表于刘聪,分命诸将攻冀州郡县垒壁,率多降附,运粮以输勒。刘聪署勒使持节、散骑常侍、都督冀幽并营四州杂夷、征讨诸军事、冀州牧,进封本国上党郡公,邑五万户,开府、幽州牧、东夷校尉如故。[刘聪无可奈何,承认他对冀州幽州的全权。]

[根本削弱原司马越部将、幽冀大军阀王浚的势力,继而消灭之,关键先是出敌不意地战胜王浚引来的辽西鲜卑优势大军,后是实施战略欺骗,"先为之卑","奉表推崇浚为天子",然后突然实施杀害。]

……浚遣督护王昌及鲜卑段就六眷、末柸、匹磾等部众五万余以讨勒。时城隍未修，乃于襄国筑隔城重栅，设郭以待之。就六眷屯于渚阳，勒分遣诸将连出挑战，频为就六眷所败，又闻其大造攻具，勒顾谓其将佐曰："今寇来转逼，彼众我寡，恐攻围不解，外救不至，内粮罄绝，纵孙吴重生，亦不能固也。吾将简练将士，大阵于野以决之，何如？"诸将皆曰："宜固守以疲寇，彼师老自退，追而击之，蔑不克矣。"勒顾谓张宾、孔苌曰："君以为何如？"[张宾等出计奇袭鲜卑大军主力，辉煌成功。]宾、苌俱曰："闻就六眷克来月上旬送死北城，其大众远来，战守连日，以我军势寡弱，谓不敢出战，意必懈怠。今段氏种众之悍，末柸尤最，其卒之精勇，悉在末柸所，可勿复出战，示之以弱。速凿北垒为突门二十余道，候贼列守未定，出其不意，直冲末柸帐，敌必震惶，计不及设，所谓迅雷不及掩耳。末柸之众既奔，余自摧散。擒末柸之后，彭祖可指辰而定。"勒笑而纳之，即以苌为攻战都督，造突门于北城。鲜卑入屯北垒，勒候其阵未定，躬率将士鼓噪于城上。会孔苌督诸突门伏兵俱出击之，生擒末柸，就六眷等众遂奔散。苌乘胜追击，枕尸三十余里，获铠马五千匹。[奇胜大胜后继之以消弭潜在劲敌的政治处理：]就六眷收其遗众，屯于渚阳，遣使求和，送铠马金银，并以末柸三弟为质而请末柸。诸将并劝勒杀末柸以挫之，勒曰："辽西鲜卑，健国也，与我素无怨仇，为王浚所使耳。今杀一人，结怨一国，非计也。放之必悦，不复为王浚用矣。"于是纳其质，遣石季龙盟就六眷于渚阳，结为兄弟，就六眷等引还。使参军阎综献捷于刘聪。于是游纶、张豺请降称藩，勒将袭幽州，务养将士，权宜许之，皆就署将军。于是遣众寇信都，害冀州刺史王象。王浚复以邵举行冀州刺史，保于信都。

[攻占邺城；鲜卑段部完全脱离王浚而"专心归附"石勒，"王浚威势渐衰"：]建兴[西晋愍帝年号]元年[313]，石季龙攻邺三台，邺溃，刘演奔于廪丘，将军谢胥、田青、郎牧等率三台流人降于勒，勒以桃豹为魏郡太守以抚之。命段末柸为子，署为使持节、安北将军、北平公，遣还辽西。末柸感勒厚恩，在途日南面而拜者三，段氏遂专心归附，自是王浚威势渐衰。

…… ……

乌丸审广、渐裳、郝袭背王浚，密遣使降于勒，勒厚加抚纳。[他的治国方略初始呈现，显现华夏儒家政治和文化理念对入主华夏的少数民族的"感召力"和重大效用,如果后者欲长治久安的话:]司冀渐宁,人始租赋。立太学,简明经善书吏署为文学掾,选将佐子弟三百人教之。

…… ……

[实施战略欺骗,"先为之卑","奉表推崇浚为天子",效果极好;他是个从不拒斥随机应变的马基雅维里主义者。]

时王浚署置百官,奢纵淫虐,勒有吞并之意,欲先遣使以观察之。议者佥曰:"宜如羊祜与陆抗书相闻[晋将羊祜与吴将陆抗长久率军对峙,却互尊互信,君子相待]。"时张宾有疾,勒就而谋之。宾曰:"王浚假三部之力,称制南面,虽曰晋籓,实怀僭逆之志,必思协英雄,图济事业。……夫立大事者必先为之卑,当称籓推奉,尚恐未信,羊、陆之事,臣未见其可。"勒曰:"右侯之计是也。"乃遣其舍人王子春、董肇等多赍珍宝,奉表推崇浚为天子曰:"勒本小胡,出于戎裔,值晋纲弛御,海内饥乱,流离屯厄,窜命冀州,共相帅合,以救性命。今晋祚沦夷,远播吴会,中原无主,苍生无系。伏惟明公殿下,州乡贵望,四海所宗,为帝王者,非公复谁?……伏愿殿下应天顺时,践登皇阼。勒奉戴明公,如天地父母,明公当察勒微心,慈眄如子也。"……浚谓子春等曰:"石公一时英武,据赵旧都,成鼎峙之势,何为称籓于孤,其可信乎?"子春对曰[诱使王浚基于华夏族裔/文明偏见而犯巨大判断错误]:"……自古诚胡人而为名臣者实有之,帝王则未之有也。石将军非所以恶帝王而让明公也,顾取之不为天人之所许耳。愿公勿疑。"浚大悦……[战略欺骗再三:]浚司马游统时镇范阳,阴叛浚,驰使降于勒。勒斩其使,送于浚,以表诚实。浚虽不罪统,弥信勒之忠诚,无复疑矣。

[战略欺骗不断:]子春等与王浚使至,勒命匿劲卒精甲,虚府赢师以示之,北面拜使而受浚书。浚遗勒麈尾,勒伪不敢执,悬之于壁,朝夕拜之,云:"我不得见王公,见王公所赐如见公也。"复遣董肇奉表于浚,期亲诣幽州奉上尊号……

[他审时度势,突然起兵剪灭王浚:]

勒将图浚,引子春问之。子春曰[对敌方政治/战略形势的准确判断]:"幽州自去岁大水,人不粒食,浚积粟百万,不能赡恤,刑政苛酷,赋役殷烦,贼宪贤良,诛斥谏士,下不堪命,流叛略尽。鲜卑、乌丸离贰于外,枣嵩、田峤贪暴于内,人情沮扰,甲士赢弊。而浚犹置立台阁,布列百官,自言汉高、魏武不足并也。又幽州谣怪特甚,闻者莫不为之寒心,浚意气自若,曾无惧容,此亡期之至也。"勒抚几笑曰:"王彭祖真可擒也。"……

勒纂兵戒期,将袭浚,而惧刘琨及鲜卑、乌丸为其后患,沈吟未发。张宾进曰:"夫袭敌国,当出其不意。军严经日不行,岂顾有三方之虑乎?"勒曰:"然,为之奈何?"宾曰[对敌方政治/战略/"外交"形势的准确判断]:"彭祖之据幽州,唯仗三部,今皆离叛,还为寇仇,此则外无声援以抗我也。幽州饥俭,人皆蔬食,众叛亲离,甲旅寡弱,此则内无强兵以御我也。若大军在郊,必土崩瓦解。今三方未靖,将军便能悬军千里以征幽州也。轻军往返,不出二旬。就使三方有动,势足旋趾。宜应机电发,勿后时也。且刘琨、王浚虽同名晋藩,其实仇敌。若修笺于琨,送质请和,琨必欣于得我,喜于浚灭,终不救浚而袭我也。"勒曰:"吾所不了,右侯已了,复何疑哉!"

于是轻骑袭幽州,以火宵行。至柏人,杀主簿游纶,以其兄统在范阳,惧声军计故也。遣张虑奉笺于刘琨,陈己过沉重,求讨浚以自效。琨既素疾浚,乃檄诸州郡,说勒知命思愆,收累年之咎,求拔幽都,效善将来,今听所请,受任通和。军达易水,浚督护孙纬驰遣白浚,将引军距勒,游统禁之。浚将佐咸请出击勒,浚怒曰:"石公来,正欲奉戴我也,敢言击者斩!"[他的敌人已经完全中计昏头!]乃命设飨以待之。勒晨至蓟,叱门者开门。疑有伏兵,[他的战术妙策:]先驱牛羊数千头,声言上礼,实欲填诸街巷,使兵不得发。[敌人束手被擒被杀:]浚乃惧,或坐或起。勒升其厅事,命甲士执浚……使其将王洛生驿送浚襄国市斩之。于是分遣流人各还桑梓……焚烧浚官殿。以晋尚书刘翰为宁朔将军、行幽州刺史,戍蓟,置守宰而还。……封王浚首,献捷于刘聪。

…… ……

["政治决战"时刻:他在冀幽等州羽翼丰满、势力强大,遂乘刘聪死去、靳准作乱的时机亲率大军作大规模干涉,随后正式建立后赵国家。]

[刘聪垂死之际,他坚决拒绝其受遗诏辅政邀请,大概因为他欲早日另立国家:]刘聪疾甚,驿召勒为大将军、录尚书事,受遗诏辅政,勒固辞乃止。聪又遣其使人持节署勒大将军、持节钺,都督、侍中、校尉、二州牧、公如故,增封十郡,勒不受。

[刘聪死去，靳准作乱，他遂亲率大军作大规模干涉：]聪死[318]，其子粲袭伪位，其大将军靳准杀粲于平阳，勒命张敬率骑五千为前锋以讨准，勒统精锐五万继之，据襄陵北原，羌羯降者四万余落。准数挑战，勒坚壁以挫之。刘曜自长安屯于蒲阪，曜复僭号，署勒大司马、大将军，加九锡，增封十郡，并前十三郡，进爵赵公。勒攻准于平阳小城，平阳大尹周置等率杂户六千降于勒。巴帅及诸羌羯降者十余万落，徙之司州诸县。[大规模干涉中的关键问题：前赵政权归他还是归刘曜？他与刘曜的明争暗斗：]准使卜泰送乘舆服御请和，勒与刘曜竞有招怀之计，乃送泰于曜，使知城内无归曜之意，以挫其军势。[他算错了，因为靳准势力杀了靳准后，拥戴刘曜继承前赵皇位；他大怒，一举消灭靳准军队大部，"枕尸二里"：]曜潜与泰结盟，使还平阳宣慰诸屠各。勒疑泰与曜有谋，欲斩泰以速降之，诸将皆曰："今斩卜泰，准必不复降，就令泰宣汉要盟于城中，使相率诛靳准，准必惧而速降矣。"勒久乃从诸将议遣之。泰入平阳，与准将乔泰、马忠等起兵攻准，杀之，推靳明为盟主，遣泰及卜玄奉传国六玺送于刘曜。勒大怒，遣令史羊升使平阳，责明杀准之状。明怒，斩升。勒怒甚，进军攻明，明出战，勒击败之，枕尸二里。明筑城门坚守，不复出战。勒遣其左长史王修献捷于刘曜。……[他不得前赵政权，但仍攻下其都城平阳，焚平阳宫室泄愤：]石季龙率幽、冀州兵会勒攻平阳。刘曜遣征东刘畅救明。勒命舍师于蒲上。靳明率平阳之众奔于刘曜，曜西奔粟邑。勒焚平阳宫室，使裴宪、石会修复元海、聪二墓，收刘粲已下百余尸葬之，徙浑仪、乐器于襄国。

　　[他与刘曜彼此成仇敌；他决心迅即另立后赵——"赵王、赵帝，孤自取之！"]刘曜又遣其使人郭汜等持节署勒太宰，领大将军，进爵赵王，增封七郡，并前二十郡，出入警跸，冕十有二旒，乘金根车，驾六马，如曹公辅汉故事，夫人为王后，世子为王太子。勒舍人曹平乐因使留仕于曜，言于曜曰："大司马遣王修等来，外表至虔，内觇大驾强弱，谋待修之返，将轻袭乘舆。"时曜势实残弊，惧修宣之。曜大怒，追汜等还，斩修于粟邑，停太宰之授。刘茂逃归，言王修死故，勒大怒，诛平乐三族，赠修太常。又知停殊礼之授，怒甚，下令曰："孤兄弟之奉刘家，人臣之道过矣，若微孤兄弟，岂能南面称朕哉！根基既立，便欲相图。天不助恶，使假手靳准。孤惟事君之体当资舜求瞽瞍之义，故复推崇令主，齐好如初，何图长恶不悛，杀奉诚之使。帝王之起，复何常邪！赵王、赵帝，孤自取之，名号大小，岂其所节邪！"

河西鲜卑日六延叛于勒,石季龙讨之,败延于朔方,斩首二万级[屠戮的对象绝不限于华夏人],俘三万余人,获牛马十余万。孔苌讨平幽州诸郡。时段匹磾部众饥散,弃其妻子,匹磾奔邵续……

[正式建立后赵国家:]

石季龙与张敬、张宾及诸将佐百余人劝勒称尊号,勒下书曰:"孤……岂可假尊窃号,取讥四方!……其亟止斯议,勿复纷纭。自今敢言,刑兹无赦!"乃止。

…… ……

石季龙及张敬、张宾、左右司马张屈六、程遐文武等一百二十九人上疏曰:"……伏惟殿下天纵圣哲,诞应符运,鞭挞宇宙,弼成皇业,普天率土,莫不来苏,嘉瑞征祥,日月相继,物望去刘氏、威怀于明公者十分而九矣。今山川夷静,星辰不孛,夏海重译,天人系仰,诚应升御中坛,即皇帝位,使攀附之徒蒙寸尺之润。请依刘备在蜀、魏王在邺故事,以……二十四郡、户二十九万为赵国。……以大单于镇抚百蛮。……伏愿钦若昊天,垂副群望也。"勒西面而让者五,南面而让者四,百僚皆叩头固请,勒乃许之。

载记第五　石勒下　摘录和评注

[本篇从319年石勒正式建立后赵国家开始,经他329年灭前赵和330年称帝,到333年他死去为止。这十四年有三个主题:他继续从事时常伴以屠戮的大规模武力扩张和征服,那几乎是他和羯胡集团的本性;治理后赵国家,其事多依华夏儒家政治哲学、"易衣冠华族"精英人士和传统华夏治国措施;册立儿子石弘为皇储,同时不真正提防甚而及时铲除堂侄石虎,结果他死后石弘迅速被石虎消灭,后赵落入古希腊双重意义的 tyrant(僭君暴君)手中。]

[我们在此只观察和谈论上述第一个主题。他先与东晋名将、豫州刺史祖逖隔江对峙,实为僵持,然后在祖逖逝后攻取豫州大片地区。继而,他的大斩获是攻占私下称臣于东晋的曹嶷控制的青州大部,残杀曹嶷与其兵众约三万人。最后,他在

对前赵的决定性战役中俘虏刘曜，并且"斩首五万余级，枕尸于金谷"。]

…… ……

[他与东晋祖逖隔江对峙，实为僵持，然后在祖逖逝后攻取豫州大片地区。]

时晋征北将军祖逖据谯，将平中原。[他面对得军心民心的祖逖而畏惧，遂"识相地"采取实为僵持的"修结和好"方针，得到祖逖呼应：]逖善于抚纳，自河以南多背勒归顺。勒惮之，不敢为寇，乃下书曰："祖逖屡为边患。逖，北州士望也，傥有首丘之思。其下幽州，修祖氏坟墓，为置守冢二家。冀逖如赵他感恩，辍其寇暴。"逖闻之甚悦，遣参军王愉使于勒，赠以方物，修结和好。勒厚宾其使，遣左常侍董树报聘，以马百匹、金五十斤答之。自是兖豫乂安，人得休息矣。

…… ……

[仍是他与祖逖的"修结和好"，得益于"互信建设"：]祖逖牙门童建害新蔡内史周密，遣使降于勒。勒斩之，送首于祖逖，曰："天下之恶一也。叛臣逃吏，吾之深仇，将军之恶，犹吾恶也。"逖遣使报谢。自是兖豫间垒壁叛者，逖皆不纳，二州之人率多两属矣。

…… ……

["祖逖卒，勒始侵寇边戍"，"兵难日寻，梁郑之间骚然矣"：]时祖逖卒[321]，勒始侵寇边戍。勒征虏石他败王师于酂西，执将军卫荣而归。征北将军祖约惧，退如寿春。……遣其将王阳屯于豫州，有窥窬之志，于是兵难日寻，梁郑之间骚然矣。

[攻占曹嶷控制的青州大部，残杀军败投降的曹嶷与其兵众约三万人。]

又遣季龙统中外步骑四万讨曹嶷。先是，嶷议欲徙海中，保根余山，会疾疫甚，计未及就。季龙进兵围广固，东莱太守刘巴、长广太守吕披皆以郡降。以石他为征东将军，击羌胡[曹嶷属下一部队]于河西。左军石挺济师于广固，曹嶷降，送于襄国。勒害之，坑其众三万。季龙将尽杀嶷众，其青州刺史刘征曰："今留征，使牧人也；无人焉牧，征将归矣。"季龙乃留男女七百口配征，镇广固。青州诸郡县垒壁尽陷。

…… ……

[325年起"刘、石祸结，兵戈日交"：石梁之役他彻底大胜。]

石生攻刘曜河内太守尹平于新安[325]，斩之，克垒壁十余，降掠五千余户而归。自是刘、石祸结，兵戈日交，河东、弘农间百姓无聊矣。

······ ······

[石虎攻刘曜将于石梁，彻底大胜，"尽有司之地，徐豫滨淮诸郡县皆降之"。]

······石季龙攻刘曜将刘岳于石梁[今河南洛阳市东]，至是，石梁溃，执岳送襄国。季龙又攻王胜于并州，杀之。李矩以刘岳之败也，惧，自荥阳遁归。矩长史崔宣率矩众二千降于勒。于是尽有司之地，徐豫滨淮诸郡县皆降之。

······ ······

[326年，他与前赵的大规模拼搏终于开始，先一大败，后一全胜，刘曜被擒，前赵灭亡。]

[他先一大败，"襄国大震"：]刘曜败季龙于高候，遂围洛阳。勒荥阳太守尹矩、野王太守张进等皆降之，襄国大震。[是奋起冒险援救洛阳和被围大军，还是畏敌不救、放弃洛阳以致刘曜挥军冀州甚而"席卷南向"？他怒拒程遐等人倡议，果敢决定施行前策：]勒将亲救洛阳，左右长史、司马郭敖、程遐等固谏曰："刘曜乘胜雄盛，难与争锋，金墉粮丰，攻之未可卒拔。曜悬军千里，势不支久。不可亲动，动无万全，大业去矣。"勒大怒，按剑叱遐等出。于是赦徐光，召而谓之曰："刘曜乘高候之势，围守洛阳，庸人之情皆谓其锋不可当也。然曜带甲十万，攻一城而百日不克，师老卒殆，以我初锐击之，可一战而擒。若洛阳不守，曜必送死冀州，自河已北，席卷南向，吾事去矣。程遐等不欲吾亲行，卿以为何如？"光对曰："刘曜乘高候之势而不能进临襄国，更守金墉，此其无能为也。悬军三时，亡攻战之利，若鸾旗亲驾，必望旌奔败。定天下之计，在今一举。今此机会，所谓天授，授而弗应，祸之攸集。"勒笑曰："光之言是也。"佛图澄亦谓勒曰："大军若出，必擒刘曜。"勒尤悦，使内外戒严，有谏者斩。[他亲率步骑四万挺进洛阳，会同其余两方面军大举夹击，结果前赵军溃，刘曜被擒，"斩首五万余级，枕尸于金谷"：]命石堪、石聪及豫州刺史桃豹等各统见众会荥阳，使石季龙进据石门，以左卫石遽都督中军事，勒统步骑四万赴金墉，济自

大竭。先是,流澌风猛,军至,冰泮清和,济毕,流澌大至,勒以为神灵之助也,命曰灵昌津。勒顾谓徐光曰:"曜盛兵成皋关,上计也;阻洛水,其次也;坐守洛阳者成擒也。"诸军集于成皋,步卒六万,骑二万七千。勒见曜无守军,大悦,举手指天,又自指额曰:"天也!"乃卷甲衔枚而诡道兼路,出于巩、訾之间。知曜陈其军十余万于城西,弥悦,谓左右曰:"可以贺我矣!"勒统步骑四万人自宣阳门,升故太极前殿。季龙步卒三万,自城北而西,攻其中军,石堪、石聪等各以精骑八千,城西而北,击其前锋,大战于西阳门。勒躬贯甲胄,出自阊阖,夹击之。曜军大溃,石堪执曜,送之以徇于军,斩首五万余级,枕尸于金谷。勒下令曰:"所欲擒者一人耳,今已获之,其敕将士抑锋止锐,纵其归命之路。"……

载记第三十　赫连勃勃　摘录和评注

[407 年立国胡夏后，除了大败鲜卑南凉秃发傉檀大军外，这位"雄略过人"但"凶残未革"的匈奴铁弗部首领有个几乎始终不渝的"引力中心"，即羌族后秦。他多年里大致有步骤地不断侵犯、掳掠和打击之，同时辅之以征战胜利助益的招降纳叛，还有与匈奴卢水胡北凉君主沮渠蒙逊的战略联盟。417 年，东晋刘裕灭后秦，入其都城长安，已控制全部岭北的他待刘裕一走，迅即发几路大军猛攻刘裕之子刘义真镇守的关中，夺得长安，继而称帝。]

…… ……

[他是个大战略家，立国后几乎始终不渝的"引力中心"是后秦，依据"游食自若"的不断侵犯、掳掠和打击，逐步夺取后秦岭北地区，以利最后"徐取"关中和长安。]

其年，讨鲜卑薛干等三部，破之，降众万数千。进讨姚兴三城已北诸戍，斩其将杨丕、姚石生等。诸将谏固险，不从，又复言于勃勃曰："陛下将欲经营宇内，南取长安,宜先固根本,使人心有所凭系,然后大业可成。高平险固,山川沃饶,可以都也。"勃勃曰:"卿徒知其一,未知其二。吾大业草创,众旅未多,姚兴亦一时之雄,关中未可图也。且其诸镇用命,我若专固一城,彼必并力于我,众非其敌,亡可立待。吾以云骑风驰,出其不意,救前则击其后,救后则击其前,使彼疲于奔命,我则游食自若,不及十年,岭北、河东尽我有也。待姚兴死后,徐取长安。姚泓凡弱小儿,擒之方略,已在吾计中矣。昔轩辕氏亦迁居无常二十余年,岂独我乎!"于是侵掠岭北,岭北诸城门不昼启。兴叹曰:"吾不用黄儿之言,以至于此!"黄儿,姚邕小字也。

[战略"旁骛":大败南凉秃发傉檀大军,掳掠巨万。]……

[回返"引力中心",连连歼灭后秦大军,"岭北夷夏降附者数万计":]勃勃与姚兴将张佛生战于青石原,又败之,俘斩五千七百人。[他是个战术家,而他的敌人不是:]兴遣将齐难率众二万来伐,勃勃退如河曲。难以去勃勃既远,纵兵掠野,勃勃潜军覆之,俘获七千余人,收其戎马兵杖。难引军而退,勃勃复追击于木城,拔之,擒难,俘其将士万有三千,戎马万匹。岭北夷夏降附者数万计,勃勃于是拜置守宰以抚之。勃勃又率骑二万入高冈,及于五井,掠平凉杂胡七千余户以配后军,进屯依力川。

[连续歼灭后秦几支征伐军:]姚兴来伐,至三城,[他是个战术家,而他的敌人不是:]勃勃候兴诸军未集,率骑击之。兴大惧,遣其将姚文宗距战,勃勃伪退,设伏以待之。兴遣其将姚榆生等追之,伏兵夹击,皆擒之。兴将王奚聚羌胡三千余户于敕奇堡,勃勃进攻之。奚骁悍有膂力,短兵接战,勃勃之众多为所伤。于是堰断其水,堡人窘迫,执奚出降。勃勃谓奚曰:"卿忠臣也! 朕方与卿共平天下。"奚曰:"若蒙大恩,速死为惠。"乃与所亲数十人自刭而死。勃勃又攻兴将金洛生于黄石固,弥姐豪地于我罗城,皆拔之,徙七千余家于大城,以其丞相右地代领幽州牧以镇之。

[与后秦军再战,一败三胜,胜后残暴野蛮:]遣其尚书金纂率骑一万攻平凉,姚兴来救,纂为兴所败,死之。勃勃兄子左将军罗提率步骑一万攻兴将姚广都于定阳,克之,坑将士四千余人,以女弱为军赏。[他的军队残暴野蛮!]拜广都为太常。勃勃又攻兴将姚寿都于清水城,寿都奔上邽,徙其人万六千家于大城。是岁,齐难、姚广都谋叛,皆诛之。

姚兴将姚详弃三城，南奔大苏。勃勃遣其将平东鹿奕于要击之，执详，尽俘其众。详至，勃勃数而斩之。

[他在青石北原打赢当时对后秦的最大战役：]其年，勃勃率骑三万攻安定，与姚兴将杨佛嵩战于青石北原，败之，降其众四万五千，获戎马二万匹。进攻姚兴将党智隆于东乡，降之，署智隆光禄勋，徙其三千余户于贰城。[他是大战略家，野心勃勃，但懂得"蓄力待时，详而后举"：]姚兴镇北参军王买德来奔。勃勃谓买德曰："朕大禹之后，世居幽、朔。……今将应运而兴，复大禹之业，卿以为何如？"买德曰："自皇晋失统，神器南移，群雄岳峙，人怀问鼎……今秦政虽衰，藩镇犹固，深愿蓄力待时，详而后举。"勃勃善之，拜军师中郎将。

…… ……

[再度攻伐和歼灭后秦军：]又攻姚兴将姚逵于杏城，二旬，克之，执逵及其将姚大用、姚安和、姚利仆、尹敌等，坑战士二万人。[大规模屠戮，残忍野蛮！]

[与北凉沮渠蒙逊结成战略联盟；猛烈攻伐后秦，"尽有岭北之地"；作坐待秦灭而后轻取长安的大势预测和战略决定。]

遣其御史中丞乌洛孤盟于沮渠蒙逊曰："自金晋数终，祸缠九服……上天悔祸，运属二家，封疆密迩，道会义亲，宜敦和好，弘康世难。……今我二家，契殊曩日，言未发而有笃爱之心，音一交而怀倾盖之顾……戮力一心，共济六合。……"蒙逊遣其将沮渠汉平来盟。

勃勃闻姚泓将姚嵩与氐王杨盛相持，率骑四万袭上邽，未至而嵩为盛所杀。勃勃攻上邽，二旬克之，杀泓秦州刺史姚平都及将士五千人，毁城而去。进攻阴密，又杀兴将姚良子及将士万余人。以其子昌为使持节、前将军、雍州刺史，镇阴密。泓将姚恢弃安定，奔于长安，安定人胡俨、华韬率户五万据安定，降于勃勃。以俨为侍中，韬为尚书，留镇东羊苟儿镇之，配以鲜卑五千。进攻泓将姚谌于雍城，谌奔长安。勃勃进师次郿城，泓遣其将姚绍来距，勃勃退如安定。胡俨等袭杀苟儿，以城降泓。[作坐待刘裕灭秦继而轻取长安"若拾芥"的大势预测和战略决定：]勃勃引归杏城，笑谓群臣曰："刘裕伐秦，水陆兼进，且裕有高世之略，姚泓岂能自固！吾验以天时人事，必当克之。又其兄弟内叛，安可以距人！裕既克长安，利在速返，正可留子弟及诸将守关中。待裕发轸，吾取之若拾芥耳，不足复劳吾士马。"于是秣马厉兵，休养士卒。寻进据安定，姚泓岭北镇戍郡县悉降，勃勃于是尽有岭北之地。

[形势恰如他预测和准备的那样，助其以军政兼济的方针轻取关中和长安。]

俄而刘裕灭泓，入于长安，遣使遗勃勃书，请通和好，约为兄弟。[他聪明得能忽悠刘裕，令其自叹不如：]勃勃命其中书侍郎皇甫徽为文而阴诵之，召裕使前，口授舍人为书，封以答裕。裕览其文而奇之，使者又言勃勃容仪瑰伟，英武绝人。裕叹曰："吾所不如也！"既而勃勃还统万，裕留子义真镇长安而还。[预测成真，确定轻取长安的军事/政治方针：]勃勃闻之，大悦，谓王买德曰："朕将进图长安，卿试言取之方略。"买德曰："刘裕灭秦，所谓以乱平乱，未有德政以济苍生。关中形胜之地，而以弱才小儿守之，非经远之规也。狼狈而返者，欲速成篡事耳，无暇有意于中原。陛下以顺伐逆，义贯幽显，百姓以君命望陛下义旗之至，以日为岁矣。青泥、上洛，南师之冲要，宜置游兵断其去来之路。然后杜潼关，塞崤、陕，绝其水陆之道。陛下声檄长安，申布恩泽，三辅父老皆壶浆以迎王师矣。义真独坐空城，逃窜无所，一旬之间必面缚麾下，所谓兵不血刃，不战而自定也。"勃勃善之，以子璝都督前锋诸军事，领抚军大将军，率骑二万南伐长安，前将军赫连昌屯兵潼关，以买德为抚军右长史，南断青泥，勃勃率大军继发。[上述方针完全实现]璝至渭阳，降者属路。义真遣龙骧将军沈田子率众逆战，不利而退，屯刘回堡。田子与义真司马王镇恶不平，因镇恶出城，遂杀之。义真又杀田子。于是悉召外军入于城中，闭门距守。关中郡县悉降。璝夜袭长安，不克。勃勃进据咸阳，长安樵采路绝。刘裕闻之，大惧，乃召义真东镇洛阳，以朱龄石为雍州刺史，守长安。义真大掠而东，至于灞上，百姓遂逐龄石，而迎勃勃入于长安。璝率众三万追击义真，王师败绩，义真单马而遁。买德获晋宁朔将军傅弘之、辅国将军蒯恩、义真司马毛脩之于青泥，积人头以为京观。[尽管有其争取关中民心的政治方针，他的军队对敌军依然残忍野蛮。]于是勃勃大飨将士于长安，举觞谓王买德曰："卿往日之言，一周而果效，可谓算无遗策矣。虽宗庙社稷之灵，亦卿谋献之力也。此觞所集，非卿而谁！"于是拜买德都官尚书，加冠军将军，封河阳侯。

[称帝，且攻取并州：]赫连昌攻龄石及龙骧将军王敬于潼关之曹公故垒，克之，

执龄石及敬送于长安。群臣乃劝进……许之。于是为坛于灞上，僭即皇帝位……遣其将叱奴侯提率步骑二万攻晋并州刺史毛德祖于蒲坂，德祖奔于洛阳。以侯提为并州刺史，镇蒲坂。

　　…… ……

政治大灾变的助因：普遍的文化／政治文化蜕变

物极必反：对儒家思想和行为体系的挑战

列传第十九　阮籍、嵇康、向秀、刘伶、谢鲲传　摘录和评注

[西汉武帝中期,儒家思想和行为体系开始成为压倒性的华夏帝国/国家意识形态和主流政治/伦理文化,然而近四个半世纪之后它终于遭到大挑战,多少犹如在那以前近百年它所遭到的。差别仅在于:现在的大挑战主要只来自部分信奉老庄思想的智识精英,尽管他们借助动乱不已、苦难频生的政治社会环境提供的氛围便利和他们的超级潇洒风度,具备大的文化和社会吸引力,因而饶有侵蚀效应;相反,这近百年前的大挑战先来自一个信仰法家的极权主义暴烈帝政以及经它彻底改造过的大众文化,从而近乎灭绝,继而来自其"逻辑后续"——初汉崇尚"休息无为"和"禁罔疏阔"的黄老政治思想和法律文化,从而在精英和大众两个层面上都饶有阻滞力。]

[先前压倒性的思想和行为体系受到严重侵蚀:这了不起的事态很大程度上造就了魏末和两晋的丰富、局部瑰丽的文化。本篇记载的主要名士们以其不同的个人品性和统一的思想及风度对此贡献甚大。他们的世界本质上是个"傲然独得,任性不羁"的个人恣肆和一己自顾的精神世界,藐视、拒绝和躲避内斗不已、约束繁多

和虚饰遍及的世俗世界。绝大多数人不可能也不应该像他们那样生活,尽管他们的恣肆甚或勇敢永远昭示俗常的弊端,即世俗世界的广泛、深刻和往往可能恶化到使某些特别不幸者窒息的弊端。]

[本篇有个一定意义上的例外:谢鲲,"出世"和"入世"对他来说可谓"无可无不可",就此而言他是个儒道相兼的士人。]

阮籍:

[魏末"竹林七贤"之一,一位弘扬老庄思想的前驱。"傲然独得,任性不羁,而喜怒不形于色",是为"咸共称异"的大名士、大文人。本有宏大政治抱负的他信奉老庄思想的根本原因可谓再世俗不过,那就是躲避乱世风险,在其中"名士少有全者"。然而,他有绝然不同流俗的独特风格和勇敢大胆:醉成烂泥,以便拒绝君主的殷切招婿和重臣的设计陷害。]

[时代性的思想文化敌对和冲突:"礼法之士疾之若仇。"]

[他超然傲然,任性不羁,旁若无人,而旁人对他全然不懂却瞩目"称异"。]

阮籍,字嗣宗,陈留尉氏人也。父瑀,魏丞相掾,知名于世。籍容貌瑰杰,志气宏放,傲然独得,任性不羁,而喜怒不形于色。或闭户视书,累月不出;或登临山水,经日忘归。博览群籍,尤好《庄》《老》。嗜酒能啸,善弹琴。当其得意,忽忘形骸。时人多谓之痴,惟族兄文业每叹服之,以为胜己,由是咸共称异。

籍尝随叔父至东郡,兖州刺史王昶请与相见,终日不开一言,自以不能测。太尉蒋济闻其有隽才而辟之,籍诣都亭奏记曰:"伏惟明公以含一之德,据上台之位,英豪翘首,俊贤抗足。开府之日,人人自以为掾属;辟书始下,而下走为首。昔子夏在于西河之上,而文侯拥篲;邹子处于黍谷之阴,而昭王陪乘。……今籍无邹、卜之道,而有其陋,猥见采择,无以称当。方将耕于东皋之阳,输黍稷之余税。负薪疲病,足力不强,补吏之召,非所克堪。乞回谬恩,以光清举。"初,济恐籍不至,得记欣然。[这位重臣除了知道他有"俊才"外全然不懂他,甚至读不懂他写得明明白白的文书!]遣卒迎之,而籍已去,济大怒。于是乡亲共喻之,乃就吏。[他有他的权宜,应着儒家宗师最有老庄味的一句话:"无可无不可。"]后谢病归。复为尚书郎,少时,又以病免。及曹爽辅政,召为参军。籍因以疾辞,屏于田里。岁余而爽诛,时人服其远识。[他比同为魏末老庄思想和风格的前驱、身为曹爽重要党羽而被司马懿诛杀的何晏要老庄得多!]宣帝为太傅,命籍为从事中郎。及帝崩,复为景帝大司马从事中郎。高贵乡公即位,封关内侯,徙散骑常侍。[再三应着儒家宗师最有老庄味的一句话:"无可无不可。"]

[根本原因揭示:躲避乱世风险,在其中"名士少有全者"——可谓再世俗不过的动机;然而,他有绝然不同流俗的独特风格和勇敢大胆。]

籍本有济世志,属魏晋之际,天下多故,名士少有全者,籍由是不与世事,遂酣饮为常。[他的勇敢:醉成烂泥,以便拒绝君主的殷切招婿和重臣的设计陷害]文帝初欲为武帝求婚于籍,籍醉六十日,不得言而止。钟会数以时事问之,欲因其可否而致之罪,皆以酣醉获免。及文帝辅政,籍尝从容言于帝曰:"籍平生曾游东平,乐其风土。"帝大悦[他的吸引力简直无穷!],即拜东平相。籍乘驴到郡,坏府舍屏鄣,使内外相望,法令清简,旬日而还。[只述他的风度,不述他的治效!]帝引为大将军从事中郎。有司言有子杀母者,籍曰:"嘻!杀父乃可,至杀母乎!"坐者怪其失言。帝曰:"杀父,天下之极恶,而以为可乎?"籍曰:"禽兽知母而不知父,杀父,禽兽之类也。杀母,禽兽之不若。"众乃悦服。[机智善辩。可是,君主和众臣只注意他所说"杀母,禽兽之不若",以致忘了他先说的"杀父乃可"。]

籍闻步兵厨营人善酿,有贮酒三百斛,乃求为步兵校尉。遗落世事,虽去佐职,恒游府内,朝宴必与焉。[他有绝然不同流俗的独特风格和勇敢大胆(欲拒绝为篡夺者的虚伪帮腔),虽然这回即使烂醉如泥也未遂:]会帝让九锡,公卿将劝进,使籍为其辞。籍沈醉忘作,临诣府,使取之,见籍方据案醉眠。使者以告,籍便书案,使写之,无所改窜。辞甚清壮,为时所重。

[作为复杂人物,不拘礼教,但"口不臧否人物,性至孝"。作为单纯的人物,对礼俗之士大翻白眼。可以想见的思想文化敌对和冲突:"礼法之士疾之若仇。"]

籍虽不拘礼教,然发言玄远,口不臧否人物。性至孝,母终,正与人围棋,对者求止,籍留与决赌。既而饮酒二斗,举声一号,吐血数升。及将葬,食一蒸肫,饮二斗酒，然后临诀，直言穷矣，举声一号，因又吐血数升，毁瘠骨立，殆致灭性。……籍又能为青白眼，见礼俗之士，以白眼对之。及嵇喜来吊，籍作白眼，喜不怿而退。喜弟康闻之，乃赍酒挟琴造焉，籍大悦，乃见青眼。由是礼法之士疾之若仇，而帝每保护之。

[他不但爱酒，也爱女人——与敬相伴的爱，而且更重要和近乎独特的是"其外坦荡而内淳至"，"礼岂为我设邪"！]籍嫂尝归宁，籍相见与别。或讥之，籍曰："礼岂为我设邪！"邻家少妇有美色，当垆沽酒。籍尝诣饮，醉，便卧其侧。籍既不自嫌，其夫察之，亦不疑也。兵家女有才色，未嫁而死。籍不识其父兄，径往哭之，尽哀而还。其外坦荡而内淳至，皆此类也。时率意独驾，不由径路，车迹所穷，辄恸哭而反。尝登广武，观楚汉战处，叹曰："时无英雄，使竖子成名！"……景元四年[263]冬卒，时年五十四。

[他是个杰出诗人，又有"叙无为之贵"的哲学论著，且留有千古名篇《大人先生传》，后者对俗世"君子"——"裈[kūn]裆之虱"——竭尽鄙视詈骂之能事。]

籍能属文，初不留思。作《咏怀诗》八十余篇，为世所重。著《达庄论》，叙无为之贵。文多不录。

籍尝于苏门山遇孙登，与商略终古及栖神导气之术，登皆不应，籍因长啸而退。至半岭，闻有声若鸾凤之音，响乎岩谷，乃登之啸也。遂归著《大人先生传》，其略曰："世人所谓君子，惟法是修，惟礼是克。手执圭璧，足履绳墨。行欲为目前检，言欲为无穷则。少称乡党，长闻邻国。上欲图三公，下不失九州牧。独不见群虱之处裈中，逃乎深缝，匿乎坏絮，自以为吉宅也。行不敢离缝际，动不敢出裈裆，自以为得绳墨也。然炎丘火流，焦邑灭都，群虱处于裈中而不能出也。君子之处域内，何异夫虱之处裈中乎！"此亦籍之胸怀本趣也。

…… ……

嵇康：

["竹林七贤"之一，《三国志》裴松之注已经提供了他的非凡形象：道家文学天才和悲剧性的侠义风度之士，一开始就有侠义的非流俗性，信奉道家甚至使他更

加如此(一种态度成了一种内心的哲学);有其人为养成的"天然淳朴",因其高贵和不妥协的非流俗特性而深深地冒犯了政治显贵钟会,从而导致了他的末日;他平静勇敢地面对死刑,始终一贯。因为他的侠义,他可被称为一类英雄,但他的思想实际上远不完全是道家的!]

[有奇才,"龙章凤姿","恬静寡欲","学不师受","长好《老》《庄》","以为神仙禀之自然"。]

嵇康,字叔夜,谯国铚[今安徽西北涡阳县石公镇]人也。……康早孤,有奇才,远迈不群。身长七尺八寸,美词气,有风仪,而土木形骸,不自藻饰,人以为龙章凤姿,天质自然。恬静寡欲,含垢匿瑕,宽简有大量。学不师受,博览无不该通,长好《老》《庄》。与魏宗室婚[娶沛王曹林之女长乐亭主],拜中散大夫[闲官,殆无实事可司。《后汉书》云凡大夫、议郎皆掌顾问应对,无常事,唯诏令所使]。常修养性服食之事,弹琴咏诗,自足于怀。以为神仙禀之自然,非积学所得,至于导养得理,则安期、彭祖之伦可及,乃著《养生论》。

[《三国志》裴松之注未述及的他的《释私论》,认为君子"越名教而任自然","越名任心,是非无措"。]

又以为君子无私,其论曰:"夫称君子者,心不措乎是非,而行不违乎道者也。何以言之?夫气静神虚者,心不存于矜尚;体亮心达者,情不系于所欲。矜尚不存乎心,故能越名教而任自然;情不系于所欲,故能审贵贱而通物情。物情顺通,故大道无违;越名任心,故是非无措[不在意]也。是故言君子则以无措为主,以通物为美……是以大道言'及吾无身,吾又何患'[语见《老子》第十三章]。无以生为贵者,是贤于贵生也。……(《管子》曰)'君子行道,忘其为身[忘记自己的存在]',斯言是矣。君子之行贤也,不察于有度而后行也;任心无邪,不议于善而后正也……是故傲然忘贤,而贤与度会;忽然任心,而心与善遇;傥然无措,而事与是俱也。"其略如此。盖其胸怀所寄,以高契难期……所与神交者惟陈留阮籍、河内山涛,豫其流者[后来参与的有]河内向秀、沛国刘伶、籍兄子咸、琅邪王戎,遂为竹林之游,世所谓"竹林七贤"也。戎自言与康居山阳二十年,未尝见其喜愠之色。

康尝采药游山泽，会其得意，忽焉忘反。时有樵苏者[砍柴者]遇之，咸谓为神。至汲郡山中见孙登，康遂从之游。登沈默自守，无所言说。康临去，登曰："君性烈而才隽，其能免乎！"[因为他的侠义，可知他的思想实际上并不完全是道家的！]……

[《与山巨源绝交书》：他坚决不任职官（大概是不任"篡夺者"司马氏之下的职官），为此与好友山涛绝交。]

山涛将去选官[去选曹郎而另有升迁]，举康自代。康乃与涛书告绝，曰：

闻足下欲以吾自代，虽事不行，知足下故不知之也。恐足下羞庖人之独割[独自做菜]，引尸祝[祭师]以自助，故为足下陈其可否。

老子、庄周，吾之师也，亲居贱职；柳下惠、东方朔，达人也，安乎卑位。吾岂敢短之哉！又仲尼兼爱，不羞执鞭；子文[斗子文，春秋楚成王时著名令尹]无欲卿相，而三为令尹，是乃君子思济物之意也。所谓达能兼善而不渝，穷则自得而无闷。以此观之，故知尧、舜之居世，许由之岩栖，子房之佐汉，接舆之行歌，其揆一也。仰瞻数君，可谓能遂其志者也。故君子百行，殊途同致，循性而动，各附所安。故有"处朝廷而不出，入山林而不反"之论。[他"宽简有大量"，给任官者一个宽宥或理解，同时给拒官者一个辩解或赞誉。"君子百行，殊途同致，循性而动，各附所安"。]……

吾每读《尚子平、台孝威传》[两人皆为东汉隐士]，慨然慕之，想其为人。加少孤露，母兄骄恣，不涉经学，又读《老》《庄》，重增其放，故使荣进之心日颓，任逸之情转笃。……[他的根本境遇："越名教而任自然"但不得"自然"，因为人类意识形态斗争，因为"礼法之士疾之如仇雠"至为礼法之士所绳，疾之如仇雠，幸赖大将军保持之耳。……久与事接，疵衅日兴，虽欲无患，其可得乎！

[强烈谴责山涛违背他的意愿和信仰，绝非相知，意欲戕害（"自非重仇，不至此也"！）]……游山泽，观鱼鸟，心甚乐之。一行作吏，此事便废，安能舍其所乐，而从其所惧哉！夫人之相知，贵识其天性，因而济之。……近诸葛孔明不迫元直[徐庶字]以入蜀，华子鱼[华歆字]不强幼安[管宁字，三国魏高士]以卿相，此可谓能相终始，真相知者也。自卜已审，若道尽途殚则已耳，足下无事冤之令转于沟壑也。

吾新失母兄之欢，意常凄切。女年十三，男年八岁，未及成人，况复多疾，顾此恨恨，如何可言。今但欲守陋巷，教养子孙，时时与亲旧叙离阔，陈说平生，浊酒一杯,弹琴一曲,志意毕矣,岂可见黄门而称贞哉![他英勇,尽管"礼法之士疾之如仇雠",但"岂可见黄门而称贞哉"!]若趣欲共登王途……一旦迫之,必发狂疾。自非重仇,不至此也。……

[一桩事故被经冒犯的权势者用作借口去消灭他;他平静和勇敢地面对死刑,始终一贯。]

此书既行,知其不可羁屈也。性绝巧而好锻。宅中有一柳树甚茂,乃激水圜之,每夏月,居其下以锻。东平吕安服康高致,每一相思,辄千里命驾,康友而善之。后安为兄所枉诉,以事系狱,辞相证引,遂复收康。① 康……乃作《幽愤诗》,曰:②

…… ……

初,康居贫,尝与向秀共锻于大树之下,以自赡给。颍川钟会,贵公子也,精练有才辩,故往造焉。康不为之礼,而锻不辍。良久会去,康谓曰:"何所闻而来? 何所见而去?"会曰:"闻所闻而来,见所见而去。"会以此憾之。及是,言于文帝曰:"嵇康,卧龙也,不可起。公无忧天下,顾以康为虑耳。"[这里提供了裴松之引《嵇氏谱》未提供的重要信息,以助理解他的毁灭者的阴恶,还有其个人风格的莫大政治含义:]因谮"康欲助毌丘俭,赖山涛不听。昔齐戮华士[太公望三请齐地高人华士为官,皆被拒,遂杀之],鲁诛少正卯,诚以害时乱教,故圣贤去之。康、安等言论放荡,非毁典谟,帝王者所不宜容。宜因衅除之,以淳风俗"。帝既昵听信会,遂并害之。

康将刑东市,太学生三千人请以为师,弗许。[他对年轻士人大有吸引力,向最

---

① 《三国志·魏书·王卫二刘傅传》裴松之引《嵇氏谱》载:[一桩事故被经冒犯的权势者用作借口去消灭他:]初,康与东平吕昭子巽及巽弟安亲善。会巽淫安妻徐氏,而诬安不孝,囚之。安引康为证,康义不负心,保明其事,安亦至烈,有济世志力。钟会劝大将军因此除之,遂杀安及康。裴松之引《嵇氏谱》亦载:钟会为大将军[司马昭]所昵,闻康名而造之。会,名公子,以才能贵幸,乘肥衣轻,宾从如云。康方箕踞而锻,会至,不为之礼。康问会曰:"何所闻而来? 何所见而去?"会曰:"有所闻而来,有所见而去。"会深衔之。大将军尝欲辟康。康既有绝世之言,又从子不善,避之河东,或云避世。[他还冒犯了最有权势者或事实上的独裁者;他不怕任何人!]

② 《幽愤诗》的写作虽以吕安冤狱为直接导因,但更深刻的原因是作者处于被囚的特定环境中,抒写生平忧郁和对时世的愤慨。从这首诗里,嵇康再次鲜明地表现出他的清醒理智与耿介个性之间的深刻矛盾,显示他反对司马氏集团的政治态度。"幽愤诗",https://baike.sogou.com/v9106092.htm? fromTitle=%E5%B9%BD%E6%84%A4%E8%AF%97.

高权势者证明他可"害时乱教"!]康顾视日影,索琴弹之,曰:"昔袁孝尼尝从吾学《广陵散》,吾每靳固[吝惜]之,《广陵散》于今绝矣!"时年四十。海内之士,莫不痛之。[他对全国士人大有吸引力,向最高权势者证明他可"害时乱教"!]帝寻悟而恨焉。[这大概是在钟会叛乱身亡之后,也许实际上是悔用钟会而非真正悔杀嵇康。]……

康善谈理,又能属文,其高情远趣,率然玄远。撰上古以来高士为之传赞,欲友其人于千载也。……

向秀:

["竹林七贤"之一,嵇康最亲密的朋友,"康善锻,秀为之佐,相对欣然,傍若无人"。嵇康被诛令他心灵极为痛苦和震荡:既迫使他很不情愿地入仕,又促使他大概彻底"看破红尘",从而变本加厉地迷恋道家哲学。他近乎里程碑性质地对《庄子》"妙析奇致,大畅玄风"①,可谓有历史性的影响。]

向秀,字子期,河内怀[今河南焦作市武陟县]人也。清悟有远识,少为山涛所知,雅好老庄之学。庄周著内外数十篇,历世才士虽有观者,莫适论其旨统也,秀乃为之隐解,发明奇趣,振起玄风,读之者超然心悟,莫不自足一时也。惠帝之世,郭象又述而广之,儒墨之迹见鄙,道家之言遂盛焉。[他的可谓历史性的影响:促成"儒墨之迹见鄙,道家之言遂盛焉"。]始,秀欲注,嵇康曰:"此书讵[岂,难道]复须注,正是妨人作乐耳。"及成,示康曰:"殊复胜不?"又与康论养生,辞难往复,盖欲发康高致也。

[他是嵇康最亲密的朋友,嵇康被诛令他心灵极为痛苦和震荡:既迫使他很不情愿地入仕,又促使他大概彻底"看破红尘"。]

康善锻,秀为之佐,相对欣然,傍若无人。又共吕安灌园于山阳。康既被诛,秀应本郡计入洛。文帝问曰:"闻有箕山之志,何以在此?"秀曰:"以为巢许[巢父和许

---

① 南朝刘宋时期的《世说新语·文学》载:初,注《庄子》者数十家,莫能究其旨要。向秀于旧注外为解义,妙析奇致,大畅玄风。唯《秋水》《至乐》二篇未竟而秀卒。秀子幼,义遂零落,然犹有别本。郭象者,为人薄行,有俊才。见秀义不传于世,遂窃以为己注,乃自注《秋水》《至乐》二篇,又易《马蹄》一篇,其余众篇,或定点文句而已。后秀义别出,故今有向、郭二《庄》,其义一也。

由]狷介[性情正直,洁身自好,不与人苟合]之士,未达尧心,岂足多慕。"帝甚悦。秀乃自此役,作《思旧赋》云:

余与嵇康、吕安居止接近,其人并有不羁之才,嵇意远而疏,吕心旷而放,其后并以事见法。嵇博综伎艺,于丝竹特妙,临当就命,顾视日影,索琴而弹之。逝将西迈,经其旧庐。于时日薄虞泉,寒冰凄然。邻人有吹笛者,发声寥亮。追想曩昔游宴之好,感音而叹,故作赋曰:

……济黄河以泛舟兮,经山阳之旧居。瞻旷野之萧条兮,息余驾乎城隅。践二子之遗迹兮,历穷巷之空庐……惟追昔以怀今兮,心徘徊以踌躇。栋宇在而弗毁兮,形神逝其焉如。……悼嵇生之永辞兮,顾日影而弹琴。托运遇于领会兮,寄余命于寸阴。听鸣笛之慷慨兮,妙声绝而复寻。……

后为散骑侍郎,转黄门侍郎、散骑常侍,在朝不任职,容迹而已。卒于位。……

刘伶:
[跻身"竹林七贤","放情肆志",纵饮忘生,有悖流俗到了极点,颓废到了极点!极端、纯粹和简单,就此为"竹林七贤"之冠。]

刘伶,字伯伦,沛国人也。身长六尺,容貌甚陋。放情肆志,常以细宇宙齐万物为心。澹默少言,不妄交游,与阮籍、嵇康相遇,欣然神解,携手入林。初不以家产有无介意。[极端潇洒,极端放浪,风度骇世;]常乘鹿车,携一壶酒,使人荷锸[chā,铁锹]而随之,谓曰:"死便埋我。"其遗形骸如此。尝渴甚,求酒于其妻。妻捐酒毁器,涕泣谏曰:"君酒太过,非摄生之道,必宜断之。"伶曰:"善! 吾不能自禁,惟当祝鬼神自誓耳。便可具酒肉。"妻从之。伶跪祝曰:"天生刘伶,以酒为名。一饮一斛,五斗解酲。妇儿之言,慎不可听。"仍引酒御肉,隗然复醉。尝醉与俗人相忤,其人攘袂奋拳而往。伶徐曰:"鸡肋不足以安尊拳。"其人笑而止。

[他的近乎唯一的文字作品《酒德颂》:"唯酒是务,岂知其余",为礼法之士之仇敌,但无忧无虑,对其不屑一顾;他的极端、纯粹和简单,就此为"竹林七贤"之冠!]

伶虽陶兀昏放,而机应不差。未尝厝意文翰,惟著《酒德颂》一篇。① 其辞曰:

有大人先生,以天地为一朝,万期为须臾,日月为扃牖[jiōng yǒu,门窗],八荒为庭衢。行无辙迹,居无室庐,幕天席地,纵意所如。止则操卮执觚[kē,盛酒器具]提壶,惟酒是务,焉知其余。有贵介公子、搢绅处士,闻吾风声,议其所以,乃奋袂攘襟,怒目切齿,陈说礼法,是非蜂起。先生于是方捧罂承槽,衔杯漱醪,奋髯箕踞,枕曲藉糟,无思无虑,其乐陶陶。……静听不闻雷霆之声,熟视不睹泰山之形。不觉寒暑之切肌,利欲之感情。俯观万物,扰扰焉若江海之载浮萍……

尝为建威参军。泰始初对策,盛言无为之化。时辈皆以高第得调,伶独以无用罢。[他根本不屑现实,不顾现实,"无用"正是他的心愿!]竟以寿终。

谢鲲:

[西晋谢氏世族成员,东晋主导淝水之战的国务家谢安的伯父。他一改家传,由儒入玄,在"八王之乱"中充当逍遥派,而后以略为积极的姿态服事东晋,同时一如既往"居身于可否之间";王敦之强烈倾向武力篡逆导致他的参政姿态变得比先前——以他的标准——积极得多。]

["出世"和"入世"对他来说可谓近乎"无可无不可":就此而言,他是个儒道相兼的士人,与上面所有大名士相比实属独特!]

[他一改家传,由儒入玄,大得元康名士、清谈家王衍等人赏识。]

谢鲲,字幼舆,陈国阳夏人也。祖缵,典农中郎将。父衡,以儒素显,仕至国子祭酒。鲲少知名,通简有高识,不修威仪,好《老》《易》,能歌,善鼓琴,王衍、嵇绍并奇之。

["八王之乱"中的逍遥派,一再以其老庄风格"恬于荣辱"。]

永兴[304—306]中,长沙王乂入辅政,时有疾鲲者,言其将出奔。乂欲鞭之,鲲解衣就罚,曾无忤容。既舍之,又无喜色。太傅东海王越闻其名,辟为掾,任达不拘,寻坐家僮取官稿除名。于时名士王玄、阮修之徒,并以鲲初登宰府,便至黜辱,

---

① 此外,他现存世的唯一作品为《北芒客舍诗》。

为之叹恨。鲲闻之,方清歌鼓琴,不以屑意,莫不服其远畅,而恬于荣辱。[私生活中放浪出格,虽"折齿"但不折他的阿Q精神。]邻家高氏女有美色,鲲尝挑之,女投梭,折其两齿。时人为之语曰:"任达不已,幼舆折齿。"[后被用为调戏妇女被拒而受惩的典故。]鲲闻之,傲然长啸曰:"犹不废我啸歌。"越寻更辟之,转参军事。鲲以时方多故,乃谢病去职,避地于豫章。……

[他南下渡江,以略为积极的姿态服事东晋,同时一如既往"居身于可否之间",乃至"不屑政事,从容讽议",讽议愈益倾向篡逆的重臣王敦。]

左将军王敦引为长史,以讨杜弢功封咸亭侯。母忧去职,服阕,迁敦大将军长史。[在文化改变了的时代,他以非儒的"任达"风格大有吸引力。]王澄在敦坐,见鲲谈话无倦,惟叹谢长史可与言,都不眄敦,其为人所慕如此。鲲不徇功名,无砥砺行,居身于可否之间,虽自处若秽,而动不累高。[因为王敦倾向篡逆,他恢复逍遥派姿态,"从容讽议",王敦因其名高而无可奈何。]敦有不臣之迹,显于朝野。鲲知不可以道匡弼,乃优游寄遇,不屑政事,从容讽议,卒岁而已。每与毕卓、王尼、阮放、羊曼、桓彝、阮孚等纵酒,敦以其名高,雅相宾礼。尝使至都,明帝在东宫见之,甚相亲重。问曰:"论者以君方庾亮,自谓何如?"答曰:"端委庙堂,使百僚准则,鲲不如亮。一丘一壑,自谓过之。"温峤尝谓鲲子尚曰:"尊大君岂惟识量淹远,至于神鉴沈深,虽诸葛瑾之喻孙权不过也。"①

---

① 《三国志·吴书·张顾诸葛步传》载:[有策略地说服人的一位本能的天才,以他绝佳的品性和特殊的吸引力从孙权赢得信任。]与权谈说谏喻,未尝切愕,微见风彩,粗陈指归,如有未合,则舍而及他,徐复托事造端,以物类相求[以对同类事情的看法求得赞同],于是权意往往而释。[领导人的任何幕僚,是否想从他学得一大本领?]吴郡太守朱治,权举将也[是举荐孙权为孝廉的将领],权曾有以望[怨望]之,而素加敬,难自诘让,忿忿不解。瑾揣知其故,而不敢显陈,乃乞以意私自问[自求用孙权的意思自问],遂于权前为书,泛论物理,因以己心遥往忖度之。毕,以呈权,权喜,笑曰:"孤意解矣。颜氏之德,使人加亲,岂谓此邪?"权又怪校尉殷模,罪至不测[所定罪名令人难料]。群下多为之言,权怒益甚,与相反覆,惟瑾默然,权曰:"子瑜何独不言?"瑾避席曰:"瑾与殷模等遭本州倾覆,生类殄尽。弃坟墓,携老弱,披草莱,归圣化,在流隶[流亡的贱人]之中,蒙生成之福,不能跼天蹐地,陈答万一,至令模孤负恩惠,自陷罪戾。臣谢过不暇,诚不敢有言。"权闻之怆然,乃曰:"特为君赦之。"[当然,大儒士诸葛瑾要比老庄名士谢鲲积极得多。]

[面对王敦即将武力篡逆，他"居身于可否之间"，既不冒送命风险去公开反对，又坚守原则而反复劝谏。]

[面对王敦即将武力篡逆，他现在的表现已很不同于先前的"不屑政事"：]及敦将为逆，谓鲲曰："刘隗奸邪，将危社稷。吾欲除君侧之恶，匡主济时，何如？"对曰："隗诚始祸，然城狐社鼠也。"敦怒曰："君庸才，岂达大理。"出鲲为豫章太守，又留不遣，藉其才望，逼与俱下。敦至石头，叹曰："吾不复得为盛德事矣。"鲲曰："何为其然？但使自今以往，日忘日去耳。"初，敦谓鲲曰："吾当以周伯仁为尚书令，戴若思为仆射。"及至都，复曰："近来人情何如？"鲲对曰："明公之举，虽欲大存社稷，然悠悠之言，实未达高义。周颛、戴若思，南北人士之望，明公举而用之，群情帖然矣。"是日，敦遣兵收周、戴，而鲲弗知，敦怒曰："君粗疏邪！二子不相当，吾已收之矣。"鲲与颛素相亲重，闻之愕然，若丧诸己。参军王峤以敦诛颛，谏之甚切，敦大怒，命斩峤，时人士畏惧，莫敢言者。鲲曰："明公举大事，不戮一人。峤以献替忤旨，便以衅鼓，不亦过乎！"敦乃止。

敦既诛害忠贤，而称疾不朝，将还武昌。鲲喻敦曰："公大存社稷，建不世之勋，然天下之心实有未达。若能朝天子，使君臣释然，万物之心于是乃服。杖众望以顺群情，尽冲退以奉主上，如斯则勋侔一匡，名垂千载矣。"敦曰："君能保无变乎？"对曰："鲲近日入觐，主上侧席，迟得见公，宫省穆然，必无虞矣。公若入朝，鲲请侍从。"敦勃然曰："正复杀君等数百人，亦复何损于时！"竟不朝而去。是时朝望被害，皆为其忧。而鲲推理安常，时进正言。敦既不能用，内亦不悦。[他名望太大，王敦对他无可奈何。]军还，使之郡，莅政清肃，百姓爱之。[作为地方行政长官，他——历来颇为放达的老庄名士——居然能有良好的治理表现！]寻卒官，时年四十三。敦死后，追赠太常，谥曰康。……

列传第四十二　郭璞、葛洪　摘录和评注

[两晋时代，中国唯一的华夏本土大宗教即道教开始广泛流行，东晋尤其如此。

它可溯源于(1)《史记·封禅书》所述的春秋战国时代的原生宗教方仙道①与(2)中国哲学的最伟大先贤之一老子的《道德经》。我们不知道这两者之间最初是否有关联，更不知道若有的话究竟是何关联。然而，老子及庄子的哲学观不仅使崇敬多神的方仙道可以有一个统一和抽象的"道"作为根本理念，而且它们本身就合乎逻辑地包含可以为方仙道所用并且构成其核心信仰的神秘主义和养生思想，连同清静无为、见素抱朴、坐忘守一等修道方式。]

[到两晋时代，哲学与宗教的这一联系便是魏晋老庄哲学与两晋道教的联系，而且至关重要的还有玄虚、飘逸、恣肆和自顾的魏晋士风，那将两者在风度和生活方式上几乎统一起来。如前所述，"先前压倒性的思想和行为信条体系受严重侵蚀：这了不起的事态很大程度上造就了魏末和两晋丰富、局部瑰丽的文化"。郭璞和葛洪以其道教及风采亦如此。前者乃道学术数大师、风水学鼻祖和游仙诗②祖师，后者则在道教史上极富盛名，一意于探究和欣赏自然，揣摩与自然、化学实验和医疗

---

① 《史记·封禅书》载：是时[孔子时]苌弘以方事[方术、法术、技术等都称为方，此处指役使鬼神事]周灵王，诸侯莫朝周，周力少，苌弘乃明鬼神事，设射《狸首》[射《狸首》：射时唱歌曲《狸首》，歌辞中有射诸侯不来朝者]。狸首者，诸侯之不来者。依物怪欲以致诸侯。诸侯不从，而晋人执杀苌弘。周人之言方怪者自苌弘。

……自齐威、宣之时，驺子之徒论著终始五德之运[按五行学说推断或解释王朝递变的学说]，及秦帝而齐人奏之，故始皇采用之。而宋毋忌、正伯侨、充尚、羡门高最后[一说释为以后]皆燕人，为方仙道，形解销化[道家语，即修炼成仙以后，如蝉蜕般抛弃自己的凡体飞升而去]，依于鬼神之事。驺衍以阴阳主运[同"终始五德之运"，盖五行亦分阴阳，五行递主运就是阴阳递用事]显示诸侯，而燕齐海上之方士传其术不能通，然则怪迂阿谀苟合之徒自此兴，不可胜数也。

自威、宣燕昭使人入海求蓬莱、方丈、瀛州。此三神山者，其傅[口耳相传]在勃海中……盖尝有至者，诸仙人及不死之药皆在焉。其物禽兽尽白，而黄金银为宫阙。未至，望之如云；及到，三神山反居水下。临之，风辄引去，终莫能至云。世主莫不甘心焉。及至秦始皇并天下，至海上，则方士言之不可胜数。始皇自以为至海上而恐不及矣，使人乃赍童男女入海求之。船交海中，皆以风为解，曰未能至，望见之焉。其明年，始皇复游海上……后三年，游碣石，考入海方士……后五年，始皇南至湘山，遂登会稽，并海上，冀遇海中三神山之奇药。不得，还至沙丘崩。

② 郭璞作《葬书》，全文不到两千字，却系统地阐述了风水理论，其五大要点为：乘"生气"论；"藏风得水"论；"形势"论；"四神砂"论；"土质标准"论。"风水"的最早定义亦出自该书："气，乘风则散，界水则止……古人聚之使不散，行之使有止，故谓之风水。""葬书"，https://baike.sogou.com/v64994686.htm;jsessionid=62F3D54A26190E35CE42BC4FD79B0186.游仙诗是道教诗词的一种体式，歌咏仙人漫游之情，体裁多为五言，句数十、十二或十六句不等。

实践密切相关的"神仙导养之法",在道教理论和炼丹以及本传未述或仅一笔带过的医学、化学乃至文学、美学和音乐领域都有重要建树。[①]]

郭璞:

[东晋著名学者,道学术数大师、风水学鼻祖和游仙诗祖师,虽然这后两方面本传未述。"五胡乱华"初始,他迁徙至江南避难,"王导深重之,引参己军事",且受元明两帝及数位朝廷显贵敬重。此后,他被王敦任为掌管军队文书的记室参军,324年王敦意欲叛逆而命他占卜,他因言必败而被杀。]

[他的根本建树当然是宗教及文学方面的,而他的政治作为大都是替政治主公作神秘主义的预言,甚而像几乎所有宗教大师那般不时行神迹。然而,他的政治倾向可谓毫不神秘:他给司马睿做始创东晋王朝大吉大利的卜筮[shì]预言,还以天人感应说劝谏勿"刑狱繁兴";他给意欲叛逆的王敦做举兵必败的卜筮预言,并且以同样方式启示温峤庾亮"劝帝讨敦"必胜。他是一位总是以宗教"掩饰"其政治良心的道家大师!]

[他"好经术,博学有高才","词赋为中兴之冠",继而从人学得卜筮,以致据称能以方术"攘灾转祸,通致无方"。]

郭璞,字景纯,河东闻喜[今山西运城市闻喜县]人也。父瑗,尚书都令史……终于建平太守。璞好经术,博学有高才,而讷于言论,词赋为中兴之冠。好古文奇字,妙于阴阳算历。有郭公者,客居河东,精于卜筮,璞从之受业。公以《青囊中书》九卷与之,由是遂洞五行、天文、卜筮之术,攘灾转祸,通致无方,虽京房、管辂不能过也。璞门人赵载尝窃《青囊书》,未及读,而为火所焚。

["五胡乱华"初始,他预见华夏没顶巨祸,遂迁徙至江南,"王导深重之,引参己军事"。]

① 参见篇幅甚长的"葛洪",https://baike.sogou.com/v245394.htm? fromTitle＝％E8％91％9B％E6％B4％AA.

惠怀之际，河东先扰。璞筮之，投策而叹曰："嗟乎！黔黎将湮于异类，桑梓其翦为龙荒乎！"于是潜结姻昵及交游数十家，欲避地东南。[据以下逸事，他开始像几乎所有宗教大师那般有先知、行神迹，而此类逸事后面多得令我们厌烦。]抵将军赵固，会固所乘良马死，固惜之，不接宾客。璞至，门吏不为通。璞曰："吾能活马。"吏惊入白固。固趋出，曰："君能活吾马乎？"璞曰："得健夫二三十人，皆持长竿，东行三十里，有丘林社庙者，便以竿打拍，当得一物，宜急持归。得此，马活矣。"固如其言，果得一物似猴，持归。此物见死马，便嘘吸其鼻。顷之马起，奋迅嘶鸣，食如常，不复见向物。固奇之，厚加资给。

[他几近纵欲，犹如许多魏晋名士，从而体现了我们在首注里说的那种历史联系。]行至庐江[今安徽合肥市庐江县]，太守胡孟康被丞相召为军咨祭酒。时江淮清宴，孟康安之，无心南渡。璞为占曰"败"。康不之信。璞将促装去之，[途中依凭神迹和寻常诡计，搞到心爱的主人婢女。]爱主人婢，无由而得，乃取小豆三斗，绕主人宅散之。主人晨见赤衣人数千围其家，就视则灭，甚恶之，请璞为卦。璞曰："君家不宜畜此婢，可于东南二十里卖之，慎勿争价，则此妖可除也。"主人从之。璞阴令人贱买此婢。复为符投于井中，数千赤衣人皆反缚，一一自投于井，主人大悦。璞携婢去。后数旬而庐江陷。

璞既过江，宣城太守殷祐引为参军……[随之又有他的两则被我们删去的神秘逸事。]……["王导深重之，引参己军事"，至于参了什么军事我们不得而知。]王导深重之，引参己军事。尝令作卦，璞言："公有震厄，可命驾西出数十里，得一柏树，截断如身长，置常寝处，灾当可消矣。"导从其言。数日果震，柏树粉碎。

[他给司马睿做始创东晋王朝大吉大利的诸项卜筮预言，"帝甚重之"；他以天人感应说劝谏勿"刑狱繁兴"，帝"优诏报之"；他还受明帝司马绍及数位朝廷显贵敬重。]

时元帝初镇邺，导令璞筮之，遇《咸》之《井》，璞曰："东北郡县有'武'名者，当出铎[一种大铃]，以著受命之符……其后晋陵武进县人于田中得铜铎五枚……及帝为晋王，又使璞筮，遇《豫》之《睽》，璞曰："会稽当出钟，以告成功，上有勒铭，应在人家井泥中得之。繇辞所谓'先王以作乐崇德，殷荐之上帝'者也。"及帝即位，太兴

[318—321]初，会稽剡县人果于井中得一钟，长七寸二分，口径四寸半，上有古文奇书十八字，云"会稽岳命"，余字时人莫识之。璞曰："盖王者之作，必有灵符，塞天人之心，与神物合契，然后可以言受命矣。观五铎启号于晋陵，栈钟告成于会稽，瑞不失类，出皆以方，岂不伟哉！……"帝甚重之。

璞著《江赋》，其辞甚伟，为世所称。后复作《南郊赋》，帝见而嘉之，以为著作佐郎。于时阴阳错缪，而刑狱繁兴，璞上疏曰[以天人感应说劝谏勿"刑狱繁兴"]：

……（他说的种种反常星象和气象表明）刑狱殷繁，理有壅滥。……刑理失中，自坏其所以为法者也。……刑狱充溢，怨叹之气所致。……陛下宜侧身思惧，以应灵谴……

……臣愚以为宜发哀矜之诏，引在予之责，荡除瑕衅，赞阳布惠……

……陛下即位以来……杖道之情未著，而任刑之风先彰，经国之略未震，而轨物[轨范，准则]之迹屡迁。夫法令不一则人情惑，职次数改则觊觎生，官方不审则秕政作，惩劝不明则善恶浑，此有国者之所慎也。臣窃为陛下惜之。……《老子》以礼为忠信之薄，况刑又是礼之糟粕者乎！夫无为而为之，不宰以宰之，固陛下之所体者也。……

疏奏，优诏报之。

其后日有黑气，璞复上疏曰：

……有此异，殆元首供御之义不显，消复之理不著之所致也……

…… ……

……臣愚以为子产之铸刑书，非政事之善，然不得不作者，须以救弊故也。今之宜赦，理亦如之。随时之宜，亦圣人所善者……

[他还受未来的明帝司马绍及温峤庾亮敬重：]顷之，迁尚书郎。数言便宜，多研匡益。明帝之在东宫，与温峤、庾亮并有布衣之好，璞亦以才学见重，埒[liè]于[等同于]峤、亮，论者美之。[如前所述，他几近纵欲，犹如许多魏晋名士：]然性轻易，不修威仪，嗜酒好色，时或过度。著作郎干宝常诫之曰："此非适性之道也。"璞曰："吾所受有本限，用之恒恐不得尽，卿乃忧酒色之为患乎！"

[然而，即使到他那时，道教与（前列传内陈颇所说）"倾惑朝廷"的"庄老之俗"还远没那么兴盛，以致"缙绅多笑之"，而且他依然（至少自认）"位卑"。]

璞既好卜筮，缙绅多笑之。又自以才高位卑，乃著《客傲》，其辞曰：

客傲郭生……

郭生粲然而笑曰："鹪鹩不可与论云翼，井蛙难与量海鳌。

……　……

"……不恢心而形遗，不外累而智丧，无岩穴而冥寂，无江湖而放浪。玄悟不以应机，洞鉴不以昭旷。不物物我我，不是是非非。忘意非我意，意得非我怀。

……　……

[他又一次吁请司马睿改变"刑狱繁兴"状况，同样用上天人感应论：]永昌元年[322]，皇孙生，璞上疏曰：

……臣窃惟陛下符运至著，勋业至大，而中兴之祚不隆、圣敬之风未跻者，殆由法令太明，刑教太峻。故水至清则无鱼，政至察则众乖，此自然之势也。

臣去春启事，以囹圄充斥，阴阳不和，推之卦理，宜因郊祀作赦，以荡涤瑕秽。不然，将来必有愆阳苦雨之灾，崩震薄蚀之变，狂狡蠢戾之妖。其后月余，日果薄斗。去秋以来，诸郡并有暴雨，水皆洪潦，岁用无年。适闻吴兴复欲有构妄者，咎征渐成，臣甚恶之。顷者以来，役赋转重，狱犴日结，百姓困扰，甘乱者多，小人愚险，共相扇惑。虽势无所至，然不可不虞……

疏奏，纳焉，即大赦改年。

……　……

[他从不认自己所为妖异，却不容他人如此；道士间的无情但有趣的内斗：]时暨阳人任谷因耕息于树下，忽有一人著羽衣就淫之，既而不知所在，谷遂有娠。积月将产，羽衣人复来，以刀穿其阴下，出一蛇子便去。谷遂成宦者。后诣阙上书，自云有道术。帝留谷于宫中。璞复上疏曰："任谷所为妖异，无有因由。……臣闻为国以礼正，不闻以奇邪。……案《周礼》，奇服怪人不入宫，况谷妖诡怪人之甚者，而登讲肆之堂，密迩殿省之侧，尘点日月，秽乱天听，臣之私情窃所以不取也。陛下……若以谷为妖蛊诈妄者，则当投畀[bì，放逐]裔土，不宜令亵近紫闼。……"其后元帝崩，谷因亡走。

[他被王敦任为记室参军,遂有他最后的宗教和政治行动:王敦意欲举兵叛逆而命他占卜,他因言必败而被处决。]

璞以母忧去职……未期,王敦起璞为记室参军。是时颖川陈述为大将军掾,有美名,为敦所重,未几而没。璞哭之哀甚,呼曰[他预感王敦必叛必败]:"嗣祖,嗣祖,焉知非福!"夫几而敦作难。……璞尝为人葬,帝微服往观之,因问主人何以葬龙角,此法当灭族。主人曰:"郭璞云此葬龙耳,不出三年当致天子也。"帝曰:"出天子邪?"答曰:"能致天子问耳。"帝甚异之。……

[他以卜筮预言启示温峤庾亮"劝帝讨敦"必胜:]王敦之谋逆也,温峤、庾亮使璞筮之,璞对不决。峤、亮复令占己之吉凶,璞曰:"大吉。"峤等退,相谓曰:"璞对不了,是不敢有言,或天夺敦魄。今吾等与国家共举大事,而璞云大吉,是为举事必有成也。"于是劝帝讨敦。……[他正直和英勇地在王敦面前占卜其叛必败:]敦将举兵,又使璞筮。璞曰:"无成。"敦固疑璞之劝峤、亮,又闻卦凶,乃问璞曰:"卿更筮吾寿几何?"答曰:"思向卦,明公起事,必祸不久。若住武昌,寿不可测。"敦大怒曰:"卿寿几何?"曰:"命尽今日日中。"敦怒,收璞,诣南冈斩之。……时年四十九。及王敦平,追赠弘农太守。

…… ……

[他不仅是道教大师及文学家,而且是大训诂家,著作等身。]

璞撰前后筮验六十余事,名为《洞林》。又抄京、费诸家要最,更撰《新林》十篇、《卜韵》一篇。注释《尔雅》,别为《音义》《图谱》。又注《三苍》《方言》《穆天子传》《山海经》及《楚辞》《子虚》《上林赋》数十万言,皆传于世。所作诗赋诔颂亦数万言。……

葛洪:

[在道教史上极富盛名,远过于郭璞,部分地是因为他早早地失望于乱世之中短暂的为官经历,或者是早早地醉心于和道教密切相关但远不限于道教的智识生活。"望绝于荣华之途,而志安乎穷圮之域……权贵之家,虽咫尺弗从也;知道之

士,虽艰远必造也。"他几乎弃绝政治,一意于探究和欣赏自然,揣摩与自然、化学实验和医疗实践密切相关的"神仙导养之法",从说到底并非神秘的机理中"提取"神秘和半神秘的玄理,以求神秘和不神秘的长生养生之术。他是天才,在道教理论和炼丹以及本传未述或仅一笔带过的医学、化学乃至文学、美学和音乐领域都有重要建树。]

[少贫,但极好学;生性寡欲,不好荣利;"究览典籍,尤好神仙导养之法",终于主攻炼丹秘术,"兼综练医术"。]

葛洪,字稚川,丹阳句容人也。祖系,吴大鸿胪。父悌,吴平后入晋,为邵陵太守。洪少好学,家贫,躬自伐薪以贸纸笔,夜辄写书诵习,遂以儒学知名。[性格决定! 对他来说最关键的性格一:]性寡欲,无所爱玩,不知棋局几道,摴蒲齿[排列]名。为人木讷,不好荣利,闭门却扫,未尝交游。于余杭山见何幼道、郭文举[俱为当时著名隐士],目击而已,各无所言。[性格决定! 对他来说最关键的性格二:]时或寻书问义,不远数千里崎岖冒涉,期于必得,遂究览典籍,[似乎只有既玄虚玄思又实干实践的学问才能"勾住"他的心灵:]尤好神仙导养之法。从祖玄,吴时学道得仙,号曰葛仙公,以其练丹秘术授弟子郑隐。洪就隐学,悉得其法焉。[终于主攻炼丹秘术,"兼综练医术":]后师事南海太守上党鲍玄。玄亦内学[谶纬之学],逆占将来,见洪深重之,以女妻洪。洪传玄业,兼综练医术,凡所著撰,皆精核是非,而才章富赡。

[早早地弃绝乱世之中很短暂的为官经历,或者是早早地醉心于和道教密切相关但远不限于道教的智识生活;作为创新性道教宣言的《抱朴子》:]

太安[302—303]中,石冰[蛮族造反武装将领,张昌部属,占领扬州诸郡,不久攻破江州]作乱,吴兴太守顾秘为义军都督,与周玘等起兵讨之,秘檄洪为将兵都尉,攻冰别率,破之,迁伏波将军。冰平,洪不论功赏,径至洛阳,欲搜求异书以广其学。

洪见天下已乱,欲避地南土,乃参广州刺史嵇含军事。及含遇害,遂停南土多年,征镇檄命一无所就。后还乡里,礼辟皆不赴。元帝为丞相,辟为掾。以平贼功,赐爵关内侯。咸和[晋成帝年号,326—334]初,司徒导召补州主簿,转司徒掾,迁咨议参军。干宝深相亲友,荐洪才堪国史,选为散骑常侍,领大著作,洪固辞不就。[例外地求做边疆小官,只是为了在出丹处炼丹!]以年老,欲练丹以祈遐寿,闻交阯出丹,求为句漏令。帝以洪资高,不许。洪曰:"非欲为荣,以有丹耳。"帝从之。洪遂将子侄俱行。至广州,刺史邓岳留不听去,洪乃止罗浮山[在今广东惠州市博罗县]炼丹。岳表补东官太守,又辞不就。岳乃以洪兄子望为记室参军。[他终享他喜爱的隐士生活方式,在远离世乱世俗的华南深山"优游闲养,著述不辍":]在山积年,优游闲养,著述不辍。其自序[《抱朴子》自序]曰[绝非流俗的肉体独立、精神独立和"笃情"探究宣言]:

洪体乏进趣之才,偶好无为之业。假令奋翅则能陵厉玄霄,骋足则能追风蹑景,犹欲戢劲翮于鹪鹩[两种小雀小鸟]之群,藏逸迹于跛驴之伍,岂况大块裹我以寻常之短羽,造化假我以至驽之蹇足? 自卜者审,不能者止,又岂敢力苍蝇而慕冲天之举,策跛鳖而追飞兔之轨……哉! [他自信自得的自嘲自贬!]……是以望绝于荣华之途,而志安乎穷圮之域……故权贵之家,虽咫尺弗从也;知道之士,虽艰远必造也。考览奇书,既不少矣,率多隐语,难可卒解,自非至精不能寻究,自非笃勤不能悉见也。

[他宣告创造出一种"弘博洽闻"而无"意断妄说"的道学道教:]道士弘博洽闻者寡,而意断妄说者众。至于时有好事者,欲有所修为,仓卒不知所从,而意之所疑又无足咨。今为此书,粗举长生之理。其至妙者不得宣之于翰墨,盖粗言较略以示一隅……[他认为此种道学道教可以令"世儒"无法嘲笑和谤毁之:]世儒徒知服膺周孔,莫信神仙之书,不但大而笑之,又将谤毁真正。故予所著子言黄白之事,名曰《内篇》,其余驳难通释,名曰《外篇》,大凡内外一百一十六篇。虽不足藏诸名山,且欲缄之金匮,以示识者。

自号抱朴子,因以名书。[他著述丰富,所涉领域众多:]其余所著碑诔诗赋百卷,移檄章表三十卷,神仙、良吏、隐逸、集异等传各十卷,又抄《五经》、《史》、《汉》、百家之言、方技杂事三百一十卷,《金匮药方》一百卷,《肘后要急方》四卷。

[他是天才,"博闻深洽,江左绝伦","精辩玄赜,析理入微":]
洪博闻深洽,江左绝伦。著述篇章富于班马[班固、司马迁],又精辩玄赜,析理

入微。后忽与岳疏云:"当远行寻师,克期便发。"岳得疏,狼狈往别。而洪坐至日中,兀然若睡而卒,岳至,遂不及见。时年八十一。视其颜色如生,体亦柔软,举尸入棺,甚轻,如空衣,世以为尸解得仙云。

······ ······

列传第五十　王羲之传　摘录和评注

[千余年来公认的"书圣",中国史上最杰出的书法家,而这在将书法当作文化艺术的一个重要组成部分的华夏中国实属非同小可。就根本哲理和时代风韵而言,他"既表现以老庄哲学为基础的简淡玄远,又表现以儒家的中庸之道为基础的冲和"①。]

[王氏豪门世族成员,王导从子,自幼口讷但长后雄辩,隶书为古今之冠,深受王导、王敦器重;潇洒非凡,留下祖腹东床成快婿的千古佳话。]

王羲之,字逸少,司徒导之从子也,祖正,尚书郎。父旷,淮南太守。元帝之过江也,旷首创其议。羲之幼讷于言,人未之奇。年十三,尝谒周颚,颚察而异之。时重牛心炙,坐客未啖,颚先割啖羲之,于是始知名。及长,辩赡,以骨鲠称,尤善隶书,为古今之冠,论者称其笔势,以为飘若浮云,矫若惊龙。深为从伯敦、导所器重。······时太尉郗鉴使门生求女婿于导,导令就东厢遍观子弟。门生归,谓鉴曰:"王氏诸少并佳,然闻信至,咸自矜持。惟一人在东床坦腹食,独若不闻。"鉴曰:"正此佳婿邪!"访之,乃羲之也,遂以女妻之。

[担任与王氏世族和王导不和的大外戚庾亮的高级幕僚,得其临终好评,迁任江州刺史;他依然潇洒从容,不喜从政,但说到底"无可无不可",终任右军将军、会

①　中国当代草书大家李志敏的评价,见"王羲之",https://baike.sogou.com/v101656410.htm?fromTitle=%E6%9D%8E%E5%BF%97%E6%95%8F.

稽内史。]

起家秘书郎，征西将军庾亮请为参军，累迁长史。亮临薨[340]，上疏称羲之清贵有鉴裁。迁宁远将军、江州[辖境为今江西大部，治所在今九江市]刺史。羲之既少有美誉，朝廷公卿皆爱其才器，频召为侍中、吏部尚书，皆不就。复授护军将军，又推迁不拜。扬州刺史殷浩素雅重之，劝使应命，乃遗羲之书曰："……岂可以一世之存亡，必从足下从容之适？ 幸徐求众心。……"羲之遂报书曰："吾素自无廊庙志，直王丞相时果欲内吾，誓不许之，手迹犹存，由来尚矣，不于足下参政而方进退。自儿娶女嫁，便怀向子平[向长字，东汉末隐士，隐居不仕，彻底脱俗，见《后汉书·逸民列传》]之志，数与亲知言之，非一日也。若蒙驱使，关陇、巴蜀皆所不辞。……汉末使太傅马日磾慰抚关东，若不以吾轻微，无所为疑，宜及初冬以行，吾惟恭以待命。"

羲之既拜护军，又苦求宣城郡，不许，乃以为右军将军、会稽内史。

……………

[会稽内史任上，他是个恨官吏弊政、解民众疾苦的好的地方行政长官：]

时东土饥荒，羲之辄开仓振贷。然朝廷赋役繁重，吴会忧甚，羲之每上疏争之，事多见从。又遗尚书仆射谢安书曰[可谓依据亲身见闻去披露和谴责东晋中后期地方弊政的重要文献]：

顷所陈论，每蒙允纳，所以令下小得苏息，各安其业。若不耳，此一郡久以蹈东海矣。

[谴责朝廷对地方事务的过度指挥：]今事之大者未布，漕运是也。吾意望朝廷可申下定期，委之所司，勿复催下，但当岁终考其殿最……

[陈述地方行政的形式主义、文牍主义和官吏众多劳民伤财：]又自吾到此，从事常有四五，兼以台司及都水御史行台文符如雨，倒错违背，不复可知。……主者茌事，未尝得十日，吏民趋走，功费万计。……以群才而更不理，正由为法不一，牵制者众，思简而易从，便足以保守成业。

[陈述地方官吏"耗盗官米"，令"国用空乏"：]仓督监耗盗官米，动以万计，吾谓诛翦一人，其后便断，而时意不同。近检校诸县，无不皆尔。余姚近十万斛，重敛以

资奸吏,令国用空乏,良可叹也。

[告知地方民众凋困、流亡和叛散的严重状况,苛政猛于虎:]自军兴以来,征役及充运死亡叛散不反者众,虚耗至此,而补代循常,所在凋困,莫知所出。上命所差,上道多叛,则吏及叛者席卷同去。又有常制,辄令其家及同伍课捕。课捕不擒,家及同伍寻复亡叛。百姓流亡,户口日减,其源在此。又有百工医寺,死亡绝没,家户空尽,差代无所,上命不绝,事起成十年、十五年,弹举获罪无懈息而无益实事,何以堪之!……今除罪而充杂役,尽移其家,小人愚迷,或以为重于杀戮,可以绝奸。刑名虽轻,惩肃实重,岂非适时之宜邪!

[说到底他仍是个潇洒从容、不喜从政的多才多艺的大名士;他的头号千年大作《兰亭序》:]

羲之雅好服食养性,不乐在京师,初渡浙江,便有终焉之志。会稽有佳山水,名士多居之,谢安未仕时亦居焉。……尝与同志宴集于会稽山阴之兰亭,羲之自为之序以申其志,曰:

……………

[潇洒、自然、率真:]性爱鹅……山阴有一道士,养好鹅,羲之往观焉,意甚悦,固求市之。道士云:“为写《道德经》,当举群相赠耳。”羲之欣然写毕,笼鹅而归,甚以为乐。其任率如此。……又尝在蕺山见一老姥,持六角竹扇卖之。羲之书其扇,各为五字。姥初有愠色。因谓姥曰:“但言是王右军书,以求百钱邪。”姥如其言,人竞买之。他日,姥又持扇来,羲之笑而不答。其书为世所重,皆此类也。……羲之书初不胜庾翼、郗愔,及其暮年方妙。……

[与同样率真的大官王述之间的私怨——两个优秀士人之间的私怨——导致他辞官隐居,而且誓不回返。]

时骠骑将军王述少有名誉,与羲之齐名,而羲之甚轻之,由是情好不协。述先为会稽,以母丧居郡境,羲之代述,止一吊,遂不重诣。述每闻角声,谓羲之当候己,辄洒扫而待之。如此者累年,而羲之竟不顾,述深以为恨。及述为扬州刺史……述后检察会稽郡,辩其刑政,主者疲于简对。羲之深耻之,遂称病去郡,于父母墓前自誓曰："维永和十一年三月癸卯朔,九日辛亥,小子羲之敢告二尊之灵……自今之后,敢渝此心,贪冒苟进,是有无尊之心而不子也。子而不子,天地所不覆载,名教所不得容。信誓之诚,有如皦日!"

[辞官后"穷诸名山泛沧海",享受十足的道家生活方式:]羲之既去官,与东土人士尽山水之游,弋钓为娱。又与道士许迈共修服食,采药石不远千里,遍游东中诸郡,穷诸名山,泛沧海,叹曰:"我卒当以乐死。"谢安尝谓羲之曰:"中年以来,伤于哀乐,与亲友别,辄作数日恶。"羲之曰:"年在桑榆[指日暮,比喻晚年],自然至此。顷正赖丝竹陶写[用音乐陶冶性情],恒恐儿辈觉,损其欢乐之趣。"朝廷以其誓苦,亦不复征之。

…… ……

年五十九卒,赠金紫光禄大夫。诸子遵父先旨,固让不受。[他是个既很随便又极顶真的人!]

…… ……

列传第六十六　列女传谢道韫传　摘录和评注

[东晋大才女,身份较显贵,为谢安的侄女和王羲之的儿媳。她"聪识有才辩",自豪于娘家,不大看得起夫家,胆略非常,手刃盗匪,人称"神情散朗,有林下风气"。令人赞叹的例外女子,远非俗常儒女!]

王凝之妻谢氏,字道韫,安西将军奕之女也。[大才女,"聪识有才辩":]聪识有才辩。叔父安尝问:"《毛诗》何句最佳?"道韫称:"吉甫[周宣王贤臣尹吉甫,《诗经·大雅·荡之什》颂扬他像清风那样有化养万物的雅德]作颂,穆如清风。仲山甫[周宣王卿士(宰相),《诗经·大雅·烝民》颂扬他品德高尚,为人师表,总揽王命,颁布政令等]永怀,以慰其心。"安谓有雅人深致。又尝内集,俄而雪骤下,安曰:"何所似也?"安兄子朗曰:"散盐空中差可拟。"道韫曰:"未若柳絮因风起。"安大悦。

[自豪于娘家,不大看得起夫家:]初适凝之,还,甚不乐。安曰:"王郎,逸少[王

羲之字]子,不恶,汝何恨也?"答曰:"一门叔父则有阿大、中郎,群从兄弟复有封、胡、羯、末,不意天壤之中乃有王郎!"封谓谢韶,胡谓谢朗,羯谓谢玄,末谓谢川,皆其小字也。……凝之弟献之尝与宾客谈议,词理将屈,道韫遣婢白献之曰:"欲为小郎解围。"乃施青绫步鄣[即步障,一种用来遮挡视线、风尘的屏幕]自蔽,申献之前议,客不能屈。

[胆略非常,手刃盗匪;被俘后视死如归,风貌不改:]及遭孙恩之难,举厝自若,既闻夫及诸子已为贼所害,方命婢肩舆抽刃出门。乱兵稍至,手杀数人,乃被虏。其外孙刘涛时年数岁,贼又欲害之,道韫曰:"事在王门,何关他族!必其如此,宁先见杀。"恩虽毒虐,为之改容,乃不害涛。自尔嫠[lí,寡妇]居会稽,家中莫不严肃。……

["神情散朗,有林下风气";娴雅,潇洒!]……"王夫人神情散朗,故有林下风气[指女子态度娴雅、举止大方]。……"道韫所著诗赋诔颂并传于世。

帝纪第五　孝怀帝、孝愍帝　摘录和评注

…… ……

史臣曰：……于时五岳三涂，并皆沦寇……股肱非挑战之秋，刘石有滔天之势，疗饥中断，婴戈外绝，两京沦狄……思为一郡，其可得乎！干宝有言曰：

[东晋著名史家和文人干宝《晋纪总论》：一位同时代儒士如何总结西晋兴起的历史和败亡的教训？兴起主要靠杰出甚而伟大的政治领导；败亡主要源于背离经典儒家治国方式和从上到下文化的严重蜕变。]

…… ……

彼元海者，离石之将兵都尉；王弥者，青州之散吏也。盖皆弓马之士，驱走之人，非有吴先主、诸葛孔明之能也；新起之寇，乌合之众，非吴蜀之敌也；脱末为兵，裂裳为旗，非战国之器也……然而扰天下如驱群羊，举二都如拾遗芥，将相王侯连颈以受戮，后嫔妃主虏辱于戎卒，岂不哀哉！[经典儒家治国方式；其哲理和机制；中国一大逾千年政治经验：]天下，大器也；群生，重畜也。……器大者，不可以小道治；势重者，不可以争竞扰。古先哲王知其然也，是以捍其大患，御其大灾。百姓皆

知上德之生己,而不谓浚己以生也,是以感而应之,悦而归之……然后设礼文以理之,断刑罚以威之,谨好恶以示之,审祸福以喻之,求明察以官之,尊慈爱以固之。故众知向方,皆乐其生而哀其死,悦其教而安其俗;君子勤礼,小人尽力……基广则难倾,根深则难拔,理节则不乱,胶结则不迁,是以昔之有天下者之所以长久也。……[从司马懿开始逐渐偏离甚至背离经典儒家治国方式:]宣景遭多难之时,诛庶孽以便事,不及修公刘、太王之仁也。受遗辅政,屡遇废置[即先后废齐王和高贵乡公]……二祖逼禅代之期……是其创基立本,异于先代者也。[或许是干宝的透视的最深刻处:从上到下的普遍的文化蜕变最终导致或促成政治大灾变]加以朝寡纯德之人,乡乏不贰之老,风俗淫僻,耻尚失所,学者以老庄为宗而黜《六经》,谈者以虚荡为辨而贱名检,行身者以放浊为通而狭节信,进仕者以苟得为贵而鄙居正,当官者以望空为高而笑勤恪……而世族贵戚之子弟,陵迈超越,不拘资次。悠悠风尘,皆奔竞之士,列官千百,无让贤之举。……其妇女……先时而婚,任情而动,故皆不耻淫泆之过,不拘妒忌之恶,父兄不之罪也,天下莫之非也……礼法刑政于此大坏,如水斯积而决其提防,如火斯畜而离其薪燎也。……民风国势如此,虽以中庸之主治之……贾谊必为之痛哭,又况我惠帝以放荡之德临之哉!怀帝承乱得位,羁于强臣,愍帝奔播之后,徒厕其虚名,天下之政既去,非命世之雄才,不能取之矣!……

列传第六十一　儒林传　摘录和评注

[本篇导言至关重要:两晋儒家衰颓史,即从“八王之乱”起华夏分崩,蛮夷肆虐,“衣冠礼乐,扫地俱尽”,更何况玄学玄风早就泛滥,导致“宪章弛废,名教颓毁”,于是——据房玄龄等的近乎单因论的指控——“五胡乘间而竞逐,二京继踵以沦胥”。间或的儒家承续或复兴努力不敌剧烈的衰颓大势。]

[一番最流俗也最准确的儒家史,从宗师本人到曹魏,其中最剧烈的是秦帝国大灭儒和汉武帝大兴儒,而最深刻的是自此往后千年的一种势利政治经济学,即学而优则仕,“或徒步而取公卿,或累旬以腐台鼎。故搢绅之士,靡然向风”。]

昔周德既衰，诸侯力政，礼经废缺，雅颂陵夷。夫子将圣多能，固天攸[所]纵，叹凤鸟之不至，伤麟出之非时，于是乃删《诗》《书》，定礼乐，赞《易》道，修《春秋》，载籍逸而复存，风雅变而还正。其后卜商、卫赐、田、吴、孙、孟之俦，或亲禀微言，或传闻大义，犹能强晋存鲁，蕃魏却秦，既抗礼于邦君，亦驰声于海内。及嬴氏惨虐，弃德任刑，炀坟籍于埃尘，填儒林于坑阱，严是古之法，抵挟书之罪，先王徽烈，靡有孑遗。汉祖勃兴，救焚拯溺，粗修礼律，未遑俎豆。逮于孝武，崇尚文儒。爰及东京，斯风不坠。于是傍求蠹简，博访遗书，创甲乙之科，擢贤良之举，莫不纡青拖紫，服冕乘轩，或徒步而取公卿，或累旬以膺台鼎。故搢绅之士，靡然向风，余芳遗烈，焕乎可纪者也。泊[到，及]当涂草创，深务兵权，而主好斯文，朝多君子，鸿儒硕学，无乏于时。

[两晋儒家史，一部衰颓史：晋武帝司马炎承续儒风，但远"未足比隆三代"，其后华夏大乱，"衣冠礼乐，扫地俱尽"；东晋初期虽尊儒劝学，但至多差强人意，敌不过曹魏后期就开始风行的玄学玄风。由此，两晋概而言之"崇饰华竞，祖述虚玄"，"宪章弛废，名教颓毁"，导致——据房玄龄等颇为夸张的指控——"五胡乘间而竞逐，二京继踵以沦胥"。]

[从儒家命运视野看，两晋一个半世纪里值得称道的只有西晋初年（及东晋初年）：]武帝受终，忧劳军国，时既初并庸蜀，方事江湖，训卒厉兵，务农积谷，犹复修立学校，临幸辟雍。而荀颉以制度赞惟新①，郑冲以儒宗登保傅②，茂先[张华字]以博物参朝政，子真[陈骞字]以好礼居秩宗，虽愧明扬，亦非遐弃。既而荆扬底定，区寓乂安，群公草封禅之仪，天子发谦冲[犹谦逊]之诏，未足比隆三代，固亦擅美一时。[其后"丧乱弘多，衣冠礼乐，扫地俱尽"：]惠帝缵戎[继承帝业]，朝昏政弛，衅起宫掖，祸成藩翰。惟怀[晋怀帝]逮愍[晋愍帝]，丧乱弘多，衣冠礼乐，扫地俱尽。[东晋

---

① 《晋书·荀颉传》载：颉年逾耳顺[指人到了60余岁]，孝养蒸蒸，以母忧去职，毁几灭性，海内称之。……及蜀平，兴复五等，命颉定礼仪。颉上请羊祜、任恺、庚峻、应贞、孔颢共删改旧文，撰定晋礼。

② 我们给《晋书·郑冲传》作的首注：西晋初的最高级大臣之一，先前任曹魏后期高官，位至三公。他不仅"博究儒术"，而且是儒家行为主义者，"动必循礼"。此外，他的经典儒家兼道家素质不一而足："以儒雅为德""任真自守""恬远清虚""不预世事""不营资产"等。晋武帝司马炎对他的公开正式褒扬无以复加。对西晋政权来说，他有无治国才能和相关政绩并不重要，重要的是他作为"以德治国"的宣传样板作用。

初年尚可赞誉,但至多差强人意.]元帝运钟百六,光启中兴,贺、荀、刁、杜[当时四大儒士贺循、荀崧、刁协、杜夷,皆为门阀世族]诸贤并稽古博文,财成礼度。虽尊儒劝学,亟降于[颁发于]纶言[帝王诏令],东序西胶[出自《礼记·王制》,兴教化、养耆老的场所],未闻于弦诵。明皇聪睿,雅爱流略,简文玄嘿[寂静无为],敦悦丘坟,乃招集学徒,弘奖风烈,并时艰祚促,未能详备。[在房玄龄等看来,玄学玄风之流行罪莫大焉.]有晋始自中朝,迄于江左,莫不崇饰华竞,祖述虚玄,摈阙里之典经,习正始[曹魏齐王曹芳年号,240—249]之余论,指礼法为流俗,目纵诞以清高,遂使宪章弛废,名教颓毁,五胡乘间而竞逐,二京继踵以沦胥,运极道消,可为长叹息者矣。郑冲等名位既隆,自有列传,其余编之于左,以续前史《儒林》云。

列传第三　石苞、石崇传　摘录和评注

石苞:

[曹魏中后期即已任高官的西晋初年显要权臣,位至三公。以"经国才略"和忠诚获得司马氏赏识和亲近,此乃他位尊权重的关键。他完全不是个儒家行为主义者,"好色薄行"。奇妙的是,从全传看,他的才略反复得到凸显,却全然不见"好色薄行"的事迹,且他有标准儒家行为主义的临终遗嘱。]

[出身卑微,容貌、风情(和才华)却简直无双,遂打动从下至上乃至顶层的主事者,即使他亦以"好色薄行"闻名。]

石苞,字仲容,渤海南皮[今河北南皮东北]人也。雅旷有智局,容仪伟丽,不修小节。故时人为之语曰:"石仲容,姣无双。"[他的容貌、风情(和才华)简直无双,打动从下至上的主事者]县召为吏,给农司马。会谒者阳翟郭玄信奉使,求人为御,司马以苞及邓艾给之。行十余里,玄信谓二人曰:"子后并当至卿相。"苞曰:"御隶也,何卿相乎?"既而又被使到邺,事久不决,乃贩铁于邺市。市长沛国赵元儒名知人,见苞,异之,因与结交。叹苞远量,当至公辅,由是知名,见吏部郎许允,求为小县。允谓苞曰:"卿是我辈人,当相引在朝廷,何欲小县乎?"苞还叹息,不意允之知己乃如此也。

[甚至打动司马氏，即使他"好色薄行"：]稍迁景帝中护军司马。宣帝闻苞好色薄行，以让景帝。帝答曰："苞虽细行不足，而有经国才略。夫贞廉之士，未必能经济世务。是以齐桓忘管仲之奢僭，而录其匡合之大谋；汉高舍陈平之污行，而取其六奇之妙算。苞虽未可以上俦二子，亦今日之选也。"[伟大的曹操的用人方针的影响？"唯才是举"而非"唯德是举"甚或"德才兼备"，因为道理很简单：重在功用，而"贞廉之士，未必能经济世务"；保证三教九流有"德"（首先是政治忠诚）是政治领导而非三教九流的责任。]意乃释。徙邺典农中郎将。时魏世王侯多居邺下，尚书丁谧贵倾一时，并较时利。苞奏列其事，由是益见称。[就此，起作用的不是他的正直，而是他对曹爽之下韬光养晦的司马氏的忠诚。]历东莱、琅邪太守，所在皆有威惠[他的地方治理才干]。迁徐州刺史。

[他对司马氏权势乃至王朝变更的贡献及获得的酬赏：]

[他的军事才干，特别是作为方面军司令，表现在平诸葛诞之乱中：]文帝[司马昭]之败于东关也[252]，苞独全军而退。帝指所持节谓苞曰："恨不以此授卿，以究大事。"乃迁苞为奋武将军、假节、监青州诸军事。及诸葛诞举兵淮南[257]，苞统青州诸军，督兖州刺史州泰、徐州刺史胡质，简锐卒为游军，以备外寇。吴遣大将朱异、丁奉等来迎，诞等留辎重于都陆，轻兵渡黎水。苞等逆击，大破之。泰山太守胡烈以奇兵诡道袭都陆，尽焚其委输。异等收余众而退，寿春平。拜苞镇东将军，封东光侯、假节。顷之，代王基都督扬州诸军事。苞因入朝。[他对司马氏的忠诚在重要关头再度得到证明：]当还，辞高贵乡公，留语尽日。既出，白文帝曰："非常主也。"数日而有成济之事。① 后进位征东大将军，俄迁骠骑将军。

---

① 《晋书·景帝文帝纪》载：天子既以帝三世宰辅，政非己出，情不能安，又虑废辱，将临轩召百僚而行放黜。[高贵乡公孤注一掷，图谋鲁莽粗俗的君主政变。]五月戊子夜，使冗从仆射李昭等发甲于陵云台，召侍中王沈、散骑常侍王业、尚书王经，出怀中黄素诏示之，戒严俟旦。沈、业驰告于帝[背叛其名义主子，忠于其真实主子]，帝召护军贾充等为之备。天子知事泄，帅左右攻相府，称有所讨，敢有动者族诛。相府兵将止不敢战，贾充叱诸将曰："公畜养汝辈，正为今日耳！"太子舍人成济抽戈犯跸，刺之，刃出于背，天子崩于车中。[君主暴死！]帝召百僚谋其故，仆射陈泰不至。帝遣其舅荀颙舆致之，延于曲室，谓曰："玄伯，天下其如我何？"[这里全无革命者的自信，只有篡夺者的胆怯和伪善。]泰曰："惟腰斩贾充，微以谢天下。"帝曰："卿更思其次。"泰曰："但见其上。不见其次。"于是归罪成济而斩之。[一名低级替罪羊！]

文帝崩,贾充、荀勖议葬礼未定。苞时奔丧,恸哭曰:"基业如此,而以人臣终乎!"葬礼乃定。后每与陈骞讽魏帝以历数已终,天命有在。及禅位,苞有力焉。[他为司马氏再立大功。]武帝践阼,迁大司马,进封乐陵郡公,加侍中,羽葆鼓吹。[西晋建立,他位至三公。]

[回溯:司马氏对他——拥兵一方、举足轻重者——的信任证明并不绝对,他遭遇个人致命危机但安然渡过;他的政治才能非同小可!]

自诸葛诞破灭,苞便镇抚淮南,士马强盛,边境多务,苞既勤庶事,又以威德服物。[个人致命危机的形成和恶化:]淮北监军王琛轻苞素微,又闻童谣曰:"宫中大马几作驴,大石压之不得舒。"因是密表苞与吴人交通。先时望气者云"东南有大兵起"。及琛表至,武帝甚疑之。会荆州刺史胡烈表吴人欲大出为寇,苞亦闻吴师将入,乃筑垒遏水以自固。帝闻之,谓羊祜曰:"吴人每来,常东西相应,无缘偏尔,岂石苞果有不顺乎?"祜深明之,而帝犹疑焉。会苞子乔为尚书郎,上召之,经日不至。帝谓为必叛,欲讨苞而隐其事。遂下诏以苞不料贼势,筑垒遏水,劳扰百姓,策免其官。遣太尉义阳王望率大军征之,以备非常。又敕镇东将军、琅邪王伷自下邳会寿春。[安然渡过个人致命危机:]苞用掾孙铄计,放兵步出,住都亭待罪。帝闻之,意解。及苞诣阙,以公还第。苞自耻受任无效而无怨色[忠诚加审慎]。

[忠诚加审慎终获酬赏:]时邺奚官督郭廙上书理苞。帝诏曰:"前大司马苞忠允清亮,才经世务,干用之绩,所历可纪。宜掌教典,以赞时政。其以苞为司徒。"有司奏:"苞前有折挠,不堪其任。以公还第,已为弘厚,不宜擢用。"诏曰:"吴人轻脆,终无能为。故疆场之事,但欲完固守备,使不得越逸而已。以苞计画不同,虑敌过甚,故征还更授。昔邓禹挠于关中,而终辅汉室,岂以一眚而掩大德哉!"于是就位。

[他作为司徒表现优良,死后尊荣至极。]

苞奏:"州郡农桑未有赏罚之制,宜遣掾属循行,皆当均其土宜,举其殿最,然后黜陟焉。"诏曰:"农殖者,为政之本,有国之大务也。虽欲安时兴化,不先富而教之,其道无由。而至今四海多事,军国用广,加承征伐之后,屡有水旱之事,仓库不充,百姓无积。古道稼穑树艺,司徒掌之。……今司徒位当其任,乃心王事……其使司徒督察州郡播殖，将委事任成，垂拱仰办。若宜有所循行者，其增置掾属十人，听取王官更练事业者。"苞在位称为忠勤，帝每委任焉。

泰始八年[272]薨。帝发哀于朝堂，赐秘器，朝服一具，衣一袭，钱三十万，布百匹。及葬，给节、幢、麾、曲盖、追锋车、鼓吹、介士、大车，皆如魏司空陈泰故事。车驾临送于东掖门外。策谥曰武。咸宁初，诏苞等并为王功，列于铭飨[谓列名受祭]。

[多年文臣武将生涯是否令他转变了个性？为何全篇不见他"好色薄行"的事迹？无论如何，他的遗嘱是标准的儒家行为主义的：]苞豫为《终制》曰："延陵薄葬，孔子以为达礼；华元厚葬，《春秋》以为不臣，古之明义也。自今死亡者，皆敛以时服，不得兼重。又不得饭含[丧仪之一，将珠、玉、谷物或钱放入死者口中]，为愚俗所为。又不得设床帐明器也。定窆[biǎn，用来牵引棺椁下墓穴的石头]之后，复土满坎，一不得起坟种树……"诸子皆奉遵遗令，又断亲戚故吏设祭。有六子：越、乔、统、浚、俊、崇。以统为嗣。……

石崇：

[石苞少子，中国历史上臭名昭著的穷极奢侈的显富斗富之徒，且卑佞巴结暴虐的贾后家族；他暴亡于赵王司马伦之手，将其原因锐利地界定为"奴辈利吾家财"。]

[他的故事极显著地反映了西晋即使在建立之初就流行的政治文化大恶变。]

[他——有才华者——深谙敛财之道，如何巴结权贵，"无行检"，无廉耻。]

崇字季伦，生于青州，故小名齐奴。少敏惠，勇而有谋。[他敏慧有谋，深谙敛财之道：]苞临终，分财物与诸子，独不及崇。其母以为言，苞曰："此儿虽小，后自能得。"……拜黄门郎。[他确有才华，雄辩非常：]兄统忤扶风王骏，有司承旨奏统，将加重罚，既而见原。以崇不诣阙谢恩，有司欲复加统罪。崇自表曰："臣兄统……近为扶风王骏横所诬谤……骏戚属尊重，权要赫奕。内外有司，望风承旨。苟有所恶，易于投卵。自统枉劾以来，臣兄弟不敢一言稍自申理。戢舌钳口，惟须刑书。幸赖陛下天听四达……中诏申料，罪谴澄雪。臣等刻肌碎首，未足上报。臣即以今月十四日，与兄统、浚等诣公车门拜表谢恩。伏度奏御之日，暂经天听。此月二十日，忽被兰台禁止符，以统蒙宥，恩出非常，臣晏然私门，曾不陈谢，复见弹奏，诎辱理尽。臣始闻此，惶惧狼狈，静而思之，固无怪也。苟尊势所驱，何所不至，望奉法之直绳，不可得也。……一月之中，奏劾频加，曲之与直，非臣所计。……伏待罪黜，无所多言。"由是事解。累迁散骑常侍、侍中。

武帝以崇功臣子，有干局，深器重之。元康初，杨骏辅政，大开封赏，多树党援。……出为南中郎将、荆州刺史，领南蛮校尉，加鹰扬将军。……

崇颖悟有才气，而任侠无行检。[他确实深谙敛财之道，只需"无行检"！]在荆州，劫远使商客，致富不赀[无从计量]。征为大司农，以征书未至擅去官免。顷之，拜太仆，出为征虏将军，假节、监徐州诸军事，镇下邳。崇有别馆在河阳之金谷[金谷园，遗址在今洛阳老城东北七里处的金谷洞内，石崇穷奢极欲的主要所在地]，一名梓泽，送者倾都，帐饮于此焉。至镇，与徐州刺史高诞争酒相侮，为军司所奏，免官。[他卑佞巴结暴虐的贾后家族：]复拜卫尉，与潘岳谄事贾谧[贾南风的亲外甥，得其宠幸]。谧与之亲善，号曰"二十四友"。广城君[贾南风生母郭槐]每出，崇降车路左，望尘而拜，其卑佞如此。

[关于他的主题：穷奢极欲，显富斗富。]

财产丰积，室宇宏丽。后房百数，皆曳纨绣，珥金翠。丝竹尽当时之选，庖膳穷水陆之珍。与贵戚王恺、羊琇之徒以奢靡相尚。恺以饴澳釜[饴糖水洗锅]，崇以蜡代薪。恺作紫丝布步障四十里，崇作锦步障五十里以敌之。崇涂屋以椒，恺用赤石脂。崇、恺争豪如此。武帝每助恺，尝以珊瑚树赐之，高二尺许，枝柯扶疏，世所罕比。恺以示崇，崇便以铁如意击之，应手而碎。恺既惋惜，又以为嫉己之宝，声色方厉。崇曰："不足多恨，今还卿。"乃命左右悉取珊瑚树，有高三四尺者六七株，条干绝俗，光彩曜日，如恺比者甚众。恺惘然自失矣。

崇为客作豆粥，咄嗟[形容时间短]便办。每冬，得韭萍斋[韭菜蘸料]。尝与恺出游，争入洛城，崇牛迅若飞禽，恺绝不能及。恺每以此三事为恨，乃密货崇帐下问其所以。答云："豆至难煮，豫作熟末，客来，但作白粥以投之耳。韭萍斋是捣韭根杂以麦苗耳。牛奔不迟[(本来)跑得不慢]，良由[(跑得慢)是因为]驭者逐不及，反制之，可听蹁辕则驶[可允许牛车在一定程度内偏离行驶方向]矣。"于是悉从之，遂争长焉。崇后知之，因杀所告者。[他还残杀家奴。]

尝与王敦入太学,见颜回、原宪之象,顾而叹曰:"若与之同升孔堂,去人何必有间。"敦曰:"不知余人云何,子贡去卿差近。"崇正色曰:"士当身名俱泰,何至瓮牖[以破瓮为窗,指贫寒之家]哉!"其立意类此。[他的人生观!]……

[他的暴亡;政治腐败黑暗,他——聪慧者和放荡者——必定随波逐流,醉生梦死,但仍不能看破红尘。]

及贾谧诛,崇以党与免官。时赵王伦专权,崇甥欧阳建与伦有隙。崇有妓曰绿珠,美而艳,善吹笛。孙秀[赵王司马伦佞臣]使人求之。崇时在金谷别馆,方登凉台,临清流,妇人侍侧。使者以告。崇尽出其婢妾数十人以示之,皆蕴兰麝,被罗縠,曰:"在所择。"使者曰:"君侯服御丽则丽矣,然本受命指索绿珠,不识孰是?"崇勃然曰:"绿珠吾所爱,不可得也。"[他醉生梦死,但仍不能看破红尘!]使者曰:"君侯博古通今,察远照迩,愿加三思。"崇曰:"不然。"使者出而又反,崇竟不许。秀怒,乃劝伦诛崇、建。[他"勇而有谋",冒天大风险!]崇、建亦潜知其计,乃与黄门郎潘岳阴劝淮南王允、齐王冏以图伦、秀。秀觉之,遂矫诏收崇及潘岳、欧阳建等。崇正宴于楼上,介士到门。崇谓绿珠曰:"我今为尔得罪。"绿珠泣曰:"当效死于官前。"因自投于楼下而死。崇曰:"吾不过流徙交、广耳。"及车载诣东市,崇乃叹曰[他的锐利透视或经验性常识,他的政治经济学!]:"奴辈利吾家财。"收者答曰:"知财致害,何不早散之?"崇不能答。[他醉生梦死,但仍不能看破红尘!]崇母兄妻子无少长皆被害,死者十五人,崇时年五十二。

……有司簿阅崇水碓三十余区,苍头八百余人,他珍宝货贿田宅称是。……

[终评平庸,但"御而骄奢,其关乎治政"可谓常识性经验性质的警世箴言。]

史臣曰:……石崇……超四豪而取富,喻五侯而竞爽……至于金谷含悲,吹楼将坠,所谓高蝉处乎轻阴,不知螳螂袭其后["奴辈利吾家财"?!]也。

列传第十二 王济传 摘录和评注

[晋初杰出将领王浑之子,一时名士,皇帝驸马,得宠内臣。文才言才出众的同

时，他有某些阴暗或丑陋秉性，特别是“内多忌刻，好以言伤物”，还有穷极奢华。可谓俊少恶少！]

济字武子。少有逸才，风姿英爽，气盖一时。好弓马，勇力绝人，善《易》及《庄》《老》，文词俊茂，伎艺过人，有名当世，与姊夫和峤及裴楷齐名。尚常山公主[**司马炎女，如后所述双目失明，且非常妒忌，终身无子**]。年二十，起家拜中书郎，以母忧去官。起为骁骑将军，[**得益于多项资产，他是司马炎的得宠内臣：**]累迁侍中，与侍中孔恂、王恂、杨济同列，为一时秀彦。武帝尝会公卿籓牧于式乾殿，顾济、恂而谓诸公曰：“朕左右可谓恂恂济济矣！”每侍见，未尝不咨论人物及万机得失。[**除了上述的，他还有其他才能资产：**]济善于清言，修饰辞令，讽议将顺，朝臣莫能尚焉，帝益亲贵之。仕进虽速，论者不以主婿之故，咸谓才能致之。[**然而，他有某些阴暗的秉性：**]然外虽弘雅，而内多忌刻，好以言伤物，侪类以此少之。以其父之故，每排王濬，时议讥焉。

[**在头号政治敏感问题——齐王司马攸去留问题上他因劝谏而倒霉：**]齐王攸当之籓，济既陈请，又累使公主与甄德妻长广公主俱入，稽颡泣请帝留攸。帝怒谓侍中王戎曰：“兄弟至亲，今出齐王，自是朕家事，而甄德、王济连遣妇来生哭人！”以忤旨，左迁国子祭酒，常侍如故。数年，入为侍中。时浑为仆射，主者处事或不当，济性峻厉，明法绳之。[**继而又因家族内斗和生性“峻厉”再度倒霉：**]素与从兄佑不平，佑党颇谓济不能顾其父，由是长同异之言。出为河南尹，未拜，坐鞭王官吏免官，而王佑始见委任。而济遂被斥外，于是乃移第北芒山下。

[**穷极奢华，而且在奢华之中骄横跋扈：**]性豪侈，丽服玉食。时洛京地甚贵，济买地为马埒[**习射之驰道，两边有界限，使不致跑出道外**]，编钱满之，时人谓为“金沟”。王恺以帝舅奢豪，有牛名“八百里驳”，常莹其蹄角。济请以钱千万与牛对射而赌之。恺亦自恃其能，令济先射。一发破的，因据胡床，叱左右速探牛心来，须臾而至，一割便去。和峤性至俭，家有好李，帝求之，不过数十。济候其上直，率少年诣园，共啖毕，伐树而去。帝尝幸其宅，供馔甚丰，悉贮琉璃器中。蒸肫[**禽类的胃（亦称“胗”），一说为乳猪**]甚美，帝问其故，答曰：“以人乳蒸之。”[**!**]帝色甚不平，食未毕而去。

…… ……

[名士风度，他似乎不怕任何人！他可谓"无礼于君者"：]帝尝谓和峤曰："我将骂济而后官爵之，何如？"峤曰："济俊爽，恐不可屈。"帝因召济，切让之，既而曰："知愧不？"济答曰："尺布斗粟之谣[《史记·淮南衡山列传》："孝文十二年，民有作歌歌淮南厉王曰：'一尺布，尚可缝；一斗粟，尚可舂；兄弟二人不相容。'"]，常为陛下耻之。他人能令亲疏，臣不能使亲亲，以此愧陛下耳。"帝默然。

帝尝与济弈棋，而孙皓在侧，谓皓曰："何以好剥人面皮？"皓曰："见无礼于君者则剥之。"济时伸脚局下，而皓讥焉。

[名士声誉，最终得盛大证明：]寻使白衣[平民]领太仆。年四十六，先浑卒，追赠骠骑将军。及其将葬，时贤无不毕至。孙楚雅敬济，而后来，哭之甚悲，宾客莫不垂涕。哭毕，向灵床曰："卿常好我作驴鸣，我为卿作之。"体似声真，宾客皆笑。楚顾曰："诸君不死，而令王济死乎！"

初，济尚主，主两目失明，而妒忌尤甚，然终无子……[他对司马炎何尝没有怨懑，而司马炎对他何尝没有愧疚！]

列传第十三　王戎、王衍、王澄、郭舒、乐广传　摘录和评注

[西晋几名信奉老庄、喜好清谈、状似潇洒的一流名士高官。其中多数（王戎、王衍、王澄）以各自不同方式的恶劣的秉性和行为给人留下深刻印象，强烈地昭示政治文化的老庄化可以带来何种政治，或者说"凭虚"与"朝章乱"之间有何种互为因果的历史性灾祸关系。还有一位乐广，虽然品性比他们好，甚或好得多，但不能干（更准确地说还有不愿干——"崇尚虚浮，逃于得失之外以免害"[王夫之语]）是一样的。]

王戎：

[魏末晋初名士，跻身于"竹林七贤"，长于精辟的言谈和"人伦鉴识"。从司马昭经司马炎到司马衷，他在其下担任过多种官职，最后位至三公。他最可称道的政

治作为是参与灭吴战役后在被征服地区"绥慰新附,宣扬威惠"和招揽遗贤,以致"荆土悦服"。]

[随"八王之乱"的展开,他愈益看破红尘,逍遥居官,与此同时人格越来越成问题。继而,他跟随被作乱藩王及其部将挟持的惠帝逃亡,中途出奔,病逝他乡。他提供了一类混日子的高官的范例,图解"尸位素餐"。]

[幼而颖悟,且传奇般地勇敢镇定;少年时即与名士阮籍成"忘年交";"善发谈端",擅挈要领。]

王戎,字濬冲,琅邪临沂人也。祖雄,幽州刺史。父浑,凉州刺史、贞陵亭侯。戎幼而颖悟,神彩秀彻……年六七岁,于宣武场观戏,猛兽在槛中虓吼震地,众皆奔走,戎独立不动,神色自若。魏明帝于阁上见而奇之。……

[名士阮籍与之成"忘年交":]阮籍与浑为友。戎年十五,随浑在郎舍。戎少籍二十岁,而籍与之交。籍每适浑,俄顷辄去,过视戎,良久然后出。谓浑曰:"濬冲清赏,非卿伦也。共卿言,不如共阿戎谈。"[因辞巨额馈赠而显名:]及浑卒于凉州,故吏赙赠数百万,戎辞而不受,由是显名。["善发谈端",擅挈要领:]领为人短小,任率不修威仪,善发谈端,赏其要会。朝贤……或问王济曰:"昨游有何言谈?"济曰:"张华善说《史》《汉》;裴頠论前言往行,衮衮可听;王戎谈子房、季札之间,超然玄著。"其为识鉴者所赏如此。……

钟会伐蜀,过与戎别,问计将安出。戎曰:"道家有言,'为而不恃',非成功难,保之难也。"及会败,议者以为知言。

[入仕途,步步高升;他在职"无殊能",一生最可称道的政治作为是参与灭吴战役后,在被征服地区"绥慰新附,宣扬威惠"和招揽遗贤,以致"荆土悦服"。]

袭父爵,辟相国[司马昭]掾,历吏部黄门郎、散骑常侍、河东太守、荆州刺史,坐遣吏修园宅,应免官,诏[武帝司马炎诏]以赎论。迁豫州刺史,加建威将军,受诏伐吴。戎遣参军罗尚、刘乔领前锋,进攻武昌,吴将杨雍、孙述、江夏太守刘朗各率众诣戎降。戎督大军临江,吴牙门将孟泰以蕲春、邾二县降。吴平,进爵安丰侯,增邑六千户,赐绢六千匹。

戎渡江，绥慰新附，宣扬威惠。吴光禄勋石伟方直，不容皓朝，称疾归家。戎嘉其清节，表荐之。诏拜伟为议郎，以二千石禄终其身。荆土悦服。征为侍中。[因一小憾事"为清慎者所鄙"，官场不易！]南郡太守刘肇赂戎筒中细布五十端，为司隶所纠，以知而未纳，故得不坐，然议者尤之。帝谓朝臣曰："戎之为行，岂怀私苟得，正当不欲[不贪]为异耳！"帝虽以是言释之，然为清慎者所鄙，由是损名。

戎在职虽无殊能，而庶绩修理[处理政务妥当]。后迁光禄勋、吏部尚书，以母忧去职。……

[随着"八王之乱"展开，他愈益看破红尘，逍遥居官，同时人格变得丑而又丑。]

杨骏执政，拜太子太傅。[他在乱端初启之际就感觉到政局前景险恶：]骏诛之后，东安公繇专断刑赏，威震外内。戎诫繇曰："大事之后，宜深远之。"繇不从，果得罪。转中书令，加光禄大夫，给恩信五十人。迁尚书左仆射，领吏部。

[政局前景险恶（"王政将圮"），因而他开始混日子，逍遥居官，乃至"苟媚取容"：]戎始为甲午制，凡选举皆先治百姓，然后授用。司隶傅咸奏戎，曰："《书》称'三载考绩，三考黜陟幽明'。今内外群官，居职未期而戎奏还，既未定其优劣，且送故迎新，相望道路，巧诈由生，伤农害政。戎不仰依尧舜典谟，而驱动浮华，亏败风俗，非徒无益，乃有大损。宜免戎官，以敦风俗。"戎与贾、郭[贾后母族郭氏]通亲，竟得不坐。寻转司徒。以王政将圮，苟媚取容，属愍怀太子之废，竟无一言匡谏。

裴頠，戎之婿也，頠诛，戎坐免官。齐王冏起义，孙秀[赵王伦首要幕僚]录戎于城内，赵王伦子欲取戎为军司。博士王繇曰："濬冲谲诈多端，安肯为少年用？"乃止。惠帝反宫[301]，以戎为尚书令。既而河间王颙遣使就说成都王颖，将诛齐王冏。檄书至，冏谓戎曰："孙秀作逆，天子幽逼。孤纠合义兵，扫除元恶，臣子之节，信著神明。二王听谗，造构大难，当赖忠谋，以和不协。卿其善为我筹之。"戎曰[他似乎还是本质的他，在此无"苟媚取容"]："公首举义众，匡定大业，开辟以来，未始有也。然论功报赏，不及有劳，朝野失望，人怀贰志。今二王带甲百万，其锋不可当，若以王就第，不失故爵。委权崇让，此求安之计也。"冏谋臣葛旟[yú]怒曰："汉魏以来，王公就第，宁有得保妻子乎！议者可斩。"于是百官震悚，戎伪药[寒食散]发堕厕，得不及祸。[他为自保，确实"谲诈多端"！]

［他"与时舒卷"，信仰"邦有道，则仕；邦无道，则可卷而怀之"，虽未辞官但尸位素餐；他的人格越来越成问题：］戎以晋室方乱，慕蘧［qú］伯玉［卫大夫，孔子好友。《论语·宪问》载：子曰："君子哉蘧伯玉！邦有道，则仕；邦无道，则可卷而怀之"］之为人，与时舒卷，无謇谔［忠直敢言貌］之节。［尸位素餐混日子：］自经典选，未尝进寒素，退虚名，但与时浮沈，户调门选而已。寻拜司徒，虽位总鼎司，而委事僚宷。间乘小马，从便门而出游，见者不知其三公也。故吏多至大官，道路相遇辄避之。［"好兴利"，"积实聚钱，不知纪极"，"而又俭啬"：］性好兴利，广收八方园田水碓，周遍天下。积实聚钱，不知纪极，每自执牙筹，昼夜算计，恒若不足。而又俭啬，不自奉养，天下人谓之膏肓之疾。［超级葛朗台！奇丑。他的"竹林"潇洒（如果有过的话）似已荡然无存：］女适裴頠，贷钱数万，久而未还。女后归宁，戎色不悦，女遽还直，然后乃欢。从子将婚，戎遗其一单衣，婚讫而更责取。家有好李，常出货之，恐人得种，恒钻其核。以此获讥于世。

［他跟随被挟持的惠帝逃亡，中途出奔，病逝他乡。］

其后从帝北伐，王师败绩于荡阴［304］，①戎复诣邺，随帝还洛阳。车驾之西迁也，戎出奔于郏［今河南平顶山市郏县］。［他可以恢复为原初的他：］在危难之间，亲接锋刃，谈笑自若，未尝有惧容。时召亲宾，欢娱永日。永兴二年［305］，薨于郏县，时年七十二，谥曰元。

戎有人伦鉴识，尝目山涛如璞玉浑金［比喻天然美质，未加修饰］，人皆钦其宝，莫知名其器；王衍神姿高彻，如瑶林琼树，自然是风尘表物［超越世俗的杰出人物］。谓裴頠拙于用长，荀勖工于用短，陈道宁谔谔［挺拔］如束长竿。族弟敦有高名，戎恶之。敦每候戎，辄托疾不见。敦后果为逆乱。其鉴尝先见如此。

······ ······

---

① 《晋书·惠帝纪》载：永兴元年［304］……秋七月……己亥，司徒王戎、东海王越、高密王简、平昌公模、吴王晏、豫章王炽、襄阳王范、右仆射荀藩等奉帝北征，至安阳，众十余万，（司马）颖遣其将石超距战。己未，六军败绩于荡阴，矢及乘舆，百官分散……帝伤颊，中三矢，亡六玺。帝遂幸超军，馁甚……

王衍：

[王戎从弟，崇奉老庄，以清谈倾动当世，以风姿为人所尚。在"八王之乱"中，他先后攀附司马颖和司马越，同时利用之，以行"自全之计"。这名无行之人作为司马越死后所留武力的统帅被羯胡石勒击败生擒，继而做出他最甚的无行之举，即为自保而劝石勒称帝，结果被由此极端鄙视他的石勒"夜排墙填杀之"。]

[少年俊秀，盛才美貌无与伦比，信奉老庄后"口不论世事，唯雅咏玄虚而已"（或曰"终日清谈"）。]

衍字夷甫，神情明秀，风姿详雅。……父乂，为平北将军，常有公事，使行人列上[派使者呈送]，不时报[不能按时得到答复]。衍年十四，时在京师，造仆射羊祜，申陈事状，辞甚清辩。祜名德贵重，而衍幼年无屈下之色，众咸异之。杨骏欲以女妻焉，衍耻之，遂阳狂自免。武帝闻其名，问戎曰："夷甫当世谁比？"戎曰："未见其比，当从古人中求之。"

泰始八年[272]，诏举奇才可以安边者，衍初好论从横之术，故尚书卢钦举为辽东太守。不就，于是口不论世事，唯雅咏玄虚而已。……数年之间，家资罄尽，出就[搬家到]洛城西田园而居焉。后为太子舍人，迁尚书郎。出补元城令，终日清谈，而县务亦理。入为中庶子、黄门侍郎。

[他是"贵无论"信奉者，与裴頠"崇有论"对立。]魏正始[240—249]中，何晏、王弼等祖述《老》《庄》，立论以为："天地万物皆以无为本。无也者，开物成务，无往不存者也。阴阳恃以化生，万物恃以成形，贤者恃以成德，不肖恃以免身。故无之为用，无爵而贵矣。"衍甚重之。惟裴頠以为非，著论以讥之，而衍处之自若。衍既有盛才美貌，明悟若神，常自比子贡。兼声名藉甚，倾动当世。妙善玄言，唯谈《老》《庄》为事。每捉玉柄麈尾，与手同色。[论道无常，"口中雌黄"；这与他的其他玄虚秉性一起，竟赢得文化已经蜕化的朝野的一致称颂：]"义理有所不安，随即改更，世号"口中雌黄"。朝野翕然[一致称颂]，谓之"一世龙门"矣。累居显职，后进之士，莫不景慕放效。选举登朝，皆以为称首。矜高浮诞，遂成风俗焉。[同时他也大为促进了文化的广泛蜕化。]……

[他有个"藉中宫之势"非常无行的老婆，风度和秉性与他截然相反，但难道不

能说他俩在倚靠权势和腐蚀风俗方面殊途同归?]衍妻郭氏,贾后之亲,藉中宫之势,刚愎贪戾,聚敛无厌,好干预人事,衍患之而不能禁。时有乡人幽州刺史李阳,京师大侠也,郭氏素惮也。衍谓郭曰:"非但我言卿不可,李阳亦谓不可。"郭氏为之小损。衍疾郭之贪鄙,故口未尝言钱。郭欲试之,令婢以钱绕床,使不得行。衍晨起见钱,谓婢曰:"举却[搬走]阿堵物[口语"这个东西",因王衍此语,遂成钱的代名]!"其措意如此。

[他在"八王之乱"中(一):作为朝廷大臣,他谄媚贾南风,为此令自己的女儿与愍怀太子司马遹离婚;贾南风毁灭后他由此被惩罚。]

后历北军中候、中领军、尚书令。女为愍怀太子妃,太子为贾后所诬,衍惧祸,自表离婚。贾后既废,有司奏衍,曰:"衍与司徒梁王肜书,写呈皇太子手[亲手写]与妃及衍书,陈见诬见状。……太子被诬得罪,衍不能守死善道,即求离婚。得太子手书,隐蔽不出。志在苟免,无忠蹇之操。宜加显责,以厉臣节。可禁锢终身。"从之。

[他在"八王之乱"中(二):躲避司马伦和司马冏,继而先后攀附司马颖和司马越,同时利用之,以行"自全之计"。]

衍素轻赵王伦之为人。及伦篡位,衍阳狂斫婢以自免。及伦诛,拜河南尹,转尚书,又为中书令。时齐王冏有匡复之功,而专权自恣,公卿皆为之拜,衍独长揖焉。以病去官。[他攀附司马颖,位至三公:]成都王颖以衍为中军师,累迁尚书仆射,领吏部,后拜尚书令、司空、司徒。[他攀附司马越,同时利用之:]衍虽居宰辅之重,不以经国为念,而思自全之计。说东海王越曰:"中国已乱,当赖方伯,宜得文武兼资以任之。"乃以弟澄为荆州,族弟敦为青州。因谓澄、敦曰:"荆州有江、汉之固,青州有负海之险,卿二人在外,而吾留此,足以为三窟矣。"识者鄙之。

[他在"八王之乱"中(三):作为朝廷军队统帅,击破流民武装领袖王弥,守住洛阳;继而,这名无行之人作为司马越死后所留武力的统帅被羯胡石勒击败生擒,遂做出他最甚的无行之举,即劝石勒称帝,结果被石勒杀死。]

及石勒、王弥寇京师，以衍都督征讨诸军事、持节、假黄钺以距之。衍使前将军曹武、左卫将军王景等击贼，退之，获其辎重。迁太尉，尚书令如故。封武陵侯，辞封不受。时洛阳危逼，多欲迁都以避其难，而衍独卖车牛以安众心。

越之讨苟晞也，衍以太尉为太傅军司。及越薨，众共推为元帅。① 衍以贼寇锋起，惧不敢当。辞曰："吾少无宦情，随牒推移，遂至于此。今日之事，安可以非才处之。"俄而举军为石勒所破，勒呼王公，与之相见，问衍以晋故。衍为陈祸败之由，云计不在己。勒甚悦之，与语移日。[他为自保而劝石勒称帝，结果被由此极端鄙视他的石勒"夜排墙填杀之"：]衍自说少不豫事，欲求自免，因劝勒称尊号。勒怒曰："君名盖四海，身居重任，少壮登朝，至于白首，何得言不豫世事邪！破坏天下，正是君罪。"使左右扶出。谓其党孔苌曰："吾行天下多矣，未尝见如此人，当可活不？"苌曰："彼晋之三公，必不为我尽力，又何足贵乎！"勒曰："要不可加以锋刃也。"使人夜排[推]墙填杀之。衍将死，顾而言曰："呜呼！吾曹虽不如古人，向若不祖尚浮虚，戮力以匡天下，犹可不至今日。"[他意志彻底崩溃，以致不必要地在送命的同时还背叛了自己终身的哲理信仰（虽然他可以"口中雌黄"）！]

衍俊秀有令望，希心玄远，未尝语利。王敦过江，常称之曰："夷甫处众中，如珠玉在瓦石间。"顾恺之作画赞，亦称衍岩岩清峙，壁立千仞。[大画家顾恺之的荒唐谬言，缘于只顾其貌，不读内心！]其为人所尚如此。

……　……

王澄：

[王衍弟，才智超群，风流倜傥，鼓舌如簧，但身居要职而极端不负责任，视军政大事如同儿戏。不仅如此，他对请降的武装流民背信弃义，野蛮屠戮，激起和平流民大规模反叛。最终，他死于受他傲慢侮辱的东晋权臣、几年后将发军作乱的王敦之手。]

[他与其兄王衍类似，以他独特的恶劣方式证明政治文化的老庄化可以带来何

---

① 《晋书·怀帝愍帝纪》载：(永嘉)五年[311]春正月，帝密诏苟晞讨东海王越。壬申，晞为曹嶷所破。乙未，越遣从事中郎将杨瑁、徐州刺史裴盾共击晞。……三月戊午，诏下东海王越罪状，告方镇讨之。以征东大将军苟晞为大将军。丙子，东海王越薨。

种政治。]

[他才智超群,风流倜傥,混迹名士圈内"酣宴纵诞,穷欢极娱","少历显位",但已露不负责任的秉性。]

澄字平子。生而警悟,虽未能言,见人举动,便识其意。……衍有重名于世……澄尝谓衍曰:"兄形似道,而神锋太俊。"衍曰:"诚不如卿落落穆穆然也。"澄由是显名。有经澄所题目者,衍不复有言,辄云"已经平子矣"。

少历显位,累迁成都王颖从事中郎。……及颖败,东海王越请为司空长史。以迎大驾勋,封南乡侯。迁建威将军、雍州刺史,不之职。[他已露不负责任的秉性。]时王敦、谢鲲、庾敳[ái]、阮修皆为衍所亲善,号为四友,而亦与澄狎,又有光逸、胡毋辅之等亦豫焉。酣宴纵诞,穷欢极娱。① [名士圈内放纵无度,穷极欢娱。]

惠帝末,衍白(司马)越以澄为荆州刺史[!]、持节、都督,领南蛮校尉……[他鼓舌如簧,似有政治和治理大才:]澄辞义锋出,算略无方,一坐嗟服。澄将之镇,送者倾朝。澄见树上鹊巢,便脱衣上树,探而弄之,神气萧然,傍若无人。……

[他的真面目迅即大白,且始终如一:身居要职的极端不负责任的空谈名士,世族纨绔弟子;不仅如此,他对请降的武装流民背信弃义,野蛮屠戮,激起和平流民大规模反叛。]

[身居要职却极端不负责任:]澄既至镇,日夜纵酒,不亲庶事,虽寇戎急务,亦不以在怀。擢顺阳人郭舒于寒悴之中,以为别驾,委以州府。时京师危逼,澄率众军,将赴国难,而飘风折其节柱。[他似乎真要干事的时候则虎头蛇尾:]会王如[西晋末武装流民领袖]寇襄阳,澄前锋至宜城,遣使诣山简,为如党严嶷所获。嶷伪使人从襄阳来而问之曰:"襄阳拔未?"答云:"昨旦破城,已获山简。"……澄闻襄阳陷,以为信然,散众而还。既而耻之,托粮运不赡,委罪长史蒋俊而斩之,竟不能进。[他对请降的武装流民背信弃义,野蛮屠戮,激起和平流民大规模反叛:]巴蜀流人散在荆湘者,与土人忿争,遂杀县令,屯聚乐乡。澄使成都内史王机讨之。贼请降,

① 本篇内《乐广传》云:"是时王澄、胡毋辅之等,皆亦任放为达,或至裸体者。"

澄伪许之，既而袭之于宠洲，以其妻子为赏，沈八千余人于江中[!]。于是益梁流人四五万家一时俱反，推杜弢为主，南破零桂，东掠武昌，败王机于巴陵。[他的极端不负责任无止境，无以复加：]澄亦无忧惧之意，但与机日夜纵酒，投壶博戏，数十局俱起。杀富人李才，取其家资以赐郭舒。南平太守应詹骤谏，不纳。于是上下离心，内外怨叛。澄望实虽损，犹傲然自得。[他放纵无度，哪在乎名望。]后出军击杜弢，次于作塘。山简参军王冲叛于豫州，自称荆州刺史。澄惧，使杜蕤守江陵。澄迁于屏陵，寻奔沓中。郭舒谏曰："使君临州，虽无异政，未失众心。今西收华容向义之兵，足以擒此小丑，奈何自弃。"澄不能从。[他哪肯做——甚至哪能做——哪怕容易的正事！]

[他确实干不了一点正事：]初，澄命武陵诸郡同讨杜弢，天门太守扈瑰次于益阳。武陵内史武察为其郡夷所害，瑰以孤军引还。澄怒，以杜曾代瑰。夷袁遂，瑰故吏也，托为瑰报仇，遂举兵逐曾，自称平晋将军。澄使司马毌丘邈讨之，为遂所败。会元帝征澄为军咨祭酒，于是赴召。

[最终，他死在受他傲慢侮辱的王敦手里，实乃"澄自取之"：]

时王敦为江州（牧）[318]，镇豫章，澄过诣敦。澄夙有盛名，出于敦右，士庶莫不倾慕之。兼勇力绝人，素为敦所惮，澄犹以旧意侮敦。敦益忿怒，请澄入宿，阴欲杀之。而澄左右有二十绝人，持铁马鞭为卫，澄手尝捉玉枕以自防，故敦未之得发。后敦赐澄左右酒，皆醉，借玉枕观之。因下床而谓澄曰："何与杜弢通信？"澄曰："事自可验。"敦欲入内，澄手引敦衣，至于绝带。乃登于梁，因骂敦曰："行事如此，殃将及焉。"敦令力士路戎搤杀之，时年四十四，载尸还其家。刘琨闻澄之死，叹曰："澄自取之。"……

郭舒：

[他的传记可以部分地被视为《王澄传》的补充，补充展现后者的废职渎职，放荡暴虐。]

郭舒，字稚行。……始为领军校尉，坐擅放司马彪，系廷尉，世多义之。刺史夏侯含辟为西曹，转主簿。含坐事，舒自系理含，事得释。……刘弘牧荆州，引为治中。弘卒，舒率将士推弘子璠为主，讨逆贼郭劢[mài]。灭之，保全一州。

王澄闻其名，引为别驾。澄终日酣饮，不以众务在意，舒常切谏之。及天下大乱，又劝澄修德养威，保完州境。澄以为乱自京都起，非复一州所能匡御[王澄极端不负责任的借口而已]……[王澄放荡暴虐：]荆土士人宗庶尝因酒忤澄，澄怒，叱左右棒庶。舒厉色谓左右曰："使君过醉，汝辈何敢妄动！"澄恚曰："别驾狂邪，诳言我醉！"因遣掐其鼻，灸其眉头，舒跪而受之。澄意少释，而庶遂得免。

······ ······

乐广：

[与王衍同为西晋清谈领袖（"天下言风流者，谓王、乐为称首焉"），官至河南尹和尚书令，远不像王衍那么卑劣无行，也远不像王澄那么放荡渎职。然而，不能干是一样的，或如王夫之所评，"崇尚虚浮，逃于得失之外以免害，则阮籍、王衍、乐广之流是已"。]

[贫者而非世族出身，淡泊俭约，但擅清谈，凭此吸引名士和官宦，于是自己也成了名士和官宦。]

乐广，字彦辅，南阳淯阳[今河南南阳]人也。父方，参魏征西将军夏侯玄军事……方早卒。广孤贫，侨居山阳，寒素为业，人无知者。性冲约[淡泊俭约]，有远识，寡嗜欲，与物无竞。[他在那个时代的最大资产：]尤善谈论，每以约言析理，以厌[满足]人之心，其所不知，默如也。[凭清谈吸引名士和官宦，于是自己也成了名士和官宦：]裴楷尝引广共谈，自夕申旦，雅相钦挹，叹曰："我所不如也。"王戎为荆州刺史……乃举为秀才。楷又荐广于贾充，遂辟太尉掾，转太子舍人。尚书令卫瓘，朝之耆旧，逮与魏正始中诸名士谈论，见广而奇之，曰："自昔诸贤既没，常恐微言将绝，而今乃复闻斯言于君矣。"命诸子造焉，曰："此人之水镜，见之莹然，若披云雾而睹青天也。"王衍自言："与人语甚简至，及见广，便觉己之烦。"其为识者所叹美如此。

[凭清谈节节高升：]出补元城令，迁中书侍郎，转太子中庶子，累迁侍中、河南尹。广善清言而不长于笔，将让尹，请潘岳为表。岳曰："当得君意。"广乃作二百句

语,述己之志。岳因取次比[排列编次],便成名笔。时人咸云:"若广不假岳之笔,岳不取广之旨,无以成斯美也。"……

[他——清谈家——"所在为政无功誉"(但脾气尚好,是个优点,与为政大致无关的优点);更深入地说,他在乱世中"清己中立,任诚保素而已"。]

广所在为政,无当时功誉,然每去职,遗爱为人所思。凡所论人,必先称其所长,则所短不言而自见矣。人有过,先尽弘恕,然后善恶自彰矣。广与王衍俱宅心事外,名重于时。故天下言风流者,谓王、乐为称首焉。

…… ……

是时王澄、胡毋辅之等,皆亦任放为达,或至裸体者。广闻而笑曰:"名教内自有乐地,何必乃尔!"……值世道多虞,朝章紊乱,清己中立,任诚保素而已。……

…… ……

[在此唯一被记载的他的见义勇为之举:]愍怀太子之废也,诏故臣不得辞送,众官不胜愤叹,皆冒禁拜辞。司隶校尉满奋敕河南中部收缚拜者送狱,广即便解遣。众人代广危惧。孙琰说贾谧曰:"前以太子罪恶,有斯废黜,其臣不惧严诏,冒罪而送。今若系之,是彰太子之善,不如释去。"谧然其言,广故得不坐。

迁吏部尚书左仆射,后东安王繇当为仆射,转广为右仆射,领吏部,代王戎为尚书令,始戎荐广,而终践其位,时人美之。

[在"八王之乱"中,他终于"清己中立,任诚保素"之不得:]成都王颖,广之婿也,及与长沙王乂遘难,而广既处朝望,群小谗谤之。乂以问广,广神色不变,徐答曰:"广岂以五男易一女。"乂犹以为疑,广竟以忧卒。……

[房玄龄等对王戎、王衍和王澄的谴责至为严厉!他们说的"凭虚"与"朝章乱"之间有互为因果的历史性灾祸关系。]

史臣曰:……濬冲[王戎字]善发谈端,夷甫[王衍字]仰希方外,登槐庭之显列,顾漆圆[庄子曾为漆圆吏]而高视。彼既凭虚,朝章已乱。戎则取容于世,旁委货财;衍则自保其身,宁论宗稷?及三方构乱,六戎藉手,犬羊之侣,锋镝如云。夷甫区区焉,佞彼凶渠,以求容贷,颓墙之隙,犹有礼也。平子[王澄字]肆情傲物,对镜难堪,终失厥生,自贻伊败。……澄之箕踞,不已甚矣。若乃解袒登枝,裸形扪鹊,以此为达,谓之高致,轻薄是效,风流讵[岂,难道]及。……

列传第二十五　夏侯湛传　摘录和评注

[曹魏大贵族世家出身的小文豪,留下些一般的作品传世。据当时名士山涛评价,他"有盛德,而不长治民"①,显然只有文学才能而无政治才干,何况是否有"盛德"颇为可疑,因为他"族为盛门,性颇豪侈,侯服玉食,穷滋极珍"。在他那里,儒道可谓不分,精神上道远甚于儒。]

[曹魏大贵族世家出身,"幼有盛才,文章宏富,善构新词";对策中第任官但"累年不调",从而有旨在"自广"的牢骚篇《抵疑》。]

夏侯湛,字孝若,谯国谯人也。祖威[曹魏开国大将夏侯渊第四子],魏兖州刺史。父庄,淮南太守。湛幼有盛才,文章宏富,善构新词,而美容观,与潘岳友善,每行止同舆接茵[车同席],京都谓之"连璧"。

[旨在"自广"的牢骚篇《抵疑》:]少为太尉掾。泰始中,举贤良,对策中第,拜郎中,累年不调,乃作《抵疑》以自广。其辞曰[为什么我"歧立""著德""窥《六经》之文,览百家之学"却"进不能拔群出萃",且"口不释《雅》《颂》之音"?因为"欲逍遥以养生",因为"不识当世之便,不达朝廷之情,不能倚靡容悦"]:

当路子有疑夏侯湛者而谓之曰:"吾闻有其才而不遇者,时也;有其时而不遇者,命也。吾子[对人的尊称,译为"您",比"子"更亲切]童幼而歧立,弱冠而著德,少而流声,长而垂名……而官不过散郎,举不过贤良。凤栖五期,龙蟠六年,英耀秃落,羽仪摧残。而独雍容艺文,荡骀儒林,志不衮著述之业,口不释《雅》《颂》之音,徒费情而耗力,劳神而苦心……,栖迟穷巷,守此困极,心有穷志,貌有饥色……"

---

① 据《太平御览》,山涛拔举人才的"山公启事"云:"皇太子东宫多用杂材为官属,宜令纯取清德。太子舍人夏侯湛,字孝若,有盛德,而不长治民,有益台阁,在东宫已久。今殿中郎缺,宜得才学,不审其可迁此选不。"

夏侯子曰："噫！湛也幸，有过，人必知之矣。……敢布其腹心，岂能隐几以览其概乎！"

客曰："敢祇以听。"

夏侯子曰："……仆也承门户之业，受过庭之训，是以得接冠带之末，充乎士大夫之列，颇窥《六经》之文，览百家之学。弱年而入公朝，蒙蔽而当显举，进不能拔群出萃，却不能抗排当世，志则乍显乍昧，文则乍幽乍蔚。知之者则谓之欲逍遥以养生，不知之者则谓之欲遑遑以求达……

仆又闻，……仆，东野之鄙人，顽直之陋生也。不识当世之便，不达朝廷之情，不能倚靡容悦，出入崎倾，逐巧点妍[美，巧]，呕喁[和悦柔顺貌]辩佞[能说会道，花言巧语]……当此之时，若失水之鱼，丧家之狗，行不胜衣，言不出口，安能干当世之务，触人主之威，适足以露狂简而增尘垢。……

[当今天下太平无事，然而"奋笔扬文"者趋之若鹜，"坐而论道者充路盈寝"；我不欲从众入流，不欲"坐望高位"！]今天子以茂德临天下，以八方六合为四境，海内无虞，万国玄静……乡曲之徒，一介之士……皆奋笔扬文，议制论道。出草苗，起林薮，御青琐，入金墉[犹金城，坚固的城墙]者，无日不有。……若乃[至于]群公百辟，卿士常伯，被朱佩紫，耀金带白，坐而论道者，又充路盈寝……若仆之言，皆粪土之说，消磨灰烂，垢辱招秽，适可充卫士之爨[cuàn，炉灶]，盈扫除之器。譬犹投盈寸之胶，而欲使江海易色；烧一羽之毛，而欲令大炉增势。若燎原之烟，弥天之云，嘘之不益其热，翕之不减其气。今子见仆入朝暂对，便欲坐望高位，吐言数百，谓陵嶒一世，何吾子之失评也！仆固……从容乎农夫，优游乎卒岁矣。

[当今天下太平无事，"议制论道"或"进贤"全属扯淡！"子独不闻夫神人乎！"]……今也则九州为一家，万国为百郡，政有常道，法有恒训，因循而礼乐自定，揖让而天下大顺……居位者以善身为静，以寡交为慎，以弱断为重，以怯言为信。……子独不闻夫神人乎！嚼风饮露，不食五谷。登太清，游山岳，靡芝草，弄白玉。不因而独备，无假而自足。不与人路同嗜欲，不与世务齐荣辱。故能入无穷之门，享不死之年。以此言之，何待进贤！"

…… ……

[他确实只有文学才能而无政治才干,在地方行政长官任上"缓于公调","优游多暇"。]

后选补太子舍人,转尚书郎,出为野王令。以恤隐为急,而缓于公调[官家赋税]。政清务闲,优游多暇,乃作《昆弟诰》。① 其辞曰:

…… ……

[他"族为盛门,性颇豪侈,侯服玉食,穷滋极珍";他对生死的态度令人想起古希腊晚期的伊壁鸠鲁快乐主义,在世界观人生观大变的晋代被认作"深达存亡之理"。]

居邑累年,朝野多叹其屈。除中书侍郎,出补南阳相。迁太子仆,未就命,而武帝崩。惠帝即位,以为散骑常侍。元康[291—299]初,卒,年四十九。著论三十余篇,别为一家之言。……

湛族为盛门,性颇豪侈,侯服玉食,穷滋极珍。及将没,遗命小棺薄敛,不修封树。论者谓湛虽生不砥砺名节,死则俭约令终,是深达存亡之理。

…… ……

列传第十九　胡毋辅之传　摘录和评注

[大清谈家王衍的密友,"性嗜酒,任纵不拘小节",而且口若悬河。他在这里最值得注意的是作为混饭吃的官员再三极端不负责任。]

胡毋辅之,字彦国,泰山奉高人也。高祖班,汉执金吾。……辅之少擅高名,有知人之鉴。性嗜酒,任纵不拘小节。与王澄、王敦、庾敳俱为太尉王衍所昵,号曰四友。澄尝与人书曰:"彦国吐佳言如锯木屑,霏霏不绝,诚为后进领袖也。"

[他一度为吃饭而"改邪归正",但终究癖性难变,成了为混饭吃而极端不负责

---

① 《昆弟诰》模仿《尚书》,文辞古奥,在魏晋散文中颇为罕见。

任的官员：]辟别驾、太尉掾，并不就。以家贫，求试守繁昌令，始节酒自厉，甚有能名。迁尚书郎。……复求外出，为建武将军、乐安太守。与郡人光逸昼夜酣饮，不视郡事。……

…… ……

东海王越闻辅之名，引为从事中郎，复补振威将军、陈留太守。[他的混官不负责任已成癖性：]王弥经其郡，辅之不能讨，坐免官。寻除宁远将军、扬州刺史，不之职，越复以为右司马、本州大中正。越薨，避乱渡江，元帝以为安东将军咨议祭酒，迁扬武将军、湘州刺史、假节。到州未几卒，时年四十九。

…… ……

列传第七　宗室列传司马楙、司马腾等传　摘录和评注

[本篇所记主要为西晋部分大贵族，即宗室藩王，共计数十名（大多略去）。他们和其余宗室藩王都是武帝司马炎时期的产物，后者根本废弃自曹操开始的曹魏中央集权、压抑大贵族传统，改而大封宗室。结果，诸王大多统兵各据一方，以致他死后很快爆发"八王之乱"，西晋由此消耗殆尽，不久灭亡，随之而来的是东晋/五胡十六国的大分裂、大野蛮和大屠戮时代。]

[本篇例解大乱时代几乎无人不是机会主义者。]

司马楙（茂）：

[司马炎堂弟，"善谄谀"，"殖财货"，好奢侈，行暴敛，先后逢迎专权外戚杨骏、篡帝位者司马伦、暂控政权者司马冏和司马颖。继而又准备逢迎"八王之乱"的最终胜出者司马越。他的最后投机——与谋讨伐司马越——惨败，接着暴死于南匈奴前赵攻陷洛阳后的乱兵手中。]

[他"善谄谀"，先后逢迎杨骏、司马伦、司马冏和司马颖，在"八王之乱"中几番投机，屡换门庭。]

竟陵王楙,字孔伟,初封乐陵亭侯,起家参相国军事。武帝受禅,封东平王,邑三千九十七户。入为散骑常侍、尚书。楙善谄谀,曲事杨骏。及骏诛,依法当死,东安公繇与楙善,故得不坐。寻迁大鸿胪,加侍中。繇欲擅朝政,与汝南王亮不平。帝托以繇讨骏顾望,免繇、楙等官,遣楙就国。楙遂殖财货,奢僭逾制。赵王伦篡位,召还。及义兵起,伦以楙为卫将军、都督诸军事。伦败,楙免官。齐王冏辅政,繇复为仆射,举楙为平东将军、都督徐州诸军事,镇下邳。成都王颖辅政,进楙为卫将军。

[他判断不当,未谄谀曾有求于他的东海王司马越,发觉不妙后急忙准备迎合;然而他旧错再犯,得罪范阳王司马虓,结果挨揍。]

会惠帝北征,即以楙为车骑将军,都督如故,使率众赴邺。荡阴之役,东海王越奔于下邳,楙不纳,越乃还国。帝既西幸,越总兵谋迎大驾,楙甚惧。长史王修说曰:"东海宗室重望,今将兴义,公宜举徐州以授之,此克让之美也。"楙从之,乃自承制都督兖州刺史、车骑将军,表于天子。时帝在长安,遣使者刘虔即拜焉。

楙虑兖州刺史苟晞不避己,乃给虔兵,使称诏诛晞。晞时已避位,楙在州征求不已,郡县不堪命。[他又多一方面的丑恶表现!]范阳王虓遣晞还兖州,徙楙都督青州诸军事。楙不受命,背山东诸侯,与豫州刺史刘乔相结。虓遣将田徽击楙,破之,楙走还国。帝还洛阳,楙乃诣阙[谢罪]。

[他的毁灭:在与谋讨伐司马越兵败后落难,继而暴死于南匈奴前赵攻破洛阳后的乱兵手中。]

及怀帝践阼[307],改封竟陵王,拜光禄大夫。越出牧豫州,留世子毗及其党何伦访察宫省。楙白帝讨越,乃合众袭伦,不克。帝委罪于楙,楙奔窜获免。越薨,乃出。及洛阳倾覆,为乱兵所害。

…… ……

司马腾:

["八王之乱"的最终胜出者司马越之弟,有其可鄙的性情。曾是称职的地方行政长官,任九卿和刺史后在战场上协力大败劫持了惠帝的大藩王司马颖,继而兵败身死,"骸骨不获"。]

[他的传记提供了华夏大乱的一个缩影:走马灯似的胜败交替,走马灯似的人

头落地！]

新蔡武哀王腾，字元迈，少拜冗从仆射，封东赢公，历南阳、魏郡太守，所在称职。征为宗正，迁太常，转持节、宁北将军、都督并州诸军事、并州刺史。惠帝讨成都王颖，六军败绩。[1] 腾与安北将军王浚共杀颖所署幽州刺史和演，率众讨颖。颖遣北中郎将王斌距战，浚率鲜卑骑击斌，腾为后系[后继部队]，大破之。[华夏大乱中的一小轮，走马灯似的胜败交替！]颖惧，挟帝归洛阳，进腾位安将军。永嘉[怀帝年号，307—313]初，迁车骑将军，都督邺城守诸军事，镇邺。又以迎驾[迎怀帝]之勋，改封新蔡王。

……其后[307]公师籓[司马颖原部将]与平阳人汲桑[与羯人石勒共率牧民响应公师籓]等为群盗，起于清河郹县，众千余人，寇顿丘，以葬成都王颖为辞，载颖主而行，与张泓[原征虏将军，战败后投降齐王司马冏]故将李丰等将攻邺。腾曰[籓王太小看牧民首领，以致口出狂言]："孤在并州七年，胡围城不能克。汲桑小贼，何足忧也。"及丰等至，腾不能守，率轻骑而走，为丰所害。四子：虞、矫、绍、确。虞有勇力，腾之被害，虞逐丰，丰投水而死。是日，虞及矫、绍与钜鹿太守崔曼、车骑长史羊恒、从事中郎蔡克等又为丰余党所害，及诸名家流移依邺者，死亡并尽。[华夏大乱的一个缩影，走马灯似的人头落地，无论败者或胜者！]初，邺中虽府库虚竭，而腾资用甚饶。性俭啬，无所振惠，临急，乃赐将士米可数升，帛各丈尺，是以人不为用，遂致于祸。[他的可鄙性情，到头来毁灭了他。]及苟晞救邺，桑还平阳。于时盛夏，尸烂坏不可复识，腾及三子骸骨不获。

…… ……

司马模：

[司马懿侄孙，实质上作为半独立的军阀盘踞华夏核心区域之一，无力改变那

---

[1] 《晋书·惠帝纪》载：(永兴元年[304])秋七月丙申朔，右卫将军陈繻[xūn]以诏召百僚入殿中，因勒兵讨成都王颖……己亥，司徒王戎、东海王越、高密王简、平昌公模、吴王晏、豫章王炽、襄阳王范、右仆射荀籓等奉帝北征，至安阳，众十余万，颖遣其将石超距战。己未，六军败绩于荡阴，矢及乘舆，百官分散……帝伤颊，中三矢，亡六玺。帝遂幸超军，馁甚……超遣弟熙奉帝之邺……

里的极端凋敝和霍布斯式"自然状态"，又舍不得遗弃之。他最终在"士众离叛，仓库虚竭"的困境中投降攻打长安的匈奴前赵军，结果在大受羞辱后被杀，连老婆都被发配给胡人为妻。]

南阳王模，字元表，少好学，与元帝及范阳王虓俱有称于宗室。初封平昌公。……成都王颖奔长安[304]，东海王越以模为北中郎将，镇邺。……迁镇东大将军，镇许昌。进爵南阳王。永嘉[怀帝年号，307—313]初，转征西大将军、开府、都督秦雍梁益诸军事，代河间王颙[306卒]镇关中。……

[华夏惨况：核心区域之一的极端凋敝和霍布斯式"自然状态"]时关中饥荒，百姓相啖，加以疾疠，盗贼公行。模力不能制，乃铸铜人钟鼎为釜器以易谷，议者非之。东海王越表征模为司空，遣中书监傅祗代之。模谋臣淳于定说模曰："关中天府之国，霸王之地。今以不能绥抚而还，既于声望有亏，又公兄弟[即司马越]唱起大事，而并在朝廷，若自强则有专权之罪，弱则受制于人，非公之利也。"模纳其言，不就征。[实质上的区域军阀的悲观主义自保算计。]表遣世子保为西中郎将、东羌校尉，镇上邽，秦州刺史裴苞距之。模使帐下都尉陈安率众攻苞，苞奔安定。太守贾疋以郡迎苞，模遣军司谢班伐疋，疋退卢水。其年，进位太尉、大都督。

洛京倾覆，模使牙门赵染戍蒲坂，染求冯翊太守不得，怒，率众降于刘聪。[他的悲惨末日，藩王和华夏的共同惨况：]聪使其子粲及染攻长安，模使淳于定距之，为染所败。士众离叛，仓库虚竭，军祭酒韦辅曰："事急矣，早降可以免。"模从之，遂降于染。染箕踞[两脚张开，两膝微曲地坐着，形状像箕，是一种轻慢傲视对方的姿态]攘袂[捋上衣袖]数模之罪，送诣粲。粲杀之，以模妃刘氏赐胡张本为妻……

司马保：

[司马模之子，袭爵南阳王。他是个自命的地区割据军阀，西晋亡后更是完全割据自立。然而，与他父亲时相似，在社会凋敝和蛮夷猖獗的情势中，割据自立难上加难，东晋的故事在华夏北方几无可能复制。]

保字景度，少有文义，好述作。初拜南阳国世子。模遇害，保在邽上。其后贾疋死，裴苞又为张轨所杀，[自命的地区割据军阀，与附近的异族和华夏附庸似有一种经典的"封建"宗主/扈从关系：]保全有秦州[治所在今甘肃天水]之地，自号大司马，承制置百官。陇右氐羌并从之，凉州刺史张寔遣使贡献。[同时不拒西晋朝廷给予的爵号和官位：]及愍帝即位，以保为右丞相，加侍中、都督陕西诸军事。寻进位相国。模之败也，都尉陈安归于保，保命统精勇千余人以讨羌，宠遇甚厚。保将张春等疾之，谮安有异志，请除之，保不许。春等辄伏客以刺安，安被创，驰还陇城[今甘肃天水市秦安县城东部]，遣使诣保，贡献不绝[宗主/扈从关系]。

[西晋灭亡，他完全割据自立，但内忧外患，只得投奔鉴貌辨色的扈从；在那个时代，几乎无人不是机会主义者！]愍帝之蒙尘也，保自称晋王。时上邽大饥，士众窘困，张春奉保之南安。陈安自号秦州刺史，称籓于刘曜。春复奉保奔桑城，将投于张寔。寔使兵迎保，实御之也。是岁，保病薨，时年二十七。保体质丰伟，尝自称重八百斤。喜睡，痿疾，不能御妇人。无子……

司马勋：

[济南惠王司马遂之曾孙，10余岁西晋灭亡时成为匈奴将领养子，10年后带着骁勇战技回归东晋。他三度力图为东晋攻略关中而未遂，最后发动旨在构建独立的割据政权的叛乱而自我毁灭。]

[我们在此的兴趣只有一点：他个人似乎真正例解了华夏野蛮化，因为他出身华夏，少年时作为养子加入"五胡乱华"高潮时的蛮族生活，徙归华夏后不仅"便弓马，能左右射"，还暴酷凶虐，嗜血成性，且图立国。]

……遂之曾孙勋字伟长，年十余岁，愍帝末，长安陷[316]，刘曜将令狐泥养为子。及壮，便弓马，能左右射，咸和六年[331]，自关右还，自列云"是大长秋恂之玄孙，冠军将军济南惠王遂之曾孙，略阳太守瓘之子"，遂拜谒者仆射，以勇闻。

[回归东晋后，他三度力图攻略关中，皆未遂；他在梁州的暴酷统治和叛乱，连同自我毁灭：]

庾翼之镇襄阳，以梁州刺史援桓宣[东晋将领，与羯胡后赵进行过多次战斗]卒，请勋代之。初屯西城，退守武当。[他作为东晋梁州刺史攻伐后赵控制的关中，有战果但终不利：]时石季龙[羯胡石虎]死，中国乱，雍州诸豪帅驰告勋。勋率众出骆谷，壁于悬钩，去长安二百里，遣部将刘焕攻长安，又拔贺城。于是关中皆杀季龙太守令长以应勋。勋兵少，未能自固，复还梁州。[他卷入血腥关中豪族内斗，不利：]永和[东晋穆帝年号，345—356]中，张琚[冯翊大族豪强]据陇东，遣使召勋，勋复入长安。初，京兆人杜洪[大族豪强，归依后赵，受封车骑司马]以豪族陵琚，琚以勇侠侮洪，洪知勋惮琚兵强，因说勋曰："不杀张琚，关中非国家有也。"勋乃伪请琚，于坐杀之。琚弟走池阳，合众攻勋，频战不利，请和，归梁州。[他随桓温伐关中时，被氐族前秦将领击败：]后桓温伐关中，命勋出子午道，而为苻雄所败，退屯于女娲堡。[他在梁州的暴酷统治：]俄迁征虏将军，监关中军事，领西戎校尉，赐爵通吉亭侯。为政暴酷，至于治中别驾及州之豪右，言语忤意，即于坐枭斩之，或引弓自射。西土患其凶虐。[他的僭伪野心，即意欲建立包括梁益两州的割据政权；他为此发动叛乱，结果迅遭东晋中央击灭：]在州常怀据蜀，有僭伪之意。桓温闻之，务相绥怀，以其子康为汉中太守。勋逆谋已成，惮益州刺史周抚，未发。及抚卒，遂拥众入剑阁。梁州别驾雍端、西戎司马隗粹并切谏，勋皆诛之，自号梁益二州牧、成都王。桓温遣朱序讨勋，勋兵溃，为序所获，及息陇子[其子司马龙子]、长史梁惮、司马金壹等送于温，并斩之，传首京师。

…… ……

列传第八　司马肜传　摘录和评注

[梁王司马肜，无能之辈，一度又以无行之辈为主要幕僚，却屡任军政要职，甚至位至三公。他成为赵王司马伦控制中央的头号协作者，并且至少容其篡夺帝位，但即使如此大逆不道，司马伦灭亡后他仍是"不倒翁"。他死后即因一正义舆论而终受官方谴责，被谴责为毫无正义感和责任感的"混子"式的大机会主义者。]

[无能之辈屡任军政要职，甚至位至三公。]

梁孝王肜，字子徽，[无能之辈，而且是否"清修恭慎"值得怀疑：]清修恭慎，无他才能，以公子封平乐亭侯。及五等建，改封开平子。武帝践阼，封梁王，邑五千三百五十八户。及之国，迁北中郎将，督邺城守事。

[一度以无行之辈为主要幕僚:]时诸王自选官属，肜以汝阴上计吏张蕃为中大夫。蕃素无行，本名雄，妻刘氏解音乐，为曹爽教伎，蕃又往来何晏所，而恣为奸淫。晏诛，徙河间，乃变名自结于肜。为有司所奏，诏削一县。咸宁[275—280]中，复以陈国、汝南南顿增封为次国。[无能之辈却屡任军政要职，甚至位至三公:]太康[280—289]中，代孔洵监豫州军事，加平东将军，镇许昌。顷之，又以本官代下邳王晃监青徐州军事，进号安东将军。元康[惠帝年号，291—299]初，转征西将军，代秦王柬都督关中军事，领护西戎校尉。加侍中，进督梁州。寻征为卫将军、录尚书事，行太子太保，给千兵百骑。久之，复为征西大将军，代赵王伦镇关中，都督凉、雍诸军事，置左右长史、司马。又领西戎校尉，屯好畤，督建威将军周处、振威将军卢播等伐氐贼齐万年于六陌。[他蓄意害人，乃至置之于死地，有何"清修恭慎"可言?]肜与处有隙，促令进军而绝其后，播又不救之，故处见害。朝廷尤[责备，怪罪]之。寻征拜大将军、尚书令、领军将军、录尚书事。[朝廷对他即使偶有怪罪，也是轻描淡写。]

肜尝大会，谓参军王铨曰:"我从兄[司马泰]为尚书令，不能啖大胾[大块肉，喻权力]。大胾故难。"[他自觉也一样，无能之辈。]铨曰:"公在此独嚼，尚难矣。"肜曰:"长史大胾为谁?"曰:"卢播是也。"肜曰[他的心态，或曰大贵族的政治文化，是视百官皆为"家吏"]:"是家吏，隐之耳。"铨曰:"天下咸是家吏，便恐王法不可复行。"[他"清修"，但意在作秀和增添一点道德自信:]肜又曰:"我在长安，作何等不善!"因指单衣补幰[车上的帷幔]以为清。铨答曰:"朝野望公举荐贤才，使不仁者远。而位居公辅，以衣补幰，以此为清，无足称也。"肜有惭色。

[他是赵王司马伦摧毁贾后、控制中央的头号协作者，并且容其篡夺帝位;然而即使如此大逆不道，司马伦灭亡后他仍是"不倒翁"。]

永康初，共赵王伦废贾后[300]，诏以肜为太宰、守尚书令……以授肜，猥加崇进，欲以应之。或曰:"肜无权，不益也。"肜固让不受。及伦篡位，以肜为阿衡[宰衡]，给武贲百人，轩悬之乐十人。伦灭，诏以肜为太宰，领司徒，又代高密王泰为宗师。

[他死后即因一正义舆论而终受官方谴责,被谴责为"苟容"或"混子"式的大机会主义者。]

永康二年[301]薨,丧葬依汝南文成王亮故事。博士陈留蔡克议谥曰:"肜……临大节,无不可夺之志;当危事,不能舍生取义;愍怀[愍怀太子司马遹]之废,不闻一言之谏;淮南之难①,不能因势辅义;赵王伦篡逆,不能引身去朝。……有苟容之相,此而不贬,法将何施!谨案《谥法》'不勤成名曰灵',肜见义不为,不可谓勤,宜谥曰灵。"梁国常侍孙霖及肜亲党称枉,台乃下符曰:"贾氏专权,赵王伦篡逆,皆力制朝野,肜势不得去,而责其不能引身去朝,义何所据?"克重议曰:"肜为宗臣,而国乱不能匡,主颠不能扶,非所以为相。……肜不能去位,北面事伪主乎?宜如前议,加其贬责,以广为臣之节,明事君之道。"于是朝廷从克议。肜故吏复追诉不已,故改焉[改谥号为孝]。

……　……

列传第六十四　隐逸列传董京、郭文、杨轲传　摘录和评注

董京:

[西晋初隐逸之士,而且隐逸得很彻底。以彻底的道家哲理直接斥责儒家"邦有道仕之",首要理由是远古黄金时代之后皆为"时之不可与",因而"何为栖栖,自使疲单"?他的信条是"遁世以存真"。]

董京,字威辇,不知何郡人也。初与陇西计吏俱至洛阳,被发而行,逍遥吟咏,常宿白社[隐士聚居处]中。[他隐逸得很彻底,在生活方式和性情上:]时乞于市,得残碎缯絮,结以自覆,全帛佳绵则不肯受。或见推排骂辱,曾无怒色。孙楚[西晋初文学家,少欲隐居。《晋书》有其专传。]时为著作郎,数就社中与语,遂载与俱归,京不肯坐。[他在思想信念上隐逸得很彻底,以彻底的道家哲理直接斥责儒家"邦

---
① 《晋书·惠帝纪》载:[司马伦控制中央后,藩王间的内战开始:](永康元年[300])秋八月,淮南王允举兵讨赵王伦,不克,允及其二子秦王郁、汉王迪皆遇害。

有道仕之"：]楚乃贻之书，劝以今尧舜之世，胡为怀道迷邦。京答之以诗曰："周道敦[dù，终止，败坏]兮颂声没，夏政衰兮五常汨[mì，乱，没]。便便君子，顾望而逝，洋洋乎满目，而作者七。岂不乐天地之化也？哀哉乎时之不可与，对之以独处。[远古黄金时代之后皆为"时之不可与"，皆为"邦无道"。]无娱我以为欢，清流可饮，至道可餐，何为栖栖，自使疲单？……夫古之至人，藏器于灵，缊袍不能令暖，轩冕不能令荣；动如川之流，静如川之淳[(水)深]。鹦鹉能言，泗滨浮磬，众人所玩，岂合物情！……万物皆贱，惟人为贵，动以九州为狭，静以环堵[四面围绕土墙的狭屋]为大。"后数年，遁去，莫知所之，于其所寝处惟有一石竹子及诗二篇。[他的信条为"归自然之室"，"遁世以存真"：]其一曰："乾道刚简，坤体敦密，茫茫太素，是则是述。末世流奔，以文代质，悠悠世目，孰知其实！逝将去此至虚，归我自然之室。"又曰："孔子不遇，时彼感麟。麟乎麟！胡不遁世以存真？"

郭文：

[极为罕见的东晋初"自然主义者"，华北沦陷于异族后流亡江东，过着极端的"自然主义生活"，几近不食人间烟火。后应王导之邀住入为他在京师特置的"动物园"长达七年，成为众人莫识其奥的大名士，但终究逃归江东山野。"无欲主义"而非禁欲主义。]

郭文，字文举，河内轵[今河南济源市南]人也。少爱山水，尚嘉遁[退隐]。年十三，每游山林，弥旬忘反。父母终，服毕，不娶，辞家游名山，历华阴之崖，以观石室之石函。洛阳陷，乃步担入吴兴余杭大辟山中穷谷无人之地，[他极端的"自然主义"生活方式：]倚木于树，苫[茅苫]覆其上而居焉，亦无壁障。时猛兽为暴，入屋害人，而文独宿十余年，卒无患害。恒著鹿裘葛巾，不饮酒食肉，区[按距离（开沟）]种菽麦，采竹叶木实，贸盐以自供。[他与世无争，无论是对人还是（传奇般地）对兽：]人或酬下价者，亦即与之。后人识文，不复贱酬。食有余谷，辄恤穷匮。人有臻遗，取其粗者，示不逆而已。有猛兽杀大麏鹿于庵侧，文以语人，人取卖之，分钱与文。文曰："我若须此，自当卖之。所以相语，正以不须故也。"闻者皆嗟叹之。尝有猛兽忽张口向文，文视其口中有横骨，乃以手探去之，猛兽明旦致一鹿于其室前。猎者时往寄宿，文夜为担水而无倦色。余杭令顾飏与葛洪共造之，而携与俱归。飏以文山行或须皮衣,赠以韦裤褶[起褶皱的皮裤]一具,文不纳,辞归山中。飏追遣使者置衣室中而去,文亦无言,韦衣乃至烂于户内,竟不服用。

[他那种大名士,有完全不同于凡人的风度和信仰,"无欲主义"而非禁欲主义。]王导闻其名,遣人迎之,文不肯就船车,荷担徒行。既至,导置之西园,园中果木成林,又有鸟兽麇鹿,因以居文焉。[他的不彻底性在于竟应王导之邀前往京师,住入为他特置的"动物园"。]于是朝士咸共观之,文颓然箕踞,傍若无人。温峤尝问文曰:"人皆有六亲相娱,先生弃之何乐?"文曰:"本行学道,不谓遭世乱,欲归无路,是以来也。"又问曰:"饥而思食,壮而思室,自然之性,先生安独无情乎?"文曰:"情由忆[想念]生,不忆故无情。"又问曰:"先生独处穷山,若疾病遭命,则为乌鸟所食,顾不酷乎?"文曰:"藏埋者亦为蝼蚁所食,复何异乎!"又问曰:"猛兽害人,人之所畏,而先生独不畏邪?"文曰:"人无害兽之心,则兽亦不害人。"又问曰:"苟世不宁,身不得安。今将用先生以济时,若何?"文曰:"山草之人,安能佐世!"[当然拒绝入仕。]导尝众客共集,丝竹并奏,试使呼之。文瞪眸不转[眼光直视],跨蹋华堂如行林野。于时坐者咸有钩深味远之言,文常称不达来语[不能领悟对他说的话]。天机铿宏,莫有窥其门者。……永昌[322—323]中,大疫,文病亦殆。王导遗药,文曰:"命在天,不在药也。夭寿长短,时也。"

[终究逃出"动物园",返归江东山野,进至不再说话,直到病逝:]居导园七年,未尝出入。一旦忽求还山,导不听。后逃归临安[今浙江杭州市临安区],结庐舍于山中。临安令万宠迎置县中。及苏峻反,破余杭,而临安独全,人皆异之,以为知机。自后不复语,但举手指麾,以宣其意。病甚,求还山,欲枕石安尸,不令人殡葬,宠不听。不食二十余日,亦不瘦。宠问曰:"先生复可得几日?"文三举手,果以十五日终。宠葬之于所居之处而祭哭之,葛洪、庾阐并为作传,赞颂其美云。

…… ……

杨轲:

["自然主义者",教育家,无欲无畏,但被羯胡后赵石虎劫持,当不了经久的隐士。即使如此,他也不仕不拜石虎,甚至不与之说话。华夏气节!]

杨轲,天水人也。少好《易》,长而不娶,学业精微,养徒数百,常食粗饮水,衣褐缊袍,人不堪其忧,而轲悠然自得……虽受业门徒,非入室弟子,莫得亲言。欲所论授,须旁无杂人,授入室弟子,令递相宣授。刘曜僭号,征拜太常,轲固辞不起,曜亦敬而不逼,遂隐于陇山。曜后为石勒所擒,秦人东徙,轲留长安。及石季龙嗣伪位。备玄纁束帛安车征之,轲以疾辞。迫之,乃发。既见季龙,不拜,与语,不言,命舍之于永昌乙第。其有司以轲倨傲,请从大不敬论,季龙不从,下书任轲所尚。……季龙欲观其真趣,乃密令美女夜以动之,轲萧然不顾。又……遣魁壮羯士衣甲持刀,临之以兵,并窃其所赐衣服而去,轲视而不言,了无惧色。常卧土床,覆以布被,偃寝其中,下无茵褥。颍川荀铺,好奇之士也,造而谈经,轲瞑目不答。铺发轲被露其形,大笑之。轲神体颓然,无惊怒之状。……后上疏陈乡思,求还,季龙送以安车蒲轮,蠲十户供之。自归秦州,仍教授不绝。其后秦人西奔凉州,轲弟子以牛负之,为戍军追擒,并为所害。

……　……

列传第六十五　艺术列传鸠摩罗什传　摘录和评注

[他既非方士,也不参政,而是传教士般从西域入住华夏几十年的伟大的佛经翻译家和语言学大师,被称为世界著名思想家、佛学家、哲学家和翻译家,中国佛教八宗之祖,其译经和佛学成就前无古人后无来者。①]

[他不参政,但其成就除其杰出才能和品性外,还依凭一大政治条件:奉他为国

① 384年,吕光(奉前秦苻坚之命率大军)取西域高僧鸠摩罗什到达甘肃凉州,鸠摩罗什在那里17年,弘扬佛法,学习汉文。401年入长安,至409年,与弟子译成《大品般若经》《法华经》《维摩诘经》《阿弥陀经》《金刚经》等和《中论》《百论》《十二门论》等,系统介绍印度大乘佛教主要派别之一、由2至3世纪的龙树及其门徒提婆奠基的中观学派。他及弟子总计翻译经律论传94部、425卷。其中,“三论”(《中论》《十二门论》《百论》)为三论宗主要依据,《成实论》为成实宗主要依据,《法华经》为天台主要依据,《阿弥陀经》为净土宗所依“三经”之一。鸠摩罗什是世界著名佛学家、翻译家、哲学家和思想家,中国佛教八宗之祖。其译经和佛学成就前无古人后无来者。著名弟子有道生、僧叡、道融、僧肇,合称“什门四圣”。“鸠摩罗什”,https://baike.sogou.com/v419051.htm? fromTitle＝％E9％B8％A0％E6％91％A9％E7％BD％97％E4％BB％80.

师、将他的著作"奉之若神"的羌族后秦皇帝姚兴。姚兴在位二十余年,勤于政事,治国安民,同时热衷提倡佛教,广建寺院佛塔,以致达到储用殚竭、民众疲弊的"佞佛"地步。]

[出身天竺邦国高级廷臣世家,其父出家侍佛,且入西域为龟兹国师,继而受逼娶龟兹王妹——另一位倾心侍佛的显贵,生子后"母遂与俱出家",遂有自少年起便聪慧明经、"妙达凶吉"的"专以大乘为化"的鸠摩罗什。]

鸠摩罗什,天竺人也[祖籍天竺,混血,出生于西域龟兹国]。世为国相。父鸠摩罗炎,聪懿有大节,将嗣相位,乃辞避出家,东渡葱岭。龟兹王闻其名,郊迎之,请为国师。王有妹,年二十,才悟明敏,诸国交娉,并不许,及见炎,心欲当之,王乃逼以妻焉。既而罗什在胎,其母慧解倍常。及年七岁,母遂与俱出家。

[从师受经,极端聪慧:]罗什从师受经,日诵千偈,偈有三十二字,凡三万二千言,义亦自通。年十二,其母携到沙勒,国王甚重之,遂停沙勒一年。[明经博学,"妙达凶吉",性情"率达":]博览五明诸论及阴阳星算,莫不必尽,妙达吉凶,言若符契。为性率达,不拘小检,[心智独立,"专以大乘为化":]修行者颇共疑之。然罗什自得于心,未尝介意,专以大乘为化,诸学者皆共师焉。[在西域"广说诸经,四远学徒莫之能抗":]年二十,龟兹王迎之还国,广说诸经,四远学徒莫之能抗。

[他立志在东土勉力传播大乘佛教,"虽苦而无恨";与此相应,前秦苻坚为迎其"大智入辅中国"而遣部将吕光率大军西伐龟兹,遂得之。]

有顷,罗什母辞龟兹王往天竺,留罗什住,谓之曰:"方等深教,不可思议,传之东土,惟尔之力。但于汝无利,其可如何?"什曰:"必使大化流传,虽苦而无恨。"……西域诸国咸伏罗什神俊,每至讲说,诸王皆长跪坐侧,令罗什践而登焉。苻坚闻之,密有迎罗什之意。会太史奏云:"有星见外国分野,当有大智入辅中国。"坚曰:"朕闻西域有鸠摩罗什,将非此邪?"乃遣骁骑将军吕光等率兵七万,西伐龟兹,谓光曰:"若获罗什,即驰驿送之。"光军未至,罗什谓龟兹王白纯曰:"国运衰矣,当有勍敌从日下来,宜恭承之,勿抗其锋。"纯不从,出兵距战,光遂破之,乃获罗什。[他像他父亲那样受逼娶妻——龟兹王女,逼者乃胜将吕光:]光见其年齿尚少,以凡人戏之,强妻以龟兹王女,罗什距而不受,辞甚苦至。光曰:"道士之操不逾先父,何所固辞?"乃饮以醇酒,同闭密室。罗什被逼,遂妻之。……[他的志向是在东土传教,与意欲"留王西国"的机会主义野心家吕光截然不同:]光欲留王西国,罗什谓光曰:"此凶亡之地,不宜淹留,中路自有福地可居。"光还至凉州,闻苻坚已为姚苌所害,于是窃号河右。……

[此处和下处以及被我们省略的别处叙述他的道术"妙达凶吉",以便房玄龄等将他归入他不属的方士范畴:]沮渠蒙逊先推建康太守段业为主,光遣其子纂率众讨之。时论谓业等乌合,纂有威声,势必全克。光以访罗什,答曰:"此行未见其利。"既而纂败于合黎,俄又郭黁起兵,纂弃大军轻还,复为黁所败,仅以身免。

…… ……

顷之,光死,纂立。有猪生子,一身三头。龙出东箱井中,于殿前蟠卧,比旦[等到天亮]失之。纂以为美瑞,号其殿为龙翔殿。俄而有黑龙升于当阳九宫门,纂改九宫门为龙兴门。罗什曰:"比日潜龙出游,豺妖表异,龙者阴类,出入有时,而今屡见,则为灾眚,必有下人谋上之变。宜克己修德,以答天戒。"纂不纳,后果为吕超[吕光之侄,弑吕纂,推己兄吕隆即后凉君位]所杀。

[迄"不弘(佛)道"的氐族后凉亡于羌族后秦,他才得到"宣化"的优良政治条件,遂作为后秦国师"译出众经","更出经论三百余卷";他"雅好大乘,志在敷演",但认为写了极少有人真懂而未写。]

罗什之在凉州积年,吕光父子既不弘道,故蕴其深解,无所宣化。姚兴遣姚硕德西伐,破吕隆,乃迎罗什,待以国师之礼,仍使入西明阁及逍遥园,译出众经。罗什多所暗诵,无不究其义旨,既览旧经多有纰缪,于是兴使沙门僧叡、僧肇等八百余人传受其旨,更出经论,凡三百余卷。沙门慧叡才识高明,常随罗什传写,罗什每为慧叡论西方辞体,商略同异,云:"天竺国俗甚重文制,其宫商体韵,以入管弦为善。凡觐国王,必有赞德,经中偈颂,皆其式也。"罗什雅好大乘,志在敷演,常叹曰:"吾若著笔作《大乘阿毗昙》[梵文 Abhidharma,佛教三藏中属于论藏的典籍,指以非常精细而系统化的方式阐释佛陀教法的典籍],非迦旃子[即迦旃延,梵文 Kātyāyana,又译为迦多衍那,迦底耶夜那,释迦牟尼十弟子之一,以"论议第一"为人尊崇]比也。[他——天才——何等自信!]今深识者既寡,将何所论!"惟为姚兴著《实相论》二卷,兴奉之若神。

[令他分外复杂化的是,他"不拘小检",放纵性欲,乃至妻妾成群!]尝讲经于草堂寺,兴及朝臣、大德沙门千有余人肃容观听,罗什忽下高坐,谓兴曰:"有二小儿登吾肩,欲鄣[要解除欲障之意]须妇人。"兴乃召宫女进之,一交而生二子焉。兴尝谓罗什曰:"大师聪明超悟,天下莫二,何可使法种少嗣。"遂以伎女十人,逼令受之。尔后不住僧坊,别立解舍。诸僧多效之。[但他不准其余僧侣仿效!]罗什乃聚针盈钵,引诸僧谓之曰:"若能见效食此者,乃可畜室耳。"因举匕进针,与常食不别,诸僧愧服乃止。

……罗什未终少日,觉四大不愈,乃口出三番神咒,令外国弟子诵之以自救,未及致力,转觉危殆,于是力疾与众僧告别曰:"因法相遇,殊未尽心,方复后世,恻怆可言。"死于长安。姚兴于逍遥园依外国法以火焚尸,薪灭形碎,惟舌不烂。

……　……

载记第十七　姚兴上　摘录和评注

……　……

[羌族后秦君主姚兴崇佛佞佛,大译佛经,广建浮屠,以致佛教僧侣大量流入,国中"事佛者十室而九矣"。]

兴如逍遥园,引诸沙门于澄玄堂听鸠摩罗什演说佛经。[他与鸠摩罗什倾心合作,大译佛经,在语言和由此而来的普及意义上可谓肇始"汉传佛教":]罗什通辩夏言,寻览旧经,多有乖谬,不与胡本相应。兴与罗什及沙门僧略、僧迁、道树、僧叡、道坦、僧肇、昙顺等八百余人,更出大品,罗什持胡本,兴执旧经,以相考校,其新文异旧者皆会于理义。续出诸经并诸论三百余卷。今之新经皆罗什所译。[君主执迷,国人附焉:]兴既托意于佛道,公卿已下莫不钦附,沙门自远而至者五千余人。起浮图于永贵里,立波若台于中宫,沙门坐禅者恒有千数。州郡化之,事佛者十室而九矣。

列传第七　宗室列传司马孚传　摘录和评注

[司马懿之弟,历仕曹魏五代君主,位至三公,协助249年倒爽政变,为司马氏独裁政权的建立贡献显著。]

[然而,他正统、正直和谨慎(一向"以贞白自立"),此后主动退避,不参与司马氏几度废帝举动和最后的王朝变更,而且至死(王朝变更后八年,93岁高龄)以魏臣自称!"虽见尊宠,不以为荣,常有忧色":他作为正统儒士的非流俗写照。]

[博涉经史,温厚廉让,但原则第一,大局第一:智识和行为双重意义上的经典儒士,甚至更多,据此更好地为文帝曹丕和明帝曹叡效力。]

安平献王孚,字叔达,宣帝次弟也。……孚温厚廉让,博涉经史。汉末丧乱,与兄弟处危亡之中,箪食瓢饮,而披阅不倦。性通恕,以贞白自立,未尝有怨于人。陈留殷武有名于海内,尝罹罪谴,孚往省之,遂与同处分食,谈者称焉。魏陈思王植有俊才,清选官属,以孚为文学掾。植负才陵物,孚每切谏,初不合意,后乃谢之。迁太子中庶子。魏武帝崩,太子号哭过甚,孚谏曰:"大行晏驾,天下恃殿下为命。当上为宗庙,下为万国,奈何效匹夫之孝乎!”太子良久乃止,曰:“卿言是也。”时群臣初闻帝崩,相聚号哭,无复行列。孚厉声于朝曰:“今大行晏驾,天下震动,当早拜嗣君,以镇海内,而但哭邪!”孚与尚书和洽罢群臣,备禁卫,具丧事,奉太子以即位,是为文帝。

时当选侍中、常侍等官,太子左右旧人颇讽谕主者,便欲就用,不调余人。孚曰:“虽有尧舜,必有稷契。今嗣君新立,当进用海内英贤,犹患不得,如何欲因际会自相荐举邪!官失其任,得者亦不足贵。”遂更他选。转孚为中书郎、给事常侍,宿省内,除黄门侍郎,加骑都尉。

时孙权称籓,请送任子,当遣前将军于禁还,久而不至。天子以问孚,孚曰[他有战略意识,证明可以为战略缘由而给正统规则打折扣]:“先王设九服之制,诚以要荒[蛮夷要服,戎狄荒服]难以德怀,不以诸夏礼责也。陛下承绪,远人率贡。权虽未送任子,于禁不至,犹宜以宽待之,畜养士马,以观其变。不可以嫌疑责让,恐伤怀远之义。自孙策至权,奕世相继,惟强与弱,不在一禁,禁之未至,当有他故耳。”后禁至,果以疾迟留,而任子竟不至。大军临江,责其违言[远不如他正统的人不给正统规则打折扣!],吴遂绝不贡献。后出为河内典农,赐爵关内侯,转清河太守。初,魏文帝置度支尚书,专掌军国支计,朝议以征讨未息,动须节量。及明帝嗣位,欲用孚,问左右曰:“有兄风不?”答云:“似兄。”天子曰:“吾得司马懿二人,复何忧哉!”[他和司马懿在初即位的明帝曹叡那里俱有近乎完美的名声。]转为度支尚书。孚以为擒敌制胜,宜有备预。每诸葛亮入寇关中,边兵不能制敌,中军奔赴,辄不及事机,宜预选步骑二万,以为二部,为讨贼之备。又以关中连遭贼寇,谷帛不足,遣冀州农丁五千屯于上邽,秋冬习战阵,春夏修田桑。由是关中军国有余,待贼有备矣。[他在战略和后勤方面的才能非同小可。]后除尚书右仆射,进爵昌平亭侯,迁尚书令。[他的才能和性情将他抬升到朝廷首席行政官的地位。][经首次引退,他协助其兄成就了249年倒爽政变:]及大将军曹爽擅权,李胜、何晏、邓飏等乱政,孚不视庶事,但正身远害而已。及宣帝诛爽,孚与景帝屯司马门①,以功进爵长社县

---

① 《晋书·景帝文帝纪》载:宣帝之将诛曹爽,深谋秘策,独与帝[景帝司马师]潜画,文帝[司马昭]弗之知也。将发夕乃告之,既而使人觇之,帝寝如常,而文帝不能安席。[不要过度解读,因为后来极成功地击碎诸葛诞超大规模叛乱表明,司马昭同样“沈毅多大略”。]晨会兵司马门,镇静内外,置阵甚整。宣帝曰:“此子竟可也。”初,帝阴养死士三千,散在人间,至是一朝而集,众莫知所出也。[“沉默是金”,出敌不意。]事平……

侯,加侍中。

时吴将诸葛恪围新城,以孚进督诸军二十万防御之。孚次寿春,遣毌丘俭、文钦等进讨。诸将欲速击之,孚曰[他(首次)作为大军指挥将领作出孙子式的战略决策]:"夫攻者,借人之力以为功,且当诈巧,不可力争也。"故稽留月余乃进军,吴师望风而退。

[下面一段就事件本身而言不重要,重要的是彰显他《春秋》式的一本正经,也许还有无畏的正直;承上启下的一段颇好的"旁述"。]

魏明悼后[毛皇后]崩①,议书铭旌,或欲去姓而书魏,或欲两书,孚以为:"经典正义,皆不应书。凡帝王皆因本国之名以为天下之号,而与往代相别耳,非为择美名以自光也。天称皇天,则帝称皇帝;地称后土,则后称皇后。此乃所以同天地之大号,流无二之尊名,不待称国号以自表,不俟称氏族以自彰。是以《春秋》隐公三年《经》曰'三月庚戌天王崩',尊而称天,不曰周王者,所以殊乎列国之君也。'八月庚辰宋公和卒',书国称名,所以异乎天王也。襄公十五年《经》曰'刘夏逆王后于齐',不云逆周王后姜氏者,所以异乎列国之夫人也。至乎列国,则曰'夫人姜氏至自齐',又曰'纪伯姬卒',书国称姓,此所以异乎天王后也。由此考之,尊称皇帝,赫赫无二,何待于魏乎?尊称皇后,彰以谥号,何待于姓乎?议者欲书魏者,此以为天皇之尊,同于往古列国之君也。或欲书姓者,此以为天皇之后,同于往古之夫人也。乖经典之大义,异乎圣人之明制,非所以垂训将来,为万世不易之式者也。"遂从孚议。

[他虽然位至三公,但主动退避,不参与司马氏几度废帝举动和最后的王朝变更,因为他的正统、正直和审慎。]

① 《三国志·魏书·后妃传》内毛皇后传载:帝之幸郭元后也,后爱宠日弛。景初元年[237],帝游后园,召才人以上曲宴极乐。元后曰"宜延皇后",帝弗许。乃禁左右,使不得宣。[他对他先前的心爱女人做的,恰如他父亲文帝对他母亲甄皇后做的,兽样的残忍,记忆如此短暂,而且在这场合如此无关;]后知之,明日,帝见后,后曰:"昨日游宴北园,乐乎?"帝以左右泄之,所杀十余人。赐后死,然犹加谥,葬愍陵。……

迁司空。代王凌为太尉。及蜀将姜维寇陇右，雍州刺史王经战败，遣孚西镇关中，统诸军事。征西将军陈泰与安西将军邓艾进击维，维退。孚还京师，转太傅。

及高贵乡公遭害[260]，百官莫敢奔赴，孚枕尸于股，哭之恸，曰："杀陛下者臣之罪。"[无畏的正统！然而他如下所述"属尊"，正统正直而不须有大畏。]奏推主者。会太后令以庶人礼葬，孚与群公上表，乞以王礼葬，从之。孚性至慎。宣帝执政，常自退损。后逢废立之际，未尝预谋。景文二帝以孚属尊，不敢逼。后进封长乐公。

及武帝受禅，陈留王就金墉城，孚拜辞，执王手，流涕歔欷，不能自胜。曰："臣死之日，固大魏之纯臣也。"[真挚的正统，"纯臣"！]诏曰："太傅勋德弘茂，朕所瞻仰……愿奉以不臣之礼。其封为安平王，邑四万户。进拜太宰、持节、都督中外诸军事。"……及元会，诏孚舆车上殿，帝于阼阶迎拜。既坐，帝亲奉觞上寿，如家人礼。帝每拜，孚跪而止之。……

孚虽见尊宠，不以为荣，常有忧色。临终，遗令曰["固大魏之纯臣也"，"始终若一"]："有魏贞士河内温县司马孚……立身行道，终始若一，当以素棺单椁，敛以时服。"泰始八年[272]薨，时年九十三。帝于太极东堂举哀三日。诏曰："王勋德超世，尊宠无二……其以东园温明秘器、朝服一具、衣一袭、绯练百匹、绢布各五百匹、钱百万，谷千斛以供丧事。……"其家遵孚遗旨，所给器物，一不施用。……

…… ……

列传第五　裴頠传　摘录和评注

裴頠：

[裴秀次子，朝廷内臣，是与清谈老庄之风对立的儒家"崇有派"领袖。他在政治上的主要值得注意之处是"深虑贾后乱政"，曾数次谋划颠覆之，但始终受挫于政治复杂性。]

…… ……

……累迁侍中。

时天下暂宁，頠奏修国学，刻石写经。……頠通博多闻，兼明医术。……辞论丰博……时人谓颇为言谈之林薮。["通博多闻""辞论丰博"的他开始成为势将发动大祸的贾南风的政敌:]颇以贾后不悦太子,抗表请增崇太子[愍怀太子司马遹]所生谢淑妃[谢玖]位号,仍启增置后卫率吏,给三千兵,于是东宫宿卫万人。迁尚书,侍中如故,加光禄大夫。……

[他谋划废黜"昏虐之人"贾南风,但不得共鸣而搁置:]颇深虑贾后乱政,与司空张华、侍中贾模议废之而立谢淑妃。华、模皆曰:"帝自无废黜之意,若吾等专行之,上心不以为是。且诸王方刚,朋党异议,恐祸如发机,身死国危,无益社稷。"颇曰:"诚如公虑。但昏虐之人,无所忌惮,乱可立待,将如之何?"华曰:"卿二人犹且见信,然勤为左右陈祸福之戒,冀无大悖。幸天下尚安,庶可优游卒岁。"此谋遂寝。[退一步的制约企图,"竟不能行":]颇旦夕劝说从母广城君,令戒喻贾后亲待太子而已。或说颇曰:"幸与中宫内外可得尽言。言若不行,则可辞病屏退。若二者不立,虽有十表,难乎免矣。"颇慨然久之,而竟不能行。

迁尚书左仆射,侍中如故。颇虽后之亲属,然雅望素隆,四海不谓之以亲戚进也,惟恐其不居位。俄复使颇专任门下事,固让,不听。……

……愍怀太子之废[299]也,颇与张华苦争不从,语在《华传》。

[与清谈老庄、放荡时俗对立的儒家"崇有派"领袖:]颇深患时俗放荡,不尊儒术,何晏、阮籍素有高名于世,口谈浮虚,不遵礼法,尸禄耽宠,仕不事事;至王衍之徒,声誉太盛,位高势重,不以物务自婴,遂相放效,风教陵迟,乃著崇有之论以释其蔽曰①:

…… ……

王衍之徒攻难交至,并莫能屈。……

[他还是被赵王司马伦痛恨的政敌,最终遭其杀害:]初,赵王伦谄事贾后,颇甚恶之,伦数求官,颇与张华复固执不许,由是深为伦所怨。伦又潜怀篡逆,欲先除朝望,因废贾后之际[300]遂诛之,时年三十四。……

---

① 《崇有论》认为万有的整体是最根本的"道",万有不是由"无"产生的,而是"自生"的,"自生而必体有";万物生化有其规律。从"崇有论"出发,裴颇重视现实存在的事物,不满轻视事功的放达风气,力图论证封建等级制合理。"裴颇",http://baike.sogou.com/v46317.htm? fromTitle ＝%E8%A3%B4%E9%A0%A0.

列传第十一　魏舒、李憙、刘寔传　摘录和评注

[西晋三位官至三公九卿的道德儒士，在多事之秋乃至大乱期间全然无力改造或反抗世界，但是仍能淡定超脱以保持自我。]

[其中刘寔尤其引人注目。他贫苦自学，终生不辍，著作等身，同时一贯"清身洁己"。"虽礼教陵迟，而行己以正"，或曰力求不入污泥，即使入污泥也力求不染。对他来说这大概不难。]

魏舒：

[一位迟钝质朴但绝不庸常的人物，其"后发优势"在于思虑缓慢但筹划精深，言在人后但多胜众议，为此深得司马昭器重。依凭先后在多个职位上必定成功的表现，他最后位至西晋司徒，留下"家无余财""威重德望"和"辞荣善终"的好名声。]

[本传大致只述性情和道德，不述政见和政绩，因而我们不知道在司马昭和司马炎治下的多事之秋，他作为高官的政治行为。想必他因性情而"藏巧于拙，用晦而明，寓清于浊，以屈为伸"。（明末洪应明《菜根谭》）]

["发迹"之前，迟钝质朴但绝不庸常：]

魏舒，字阳元，任城樊[今山东兖州西南]人也。少孤，为外家[外祖父、外祖母家]宁氏所养……久乃别居。身长八尺二寸，姿望秀伟，饮酒石余，而迟钝质朴，不为乡亲所重。["后发"是他终身的特征。]从叔父吏部郎衡，有名当世，亦不之知，使守水碓，每叹曰："舒堪数百户长，我愿毕矣！"["迟钝质朴"可以是通常意义上的稳重厚道，连同一种意义上的超然脱俗：]舒亦不以介意。不修常人之节，不为皎厉之事[不计较小事得失]，每欲容才长物[赞扬他人的长处]，终不显人之短。性好骑射，著韦衣，入山泽，以渔猎为事。……

[年四十余才为入仕考试自学，性情缓慢一致于此！]年四十余，郡上计掾察孝廉。宗党以舒无学业，劝令不就，可以为高[表明高洁]耳。舒曰："若试而不中，其负

在我,安可虚窃不就之高以为己荣乎!"于是自课。百日习一经,因而对策升第。除渑池长,迁浚仪令,入为尚书郎。时欲沙汰郎官。非其才者罢之。舒曰:"吾即其人也。"襆被而出。[超然脱俗的郎官!]同僚素无清论者咸有愧色,谈者称之。

[“发迹”之后,照例迟钝质朴但绝不庸常,思虑缓慢但筹划精深,言在人后但多胜众议,为此深得司马昭器重。]

累迁后将军钟毓长史,毓每与参佐射,舒常为画筹而已。后遇朋人不足,以舒满数。毓初不知其善射。舒容范闲雅,发无不中,举坐愕然,莫有敌者。……[“魏舒堂堂,人之领袖也”——最高统帅对他的衷心赞叹]转相国参军,封剧阳子。府朝碎务,未尝见是非;至于废兴大事,众人莫能断者,舒徐为筹之,多出众议之表。文帝深器重之,每朝会坐罢,目送之曰:"魏舒堂堂,人之领袖也。"[无论在地方或在中央,他的任职表现俱佳,仕途稳扎稳打:]迁宜阳、荥阳二郡太守,甚有声称。征拜散骑常侍。出为冀州刺史,在州三年,以简惠称。入为侍中。武帝以舒清素,特赐绢百匹。迁尚书,以公事当免官,诏以赎论。……太康[280—289]初,拜右仆射。……以舒为左仆射,领吏部。……加右光禄大夫、仪同三司。

[他最后位至西晋司徒,依然保有其脱俗秉性,留下“家无余财”“威重德望”和“辞荣善终”的好名声。]

及山涛薨,以舒领司徒,有顷即真。[“禄赐散之九族,家无余财”:他依然保有脱俗秉性]舒有威重德望,禄赐散之九族,家无余财。……[不断诚恳地申请逊位:他依然保有脱俗秉性]以年老,每称疾逊位。中复暂起,署兖州中正,寻又称疾。尚书左丞郤诜与舒书曰:"公久疾小差,视事是也,唯上所念。何竟起讫还卧,曲身回法,甚失具瞻[为众人瞻望]之望。……"舒称疾如初。后以灾异逊位,帝不听。后因正旦[正月初一]朝罢还第,表送章绶。帝手诏敦勉。而舒执意弥固,乃下诏曰:"司徒、剧阳子舒……可谓朝之俊乂者也。而屡执冲让,辞旨恳诚,申览反覆,省用怃然。盖成人之美,先典所与,难违至情。今听其所执,以剧阳子就第,位同三司,禄赐如前……"……舒为事必先行而后言,逊位之际,莫有知者。时论以为晋兴以来,三公能辞荣善终者,未之有也。[确实不同凡俗!]……太熙元年[290]薨,时年八十二。帝甚伤悼……

……　……

李憙：

[与魏舒相似，为魏晋之交高官，仅官位略低（位至九卿），仕期稍早（从司马师独裁到晋武帝中叶）。他有另一种风格的优良秉性，即"当官正色，不惮强御，百僚震肃"，此外也一样地"清素贫俭"。]

[尤有光彩的是，他在主持西北边疆地区防务和治理时"绥御华夷"功勋卓著，声誉斐然。]

[年轻时博学清高，屡拒入仕，不同凡俗：]

李憙，字季和，上党铜鞮[今山西沁县]人也。父佺，汉大鸿胪。憙少有高行，博学研精，与北海管宁以贤良征，不行。累辟三府，不就。宣帝复辟憙为太傅属，固辞疾，郡县扶舆上道，时憙母疾笃，乃窃逾泫氏城而徒还，遂遭母丧，论者嘉其志节。后为并州别驾，时骁骑将军秦朗过并州，州将毕轨敬焉。令乘车至阁。憙固谏以为不可，轨不得已从之。

[出任司马师属下高级参谋和"副部级"廷臣，"当官正色，不惮强御，百僚震肃"，即使对司马师本人也不卑不亢。]

景帝辅政，命憙为大将军从事中郎，憙到，引见，谓憙曰："昔先公辟君而君不应，今孤命君而君至，何也？"对曰："先君以礼见待，憙得以礼进退。明公以法见绳，憙畏法而至。"帝甚重之。[对司马师本人不卑不亢（这反倒令"沈毅多大略"[《晋书·景帝文帝纪》]）的司马师器重之。]转司马，寻拜右长史。从讨毌丘俭还，迁御史中丞。[他最引人注目的秉性：]当官正色，不惮强御，百僚震肃焉。……

[他在主持西北边疆地区防务和治理时"绥御华夷"功勋卓著，声誉斐然。]

司马伷[司马师、司马昭同父异母弟]为宁北将军，镇邺，以憙为军司。顷之，除凉州刺史，加扬威将军、假节，领护羌校尉，绥御华夷，甚有声绩。羌虏犯塞，憙因其隙会，不及启闻，辄以便宜出军深入，遂大克获，以功重免谴，时人比之汉朝冯（奉世)、甘(延寿)焉。于是请还,许之。居家月余,拜冀州刺史,累迁司隶校尉。及魏帝告禅于晋,憙以本官行司徒事,副太尉郑冲奉策。泰始初,封祁侯。

[长时间担任西晋朝廷首席监察官(司隶校尉),一如既往"不惮强御",铁面无情。]

憙上言:"故立进令刘友、前尚书山涛、中山王睦、故尚书仆射武陔各占官三更稻田,请免涛、睦等官。陔已亡,请贬谥。"诏曰[他针对重臣和藩王的铁面无情弄得君主很尴尬,只能敷衍搪塞找个小官当替罪羊]:"法者,天下取正,不避亲贵,然后行耳,吾岂将枉纵其间哉!然案此事皆是友所作,侵剥百姓,以缪惑朝士。奸吏乃敢作此,其考竟友以惩邪佞。涛等不贰其过[不再犯同样过失]者,皆勿有所问。《易》称'王臣蹇蹇,匪躬之故'[《易·蹇》:"六二,王臣蹇蹇,匪躬之故。"高亨注:"言王臣謇謇忠告直谏者,非其身之事,乃君国之事也。"]。今憙亢志在公,当官而行,可谓'邦之司直'者矣。光武有云:'贵戚且敛手以避二鲍[《后汉书·鲍永传》载:光武帝时司隶校尉鲍永、都官从事鲍恢,"抗直不避强御"]'。岂其然乎!其申敕群僚,各慎所司,宽宥之恩,不可数遇也。"憙为二代司隶,朝野称之。以公事免。

其年,皇太子立[267],以憙为太子太傅……憙在位累年,训道尽规。迁尚书仆射,拜特进、光禄大夫,以年老逊位。……

[关于他的道德和政治倾向的补述:]
[他"清素贫俭":]以憙清素贫俭,赐绢百匹。[在最高政治敏感问题上谏言反对排挤司马攸:]及齐王攸出镇,憙上疏谏争,辞甚恳切。憙自历仕,虽清非异众,而家无储积,亲旧故人乃至分衣共食,未尝私以王官。及卒,追赠太保,谥曰成。……

刘寔:
[在学问和行为两方面的经典儒士。贫苦自学,终生不辍,著作等身,庶几可谓春秋三传(《左传》《公羊传》《穀梁传》)大师,同时一贯"清身洁己","及位望通显,(仍)每崇俭素,不尚华丽","虽礼教陵迟,而行己以正"——他那样的淡定或超然脱俗!就此,占本传大部分篇幅的他的《崇让论》提供了一则崇高的荒野中的孤鸣。]

［他特别高寿，担任过司马昭的高级参谋，西晋初官至九卿，后又升至三公，而且直到晋怀帝永嘉年间经频频辞位才最终告退。他肯定被西晋王朝当作一个多少是装饰性的几乎无人效法的道德学问楷模，然而这里除学问外，有如《魏舒传》只述性情和道德，我们不知在从司马昭到晋怀帝的格外多事、动荡和苦难的几十年里他作为高官显宦的政治行为。想必他"崇让"超脱，力求不入污泥，即使入污泥也力求不染，那从主观和客观两方面对他来说大概都不难。］

［对他来说，成文智识、儒家学问和儒家行为准则有莫大的魅力！少贫苦，然好学，以致"博通古今"，与此同时"清身洁己，行无瑕玷"，从小吏逐步成为司马昭的高级参谋。］

刘寔，字子真，平原高唐［今山东高唐］人也。汉济北惠王寿之后也，父广，斥丘令。寔少贫苦，卖牛衣以自给。然好学，手约绳，口诵书，博通古今。清身洁己，行无瑕玷。郡察孝廉，州举秀才，皆不行。以计吏入洛，调为河南尹丞，迁尚书郎、廷尉正。后历吏部郎，参文帝相国军事，封循阳子。

［据他下面的传奇式故事，可见他有政治洞察力和政治先见：］钟会、邓艾之伐蜀也，有客问寔曰："二将其平蜀乎？"寔曰："破蜀必矣，而皆不还。"客问其故，笑而不答，竟如其言。寔之先见，皆此类也。

［他的《崇让论》：一则经典儒家行为哲理宣告，荒野中的孤鸣，而荒野就是权势权位争斗格外多发和激烈的他那个时代。］

以世多进趣，廉逊道阙，乃著《崇让论》以矫之。其辞曰：

［在此的崇高的儒家行为主义政治哲理浪漫或幼稚到令人难以置信的程度，因为它宣称"让"而非"争竞"导致贤才拥有合适的官位，尽管相反的实例占压倒性的数量：］古之圣王之化天下，所以贵让者，欲以出贤才，息争竞也。夫人情莫不欲己之贤也，故劝令让贤以自明贤也，岂假让不贤哉！故让道兴［如何"让道兴"是个前提性的至难问题，而他不准备回答］，贤能之人不求而自出矣，至公之举自立矣，百官之副亦豫具矣。一官缺，择众官所让最多者而用之，审之道也。［儒家一向相信似乎不说自明的、从上而下的文化转换或缔造机理，然而即使假定这可以不说自明，难题仍在于如何彻底转变显贵和精英们的文化，特别鉴于对象是至为稀缺的官

宦高位:]在朝之士相让于上,草庐之人咸皆化之,推贤让能之风从此生矣。为一国所让,则一国士也;天下所共推,则天下士也。推让之风行,则贤与不肖灼然殊矣。[附带的神奇效果是最高统治职能成为多余的,犹如在格老秀斯那里隐含的一说,即人的理性可令自然法大行,于是就人世间事而言上帝成为多余的]此道之行,在上者无所用其心,因成清议,随之而已。故曰,荡荡乎尧之为君,莫之能名。言天下自安矣,不见尧所以化之,故不能名也。……贤人相让于朝,大才之人恒在大官,小人不争于野,天下无事矣。[又是似乎不说自明的、从上而下的文化转换或缔造机理。]……故……成此功者非有他,崇让之所致耳。孔子曰,能以礼让为国,则不难也。

　　[他梦想改变的他那个时代里相反的实况:]在朝之人不务相让久矣,天下化之。自魏代以来,登进辟命之士,及在职之吏,临见受叙,虽自辞不能,终莫肯让有胜己者。夫推让之风息,争竞之心生。……争竞之心生,则贤能之人日见谤毁。[他在此漠视一个显著昭彰的重大情况,即贤能之人如西晋的司马氏缔造者们尤擅争竞,尤不贵让,只要实力在手,情势允当。何况,谁敢谤毁垄断大权的此等贤能之人?]夫争者之欲自先,甚恶能者之先,不能无毁也。故孔墨不能免世之谤己,况不及孔墨者乎![岂能如此将"争者"与"能者"截然两分? 孔墨远非政治上的"能者",故远"不能免世之谤己"。]……一人有先众之誉,毁必随之……能否混杂,优劣不分……同才之人先用者,非势家之子,则必为有势者之所念也。非能独贤,因其先用之资,而复迁之无已。迁之无已,不胜其任之病发矣。观在官之人,政绩无闻,自非势家之子,率多因资次而进也。

　　向令天下贵让[如何令"天下贵让"是个前提性的至难问题,而他不准备回答],士必由于见让而后名成,名成而官乃得用之。诸名行不立之人,在官无政绩之称,让之者必矣,官无因得而用之也。[回到他梦想改变的他那个时代里相反的实况,特别是在"时开大举"这种特别措施之下]所以见用不息者,由让道废,因资用人之有失久矣。故自汉魏以来,时开大举,令众官各举所知,唯才所任,不限阶次,如此者甚数矣。其所举必有当者,不闻时有擢用,不知何谁最贤故也。所举必有不当,而罪不加,不知何谁最不肖也。所以不可得知,由当时之人莫肯相推,贤愚之名不别,令其如此。举者知在上者察不能审,故敢漫举而进之。或举所贤,因及所念,一顿而至,人数猥多,各言所举者贤,加之高状,相似如一,难得而分矣。参错相乱,真伪同贯,更复由此而甚。虽举者不能尽忠之罪,亦由上开听察之路滥,令其尔也。……推贤之风不立,滥举之法不改,则南郭先生之徒盈于朝矣。才高守道之士日退,驰走有势之门日多矣。虽国有典刑,弗能禁矣。

[在他看来让道不兴的又一大弊:"国之良臣"因微过而遭谤毁,以致"受罪退"]夫让道不兴之弊,非徒贤人在下位,不得时进也,国之良臣荷重任者,亦将以渐受罪退矣。何以知其然也? 孔子以为颜氏之子不贰过耳,明非圣人皆有过。宠贵之地欲之者多矣,恶贤能者塞其路,其过而毁之者亦多矣。夫谤毁之生,非徒空设,必因人之微过而甚之者也。毁谤之言数闻,在上者虽欲弗纳,不能不杖所闻,因事之来而微察之也,无以,其验至矣。得其验,安得不理其罪。若知而纵之,王之威日衰,令之不行自此始矣。知而皆理之,受罪退者稍多,大臣有不自固之心。……[对此,可以做的一种论辩是政治上真正有才、道德上真正端正的"国之良臣"可以抵御因遭谤毁而"受罪退"的危险,即使君主不一定非常明智。例如羊祜![1]]

窃以为改此俗甚易耳。[他怎能认为这根深蒂固、持续千年的政治文化的转换如此容易?!]何以知之? 夫一时在官之人,虽杂有凡猥之才,其中贤明者亦多矣,岂

---

[1] 《晋书·羊祜杜预传》载:[外部重要遗憾,表明在战场上,孙吴末期卓越将领陆抗可以成为他的克星:]及还镇,吴西陵督步阐举城来降。吴将陆抗攻之甚急,诏祜迎阐。祜率兵五万出江陵,道荆州刺史杨肇攻抗,不克,阐竟为抗所擒。有司奏:"祜所统八万余人,贼众不过三万。祜顿兵江陵,使贼备得设。乃道杨肇偏军入险,兵少粮悬,军人挫衄。背违诏命,无大臣节。可免官,以侯就第。"竟坐贬为平南将军,而免杨肇为庶人。……

[内部重要遗憾:"内斗"(stasis)无处不有!]

祜贞悫无私,疾恶邪佞,苟勖、冯紞之徒甚忌之。从甥王衍尝诣祜陈事,辞甚俊辨,祜不然之,衍拂衣而起。祜顾谓宾客曰:"王夷甫方以盛名处大位,然败俗伤化,必此人也。"步阐之役,祜以军法将斩王戎,故戎、衍并憾之,每言论多毁祜。时人为之语曰:"二王当国,羊公无德。"……

[他一贯和真诚地谦逊审慎:]其后,诏以泰山之南武阳、牟、南城、梁父、平阳五县为南城郡,封祜为南城侯,置相,与郡同。祜让曰:"……臣受钜平于先帝,敢辱重爵,以速官谤!"固执不拜,帝许之。祜每被登进,常守冲退[谦让],至心素著,故特见中于分列之外。是以名德远播,朝野具瞻,搢绅佥议,当居台辅。……祜历职二朝,典任枢要,政事损益,皆咨访焉,势利之求,无所关与。[他谦逊和审慎的程度无人可及!]其嘉谋谠议,皆焚其草,故世莫闻。凡所进达,人皆不知所由。或谓祜慎密太过者,祜曰:"是何言欤! 夫入则造膝,出则诡辞,君臣不密之诫,吾惟惧其不及。……且拜爵公朝,谢恩私门,吾所不取。"……

[他立身清俭,家无余财,且彻底谦逊:]祜立身清俭,被服率素,禄俸所资,皆以赡给九族,赏赐军士,家无余财。遗令不得以南城侯印入柩。

可谓皆不知让贤为贵邪！直以其时皆不让，习以成俗，故遂不为耳。[他唯一的信心所在就是传说中的上古之风：]……唐虞之时，众官初除，莫不皆让也。

……　……

《春秋传》曰："范宣子之让，其下皆让。……晋国以平，数世赖之。"[他漠视占压倒性数量的相反的实例。在我们眼前，一人之让全未导致类似的神奇效果！]上世之化也，君子尚能而让其下，小人力农以事其上，上下有礼，谗慝远黜，由不争也。……

[西晋初他官至九卿，继而经过一段因娶错后妻而来的为官挫折，在贾南风专权的最后一年升至三公；乱世中的不倒翁；他肯定被西晋王朝当作一个装饰性的、几乎无人仿效的道德学问楷模。]

泰始初，进爵为伯，累迁少府。咸宁中为太常。转尚书。杜预之伐吴也，寔以本官行镇南军司。

[娶错后妻，导致两度被免官：]初，寔妻卢氏生子跻而卒，华氏将以女妻之。寔弟智谏曰："华家类贪，必破门户。"辞之不得，竟婚华氏而生子夏。寔竟坐夏受赂，免官。顷之为大司农，又以夏罪免。……

后起为国子祭酒、散骑常侍。愍怀太子初封广陵王，高选师友，以寔为师。元康[惠帝年号，291—299]初，进爵为侯，累迁太子太保，加侍中、特进、右光禄大夫、开府仪同三司，领冀州都督。[在贾南风专权的最后一年升至三公：]九年[299]，策拜司空，迁太保，转太傅。太安[302—303]初，寔以老病逊位，赐安车驷马、钱百万，以侯就第。及长沙（王）成都（王）之相攻也，寔为军人所掠，潜归乡里。

[性情谦逊不恋世俗的他频频辞位，到晋怀帝永嘉年间才最终遂意。]

惠帝崩，寔赴山陵。怀帝即位，复授太尉。寔自陈年老，固辞，不许。左丞刘坦上言曰："……古之哲王莫不师其元臣，崇养老之教，训示四海，使少长有礼。……太尉寔……可谓国之硕老，邦之宗模。……寔频上露板，辞旨恳诚。臣以为古之养老，以不事为优，不以吏之为重，谓宜听寔所守。"

三年[309]，诏曰："……君年耆告老，确然难违。今听君以侯就第，位居三司之上,秩禄准旧,赐几杖不朝及宅一区。国之大政,将就咨于君,副朕意焉。"岁余薨,时年九十一,谥曰元。

[他一贯的朴素品德,自绝于任何程度的俗世奢华;"礼教陵迟,而行已以正"——他无法改造世界,但可以保持自我,包括"笃学不倦"。]

寔少贫窭,杖策徒行,每所憩止,不累主人,薪水之事,皆自营给。及位望通显,每崇俭素,不尚华丽。尝诣石崇家,如厕,见有绛纹帐,裀褥甚丽,两婢持香囊。寔便退,笑谓崇曰:"误入卿内。"崇曰:"是厕耳。"寔曰:"贫士未尝得此。"乃更如他厕。虽处荣宠,居无第宅,所得俸禄,赡恤亲故。虽礼教陵迟,而行已以正。……自少及老,笃学不倦,虽居职务,卷弗离手。尤精《三传》,辨正《公羊》……遂行于世。又撰《春秋条例》二十卷。

……　……

列传第十四　郑袤、郑默、李胤、卢钦传　摘录和评注

[本篇侧重于几名身居高位的主角的道德品行和为官态度,甚少提及他们的政治才干和政治成就。因为确实甚少,而其原因被史家认为是在乱世或潜在乱世中谨慎自保,或干脆"良图鲠议,无足多谈",道德独善,或曰不入污泥,或入污泥而力求不染。]

郑袤:

[西晋初最老资格的朝廷耆老,这意味着他绝大部分生涯在曹魏度过。他入仕竟早在曹操时候,先后有三番作为德化当地、吏民爱之的地方行政长官的优良成就。在司马师、司马昭之下任高级文臣参与若干重要政事后,他以双目失明、卧病多年之躯被当作西晋初年的王朝装饰品抬举入三公行列,但有自知之明(和某种独立意志)的他固辞不受。他生性"清正",儒品敦醇,可谓"大雅君子"。]

［高官世家出身，"早有识鉴，性清正"。］

郑袤，字林叔，荥阳开封人也。高祖众，汉大司农。父泰，扬州刺史，有高名。袤少孤，早有识鉴。荀攸见之曰："郑公业为不亡矣。"随叔父浑避难江东。时华歆为豫章太守，浑往依之，歆素与泰善，抚养袤如己子。年十七，乃还乡里。性清正。时济阴魏讽［"有惑众才"，219年曹操军在汉中和襄樊严重兵败之际谋反，事泄被杀］为相国掾，名重当世，袤同郡任览与结交。袤以讽奸雄，终必为祸，劝览远之。及讽败，论者称焉。

［入仕竟早在曹操时候，先后有三番作为德化当地、吏民爱之的地方行政长官的优良成就；司马氏独裁初期，他位至九卿。］

魏武帝初封诸子为侯，精选宾友，袤与徐干俱为临淄侯［曹植］文学，转司隶功曹从事。司空王朗辟为掾，袤举高阳许允、扶风鲁芝、东莱王基，朗皆命之，后咸至大位，有重名。袤迁尚书郎。出为黎阳令，吏民悦服。太守班下属城，特见甄异，为诸县之最。迁尚书右丞。转济阴太守，下车旌表孝悌，敬礼贤能，兴立庠序，开诱后进。调补大将军从事中郎，拜散骑常侍。会广平太守缺，宣帝谓袤曰："贤叔大匠［指郑袤叔父郑浑，曾任阳平（广平邻郡）、魏郡太守和将作大匠］垂称于阳平、魏郡，百姓蒙惠化。且卢子家［卢毓］、王子雍［王肃］继踵此郡，使世不乏贤，故复相屈。"袤在广平，以德化为先，善作条教，郡中爱之。征拜侍中，百姓恋慕，涕泣路隅。迁少府。高贵乡公即位，袤与河南尹王肃备法驾奉迎于元城，封广昌亭侯。徙光禄勋，领宗正。

［在司马师、司马昭之下任高级文臣参与若干重要政事，至"疾病失明，屡乞骸骨"。］

毌丘俭作乱，景帝自出征之，百官祖送于城东，袤疾病不任会。帝谓中领军王肃曰："唯不见郑光禄为恨。"肃以语袤，袤自舆追帝，及于近道。帝笑曰："故知侯生必来也。"遂与袤共载，曰："计将何先？"袤曰［他的政治战略分析精当，其战略主张与司马师平淮南第二叛时实际所用的基本战略一致；他的才能还有少有机会展现的一面］："昔与俭俱为台郎，特所知悉。其人好谋而不达事情，自昔建勋幽州，志望无限。文钦勇而无算。今大军出其不意,江、淮之卒锐而不能固,深沟高垒以挫其气,此亚夫之长也。"帝称善。转太常。高贵乡公议立明堂辟雍,精选博士,袤举刘毅、刘寔、程咸、庾峻,后并至公辅大位。及常道乡公立,与议定策,进封安城乡侯,邑千户。景元[常道乡公年号,260—264]初,疾病失明,屡乞骸骨,不许。拜光禄大夫。五等初建,封密陵伯。

[他以失明和卧病多年之躯,被当作西晋初年的王朝装饰品抬至司空之位,但他有自知之明(和某种独立意志),固辞不受。]

武帝践阼,进爵为侯。虽寝疾十余年,而时贤并相推荐。泰始[265—274]中,诏曰:"光禄密陵侯袤,履行纯正,守道冲粹,退有清和之风,进有素丝之节,宜登三阶之曜,补衮职之阙。今以袤为司空。"天子临轩,遣五官中郎将国坦就第拜授。袤前后辞让,遣息称上送印绶,至于十数。谓坦曰:"魏以徐景山[徐邈,见《三国志·魏书·徐胡二王传》]为司空,吾时为侍中,受诏譬旨。徐公语吾曰:'三公当上应天心,苟非其人,实伤和气,不敢以垂死之年,累辱朝廷也。'终于不就。遵大雅君子之迹,可不务乎!"固辞,久之见许,以侯就第……九年[273]薨,时年八十五。帝于东堂发哀,赐秘器、朝服一具、衣一袭、钱三十万、绢布各百匹,以供丧事。谥曰元。……

郑默:

[郑袤长子,好儿子,似其父,或过之。爱恤饥民,信仰儒道治国;廉洁审慎,谦虚温谨;拒攀权贵,但"遇下以和"。处处有例外:弊象丛生、百恶涌动的西晋初期竟有此等道德完美的高官!]

默字思元。起家秘书郎,考核旧文,删省浮秽。……转尚书考功郎,专典伐蜀事,封关内侯,迁司徒左长史。武帝受禅,与太原郭奕俱为中庶子[太子侍从官]……出为东郡太守,[爱恤饥民,为之不惜冒大风险:]值岁荒人饥,默辄开仓振给,乃舍都亭,自表待罪。朝廷嘉默忧国,诏书褒叹,比之汲黯。班告天下,若郡县有此比者,皆听出给。入为散骑常侍。

……武帝出祀南郊,诏使默骖乘……遂问政事,对曰[五条关于治国大要的经典儒家信念]:"劝稼务农,为国之基。选人得才,济世之道。居官久职,政事之宜。明慎黜陟,劝戒之由。崇尚儒素,化导之本。如此而已矣。"帝善之。

[廉洁审慎,为人敦重:]后以父丧去官,寻起为廷尉。是时禹令袁毅坐交通货赂,大兴刑狱。在朝多见引逮,唯默兄弟以洁慎不染其流。迁太常。……默为人敦重,柔而能整[治理,修理]……

……寻拜大鸿胪。遭母丧……服阕,为大司农,转光禄勋。太康元年[280]卒,时年六十八,谥曰成。……[拒攀权贵,但"遇下以和":]后父杨骏先欲以女妻默子豫,默曰:"吾每读《隽不疑传》[《汉书·隽不疑传》载:"大将军(霍)光欲以女妻之,不疑固辞,不肯当。"],常想其人。畏远权贵,奕世所守。"遂辞之。骏深为恨。……默宽冲博爱,谦虚温谨,不以才地矜物,事上以礼,遇下以和,虽僮竖厮养不加声色……

李胤:

[与本篇的主题相符,政治英才和杰出成就不甚相干,道德品性和为官态度才甚紧要,而他在后一方面尽善尽美,特别是清廉程度无与伦比。]

[丧祖之哀和孝道观念塑造他的童年和少年,"知度沈邃,言必有则":]

李胤,字宣伯,辽东襄平人也。祖敏,汉河内太守,去官还乡里,辽东太守公孙度欲强用之,敏乘轻舟浮沧海,莫知所终。胤父信追求积年,浮海出塞,竟无所见……

既生胤,遂绝房室,恒如居丧礼,不堪其忧,数年而卒。胤既幼孤,母又改行,有识之后,降食哀戚,亦以丧礼自居。又以祖不知存亡,设木主以事之。由是以孝闻。容貌质素,颓然若不足者,而知度沈邃,言必有则。

[入仕后经历众多不同岗位,直至西晋初朝廷大臣,为官理政"清简""廉平""恭恪直绳""忠允高亮"。]

初仕郡上计掾,州辟部从事、治中,举孝廉,参镇北军事。迁乐平侯相,政尚清简。入为尚书郎,迁中护军司马、吏部郎,铨综[选拔罗致人材]廉平。赐爵关中侯,出补安丰太守。文帝引为大将军从事中郎,迁御史中丞[朝廷监察要职],恭恪直绳,百官惮之。伐蜀之役,为西中郎将、督关中诸军事[战役方面军督军要职]。后为河南尹[核心地区行政要职],封广陆伯。泰始初,拜尚书,进爵为侯。胤奏以为:[就初建的西晋,他主张有一种以正规的高级官僚体系为主干、分级咨询和商讨的君主决策制度,得到采纳]"……自今以往,国有大政,可亲延群公[三公],询纳谠言。其军国所疑,延诣省中,使侍中、尚书咨论所宜。若有疾病,不任觐会,临时遣侍臣讯访。"诏从之。迁吏部尚书仆射,寻转太子少傅。诏以胤忠允高亮,有匡躬之节,使领司隶校尉。[担任朝廷首席监察官。]胤屡自表让,忝傅储官,不宜兼监司之官。武帝以二职并须忠贤,故每不许。

[他在武帝朝廷的地位继续上升,直至司徒,然而他清廉得惊人,以致"家至贫俭,儿病无以市药"。]

咸宁[275—280]初,皇太子出居东宫,帝以司录事任峻重,而少傅有旦夕辅导之务,胤素羸,不宜久劳之,转拜侍中,加特进。俄迁尚书令,侍中、特进如故。[清廉得惊人:]胤虽历职内外,而家至贫俭,儿病无以市药。帝闻之,赐钱十万。其后帝以司徒旧丞相之职,诏以胤为司徒。[位至三公,在位五年"简亮持重"但无它可誉:]在位五年,简亮持重,称为任职。以吴会初平,大臣多有勋劳,宜有登进,乃上疏逊位。帝不听,遣侍中宣旨,优诏敦谕,绝其章表。胤不得已,起视事。

太康三年[282]薨……帝后思胤清节,诏曰:"故司徒李胤,太常彭灌,并履忠清俭,身没,家无余积[在一个奢靡成风、竞侈斗富的时代,他即使任司徒数年也依然"家无余积"!],赐胤家钱二百万、谷千斛,灌家半之。"……

卢钦:

[大臣名儒世家出身,多有遗传而少变异。这里仅略略提及他的政绩军功,着重于他的优秀道德和为官品性。]

卢钦,字子若,范阳涿[今河北涿州]人也。祖植,汉侍中。父毓,魏司空。世以儒业显。钦清澹有远识,笃志经史,举孝廉,不行,魏大将军曹爽辟为掾。[初入仕就态度端正,尽职不阿:]爽弟尝有所属请,钦白爽子弟不宜干犯法度,爽深纳之,而罚其弟。除尚书郎。爽诛,免官。后为侍御史,袭父爵大利亭侯,累迁琅邪太守。宣帝为太傅,辟从事中郎,出为阳平太守,迁淮北都督、伏波将军,甚有称绩。[历任地方行政长官和军区司令,"甚有称绩"。然而那到底是什么?史家似乎不认为那值得在本篇提及。下面又说他"历宰州郡,不尚功名,唯以平理为务",故就此而言似无甚"称绩";平实而不造功邀功。]征拜散骑常侍、大司农,迁吏部尚书,进封大梁侯。[任中央高官。]武帝受禅,以为都督沔北诸军事、平南将军、假节[再任军区司令]……钦在镇,宽猛得中,疆场无虞。[再任中央高官:]朝廷大臣入为尚书仆射,加侍中、奉车都尉,领吏部。[他的道德和为官品性:任高官但清贫,举才必廉平]以清贫,特赐绢百匹。钦举必以材,称为廉平。

咸宁四年[278]卒,[身居高位而惊人的清贫:无第舍,无私积,饥馑时节"其家大匮"]诏曰:"钦履道清正,执德贞素。文武之称,著于方夏。……"谥曰元。又以钦忠清高洁,不营产业,身没之后,家无所庇,特赐钱五十万,为立第舍。复下诏曰:"故司空王基、卫将军卢钦、领典军将军杨嚣,并素清贫,身没之后,居无私积。顷者饥馑,闻其家大匮,其各赐谷三百斛。"钦历宰州郡,不尚功名,唯以平理为务。禄俸散之亲故,不营资产。动循礼典,妻亡,制庐杖,终丧居外。

…… ……

列传第十七　傅祗传　摘录和评注

[曹魏末期国务家和战略家傅嘏之子。他品行比较端正,同时颇为能干,以朝廷大臣的身份经历数轮"八王之乱",提供了一个久陷污泥而少染的范例,证实动乱之中的政治世界对正人君子而言格外复杂和艰难。]

祗字子庄。父嘏,魏太常。祗性至孝,早知名,以才识明练称。武帝始建东宫,起家太子舍人,累迁散骑黄门郎……母忧去职……服终,[他能干,在地方行政长官任上有兴修水利、造福于民的优良表现:]为荥阳太守。自魏黄初大水之后,河济泛溢,邓艾尝著《济河论》,开石门而通之,至是复浸坏。祗乃造沈莱堰,至今兖、豫无水患,百姓为立碑颂焉。寻表兼廷尉,迁常侍、左军将军。

[“八王之乱”和他在其中的卷入双双开始;他机智地参与消灭杨骏的政变,因而算是踏上贾后及楚王玮之船,但他仍行之有节。]

及帝崩,梓宫在殡,而太傅杨骏辅政,欲悦众心,议普进封爵。祗与骏书曰:“未有帝王始崩,臣下论功者也。”骏不从。入为侍中。[他机智地参与了消灭杨骏的政变,因而算是踏上贾后及楚王玮之船;]时将诛骏,而骏不之知。祗侍骏坐,而云龙门闭,内外不通。祗请[请杨骏准他]与尚书武茂听国家消息,揖而下阶。茂犹坐,祗顾曰:“君非天子臣邪! 今内外隔绝,不知国家所在,何得安坐!”茂乃惊起。①[然而,他比较正直,不攀附或听任贾后及楚王玮在政变成功后的大规模血腥清洗②,挺身而出救了不少人:]骏既伏诛,裴楷息瓒,骏之婿也,为乱兵所害。尚书左仆射荀恺与楷不平,因奏楷是骏亲,收付廷尉。祗证楷无罪,有诏赦之。时又收骏官属,祗复启曰:“昔鲁芝为曹爽司马,斩关出赴爽,宣帝义之,尚迁青州刺史。骏之僚佐不可加罚。”诏又赦之。祗多所维正皆如此。

……以讨杨骏勋,当封郡公八千户,固让,减半,降封灵川县公,千八百户……

[贾南风覆灭后,他多半被逼给帝京新独裁者司马伦效劳,以至于在后者篡夺帝位后“经受伪职”。]

[在“八王之乱”中他首遭蹉跎:]楚王玮之矫诏也③,祗以闻奏稽留,免官。期年,迁光禄勋,复以公事免。[他在征讨氐族齐万年大规模武装造反方面很能干:]氐人齐万年举兵反,以祗为行安西军司,加常侍,率安西将军夏侯骏讨平之。迁卫

---

① 《晋书·贾充杨骏传》载:时骏居曹爽故府,在武库南,闻内有变,召众官议之。太傅主簿朱振说骏曰:“今内有变,其趣可知,必是阉竖为贾后设谋,不利于公。宜烧云龙门以示威,索造事都首[索取制造事端的首恶分子],开万春门,引东宫及外营兵,公自拥翼皇太子,入宫取奸人。殿内震惧,必斩送之,可以免难。”骏素怯懦,不决,乃曰:“魏明帝造此大功,奈何烧之!”侍中傅祗夜白骏,请与武茂俱入云龙门观察事势。祗因谓群僚“宫中不宜空”,便起揖,于是皆走。

② 《晋书·贾充杨骏列传》载:(孟)观等受贾后密旨,诛骏亲党,皆夷三族,死者数千人。

③ 《晋书·惠帝纪》载:(元康元年[291])六月,贾后矫诏使楚王玮杀太宰、汝南王亮,太保、菑阳公卫瓘。乙丑,以玮擅害亮、瓘,杀之。

尉，以风疾逊位，就拜常侍，食卿禄秩，赐钱及床帐等。寻加光禄大夫，门施行马。[司马伦逼他担任朝廷日常行政领导，以利用他的好名声：]及赵王伦辅政，以为中书监，常侍如故，以镇众心。祇辞之以疾，伦遣御史舆祇就职。王戎、陈准等相与言曰："傅公在事，吾属无忧矣。"其为物所倚信如此。

[他甚至在司马伦篡夺帝位后仍任其下高官，但他有自知之明：]伦篡，又为右光禄、开府，加侍中。惠帝还宫，祇以经受伪职请退，不许。[他险些因为效劳于司马伦而遭大难：]初，伦之篡也，孙秀与义阳王威等十余人预撰仪式禅文。及伦败，齐王冏收侍中刘逵、常侍骓捷、杜育、黄门郎陆机、右丞周导、王尊等付廷尉。以禅文出中书，复议处祇罪，会赦得原。后以禅文草本非祇所撰，于是诏复光禄大夫。子宣，尚弘农公主。

[他"逊位还第"，或许躲过了"八王之乱"的第三至第五轮，但随后就在大乱的最后胜出者司马越之下再度担任朝廷日常行政领导，终至三公；他力所能及施行良政。]

寻迁太子少傅，上章逊位还第。["逊位还第"使他或许躲过了"八王之乱"的第三至第五轮。]及成都王颖为太傅[似有误，司马颖从未任过太傅]，复以祇为少傅，加侍中。[他在司马越之下再度担任朝廷日常行政领导，力所能及施行良政：]怀帝即位[306]，迁光禄大夫、侍中，未拜，加右仆射、中书监。时太傅东海王越辅政，祇既居端右，每宣君臣谦光之道，由此上下雍穆。祇明达国体，朝廷制度多所综综。历左光禄、开府，行太子太傅，侍中如故。疾笃逊位，不许。迁司徒，以足疾，诏版舆上殿，不拜。

[311年司马越闻受各方讨伐而惊死后，他为迅将灭亡的西晋王朝提供了他短暂的最后紧要服务。]

大将军苟晞表请迁都，使祇出诣河阴，修理舟楫，为水行之备。及洛阳陷没[311]，遂共建行台，推祇为盟主，以司徒、持节、大都督诸军事传檄四方。遣子宣将公主与尚书令和郁赴告方伯征义兵，祇自屯盟津小城，宣弟畅行河阴令，以待宣。祇以暴疾薨，时年六十九。[他始终对自己在"八王之乱"中的经历有自知之明和内疢之感!]祗自以义诚不终,力疾手笔敕厉其二子宣、畅,辞旨深切,览者莫不感激慷慨。祗著文章驳论十余万言。

…… ……

[傅祗在篇末得到的史臣终评可谓深切,因为情势对正人君子而言尤复杂,尤艰难。]

史臣曰:……傅祗名父之子,早树风猷,崎岖危乱之朝,匡救君臣之际,卒能保全禄位,可谓有道存焉。

列传第二十　庾峻、郭象传　摘录和评注

庾峻:

[世族出身,有学问有才思,任宫廷博士,在尊儒“惧雅道陵迟”的意义上大不同于流俗。从经典儒家立场出发,上疏抨击西晋初流行的竞相争夺俗利俗名的政治文化,为此褒扬淡泊名利的“山林之士”,而作为儒士,他强调非政治人物和非政治行为可有的政治功德——为政者须记住的一项政治道理。]

[他学问才思俱佳,在尊儒“惧雅道陵迟”的意义上大不同于流俗。]

庾峻,字山甫,颍川鄢陵[今河南许昌市鄢陵县]人也。祖乘,才学洽闻,汉司徒辟,有道征,皆不就。伯父嶷,中正简素,仕魏为太仆。父道,廉退贞固,养志不仕。……峻少好学,有才思。……

历郡功曹,举计掾,州辟从事。太常郑袤见峻,大奇之,举为博士。[“惧雅道陵迟,乃潜心儒典”:]时重《庄》《老》而轻经史,峻惧雅道陵迟,乃潜心儒典。[他确实很有学问,也有实事之才:]属高贵乡公幸太学,问《尚书》义于峻,峻援引师说,发明经旨,申畅疑滞,对答详悉。迁秘书丞。长安有大狱,久不决,拜峻侍御史,往断之,朝野称允。武帝践阼,赐爵关中侯,迁司空长史,转秘书监、御史中丞,拜侍中,加谏议大夫。常侍帝讲《诗》,中庶子何劭论《风》《雅》正变之义,峻起难往反,四坐莫能

屈之。

[他从经典儒家立场出发,上疏抨击竞相争夺俗利俗名的流行的政治文化。]

是时风俗趣竞,礼让陵迟。峻上疏曰:

……圣王之御世也,因人之性,或出或处,故有朝廷之士,又有山林之士。朝廷之士,佐主成化,犹人之有股肱心膂,共为一体也。[针对时弊,他特别赞誉"山林之士""避宠之臣":]山林之士,被褐怀玉,太上栖于丘园,高节出于众庶。其次轻爵服,远耻辱以全志。最下就列位,惟无功而能知止。彼其清劲足以抑贪污,退让足以息鄙事。故在朝之士闻其风而悦之,将受爵者皆耻躬之不逮。斯山林之士、避宠之臣所以为美也,先王嘉之。[注意:非政治人物和非政治行为可有的政治功德——为政者须记住的一项政治道理]节虽离世,而德合于主;行虽诡朝,而功同于政。……既廊庙多贤才,而野人亦不失为君子,此先王之弘也。

[竞相争夺俗常名利和财富的政治文化的前车之鉴:暴秦鄙视甚或仇视"山林之士""避宠之臣"]秦塞斯路,利出一官。虽有处士之名,而无爵列于朝者,商君谓之六蝎,韩非谓之五蠹。[其政治和道德恶化效应:]时不知德,惟爵是闻。故闾阎以公乘侮其乡人,郎中以上爵傲其父兄。[初汉回归"圣王之道":]汉祖反之,大畅斯否。任萧、曹以天下,重四皓于南山。以张良之勋,而班在叔孙之后;盖公之贱,而曹相咨之以政。① 帝王贵德于上,俗亦反本于下。……以释之之贵,结王生之袜于朝,而其名愈重。② 自非主臣尚德兼爱,孰能通天下之志,如此其大者乎!

……[转向直接抨击"风俗趋竞"的时弊,一是竞官竞位贪得无厌,"其求不

---

① 《史记·曹相国世家》载:孝惠帝元年,除诸侯相国法,更以参为齐丞相。参之相齐,齐七十城。……闻胶西有盖公,善治黄老言,使人厚币请之。既见盖公,盖公为言治道贵清静而民自定,推此类具言之。参于是避正堂,舍盖公焉。其治要用黄老术,故相齐九年,齐国安集,大称贤相。

② 《史记·张释之冯唐列传》载:王生者,善为黄老言,处士也。尝召居廷中,三公九卿尽会立,王生老人,曰"吾穆[袜子]解",顾谓张廷尉:"为我结袜!"释之跪而结之。既已,人或谓王生曰:"独奈何廷辱张廷尉,使跪结袜?"王生曰:"吾老且贱,自度终无益于张廷尉。张廷尉方今天下名臣,吾故聊辱廷尉,使跪结袜,欲以重之。"诸公闻之,贤王生而重张廷尉。

已"：]文士竞智而务入，武夫恃力而争先。官高矣，而意未满；功报矣，其求不已。［二是官位越高越好做，无功绩而不见黜：]又国无随才任官之制，俗无难进易退之耻。位一高，虽无功而不见下……普天之下，先竞而后让，举世之士，有进而无退。［三是任官升官由俗论群言决定，殆无定则，清浊不分：]大人溺于动俗［（用浮夸的言行）惊动世俗之人］，执政挠于群言，衡石为之失平，清浊安可复分？

……　……

　　［他的原则性的解决办法是官员能进能出，能上能下，这在官本位社会里实在是个乌托邦：]夫人之性陵上，犹水之趣下也，益而不已必决，升而不已必困。始于匹夫行义不敦，终于皇舆为之败绩，固不可不慎也。下人并心进趣，上宜以退让去其甚者。退让不可以刑罚使，莫若听朝士时时从志，山林往往间出。无使入者不能复出，往者不能复反。然后出处交泰，提衡而立，时靡有争，天下可得而化矣。

　　又疾世浮华，不修名实，著论以非之，文繁不载。九年［288］卒……

　　郭象：

　　［西晋大玄学家，有自己独特的哲学理论。他的思想实质是儒道相兼，因为主张本篇未述的名教与自然调和，名教合于人的本性，人的本性也应符合名教。[1] 他远不如"越名教而任自然"的阮籍、嵇康等人那般激进。他可以说是玄学内部的保守派，惊恐于玄学之激进放荡，或曰儒学内部的"改良派"，在潮流面前大作退让但

---

[1] 郭象反对有生于无的观点，认为天地间一切事物都是独自生成变化的，万物没有一个统一的根据，在名教与自然的关系上，他调和二者，认为名教合于人的本性，人的本性也应符合名教。他以此论证等级制度的合理性，认为社会中有各种各样的事，人生来就有各种各样的能力。有哪样能力的人就做哪一种事业，这样的安排既是出于自然，也合乎人的本性。

魏晋玄学理论的表现形式从何晏、王弼至郭象发生了变化，贯穿其中的主要或首先是"名教"与"自然"的关系。何晏、王弼等的"贵无论"期望以自然统率名教，使名教复归自然。阮籍、嵇康提出"越名教而任自然"的口号，冲击名教的规范。到西晋中后期，一些清谈名士、"贵游子弟"借"任自然"为自己骄奢淫逸、放荡不羁的生活辩解，美其名曰"通达""体道"。这严重地腐蚀门阀士族的统治，危及封建名教规范。裴頠著《崇有论》，用以有为本批判以无为本，提倡有为，否定无为，推崇名教，排斥自然。在此之后，郭象将名教与自然调和起来，说"仁义自是人之情性"，"牛虽寄穿落者，天命之固当也。苟当乎天命，则虽寄之人事，而本在乎天也"。"郭子玄"，https://baike.sogou.com/v63012656.htm? fromTitle＝%E9%83%AD%E8%B1%A1.

犹守底线。]

郭象，字子玄，少有才理，好《老》《庄》，能清言。太尉王衍每云："听象语，如悬河泻水，注而不竭。"州郡辟召，不就。常闲居，以文论自娱。后辟司徒掾，稍至黄门侍郎。[他在"八王之乱"中以及紧接其后的政治劣迹：受东海王司马越宠幸，以致"熏灼内外，由是素论去之"]东海王越引为太傅主簿，甚见亲委，遂任职当权，熏灼内外，由是素论去之。永嘉[307—313]末病卒，著碑论十二篇。

[他"为人行薄"，主要著作涉嫌剽窃：]先是，注《庄子》者数十家，莫能究其旨统。向秀于旧注外而为解义，妙演奇致，大畅玄风，惟《秋水》《至乐》二篇未竟而秀卒。秀子幼，其义零落，然颇有别本迁流。象为人行薄，以秀义不传于世，遂窃以为己注，乃自注《秋水》《至乐》二篇，又易《马蹄》一篇，其余众篇或点定文句而已。其后秀义别本出，故今有向、郭二《庄》，其义一也。[房玄龄等在篇末总评中严厉谴责这种剽窃行为："窃人之财，犹谓之盗，子玄假誉攘善，将非盗乎！"]

列传第五十三　袁瑰传　摘录和评注

[东晋元老臣僚，历经司马睿起三朝。他的首要贡献（或曰唯一重要贡献）是"国学之兴，自瑰始也"，即恢复儒学在江南的发展。]

[他历经司马睿起三朝的元老履历：]

袁瑰，字山甫，陈郡阳夏人，魏郎中令涣之曾孙也。祖、父并早卒。瑰与弟猷欲奉母避乱，求为江淮间县，拜吕令，转江都，因南渡。元帝以为丹阳令。中兴建，拜奉朝请[闲散文官，给予优惠待遇]，迁治书御史。……寻除庐江太守。大将军王敦引为咨议参军。俄为临川太守。敦平，为镇南将军卞敦军司。寻自解还都，游于会稽。苏峻之难，与王舒共起义军，以功封长合乡侯，征补散骑常侍，徒大司农寻除国子祭酒。顷之，加散骑常侍。

[他的首要贡献（或曰唯一重要贡献）为"国学之兴，自瑰始也"。]

于时丧乱之后,礼教陵迟,瑰上疏曰:

臣闻先王之教也,崇典训以弘远代,明礼乐以流后生,所以导万物之性,畅为善之道也。宗周既兴,文史载焕,端委[礼服]垂于南蛮,颂声溢于四海……立人之道,于斯为首。孔子恂恂以教洙泗[洙水和泗水,古时自今山东泗水县北合流而下,至曲阜北,又分为二水。孔子在洙泗之间聚徒讲学,后以"洙泗"代称孔子及儒家],孟轲系之,诲诱无倦,是以仁义之声于今犹存,礼让之节时或有之。

畴昔皇运陵替,丧乱屡臻,儒林之教渐颓,庠序之礼有阙,国学索然,坟籍莫启,有心之徒抱志无由。昔魏武帝身亲介胄,务在武功,犹尚废鞍览卷,投戈吟咏,况今陛下以圣明临朝,百官以虔恭莅事,朝野无虞,江外谧静,如之何泱泱之风漠然无闻,洋洋之美坠于圣世乎!古人有言:"《诗》《书》义之府,礼乐德之则。"实宜留心经籍,阐明学义,使讽诵之音盈于京室,味道之贤是则是咏,岂不盛哉!若得给其宅地,备其学徒,博士僚属粗有其官,则臣之愿也。

疏奏,成帝从之。国学之兴,自瑰始也。以年在悬车,上疏告老,寻卒,追赠光禄大夫,谥曰恭。……

列传第四十五　王坦之、范宁传　摘录和评注

王坦之:

[协助谢安辅助幼主孝武帝司马曜的东晋重臣兼准思想家。他自矜门第与才能,有流俗的傲慢,言谈直率异常。著《废庄论》,较流俗地站在儒家立场鞭笞已变得流俗的庄子之学。]

[含着银勺子出生的显贵,似乎没有他的父祖们的恬淡精神:]

坦之字文度。弱冠与郗超俱有重名,时人为之语曰:"盛德绝伦郗嘉宾,江东独步王文度。"嘉宾,超小字也。仆射江虨[bīn]领选,将拟(坦之)为尚书郎。坦之闻曰:"自过江来,尚书郎正用第二人,何得以此见拟!"[他自矜门第与才能,流俗的傲

慢。]彪遂止。[他的特权式仕途：担任特大显贵的侍从或高参，继而自己任朝廷较高级职务]简文帝为抚军将军，辟为掾。累迁参军、从事中郎，仍为司马，加散骑常侍。出为大司马桓温长史。寻以父忧去职，服阕。征拜侍中，袭父爵。时卒士韩怅逃亡归首，云"失牛故叛"。有司劾怅偷牛，考掠服罪。坦之以为怅束身自归，而法外加罪，慭怠失牛，事或可恕，加之木石，理有自诬，宜附罪疑从轻之例，遂以见原。海西公废，领左卫将军。

[他著《废庄论》，较流俗地站在儒家立场，贬抑已变得流俗的庄子之学。①]

坦之有风格，尤非时俗放荡，不敦儒教，颇尚刑名学，著《废庄论》曰：

荀卿称庄子"蔽于天而不知人"，扬雄亦曰"庄周放荡而不法"，何晏云"鬻[yù，卖]庄躯，放玄虚，而不周乎时变"。三贤之言，远有当乎！夫独构之唱，唱虚而莫和；无感之作，义偏而用寡。……孔父非不体远，以体远故用近；颜子岂不具德，以德备故膺教。……

[儒庄之别的根本在于对世人一般心智/情感能力的相反判断，即儒家认为它们极不可靠，故须敦礼崇化，用礼仪去规制，凭教化去熏陶，以致"日用以成俗，诚存而邪忘"，而庄子之学相反，认为个人心智和情感绝对自决：]……道心惟微，人心惟危，吹万不同，孰知正是！[《庄子·齐物论》："夫吹万不同，而使其自己也。"吹，指风；万，万窍。谓风吹万窍，发出各种音响。]……先王知人情之难肆，惧违行以致讼……故陶铸群生，谋之未兆，每摄其契，而为节焉。使夫敦礼以崇化，日用以成俗，诚存而邪忘，利损而竞息，成功遂事，百姓皆曰我自然。……语道而失其为者，非其道也；辩德而有其位者，非其德也。……[他痛斥庄子，"庄生作而风俗颓"，颓在"人以克己为耻，士以无措为通"]若夫庄生者，望大庭而抚契，仰弥高于不足……

---

① 东晋士人儒学人格中融入了玄学的因素，体现出坚持儒学价值准则又不失通达的特征。如王坦之在《废庄论》内批评庄学利少害多，强调儒家仁义廉耻观念对稳固社会的功能；然而他反庄子而不反老子，甚至将老子的无为自化与儒家的敦礼崇化结合起来，"在儒而非儒，非道而有道"，可谓玄儒兼济。"东晋儒学文化型态士风"，http://www.xchen.com.cn/wxlw/wxpllw/527931.html.

其言诡谲，其义恢诞。……天下之善人少，不善人多，庄子之利天下也少，害天下也多。故曰鲁酒薄而邯郸围，庄生作而风俗颓。礼与浮云俱征，伪与利荡并肆，人以克己为耻，士以无措为通，时无履德之誉，俗有蹈义之愆。……

昔汉阴丈人修浑沌之术，孔子以为识其一不识其二。①[对于孔子"识其二"，即顺合时势适应变化，连孔子自己也不能同意，否则他老先生为何在临死时悲怆地说："天下莫能宗予。""梁柱摧乎！哲人萎乎！"②]庄生之道，无乃类乎！与夫如愚之契，何殊间哉！若夫利而不害，天之道也；为而不争，圣之德也。群方所资而莫知谁氏，在儒而非儒，非道而有道。弥贯九流，玄同彼我，万物用之而不既，亹[wěi，美好]癖日新而不朽，昔吾孔老固已言之矣。

[他的流俗的傲慢起了一回好作用，因为毫不客气地谏止了桓温强制册立的傀儡简文帝临终时诏桓温正式摄政，虽然这实际上作用不大。③]

又领本州大中正。简文帝临崩，诏大司马温依周公居摄故事。坦之自持诏入，

---

① 《庄子·天地》"子贡南游于楚"一章：子贡南游于楚，反于晋，过汉阴，见一丈人方将为圃畦[菜圃内划分出的长行的栽种区]，凿隧而入井，抱瓮而出，滑[gú]滑然[用力貌]用力甚多而见功寡。子贡曰：有械于此，一日浸百畦，用力甚寡而见功多，夫子不欲乎？为圃者昂而视之曰："奈何？"曰："凿木为机，后重前轻，挈水[提水]若抽。数[频繁，引申为快速]如泆（溢）汤[沸腾的水向外溢出]，其名为槔。"为圃者忿然作色而笑曰："吾闻之吾师，有机械者必有机事[机巧事]，有机事者必有机心[机巧心]。机心存于胸中，则纯白[未受世俗沾染的纯静空明的心境]不备；纯白不备，则神生不定；神生不定者，道之所不载也。吾非不知，羞而不为也。"子贡瞒然[羞惭貌]，俯而不对。……

反于鲁，以告孔子。孔子曰："彼假脩[借助和修养]浑沌氏之术者也；识其一[指懂得纯真合一的道理]，不知其二[指不懂顺合时势适应变化]；治其内，而不治其外。……浑沌氏之术，予与汝何足以识之哉！"

② 《史记·孔子世家》：子路死于卫。孔子病，子贡请见。孔子方负杖逍遥于门，曰："赐，汝来何其晚也？"孔子因叹，歌曰："太山坏乎！梁柱摧乎！哲人萎乎！"因以涕下。谓子贡曰："天下无道久矣，莫能宗予。夏人殡于东阶，周人于西阶，殷人两柱间。昨暮予梦坐奠两柱之间，予始殷人也。"后七日卒。

③ 《晋书·简文帝孝武帝纪》载：(咸安)二年[372]……秋七月……己未，立会稽王昌明[司马曜字]为皇太子……是日，帝崩于东堂，时年五十三。……遗诏以桓温辅政，依诸葛亮、王导故事。翌年，桓温病死，谢安开始进入东晋政治舞台中心。

于帝前毁之。帝曰："天下,傥来[意外得来,偶然得到]之运,卿何所嫌!"坦之曰："天下,宣元之天下,陛下何得专之!"[直率异常!]帝乃使坦之改诏焉。

[桓温死后先后作为朝廷重臣和外镇大将,协助谢安辅助幼主孝武帝。]

温薨,坦之与谢安共辅幼主,迁中书令,领丹阳尹。俄授都督徐兖青三州诸军事、北中郎将、徐兖二州刺史,镇广陵。将之镇,上表曰[教导少年君主要听话,听太后褚蒜子、谢安、桓冲(和——言外之意——他自己)的话,即"尊尊亲亲,信纳大臣",那被他多少正确地说成是东晋的一大政治传统]:

臣闻人君之道以孝敬为本,临御四海以委任为贵。恭顺无为,则盛德日新;亲杖贤能,则政道邕睦。昔周成、汉昭,并以幼年纂承大统。当时天下未为无难,终能显扬祖考,保安社稷,盖尊尊亲亲,信纳大臣之所致也。

伏维陛下诞奇秀之姿,禀生知之量,春秋尚富,涉道未广,方须训导以成天德。皇太后[褚蒜子]仁淑之体,过于三母,先帝奉事积年,每称圣明。……昔肃祖[明帝司马绍庙号]崩殂,成康幼冲,事无大小,必咨丞相导,所以克就圣德,实此之由,今仆射臣安、中军臣冲,人望具瞻,社稷之臣。且受遇先帝,绸缪缱绻,并志竭忠贞,尽心尽力,归诚陛下,以报先帝。愚谓周旋举动。皆应咨此二臣。二臣之于陛下,则周之旦奭,汉之霍光,显宗[成帝司马衍庙号]之于王导。冲虽在外,路不云远,事容信宿,必宜参详,然后情听获尽,庶事可毕。

又天听虽聪,不启不广;群情虽忠,不引不尽。宜数引侍臣,询求谠言。……祖宗之基系之陛下,不可不精心务道,以申先帝尧舜之风。可不敬修至德,以保宣元天地之祚?

表奏,帝纳之。

…… ……

[首启"公谦之辩",主张"公"(公开坦诚)胜过"谦"(谦虚退让),这显然符合其性情及门阀地位。]

坦之又尝与殷康子书论公谦之义曰：[①]

夫天道以无私成名，二仪以至公立德。立德存乎至公，故无亲而非理；成名在乎无私，故在当而忘我。此天地所以成功，圣人所以济化，由斯论之，公道体于自然，故理泰而愈降；谦义生于不足，故时弊而义著。……从此观之，则谦公之义固以殊矣。

夫物之所美，己不可收；人之所贵，我不可取。诚患人恶其上，众不可盖，故君子居之，而每加损焉。隆名在于矫伐，而不在于期当，匿迹在于违显，而不在于求是。于是谦光之义与矜竞而俱生，卑挹之义与夸伐而并进。由亲誉生于不足，未若不知之有余；良药效于瘳疾，未若无病之为贵也。

夫乾道确然，示人易矣；坤道隤然，示人简矣。二象显于万物，两德彰于群生，岂矫枉过直而失其所哉！由此观之，则大通之道公坦于天地，谦伐之议险巇于人事。今存公而废谦，则自伐者托至公以生嫌，自美者因存党以致惑。此王生所谓同貌而实异，不可不察者也，然理必有源，教亦有主。苟探其根，则玄指自显；若寻其末，弊无不至。岂可以嫌似而疑至公，弊贪而忘于谅哉！

康子及袁宏并有疑难，坦之标章摘句，一一申而释之，莫不厌服。又孔严著《通葛论》，坦之与书赞美之。其忠公慷慨，标明贤胜，皆此类也。

---

① 《王坦之致殷康子书论公谦之义》释义：乾坤之道的运行，公开坦诚，无我无亲，以适合万物的自然之性为原则，故功德无量。可见"公"是宇宙间最完美的品德，属于"大道"层次的概念。出现了争名夺利的社会风气，"谦"德才得到重视。在人类社会中，像大禹那样体"道"的圣人，能以自然真诚之道成功；而像孟之反那样的普通人，则要通过谦逊持后保全自己。

厌恶他人居自己之上，是人类的普遍心态。因此，君子降低自己的名誉，不是实事求是——"期当"，而是为了避免自我夸耀的嫌疑，采取了自我贬抑的自保措施——"谦下"。应当看到，谦逊退让永远与骄傲争夺并存，不是最美的品德，只是用来纠正争名夺利之风。犹如良药能治病，却不如无病。

为了证明论点的正确性，他引用了《系辞下》"夫乾，确然示人易矣；夫坤，隤然示人简矣"之语，乾道阳刚与坤道阴柔的性质，毫无保留地昭示天下，没有任何隐匿。王坦之以此证明"公开坦诚"的美德源于天地之"道"，而"谦虚"则产生于险恶的人事。为什么不能仅存"公"德而废弃"谦"德？因为这样一来，小人便会打着公开坦诚的幌子自我夸耀，混淆视听，以假乱真。可见，"公"德也会产生流弊。但是，不能因存在流弊，而怀疑"公"德至高无上的地位。

王晓毅：《从"公谦之辩"看魏晋义理易学的功能》，http://blog.sina.com.cn/s/blog_a6eb92f00102vo9l.html.

［他去世，"朝野甚痛惜之"。］

……卒，时年四十六。临终，与谢安、桓冲书，言不及私，惟忧国家之事，朝野甚痛惜之。……

范宁：

［徐兖二州刺史范汪之子，东晋大儒、教育家、经学家。他崇儒抑玄，著论鞭笞王弼何晏；更重要的是，他在地方行政长官任上"兴学校，养生徒，洁己修礼"，为东晋史上"崇学敦教"之最。他受王国宝疏隔排挤出京后的两则上疏反映了东晋末期的政道贪苛、社会苦难和北人大量南迁导致的必须进行的行政改革。］

［还值得提起的是，他是《后汉书》作者、大史家范晔的祖父。］

［在"浮虚相扇，儒雅日替"的世风中崇儒抑玄，著论鞭笞王弼何晏。］

宁字武子［今湖北老河口市光化县人］。少笃学，多所通览。简文帝为相，将辟之，为桓温所讽，遂寝不行。故终温之世，兄弟无在列位者。时以浮虚相扇，儒雅日替，宁以为其源始于王弼、何晏，二人之罪深于桀纣，乃著论曰：

或曰："黄唐［黄帝和唐尧］缅邈［长远，遥远］，至道沦翳［埋没，隐蔽］……争夺兆于仁义，是非成于儒墨。平叔［何晏字］神怀超绝，辅嗣［王弼字］妙思通微，振千载之颓纲，落［脱离，脱身］周孔之尘网。斯盖轩冕之龙门，濠梁［犹濠上。濠为古水名，淮河南岸支流，一名石梁河，在今安徽凤阳县境内，东北流至临淮关入淮河］之宗匠。尝闻夫子之论，以为罪过桀纣，何哉？"

答曰："……王何蔑弃典文，不遵礼度，游辞浮说，波荡后生，饰华言以翳实，骋繁文以惑世。搢绅之徒，翻然改辙，洙泗之风，缅焉将坠。遂令仁义幽沦，儒雅蒙尘，礼坏乐崩，中原倾覆。［他的根本谴责：中原倾覆、华夏沉沦缘于玄学玄风盛行。］古之所谓言伪而辩、行僻而坚者［此乃孔子对少正卯的谴责］，其斯人之徒欤！昔夫子斩少正于鲁，太公戮华士于齐①，岂非旷世而同诛乎！桀纣暴虐，正足以灭身

---

① 《韩非子》曰："太公封于齐，东海上有居士狂矞［yù］、华仕，昆弟二人立议曰：'吾不臣天子，不友诸侯，耕而食之，掘而饮之。吾无求于人，无上之名，无君之禄，不仕而事力。'太公使执而杀之，以为首诛。"

覆国,为后世鉴诫耳,岂能回百姓之视听哉!王何叨海内之浮誉,资膏粱之傲诞,画螭魅以为巧,扇无检以为俗。郑声之乱乐,利口之覆邦,信矣哉!吾固以为一世之祸轻,历代之罪重,自丧之衅小,迷众之愆大也。"

宁崇儒抑俗,率皆如此。

[担任余杭县令期间,他大办儒家学校教育,大兴儒家行为方式,为东晋史上"崇学敦教"之最;此后无论是为官地方还是任职中央,他都积极有为,"有益政道"。]

温巢之后,始解褐[hè,脱去布衣,担任官职]为余杭令,在县兴学校,养生徒,洁己修礼,志行之士莫不宗之。期年之后,风化大行。自中兴已来,崇学敦教,未有如宁者也。在职六年,迁临淮太守,封阳遂乡侯。顷之,征拜中书侍郎。在职多所献替,有益政道。时更营新庙,博求辟雍、明堂之制,宁据经传奏上,皆有典证。孝武帝雅好文学,甚被亲爱,朝廷疑议,辄咨访之。宁指斥朝士,直言无讳。

[正直的他受外甥、司马道子佞幸王国宝疏隔排挤,出京任豫章太守,任上依然大办儒家学校教育;他的两则上疏如前所述,因其广泛含义而值得注意。]

王国宝,宁之甥也,以谄媚事会稽王道子,惧为宁所不容,乃相驱扇,因被疏隔。求补豫章[郡名,辖区相当于今江西南昌市]太守,帝曰:"豫章不宜太守,何急以身试死邪?"宁不信卜占,固请行,临发,上疏曰:"……今四境晏如,烽燧不举,而仓庾虚耗,帑藏空匮。古者使人,岁不过三日,今之劳扰,殆无三日休停,至有残刑剪发,要求复除,生儿不复举养,鳏寡不敢妻娶。岂不怨结人鬼,感伤和气。……臣久欲粗启所怀,日复一日。今当永离左右,不欲令心有余恨。请出臣启事,付外详择。"帝诏公卿牧守普议得失,宁又陈时政曰:

……[很大程度上属于移民国家的东晋需要逐渐合理化和规制化("土断"等①,以利于社会稳定和国家岁入。][首先是"土断":]昔中原丧乱,流寓江左,庶有旋反之期,故许其挟注本郡。自尔渐久,人安其业,丘垄坟柏,皆已成行,虽无本邦之名,而

---

① 西晋末,北方人民大量南流,东晋建立后,政府设立许多侨州、侨郡、侨县予以安置。侨人的户籍称为白籍,不算正式户籍,不负担国家调役。侨人有的相对集中,有的居住分散,管理极为不便。侨州、郡、县开始也只是办事机构,并无实土,所以仅在晋陵(今江苏常州一带)一郡就有侨(接下页)

有安土之实。今宜正其封疆，以土断人户，明考课之科，修闾伍之法。难者必曰："人各有桑梓，俗自有南北。一朝属户，长为人隶……"斯诚并兼者之所执，而非通理者之笃论也。……

["荒小郡县，皆宜并合"：]凡荒郡之人，星居东西，远者千余，近者数百，而举召役调，皆相资须[需求]，期会差违，辄致严坐，人不堪命，叛为盗贼。是以山湖日积，刑狱愈滋。今荒小郡县，皆宜并合，不满五千户，不得为郡，不满千户，不得为县。

[整顿地方官吏制度，确立规整的定制：]守宰之任，宜得清平之人。顷者选举，惟以恤贫为先，虽制有六年，而富足便退。又郡守找吏，牵置无常，或兼台职，或带府官。夫府以统州，州以监郡，郡以莅县，如令互相领帖，则是下官反为上司，赋调役使无复节限。且牵曳百姓，营起廨舍，东西流迁，人人易处，文书簿籍，少有存者。先之室宇，皆为私家，后来新官，复应修立。其为弊也，胡可胜言！

[方镇须公私分明，杜绝其去职时以公充私，掠取人力和财资以穷奢极欲：]又方镇去官，皆割精兵器杖以为送故，米布之属不可称计。监司相容，初无弹纠。……送兵多者至有千余家，少者数十户。既力人私门，复资官廪布。兵役既竭，枉服良人，牵引无端，以相充补。若是功勋之臣，则已享裂土之祚，岂应封外复置吏兵乎！……得之有由，而用之无节。蒲酒永日，驰骛卒年，一宴之馔，费过十

立的徐、兖、幽、冀、青、并六州的十多个郡级和六十多个县级机构。侨人与土著百姓生活无异而负担不同，容易引起侨旧矛盾，而且许多江南农民也逃亡而变成豪强私附。这些都不利于东晋政府的统治，因此东晋政权在江南站稳脚跟后要实行土断政策。

土断政策的中心内容是整理户籍，居民不分侨旧，一律在所居郡县编入正式户籍，取消对侨人的优待。为编定统一户籍，必须划定郡县疆界，取消一些流寓郡县，同时从南方旧郡县的领土中分割出一部分作为保留的侨郡县的实土。又调整其隶属关系，或将新获实土的侨郡县交旧州郡领导，或将旧郡县割归新立的侨州郡管辖。与此同时，清查隐匿漏户，将逃亡农民和由豪强隐占的私属搜检出来，充作政府的赋役对象。

东晋第一次土断是在成帝咸和年间(326—334)，以后东晋及宋、齐、梁、陈历代都进行过土断，见于记载者共有十次。土断受到侨人及一些大族的反对，士族害怕丧失作为北来高门的标志，百姓则深知从此要负担沉重的调役。土断使政府增加了收入和兵源，"财阜国丰"；侨人则加入了负担调役的行列，从此由北人变成了南人，客观上加速了南北人民的融合。

"东晋南朝的问题"，https://zhidao.baidu.com/question/50074835.

金，丽服之美，不可赀算，盛狗马之饰，营郑卫之音，南亩废而不垦，讲诵阙而无闻，凡庸竞驰，傲诞成俗。谓宜验其乡党，考其业尚，试其能否，然后升进。……

[需从政策和制度两方面改变服兵役者占人口比例过大，从而生产性户口减耗的局面]官制谪兵[以犯罪者充任的士兵，晋代常以犯罪者充兵役]，不相袭代[与世兵制即专业军户制不同(但事实上往往发生以下相反情况)]，顷者小事，便从补役，一愆之违，辱及累世，亲戚傍支，罹其祸毒[指犯罪者的亲戚往往也受牵连被迫当兵]，户口减耗，亦由于此。皆宜料遣，以全国信。礼，十九为长殇，以其未成人也。十五为中殇，以为尚童幼也。今以十六为全丁，则备成人之役矣。以十三为半丁，所任非复童幼之事矣。岂可伤天理，远经典，困苦万姓，乃至此乎！今宜修礼文，以二十为全丁，十六至十九为半丁，则人无夭折，生长滋繁矣。

帝善之。[然而，是否实施和在多大范围、多大程度上实施，我们不得而知。]

初，宁之出，非帝本意，故所启多合旨。[他在豫章太守任上照旧大办儒家学校，广招儒学学生：]宁在郡又大设庠序，遣人往交州采磐石，以供学用。改革旧制，不拘常宪。远近至者千余人，资给众费，一出私禄。并取郡四姓子弟，皆充学生，课续五经。又起学台[督学使者，教育长官]，功用弥广。[他为"崇学敦教"而不免过于激进，遂惹上大风险：]江州刺史王凝之上言曰："豫章郡居此州之半。太守臣宁……肆其奢浊，所为狼籍。郡城先有六门，宁悉改作重楼，复更开二门，合前为八。私立下舍七所。臣伏寻宗庙之设，各有品秩，而宁自置家庙。又下十五县，皆使左宗庙，右社稷，准之太庙，皆资人力，又夺人居宅，工夫万计。宁……敢专辄，惟在任心。州既闻知，既符从事，制不复听。而宁严威属县，惟令速立。愿出臣表下太常，议之礼典。"诏曰："汉宣云：可与共治天下者，良二千石也！若范宁果如凝之所表者，岂可复宰郡乎！"以此抵罪。……帝以宁所务惟学，事久不判。会赦，免。

……既免官，家于丹阳，犹勤经学，终年不辍。年六十三，卒于家。

[他作为经学家的显著成就：]初，宁以《春秋谷梁氏》未有善释，遂沈思积年，为之集解[是为今存最早的《谷梁传》注解，被收入《十三经注疏》]。其义精

审，为世所重。① ……

列传第五十八　孝友列传李密、王裒、庾衮、桑虞传　摘录和评注

[华夏自公元189年董卓率军进京以后野蛮化，继而经军阀混战、三国鼎立、"八王之乱"和"五胡乱华"，总的来说进程加速，儒家文化的影响力相应式微，更何况还有魏晋始盛的老庄玄虚文化在精英层面的强劲侵蚀。然而，"晋氏……虽百六之灾遄及，而君子之道未消"，本篇记述的"孝悌名流"即证明华夏主流民族性格的坚韧力、儒家文化/伦理的坚韧力。]

[不过，尽管主题简单，本篇记载的"范例"却比这复杂。其中特别有意义的是"孝"与"忠"之间并非那么单纯的关系，还有儒家道德伦理各维度、各功能间的"普遍联系"。]

李密：

[蜀人，生当蜀亡之际，其表达孝道（及躲避司马氏王朝）的《陈情表》被传诵千古。在其内他称"臣"不离口，从而在私人伦理"孝"与政治命令"忠"之间搭起了曲折的联系，或曰"一种'无咎'的圆通态势，悄然遮蔽了自己不愿出仕的真正动机"。②]

---

① 《后汉书·郑玄传》终评："郑玄括囊大典，网罗众家，删裁繁诬，刊改漏失，自是学者略知所归。王父[祖父]豫章君[范宁]每考先儒经训，而长于玄[意为经义每以玄为长]，常以为仲尼之门不能过也。及传授生徒，并专以郑氏家法云[言范宁教授时专崇郑学]。
范宁《穀梁传集解》较郑玄对春秋三传的评价更进了一步。郑氏肯定三传长处，范宁则认为三传各有其短，从而在《穀梁传集解·序》中说："左氏艳而富，其失也巫；穀梁婉而清，其失也短；公羊辨而裁，其失也俗。"[意为《左传》的文章优美且材料多，但缺点是多述鬼神、预言祸福；《穀梁传》辞清义通且明净畅朗，但缺点是资料不足；《公羊传》叙事分明且善于裁断，但缺点是流于粗疏。]
② "李密为官生涯"，http://www.wenxue360.com/author-info/1411.html.

[孝谨奉事祖母，谢绝西晋征召，作千古名篇《陈情表》。]

李密，字令伯，犍为武阳人也，一名虔。父早亡，母何氏改醮[嫁]。……祖母刘氏，躬自抚养，密奉事以孝谨闻。刘氏有疾，则涕泣侧息，未尝解衣，饮膳汤药必先尝后进。有暇则讲学忘疲，而师事谯周……

少仕蜀，为郎。数使吴，有才辩，吴人称之。蜀平，泰始初，诏征为太子洗马。密以祖母年高，无人奉养，遂不应命。乃上疏曰：

臣以险衅，夙遭闵凶，生孩六月，慈父见背，行年四岁，舅夺母志。祖母刘愍臣孤弱，躬亲抚养。臣少多疾病，九岁不行，零丁辛苦，至于成立。既无伯叔，终鲜兄弟，门衰祚薄，晚有儿息。外无期功强近之亲，内无应门五尺之童，茕茕孑立，形影相吊。而刘早婴疾病，常在床蓐。臣侍汤药，未尝废离。

自奉圣朝，沐浴清化，前太守臣逵，察臣孝廉，后刺史臣荣，举臣秀才。臣以供养无主，辞不赴命。明诏特下，拜臣郎中，寻蒙国恩，除臣洗马。猥以微贱，当侍东宫，非臣陨首所能上报。臣具以表闻，辞不就职。诏书切峻，责臣逋慢，郡县逼迫，催臣上道，州司临门，急于星火。臣欲奉诏奔驰，则刘病日笃；苟徇私情，则告诉不许。臣之进退，实为狼狈。

伏惟圣朝以孝治天下，凡在故老，犹蒙矜恤，况臣孤苦尪羸之极。且臣少仕伪朝，历职郎署，本图宦达，不矜名节。今臣亡国贱俘，至微至陋，猥蒙拔擢，宠命殊私，岂敢盘桓，有所希冀！但以刘日薄西山，气息奄奄，人命危浅，朝不虑夕。臣无祖母，无以至今日；祖母无臣，无以终余年。母孙二人，更相为命，是以私情区区不敢弃远。臣密今年四十有四，祖母刘今年九十有六，是臣尽节于陛下之日长，而报养刘之日短也。乌鸟私情，愿乞终养。臣之辛苦，非但蜀之人士及二州牧伯之所明知，皇天后土，实所鉴见。伏愿陛下矜愍愚诚，听臣微志，庶刘侥幸，保卒余年。臣生当陨身，死当结草。

[祖母卒后大概不得已而为官，官途不顺，终因发牢骚而被罢免。]

帝览之曰："士之有名，不虚然哉！"乃停召。后刘终，服阕，复以洗马征至洛。司空张华问之曰："安乐公[蜀后主刘禅]何如？"密曰："可次齐桓。"华问其故，对曰："齐桓得管仲而霸，用竖刁而虫流。安乐公得诸葛亮而抗魏，任黄皓而丧国，是知成败一也。"……

出为温令,而憎疾从事,尝与人书曰:"庆父不死,鲁难未已。"从事白其书司隶,司隶以密在县清慎,弗之劾也。密有才能,常望内转,而朝廷无援,乃迁汉中太守,自以失分怀怨。及赐饯东堂,诏密令赋诗,末章曰:"人亦有言,有因有缘。官无中人,不如归田。明明在上,斯语岂然!"武帝忿之,于是都官从事奏免密官。后卒于家。

······ ······

王裒[póu]:

[在此,私人伦理"孝"与政治命令"忠"之间截然冲突。原本就极孝的他痛悼因无畏直言而被司马昭处决的父亲,以致"未尝西向而坐,示不臣朝廷也"。]

["痛父非命,未尝西向而坐,示不臣朝廷也。"]

王裒,字伟元,城阳营陵人也。祖修,有名魏世。父仪,高亮雅直,为文帝司马。东关之役[即252年东兴之役,孙吴诸葛恪率军四万大败司马昭属下大将诸葛诞、胡遵所率七万之众,魏军死者数万],帝问于众曰:"近日之事,谁任其咎?"仪对曰:"责在元帅。"帝怒曰:"司马欲委罪于孤邪!"遂引出斩之。

裒少立操尚,行己以礼,身长八尺四寸,容貌绝异,音声清亮,辞气雅正,博学多能,痛父非命,未尝西向而坐,示不臣朝廷也。于是隐居教授,三征七辟皆不就。庐于墓侧,旦夕常至墓所拜跪,攀柏悲号,涕泪著树,树为之枯。母性畏雷,母没,每雷,辄到墓曰:"裒在此。"及读《诗》至"哀哀父母,生我劬劳",未尝不三复流涕······

[他还有其他方面正直得毫不圆通的品性,可谓儒家伦理"原教旨主义者"。]

家贫,躬耕,计口而田,度身而蚕。或有助之者,不听。诸生密为刈麦,裒遂弃之。知旧有致遗者,皆不受。门人为本县所役,告裒求属令,良曰:"卿学不足以庇身,吾德薄不足以荫卿,属之何益!且吾不执笔已四十年矣。"乃步担干饭,儿负盐豉草屦,送所役生到县,门徒随从者千余人。安丘令以为诣己,整衣出迎之。裒乃下道至土牛旁,磬折[屈身如磬,以示恭敬]而立,云:"门生为县所役,故来送别。"因执手涕泣而去。令即放之,一县以为耻。

······ ······

及洛京倾覆,寇盗蜂起,亲族悉欲移渡江东,裒恋坟垄不去。贼大盛,方行,犹思慕不能进,遂为贼所害。

庾衮:

[外戚显贵,但绝对甚而过度自律,彰显儒家道德伦理各维度、各功能间的"普遍联系":悌与孝,拒富安贫与立身立道,泛敬泛爱与"礼无违者",自责与感人,"亮直之士"与"社稷之臣",谦逊审慎与自告奋勇,等等。他是儒家道德伦理的传奇式的完人,几近禁欲主义者,但只禁己欲而不禁人之欲。]

庾衮,字叔褒,明穆皇后[东晋明帝司马绍皇后庾文君]伯父也。少履勤俭,笃学好问,事亲以孝称。[悌:]咸宁[西晋武帝年号,275—280]中,大疫,二兄俱亡,次兄毗复殆,疠气方炽,父母诸弟皆出次于外,衮独留不去。诸父兄强之,乃曰:"衮性不畏病。"遂亲自扶持,昼夜不眠,其间复抚柩哀临不辍。如此十有余旬,疫势既歇,家人乃反,毗病得差,衮亦无恙。父老咸曰:"异哉此子! 守人所不能守,行人所不能行,岁寒然后知松柏之后凋,始疑疫疠之不相染也。"

[拒富安贫与立身立道:]初,衮诸父并贵盛,惟父独守贫约。衮躬亲稼穑,以给供养,而执事勤恪,[幽显不易操;泛敬,敬弟子:]与弟子树篱,跪以授条。或曰:"今在隐屏,先生何恭之过?"衮曰:"幽显易操,非君子之志也。"[孝:]父亡,作筥[竹篾编织的圆形筐]卖以养母。母见其勤,曰:"我无所食。"对曰:"母食不甘,衮将何居!"母感而安之。[拒富安贫与立身立道:]衮前妻荀氏,继妻乐氏,皆官族富室,及适衮,俱弃华丽,散资财,与衮共安贫苦,相敬如宾。母终,服丧居于墓侧。

岁大饥,藜羹不糁,门人欲进其饭者,而衮每曰已食,莫敢为设。[泛敬泛爱与"礼无违者","不与人争利":]及麦熟,获者已毕,而采捃[拾取,摘取]尚多,衮乃引其群子以退,曰:"待其间。"及其捃也,不曲行,不旁掇,跪而把之,则亦大获,又与邑人入山拾橡,分夷险,序长幼,推易居难,礼无违者。[自责与感人:]或有斩其墓柏,莫知其谁,乃召邻人集于墓而自责焉,因叩头泣涕,谢祖祢曰:"德之不修,不能庇先人之树,衮之罪也。"父老咸亦为之垂泣,自后人莫之犯。[泛爱,特别关爱弱者:]抚诸孤以慈,奉诸寡以仁,事加于厚而教之义方,使长者体其行,幼者忘其孤。孤甥郭秀,比诸子侄,衣食而每先之。孤兄女曰芳,将嫁,美服既具,衮乃刈荆苕为箕帚,召诸子集之于堂，男女以班，命芳曰[褒扬和教化妇德——"温恭朝夕"]："芳乎！汝少孤，汝逸汝豫，不汝疵瑕。今汝适人，将事舅姑，洒扫庭内，妇之道也，故赐汝此。匪器之为美，欲温恭朝夕，虽休勿休也。"而以旧宅与其长兄子赓、翕。及翕卒，衮哀其早孤，痛其成人而未娶，乃抚柩长号，哀感行路，闻者莫不垂涕。……

　　尝与诸兄过邑人陈准兄弟，诸兄友之，皆拜其母，衮独不拜。准弟徽曰："子不拜吾亲何？"衮曰："未知所以拜也。夫拜人之亲者，将自同于人之子也，其义至重，衮敢轻之乎？"遂不拜。准、徽叹曰："古有亮直之士，君近之矣。君若当朝，则社稷之臣欤！君若握兵，临大节，孰能夺之！方今征聘，君实宜之。"["亮直之士"与"社稷之臣"。]于是乡党荐之，州郡交命，察孝廉，举秀才、清白异行，皆不降志，世遂号之为异行。

　　[自甘下位，决不逾越：]元康[西晋惠帝年号，291—299]末，颍川太守召为功曹，衮服造役之衣，杖锸荷斧，不俟驾而行，曰："请受下夫之役。"太守饰车而迎，衮逡巡辞退，请徒行入郡，将命者遂逼扶升车，纳于功曹舍。既而衮自取己车而寝处焉，形虽恭而神有不可动之色。太守知其不屈，乃叹曰："非常士也，吾何以降之！"厚为之礼而遣焉。

　　["八王之乱"中的他：虽然华夏野蛮化，但他仍"言忠信，行笃敬"。][谦逊审慎与自告奋勇：]齐王冏之唱义也，张泓等肆掠于阳翟，衮乃率其同族及庶姓保于禹山[在今河南邓州市西南部]。是时百姓安宁，未知战守之事，衮曰："孔子云：'不教而战，是谓弃之。'"乃集诸如士而谋曰："二三君子相与处于险，将以安保亲尊，全妻孥也。古人有言：'千人聚而不以一人为主，不散则乱矣。'将若之何！"众曰："善。今日之主，非君而谁！"衮默然有间，乃言曰："古人急病让夷，不敢逃难，然人之立主，贵从其命也。"[有德亦有才，能在公共危难中优秀地履行领导职责：]乃誓之曰："无恃险，无怙乱，无暴邻，无抽屋，无樵采人所植，无谋非德，无犯非义，戮力一心，同恤危难。"众咸从之。于是峻险阨，杜蹊径，修壁坞，树蕃障，考功庸，计丈尺，均劳逸，通有无，缮完器备，量力任能，物应其宜，使邑推其长，里推其贤，而身率之。分数既明，号令不二，上下有礼，少长有仪，将顺其美，匡救其恶。及贼至，衮乃勒部曲，整行伍，皆持满而勿发。贼挑战，晏然不动，且辞焉。贼服其慎而畏其整，是以皆退，如是者三。……

及冏归于京师,逾年不朝,衮曰:"晋室卑矣,寇难方兴!"乃携其妻适林虑山[在今河南安阳市下属林州市],事其新乡如其故乡,言忠信,行笃敬。经及期年,而林虑之人归之,咸曰庾贤。及石勒攻林虑,父老谋曰:"此有大头山,九州之绝险也。上有古人遗迹,可共保之。"惠帝迁于长安,衮乃相与登于大头山而田于其下。年谷未熟,食木实,饵石蕊[地衣类植物,产于山地,可代茶。晋代王隐《晋书·地道记·汲郡》:"庾衮入林虑山,食木实,饵石蕊,得长年也。"],同保安之,有终焉之志。及将收获,命子怖与之下山,中途目眩瞀,坠崖而卒。同保赴哭曰:"天乎!独不可舍我贤乎!"时人伤之曰:"庾贤绝尘避地,超然远迹,固穷安陋,木食山栖,不与世同荣,不与人争利,不免遭命,悲夫!"

[总括:他是儒家道德伦理的传奇式的完人,"为人树碑"。]

衮学通《诗》《书》,非法不言,非道不行,尊事耆老,惠训蒙幼,临人之丧必尽哀,会人之葬必躬筑,劳则先之,逸则后之,言必行之,行必安之。是以宗族乡党莫不崇仰,门人感慕,为人树碑焉。

…… ……

桑虞:

[极孝父母,泛爱大众,以至于为之甘受冤屈。然而,他最突出之处是力避真正侍奉入主华夏的少数民族建立的国家("虽历伪朝,而不豫乱"),即民族意义上的忠。]

桑虞,字子深,魏郡黎阳人也。父冲,有深识远量,惠帝时为黄门郎。河间王颙执权,引为司马。冲知颙必败,就职一旬,便称疾求退。[极孝父:]虞仁孝自天至,年十四丧父,毁瘠过礼,日以米百粒用糁藜藿,其姊谕之曰:"汝毁瘠如此,必至灭性,灭性不孝,宜自抑割。"虞曰:"藜藿杂米,足以胜哀。"[泛爱众,乃至照顾偷他瓜的盗贼:]虞有园在宅北数里,瓜果初熟,有人逾垣盗之。虞以园援多棘刺,恐偷见人惊走而致伤损,乃使奴为之开道。及偷负瓜将出,见道通利,知虞使除之,乃送所盗瓜,叩头请罪。虞乃欢然,尽以瓜与之。[泛爱众,乃至为之甘受冤屈:]尝行,寄宿逆旅[迎接旅者之意,喻客舍],同宿客失脯,疑虞为盗。虞默然无言,便解衣偿之。主人曰:"此舍数失鱼肉鸡鸭,多是狐狸偷去,君何以疑人?"乃将脯主至山冢间寻求,果得之。客求还衣,虞投之不顾。

［他最突出之处是力避真正侍奉入主华夏的少数民族建立的国家,即民族意义上的忠:］虞诸兄仕于石勒之世,咸登显位,惟虞耻臣非类,阴欲避地海东,会丁［当］母忧,遂止。哀毁骨立,庐于墓侧。［极孝母。］五年后,石勒以为武城令。虞以密迩黄河,去海微近,将申前志,欣然就职。石季龙太守刘徵甚器重之,徵迁青州刺史,请虞长史,带祝阿郡。徵遇疾还邺,令虞监行州府属。季龙死,国中大乱,朝廷以虞名父之子,必能立功海岱,潜遣东莞人华挺授虞宁朔将军、青州刺史。虞曰:“功名非吾志也。”乃附使者启,让刺史,靖居海右,不交境外。虽历伪朝,而不豫乱,世以此高之。卒于官。

…… ……

列传第五十九　忠义列传嵇绍、刘沈、贾浑、吉挹、宋矩、车济传　摘录和评注

［忠义,在一个“奸凶放命,戎狄交侵”的大灾祸时代! 房玄龄等的导言清楚地彰显了初唐的官方价值观及其被期望达到的政治效用。有如“孝友”篇所云“晋氏……虽百六之灾遘及,而君子之道未消”,紧接其后的“忠义”篇强调“虽背恩忘义之徒不可胜载,而蹈节轻生之士无乏于时”。忠于主公,忠于本朝,忠于华夏:颂扬此类行为的功利在于“激清风于万古,厉薄俗于当年”。］

嵇绍:

［嵇康之子,但崇尚儒家而非老庄。在 304 年秋著名的荡阴之败中,他面对成都王司马颖大军的凌厉攻势,以超级经典儒士的视死如归大义几乎只身捍卫惠帝乘舆,“遂被害于帝侧,血溅御服”。此事流传后世,不仅得杜甫援引,而且被南宋文天祥诵入其《正气歌》。①］

---

① 杜甫《伤春》诗之四:“再有朝廷乱,难知消息真。近传王在洛,复道使归秦。夺马悲公主,登车泣贵嫔。萧关迷北上,沧海欲东巡。敢料安危体,犹多老大臣。岂无嵇绍血,霑洒属车尘?”文天祥《正气歌》:“……时穷节乃见,一一垂丹青。在齐太史简,在晋董狐笔。在秦张良椎,在汉苏武节。为严将军头,为嵇侍中血。……”

[少年丧父,但未折其德行,亦未折其仕途;"昂昂然如野鹤之在鸡群"。]

嵇绍,字延祖,魏中散大夫康之子也。十岁而孤,事母孝谨。以父得罪,靖居私门。山涛领选,启武帝曰:"《康诰》有言:'父子罪不相及。'嵇绍贤侔郤缺[即郤成子,春秋时期晋国上卿,主要活动在晋文公、襄公、灵公、成公时期(前636—600),历事数君,未见失误],宜加旌命,请为秘书郎。"帝谓涛曰:"如卿所言,乃堪为丞,何但郎也。"乃发诏征之,起家为秘书丞。

[他总是以气概、才智和道行给其他政治精英留下深刻印象。]绍始入洛,或谓王戎曰:"昨于稠人中始见嵇绍,昂昂然如野鹤之在鸡群。"戎曰:"君复未见其父耳。"累迁汝阴太守。尚书左仆射裴颁亦深器之,每曰:"使延祖为吏部尚书,可使天下无复遗才矣。"……转豫章内史,以母忧,不之官。服阕,拜徐州刺史。时石崇为都督,性虽骄暴,而绍将之以道,崇甚亲敬之。后以长子丧去职。

[他的刚正气节在"八王之乱"期间反复展现,特别是拒交一时权盛跋扈的大外戚贾谧和不屈于一度控制中央的齐王冏。]

[拒交贾谧:]元康[291—299]初,为给事黄门侍郎。时侍中贾谧以外戚之宠,年少居位,潘岳、杜斌等皆附托焉。谧求交于绍,绍距而不答。及谧诛,绍时在省,以不阿比凶族,封弋阳子,迁散骑常侍,领国子博士。……

赵王伦篡位[301],署为侍中。惠帝复阼,遂居其职。[他作为毫不妥协和满口经纶的经典儒官:]司空张华为伦所诛,议者追理其事,欲复其爵,绍又驳曰:"臣之事君,当除烦去惑。华历位内外,虽粗有善事,然闺棺之责,著于远近,兆祸始乱,华实为之。……不宜复其爵位,理其无罪。"时帝初反正,绍又上疏曰:"臣闻改前辙者则车不倾,革往弊者则政不爽。太一统于元首,百司役于多士,故周文兴于上,成康穆于下也。存不忘亡,《易》之善义;愿陛下无忘金墉,大司马无忘颍上,大将军无忘黄桥[颍上和黄桥似皆为联合讨伐的诸大藩王与篡帝位的赵王司马伦作战之地],则祸乱之萌无由而兆矣。"

[作为毫不妥协和满口经纶的经典儒官,他不屈于齐王冏:]齐王冏既辅政,大兴第舍,骄奢滋甚,绍以书谏曰:"夏禹以卑室称美,唐虞以茅茨显德,丰屋蔀家[指

豪贵之家]，无益危亡。窃承毁败太乐以广第舍，兴造功力为三王立宅，此岂今日之先急哉！今大事始定，万姓颙颙[景仰貌]，咸待覆润，宜省起造之烦，深思谦损之理。复主之勋不可弃矣，矢石之殆不可忘也。"冏虽谦顺以报之，而卒不能用。绍尝诣冏咨事，遇冏宴会，召董艾、葛旟等共论时政。艾言于冏曰："嵇侍中善于丝竹，公可令操之。"左右进琴，绍推不受。冏曰："今日为欢，卿何吝此邪！"绍对曰："公匡复社稷，当轨物作则，垂之于后。绍虽虚鄙，忝备常伯，腰绂冠冕，鸣玉殿省，岂可操执丝竹，以为伶人之事！若释公服从私宴，所不敢辞也。"冏大惭。艾等不自得而退。顷之，以公事免，冏以为左司马。旬日，冏被诛。……

[他的最佳时刻：以视死如归的大义几乎只身捍卫惠帝乘舆，"遂被害于帝侧，血溅御服"。]

寻征为御史中丞，未拜，复为侍中。河间王颙、成都王颖举兵向京都，以讨长沙王乂[303]，大驾次于城东。乂言于众曰："今日西讨，欲谁为都督乎？"六军之士皆曰："愿嵇侍中戮力前驱，死犹生也。"[他总是以气概和道行给所有人留下深刻印象！]遂拜绍使持节、平西将军。属乂被执，绍复为侍中。公王以下皆诣邺谢罪于颖，绍等咸见废黜，免为庶人。寻而朝廷复有北征之役，征绍，复其爵位。[他的最佳时刻：]绍以天子蒙尘，承诏驰诣行在所。值王师败绩于荡阴[304]，百官及侍卫莫不散溃，唯绍俨然端冕，以身捍卫，兵交御辇，飞箭雨集，绍遂被害于帝侧，血溅御服，天子深哀叹之。及事定，左右欲浣衣，帝曰："此嵇侍中血，勿去。"

初，绍之行也，侍中秦准谓曰："今日向难，卿有佳马否？"绍正色曰[超级经典儒官，一贯一本正经]："大驾亲征，以正伐逆，理必有征无战。若使皇舆失守，臣节有在，骏马何为！"闻者莫不叹息。……[他当然会被奉为钦定忠义模范！]东海王越屯许，路经荥阳，过绍墓，哭之悲恸，刊石立碑，又表赠官爵。帝乃遣使册赠侍中、光禄大夫，加金章紫绶，进爵为侯，赐墓田一顷，客十户，祠以少牢。元帝为左丞相，承制，以绍死节事重，而赠礼未副勋德，更表赠太尉，祠以太牢。及帝即位，赐谥曰忠穆，复加太牢之祠。

["昂昂然如野鹤之在鸡群"，然而并非那么"野"：]绍诞于行己，不饰小节，然旷而有检，通而不杂。与从子含等五人共居，抚恤如所同生。门人故吏思慕遗爱，行

服墓次,毕三年者三十余人。……

刘沈:

[博学好古"敦儒道",奉朝廷令与河间王司马颙激战,兵溃被俘后"辞义慷慨",凛然受死。"忠义"主题显著昭彰。]

[博学好古"敦儒道","八王之乱"期间先后效劳于齐王司马冏和河间王司马颙,曾有奉诏行事而不顺从主公之意的"忠义"表现。]

刘沈,字道真,燕国蓟人也。世为北州名族。少仕州郡,博学好古。太保卫瓘辟为掾,领本邑大中正。敦儒道,爱贤能……齐王冏辅政,引为左长史,迁侍中。于时李流[巴氐人,成汉政权奠基人李特四弟]乱蜀,诏沈以侍中、假节,统益州刺史罗尚、梁州刺史许雄等以讨流。行次长安,河间王颙请留沈为军司,遣席莚代之。后领雍州刺史。及张昌[出身义阳蛮,聚集流民在303年大规模造反,一度控制荆、江、徐、扬、豫五州大部,同年被刘弘和陶侃消灭]作乱,诏颙遣沈将州兵万人并征西府五千人,自蓝田关以讨之,颙不奉诏。[奉诏行事而不顺从主公之意:]沈自领州兵至蓝田,颙又逼夺其众。长沙王乂命沈将武吏四百人还州。

[奉中央的战略规划和命令率军万余攻袭长安,与其先前的主公司马颙激战,先胜后败,被俘后"辞义慷慨",凛然受死。]

张方既逼京都[303],王师屡败,王瑚、祖逖言于乂曰:"刘沈忠义果毅,雍州兵力足制河间,宜启上诏与沈,使发兵袭颙,颙窘急,必召张方以自救,此计之良也。"乂从之。沈奉诏驰檄四境,合七郡之众及守防诸军、坞壁甲士万余人,以安定太守卫博、新平太守张光、安定功曹皇甫澹为先登,袭长安。[攻袭长安,先胜:]颙时顿于郑县之高平亭,为东军声援,闻沈兵起,还镇渭城,遣督护虞夔率步骑万余人逆沈于好時。接战,夔众败,颙大惧,退入长安,果急呼张方。[再胜,攻入长安:]沈渡渭而垒,颙每遣兵出斗,辄不利,沈乘胜攻之,使澹、博以精甲五千,从长安门而入,力战至颙帐下。[战局骤然逆转,兵溃被俘:]沈军来迟,颙军见澹等无继,气益倍。冯翊太守张辅率众救颙,横击之,大战于府门,博父子皆死之,澹又见擒。颙奇澹壮勇,将活之。澹不为之屈,于是见杀。沈军遂败,率余卒屯于故营。张方遣其将敦伟夜至,沈军大惊而溃,与麾下百余人南遁,为陈仓令所执。["辞义慷慨",凛然受死:]沈谓颙曰:"夫知己之顾轻,在三之节①重,不可违君父之诏,量强弱以苟全。投袂之日,期之必死,菹醢[zūhǎi,将人剁成肉酱]之戮,甘之如荠。"辞义慷慨,见者哀之。颙怒,鞭之而后腰斩。有识者以颙干上犯顺,虐害忠义,知其灭亡不久也。

······ ······

贾浑:

[他在此处仅百余字,几乎名不见经传,而且"不知何郡人也",然而他对华夏民族的"忠义"可赞可颂。]

贾浑,不知何郡人也。太安[晋惠帝年号,302—303]中,为介休[今山西晋中市下属介休市]令。及刘元海作乱,遣其将乔晞攻陷之。浑抗节不降,曰:"吾为晋守,不能全之,岂苟求生以事贼虏,何面目以视息世间哉!"晞怒,执将杀之,晞将尹崧曰:"将军舍之,以劝事君。"晞不听,遂害之。

······ ······

吉挹:

["有志节",面对氐族前秦攻袭连克强敌,继而城陷被俘,"闭口不言,不食而死。"]

吉挹,字祖冲,冯翊莲芍[今陕西渭南市东北]人也。[他有个在"蛮夷狂潮"面前殒身守节的祖父:]祖朗,愍帝时为御史中丞。西朝不守,朗叹曰:"吾智不能谋,勇不能死,何忍君臣相随北面事贼虏乎!"乃自杀。挹少有志节。[面对氐族前秦攻

---

① 关于"在三之节",《晋书·卞壶传》载:(苏)峻平,朝议赠壶左光禄大夫,加散骑常侍。尚书郎弘讷议以为"死事之臣古今所重,卞令忠贞之节,当书于竹帛。今之追赠,实未副众望,谓宜加鼎司之号,以旌忠烈之勋"。司徒王导见议,进赠骠骑将军,加侍中。讷重议曰:"夫事亲莫大于孝,事君莫尚于忠。唯孝也,故能尽敬竭诚;唯忠也,故能见危授命。此在三之大节,臣子之极行也。······"

袭连克强敌：]孝武帝初，苻坚陷梁益，桓豁表挹为魏兴[今陕西安康市白河县东，汉江南岸]太守，寻加轻车将军，领晋昌太守。以距坚之功，拜员外散骑侍郎。苻坚将韦钟攻魏兴，挹遣众距之，斩七百余级，加督五郡军事。钟率众欲趣襄阳，挹又邀击，斩五千余级。钟怒，回军围之，挹又屡挫其锐。[对他来说，投降屈从不可设想：]其后贼众继至，挹力不能抗，城将陷，引刃欲自杀，其友止之曰："且苟存以展他计，为计不立，死未晚也。"挹不从，友人逼夺其刀。会贼执之，挹闭口不言，不食而死。

车骑将军桓冲上言曰："……前年狡氏纵逸，浮河而下，挹孤城独立，众无一旅，外摧凶锐，内固津要，虏贼舟船，俘馘千计，而贼并力攻围，经历时月，会襄阳失守，边情沮丧，加众寡势殊，以至陷没。挹辞气慷慨，志在不辱……遂乃杜口无言，绝粒而死。挹参军史颖，近于贼中得还，赍挹临终手疏，并具说意状。挹之忠志，犹在可录。……"帝嘉之，追赠益州刺史。

……　……

宋矩、车济：

[他们，西北边疆守将，在此处分别仅百余字，但他们面对侵袭的羯胡后赵皆"不背主覆宗，偷生于世"，自择"忠节"之死。]

宋矩，字处规，敦煌人也。慷慨有志节。张重华据凉州地，以矩为宛戍都尉。石季龙遣将麻秋攻大夏，护军梁式执太守宋晏，以城应秋。秋遣晏以书致矩。矩既至，谓秋曰："辞父事君，当立功与义；苟功义不立，当守名节。矩终不背主覆宗，偷生于世。"先杀妻子，自刎而死。秋曰："义士也！"命葬之。重华嘉其诚节，赠振威将军。

车济，字万度，敦煌人也。果毅有大量。张重华以为金城令，为石季龙将麻秋所陷，济不为秋屈。秋必欲降之，乃临之以兵。济辞色不挠，曰："吾虽才非庞德，而受任同之。身可杀，志不可移。"乃伏剑而死。秋叹其忠节，以礼葬之。后重华迎致其丧，亲临恸哭，赠宜禾都尉。

『例外』或才德兼具的老庄之士；『例外』或看破红尘的经典儒士

列传第十三　山涛传　摘录和评注

　　[魏末晋初名士，"竹林七贤"之一，性好老庄学说，倾心潇洒风格。然而，他远非那么彻底，或者说留有世俗灵活性。虽然司马懿的政权变更导致他"隐身不交世务"，但司马师一句话"吕望欲仕邪？"就击中了他的心弦，远不似因他举荐其出山做官就与他绝交的嵇康。① 实际上，他适合做官，特别是做大官，不仅因为他在文才外颇有政治才能，且与司马氏家族"有中表亲"，也因为他"傍通，多可而少怪"。②]

　　[不过，他确实是个正面的官僚甚或政治家：相当成功地治理冀州，久任选官一贯举贤荐能，精论用兵之本和反对废除州郡武备，多次讽谏司马炎制约杨氏外戚。他最有历史重要性的政治行为是劝谏司马昭勿废长立少，这促成后者打消立司马

---

① 《三国志·魏书·王卫二刘傅传》裴松之注引《魏氏春秋》：大将军[司马昭]尝欲辟康。康既有绝世之言，又从子不善，避之河东，或云避世。及山涛为选曹郎，举康自代，康答书拒绝[山涛将离选职，欲召嵇康代之，嵇康致书与之绝交]，因自说不堪流俗，而非薄汤、武。大将军闻而怒焉。

② 嵇康《与山巨源绝交书》。意为遇事善于应变，对人称赞多而批评少。

攸为继承者的初衷。在道德方面,他事母极孝,一贯"贞慎俭约",清贫而终,且多次诚挚地请辞高位,以免因年迈而尸位素餐。]

[性好老庄,"每隐身自晦",只认"竹林之交";不过,后来还是做了官,尽管司马懿政变后他再度"隐身不交世务"。]

山涛,字巨源,河内怀[今河南武陟西]人也。父曜,宛句令。涛早孤,居贫,少有器量,介然不群。性好《庄》《老》,每隐身自晦。与嵇康、吕安善,后遇阮籍,便为竹林之交,著忘言之契。康后坐事,临诛,谓子绍曰:"巨源在,汝不孤矣。"

涛年四十,始为郡主簿、功曹、上计掾。举孝廉,州辟部河南从事。与石鉴共宿,涛夜起蹴鉴曰:"今为何等时而眠[久眠不起]邪!知太傅[司马懿]卧[称病卧床]何意?"鉴曰:"宰相三不朝,与尺一令归第,卿何虑也!"涛曰:"咄! 石生无事马蹄间邪!"投传[丢弃拜官符]而去。未二年,果有曹爽之事,遂隐身不交世务。

[司马师一句话"吕望欲仕邪?"就击中了他的心弦;他(再度)出仕,为善待他的司马师/司马昭效劳。]

与宣穆后[张春华]有中表亲[其从祖姑(祖父的亲兄弟的女儿)山氏为张春华之母],是以见景帝。帝曰:"吕望欲仕邪?"命司隶举秀才,除郎中。转骠骑将军王昶从事中郎。久之,拜赵国相,迁尚书吏部郎。文帝与涛书曰:"足下在事清明,雅操迈时。念多所乏,今致钱二十万、谷二百斛。"魏帝尝赐景帝春服,帝以赐涛。又以母老,并赐藜杖一枚。

晚与尚书和逌交,又与钟会、裴秀并申款昵。以二人居势争权,涛平心处中,各得其所,而俱无恨焉。[他真会做人和做官! 颇得司马昭信任;]迁大将军从事中郎。钟会作乱于蜀,而文帝将西征。时魏氏诸王公并在邺,帝谓涛曰:"西偏吾自了之,后事深以委卿。"以本官行军司马,给亲兵五百人,镇邺。

[他最有历史重要性的政治行为也许是促成司马昭打消立司马攸为继承者的初衷:]咸熙[陈留王曹奂年号,264—265]初,封新沓子。转相国左长史,典统别营。时帝以涛乡闾宿望,命太子拜之。帝以齐王攸继景帝后,素又重攸,尝问裴秀曰:"大将军开建未遂,吾但承奉后事耳。故立攸,将归功于兄,何如?"秀以为不可,又

以问涛。涛对曰:"废长立少,违礼不祥。国之安危,恒必由之。"太子位于是乃定。[这使他大得司马炎感戴,遂官至九卿:]太子亲拜谢涛。及武帝受禅,以涛守大鸿胪,护送陈留王诣邺。泰始初,加奉车都尉,进爵新沓伯。

[忠于朋友令他仕途受挫,但因祸得福:他相当成功地治理了冀州;他"清俭",而且事母极孝;他回返朝廷,高度有效地主管选官("前后选举,周遍内外,而并得其才"),其间虽然多次请辞,但武帝不许。]

及羊祜执政,时人欲危裴秀,涛正色保持之。由是失权臣意,出为冀州刺史,加宁远将军。[成功地治理冀州:]冀州俗薄,无相推毂。涛甄拔隐屈,搜访贤才,旌命三十余人,皆显名当时。人怀慕尚,风俗颇革。转北中郎将,督邺城守事。入为侍中,迁尚书。以母老辞职……涛心求退,表疏数十上,久乃见听。除议郎,帝以涛清俭无以供养,特给日契,加赐床帐茵褥。礼秩崇重,时莫为比。后除太常卿,以疾不就。会遭母丧,归乡里。涛年逾耳顺[60余岁],居丧过礼,负土成坟,手植松柏。[他大得司马炎信任,被逼担任至关重要的吏部尚书,主管选官:]诏曰:"……山太常虽尚居谅暗,情在难夺,方今务殷,何得遂其志邪! 其以涛为吏部尚书。"涛辞以丧病,章表恳切。会元皇后[杨艳]崩,遂扶兴还洛。逼迫诏命,自力就职。[他高度称职,绩效优秀,在这方面几乎成为不可或缺的:]前后选举,周遍内外,而并得其才。

[多次请辞,但武帝不许:]咸宁[275—280]初,转太子少傅,加散骑常侍;除尚书仆射,加侍中,领吏部。固辞以疾,上表陈情。章表数十上,久不摄职,为左丞白褒所奏。帝曰:"涛以病自闻,但不听之耳。使涛坐执铨衡则可,何必上下邪! 不得有所问。"涛不自安,表谢曰:"古之王道,正直而已。陛下不可以一老臣为加曲私,臣亦何必屡陈日月。乞如所表,以章典刑。"帝再手诏曰:"白褒奏君甚妄,所以不即推[推究],直不喜凶赫耳。君之明度,岂当介意邪! 便当摄职,令断章表也。"[他知道自己高度有用,也知道皇帝爱他,因而敢不断请辞:]涛志必欲退,因发从弟妇丧,辄还外舍。诏曰:"山仆射近日暂出,遂以微苦未还,岂吾侧席之意。其遣丞掾奉诏谕旨,若体力故未平康者,便以舆车舆还寺舍。"涛辞不获已,乃起视事。

[他的既有标准,既可保证推荐质量,亦有灵便以随帝所欲的选官方法:]涛再居选职十有余年,每一官缺,辄启拟数人,诏旨有所向,然后显奏,随帝意所欲为先。

"例外"或才德兼具的老庄之士;"例外"或看破红尘的经典儒士

故帝之所用,或非举首,众情不察,以涛轻重任意。或谮之于帝,故帝手诏戒涛曰:"夫用人惟才,不遗疏远单贱,天下便化矣。"而涛行之自若[他知道皇帝实际上两者都要,因而不顾其(表面的)告诫,"行之自若"],一年之后众情乃寝。涛所奏甄拔人物,各为题目,时称《山公启事》。

[他多次讽谏司马炎制约杨氏外戚,但"帝虽悟而不能改";多次请辞但武帝不许的旧剧随他年老体衰又密集地重演一两番。]

涛中立于朝,晚值后党专权,不欲任杨氏,多有讽谏,帝虽悟而不能改。[也许他就后党势盛一事"中立于朝"太久,因而讽谏得太晚了。][多次请辞但武帝不许的旧剧又密集地重演一两番,双方都诚挚不欺:]后以年衰疾笃,上疏告退曰:"臣年垂八十,救命旦夕,若有毫末之益,岂遗力于圣时,迫以老耄,不复任事。……臣耳目聋瞑,不能自励。君臣父子,其间无文,是以直陈愚情,乞听所请。"乃免冠徒跣,上还印绶。诏曰:"天下事广,加吴土初平,凡百草创,当共尽意化之。君不深识往心而以小疾求退,岂所望于君邪!朕犹侧席,未得垂拱,君亦何得高尚其事乎!当崇至公,勿复为虚饰之烦。"涛苦表请退,诏又不许。尚书令卫瓘奏:"涛以微苦,久不视职。手诏频烦,犹未顺旨。……若实沈笃,亦不宜居位。可免涛官。"中诏瓘曰:"涛以德素为朝之望,而常深退让,至于恳切。故比有诏,欲必夺其志,以匡辅不逮。主者既不思明诏旨,而反深加诋案。亏崇贤之风,以重吾不德,何以示远近邪!"涛不得已,又起视事。

太康[280—289]初,迁右仆射,加光禄大夫,侍中、掌选如故。涛以老疾固辞,手诏曰:"君以道德为世模表,况自先帝识君远意。吾将倚君以穆风俗,何乃欲舍远朝政,独高其志耶!吾之至怀故不足以喻乎,何来言至恳切也。且当以时自力,深副至望。君不降志,朕不安席。"涛又上表固让,不许。[臣僚无数次请辞,君主无数次拒绝:他和武帝之间这样的故事在中国史上大概独一无二!]

[他精论用兵之本(用自己的话语,但道理与传统兵圣"暗合"),反对废除州郡武备。]

吴平之后,帝诏天下罢军役,示海内大安,州郡悉去兵,大郡置武吏百人,小郡五十人。帝尝讲武于宣武场,涛时有疾,诏乘步辇从。因与卢钦论用兵之本,以为不宜去州郡武备,其论甚精。于时咸以涛不学孙、吴,而暗与之合。帝称之曰:"天下名言也。"[他就准备和使用武力以及如何使用武力到底说了什么"天下名言"?]而不能用。及永宁[301—302,其时藩王之间的内战开始]之后,屡有变难,寇贼猋[biāo,犬奔貌,迅速]起,郡国皆以无备不能制,天下遂以大乱,如涛言焉。

[他终于位至三公,但坚决谢绝,径直"舆疾归家",这是他最后一次政治行动;他的清贫得到最后的证明。]

后拜司徒,涛复固让。诏曰:"郡年耆德茂,朝之硕老,是以授君台辅之位。而远崇克让,至于反覆,良用于邑。君当终始朝政,翼辅朕躬。"涛又表曰:"臣事天朝三十余年,卒无毫厘以崇大化。陛下私臣无已,猥授三司。臣闻德薄位高,力少任重,上有折足之凶,下有庙门之咎,愿陛下垂累世之恩,乞臣骸骨。"诏曰:"君翼赞朝政,保乂皇家,匡佐之勋,朕所倚赖。司徒之职,实掌帮教,故用敬授,以答群望。岂宜冲让以自抑损邪!"已敕断章表,使者乃卧加章绶。涛曰:"垂没之人,岂可污官府乎!"舆疾归家。以太康四年[283]薨,时年七十九,诏赐……祭以太牢,谥曰康。[他的清贫守节得到最后的证明:]将葬……左长史范晷等上言:"涛旧第屋十间,子孙不相容。"帝为之立室。

初,涛布衣家贫,谓妻韩氏曰:"忍饥寒,我后当作三公,但不知卿堪公夫人不耳!"及居荣贵,贞慎俭约,虽爵同千乘,而无嫔媵。禄赐俸秩,散之亲故。

初,陈郡袁毅尝为鬲令,贪浊而赂遗公卿,以求虚誉,亦遗涛丝百斤,涛不欲异于时,受而藏于阁上。[随俗而又不随俗的立身之道,随俗以免成众矢之的,不随俗以守节自慰。]后毅事露,槛车送廷尉,凡所以赂,皆见推检。涛乃取丝付吏,积年尘埃,印封如初。

涛饮酒至八斗方醉,帝欲试之,乃以酒八斗饮涛,而密益其酒,涛极本量而止。[他总是有分寸,无论是在政治生活还是在私人行为中。]

…… ……

[列传内一传之终即予评论,此乃房玄龄等的极为例外的做法,现在给了山涛。

在东汉末往后七十余年任官依靠贿赂、走后门的背景中,他的选官表现令他们极为称赞。]

史臣曰:若夫居官以洁其务,欲以启天下之方,事亲以终其身,将以劝天下之俗,非山公之具美,其孰能与于此者哉! 自东京丧乱[指东汉末大乱],吏曹湮灭,西园有三公之钱,蒲陶有一州之任[司马彪《续汉书》载"扶风孟他以蒲萄酒一斛遗(中常侍)张让,即以为凉州刺史"],贪饕方驾,寺署斯满。时移三代,世历九王,拜谢私庭,此焉成俗。……委以铨综[选官],则群情自抑;通乎鱼水,则专用生疑。将矫前失,归诸后正,惠绝臣名,恩驰天口,世称《山公启事》者,岂斯之谓欤! 若卢子家[卢毓字,侍奉从曹操到曹髦五位君主,负责人才的评价和举荐]之前代,何足算也。①

列传第二十一 皇甫谧、束皙传 摘录和评注

皇甫谧:

[魏末晋初大医学家、大学问家,著有本篇未述的十卷《黄帝三部针灸甲乙经》,乃中国针灸学名著,同时有博览儒家经典及百家而作的多部论著②。他"沈静寡欲,有高尚之志",以致虽征辟屡屡(包括再三出自晋武帝司马炎的)但终身不仕。看破俗世,淡泊名利,意志非凡,思想卓越,与此同时又绝不似老庄玄士那般放荡不羁:

① 顾炎武《日知录》:"昔者嵇绍之父康被杀于晋文王,至武帝革命之时,而山涛荐之入仕,绍时屏居私门,欲辞不就。涛谓之曰:'为君思之久矣,天地四时犹有消息[犹有寒暑阴晴的变迁],而况于人乎。'[山涛竟完全未读或未理会嵇康《与山巨源绝交书》!]一时传诵,以为名言,而不知其败义伤教,至于率天下而无父者也……如山涛者,既为邪说之魁,遂使嵇绍之贤且犯天下之不韪而不顾,夫邪正之说不容两立,使谓绍为忠,则必谓王裒[司马昭时人,博学多能,正直不阿,隐居教授,三征七辟皆不就]为不忠而后可也,何怪其相率臣于刘聪、石勒……是故知保天下,然后知保其国。保国者,其君其臣,肉食者谋之;保天下者,匹夫之贱与有责焉耳矣。"[明亡后参与抗清的大思想家学问家顾炎武对山涛的谴责可以理解,后者相信"天地四时犹有消息,而况于人乎"。然而,至少就魏末晋初而言,山涛亦有其大小道理。就原则而言,顾炎武所云"知保天下,然后知保其国"和"天下兴亡,匹夫有责"无疑是在更广的世俗层次和更高的道德高度上。]

② 清代康熙雍正时著名学者李巨来《书古文尚书冤词后》云:"考晋时著书之富,无若皇甫谧者。"

古代军政行为方略图景:《晋书》解读

中国史上堪称杰出辉煌的一类人物的头等代表！]

[出身西北边疆名门望族，家道衰落之际幡然悔悟，"带经而农，遂博综典籍百家之言"；看破俗世，淡泊名利，物质和精神皆独立，"以著述为务"。]

皇甫谧，字士安，幼名静，安定朝那人，汉太尉嵩之曾孙也。出后叔父[过继给叔父]，徙居新安[今河南三门峡市渑池县]。年二十，不好学，游荡无度，或以为痴。尝得瓜果，辄进所后叔母任氏。[在受亲人沉痛教育后，贫困中游荡无度的少年幡然改悟：]任氏曰："《孝经》云：'三牲之养，犹为不孝。'[即使每天用牛羊猪奉养父母，还是不孝。]汝今年余二十，目不存教，心不入道，无以慰我。"因叹曰："昔孟母三徙以成仁，曾父烹豕以存教，岂我居不卜邻，教有所阙，何尔鲁钝之甚也！修身笃学，自汝得之，于我何有！"因对之流涕。谧乃感激，就乡人席坦受书，勤力不怠。["带经而农，遂博综典籍百家之言"：]居贫，躬自稼穑，带经而农，遂博综典籍百家之言。[更了不得的是他"沈静寡欲，有高尚之志"；他不是王冕之流！]沈静寡欲，始有高尚之志，以著述为务，自号玄晏先生。著《礼乐》《圣真》之论。后得风痹疾，犹手不辍卷。

[他承继的又一类中国传统："居田里之中亦可以乐尧、舜之道。"]或劝谧修名广交，谧以为"非圣人孰能兼存出处，居田里之中亦可以乐尧、舜之道，何必崇接世利，事官鞅掌，然后为名乎"。作《玄守论》以答之，曰[他的物质独立和精神独立宣言《玄守论》]：

或谓谧曰："富贵人之所欲，贫贱人之所恶，何故委形待于穷而不变乎？且道之所贵者，理世也；人之所美者，及时也。先生年迈齿变，饥寒不赡，转死沟壑，其谁知乎？"

谧曰："人之所至惜者，命也；道之所必全者，形也……吾闻食人之禄者怀人之忧，形强犹不堪，况吾之弱疾乎！且贫者士之常，贱者道之实，处常得实，没齿不忧，孰与富贵扰神耗精者乎！又生为人所不知，死为人所不惜，至矣！喑聋之徒，天下之有道者也。[这物质独立和精神独立犹如极端的自我中心主义，或曰一人之德之力不可逆时代黑暗的悲观主义，因而损己不利人之不值得；在此，儒士之言近乎玄士：]夫一人死而天下号者，以为损也；一人生而四海笑者，以为益也。然则号笑非益死损生也。是以至道不损，至德不益。何哉？体足也。如回天下之念以追损生之祸，运四海之心以广非益之病，岂道德之至乎！夫唯无损，则至坚矣；夫唯无益，则至厚矣。坚故终不损，厚故终不薄。苟能体坚厚之实，居不薄之真，立乎损益之外，游乎形骸之表，则我道全矣。"

[他坚持不入仕，伴有第二篇个人独立宣言《释劝论》，同时坚持不放荡，攻读典籍，废寝忘食。]

遂不仕。耽玩典籍，忘寝与食，时人谓之"书淫"。或有箴其过笃，将损耗精神。谧曰："朝闻道，夕死可矣，况命之修短分定悬天乎！"……

城阳太守梁柳，谧从姑子也，当之官，人劝谧饯之。谧曰："柳为布衣时过吾，吾送迎不出门，食不过盐菜，贫者不以酒肉为礼。今作郡而送之，是贵城阳太守而贱梁柳，岂中古人之道，是非吾心所安也。"

时魏郡召上计掾，举孝廉；景元[常道乡公、陈留王曹奂年号，260—264]初，相国辟，皆不行。[宣告坚持不入仕的第二篇个人独立宣言《释劝论》：]其后乡亲劝令应命，谧为《释劝论》以通志焉。其辞曰：

相国晋王辟余等三十七人，及泰始登禅，同命之士莫不毕至，皆拜骑都尉，或赐爵关内侯，进奉朝请，礼如侍臣。唯余疾困，不及国宠。宗人父兄及我僚类，咸以为天下大庆，万姓赖之，虽未成礼，不宜安寝，纵其疾笃，犹当致身。余唯古今明王之制，事无巨细，断之以情，实力不堪，岂慢也哉！……遂究宾主之论，以解难者，名曰《释劝》。

客曰："……人道……应机乃发。……进德贵乎及时，何故屈此而不伸？今子以英茂之才，游精于六艺之府，散意于众妙之门者有年矣。既遭皇禅之朝，又投禄利之际，委圣明之主，偶知己之会……此真吾生濯发云汉、鸿渐[鸿鹄飞翔从低到高，循序渐进，比喻仕途升迁]之秋也。……弃通道之远由，守介人之局操，无乃乖于道之趣乎？……如今王命切至，委虑有司，上招近主之累，下致骇众之疑。达者贵同，何必独异？群贤可从，何必守意？方今同命并臻，饥不待餐……子独栖迟衡门，放形世表，逊遁丘园，不睠华好，惠不加人，行不合道，身婴大疢，性命难保。……"

主人笑而应之曰:"吁! 若宾可谓⋯⋯循方圆于规矩,未知大形之无外也。⋯⋯进者享天禄,处者安丘陵。是以⋯⋯二物俱灵,是谓大同;彼此无怨,是谓至通。["他们走他们的阳关道,我走我的独木桥,皆可,皆可!"]

[然而,若在衰世,则阳关道全系幻象,实际为"贵诈贱诚,牵于权力,以利要荣"。]若乃衰周之末,贵诈贱诚,牵于权力,以利要荣。⋯⋯君无常籍,臣无定名,损义放诚,一虚一盈。⋯⋯斯皆弃礼丧真,苟荣朝夕之急者也,岂道化之本与!

[或盛世,则"醇醇而任德","好遁者无所迫";仍是他们走他们的阳关道,我走我的独木桥:]若乃圣帝之创化也,参德乎三皇,齐风乎虞、夏,欲温温而和畅,不欲察察而明切也⋯⋯欲暗然而内章,不欲示白若冰雪也;欲醇醇而任德,不欲琐琐而执法也。是以见机者以动成,好遁者无所迫。故曰,一明一昧,得道之概;一弛一张,合礼之方;一浮一沈,兼得其真。故上有劳谦之爱,下有不名之臣;朝有聘贤之礼,野有遁窜之人。⋯⋯有独定之计者,不借谋于众人;守不动之安者,不假虑于群宾。故能弃外亲之华,通内道之真,去显显之明路,入昧昧之埃尘⋯⋯居无事之宅,交释利之人。轻若鸿毛,重若泥沈,损之不得,测之愈深。真吾徒之师表,余迫疾而不能及者也。

⋯⋯ ⋯⋯

[即使司马炎频频下诏"敦逼不已",也不能动摇他不入仕的决心:]其后武帝频下诏敦逼不已,谧上疏自称草莽臣曰[称病,称病,皇恩浩荡,然而小人确实病笃,无法效劳]:"⋯⋯陛下披榛采兰,并收蒿艾⋯⋯而小人无良,致灾速祸,久婴笃疾,躯半不仁,右脚偏小,十有九载。又服寒食药,违错节度,辛苦荼毒,于今七年。隆冬裸袒食冰,当暑烦闷,加以咳逆,或若温虐,或类伤寒,浮气流肿,四肢酸重。于今困劣,救命呼嗡,父兄见出,妻息长诀。仰迫天威,扶舆就道,所苦加焉,不任进路,委身待罪,伏枕叹息。⋯⋯窃闻同命之士,咸以毕到,唯臣疾疢,抱衅床蓐,虽贪明时,惧毙命路隅。⋯⋯臣闻上有明圣之主,下有输实之臣;上有在宽之政,下有委情之人。唯陛下留神垂恕,更旌瑰俊,索隐于傅岩,收钓于渭滨,无令泥滓久浊清流。"谧辞切言至,遂见听许。

岁余,又举贤良方正,并不起。自表就帝借书,帝送一车书与之。谧虽羸疾,而披阅不息。初服寒食散,而性与之忤,每委顿不伦,尝悲恚,叩刃欲自杀,叔母谏之而止。

······ ······

[不仅坚决不入仕,而且彻底俭葬:他贯彻始终,前后不悖,看破红尘的程度远超过礼教繁琐的经典儒家!]

咸宁[275—280]初,又诏曰:"男子皇甫谧沈静履素,守学好古,与流俗异趣,其以谧为太子中庶子。"谧固辞笃疾。帝初虽不夺其志,寻复发诏征为议郎,又召补著作郎。司隶校尉刘毅请为功曹,并不应。著论为葬送之制,名曰《笃终》[送葬的礼制],曰:

玄晏先生[皇甫谧自号]以为存亡天地之定制,人理之必至也。故礼六十而制寿,至于九十,各有等差,防终以素,岂流俗之多忌者哉!吾年虽未制寿,然婴疢弥纪,仍遭丧难,神气损劣,困顿数矣。常惧夭陨不期,虑终无素,是以略陈至怀。

夫人之所贪者,生也;所恶者,死也。虽贪,不得越期;虽恶,不可逃遁。人之死也,精歇形散,魂无不之,故气属于天;寄命终尽,穷体反真,故尸藏于地。是以神不存体,则与气升降;尸不久寄,与地合形。形神不隔,天地之性也;尸与土并,反真之理也。今生不能保七尺之躯,死何故隔一棺之土?然则衣衾所以秽尸,棺椁所以隔真······必将备其器物,用待亡者。今若以存况终,非即灵之意也。如其无知,则空夺生用,损之无益,而启奸心,是招露形之祸,增亡者之毒也。

夫葬者,藏也,藏也者,欲人之不得见也。而大为棺椁,备赠存物,无异于埋金路隔而书表于上也。虽甚愚之人,必将笑之。丰财厚葬以启奸心,或剖破棺椁,或牵曳形骸,或剥臂捋金环,或扪肠求珠玉。焚如之形,不痛于是?自古及今,未有不死之人,又无不发之墓也。故张释之曰:"使其中有欲,虽固南山犹有隙;使其中无欲,虽无石椁,又何戚焉!"斯言达矣,吾之师也。······《易》称"古之葬者,衣之以薪,葬之中野,不封不树"。是以死得归真,亡不损生。

[他本欲彻底裸身入土,但仍有弹性作些微妥协,因为毕竟考虑到"人情染俗来久":]故吾欲朝死夕葬,夕死朝葬,不设棺椁,不加缠敛,不修沐浴,不造新服,殡含之物,一皆绝之。吾本欲露形入坑,以身亲土,或恐人情染俗来久,顿革理难,今故魾为之制,奢不石椁,俭不露形。气绝之后,便即时服,幅巾故衣,以籧篨裹尸,麻约

二头,置尸床上。择不毛之地,穿坑深十尺,长一丈五尺,广六尺,坑讫,举床就坑,去床下尸。平生之物,皆无自随,唯赍《孝经》一卷,示不忘孝道。籧篨之外,便以亲土。土与地平,还其故草,使生其上,无种树木、削除,使生迹无处,自求不知。不见可欲,则奸不生心,终始无怵惕,千载不虑患。形骸与后土同体,魂爽与元气合灵,真笃爱之至也。……无问师工,无信卜筮,无拘俗言,无张神坐,无十五日朝夕上食。礼不墓祭,但月朔于家设席以祭,百日而止。……若不从此,是戮尸地下,死而重伤。魂而有灵,则冤悲没世,长为恨鬼。王孙之子,可以为诫。死誓难违,幸无改焉!

而竟不仕。太康三年[282]卒,时年六十八。子童灵、方回等遵其遗命。

[在本篇未述的重大医学著作外,他留下诸多其他著述,还有他教导过的优秀学生。]

谧所著诗赋诔颂论难甚多,又撰《帝王世纪》《年历》《高士》《逸士》《列女》等传、《玄晏春秋》,并重于世。[如本篇首注所述,"考晋时著书之富,无若皇甫谧者"]门人挚虞、张轨、牛综、席纯,皆为晋名臣。

束皙:

[西晋初文豪,文学和文献学家,"性沈退,不慕荣利",久不仕,与皇甫谧多少有些相似。就此,他曾自信和自豪地宣告,"将研六籍以训世,守寂泊以镇俗",干世俗不为但饶有意义之事。]

[官宦世家出身,攻读不倦,博学多闻,与官场成互斥关系,在乡间享有崇高的民望。]

束皙,字广微,阳平元城[今河北邯郸市大名县]人……祖混,陇西太守。父龛,冯翊太守,并有名誉。皙博学多闻,与兄璆俱知名。少游国学,或问博士曹志曰:"当今好学者谁乎?"志曰:"阳平束广微好学不倦,人莫及也。"[出于生性及偶然,他与官场成互斥关系:]还乡里,察孝廉,举茂才,皆不就。璆娶石鉴[历任司隶校尉、司空等要职]从女,弃之,鉴以为憾,讽州郡公府不得辟,故皙等久不得调。

[在乡间享有崇高的民望:]太康[280—289]中,郡界大旱,皙为邑人请雨,三日

而雨注,众谓皙诚感,为作歌曰:"束先生,通神明,请天三日甘雨零。我黍以育,我稷以生。何以畴之?报束长生。"……

[他不同流俗,"性沈退,不慕荣利",并且作《玄居释》为此性格或选择辩护。]

尝为《劝农》及《饼》诸赋,文颇鄙俗,时人薄之。① [他在文学上至少有时能贴近民间,不惮"鄙俗",这正是他不同流俗的一个方面。]而性沈退,不慕荣利,作《玄居释》以拟《客难》②,其辞曰:

束皙闲居,门人并侍。……在侧者进而问之曰[趋炎附势、谋求腾达的流俗观念,鄙薄庾峻所说的"山林之士"]:"盖闻道尚变通,达者无穷。世乱则救其纷,时泰则扶其隆。振天维以赞百务,熙帝载而鼓皇风。生则率土乐其存,死则宇内哀其终。……今先生耽道修艺,嶷然山峙,潜朗通微,洽览深识……鳞翼成而愈伏,术业

---

① 其《饼赋》[饼即汤饼,面条前身]内有如下文句:"玄冬猛寒,清晨之会。涕动鼻中,霜成口外。充虚解战,汤饼为最";"行人垂涎于下风,童仆空瞄而邪盼。擎器者舔唇,立侍者干咽"。

② 即东方朔《答客难》。《汉书·东方朔传》载:朔上书陈农战强国之计,因自讼独不得大官,欲求试用。其言专商鞅、韩非之语也,指放荡,颇复诙谐,辞数万言,终不见用。朔因著论,设客难己,用位卑以自慰谕。其辞[《答客难》]曰:

客难东方朔曰:"苏秦、张仪一当万乘之主,而都卿相之位,泽及后世。[他自认为很懂治国方略:]今子大夫修先王之术,慕圣人之义,讽诵《诗》、《书》、百家之言,不可胜数,著于竹帛,唇腐齿落,服膺而不释[服膺:谨记于心;衷心信服。释:废置],好学乐道之效,明白甚矣;自以智能海内无双,则可谓博闻辩智矣。[然而得不到君主的承认和任用,因而他强烈抱怨:]然悉力尽忠以事圣帝,旷日持久,官不过侍郎,位不过执戟,意者尚有遗行[谓尚有过失之行]邪?同胞之徒无所容居,其故何也?"

东方先生喟然长息,仰而应之曰:"是固非子之所能备也。彼一时也,此一时也,岂可同哉?[有如他,"不得雇佣"的政治才士几乎总是遗憾当今太和平、太非政治、太平庸:]夫苏秦、张仪之时,周室大坏,诸侯不朝,力政争权,相禽以兵,并为十二国,未有雌雄,得士者强,失士者亡,故谈说行焉。……今则不然。圣帝流德,天下震慑,诸侯宾服,连四海之外以为带,安于覆盂[谓不可倾摇],动犹运之掌[《史记》《文选》作"动发举事,犹运之掌"],贤不肖何以异哉?……抗之则在青云之上,抑之则在深泉之下;用之则为虎,不用则为鼠;虽欲尽节效情,安知前后?……使苏秦、张仪与仆并生于今之世,曾不得掌故,安敢望常侍郎乎?故曰时异事异。……
"虽然,安可以不务修身乎?……苟能修身,何患不荣!……
"今世之处士,魁然无徒,廓然独居,……子何疑于我哉?[这简直可以说是他的阿Q精神。]若夫燕之用乐毅,秦之任李斯,郦食其之下齐,说行如流,曲从如环,所欲必得,功若丘山,海内定,国家安,是遇其时也,子又何怪之邪?……"

优而不试。……邦有道而反宁武[宁武子，春秋时卫国大夫，孔子曰"宁武子邦有道则知，邦无道则愚；其知可及也，其愚不可及也。"(《论语·公冶长》)]。识彼迷此，愚窃不取。

……　……

徒以曲畏[曲折隐蔽之处]为梏，儒学自桎，囚大道于环堵，苦形骸于蓬室。岂若托身权戚，凭势假力，择栖芳林，飞不待翼……孰若茹藿餐蔬，终身自匿哉！"

束子曰[批驳趋炎附势、谋求腾达的流俗观念，辩护和颂扬"山林之士"]："居[坐]！吾将导尔以君子之道，谕尔以出处之事。尔其明受余讯，谨听余志。

[他的头条道理即如皇甫谧所云，别人走别人的阳关道，我等走我等的独木桥，皆可，皆可！]昔元一既启，两仪肇立……羽族翔林，蠛蠓赴湿，物从性之所安，士乐志之所执，或背丰荣以岩栖，或排兰闼而求入，在野者龙逸，在朝者凤集。虽其轨迹不同，而道无贵贱，必安其业，交不相羡，稷、契奋庸[努力建立功业]以宣道，巢、由洗耳以避禅，同垂不朽之称，俱入贤者之流。参名比誉，谁劣谁优？……吾……未敢闻子之高喻……夫何权戚之云附哉！

[衰世险恶，"晨华暮落"，由此智士贤人躲避官场，不做局促不堪的乌龟，不做等待宰杀的牺牷]昔周、汉中衰，时难自托，福兆既开，患端亦作，朝游巍峨之宫，夕坠峥嵘之壑，昼笑夜叹，晨华暮落，忠不足以卫己，祸不可以预度，是士讳登朝而竞赴林薄。或毁名自污，或不食其禄，比从政于匣笥之龟，譬官者于郊庙之犊……

[他不能不说当今乃盛世，但盛世无事（或平庸），因而别人走别人的阳关道，我等走我等的独木桥，"两可俱是"。最重要的是有无道德，"存道德者，则匹夫之身可荣；忘大伦者，则万乘之主犹辱"！]今大晋熙隆，六合宁静……主无骄肆之怒，臣无牦缨之请，上下相安，率礼从道。……且夫进无险惧，而惟寂之务者，率其性也。两可俱是，而舍彼趣此者，从其志也。……守分任性，唯天所授，鸟不假甲于龟，鱼不借足于兽，何必笑孤竹之贫而羡齐景之富！……存道德者，则匹夫之身可荣；忘大伦者，则万乘之主犹辱。[他自信和自豪地宣告，他"将研六籍以训世，守寂泊以镇俗"，干世俗不为但饶有意义之事！]将研六籍以训世，守寂泊以镇俗……捐夸者之所贪，收躁务之所弃，雉圣籍之荒芜，总群言之一至……"

［他不似皇甫谧那般彻底，终于入仕，主要担任史官和博士，曾对整理和考辨晋初发掘的《竹书纪年》贡献甚大。］

张华见而奇之。石鉴卒［294］，王戎乃辟璆。华召晳为掾，又为司空、下邳王晃［司马晃］所辟。华为司空［在贾后专政时期］，复以为贼曹属。

······ ······

······转佐著作郎，撰《晋书·帝纪》、十《志》，迁转博士，著作如故。

初，太康二年［281］，汲郡人不准盗发魏襄王墓，或言安釐王冢，得竹书数十车。其《纪年》十三篇，记夏以来至周幽王为犬戎所灭，以事接之，三家分，仍述魏事至安釐王之二十年。盖魏国之史书，大略与《春秋》皆多相应。其中经传大异······大凡七十五篇，七篇简书折坏，不识名题。······漆书皆科斗字。初发冢者烧策照取宝物，及官收之，多烬简断札，文既残缺，不复诠次。武帝以其书付秘书校缀次第，寻考指归，而以今文写之。晳在著作，得观竹书，随疑分释，皆有义证。迁尚书郎。

······ ······

［“八王之乱”中他返归“山林”，重执独立的学问和教授生活直至去世，民望如初，著述颇丰。］

赵王伦为相国［300］，请为记室。晳辞疾罢归，教授门徒。年四十卒，元城市里为之废业，门生故人立碑墓侧。

晳才学博通，所著《三魏人士传》、《七代通记》、《晋书·纪》《志》，遇乱亡失。其《五经通论》、《发蒙记》、《补亡诗》、文集数十篇，行于世云。

······ ······

史臣曰：皇甫谧素履幽贞，闲居养疾，留情笔削，敦悦丘坟，轩冕未足为荣，贫贱不以为耻，确乎不拔，斯固有晋之高人者欤！······

列传第六十一　儒林列传虞喜、刘兆、氾毓、徐苗、
杜夷、董景道、范宣传　摘录和评注

［《晋书·儒林列传》的可谓惊人之处，在其所载的17位儒士中间，竟有8位是

彻底的隐逸人物,坚决不入仕,坚决不以儒学学问和硕儒声誉换取官位钱财。他们在空前的乱世中似乎弃绝了儒家宗师"无可无不可"的灵活性,或者更准确地说采取了更无保留的"邦无道,卷而怀之"的态度。其中最极端的(董景道)甚至"衣木叶,食树果,弹琴歌笑以自娱,毒虫猛兽皆绕其傍"。]

虞喜:

[历经东西两晋的特殊的博学儒士,因为他的主要传世成就在天文学,是中国最早发现岁差并定出较为精确的岁差值的天文学家。①不仅如此,他还特殊在有如东汉逸民,屡辟屡征而坚持不就,"处静味道无风尘之志",哪怕这几番征令来自皇帝。]

虞喜,字仲宁,会稽余姚人……父察,吴征虏将军。喜少立操行,博学好古。诸葛恢临郡,屈为功曹。察孝廉,州举秀才,司徒辟,皆不就。元帝初镇江左,上疏荐喜。怀帝即位[307],公车征拜博士,不就。[皇帝一征但不就。]喜邑人贺循为司空,先达贵显,每诣喜,信宿忘归,自云不能测也。

太宁[东晋明帝年号,323—326]中,与临海任旭俱以博士征,不就。[皇帝二征仍不就。]复下诏曰:"夫兴化致政,莫尚乎崇道教,明退素也。丧乱以来,儒雅陵夷,每览《子衿》之诗[男女情爱诗《诗经·国风·郑风·子衿》,孔颖达注疏(牵强附会):"郑国衰乱不修学校,学者分散,或去或留,故陈其留者恨责去者之辞,以刺学校之废也。经三章皆陈留者责去者之辞也。"],未尝不慨然。临海任旭、会稽虞喜并洁静其操,岁寒不移,研精坟典,居今行古,志操足以励俗,博学足以明道,前虽不至,其更以博士征之。"喜辞疾不赴。[皇帝三征亦徒然。]咸和[东晋成帝年号,326—334]末,诏公卿举贤良方正直言之士,太常华恒举喜为贤良。会国有军事,不行。咸

---

① 虞喜继承和发展"宣夜说"(该说按照盖天、浑天的体系,认为日月星辰都有一个依靠,或附在天盖上,随天盖一起运动,或附缀在鸡蛋壳式的天球上,跟着天球东升西落),是我国最早发现岁差,并定出较为精确的岁差值的天文学家。他得出"五十年退一度"的结论,使中国历法得以较早地区分恒星年与太阳年。132年后,杰出学者祖冲之参考虞喜的岁差值,制定出举世闻名的《大明历》。"虞喜",https://baike.sogou.com/v84627.htm? fromTitle=％E8％99％9E％E5％96％9C。

康[东晋成帝年号，335—342]初，内史何充上疏曰："……伏见前贤良虞喜天挺贞素，高尚遐世，束修立德，皓首不倦，加以傍综广深，博闻强识，钻坚研微有弗及之勤，处静味道无风尘之志，高枕柴门，怡然自足。[他有他的大不同流俗的生活方式！"皓首不倦"，"钻坚研微"，"怡然自足"。官方仍幻想他能"入俗"，如儒家宗师。]宜使蒲轮[蒲轮车]纡衡[征召]，以旌殊操，一则翼赞大化，二则敦励薄俗。"疏奏，诏曰："寻阳翟汤、会稽虞喜并守道清贞，不营世务，耽学高尚，操拟古人。往虽征命而不降屈，岂素丝难染而搜引[搜引人才]礼[礼节]简乎！政道须贤，宜纳诸廊庙，其并以散骑常侍征之。"又不起。[皇帝四征仍不起。]……

喜专心经传，兼览谶纬，乃著《安天论》以难浑、盖，又释《毛诗略》，注《孝经》，为《志林》三十篇。凡所注述数十万言，行于世。年七十六卒，无子。……

刘兆：

[又一位东汉逸民似的硕儒，儒学大教育家，西晋初"五辟公府，三征博士，皆不就"，"安贫乐道，潜心著述，不出门庭数十年"。]

刘兆，字延世，济南东平[今山东济南市章丘区]人，汉广川惠王之后也。兆博学洽闻，[儒学大教育家：]温笃善诱，从受业者数千人。[不就征辟，不出门庭，一以贯之数十年：]武帝时五辟公府，三征博士，皆不就。安贫乐道，潜心著述，不出门庭数十年。[有创新性的儒家典籍大评注家：]以《春秋》一经而三家殊涂，诸儒是非之议纷然，互为仇敌，乃思三家之异，合而通之。《周礼》有调人之官，作《春秋调人》七万余言，皆论其首尾，使大义无乖，时有不合者，举其长短以通之。又为《春秋左氏》解，名曰《全综》，《公羊》《穀梁》解诂皆纳经传中，朱书以别之。又撰《周易训注》，以正动二体互通其文。凡所赞述百余万言。

……兆年六十六卒。……

氾毓：

[比刘兆更彻底的隐逸儒士，因为他连学生都不带，纯粹"清静自守"，注籍著书。]

氾毓，字稚春，济北卢[今山东济南市长清区]人也。奕世儒素，敦睦九族……

毓少履高操，安贫有志业。父终，居于墓所三十余载，至晦朔，躬扫坟垅，循行封树，还家则不出门庭。或荐之武帝，召补南阳王文学、秘书郎、太傅参军，并不就。于时青土隐逸之士刘兆、徐苗等皆务教授，惟毓不蓄门人，清静自守。时有好古慕德者咨询，亦倾怀开诱，以一隅示之。合《三传》为之解注，撰《春秋释疑》《肉刑论》，凡所述造七万余言。年七十一卒。

徐苗：

［"昼执锄耒，夜则吟诵"而成的西晋儒宗，然而在儒士中间他的特殊之处是他的侠气——"性抗烈，（彻底的）轻财贵义"，且屡征不就（粪土当年万户侯？）。高尚非凡，潇洒非凡！］

徐苗，字叔胄，高密淳于［今山东潍坊市下属安丘市东北］人也。累世相承，皆以博士为郡守。……祖邵，为魏尚书郎，以廉直见称。苗少家贫，昼执锄耒，夜则吟诵。弱冠，与弟贾就博士济南宋钧受业，遂为儒宗。作《五经同异评》，又依道家著《玄微论》，前后所造数万言，皆有义味。性抗烈，轻财贵义，兼有知人之鉴。弟患口痈，脓溃，苗为吮之。其兄弟皆早亡，抚养孤遗，慈爱闻于州里，田宅奴婢尽推与之。乡邻有死者，便辍耕助营棺椁，门生亡于家，即敛于讲堂。其行己纯至，类皆如此。远近咸归其义，师其行焉。郡察孝廉，州辟从事、治中、别驾、举异行，公府五辟博士，再征，并不就。武惠时计吏至台，帝辄访其安不。永宁［西晋惠帝年号］二年［302］卒，遗命濯巾浣衣，榆棺杂砖，露车载尸，苇席瓦器而已。

杜夷：

［恬淡贞素的隐士式儒学家和教育家，（西晋乱世中）屡屡坚持不仕，哪怕辟令出自皇帝、藩王或州长，哪怕被逼逃离故乡和道遇兵寇。］

［传内所述东晋元明两帝虚怀若谷、求贤若渴和尊重高士的优良行为和团结政策也大可称赞！］

杜夷，字行齐，庐江灊［在今安徽六安市霍山县境内］人也。世以儒学称，为郡著姓。夷少而恬泊，操尚贞素，居甚贫窘，不营产业，博览经籍百家之书，算历图纬靡不毕究。寓居汝颍之间，十载足不出门。年四十余，始还乡里，闭门教授，生徒千人。惠帝时三察孝廉,州命别驾,永嘉[西晋怀帝年号,307—313]初,公车征拜博士,太傅、东海王越辟,并不就。怀帝诏王公举贤良方正,刺史王敦以贺循为贤良,夷为方正,乃上疏曰:"……贺循、处士卢江杜夷履道弥高,清操绝俗,思学融通,才经王务。……夷清虚冲淡,与俗异轨,考槃[典出赞美隐士的《诗经·考槃》]空谷,肥遁[同"肥遯",指退隐]匿迹。盖经国之良宝,聘命之所急。若得待诏公车,承对册问,必有忠谠良谟,弘益政道矣。"[坚决不仕,哪怕被逼逃离故乡和道遇兵寇:]敦于是逼夷赴洛。夷遁于寿阳。镇东将军周馥,倾心礼接,引为参军,夷辞之以疾。馥知不可屈,乃自诣夷,为起宅宇,供其医药。馥败,夷归旧居,道遇兵寇。刺史刘陶告卢江郡曰:"……征士杜君德懋行洁,高尚其志,顷流离道路,闻其顿踬……今遣吏宣慰,郡可遣一吏,县五吏,恒营恤之,常以市租供给家人粮廪,勿令阙乏。"寻以胡寇,又移渡江,王导遣吏周赡之。[东晋元明两帝诚挚尊重高士的优良行为和团结政策也大可称赞:]元帝为丞相,教曰:"……处士杜夷栖情遗远,确然绝俗,才学精博,道行优备,其以夷为祭酒。"夷辞疾,未尝朝会。帝常欲诣夷,夷陈万乘之主不宜往庶人之家。帝乃与夷书曰:"吾与足下虽情在忘言,然虚心历载。正以足下羸疾,故欲相省,宁论常仪也!"又除国子祭酒。[他破例任此虚职实在是出于感谢和无奈。]建武中,令曰:"国子祭酒杜夷安贫乐道,静志衡门,日不暇给,虽原宪无以加也。其赐谷二百斛。"皇太子三至夷第,执经问义。夷虽逼时命,亦未尝朝谒,国有大政,恒就夷咨访焉。明帝即位,夷自表请退。诏曰:"先王之道将坠于地,君下帷研思……搢绅之徒景仰轨训,岂得高退,而朕靡所取则焉!"太宁[东晋明帝年号]元年[323]卒,年六十六。赠大鸿胪,谥曰贞子。夷临终,遗命子晏曰[他永远是他,本性不移]:"吾少不出身,顷虽见羁录,冠舄之饰,未尝加体,其角巾素衣,敛以时服,殡葬之事,务从简俭,亦不须苟取矫异也。"夷所著《幽求子》二十篇行于世。

……　……

董景道:

[又一位(乱世中)学问精通、不与人交的儒家隐士,而且在隐逸方面最为彻底,以至于"衣木叶,食树果,弹琴歌笑以自娱,毒虫猛兽皆绕其傍",并且同样坚决不为匈奴前赵服务。]

董景道,字文博,弘农[今河南三门峡市一带]人也。少而好学,千里追师,所在惟昼夜读诵,略不与人交通。明《春秋三传》《京氏易》《马氏尚书》《韩诗》,皆精究大义。《三礼》之义,专遵郑氏,著《礼通论》非驳诸儒,演广郑旨。[天下将乱,彻底隐逸。]永平[西晋惠帝年号,291]中,知天下将乱,隐于商洛山,衣木叶,食树果,弹琴歌笑以自娱,毒虫猛兽皆绕其傍,是以刘元海及聪屡征,皆碍而不达。至刘曜时出山,庐于渭汭。曜征为太子少傅、散骑常侍,并固辞,竟以寿终。

范宣:

[硕儒和大教育家。穷学成才,但绝不行"学而优则仕"之途,绝不行"书中自有黄金屋"之途。他还痛恨玄学玄风盛行,导致天下无道。]

范宣,字宣子,陈留人也。年十岁,能诵《诗》《书》。尝以刀伤手,捧手改容。人问痛邪,答曰:"不足为痛,但全之体而致毁伤,不可处耳。"家人以其年幼而异焉。少尚隐遁,加以好学,手不释卷,以夜继日,遂博综众书,尤善《三礼》。家至贫俭,躬耕供养。亲没,负土成坟,庐于墓侧。太尉郗鉴命为主簿,诏征太学博士、散骑郎,并不就。家于豫章,太守殷羡见宣茅茨不完,欲为改宅,宣固辞之。庾爱之以宣素贫,加年荒疾疫,厚饷给之,宣又不受。[他痛恨玄学玄风盛行,导致天下无道:]爱之问宣曰:"君博学通综,何以太儒?"宣曰:"汉兴,贵经术,至于石渠之论,实以儒为弊。正始[240—249]以来,世尚老庄。逮晋之初,竟以裸裎为高。仆诚太儒,然'丘不与易'[《论语》:孔子曰"天下(倘若)有道,丘不与易也",易指改易、改革]。"宣言谈未尝及《老》《庄》。客有问人生与忧俱生,不知此语何出。宣云:"出《庄子·至乐篇》。"客曰:"君言不读《老》《庄》,何由识此?"宣笑曰:"小时尝一览。"时人莫之测也。

[他作为儒学大教育家的风范和贡献[1]:]

宣虽闲居屡空,常以讲诵为业,谯国戴逵等皆闻风宗仰,自远而至,讽诵之声,有若齐、鲁。太元中,顺阳范宁为豫章太守,宁亦儒博通综,在郡立乡校,教授恒数百人。由是江州人士并好经学,化二范之风也。年五十四卒。著《礼》《易论难》皆行于世。

---

[1] 范宣在江南传经授业,学徒广众,对儒学的传播以及对古代丧仪的规定,于后世都产生深远的影响。"范宣",https://baike.sogou.com/v10785022.htm? fromTitle=％E8％8C％83％E5％AE％A3.

列传第六十四　隐逸列传范乔、辛谧传　摘录和评注

范乔：

[硕儒和大教育家范粲的长子,是儒家道德和学问双重意义上的完人。有如其父,不断坚拒出仕("八王之乱"必定增添了他这么做的缘由和决心)。而且,他罕见地表明"大道废而有仁义"——黑暗之中的某一线光明。]

[儒家道德和学问双重意义上的完人;不断坚拒出仕,"安贫乐道,长而弥坚"。]

乔字伯孙。年二岁时,祖馨临终,抚乔首曰:"恨不见汝成人!"因以所用砚与之。至五岁,祖母以告乔,乔便执砚涕泣。九岁请学,在同辈之中,言无媟[轻慢,污秽]辞。弱冠,受业于乐安蒋国明。济阴刘公荣有知人之鉴,见乔,深相器重。友人刘彦秋凤有声誉,尝谓人曰:"范伯孙体应纯和,理思周密,吾每欲错其一事而终不能。"……

乔好学不倦。父粲阳狂不言,乔与二弟并弃学业,绝人事,侍疾家庭,至粲没,足不出邑里。司隶校尉刘毅尝抗论于朝廷曰:"使范武威疾若不笃,是为伯夷、叔齐复存于今。如其信笃,益是圣主所宜哀矜。其子久侍父疾,名德著茂,不加叙用,深为朝廷惜遗贤之讥也。"元康[291—299]中……尚书郎王琨乃荐乔曰:"乔禀德真粹,立操高洁,儒学精深,含章内奥,安贫乐道,栖志穷巷,箪瓢咏业,长而弥坚,诚当今之寒素,著厉俗之清彦。"时张华领司徒,天下所举凡十七人,于乔特发优论。又吏部郎郗隆亦思求海内幽遁之士,乔供养衡门[横木为门,指简陋的屋舍],至于白首,于是除乐安令。辞疾不拜。乔凡一举孝廉,八荐公府,再举清白异行,又举寒素,一无所就。

["八王之乱"中的绝顶良善之人,被誉为"大道废而有仁义"。]

初,乔邑人腊夕盗斫其树,人有告者,乔阳(佯)不闻,邑人愧而归之。乔往喻曰:"卿节日取柴,欲与父母相欢娱耳,何以愧为!"其通物善导,皆此类也。外黄令高额叹曰:"诸士大夫未有不及私者,而范伯孙恂恂率道,名讳未尝经于官曹,士之贵

异,于今而见。大道废而有仁义,信矣!"其行身不秽,为物所叹服如此。以元康八年[298]卒,年七十八。

辛谧:

["累征不起"的他有一次例外,即在永嘉之乱中毅然接受官职,去效力于垂死的华夏西晋。坚拒异族政权辟命,"虽处丧乱之中,颓然高迈,视荣利蔑如也"。不仅如此,他还劝说冉魏君主冉闵归依东晋。]

辛谧,字叔重,陇西狄道人也。父怡,幽州刺史,世称冠族。谧少有志尚,博学善属文,工草隶书,为时楷法。性恬静,不妄交游。召拜太子舍人、诸王文学,累征不起。永嘉末,以谧兼散骑常侍,慰抚关中。谧以洛阳将败,故应之。及长安陷没于刘聪,聪拜太中大夫,固辞不受。又历石勒、季龙之世,并不应辟命。虽处丧乱之中,颓然高迈,视荣利蔑如也。及冉闵僭号,复备礼征为太常,谧遗闵书曰:"……谧闻物极则变,冬夏是也;致高则危,累棋是也。君王功以成矣,而久处之,非所以顾万全远危亡之祸也。宜因兹大捷,归身本朝,必有许由、伯夷之廉,享松乔之寿,永为世辅,岂不美哉!"因不食而卒。①

---

① 据明代杨尔增《两晋秘史》第二一四回,冉闵"有戍卒三十余万,旌旗征鼓,蔽鸣百余里,虽石氏之盛,无以过也。闵既归国,闻陇西晋故散骑常侍辛谧有高名,遣使备礼征谧为太常侍,使人诣谧,固辞弗去。因回书于使人遗之云:夫物极则反,致治则危,君王功已成矣。宜因兹大捷,归身晋朝,必有由、夷之廉,以享乔、松之寿。使人以其书与闵,闵观之,竟不从其议而寝之。谧闻闵不从其请,恐其再逼,因不食而卒"。

两晋文史及其政治蕴意：凋敝乱世，『文雅斯盛』

列传第五十二　陈寿、虞溥、司马彪、孙盛、

干宝、习凿齿传　摘录和评注

　　[两晋史家传记专辑。有如我们在篇末评注中所说，陈寿被赞为司马迁和班固的头号后继者，"继明先典"，虞溥和司马彪、干宝和孙盛则分别被赞为"垂诸不朽"和"有良史之才"；习凿齿史著的意识形态正统特征得到强调，这就作为道学先生的初唐史臣而言毫不令人意外。]

　　陈寿：

　　[经典前四史之一《三国志》的作者。他的传记有非官方的，载于《华阳国志》①，也

---

　　①　东晋常璩撰于晋穆帝永和四年至永和十年(348—354)，共 12 卷 11 万字，是专门记述巴蜀区域历史、地理、族裔、人物等的地方志著作，体制完备，内容丰富，考证翔实，史料可靠。
　　《华阳国志·陈寿》：[一则非官方的陈寿传：一位很有学问、很有才智的官僚和西南本地人，先后为蜀汉和西晋效力；除他的伟大史撰外，他还写了现在只有专家才知道的某些其他著作。他除了官场幸运，还经历了官场内斗带来的挫折或沮丧。]
　　陈寿……巴西安汉人也。少受学于散骑常侍谯周，治尚书、三传，锐精史、汉，聪警敏识，属文富艳。初应州命卫将军主簿、东观秘书郎、散骑黄门侍郎。大同后察孝廉，为本郡中正。(接下页)

有官方的,即这里的《晋书·陈寿传》。与前者相比,这里额外告诉我们:(1)在蜀汉垂死的岁月里,由于险恶的宦官/佞幸黄皓"专弄威权",正直不阿的他"屡被谴黜";(2)他有他性格上的偏狭;(3)当时对他文风的评价,即"文艳不若(司马)相如,而质直过之"。]

[蜀汉垂死的岁月里,由于黄皓"专弄威权",正直不阿的他"屡被谴黜";蜀亡后经"沈滞累年",他在为他提供必要条件的西晋之下取得了历史性成就《三国志》。]

陈寿,字承祚,巴西安汉[今四川南充市北]人也。少好学,师事同郡谯周,仕蜀为观阁令史。宦人黄皓专弄威权,大臣皆曲意附之,寿独不为之屈,由是屡被谴黜。[现在我们可以说他高尚,有勇敢的独立精神,拒不屈从于邪恶的权势者。]遭父丧,有疾,使婢丸药,客往见之,乡党以为贬议。[居父丧期间使用女婢,有违礼教。][多半由于乡党贬议,他在蜀亡后"沈滞累年":]及蜀平,坐是沈滞者累年。[有才被识,或怀才得遇;他在为他提供必要条件的西晋之下取得了历史性成就,连同"良史之才"的美名:]司空张华爱其才,以寿虽不远嫌[远避嫌疑],原情不至贬废,举为孝廉,除佐著作郎,出补阳平令。撰《蜀相诸葛亮集》,奏之。除著作郎,领本郡中正。撰魏吴蜀《三国志》,凡六十五篇。时人称其善叙事,有良史之才。夏侯湛时著《魏书》,见寿所作,便坏己书而罢。张华深善之,谓寿曰:"当以《晋书》相付耳。"其为时所重如此。[然而,他有性格上的偏狭或报复心,无论下面的第一个故事是真是假:]或云丁仪、丁廙[yì]有盛名于魏,寿谓其子曰:"可觅千斛米见与,当为尊公作

益部自建武[光武帝年号]后,蜀郡郑伯邑、太尉赵彦信及汉中陈申伯、祝元灵、广汉王文表皆以博学洽闻,作《巴蜀耆旧传》。寿以为不足经远,乃并巴、汉撰为《益部耆旧传》十篇。散骑常侍文立表呈其传,武帝[司马炎]善之,再为著作郎。吴平后,寿乃鸠合三国史,著魏、吴、蜀三书六十五篇,号《三国志》,又著《古国志》五十篇,品藻典雅,中书监荀勖、令张华深爱之,以班固、史迁不足方也。……复入为著作郎。镇南将军杜预表为散骑侍郎,诏曰:"昨适用蜀人寿良具员,且可以为侍御史。"上《官司论》七篇,依据典故,议所因革。又上《释讳、广国论》。[他就如史上那么多人,经受过官场内斗带来的挫折或沮丧:]华表令兼中书郎,而寿魏志有失勖意,勖不欲其处内,表为长广太守。继母遗令不附葬[即《晋书·陈寿传》云"母遗言令葬洛阳,寿遵其志"],以是见讥。数岁,除太子中庶子。太子转徙后,再兼散骑常侍。惠帝谓司空张华曰:"寿才宜真,不足久兼也。"华表欲登九卿,会受诛,忠贤排摈,寿遂卒洛下,位望不充其才,当时冤之。……

佳传。"丁不与之,竟不为立传。寿父为马谡参军,谡为诸葛亮所诛,寿父亦坐被髡,诸葛瞻又轻寿。寿为亮立传,谓亮将略非长,无应敌之才,言瞻惟工书,名过其实。议者以此少之。

[得幸之后,他作为最高层内斗及偶然事态的被牵累者"再致废辱":]

张华将举寿为中书郎,荀勖忌华而疾寿,遂讽吏部迁寿为长广太守。辞母老不就。杜预将之镇,复荐之于帝,宜补黄散。由是授御史治书。以母忧去职。母遗言令葬洛阳,寿遵其志。又坐不以母归葬,竟被贬议。[这回不是被"乡党"而是被"朝党"贬议。]初,谯周尝谓寿曰:"卿必以才学成名,当被损折,亦非不幸也。宜深慎之。"寿至此,再致废辱,皆如周言。后数岁,起为太子中庶子,未拜。

[他在"八王之乱"第一轮期间病卒(考虑到以后的大乱世,这也许是个幸运);一则当时对他文风的评价,即"文艳不若(司马)相如,而质直过之"。]

元康七年[297],病卒,时年六十五。梁州大中正、尚书郎范頵等上表曰:"昔汉武帝诏曰:'司马相如病甚,可遣悉取其书。'使者得其遗书,言封禅事,天子异焉。臣等案:故治书侍御史陈寿作《三国志》,辞多劝诫,明乎得失,有益风化,虽文艳不若相如,而质直过之,愿垂采录。"于是诏下河南尹、洛阳令,就家写[誊写]其书。[他的《三国志》因为"辞多劝诫,明乎得失,有益风化"而得到西晋国家首肯。]①寿又撰《古国志》五十篇、《益都耆旧传》十篇,余文章传于世。

⋯⋯⋯⋯⋯⋯

虞溥:

[西晋教育家,任地方行政长官期间"大修庠序,广诏学徒",旨在熏陶人之品性

---

① [清代乾隆第六子爱新觉罗·永瑢亲王和大臣纪昀在《四库全书总目提要》中,对陈寿《三国志》做了简洁的评论,深刻地揭示了中国史纂与中国王朝政治乃至民族政治之间的能动关系的一个方面:]

⋯⋯寿事迹具晋书本传⋯⋯其书以魏为正统,至习凿齿作汉晋春秋始立异议。自朱子以来,无不是凿齿而非寿。然以理而论,寿之谬万万无辞;以势而论,则凿齿帝汉顺而易,寿欲帝汉逆而难。盖凿齿时晋已南渡,其事有类乎蜀,为偏安者争正统,此孚于当代之论者也。寿则身为晋武之臣,而晋武承魏之统,伪魏是伪晋矣。其能行于当代哉?此犹宋太祖篡立近于魏,而北汉、南唐迹近于蜀,故北宋诸儒皆有所避而不伪魏。高宗以后,偏安江左,近于蜀,而中原魏地全入于金,故南宋诸儒乃纷纷起而帝蜀。此皆当论其世,未可以一格绳也。

（文化行为的）和"赞协时雍"（帝国政治的）。然而,就本篇的目的而言,他尤其值得注意的是撰《江表传》:裴松之注《三国志》援引近120次的孙吴史籍。]

[少时专心读书,成年任官后秉持文化的和政治的双重宗旨"大修庠序,广诏学徒"。]

虞溥,字允源,高平昌邑[今山东菏泽市巨野县南]人也。父秘,为偏将军。镇陇西。溥从父之官,专心坟籍。时疆场阅武,人争视之,溥未尝寓目。郡察孝廉,除郎中,补尚书都令史。尚书令卫瓘……器重之……

稍迁公车司马令,除鄱阳内史。大修庠序,广诏学徒,移告属县曰:"学所以定情理性而积众善者也。情定于内而行成于外,积善于心而名显于教,故中人之性随教而移,积善则习与性成。[一般而言"性随教移",多做善事则善习成,善习成则善性立:这里面包含着经典儒家教育的很大部分"秘诀"。]……自汉氏失御,天下分崩,江表寇隔,久替王教,庠序之训,废而莫修。今四海一统,万里同轨……宜崇尚道素,广开学业,以赞协时雍,光扬盛化。"乃具为条制。于是至者七百余人。溥乃作诰以奖训之,曰:

……[经典儒家教育重熏陶、有思考、凭体会的"洗脑"途径:]夫圣人之道淡而寡味,故始学者不好也。及至期月,所观弥博,所习弥多,日闻所不闻,日见所不见,然后心开意朗,敬业乐群,忽然不觉大化之陶己,至道之入神也。[教育重在熏陶,即"染人",使之孝悌忠信:]故学之染人,甚于丹青。丹青吾见其久而渝[改变]矣,未见久学而渝者也。

夫工人之染,先修其质,后事其色,质修色积,而染工毕矣。学亦有质,孝悌忠信是也。[正心、修行、学文,"然后为德":经典儒家教育的"塑人"途径。]君子内正其心,外修其行,行有余力,则以学文,文质彬彬,然后为德。……

今诸生口诵圣人之典,体闲庠序之训,比及三年,可以小成。而令名宣流,雅誉日新,朋友钦而乐之,朝士敬而叹之。于是州府交命择官而仕,不亦美乎![学而优（以及誉而雅）则仕:儒家教育依此以吸引人的政治经济学。]……[然而,它要求学生的是有坚忍的耐力——许多人特别缺乏甚而极难养成的秉性!]积一勺以成江河,累微尘以崇峻极……诸生若绝人间之务,心专亲学,累一以贯之,积渐以进之,则亦或迟或速,或先或后耳,何滞而不通,何远而不至邪!

…… ……

[撰《江表传》,裴松之注《三国志》援引近 120 次的已佚孙吴史籍。①]

溥为政严而不猛,风化大行[他是个优秀的地方行政长官。]……。注《春秋》经、传,撰《江表传》及文章诗赋数十篇。卒于洛,时年六十二。子勃,过江上《江表传》于元帝,诏藏于秘书。

司马彪:

[西晋大史家,作已佚《续汉书》——关于整个东汉的第一部"良史",只是到约一个半世纪之后,部分地得益于他的范晔《后汉书》问世,《续汉书》才渐被淘汰,但仍有八志被南梁刘昭补入他为之作注的《后汉书》而保存下来,它们是《律历志》《礼仪志》《祭祀志》《天文志》《五行志》《郡国志》《百官志》《舆服志》。② 此外,他还撰写了记述东汉末军阀割据和混战的乱世史事的已佚《九州春秋》,并且考订魏晋之际谯周的《古史考》百余条"不当"(今不传)。]

[西晋大贵族出身,"好色薄行"而不得继嗣,但这实为"祸兮福所伏",因为他

---

① 裴松之注《三国志》援引《江表传》处主要为:《孙坚传》六条,《孙策传》十一条,《吴主传》二十一条,《三嗣主传》十四条,《太史慈传》三条,《妃嫔传》三条,《宗室传》六条,《张昭传》一条,《顾雍传》四条,《诸葛瑾传》两条,《张纮传》四条,《薛综传》一条,《周瑜传》七条,《鲁肃传》一条,《吕蒙传》两条,《程黄韩蒋周陈董甘凌徐潘丁传》四条,《朱治传》一条,《吕范传》三条,《虞翻传》三条,《吴主五子传》三条,《贺全吕周钟离传》三条,《潘浚陆凯传》五条,《诸葛滕二孙濮阳传》五条。以上一百一十条,写孙吴君臣。

② 遗憾的是,《续汉书》缺乏与社会经济、政治、思想文化关系相当大的《刑法》《食货》《沟洫》《艺文》四志。班固《汉书》在这些方面继司马迁《史记》诸书开拓的可贵传统由此中断,直到约三个世纪后初唐作《晋书》才得以恢复。
又,《续汉书》处处体现史学"教世"之旨。司马彪说:"先王立史官以书时事,载善恶以为沮劝,撮教世之要也。"这是对孔子史学经世思想的继承。"教世"中尤为重要的是重礼仪和务节约,前者强调君威臣仪,要求维护"尊尊贵贵""上下有序",而此时正值"八王之乱",要求顺礼实际上是针砭现实政治局势;后者则旨在呼唤质诚世风,批判西晋统治精英奢侈腐败。"司马彪",https://baike.sogou.com/v46289.htm? fromTitle＝％E5％8F％B8％E9％A9％AC％E5％BD％AA.

"不交人事而专精学习",故得成大史学家;他的撰史宗旨为"教世",成《续汉书》八十篇及《九州春秋》。]

司马彪,字绍统,高阳王睦之长子也。出后[出继给]宣帝弟敏。少笃学不倦,然好色薄行,为睦所责,故不得为嗣,虽名出继,实废之也。彪由此不交人事,而专精学习,故得博览群籍,终其缀集之务。初拜骑都尉。泰始[265—274]中,为秘书郎,转丞。注《庄子》,作《九州春秋》。[他的撰史宗旨,继承孔子撰史经世观:]以为"先王立史官以书时事,载善恶以为沮劝,撮教世之要也。是以《春秋》不修,则仲尼理之……前哲岂好烦哉?盖不得已故也。[东汉"时无良史,记述烦杂",因此要撰《续汉书》:]汉氏中兴,迄于建安[东汉献帝年号],忠臣义士亦以昭著,而时无良史,记述烦杂,谯周虽已删除,然犹未尽,安顺[东汉安帝顺帝]以下,亡缺者多。"彪乃讨论众书,缀其所闻,起于世祖,终于孝献,编年二百,录世十二,通综上下,旁贯庶事,为纪、志、传凡八十篇,号曰《续汉书》。

泰始初,武帝亲祠南郊,彪上疏定议,语在《效祀志》。后拜散骑侍郎。惠帝末年[307]卒,时年六十余。

[考订谯周《古史考》百余条"不当"。]

初,谯周以司马迁《史记》书周秦以上,或采俗语百家之言,不专据正经,周于是作《古史考》二十五篇,皆凭旧典,以纠迁之谬误。彪复以周为未尽善也,条《古史考》中凡百二十二事为不当,多据《汲冢纪年》之义,亦行于世。

孙盛:

[东晋中期著名史家,作已佚的《魏氏春秋》和《晋阳秋》,分别述说曹魏史和到哀帝为止的两晋史。他是颇有激情、崇奉教义和一本正经的经典儒士式史家,注重史德,秉笔直书,"志乎典训"(刘勰《文心雕龙·才略》评孙盛、干宝),"词直而理正",并且斥责神鬼迷信,极反感董仲舒往后的符瑞崇拜。事实上,在《三国志》裴松之注内对他的众多援引中,我们已领略到这些。]

[出身于官宦世家,"博学,善言名理",可谓当时的辩论大家。]

孙盛,字安国,太原中都[今山西晋中市平遥县]人。祖楚,冯翊太守。父恂,颍川太守。恂在郡遇贼，被害。盛年十岁，避难渡江。及长，博学，善言名理。于时殷浩擅名一时，与抗论者，惟盛而已。盛尝诣浩谈论，对食，奋掷麈尾，毛悉落饭中，食冷而复暖者数四，至暮忘餐，理竟不定。盛又著医卜及《易象妙于见形论》，浩等竟无以难之，由是遂知名。

［他的不得意的从仕经历：先后担任陶侃、庾亮、庾翼、桓温的参谋，最终才出补太守，任上"以家贫，颇营资货"，结果难免倒霉，所幸运气还好。］

起家佐著作郎，以家贫亲老，求为小邑，出补浏阳令。太守陶侃请为参军。庾亮代侃，引为征西主簿，转参军。时丞相王导执政，亮以元舅居外，南蛮校尉陶称谗构其间，导、亮颇怀疑贰。盛密谏亮曰："王公神情朗达，常有世外之怀，岂肯为凡人事邪！此必佞邪之徒欲间内外耳。"亮纳之。［他算是给庾亮进了个事关最高层政治稳定的好谏言。］庾翼代亮，以盛为安西咨议参军，寻迁廷尉正。会桓温代翼，留盛为参军，与俱伐蜀，军次彭模，温自以轻兵入蜀，盛领羸老辎重在后，贼数千［氐族成汉君主李势叔父、右卫将军李福麾下］忽至，众皆遑遽。盛部分诸将，并力距之，应时败走［击退李福麾下］。［他为桓温伐蜀立了个军功。］蜀平，赐爵安怀县侯，累迁温从事中郎。从入关平洛，以功进封吴昌县侯，出补长沙太守。［在长沙太守任上因家贫而敛"脏私"，侥幸免罪后又轻薄胡言，结果难免倒霉，所幸运气依然还好：］以家贫，颇营资货，部从事至郡察知之，服其高名而不劾之。盛与温笺，而辞旨放荡，称州遣从事观采风声，进无威凤来仪之美，退无鹰鹯［zhān，猛禽名］搏击之用，徘徊湘川，将为怪鸟。温得盛笺，复遣从事重案之，脏私狼籍，槛车收盛到州，舍而不罪。累迁秘书监，加给事中。年七十二卒。

［最重要的是他的撰史成就和撰史特征，后者尤以"词直而理正"著称，那来自他的正直和勇敢。］

盛笃学不倦，自少至老，手不释卷。著《魏氏春秋》《晋阳秋》，并造诗赋论难复数十篇。《晋阳秋》词直而理正，咸称良史焉。［他颇有董狐遗风！］既而桓温见之，怒谓盛子曰："枋头［今河南鹤壁市浚县西东枋城、西枋城，369年桓温率步骑五万人从事他最后一次北伐，胜利进击到该地，遭鲜卑前燕殊死抵抗，退兵途中又遭前燕伏击，损兵大半］诚为失利，何至乃如尊君所说！若此史遂行，自是关君门户事。"其子遽拜谢，谓请删改之。时盛年老还家，性方严有轨宪，虽子孙白，而庭训愈峻。至此，诸子乃共号泣稽颡，请为百口切计。盛大怒。诸子遂尔改之。盛写两定本，寄于慕容俊。太元[376—396]中，孝武帝博求异闻，始于辽东得之，以相考校，多有不同，书遂两存。……

干宝：

［东晋初期杰出的文学家、史学家和学问家（尤精易学）。虽然他最具标志性的著作是庶可称为中国小说始祖（至少就中国志怪或神话小说而言）的《搜神记》，但在本篇的语境内他的官方西晋史《晋纪》同样重要，其特征为"简略，直而能婉，咸称良史"。"性好阴阳术数"、叙述神仙鬼怪如何与直笔（即使"婉"）记载史事、撰成官修史书出现在一个人身上？见解深切的鲁迅给了个回答。①］

［"勤学"，"博览书记"，有"才器"，在王导提议官修西晋史并经其正式推荐后，成为东晋首位官方史家，遂撰二十卷《晋纪》呈上，"咸称良史"。］

干宝，字令升，新蔡[今河南新蔡县]人也。祖统，吴奋武将军、都亭侯。父莹，丹阳丞。宝少勤学，博览书记，以才器召为著作郎。平杜弢有功，赐爵关内侯。

中兴草创，未置史官，中书监王导上疏曰："夫帝王之迹，莫不必书，著为令典，垂之无穷。宣皇帝廓定四海，武皇帝受禅于魏，至德大勋，等踪上圣，而纪传不存于王府，德音未被乎管弦。陛下圣明，当中兴之盛，宜建立国史，撰集帝纪，上敷祖宗之烈，下纪佐命之勋，务以实录，为后代之准，厌率土之望，悦人神之心，斯诚雍熙之至美，王者之弘基也。宜备史官，敕佐著作郎干宝等渐就撰集。"元帝纳焉。宝于是始领国史。以家贫，求补山阴令，迁始安太守。王导请为司徒右长史，迁散骑常侍，著《晋纪》，自宣帝迄于愍帝五十三年，凡二十卷，奏之。其书简略，直而能婉，咸称良史。

［他"性好阴阳术数"，而且据说两度亲遇鬼神灵怪之事，撰三十卷《搜神记》，从而彪炳于中国文学史。］

---

① 鲁迅在其《中国小说史略》内说"自晋讫隋，特多鬼神志怪之书。其书有出于文人者，有出于教徒者。文人之作，虽非如释道两家，意在自神其教，然亦非有意为小说，盖当时以为幽明虽殊途，而人鬼乃皆实有，故其叙述异事，与记载人间常事，自视固无诚妄之别矣"。

性好阴阳术数，留思京房、夏侯胜等传。宝父先有所宠侍婢，母甚妒忌，及父亡，母乃生推婢于墓中[！]。宝兄弟年小，不之审也。后十余年，母丧，开墓，而婢伏棺如生，载还，经日乃苏[！]。言其父常取饮食与之，恩情如生，在家中吉凶辄语之……既而嫁之，生子。又宝兄尝病气绝，积日不冷，后遂悟，云见天地间鬼神事，如梦觉，不自知死。宝以此遂撰集古今神祇灵异人物变化，名为《搜神记》，凡三十卷。以示刘惔，①惔曰："卿可谓鬼之董狐。"宝既博采异同，遂混虚实，因作序以陈其志曰：

虽考先志于载籍，收遗逸于当时，盖非一耳一目之所亲闻睹也，亦安敢谓无失实者哉！……今之所集，设有承于前载者，则非余之罪也。若使采访近世之事，苟有虚错，愿与先贤前儒分其讥谤。及其著述，亦足以明神道之不诬也。

群言百家不可胜览，耳目所受不可胜载，今粗取足以演八略②之旨，成其微说而已。幸将来好事之士录其根体，有以游心寓目而无尤焉。

宝又为《春秋左氏义外传》，注《周易》《周官》凡数十篇，及杂文集皆行于世。

…… ……

习凿齿：

[重要的东晋中期史学家，其《汉晋春秋》影响深远，鲜明地体现了一项重大的中国传统——史纂要旨构成意识形态的重大方面甚或其本身。所以如此，既因为他著该书的主要动机是"裁正"或尽微力制约桓温篡夺帝位的野心，也因为他一反陈寿以来的晋代定规，以蜀汉为正统，曹魏为篡逆，至司马昭灭蜀"乃为汉亡而晋始兴"。他言论直率，但"直言"（而非"微言"）大意，可谓孔子《春秋》的标准精神后裔，以致清代《四库全书总目提要》主编做了一段关于中国史纂与中国王朝政治和华夏

---

① 今一学者多半依干宝曾与刘惔同时的信息，考证《搜神记》成书当在晋穆帝永和[345—356]初年。见卫绍生《〈搜神记〉成书年代考论》，《河南教育学院学报》2009 年第 4 期。

② "《搜神记序》中有'今粗取足以演八略之旨'一句，其中'八略'一词的意义至今仍未有明确的定论。目前已知的相关释义有梁启超'小说略说'、李剑国'佛道略说'和小南一郎'篇目总称说'3 种。笔者对以上 3 种观点进行具体分析，并支持小南一郎'篇目总称说'的观点"。王婧璇：《〈搜神记序〉"八略"考释》，《河北北方学院学报》2015 年第 6 期。

势盛/偏安之间的能动关系的极透彻、极精彩的谈论。①]

[他多才多艺，博学广闻，所著《襄阳耆旧记》是中国最早的人物志之一，同时精通佛学，力邀著名高僧释道安到襄阳弘法，帮助开辟佛教"洋为中用"，即用中国文化解释佛教的先河。他和其他许多人证明，国力与文化成就（物质财富与精神财富）无必然的正相关，因为后者往往取决于民族文化和社会体制的独立的活力。]

[乡豪世家出身，自少即博学有文采，被大外镇大军阀桓温纳用，"亲遇隆密"。]

习凿齿，字彦威，襄阳[今湖北襄阳]人也。宗族富盛，世为乡豪。凿齿少有志气，博学洽闻，以文笔著称。荆州刺史桓温辟为从事，江夏相袁乔深器之，数称其才于温，转西曹主簿，亲遇隆密。

[然而，他坚持与有篡夺帝位野心的桓温保持距离，由此遭遇后者贬抑。]

时温有大志，追蜀人知天文者至，夜执手问国家祚运修短。答曰："世祚方永。"疑其难言，乃饰辞云："如君言，岂独吾福，乃苍生之幸。然今日之语自可令尽，必有小小厄运，亦宜说之。"星人曰："太微、紫微、文昌三官气候如此，决无忧虞。至五十年外不论耳。"温不悦，乃止。……

累迁别驾。温出征伐，凿齿或从或守，所在任职，每处机要，莅事有绩，善尺牍论议，温甚器遇之。时清谈文章之士韩伯、伏滔等并相友善，后使至京师。简文亦雅重焉。既还，温问："相王何似？"答曰："生平所未见。"以此大忤温旨，左迁户曹参军。……

[他坚持与有篡夺帝位野心的桓温保持距离，由此遭遇贬抑而心情痛苦。]初，凿齿与其二舅罗崇、罗友俱为州从事。及迁别驾，以坐越舅右，屡经陈请。温后激怒既盛，乃超拔其二舅，相继为襄阳都督，出凿齿为荥阳太守。温弟秘亦有才气，素与凿齿相亲善。凿齿既罢郡归，与秘书曰：

吾……来达襄阳，触目悲感，略无欢情，痛恻之事，故非书言之所能具也。每定省家舅，从北门入，西望隆中，想卧龙之吟；东眺白沙，思凤雏[庞统号]之声……徘徊移日，惆怅极多，抚乘踌躇，慨尔而泣……

---

① 见本书中《陈寿传》第 2 条注释。

…… ……

[他著东汉三国西晋史《汉晋春秋》,旨在"裁正"桓温篡夺帝位的野心,且创新性地(反陈寿往后晋代陈规)以曹魏为篡逆,"蜀宗族为正","明天心不可以势力强也"。孔子《春秋》标准的精神后裔!]

是时温觊觎非望,凿齿在郡,著《汉晋春秋》以裁正之。起汉光武,终于晋愍帝。于三国之时,蜀以宗室为正,魏武虽受汉禅晋,尚为篡逆,至文帝平蜀,乃为汉亡而晋始兴焉。引世祖讳炎兴[蜀汉后主刘禅最后一个年号]而为禅受,明天心不可以势力强也。凡五十四卷。后以脚疾,遂废于里巷。

及襄阳陷于符坚,坚素闻其名,与道安俱舆而致焉。既见,与语,大悦之,赐遗甚厚。又以其蹇[jiǎn]疾,与诸镇书:"昔晋氏平吴,利在二陆[陆机、陆云];今破汉南,获士裁一人有半耳[释道安为一人,习凿齿因脚疾而为半人]。"俄以疾归襄阳。[孔子《春秋》的精神后裔决不会侍奉氐族前秦,哪怕其君主对他有非凡赞誉。]寻而襄邓反正,朝廷欲征凿齿,使典国史,会卒,不果。

[他自觉一生最大的思想见识和倡议是"皇晋宜越魏继汉",临终上疏专论此议。]

临终上疏曰:

臣每谓皇晋宜越魏继汉,不应以魏后为三恪[周武王克殷,封前三朝的后裔以王侯名号,称为"三恪"。一说封虞、夏、殷之后于陈、杞、宋]。而身微官卑,无由上达,怀抱愚情,三十余年。今沈沦重疾,性命难保,遂尝怀此,当与之朽烂,区区之情,切所悼惜,谨力疾著论一篇,写上如左。愿陛下考寻古义,求经常之表,超然远览,不以臣微贱废其所言。论曰:

或问:"魏武帝功盖中夏,文帝受禅于汉,而吾子谓汉终有晋,岂实理乎? 且魏之见废,晋道亦病,晋之臣子宁可以同此言哉!"

答曰:"此乃所以尊晋也……

"昔汉氏失御,九州残隔,三国乘间,鼎峙数世,干戈日寻,流血百载,虽各有偏平,而其实乱也,宣皇帝势逼当年,力制魏氏,蠖[huò]屈[不得志]从时,遂羁戎役,晦明掩耀,龙潜下位,俯首重足,鞠躬屏息,道有不容之难,躬蹈履霜之险,可谓危矣! 魏武既亡,大难获免,始南擒孟达,东荡海隅,西抑劲蜀,旋抚诸夏,摧吴人入侵之锋,扫曹爽见忌之党,植灵根以跨中岳,树群才以翼子弟……景文[司马师司马昭]

继之,灵武冠世,克伐贰违,以定厥庸……至于武皇,遂并强吴,混一宇宙,乂清四海,同轨二汉。除三国之大害,静汉末之交争,开九域之蒙晦,定千载之盛功者,皆司马氏也。而推魏继汉,以晋承魏,比义唐虞,自托纯臣,岂不惜哉!

[华夏统一! 华夏统一! 晋"越魏继汉"的关键理由在于汉晋皆是大一统的华夏帝国,而曹魏不是。]"今若以魏有……静乱之功,则孙刘鼎立。……魏未曾为天下之主;……暂制数州之人,威行境内而已,便可推为一代者乎!

"……隗嚣据陇,公孙帝蜀,蜀陇之人虽服其役,取之大义,于彼何有! ……定空虚之魏以屈于己,孰若杖义而以贬魏哉! ……

…… ……

[在这位十足的儒家正统主义者看来,"犯顺而强"者轻如鸿毛,"杖正而弱"者重于泰山。就真正的价值而论,权势政治一钱不值:孔子真传!]"自汉末鼎沸五六十年,吴魏犯顺而强,蜀人杖正而弱,三家不能相一,万姓旷而无主。夫有定天下之大功,为天下之所推,孰如见推于暗人,受尊于微弱? 配天而为帝,方驾于三代,岂比俯首于曹氏,侧足于不正? 即情而恒实,取之而无惭,何与诡事而托伪,开乱于将来者乎? 是故故旧之恩可封魏后,三恪之数不宜见列。以晋承汉,功实显然,正名当事,情体亦厌,又何为虚尊不正之魏而亏我道于大通哉!

…… ……

"今子不疑共工之不得列于帝王,不嫌汉之系周而不系秦,何至于一魏犹疑滞而不化哉! ……若犹未悟,请于是止矣。"

…… ……

[在篇末评论中,房玄龄等先极浓缩地浏览主旨为"昭法立训"(政治意识形态)的中国史纂,而后高度称赞陈寿为司马迁和班固的头号后继者,同时称赞虞溥和司马彪"垂诸不朽",干宝和孙盛"有良史之才";习凿齿的意识形态正统特征得到强调,这就作为道学先生的初唐史臣而言理所当然。]

史臣曰:古之王者咸建史臣,昭法立训,莫近于此。若夫原始要终,纪情括性,其言微而显,其义皎而明……丘明即没,班马[班固和司马迁的合称]迭兴,奋鸿笔于西京,骋直词于东观。自斯已降,分明竞爽,可以继明先典者,陈寿得之乎![陈寿理所当然地被誉为司马迁和班固的头号后继者。]江汉英灵,信有之矣。允源[虞溥字]将率之子,笃志典坟;绍统[司马彪字]戚籓之胤,研机载籍。咸能综缉文,垂诸不朽[虞溥和司马彪被赞"垂诸不朽"。]······令升[干宝字]、安国[孙盛字]有良史之才,而所著之书惜非正典。[干宝和孙盛被赞"有良史之才";"惜非正典"纯为官方史家的势利酸言。]悠悠晋室,斯文将坠。······习氏······云笔削,彰善瘅恶,以为惩劝。夫蹈忠履正,贞士之心;背义图荣,君子不取。[习凿齿史著的意识形态正统特征得到强调。]而彦威迹沦寇壤,逡巡于伪国[如前所述,孔子《春秋》的精神后裔习凿齿绝不侍奉氐族前秦,哪怕其君主对他有非凡赞誉。因而,这里的指责大为不公,表明在根本意识形态问题上指责者的道学先生般的极端苛刻!]······

列传第六十二　文苑列传袁宏传　摘录和评注

袁宏:

[东晋中后期杰出的史学家、文学家和玄学家。此传末一笔带过的《后汉纪》实际上是一部出色的编年体断代史,共 30 卷约 21 万字,起自赤眉绿林,王莽末年的农民大起义,迄于曹丕代汉。《后汉纪》成书早于范晔《后汉书》50 余年,是现存有关东汉的史籍二大部中的一部。①]

[他虽出自世族名门,但家道已衰,"少孤贫",后来多半因为"性强正亮直"而冒犯桓温,一直"荣任不至",去世前当过的最大(也是最后的)官不过是郡守。]

---

① 袁宏发挥编年体史纂的长处,以时间为经,理出东汉历史的发展线索,又以人物、事件为纬,展示了同时期各事件间的联系和各人、各事在历史过程中的作用,铨综得当,脉络清楚,易使人建立起对东汉史的整体印象。袁宏还为自己提出了"观其名迹,想见其人"(《后汉纪序》)的要求,为《后汉纪》带来了笔下传神的气氛。然而,他表现出了更多的文章家的才华,史的审慎态度却显不足;他更喜欢品藻人物,多写人物才情风貌,清谈趣味过甚,体现了世族名士风尚。他比过去的史家更强调历史记述的政治意义:"夫史传之兴,所以通古今而笃名教也。······然名教之本,帝王高义,(《左传》以来的前人史著)韫[收藏,蕴藏]而未叙。今因前代遗事,略举义教所归,庶以弘敷王道。"(《后汉纪序》。)他认为名教的根本在于君臣之道,因而他对刘秀背叛更始政权、另起炉灶有所非议,并且批评曹魏篡夺汉家天下(不过,当时桓温大权在握,准备重演汉魏禅让故事,因而他抨击曹魏实际上是讽刺桓温)。与此同时,他还在书中反复说教应遵守三纲五常等人伦准则。"后汉纪",https://baike.sogou.com/v8573365.htm? fromTitle=%E5%90%8E%E6%B1%89%E7%BA%AA.

[“有逸才，文章绝美”，但“少孤贫”，得一外镇赏识才得声誉和仕途；后为桓温府内书记官，但不讨其喜欢，也无意讨其喜欢。]

袁宏［陈郡阳夏（今河南周口市太康县）人］，字彦伯，侍中猷之孙也。父勖，临汝令。宏有逸才，文章绝美，曾为咏史诗，是其风情所寄。少孤贫，以运租自业。［他得一外镇赏识才得声誉和仕途：］谢尚［谢安从兄，历任江州刺史、尚书仆射，后进号镇西将军］时镇牛渚，秋夜乘月，率尔与左右微服泛江。会宏在舫中讽咏，声既清会，辞又藻拔，遂驻听久之，遣问焉。答云：“是袁临汝［袁宏父袁勖为临汝令］郎诵诗。”即其咏史之作也。尚倾率有胜致，即迎升舟，与之谭论，申旦不寐，自此名誉日茂。尚为安西将军、豫州刺史，引宏参其军事。［为桓温府内书记官，但无意讨其喜欢：］累迁大司马桓温府记室。温重其文笔，专综书记。后为《东征赋》，赋末列称过江诸名德，而独不载桓彝［桓温之父，东晋明帝时拜散骑常侍，补宣城内史，苏峻之乱时死守宣城，继而被叛军杀死］。时伏滔［桓温麾下参军］先在温府，又与宏善，苦谏之。宏笑而不答。温知之甚忿，而惮宏一时文宗，不欲令人显问。后游青山饮归，命宏同载，众为之惧。行数里，问宏云：“闻君作《东征赋》，多称先贤，何故不及家君？”宏答曰：“尊公称谓非下官敢专，既未遑启，不敢显之耳。”温疑不实，乃曰：“君欲为何辞？”宏即答云：“……身虽可亡，道不可陨，宣城［桓彝曾任宣城内史］之节，信义为允［使人信服］也。”温泫然［流泪貌］而止。……

[作《三国名臣颂》，强调君臣之道之名教，但也有远比这深刻的旁论。]

后为《三国名臣颂》曰：

夫百姓不能自牧，故立君以治之；明君不能独治，则为臣以佐之。然则三五迭隆，历代承基，揖让之与干戈，文德之与武功，莫不宗匠陶钧［宗匠指陶铸器具的大匠，陶钧指制陶器所用的转轮，比喻培养造就人才］而群才缉熙，元首经略而股肱肆力。……故……伊吕用而汤武宁，三贤进而小白兴，五臣显而重耳霸。中古陵迟，斯道替矣。居上者不以至公理物，为下者必以私路期荣，御员者不以信诚率众，执方者必以权谋自显。于是君臣离而名教薄，世多乱而时不治……衰世之中，保持名节，君臣相体，若合符契，则燕昭、乐毅古之流矣。……高祖虽不以道胜御物，群下得尽其忠；萧曹虽不以三代事主，百姓不失其业。……［他更深刻的旁论：除了是否符合名教,还有历史时机问题和明君供给问题,甚至还有后面颂张昭时讲的君主先用贤臣而后舍之的情况。由此而言,明君贤臣难矣。]即夫时方颠沛,则显不如隐;万物思治,则默不如语。是以古之君子不患弘道难,患遭时难;遭时匪难,遇君难。故有道无时,孟子所以咨嗟;有时无君,贾生所以垂泣。夫万岁一期,有生之通涂;千载一遇,贤智之嘉会。……余以暇日常览《三国志》,考其君臣,比其行事,虽道谢[凋落,衰退]先代,亦异世一时也。

文若[荀彧字]怀独见之照,而有救世之心,论时则人方涂炭,计能则莫出魏武,故委图霸朝,豫谋世事。……

董卓之乱,神器迁逼,公达[荀攸字]慨然,志在致命。由斯而谭,故以大存名节。至如身为汉隶[衔役]而迹入魏幕,源流趣舍,抑亦文若之谓。①……将以文若既明且哲,名教有寄乎!……

崔生[崔琰]②高朗,折而不挠,所以策名魏武、执笏霸朝者,盖以汉主当阳,魏后北面者哉!若乃一旦进玺,君臣易位,则崔生所以不与,魏氏所以不容。夫江湖所以济舟,亦所以覆舟;仁义所以全身,亦所以亡身。然而先贤玉摧于前,来哲攘袂于后,岂……名教束物者乎!

孔明盘桓,俟时而动,遐想管乐,远明风流,治国以礼,人无怨声,刑罚不滥,没有余泣,虽古之遗爱,何以加兹!及其临终顾托,受遗作相,刘后授之无疑心,武侯受之无惧色,继体[继体之君刘禅]纳之无贰情,百姓信之无异辞,君臣之际,良可

---

① 《三国志·魏书·荀攸传》载:何进秉政,征海内名士攸等二十余人。攸到,拜黄门侍郎。董卓之乱,关东兵起,卓徙都长安。攸与议郎郑泰、何颙、侍中种辑、越骑校尉伍琼等谋曰:"董卓无道,甚于桀纣,天下皆怨之,虽资强兵,实一匹夫耳。今直刺杀之以谢百姓,然后据殽、函,辅王命,以号令天下,此桓文之举也。"事垂就而觉,收颙、攸系狱,颙忧惧自杀,攸言语饮食自若,会卓死得免。弃官归……攸以蜀汉险固,人民殷盛,乃求为蜀郡太守,道绝不得至,驻荆州。
太祖迎天子都许,遗攸书曰:"方今天下大乱,智士劳心之时也,而顾观变蜀汉,不已久乎!"于是征攸为汝南太守,入为尚书。太祖素闻攸名,与语大悦,谓荀彧、钟繇曰:"公达,非常人也,吾得与之计事,天下当何忧哉!"以为军师。
② 我们给《三国志·魏书·崔琰传》写的首注:一位正直的儒士,像他的伟大先师那般正直。作为宫廷官僚为曹操及其未来王储效劳,主要通过坚贞的忠诚和几项给人留下深刻印象的谏言。呜呼!这忠诚最终遭到曹操怀疑,在他残忍地心胸狭窄的时刻,结果这位经典儒士横遭暴死。然而,他留下了身后英名,配得上他的正直和经典儒家风度!

咏矣!

公瑾卓尔,逸志不群,总角[指儿童时代]料主,①则素契[情意相投]于伯符[程伯符,周公东征之功臣,后向已亲政的成王献"三异之瑞",包括异亩之禾,即两个穗的优种小麦,成王令周公作《嘉禾》];晚节曜奇,则三分于赤壁。惜其龄促,志未可量。

子布[张昭字]佐策,致延誉之美,辍哭止哀,有翼戴之功,神情所涉,岂徒謇谔[正直敢言]而已哉!然杜门不用,登坛受讥。② 夫一人之身所照未异,而用舍之间俄有不同,况沈迹沟壑,遇与不遇者乎!

…… ……

["性强正亮直"而冒犯老板桓温,故一直"荣任不至"。]

从桓温北征,作《北征赋》,皆其文之高者。尝与王珣、伏滔同在温坐,温令滔读其《北征赋》……珣诵味久之,谓滔曰:"当今文章之美,故当共推此生。"

性强正亮直,虽被温礼遇,至于辩论,每不阿屈,故荣任不至。[愤愤然:]与伏滔同在温府,府中呼为"袁伏"。宏心耻之,每叹曰:"公之厚恩未优国士,而与滔比肩,何辱之甚。"

谢安常赏其机对辩速。后安为扬州刺史,宏自吏部郎出为东阳郡[在今浙江金华市][他当过的最大也是最后的官不过是郡守],乃祖道于冶亭。时贤皆集,安欲以卒迫试之,临别执其手,顾就左右取一扇而授之曰:"聊以赠行。"宏应声答曰:"辄当奉扬仁风,慰彼黎庶。"

…… ……

---

① 《三国志·吴书·周瑜传》载:瑜长壮有姿貌。初,孙坚兴义兵讨董卓,徙家于舒。[几乎从一开始,他就是孙策特别亲近的密友:]坚子策与瑜同年,独相友善,瑜推道南大宅以舍策,升堂拜母[拜见对方的母亲,指互相结拜为友好人家],有无通共。

② 我们给《三国志·吴书·张昭传》写的首注:孙吴王国头号高级文臣,年长资深,威望过人,才能杰出,为政端正。他"受遗辅佐,功勋克举,忠謇方直,动不为己",虽然曾经犯过一个令人遗憾的政治/战略错误,即在历史性的赤壁之战前夕主张投降曹操。(见《三国志·吴书·周瑜鲁肃吕蒙传》和《资治通鉴》卷第六十五汉纪五十七《孝献皇帝庚》。)由于他在朝廷常生硬地提出谏言,因而孙权逐渐疏远这位尊威敢言的大佬,后者对此的高尚反应是以充分的优雅甚而勇敢退出中央舞台。

［他经过约十年努力而撰成杰出的编年体断代史《后汉纪》，在此被一笔带过。］

太元［东晋孝武帝年号，376—396］初，卒于东阳，时年四十九。撰《后汉纪》三十卷及《竹林名士传》三卷、诗赋诔表等杂文凡三百首，传于世。

……　……

列传第六十二　文苑列传成公绥、左思、赵至、王沉、李充、伏滔、顾恺之传　摘录和评注

[两晋乱世，却"文雅斯盛"，但正始名士精神和建安年代风力尽矣，且儒道穷矣。]

[总是有例外，而例外首先出自对世族垄断愤愤不平的寒士阶层。在我们这里予以评注的七位文才中间，有两位——西晋的王沉和左思——即如此。前者愤而作"阶级斗争篇章"《释时论》，抨击世族权势和世族特权制度，后者则可谓两晋最好的文学家，诗作风骨刚健，笔锋尖锐，以致宣告"贵者虽自贵，视之若埃尘。贱者虽自贱，重之若千钧"。]

[例外还出自抨击儒道两家的东晋李充。他作《学箴》，尖锐深刻地区分"情仁义"与"利仁义"，由此揭示和抨击"道德丧而仁义彰，仁义彰而名利作"——中国千年最大的虚伪矫造之一。还有成就奇文的东晋伏滔，其政论《正淮》乃政治史分析杰作，论叛乱之远因近因及防叛大略。]

[在受两晋盛行的玄学玄风熏陶和浸润的无数文士中间，有两位不同的奇才，

即西晋成公绥和东晋顾恺之。成公绥安于"家贫岁饥"而"闲默自守",其《天地赋》乃写天地即自然·人世总体系,宏伟壮丽,其《啸赋》则将绝圣弃智、超然世外的隐逸生活方式表现得淋漓尽致。顾恺之乃伟大的画家,其画作被谢安誉为"有苍生以来未之有也",其风度潇洒异常,谐谑放浪,且痴信仙灵妙异,做官对他来说是不可缺的"闹着玩"。]

[导言:初唐王朝对两晋文苑的意识形态审视,虽然并不严苛,从《诗经》最古篇到曹魏的文学极简史,两晋乱世之"文雅斯盛"。]

夫文以化成,惟圣之高义;行而不远,前史之格言。[《左传·襄公二十年》:"仲尼曰:'……言而无文,行而不远。'"意为文章没有文采,就不能流传得远。]……移风俗于王化,崇孝敬于人伦,经纬乾坤,弥纶中外,故知文之时义大哉远矣![初唐王朝是个以"忠"为根本主题的忠孝意识形态泛化的王朝,就文学及艺术而论,首先讲究"文之时义",排斥"纯文艺"(为文艺而文艺)和悖于忠孝的文艺。如此,被选入《文苑传》的都经过了此种王朝意识形态的审视,不过大概审视得并不严苛。]

[从《诗经》最古篇到曹魏的文学极简史:]洎[到,及]姬历云季[季历?周文王之父],歌颂滋繁,荀宋[荀子、宋玉]之流[源于楚文学的辞赋家们],导源自远……自时已降,轨躅[车轮碾过之痕迹,喻法则、规范]同趋,西都贾马[贾谊、司马相如],耀灵蛇于掌握,东汉班张[班固、张衡,分别作《两都赋》和《二京赋》],发雕龙于绨椠[tí qiàn,书写用的丝织物和木版片,指书册],俱标称首,咸推雄伯。逮乎当涂基命[出自谶语"代汉者,当涂高";建安二十五年(220),太史丞许芝释道:"当涂高者,魏也;象魏者,两观阙是也;当道而高大者魏,魏当代汉。"],文宗郁起,三祖[曹操、曹丕、曹叡]叶其高韵,七子[竹林七贤]分其丽则,《翰林》[东晋李充编魏晋时代文章总集《翰林论》]总其菁华,《典论》[曹丕著]详其澡绚,彬蔚之美,竞爽当年。独彼陈王[曹植,232年改封陈王,同年病逝],思风道举,备乎典奥,悬诸日月。

[两晋乱世却"文雅斯盛"(然而正始名士精神和建安年代风力皆尽矣①)]及金

---

① 西晋文坛正如刘勰所说:"晋虽不文,人才实盛。"但是这一时期作家虽多,成就却一般不很高。刘勰说:"晋世群才,稍入轻绮……采缛于正始,力柔于建安,或析文以为妙,或流靡以自妍,此其大略也。"(《文心雕龙·明诗》)这个评价基本上是切实中肯的。太康诗人既缺乏建安诗人(接下页)

行[晋朝。晋王朝以金德王,乃以之代指]纂极,文雅斯盛,张载擅铭山之美,陆机挺焚研[自愧文不如人而欲自焚其砚,不复写作,亦作"焚砚"。出自《晋书·陆机传》:"机天才秀逸,辞藻宏丽……弟云尝与书曰:'君苗见兄文,辄欲烧其笔砚。'"]之奇,潘夏[应是潘安、夏侯湛]连辉,颉颃名辈,并综采繁缛,杼轴[喻诗文的组织、构思]清英,穷广内之青编,缉平台之丽曲,嘉声茂迹,陈诸别传。至于吉甫[应贞字]、太冲[左思字],江右之才杰;曹毗、庾阐,中兴之时秀。……埒美前修,垂裕来叶。今撰其鸿笔之彦,著之《文苑》云。……

成公绥:

["寡欲不营资产"和安于"家贫岁饥"的"闲默自守"的俊才。他的文学观似乎出自他的"自然主义"世界观:"历观古人未之有赋,岂独以至丽无文,难以辞赞;不然,何其阙哉?"其《天地赋》乃赋史上最早写天地即自然·人世总体系的作品,宏伟壮丽。]

["自然主义"世界观离绝圣弃智、超然世外的玄学玄风不远,离"闲默自守"的隐逸生活方式不远:他的杰作《啸赋》将此表现得淋漓尽致,荡气回肠。]

成公绥,字子安,东郡白马[今河南安阳市滑县]人也。幼而聪敏,博涉经传。性寡欲,不营资产,家贫岁饥,常晏如也。少有俊才,词赋甚丽,闲默自守,不求闻达。……又以"赋者贵能分赋物理,敷演无方,天地之盛,可以致思矣。历观古人未之有赋,岂独以至丽无文,难以辞赞;不然,何其阙哉?"遂为《天地赋》曰:

建功立业的雄心壮志,也缺乏正始诗人忧愤深广的思想境界。鲁迅说"正始名士和竹林名士的精神灭后,敢于师心使气的作家也没有了",唯左思例外。

东晋文坛流行的是玄言诗赋。刘勰说:"自中朝贵玄,江左称盛。因谈余气,流成文体。是以世极,而辞意夷泰[平和闲静]。诗必柱下之旨归,赋乃漆园之义疏"。钟嵘说:"永嘉时,贵黄老,稍尚虚谈。于时篇什,理过其辞,淡乎寡味。爰及江表,微波尚传……皆平典似道德论,建安风力尽矣。"这一时期最有成就的诗人是陶渊明,将春种秋收的田园生活和桑麻鸡狗等日常景物第一次写进诗里,自然真率,蕴含淳朴高尚的思想和美学价值。"三国两晋文学",https://baike.sogou.com/v25340.htm? fromTitle＝％E4％B8％89％E5％9B％BD％E4％B8％A4％E6％99％8B％E6％96％87％E5％AD％A6.

［犹如《旧约·创世记》，但系自然演化过程而无上帝造世（即使如此，仍然"伟造化之至神"！）］惟自然之初载兮，道虚无而玄清，太素纷以涽[hùn，混浊]滃兮，始有物而混成，何元一之芒昧兮，廓开辟而著形。尔乃清浊剖分，玄黄判离。太极既殊，是生两仪，星辰焕列，日月重规，天动以尊，地静以卑，昏明迭照，或盈或亏，阴阳协气而代谢，寒暑随时而推移。三才殊性，五行异位，千变万化，繁育庶类，授之以形，禀之以气。色表文采，声有音律，覆载无方，流形品物。鼓以雷霆，润以庆云，八风翱翔，六气氤氲。蚑行蠕动，方聚类分，鳞殊族别，羽毛异群，各含精而熔冶，咸受范于陶钧，何滋育之罔极兮，伟造化之至神！

…… ……

［处于西晋王朝创立前后的相对"盛世"，他不由得气势磅礴地描绘其时近乎现实的理想中的华夏帝国（即人间"天下"）。］尔乃旁观四极，俯察地理，川渎浩汗而分流，山岳磊落而罗峙，沧海沉滞而四周，悬圃[神话传说中仙人居住的地方，在昆仑山顶]隆崇而特起……昆仑镇于阴隅，赤县据于辰巳[sì，东南方]。于是八十一域，区分方别；风乖俗异，险断阻绝，万国罗布，九州并列。青冀白壤，荆衡涂泥，海岱赤埴，华梁青黎，兖带河洛，扬有江淮。辩方正土，经略建邦，王圻九服，列国一同，连城比邑，深池高墉，康衢交路，四达五通。……遐方外区，绝域殊邻，人首蛇躯，乌翼龙身，衣毛被羽，或介或鳞，栖林浮水，若兽若人，居于大荒之外，处于巨海之滨。

…… ……

［与他的"自然主义"世界观肯定密切相连，他的《啸赋》荡气回肠，表现了玄学玄风，颂扬了隐逸生活：］绥雅好音律，尝当暑承风而啸，泠然成曲，因为《啸赋》曰：①

逸群公子，体奇好异，敫世忘荣，绝弃人事，希高慕古，长想远思，将登箕山以抗节，浮沧海以游志。于是延友生，集同好，精性命之至机，研道德之玄奥，愍流俗之未

---

① 啸，也称"长啸"，是口技与音乐结合的一种表演方式。至西晋，随着士人风度与社会环境的变化，啸歌竟成时尚。啸不必借助任何乐器，"动唇有曲，发口成音"，是抒发情怀的最便捷方式。《啸赋》对啸声的奇妙动人，曲调的千变万化有精彩的描写，但其写作宗旨似乎不在此，而是要借助啸声来写长啸的心境，即高蹈遗世、超然脱俗的情怀。作者强调，啸的功能在于"舒蓄思之拂愤，奋久结之缠绵。心涤荡而无累，志离俗而飘然。"显然，这将啸当作一种绝圣弃智、独立傲世的生活方式，赞美离世脱俗、超然物外的隐逸。"西晋成公绥《啸赋》注释、自译文、赏析"，ht-tp://blog.sina.com.cn/s/blog_4b33893f0102vcjn.html.

悟,独超然而先觉,狭世路之厄僻,仰天衢而高蹈,邈跨俗而遗身,乃慷慨而长啸……

发妙声于丹唇,激哀音于皓齿,响抑扬而潜转,气冲郁[冲口而出]而飙起[迅猛而起],协黄宫于清角,杂商羽于流征[宫、商、角、徽、羽,古乐中的五音(五种音调或五个音阶)],飘浮云于泰清,集长风于万里。……声不假器,用不借物,近取诸身,役心御气。动唇有曲,发口成音,触类感物,因歌随吟。

……　……

若乃游崇冈,陵景山,临岩侧,望流川,坐磐石,漱清泉,藉皋兰之猗靡,荫修竹之蝉蜎,乃吟咏而发叹,声驿驿[连续不断貌]而响连,舒蓄思之俳愤,奋久结之缠绵,心涤荡而无累,志离俗而飘然。

……　……

["闲默自守"未及终,得高级廷臣兼大文人张华衷心赏识和推荐,征为博士,迁中书郎。]

张华[其时大概为中书令]雅重绥,每见其文,叹伏以为绝伦,荐之太常,征为博士。历秘书郎,转丞,迁中书郎。[证明他未彻底脱俗。]每与华受诏并为诗赋,又与贾充等参定法律。泰始九年[273]卒,年四十三,所著诗赋杂笔十余卷行于世。

左思:

[西晋大文学家,惠帝时依附权贵贾谧,为文人集团"金谷二十四友"的重要成员,后因贾谧被诛,退身闲居,专意著述。]

[他退身之前,所作《三都赋》就声誉大振,"豪贵之家,竞相传写,洛阳为之纸贵"。他的诗被后人认为更杰出,明代王夫之说:"三国之降为西晋,文体大坏,古度古心,不绝于来兹者,非泰冲其焉归?"(王夫之《古诗选评》),因为他的诗风骨刚健,有建安遗风,或者说"文典以怨……得讽喻之致"(南梁钟嵘《诗品》)。①]

---

① 《三都赋》不仅文采富丽,而且包含当时朝野上下关心瞩目的进军东吴、统一全国。此赋的写作手法及风格虽与班固的《两都赋》及张衡的《二京赋》相似,但其思想主题不是传统的"劝百讽一"。因此《三都赋》在后期大赋中具有重要地位。左思诗歌代表作品是《咏史》诗八首。《咏史》(接下页)

[寒门出身，少时感愤勤学，练就"辞藻壮丽"。构思十年，孜孜不倦，成《三都赋》，终获盛名，以致"豪贵之家竞相传写，洛阳为之纸贵"。]

左思，字太冲，齐国临淄人也。其先齐之公族有左右公子，因为氏焉。家世儒学。父雍，起小吏，以能擢授殿中侍御史。思小学钟、胡书［曹魏之钟繇、胡昭，皆以工书擅名，世谓"胡肥钟瘦"］及鼓琴，并不成。雍谓友人曰："思所晓解，不及我少时。"思遂感激勤学，兼善阴阳之术。貌寝［容貌丑］，口讷，而辞藻壮丽。不好交游，惟以闲居为事。造《齐都赋》，一年乃成。［构思十年，孜孜不倦，成《三都赋》，终获盛名，关键在得张华赞颂］复欲赋三都，会妹芬入宫，移家京师，乃诣著作郎张载访岷邛之事。遂构思十年，门庭藩溷［hùn，厕所］，皆著笔纸，遇得一句，即便疏之。自以所见不博，求为秘书郎。及赋成，时人未之重。思自以其作不谢［亚于］班张，恐以人废言，安定皇甫谧有高誉，思造而示之。谧称善，为其赋序。张载为注《魏都》，刘逵注《吴（都）》《蜀（都）》而序之曰："观中古以来为赋者多矣，相如《子虚》擅名于前，班固《两都》理胜其辞，张衡《二京》文过其意。至若此赋，拟议数家，傅辞会义，抑多精致，非夫研核者不能练其旨，非夫博物者不能统其异。世咸贵远而贱近，莫肯用心于明物。斯文吾有异焉，故聊以余思为其引诂……"陈留卫权又为思赋作《略解》，序曰："余观《三都》之赋，言不苟华，必经典要，品物殊类，禀之图籍；辞义瑰玮，良可贵也。……其山川土域，草木鸟兽，奇怪珍异，佥皆研精所由，纷散其义矣。余嘉其文，不能默已……"［张华赞颂，洛阳纸贵：权贵一语定音，而俗世从之者众（历来大抵如此）。］自是之后，盛重于时，文多不载。司空张华见而叹曰："班张之流也。使读之者尽而有余，久而更新。"于是豪贵之家竞相传写，洛阳为之纸贵。初，陆机

自班固以来大抵是一诗咏一事，在事实的复述中略见作者的意旨，而左思的《咏史》错综史实，融会古今，连类引喻，"咏古人而己之性情俱见"（清代沈德潜《古诗源》）。左思出身寒门，早年有强烈的用世之心，自认才高志雄，"左眄澄江湘，右盼定羌胡"（第1首），希望有所作为。但是在门阀制度的压抑下，他始终怀才不遇。在《咏史》诗第2首中，他以"郁郁涧底松，离离山上苗，以彼径寸茎，荫此百尺条"的艺术形象，深刻地揭露"世胄蹑高位，英俊沉下僚"的不合理现象；在第7首中他借咏古代贤士的坎坷遭遇，沉痛地指出"何世无奇才，遗之在草泽"，笔锋之尖锐，在两晋南北朝不多见。《咏史》诗还借咏古人，阐明自己的生活态度和志向，声称："贵者虽自贵，视之若埃尘。贱者虽自贱，重之若千钧。""左思"，https://baike.sogou.com/v31824.htm?fromTitle=%E5%B7%A6%E6%80%9D.

入洛,欲为此赋,闻思作之,抚掌而笑,与弟云书曰:"此间有伧父[两晋南北朝时,南人讥北人粗鄙,蔑称之为"伧父"],欲作《三都赋》,须其成,当以覆酒瓮耳。"及思赋出,机绝叹伏,以为不能加也,遂辍笔焉。

[依附权贵贾谧,后因贾谧被诛,退身闲居,专意著述;"八王之乱"中后期流亡,几年后病逝。]秘书监贾谧请讲《汉书》,谧诛,退居宜春里,专意典籍。齐王冏命为记室督,辞疾,不就。及张方[河间王司马颙麾下名将,304年纵兵洗劫洛阳]纵暴都邑,举家适冀州。数岁,以疾终。

赵至:

[魏末晋初人,出身贫苦微贱,立志苦学翻身,且更得嵇康激励。作名篇——收入《昭明文选》的《与嵇茂齐书》,被《文心雕龙》推为"书记"类佳作,与司马迁《报任安书》、嵇康《与山巨源绝交书》等并列。]

[心比天高,身份下贱,以致英年"号愤恸哭,欧血而卒"。]

赵至,字景真,代郡[治所在今河北张家口市蔚县代王城]人也。寓居洛阳。缑氏令初到官,至年十三,与母同观。[出身贫苦微贱,立志苦学翻身,而且此志弥坚:]母曰:"汝先世本非微贱,世乱流离,遂为士伍耳。尔后能如此不?"至感母言,诣师受业。闻父耕叱牛声,投书而泣。师怪问之,至曰:"我小未能荣养,使老父不免勤苦。"师甚异之。[自少崇拜嵇康,得其激励:]年十四,诣洛阳,游太学,遇嵇康于学写石经,徘徊视之,不能去,而请问姓名。康曰:"年少何以问邪?"曰:"观君风器非常,所以问耳。"康异而告之。后乃亡到山阳,求康不得而还。又将远学,母禁之,至遂阳狂,走三五里,辄追得之。年十六,游邺,复与康相遇,随康还山阳,改名浚,字允元。康每曰:"卿头小而锐,童子白黑分明,有白起之风矣。"及康卒,至诣魏兴见太守张嗣宗,甚被优遇。嗣宗迁江夏相,随到涢川,欲因入吴,而嗣宗卒,乃向辽西而占户焉。

[他的杰作《与嵇茂齐书》:]初,至与康兄子蕃友善,及将远适,乃与蕃书叙离,并陈其志曰[《文心雕龙》评:"乃少年之激切也。"]:

······ ······

顾景中原，愤中云踊，哀物悼世，激情风厉。龙啸大野，兽睒[看]六合，猛志纷纭，雄心四据。思蹑云梯，横奋八极，披艰扫秽，荡海夷岳，蹴昆仑使西倒，蹋太山令东覆，平涤九区，恢维宇宙，斯吾之鄙愿也。时不我与，垂翼远逝，锋距[犹锋芒；距，鹰爪后突出如趾的尖骨，相斗时以刺对方]靡加，六翮[羽毛中间的空心硬管，代指鸟翼]摧屈，自非知命，孰能不愤悒者哉！吾子[对别人的尊称]殖根芳苑……飞藻云肆，俯据潜龙之渚，仰荫游风之林，荣曜眩其前，艳色饵其后，良畴[良田]交其左，声名驰其右，翱翔伦党之间，弄姿帷房之里，从容顾眄，绰有余裕，俯仰吟啸，自以为得志矣，岂能与吾曹同大丈夫之忧乐哉！

…… ……

[有"纵横才气"的他在东北边疆区域做个小官，表现好，称良吏，但大不符自身理想，以致"号愤恸哭，欧血而卒"：]至身长七尺四寸，论议精辩，有从横才气。……到洛……乃还辽西。幽州三辟部从事，断九狱，见称精审。太康[280—289]中，以良吏赴洛，方知母亡。初，至自耻士伍，欲以宦学立名，期于荣养。既而其志不就，号愤恸哭，欧血而卒，时年三十七。

…… ……

王沉：

[西晋初出身寒素的俊才，"不能随俗沈浮，为时豪所抑"，愤而作"阶级斗争篇章"《释时论》，抨击世族权势和世族特权制度，特别是其对寒素人才的无情压抑。他最终在"八王之乱"之初退出无望的官场，"终于里闾"。]

王沉，字彦伯，高平[治所在今山东菏泽市巨野县]人也。少有俊才，出于寒素，不能随俗沈浮，为时豪所抑。仕郡文学掾，郁郁不得志，乃作《释时论》，其辞曰：

[有寒素之士盼权贵之位，他却告之此乃幻想，因为那被世族垄断了：]东野丈人观时以居，隐耕污腴之墟。有冰氏之子者，出自冱[hù]寒[闭寒，谓不得见日，极为寒冷]之谷，过而问涂。丈人曰："子奚自？"曰："自涸阴之乡。""奚适？"曰："欲适煌煌之堂。"丈人曰："入煌煌之堂者，必有赫赫之光。今子困于寒而欲求诸热，无得热之方。"冰子瞿然[惊慌、恐惧貌]曰："胡为其然也？"丈人曰："融融者皆趣热之士，其得

炉冶之门者，惟挟炭之子。苟非斯人，不如其已[不如适可而止]。"冰子曰："吾闻宗庙之器不要华林之木，四门之宾何必冠盖之族。前贤有解韦索而佩朱绂，舍徒担而乘丹毂。[幻想者将特殊当作一般，将（间或的）往昔（例如初汉和初期曹魏）当作现今。]由此言之，何恤而无禄！惟先生告我涂之速也。"

[他"释时"，即"时有险易，才有所应"，夺取江山、创建王朝的时期才能"卿相起于匹夫"，而此时一过即"群后逸豫，宴安守平"时期，则"百辟君子，奕世相生"，世族显贵垄断权位，社会／政治流动大抵停止：]丈人曰："呜呼！子闻得之若是，不知时之在彼。吾将释子。夫道有安危，时有险易，才有所应，行有所适。英奇奋乎从横之世，贤智显于霸王之初，当厄难则骋权谲以良图，值制作则展儒道以畅摅[shū，抒发]，是则衮龙出于缊褐[缊袍，泛指贫者所服粗陋之衣]，卿相起于匹夫，故有朝贱而夕贵，先卷而后舒。当斯时也，岂计门资之高卑，论势位之轻重乎！今则不然。上圣下明，时隆道宁，群后逸豫，宴安守平。百辟君子，奕世相生，公门有公，卿门有卿。……多士[众臣，典出自《尚书·多士》，"尔殷遗多士"]丰于贵族，爵命不出闺庭。……贱有常辱，贵有常荣，肉食继踵于华屋，疏饭袭迹于樵耕。……[世族垄断权位的结果大抵是掌权者平庸卑劣，倨傲虚荣，势利谄媚，且导致社会的政治文化堕落可鄙：]凡兹流也……责人必急，于己恒宽。德无厚而自贵，位未高而自尊，眼阔向而远视，鼻鼽劓而刺天。忌恶君子，悦媚小人，敕蔑道素，慑吁[骇叹]权门。心以利倾，智以势惛，姻党相扇，毁誉交纷。……京邑翼翼，群士千亿，奔集势门，求官买职，童仆窥其车乘，阍寺[豪贵之家的守门人]相其服饰……时因接见，矜历容色，心怀内荏，外诈刚直……高会曲宴，惟言迁除消息，官无大小，问是谁力。[回到开头的告诫：寒素之士盼权贵之位实乃梦幻。]今以子孤寒，怀真抱素，志陵云霄……众涂圮塞，投足何错！"

于是冰子释然乃悟曰[对象经教育而醒悟，生成"阶级自信"，固以玄风自娱]："富贵人之所欲，贫贱人之所恶。仆少长于孔颜之门，久处于清寒之路，不谓热势自共遮锢[犹禁锢]。敬承明诲，服我初素，弹琴咏典，以保年祚。……丹毂灭族，吕霍[吕后和霍光两大家族]哀吟，朝荣夕灭，旦飞暮沈。[保养好寒士自己，静等权贵"朝荣夕灭"！]聃周道师，巢由德林。……"

[在"八王之乱"之初退出无望的官场，"终于里间"：]是时王政陵迟，官才失实，

君子多退而穷处,遂终于里间。

元康[291—299]初,松滋[一说为今安徽安庆市宿松县]令吴郡蔡洪字叔开,有才名,作《孤奋论》,与《释时》意同,读之者莫不叹息焉。

李充:

[学问、文才和书法皆甚可观的东晋江南人。"好刑名之学,深抑虚浮之士",曾作《学箴》深刻抨击老庄玄学玄风和儒家"礼教之弊"。一直任秘书或参谋职,家甚贫,遂急不待择地出任县令。]

李充,字弘度,江夏[今湖北武汉]人。父矩,江州刺史。充少孤,其父墓中柏树尝为盗贼所斫,充手刃之[少时侠气,过于侠气],由是知名。善楷书,妙参钟索[钟繇、索靖,后者为西晋书法家,善章草书,峻险坚劲],世咸重之。辟丞相王导掾,转记室参军。[作《学箴》抨击老庄玄学玄风:]幼好刑名之学,深抑虚浮之士,尝著《学箴》,称:

《老子》云:"绝仁弃义,家复孝慈。"岂仁义之道绝,然后孝慈乃生哉?[颇尖锐和深刻地区分"情仁义"与"利仁义",由此揭示和抨击"道德丧而仁义彰,仁义彰而名利作"——中国千年最大的虚伪矫造之一,汉武帝之后儒家的一项主要行为方式。]盖患乎情仁义者寡而利仁义者众也。道德丧而仁义彰,仁义彰而名利作,礼教之弊,直在兹也。先王以道德之不行,故以仁义化之,行仁义之不笃,故以礼律检之;[儒家一大弊:]检之弥繁,而伪亦愈广,[道家与儒家"本末之涂殊而为教一也",都是欲要与人作唐吉诃德式的徒然搏斗:]老庄是乃明无为之益,塞争欲之门。……化之以绝圣弃智,镇之以无名之朴。圣教救其末,老庄明其本,本末之涂殊而为教一也。人之迷也,其日久矣!见形者众,及道者鲜,[搏斗徒然:]不觌[dí,察看,观察]千仞之门而逐适物[适应事物]之迹,逐迹逾笃,离本逾远,遂使华端与薄俗俱兴,妙绪[1. 前代好传统;2. 精妙的思绪、思想]与淳风并绝,所以圣人长潜而迹未尝灭矣。惧后进惑其如此,将越礼弃学而希无为之风,见义教之杀而不观其隆矣,略言所怀,以补其阙。

…… ……

[家甚贫,遂急不待择地出任县令:]征北将军褚裒[东晋康帝和穆帝时将领]又引为参军,充以家贫,苦求外出,裒将许之为县,试问之,充曰:"穷猿投林,岂暇择木!"乃除县令,遭母忧。服阕,为大著作郎。

[对整理混乱烦重的东晋宫廷典籍甚有贡献:]于时典籍混乱,充删除烦重,以类相从,分作四部,甚有条贯,秘阁以为永制。累迁中书侍郎,卒官。[学问家、文学家和(如上所述)书法家:]充注《尚书》及《周易旨》六篇、《释庄论》上下二篇、诗赋表颂等杂文二百四十首,行于世。

伏滔:

[可算桓温的亲信秘书/参谋,桓温死后官运还不错;至于文才,从袁宏云"与滔比肩,何辱之甚"可见比较平庸,虽然此言言之过甚。]

[然而,他的政论文《正淮》不啻政治史分析杰作、论叛乱之远因近因及防叛大略的杰作。]

[可算桓温的亲信秘书/参谋,随桓温伐叛至淮南,以该地屡叛,作《正淮》两篇。]

伏滔,字玄度,平昌安丘[在今山东安丘市西南]人也。有才学,少知名。州举秀才,辟别驾,皆不就。大司马桓温引为参军,深加礼接,每宴集之所,必命滔同游。从温伐袁真[东晋废帝太和四年(369)随桓温北伐鲜卑前燕慕容晣,败于枋头,被桓温归罪,遂据寿阳反叛,交通慕容晣],至寿阳,以淮南屡叛,著论二篇,名曰《正淮》。其上篇曰:

[约四个半世纪里淮南多叛多乱,是何原因?]……爰自战国至于晋之中兴,六百有余年,保淮南者九姓,称兵者十一人,皆亡不旋踵,祸溢于世,而终莫戒焉。其天时欤,地势欤,人事欤? 何丧乱之若是也! 试商较而论之。

夫悬象著明,而休征[吉祥的征兆]表于列宿;山河衿带,而地险彰于丘陵;治乱推移,而兴亡见于人事。由此而观,则兼也必矣。昔妖星出于东南而弱楚以亡,飞孛横于天汉而刘安诛绝,近则火星晨见而王凌首谋,长彗宵暎而毋丘袭乱。斯则表乎天时也。[天象("天时")解释纯属传统的胡扯。然而,地缘经济、地缘战略("地利")解释绝非如此:]彼寿阳者,南引荆汝之利,东连三吴之富;北接梁宋,平涂不过七日；西援陈许，水陆不出千里；外有江湖之阻，内保淮肥之固。龙泉之陂，良畴万顷，舒六[舒城、六安]之贡，利尽蛮越，金石皮革之具萃焉，苞木箭竹之族生焉，山湖薮泽之隈，水旱之所不害，土产草滋之实，荒年之所取给。此则系乎地利乎也。[地缘文化和历史传统（"人事"之一）解释亦然：]其俗尚气力而多勇悍，其人习战争而贵诈伪，豪右并兼之门，十室而七；藏甲挟剑之家，比屋而发。然而仁义之化不渐，刑法之令不及，所以屡多亡国也。

[约四个半世纪里淮南十乱，皆有其政治情势性原因，或曰"人事之二"缘由：]昔考烈[战国末期楚考烈王]以衰弱之楚屡迁其都，外迫强秦之威，内遘阳申之祸，逃死劫杀，三世而灭。黥布以三雄之选，功成垓下，淮阴既囚，梁越[梁王彭越]受戮，嫌结震主之威，虑生同体之祸，遂谋图全之计，庶几后亡之福，众溃于一战，身脂于汉斧。刘长支庶[刘长系刘邦少子，母赵姬]，奄王大国，承丧乱之余，御新化之俗，无德而宠，欲极祸发。王安内怀先父之憾，外眩奸臣之说，招引宾客，沈溺数术，藉二世之资，恃戈甲之盛，屈强江淮之上，西向而图宗国，言未绝口，身嗣俱灭。李宪[王莽败，李宪据郡自守，更始元年(23)自称淮南王，四年后自立为天子，拥九城，众十余万]因亡新之余，袁术当衰汉之末，负力幸乱，遂生僭逆之计，建号九江，称制下邑，狼狈奔亡，倾城受戮。及至彦云[王凌字]、仲恭[毌丘俭字]、公休[诸葛诞字]之徒，或凭宿名，或怙前功，握兵淮楚，力制东夏，属当多难之世，仍值废兴之会，谋非所议，相系祸败。祖约助逆，身亡家族。彼十乱者，成乎人事者也。[缘于政治情势性原因。]……恃强畏逼，遂谋叛乱，黥布有焉。二王遘逆，宠之之过也。公路[袁术字]僭伪，乘衅之盗也。二将[为何是二将而非三将，即"淮南三叛"的三位首领？]以图功首难，士少以骄矜乐祸。本其所因，考其成迹，皆宠盛祸淫，福过灾生，而制之不渐，积之有由也。

其下篇曰：

[淮南诸叛虽"亡不旋踵"但"祸溢于世"：]昔高祖之诛黥布也，撮三策之要，驰赦过之书，乘人主之威以除逆节之虏，然犹决战陈都，暴尸横野，仅乃克之，害亦深矣！长安之谋，虽兵未交于山东，祸未遍于天下，而驰说之士与阖境之人幽囚诛放者，亦已众矣。光武连兵于肥舒[平李宪之乱]，魏祖驰马于蕲苦[打击袁术]，而庐九之间流溺兵凶者十而七八焉。……高祖以之宵征，世宗[景帝司马师庙

号]以之发疾①,岂不勤哉!文皇[文帝司马昭]挟万乘之威,杖伊周之权,内举京畿之众,外征四海之锐,云合雨集,推锋以临淮浦,而诞钦[诸葛诞、文钦]晏然,方婴城自固,凭轼以观王师。于是筑长围,起棼橹,高壁连堑,负戈击柝以守之。自夏及春,而后始知亡焉。然则屠城之祸,其可极言乎?② 约之出奔,淮左为墟,悲夫!

[淮南诸叛的一项某种意义上最直接、最紧要的"人事"缘由——叛者一贯骄淫无义,君主长期对之放纵,"则厌溢乐祸之心生矣";叛乱图谋从潜在到萌生再到发展和爆发的渐进过程。]信哉鲁哀之言,夫生乎深宫,长于膏粱,忧惧不切于身,荣辱不交于前,则其仁义之本浅矣。奉以南面之尊,藉以列城之富,宅以制险之居,养以众强之盛,而无德以临之,无制以节之,则厌溢乐祸之心生矣。夫以昏主御奸臣,利甲资坚城,伪令行于封内,邪惠结于人心,乘间幸济之说日交于侧,猾诈锢愙之群各驰于前,见利如归,安在其不为乱乎!况乘旧宠,挟前功,畏逼惧亡,以谋图身之举者,望其俯首就羁,不亦迂哉!《易》称"履霜坚冰,驯致之道",盖言渐也。呜呼!斯所以乱臣贼子亡国覆家累世而不绝者欤!

[防止叛乱的根本的制度和政治战略:]昔先王之宰天下也,选于有德,访之三吏,正其分位,明其等级,画之封疆,宣之政令,上下有序,无僭差之嫌……三载考陟,功罪不得逃其迹,九伐时修,刑赏无所谬其实。令之有渐,轨之有度,宠之有节,权不外授,威不下黩,所以杜其萌际,重其名器,深根固本,传之百世。虽时有盛衰,弱者无所惧其亡;道有兴废,强者不得资其弊。夫如是,将使天下从风,穆然轨道,庆自一人,惠流万国,安有向时之患哉!

---

① 《晋书·景帝纪》载:[司马师欲亲征平叛,或许还在调兵遣将之外制定了基本战略,但几乎作战伊始便受惊病逝,随即"文帝总统诸军":]初,帝目有瘤疾,使医割之。鸯[文钦之子,"年十八,勇冠三军"]之来攻也,惊而目出。惧六军之恐,蒙之以被,痛甚,啮被败而左右莫知焉。闰月疾笃,使文帝总统诸军。辛亥,崩于许昌……

② 就司马昭镇压诸葛诞大叛乱而言,似绝无屠城之祸。《三国志·魏书·诸葛诞传》载:诞以二年五月反,三年二月破灭。六军按甲,深沟高垒,而诞自困,竟不烦攻而克。及破寿春,议者又以为淮南仍为叛逆,吴兵室家在江南,不可纵,宜悉坑之。大将军以为古之用兵,全国为上,戮其元恶而已。吴兵就得亡还,适可以示中国之弘耳。一无所杀,分布三河近郡以安处之。《晋书·文帝纪》亦载:二月乙酉,攻而拔之,斩诞,夷三族。吴将唐咨、孙弥、徐韶等帅其属皆降,表加爵位,禀其馁疾。或言吴兵必不为用,请坑之。帝曰:"就令亡还,适见中国之弘耳。"于是徙之三河。

寿阳平，以功封闻喜县侯，除永世令。温薨，征西将军桓豁引为参军，领华容令。太元［孝武帝年号，376—396］中，拜著作郎，专掌国史，领本州大中正。孝武帝尝会于西堂，滔豫坐，还，下车先呼子系之谓曰："百人高会，天子先问伏滔在坐不，此故未易得。为人作父如此，定何如也？"［得意哦！］迁游击将军［魏晋为禁军将领之一，四品］，著作如故。卒官。

……　……

顾恺之：

［顾恺之！东晋末出身江南世族的中国伟大画家，其画作被同代首要精英谢安誉为"有苍生以来未之有也"。俗传"才绝，画绝，痴绝"的他画人注重点睛，自云"传神写照，尽在阿堵（即这个，指眼珠）中"，而且笔迹周密，紧劲连绵如春蚕吐丝。某种意义上最重要的是，他画了不少名士的肖像，据说由此改变了汉代以宣扬礼教为主的风气，而反映了观察人物的新方法和艺术表现的新目的，即离开礼教和政治而重视人物的丰采和才华，表现人的性格和精神特点。①］

［他在文艺上可以说是非政治、非名教的，但他不排斥入仕卷入政治，只是不深陷其中。他先后任桓温和孝武帝幸臣殷仲堪的参谋，到东晋末年官至散骑常侍。他大有玄风，"矜伐过实"，且痴信仙灵妙异，做官对他来说似乎是闹着玩的。］

［先后为桓温和殷仲堪的参谋或文侍，才高又好谐谑，得两人喜爱。］

顾恺之，字长康，晋陵无锡人也。父悦之，尚书左丞。恺之博学有才气，尝为《筝赋》成，谓人曰［如后所述，他"矜伐过实"］："吾赋之比嵇康琴，不赏者必以后出相遗［因为该赋成得晚而予遗弃］，深识者亦当以高奇见贵。"［先后为桓温和殷仲堪的参谋或文侍，才高又好谐谑，得两人喜爱：］桓温引为大司马参军，甚见亲昵。温薨后，恺之拜温墓，赋诗云："山海竭，鱼鸟将何依！"或问之曰："卿凭重桓公乃尔，哭状其可见乎？"答曰："声如震雷破山，泪如倾河注海。"恺之好谐谑，人多爱狎之。后为殷仲堪参军，亦深被眷接。仲堪在荆州，恺之尝因假还，仲堪特以布帆借之，至破

---

① "顾恺之"，https://baike.sogou.com/v59029.htm? fromTitle＝％E9％A1％BE％E6％81％BA％E4％B9％8B。

冢,遭风大败。恺之与仲堪笺曰:"地名破冢,真破冢而出。行人安稳,布帆无恙。"……恺之每食甘蔗,恒自尾至本。人或怪之,云:"渐入佳境。"

[他真正的伟大是在创新性的精妙绘画方面:]

尤善丹青,图写特妙,谢安深重之,以为有苍生以来未之有也。[他最喜欢听这样的赞颂!]恺之每画人成,或数年不点目精。人问其故,答曰:"四体妍蚩[美丑],本无阙少于妙处[就妙处而言本来就没什么影响],传神写照,正在阿堵中。"[重在点睛,以求传神。]尝悦一邻女,挑之弗从,乃图其形于壁,以棘针钉其心,女遂患心痛。恺之因致其情,女从之,遂密去针而愈。[倘若真有此事,恐怕也是这邻女转变心意而假装心痛。重要的是他的"玄状"作风,挑逗所爱悦的婚外女人。]……[(名士图)"写起人形,妙绝于时":]每写起人形,妙绝于时。尝图裴楷象,颊上加三毛,观者觉神明殊胜。又为谢鲲象,在石岩里,云:"此子宜置丘壑中。"欲图殷仲堪,仲堪有目病,固辞。恺之曰:"明府正为眼耳,若明点瞳子,飞白拂上,使如轻云之蔽月,岂不美乎!"仲堪乃从之。[大有玄风,痴信仙灵妙异:]恺之尝以一厨画糊题其前,寄桓玄,皆其深所珍惜者。玄乃发其厨后,窃取画,而缄闭如旧以还之,绐[dài,同"诒",欺骗,欺诈]云未开。恺之见封题如初,但失其画,直云妙画通灵,变化而去,亦犹人之登仙,了无怪色。

["矜伐过实":]恺之矜伐过实,少年因相称誉以为戏弄。又为吟咏,自谓得先贤风制。或请其作洛生咏[指洛阳书生的讽咏声,音色重浊;东晋士大夫多中原旧族,故盛行为"洛生咏"],答曰:"何至作老婢声!"义熙[东晋安帝司马德宗年号,405—418]初,为散骑常侍……与谢瞻连省,夜于月下长咏,瞻每遥赞之,恺之弥自力忘倦。瞻将眠,令人代己,恺之不觉有异,遂申旦而止。[痴信仙灵妙异:]尤信小术[小法术],以为求之必得。桓玄尝以一柳叶绐之曰:"此蝉所翳叶也,取以自蔽,人不见己。"恺之喜,引叶自蔽,玄就溺焉,恺之信其不见己也,甚以珍之。

[俗传"才绝,画绝,痴绝":]

初,恺之在桓温府,常云:"恺之体中痴黠各半,合而论之,正得平耳。"故俗传恺之有三绝:才绝,画绝,痴绝。年六十二,卒于官,所著文集及《启蒙记》行于世。

…… ……

列传第六十四　隐逸列传陶潜传　摘录和评注

［陶渊明！《晋书·隐逸列传》内唯一拥有千年隐逸盛名、诗文至今脍炙人口的人物。早年在家境败落后曾作吏谋生①，而后几任僚职，但终究眷恋田园和耕耘，于四十岁作《归去来兮辞》，正式开始归隐生活直至去世。其诗文感情真挚，朴素自然，清高耿介，洒脱恬淡，可谓中国史上无可匹敌的文学巨匠。］

［"结庐在人境，而无车马喧。问君何能尔？心远地自偏。"宋代王安石誉曰渊明"诗有奇绝不可及之语"，"趋向不群，词彩精拔，晋宋之间，一人而已"。］

［精彩：传首录其"自况"——文采和精神上无可超越的《五柳先生传》。］

陶潜，字元亮，大司马侃之曾孙也。祖茂，武昌太守。潜少怀高尚，博学善属文，颖脱不羁，任真自得，为乡邻之所贵。尝著《五柳先生传》以自况曰："先生不知

---

① 其《饮酒》之十：在昔曾远游，直至东海隅。道路迥且长，风波阻中途。此行谁使然？似为饥所驱。倾身营一饱，少许便有余。恐此非名计，息驾归闲居。

何许人，不详姓字，宅边有五柳树，因以为号焉。闲静少言，不慕荣利。好读书，不求甚解，每有会意，欣然忘食。性嗜酒，而家贫不能恒得。亲旧知其如此，或置酒招之，造饮必尽，期在必醉。既醉而退，曾不吝情。环堵萧然，不蔽风日，短褐穿结，箪瓢屡空，晏如也。常著文章自娱，颇示己志，忘怀得失，以此自终。"其自序如此，时人谓之实录。

[早年在家境败落后曾作吏谋生，而后几任僚职，但终究眷恋田园生活，作千古名篇《归去来兮辞》，正式开始归隐生活。]

以亲老家贫，起为州祭酒，不堪吏职，少日自解归。州召主簿，不就，躬耕自资，遂抱羸疾。复为镇军[镇军将军桓玄]、建威[建威将军刘敬宣]参军[分别在398和405年]，谓亲朋曰："聊欲弦歌，以为三径之资可乎?"[汉代隐士蒋诩曾在房前开三条小径，后人因以三径代称住宅庭院，比喻筹集隐居住所的费用。]执事者闻之，以为彭泽令。在县，公田悉令种秫谷，曰："令吾常醉于酒足矣。"妻子固请种粳。乃使一顷五十亩种秫，五十亩种粳。素简贵，不私事上官。郡遣督邮至县，吏白应束带见之，潜叹曰["不为五斗米折腰"——他的千古名言!]："吾不能为五斗米折腰，拳拳事乡里小人邪!"义熙[东晋安帝年号]二年[406]，解印去县，乃赋《归去来》。其辞曰[主题：后悔入仕，决意回乡，流连自然，消遣田园，"富贵非吾愿，帝乡不可期"，"聊乘化而归尽，乐夫天命复奚疑"!]：①

归去来兮，田园将芜胡不归? 既自以心为形役，奚惆怅而独悲? 悟已往之不谏，知来者之可追。实迷途其未远，觉今是而昨非。舟遥遥以轻飏，风飘飘而吹衣，问征夫以前路，恨晨光之希微。乃瞻衡宇[一见到简陋的家门]，载欣载奔。僮仆来迎，稚子候门。三径就荒，松菊犹存。携幼入室，有酒盈樽。引壶觞以自酌，眄庭柯

---

① 该文以本传未录的以下散文序起首：余家贫，耕植不足以自给。幼稚盈室，瓶无储粟，生生所资，未见其术[经营生计的本领]。亲故多劝余为长吏，脱然[轻快貌]有怀[有了做官的念头]，求之靡途。会有四方之事[有出使到外地去的事情]，诸侯[指州郡长官]以惠爱为德，家叔[陶夔(kuí)，时任太常卿]以余贫苦，遂见用于小邑。于时风波未静，心惮远役，彭泽去家百里，公田之利，足以为酒。故便求之。及少日，眷然有归欤之情。何则? 质性自然，非矫厉所得。饥冻虽切，违己交病。尝从人事[指做官]，皆口腹自役[为满足口腹需要而役使自己]。于是怅然慷慨，深愧平生之志。……自免去职。仲秋至冬，在官八十余日。因事顺心[指辞官顺遂心愿]，命篇曰《归去来兮》。乙巳岁十一月也。

以怡颜,倚南窗以寄傲,审容膝[极言居室狭小,仅能容下双膝]之易安。园日涉而成趣[每天在园子里散步,自有乐趣],门虽设而常关;策扶老[拄手杖]而流憩,时翘首而退观。云无心而出岫[从山峰边飘出],鸟倦飞而知还;景翳翳其将入[日光慢慢暗下来,太阳即将落山],抚孤松而盘桓。

归去来兮,请息交以绝游,世与我而相遗[世俗与我的情志相悖],复驾言兮焉求[还要再驾车出游追求什么呢]! 悦亲戚之情话,乐琴书以消忧。农人告余以春暮,将有事乎西畴[将要到西边的田地去耕作]。或命巾车[有篷帘的小车],或棹孤舟,既窈窕以寻壑[经过曲折幽深的山沟],亦崎岖而经丘。木欣欣以向荣,泉涓涓而始流,善万物之得时,感吾生之行休[行将终止]。已矣乎[算了吧]! 寓形宇内复几时,曷不委心任去留,胡为乎遑遑欲何之? 富贵非吾愿,帝乡[神仙境界]不可期。怀良晨以孤往,或植杖[将手杖放在一边]而芸耔[除草培苗],登东皋以舒啸,临清流而赋诗;聊乘化而归尽[随顺自然的变化而了结此生],乐夫天命复奚疑!

[他确实"息交以绝游",唯谦恭友善的江州刺史除外;"遇酒则饮","每一醉,则大适融然"。]

顷之,征著作郎,不就。既绝州郡觐谒,其乡亲张野及周旋人[朋友]羊松龄、宠遵等或有酒要之,或要之共至酒坐,虽不识主人,亦欣然无忤,酣醉便反。未尝有所造诣,所之唯至田舍及庐山游观而已。

刺史王弘以元熙[东晋恭帝年号,419—420]中临州,甚钦迟之,后自造焉。潜称疾不见,既而语人云:"我性不狎世,因疾守闲,幸非洁志慕声,岂敢以王公纡轸[yūzhěn,犹枉驾]为荣邪!……"弘每令人候之,密知当往庐山,乃遣其故人庞通之等赍酒,先于半道要之。潜既遇酒,便引酌野亭,欣然忘进。弘乃出与相见,遂欢宴穷日。潜无履,弘顾左右为之造履。左右请履度,潜便于坐申脚令度焉。……弘后欲见,辄于林泽间候之。至于酒米乏绝,亦时相赡。

其亲朋好事,或载酒肴而往,潜亦无所辞焉。每一醉,则大适融然[与万物融为一体的释然感]。又不营生业,家务悉委之儿仆。未尝有喜愠之色,惟遇酒则饮,时或无酒,亦雅咏不辍。……性不解音,而畜素琴一张,弦徽[琴弦和琴徽]不具,每朋酒之会,则抚而和之,曰:"但识琴中趣,何劳弦上声!"以宋元嘉[南朝宋文帝刘义隆年号,424—453]中卒,时年六十三,所有文集并行于世。

统一与战乱期间的国家经济财政方略与法律和司法状况

志第十六　食货志　摘录和评注

[伟大的司马迁不仅开创了中国纪传体史纂，也开创了关于政治/社会/文化甚至更多领域内的体制、惯例和状况的中国志书史纂，而伟大的班固在《汉书》中的志书甚至更佳，尤其是《刑法志》和《食货志》。可是，同为经典前四史的《后汉书》和《三国志》中断了这可贵但并不巩固的传统，这就思想深刻、文采灿烂的《后汉书》作者范晔而言似乎更难以谅解。]

[《晋书》恢复并决定性地巩固了这个传统，①肯定是因为其作者的大群体性质和高层官方地位。可惜的是，《晋书》二十篇志总的来说有形式主义之弊，特别是因为天人感应和谶纬神学气息浓重的《天文志》和《五行志》各长达上中下三篇，《礼志》亦然，《乐志》长达上下两篇，而在政治经济（political economy）、社会生活、司法

---

① 在《晋书》之后，《魏书》《隋书》《旧唐书》《新唐书》《旧五代史》《宋史》《辽史》《金史》《旧元史》《新元史》《明史》以及《清史稿》均专辟《食货志》，且篇章增多。其中，《宋史》《明史》内的《食货志》尤为详尽，子目多至20余种，分别记述田制、户口、赋役、仓库、漕运、盐法、杂税、钱法、矿冶、市籴、会计（国家预算）等。

和政治/行政管理意义上非常重要的《食货志》《刑法志》《职官志》却都只有一篇。在传统社会,现代意义上认为重要的东西往往被认为是相对次要的。]

[与班固《汉书·食货志》的长长的引言相比,《晋书·食货志》的引言非常简短。前者首先基于传奇的和事实上的华夏"史前史",谈论最传统的农业第一和社会分工哲理,那是班固的政治经济学的出发点,继而谈论直到秦帝国崩溃为止的华夏政治经济概史。至于后者,则像前者的一个微缩版,因为房玄龄等承认"班固为《殖货志》,自三代至王莽之诛,网罗前载,其文详悉"。]

昔者先王量地以制邑,度地以居民……劝农桑之本,通鱼盐之利,登良山而采符玉,泛瀛海而罩珠玑。日中为市,总天下之隶,先诸布帛,继以货泉,贸迁有无,各得其所。《周礼》,正月始和,乃布教于象魏[古代天子、诸侯宫门外的一对高建筑,为悬示教令之处]。若乃一夫之士,十亩之宅,三日之徭,九均之赋[谓均平田赋],施阳礼以兴其让,命春社以劝其耕……《诗》曰:"三之日于耜,四之日举趾。"[《诗经·七月》。三之日为夏历正月,四之日为周历四月,夏历二月;于耜,修理农具;举趾,举足而耕。]是以……乡无游手,邑不废时,所谓厥初生民,各从其事者也。是以太公通市井之货,以致齐国之强;鸱夷[春秋时范蠡因自称鸱夷(盛酒的革囊)子皮,故后人称其为鸱夷]善发敛之居,以盛中陶之业。[范蠡后定居于定陶(今山东菏泽市定陶区),三次经商成巨富,三散家财,自号陶朱公。]昔在金天[少昊金天氏,五帝之一,设工正、农正,分别管理手工业和农业],勤于民事,命春扈[hù,农桑候鸟,少昊取以为农官名]以耕稼,召夏扈以耘锄,秋扈所以收敛,冬扈于焉[于是]盖藏。《书》曰:"历象日月星辰,敬授民时。"传曰:"禹稷躬稼而有天下。"[华夏乃至疆外的地缘经济,令人想起司马迁《史记·货殖列传》中的一段文字①。]若乃九土既敷,四民承

---

① 夫山西饶材、竹、谷、纑、旄、玉石;山东多鱼、盐、漆、丝、声色;江南出楠[fen,香木]、梓、姜、桂、金、锡、连、(◇集解徐广曰:"音莲,铅之未炼者。")丹沙、犀、玳瑁、珠玑、齿革;龙门、碣石北多马、牛、羊、旃裘、筋角;铜、铁则千里往往山出棋置[一译往往在千里山峦中布满,如同摆满棋子的棋盘一般];此其大较(◇索隐 大较犹大略也)也。皆中国人民所喜好,谣俗被服饮食奉生送死之具也。[自然资源,它们的地理分布,它们(在一个特殊的"民族"生活方式中)"文化上"规定了的经济意义。]故待农而食之,虞[虞人,古掌山泽苑囿之官]而出之,工而成之,商而通之。

范,东吴有齿角之饶,西蜀有丹沙之富,充豫漆丝之儈[kuài,仓库],燕齐怪石之府,秦邠旄[máo]羽[牦牛尾和雉羽],迥带琅玕[珠玉],荆郢桂林,旁通竹箭,江干橘柚,河外舟车,辽西旃罽[zhānjì,毡、毯一类毛织品]之乡,葱右[西域]蒲梢[大宛汗血马名]之骏,殖物怪错,于何不有。[最传统的农业第一和社会适当分工、政治清明有序的哲理(那在实际的中国史上往往是乌托邦):]若乃……因天地之利,而总山海之饶,百亩之田,十一而税,九年躬稼,而有三年之蓄,可以长孺齿,可以养耆年。因乎人民,用之邦国,宫室有度,旗章有序。朝聘自其仪,宴飨由其制,家殷国阜,远至迩安。救水旱之灾,恤襄瀛之弊,然后王之常膳,乃间笙镛[古乐器名。镛,大钟]。[商周两代的政治经济概史:大善大恶循环交替,商纣暴虐纵欲以及鲁国初税亩之类"刑政陵夷"构成最大的恶。]商周之兴,用此道也。辛纣暴虐,玩其经费,金镂倾宫,广延百里,玉饰鹿台,崇高千仞,宫中九市,各有女司。厚赋以实鹿台之钱,大敛以增钜桥之粟,多发妖冶以充倾宫之丽,广收珍玩以备沙丘之游。悬肉成林,积醪为沼,使男女裸体相逐于其间,伏诣酒池中牛饮者三千余人,宫中以锦绮为席,绫纨为荐。及周王诛纣,肃拜殷墟,乃尽振鹿财,并颁桥粟,上天降休,殷人大喜。王赧[周赧王姬延,东周最后一位君主]云季,徙都西周,九鼎沦没,二南埋尽,贷于百姓,无以偿之,乃上层台以避其责,周人谓王所居为逃责台者也。昔周姬公制以六典,职方陈其九贡,颁财内府,永为不刊[文书书于竹简,有误,即削除,谓之刊。不刊谓不容更动和改变]。及刑政陵夷,菁茅[香草名,喻贡物]罕至,鲁侯初践亩之税,秦君收太半之入,前王之范,靡有孑遗。史臣曰:班固为《殖货志》,自三代至王莽之诛,网罗前载,其文详悉。

[班固《汉书·食货志》将"食货"定义为"食谓农殖嘉谷可食之物,货谓布帛可衣及金、刀、龟、贝,所以分财布利通有无者也";传统农业社会和国家的政治经济史主要就是关于"食"的政治经济史。]

[东汉政治经济概史(一):从社会恢复和安宁繁荣到社会凋敝甚而"人民相食",后者伴随着政治腐败、持久边难和国家破产。]

[社会恢复和安宁繁荣:]光武宽仁,龚行天讨,王莽之后,赤眉新败,虽复三晖

乃眷[意为一再予以关心]，而九服萧条，及得陇望蜀，黎民安堵[安居乐业]，自此始行五铢之钱，田租三十税一，民有产子者复以三年之算。显宗即位，天下安宁，民无横徭，岁比登稔。永平五年[62]作常满仓，立粟市于城东，粟斛直钱二十。草树殷阜，牛羊弥望，作贡尤轻，府廪还积，奸回不用，礼义专行。[政治精英开始奢华腐败：]于时东方既明，百官诣阙，戚里侯家，自相驰骛，车如流水，马若飞龙，照映轩庑，光华前载。……[社会凋敝甚而"人民相食"，财政极端匮乏，转而加剧政治腐败：]安帝永初三年[109]，天下水旱，人民相食。帝以鸿陂之地假与贫民。以用度不足，三公又奏请令吏民入钱谷得为关内侯云。桓帝永兴元年[153]，郡国少半遭蝗，河泛数千里，流人十余万户，所在廪给。[经久边难，国家破产：]迨建宁[灵帝年号，168—172]永和[顺帝年号，136—141]之初，西羌反叛，二十余年兵连师老，军旅之费三百二十余亿，府帑空虚，延及内郡。冲质短祚，桓灵不轨。[灵帝时财政极端匮乏，直接导致宫廷极端腐败和规制荡然，敛积私钱竟成为这位皇帝的头等关切：]中平二年[185]，南宫灾，延及北阙。于是复收天下田亩十钱，用营宫宇。帝出自侯门，居贫即位，常曰："桓帝不能作家，曾无私蓄。"故于西园造万金堂，以为私藏。复寄小黄门私钱[让小黄门寄存私房钱]，家至巨亿。于是悬鸿都之榜，开卖官之路，公卿以降，悉有等差。廷尉崔烈入钱五百万以买司徒，刺史二千石迁除[任命]，皆责助治宫室钱，大郡至二千万钱，不毕者或至自杀。……

[东汉政治经济概史(二)：帝国崩溃时分，华夏野蛮化初始，全国大乱，社会瓦解，生灵涂炭，可谓既无政治，亦无经济。]

及董卓寻戈，火焚宫室，乃劫鸾驾，西幸长安，悉坏五铢钱，更铸小钱，尽收长安及洛阳铜人飞廉之属，以充鼓铸……及卓诛死，李傕、郭汜自相攻伐，于长安城中以为战地。是时谷一斛五十万，豆麦二十万，人相食啖，白骨盈积，残骸余肉，臭秽道路。……帝东归也，李傕、郭汜等追败乘舆于曹阳，夜潜渡河，六宫皆步。初出营栏，后手持缣数匹，董承使符节令孙徽以刀胁夺之，杀旁侍者，血溅后服。既至安邑，御衣穿败，唯以野枣园菜以为糇粮。自此长安城中尽空，并皆四散，二三年间，关中无复行人。[华夏核心地区之一彻底毁灭！]建安元年[196]，车驾至洛阳，宫闱荡涤，百官披荆棘而居焉。[华夏另一核心地区残破不堪！]州郡各拥强兵，而委输不至,尚书郎官自出采稆,或不能自反,死于墟巷。[华夏碎片化,大小军阀割据统治,不在乎名义上的皇帝!]

[三国政治经济概史:统一华夏北方的伟大的曹操,其战时政治经济的核心政策是募民屯田,列置田官,合理征税;此外同样值得赞许的是,孙权因陆逊建议"令诸将各广其田","务农重谷"。最传统的农业第一哲理的战时体现。]

魏武之初,九州云扰,攻城掠地,保此怀民,军旅之资,权时调给。于时袁绍军人皆资椹[桑葚]枣,袁术战士取给蠃蒲[田螺水草]。[曹操战时政治经济的核心政策:]魏武于是乃募良民屯田许下,又于州郡列置田官,岁有数千万斛,以充兵戎之用。及初平袁氏,以定邺都,令收田租亩粟四升,户绢二匹而绵二斤,余皆不得擅兴,藏强赋弱。文帝黄初二年[221],以谷贵,始罢五铢钱。于时天下未并,戎车岁动,孔子曰,"加之以师旅,因之以饥馑"……于时三方之人,志相吞灭,战胜攻取,耕夫释耒,江淮之乡,尤缺储峙。[孙吴"令诸将各广其田","务农重谷",到明帝后期为止:]吴上大将军陆逊抗疏,请令诸将各广其田。权报曰:"甚善。今孤父子亲自受田,车中八牛,以为四耦。虽未及古人,亦欲与众均其劳也。"有吴之务农重谷,始于此焉。魏明帝不恭,淫于宫籞[yù,帝王的禁苑],百僚编于手役[看重的是写文章],天下失其躬稼。此后关东遇水,民亡产业,而兴师辽阳,坐甲江甸,皆以国乏经用,胡可胜言。

[西晋政治经济概史:全国统一,财源四出,政治精英立即奢华腐败;"物盛则衰,固其宜也","八王之乱"随之而来,继之以匈奴族前赵的大蹂躏大屠戮,霍布斯式自然状态无人可以幸免!]

[全国统一,财源四出:]世祖武皇帝太康元年[280],既平孙皓,纳百万而罄三吴之资,接千年而总西蜀之用,韬戈戈于府库,破舟船于江壍,河滨海岸,三丘八薮,未糒之所不至者,人皆受焉。农祥晨正,平秩东作,荷锸赢粮,有同云布[随耕作时令先后,扛锄头带干粮的农夫像云一样布散开来]。若夫因天而资五纬,因地而兴五材,世属升平,物流仓府,宫闱增饰,服玩相辉。[政治精英立即奢华腐败:]于是王君夫[王恺,名儒王肃之子,司马炎母舅]、武子[王济,西晋司徒王浑之子,司马昭女

婿]、石崇[西晋司徒石苞之子]等更相夸尚,舆服鼎俎之盛,连衡帝室,布金埒之泉,粉珊瑚之树,物盛则衰,固其宜也。永宁[晋惠帝年号,301—302]之初,洛中尚有锦帛四百万,珠宝金银百余斛。["八王之乱",无人可以幸免!]惠后北征,荡阴反驾,寒桃在御,只鸡以给,其布衾两幅,囊钱三千,以为车驾之资焉。①[前赵的大蹂躏无人可以幸免!]怀帝为刘曜所围,王师累败,府帑既竭,百官饥甚,比屋不见火烟,饥人自相啖食。愍皇西宅,馁馑弘多,斗米二金,死者太半。刘曜陈兵,内外断绝,十饼之曲,屑而供帝,君臣相顾,莫不挥涕。②[这里还顺便记载了东晋王朝最初的极端拮据:]元[晋元帝司马睿]后渡江,军事草创,蛮陬[zōu,村落,部落]賧[dǎn,输纳布帛],不有恒准,中府所储,数四千匹。于时石勒勇锐,挺乱淮南,帝惧其侵逼,甚患之,乃诏方镇云,有斩石勒首者,赏布千匹云。

[分支性录述(一):曹魏屯田努力和屯田体制,连同恢复和促进诸大地区农业的诸项措施,皆基于曹操的一个根本的大战略认知,即足食才能强兵定国。]

汉自董卓之乱,百姓流离,谷石至五十余万,人多相食。[曹操屯田的来源和初始实践:]魏武既破黄巾,欲经略四方,而苦军食不足,羽林监颍川枣祗建置屯田议。魏武乃令曰:"夫定国之术在于强兵足食,秦人以急农兼天下,孝武以屯田定西域,

---

① 《晋书·惠帝纪》载:[成都王司马颖再度兵败,实为囚徒的傀儡惠帝一再流亡道路,悲惨莫名]安北将军王浚遣乌丸骑攻成都王颖于邺,大败之。颖与帝单车走洛阳,服御分散,仓卒上下无贵,侍中黄门被囊中赍私钱三千,诏贷用。所在买饭以供,宫人止食于道中客舍。宫人有持升余杭米饭及燥蒜盐豉以进帝,帝啖之,御中黄门布被。次获嘉,市粗米饭,盛以瓦盆,帝啖两盂。有老父献蒸鸡,帝受之。至温,将谒陵,帝丧履,纳从者之履,下拜流涕,左右皆歔欷。

② 《晋书·孝怀帝孝愍帝纪》载:八月,刘曜逼京师,内外断绝……冬十月,京师饥甚,米斗金二两,人相食,死者太半。太仓有曲数饼,麹允屑为粥以供(愍)帝,至是复尽。[决定投降,以免"屠烂之苦",西晋就此彻底灭亡:]帝泣谓允曰:"今窘厄如此,外无救援,死于社稷,是朕事也。然念将士暴离斯酷,今欲因城未陷为羞死之事,庶令黎元免屠烂之苦。行矣遣书,朕意决矣。"十一月乙未,使侍中宋敞送笺于曜,帝乘羊车,肉袒衔璧[一投降礼仪],舆榇出降。群臣号泣攀车,执帝之手,帝亦悲不自胜。

本《食货志》在后面一处又有以下文字:及惠帝之后,政教陵夷,至于永嘉,丧乱弥甚。雍州以东,人多饥乏,更相鬻卖,奔迸流移,不可胜数。幽、并、司、冀、秦、雍六州大蝗,草木及牛马毛皆尽。又大疾疫,兼以饥馑。百姓又为寇贼所杀,流尸满河,白骨蔽野。刘曜之逼……人多相食,饥疫总至,百官流亡者十八九。

此先世之良式也。"于是以任峻为典农中郎将,募百姓屯田许下,得谷百万斛。[屯田制的普遍设立和巨大功效:]郡国列置田官,数年之中,所在积粟,仓廪皆满。祗死,魏武后追思其功,封爵其子。[恢复和促进诸大地区农业的措施:]建安初,关中百姓流入荆州者十余万家,及闻本土安宁,皆企望思归,而无以自业。于是卫觊议为"盐者国之大宝,自丧乱以来放散,今宜如旧置使者监卖,以其直益市犁牛,百姓归者以供给之。勤耕积粟,以丰殖关中,远者闻之,必多竞还。"于是魏武遣谒者仆射监盐官,移司隶校尉居弘农。流人果还,关中丰实。[在关中以官盐收入吸引归民和促进务农。]既而又以沛国刘馥为扬州刺史,镇合肥,广屯田,修芍陂、茹陂、七门、吴塘诸堨,以溉稻田,公私有蓄,历代为利。贾逵之为豫州,南与吴接,修守战之具,堨汝水,造新陂,又通运渠二百余里,所谓贾侯渠者也。[在扬州和豫州地区广屯田,修水利,便灌溉。][文帝曹丕和明帝曹叡治下,重农方针保持不变,重农官员仍层出不穷:]当黄初中,四方郡守垦田又加,以故国用不匮。时济北颜斐为京兆太守,京兆自马超之乱,百姓不专农殖,乃无车牛。斐又课百姓,令闲月取车材,转相教匠。其无牛者令养猪,投贵卖以买牛。始者皆以为烦,一二年中编户皆有车牛,于田役省赡,京兆遂以丰沃。郑浑为沛郡太守,郡居下湿,水涝为患,百姓饥乏。浑于萧、相二县兴陂堨,开稻田,郡人皆不以为便。浑以为终有经久之利,遂躬率百姓兴功,一冬皆成。比年大收,顷亩岁增,租入倍常,郡中赖其利,刻石颂之,号曰郑陂。[西北边疆农业的大进步大发展:]魏明帝世徐邈为凉州,土地少雨,常苦乏谷。邈上修武威、酒泉盐池,以收虏谷。又广开水田,募贫民佃之,家家丰足,仓库盈溢。及度支州界军用之余,以市金锦犬马,通供中国之费,西域人入贡,财货流通,皆邈之功也。其后皇甫隆为敦煌太守,敦煌俗不作楼犁,及不知用水,人牛功力既费,而收谷更少。隆到,乃教作楼犁,又教使灌溉。岁终率计,所省庸力过半,得谷加五,西方以丰。

[分支性录述(二):西晋奠基者、全才司马懿一向是战时经济和后勤能手,重农惠农,"广田积谷,为兼并之计"。]

嘉平四年[252],关中饥,宣帝表徙冀州农夫五千人佃上邽,兴京兆、天水、南安盐池,以益军实。青龙元年[233],开成国渠自陈仓至槐里;筑临晋陂,引汧[qiān,源出甘肃,流经陕西入渭河]洛渭舄[xì]卤之地三千余顷,国以充实焉。[他重用"准全才"邓艾在长江下游前线地区大搞军事农业,战略功效巨大。]正始四年[243],宣帝又督诸军伐吴将诸葛恪,焚其积聚,恪弃城遁走。帝因欲广田积谷,为兼并之计,乃使邓艾行陈、项以东,至寿春地。艾以为田良水少,不足以尽地利,宜开河渠,可以大积军粮,又通运漕之道。乃著《济河论》以喻其指。又以为昔破黄巾,因为屯田,积谷许都,以制四方。今三隅已定,事在淮南。每大军征举,运兵过半,功费巨亿,以为大役。陈蔡之间,土下田良,可省许昌左右诸稻田,并水东下。令淮北二万人、淮南三万人分休,且佃且守。水丰,常收三倍于西,计除众费,岁完五百万斛以为军资。六七年间,可积三千万余斛于淮北,此则十万之众五年食也。以此乘敌,无不克矣。宣帝善之,皆如艾计施行。遂北临淮水,自钟离而南横石以西,尽沘水四百余里,五里置一营,营六十人,且佃且守。兼修广淮阳、百尺二渠,上引河流,下通淮颍,大治诸陂于颍南、颍北,穿渠三百余里,溉田二万顷,淮南、淮北皆相连接。自寿春到京师,农官兵田,鸡犬之声,阡陌相属。[战略功效巨大:]每东南有事,大军出征,泛舟而下,达于江淮,资食有储,而无水害,艾所建也。

　　[分支性录述(三):西晋的正式创始者武帝司马炎是他祖父司马懿重农理念的继承者,坚持要搞惠农体制和惠民政策,包括"豪势不得侵役寡弱"。]

　　及晋受命,武帝欲平一江表。[旨在重农惠农的平籴体制经争论和拖延终告建立,靠的是他坚持要贯彻重农惠农理念:]时谷贱而布帛贵,帝欲立平籴法,用布帛市谷,以为粮储。议者谓军资尚少,不宜以贵易贱。泰始二年[266],帝乃下诏曰:"夫百姓年丰则用奢,凶荒则穷匮,是相报之理也。故古人权量国用,取赢散滞,有轻重平籴之法。……然此事废久,天下希习其宜。加以官蓄未广,言者异同,财货未能达通其制。更令国宝散于穰岁而上不收,贫弱困于荒年而国无备。豪人富商,挟轻资,蕴重积,以管其利。故农夫苦其业,而末作不可禁也。今者省徭务本,并力垦殖,欲令农功益登,耕者益劝,而犹或腾踊,至于农人并伤。今宜通籴,以充俭乏。主者平议,具为条制。"然事竟未行。是时江南未平,朝廷厉精于稼墙。四年[268]正月丁亥,帝亲耕藉田。庚寅,诏曰:"使四海之内,弃末反本,竞农务功,能奉宣朕志……"是岁,乃立常平仓,丰则籴,俭则粜[tiào,卖出],以利百姓。五年[269]正月癸巳,敕戒郡国计吏、诸郡国守相令长,务尽地利,禁游食商贩。其休假者令与父兄同其勤劳,豪势不得侵役寡弱,私相置名。[一项重农惠农的体制性保障,即以促进农业的功效考核和赏罚地方政府长官]十月,诏以"司隶校尉石鉴所上汲郡太守王宏勤恤百姓,导化有方,督劝开荒五千余顷,遇年普饥而郡界独无匮乏,可谓能以劝教,时同功异者矣。其赐谷千斛,布告天下"。八年[272],司徒石苞奏:"州郡农桑未有殿最[考核政绩或军功,下等称为殿,上等称为最]之制,宜增掾属令史,有所循行。"帝从之。事见《石苞传》。苞既明于劝课[鼓励与督责],百姓安之。……[他的一项新发明老办法:官奴婢屯田]咸宁元年[275]十二月,诏曰:"出战入耕,虽自古之常,然事力未息,未尝不以战士为念也。今以邺奚官奴婢著新城,代田兵种稻,奴婢各五十人为一屯,屯置司马,使皆如屯田法。"[西晋大片地区严重水灾引发以下长篇录载的、被司马炎采纳的杜预救灾上疏,其切实、细致、标本兼治、专业程度和全无浮言令人印象深刻。这里的主公和臣下令人想起曹操与枣祗、司马懿与邓艾]三年[277],又诏曰:"今年霖雨过差,又有虫灾。颍川、襄城自春以来,略不下种,深以为虑。主者何以为百姓计,促处当之。"杜预上疏曰:

臣辄思惟,今者水灾东南特剧,非但五稼不收,居业并损,下田所在停汙,高地皆多硗脊,此即百姓困穷方在来年。虽诏书切告长吏二千石为之设计,而不廓开大制,定其趣舍之宜,恐徒文具,所益盖薄。……

臣愚谓……今者宜大坏兖、豫州东界诸陂,随其所归而宣导之。[他的核心主张。]交令饥者尽得水产之饶,百姓不出境界之内,旦暮野食,此目下日给之益也。水去之后,填淤之田,亩收数钟。至春大种五谷,五谷必丰,此又明年益也。

臣前启,典牧[掌管牧事的官署]种牛不供耕驾,至于老不穿鼻者,无益于用,而徒有吏士谷草之费,岁送任驾者甚少,尚复不调习,宜大出卖,以易谷及为赏直。

诏曰:"孳育之物,不宜减散。"事遂停寝。问主者,今典虞右典牧种产牛,大小相通,有四万五千余头。苟不益世用,头数虽多,其费日广。古者匹马丘牛,居则以耕,出则以战,非如猪羊类也。今徒养宜用之牛,终为无用之费,甚失事宜。东南以水田为业,人无牛犊。今既坏陂,可分种牛三万五千头,以付二州将吏士庶,使及春耕。[他的准核心主张。]……

预又言:

······火耕水耨······施于新田草莱,与百姓居相绝离······往者东南草创人稀,故得火田之利。自顷户口日增,而陂埭岁决,良田变生蒲苇,人居沮泽之际,水陆失宜,放牧绝种,树木立枯,皆陂之害也。陂多则土薄水浅,潦不下润。故每有水雨,辄复横流,延及陆田。······此皆水之为害也。[公共问题上舆论纷纭、争执不休的一大本质(有鉴于此,中央政府须有一大应有功能):]当所共恤,而都督度支方复执异,非所见之难,直以不同害理也。人心所见既不同,利害之情又有异。军家之与郡县,士大夫之与百姓,其意莫有同者,此皆偏其利以忘其害者也。此理之所以未尽,而事之所以多患也。

臣又案,豫州界二度支所领佃者,州郡大军杂士,凡用水田七千五百余顷耳,计三年之储,不过二万余顷。以常理言之,无为多积无用之水,况于今者水涝溢溢,大为灾害。臣以为与其失当,宁泻之不潴。[他的核心主张。]宜发明诏,敕刺史二千石,其汉氏旧陂旧堨及山谷私家小陂,皆当修缮以积水。[他的准核心主张。]其诸魏氏以来所造立,及诸因雨决溢蒲苇马肠陂之类,皆决沥之。[他的核心主张。]······臣不胜愚意,窃谓最是今日之实益也。

朝廷从之。

······ ······

[分支性录述(四):西晋自晋武帝起施行的赋税制度(户调式),细致详密,是一项对后世颇有影响的税制改革。[1]]

[关于农民的占田上限和赋税制度,以及关于附庸的输贡制度:]又制户调之式:丁男之户,岁输绢三匹,绵三斤,女及次丁男为户者半输。其诸边郡或三分之

---

① 这是税制上的一个改革,对后世很有影响。大概因为当时河北一带在战乱之后,人口不易清查,所以曹操把汉代按人口收税的算赋制改成按户征税的户调制,同时又因为自董卓之乱以后钱币缺失,所以不征收钱而征收绵、绢等实物。西晋的户调式就是继承曹操这个制度而来的。不过西晋平吴之后,天下统一,人口可以清查,又可以征收人口税,所以西晋的户调式中的课田制度并非如曹操的按亩征税,乃是把人口税与地租合而为一。不管每个农民实际上耕地多少,凡是一个丁男就须纳五十亩的租,每亩八升,合共四斛,凡是一个丁女就需纳二十亩的租,每亩八升,共合一斛六斗。自晋武帝以后,皆行此制。缪钺:《关于西晋的户调式》,载于《缪钺全集·第一卷(上)·冰茧庵读史存稿》,石家庄:河北教育出版社,2004年。

二,远者三分之一。夷人输賨布,户一匹,远者或一丈。男子一人占田七十亩,女子三十亩。其外丁男课田五十亩,丁女二十亩,次丁男半之,女则不课。[一说解释为**每一丁男可以有田七十亩,担负五十亩的租额;其余类推**]。男女年十六已上至六十为正丁,十五已下至十三、六十一已上至六十五为次丁,十二已下六十六已上为老小,不事。远夷不课田者输义米,户三斛,远者五斗,极远者输算钱,人二十八文。[**关于政治精英或统治者的占田上限、赋税和"荫人"制度:**]其官品第一至于第九,各以贵贱占田,品第一者占五十顷,第二品四十五顷,第三品四十顷,第四品三十五顷,第五品三十顷,第六品二十五顷,第七品二十顷,第八品十五顷,第九品十顷。而又各以品之高卑荫其亲属,多者及九族,少者三世。宗室、国宾、先贤之后及士人子孙亦如之。而又得荫人以为衣食客及佃客,品第六已上得衣食客三人,第七第八品二人,第九品及举辇、迹禽、前驱、由基、强弩、司马、羽林郎、殿中冗从武贲、殿中武贲、持椎斧武骑武贲、持鈛冗从武贲、命中武贲武骑一人。其应有佃客者,官品第一第二者佃客无过五十户,第三品十户,第四品七户,第五品五户,第六品三户,第七品二户,第八品第九品一户。

[**据称的积极社会效果:**]是时天下无事,赋税平均,人咸安其业而乐其事。[**好景甚短,天下丧乱:**]及惠帝之后,政教陵夷,至于永嘉,丧乱弥甚。……

[**东晋政治经济概史:前期草创依凭重农,稳定得益于救灾,尽管施行起来困难颇多;中期"始度百姓田,取十分之一",但此后朝廷资源愈益拮据,只得依凭大增赋税。**]

元帝为晋王,课督农功,诏二千石长吏以入谷多少为殿最。其非宿卫要任,皆宜赴农,使军各自佃作,即以为廪。太兴元年[318],诏曰:"徐、扬二州土宜三麦,可督令熯(旱)地,投秋下种,至夏而熟,继新故之交,于以周济,所益甚大。昔汉遣轻车使者氾胜之督三辅种麦,而关中遂穰。勿令后晚。"其后频年麦虽有旱蝗,而为益犹多。二年[319],三吴大饥,死者以百数,吴郡太守邓攸辄开仓廪赈之。元帝时使黄门侍郎虞斐、桓彝开仓廪振给,并省众役。[**施行起来困难颇多,因为军政用度巨大,还有"下及工商流寓僮仆不亲农桑而游食者,以十万计":**]百官各上封事,后军将军应詹表曰:"夫一人不耕,天下必有受其饥者。而军兴以来,征战运漕,朝廷宗庙，百官用度，既已殷广，下及工商流寓僮仆不亲农桑而游食者，以十万计。不思开立美利，而望国足人给，岂不难哉！古人言曰，饥寒并至，虽尧舜不能使野无寇盗；贫富并兼，虽皋陶不能使强不陵弱。故有国有家者，何尝不务农重谷。[后将军应詹要求效法曹操等先贤军民屯垦、开发农业（尤其是江西和寿春地区的农业）的提议：]近魏武皇帝用枣祗、韩浩之议，广建屯田，又于征伐之中，分带甲之士，随宜开垦，故下不甚劳，而大功克举也。间者流人奔东吴，东吴今俭，皆已还反。江西良田，旷废未久，火耕水耨，为功差易。宜简流人，兴复农官，功劳报赏，皆如魏氏故事。一年中与百姓，二年分税，三年计赋税以使之，公私兼济，则仓盈庾亿，可计日而待也。"又曰："昔高祖使萧何镇关中，光武令寇恂守河内，魏武委钟繇以西事，故能使八表夷荡，区内辑宁。今中州萧条，未蒙疆理，此兆庶所以企望。寿春一方之会，去此不远，宜选都督有文武经略者，远以振河洛之形势，近以为徐豫之籓镇，绥集流散，使人有攸依，专委农功，令事有所局。赵充国农于金城，以平西零；诸葛亮耕于渭滨，规抗上国。今诸军自不对敌，皆宜齐课。"

["始度百姓田，取十分之一"，此后，朝廷资源愈益拮据。]咸和五年[330]，成帝始度百姓田，取十分之一，率亩税米三升。六年[331]，以海贼寇抄，运漕不继，发王公以下余丁，各运米六斛。是后频年水灾旱蝗，田收不至。咸康初，算度田税米，空悬五十余万斛，尚书褚裒以下免官。穆帝之世，频有大军，粮运不继，制王公以下十三户共借一人，助度支运。……哀帝即位，乃减田租，亩收二升。孝武太元二年[377]，除度田收租之制，王公以下口税三斛，唯蠲在役之身。八年[383]，又增税米，口五石。[1] 至于末年，天下无事，时和年丰，百姓乐业，谷帛殷阜，几乎家给人足矣。[神话般的说法？]

["货谓布帛可衣，及金、刀、鱼、贝，所以分财布利通有无者也。"以下是关于"货"

---

[1] 到东晋成帝咸和五年，度百姓田，亩税米三升。哀帝即位，乃减田租，亩收二升。这是在按人口征田租的办法之外，又按亩征租，是一种加租，人民的负担就加重了。到孝武帝太元二年，大概觉得加租不合理，所以"除度田收租之制，公王以下口税米三斛"。（《晋书·孝武帝纪》）又恢复晋初以来人口税与地租合一的制度，而所指定的租额比晋初还少一斛。后来大概又觉得租额太轻了，所以太元八年又"增百姓税米，口五石"。（《晋书·孝武帝纪》）把百姓的税米加重了，而王公等贵族大概每口还是只征三斛米。同上。

的自东汉初至晋末的概史,主要是货币及财政史。很奇怪,房玄龄等在此"远详近简",无论如何是一种撰史过失。]

[东汉从始至终的货币及财政史:恢复旧制曾经受益,但不酌情再度改革,致使通货膨胀竟延续其大部分时间。这多少缘于墨守经典的儒家教条。]

汉钱旧用五铢,自王莽改革,百姓皆不便之。……[光武帝废除王莽货币改革,"复铸五铢钱,天下以为便":]至光武中兴,除莽货泉。建武十六年[40],马援又上书曰:"富国之本,在于食货,宜如旧铸五铢钱。"帝从之。于是复铸五铢钱,天下以为便。[时过境迁,五铢钱贱,帝国财政拮据:]及章帝时,谷帛价贵,县官[即天子]经用不足,朝廷忧之。[温雅好儒的章帝朝令夕改,其儒家教条式信仰压倒讲求现实和变通的财政改革建议:]尚书张林言:"今非但谷贵也,百物皆贵,此钱贱故尔。宜令天下悉以布帛为租,市买皆用之,封钱勿出,如此则钱少物皆贱矣。又,盐者食之急也,县官可自卖盐,武帝时施行之,名曰均输。"于是事下尚书通议。尚书朱晖议曰:"王制,天子不言有无,诸侯不言多少,食禄者不与百姓争利。均输之法,与贾贩无异。以布帛为租,则吏多奸。官自卖盐,与下争利,非明王所宜行。"帝本以林言为是,得晖议,因发怒,遂用林言,少时复止。

[腐败放纵透顶的桓帝依据鄙视商业和货币功能的经典儒家教条,连同治本而不治标的"完美主义"空洞论辩(不管它如何切中首要时弊),也拒绝讲求现实和变通的货币改革建议,东汉的通货膨胀总的来说竟延续其大部分时间!]桓帝时有上书言:"人以货轻钱薄,故致贫困,宜改铸大钱。"事下四府群僚及太学能言之士。孝廉刘陶上议曰:

臣……

盖以当今之忧,不在于货,在乎人饥。是以先王观象育物,敬授民时,使男不逋亩,女不下机,故君臣之道行,王路之教通。由是言之,食者乃有国之所宝,百姓之至贵也。窃以比年已来,良苗尽于螟蟊之口,杼柚[zhùyòu,织布机上的两个部件,泛指纺织]空于公私之求。[切中首要时弊!]所急朝夕之食,所患靡盬[mígǔ,借指王事,公事]之事,岂谓钱之厚薄,铢两之轻重哉!……盖百姓可百年无货,不可以一朝有饥,故食为至急也。

议者不达农殖之本,多言铸冶之便,或欲因缘行诈,以贾国利。国利将尽,取者争竞,造铸之端,于是乎生。盖万人铸之,一人夺之,犹不能给,况今一人铸之则万人夺之乎!虽以阴阳为炭,万物为铜,役不食之民,使不饥之士,犹不能足无厌之求也。

夫欲民财殷阜,要在止役禁夺,则百姓不劳而足。[切中首要时弊!]……欲铸钱齐货,以救其弊,此犹养鱼沸鼎之中,栖鸟烈火之上……愿陛下宽锲薄之禁,后冶铸之议也。

帝竟不铸钱。

[东汉实际崩溃至三国结束为止的货币及财政史:改币甚至废币反复失败,通货膨胀有时恶化到极端。]

[董卓改币,通货膨胀恶化到极端:]及献帝初平中,董卓乃更铸小钱,由是货轻而物贵,谷一斛至钱数百万。[曹操至曹叡反复不已,乃至废除钱币,但都无补于事,最终才"更立五铢钱,至晋用之"]至魏武为相,于是罢之,还用五铢。是时不铸钱既久,货本不多,又更无增益,故谷贱无已。及黄初二年[221],魏文帝罢五铢钱,使百姓以谷帛为市。至明帝世,钱废谷用既久,人间巧伪渐多,竟湿谷以要利,作薄绢以为市,虽处以严刑而不能禁也。司马芝等举朝大议,以为用钱非徒丰国,亦所以省刑。今若更铸五铢钱,则国丰刑省,于事为便。魏明帝乃更立五铢钱,至晋用之,不闻有所改创。[孙吴亦反复,滥铸大钱导致通货膨胀非常严重:]孙权嘉禾五年[236],铸大钱一当五百。赤乌元年[238],又铸当千钱。故吕蒙定荆州,孙权赐钱一亿。钱既太贵,但有空名,人间患之。权闻百姓不以为便,省息之,铸为器物,官勿复出也。私家有者,并以输藏,平卑其直,勿有所枉[这意味着币价大概已大低于铸币铜价]。

[西晋东晋货币及财政史:杂用旧币,不铸新钱,通货故而有所紧缩。]

晋自中原丧乱,元帝过江,用孙氏旧钱,轻重杂行,大者谓之比轮,中者谓之四文[大泉五百只值五铢钱四文]。吴兴沈充又铸小钱,谓之沈郎钱。钱既不多,由是稍贵。孝武太元三年[378],诏曰:"钱,国之重宝,小人贪利,销坏无已,监司当以为意。……"安帝元兴[402—404]中，桓玄辅政，立议欲废钱用谷帛[钱少到桓玄意欲废钱的程度]。孔琳之议曰[占上风的反对废币的论辩，内在平衡，讲求实际，注重经验]：

……圣王制无用之货，以通有用之财，既无毁败之费，又省难运之苦，此钱所以嗣功龟贝，历代不废者也。谷帛为宝，本充衣食，分以为货，则致损甚多。又劳毁于商贩之手，秏弃于割截之用，此之为弊，著自于曩[往昔]。故钟繇曰，巧伪之人，竞湿谷以要利，制薄绢以充资。魏世制以严刑，弗能禁也。是以司马芝以为用钱非徒丰国，亦所以省刑。钱之不用，由于兵乱积久，自致于废，有由而然，汉末是也。今既用而废之，则百姓顿亡其利。……贫者仰富。致富之道，实假于钱，一朝断之，便为弃物。是有钱无粮之人，皆坐而饥困，以此断之，又立弊也。

……又人习来久，革之必惑。语曰，利不百，不易业，况又钱便于谷邪！魏明帝时钱废，谷用既久，不以便于人，乃举朝大议。精才达政之士莫不以宜复用钱，下无异情，朝无异论。彼尚舍谷帛而用钱，足以明谷帛之弊著于已诚也。

…… ……

朝议多同琳之，故玄议不行。

列传第六十四　隐逸列传鲁褒传　摘录和评注

[鲁褒，西晋隐士，"以贫素自立"而隐居不仕。"八王之乱"初期作奇文《钱神论》，透视和嘲讽货币拜物教，揶揄笑骂，恣肆酣畅。货币永存，货币拜物教由此不朽，因而他的《钱神论》可垂诸永远。]

鲁褒，字元道，南阳人也。好学多闻，以贫素自立。元康[291—299]之后，纲纪大坏，褒伤时之贪鄙，乃隐姓名，而著《钱神论》以刺之。其略曰：

钱之为体，有乾坤之象，内则其方，外则其圆。其积如山，其流如川。动静有时，行藏有节，市井便易，不患耗折。难折象寿[长寿]，不匮象道[金钱不匮乏象征"道"运行不息]，故能长久，为世神宝。[货币的神力和世态的鄙俗，它们（在我们看来）出自并加剧人类的不平等，无论这不平等是源于"先天的"财富、地位、权力、权利不平等,还是源于"后天的"能力、机遇不平等,或是源于所有这一切;]亲之如兄,字曰孔方,失之则贫弱,得之则富昌。无翼而飞,无足而走,解严毅之颜,开难发之口。钱多者处前,钱少者居后。处前者为君长,在后者为臣仆。君长者丰衍而有余,臣仆者穷竭而不足。《诗》云:"哿[gě,乐也]矣富人,哀此茕独。"[语出《诗经·小雅·正月》,意为乐了富人,苦了孤独无依者。]

钱之为言泉[古同"钱"]也,无远不往,无幽不至。京邑衣冠[势族],疲劳讲肆,厌闻清谈,对之睡寐,见我家兄,莫不惊视。钱之所祐,吉无不利,何必读书,然后富贵![然而,教授们知道,富贵对他们而言大致只可能由读书而来,因为其他通道对他们"先天地"关闭。]昔吕公欣悦于空版,汉祖克之于赢二[《史记·高祖本纪》载,吕公与沛县令友善,移家沛县,沛中豪杰闻之,皆往贺。萧何为主吏,令诸大夫曰:"进不满千钱,坐之堂下。"高祖为亭长,素易诸吏,乃绐为谒曰:"贺钱万。"实不持一钱。就在这次宴会上吕公看中刘邦,后来将女儿吕雉嫁给他。又,《史记·萧相国世家》载:高祖以吏徭咸阳,吏皆送奉钱三,(萧)何独以五。版指名片,赢二即多送二百文],文君解布裳而被锦绣,相如乘高盖而解犊鼻[犊鼻裈,杂役所穿围裙,状如犊鼻],官尊名显,皆钱所致。空版至虚,而况有实;赢二虽少,以致亲密。由此论之,谓为神物。[司马迁早就指出,货币财富是"大均值器",(在没有权力、习俗、"道德命令"等间或的决定性干预时)它几乎可以转换一切:]无德而尊,无势而热,排金门而入紫闼。危可使安,死可使活,贵可使贱,生可使杀。是故忿争非钱不胜,幽滞非钱不拔,怨仇非钱不解,令问非钱不发。

["凡今之人,唯钱而已"(事实上,大致凡人凡事唯钱而已):]洛中朱衣,当途之士,爱我家兄,皆我已已。执我之手,抱我终始,不计优劣,不论年纪,宾客辐辏,门常如市。谚曰:"钱无耳,可使鬼。"凡今之人,惟钱而已。故曰军无财,士不来;军无赏,士不往。仕无中人[指朝廷中有权势的近臣],不如归田。虽有中人,而无家兄,不异无翼而欲飞,无足而欲行。[在此,我们禁不住要加上我们给司马迁《史记·货殖列传》写的一句评注:货币财富是社会地位的"均值器",足够富的平民可以等同于达官贵族。果真如此?哪里有政治权势和社会尊荣?某些东西不可能被其他价值范畴内的事物"均值"。财富的可转换性(fungibility)有限。]

盖疾时者共传其文。褒不仕,莫知其所终。

······ ······

志第二十　刑法志　摘录和评注

[班固《汉书·刑法志》是中国第一篇法律史和司法史,提炼了汉帝国的法律和司法状况演变史,包括制度安排和政治/司法实践两方面的,展示了此类状况与社会善治或恶治之间的复杂和能动的重大联系。他的根本结论,在于"刑罚世重世轻",即法律/司法惩罚的强度或烈度应当是个相对的和可变的事情,要按照所涉的特定时代的特定性质和特定需要。这是个政治哲学式的伟大和精致的结论。]

[与这实属杰出的前驱相比,《晋书·刑法志》实在逊色:不仅缺乏关于法律惩罚本身的起源和需要的儒家理论①(仅有礼义远优于刑法、刑罚系不得已而用之的儒家观念),而且缺乏总的终评,更不用说有程度深刻到可与之类比的根本结论。]

---

① 《汉书·刑法志》:[关于法律惩罚本身的起源和需要的儒家理论:]

　　夫人……聪明精粹,有生之最灵者也。爪牙不足以供耆欲,趋走不足以避利害,无毛羽以御寒暑,必将役物以为养,用仁智而不恃力,此其所以为贵也。故不仁爱则不能群,不能群则不胜物,不胜物则养不足。[人类个体肉身孱弱但智力强健,从而使他们必须组织成一个社会,也能够组织成一个社会,这作为出发点的命题与雨果·格老秀斯甚而古代斯多亚派之类的西方理性主义先驱们的出发命题是那么相似。经典儒家思想当然是一种温和的理性主义。]群而不足,(接下页)

[《晋书·刑法志》透露，除了主要依据传奇的上古时代和记载过略的西周初期，就法律和司法而言，一千余年里只有三段相当短暂的较好时期：(1)初汉约七十年；(2)西汉宣帝及元帝约三十年；(3)西晋武帝时约二十年。在传统中国，法律和司法良好固然依靠政治良好，但难于甚或远难于政治良好！]

[引言和"史前史"：礼义远优于刑法；历史每况愈下，到秦帝国跌至最恶；其后数度反复，唯初汉数十年良善。]

[礼义远优于刑法，刑罚系不得已而用之：]传曰："齐之以礼，有耻且格。"刑之不可犯，不若礼之不可逾，则昊[广大无边]岁比于牺年[伏羲氏之世，借指太平盛世]，宜有降矣。②……念室[牢狱的别称]后刑，衢樽[比喻广被的恩泽]先惠，将以屏除灾害，引导休和……陈乎兵甲而肆诸市朝，具严天刑，以惩乱首，论其本意，盖有不得已用之者焉。……而世属傥幸，事关攸蛊[安危福祸]，政失礼微，狱成刑起，则孔子曰："听讼吾犹人也，必也使无讼乎！"[每况愈下的历史，即由礼至刑，刑愈残酷，到秦帝国达至最恶：]及周氏龚行[奉行（天命）]，却收锋刃，祖述生成，宪章尧禹，政有膏露，威兼礼乐，或观辞以明其趣，或倾耳以照其微，或彰善以激其情，或

争心将作，上圣卓然先行敬让博爱之德者，众心说而从之。从之成群，是为君矣；归而往之，是为王矣。[关于国家和统治者之起源的仁慈和"玫瑰色"的观念！虽然它讲求现实地承认了生活资源稀缺导致人类争斗。]《洪范》[《尚书》篇名，旧传为箕子向周武王陈述的"天地之大法"]曰："天子作民父母，为天下王。"……明仁、爱、德、让，王道之本也。爱待敬而不败，德须威而久立，故制礼以崇敬，作刑以明威也。[一项儒家或前儒家理论：来自顶端的仁爱和公正不成问题，但若无礼制和法刑，就很可能保证不了来自底层的尊敬和畏惧。因而，法刑必不可少。]圣人既躬明哲之性，必通天地之心，制礼作教，立法设刑，动缘民情，而则天象地。故曰：先王立礼，"则天之明，因地之性"也。[这里就像是说国内法源于自然法，如格老秀斯宣告的。]刑罚威狱，以类天之震曜杀戮也[或者应当更准确地说，法刑来自神法的"严厉"方面]；温慈惠和，以效天之生殖长育也。《书》云"天秩有礼"，"天讨有罪"。故圣人因天秩而制五礼，因天讨而作五刑。大刑用甲兵[战争在此被设想为最大的法律惩罚，在范围和烈度上最大]，其次用斧钺；中刑用刀锯，其次用钻凿；薄刑用鞭扑。[这更像基督教以前的古典异教信仰（pagan beliefs）中的观念或想象。]大者陈诸原野，小者致之市朝，其所縣来者上矣。

② 刘向《淮南子·泰族训》：民无廉耻，不可治也；非修礼义，廉耻不立。民不知礼义，法弗能正也……法能杀不孝者，而不能使人为孔、曾之行。法能刑窃盗者，而不能使人为伯夷之廉。孔子弟子七十，养徒三千人，皆入孝出悌，言为文章，行为仪表……教之所成也。墨子服役者百八十人，皆可使赴火蹈刃，死不还踵，化之所致也……

除恶以崇其本。至夫取威定霸，一匡九合，寓言成康，不由凝网[用成王康王的事迹寄托思想，不因循固有的道理]，此所谓酌其遗美，而爱民治国者焉。若乃化蔑彝伦[败坏伦常]，道暌明慎[行道违背明察审慎]，则……卫鞅之无所自容，韩非之不胜其虐……秦文初造参夷[《史记·秦本纪》云"文公（前765至前716年在位）二十年，初有夷三族之罪"]，始皇加之抽胁，囹圄如市，悲哀盈路。[初汉扭转大恶，但好景不长：]汉王以三章之法以吊之，文帝以刑厝之道以临之，于时百姓欣然，将逢交泰[感到交了好运]。[初汉过后重归于大恶（首先当然是因为汉武帝残暴的酷吏统治）：]而犴[乡亭牢狱，引申为狱讼]逐情迁[意为官吏随自己心情的变化处理狱讼]，科随意往，献琼杯于阙下[宫阙下被迫交出玉杯]，徙青衣于蜀路[后妃被流放往巴蜀]，覆醢[hǎi]裁刑[像孔子（因子路被杀害和剁成酱）倒掉肉酱那样悲痛，身被刑罚]，倾宗致狱[全宗族都被系入狱]。况乃数囚于京兆之夜，五日（示众）于长安之市，北阙[朝廷前]相引、中都[京师（里）]继及者，亦往往而有焉。[继而在帝国垂死时期走到另一个极端，即"典刑咸弃"（然而残酷迫害东汉末党人运动又如何?!）]而将亡之国，典刑咸弃，刊章以急其宪[刊削律条以应法令之急需]，适意以宽其网，桓灵之季，不其然欤！[反复，曹魏中期明帝时复归于法刑残酷：]魏明帝时，宫室盛兴，而期会迫急，有稽限者，帝亲召问，言犹在口，身首已分。王肃抗疏曰："……人命至重，难生易杀，气绝而不续者也，是以圣王重之。孟轲云：'杀一不辜而取天下者，仁者不为也。'"

[西晋东晋刑法概史：西晋武帝司马炎持经典儒家治国理念，"颁新法于天下"，其特征为"简惠"，导致"人甚安之"，并且惠泽东晋；然而，东晋末期因宫廷/朝廷政治恶劣，"晋之纲纪大乱焉"。]

[司马炎"颁新法于天下"，其特征为"简惠"，刑法由此回返良善状态，直到东晋末期为止：]世祖武皇帝接三统之微，酌千年之范，乃命有司，大明刑宪。于时诏书颁新法于天下，海内同轨，人甚安之。条纲虽设，称为简惠，仰昭天眷，下济民心，道有而无败，德俟[sì，等待]刑而久立。及晋图南徙，百有二年，仰止前规，挹[汲取]其流润……[东晋末期因宫廷/朝廷政治恶劣，"晋之纲纪大乱焉"：]孝武时，会稽王道子倾弄朝权，其所树之党，货官私狱，烈祖惛迷，不闻司败，晋之纲纪大乱焉。

[“史前详史”(一):多依传奇而来,体现标准的传统史观即历史退化观,亦体现儒家自孔子以来的“吾从周”观念。]

传曰“三皇设言而民不违,五帝画象而民知禁”,则《书》所谓“象以典刑,流宥五刑,鞭作官刑,扑作教刑[以扑即戒尺责打不遵守教令的人]”者也。然则犯黥者皂[染黑]其巾,犯劓者丹其服,犯膑者墨其体,犯宫者杂其屦[让左右鞋子相异],大辟之罪,殊刑之极,布其衣裾而无领缘,投之于市,与众弃之。[历史自舜开始退化,以后简直每况愈下,唯西周前期近乎得中(折中):]舜命皋陶曰;“五刑有服,五服三就[放在三处(野外、市、朝)执行],五流有宅,五宅三居。”方乎前载,事既参倍。夏后氏之王天下也,则五刑之属三千。殷因于夏,有所损益。周人以三典刑邦国,以五听察民情,左嘉[嘉石,文理之石,树之外朝门左,欲使罢民思其文理,以改悔自修]右肺[肺石,设于朝廷门外的赤石,民有不平,得击石鸣冤,石形如肺,故名],事均熔造[所有事情都精心研究],而五刑之属犹有二千五百焉。乃置三刺、三宥、三赦之法:一刺曰讯群臣,再刺曰讯群吏,三刺曰讯万民;一宥曰(宽宥)不识,再宥曰(宽宥)过失,三宥曰(宽宥)遗忘;一赦曰幼弱,再赦曰老旄,三赦曰蠢愚。……

传曰:“殷周之质,不胜其文。”[从古代朴实和良善(ancient simplicity and nicety)退化至“现代复杂和残酷”(modern complexity and brutality):]及昭后徂征,穆王斯耄[昏乱],爰制刑辟,以诘四方,奸宄弘多,乱离斯永,则所谓“夏有乱政而作《禹刑》,商有乱政而作《汤刑》,周有乱政而作《九刑》”者也。古者大刑用甲兵,中刑用刀锯,薄刑用鞭扑。自兹厥后,狙诈弥繁。[退化被短暂阻断,晋武帝司马炎近乎得中:]武皇帝并以为往宪犹疑,不可经国,乃命车骑将军、守尚书令、鲁公征求英俊,刊律定篇云尔。

[“史前详史”(二):东汉刑法详史,“离乱之后,法网弛纵”,继而“苛碎”甚或“酷烈”,直至章帝才初定宽严适中的刑法;然而到东汉末,“百姓有土崩之势,刑罚不足以惩恶”。]

汉自王莽篡位之后,旧章不存。光武中兴,留心庶狱,常临朝听讼,躬决疑事。是时承离乱之后,法网弛纵,罪名既轻,无以惩肃。[在“离乱之后,法网弛纵”情势下，梁统徒劳地提议"刑罚不苟务轻，务其中也"：]梁统乃上疏曰：臣窃见元帝……哀帝……

轻殊死者刑……手杀人皆减死罪一等，著为常法。自是以后，人轻犯法，吏易杀人，吏民俱失，至于不羁。

臣愚以为刑罚不苟务轻，务其中也。……五帝有流殛放杀之诛，三王有大辟刻肌之刑，所以为除残去乱也。故孔子……曰"……禁人为非曰义"。[梁统所述的西汉刑法流变史：从宽简到苛酷，再经适中到"弛纵"]高帝受命，制约令，定法律，传之后世，可常施行。文帝宽惠温克，遭世康平，因时施恩，省去肉刑，除相坐之法，他皆率由旧章，天下几致升平。武帝值中国隆盛，财力有余，出兵命将，征伐远方，军役数兴，百姓罢弊，豪杰犯禁，奸吏弄法，故设遁匿之科，著知纵之律。宣帝聪明正直，履道握要，以御海内，臣下奉宪，不失绳墨。元帝法律，少所改更，天下称安。孝成、孝哀，承平继体，即位日浅，听断尚寡。丞相王嘉等猥以数年之间，亏除先帝旧约，穿令断律，凡百余事，或不便于政，或不厌人心。臣谨表取其尤妨政事、害善良者，傅奏如左。

伏惟陛下……推时拨乱，博施济时，而反因循季世末节，衰微轨迹，诚非所以还初反本，据元更始也。愿陛下宣诏有司，悉举初元[元帝年号]、建平[哀帝年号]之所穿凿，考其轻重，察其化俗，足以知政教所处，择其善者而从之，其不善者而改之，定不易之典，施之无穷，天下幸甚。

事下三公、廷尉议，以为隆刑峻法，非明王急务，不可开许。统复上言曰："……今臣所言……非隆刑峻法。不胜至愿，愿得召见，若对尚书近臣，口陈其意。"帝令尚书问状，统又对，极言政刑宜改。议竟不从。[光武失之"弛纵"后，明帝失之"苛碎"甚或"酷烈"：]及明帝即位，常临听讼观录洛阳诸狱。帝性既明察，能得下奸，故尚书奏决罚近于苛碎。[到章帝才采纳陈宠提议，初定宽严适中的刑法，可是依然"旧律繁芜""刑法繁多"：]至章帝时，尚书陈宠上疏曰："先王之政，赏不僭，刑不滥，与其不得已，宁僭不滥。……陛下即位，率由此义，而有司执事，未悉奉承。断狱者急于榜格酷烈之痛，执宪者繁于诈欺放滥之文，违本离实，棰楚为奸，或因公行私，以逞威福。夫为政也，犹张琴瑟，大弦急者小弦绝，故子贡非臧孙之猛法，而美郑侨之仁政。方今圣德充塞，假于上下，宜因此时，隆先圣之务，荡涤烦苛，轻薄棰楚，以济群生，广至德也。"帝纳宠言，决罪行刑，务于宽厚。其后遂诏有司，禁绝钻鑽[古同"钻"]诸酷痛旧制，解祆恶之禁，除文致[谓舞文弄法，致人于罪]之请，谳[yàn，审判定罪]五十余事，定著于令。是后狱法和平。[和帝时陈宠提议进一步宽简刑法，但未被采纳。]永元六年[94，和帝时]，宠又代郭躬为廷尉，复校律令，刑法溢于《甫刑》[即《尚书·吕刑》，周穆王时有关刑罚的文告]者，奏除之，曰："……《甫刑》大辟二百，五刑之属三千……今律令，犯罪应死刑者六百一十，耐罪[古代剃去鬓须的刑罚。耐同耏]千六百九十八，赎罪以下二千六百八十一，溢于《甫刑》千九百八十九，其四百一十大辟，千五百耐罪，七十九赎罪。……汉兴以来，三百二年，宪令稍增，科条无限。……刑法繁多，宜令三公、廷尉集平律令，应经合义可施行者，大辟二百，耐罪、赎罪二千八百，合为三千，与礼相应。其余千九百八十九事，悉可详除。使百姓改易视听，以成大化，致刑措之美，传之无穷。"未及施行，会宠抵罪，遂寝。宠子忠。忠后复为尚书，略依宠意，奏上三十三条，为《决事比》，以省请谳[下级官吏遇到疑难案件不能决断，请求上级机关审核定案]之弊。又上除蚕室刑，解赃吏三世禁锢，狂易杀人得减重论，母子兄弟相代死听赦所代者，事皆施行。虽时有蠲革，而旧律繁芜，未经纂集。

献帝……时天下将乱，百姓有土崩之势，刑罚不足以惩恶，于是名儒大才故辽东太守崔寔、大司农郑玄、大鸿胪陈纪之徒，咸以为宜复行肉刑。汉朝既不议其事，故无所用矣。

["史前详史"（三）：曹魏在司马氏专政以前，虽曹操及其后继者意欲重新施行传统古刑，但"自然状态"过甚，朝廷争议过盛，结果只能搞些零敲碎打的改革。]

及魏武帝匡辅汉室，尚书令荀彧博访百官，复欲申之，而少府孔融议以为："……末世陵迟，风化坏乱……故曰'上失其道，人散久矣'。而欲绳之以古刑，投之以残弃，非所谓与时消息也。……不能止人遂为非也，适足绝人还为善耳……"朝廷善之，卒不改焉。及魏国建，陈纪子群时为御史中丞，魏武帝下令又欲复之，使群申其父论。群深陈其便。时钟繇为相国，亦赞成之，而奉常王脩不同其议。魏武帝亦难以籓国改汉朝之制，遂寝不行。于是乃定甲子科，犯钦左右趾者易以木械，是时乏铁，故易以木焉。又嫌汉律太重，故令依律论者听得科半[减半]，使从半减也。

魏文帝受禅,又议肉刑。详议未定,会有军事,复寝。时有大女刘朱,挝子妇酷暴,前后三妇自杀,论朱减死输作尚方,因是下怨毒杀人减死之令。魏明帝改士庶罚金之令,男听以罚金,妇人加笞还从鞭督[鞭打责罚]之例,以其形体裸露故也。

是时承用秦汉旧律⋯⋯后人生意,各为章句。叔孙宣、郭令卿、马融、郑玄诸儒章句十有余家,家数十万言。凡断罪所当由用者,合二万六千二百七十二条,七百七十三万二千二百余言,言数益繁,览者益难。天子于是下诏,但用郑氏章句,不得杂用余家。⋯⋯然而律文烦广,事比众多,离本依末⋯⋯是时太傅钟繇又上疏求复肉刑,诏下其奏,司徒王朗议又不同。时议者百余人,与朗同者多。帝以吴蜀未平,又寝。

⋯⋯⋯⋯⋯⋯

⋯⋯其后正始[齐王曹芳年号]之间,天下无事,于是征西将军夏侯玄、河南尹李胜、中领军曹羲、尚书丁谧又追议肉刑,卒不能决。其文甚多,不载。

[西晋刑法详史:司马师零敲碎打地改革;司马昭清简前代律令,"蠲其苛秽",据此武帝司马炎"颁新法于天下"——中国法律史上的一个重大事态;从惠帝司马衷起,政治恶劣决定司法混乱,"政出群下,每有疑狱,各立私情,刑法不定,狱讼繁滋"。]

[司马师仅改革了一条苛暴和不人道的律令:]及景帝辅政,是时魏法,犯大逆者诛及已出之女。毌丘俭之诛,其子甸妻荀氏应坐死,其族兄顗与景帝姻,通表魏帝,以匄[gài,乞求]其命。诏听离婚。荀氏所生女芝,为颍川太守刘子元妻,亦坐死,以怀妊系狱。荀氏辞诣司隶校尉何曾乞恩,求没为官婢,以赎芝命。曾哀之,使主簿程咸上议曰:"⋯⋯秦立重辟,汉又修之。大魏承秦汉之弊,未及革制,所以追戮已出之女,诚欲殄丑类之族也。然则法贵得中,刑慎过制。⋯⋯宜改旧科,以为永制。"于是有诏改定律令。

[司马昭从事一项大工程,即对前代律令"蠲其苛秽,存其清约":]文帝为晋王,患前代律令本注烦杂,陈群、刘邵虽经改革,而科网本密,又叔孙、郭、马、杜诸儒章句,但取郑氏,又为偏党,未可承用。于是令贾充定法律,令与太傅郑冲、司徒荀顗、中书监荀勖、中军将军羊祜、中护军王业、廷尉杜友、守河南尹杜预、散骑侍郎裴楷、

颍川太守周雄、齐相郭颀、骑都尉成公绥、尚书郎柳轨及吏部令史荣邵等十四人典其事……蠲其苛秽,存其清约,事从中典,归于益时。其余未宜除者,若军事、田农、酤酒,未得皆从人心,权设其法,太平当除,故不入律,悉以为令。……减枭斩族诛从坐之条,除谋反适养母出女嫁皆不复还坐父母弃市,省禁固相告之条,去捕亡、亡没为官奴婢之制。轻过误老少女人当罚金杖罚者,皆令半之。……凡律令合二千九百二十六条,十二万六千三百言,六十卷,故事三十卷。[继承司马昭改法,晋武帝司马炎"乃班新律":]泰始三年[267],事毕,表上。……武帝亲自临讲,使裴楷执读。四年[268]正月,大赦天下,乃班新律。

…… ……

是时侍中卢珽、中书侍郎张华又表:"抄《新律》诸死罪条目,悬之亭传,以示兆庶。"有诏从之。

…… ……

[惠帝司马衷时,政治恶劣导致司法混乱:]至惠帝之世,政出群下,每有疑狱,各立私情,刑法不定,狱讼繁滋。[某些高官的相关谏议大致徒劳:]尚书裴頠表陈之曰:

夫天下之事多涂,非一司之所管;中才之情易扰,赖恒制而后定。先王知其所以然也,是以辨方分职,为之准局。准局既立,各掌其务,刑赏相称,轻重无二,故下听有常,群吏安业也。旧官披陵庙有水火毁伤之变,然后尚书乃躬自奔赴,其非此也,皆止于郎令史而已。……去元康四年[294],大风之后,庙阙屋瓦有数枚倾落,免太常荀寓。于时以严诏所谴,莫敢据正。然内外之意,佥谓事轻责重,有违于常。……

去八年[298],奴听教加诬周龙烧草[帝陵上草],廷尉遂奏族龙,一门八口并命。会龙狱翻,然后得免。考之情理,准之前训,所处实重。今年[299]八月,陵上荆一枝围七寸二分者被斫,司徒太常,奔走道路,虽知事小,而案劾难测,搔扰驱驰,各竞免负,于今太常禁止未解。……

……至于此等,皆为过当,每相逼迫,不得以理……按行奏劾,应有定准,相承务重,体例遂亏……

頠虽有此表,曲议犹不止。时刘颂为三公尚书,又上疏曰:自近世以来,法渐多门,令甚不一……法多门,令不一,则吏不知所守,下不知所避。奸伪者因法之多门,以售其情,所欲浅深,苟断不一,则居上者难以检下,于是事同议异,狱犴[hān,狱讼]不平,有伤于法。……天下万事,自非斯格重为[指皇帝裁断]……不得出以意妄议,其余皆以律令从事。然后法信于下,人听不惑,吏不容奸,可以言政。……

……法轨既定则行之,行之信如四时,执之坚如金石,群吏岂得在成制之内,复称随时之宜……以乱政典哉!

…… ……

[东晋刑法详史:从头至尾,约百年里近乎普遍的有法不依状态("处事不用律令","每随物情,辄改法制","律令无用矣")(这与前面西晋东晋刑法概史讲的情况明显有异)。]

及于江左,元帝为丞相时,朝廷草创,议断不循法律,人立异议,高下无状。主簿熊远奏曰:"……自军兴以来,法度陵替,至于处事不用律令,竞作属命,人立异议,曲适物情,亏伤大例。……临事改制,朝作夕改,至于主者不敢任法,每辄关咨,委之大官,非为政之体。……按法盖粗术,非妙道也……若每随物情,辄改法制,此为以情坏法。法之不一,是谓多门,开人事之路,广私请之端,非先王立法之本意也。……愚谓宜令录事更立条制,诸立议者皆当引律令经传,不得直以情言,无所依准,以亏旧典也……"

是时帝以权宜从事,尚未能从。

…… ……

成康之世,庾冰好为纠察,近于繁细,后益矫违,复存宽纵,疏密自由,律令无用矣。

…… ……

[在篇末之后,我们可以做一个房玄龄等人未做但我们在首注中已经预示的结论:《晋书·刑法志》透露,除了主要依据传奇的上古时代和记载过略的西周初期,就法律和司法而言,一千余年里大致只有三段如前所述相当短暂的较好时期。在传统中国,法律和司法良好固然依靠政治良好,但难于甚或远难于政治良好!]

殆无华夏帝国的时代：两晋与『四夷』的复杂关系

列传第六十七　四夷列传　摘录和评注

东夷　夫余国　马韩　辰韩　肃慎氏　倭人　裨离等十国

西戎　吐谷浑　焉耆国　龟兹国　大宛国　康居国　大秦国

南蛮　林邑　扶南

北狄　匈奴

[东西南北"四夷"实乃统称,其中有些是不同程度地服从华夏帝国宗主权的附庸国,有些则是帝国势力范围以外的独立国。与之前的中国史篆内关于"四夷"的记述相比,《晋书·四夷列传》大概是囊括范围最宏大也最粗疏的一个篇章,例如《三国志·魏书·乌丸鲜卑东夷传》仅关乎广义的东夷,但篇幅比它短不了多少,而《后汉书·西域传》也是如此,与《晋书·四夷列传》内记述西域的篇幅相比更是多出近两倍。诚然,在并无华夏帝国的东晋十六国时代,鲜卑、氐、羌等族大部汹涌入据华北,因而在某种意义上已非原来的华夏境外或沿边内侧蛮夷,故可大致删出《晋书·四夷列传》,但这仍未消除它非常粗疏的特点。]

［因此，本篇的主要价值不在它较劣地复述的四夷"民族志"（ethnology），而在华夏两晋国家与它们的能动关系。其中，考虑到未来五胡乱华，关于北狄的记述最重要。］

［此外，最引人感兴趣的是关于鲜卑族吐谷浑的大篇幅详细记述。它从第三代首领开始，接连六代愈益"文明"，观念愈益儒家化，但大多缺乏意志和（或）能力。"此虏矫矫，所谓有豕白蹢也"。在此场合，一个蛮族的儒化与其国力国势几成反比，令人深思。］

［房玄龄等的非常传统的导言，首先复述四夷与华夏千年关系的能动多变特征，还有基于族裔/文明差异、地理距离和战略成本效益考量的"羁縻"大计，然后强调出西晋初短时间外，中原大乱，蛮族入据，帝国在实质和外在两方面都化为乌有。］

……袭冠带以辨诸华，限要荒以殊退裔，区分中外，其来尚矣。九夷八狄，被青野而亘玄方；七戎六蛮，绵西宇而横南极。繁种落，异君长，遇有道则时遵声教，钟［适逢，当］无妄则争肆虔刘［杀害。《左传·成公十三年》："芟夷我农功，虔刘我边陲"］，趋扇风尘，盖其常性也。详求退议，历选深谟，莫不待以羁縻，防其猾［乱］夏。

［西晋初有一种浮夸虚荣的四夷政策，西晋貌似堂皇帝国，但为时甚短，其后中原大乱，蛮族入据，帝国在实质和外在两方面都化为乌有：］武帝受终衰魏，廓境全吴，威略既申，招携斯广，迷乱华之议，矜来远之名，抚旧怀新，岁时无怠①，凡四夷入

---

① 这是否西晋初期的江统《徙戎论》对晋武帝司马炎的如下责难？江统因氏族首领齐万年的反叛和战争而"深惟四夷乱华"，作《徙戎论》——西晋最杰出的政治/战略文献之一，预感到华夏史上最悲惨最黑暗的时代即五胡乱华时代的到来。

"并州之胡，本实匈奴桀恶之寇也。汉宣之世，冻馁残破，国内五裂，后合为二，呼韩邪遂衰弱孤危，不能自存，依阻塞下，委质柔服。建武中，南单于复来降附，遂令入塞，居于漠南，数世之后，亦辄叛戾……值世丧乱［东汉末大乱］，遂乘衅而作，卤掠赵、魏，寇至河南。建安［汉献帝年号，196—220］中，又……听其部落散居六郡。咸熙［常道乡公年号，264—265］之际，以一部太强，分为三率。泰始［晋武帝年号，265—274］之初，又增为四。于是刘猛［匈奴右贤王，271年叛逃出塞，攻打并州］内叛，连结外虏。近者郝散［匈奴族反叛首领，294年于谷远（今山西沁源）起兵反晋，攻上党，杀长吏］之变，发于谷远。［对匈奴族大发难的预感！（果然，匈奴族前赵刘渊在304年拥兵大反叛，随即立国，是为五胡十六国之首）：］今五部之众，户至数万，人口之盛，过于西戎。然其天性骁勇，弓马便利，倍于氐、羌。若有不虞风尘之虑，则并州之域可为寒心。"

贡者,有二十三国。既而惠皇失德,中宗[东晋元帝庙号]迁播,凶徒分据,天邑倾沦,朝化所覃[延伸到],江外而已,睬贡之礼,于兹殆绝,殊风异俗,所未能详。故采其可知者,为之传云。北狄窃号中壤,备于载记;在其诸部种类,今略书之。

东夷:夫余国、马韩、辰韩、肃慎氏、倭人、裨离等十国

东夷·夫余国:

[较之《后汉书·东夷列传》的有关部分,这里对夫余国的"民族志"记述大致相同,但较粗疏。夫余国曾短暂的是西晋的松散的附庸,继而成为鲜卑慕容部的附庸。]

[值得注意的除夫余(以华夏标准衡量)系文明与野蛮交织外,在于这遥远的国度"殷富,自先世以来,未尝被破":]夫余国,在玄菟北千余里,南接鲜卑,北有弱水,地方二千里,户八万,有城邑宫室,地宜五谷。其人强勇,会同揖让之仪有似中国。其出使,乃衣锦罽[jì,用毛做成的毡子一类的东西],以金银饰腰。其法,杀人者死,没入其家;盗者一责十二;男女淫,妇人妒,皆杀之。若有军事,杀牛祭天,以其蹄占吉凶,蹄解者为凶,合者为吉。死者以生人殉葬,有椁无棺。其居丧,男女皆衣纯白,妇人著布面衣,去玉佩。出善马及貂豽、美珠,珠大如酸枣。其国殷富,自先世以来,未尝被破。其王印文称"秽王之印"。国中有古秽城,本秽貊之城也。

["未尝被破"的状态结束,285年鲜卑慕容部击灭夫余,后夫余虽得晋武帝援助而复国,但为慕容部的附庸,"频来朝贡"的局面不再:]武帝时,频来朝贡,至太康六年[285],为慕容廆所袭破,其王依虑自杀,子弟走保沃沮。帝为下诏曰:"夫余王世守忠孝,为恶虏所灭,其愍念之。若其遗类足以复国者,当为之方计,使得存立。"有司奏护东夷校尉鲜于婴不救夫余,失于机略。诏免婴,以何龛代之。明年,夫余后王依罗遣诣龛,求率见人还复旧国,仍请援。龛上列,遣督邮贾沈以兵送之。廆又要之于路,沈与战,大败之,廆众退,罗得复国。尔后每为廆掠其种人,卖于中国。[有似现代早中期将本部黑人卖给西方白人为奴的某些非洲酋长!]帝愍之,又发诏

以官物赎还,下司、冀二州,禁市夫余之口。

东夷·马韩辰韩:

[这里大致照抄《后汉书·东夷列传》有关部分。西晋初马韩频繁入贡;辰韩既是马韩的附庸,也一度是西晋的松散的附庸:复杂交织的西晋、马韩、辰韩三重宗主/附庸关系。]

韩种有三:一曰马韩,二曰辰韩,三曰弁韩。辰韩在带方南,东西以海为限。

马韩居山海之间,无城郭,凡有小国五十六所,大者万户,小者数千家,各有渠帅。[令人印象深刻的是他们的原始性:]俗少纲纪,无跪拜之礼。居处作土室,形如冢,其户向上,举家共在其中,无长幼男女之别。不知乘牛马,畜者但以送葬。俗不重金银锦罽,而贵璎珠,用以缀衣或饰发垂耳。其男子科头[不戴帽子]露紒[jiè,发结],衣布袍,履草蹻,性勇悍。国中有所调役,及起筑城隍,年少勇健者皆凿其背皮,贯以大绳,以杖摇绳,终日欢呼力作,不以为痛。善用弓楯矛橹,虽有斗争攻战,而贵相屈服。俗信鬼神,常以五月耕种毕,群聚歌舞以祭神;至十月农事毕,亦如之。国邑各立一人主祭天神,谓为天君。又置别邑,名曰苏涂,立大木,悬铃鼓。其苏涂之义,有似西域浮屠也,而所行善恶有异。

武帝太康元年[280]、二年,其主频遣使入贡方物,七年[286]、八年、十年,又频至。太熙元年[290],诣东夷校尉何龛上献。咸宁三年[277]复来,明年又请内附。

辰韩在马韩之东,[辰韩据称源于秦帝国时的华夏:]自言秦之亡人避役入韩,韩割东界以居之,立城栅,言语有类秦人,由是或谓之为秦韩。初有六国,后稍分为十二,又有弁辰,亦十二国,合四五万户,各有渠帅,皆属于辰韩。[辰韩是马韩的附庸:]辰韩常用马韩人作主,虽世世相承,而不得自立,明其流移之人,故为马韩所制也。地宜五谷,俗饶蚕桑,善作缣布,服牛乘马。其风俗可类马韩,兵器亦与之同。初生子,便以石押其头使扁。[欢乐的人民:]喜舞,善弹瑟,瑟形似筑。

[辰韩也一度是西晋松散的附庸。是否须得马韩允许? 复杂的三重宗主/附庸关系:]武帝太康元年[280],其王遣使献方物。二年复来朝贡,七年[286]又来。

东夷·肃慎氏（挹娄）①：

[距华夏中原最遥远的东夷，也最原始，"性凶悍"，或如范晔所云"法俗最无纲纪者也"。西晋、东晋和羯胡后赵的极为松散、偶尔为纯名义上的附庸。]

肃慎氏一名挹娄，在不咸山北，去夫余可六十日行。东滨大海，西接寇漫汗国，北极弱水[即黑龙江]。其土界广袤数千里，居深山穷谷，其路险阻，车马不通。夏则巢居，冬则穴处。父子世为君长。无文墨，以言语为约。有马不乘，但以为财产而已。无牛羊，多畜猪，食其肉，衣其皮，绩毛以为布。……无井灶，作瓦鬲[陶制炊器，三足，形似鼎而无耳]，受四五升以食。坐则箕踞，以足挟肉而啖之，得冻肉，坐其上令暖。土无盐铁，烧木作灰，灌取汁而食之。俗皆编发，以布作襜，径尺余，以蔽前后。将嫁娶，男以毛羽插女头，女和则持归，然后致礼聘之。妇贞而女淫，贵壮而贱老，死者其日即葬之于野，交木作小椁，杀猪积其上，以为死者之粮。性凶悍，以无忧哀相尚。父母死，男子不哭泣，哭者谓之不壮。相盗窃，无多少皆杀之，故虽野处而不相犯。有石砮，皮骨之甲，檀弓三尺五寸，楛矢长尺有咫。其国东北有山出石，其利入铁，将取之，必先祈神。

[以下的朝贡史是《三国志》和《后汉书》全无的，虽然西周初的大概纯为传奇；西晋、东晋和羯胡后赵的极为松散、偶尔为纯名义上的附庸：]曹魏、周武王时，献其楛矢、石砮。逮于周公辅成王，复遣使入贺，尔后千余年，虽秦汉之盛，莫之致也。及文帝[司马昭]作相，魏景元[魏常道乡公曹奂年号，260—264]末，来贡楛矢、石砮、

① 这里的记述与《后汉书·东夷列传》如下的有关部分相异较多，各有千秋：

"挹娄，古肃慎之国也。在夫余东北千余里，东滨大海，南与北沃沮[大致位于朝鲜半岛北部图们江流域]接，不知其北所极。土地多山险。人形似夫余，而言语各异。有五谷、麻布，出赤玉、好貂。[没有国家，仅有部落酋长：]无君长，其邑落各有大人。处于山林之间，土气极寒，常为穴居，以深为贵，大家至接九梯。好养豕，食其肉，衣其皮。冬以豕膏涂身，厚数分，以御风寒。夏则裸袒，以尺布蔽其前后。其人臭秽不洁，作厕于中，圜之而居。[居住在很不同的环境中的文明华夏人必定不能理解他们"臭秽不洁"的理性缘由，因为不知道暴露在极寒中的人类排泄物无甚健康风险。][作为夫余的附庸，他们是非常致命的弓箭手和"水上陆战兵"：]自汉兴以后，臣属夫余。种众虽少，而多勇力，处山险，又善射，发能入人目。弓长四尺，力如弩。矢用楛，长一尺八寸，青石为镞，镞皆施毒，中人即死。便乘船，好寇盗，邻国畏患，而卒不能服。东夷夫余饮食类皆用俎豆，唯挹娄独无，[他们是最"狂野"不羁的人民！]法俗最无纲纪者也。"

弓甲、貂皮之属。魏帝诏归于相府，赐其王俅鸡锦罽、绵帛。至武帝元康[实为西晋惠帝年号，291—299]初，复来贡献。元帝中兴，又诣江左贡其石砮。至成帝时，通贡于石季龙，四年方达。季龙问之，答曰："每候[每逢]牛马向西南眠者三年矣，是知有大国所在，故来一云。"

东夷·倭：

[《三国志》开启华夏对原始的古代日本(弥生时代终结前不久的日本)较详的叙述，实乃中国关于日本的知识的起源，连同它与曹魏之间频繁的正式关系的记载。这番记述比《晋书》详细得多，且也超过仍算详细的《后汉书》的相关部分①。]

倭人在带方东南大海中，依山岛为国，地多山林，无良田，食海物。旧有百余小国相接，至魏时，有三十国通好。[《后汉书》云："自武帝灭朝鲜，使驿通于汉者三十许国，国皆称王，世世传统。"]户有七万。男子无大小，悉黥面文身。[以下说日本人源起华夏的三句不见于《三国志》和《后汉书》：]自谓太伯之后，又言上古使诣中国，皆自称大夫。昔夏少康之子封于会稽，继发文身以避蛟龙之害，今倭人好沈没取鱼，亦文身以厌水禽。计其道里，当会稽东冶之东。[基本的文化行为方式一向是人世间最顽固、最经久的要素！]其男子衣以横幅，但结束相连，略无缝缀。妇人衣如单被，穿其中央以贯头，而皆被发徒跣。[在此，《后汉书》内还有如下文句："男子皆黥面文身，以其文左右大小别尊卑之差。……俗皆徒跣，以蹲踞为恭敬。人性嗜酒。]其地温暖，俗种禾稻苎麻而蚕桑织绩。土无牛马，有刀楯弓箭，以铁为镞。有屋宇，父母兄弟卧息异处。食饮用俎豆。嫁娶不持钱帛，以衣迎之。死有棺无椁，封土为冢。初丧，哭泣，不食肉。已葬，举家入水澡浴自洁，以除不祥。其举大事，辄灼骨以占吉凶。不知正岁四节，但计秋收之时以为年纪。人多寿百年，或八九十。国多妇女，不淫不妒。[同《后汉书》。可信吗？应为"淫而不妒"。]无争讼，犯轻罪者没其妻孥，重者族灭其家。旧以男子为主。汉末，倭人乱，攻伐不定，乃立女子为

① 关于日本，《后汉书》只叙述了邪马台国，一个以女王为首的原始的"帝国"部落国家，三十多个部落国的霸主或"宗主"，而关于这些部落国的粗略信息由较早的《三国志》提供。不知范晔为何作这事实上的删略。

　　　　　　　　　　　古代军政行为方略图景：《晋书》解读

王,名曰卑弥呼。

[《后汉书》已述从东汉初公元 57 年起日本与华夏帝国之间正式关系的开端,直至汉安帝 107 年"倭国王帅升等献生口百六十人,愿请见"。非常松散的交往。《三国志》则记述了日本与曹魏王朝颇为频繁的交往。然后从司马氏专政到西晋初,《晋书》简述日本邪马台国对华"贡聘不绝"。]

宣帝[司马懿]之平公孙氏也,其女王遣使至带方朝见,其后贡聘不绝。及文帝[司马昭]作相,又数至。泰始初,遣使重译入贡。

东夷·裨[pí]离国等十国:

[从华夏中原计可谓极北的十国,除很粗略的距离外,华夏人当时对其一无所知。然而,在西晋初武帝时期,它们"遣小部献其方物",甚至有几国请求归化。]

裨离国[一说在今黑龙江哈尔滨市下属宾县与巴彦县之间,有人认为其族裔是契丹的一支]在肃慎西北,马行可二百日,领户二万。养云国[一说为燕然、坚昆地区,燕然在今蒙古国杭爱山一带,坚昆在今西西伯利亚地区叶尼塞河上游]去裨离马行又五十日,领户二万。寇莫汗国[不详]去养云国又百日行,领户五万余。一群国[不详]去莫汗又百五十日,计去肃慎五万余里。其风俗土壤并未详。

泰始三年[267],各遣小部献其方物。至太熙[晋武帝最后年号,290]初,复有牟奴国[该国及以下数国一概不详]帅逸芝惟离、模卢国帅沙支臣芝、于离末利国帅加牟臣芝、蒲都国帅因末、绳全国帅马路、沙楼国帅钐加,各遣正副使诣东夷校尉何龛归化。

西戎:吐谷[yù]浑、焉耆国、龟兹国、大宛国、康居国、大秦国

西戎·吐谷浑:

[辽东鲜卑慕容部一支,因慕容部内斗而远徙万里,定居甘南游牧,似为西北蛮夷中较野蛮的。其第二代渠帅志在脱离野蛮,"并驱中原",但"性酷忍",没有领导素质,结果死于羌人之手。其后六代看来愈益"文明",观念愈益儒家化,甚至有心奉东晋为宗主,但大多缺乏意志和(或)能力。始祖吐谷浑之后一百余年里,七代人

最多只保住甘南原地,多半还是亏得宗主鲜卑西秦的容忍。]

[“此虏矫矫,所谓有豕白蹄也。”在此场合,一个蛮族的儒化与其国力国势几成反比,不禁令人感慨!]

[因慕容部内斗而远徙万里,似为西北蛮夷中较野蛮的。]

吐谷浑,慕容廆之庶长兄也,其父涉归分部落一千七百家以隶之。及涉归卒,廆嗣位,而二部马斗,廆怒曰:“先公分建有别,奈何不相远离,而令马斗!”吐谷浑曰:“马为畜耳,斗其常性,何怒于人!乖别甚易,当去汝于万里之外矣。”于是遂行。廆悔之……鲜卑谓兄为阿干,廆追思之,作《阿干之歌》,岁暮穷思,常歌之。

吐谷浑……乃西附阴山。属永嘉之乱,始度陇而西,其后子孙据有西零已西甘松[今甘肃南部甘南藏族自治州腊子口]之界,极乎白兰[甘南地区名]数千里。[游牧生活方式:]然有城郭而不居,随逐水草,庐帐为屋,以肉酪为粮。其官置长史、司马、将军,颇识文字。其男子通服长裙,帽或戴幂䍠[一种帽或巾,西域人防风用]。妇人以金花为首饰,辫发萦后,缀以珠贝。其婚姻,富家厚出娉财,窃女而去。[过继婚制,特别是“父卒,妻其群母”:]父卒,妻其群母;兄亡,妻其诸嫂。丧服制,葬讫而除。国无常税,调用不给,辄敛富室商人,取足而止。杀人及盗马者罪至死,他犯则征物以赎。[作为游牧辅助的粗犷农耕:]地宜大麦,而多蔓菁[即芥蓝],颇有菽粟。出蜀马、牦牛。西北杂种谓之为阿柴虏[西北诸族对吐谷浑的蔑称],或号为野虏焉。吐谷浑年七十二卒,有子六十人[!],长曰吐延,嗣。

[第二代首领志在脱离野蛮,逐鹿中原,但全无领导素质,结果死于羌人之手。]

吐延身长七尺八寸,雄姿魁杰,羌虏惮之,号曰项羽。性俶傥不群,尝慷慨谓其下曰:“大丈夫生不在中国,当高光之世……并驱中原,定天下雌雄……使名垂竹帛,而潜窜穷山,隔在殊俗,不闻礼教于上京,不得策名于天府,生与麋鹿同群,死作氊裘之鬼,虽偷观日月,独不愧于心乎!”性酷忍,而负其智,不能恤下,为羌酋姜聪所刺。……在位十三年,有子十二人,长子叶延嗣。

[第三至第五代首领看来愈益“文明”,观念愈益儒家化,但大多全无意志和能力;先后为氐族前秦和鲜卑西秦附庸。]

叶延年十岁,其父为羌酋姜聪所害,每旦缚草为姜聪之象,哭而射之,中之则号泣,不中则瞋目大呼。其母谓曰:"姜聪,诸将已屠鲙[即屠脍,指宰割]之矣,汝何为如此?"叶延泣曰:"诚知射草人不益于先仇,以申罔极之志耳。"性至孝,母病,五日不食,叶延亦不食。长而沈毅,好问天地造化、帝王年历。司马薄洛邻曰:"臣等不学,实未审三皇何父之子,五帝谁母所生。"延曰:"自羲皇以来,符命玄象昭言著见,而卿等面墙,何其鄙哉!语曰'夏虫不知冬冰',良不虚也。"又曰:"《礼》云公孙之子得以王父字为氏……今以吐谷浑为氏,尊祖之义也。"在位二十三年卒,年三十三。有子四人,长子辟奚嗣。

辟奚性仁厚慈惠。[为氏族前秦附庸:]初闻苻坚之盛,遣使献马五十匹,金银五百斤。坚大悦,拜为安远将军。时辟奚三弟皆专恣,长史钟恶地恐为国害,谓司马乞宿云曰:"昔郑庄公、秦昭王以一弟之宠,宗祀几倾,况今三孽并骄,必为社稷之患。吾与公忝当元辅……吾今诛之矣。"宿云请白辟奚,恶地曰:"吾王无断,不可以告。"于是因群下入觐,遂执三弟而诛之。辟奚自投于床,恶地等奔而扶之,曰:"臣昨梦先王告臣云:'三弟将为逆乱,汝速除之。'臣谨奉先王之命矣。"辟奚素友爱,因恍惚成疾,谓世子视连曰:"吾祸灭同生,何以见之于地下!国事大小,汝宜摄之,吾余年残命,寄食而已。"遂以忧卒。在位二十五年,时年四十二。有子六人,视连嗣。

视连既立,[为鲜卑西秦附庸:]通娉于乞伏乾归[鲜卑西秦国君],拜为白兰王。视连幼廉慎有志性,以父忧卒,不知政事,不饮酒游田七年矣。钟恶地进曰:"夫人君者,以德御世,以威齐众,养以五味,娱以声色。此四者,圣帝明王之所先也,而公皆略之。……经国者,德礼也;济世者,刑法也。二者或差,则纲维失绪。明公……不可独追……仁,使刑德委而不建。"视连泣曰:"先王追友于之痛,悲愤升遐,孤虽纂业,尸存而已。声色游娱,岂所安也!纲维刑礼,付之将来。"临终,谓其子视罴曰:"我高祖吐谷浑公常言子孙必有兴者,永为中国之西籓,庆流百世。吾已不及,汝亦不见,当在汝之子孙辈耳。"在位十五年而卒。有二子,长曰视罴,少曰乌纥堤。

[第六代首领"性英果,有雄略",且心奉东晋为宗主,与现有宗主鲜卑西秦决裂;然而他志大才疏,实力不济,遂兵败而终。]

视罴性英果,有雄略,尝从容谓博士金城骞苞曰:"《易》云:'动静有常,刚柔断矣。'先王以仁宰世，不任威刑，所以刚柔靡断，取轻邻敌。当仁不让，岂宜拱默者乎！今将秣马厉兵，争衡中国，先生以为何如？"苟曰："大王之言，高世之略，秦陇英豪所愿闻也。"于是虚襟抚纳，众赴如归。[心奉东晋为宗主，与鲜卑西秦决裂：]乞伏乾归遣使拜为使持节、都督龙涸已西诸军事、沙州牧、白兰王。视罴不受，谓使者曰："自晋道不纲，奸雄竞逐，刘、石虐乱，秦、燕跋扈，河南王处形胜之地，宜当纠合义兵，以惩不顺，奈何私相假署，拟僭群凶！寡人承五祖之休烈，控弦之士二万，方欲扫氛秦陇，清彼沙凉，然后饮马泾渭，戢问鼎之坚，以一丸泥封东关，闭燕赵之路，迎天子于西京，以尽退藩之节……"乾归大怒，然惮其强，初犹结好，后竟遣众击之。[兵败而终：]视罴大败，退保白兰。在位十一年，年三十三卒。子树洛干年少，传位于乌纥堤。

乌纥堤一名大孩，性懦弱，耽酒淫色，不恤国事。乞伏乾归之入长安也，乌纥堤屡抄其境。乾归怒，率骑讨之。乌纥堤大败，亡失万余口，保于南凉，遂卒于胡国。在位八年，时年三十五。视罴之子树洛干立。

[第八代首领犹如第六代：]

树洛干九岁而孤，其母念氏聪惠有姿色，乌纥堤妻之，有宠，遂专国事。洛干十岁便自称世子，年十六嗣立，率所部数千家奔归莫何川，自称大都督、车骑大将军、大单于、吐谷浑王。化行所部，众庶乐业，号为戊寅可汗，沙漒杂种莫不归附。乃宣言曰："孤先祖避地于此，暨孤七世，思与群贤共康休绪。今士马桓桓，控弦数万，孤将振威梁益，称霸西戎，观兵三秦，远朝天子，诸君以为何如？"众咸曰："此盛德之事也，愿大王自勉！"乞伏乾归甚忌之，率骑二万，攻之于赤水。树洛干大败，遂降乾归，乾归拜为平狄将军、赤水都护，又以其弟吐护真为捕虏将军、层城都尉。其后屡为乞伏炽磐[乞伏乾归之子，西秦国君]所破，又保白兰，惭愤发病而卒。在位九年，时年二十四。炽磐闻其死，喜曰："此虏矫矫，所谓有豕白蹄[《诗经·小雅·渐渐之石》："有豕白蹢，烝涉波矣。"朱熹《诗集传》注云："将帅出征，经历险远，不堪劳苦而作此诗也"]也。"有子四人，世子拾虔嗣。其后世嗣不绝。

西戎·焉耆国：

[据称"好货利，任奸诡"。西晋初曾认西晋为宗主，但我行我素，在王会庭下施

行武力扩张主义,"葱岭以东莫不服"。其后相继被华夏前凉和氏族后凉击败,遂依机会主义的丛林惯例而认胜者为宗主。]

焉耆国西去洛阳八千二百里,其地南至尉犁,北与乌孙接,方四百里。四面有大山,道险隘,百人守之,千人不过。其俗丈夫剪发,妇人衣襦,著大袴。婚姻同华夏。好货利,任奸诡。王有侍卫数十人,皆倨慢无尊卑之礼。①

武帝太康[280—289]中,其王龙安遣子入侍。安夫人狨胡[其人大约游牧于今吉尔吉斯斯坦境内伊塞克湖周围]之女,妊身十二月,剖胁生子,曰会,立之为世子。[在焉耆王会麾下的武力扩张主义,"遂霸西胡":]会少而勇杰,安病笃,谓会曰:"我尝为龟兹王白山所辱,不忘于心。汝能雪之,乃吾子也。"及会立,袭灭白山,遂据其国,遣子熙归本国为王。会有胆气筹略,遂霸西胡,葱岭以东莫不服。然恃勇轻率,尝出宿于外,为龟兹国人罗云所杀。

[其后华夏前凉国"疆理西域",接连击败焉耆,继而氏族后凉又败之;兵败之后便认胜者为宗主——丛林惯例]张骏[前凉君主]遣沙州刺史杨宣率众疆理西域,宣以部将张植为前锋,所向风靡。军次其国,熙距战于贲仑城,为植所败。植时屯铁门,未至十余里,熙又率众先要之于遮留谷。植将至,或曰:"……今谷名遮留,殆将有伏?"植单骑尝之,果有伏发。植驰击败之,进据尉犁,熙率群下四万人肉袒降于宣。吕光讨西域,复降于光。及光僭位,熙又遣子入侍。

西戎·龟兹国:

[到晋时,班固《汉书》载"胜兵二万"的这个城邦大国已有佛塔庙千所;先后以西晋和前凉为宗主,继而有些唐吉诃德式地抵抗前秦的压倒性优势兵力,旋被讨平。]

龟兹国西去洛阳八千二百八十里,俗有城郭,其城三重,中有佛塔庙千所。人

---

① 这里的记述与《后汉书·西域传》相比有重要的异同:"焉耆国……户万五千,口五万二千,胜兵二万余人。其国四面有大山,与龟兹相连,道险厄,易守。有海水曲入四山之内,周匝其城三十余里。"

以田种畜牧为业,男女皆翦发垂项。王宫壮丽,焕若神居。①

武帝太康[280—289]中,其王遣子入侍。惠怀末,以中国乱,遣使贡方物于张重华[前凉君主]。苻坚时,坚遣其将吕光率众七万伐之,其王白纯(帛纯)距境不降,光进军讨平之。

西戎·大宛国:

[近乎远西的这个城邦大国在华夏人中间几乎人尽皆知,因为汉武帝的那场非常荒诞和代价巨大的征伐。在西晋初认西晋为(几乎纯为名义上的)宗主,进贡令汉武帝疯狂的汗血马。]

大宛国去洛阳万三千三百五十里,南至大月氏,北接康居,大小七十余城。土宜稻麦,有蒲陶酒,多善马,马汗血。其人皆深目多须。其俗娶妇先以金同心指环为娉,又以三婢试之,不男者绝婚。奸淫有子,皆卑其母。与人马乘不调坠死者,马主出敛具。善市贾,争分铢之利,得中国金银,辄为器物,不用为币也。

太康六年[285],武帝遣使杨颢拜其王蓝庾为大宛王。蓝庾卒,其子摩之立,遣使贡汗血马。

西戎·康居国:

[在今新疆境外的远西大国,据班固《汉书》载"胜兵十二万人"。《晋书》为华夏添加了它的"民族志"知识。西晋初其王"遣使上封事,并献善马"只是以"朝贡"为外表的纯粹和偶尔的外交。]

康居国[约在今巴尔喀什湖和咸海之间,与大月氏同为突厥系游牧民族]在大宛西北可二千里,与粟弋、伊列邻接。其王居苏薤城[在今乌兹别克斯坦东南部卡

① 班固《汉书·西域传下》载:龟兹国[在今新疆轮台至拜城一带],王治延城[今新疆库车],去长安七千四百八十里。户六千九百七十,口八万一千三百一十七,胜兵二万一千七十六人。大都尉丞、辅国侯、安国侯、击胡侯、却胡都尉、击车师都尉、左右将、左右都尉、左右骑君、左右力辅君各一人,东西南北部千长各二人,却胡君三人,译长四人。南与精绝、东南与且末、西南与杆弥、北与乌孙、西与姑墨接。能铸冶,有铅。东至都护治所乌垒城[在今新疆轮台东北]三百五十里。

什卡塔里亚省的沙赫里夏波兹]。风俗及人貌、衣服略同大宛。地和暖,饶桐柳蒲陶,多牛羊,出好马。泰始[265—274]中,其王那鼻遣使上封事,并献善马。

西戎·大秦国:

[大概元代以前中国人曾涉足的最西处,即罗马帝国的近东地区。关于其的知识一般越远越欠准确,此处亦然,何况东汉班超的使节甘英只到了波斯湾,所云必定有许多是道听途说,甚或杜撰。"武帝太康中,其王遣使贡献"只是以"朝贡"为外表的纯粹、偶尔的外交,连贡献了什么都不载。]

大秦国一名犁鞬,在西海[一说为里海]之西,其地东西南北各数千里。有城邑,其城周回百余里。屋宇皆以珊瑚为棁[zhuō,梁上的短柱]栭[ér,柱顶上支承梁的方木],琉璃为墙壁,水精为柱础。其王有五宫,其宫相去各十里,每旦于一宫听事,终而复始。若国有灾异,辄更立贤人,放其旧王,被放者亦不敢怨。有官曹簿领,而文字习胡,亦有白盖小车、旌旗之属,及邮驿制置,一如中州。其人长大,貌类中国人而胡服。其土多出金玉宝物、明珠、大贝,有夜光璧、骇鸡犀及火浣布,又能刺金缕绣及积锦缛罽。以金银为钱,银钱十当金钱之一。安息、天竺人与之交市于海中,其利百倍。邻国使到者,辄廪以金钱。途经大海,海水咸苦不可食,商客往来皆赍三岁粮,是以至者稀少。

汉时都护班超遣掾甘英使其国,入海,船人曰:"海中有思慕之物,往者莫不悲怀。若汉使不恋父母妻子者,可入。"英不能渡。武帝太康中,其王遣使贡献。①

南蛮:林邑、扶南

南蛮·林邑:

[东汉帝国最南端的国家,偶尔受控,多半时间"自由"。"自孙权以来,不朝中国。至武帝太康中,始来贡献",继而约六十余年后大举来袭,占据东晋最南端,十余年后才恢复朝贡与攻袭交替的"正常模式"。]

---

① 《晋书·武帝纪》载:(太康)五年……十二月……林邑、大秦国各遣使来献。

林邑国[约在今越南南部顺化等处]本汉时象林县……去南海三千里。后汉末,县功曹姓区,有子曰连(怜),杀令自立为王,子孙相承。^① 其后王无嗣,外孙范熊代立。熊死,子逸立。[以下大概是中国史纂内关于林邑蛮的首次"民族志"记述:]其俗皆开北户以向日,至于居止,或东西无定。人性凶悍,果于战斗,便山习水,不闲平地。四时暄暖,无霜无雪,人皆倮露徒跣,以黑色为美。贵女贱男,同姓为婚,妇先娉婿。女嫁之时,著迦盘衣,横幅合缝如井栏,首戴宝花。居丧剪鬊谓之孝,燔尸中野谓之葬。其王服天冠,被缨络,每听政,子弟侍臣皆不得近之。

自孙权以来,不朝中国。至武帝太康[280—289]中,始来贡献。咸康[东晋成帝年号]二年[336],范逸死,奴文篡位。文,日南西卷县夷帅范椎奴也。……于是乃攻

---

① 《后汉书·南蛮西南夷列传》载:[在关于先前的动乱流血的记忆淡化后,一段六十年的"漫长的和平"结束,因为交趾蛮夷的几番反叛浪潮:]和帝永元十二年[100]夏四月,日南、象林蛮夷二千余人寇掠百姓,燔烧官寺,郡县发兵讨击,斩其渠帅,余众乃降。于是置象林将兵长史,以防其患。……

永和二年[137],[帝国交趾大危机,即由一"徼外蛮夷"入侵引发的一连串凶险的连锁反应:]日南、象林徼外蛮夷区怜等数千人攻象林县,烧城寺,杀长吏。交趾刺史樊演发交趾、九真二郡兵万余人救之。兵士惮远役,遂反,攻其府。二郡虽击破反者,而贼势转盛。会侍御史贾昌使在日南,即与州郡并力讨之,不利,遂为所攻。围岁余而兵谷不继,帝以为忧。[大危机! 如何应付? 东汉朝廷内响起一项基于对全局战略形势之准确细致分析的关键主张,反对大规模远征,要求采用一种低成本的软方略:]明年,召公卿百官及四府掾属,问其方略,皆议遣大将,发荆、扬、兖、豫四万人赴之。大将军从事中郎李固驳曰:

若荆、扬无事,发之可也。今二州盗贼槃结不散,武陵、南郡蛮夷未辑,长沙、桂阳数被征发,如复扰动,必更生患。其不可一也。又兖、豫之人卒被征发,远赴万里,无有还期,诏书迫促,必致叛亡。其不可二也。南州水土温暑,加有瘴气,致死亡者十必四五。其不可三也。远涉万里,士卒疲劳,比至领南,不复堪斗。其不可四也。军行三十里为程,而去日南九千余里,三百日乃到,计人禀五升,用米六十万斛,不计将吏驴马之食,但负甲自致,费便若此。其不可五也。设军到所在,死亡必众,既不足御敌,当复更发,此为刻割心腹以补四支。其不可六也。九真、日南相去千里,发其吏民,犹尚不堪,何况乃苦四州之卒,以赴万里之艰哉! 其不可七也。……宜更选有勇略仁惠任将帅者,以为刺史、太守,悉使共住交趾。今日南兵单无谷,守既不足,战又不能。可一切徙其吏民,北依交趾,事静之后,又命归本。还募蛮夷,使自相攻,转输金帛,以为其资。有能反间致头首者,许以封侯列士之赏。故并州刺史长沙祝良,性多勇决,又南阳张乔,前在益州有破虏之功,皆可任用。……

[这主张赢得朝廷辩论,大规模反叛令人惊异地轻易平息:]四府悉从固议,即拜祝良为九真太守,张乔为交趾刺史。乔至,开示慰诱,并皆降散。良到九真,单车入贼中,设方略,招以威信,降者数万人,皆为良筑起府寺。由是岭外复平。

大歧界、小歧界、式仆、徐狼、屈都、乾鲁、扶单等诸国,并之,有众四五万人。遣使通表入贡于帝,其书皆胡字。[在一凶狠的武力扩张主义僭主(在位十余年)麾下,大举入侵和占据东晋最南端,随后如下所述又连败东晋军队:]至永和[东晋穆帝年号]三年[347],文率其众攻陷日南,害太守夏侯览,杀五六千人,余奔九真,以览尸祭天,铲平西卷县城,遂据日南。告交州刺史朱蕃,求以日南北鄙横山为界。

[大举入侵有其被害、被辱和被逼的那部分政治经济缘由,即数任华夏边首在贸易中对其"贪利侵侮",辅之以征伐威胁:]初,徼外诸国尝赍宝物自海路来贸货,而交州刺史、日南太守多贪利侵侮,十折二三。至刺史姜壮时,使韩戢领日南太守,戢估较太半,又伐船调枹,声云征伐,由是诸国恚愤。且林邑少田,贪日南之地,戢死绝,继以谢擢,侵刻如初。及(夏侯)览至郡,又耽荒于酒,政教愈乱,故被破灭。

既而文还林邑。是岁,朱蕃使督护刘雄戍于日南,文复攻陷之。四年[348],文又袭九真,害士庶十八九。明年,征西督护滕畯率交广之兵伐文于卢容,为文所败,退次九真。其年,文死,子佛嗣。

[林邑第二代僭主往后,朝贡与攻袭交替的"正常模式"得以恢复:]升平[东晋穆帝年号,357—361]末,广州刺史胜含率众伐之,佛惧,请降,含与盟而还。至孝武帝宁康[373—375]中,遣使贡献。至义熙中,每岁又来寇日南、九真、九德等诸郡,杀伤甚众,交州遂致虚弱,而林邑亦用疲弊。

佛死,子胡达立,上疏贡金盘椀及金钲[打击乐器,铜制,形状与小型的钟相似]等物。

南蛮·扶南:

[华夏帝国南端境外的独立大国,从西晋初开始的偶尔的朝贡纯为外交[1]。]

扶南[辖境大致相当于今柬埔寨全部以及老挝南部、越南南部和泰国东南部一带]西去林邑三千余里,在海大湾中,其境广袤三千里,有城邑宫室。人皆丑黑拳发,倮身跣行。性质直,不为寇盗,以耕种为务,一岁种,三岁获。又好雕文刻镂,食器多以银为之,贡赋以金银珠香。亦有书记府库,文字有类于胡。丧葬婚姻略同

---

[1]　三国孙吴交州刺史、安南将军吕岱派遣朱应、康泰至扶南[229],此为扶南国与中国互通之始。

林邑。

…… ……

武帝泰始初,遣使贡献。太康中,又频来。穆帝升平初,复有竺旃檀称王,遣使贡驯象。帝以殊方异兽,恐为人患,诏还之。

北狄:匈奴

北狄·匈奴:

[关于华夏的这个延续千年的复杂对手,"其强弱盛衰、风俗好尚区域所在,皆列于前史",其中对后世华北五胡大乱最关键的事,是西汉宣帝时南匈奴以帝国附庸身份"入居朔方诸郡,与汉人杂处",此后"户口渐滋,弥漫北朔,转难禁制"。]

[西晋初,上述趋势因武帝司马炎几番大规模内迁匈奴部落而加剧,而旨在采取双向移民措施(向内徙汉人、向外徙胡人)去预防未来胡人乱华的战略谏言遭到拒绝。伴随西晋"八王之乱","北狄渐盛,中原乱矣",中国史上最黑暗时代由此肇始。]

匈奴之类,总谓之北狄。匈奴地南接燕赵,北暨沙漠,东连九夷,西距六戎。世世自相君臣,不禀中国正朔。夏曰薰鬻,殷曰鬼方,周曰猃狁,汉曰匈奴。其强弱盛衰、风俗好尚区域所在,皆列于前史。

前汉末,匈奴大乱,五单于争立,而呼韩邪单于失其国,携率部落,入臣于汉。[对后世华北五胡大乱最关键的事,在西汉宣帝治下:]汉嘉其意,割并州并界以安之。于是匈奴五千余落入居朔方诸郡,与汉人杂处。…… 多历年所,户口渐滋,弥漫北朔,转难禁制。……

[第二项关键的事,在西晋武帝治下,匈奴被允许几番大规模入据山西陕西,他们"杀害长史,渐为边患"。]武帝践阼后,塞外匈奴大水,塞泥、黑难等二万余落归化,帝复纳之,使居河西故宜阳城下。后复与晋人杂居,由是平阳、西河、太原、新兴、上党、乐平诸郡靡不有焉。泰始七年[271],单于猛叛,屯孔邪城。武帝遣娄侯何桢持节讨之。桢素有志略,以猛众凶悍,非少兵所制,乃潜诱猛左部督李恪杀猛,于是匈奴震服,积年不敢复反。其后稍因忿恨,杀害长史,渐为边患。侍御史西河郭

钦上疏曰[主张采取双向移民措施去预防未来胡人乱华]:"戎狄强犷,历古为患。魏初人寡,西北诸郡皆为戎居。今虽服从,若百年之后有风尘之警,胡骑自平阳、上党不三日而至孟津,北地、西河、太原、冯翊、安定、上郡尽为狄庭矣。宜及平吴之威,谋臣猛将之略,出北地、西河、安定,复上郡,实冯翊,于平阳已北诸县募取死罪,徙三河、三魏见士四万家以充之。裔不乱华,渐徙平阳、弘农、魏郡、京兆、上党杂胡,峻四夷出入之防,明先王荒服之制,万世之长策也。"帝不纳。[这事关紧要的战略谏言遭拒绝。][匈奴被允许接连大规模入居山西陕西:]至太康五年[284],复有匈奴胡太阿厚率其部落二万九千三百人归化。七年,又有匈奴胡都大博及萎莎胡等各率种类大小凡十万余口,诣雍州刺史扶风王骏降附。明年,匈奴都督大豆得一育鞠等复率种落大小万一千五百口,牛二万二千头,羊十万五千口,车庐什物不可胜纪,来降,并贡其方物,帝并抚纳之。

……………

[伴随西晋"八王之乱",从294年匈奴郝散攻袭上党开始,"北狄渐盛,中原乱矣":]惠帝元康[291—299]中,匈奴郝散攻上党,杀长吏,入守上郡。明年,散弟度元又率冯翊、北地羌胡攻破二郡。自此已后,北狄渐盛,中原乱矣。

[房玄龄等在终评内强烈批评汉宣帝和晋武帝大规模内迁匈奴(或许还有其他杂胡)部落,特别是后一君主。]

史臣曰:……夷狄之徒,名教所绝,窥边伺隙,自古为患,稽诸前史,凭陵匪一。……嬴刘之际,匈奴最强;元成之间,呼韩委质,汉嘉其节,处之中壤。历年斯永,种类逾繁,舛号殊名,不可胜载。爰及泰始,匪革前迷,广辟塞垣,更招种落……继而沸唇[翻唇,指居住在华夏边境地区的蛮夷]成俗,鸣镝为群,振鸮响而挺灾,恣狼心而逞暴。……坐倾都邑,黎元涂地,凶族滔天。迹其所由,抑武皇之失也。……

图书在版编目（CIP）数据

古代军政行为方略图景:《晋书》解读:上下册 /
时殷弘著. —南京：南京大学出版社，2023.8
ISBN 978 - 7 - 305 - 26299 - 9

Ⅰ.①古…　Ⅱ.①时…　Ⅲ.①《晋书》-研究　Ⅳ.
①K237.042

中国版本图书馆 CIP 数据核字（2022）第 227544 号

出版发行　南京大学出版社
社　　址　南京市汉口路 22 号　　　邮　编 210093
出 版 人　王文军

书　　名　**古代军政行为方略图景:《晋书》解读:上下册**
著　　者　时殷弘
责任编辑　江潘婷

照　　排　南京紫藤制版印务中心
印　　刷　苏州市古得堡数码印刷有限公司
开　　本　718×1000　1/16　印张 75.75　字数 1246 千
版　　次　2023 年 8 月第 1 版　2023 年 8 月第 1 次印刷
ISBN　978 - 7 - 305 - 26299 - 9
定　　价　268.00 元

网　　址:http://www.njupco.com
官方微博:http://weibo.com/njupco
官方微信:njupress
销售咨询热线:(025)83594756